関西学院大学研究叢書 第189編

イングランド法学の形成と展開

コモン・ロー法学史試論

深尾 裕造

関西学院大学出版会

夏彦へ

は し が き

　本書には、大学院でイングランド法史研究を始めて以降発表した論稿のうち、クックの時代までのイングランド法学の展開を論じたものを収録し、エピローグにかえて、近代への変わり目に位置するヘイル『ロール法要録』序文の翻訳と解説を配することにした。収録順は、発表順ではなく、研究開始当初の問題意識からはじめ、イングランド法史の展開過程が理解しうるように時代順に並び替えた。発表当時の問題意識が各々の論稿に反映しており、また、多少、重なる部分も生じたが、誤字、脱字の訂正、訳語の統一等、修正は最低限に留め、必要な部分は補注、追記〔亀甲括弧〕の形式で加えることとした。また、各編の最初に、繋ぎの文章を加え全体の流れが明らかになるように工夫した。

　収録した論稿の初出は、下記の通りである。

プロローグ　「チューダー期イングランド法学の形成とその展開過程──コモン・ロー法学史試論（1）」『法学論叢』105 巻 1 号（1979）

第 1 編　　「コモン・ローとは何か──国民的法共同体の成立と法」『法と政治』62 巻 1 号 II（2011）

　補論 1　　「旅する裁判所──巡回陪審裁判制度成立史素描」田中きく代・阿河雄二郎編『〈道〉と境界域──森と海の社会史』（昭和堂、2007）

第 2 編　　「イングランドにおける学識法曹の形成」（1～3）上山安敏編『近代ヨーロッパ法社会史』（ミネルヴァ書房、1987）所収

第 3 編　　「Demurrer 考──コモン・ロー法学の生まれるとき」『早稲田法學』85 巻 3 号（2010）

第 4 編　　「中世末イングランドにおける判例法主義の成立過程──日本中世における判例法的発展の問題と関連して（1）～（2）」『法学論叢』107 巻 5 号（1980）、108 巻 4 号（1981）

付論　「イングランドにおける学識法曹の形成」(5) 上山安敏編『近代ヨーロッパ法社会史』（ミネルヴァ書房、1987）所収

第5編　「チューダー期イングランド法学の形成とその展開過程──コモン・ロー法学史試論 (2)〜(4)」『法学論叢』105 巻 3 号、6 号、106 巻 1 号（1979）

補論1　「『イングランド法とルネサンス』再考──メイトランド『リード講演』の理解のために」『島大法学』28 巻 2 号（1984）

補論2　「Fitzherbert の "Graunde Abridgement" (1516) の成立に関する一考察」『[京大法院会誌] 院生論集』7 号（1979）

補論3　「イングランド法とラミズム ──Abraham Fraunce, "the Lawyers Logike exemplifying the Practise of Common Law" (1588) のコモン・ロー評価に関して」『[京大法院会誌] 院生論集』6 号（1978）

第6編　「レスボスの職人の定規──不文法学的立法解釈論の系譜を求めて (1)〜(2・完)」『島大法学』42 巻 3 号、4 号（1998、1999）

第7編　「Artificial Reason 考──ホッブズ─クック論争と近代法学の生誕 (1)〜(3・完)」『島大法学』35 巻 4 号、36 巻 1 号、3 号（1991、1992）

補論1　「フォーテスキュとブルータス伝説──忘れられたイングランド國制起源論」『法と政治』51 巻 1 号（2000）

エピローグにかえて
　　　ヘイル『ロール法要録』序文、「若きコモン・ロー法学徒に向けて──一八世紀法文献史研究の起点として」『法と政治』60 巻 2 号（2009）

　最初の論文の副題「コモン・ロー法学史試論」の名の通り、「イングランド法学史を論じることが可能なのか」「可能とすれば如何にしてか」というのが、そもそもの出発点であった。各論稿ともイングランド法学史の水脈を探るための試掘坑のようなもので、院生時代の未熟な論文を含め、試論として展開したチャレンジングな論稿を集めたものである。それ故に、批判的能力

がない人が読むと誤った観念を植え付けてしまう虞があるかも知れない。まったくもって危険な論文集といわざるを得ない。あくまでも、一つの試論として受けとめていただければ幸いである。

ただ、初出年次を見ていただければ分かるように、今から思えばずいぶん先駆的業績であったと思うのだが、必ずしも、世間一般でそのような評価を受けたわけではなく、自画自讃にすぎない。

研究開始当初、五里霧中の中、取り敢えず、インズ・オヴ・コート＝法曹院の研究を通して、この問題に迫ることとした。その中で、導きの糸となったのが、W. R. Prest, *The Inns of Court under Elizabeth I and the Early Stuarts, 1590-1640* (Longman, 1972) であった。また、L. W. Abbott, *Law Reporting in England 1485-1585* (Athlone Press, 1973) は、プラウドゥン判例集の意味について気付かせてくれた、Lisa Jardine, *Francis Bacon, Discovery and the Art of Discourse* (Cambridge U.P., 1974) は、ルネサンス期人文主義時代の学問方法論を理解するための入口となった。これら3冊の書との出会いがなければ、どこを彷徨うようになっていたかわからない。Prest とは、二度目の海外研修で直接の知遇を得、現在も E-mail のやりとりをしているが、彼の研究の軌跡は、同時代に海外で研究を行っていたものが、当時のイギリス近代史学史を振り返る上でも興味深い。[1] Jardine については、優れた映像による人類史シリーズとして名高い The Ascent of Man (BBC) を DVD で入手し、それが彼女の父の制作によるものだと知ったのも、この海外研修時であった。[2] この時お世話になったベイカー教授の業績に惹き付けられるようになったのは、最初の論文完成後で、*The Oxford History of the Laws of English, vol. 6 :1483-1558* (Oxford U.P., 2003) の前身とも云うべき *The Reports of Sir John Spelman,* vol. 2 (1978) が、セルデン協会年次刊行物 (Selden Soc. vol. 94) として発行されてからであった。[3]

もちろん、我が国でも、上山安敏先生をはじめ、多くの先生、諸先輩にお世話になったとはいえ、イギリス法史研究について本格的な教育、指導を受けたわけではなかった。芋蔓式の文献探索法で研究したために、最近の文献を見落とした場合も多かった。ただ、それによって論拠を増やし、内容を豊かにすることができたかも知れないが、幸いにも、持ち前の鈍感さからか、

iv

論旨を大きく変更する必要性を感じさせられることはなかった。

　本書は、関西学院大学から出版助成を受け、関西学院大学研究叢書第189編として出版することとなった。研究推進社会連携機構の二宮健志氏はじめ、関係各位の御支援のお陰である。また、翻訳書『イギリス法史入門』に続き出版を引き受けていただいた関西学院大学出版会の田中直哉氏、予想外の大部となった本書を辛抱強く丁寧に編集してくださった浅香雅代さん、装丁を御担当いただいた戸坂美果さんには記して感謝の言葉を述べたい。

　また、本書原稿作成にあたり、既出論文の OCR 読込み、デジタル化については妻の協力を得た。初校校正については、大阪大学大学院招聘研究員の松本和洋博士に手伝っていただいた。校正漏れ等の最終責任は著者にあることはいうまでもないことであるが、忙しい中、御協力戴いたことに改めて感謝したい。

　　　2017 年 1 月 6 日

　　　　　　　　　甲山山麓　関西学院大学法学部研究室にて

　　　　　　　　　　　　　深尾　裕造

注

(1)　Wilfrid Prest, 'Clio and I' *History Australia*, vol. 13, No. 1, pp. 160-169 (2016). (http://www.tandfonline.com/eprint/jIUJDbViPs3NuA6eRSD4/full)

(2)　J. Bronowski, *The Ascent of Man*, BBC DVD 1608 Viewing Notes p. 31.

(3)　当時、京都大学ではセルデン協会年次刊行物を購読しておらず、セルデン協会永年会員である同志社大学の井ヶ田先生から同書の発刊を教えられ、お借りして貪り読み、校正中の論文に補注を付けて補ったのが懐かしい。

v

目　次

はしがき ……………………… i

目　次 ……………………… v

プロローグ 3

Ⅰ　コモン・ロー法学史の不毛　　　　　　　3

Ⅱ　予備的検討　　　　　　　　　　　　　8
  (1) 法曹院
  (2) 判例法的思考様式
  (3) 学問観

第1編　コモン・ロー法学史の起点を求めて 33

はじめに　　　　　　　　　　　　　　　33

Ⅰ　予備的考察　　　　　　　　　　　　37

Ⅱ　『ブラクトン』以前　　　　　　　　　44

Ⅲ　『ブラクトン』の國法論　　　　　　　50
  (1) Lex terrae
  (2) consuetudo regni, consuetudo regni nostri
  (3) ius commune

Ⅳ　制定法とコモン・ロー　　　　　　　　63

Ⅴ　コモン・ローと［地方］慣習　　　　　67

むすびにかえて──Wallyng v. Meger (1470)　　69

補論1　旅する裁判所──アサイズ巡回陪審裁判研究事始　85

はじめに──ホガース銅版画『残酷の四段階』より　85

Ⅰ　「道の平和」と「国王の平和」　　　　88
  (1) 巡察制度と「国王の平和」の拡大
  (2) 巡察裁判制度の衰退とアサイズ巡回陪審裁判制度

Ⅱ　アサイズ巡回陪審制度の形成　　　　　　　　　94
　　(1) アサイズ巡回区の形成と 1293 年アサイズ裁判官法
　　(2) アサイズ裁判官のナイサイ・プライアス裁判官化
　　(3) 1340 年法とアサイズ巡回陪審裁判制度の確立

Ⅲ　アサイズ巡回陪審裁判制度の定着　　　　　　101
　　(1) 治安判事制度との接合
　　(2) 正義の女神が目隠しをし始める時

まとめにかえて──コモン・ロー法学と巡回陪審裁判制度　　105

第2編　コモン・ロー法曹の成長過程 117

はじめに　　　　　　　　　　　　　　　　　　117

Ⅰ　イングランドにおける法曹階層の出現　　　118
　　(1) 簇生する地方法曹
　　(2) ウェストミンスタの法曹達

Ⅱ　国民的法曹階層の形成　　　　　　　　　　121
　　(1) 司法的統治機構の整備とサージャント層の成長
　　(2) アプレンティス──法の研修生から法の識者へ
　　(3) 中世末法曹の実像

Ⅲ　学識法曹の活動領域　　　　　　　　　　　124
　　(1) 所領経営
　　(2) 都市
　　(3) 地方官職（治安判事・河岸管理委員会等）
　　(4) 国王行政

むすびにかえて──中央と地方　　　　　　　　129

第3編　コモン・ロー法学の発展 137

はじめに　　　　　　　　　　　　　　　　　　137

Ⅰ　訴答の科学──抗弁術の発展と法律問題　　140

Ⅱ　訴答不充分抗弁と法原則　　　　　　　　　150

まとめにかえて──令状─訴答─弁論　　　　　167

目 次　vii

第4編　コモン・ロー法学教育の組織化................................177

緒言にかえて——中田説批判再考　177

Ⅰ　「中世的法観念」からの離脱の一形式としての
　　判例法主義の成立　181

Ⅱ　判例保存の諸形式——Record と Report　184

Ⅲ　中世法を支える人々——判例法形成の担い手達　189

Ⅳ　中世末法曹院の教育訓練制度の整備・拡充　194

Ⅴ　教育訓練制度の整備と判例法主義の確立
　　——イヤー・ブックスの権威的典籍化　200
　　　(1) イヤー・ブックスによる学習
　　　(2) 制定法講義の変化

Ⅵ　中世末イングランド法学の完成と法要録——小括　207
　　　(1) 法要録の形成

Ⅶ　日本における判例法主義的発展の道の問題性
　　——沙汰雑掌と奉行人　211

むすびにかえて　217

付論　テューダ絶対王政の形成とコモン・ロー法曹　221

Ⅰ　コモン・ロー的世界の拡大　221

Ⅱ　所領経営から国家経営へ　222

第5編　ルネサンス期コモン・ロー法学の展開.................. 227

はじめに　227

Ⅰ　人文主義―統治者教育―法学教育　227
　　　(1) テューダ初期人文主義的教育論の展開
　　　(2) エリオットのコモン・ロー再評価と法学教育改善案
　　　(3) 絶対王政の官僚養成政策と「国王陛下の学院」の設立案

Ⅱ　法曹院のジェントルマン養成の最終学府化　250
　　　(1) 貴族養成機関としての法曹院
　　　(2) エリザベス期統治者養成コースの完成
　　　(3) エリザベス期ルネサンスの中心地としての法曹院
　　　(4) 人文主義的学と法曹の術の連続・不連続―法律仏語

Ⅲ　人文主義的「学」とテューダ絶対王政期
　　　イングランド法学の展開　　　　　　　　　　265
　　(1) 修辞学・法廷弁論術とイングランド法学
　　(2) 弁証術的方法とイングランド法学
　　(3) A. B. C. Abridgement と Loci Communes
　　(4) 法学教育と法文献の革新
　　(5) ラミズムとイングランド法学
　　(6) 新たな判例集の発生
　　(7) プラウドゥンによるリポートの革新

むすびにかえて　　　　　　　　　　　　　　　　　301

補論 1　「イングランド法とルネサンス」再考
　　　　──メイトランド「リード講演」の理解のために　307

はじめに　　　　　　　　　　　　　　　　　　　　308

Ⅰ　「継受の危機」論争　　　　　　　　　　　　　311
　　(1) 論争の焦点
　　(2) 1950 年代以前──ホウルズワース、プラクネット
　　(3) 1950 年代以降──エルトン、ベル、ダナム Jr、ブラッチャ、
　　　　アイヴズ、ベイカー（Ⅰ）
　　(4) 二つの「論争」終結宣言──ソーン、ベイカー（Ⅱ）
　　(5) 「論争」は終結しない──ジェンキンズ

Ⅱ　リード講演論文の形成　　　　　　　　　　　332
　　(1) 「継受問題」
　　(2) 「ルネサンス問題」

まとめにかえて──小山氏とメイトランド氏との対話　345

対話を終えるにあたって　　　　　　　　　　　　349

補論 2　Fitzherbert の "La Graunde Abridgement"（1516）の
　　　　成立に関する一考察　　　　　　　　　　357

はじめに　　　　　　　　　　　　　　　　　　　　357

Ⅰ　文献史的アプローチへの疑問　　　　　　　　359

Ⅱ　イヤー・ブックスの出版と『大法要録』　　　361
　　(1) 『大法要録』の内部編成秩序
　　(2) Y.B. の出版動向
　　(3) 1508-10 年の転換の意味

目　次　　ix

Ⅲ　テューダ絶対王政の統治政策と『大法要録』　　366

むすびにかえて
──イヤー・ブックスの終焉とフィッツハーバート『大法要録』　　371

補論**3**　**イングランド法とラミズム**
　　──Abraham Fraunce, "The Lawyers Logike, exemplifying the practise
　　of the common Lawe," (1588) のコモン・ロー評価に関して　379

はじめに　　379

Ⅰ　執筆に至る動機と経緯　　380

Ⅱ　コモン・ロー法曹の偏見に対する反論　　383

Ⅲ　ローマ法学者の偏見よりのコモン・ローの擁護　　386

Ⅳ　伝統的アリストテレス主義者の攻撃に対する反論　　388

むすびにかえて　　394

第**6**編　**不文法学的立法解釈論の系譜を求めて** 399

はじめに──エピエイケイア・もう一つの正義概念　　400

Ⅰ　諸前提──エピエイケイア・アエクイタス・エクイティ　　407
　　(1) 不文國法論としてのエピエイケイア概念
　　(2) 公平的正義としてのアエクイタス概念
　　(3) エピエイケイア概念とアエクイタス概念の融合と変容

Ⅱ　中世コモン・ロー法学と類推適用のアエクイタス　　424
　　(1) 法の精髄としてのアエクイタス
　　(2) 『ブラクトン』と類推適用のアエクイタス
　　(3) 制定法解釈上のエクイティ Equity of the statute

Ⅲ　カノン法のアエクイタスとエピエイケイア概念の復活　　436
　　(1) カノン法のアエクイタス概念の形成
　　(2) カノン法のアエクイタス概念とエピエイケイア概念との融合
　　　　──ジェルソン
　　(3) エピエイケイア概念の復活──セント・ジャーマン

Ⅳ　エリザベス期立法解釈論とエピエイケイア法解釈論の展開　　452
　　(1) 人文主義とイングランド法学
　　(2) 二つの制定法解釈論──エジャートンとハットン
　　(3) プラウドゥン判例集と縮小解釈論の展開

──例外法理から縮小解釈論へ
　　　(4) エクイティ論と裁量権問題
　　　(5) 二つのエピエイケイア立法解釈論

　むすびにかえて──エピエイケイア論の行方　　　　　　495
　　　(1) エピエイケイア立法解釈論とクック法学
　　　(2) 近代法学とエピエイケイア立法解釈論
　　　　　──ブラックストンとオースティン

第7編　近代自然法学とコモン・ロー法学
──二つの不文法学 509

　Ⅰ　序論　　　　　　　　　　　　　　　　　　　　509
　　　(1) はじめに
　　　(2) Artificial Reason vs Natural Reason
　　　(3) Contract─Counsel─Command
　　　(4) 法・法学峻別論から法学批判へ

　Ⅱ　科学としての自然法学　　　　　　　　　　　　522
　　　(1) Prudentia vs Sapientia
　　　(2) 正義の科学は契約から生じる
　　　(3) 正義（Meum et Tuum）論の展開と排他的所有権秩序
　　　(4) 正義概念の旋回と契約法論
　　　(5) 双方未履行契約の強制と近代国家の導出

　Ⅲ　科学としての国家法学　　　　　　　　　　　　543
　　　(1) 法解釈学としての近代法学
　　　(2) 成文法解釈論
　　　(3) 不文法解釈論

　まとめにかえて　　　　　　　　　　　　　　　　623

　補論 **1**　ホッブズ vs クック論争とイングランド國制起源論争　645

　はじめに　　　　　　　　　　　　　　　　　　　　645

　Ⅰ　フォーテスキューにおけるブルータス伝説の形成
　　　──ニムロド起源説とブルータス起源説　　　　646
　　　(1) 國制区分論とブルータス伝説
　　　(2) 第17章「連続性説」の再解釈

　Ⅱ　クックとブルータス伝説──判例集序文の分析を中心に　655

- (1) クック初期判例集とブルータス伝説
- (2) クックの征服理論とノルマン・コンクェスト
- (3) フォーテスキュー國制論と 1610 年議会論争、勅令事件
- (4) クックのノルマン・コンクェスト論
- (5) 『裁判官鑑』の出現とその意義

Ⅲ　セルデンとフォーテスキュー憲制論の合理化
　　——『イングランド法礼賛』註釈の分析を中心に　　673

むすびにかえて
　——設立形態による國制区分の解体形態：ホッブズとヘイル　　678

エピローグにかえて——法学教育解体期にむけて 691

Ⅰ　ヘイル『ロール法要録』序文解説
　　——18 世紀法文献史研究の起点として　　691

翻訳　ヘイル「若きコモン・ロー法学徒に向けて」　　705

【付録1】初期コモン・ロー法文献内容概観
　　　　（『グランヴィル』『ブラクトン』『ブリトン』）　　725
【付録2】法廷報告と訴訟記録（ハンバ河渡船事件）　　735
【付録3】リトルトン『土地法論 (Tenure)』(c. 1465-75)　　737
【付録4】セント・ジャーマン『博士と学徒』で析出された
　　　　コモン・ローの法準則　　740
【付録5】プラウドゥン『判例註解』(1571)　　749

あとがき ……………………… 759
欧語人名索引 ………………… 765
邦語人名索引 ………………… 773
事項索引 ……………………… 775
制定法索引 …………………… 800
判例索引 ……………………… 801
ローマ・カノン法文索引 ……… 802

イングランド法学の形成と展開

コモン・ロー法学史試論

プロローグ

I　コモン・ロー法学史の不毛

　近年我が国においては、法学史に関する研究が──社会史的にであれ、概念史的にであれ──極めて盛んになりつつある。このことは、一つには法史学の関心が「封建制から資本主義への移行」、近代化の問題から、近・現代資本主義社会の法そのものへと移ってきたことに関連している。というのも、現代社会の法生活の解明にとって、従来法制史が研究対象としてきた法的諸制度・諸関係の探求のみでは充分ではないという問題だけでなく、それらが法学という媒介項を通じて社会から分離され、高度に加工され、運用されるようになったことに今日の法生活の最も顕著な特質があると考えられるからである。

　同時に、この動きは、戦後の封建制論争、「近代化」の問題から、西欧近代そのものへの批判的検討──法学の分野においては戦前の半封建的法制度への批判から西欧近代法学への批判的吟味──への問題関心の移動でもあった。とりわけ、戦前には大陸法系のドイツ概念法学を継受し、戦後にはコモン・ロー系のアメリカ法学の強い影響を受けることとなった我が国の法学の特殊な状況は、法学とは一体如何なる学問であるのかという自己自身への問いかけと共に、継受した法学そのものへの見直しが迫られているといえよう。それ故に、西欧法学史への関心は、同時に、官僚主義的概念法学といわれる近代日本法学の批判的再検討の流れの中にあるともいえるのである。

こうした概念法学への批判は、他方では、経験法学、法社会学等の立場からも行われ、実定法学分野における判例研究の占める比重の増大は、戦後アメリカ法学の影響の下に一貫した流れとなっている[3]。ところが、法学史の分野では、大陸法系、ことにドイツ法学の批判的検討が研究者の興味を惹きつけてきたのに対し、戦後新たな動向となりつつあるコモン・ロー法系とりわけその淵源たるイギリス法学の形成過程の研究は——ブラックストン以前の時代に関しては——ほとんど試みられることはなかった。かくのごときイギリス法学史研究の不毛性には以下のような事情が存在するように思われる[4]。

第一に、イギリス法学とは何かという問題が必ずしも明らかでないということである[5]*2。大陸法系、特にドイツ法学史においては、近代を特徴付ける法学の形成、展開過程の解明にとって、ローマ法継受が格好の出発点を提供した[6]。そこでは先ず出発点から当該社会の法的諸制度・諸関係からの乖離を前提として法学が成立していたからである。それ故に、ドイツ法史の研究にとって、ローマ法継受は中世法制史と近代法学史の間にある断絶を飛び越すための跳躍台としての役割を果しているのである。しかし、イングランドでは事態はそれほど明瞭ではない。ブラクトン期の「早期予防注射」、3R——Renaissance—Reformation—Reception——の時代を重視する説があるとしても、そこから如何にして近代コモン・ロー法学が形成されてきたのかという問題はほとんど解明されることはなかった[7]。

このことは、イングランドにおいては、大学法学教育という形で、大陸的な意味で法学が実務から分離されなかったことと相挨ってイギリス法学史の解明を極めて困難なものとしているのである。

第二に、このことが第一の問題より、より重要な原因となっていると思われるのだが、そもそも、科学の名に値するイングランド法学はブラックストン、さらにはオースティンの時代以前には存在しなかったのだという考え方が存在することである。こうした理解の基礎には、コモン・ロー法系を特徴付ける重要なメルクマールとなっている判例法的思考様式の形成それ自体が、非学問性に根ざすものであるとするウェーバーの類型的な思考様式の把握の強い影響がみられるのである。

彼の「法社会学」の第4節、法思考の諸類型と法名望家における有名な定

式化にしたがえば、

　法実務に内在する発展動因からは、合理的に体系化された法や、あるい
は、限定された意味においてもそもそも法の合理化といいうるようなもの
は生まれてこないのである。……それらは（法実務の諸概念は）、具象的な
ものからの抽象によって、論理的な意味解明によって、一般化と包摂に
よって構成された一般的概念、三段論法によって規範として適用されるよ
うな一般的概念ではなかったのである。法実務と法教育との純粋に経験的
な運営は、常に個別から個別へと推論するのであって、個別的なものから
出発して、一般的命題——それから個々の決定を演繹しうるような一般的
命題——を求めようとするものでは決してない[8]

とされてきたのである。
　それ故に、法の運営においては、言葉の強い拘束性の故に、「類推」や技術
的擬制に依存することとなり、同時に、合理的な法訓練や、合理的法理論の
形成は阻害されざるを得ないと考えられていた。
　また、第8節では、「大陸ヨーロッパ法に比べて、法の合理性の程度も著
しく劣り、また法の合理性のあり方も別種のものである。ごく最近にいたる
まで、いずれにせよオースティンまでは、『科学 Wissenschaft』の名に値す
るようなイギリス法学は、大陸的な概念を基礎として判断するかぎり、ほと
んどまったく存在していなかった」[9]（傍点筆者）とするのも、上述の英法観、
並びに、法学観の当然の帰結であったともいえよう。このウェーバーの英法
理解は現在においても基本的に受け継がれており、近年東大出版から刊行さ
れた『法学史』（1976）においても、同様な評価が下されていたのである。[10]
　かくのごとく判例法的思考様式が非学問的、素人的なものと理解された結
果、英法学への関心は、イングランドにおいて如何にして法学が形成された
かという問題にではなく、むしろ逆に、何故に、ドイツのような法学が形成
されなかったのか。さらに、ドイツの法学が「中世のローマ法的大学教育以
来」の法の形式的合理化の上に形成されたとされ、さらに、法の論理的な純
化、演繹的な厳格さの強化、訴訟の技術の合理化が、理論的に措定された法

6

乃至訴訟の一般的発展傾向にまで高められたとき、そこからの偏差や距離の
みが、イングランド法理解の中心問題とされてきたのである[11]。

　かくして、英法史の問題解決のための全比重が、イングランドに特有の法
曹団体＝インズ・オヴ・コートにかけられることになった。

　ローマ法の非継受、体系化の拒否、判例法的思考様式の形式はすべて、そ
の法実務家の団体の持つ諸属性から、すなわち、(1) 役得利害、(2) 法利害
関係者の日常的要求との密着、(3)大学での近代的・合理的法教育から区別さ
れた経験的手工業的教育から説明され、英法学史の全過程は、この法曹院に
対する、社会学的類型把握に置き換えられ、圧縮されてしまい[12]、そこで「経
験的技術学のごときものとして高度に発展した[13]」と理解された法教育や法学
の内容の検討は等閑に付されてしまうのである。もっとも、この問題は設問
の仕方を変えることによって解決可能となろう。すなわち、最初の問題に戻
るわけだが、ウェーバーによって注意深く付された、「大陸的な概念を基礎
として判断する限り」「法の合理性のあり方も別種のものであり」という留保
は、たとえ、それが修辞的に使われたものであれ、イングランド的な「科
学」の概念からイングランド法学は如何に形成されたかという設問を提出す
ることを拒否するものではないということになろう。この問題は最初に提起
した課題を克服することから始めねばならないことを意味する。実際この点
に関して英・独の法思考様式の相異を、イギリス経験論とドイツ観念論とい
う、両社会の学問的風土の相異から解明せんとする試みもないわけではない
し、また、その連関は当然のごとく見做されてきたようにも思われる。しか
し、その場合、そこで法学が形成されるべき法曹院と思想界一般との関わり
合いが問題とされねばならないのであるが、法曹院＝実務家のギルド的団体
という把握がもたらす中世的・保守的イメージが、法曹院とそこでの教育・学
の形成を、大陸法からのみならず一般思想界からも孤立していたかのごとき
誤解を生じさせる役割を果し、イングランド的「学」の概念と英法学の形成
との関連を、その形成過程の問題にまで掘り下げて解明する道を阻んできた
ように思われるのである[14]。

　しかしながら、最近の法曹院研究の進展によって明らかとなってきた法曹
院の教育訓練制度や、その思想界での位置は、必ずしも従来の「中世的・ギ

ルド的」な法曹院像と一致するものではない。むしろ、人文主義の時代には、大商業都市ロンドンとウェストミンスタ宮廷の間に位置する法曹院は種々の学問傾向、思潮がそこで交錯する場となりさえしたのである。さらに、判例法的思考様式の問題に関しては、近代的リポート集の形成過程を扱った詳細な研究が新たに生み出されてきており、こうした研究成果を踏まえつつ新たな視野からコモン・ロー法学の形成過程を解明していく可能性も与えられつつあるように思われる。[15]

　ローマ法継受の問題に関して述べるなら、それは、コモン・ロー法学史の研究の出発点をどこに定め、対象を如何に確定していくかという作業を困難にするものであっても、完全にその道を閉ざすものではないであろう。近代西欧社会と法学の形成にとって大陸風のローマ法継受が、とりわけドイツのような包括的継受が不可欠の要素であったか否かはそうした作業の後に確定されるべき課題となるであろう。[*3]

　固より、解かれるべき課題の大きさに比し筆者の能力、研究の進展度はあまりにも乏しい。しかし、コモン・ロー法学史——かくのごときものが成立しうるか否かも含め——を解明していく上で、筆者なりの大筋の構想を以後の研究の目安として纏めておく必要性から、さらに、乱暴ではあっても、ここに本稿を公表する機会を得、先輩諸氏の批判を受けることが筆者自身の研究にとって最良の助けとなると考え、試論にすぎないものを明らかにする次第である。

注

(1)　近年東大出版会より刊行された碧海・伊藤・村上編『法学史』(1976) はこうした関心の広がりを示すものであろう。関西では磯村哲「啓蒙期自然法諭の現代的意義」(1956)(『社会法学の展開と構造』(日本評論社、1975) 所収) 以降上山安敏、石部雅亮等の業績によってこうした流れが定着してきた感さえある。

(2)　『法学史』3-5 頁 (碧海純一執筆)、上山安敏『憲法社会史』(日本評論社、1976) 3-4 頁。

(3)　長谷川正安『法学論争史』(学陽書房、1976) 参照、とりわけ 151 頁以下。

(4)　このことはイギリス法学に関する研究がなかったことを意味するわけではない。佐々木信『イギリス法学講義 I、II』(第 2 版、1972)、及び「一四・五世紀イギリス法学教育史の一断面——Novae Narrationes の編刊史に関連して」『駒沢大学法学部研究紀要』30 号、「チューダー期法史学史覚え書」『駒大法学論集』12、14、16、18 号。

(5)　『法学史』4 頁。

(6)　上山安敏『法社会史』（みすず書房、1966）225 頁以下。

(7)　佐々木、前掲書 60 頁以下。プラクネット著・伊藤正己監修『イギリス法制史　総説篇下』（東京大学出版会、1970）542-555 頁。メイトランド他著・小山編訳『イングランド法とルネサンス』（創文社、1977）参照。

(8)　M. ウェーバー著・世良晃志郎訳『法社会学』（創文社、1974）329-330 頁。

(9)　同書 526 頁〔原著 510〕。それに続けて、ウェーバーが「素人にはまた、個々のケースから個々のケースへと推論してゆくという、自然的な傾向がある。」と述べる時、ウェーバーが判例法的思考様式を如何に把握していたかが一層明瞭となろう。

(10)　伊藤正己「イギリス法学」『法学史』所収 219-220 頁。

(11)　ウェーバー、前掲書 509-511 頁。ここで使用されている「西洋のみが……」という規定の仕方と、「中世のローマ法的大学教育以来の」法の合理化傾向がイングランドの法及び法学に存在しないことから、その動因が資本主義それ自体の中に存在しないとした規定の仕方の相異はウェーバーのイングランド法理解のあり方に関して問題を含むところである。この問題をめぐる加藤説と矢崎説の対立に関しては、吉田勇「ウェーバー『法社会学』における『形式的合理的』法思考の問題性をめぐって（4）」『産業労働研究所報』62 号（1973）56-62 頁。

(12)　ウェーバー、前掲書 326-331 頁。

(13)　同書 345 頁。

(14)　伊藤正己、前掲書 219 頁。

(15)　法曹院研究の最近の動向としては佐々木信「イギリス教育史の一局面——最近のインズ・オブ・コート史研究動向」『駒大法学論集』16 号 114-132 頁に詳しい。判例集の発展に関するものとしては、さしあたり、L. W. Abbott, *Law Reporting in England, 1485-1585*, (Athlone Press, 1973)、A. W. B. Simpson の 'The Source and Function of the Later Year Books' *Law Quarterly Review*（以下 *L.Q.R.*）Vol. 87, (1971) pp. 94-118 にいたる諸論文、'The Circulation of the Year Books in the fifteenth Century,' *L.Q.R.*, Vol. 73, (1957) pp. 492-505, 'Keilwey's Reports, Temp. Henry VII and Henry VIII,' *L.Q.R.*, Vol. 73, (1957) pp. 89-105, 'The Reports of John Spelman,' *L.Q.R.*, Vol. 72, (1956) pp. 334-338 がある。なお、Abbott の巻末には従来の判例集研究の詳細な文献目録が付されている。

II　予備的検討

コモン・ロー法学の形成過程を探求する上で、第一に果されねばならない課題は、前述のごとく、従来コモン・ロー法学の形成を阻み、不毛ならしめ

てきたとされる、(1) 法曹院、(2) 判例法的思考様式、(3) 学問観という相互に結びつけられた構図を一旦分解し、個々にその歴史的実態に即して把握し直すことであろう。法曹院の果した歴史的役割や判例法的思考様式を如何なるものとして把握するか、また、学問としての法学を如何なるものとして措定しうるかがコモン・ロー法学史の起点を定める上で重要なポイントであり、また、これらの理解の仕方によってコモン・ロー法学像全体も左右されるものと考えられるからである。それ故、本論に入る前に、コモン・ロー法学の形成過程の研究を進めていく上で、基本的なものとなるこれらの制度、概念に関する予備的な検討を行っておきたい。

(1) 法曹院

法曹院の実態とその歴史に関しては、ホウルズワースの大著『英法史』での論究、さらに比較的近代の——ウェーバーのいう法曹院制定法講義消滅以後の——状況を除いては、ほとんど我が国に紹介されていない。[1] しかし、法曹院が各時代に果した役割は必ずしも一様ではなく、英法史を特徴付ける重要な制度としてそれに加えられてきた強調に適った、もしくはそれに相応する充分な解明がなされる必要があるように思われる。

中世法曹院と大学

法曹院の発生期の問題に関しては、従来イングランド法史上の最も困難な問題の一つとされてきたのであり、[2] 近年ソーン教授によって、法曹院の教育機能の形成を、ケムブリッジ、オックスフォードでのカレッジの自生的な発展との対応現象として理解されんとする斬新な仮説が提示されて以来、新たな論争を惹き起こしているのである。[3] ここでは詳しく論争に立ち入ることはできないが、以下の事実は史料的にも充分確認しうることとして極めて重要である。

第一に、法曹院の団体としての発生期、その教育機能の始期をいつに定めるかはともかくとして、法曹院の公式記録の最古のものが始まる年代、1420年代には、後に16世紀半ばに「法曹院の現状」と題して提出された報告書に記された、Moot（模擬裁判）、Reading（制定法講義）等の公式の教育訓練制

度や、その履修に基礎を置く、Inner Barrister（学生団）──Utter Barrister（弁護団）──Bencher（審判団）もしくは、Reader（講師団）という階層制は未だ形成期にあったという事実である。[4] いいかえれば、法曹院の公式の教育訓練制度は、中世末からテューダ絶対王政期へと進む時代の流れの中で、法曹院内部の階層制秩序の形成と併行して整備されていったのである。

この公式の教育訓練制度は、大学でのスコラ的＝弁証術的な教育方法と極めて類似したものであった。Reading, Moot さらに、非公式な訓練としての Putting case（私的討論）は、大学での教育訓練制度、Lecture, Disputation, Setting forth に各々対応しており、これらの教育訓練制度への参加と履行義務が、前者においては、弁護団、審判団、そして最終的には高位法廷弁護士（Serjeant at Law）への昇進の、後者においては Bachelor of Arts, Master of Arts への昇進の資格条件として同様な役割を果していた。[5]

かくのごとき対応関係が両者の間の何らかの系譜関係の存在を意味するのか否かは明らかではない。確かに、ウェーバーが法曹院の教育機能の獲得を「大学との競争」にその動因があると考えたように──とはいえ、講義についてのみ彼はそう考えたのであるが──大学の制度の模倣は充分に考えられうることであろう。しかし、彼のいう「大学との競争」が当時どれほど現実的なものとして存在していたのかは疑問であり、[6] さらに、印刷術により大量のテクストが普及されるようになる以前の時代に、知識の伝達の方法として、かくのごとき方法の他に如何なる形式をとり得たかという問題も考えてみるべきであろう。[7]*4

法学の形成という観点からすれば、その系譜よりも生み出された結果が、すなわち、大学類似の教育訓練制度を整備したという事実それ自体が重要である。なぜなら、ヴィーアッカーの述べるごとく大陸で同時期に進行していたローマ法継受なるものの実体が「『外来法』の素材としての採用ではなくて、法生活を学問化することであり」、その課題が、「学者的裁判官」の実務[8] への進出によって果されたとするなら、イングランドにおいて大学類似の教育訓練制度を自らに課しつつあった実務法曹達は、同様な「法生活の学問化」という課題を遂行し得なかったであろうか、という疑問が浮かんでくるからである。かくのごとき疑問は、法曹院の制定法講義と模擬裁判を中心とする

教育訓練制度が、ウェーバーのいうように「大学との競争の産物にすぎな・・・・
かった」(傍点筆者) とする理解でもっても直ちに解消するものではないように思われる。法知識が教育され、学習されるということは、たとえ、直ちに「論理的＝概念的法発見への移行」を示すものでないとしても、既に「伝統的＝直観的な法発見」からの離脱を意味しているからである。我々は、この法曹院の教育訓練制度整備の過程の中に、社会からの法の分離、法学の形成とそれを通じての法準則の析出過程の進行の端緒を見出し得ないであろうか。予断が許されるなら、ホウルズワースが中世末のローマ法学とコモン・ロー法学の発展をパラレルなものとして捉えたごとく、「法生活の学問化」という中世末の課題の遂行それ自体については、両法学の距離は後の時代におけるそれ程、離れてはいなかったのではないだろうか。両法学の発展の相異の端緒は、法生活の学問化がなされたか否かにではなく、その学問化の方向にあったように思われる。この点に関してこそ、ホウルズワースの指摘する典拠とされる素材の相異という問題とならんで、法曹院の教育訓練制度と中世大学でのそれとの差異が再び重要なものとして浮かびあがってくるのであろう。

　その学問形成に関する決定的な相異の第一は、その扱う素材と処理の仕方にあったように思われる。中世大学教育で扱われる素材は、そこでの学問が世俗的諸問題に直接には向けられていないが故に、とりわけ神学的方向に制限されており、多くの場合、既に後の討論に適した形に整えられた諸命題から構成されていたのであり、さらにこれらの諸命題が、権威的な命題、すなわち、確実な真理と見做され、そこから学校風の厳格な諸規則に則った討論と推論によって吟味されねばならなかった。その場合、結論の真理性は推論・討論形式の正しさにかかっていたわけである。それ故に、大学での学問は、単純化することが許されるなら、討論の素材の側面からすれば論証術的apoedical, demonstrative（狭義の意味で論理学的）であり、討論技法の側面からみるなら弁証術的 dialectical であったといいうるように思われる。中世ローマ法学に即して述べるなら、典拠とされる素材は、当初より当該社会にとって外在的・超越的な「書かれた理性」として存在した。それ故に、そこからの推論の諸帰結の真理性は推論形式の正しさに依存した。かくして、中世

大学におけるローマ法教育はその諸規定を厳格な推論形式に適した形態へと陶冶する方向に働くのである。

これに対して、法曹院で扱われる素材はより具体的で、現実社会に密着した法律問題であり、そこから剥ぎ取られた法的諸見解もそれ自体としては蓋然的真理にすぎず、そこからの推論の諸帰結は、推論形式の正しさのみによっては担保し得ない。このことが、聴き手への説得力に期待せざるを得ないという意味で、その推論形式が弁証術的であると同時に修辞学的となる傾向を法曹院の教育訓練制度に内在させることになったと思われるのである。[10]

ところで、中世ローマ法学も、コモン・ロー法学と同様に、もしくは逆に、その素材の外在性の故に、現実の法運用の面では膨大な註釈によるカズイスティークにならざるを得なかった。それ故に、人文主義者達が教育目的からする法の体系化、より正確に言うならば簡明化という問題を提出したとき、両法学ともその批判の矢面に立たされることになるのである。ここに近代法学形成の第二の局面が生み出されたのである。

人文主義と法曹院

人文主義と法曹院、コモン・ロー法学との関係を考察する上で第一に頭に入れて置かねばならないことは、法曹院の地理的位置である。

周知のごとく法曹院はオックスフォードやケンブリッジのような片田舎にではなく、近世初頭以降、政治・経済・文化の中心地として名実ともに首都としてますます繁栄していくロンドンの中央に（より正確にいえばウェストミンスタとロンドン市の中間に）位置していたということ、そして、そこが大陸からの影響が最も入り込み易い土地であったことが、前述の二つの要素——教育訓練方法の類似と差異——とともに、次の人文主義時代の法曹院の発展を方向付ける重要な要素となりえたことである。

人文主義と法曹院、洗練されたキケロ風のラテン語と粗野な法律仏語（ロー・フレンチ）、一方は、近代へ向けて華やかにトランペットを吹き鳴らす文人達を、他方は、中世的で頑迷な法書を特徴付けるものとして、これ以上明解な対比は必要でないかも知れない。[11]しかし、彼らのロー・フレンチへの非難は、大陸でローマ法学者の粗野なラテン語が血祭りにあげられた事態

に対応するものであり、それは、人文主義者達が、如何なる学問に対しても
先ず第一に手を染める常道的論難であった[12]。より重要なのは、かくのごとき
批判的方法を駆使して彼らが達成せんとした目的であろう。言語の純粋性へ
の信仰、シロジズム嫌いと修辞学への肩入れは、単に彼らのキケロ風の洗練
された弁論とその流麗なラテン語性への憧憬にのみ由来するものではなかっ
た。彼らは同時に学問 ars =「現実の生活に有用な諸規則の体系」とする学問[13]
観をキケロを通して受け取り共有していたのであり、修辞学への強調も、そ
の現実生活上の諸問題を迅速に解決する上での有用性の上に立ってなされた
のであった[14]。彼らが数多くの教育論を展開し学問の世俗化に寄与したのも、
こうした学問の実用性を高めるという目的があったからである。とりわけ、
かくのごとき傾向はイングランドでは宗教改革後の、テューダ絶対王政と結
びついた人文主義者達の主張の中に顕著にみられるのである。このことが、
トマス・スミスの従来のローマ法教育への 批判と下記の法曹院への評価との
対比の中に明瞭に読み取られるべきものなのである。

　ヘンリ 8 世の設置した欽定ローマ法講座の初代教授となったスミスは、そ
の開講の辞で決して自らの法（Civil Law）の学習への嫌悪を隠そうとはしな
かったし、さらに第 2 回目の講演では「教皇の法律家」のペイピズムを激し
く非難したものであるが、その一方、コモン・ロー法曹を以下のごとく称讃
した。

　彼らは、あれほどひどい野蛮で半ばフランス語で書かれた我が法を知悉
しており、一切のより人文主義的な学問と、わが大学で行われているこの
教育からは最も遠い人々ではあるが、それにもかかわらず、哲学上、神学
上の論点が問題とされたときでさえ、何と適切且つ明快にそれらを処理す
ることか、さらに何と容易に、委曲をつくし、また何と上品且つ説得力あ
る仕方で持論を強化し、異論に反駁することか。かくの如く彼らには論理
の力、雄弁の華麗さにおいて欠けたるところはないのである[15]。

メイトランドは、これを評して、スミスは「生ける法を学べる学校に身を置
かんとした」のだとしたが、それはまた、スミスをはじめとするこの期の人文

主義者の現実主義的性格と宗教改革の生み出したナショナリズムの所産でもあった。この精神的態度こそが、エリザベス期国民文化の繁栄——ギリシャ・ローマ文化のイングランド的変容——を生み出す礎となるものであった。[16]

このエリザベス期にみられるギリシャ・ローマ的古典の自国内への移植は、『ゴーボダック』をはじめとするイギリス演劇の発展に特徴的に見出されるごとく、イングランドの素材へのギリシャ・ローマ的手法の適用という形で進行し、それによって、人文主義はイングランドの地に深く根を下ろすこととなったのである。ところで、この人文主義の自国内文化化に対して法曹院のメンバーが極めて重要な役割を果したことは良く知られるところである。彼らは同一の精神的態度と手法でもってコモン・ロー法学に立ち向かわなかったであろうか。ここにも解明されるべき一つの課題があるのである。

人文主義と法曹院との関係で注目すべき第二の点は、教育の制度的改革の問題である。神学中心の、聖職者養成に方向付けられた中世大学はその内容においてのみならず、制度的にも彼らを満足させるものではなかった。

プラトン、キケロ、クィンティリアヌス等の哲学者的雄弁家教育論を範として展開された彼らの教育改革論は、俗人層を対象とし、彼らを全人的統治者へと育成することを目指していた。それ故に、大学の art course は神学部から制度的にも切り離され、その代わりに統治者養成の最終過程として、ギリシア・ローマの古典に倣った実務教育と結びつけられることとなった。[17] それは、イングランドにおいては宮廷文化と政治の中心たるロンドンでの教育を意味した。ウルジの時代を中心にオックスブリッジに次々と新たな人文主義的カレッジが設立され改組されたが、そこへ集まったジェントルマンの子弟も永くそこにとどまることはなかった。彼らの教育を受け持つようになったフェロー達も教授職を得ることによってではなく、パトロンの力でロンドンに進出することによって報われた。かの欽定講座教授スミスも、ほどなくテューダ絶対王政府の要職へと転出していった。このことが、時人をしてロンドンを「イングランドの第三の大学」と評さしめるほどの人文主義的学問文化の中心地たらしめることになったのである。[18]

他方、その時までに法曹院は、そこにいるだけでジェントルマンとしての称号を与えるに十分なだけの名声を博した団体に成長しており、そこから

テューダ期の新貴族の多くを輩出していた。立身の機会と新文化・学問に接する機会を求めんとする意欲あふれる若者達にとって法曹院は彼らのロンドンにおける恰好の宿舎を提供することとなったのである。この〈大学の文芸コース―(中途退学)―法曹院〉というジェントルマン教育コースはエリザベス期までには一般化していたのであり、ここに集まる若者達によってエリザベス期ルネサンス文化が生み出され、支えられることとなったのである[19]。それ故に、我々はクックが、法曹予備院、法曹院、高位法廷弁護士協会を評して「法のみならず、この世に存在する如何なる人文科学に従事する人々にとっても最も有名な大学である[20]」と語ったことを一概に根拠なき誇張として退けることはできないのである

　イングランドでは「思想の手形交換所」は大学にではなく、ロンドンにあった[21]。それ故にコモン・ローが大学でではなく、ロンドンの法曹院で学ばれたという事実は、それ自体としては決してコモン・ロー法学を他の諸学問から孤立させる要因とはなり得なかったし、また我々はそれをイングランド法学の発展にとって不幸な事態であったと考える必要もないのである。トマス・モアに始まり、ベイコン、ヘイルで終わるこの期の法曹達は、新学問に対する保守的な勢力であるどころか、むしろ新たな学問潮流の先駆者であった。プラウドゥンは内科医であったともいわれ、法律以外に特別の業績を残すことのなかったクックでさえも、この時代の学問潮流の外に身を置いていたわけではなかった。コモン・ロー法学の発展の道を閉ざしたものは法曹院の存在そのものではなく、逆に17世紀後半以降の法曹院が教育機能を喪失し、その文化的活力を失っていったことに求める方が妥当であろう。

法曹院の教育機能の衰退

　エリザベス期の末には、既に法曹院の輝かしき姿に陰りが見え始めていた。一つには、印刷術の導入に伴う Book Learning の普及が法曹院の伝統的な Oral Training（口頭訓練制度）を徐々に圧迫していた。この変化は豊富な教科書的文献が生み出されたという点では、コモン・ロー法学の形成に寄与するものではあったが、同時に、ムートを中心とする法曹院の位階制的に組織された教育訓練制度の崩壊に繋がるものでもあった[22]。一方ではバリスタは

その実務家としての地位を確立してゆき、他方ではベンチャ層の法曹院外での地位は低下した。確かに口頭訓練は実務への準備として重要ではあったが、以前のような昇進の階としての魅力を失いつつあった。制定法講義に至っては最早、教育の場というより知識を飾り立てる費用のかかる儀式の場と化しつつあった。(23)最終的には革命後の教育熱の減退と財政難がこの法曹院の伝統的な教育訓練制度に終止符を打った。(24)ウェーバーの言うように「それ〔法曹院の講義消滅〕以来、準備教育は完全に実務的＝経験的なものになり、手工業ツンフトにおけると同様に、非常に専門化することになった」とされるのである。

　しかし法曹院の教育機能衰退の原因はインの学校による法学教育の独占の達成にではなく、むしろ、本来実務家であると同時に学生であったバリスタの専門法曹としての地位の確立、上昇（ベンチャ層の重要な実務の独占と優位の崩壊）にあった。(25)「大学との競争」の問題に関していえば公式の教育訓練制度（講義）の崩壊は、大学では法曹院におけるより、より速やかに進行していた。原因は同じであった。むしろ口頭訓練の必要性という面からみれば法曹院の方がより強固にこの時代の流れに抵抗し得たのであった。大学における教育は講義を中心とする公式の授業から、私的チューターによる個人指導へと、その教育体制を個別化しつつあった。(26)法曹教育の法曹院での集団的な公式の教育訓練制度から実務家個人による指導への移行もその対応現象とみられなくもない。しかし両者には決定的な相異があった。大学はその教育方法の変遷にもかかわらず教育機関であった。しかし、その最も可能性があった時期に自らの教育機能を自立化せしめ得なかった法曹院にとっては、この変遷は教育機関としての役割の消滅を意味した。*5より具体的にいえば、教師身分＝俸給制の教師を持ち得なかったこと、このことが大学と法曹院のその後の運命を分かつ最大のメルクマールとなったのである。かくして法曹院はバリスタの資格を与えるための団体でしかなくなり、「ギルド」化し、化石化した。教育訓練への参加義務は、そこで共に食事をする義務へと化した。17世紀中葉以降——ブラックストンがオックスフォードでジェントルマンの一般教養として法学を講義するまで（1758）——イングランドには如何なる意味でも公式の法教育制度は存在しなかった。それ故にまた組織立った法

学教育・法文献を生み出す力を持つべくもなかったのである。プラクネット
の法文献史で、サー・マシュー・ヘイル（1609-76）からブラックストン（1723
-86）まで、ほぼ1世紀の空白を持つことが、このことを如実に語っている。[27]*6

　ところで、我々はここまで駆け足で法曹院の変遷を辿ってきたが、コモ
ン・ロー法学の形成因としての、もしくは、コモン・ロー法学を特徴付けてき
たものとしての法曹院を如何なる時代に見出すべきであろうか。従来の評価
はあまりにも最後の衰退期の法曹院の実態を一般化し、それを過去に投映し
てはいなかっただろうか。確かにイングランドにおける法学の欠如の原因は
第三期（制定法講義崩壊以降）の法曹教育のあり方に求められ得ようし、ま
たその原因を第一期（中世末）、第二期（人文主義の時代）の法曹院の中に
遡って見出しうるかも知れない。本来法実務家の団体であったが故に、教育
機能を自立化させ得なかったのだと。しかし、そのことは何故にイングラン
ドで大陸のような法学が形成されなかったかを説明してみせてくれても、如
何なる法学がイングランドで形成されたかを教えてくれるわけではない。
「法実務と法教育との純粋に経験的な運営は、常に個別から個別へ推論する
のであって、個別的なものから出発して、一般的命題——それから個々の決
定を演繹しうるような一般的命題——を求めようとするものでは決してな
い」というウェーバーの一般的なテーゼはこの第三期に最も適合するものか
もしれない。しかし、このことによって第一期、第二期の法曹院とコモン・
ロー法学の発展を無視しうるものではない。なぜなら、その第二期こそ、コ
モン・ロー法学発展の黄金時代であり、またメイトランドによって中世と近
代の偉大な分水嶺と称されたサー・エドワード・クックを生み出した時代で
もあるからである。[28] しかし、それだけにとどまらず、ウェーバーのテーゼは
より重要な問題を含んでいる。それは、所謂「判例法的思考様式」の形成が
如何なる時代になされ、また如何なる基礎の上に成立したのかという問題で
ある。ウェーバーの説に従えば、第三期に、法実務と法教育の純粋な経験の
故にということになろうし、また、その一般的テーゼが過去に投映しうる限
りにおいて、第一、第二期においても既に準備されていたということも可能
であろう。ところで、この問題は何を「判例的思考様式」として理解するか
という問題を抜きにして語り得ないものであり、次に一節を設けて、さらに

予備的考察を進めたい。

注

(1)　S. W. Holdsworth, *A History of English Law*（以下略、H.E.L.）（5th ed. 1942）Vol. II, pp. 484-536, Vol. IV, pp. 262-272,　Vol. VI, pp. 481-499. このうち、Vol. VI, pp. 262-272 は小山編訳『イングランド法とルネサンス』（創文社、1977）で訳出されている。同氏訳の J. ベイカー『イングランド法制史概説』（創文社、1975）の法曹院の論述（同書 118-132 頁）は、より最近の研究を基礎としたものとなっている。近代以降の法曹院の研究に関しては、深田三徳「イギリス近代法学の形成（1）、（2・完）」『同志社法学』21 巻 2 号 30-55 頁、同巻 4 号 1-28 頁。

　　　佐々木信氏の前掲論文は本稿脱稿時に知ることができなかった。

(2)　法曹院の起源に関する初期の研究としては、see. F. Pollock, 'The Origins of the Inns of Court', *L.Q.R.*, No. CXC, (1932) pp. 163-170.　とりわけ Note B.

(3)　S. E. Thorne, 'The Early History of the Inns of Court with Special Reference to Grays Inn', *graja*, No. 50, pp. 79-97.

　　　ソーン説によって、ホウルズワースを批判するものとしては、A. W. B. Simpson, 'The Early Constitution of Inns of Court' *Cambridge Law Journal*（以下 *Camb.L.J.*）pp. 241ff. W. R. Prest, *The Inns of Court under Elizabeth I and the Early Stuarts, 1590-1680*, (Longman, 1972) この新しい潮流への批判者としては、R. Roxburg, *The Origins of Lincoln's Inn*, (Camb. U.P., 1963) pp. 34-38.　論争の焦点は法曹院の教育機能は、団体の本来の目的であったのか否かにある。このことは同時に、法曹院の階層秩序が当初より存在したのか、それとも後発的なものかという評価と深く関係しているのである。

(4)　後述、2 章 3 節。

(5)　M. Curtis, *Oxford and Cambridge in transition 1558-1642*, (Clarendon Press, 1959) pp. 188-192.

(6)　ウェーバー、前掲書 328-339 頁。ウェーバーがこの主張の基礎としたのは、恐らくは、フォーテスキューの『英法礼讃』における、法曹院と大学の比較であろう。しかし、それは「競争」が現実に存在したことを意味するものではない。

(7)　中世においては講義は写し取るのに可能なスピードで行われるものであった。学生にとってテクストは高価なものであり写本を作り知識を蓄えることがそれを補っていたのである。

(8)　F. ヴィーアッカー著・鈴木禄弥訳『近世私法史』（創文社、1975）236 頁。

(9)　S. W. Holdsworth, *H.E.L.* Vol. IV, (3rd ed.) pp. 223-225.

(10)　Cf. Lisa Jardine, *Francis Bacon, Discovery and the Art of Discourse*, (Cambridge U. P., 1974) pp. 18-25. 上山『法社会史』91-94 頁。W. S. Howell, *Logic and Rhetoric in England, 1500-1700*, (1956) p. 65.

(11)　F. W. Maitland, 'English Law and Renaissance' in *Select Essays in Anglo-American Legal History*, p. 171, pp. 187-188.（小山編訳、9 頁、24-26 頁）

（12）　上山、前掲書 111-113 頁。

（13）　N. W. Gilbert, *Renaissance Concepts of Method*, (Columbia U.P., 1960) pp. 11-12.

（14）　後述 5 章第 1 節。

（15）　Maitland, op.cit., p. 200.（小山編訳、46 頁）

（16）　F. Caspari, *Humanism and Social Order in Tudor England*, (Univ.of Chicago Press, 1954) pp. 1-2, pp. 16-18.

（17）　Curtis, *op.cit.*, pp. 122-124.

（18）　C. ヒル著・福田良子訳『イギリス革命の思想的先駆者たち』（岩波書店、1972）105-106 頁。

（19）　Prest, *op.cit.*, pp. 137-158.

（20）　Coke, *Reports*, 3rd Part, Pref. p. xxxvii.

（21）　ヒル、前掲書 63 頁以下、もっとも、ヒルはグレシャム・カレッジにその名を付けたのであるが、ロンドン全体にその名を広げても不当ではないだろう。

（22）　Prest, *op.cit.*, pp. 132-133, Holdsworth, *H.E.L.* vol. VI, pp. 482-483.

（23）　S. E. Thorne, *Reading and Moots at the Inns of Court in the Fifteenth Century*, Vol. I, (Selden Society, 1954) p. xvii.

（24）　Prest, *op.cit.*, pp. 40-46, pp. 135-136.

（25）　*Ibid.*, pp. 59-70.

（26）　Curtis, *op.cit.*, pp. 105ff.

（27）　例えば前掲プラクネット『イギリス法制史』の文献史に関する叙述を見よ。

（28）　J. U. Lewis, 'Sir Edward Coke (1552-1633): His Theory of "Artificial Reason" as a Context for Modern Basic Legal Theory', *L.Q.R.*, Vol. 84, (1968) p. 330.　水田義雄『英国比較法研究』（勁草書房、1968）201 頁以下。

(2) 判例法的思考様式

先例引用の機能の二重性

　判例法的思考様式と名付けられるものの主要な核が判例集からの先例の引用にあることはいうまでもない。ところで、引用された先例は、形式的には権威的典拠として法の存在証拠たる価値を有すると同時に、内容的には、そこに含まれる法的議論が法的推論の素材としての役割を果すこととなる。それ故に先例引用による論証は法的議論の展開であると同時に、権威の、もしくは権威からの連鎖としての性格を有するのである。したがって、法的推論は常に権威によって制約されざるを得ない。この法的推論の権威による被制約性は、大陸法、コモン・ローを問わず、法的推論そのものに付着するもの

であろう。法解釈の枠の問題も一端は、この可能な推論と制限する権威との拮抗する関係の中に見出しうるものであろう[(1)]。かくのごとき、権威への強い牽引性はとりわけ当該判例が拘束的（coercive）権威を有するものとされるとき、特に強固なものとならざるを得ない。コモン・ロー法学においては19世紀後半になって、こうした先例拘束制原理が確立するに至る[(2)]。それ故、前出の言語への呪縛性をもって判例法的思考様式を特徴付けんとするウェーバーの評価はこの19世紀後半以降の判例法的思考様式の持つ強固な権威への被拘束性を表すものとして理解されるべきものであろう[*7]。

　筆者が本稿で判例法的思考様式として把握せんとするのは、むしろ、法的推論を展開するための素材としての先例利用の側面である。この点に関しては、「法実務と法教育の純粋に経験的な運営は常に個別から個別へと推論するのであって、個別的なものから出発して一般的命題を……求めようとするものではない」とする理解の方がより重要である。このような判例法的思考様式の把握は、それをアリストテレスの『分析論前書』で「例証による推論」＝アナロジー（演繹的推論、帰納的推論と並ぶ第三の推論方法）として説明された個別から個別への推論であると見做すレヴィの最近の見解とも一致するようにも思われる[(3)]。

　しかし、コモン・ロー法学の形成という観点から判例法的思考様式を解明する上においては、我々は次の点に留意すべきであろう。前述のレヴィの見解は、アリンに代表される判例法的思考様式を帰納法的推論形式として理解する見解への批判として出されたものであるが、両者のよって立つ分析対象が異なるということである。前者＝レヴィが法の変化に果す判例の役割を長期の視点で見ているのに対し、後者＝アリンは、判例集内での論理的展開として使用される判例の機能に着目している。重要なことは、判例集の編纂は「法実務と法教育の純粋に経験的な運営」（傍点筆者）ではないということである。判例報告者たるリポータは当該事件の直接の利害関係から離れて位置し、その関心は、当該事件と法廷での論議の中に流れる一貫した法的論理の探求に向けられる。それ故に、個々の判決、判例の引用においても、その主軸はかくのごとき論理展開の過程を再構成していく上での素材として、蓋然的真理としての役割を担わすことにある。その際、如何なる法的議論を選び

出し、再構成するかは判例集の編纂者の価値判断にかかっており、そうした立場から当該事件の判決すらも批判の対象となるのである。イングランドでは、こうした形の発展した判例集はテューダ期の人名付リポートにおいて完成される。先例拘束制原理が未だ完成せざるその時代にあって、彼らは自由に歴史的に堆積された膨大な判例に含まれる法的議論を駆使して、それを自らの法意識に、すなわち時代の法意識に従って新たな法的論理を抽出し、再構成していったのである。かくのごとき、リポータの批判的精神と創造的努力の中にこそ、コモン・ロー法学の発展のため学問的営為を見出し、その思考方法の形成を探求すべきものではないだろうか。テューダ、ステュアート期の判例集研究者が、当時の判例集を評して、現代の判例集よりもむしろ、現代の臨床医のケース・ブックに似ているとするのも、この期の判例集の柔軟な、権威による拘束から自由な立場を性格付けるものであろう。[4]

　これに対して、19世紀後半に完成する先例拘束制原理の確立は、一つには、コモン・ロー法学の創造的活力の衰退の結果であり、同時に、法的安定性の確保のために、裁判所の審級制の確立と結びついてなされた権威による拘束性の強化、法実務と法発見の手続に加えられた一種の形式的合理化として、大陸における概念法学の成立に対応するものとして理解されうるのである。[5]

判例集の歴史的変容

　13世紀末から始まる判例集の流れの中には二つの顕著な断層がみられる。15世紀中葉ヘンリ6世期、及び、テューダ初期の断層、及至断絶であるが、当面の課題にとっては「イヤー・ブックス（以下、Y.B.）の終焉」の名で知られる後者の断層がより重大であることはいうまでもない。[6] しかしながら、従来この判例集の断絶の問題は「ローマ法継受の危機」という観点から問題にされたために、人名付リポート集の出現は、「継受の危機」の回避、中世来連綿と続くコモン・ローの伝統の維持という側面に強調を置いて説かれがちであった。[7] 同時に、Y.B.と人名付リポートの間にある変化も、判例集の直線的な発展として捉えられ、その変化を生み出した動因の探求も不充分なままに終わっていたように思われる。このことは、ドイツ法学が、中世大学の註釈学派の伝統を基本的に受け継いでいるとされながらも、各時代の法学

が、その時代精神の産物として、その発展の断層を埋めてきたとされるのに対し顕著な対照をなしている。法学と時代精神の媒介項たる法学派の欠如である。しかしながら、逆に、このことは、イングランド法学の形成過程の解明にとって鍵となるのは、各々の時代の法学の連続面ではなく、その断絶面に注目し、その断絶が如何にして埋められていったのかという問題であることをも示しているのである。

　こうした視点から判例集の流れを見るなら断絶を挟む両時期の判例集の基本的性格を以下のごとく特徴付けることが可能であろう。

イヤー・ブックス期——客観的法の分離過程

　中世イングランド法学を特徴付けるのは、前述の意味での判例法的思考様式ではない。中世イングランド法を支えていた基本的支柱は令状体制であり、Y.B.は当初、令状を基本とする司法体制の副産物として、法廷での議論の断片を書き留めた私的なメモにすぎなかった。しかし、令状のフィルターを通して法廷にあらわれた主観的権利としての法、法的諸関係、それに関する裁判官、高位法廷弁護士の議論が書き留められるというそのこと自体が、法の社会からの分離（客観的法の形成）の第一歩でもあった。かくして分離され堆積された法的議論は、中世末の法曹院の教育訓練制度の整備とともに共有の法知識として、それ自体学ばれ、依拠されるべき法源として成長していくのである。[*8]

　この中世 Y.B. における法の社会からの分離という過程は、テューダ初期の国王印刷人ピンソンによる Y.B. の集成、フィッツハーバートの『大法要録』の成立でもって一応の完成をみる。すなわち、テューダ絶対王政国家を支える法的基礎＝イングランド社会全体の普通法（Common Law）として統合・確立されることになるのである。テューダ期の法曹にとって、この『大法要録』は法的議論の宝庫であり、そこから必要な法的議論を無尽蔵に引き出すことができたのであり、その限りでイングランドにおけるローマ法の継受は無用のものとなり、同時に Y.B. の終焉をも導いたとは考えられないだろうか。

テューダ期コモン・ロー法学の断層と「新たな」判例集の形成

『大法要録』による中世イングランド法学の完成は、同時にそこからの新たな法学が形成される出発点でもあった。

『大法要録』は、一方では、その包括性の故に、そこから共通の項目内に収められた法的議論を純化し、内部編成の体系化を進めていくことを可能にするものであった。その可能性をより現実的なものへと揺り動かしていったのがテューダ期の法学教育の問題であった。一つには、中央集権的司法国家として成立したテューダ絶対王政の専門法曹への需要の増大に伴う「合理的な」法学教育の必要性が、さらには、学問の修得をより容易で簡明なものにせんとする人文主義的教育改革者の要請とそのために彼らが提起した方法が、この体系化への方向を押し進める動因であった。こうした傾向は16世紀後半に向けてより強固なものになっていったように思われる。

他方、テューダ期の社会変動と新たな諸立法は、新立法と既存の法との調整のための立法解釈技術の発展、時代の変化に応じた新たな法の社会からの分離を不可避なものとした。後のプロイセンにおける法典編纂が裁判官を判決自動包摂機械たらしめ得なかったのと同様に、新たな判例を保存する必要性は残されたのである。[8] しかし、このことは直ちに「新たな」判例集の出現をその唯一の帰結として導いたわけではなかった。この新たな事態に対し、概ね以下の三つの異なった対処の方向があった。(1) Common Placing の慣行化と相俟って、フィッツハーバートの分類を利用し、新たな法的見解・判断を付け加えていく方向 (ブルック)、(2) 現実の裁判の最終的な見解の一致を基礎とし年代順に羅列していく方法 (ダイア)、(3) 裁判過程の批判的検討を通して、新たな法原理を探求していく方法 (プラウドゥン) であった。第二の方向は、そこで扱われた法律問題の新しさを別にすれば、基本的にはY.B.の伝統の継続に過ぎなかった。第三の方向こそ新たな法学の発展の道を示すものである。その「新しさ」は、さしあたり以下の2点に集約される。

第一に、この方向の端緒を開いたプラウドゥンの判例集は従来のY.B.への批判の上に立って構想されたことである。プラウドゥンの言葉を借りるなら、新たな判例集は、旧来のイヤー・ブックスのごとく、裁判官や高位法廷弁護士の「唐突な発言 ("Sudden Saying")」の寄せ集めとしてではなく、裁

判記録に記された事実問題から判決形成に至る過程に現れた法律問題を「純粋で論理一貫した（"Pure and Pithy"）」法的推論の流れとして再構成するものとなった。それは、他面では現実の裁判過程の底に流れる法的理由を一般的な法原理として析出していく方法でもあったのであり、そこでは引用された諸判例は素材としてその構成の中に組み入れられる。アリンがプラウドゥンの判例集の中に見出した判決形成の帰納法的プロセス、ratio decidendi と obiter dicti の区別がこれであった。

この新たな方法はクックによって受け継がれ、中世コモン・ローから近代コモン・ローへの転換への方法的基礎の一つとなっていくのである。

第二に重要なのは、プラウドゥンの判例集が法学教育に向けて編纂されたことである。そこで学ばれるべきものは生の法知識ではなかった。所与の事件から法律問題を如何にして引き出すか、関連する法的議論の底に流れている法原理を如何にして見出すか、その方法こそが学ばれるべき問題であり、プラウドゥンの判例集はそのモデルとしての機能を果たしたのである。ここに流れている教育理念・方法は明らかに前述の体系化へと向けられた方向とは異なった道筋を示していた。この教育理念の転換は学問とりわけ法学の形成がその教育方法と密接な関連を持っているが故に、近代コモン・ロー法学の形成にとって重要な意味を持った。

本稿は、まさに、こうしたテューダ期の判例集の断絶の中にみられるコモン・ロー法学の断層を見定め、その落差を、この期の諸思想の交錯、法学の展開の中から埋めていくことを課題とするのである。

注

(1)　Cf. Rupert Cross, *Precedent in English Law*, 2nd ed. (O.U.P., 1968) pp. 3ff.

(2)　*Ibid.*, p. 20, 佐々木、前掲書、Ⅰ 110 頁以下、及びⅡ 188 頁以下。

(3)　Edward H. Levi, *An Introduction to Legal Reasoning*, 5th ed. (1958) pp. 1ff. 矢崎光圀「判例法と法的論理」『法的推論』法哲学年報 1971（有斐閣、1972）168-169 頁。

(4)　Simpson, 'Source and Function', pp. 97-98.

(5)　注（2）及び矢崎光圀編『現代法思想の潮流』（法律文化社、1967）14-24 頁、北川善太郎「法解釈学における理論の法形成」『法的推論』所収 47 頁。

(6)　Y.B. 期の問題に関しては改めて発表の機会を得たい〔本書、第 3 編、第 4 編参照〕。

プロローグ　25

(7)　メイトランド他著、前掲書を参照。

(8)　上山『法社会史』182-190 頁。

(9)　E. Plowden, *Les Commentaries*, (1571) Pref. pp. iii-iv.

(10)　C. K. Allen, *Law in the Making* (1927) pp. 137-138.

(11)　T. F. T. Plucknett, 'the Genesis of Coke's Reports', *Cornell Law Quarterly*, Vol. 27, pp. 190-213.

(12)　もっともプラウドゥン自身はこの対立を明言してはいない。しかし、彼の考え方を受け継ぎ、評価したクックやベイコンは明らかにこの対立に気付いていた。後述、第 3 章第 7 節〔本書、第 5 編Ⅲ-(7)〕。

(3) 学問観

　前項で述べたごとく法曹院をイングランドの思想界から孤立した存在として理解することは不可能である。しかし、大陸の法学の「科学性」が、単にそれが大学で学ばれていたという事実から直ちに論証しうるものでないのと同様に、法曹院が「思想の手形交換所」としてのロンドンに位置したということ自体は、イングランド法に「科学性」を賦与するチャンスを提供したということを意味するにすぎない。また、論理学や哲学がそのまま法学もしくは法学方法論たり得たわけでもない。イングランド法学の「科学性」の検証はこの期のイングランド法文献に流れる方法の解明に待たねばならない。しかし、その場合、我々は如何なるリトマス紙をもってそれを測りうるかを予め検討しておかねばならないであろう。

　ここでは「科学」とは何かという問題を一般的に論ずるわけではない。それは本来哲学者のなすべき課題であり、また筆者の能力の及ぶところでもない。各々の時代の科学観、もしくは学問観から個別的学問の科学性を解明することが歴史を学ぶものの課題であろう。もっとも、その後に、各々の時代の科学観、学問観を現代の視点から評価することは可能であるし、そうすべきものかもしれない。しかし、その場合、各時代の学問観が如何なる歴史的条件の下に成立し、またその学問観に影響を受けた個々の学問が時代の社会的要請に如何に応え得たかがともに考察されねばならないだろう。

　当面の問題からすれば、所謂ウェーバーの言う「科学＝ヴィッセンシャフ

ト」なる概念をもってテューダ期の法学の科学性を判断することはできない。それは勝れてドイツ的な学問観を内包しているからだけではなく、カント―サヴィニーの時代以降に通用するリトマス紙でもあるからである。[1]しかし、ウェーバーが大陸における「科学的」法学の成立を「中世のローマ法的大学教育以来ヨーロッパ大陸に特徴的なものとなっている」法の合理化の成果に帰したごとく、[2]その科学性を論理的合理性の貫徹に向けられたもの、より具体的にいえば「論理的な意味解明による一般的概念の構成」とそこからの「三段論法による演繹」に科学性の問題を限定しうるなら、そこからテューダ期のイングランド法を見ることは可能であろう。しかし、その場合には、科学性という言葉より学問性という言葉を使用した方がよいように思われる。なぜなら、中世の学問を支配した術中の術（art of arts）たる論理学は sciens ＝確実知、すなわち、権威＝真理命題と結びつくことによってのみ科学たりえたからである。中世の学問にとって真理は既に権威によって明らかであるが故に、そこからの厳格な推論形式（論理学）によって諸々の言説の真理性が論証されるとき、その真理性の担保は推論形式にかかっていたのである。法学をドグマティッシュな学問として理解するウェーバーが法学の科学性の担保を「論理的合理性」――筆者にとっては論理学的合理性とした方がより理解しやすいのであるが――に求め、その起源を「中世のローマ法的大学教育」にあるとしたのは当然の帰結であると同時に、それはまた、大陸における法学の方法が基本的には中世の註釈学派以来変化していないということを示すものであろう。ところで、イングランドに目を向けてみるなら、少なくともテューダ期の法曹達に関する限りこうした推論形式を知らなかったわけでも、またシロジズムを利用しなかったわけでもなかった。単に、彼らはそれらが法学にとって基本的な推論形式であり、思考方法であるとも考えなかったにすぎない。この相異はイングランド法学の礎を築いた彼らの生きていた時代の学問観とイングランド法それ自体に由来するように思われる。

　大陸においても論理学が常に法学の真理性・科学性を担保し続けてきたわけではないし、またシロジスティックな推論がその中心部分を占め続けていたわけでもない。とりわけ筆者が扱わんとするルネサンス期には、多くのギ

リシア・ローマの哲学者・雄弁家の著作や思想が復活させられることによって、あらゆる中世的諸権威は相対化せしめられてしまっていた。[4]これら大前提を成すべき権威的諸命題の真理性そのものが疑われ始めた時代には、推論形式の厳格さも、それ自体としては、そこから導き出された諸帰結の真理性を担保するものではなくなってしまっていた。一方では、論争の枢軸は論理学上の穿鑿から、歴史的・文献学的探究へと移りつつあった。[5]それと同時に、論理学の文芸コース内に占める位置は低下し、説得の術たるレトリックが人文主義者達の後押しの下に注目され始めてきていた。この動きは、論理学内部の構成さえも一変させてしまった。蓋然的真理から出発する推論形式（弁証術）を扱ったアリストテレスの『トピカ』を中心にオルガノンの既存の体系は Invention（論題の発案）と Disposition（配列）もしくは Judgement（判断）の２分野に組み替えられ、キケロの同名の書によるアリストテレス解釈によって「強化」された。アグリコーラ、メランヒトン、ラムス等がこの方向を強く推進した人々であり、人文主義者の多くの人々がこの立場に立った。シロジズムは彼らの体系では「判断」の一部として重要な位置を占めるものではあったが、彼らの強調はむしろ Invention にかけられ、キケロの例に倣い「従来、無視され続けてきた」この分野の地位を押し上げることに使命を感じていたのである。[6]

　このことは、彼らが同時に人文主義的教育改革者であったこととも深く結びついていた。それは、彼ら自身が推進してきた俗人教育の普及によって新たに生み出された学生に、より簡明に、従来のスコラ的な冗長で詳細な議論に煩わされることなく、彼らの後の「生活に有用な」知識を与える方法でもあった。彼らはあらゆる学問分野で、あらゆる素材から標準的な論題を集め始めた。それは、従来の議論のための素材を用意するというような方向にのみならず、学問全体に概観を与えるという方向に、すなわち、彼らの学問観＝「生活に有用な諸規則の体系」へと方向付けられていたのである。それは他方では古典古代の諸著作から、より時代に即応した、有用な、そして、そのためにも一般性を有する言明を選び出し、整備するという結果を伴っていた。この時代に Loci Communes（共通拠点、概説）の名の下に出版されるようになった書物が、この代表的なものであった。[7]

この方法は種々の発展方向を含んでいた。一つには、この方法がその形式的な面での真理性（権威）を古典の著者の見解の共通性に置いていたということは、同時にその選択の客観性を歴史的・文献学的研究によって高めることが可能であることを――もっとも歴史が時代の正統性の基準となりうる時代においてではあるが――示していた。

第二に、それは新たな真理性の基準の下に選択された公理的見解（Axiom）を体系的に位置付け整序する一歩手前まできていた。ここからは、一つには真理性の形式的な基準を確立しそこから定義―分割によって、一般的なものから個別的なものへと単一の方法に従って、アキシオムを配列していく方向（ラムス）、さらには、道徳的・倫理的要請に基づく実質的な真理基準を新たに創出することによって、そこからすべてのアキシオムを位置付けていくという方向（哲学的自然法）の発展が可能であった。

最後に、人文主義者によるアキシオムの選択それ自体を批判的に検討することによってアキシオムの形成の客観性を確保せんとする方向（ベイコン）がありえた。

我々の扱わんとする時代の末期の学問観・学問方法論はこれらの間で揺れ動いていた。最終的には、フランスが歴史研究の方向へ、ドイツが哲学的自然法の方向へ道を歩んだとするなら、イングランドはベイコン的道を選んだといえるのかもしれない。[8]

しかし、このことはイングランドに体系的方向への発展の可能性がなかったことを意味するわけではない。むしろ、ベイコンの方法は当時のラミズムとの激しい対決とその批判的摂取の中から生み出されたものであった。歴史研究の方向も宗教改革以降、アングロ・サクソン熱に刺激され充分に正統性の基礎を与えるものに成長しつつあった。[9]

ルネサンス期の法曹達はかくのごとき思想の重なり合う諸潮流の中に生きていた。そしてこれらの諸潮流と絶えず緊張関係に立たされながら、自らの法学を形成せねばならなかったのである。法学が統治に関する術である以上、法学の明白で確実な基礎を確立せんとする学問上の努力は、それが承認されない限り政治的権力者の権威との対立を内包せざるを得なかった。他方、人文主義者の提起した方法は法学教育にとっては有効であっても、否、

むしろ有効であればあるほど、それを学として、すなわち真理の裁断者とし
て認めることは、とりわけ実務にとって危険であった。なぜなら、教育目的
にとっては既存の知識の伝達がその最良の任務であるのに対し、学問の目的
は、新たな知識を造り出し確立することにあるからであり、法学が確実な基
礎を持ち得ない時代にあっては教育の体系的方向への先走りは、逆に、現存
の法秩序を不安定なものにしてしまうだけであったからである。それ故に、
体系化に先立って法知識を確実な基礎の上に載せることが目指されねばなら
なかったのである。

　我々はかくのごときルネサンス期イングランドの学問観、方法論の交錯す
る中からイングランド法学が如何に形成されたか、また、如何なる道を歩む
ことになったかを検討せねばなるまい。

注

(1)　　河上倫逸「ドイツ型市民思想と法理論」『法学論叢』95 巻 1 号 67-69 頁。前掲『法
　　　学史』4 頁。世良晃志郎『歴史学方法論の諸問題』（木鐸社、1973）23-24 頁。
(2)　　ウェーバー、前掲書 528 頁。
(3)　　同書 3-4 頁。
(4)　　Gilbert, *op.cit.*, pp. 35-36.
(5)　　F. S. Fussner, *The Historical Revolution, English Historical Writing and Thought,*
　　　1580-1940,（Routledge & K. Paul, 1962）pp. 6-19.
(6)　　Jardine, *op.cit.*, p. 32.
(7)　　Gilbert, *op.cit.*, pp. 108-115.
(8)　　上山『法社会史』113 頁。
(9)　　Fussner, *op.cit.*, pp. 22-25, pp. 92ff.

*1　　論文発表時（1979）の状況に関しては注（1）参照。『法学史』は、その後、増刷を
　　　重ねた（1998、第 15 刷）が現在は品切れ。
*2　　英米法学者の望月礼二郎教授は、最近になってコモン・ローの不文法としての性質
　　　について気付かれたようである。「コモンロー考」『神奈川法学』30 巻 1 号（1995）、
　　　同「コモンロー再考」早稲田大学比較法研究書編『比較法と法律学——新世紀を展望
　　　して』（2010）所収。

*3 　最初の論文では、さらに曖昧な表現にしていた。現在では、イギリスにおける
ローマ法の早期継受の影響とルネサンス期における『ブラクトン』出版を通しての継
受の意義が重視されるべきと考えている。ドイツにおけるローマ法の包括的継受はド
イツの後進性の産物に過ぎない。本書、第5編補論1「イングランド法とルネサンス
再考」参照。

*4 　当時、ウェーバーの典拠としては、注（6）に記したようにフォーテスキューの著
述以外に思い浮かばなかった。その後、トックヴィル著・小山勉訳『旧体制と大革命』
（ちくま学芸文庫、1998）433-435頁が、「15世紀初頭から中頃にかけて、イギリスで
起った同じ性格の法学博士反対闘争」について論じていることに気が付いた。やは
り、典拠が示されていないが、フォーテスキューの時代の法曹院教育訓練制度整備期
と一致する時期である。ウェーバーは大学との競争に勝利して「独占を達成するやい
なや、法曹院の学校での講義は消滅し始め、そしてついには完全になくなった。それ
以来、準備教育は完全に実務的＝経験的なものになり、手工業ツンフトにおけると同
様に、非常に専門化Spezialisierungすることになった」（傍点筆者）と論じたが、法
曹院の制定法講義消滅は17世紀後半であり、ウェーバーが法思考の諸類型で描き出
しているイギリスの法曹の姿は18世紀の法曹院教育衰退期乃至消滅期の法曹の姿で
あって、コモン・ロー法学形成期の法曹の姿ではないということである。拙稿「ヘイ
ル『ロール法要録』序文、若きコモン・ロー法学徒に向けて——一八世紀法文献史研究
の起点として」『法と政治』60巻2号（2009）149-151頁。（本書「エピローグにかえ
て」として所収）

*5 　筆者が当初法曹学院と訳していたインズ・オヴ・コートを法曹院と訳すようになっ
たのはこのゆえである。確かに、法曹院はテューダ期に向けて法学教育機関化し、ま
さに学院となっていったのではあるが、しかし、それは法曹の宿舎に後に付け加わっ
た機能に過ぎなかったと考えるからである。

*6 　この時期に法文献がまったくなかったわけではない。むしろ、実務家向けの法文献
の出版は花盛りである。拙稿「G・ジェイコブとイギリス法学史の二つの流れ——『各人
が自分自身の弁護士 Every man his own lawyer』の成立をめぐって」中村浩爾古稀記
念論文集、桐山・中村・山本編『社会変革と社会科学——時代と対峙する思想と実践』（昭
和堂、2017）所収予定、科学研究費補助金研究成果報告書「一八世紀イングランド法文
献史研究」（https://kaken.nii.ac.jp/ja/file/KAKENHI-PROJECT-
19530016/19530016seika.pdf）参照。

*7 　19世紀半ば以降の判例拘束性原理確立以前については、とりわけ説得的権威と拘
束的権威の区別が必要であろう。判例法的思考様式を拘束的権威の問題にのみ限って
しまえば、法廷年報期のコモン・ロー法学の豊かな発展が見えなくなってしまう。

*8 　初出論文執筆時には訴答と訴答を巡る議論の意義について未だ理解が不十分で、
令状論のみに傾きがちな論述となってしまった。法廷年報における議論は、令状の適
否とならんで、訴答の適否をめぐる議論が中心で、これらの議論との関連で令状や訴
答の基礎となる制定法の解釈やコモン・ロー上の法原則が問題とされることとなる。
全面否認訴答の場合、もしくは、事実問題で争点が一致すれば陪審評決に委ねられ、
相手側の訴答が法的に不十分である場合には、訴答不十分の法律効果不発生抗弁に

よって法律問題が争点となったのである。拙稿「Demurrer 考」（本書、第3編「コモン・ロー法学の発展」）参照。

第 **1** 編

コモン・ロー法学史の起点を求めて

　プロローグにおいて、テューダ期におけるコモン・ロー法学の発展に焦点を当て、研究当初の問題意識を論じたが、このコモン・ロー法学史の古典期ともいうべきテューダ期に進む前に、テューダ期イングランド法学の発展のための素材としての法的議論の蓄積を可能とした中世コモン・ロー法学の展開過程を論じなければならないのだが、その前提として、コモン・ローとは何かという定義問題が論じられなければならない。

　しかし、実は、この定義問題が一番困難な問題であり、研究の最後に円環的にようやく達成しうるものなのである。したがって、ここでは逆に「コモン・ローの終焉」という問題から検討を始めていくこととした。[*1]

はじめに

　J. H. ベイカーが、英法史の標準的概説書となった『イングランド法概説』の第 10 章（「陪審と訴答」）で「コモン・ロー制度の終焉」という項目を設け論じ始めたのは、1979 年の第 2 巻からであった。[(1)] しかし、「コモン・ロー制度の衰退」という節の中で扱われたために、目次に現れることもなく、当初は、それほど衝撃的な印象を与えるものではなかった。しかし、2002 年の第 4 版では、「コモン・ロー制度の衰退」に続く、独立した節として論じられるようになったこともあり、コモン・ロー史の研究者にとっては見過ごすことのできない節となってきた。[(2)]

もっとも、この終焉は、メイトランドが訴訟方式論で、令状の廃止を論じたときに、既に予測されていたのかも知れない。ベイカーも「訴訟方式の終焉」については、初版から第9章の令状論の最終節で論じていた。しかし、メイトランドが「墓場の下から支配している」と論じたように、アンジュー期に発達した令状を基礎に築き上げられたコモン・ロー・システムは20世紀に入っても大陸法とは異なるシステムを保ち続けていた。むしろ、コモン・ローの伝統的法システムが大きく変化していくのは1970年代以降であり、[3]その変化は世紀の変わり目に一気に加速した。1987年公訴局の創設による検察官制度の発足、1996年ウルフ・リポート以降の急速な民事訴訟法改革、1998年人権法、そして、とりわけ、今世紀に入り、ベイカーに「憲法革命（Constitutional Revolution）」と言わしめた2005年憲法改革法によって大きく変動した。[4]訴訟法改革法、憲法改革法の背後にあるのがEU法体系との適合性にあるとするなら、コモン・ローの終焉を決定付けたのはEU法化であったのかもしれない。ベイカーが訴訟方式の終焉に加え、節を改めてコモン・ロー・システムの終焉を論じる理由の一端もこのあたりにあるのではないだろうか。

　このことは、逆に、コモン・ローとは何であったのかを理解する上で重要な示唆を与えてくれる。コモン・ローは歴史的に発展してきただけに、その定義は多義的であるが、コモン・ローという言葉の誕生以前から、イングランドに共通な法としてのイングランド國法としての性格を保ち続けてきた。近代法が国家法中心の世界で出来上がっているため、却って、このことの重要性は見失われがちである。しかし、近代法の特質を意識的に探求したウェーバーは、イングランドにおける早期の國法の成立の特殊性を見逃さなかった。

　ウェーバーは「近代法の形式的諸性質」の中で、西洋における形式合理的な近代法の成立理由の一つとして、『西洋のみが、［自治法的］合意は［一般的］國法を破る』という法命題と法の属人性との完全な除去を経験した」ことを挙げている。[5]この命題は、ウェーバーの西洋近代法論において、ディングゲノッセンシャフト論や家産制の身分制的ステロ化としての封建制論等に比し、それほど注目を浴びてこなかったように思われるが、確かに、合意が國

法を破るなら、近代国家法は成立しない。絶えず合意によって新たな特別法領域が生み出されることになるからである。

この命題を論じるに際して、ウェーバーは、近代以前においては、「法は『属地法』"lex terrae" ではなくて——ただし国王裁判所で適用されたイギリス法は、ノルマン人による征服の後、やがて間もなく属地法になったが——、人的団体の特権だった」（187頁［s433］）ことを強調する。イングランドは例外的なのである。イングランドだけではない「中世イタリアの［都市国家の］諸条例は、イギリス法と同様に、統一的な属地法 lex terrae を創り出している。中部ヨーロッパ大陸においては、絶対主義的な君主国家がはじめてこの企てをおこなったが、それも多くはこれらの特別法を実質的に温存しながらであった。近代的な国家アンシュタルトになってようやく、これらの特別法は完全に廃止されたのである」（433頁［ss482-3］）。

近代国家法に慣れ親しんだ我々には当然であるようなことではあるが、国家法としてしか法を語らない、もしくは、国家法としてしか法を語れなくなった近代人にとっては意外なことかも知れない。しかし、ウェーバーがいうように、一つの国家が一つの法共同体を形成するのは、極めて近代的な現象であるということに注意をする必要がある。フランスは一つの王権の下に統治されていたが、フランス民法典が成立するまでは、単一の法共同体ではなく、ヘーゲルに紹介された「馬車を替える度に、法が変わる」というフランスの哲学者の言葉に代表されるように、フランス革命前には多くの慣習法地域とパルルマン管区に分かれていた。プロイセン一般ラント法の成立も同時期ではあるが、プロイセン地域に限られていただけでなく、地域特別法の優位を前提としていたのである。ドイツという国家が成立し、ドイツ全体が一つの法共同体として完成されたのはドイツ民法典が成立した20世紀になってからなのである。それ故にこそ、ウェーバーにとっては、イングランドにおける早期の國法の実現は正に驚くべき現象であったのである。

一つの王国の成立が必ずしも一つの法共同体の成立を意味するわけではない。ウェーバーが慎重に、「イギリスのコモン・ローは、征服以来、完全に公式にはヘンリ2世以来、属地法であったが、このような「属地法」"lex terrae" をつくりだすということは［イスラムにおいては］まったく不可能なことであっ

たろう」（403 頁 [s476]）と論じた。実際、『ヘンリー一世の諸法』は、イングランド法がマーシア法、ウェセックス法、デーン法地域に分かれていると論じていた。すなわち、辺境地域に住むアングル人の法、西部地域のサクソン人の法、そしてデーン人の法というように、属人的に分かたれていたのである。それに加えてノルマンディから持ち込まれたレーン法があったわけであるからサクソン人の故地のザクセン・シュピーゲル段階と大きく変わらなかったともいえよう。しかしながら、ウェーバーによれば、「イギリスにおいてレーン法がドイツにおけるように特別法として成立することなく、統一的な「國法」"lex terrae"—すなわちコモン・ローの中に解消するという結果を実現した。その代わりに、土地法・家族法・相続法全体が、いうまでもなく強い封建的性格を帯びることになった」というのである。イングランド法の封建的性格は、早期に國法が成立したことの裏返しだというのである。

このアンジュー期イングランドにおける国民国家的法共同体の成立について、ベイカーも『イングランド法史概説』（第 4 版）で、「偶然にも、イングランドにヨーロッパ唯一のナショナルな法体系を与えたのは、アンジュー統治の強力さ、いや苛酷さでさえあった」と論じている。ナショナルなという言葉の定義を如何に考えるかという問題もあるが、この時期に、後の近代国家に繋がるイングランド的規模で属地法としての國法が実現した地域はなかったのである。しかし、その個性的なコモン・ロー・システムの終焉が語られる時代を迎えている。このことは、逆に、コモン・ローの歴史研究は、近代国家法が生み出され、成熟し、終焉していく過程を理解する上での絶好の時期を迎えているということを意味しないだろうか。イングランドが最初の近代資本主義国家であったと理解するなら、それだけ一層イングランド法史研究の持つ意義は大きくなったといわねばならない。

その意味で、イングランドにおける早期の國法の成立に着目したのはウェーバーの慧眼であった。しかし、問題はそれほど簡単ではないように思われる。

基本の命題に還って、整理してみよう。「［自治法的］合意は［一般的］國法を破る」という法命題と法の属人性との完全な除去を経験しない限り、近代法は実現されないのであり、ドイツでそれが実現したのは、早くても絶対

王政期になってからであったのに対して、イングランドではヘンリ2世期に実現したというのである。

しかし、ヘンリ2世期のコモン・ローの生誕を記す法書『グランヴィル』において、ウェーバーが克服せられるべきとした命題そのものを見出すことができる。通常は、契約成立後は一方的に解除することはできないが、一定期日までなら、いずれの側からも免責の上解除しうるとする合意がある場合には、一方の側からの解除も可能であるとし、「なぜなら、合意が法律に勝るということが一般的真理であるからである。(generaliter enim verum est quod conventio legem vincit.)」(X-14 De Emptione et Uendione) と理由付けられているからである。後に論じるように、この法理は、ヘンリ2世の孫の時代、中世イングランド法学の華ともいうべき『ブラクトン』においても、頻繁に繰り返される。もちろん、売買という分野に関連する議論ではあるが、Lex terrae の実現と、合意が法を破るという命題の克服とは必ずしも直線的な関係で論じることはできないようにも思われる。

『英米法辞典』の編者が、「『普通法』という訳語は、ドイツの普通法 gemeines Recht と混同するおそれがある」として、普通法の訳語を避けたのは、何れが普通法の名にふさわしいかは別にして、コモン・ローの國法的性質を理解する上で極めて示唆的である。なぜなら、ドイツの普通法は、補充的効力を持つのみで、コモン・ローのような國法的地位を獲得することはなかったし、プロイセン一般ラント法すら、特別法に優位するわけではなかったからである。しかし、コモン・ローの國法的性質は、『グランヴィル』や『ブラクトン』を見る限り、「合意が法を破る」という命題を克服する形で実現したようには思えない。コモン・ローが如何にして國法的地位を獲得したのか。本稿では、『ブラクトン』における Lex terrae の用法の分析を中心に、この問題の解決に迫ってみたい。

I　予備的考察

コモン・ローの理解の仕方は概ね3通りの方法がある。第一は、本王國

の諸法のみを指す場合で、慣習法、ローマ法、教会法やそれ以外の如何なる法であれ、それに加えられた法を含まない意味である。我がイングランド法で論争がある場合にはコモン・ローによって何が正しいか（*of right*）決定される。そして、教会法によって、また海事裁判所等によって決定されることもあるのである。

第二に、王座裁判所、民訴裁判所といった国王裁判所を意味する場合がある。これはこれらの裁判所を領主裁判所、州裁判所、埃足裁判所の如き下位裁判所と峻別するためである。例えば、当該土地は自由保有地であるので、コモン・ローに訴えるべきだという理由で、土地に関する訴訟が旧王領地から移管される場合、［コモン・ローにとは］旧王領地やその他の下位裁判所にではなく、国王裁判所に訴えるべきことを意味する。

第三に、そして最も通常の場合、コモン・ローという言葉によって、何らかの制定法によって同上の法に変更が加えられ前に、一般的に法と見做され、理解されていた諸法を意味する。例えば、期間賃借権者と異なり、生涯権保有者はグロスタ法第5章が制定されるまでは、コモン・ロー上、不動産毀損で罰せられることはなかったが、同制定法によって、彼等に対する不動産毀損訴権が付与されることになった。しかし、鰥夫産権保有者と寡婦産権保有者は、コモン・ローで、即ち、前述のグロスタ法が制定される以前の通常且つ共通に受容された諸法によって、不動産毀損で罰せられていた。　John Rastell, *Expositiones Termiorum Anglorum*（London, 1579）

コモン・ローとは何かということの理解を、我々にとって困難にしているものの一つとして、近代における法観念と前近代における法観念との相違があるように思われる。近代的法観念によって近代以前のコモン・ローを十全に理解することはできない。近代的法観念からコモン・ローを定義し、その起源を探っても、近代以前にはコモン・ローはなかったというトートロジーになってしまったり、神秘的な秘儀にとしてしまったりする危険性が大きい。[6]当時の人がコモン・ローという言葉で理解したものを先ず見出す必要があろう。

冒頭に掲げたのは、イングランドの最初の法律辞書、ラスティル『イング

ランド法律用語辞典』（1523）の 1579 年版に記されたコモン・ローの定義で
あるが、近代人である我々にとって、丁度、中世との中間点で、前近代コモ
ン・ロー概念理解の出発点として貴重であろう。[7]

　既に、この段階からコモン・ローの定義は多義的になされている。我が国
の『英米法辞典』のトップに挙げられているエクイティに対するコモン・ロー
という定義のされ方は見当たらない。この時期に大法官裁判所は確立してい
るのだが、現在でも、law & equity という用法でコモン・ローとエクイティ
が対比されるように、18 世紀におけるエクイティの結晶化以前の段階で
は、エクイティは個別的救済に留まり、1 個の法体系とは見做されていな
かったからであろう。

　制定法に対するコモン・ローという意味も、制定法概念が成立する以前に
は、出現するはずはなく、コモン・ローという言葉が出現する 13 世紀末がそ
うした意味が形成された時代となろう。その場合にも、ラスティルの辞書の
ように、中世を通して、訴権主義的な思考方法が強かったことに留意すべき
である。コモン・ロー上の訴権か、制定法上の訴権かが訴訟の成立において
重要な問題であったからである。

　より古い語義は、ラスティルが第二に挙げている、国王裁判所を意味する
用法であろう。通常イングランド法史でコモン・ロー生誕の世紀とされる、
ヘンリ 2 世の時代を象徴するのは国王裁判所の令状手続を中心とする裁判慣
行を叙述した『グランヴィル』の時代であり、コモン・ローという言葉が出
現する 1 世紀前の時代である。国王御猟林地域を國法の適用からの除外とそ
のための特別の裁判所の設置に係わって、教会法で使われていたラテン語の
ius commune という用語が、世俗法分野で借用されるようになるのもこの時
代であった。[8]

　こうしたコモン・ローの多義性は、コモン・ロー自身が歴史的に発展する中
でその意味を獲得していったことに起因すると考えて良いであろう。しか
し、この歴史的な意味変化の中で、一貫しているのは、ラスティルが最初に
挙げた「本王國の諸法のみを指す場合」であろう。『英米法辞典』では、領域
的国家法としてより、法系論的に教会法や、ローマ法に対する意味として例
示されている 3、4 の意味に近いのであるが、ウェーバーが近代法論で注目し

たのも、イングランド國法という意味での、この領域的法概念であった。ここでは、「慣習」は、当時の通常の意味で、すなわち、「地方特別慣習」の意味で、コモン・ローと対立する意味で使われている。『英米法辞典』でエクイティとの対比と共に第一の語義として挙げられている「王國の一般的慣習（general custom of the realm)」という表現は、アンジュー期以来の令状における「國法と王國の慣習に従って（secundum legem terrae et consuetudinem regni)」という表現に由来するものではあるが、コモン・ローを王國の一般的慣習とする定義それ自体はセント・ジャーマンの『神学博士と英法学徒との対話』（以下『博士と学徒』）以降徐々に定着したものにすぎないのであって、ある種の形容矛盾的な表現なのである。また、セント・ジャーマン自身も現在の我々がコモン・ローとして語るものを、マクシムと王國の一般的慣習の二つに分けて考察していることにも留意しておく必要があろう。

　現代国家制定法中心の時代を生きる我々にとって慣習法の効力根拠が最も理解しにくいものであるかもしれない。中間の時代を生きるセント・ジャーマンも、その困難を感じ始めていたのかも知れない。彼は、神学博士の問いに答え、法準則の形式でコモン・ローを示すのだが、その後、この慣習法の効力根拠について、以下のように説明し、神学博士の同意を求める。

> **法学徒**：……これらすべての、そして、他の同様な慣習は、［合理的であって、そこで使用されている慣習は法律上充分有効であるのだけれども、］理性のみによっては、そうあるべきであって、それ以外であってはならないとは証明できない。そして《それ故に》こうした［一般的］慣習に反して作成された制定法は完全に有効で法として遵守されねばならない。……（中略)……所有権法は一般慣習法の中に数え上げられる。しかも、これらのイングランド法の諸慣習の始まりを扱った如何なる制定法も他の成文法もないということが理解されるべきです。［理解すべきは何故にそれらが法と見做されねばならないかではない。］そしてそれ故に王国の諸法の識者に従うべきなのです。本王国の古き慣習であることが諸慣習法のための唯一且つ充分な典拠な

のです。そして、博士方はこの点について、即ち、慣習のみで法（any lawe）の充分な典拠となるか否かについて、どのようにお考えかお教え願えないでしょうか。

神学博士：博士達は慣習に基礎付けられた法を最も確実な法と見做しています。しかし、それとともに常に以下のことが理解されねばなりません。そのような慣習は理性法に反してはならず、また神の法に反してもならないということです。（D&S, p. 57）

この簡単な答えで、コモン・ローの慣習法論が神学やローマ法の博士達の慣習法論と変わらないことを確認した上で、マクシム論に移っていくのだが、マクシム論の最後で再び、念を押すように、以下のような質問を神学者に行わせて答える。

神学博士：しかし、[私がお示し願いたいのは]、貴方が以前に第八章で提起した國の一般的慣習の諸事例や貴方がマクシムと称するものが、否定されるべきではなく、マクシムとして理解されるべきであるということは、イングランド法では如何なる権威（auctorytie）によって証明されるのかということなのです。なぜなら、貴方自身もそうであることに同意したように、それらは理性によっては証明されないからです。したがって、それらを証明する何らかの制定法か他の充分な典拠（auctorytie）がある場合にのみ確認できるのであって、（それがなければ）軽く否定されうるからです。

法学徒：イングランド法の多くの諸慣習［と諸原理］は、国土の慣用と慣習によってあまりに明白に知られているのでそれについて如何なる成文法も必要としません。例えば、長男が父を相続することに、また、男子がいない場合には全ての娘が一緒になって一人の相続人となることに、また、夫が二人の婚姻の際に［もしくはその後に］妻がもたらした彼女のあらゆる動産の所有権を有することに、また庶子が法定相続人として相続すべきでな

いことに、また遺言執行人達が遺言者の全動産の処分権を有することに［そして、遺言執行人がいない場合には、管区主教が処分権を持つ、法定相続人は先祖の動産に干渉すべきではないのです。しかし、特別慣習が彼を助けることがある］、さらに、それ以外の多数の慣習と原理は、如何なる成文法も必要とはしないのです。他の人々にそれほど公には知られていない［法］原理や慣習も、一部は理性の法によって知られうるのです。そして、また他の一部は、開廷期年報と称されるイングランド法の書物によって知られ、また一部には、国王裁判所や国庫に残っている様々な訴訟記録によって知ることができます。とりわけ、令状登録集と称される書物や、上述の慣習や原理［の多く］がしばしば文書で採録されている様々な諸制定法によって知ることができるのです。

(D&S, p. 69)

　コモン・ロー・マインド論を中世に遡って検討したタブズはこの答えを、問いに直接答えるものではないと批判する。なるほど、現代の我々の視点からすれば、法の効力の問題が、法の確実性の問題にすり替えられ、法の権威の問題が、法の知識の問題にすり替えられているようにもみえる。実際、そうなのである。

　しかし、法が主権者の命令であって、法を作るのは権威であって賢識（Wisdom）ではないというのはホッブズ以降の考え方であるが、セント・ジャーマンにとってはそうではない。すべての人に知られていれば、まさに法はポジティヴなものであり、権威的に決定する必要もないのである。すなわち如何なる成文法も必要としないのである。それほど公に知られていなくても、法廷年報や訴訟記録等から知ることができる。

　すべての人に知られていない、マクシムについてはもう少し説明をする必要があるかも知れない。「一般慣習も上述のマクシムと同じ効力と権原（the strength and warunte）をもっているので、これら全てのマクシムは上述の王国の一般的慣習の内に数えた方が都合がよいかも知れないが、上述の一般

的慣習はイングランド王国中に普及し、学識者のみならず、学識無き人にも十分に知られているか、もしくはイングランド法を僅か学べば、簡単に知られうるものなのです。これに対し、上述のマクシムは国王裁判所のみで、また、王国の法について多大な学習を積んだ人々の間でのみ知られるものだからです」（D&S, p. 59）と弁解気味に論じている。

イングランド法の第四の基礎としてのマクシム論の冒頭で、「これら［諸マクシム］は、常に法と見做されてきたので、学識ある人がそれらを否定する・・・・・・・・・・・・のは法に適っていない。・・・・・・・・なぜなら、これらマクシムの全てどれをとっても、彼自身にとって充分に権威あるものであるので、それらのマクシムを否定する人と議論することは無駄となる程であるからである」（D&S, pp. 57-59）と論じて、フォーテスキューのマクシム論を引き継ぐと共に、対話の相手である神学博士の要望に応え、フォーテスキューが具体的に論じなかったマクシムの具体例を挙げたのである。エリオットが Loci Communes に困ることはないといったのは、セント・ジャーマンのマクシム論と法準則の例示を念頭においていたのかも知れない。国王裁判所の訴答をめぐる議論で、共通拠点たるマクシムを否定する議論はできないということなのである。

中世において権威の問題が無関係であったといっているわけではない。

問題は、何が法かという問題であって、その場合、何が法であるかが明白である場合には、何が法であるかを権威的に明らかにする必要はなかったということなのである。現代における実証主義が権威主義的方向に傾斜しすぎているのである。権威としてポジティヴでなくとも、知識としてポジティヴなものであればそれで十分だというのが、セント・ジャーマンの主張ではなかっただろうか。[10]

『グランヴィル』や『ブラクトン』が、イングランド法が不文法であることにあれほど拘ったのも、不文であるために何が法であるかが明示されていなかったからであろう。それにも拘わらず、イングランド法が法律であると主張するために、『グランヴィル』がローマ法の王権論に依拠するのは、何が法か疑問がある場合なのである、

「イングランド人の諸法が不文（non scriptas）であるからといって、法律（leges）と称さないのは不条理であるように思われる。法律自身に『君主の

嘉したまうところ、法の効力を有する』とあるように、それらが疑わしい問題について（super dubiis）、諸侯の忠告に基づいて定められた事柄が、国王の権威を賦与されて公布されたものであることは明らかだからである。もし、単に成文を欠くということでまったく法律でないと評価されるならば、法律そのものの権威の精髄が、法を裁決する公平（equitas）や法を定立する理性（ratio）よりも成文化（scriptura）にあると考えられるようになってしまうであろうことは疑いえないからである」（傍点筆者）。「疑わしい問題について」というところが重要である。『ブラクトン』のように合意論の方に重点を置くかどうかの相違はあるものの、このときに初めて権威論が呼び出されるのである。国王の権威が必要とされるのは「何が法か」疑わしいときであり、法の識者達によって法が明白な場合には必要ではないのである。ここでも紛争を解決すべき法知識の明証性が大事なのである[11]。

　我々は、ホッブズ以前の時代を研究していることを忘れてはならないし、ホッブズ的主権者命令説が一般化するのも 19 世紀に入ってからであるということを肝に銘じておかなければいけない。

II　『ブラクトン』以前

　我々が使用してきたコモン・ローというこの用語について、若干の説明をする必要がある。それが日常的に使われるようになるのは（it comes into use）、エドワード 1 世の治世中かその直後である[12]。

　F. W. Maitland, *The Constitutional History of England*（1908 rep. 1963）p. 22. A Course of Lectures, M. 1887-L. 1888.

　1883 年にイングランド法講師に赴任したメイトランドにとって、コモン・ローとは何かという問題は欠かせない重要なテーマであったに違いない。ダウニング教授着任直前の 1887 年ミクルマス学期から 1888 年レント学期にかけて行われた憲法史の講義の中で、コモン・ローという語の成り立ちを論

じ、ポロック＆メイトランド『イングランド法史』の「ブラクトンの時代」
でも、その用語の成立事情を詳しく論じている。

　なるほど、メイトランドが述べたようにコモン・ロー（lex communis,
commune lei）という用語が常用化するのはエドワード１世治世晩年以降で
ある。しかし、前章で論じたようにコモン・ローの第一の特質を、王国共同
体規模での共通属地法と考えれば、我々はコモン・ローの成立を 'Common
law' という用語の出現まで待つ必要はない。

　実際、イングランド法史上「コモン・ローの生誕の世紀」とされるのはエ
ドワード１世より３世代前のヘンリ２世の時代であり、後に制定法令集の扉
を飾ることになる彼の父ヘンリ３世のマグナ・カルタも、祖父ジョン王時代
の諸侯との抗争に由来するものであった。イングランド國法誕生の出発点と
して、國法無き時代から、國法が成熟し、そのためのさまざまな用語が生ま
れてくる過程が第一の検討課題である。

　ウェーバーの言うように、王國規模の共通属地法が早期に成立した背景
は、ノルマン征服以降の王権の強力さであろう。強力な王権を背景として王
國共同体全体に「国王の平和」が実現されていった意義は大きい。法共同体
成立の前提となるべき平和の実現は、大陸においては「神の平和」運動とい
う脆弱な基礎に委ねざるを得なかったし、ドイツにおいては、1484年の永
久ラント平和令が帝室裁判所条例によって、ようやく、全ドイツ的法共同体
の基礎を見出すことができるようになったにすぎない。

　とはいえ、ノルマン征服によって直ちに王国規模の共通属地法が生み出さ
れたわけではない。アングロ＝サクソン王権を継承したノルマン王朝の下で
も、イングランドの法共同体は、部族毎に大きく分けて三つの法共同体に分
かれていた。12世紀初めの『ヘンリ一世の諸法』によれば、「6.1 イングラン
ド王国は三地域に分けられる。ウェセックス、マーシア、デーン・ロー地域
（Provinciam）である」。この地域区分に応じ、「6.2 イングランド法は上述の
ごとく三つに分かたれる。ウェセックス法、マーシア法、デーン法であ
る」。アルフレッド＝グズルム協定以来ウォトリング街道以北に定住したデ
ンマーク人は、デーン法に従って、ウェールズ国境に辺境王国（マーシア）
を築いたアングル人はマーシア法に従って、イングランド西南部に王国を築

いたザクセン人は西サクソン法に従って、それぞれ属人的な部族法典に従って生活していたのである[13]。

　王國規模の法共同体実現過程の第一歩として興味深いのは、ヘンリ2世期にのイングランド最初の官庁組織の概要を記したリチャード・フィッツナイジェルの『財務府対話編』23 Hen. 2 (1176-77) が記したウィリアム征服王の事跡に関する以下の叙述である。

　　［ウィンチェスタ］司教の近親でもある、かのイングランド征服者、ウィリアム王は、その島の奥地まで支配を及ぼし、恐るべき見せしめで反乱を治め、将来にわたり、放逸な振る舞いからくる誤りを防ぐため、征服民を成文法の支配の下に置くこととした。彼は、彼の面前で、イングランドの法を三つの区分、即ち、マーシア法、デーン法、ウェセックス法に分けて提出させ、或るものは廃止し、また或るものは承認し、また、王国の平和を維持するのに最も効果的であると考えたノルマン法を海外から加えた[14]。

　征服王は既存の三つの法共同体を、修正を加えた上で支配し、さらに、その上に共通のノルマン法を課したというのである。ここでは具体的に述べられていないが、ノルマン的封建制度や決闘神判を念頭においても良いであろう。

　さらに、三つの法共同体の統合を促進すべきもう一つの要素があった。前述のヘンリ1世の諸法でも、イングランド法の3区分に続けて、以下のごとき規定が記される。「6.2a 此れ等の上に、諸法を安定させ、健全なものとする、インペリウムと称する国王の畏怖すべき威信（maiestatis）があることに、よく留意すべきである。(Preter hoc tremendum regie maiestatis titulamus imperium quod preesse iugiter legibus ac salubriter frequentamus aduertendum.)」と。

　同じく、少し下って、再び「9.10 イングランド王国は三つに分かたれる。ウェセックス、マーシア、デーン・ロー地域である。」と論じた後にも。「9.10a イングランド法も同様に3地域に区分される。全てに優越して国王裁判所の訴訟があり、その慣行と慣習は、何処でも、常に不変なものとして役立つ」と論じ、

第1編　コモン・ロー法学史の起点を求めて　47

国王裁判所の優越的地位が主張され、王法として、国王に属する法領域が、「10 王法に関して（De iure regis）」として、以下のように論じられる。「10.1 平和と安全を適切に維持するために、イングランド王のみが、彼の土地の全ての人に対し持つ裁判管轄権は以下のものである。彼の手もしくは令状によって賦与された国王の平和違反、デーン税、国王令状・命令侮辱訴訟。如何なる場所であれ国王の従者の死亡・侵害、忠誠違反と大逆罪、国王侮辱・誹謗、違法築城、法外放逐、重窃盗。謀殺罰金、鋳貨偽造、放火罪、家宅侵入罪、公道暴行罪、従軍義務違反、逃亡犯隠匿罪、暴行、強盗。王領地・国王財産横領、埋蔵物、漂流物、放擲物、強姦。誘拐、御猟林、バロン相続料、国王住居内争闘、国王軍隊内平和違反、三大公共義務履行懈怠、法外放逐者・破門者隠匿罪、国王保護違反、戦線離脱、不正判決、裁判懈怠、国王法侵犯」。

　さらに、「10.2 全ての公道は遍く国王のものである。そして、すべてのクァルストウ、即ち処刑場も全て国王のものであり、これらは彼の裁判管轄権のもとにある」。さらに「10.3 国王は聖職者、外国人、貧者、見捨てられた人々に対し、他に世話を見るものがいないなら、彼らの親族、保護者（aduocato）として振る舞わねばならない」のであるとされる[15]。

　アングロ＝サクソン期に、ウォトリング街道をはじめ、ローマ時代に築かれた四街道はアングロ・サクソン以来「王の道（via regis）」として、国王の保護区域であったが、ノルマン期には、この「国王の平和」はすべての公道へと拡大されていく。この公道を旅して全国を巡回する巡察制度を通して国王裁判が全国化されたのがヘンリ2世の時代であった。国王の平和が全国的に拡大し、一つの国家的法共同体が形成される上での巡察裁判制度の重要性と、その再組織化としての巡回陪審制度の意義については本章 補論1で論じるが、さしあたり、メイトランドの以下の言葉を引いて、その果たした役割を確認しておこう[16]。

　この［巡回裁判所］制度の詳細は、この制度がほんの数年前でも、まだ実際に機能していたのであるから、諸君はこれをいつか将来学ばねばならないであろう。この制度がわが法の歴史に占める重要性は巨大なものであった。すなわち、我々が強力な地方の裁判所を決して持つこともなく、

又したがって、かかる地方の裁判所が存在することの結果として生ずる多様な地方法も決して持つこともなかったのは、実にこの制度の故なのである。その上さらに、又、州共同体や自治都市が代表制統治の初歩を学んだのも巡察という訓練を通してであったのである。[17]

メイトランド流にいえば、合意が國法に勝るという法原理の下に、特別法が生み出されなかったのは、巡察制度の結果、地方における合意としての特別法を実現する強力な裁判所が生み出されなかったためであるということになるのである。

コモン・ローという用語が日常化する以前の初期の時代の用例を探ったメイトランドが、最初に確認した世俗における ius commune という用語の使用例も、前節でも論じたヘンリ2世期の『財務府対話編』の御猟林領をめぐる議論においてであった。[18]

理性か先例かという議論で、理由が明らかでないものは先例によるべきだという議論に続いて、特権に係わる問題については国王に委ねられるべきであるとして、以下のように論じられる。「全御猟林領の維持のために、猟林犯罪に対する処罰は、金銭刑であれ、肉体刑であれ、国王もしくは彼によって任命された官吏の決定にのみ依存し、他の裁判管轄には服さない。その法は固有のものであり、王国共通の法によってではなく、国王の専断的命令に基づいて創始されたと言われている」[19]。

一見、国王大権の優越性を主張しているようであるが、国王大権が文字通り國法からの除外（privilegia）であることを示しているにすぎない。逆に、ハドソンもいうように、この初期の使用において、国王の専断的な命令との区分が國法概念の重要な要素になっていることには注目して良いであろう。その意味では、ヘンリ1世の諸法に示された——御猟林も含め——アングロ・サクソン法とノルマン法との雑多な混合物から形成されていた王法から、國法観念が分離されつつあることを示すものと見ることもできよう。

メイトランドは、巡察制度と共に、國法としてのコモン・ロー形成の基礎となった令状の使用に関連する ius commune の語の使用例も見出している。アイルランドへのコモン・ローの移植とも係わったものであるが、「王は

イングランドで使用されている普通法の全令状がアイルランドで同様に使用されることを欲す。(Rex vult quod omnia brevia de communi iure quare currunt in Anglia similiter currant in Hibernia)」という 1246 年の国王の命令状である。[20]

　メイトランドは、上述のコモン・ローの用語の起源論を、「ブラクトンの時代」の叙述の冒頭で行うのであるが、この位置付けそれ自体は、巡察制度が全盛期を迎え、さまざまな訴訟開始令状が発展する「ブラクトンの時代」の叙述にふさわしいものであったといえよう。ところが、メイトランドは、肝心の『ブラクトン』において、ius commune の用例が少ないのに、むしろ、驚かされることになる。

　「ブラクトンが common law 乃至 common right について語るとき、――彼は、ほんの稀にしかこれについて語らないのだが――それは、國法によって全ての人に与えられている諸権利を、特別な文言の契約や贈与に由来する権利から区別するためである」と少々落胆気味の叙述となり、その後に、エドワード 1 世期にコモン・ローの用語が一般化したことと、何故に、この時期まで語の成立が遅れたかの分析が続くこととなる。

　しかし、國法としてのコモン・ローを語る際に、ius commune の言葉に拘る必要はない。『ブラクトン』は Lex terrae や consuetudo regni については、頻繁に語っているからである。メイトランド自身も ius commune の用語の分析に先だって以下のように論じていた。

　「イングランドの世俗法廷によって施行される法準則の総体は、ius regni, lex regni, lex terrae, ius et consuetudo regni, lex et consuetudo, leges et consuetudines, lei de la terrae, lei et drei de la terrae といったような文句で示すことができた」のである。メイトランドは、これらの用語の用例についても検討しているが、網羅的なものではない。

　幸い、現在ではメイトランドの時代と異なり、『ブラクトン』についてはデジタル化されており、ラテン語、英語両方で検索することによって容易にその用例を確かめることができる。次章で、コモン・ローという用語が日常化する直前の國法論を『ブラクトン』の著作におけるこれらの用語の使用法を分析することを通して検討してみよう。[21]

Ⅲ 『ブラクトン』の國法論

　自らと、自らの相続人を害することがあっても、他人を害しない限り、
(dum tamen hoc non sit in praeiudicium aliorum, quamvis hoc esse possit
in praeiudicium sui ipsius et heredum suorum)、贈与者は彼の贈与に、
受贈者の承諾の下に条件や方式を課すことが出来る。そして、このように
國法と王國の慣習に反する場合であっても、時には、合意は法を破るから
である。(Et quamvis hoc sit contra legem terrae et consuetudinem regni, cum
conventio quandoque legem vincat)」Bracton（2-106-014）

　メイトランドがいうように、『ブラクトン』における ius commune の使用
例は 14 例と少なく、しかも、半数が、同じ箇所で集中的に使用され、二つ
の例は國法的な意味とは別の意味で使われている。これに対し、lex terrae
の使用例は 50 例と多く、多様な使われ方をしている。本章では、先ず、
ウェーバーも注目した、この國法としての lex terrae の用法から検討してみ
たい。

(1) Lex terrae

　メイトランドが『ブラクトン』以外の典拠から lex terrae の事例として挙
げているのは、有名な 1215 年マグナ・カルタ 39 条の「如何なる自由人も、
彼の同輩の合法的判決によるか、國法による場合（per legale iudicium
parium suorum vel per legem terrae)を除いて、逮捕され、投獄され、所領
を奪われ、法外放逐され、追放され、その他の方法で破滅させられることは
ない」という用例と、ブラクトン時代と重なる國制改革期の 1256 年オックス
フォード規程における 'solum lei et dreit de la tere', 'solum lei de la ter' とい
うフランス語での用例である。『グランヴィル』でも 3 例ほど使用があるのだ
が、メイトランドは例として挙げていない。『グランヴィル』での用法が「國
法」としての意味ではなく、3 例とも、後に一般化する 'per', 'secundum',

'contra' といった前置詞を伴わない形で、後に述べる「宣誓」としての意味でしか使われていないからであろう。その意味では、「國法」的意味は、マグナ・カルタより後に定着した表現方法と考えてよいであろう。[22]

『ブラクトン』では用例が多く lex terrae の語の使用例は 50 カ所あるが、1 カ所を除き、すべて、secundum legem terrae, contra legem terrae, per legem terrae のいずれかの形式で使用されている。rite という用語と共に、使用されることも多く、正規手続に従い、國法に則って、もしくは國法に反して、國法によって、ということであるから訴訟手続的な側面が強い。メイトランドに lex terrae の初期の用例として挙げられたマグナ・カルタの 39 条が適正手続条項として、合衆国憲法に引き継がれていった根源が理解できる。

『ブラクトン』の豊富な用例を通して具体的に分析してみよう。

法外放逐

用例として、圧倒的に多いのは、マグナ・カルタにも関連し、メイトランドも例に挙げている法外放逐との関連である。一つには、法外放逐が國法に従ってなされたか、國法に反してなされたか、それとも、自発的に退國宣誓したのかによって、それ以降、とりわけ、法外放逐が解除された後の法的効果が異なるからである。重罪犯同様、法外放逐者の全動産は国王に、不動産は 1 年 1 日国王の管理下に置かれ、その後封主に復帰する。しかし、重罪犯で裁判が行われれば、有罪の場合は処刑、雪冤されれば無罪で財産没収も行われないのに対して、法外放逐の場合、裁判が行われるわけではない。マグナ・カルタが、「同輩の合法的判決」のみならず、「もしくは、國法によって」と付け加えたのもこのことを強く意識していたからであろう。後に、無罪が明らかになったり、国王の恩赦により法外放逐が解除されたりする場合がある。その場合に、一旦没収された財産はどうなるのかという困難な問題を引き起こした。原則として、恩赦によって法外放逐が解除されても、人身の平和は回復されるが、法外放逐が國法に従ってなされた場合には、没収された財産は回復されない。また、法外放逐によって訴権を失うため、被相続人が法外放逐にあった場合には、相続人の原告適格も無くなり、したがって相続不動産占有回復訴訟では絶対的阻却事由となる。他方、法外放逐手続が國法

に反してなされた場合には、法外放逐宣告そのものが無効となり、財産を回復することができるようになる。

　実際、殺人事件が起きれば、疑われたものは報復を恐れ、逃亡することが多かったであろう。その意味では、裁判は無実の罪を晴らすための国王の恩恵なのである。したがって、国王による召喚にもかかわらず逃亡を続けた場合に法外放逐されるわけである。

　「犯罪者は国王の恩寵によって答弁するように召喚される」。雪冤のために5カ月、5回の州法廷が与えられるが、この期間に出頭しなければ「彼は国王にも法にも従わなかったので、（cum pricipi non obediat neque legi）法外放逐される。（pro exlege tenebitur）」のである。

　この場合、正規の手続では、州裁判所で連続して5回、出頭しない場合には法外放逐される旨の告示を行う法外放逐拘引手続を行わねばならない。この手続が、州裁判所で正規に5回連続して行われなかった場合には、法外放逐は無効となる。『ブラクトン』では、「國法に反して」放逐された例として、適切な場所＝州裁判所ではなく市場で宣告された場合や、連続して法外放逐拘引手続が行われなかった場合、国王令状や単なる恣意で法外放逐宣告された場合を挙げている。

　この問題に関連して興味あるのは、未成年者が法外放逐されないことの理由を論じた箇所である。「未成年者は法外放逐されない。なぜなら、彼は成年に達するまで法の外にあるからである。成年に達するまで、如何なる法の下にもない。またタイジングの下にもない。女性と同様である。なぜなら、彼女も法の下（英語で inlaghe [=inlaw]）にないからである。即ち、12才以上の男性のように、自由人宣誓乃至十人組に組織されていないとうことである。それ故に彼女は法外放逐されない（quae utlagari non potest quia ipsa non est sub legi, id est inlaghe anglice, scilicet in franco plegio sive decenna, sicut masculus duodecim annorum et ulteris.）」（2-353-028）。

　すなわち、法の下にあるということは、自由人宣誓乃至十人組に組織されていることを意味し、法外にあるとは十人組に組織されていないことを意味するのである。

　『ブラクトン』は、「祖国と王國（patriam et regnum）を失うことを、英語

で法外放逐（utlaghe）と称する。昔は別の名前で、「友無き人［frendlesman］」と称された。明らかに、友人を失うからである」。法外放逐後に、彼を匿った人間が同様の処罰を受ける根拠としているが、自由人宣誓で彼の無罪を宣誓してくれる人がいないことを意味するとも理解できなくない。

いずれの場合にも、法が宣誓と深く関わっていることが興味深い。メイトランドが言うように、「lex と lei とは専門用語としては、宣誓、神判、決闘審判のような種々の証明方法を指すために使用された」ことと関係しているのであろう。

例えば、法外放逐宣告付拘引手続がなされた被告が、「もし、上述の期間に現れたら、法廷に出頭して、國法に従って（secundum legem terrae）答弁させよ」（2-352-015）とされているが、ブラクトン時代までには、神判に代わる陪審が導入されていたわけであるが、メイトランドが言うように、本来は、雪冤宣誓や神判で疑いを晴らすことを意味したものと解することができる。その意味では、『グランヴィル』にあったような lex terrae の古い用法をまだ引きずっているのである[23]。

法外放逐制度は自由人宣誓乃至十人組制度といったアングロ＝サクソン的法制との関連で語られ、原語たる英語の説明が多いように、アングロ＝サクソン的法制の治安維持制度としての有用性を認められ『ヘンリ１世の諸法』にあるように王法の中に取り入れられていったものと考えられる。しかし、最初にも述べたように、その効果が重罪者と同じ財産没収を伴うものであっただけに、また、他方で、重罪裁判と異なり、恩赦で法外放逐解除された場合、権利関係が複雑なものになりかねず、このことが、逆に、法外放逐における「國法に従った」正規手続の強調に繋がったものと思われる。この正規訴訟手続へのこだわりは、secundum legem terrae という言葉に rite という語が添えられることが多いことにも表れている。

この手続の厳正さが、後の時代には、逆に、法外放逐を抜け道の多い実効性の少ない制度とすることとなった。ベイカーによれば、「法外放逐宣言は、念の入った無駄な手続で、州長官は、法外放逐宣言付召喚手続で、被告を５期連続して州の集会に召喚することを要求される。しかも、その手続は、その呼び名ほどには怖くない。形式的な手落ちで容易に逆転されえた

し、法技術上の抜け道はほとんど当然のものとして残されていたように思われる。もし、他のすべてが失敗しても、法外放逐宣言は、さまざまな役人に、1、2ポンド支払うことで、恩赦を受けることができた。ロビン・フッド伝説は、社会から見捨てられた絶望的な法外放逐のイメージを保ってきたが、1400年までに、法外放逐は通常は、それほど不都合なものではなくなっており、国王役人であっても、法外放逐中に在職し続けることができたくらいであった」。[(24)]

Lex terrae の用法の過半数以上を占める最大のグループであるが、英語での呼称がラテン文の中で示されるように、アングロ・サクソン以来の度重なる裁判慣行であり、まさに不文法なのである。州裁判所で毎回宣告される誰もが知っている國法であったといえよう。

法外放逐宣告に関しては、per legem terrae, secundum legem terrae, contra legem terrae という表現に加え、contra legem et consuetudinem regni 乃至 per legem terrae secundum consuetudini regni という表現もあるが、consuetudo regni は強調の意味以上のものは見出しにくい。逆に、secundum consuetudinem regni という表現が、法外放逐手続それ自体に係わっては、単独で使用されている例はない。

退國宣誓

Lex terrae の用法の中で、唯一contra, secundum, perを伴わない事例も、退國宣誓の宣誓方式と係わっていることは興味深い。法外放逐同様、イングランドという國共同体的規模の領域にかかわり、自発的に「legem terrae を為すべし」となっている。英訳文では「國法に服す」となっているが、「[國法に従って] 退國宣誓をする」の意味であろう。[(25)]

訴訟手続一般

法外放逐手続や退國宣誓以外にも、一般的訴訟手続において「國法に従った」答弁乃至抗弁を求める事例も多い。例えば、訴訟手続が國法に従ってなされたか否かは、重罪私訴に対する一般的抗弁ともなる。具体的には、叫喚追尾がなされたか、国王サージャントやコロナへの報告がなされたか、直後

の州裁判所に訴えられたかといった手続面の問題が國法に従った手続か否か
の例として挙げられる。また、法外放逐のところでも述べたが、「國法によ
る自己防御云々（2-414-024, per legem terrae se defendant etcetera）」は、
雪冤宣誓や神判それに代わる陪審審理を指すものであろう。[26]

不出頭申立

具体的な訴訟手続との関連で Lex terrae が言及されるもう一つの例が不
出頭申立に関連した事例である。「國法に従って不出頭申立を行う（quod
essonium fecit secundum legem terrae）」（4-111-020）、「國法によって（per
legem terrae）不出頭申立を行う」（4-129-013）といった、不出頭申立手続
そのものに係わるものと、不出頭申立の検証に係わるもの、不出頭申立人の
逮捕に係わるものの4例である。不出頭申立は、初期の訴訟の重要な防御手
段であるだけに、訴訟手続の適正さに対する関心が高かったのであろう。
『グランヴィル』の訴訟代理人を attorney ではなく、不出頭理由申立の関係
で代理人的役割を果たす responsalis と混同しているようにみられるのも、
そのせいかもしれない。[27]

職務執行手続

上記の多くの例が訴訟手続に関するものであったのに対し、州長官等の執
行手続に関するものも2例ほど見受けられる。一つは、保釈手続に関して
で、州長官、代官の不正に対する陪審審問条項として、國法による保釈手続
を無視し、身代金を得るまで投獄し続けなかったかが問われる。[28] もう一つ
は、聖俗裁判管轄権問題で、州長官や市長が国王によって平和維持のために
王國の慣習に従って逮捕した者を、聖職者だという理由で司教が裁判しよう
とするのを禁じる禁止令状の文言中で使用される。[29]

以上のように、ほとんどの事例が、per legem terrae, secundum legem
terrae, contra legem terrae の表現そのものから示唆されるように、手続的適
正さに関連するもので占められている中で、実体的な法準則に関連するもの
も若干みられる。

寡婦産

一つは寡婦産に関するもので、寡婦が、王國の法と慣習に従って彼女が持つべき以上に寡婦産を持っているという相続人側の訴えに関連するものが2例ある[30]。

寡婦産の問題は、土地所有に関する問題だけに、封建的土地所有に関連しそうだが、ガヴェルカインド所有では2分の1の寡婦産が認められていたというように古い時代から存在する制度で、むしろ封建制的土地所有制度では相続人たる封臣の奉仕を確保するために寡婦産が3分の1まで縮減されたとみられている。問題の箇所も、相続人が寡婦産を合理的割合に縮減するよう求めているものである。その意味では、征服以前の制度と征服後の封建制的法制度との複合といえよう。

農奴制

もう一つが、農奴制に関するものである。農奴は領主の家支配下にある（Sub potestate dominiorum sunt servi）のだが、逃亡農奴が1年後に戻って来ても、國法による身分訴訟で、自らの隷農たることを確認しない限りは、領主権を行使し得ないというものである。逃亡農民が1年間の間に特権を取得し、自由身分であると抗弁することもありうるからである[31]。この領主——農民関係は、封建制的支配秩序というより、家支配的な領主——農民関係で、レクティテュディネス Rectitudines Singularum Personarum（c. 1000）やドゥームズデイ・ブックにみられるように、征服前からの関係であり、自由人に対する国王の保護権に基づくものであろう。

封主への義務

孤立した事例だが、封主に対する封建的義務に関連して、「國法に従って（secundum legem terrae）」の用例が一例だけ見出される。相続財産占有回復訴訟で、被相続人死亡時に被相続人と共に領有していた場合には、成年、未成年にかかわらず、主たる領主に対し、彼を領主と認め、國法に従って正当に彼になすべきこと（quod de iure et secundum legem terrae facere debedit）を負う用意があれば、所領を領有し続けることは完全に合法である

というのである。他の事例が封建的法制乃至ノルマン征服によって導入された制度とは異なるアングロ＝サクソン以来の法制度と関連していただけに、際立つ事例であるが、「國法に従って」負うべきことを、封主に対する忠誠宣誓であるとするなら、封建的土地保有制度に係わるものとしてより、主従関係の宣誓に係わるものとして「國法に従って」となったのかも知れない。

封土贈与条件の自由

最後に残したのが、メイトランドが、ius commune の用語との関連で指摘した封土贈与条件の自由との関連である。この問題は、Lex terrae の用語との関連でも重複して表れる。すなわち、「國法に反して（contra legem terrae)」自由な合意によって封土の贈与をなしうるというのである。メイトランドは、一般法と特別法の関係として、それほど特別視はしていないが、はじめにで述べた、ウェーバー・テーゼとの関連では、國法の成立過程を探る上で、極めて興味深い事例である。[32]

すなわち、封土の贈与条件は合意によって定めることができるのであって、このような贈与条件は「國法に反しても、他人を害さない限り contra legem terrae dum tamen hoc non sit praeiudicium aliorum」有効なのである。その理由付けとして、主張されるのが、「承諾した人には不法行為は成立しない（volenti non fit iniuria.)」という、19 世紀の労働契約における「危険の引受」に受け継がれる法理と、『グランヴィル』でも依拠された「合意は法律に勝る」という法理なのである。ここでは、「合意は時には法律に勝る（conventio quandoque legem vincat)」とされ、自分と自己の相続人以外の「他人を害しない限り」とされている限りにおいて、クックが Beaumont's Case（10 James 1）の解説で学説彙纂のウルピアヌス法文（Privatorum conventio iuri publico non derogat. D. 50, 17, 45 §1）から注記無しに引用した「私人間の合意は公法律を損なうことはない。(Pacta privata iuri publico derogare non possunt)」という近代的法理に一歩近づいているとはいえ、まだその距離は遠いといえよう。[33] ius commune 事例との重なりについては、ius commune の用例の検討後に見てみよう。

以上 50 例ほど見出される Lex terrae の使用例の中には、consuetudo regni,

consuetudo regni nostri の用語と対句となって使用されることも少なくない。[34]
Lex terrae の用法をより正確に分析するために、単独で使用されている例に限っ
てみると、全41事例中、圧倒的に多いのはやはり、法外放逐の事例で3分の2
近くの25事例を数える（2-352-015, 2-354-003, 2-355-025, 2-357-008, 018, 022,
2-358-023, 027, 030, 2-361-026, 2-363-018, 2-369-018, 020, 021, 2-372-007,
019, 021, 2-373-013, 2-374-029, 2-376-013, 2-431-010, 3-396-002, 4-310-014,
016, 4-352-018）。法外放逐と密接な関係がある退國宣誓（2-383-008）、及び重
罪私訴の訴答・抗弁（2-359-011, 2-370-018, 2-394-001, 2-414-024, 3-262-
030）、不出頭申立の例で、単独使用のみでは3例（4-111-020, 4-122-034, 4-129
-013）見出される。それ以外7例は、（逃亡）隷農取戻訴訟（2-37-002）、特別合
意による封土贈与の優位（2-67-015, 2-70-024）、寡婦産の構成内容、寡婦産割
合（2-270-019, 3-405-002）、身代金無しの保釈手続（2-332-021）、封臣の封建
的義務（3-245-013）、といったものが散見される。

　逆に、consuetudo regni, consuetudo regni nostri の単独使用例を見てみる
と興味ある特徴が浮かび上がってくる。

(2) consuetudo regni, consuetudo regni nostri

　consuetudo regni, consuetudo regni nostri の単独使用例は12例で、決闘
神判（4-60-024, 4-60-029）、謀殺罰金（2-381-001）、重罪・法外放逐者から国
王に没収された土地の1年1日後の封主への返還（2-365-009, 2-385-016）、
重罪犯の審問（2-381-001）、自救的動産差押（2-445-023）、荒廃毀損（3-408
-003）、不出頭申立の4名の騎士による検証（4-123-011）、不動産相続問題
（教会裁判所宛禁止令状）（4-260-014, 4-261-005）、フランス王国との相続原
理の相違（4-298-027）である。[35]

　不出頭申立の4名の騎士による検証が微妙なところであるが、その他はす
べてノルマン人が導入した、乃至ノルマン人がデーン人から受け継いだ制度
である。[36] そうすると、consuetudo regni nostri は王國の慣習というより、国
王裁判所の慣行と訳す方が正確なのではないだろうか。夫の重罪によって1
年と1日没収された娘の嫁資の回復のための令状の事例（2-365-009）は、後

の箇所（2-365-023）では「我が王國の議決に従い（secundum assissam regni nostri）」と言い換えられている。英訳者が王國の法令＝マグナ・カルタに従って復帰すべきであると訳しているように、具体的には、マグナ・カルタ22章（1225）［32条（1215）］を指すものと思われる。[37]

（3）ius commune

Ius commune の事例は14例であるが、7例は148-149ページの箇所に集中的に出現する。

また、2例（4-84-010）（4-330-009）は、共有権に関するもので除外してよいであろう。

それ以外のものは、特別法に対する一般法、乃至共通の権利に近い意味であるが、具体的にみていくと、不動産相続権を妨げる封土贈与（2-68-006, 2-73-008）、封土贈与に関する特別の合意（2-148-011, 017, 018, 022, 2-149-005, 008, 021）、新侵奪不動産占有回復訴訟の令状阻却抗弁（3-79-012）、聖職推挙権妨害（3-232-016）といった封土の贈与とそれに付随する権利に係わるものである。[38] *2

2-73-006 の事例は、直ぐ後に、「真の相続人に抗し、相続財産占有訴権に反し（contra veros heredes et contra assisam mortis antecessoris）」（2-73-028）と言い換えられており、この場合の ius commune が、具体的には、相続財産占有訴権を指すことは明白であろう。[39] また、2-148-021 の事例では、「主たる封主も、ius commune に反し、そのように特別に合意されたならば、後見権も婚姻権も持たない。（ne capitalis dominus habeat custodiam et marritagium, si ita specialiter convenerit contra ius commune）」とされているように、ius commune が、具体的には後見権や婚姻権といったレーン法上の権利を指すことは明らかである。

我々からみると、実体法上の権利と対応する、これらの用語法の方が、近代的な意味でのコモン・ローに近く感じられる。その意味では、メイトランドの予想に反して ius commune の表現が増えないのは、國法的な意味でのlex terrae や consuetudo regni と土地所有に係わる個々人の持つ権利的な ius

との間の区分が明確になってきた結果とも考えられよう。『ブラクトン』の次の時代の『フリータ』では「成文法［＝ローマ法］で『ユス』と称されるものは、イングランド法では『レクトゥム』と言われる（Quod in iure script "ius" appellatur, id in lege Anglie "rectum" esse dicitur.)」という有名な法文が出てくる。我々はその直前の時代にいるのである。[(40)]

　ius commune に関してもう一つ興味深いのは、ウェーバーの議論の関係でいくと、「自発的合意は國法を破る」というマクシムは、Lex terrae との関係というより、むしろ、この ius commune との関連で論じられることが顕著だということである。例えば、2-73-008 の事例では、続けて、「quia scienti et volenti non fit iniuria: et ita condicio sive conventio vincit legem. そのことを知り、承諾した人に不法行為は成立しないからである。かくの如く、条件や合意は法に優るからである」（2-74-011）と理由付けられる。同じように、「なぜなら、多くの場合、合意は法に優るからである（quia in multis casibus vincit conventio legem.)」（2-118-035）「彼らが、ius commune に反して、それを承諾したのだから、それら自体は不法とならない。知りながら、承諾した人には不法行為は成立しないからである（sibi ipsi non erit iniuriosum cum hoc voluerit licet contra ius commune. Scienti enim et volenti non fit iniuria)」（2-149-008）。[(41)]

　しかも、contra legem terrae の場合のような、他人を害しない限りといった明確な条件を付けることなしに、むしろ、一般論として論じられている点である。このように、合意が法に勝るという法文が一般的な理由付けとされている例は、それ以外にも探すことができる。「なぜなら、この場合には合意が法律に勝るからである（quia conventio vincit legem in hoc casu.)」（4-82-025）。また、封臣から忠誠宣誓を受諾しながら、封土を保証しない贈与方式も可能であるとして「かくの如く、他の多くの箇所と同様に、合意が法律に勝るのである（Et sic vincit conventio legem, sicut in multis aliis locis.)」（4-220-025）と論じられる。[(42)]

　特別法の一般法への優位は、現代の法源論で民法に対する商法の優位を説明するときに、論じられる。しかし、婚姻権や後見権といったものが合意によって消滅するとすれば、単なる民事的な贈与の問題でなく、レーン法的法

制度そのものが解体させられることにならないだろうか。メイトランドが封
建化の終焉と捉えた1290年クイア・エムプトーレス法の背後にこうした根強い
合意優位の法思想があったように思われる。[43]ウェーバーが近代に向けて克服
されるべきと考えた法理がここでは、封建制を解体させる側に働いている。

　その意味で、興味深いのは、ius commune でも lex terrae 乃至 lex とでも
なく、「令状とは何か、訴訟開始令状と執行令状」という表題の下、ius と
consuetudo regni が組み合わされている次の事例である。

　　ある令状、自由人が彼の法廷を失うようなプラエチペと称されるような
　令状が、法と王國の慣習に反して、とりわけ、自由の憲章［＝マグナ・カ
　ルタ］に反して（contra ius et regni consuetudinem, et maxime contra
　cartam liberatis）、嘆願によって獲得されることがある。もし、それが理
　性に合致し、法に反しないならば（dum tamen rationi consonum et non
　iuri contrarium）、たとえ父祖の法を超えるものでも（Si autem praeter ius
　fuerit impetratum）、国王によって授与され、彼の評議会によって承認さ
　れたものであれば、（dum tamen a rege concessum et a consilio suo
　approbatum）支持されねばならない（4-289-002）。[44]

ここでは、合意は國法を破るのであり、マグナ・カルタにさえ優位すると
主張されているのである。しかし、『ブラクトン』における合意論の強調は、
ドイツにおけるような、特別法が國法を破るという方向にではなく、合意に
よって形成された新たな國法が旧き國法を破るという意味で、むしろ新たな
制定法によるイングランド國法の形成に向けた議論となっている点に注目し
てよいだろう。続く文章の、たとえ父祖の法を超えるものであってもという
議論がそのことを明瞭に物語っている。ここには、もちろん、「古き良き法」
という理念はない。内容的に、理性と正義に反することなく、形式的に、国
王の裁可と国王評議会の承認によって権威を付与されたものであれば、過去
の法に反して新たな令状（法）を発給しうるのである。イタリアにおける都
市条例の普通法に対する優位の持つ意味と、イングランドにおける制定法の
コモン・ロー（不文國法）に対する優位の持つ意味とは類似した面を持ちな

がら、その果たした役割は若干異なるのかもしれない。

令状論として展開されているところは、『ブラクトン』の成立年代問題とも関連するが、「自由の憲章に反しても」という議論はともかくとして、大法官府における新たな令状の発給に評議会の承認を必要とするという点では、バロン層による國制改革期、ブラクトンが王座裁判所判事であった時期に成立した1256年オックスフォード規程で新たな令状の発給に国王評議会の承認を要件とするとした大法官宣誓文の条項と、力点は異なるものの、同様の考え方が示されていると理解してよいであろう。

もちろん、合意理論のみではない、理性に合致し、法に反しないという内容的規定と、合意に加え、国王の権威という形式的規定を満たさねばならない。中世の法律家は、現代の法学者のように法命令説一辺倒に傾いたり、社会規範説一辺倒になったりもしない。

しかし、この議論における、合意論の重要性は、表題に付加された以下の文章でより鮮明となる。「それら［令状］は、全王國の評議によって承認され、授与されるのであり、彼らの承諾と合意無しには、決して変更され得ない（de consilio totius regni concessa et approbata, quae quidem nullatenus mutari poterunt absque consensu eorundem et voluntate）」。

この『ブラクトン』の法の基礎としての合意に加えられた強調は、序文において、イングランド法が不文であるにも拘わらず leges と呼ぶにふさわしいとした理由付けの中にも表れている。「なぜなら、諸侯の忠告と同意、及び國全体の合意（de consilio et consensu de magnatum et rei publicae communi sponsione）によって正しく定められ、承認されたものに国王乃至君主の権威が加えられれば法の効力を持つからである」（2-19-012）。彼は、イングランド法は不文であっても法律であるとする拘りを『グランヴィル』と共有しながらも、その理由付けとして、単純に王権法論に依拠した論じ方をしていないのである。

分析の結果を簡単に要約しておこう。

対句的に使われる Lex terrae, consuetudo regni nostri の用語を単独使用例で分析してみると、予想に反してまったくといってよいほど重なりがない。

前者は概ねアングロ＝サクソン期以来の法制で、宣誓、神判等、証明方法、訴訟手続に係わるものが中心である。それに対して、後者は、征服後導入されたノルマンに由来する決闘審判やレーン制的原理に関連する国王裁判所の慣行がほとんどを占める。これらが融合して國法としてのコモン・ローを形成していったと考えてよいであろう。したがって、Lex terrae et consuetudo regni nostri の対句でイングランド國法全体を示せるようになるのである。『ブラクトン』の正式の書名、『イングランド慣習と法律（De Legibus et Consuetudinibus Angliae)』もイングランド國法全体を表す意味で使用されていたのであろう。『イングランド國法論』と訳す方が理解しやすい。Ius Commune は、ウィリアムが導入したレーン法関係の実体法的な議論の関連で使用されていることが顕著である。しかし、重なりという点からみると、合意の法に対する優位の問題に係わって議論される例がほとんどであるので、個別の権利的側面から捉えるか、國法的な側面から把握されるかによって Lex terrae と重なる場合が出てくるのである。この最後の合意の法に対する優位という側面から成長してくる新法としての制定法概念の出現によって、國法内部に新たな区分の必要が生じたのではないだろうか。

　次章で簡単にその過程を探ってみよう。

Ⅳ　制定法とコモン・ロー

　1世紀後、エドワード1世の時代に、より頻繁にそれ〔ius commune〕を見つけ出すようになる。しかし、このときまでに lex communis（commune lei）という語がより日常的な用語となっていた。コモン・ローは、その時には、制定法と対照されるようになっていたが、今尚、国王大権と対照されることの方がずっと多かった。地方慣習と対照されることもあった。要するに、何であれ個別的な、通常でない、特殊なもの、すなわち「特別なもの」（aliquid speciale, especialte）と対照されうるものであった。Pollock & Maitland, The History of English Law before the Time of Edward I, 2nd ed. (1898, rep, 1952) vol. 2. p. 177.

64

　メイトランドは、コモン・ローに対応する用語が、多少とも専門的に使用
された初期の使用例としては、1246 年の令状（omnia brevia de communi
iure）と 1256 年のオックスフォード規程（lex communis）、及びバートン年
代記におけるジョンの言葉（Nihil nisi ius commune）を挙げている。

　しかし、実際、メイトランドが初期のコモン・ローの用例分析に使用した
事例はすべて 1290 年代のエドワード 1 世治世 20-21 年（1291-92）、21-22 年
（1292-94）の法廷年報、治世 28 年（1300）の憲章追加条項法、1290 年の議
会議事録、そして、エドワード 1 世治世 20 年ミクルマスにシュロップ州で開
催された権原開示訴訟記録（1291）である。メイトランドにとって、コモン・
ローの初期の用例の分析が十分可能となるだけの事例を集めることができる
ようになるのは 1290 年代以降であったのであろう。[48]

　メイトランドは、その理由として、「この用語（コモン・ロー）が有用にな
るのは、かなりの量の制定法が存在するようになり、また、国王の例外的特
権が規定されるようになり、また、法制度の中に地方慣習が定着するように
なってからなのである。[それは、世俗法廷の法曹が 'common lawyer' の称
号で呼ばれ、'the law of holy church' に 'common law' が対峙されるように
なるずっと以前のことであった。]」と論じている。すなわち、イングランド
のユスティニアヌスたるエドワード 1 世の立法時代を経なければならなかっ
たわけである。しかし、國法の国王大権からの峻別については、前章で見た
ように、御猟林領の國法からの除外にその最初期の例を見ることができる。
イングランド國法の礎石となったマグナ・カルタの名前そのものも、御猟林
のためのもう一つの小さな特権証書との関係で、大特権証書と名付けられる
ようになったのが象徴的である。しかし、その場合、國法を表すためには
Lex terrae 乃至 Lex terrae et consuetudo regis nostri という用語でも十分
その役割を果たすことができたであろう。同様のことは、地方慣習との関係
でもいうことができる。Lex terrae という表現や、Consuetidinem regni
nostri という用語法には、明らかに領域的國法として形成されつつあるコモ
ン・ローを地方慣習から区別する意味が込められている。その意味では、コ
モン・ローという言葉の出現を必然化させたのは、同じ國法の中で、合意に
よって形成された新法としての制定法と、既存の不文法との二つの区分がで

きたことによるように思われる。制定法も既存の不文國法と同じく國法であり、しかも、不文の國法に優位する國法であった。制定法と異なる不文國法を Lex terrae と呼び続けることはできなかったであろう。前章で検討したように、国王裁判所の慣行を示す consuetudo regis nostri の用語も制定法が国王裁判所で運用されることを考えれば適切ではない。commune lei, lex communis の用語の出現にはこのような背景があったのではないだろうか。

したがって、語としてのコモン・ローの発生は、1256年オックスフォード規程以降、評議会によって認められた新たな訴権、すなわち制定法上の訴権と、旧國法上、当然令状として認められていた訴権、すなわちコモン・ロー上の訴権を区別する必要が生じてきたことにその遠因があると考えられる。さらに、バロン戦争後、1278年のグロスタ法以降、議会制定法を公式に記録する制定法録が始まる。これによってイングランド國法は成文分野（制定法）と不文分野（コモン・ロー）に明確に分かれることとなったのである。

ラスティルのコモン・ローの第三の定義は、まさに、このコモン・ローという用語の発生の契機にうまく対応している。

第三に、そして最も通常の場合、コモン・ローという言葉によって、何らかの制定法によって同上の法に変更が加えられる前に、一般的に法と見做され、理解されていた諸法を意味する。例えば、期間賃借権者と異なり、生涯権保有者はグロスタ法第5章が制定されるまでは、コモン・ロー上、不動産毀損で罰せられることはなかったが、同制定法によって、彼等に対する不動産毀損訴権が付与されることになった。しかし、鰥夫産権保有者と寡婦産権保有者は、コモン・ローで、即ち、前述のグロスタ法が制定される以前の通常且つ共通に受容された諸法によって、不動産毀損で罰せられていた。

合意によって形成された制定法が旧國法に勝るとすれば、地方慣習に対しても勝るのは当然であろう。しかし、合意が法律に勝るという命題は不文國法にとっては悩ましい問題となる。制定法は合意に基づくものであるだけ

に、議会制定法が全王國の同意に基づくものであるとする代表理論の精緻化を通して旧法に対しても、地方慣習に対しても優位を獲得していくであろうし、規定の仕方の工夫もなされていくであろう。しかし、不文國法たるコモン・ローの場合には、如何にして、合意は法律に勝るという命題を克服しうるであろうか。

　地方慣習や特別法との関係でいえば、国王裁判所に事件が移管されれば、国王裁判所の法に従って裁決されることになろう。争点が地方慣習の存在に絞られれば、陪審に判断が委ねられようが、地方慣習が法と理性に合致するものと見るか否かは国王裁判官に委ねられる。地方慣習の存在は現代でも認められるものであり、焦点は、裁判管轄権や令状執行権の問題にあったといえよう。

　その意味では、この1278年グロスタ法序文で私有ハンドレッドに対する権原開示訴訟の指針が示されたことも極めて象徴的である。権原開示訴訟は、普通裁判権の根源が国王にあり、すべての裁判管轄権行使が国王の委任に基づくという理論の下に、私有ハンドレッドにおいて行使される裁判管轄権の権原の根拠を問うものであるが、この権原開示訴訟が引き起こした私領裁判機構への攻撃とその解決の仕方が後のコモン・ローのあり方に大きな影響を与えたと考えられる。1290年権原開示法では、普通裁判権は国王の委任に基づくものであるという理論は維持しながら、リチャード１世以前から存在し、現在まで継続的に行使されてきたことが証明された裁判権に関しては、その裁判の記録に基づいて国王から改めて特許状を発給するという形で、妥協的に解決がはかられた。[49]すなわち、時効による裁判管轄権の取得を認めながら、あらためて開封勅許状で確認する形で、委任理論を維持したのである。しかも、上記のような時効による証明ができないものは、「コモン・ローに従って（secundum legem communem）命じられ、判決され、国王の特許状を有するものは、当該特許状に従って判決される」とされた。すなわち、裁判権行使の権原について国王からの委任を示す特許状がなければ、コモン・ローに従って、国王の普通裁判権の侵害と判断されたである。[50]

　リチャード１世即位年が時効の年限となり、超記憶時代となる根拠の一つはここにある。[51]時効によって裁判管轄権が認められれば、その裁判管轄圏内

では独自の特別法が発生することになる。問題は、この超記憶的時代に遡る
裁判管轄権に由来する特別法とコモン・ローとの関係なのである。権原開示
法では、国王裁判所で超記憶時代に遡ることが証明されればあらためて開封
勅許状で確認されたわけであるから、コモン・ローとの関係は微妙である。

V　コモン・ローと［地方］慣習

　　確かな合理的理由に基づいて用いられてきた慣習はコモン・ローを免れ
　る（*consuetudo, ex certa causa rationabili usatata, privat communem
　legem*）。Littleton, *Tenures*, Sect. 169.

　令状や訴答で "secundum legem et consuetudinem regni" という常套句が
使用され続けたために、混乱も生じたようであるが、中世の法曹は、通常地
方慣習を意味する「慣習」と「コモン・ロー」とを明確に区別していたよう
に思われる。

　1401 年の事件では、被告側弁護士は、原告は「王國の慣習」に基づいて訴
因陳述しながら、その慣習が超記憶的時代からの慣行であるとは陳べなかっ
たとして、訴因陳述の阻却を求める抗弁を行った。これに対して、全法廷は
王國の共通慣習はコモン・ローであるとして、訴答を続けるように求めてい
る。[(52)]

　すなわち、「王國の共通慣習」は、通常の意味の慣習＝地方慣習と異なり、
コモン・ローであるから超記憶的時代からの慣行であることを主張し、陪審
によってその存在を証明する必要はないというのである。

　イングランド法を体系的に説明することを目指したセント・ジャーマン
が、「イングランド法の第三の基礎はイングランド全王国で慣用されている
様々な往時からの一般的慣習にあります」と論じ、「これらこそが、まさに固
有の意味でコモン・ロー（lex communis）と称される諸慣習なのです」と定
義しながら、その直ぐ後に、「ここで主張されるような法乃至一般慣習があ
るか否かを決定するのは常に裁判官であるべきで、12 人の人達［＝陪審］に

よってではない」と強調するのには、慣習という言葉を使ってコモン・ロー
を定義することからくる混同を避ける必要があったからであろう。⁽⁵³⁾

しかし、地方慣習が超記憶的時代からの慣行であることが証明された場合
は、どうであろうか。

リトルトンの慣習法理にクックが付け加えた法理にあるように「時効取得
された、合法的な慣習は法を破る（Consuetudo praescripta et legitima vincit
legem）」のではないだろうか。リトルトンは、都市土地保有の場合、慣習に
よって遺言執行人は、相続人に抗して、遺言によって保有地を移転し売却し
うると論じ、そして、その根拠として、そうした慣習や慣行があるからだと
した上で、以下のような、一般的法理を明らかにする。「なぜなら、確かな
合理的理由に基づいて用いられてきた慣習はコモン・ローを免れるからであ
る（Quia consuetudo, ex certa causa rationabili usatata, privat communem
legem）」（Littleton, *Tenures*, Sect. 169.）。

クックは近代國法にとってのこの法理の危険性を感じたのかもしれない。

「コモン・ローを免れる（"Privat communem legem"）」に対して、以下の
ような註釈を加える。「如何なる慣習も時効も議会制定法の効力を奪うこと
はできないから、それ故に、リトルトンは、ここでは、実質的にはコモン・
ローについて語っているのである」（*Coke on Littleton*, 113a.）。⁽⁵⁴⁾制定法の慣習
に対する優位は、前章に述べたように、合意論からの発展として理解しう
る。セント・ジャーマンの議論でも明らかなことであった。

その意味では、近代イングランド法が「合意は法律を破る」という法命題
を克服し得たのは、國法としてのコモン・ローの成果というより、國法とし
ての議会制定法の成果といえるのかも知れない。

リトルトンの法理は、慣習の優位と取られるかも知れないが、むしろ、特
権と同じでコモン・ローの支配から免れると理解した方が良い。そうでなけ
れば、地方慣習法の存在余地がなくなるからである。むしろ、「確かな合理
的な理由で使われてきた（ex certa causa rationabili usatata）」という理性主
義的な条項の方に注目すべきかも知れない。なぜなら、荘園の慣習に従った
保有としての謄本保有権に対する保護は、ウェーバーの言う、早期に國法化
した、封建主義的なコモン・ローを近代化する上で役に立ち得たからである。

しかも、リトルトンは別の箇所で、この理性主義的立場をより強く強調する。「それゆえ、このような時効、乃至他の慣行化された時効も、理性に反する場合には、認められるべきでないし、また、裁判官の前で認められないであろう。なんとなれば、悪しき慣行は廃止されるべきであるからである（quia malus usus abolendus est）」（Sect. 212）。[55]

クックも、間違いのないように、前述の、リトルトンの法理に、別の方向からの法理を付け加える。「なぜなら、理性に反して導入された慣習は、慣習と言うよりも簒奪と称されるべきであるからである。（Quia consuetudo contra rationem introducta potius usurpatio quam consuetudo appellari debet.）」。

したがって、問題は、コモン・ローか特別法乃至地方慣習の何れが優位するかではなく、それらの法としての合理性が判断されるべくコモン・ロー裁判所の管轄事件となるか否かであったのである。[*3]

この問題について議論した興味ある事例がある。この事例を紹介して、結びにかえることにしよう。

むすびにかえて──Wallyng v. Meger (1470)

コモン・ローと特権が競合する場合には、最初の占有が優先すべきである。もし、我々のうちの一人が王座裁判所の書記の一人を拘引した場合、このような特権令状は認められないだろう。なぜなら、本法廷は上述の我々の特権によって最初に管轄権を得たからである。

Wallyng v. Meger (1470) *per Choke J* [56]

ベイカーが彼の教科書（第4版）の冒頭に挙げた1470年のウォリング対メージャ事件では、不文法としてのコモン・ローが國法としての地位を確立していった過程を理解する上で興味深い議論が展開されている。

緊急逮捕令状に基づき召還された被告人の内の一人が出頭し、王座裁判所訴訟記録官の従者であるとして慣習的特権を主張したのに対して、原告側弁

護人のキャツビーは以下のように法律効果不発生の訴答不充分抗弁を行う。
「そのような訴答は成立しないように思われる。なぜなら、慣習や私的特権
がコモン・ローと競合する場合には、コモン・ローが優先すべきであるから
だ」。

このキャツビーの抗弁が認められていれば、大陸のローマ普通法が特別法
に対して補充的効力しか持たなかったのに対し、イングランドのコモン・
ローは特別法に優位していたのだと主張できよう。

しかし、これに対し、民訴裁判所裁判長ダンビーは「当該特権は記憶を超
えた時代からのものであり、コモン・ロー同様に古いものだ」と答える。こ
れに対するキャツビーの返答が、ベイカーが教科書の冒頭で引用した「コモ
ン・ローは創世記以来存在してきた」という主張であった。[57]

キャツビーの主張は、より古いものが優先されるという論理から、コモ
ン・ローの優先性をその古さに求めようとしているのである。このあたり
は、フォーテスキューのトロイ神話論に通じるところがある。しかし、この
主張は相手にされない。

むしろ、注目すべきは、ここで割って入って来たチョーク判事の冒頭の議
論である。「本法廷（民訴裁判所）は当該訴訟の管轄権を有しており、被告人
の幾人かはコモン・ロー上訴答可能なのであるから、彼の特権は認められな
い。コモン・ローと特権が競合する場合には、最初の占有が優先すべきであ
る。もし、我々のうちの一人が王座裁判所の書記の一人を拘引した場合、こ
のような特権令状は認められないだろう。なぜなら、本法廷は上述の我々の
特権によって最初に管轄権を得たからである」。

ダンビー民訴裁判所裁判長は、裁判所間の争いを避けるためであろうか、
王座裁判所管轄特権を主張する被告がいるのだから、特権を主張する被告も
含め全員に裁判管轄権を有する王座裁判所に訴えたらよいではないかと妥協
案を提案するが、結論としては「チョーク裁判官のいうように、我々の一人
が王座裁判所の役人を訴えた場合には、彼は特権を主張し得ないというの
は、これは正しい。その理由は、我々の特権は彼らのものと同様に古いから
だ。いずれもが超記憶時代のものである。もしこの特権を認めるなら、我々
は彼らの特権の方が我々の特権より古いことを是認しなくてはならなくな

る。そんなことはないのだ。したがって、この裁判所が最初に管轄権を行使したのだから、訴訟を維持し続けることになる」ということになる(58)。

　この場合、事件が国王裁判所同士の管轄権争いであるだけに問題の困難さは増したであろうが、論理的には、それ以外の地方特権や特別法であっても、超記憶時代の慣行を主張された場合に、コモン・ロー裁判所の優位を主張する根拠はなかったといえよう。

　しかし、少なくとも、コモン・ロー裁判所に特権や慣習の問題が提起された場合には、当該コモン・ロー裁判所は優先的管轄権を持つ。なぜなら、コモン・ロー裁判所の管轄権は超記憶的なものであり、何れが古いかは争いようがないために、最初に、訴訟が係属した裁判所の管轄となるというのである。無主物先占のような議論であるが、裁判官全員の意見が一致する。同じ、国王裁判所である王座裁判所の特権的管轄権に対しても先占理論によって優位しうるなら、一旦、国王裁判所に事件が係属すれば、他の下位裁判所に対しても優位しうるのはいうまでもないことになる。

　結局、一旦コモン・ロー裁判所が訴えを受理した後は、慣習や特権に基づく抗弁も、その合理性がコモン・ロー裁判所で判断されることになる。この事件では、被告人は特権の根拠として、彼が訴訟記録官の従者であると主張したのだが、その主張は、賄人のような家内奉公人の場合には認められるが、被告人は、従者ではあっても農夫であり、同じ教区に住むわけではないので認められないとして王座裁判所裁判管轄特権は認められない。すなわち、訴訟書記官の従者については、王座裁判所の業務の故に、他の裁判所に訴えられた場合に応訴できないために、王座裁判所に管轄権が専属するようになったわけであるが、被告は従者とはいえ、農夫であり、料理人や賄人といった家内奉公人でなく、居住教区も異なる。したがって、そのような特権を認める合理的理由はないと判断されたわけである(59)。

　ここには、コモン・ローが慣習的特権を克服していく過程が見事に描き出されている。慣習的特権を真正面から切り捨てるのではなく、慣習や特権を認めるか否かの管轄権がコモン・ロー裁判所にあることが第一に確認され、そのうえで、特権の具体的な内容が審査され、特権付与の本来の合理的目的に合わないものは峻別され排除されていくことになる。

国王裁判所への訴えが増えることが、コモン・ローの拡大に繋がっていったという構造がよく理解できるのではないだろうか。

　冒頭に掲げたセント・ジャーマン『博士と学徒』で、コモン・ローの法準則の実例として、先ず第一に、国王裁判所の裁判管轄権の問題が挙げられているのは一見奇妙に感じるが、極めて重要な意味を持つものであったといえよう。

　法学徒は、神学博士の「これらの一般的慣習の幾つかを私にお示し願えないでしょうか」という質問に答え以下のように述べる。

　喜んでそうしましょう。先ず第一に、如何にして國の慣習が王国の様々な裁判所の基礎そのものとなったかを示すべきでしょう。先ず、大法官府について述べましょう。そこでは、何よりも先ず、原告の必要に応じて他の国王裁判所に向けた訴訟開始令状が得られると言うことが重要です。王座裁判所では、反逆罪、謀殺、故殺、重罪、及び他の国王の平和に反してなされた事柄が扱われる。民訴裁判所では、民間の訴訟が扱われる。すなわち、土地、保有不動産、債権、動産等である。財務府裁判所では、州長官、不動産復帰官、地代徴収官、代官や他の国王役人について等、国王自身にのみ関わる様々な事件を運用します。これらは記録裁判所であって、何人も、国王の開封勅許状による以外には、これらの裁判所の裁判官席を占めることはできません。これらの裁判所は様々な権威をもっていますが、今は、扱う場ではありません。他にも［王國の慣習によってのみ基礎付けられる］裁判所はある。これらは前記の裁判所よりずっと権威が低い。王國の全ての州に州裁判所と称される裁判所がある。また州長官巡回裁判所と称される裁判所もある。またすべての荘園には、その荘園の付属物として領主裁判所と称される裁判所がある。全ての定期市や市場町には、市が立つときにのみ開催される埃足裁判所と称される裁判所が附属している。幾つかの制定法やイングランド法の書物に上述の裁判所の権威について言及されたことがあるが、それにもかかわらず、上述の裁判所の最初の設立について、またこれらの裁判所が如何にあるべきかについてはイングランド法では如何なる制定法も、成文法もない。上述の全ての裁判所

第1編　コモン・ロー法学史の起点を求めて　73

の根拠と始原は王国の慣習に依存しており、その慣習は極めて高い権威を
もっているので、議会以外で、上述の裁判所の権威が変更され名称が変え
られることはないのです。⁽⁶⁰⁾

　ここでは、コモン・ロー裁判所の起源が制定法によるものではなく、その
始まりも知られないほど古い時代の王國の慣習に依存していることが大事な
のである。

　そして、セント・ジャーマンがコモン・ローの例として第二に挙げるのが、
マグナ・カルタの「法の適正手続」条項である。そこでは「如何なる自由人
も、國法により［per legem terrae］、彼の同輩の合法的判決による場合を除
いて、逮捕され、投獄され、所領を奪われ、その他の方法で破滅させられる
ことはなく、朕は彼のもとに行かず、また送らず」という、王國の古き慣習
が確認されている（consuetudo confirmatur）からである。そして、第三に
挙げられるのが、モールバラ法の法の前の平等条項であり。ここでも、「王
国の古き慣習によって、全ての人は、国王裁判所で ¦身分の高低にかかわら
ず¦ 正義を為し、施されるべきである。そしてこの慣習はモールバラ法第一
章で確認された。そこでは以下の如く規定されている。全ての人は、身分の
高低にかかわらず、国王裁判所で正義を為し、施されるべきである」^{(61)*4}。

　それ故に、一旦、国王裁判所に事件が係属すれば、すべての地域的慣習も
特権もこうしたコモン・ロー的基準の下で、その手続的合理性と公正さが審
査されることになるのであった。⁽⁶²⁾

　「暴力と武力」による「国王の平和」違反を主張すれば、容易に国王裁判所
に訴えることができたトレスパス訴訟が、ほとんどの近代型コモン・ロー訴
訟の母となり、領主裁判所の衰退によって「暴力と武力」という擬制さえ必
要でなくなったときに大きく花開き、近代コモン・ローの発展の基礎となっ
た理由もこれによって理解できよう。

注

(1) J. H. Baker, *An Introduction to English Legal History*, 2nd ed. (1979) pp. 79f.

(2) コモン・ロー制度という言葉が"common-law system"とハイフンを入れて語られるように、コモン・ローという言葉自身が日常用語から消えつつあるのかもしれない。

(3) 1970 年代の変化は、ベイカーも概説書で「遅すぎた埋葬」として論じているように、既に、実質的に廃れていたものが多く、伝統的儀式・儀礼の廃止によるノスタルジックな感慨を引き起こすものであっても、それほど衝撃的なものとはならなかったように思われる。しかし、後の改革の地均し的意味はあったのかも知れない。J. H. Baker, *An Introduction to English Legal History*, 4th ed. (2002) p. 24.〔邦訳 I 33 頁〕

(4) ベイカー教授が所属する St Catharine's College で 2004 年 4 月 20 日に行った講演で、ケンブリッジ大学法学部の以下のサイトからダウンロード可能である。http://www.law.cam.ac.uk/faculty-resources/summary/the-constitutional-revolution/1587

(5) M. ウェーバー著・世良晃志郎訳『法社会学』(『経済と社会』第 2 部第 7 章第 8 節「近代法の形式的諸性質」) (創文社、1974) 510 頁、Max Weber, *Wirtschaft und Gesellschaft* (1956) s. 505。以下、本文中に世良訳、及び原著頁を略記。日本語訳については、世良訳を参考に若干変えているものもある。

(6) とりわけ、「○○の起源」という題名の書物の場合には、こうした注意が必要である。なぜなら、○○の定義の仕方で、その起源も変化することになるからである。明確な定義を与えて議論を進めることは、一見、科学的な方法にみえるが、歴史研究においては、思わぬ落とし穴となることもある。

(7) 残念ながら 1523 年の初版にはコモン・ローの項目は確認できなかった。息子のウィリアム・ラスティルが付け加えたのかも知れない。

(8) 後述頁。

(9) Christopher St German, *Doctor and Student*, edited by T. F. T Plucknett and J. Barton (1974) Selden Society vol. 91, p. 47. 以下 D&S と略記。他方、「王國の慣習」とはコモン・ローのことであるとする理解は、15 世紀初めの法廷年報に見出すことができる。後述する事例はベイカー教授の示唆によるが、コモン・ローを慣習から峻別するものであることに注意する必要がある。慣習は地域的なものであり、一般的慣習というものがある種の形容矛盾なのである。それ故に、「王國の」という地域名が付されているのである。その意味では、1615 年のデイヴィス判例集まで、コモン・ローをイングランド国民の慣習と理解する本格的な議論が現れないとするタブズの研究が示唆的である。J. W. Tubbs, *The Common Law Mind; Medieval and Early Modern Conceptions* (2000) pp. 131-132, p. 192 参照。しかも、この判例集がアイルランド法務長官に赴任したデイヴィスが編纂した最初のアイルランドの判例集であり、アイルランドの慣習をコモン・ロー的合理性基準の下に排除する役割を果たしたことを忘れてはならない。Baker, *op. cit.*, p. 32. タブズの研究は、ポーコック主義者による混乱を正す上には役に立つが、このデーヴィーズ判例集がアイルランド貴族の土地支配に対してもった政治的意義については、既にプラクネットの法制史教科書で指摘されていたことである。なお、St German については、現在のイギリスでの発音に近づけて

セント・ジャーマンとした。

(10) その意味で、法律実証主義と法学実証主義との相違が重要である。また、あまりにも権威主義的に理解されるようになった国家制定法中心的な実証主義と言葉に対して、知識としての実証性については明証性という別の言葉を使った方が良いのかも知れない。

(11) とはいえ、『グランヴィル』における、王権への依存は明白である。「これらの点を効果的に解決するには、確立した法や裁判所の慣行を主張するよりは、裁判所の裁量に頼る方がずっと良い。このように、このアサイズをより実際的で公平なものにするように調整することは国王、もしくは彼の裁判官の予測と判断に委ねられる」(p. 32)。Tubbs, pp. 4-7, p. 8.

(12) メイトランド『イングランド憲法史』小山訳 32 頁を参考にしながら修正した。「この語が最初に用いられるようになったのはエドワード 1 世の治世中かその直後である」は、誤訳とまでは言えないが、メイトランドの趣旨を正確に伝えていないのではないだろうか。メイトランドの最初のコモン・ロー論として、より詳細に訳しておく。「我々が使用してきた、コモン・ローというこの用語について若干の説明をする必要がある。それが日常的に使われるようになるのはエドワード 1 世の治世中かその直後である。'common' という語は、もちろん 'uncommon' の反対語ではない。むしろ、'general' を意味するのであって、コモン・ローに対するものは特別法である。コモン・ローは先ず第一に非制定法であった。それ故に、制定法や王令から区別された。次に、それは全國共通のものであった。それ故に、地方慣習から区別された。三番目に、それは世俗法廷の法であった。それ故に、教会法、すなわち、キリスト教徒の裁判所の法からが区別された。この教会裁判所は、中世を通して、特に、婚姻や遺言といった我々が世俗的事項と見做す多くの事柄に管轄権を行使しているのである。コモン・ローは理論的には伝統的法である。すなわち、制定法乃至王令によって覆されない限り、かつて常に法であったものが、現在も法であるのである。地方法廷が今尚強力であった、より古い時代には、法はそれらの法廷で裁判官の席を占める自由人達の間で、口頭で実際に保持されていた。12,3 世紀国王裁判所がそのドアを、より多くの業務に対して、より広く開くに従って、法の知識はますます専門法書の学識階層の、とりわけ、国王裁判官の、占有物となっていった。既に、ジョン治世に彼らは学識法曹 (*juris periti*) たることを主張しているのである。新たな事件が生じるにつれ、コモン・ローは徐々に進化していった。しかし、裁判官達は新たな法を作っているとは考えなかった——彼らはそのようなことをする権利も権限ももっていなかった——むしろ、彼らはかつて常に法であったものを宣言しているにすぎないと考えていたのである」。F. W. Maitland, *The Constitutional History of England* (1908 rep. 1963) p. 22.

(13) *Leges Henrici Primi* edited by L. J. Downer (1972) pp. 96-97. ハドソンはこの叙述はアナクロニスティックで、この時期にはより細分化された地方法と共通の法に分解していたと批判する。しかし、ヘンリ 2 世紀までこうした記憶が残っていたことは重要である。『ブラクトン』段階では、もちろん 3 区分論は表れない。John Hudson, *The Formation of the English Common Law: Law and Society in England from the*

Norman Conquest to Magna Carta (Longman, 1996) p. 14.

(14) Richard FitzNigel, *Dialogus de Saccario, Constitutio domus regis*, edited and translated by Charles Johnson, I-xvi, p. 63.

(15) *Leges Henrici Primi*, pp. 106-109.

(16) 拙稿「旅する裁判所——巡回陪審裁判制度成立史素描」田中きく代、阿河雄二郎編『〈道〉と境界域——森と海の社会史』(昭和堂、2007) 所収、228-260頁〔本書、第1編補論〕。

(17) Maitland, *Constitutional History*, p. 141 (小山訳 189頁)。訳は小山訳を参考にした。

(18) Pollock & Maitland, *The History of English Law*, vol. I pp. 176-178 (Camb.U.P., 1968 [1895])。世俗法に適用される以前の common law: ius commune, lex communis, commun dreit, commune lei の起源として、カノン法学者が地域教会に特有の法、教皇の特権 (privilegia) に対する言葉として使用する普遍教会の法に注目する。イングランド関連のイノセント3世 (1198-1216) のロンドン、イーリー両司教宛書簡 (c. 32, X. 2. 20)「カンタベリ司教区の空席教会の保護権は、普通法上も、イングランド教会の一般慣行上も、(tam de communi iure, quam de consuetudine generali Anglicae ecclesiae) 助祭長に属す」等を例として挙げている。これら初期の事例の最近の研究については、John Hudson, *op.cit.*, pp. 16-19, J. W.Tubbs, *op.cit.*, pp. 2-7参照。

(19) *Dialogus de Saccario* i. 11 [p. 59].

(20) ジョンは、1210年にアイルランドにコモン・ローを移植するために令状登録集を作成させたといわれており、この命令状を、ジョンによるコモン・ロー移植と関連付ける議論があるが、ブランドは、令状の発給を、従来のアイルランド総裁職の印璽から国王の印璽に変更するものであったとして、ジョンの事業と関連については否定的で、むしろ、ジョンの事業と『ブラクトン』の編纂を結びつけて考えているようである。
G. J. Turner, Who was the author of Glanvill, *L & H Rev.* vol. 80 (1990) p. 101.
Paul Brand, 'Ireland and the Literature of the Early Common Law' *Irish Jurist* n. s. vol. 16 (1981) reproduced in *The Making of the Common Law* (1992) pp. 445-463. at. p. 19, pp. 460-463.

(21) Bracton, *On the Laws and Customs of England*, 4vols. ed. by George E. Woodbine and Samuel E. Thorne (Cambridge, 1968-77)。本稿の分析では、ハーバード大学の Bracton Online 版 (http://hlsl5.law.harvard.edu/bracton/) を使用した。引用は、ラテン文で該当句の見出される箇所を (巻号－頁－行番号) の形式で示している。

(22) George D. G. Hall ed. *The Treatise on the Laws and Customs of the Realm of England Commonly Called Glanvill* (1965) II c. 3 (p. 25) II c. 19 (p. 36) V c. 5 (p. 58) (以下 *Glanvill*)。いずれも法廷での宣誓証言能力の喪失乃至否認との関連で使用されている。マグナ・カルタの 'per legem terrae' をこのように狭い意味で解するのか、後の用法のように広い「國法」的意味に解するかについても議論がある。マグナ・カルタ第39条は、以下に述べる法外放逐にも関係しており、'per legem terrae' の句の使用は、その関連が強く意識されていたのかもしれない。'per legale parium suorum' が 'disesiatur' までを、'per legem terrae' は、'utlagetur' 以下を強く意識したものと読めなくもない。W. S. Mckechnie, Magna Carta, A Commentary on the Great Charter of King John, 2nd ed. rev. (1914) p. 379 n. 4. 〔邦訳：W. S. マッケクニ著・禿

氏好文訳『マグナ・カルタ——イギリス封建制度の法と歴史』（ミネルヴァ書房、1993）
404 頁注 (4))、マッケクニは『グランヴィル』から 2 例を挙げており、禿氏訳では「証
言権［law］喪失」(II. c. 19)、「免責宣誓をする」(V. c. 5) と訳されている。松村勝二
郎訳『中世イングランド王国の法と慣習——グランヴィル』(明石書店、1993) では、
「法の保護を喪失」(II. c. 19) 70 頁、「雪冤宣誓で否認する」(V. c. 5) 101 頁と訳され
ている。松村訳で「法の保護を失う」となっているのは、マッケクニによって挙げら
れなかった『グランヴィル』(II c. 3, p. 25) に 2 例 legem terre の用例があり、最初の
例で「彼は一切の legem terre を失うであろう、即ち、以後、彼は法廷において証人
として決して承認されないであろう omnem legem terre amittet, sclicet quod in curia
numquam de cetero admittetur ut testis」(松村訳、56 頁) の例で「法の保護喪失」
の意味が明らかにされているからであろうが、「雪冤宣誓資格喪失」「雪冤宣誓をする」
と同じ訳語で統一した方が理解されやすいかもしれない。]

(23) 別の箇所では、「重罪私訴者に答弁し、國法によって（per legem terrae）抗弁した
場合」(2-359-011)。この場合、英訳者が、terrae 抜きでの、"per defensionem per
legem" を「雪冤宣誓を行う（make one's law）」(3-262-027) と訳しているように、
per legem terrae は、雪冤宣誓による抗弁を意味するのかも知れない。

(24) Baker, op.cit., 4th ed. pp. 64f.［邦訳 I 89-90 頁］この法外放逐宣言が、庶民院議員
選出と共に州裁判所の機能として最後まで残るのである。Ibid., p. 24

(25) 「宣誓文言」の後の説明。40 日間教会にとどまる必要はなく、裁判官やコロナの到
着後直ちに出頭し、「［國法に従って］退國宣誓すべきである（facere legem terrae）」
(2-383-007)。クラレンドン議決の 40 日間の期間は、友人の援助を求めるための期間
であるからであるとされる。

(26) 「抗弁の最初のものは、全ての重罪私訴に一般的なものである。即ち、訴訟が 國
法に従って、且つ有効になされたかということである。(Prima exceptio et generalis
in omni appello de secta, si bene et secundum lege terrae facta sit.)」(2-394-001)
なお、州裁判所に出頭すれば、叫喚だけでも適正手続となる。また、法外放逐のとこ
ろでも論じたが、州裁判所での法外放逐宣告付召還に応じて出頭した場合には、國法
に従って答弁することになる。「重罪私訴者に答弁し、國法によって（per legem
terrae）抗弁した」場合 (2-359-011)「ある州で國法に従い防御し、もしくは、自ら
獄に繋がれたが、他の州で、法外放逐された（in uno se defenderit secundum legem
terrae vel se in prisonam posuerit, et alio comitatu fuerit utlagatus）」場合 (2-370-
018)「国法によって（per legem terrae）訴訟遂行している以上、罪（culpa）はない」
(3-262-029)。Terrae 抜きで英訳者が雪冤宣誓を行うと訳している箇所については、
注 (15) 参照。

(27) 「國法に従って不出頭申立を行う（quod essonium fecit secundum legem terrae）」
(4-111-020)、封主法廷への不出頭申立検証・不出頭許可証を被告（tenant）が得た後
に、相手方が不出頭申立人を放浪理由で逮捕した場合の釈放を命じる州長官宛て令状
の中の文言（secundum legem terrae）(4-122-034)。さらに「國法によって（per legem
terrae）不出頭申立をおこなったものが、悪意によらず、逮捕された」(4-129-013)
場合は（悪意の場合には敗訴）、たとえ、原告が欠席裁判判決を求めたとしても、暗黙

の承諾によって放棄したのでない限り、欠席のままとせよ。なぜなら、被告と和解日（diem amoris: loveday）を持つことによって暗黙裏に放棄することがあるからである。もう一つの例は、封主法廷への不出頭申立検証許可証発給を命じる令状文言（secundum legem terrae et consuetudinem regni nostri）(4-123-015) である。この箇所では、関連して（secundum legem et consuetudinem regni nostri）(019)、(secundum consuetudinem regni nostri）(011) という表現が使われており、何らかの使い分けがなされているのか気になるところである。(011) については、4 名の騎士による検証問題が絡んでおり secundum consuetudinem regni nostri の単独使用例として後述。

(28) 　陪審審問条項で「それ以外の身代金無しに國法によって保釈されうるし（per legem terrae replegiari sine aliqua redemptione)、されねばならないのに」(2-332-021)、盗犯で正式起訴されたものを投獄し、身代金を得るまで投獄し続けた州長官や他の代官がいないか審問するものである。

(29) 　教会裁判所裁判官宛禁止令状の文言「州長官や市長が、平和維持のため、職務上、國法によって、我が王國の慣習に従って（pro officio sui debetio et pro pace nostra per legem terrae secundum regni nostri consuetudinem)、逮捕した A 某が、聖職者だと主張して釈放され、司教の下に置かれた」(4-258-032)

(30) 　「王國の法と慣習に従って（secundum legem et consuetudinem regni）彼女が持つべき以上に寡婦産を保有している」(3-402-022)、「國法に従った合理的割合の寡婦産以上には持たないが故に（quia nihil plus habet quam rationabilem dotem secundum legem terrae)」(3-405-002)

(31) 　表題は「領主の家支配権の下にあるのが領民（農奴）である（Sub potestate dominiorum sunt servi)」、「領民（servi）は、領主が彼に抗して國法によって（per legem terrae）支援されるまでは、自由身分であるといわれている。彼は、彼の身体に対する権利を獲得するまでは彼に対しても、彼の息子、土地、その他の動産に対しても支配権（potestatem）を持たない」(2-37-002)。1 年間逃亡後戻って来た領民に関する叙述。1 年後は、逃亡者は特権を得ることがあり、抗弁によって自由身分であると防御することがあるからである。したがって、領主権は裁判所で行使されなければ消滅することになる。力を回復して、逃亡農民の特権を無視して連れ戻せば、国王の平和違反で罰せられることになる。

(32) 　例えば「國法に反するが、他人を害さない（contra legem terrae dum tamen hoc non sit praeiudicium aliorum)」(2-67-015) 譲与条件の自由を論じた後に、その理由として「承諾した人には不正行為は成立しない（volenti non fit iniuria)」(031) という法理が挙げられる。同じく「この贈与は、國法に反しているように見えるが、譲与者の意図と承諾の故に、有効である（valet donatio propter voluntatem et consensum donatoris quamvis contra legem terrae fieri videatur)」(2-70-024)。「自らと、自らの相続人を害することがあっても、他人を害しない限り、そして、國法と王國の慣習に反する場合でも、合意は、時には、法律に勝るからである（dum tamen hoc non sit in praeiudicium aliorum, qumavis hoc esse possit in praeiudicium sui ipsius et heredum suorum. Et quamvis hoc sit contra legem terrae et consuetudinem regni, cum conventio quandoque legem vincat)」(2-106-014)

第1編　コモン・ロー法学史の起点を求めて　　79

(33)　この法理は 9 *Coke Rep.* 141b［E.R. v. 77, p. 934］によって広まることになるが、本来は、『学説彙纂』第50巻の法原則章に収められてウルピアヌス法文（D. 50, 17, 45 §1, Ulpian）に由来するものと考えられる。もっともここでクックが公法律として主張しているのは、二つの制定法のことであり、公的合意としての制定法が私的合意に優位する点に関しては、後に述べるように、『ブラクトン』段階でも確認できることかも知れない。

(34)　対句的表現の典型的な例としては、「法外放逐が合法的に正規になされた（utlagaria sit iusta et rite）」場合と対比して、「國法と王國の慣習に反して宣告された（contra legem terrae et consuetudinem regni promulgata）」(2-373-006) 場合には無効とされる。

(35)　土地の回復に関する令状「法外放逐により、王國の慣習に従い（secundum consuetudinem regni nostri）1年と1日の間、朕の下にあった土地」(2-365-009) の封主への返還。同様の事柄が同頁の後の行で、「イングランド王國の慣習と法律に従い（secundum legem et consuetudinem regni nostri Angliae）」(021)、「我が王國の議決に従い（secundum assissam regni nostri）」(023) と論じられる。家畜の差押者の抗弁で、家畜が被害をもたらしたので「損害賠償が為されるまで、王國の慣習に従って（secundum consuetudinem regni）押収した」(2-445-023)。荒廃毀損を検証するための令状文言で「上述の A は我が王國の慣習に反して（contra consuetudinem regni nostri）荒廃毀損、破壊、追放を行ったと B は主張」(3-408-003)。具体的には、木を切り倒し、隷農を金銭で解放した。「王國の慣習に反して決闘審判に付された場合（Ubi duellum vadiatum est contra consuetudinem regni）」(4-60-024)。「彼は違法に王國の慣習に反して決闘審判に付されたと訴えている（Et unde queritur quod duellum illud iniuste et contra consuetudinem regni nostri vadiatum est）」(029)、封建裁判所執事宛令状文言で、前述の不出頭申立に対する4名の騎士による検証許可証の発給を求めるもの (4-123-011)、不動産相続に関するものは、マートン規程に関連して教会裁判所で嫡出性を立証することへの禁止令状文言「イングランド法により（per legem Angliae）」(4-259-012, 013)、「イングランド法により、王國の慣習に従い（per legem Angliae secundum consuetudinem regni nostri）」(027) という文言が法令に従って続いた後、「上述の保有地に関して、王國の慣習に従って（secundum consuetudinem regni nostri）正義を施すであろう」(4-260-014) と締めくくられる。なぜなら、「当事者間で相続は争われているとき、もしくは争われようとしている時に、我々が問題を貴公に信託する以前に嫡出性に関する調査を進めることは明白に我が王國の慣習に反する（contra consuetudinem regni nostri）からである」(4-261-005)。王國の慣習が地域慣習であることを示す興味ある例としては、「丁度、教皇が精神的事項に関して秩序と位階を定めうるように、国王は、世俗事項に関して、同様のことを為しうるのであって、相続財産を与え、相続人を立てることに関しては、彼の王國の慣習に従って（secundum consuetudinem regni sui）、そうすることができる。なぜなら、全ての王國は、互いに異なる独自の慣習を持つからである。なぜなら、イングランド王國の相続にはある慣習が存在し、フランス王國には別の慣習があるからである」(4-298-027)

(36) 謀殺罰金制度もデーン人支配に遡るとされるが、財務府対話編での議論にあるように、ノルマン征服により復活・強化せられた記憶は生々しいものがあった。

(37) 前注 (27)

(38) 4-330-009 は遷延的抗弁に関する以下の議論である「なぜなら、共有の権利であるので、他の人がいなければ答弁できない。部分的に他人に関係することなので、その人達がいなければ云々 (quia ius commune ita quod sine alio respondere non potest, vel quia in parte tangit alios sine quibus etcetera.)」。もう一つ、「上述の場合には共有権の分有者は分割を認めているからである (quia in casu supra dicto ius commune participum recipit divisionem)」(4-84-010)。それ以外の例については、以下の通りである。「贈与方式は、たとえ ius commune と法律に反しても守られねばならない。なぜなら譲与方式や合意は法律に勝るからである(modus tenendus est etiam contra ius commune et contra legem, quia modus et conventio vincunt legem)」(2-68-006)、「贈与条件が、ius commune に反して、正当な相続人の不動産相続を妨げることもある (Item poterit condicio impedere descensum ad proprios heredes contra ius commune)」(2-73-008)。この直ぐ後で同趣旨の事柄が「真の相続人と相続不動産占有訴権に反して (contra veros heredes et contra assisam mortis antecessoris)」(2-73-028) と論じられ、その理由付けとして、「そのことを知り、承諾した人に不法行為は成立しないからである。かくの如く、条件や合意は法律に勝るのである (quia scienti et volenti non fit iniuria: et ita condicio sive conventio vincit legem)」(2-74-011) と論じられるのである。「ius commune に反する特別な合意によって授封者は、贈与原因にいて自らの立場を改善しうる (Item poterit donator ex speciali conventione contra ius commune condicionem suam meliorem facere in causa donationis)」(2-148-011)、具体的には、権原担保者とならず、保護を行わないこともできる。他方「受封者は、彼の保護のために法によって導入されたものを、ius commue に反し、自由に放棄しうる (sic poterint tenens gratis renuntiare his quae pro se introducta sunt a lege contra ius commune)」(2-148-017)「逆に、受封者も ius commune に反する特別な契約によって自らの立場を改善しうる (Item vice versa poterit donatarius condicionem suam meliorem facere ex speciali conventione contra ius commune)」(2-148-018)。「主たる封主も、ius commune に反し、そのように特別に合意されたならば、後見権も婚姻権も持たない (ne capitalis dominus habeat custodiam et marritagiun,si ita specialiter convenerit contra ius commune)」(2-148-022)。この場合、ius commune はレーン法を意味し、単なる贈与の問題でなく、合意によってレーン法的関係が解体させられることがよく分かる。「彼と彼の所有物のために導入されたものを、このように、ius commue に反して、放棄しうる (Et sicut poterit quis renutiare his quae pro se et suis introducta sunt contra ius commune)」(2-149-005)。これに続けて以下のように論じられる「ius commue に反するが、自らがそのように望んだのだから、それら自体は不法とならない。知りながら、承諾した人には不法行為は成立しないからである (sibi ipsi non erit iniuriosum cum hoc voluerit licet contra ius commune. Scienti enim et volenti non fit inuria)」(2-149-008)「先祖の遺言者が望んだことであるので、ius commune には反するが、受遺者が占有している場合には、相続不動産占有回復訴訟に対する抗弁となる (ex quo antecessor testator

第1編　コモン・ロー法学史の起点を求めて　　81

hoc voluit, licet contra ius commune, ad tollendam assisam mortis antecessoris)。……
占有していない場合には、教会裁判所にも、世俗裁判所にも訴えることはできない」(2-149
-021)。また、新侵奪不動産占有回復訴訟における、令状、裁判管轄権に関する抗弁では、合意乃至承諾は一般的な訴権に対する抗弁事由となるのであって、「たとえ、ius
commune に反して、嘆願によって入手されたものであったとしても（Item si impetratum
fuerit contra ius commune）同様である」(3-79-012)。また、聖職推挙権の付属する土地
保有者による推挙の教会保護権者による妨害（3-232-016）についても、contra ius
commune は使用されており、この場合、ius commune は聖職推挙権。

(39)　具体的には、十字軍遠征中に、帰還後返還されるが、死亡によって帰還しなかった場合には、A の封土として留まるという但書付で期間権を譲渡した場合。相続人が相続不動産占有回復訴訟で訴えたとしても、譲与条件における但書が、阻却事由となる。ヘンリ 2 世期に導入された相続不動産占有回復訴訟を指すと見てよい。相続不動産占有回復訴訟そのものを指すのか、相続不動産占有回復訴訟を定めた 1179 年ノーサンプトン議決（assisa）を指すのかは確定しがたい。同様の議論として、2-149-021
も参照。

(40)　*Fleta*, Book 6, c. 1, sect. 1. *Coke on Littleton*, Sect. 234, fol. 158b.

(41)　前注（30）(3-79-012)

(42)　例としては、(2-118-035)、(4-82-025)、(4-192-007)、(4-220-025) など。

(43)　Maitland, *Constitutional History*, pp. 24f. 本稿の考察対象からは外れうるが、長男子単独相続制との関連で、家族内の財産分与を行う場合、土地譲与がすべて封主—封臣関係を擬制して行われるため、家族内の関係が法的には封建的関係となってしまう。その結果を避けるには合意を優位させざるを得なかったのではないだろうか。

(44)　Magna Carta (1215) ca 34, (1225) ca.24. 令状とは何かという、一般的表題の下に論じられたこの議論は、後の議会制定法に基づく令状の発展を理解する上で興味深い。法と王國の慣習に反し（contra ius et regni consuetudinem）としながら、法に反しない場合（dum tamen non iuri contrarium）というのは、論理矛盾のように聞こえるが、前者は、通常使われる、國法と王國の慣習に反し（contra legem (terrae) et
regni consuetudinem）と同じ意味で、既存の法律を意味し、後者が正義としてのあるべき法を意味するのであろう。

(45)　『ブラクトン』の成立年代に関するソーン以降の議論、とりわけ最近のブランドとバートンとの論争については、本稿の筆者の能力の及ばぬところがある。しかし、本体部分を何時、誰が執筆したかはともかく、ブラクトン本人が最後に編纂者の一人として係わったことには異論がないように思われる。

(46)　オックスフォード規程（1258 June/July）

　　同上のオックスフォードの議会で、24 名が選ばれた、12 名が国王の側から（ex
parte domini regis）、同数が［王国］共同体の側から（ex parte communitatis）である。国王とその息子エドワードは、前述の如く、彼ら自身と全イングランドの状態の是正とより良き改革のために、彼らの命令と条規に服することとなった。
　　多くのことが、当地でまた、他の場所で議論され、以下の如く定められた。

オックスフォードで定められた条規

1〜4（略）……

4. オックスフォードでのイングランド共同体の宣誓（iura le commun de Engletere）

……以下宣誓文言は仏語……

7. 大法官の宣誓

彼は、当然令状をのぞいて、国王と彼に侍する評議会の命令無しに、いかなる令状にも捺印することはない。また、大評議会、乃至その多数の同意無しに、大所領の後見権、多額の金銭、不動産復帰権の授与状に捺印することもない。また、24人委員会乃至その多数により作成され、また作成される命令に反する事柄に捺印することもない。彼は他の人々によって決められた額を超えて支払を受けない。評議会が決定する方法で、彼に同僚が与えられる。

8. 〜14.（略）

15. 大法官に関して

大法官も［最高法官］同様［1年任期］であり、任期末に、その任期中の責任を問われる。彼は、当然令状を除き、国王の意思のみによって（par le sule volunte del rei）作成された令状に捺印してはならず、国王に侍する評議会によって作成されたものに捺印しなければならない。

(47)　前述の『グランヴィル』の理由付けと、下記の『ブラクトン』の理由付けを比べれば、その力点の違いが分かるであろう。「なぜなら、諸侯の忠告と同意、及び國全体の合意（de consilio et consensu de magnatum et rei publicae communi sponsione）によって正しく定められ、承認されたものに国王乃至君主の権威が加えられれば法の効力を持つからである」（2-19-012）。

(48)　メイトランドが法廷年報（Y.B. 21-2 Edw. I. 1292-4）で確認した初期コモン・ローの用語法は以下の通りである。制定法（pp. 55-56, p. 419）、地方慣習（p. 213, p. 287）、大権（p. 406）、商人法（p. 459）、特別法（p. 71）。

(49)　The Statute of Quo Warranto, *Statutes of the Realm* vol. 1 p. 107. 城戸毅『マグナ・カルタの世紀』（東京大学出版会、1980）196 頁、及び 186-203 頁。より詳しくは、赤澤計眞『イギリス中世国家史研究』（多賀出版、1988）参照。

(50)　この時代は、同時期に制定された、ウェストミンスタ第一法律、第二法律の令状強制送達規程によって、令状復命権の衰退する時期でもある。

(51)　リトルトンの時効論とクックの注釈によって、一般的には超記憶時代としてコモン・ロー上の時効の起源は権利令状の時効期限をリチャード 1 世即位時（1189 年 9 月 3 日）としたウェストミンスタ第一法律（1275）第 39 章と理解されているが、慣習との関係では権原開示法の規定の方が重要であろう。*Statutes of the Realm*, vol. 1 p. 36.

(52)　Beaulieu v Finglam (1401) Y.B. Pas. 2Hen. IV, fo. 18, pl. 6. in Sir John Baker, *Baker & Milsom's Sources of English Legal History : Private Law to 1750*, 2nd ed. (2009)) p. 610.

(53)　問題はこのような慣習と区別されたコモン・ローを如何なるものとみるかにある。シンプソンのように法曹団体を法共同体とする慣習法とみる見方もできようが、それ

ならば、法曹法といってしまった方が我が国の研究者には理解しやすいのではないだろうか。

(54)　同様な指摘は 81b 不使用によって立法の効力は失われることはない。

(55)　*Coke on Littleton*, 141a-b.　クックが、悪しき慣習は廃止されるべきとの注釈としてここで、40 Ed. 3 のアイルランドのキルクゥニー議会でのブレホーン法廃止を挙げているのは、先に挙げた同時代のディヴィス判例集とともに慣習に対するコモン・ロー的合理性審査基準の果たした役割を理解する上で象徴的である。もっともこの場合でもクックが挙げているのは議会法による悪しき慣習の廃止である。

(56)　*Year Books of Edward IV: 10 Edward IV. and 49 Henry VI. AD. 1470*, ed. N. Nelson, Selden Society vol. 47. pp. 38f.

(57)　*Ibid.*, p. 38.

(58)　*Ibid.*, p. 39.　これで議論が終わったわけではない。問題は「とはいえ、原告は王座裁判所に訴えることができたわけで、その原告の訴えによって本法廷が訴訟管轄権を行使する場合、彼の訴えによって被告の特権が奪われてしまうのは合理的ではないのではないか」という議論へと移っていくことになる。ここでは、原則の問題から政策判断的問題へと方向転換していくのである。これには、国王裁判所同士の裁判管轄権問題であるという点が影響しているのであるが、原則論としては、下位裁判所との間でも同様の論理が成立したであろうし、その場合には、こうした政策的配慮も働かなかったであろう。

(59)　*Ibid.*, pp. 39-41.

(60)　*D&S*, p. 47.

(61)　*Ibid.*, pp. 48-49.　本文は英語版（1531）の順番に従ったが、ラテン語版（1523）では、モールバラ法とマグナ・カルタの順番が逆になっている。また、法外放逐が省かれているため「國法によって」という文言の意味が異なってくるのが興味深い。*Ibid.*, pp. lxix-lxx.

(62)　Reasonableness については、J. H. Baker, 'Custom' in *Halsbury's Laws of England*, 4th ed. reissue (1998) pp. 155-202. 特に、同書 162-167 頁参照。他の、興味ある実例としては、「法の適正手続」という側面からアプローチしたベイカー教科書の実例参照。Baker, *op.cit.* 4th ed. (2002) p. 97.〔邦訳 I 137-138 頁〕

---

*1　初出論文「コモン・ローとは何か」が海外研修中の執筆であったため、正確な引用ができなかった邦語文献については、この機会に補った。注（22）、注（49）参照。また、引用を補った部分は〔 〕で示した。

*2　『ブラクトン』の contra legem terrae が、概ね訴訟手続的な意味で使われていたのとは対照的に、ius commune の用法が、最高封主たる国王の裁判所で保護されるレーン法上の利益を指すために使われており、ヘンリ 2 世期に整備された占有訴権も含

め、コモン・ローの権利と訳してもよいような実体法的な意味で使われていることが興味深い。

*3　クック自身のコモン・ロー論については、第7編Ⅲ-(5) 585頁参照。

*4　上記、裁判所論、マグナ・カルタ、モールバラ法の規定に続いて列挙されたコモン・ローの法準則については【付録4】「セント・ジャーマン『博士と学徒』で析出されたコモン・ロー法準則」を参照。

図1　『残酷の四段階』第2段階

出典：The Complete Works of William Hogarth, DIV, III (1890)

補論 **1**

旅する裁判所

アサイズ巡回陪審裁判研究事始

　メイトランド風に言うならば、本論で論じたように、イングランドで早期[*1]にコモン・ローが全王國共通の領域的國法として成立したのは、巡察制度とその再組織化としてのアサイズ巡回陪審制度の定着により、地方的合意としての特別法を実現するための強力な地方裁判所が生み出されることがなかったためということになろう。メイトランドの生きた時代まで機能していたこの制度が王国共同体の法としてのコモン・ロー及びコモン・ロー法学を生み出す上で果たした役割を補論としてもう少し詳しく見てみよう。[*2]

はじめに──ホガース銅版画『残酷の四段階』より

　18世紀の英国の世相を見事に描き出したホガースの銅版画作品の中に『残酷の四段階』という組版画がある。その第二段階では、乗客を乗せすぎた貸馬車の馬が足の骨を折って倒れ込み、転倒した馬車から乗客が転げ落ち、怒った主人公の御者トム・ネロは棍棒で倒れた馬を殴打するといった一場面が描かれている。

　転げ落ちた4人の乗客は、黒い法服とウィッグに乗せられた黒い布で法廷弁護士であることが明示されている。岩崎美術社版の解説では、ウェストミンスタからの1シリングの貸馬車代を節約するために客嗇な法廷弁護士達が大勢乗り込んだと解説されている。[(1)]

　なぜ乗客が法廷弁護士だったのだろうか。風刺画家のホガースが何の理由

もなく法曹達を乗客に仕立て上げたわけではないだろう。

ホガースの作品の発表された 1751 年は、1709 年頃からはじまった有料道路建設が飛躍的に増大し始める時代であった。1748 年に約 160 社あった有料道路建設信託会社は、1770 年代までに約 530 社に増加し、有料道路網は 4 倍に伸びたといわれる[(2)]。

この変化は、イングランドの各州を毎年 2 回、6 管区に分けて巡回するアサイズ裁判と称される中世以来の陪審裁判制度の在り方にも変化をもたらした。アサイズ裁判官達は豪華な四輪馬車に行列を仕立てて陪審裁判が開廷されるアサイズ・タウンを巡回するようになる[(3)]。この巡回陪審裁判を追って法廷弁護士達も旅するわけであるが、彼らは自ら馬車を仕立てねばならなかった。公共交通機関としての乗合馬車も発展したが、巡回陪審に向かう法廷弁護士達は乗合馬車を利用することはできなかった。乗合馬車でアサイズ・タウンに向かうことは、法廷弁護士の「威信を損なう」だけでなく、同時期にアサイズ・タウンに向かう訴訟代理人や証人達と長時間、狭い馬車の中で同乗することを意味したからである。法曹倫理上、公開の法廷ではなく狭い馬車の密室で取引される危険を排除する必要があった[(4)]。

自ら馬車を用立てることのできない法廷弁護士は、馬の背に揺られて移動するか、徒歩で巡回陪審裁判官を追いかける以外になかった。アサイズ・タウンに向かう法廷弁護士が共同で貸馬車を用立てるという習慣は有料道路網と駅馬車の発展する時代に形成されることになる。同様な理由で、法廷弁護士達は公共の宿の利用も憚られた。それ故に、法廷弁護士達は各巡回区毎にバー・メスと称するある種のクラブを組織し、アサイズ都市の宿舎を借り上げ、食事の手配を行う慣行が成長していくことになる。ホガースが上記銅版画を発表した時代は、まさにそうした慣行が成長しつつある時代であり、その風刺が最も新鮮な時代でもあったのである[(5)]。

アサイズでは、民事、刑事両陪審審理が行われた。未決囚釈放裁官を兼任するアサイズ裁判官の来る日には、地方監獄に収監されている未決囚が一斉に裁かれた。ホガースの次の世代の風刺画家ジェイムズ・ギルレイが描いた最後の作品『アサイズ開廷日の床屋風景』は、1811 年に遺作として発表されたものであるが、その背景に監獄と絞首台の絵と並んで未決囚審理日程表が配されている。アサ

イズ裁判開廷日は地方陪審が招集され、正式起訴状を受理した治安判事はじめ地方名士達が一堂に会する日であるために、散髪屋も賑わったのであるが、その日は、同時に、死刑判決の下される日でもあった。

　厳密な意味での裁判だけではない。地方役人の監督や道路行政もアサイズ裁判官の役割であった。道路修繕懈怠は大陪審で告発され、アサイズ裁判で補修責任が該当教区に課された。アサイズはまさに狭い意味での司法のみならず、中央行政と地方行政との結節点でもあったのである。田舎紳士達がアサイズ開廷日に床屋でおめかしをして出かけるのも、年に2回訪れる地方の公式行事の日であったからである[6]。

　イギリス近代憲法学の創始者ダイシーがイングランド憲法の三原理の一つとして「法の支配」の原則を掲げ、イングランド法における行政法体系の不在をその特質の一つとして挙げたが、その背後には、中世以来連綿と続くアサイズ裁判制度による地方統治の監視システムが存在していたのである。法史家のホウルズワースが全16巻に及ぶ大著『イングランド法制史』の中で、アサイズ巡回陪審裁判こそが、「法の支配」を制度的に支えるとともに、毎年規則的に繰り返される日常生活の経験を通し「法の支配」を文化としてイングランド人の精神の中に染み渡らせていったと指摘したのは至言といえよう[7]。

　このアサイズ巡回陪審裁判制度を支えたのが、各巡回陪審裁判区に所属する法廷弁護士達で、18世紀末で各サーキット約30名程度の小集団を形成していた。彼らは、毎年、春、夏2回の中央裁判所の閉廷期に地方巡回陪審区を2〜3週間共に旅し、開廷期には中央法廷のあるウェストミンスタに戻り、ロンドンの4法曹院で共住生活を行った。法曹院の共同食事の場は、さまざまな地方情報と共に巡回陪審での新たな法経験が交換される場でもあった。これらアサイズとウェストミンスタで活躍するバリスタが実務バリスタの中核を形成し、彼らから将来の裁判官が育っていったのである。イングランド法としてのコモン・ローを「全国共通慣習法」という場合、この慣習法を支えた団体は、全国民というより、これら巡回陪審区に所属し、地方と中央を行き来する法曹達であった。コモン・ローの全国的一体性と継続性が、法曹団体によって支えられていたという意味では、コモン・ローは慣習法というより法曹法と称される方が相応しいのである[8]。

このように、18世紀イングランドでは、地方名望家を中央に集めた万能の議会において、「議会主権」の名の下に重要問題を中央において立法的に決済するとともに、アサイズ巡回陪審裁判制度を通して、中央から地方に裁判官と法曹団体を巡回陪審区毎に定期的に送り出すことを通して、中央集権的官僚システムとは異なる全国的統治システムを作り上げていたのである。

地方の黄金時代と称される18世紀イングランドで、中央と地方を結ぶ重要な役割を果たしたこのアサイズ巡回陪審裁判制度も、1840年代以降の鉄道時代の到来、1846年の新地方民事裁判所の設立と裁判所管轄権の拡大、さらに、1854年訴訟手続法改正による民事陪審の衰退にともなって、19世紀後半には民事部門での重要性は失われていく。しかし、巡回陪審制度そのものは、残された刑事部門とともにバリスタの営業独占を支える機構として、中世的儀礼も合わせ1971年まで存続することになるのである。19世紀末乃至20世紀的視点からみれば、中世的遺制の存続として描き出されることの多いアサイズ巡回陪審裁判制度ではあるが、この中世以来連綿と続く裁判制度の理解なくしては、ヨーロッパ大陸と異なる発展の仕方をしたイングランドの法と法学の発展の秘密を解き明かすことはできないであろう。この永き歴史を通してイングランド人の精神の中に染みついていった文化の中にイングランド法とコモン・ロー法学の発展の秘密を探るのが本補論の課題である。[(9)]

I 「道の平和」と「国王の平和」

サーキットを巡回する法曹達が旅する道の平和は古くからイングランドの裁判制度と深く関わっていた。地方の共同体の平和維持は当該共同体の責任であったが、共同体と共同体の境目、共同体間を結ぶ道の平和はより大きな共同体によって守られねばならなかった。

征服王ウィリアムが引き継いだ「エドワード証聖王の諸法」で「国王の平和」として「四街道、即ち、ウォトリング街道、フォッス道、イクルニード街道、アーミン街道で保持される平和」が挙げられているように、既に、ア

ングロ・サクソン期から、四街道と航行可能な河川は国王の近辺とともに「国王の平和」に属し、国王の平和違反には国王に対する和解金、すなわち罰金の支払が必要となっていた。四街道以外の、人々が日常の商業や交易で往き来するその他の司教座都市、城市を結ぶ道路は、国王裁判管轄権ではなく、州共同体の法によって平和が保証されていた。[10] 逆に、道を外れて旅する場合には平和の保証はなかった。他所者が道を外れて旅する場合には、角笛を吹き鳴らして旅しなければ盗犯として殺害されるか、身代金を要求されたのである。[11]

　道は同時に境界でもあり、法的紛争の生じる場でもあった。前述の「エドワード証聖王の諸法」でも、州の境界の裁判管轄は「四道」すなわち国王裁判管轄に、郡区（hundred）や町の境界は州共同体に属するものとされた。[12]

　征服王ウィリアム１世の息子ヘンリ１世の時代には、「エドワード証聖王の諸法」時代の「国王の平和」「州の平和」といった区分は曖昧になっていったように思われる。『ヘンリー世の諸法』では「全ての公道（herestrete）は国王に属し、国王の裁判管轄権に服す」（c. 10, 2）と論じられた。「王の道（via regia）は常に開かれているのでそう呼ばれるのであって、国王の交易市、城塞、城市、都市へと通じる道を、如何なる人も障壁を築いて塞いだり、歪めたりしてはならない」（c. 80, 3a）とされ、「王の道」での待伏攻撃には王の平和違反として国王との和解金100シリングが要求されるようになる（c. 80, 2）。[13]

　本来、州長官は州共同体の長であるとともに、国王や伯の代官（州長官 sheriff は、ラテン語では vicecomes）であったが、ノルマン征服以降のイングランドでは、チェスタ特権州、ダラム司教領を除き、すべての州長官は国王代官となった。「州の平和」と「国王の平和」の区分が曖昧となり、「国王の平和」が公道全般に拡大することに繋がったのは、こうしたイングランド特有の政治状況が反映したのかも知れない。[14] 同時に、すべての人に開かれた公道という概念が成長してきていることも見逃せない。後に「国王の平和に反して contra pacem regis」というトレスパス令状の定型句が国王裁判所に訴訟を継続させる重要な契機となるが、令状の形式が未だ流動的であった最も初期の方式の中で「国王の平和に反して」という文言ではなく「公道で in publica strata」という文言が使用されていた例が見出されるのも、「道」に本来備わった公的属性が国王裁判管轄権拡大の梃子となっていったことを示す貴重な一例であろう。[15]

(1) 巡察制度と「国王の平和」の拡大

公道の裁判管轄が国王裁判管轄権に帰したからといって、州共同体の裁判管轄権が消滅し、すべての刑事事件が「国王の平和」違反事件として国王裁判管轄に帰したわけではない。ヘンリ1世の孫、ヘンリ2世期の法書『グランヴィル』では、刑事訴訟の分類で、通常の盗犯は、強盗とは異なり「国王の平和違反の訴訟（placitum de pace domini regis infracta）」には含まれず、州長官によって、州裁判所で審理されると論じ [I, 2]、犯罪類型毎の刑事訴訟の説明でも、「本書は国王裁判所についてのみ考察するので、さまざまな州の異なる慣習によって審理される盗犯及びその他の犯罪についてはここで扱うのは適当ではない」と断じている [XIV, 8]。同時期の『財務府対話編』[16]でも、強盗犯の動産は国王の財務府に没収されるのに対し、盗犯の動産は州長官に没収されるとしている。このように、「国王の平和」違反としての「国王の訴訟」は、未だ、全刑事犯罪を覆っていたわけではなかった。[17]

しかし、「国王の平和」保護領域は公道に限られたわけではない。前述したように「国王の平和」は国王の近辺にも及んだのであり、国王が移動すれば、国王の平和も移動した。したがって、国王滞在期間中は、当該地方の平和は「国王の平和」に吸収されることになる。中世末、王座裁判所のウェストミンスタへの固定に伴いミドルセックス州の裁判管轄権が王座裁判所に吸収され、ミドルセックス訴状と擬制的な逃亡者逮捕令状を通して王座裁判所裁判管轄が全国に拡大されていく過程はイングランド法史における有名な物語であるが、その背後にも、同様の論理がはたらいていたのである。[18]

したがって、中央集権的官僚機構を欠く中世的統治システムにおいて、国王が全国を巡幸するというのが、「国王の平和」、すなわち、国王裁判管轄権を全国に拡大していく最良の方法であった。もう一つの方法は、国王役人を地方に派遣して地方住民の審問を行うことであった。ウィリアム征服王が、

征服直後に全土の所領保有状況を調査したドゥームズデイ審問が全国的審問の最も初期の例であろう。こうした地方審問が、定期的巡察制度として組織されるのは、ヘンリ 2 世が 1166 年のクラレンドン議決で導入された地方住民の告発に基づく起訴陪審制度を実施するために 2 名の裁判官を派遣して以降とされている。この制度は、1170 年の州長官審問によって、大多数の州長官を更迭し、国王に忠実な代官へと州長官の性格を変質させるとともに、新たなアサイズ訴訟の規定も含め、陪審審問条項を携え全国を 6 巡回区に分け裁判官団を派遣した 1176 年のノーサンプトン議決以降に制度的に定着していくことになる。このアサイズ巡回陪審裁判官の前身とも言うべき旅する裁判官達は、その名の通り巡察裁判官（iter, eyre）と称され、1294 年の巡察の停止まで 1 世紀以上に亘り「国王の平和」を地方に浸透させ、全国的統治を支える基本的制度枠組を形成することになる。[19]

　この巡察裁判制度の起点となった、クラレンドン議決では、通常の盗犯とその蔵匿者の起訴を陪審に命じており、巡察制度の再編組織化した 1176 年議決においても、盗犯は、謀殺犯、強盗犯と同様に扱われるとともに、州長官には盗犯の収監のみを命じた。この巡察裁判官への盗犯の起訴が「国王の訴訟」の通常の盗犯への拡大の背景となったのではないだろうか。[20] 1215 年のマグナ・カルタは盗犯については直接規定していないものの、第 24 条で州長官による「國王の訴訟」の開催を禁じ、この条項はその後の再交付においても引き継がれ、1221 年の巡察審問条項に加えられるようになる。その年までには、盗犯、非行犯の逃亡が大巡察審問条項に付け加えられており、1246 年以降には、動産差押訴訟を中心とする「國王の訴訟」の州長官への審問も強化された。こうした巡察における地方役人への監督の強化によって盗犯の國王の訴訟化の傾向に一層の拍車がかけられたに違いない。[21]

　12 世紀前半、巡察裁判制度の最盛期の法書『ブラクトン』では、最初に、ユスティニアヌス『法学提要』に合わせ基本的な法概念を解説した後に、「裁判官は巡察を如何なる順序で、どの様に進めるべきか」と題する節（f. 115b）以降、巡察裁判に則してイングランドの法と慣習について詳細な解説が展開されるのであるが、前世紀末の『グランヴィル』と異なり、「國王の訴訟」の説明では、強盗罪、強姦罪に続けて盗犯罪に関する訴訟手続も詳しく論じら

れることになる。現実の裁判でも、1249年のウィルト州巡察で告発された275件の事件中205件以上が盗犯によって占められており、巡察で起訴される國王の訴訟の中心部分を構成するようになっていくのである。『グランヴィル』から『ブラクトン』への、この盗犯に対する扱いの変化の中に、巡察制度の組織化によって、「国王の平和」が、州共同体を結ぶ公道から州共同体内部へと拡張し、イングランドを一つの法共同体へと成長させていったことが理解できよう。

(2) 巡察裁判制度の衰退とアサイズ巡回陪審裁判制度

　同じく旅する裁判所とはいえ、巡察制度と後に発展するアサイズ巡回陪審制度とは大きく異なっていた。巡察は、中央裁判官の派遣というより、中央裁判所そのものの移動であって大巡察の開廷期にウェストミンスタの裁判を開廷することは困難であった。国王側の関心も、民間の通常の訴訟ではなく、シェリフ審問にみられるように、地方監察による地方役人の不正を裁き、権力としての自立化を抑止するとともに、国王の諸特権を侵害から守ることに集中していた。巡察裁判官が地方陪審に対して行う巡察審問条項を見るなら、裁判というより、地方行政監察制度であって、巡察が裁判所というより、中央政府そのものの移動であったと言われるのも誇張ではないであろう。

　「國王の訴訟」とされる重罪事件の告発も、治安維持の目的に加え、重罪人の動産が国王に没収され、所領も上級領主に没収される前の1年1日間国王に帰属するという財政的関心と結びついていた。また、治安維持懈怠に対する各郡区への罰金も国王の大きな収入源となった。例えば、1246-50年の時期の国王総収入£24,000に対し、巡察による追加収入は£4,000～5,000で、5分の1程度の追加収入をもたらしたと考えられている。

　近代行政官僚機構の整備されていない中世において、政府そのものが全国を行脚することが最も有効な全国統治の方法であったが、国王の救済を求める者は、移動する国王の宮廷や巡察裁判官を捜し求めねばならなかった。マグナ・カルタ第17条で、通常の訴訟は国王の宮廷に随行せず、他の一定の場所で開廷されるものとする、とされたのもその故であろう。

補論1　旅する裁判所　　93

　他方、地方有力者にとっては、国王の干渉は耐え難かったであろうし、各郡区に課される多額の罰金は、地方住民も離反させたに違いない。例えば、1256年のシュロップ州巡察における国王訴訟事件428件の記載事項中、叫喚追尾義務違反、埋葬前検死義務違反、犯罪人逮捕懈怠等での郡区や村区への罰金が230件を占めており、残りのほとんどの項目も重罪事件で国王の重要な収入源となった。エドワード1世が開始した権原開示訴訟に伴う特権領審問によって増大する巡察審問条項は地方陪審の負担を激増させたに違いない。訴訟の準備でも巡察開催都市と州共同体の負担は大きかった。巡察復活の最後の試みとなった1329-30年の記録によれば、裁判官をはじめとする国王役人、サージャント・アット・ロー（以下　サージャント）[*4]、州内各ハンドレッド、市から集められた12名乃至24名の陪審に宿舎を無償で提供しなければならず、食料の調達も含め軍隊が移動してきたような様であったに違いない[(27)]。

　次第に巡察裁判官の来訪は嫌われるようになり、13世紀の後半には、7年に1度以上、巡察は行われるべきではないとする地方の主張が受け入れられ、13世紀末の法書『ブリトン』でも7年毎の開催と理解されている。1294年の巡察停止後は、14世紀前半の復活の試みにもかかわらず、巡察は各地方によって和解金の支払いによって買い取られるようになり、純粋な徴税手段と化すことによって、裁判機能を失い、終焉を迎えることになったのである[(28)]。

　しかし、これによって全国を旅する巡回裁判制度が全面的に解体したわけではなかった。全能の裁判官（ad omnia placita）たる巡察裁判官とは異なり、個別事件毎に、もしくは一定州の限定された裁判管轄権を開封勅許状で委任される裁判官達がいた。代表的なものとして、ヘンリ2世期に導入されたアサイズ訴訟の事実認定を行うために係争地所在地に派遣されるアサイズ陪審裁判官、さらに、未決囚釈放のために派遣される未決囚釈放裁判官、さらには、騒擾事件等、地方の治安維持のために派遣される刑事特別裁判官等が、開封勅許状によって随時任命されていた[(29)]。

　イングランドの司法制度の根幹を形成することになるアサイズ巡回陪審裁判制度は、巡察制度からではなく、この個別の授権状で裁判管轄権を委任す

る制度、とりわけ、アサイズ訴訟裁判制度と未決囚釈放裁判制度が、新たな
ナイサイ・プライアス制度、さらに 14 世紀に発展する治安判事制度と重層的
に結びつくことによって形成されていくことになるのである。

　次章で、この発展の過程を跡付けることによってこの制度のもたらした意
義を考えてみることにしよう。

II　アサイズ巡回陪審制度の形成

　「國王の訴訟」以外の通常の「民間の訴訟」としての民事訴訟は、国王の側
からすると大きな収入源とはならなかった。前述の 1249 年のウィルト州巡
察では国王訴訟の裁判興行収入 £673 4s. 5½d. に対し、民事訴訟からの収入
は 10 分の 1 以下の £62 13s. 4d. にすぎなかった[30]。しかし、民事訴訟、とりわ
け、ヘンリ 2 世期に導入されたアサイズ訴訟は、所領の「占有」保護を、係
争地住民の陪審による事実認定に委ねたこともあり、その簡便・迅速な訴訟
手続には人気があった。この人気は、1215 年のマグナ・カルタ第 18 条で、新
侵奪不動産占有回復訴訟、相続不動産占有回復訴訟、聖職者推挙権占有回復
訴訟という 3 種のアサイズ訴訟が、当該紛争地の属する州で、年 4 回以上開
廷されるように求められたことからも確認できよう。しかし、年 4 回の裁判
官の派遣は当時の中央政府には大きな負担であったに違いない。この規定
は、1217 年、1225 年のマグナ・カルタ再交付では、年 1 回に削減され、聖職
推挙権回復訴訟は中央裁判所裁判官の面前で審理裁定されることとなった。
裁判官に関する規定も、1215 年マグナ・カルタでは国王派遣の 2 名の裁判官
と、州選出の 4 人の騎士の面前で開廷されるものとされていたが、1225 年の
規定では人数を定めず、国王派遣裁判官が州の騎士と共に裁判を開催すると
簡単に規定されるに留まった[31]。

　この期のアサイズ裁判官派遣の実態の研究でも、2 名の国王派遣裁判官と
いう方式に対して州の騎士 4 名の任命が優位していたといわれている。中央
における専門学識法曹の不足に加え、本来の占有的訴訟としてのアサイズ裁
判そのものは、ある時点において誰が所領を占有していたかという事実認定

（recognizance）を行うための審問であり、当初は、特別な専門的法知識を必要とするわけでなかったと考えられる。国王役人を派遣しなくとも、地方官職を歴任した地方の法の識者としての州の騎士層で問題はなかったのかもしれない。その意味では、この期のアサイズ訴訟は巡回陪審というより、地方陪審といった方が適切であるのかもしれない。[32]

しかし、ヘンリ3世初期は、令状、訴訟手続を巡るさまざまな抗弁が発達する時代でもあり、全面否認訴答を通例とした『グランヴィル』の叙述とは異なり、『ブラクトン』の著作では、アサイズ訴訟を巡っても多様な抗弁の可能性が明らかとされるようになり、ナラトーレスと称される専門の法廷代弁[*5]人層も現れ始める。1240年代年代までに、2名の専門法曹裁判官方式、もしくは中央裁判所裁判官に地方騎士を陪席させる方式が優位になっていく背景には、こうした訴答方式の発展による法的問題の複雑化と、それに伴う専門法曹の成長があったと思われる。[33]

(1) アサイズ巡回区の形成と1293年アサイズ裁判官法

エドワード1世（1272-1307）即位翌年以降、ヘンリ3世死亡後の巡察の停止を補うため、一群の州にアサイズ裁判官が派遣され、その後も、定期的に、州グループ別にアサイズ裁判官が派遣されるようになる。後の巡回区のように固定はしていないものの、徐々に結晶化も進んでいくことになる。巡回陪審としてのアサイズ裁判の発展は、この頃から始まると考えてよいであろう。[34]

しかし、定期的に専門法曹を地方に派遣する上で、開廷期、裁判官資格問題を解決しておく必要があった。アサイズ訴訟の事実認定人たるJuryは、その語の示すごとく、宣誓供述人であり、教会法上の宣誓禁止期間には、陪審審理を行うことができず、この期間に裁判を行うには、司教の特宥状がカノン法上必要であった。ウェストミンスタ裁判所の4開廷期は、こうした宣誓禁止期間を避ける形で定着化したため、中央裁判所裁判官をアサイズ訴訟の地方陪審のために派遣するには、逆に宣誓禁止期間が障害となったのである。この障害を避けるために、ウェストミンスタ第一法律（1275）では、規

定の最後に、「（全聖職者の同意により、必要な場合には）全ての人に、何時でも正義を施すために、待降節、七旬節、四旬節においても、アサイズ訴訟を開催される」と定めた。[35]ウェストミンスタ第二法律では、この規定は、移動祭日に影響されない形で年3回の開廷期を、トリニティ開廷期直後の7/8〜8/1及び、ミクルマス開廷期直前の9/14〜10/6、最後はヒラリ開廷期に重なる1/6〜2/2と定められた。同時に、裁判官資格として、2名の宣誓した裁判官が任命され、当該州の最も思慮深い「州の騎士」が1〜2名陪席するものとされ、彼らの面前以外では、地方アサイズ訴訟、陪審審問訴訟は開廷されないものとされた。[36]

　しかし、中央から派遣される裁判官が、中央裁判所裁判官と特定されることはなかった。実際、忙しい中央裁判所裁判官の派遣は困難であったに違いない。1293年のアサイズ裁判官法によって、8名の裁判官を2名ずつ、4巡回区に分けて派遣する体制が定められ、巡回区別に中央から派遣される2名の裁判官によってアサイズ訴訟を組織的に開催する体制が確立されるが、実際に派遣された裁判官は、民訴・王座両中央裁判所判事ではなく、大法官府や財務府官吏や新たに成長しつつある中央裁判所法廷弁護人階層の人々であった。[37]

　1285年法で規定され、後にアサイズ巡回陪審制度と結びつくナイサイ・プライアス制度も、本来の趣旨は、期日までに中央裁判官が地方を訪れない場合に（Nisi prius）、司法令状でウェストミンスタに陪審を召集することを可能とすることにあった。1297年のマグナ・カルタの確認でも、中央裁判所長官が国王裁判官をアサイズ裁判官として各州に年1回派遣することを確認したが、両中央裁判所裁判官の派遣を定めたわけではなかった。[38]

　他方、同時期にアサイズ訴訟のための民事陪審制度と並んで、未決囚釈放のために刑事巡回陪審制度が発展していた。それぞれ、別個の授権状を携えて活動したが、四騎士体制の時代から同一人物が任命されることも少なくなかった。巡察体制の解体は、先ず、この刑事巡回陪審としての未決囚釈放裁判官への負担を大きくしたに違いない。1299年の最終和解譲渡手続法は、王国の便宜と平和維持の確保のために各州に派遣されるアサイズ裁判官に、アサイズ訴訟後に当該州に留まり、未決囚釈放裁判を開催するように命じ

た。しかし、刑事裁判で聖職者は流血判決を下せないため、派遣されたアサイズ裁判官の2名中1名が聖職者書記である場合には、州の最も思慮深い騎士が代わりに陪席することとされた。

　同法でナイサイ・プライアス令状の運用方法にも大きな変化が生じたように思われる。同法の立法理由によれば、「年価値100シリング以下の土地保有者は陪審として州外に召還されることはなかったが、100シリング以上の土地保有者はウェストミンスタの裁判所に召喚されたるめに極めて困窮することになった。この人々の耐え難い損失を考慮し、困難な事件を除き、爾後、両中央裁判所裁判官の面前で決定される審問や事実認定は、閉廷期に、訴訟が提起された裁判所の裁判官の面前で、陪席騎士と共に審理される」と定められることになったからである。

(2)　アサイズ裁判官のナイサイ・プライアス裁判官化

　ナイサイ・プライアス制度とアサイズ裁判制度との結合は、中央裁判所裁判官がアサイズ裁判官として派遣されない限り不可能であったが、中央裁判所裁判官が規則的にアサイズ裁判官に任命されるようになるのは、1300年に民訴裁判所判事に任命されたLambert Threckinghamがエドワード1世治世晩年に北部巡回区で活躍し始めて以降であったといわれている。全国を4管区に分けて巡回する1293年法の体制では相当な負担が伴ったであろうし、1299年法による未決囚釈放裁判の兼任は一層負担を大きくしたに違いない。実際エドワード1世末のアサイズ巡回裁判には3カ月近くかかったといわれ、開廷期にウェストミンスタで裁判を行う両中央裁判所裁判官を派遣することはほぼ不可能であった。この体制は1310年に巡回区が7管区制に再編されることによって緩和され、必要な裁判官も中央における学識法曹の成長によって補われるようになった。中央裁判所裁判官のアサイズ巡回陪審への派遣もエドワード2世治世以降に一般化していき、エドワード3世治世2年の1328年ノーサンプトン法で、アサイズ裁判は「法の知識を有する、善良で適法な、通常任命される裁判官以外の者の面前で開廷されてはならない」と規定し、法学識を要件とするようになる。この時までには、両中央裁判所

裁判官と民訴裁判所の法廷弁護人として成長したサージャントの組み合わせ
が一般化するようになっていた。ナイサイ・プライアス制とアサイズ巡回陪
審との結合にはサージャント層を中心とする俗人法曹の成長がその背後に
あったのである。[42]

　この間、1318年のヨーク法第3章は、1299年法を確認するとともに、中央
裁判所の訴訟は、困難な事件でなければ、審問や事実認定を、いずれかの中
央裁判所裁判官の面前で、地方の騎士を陪席として開廷しうるとして、訴訟
の係属する中央裁判所裁判官という限定を取り外すと共に、土地に関する訴
訟で、困難な訴訟であっても原告が要求すれば、2名の両裁判所裁判官の面
前であれば、地方で審理することができるものと規定したが、上述のノーサ
ンプトン法第16章では、要件をさらに緩和して、原告のみならず、被告側
の要求に基づいても地方審問可能とした。同時に、州裁判所で作成された訴
訟放棄（Nonsuits）や不出廷（Defaults）の記録は、中央裁判所に報告され、
中央裁判所の訴訟記録に登録され、それに基づいて判決が下されるというシ
ステムが形成されることとなった。[43]

　未決囚釈放裁判官との関係についても、ノーサンプトン法は、1299年法
の規定に従いアサイズ裁判官によって未決囚釈放裁判が行われるべきとし
た。こうした要請が、エドワード2世期における聖職者裁判官の急速な撤退
と、俗人法曹の成長を促進したのかも知れない。アサイズ裁判官と未決囚釈
放裁判官の一致の要求は、聖職者の民事裁判としてのアサイズ裁判官からの
排除をも意味したからである。[44]

　1328年ノーサンプトン法に基づいて任命されたアサイズ裁判官は、6管区
に分けて任命され、初めて、全巡回区でアサイズ訴訟と同時に、未決囚釈放
裁判も行われるようになった。この6管区制は、絶対王政期の1543年にモン
マス州のイングランドへの編入とミドルセックス州の畿内管区からロンドン
市への移管に伴い、オクスフォード州とバーク州を西部管区から移管しオッ
クスフォード管区を編成する微調整が行われたが、19世紀の再編期まで継
承されることとなったのである。[45]

(3) 1340年法とアサイズ巡回陪審裁判制度の確立

エドワード3世治世2年ノーサンプトン法によって後のアサイズ巡回陪審の基本的枠組が形成されたのであるが、この体制は、1330年法で若干の揺り戻しを経験することになる。1330年法では、アサイズ裁判、未決囚釈放裁判共に裁判官の要件から法学識要件が外れ、「当該地域外の善良かつ思慮深い人」とされ、期間を定めず、開廷回数を、少なくとも年3回と規定した。同規定は、後に治安判事に発展する治安維持官に関する規定と併せて規定されており、「当該地域外の」とする規定は、正式起訴状を受理した治安判事が、未決囚釈放裁判官となることを防ぐための規定であったとも理解される。[46]

これに対し、庶民は1334年議会に対しノーサンプトン法の規定に基づいて、アサイズ裁判官が「法の識者」たるべきこと、アサイズ裁判官以外の者を未決囚釈放裁判官に任命しないよう請願を行い、エドワード3世治世10年までには、アサイズ裁判官任命書と未決囚釈放裁判官任命書では、同一人物が任命されるようになったといわれる。[47]

この体制は1340年法で確認されることになる。同法では、ナイサイ・プライアス裁判管轄を有する裁判官が地方に巡回してこないため、訴訟当事者、地方住民、陪審員に多大な害を与え、不評を買っていると論じ、その改善策として、第一に、ナイサイ・プライアス裁判では、民訴裁判所裁判官が王座裁判所係属事件の審問を扱うことも、またその逆の審問を行うことも可能であるとして、ヨーク法の規定を明確化し、ナイサイ・プライアス制に基づく訴訟手続をより具体的に明らかにした。これによって、訴訟開始令状に基づき訴訟が受理され、ウェストミンスタの中央裁判所で訴答によって争点が事実問題として決定された場合、当該裁判所裁判長捺印付訴訟記録謄本がナイサイ・プライアス裁判官に送付され、巡回陪審で地方審問を行ったナイサイ・プライアス裁判官は、令状、謄本、陪審員名簿と共に捺印付評決を当該中央裁判所に復命する。報告を受けた中央裁判所は、陪審評決と評決に基づく判決を訴訟記録に登録するというナイサイ・プライアス訴訟手続の基本原則が確立することになる。

第二に、従来、王座、民訴両中央裁判官にのみ与えられていたナイサイ・プライアス裁判権限を、法の識者である場合には、財務府裁判所裁判官（財務府裁判所の裁判官は、baron of exchequer の呼称が示すように、必ずしも法曹出身ではなく、その後もサージャントたることを要請されなかった）にまで拡大するとともに、法の識者たるアサイズ裁判官一般にナイサイ・プライアス裁判権限を与えた。これによって、アサイズ裁判制度はアサイズ訴訟と称される占有回復訴訟の事実認定の審理を委任された極めて限定的な裁判制度から、ナイサイ・プライアス裁判権限によってトレスパス訴訟も含めウェストミンスタの中央裁判所訴訟の民事陪審審理全般を担う制度となり、同時期に確立した未決囚釈放裁判委任状による刑事陪審審理との兼任制度と併せてイングランドを6管区に分けて巡回する民刑両陪審制度として確立することになるのである。[48]

　第三に、それに伴い、アサイズ裁判官資格は、常に、両中央裁判所裁判官か「国王に宣誓したサージャント」でなければならないとされた。ウェストミンスタ民訴裁判所の法廷弁護士であるサージャントのアサイズ裁判官への任用は、1293年のアサイズ裁判制度の再編以来行われていたが、ナイサイ・プライアス制と結びつく形で、制定法上規定されたのは本法が初めてであり、ノーサンプトン法での「法学識」の要件も、サージャント階層ということで資格要件が一層明確なものとなった。14世紀前半にサージャントへの集団的任命慣行が始まるのも、[*6]アサイズ巡回陪審制度の整備に伴うアサイズ裁判官確保のため、法の識者の必要性が増大したことと係わっていたのかもしれない。[49]

　かくして、サージャントと中央裁判所裁判官は同一身分化していくとともに、アプレンティス→サージャント＝アサイズ裁判官→ウェストミンスタ裁判官というイングランドの法曹一元的学識法曹養成＝昇進システムが確立することになる。同時に、このことによって聖職者書記から裁判官への昇進の道はほぼ完全に閉ざされることとなったとみてよいだろう。アサイズ裁判制度の確立にはサージャント・アット・ローと称されることとなる俗人学識法曹階層の成長が深く結びついていたのである。

Ⅲ　アサイズ巡回陪審裁判制度の定着

　アサイズ巡回陪審制度は 1340 年法で基本的に確立されることになるが、14 世紀後半には、必要員制度を通して新たにこの期に発展した治安判事制度と接合し、ウェストミンスタ中央裁判所―アサイズ巡回陪審裁判所―治安判事という 19 世紀まで継続するイングランド司法機構の根幹を形成するシステムが生み出されることとなる。

（1）治安判事制度との接合

　治安判事制度は、バロン戦争期に軍事・警察目的で創設された治安維持官が、紆余曲折を経ながらも、徐々に、地方における刑事裁判管轄権を獲得し、とりわけ、14 世紀半ばの黒死病以降は、労働者規制法施行判事制度と結びつく形で、解体しつつある荘園裁判所機構に代わって地方治安維持のための主要な官職として成長してくる。本稿は、この詳細な過程を論じる場ではない。ここで指摘しておかねばならないのは、この治安維持官の裁判官化の過程で、法の識者や中央から派遣される裁判官の治安判事への任命が重要な役割を果たしたことである。⁽⁵⁰⁾

　治安判事の裁判管轄権が回復された 1332 年、1336 年の初期の任命状においても既に中央裁判官との重なりが指摘されているが、1344 年には、重罪、トレスパスの裁判において、法の識者を加えることが、議会法で明示的に要求されることとなった。⁽⁵¹⁾この法書による治安判事強化の要請の結果、同法以降は、当該管区アサイズ裁判官との連携が顕著となっていく。この傾向を決定的にしたのが、1348-49 年の黒死病の後を受けて、発令された労働者規制令、及び 1351 年労働者規制法の施行であった。労働者規制令の施行を委ねた 1350 年治安判事任命書は刑事裁判管轄権を「必要員」とともに行使することを求めたが、同年、イーストアングリア巡回区でアサイズ裁判官が巡回区内の全州の治安判事を兼任する慣行が始まり、翌年には全巡回区に広がり、当該管区のアサイズ裁判官を「必要員」に任命する体制が生み出される

102

こととなった。1352-59年の間、労働者規制法施行判事の任命によって治安判事の権限は縮小するが、アサイズ裁判官を治安判事必要員に任命する慣行は継続された。実際上、労働者規制判事には、概ねアサイズ裁判官を除く治安判事が任命されたのである。1359年の改組で治安判事は労働者規制法施行権限を再付与されるとともに、民兵招集権を失い、初期の軍事的役割を終え、司法的役割に純化されることとなったが、重罪裁判には常に「必要員」として任命されたアサイズ裁判官の出席を必要とした。[53]

　ところが、1361年治安判事法では、治安判事資格として、1名の貴族、3～4名の地方名望家と共に若干の法の識者が任命されるように規定したものの、「必要員」無しに重罪裁判管轄権を獲得することになったため、出身州を除き管区アサイズ裁判官と治安判事制との連携は一時的に絶たれることとなった。[54]再びアサイズ裁判官と治安判事制との連携が復活したのは、治安判事に再び労働者規制法事件裁判管轄権を回復させた1368年治安判事法以降であった。この復活した必要員制は1380年任命書でも残るが、治安判事権限の拡大に伴い、出席を必要とされる重罪犯罪が縮減することとなった。1382年以降、農民戦争後の不安定な時代を経て1389年の治安判事裁判管轄権の回復時には、「重罪のための必要員」と「重罪以外のトレスパス犯罪のための必要員」という2グループの異なる必要員制を設ける工夫がなされ、前者にはアサイズ裁判官のみが、後者にはアサイズ裁判官に地方の法曹が加えられたが、1394年には再び一元化され、アサイズ裁判官以外に2～3名の地方の「法の識者」を含む「必要員」が組織されるようになった。同年、未決囚釈放裁判が遅延しないように、すべての治安判事任命書で2名の当該州出身の法曹が任命されるべきと制定されたように、この一元化の背後に動員可能な地方法曹の成長があったと思われる。アサイズ裁判官以外の地方法曹も「必要員」に任命されるようになったために、アサイズ裁判官と必要員制との直接的関係が見えにくくはなったが、14世紀末には、アサイズ裁判官が、管区内治安判事を兼任し、とりわけ、重罪犯罪において死刑判決を下す際の不可欠の構成員として、治安判事任命書に「必要員」として任命される慣行が定着していったのである。[55]

(2) 正義の女神が目隠しをし始める時

14世紀後半、アサイズ巡回陪審制度の重要性の増大につれて、アサイズ裁判官の不正を防止するためのさまざまな要求が議会に提出されるようになる。一つは、派遣される学識裁判官の中立・公正性の問題、もう一つは誤審の場合の救済問題であった。

1376年議会に、当該州出身者をアサイズ裁判官に任命しないよう庶民請願がなされる。彼らは出身州に「領主、主人、親族、縁者を有しており、貧しき者は誰も彼らから取り戻し得ないからである」。1382年には、「如何なる裁判官も馴染み深い州のアサイズ裁判官、未決囚釈放裁判官、その他の審問官に任命されてはならない」とする同様の請願は繰り返された。この度重なる請願の結果、1384年法によって、「如何なる法曹（homo de lege）も今後、出身州のアサイズ裁判官、未決囚釈放裁判官たり得ず」と規定されることとなった。⁽⁵⁶⁾

こうした変化の背後には、イタリア諸都市がポデスタ制によって都市外から裁判官を雇用したのと同じ中立性＝公正性の論理が働いたものと思われる。イタリアでは都市共同体内部の、イングランドでは州共同体内部の党派対立の激化が問題であった。こうした中世末の政治状況を背景に、地域の事情に通じた者による解決から地域に無縁な中立・公正な第三者による解決へと裁判像が大きく転換していく様子が理解できる。ここに、目隠しをした正義の女神像に象徴される近代的正義＝法観への転換の一端が垣間見られよう。

この時期以降に現れるサージャントへの就任拒否と、罰金付令状による就任強制も、この1384年法の制定と関係していたかも知れない。なぜなら、サージャントへの就任は、アサイズ裁判官への任命に繋がり、その場合法曹として築き上げてきた地方の顧客との関係を絶たれる危険があったからである。⁽⁵⁷⁾

チョーサ『カンタベリ物語』総序のテンプルに住む法曹の説明にあるように、彼らは諸侯の所領経営や州の統治に深く関与していたからである。また、サージャント就任拒否者の多くは勃興しつつある都市の裁判官職にも就いていた。かつて法の研修生に過ぎなかったこれらのアプレンティス層も、この期までには専門法曹として大きく成長し、リチャード2世の人頭税表で

104

は、大アプレンティスと称される上層アプレンティスはサージャントと同様の課税基準となるほどの動産収入を得ていたのである。彼らが、出身州や出身州の顧客との関係を絶たれ、見知らぬ遠くの管区の巡回陪審裁判官に任命される危険を回避しようとしたとしても不思議ではなかった。[58]

他方、チョーサが、同書で、法の識者としてのサージャントを開封勅許状によって任命され、全権委任状によって活躍するアサイズ裁判官として描き出したのは、必要員制度の定着を示すものと理解できよう。しかし、同時に彼らが多くの俸給と式服を得ていることも明らかにされた。これに対し、1384年法は、裁判官たる者は、裁判官の職務にある間、国王以外から俸給や式服を受領してはならないと規定していた。実際はともかく、厳密に解釈すれば、アサイズ裁判官に任命されたサージャントは、その間、顧客一般との関係を絶たれることを意味したのである。[59]

1384年法では、1376年以来提出されていたもう一つの請願に対しても解決が与えられた。すなわち、アサイズ裁判官の誤りを覆す権限を有する王座裁判所裁判長をアサイズ裁判官に任命しないようにという庶民の請願である。1384年には、王座裁判所裁判長に加え、民訴裁判所裁判長もアサイズ裁判官に任命しないように請願が出されていたが、1384年法では、民訴裁判所裁判長は、他の裁判官同様アサイズ裁判官、未決囚釈放裁判官に任命されるものとされ、王座裁判所裁判長については百年来の慣行に従うように命じ、王座裁判所裁判長によるアサイズ裁判の監督権限が確認されることとなった。[60]

かくして、コモン・ロー学識法曹の成長を背景に、14世紀末までには、ウェストミンスタ中央裁判所―アサイズ巡回陪審裁判所―治安判事（四季裁判所）というイングランド統治制度の根幹が確立することとなった。このイングランドに特有のアサイズ裁判制度の成立がコモン・ロー法学の成立に如何なる意味を持ったのであろうか。この問題を最後に考察することによって、本稿を閉じることにしよう。

まとめにかえて──コモン・ロー法学と巡回陪審裁判制度

　全国を6管区に分けて旅する裁判所としてのアサイズ巡回陪審裁判制は14世紀半ばに完成されるが、全国を旅することそれ自体にこの裁判制度の固有の特色があったわけではない。王座裁判所も国王が地方に巡幸すれば移動した。中央裁判官による地方の巡回という点では、ヘンリ2世期に整備された巡察裁判制度にまで遡るイングランド司法の特徴でもあった。しかし、同じ巡回裁判制度でありながら、巡察裁判制度の崩壊の後を受けて整備されたアサイズ巡回陪審制度は、前時代の巡察とは大きく異なっていた。巡察は、すべての訴訟事件の管轄権を持つ万能の裁判所（ad omnia placita）であり、中央裁判所そのものの地方への移動であったのに対し、アサイズ巡回陪審裁判は、個別の委任状によって授権された裁判管轄権の集積によって成立した限定された権限を持つ裁判所にすぎず、また、ナイサイ・プライアス令状と結びついて中央裁判所管轄事件の事実問題の審理を分担する陪審裁判所として組織されたことに注目する必要がある。

　この意義を訴訟の進行に合わせて素描してみよう。大法官府発給の訴訟開始令状に基づきウェストミンスタの中央裁判所で訴えが提起されると、令状に応じて類型化された原告主張事実を前提として、原告側の令状の適否、訴答の適否が議論される。被告側が、訴答における原告主張事実自体を否認すれば、事実問題が争点となるため、裁判所は司法令状としてのナイサイ・プライアス令状を発給し、アサイズ巡回陪審に事実問題の審理を委ねることになる。他方、被告側が原告主張事実を認めた上で、法律問題で争う場合、法律効果不発生抗弁で応訴することとなり、その場合、法律問題に関する議論はウェストミンスタの中央裁判所で争われることになる。被告側が、責任を回避するために新たな事実を持ち出した場合にも、原告側が被告主張事実を否認するかその法律効果を否認するかのいずれかとなろう。いずれにせよ、法律問題が争点となれば、ウェストミンスタで議論され、事実問題が争点となれば、ナイサイ・プライアス令状によってアサイズ巡回陪審裁判による地方審問に委ねられるのが通例となった。[(61)]

事実問題についてアサイズ巡回陪審で評決が下されると、中央裁判所に報告され、「後にpostea」という常套句で、陪審認定事実が原審たるウェストミンスタの裁判所の訴訟記録に登録されることになる。陪審評決と判決の登録は次開廷期の4日目になされるので、それまでに判決登録阻止の異議申立を行うことが、最後の手段として残されることとなった。[62]

このように、巡察裁判制度の下では、訴訟開始から、陪審審理、評決、最終的判決という一連の過程が、地方巡察が行われた同一の裁判所で進行したのに対し、ナイサイ・プライアス制と結びついたアサイズ巡回陪審裁判では、法律問題はウェストミンスタの中央裁判所で、事実問題は地方巡回陪審でという分業が明確な形で成立することになる。巡察体制崩壊以前のエドワード1世以前の初期の法廷報告の多くが巡察の事例である一方、エドワード2世期以降の印刷された法廷年報はほとんどウェストミンスタの裁判所での議論に集中しているのは、法律問題に関する議論が、事実問題を扱う地方陪審でではなく、令状、訴答の適否をめぐる議論の中で展開されるウェストミンスタの裁判所に集中するようになった結果と考えられよう。[63]

この二分システムは、単に訴訟当事者や陪審のウェストミンスタへの旅行、滞在の負担を軽減したのみにとどまらず、事実問題を審理する場と法律問題を議論する場を時間的、空間的に分離するという、法学の発展にとって極めて重要な効果をもたらすことになったと考えられる。かつて、マックス・ウェーバーは、ローマ法学の合理的発展の契機を、事実問題と法律問題の分離に求め以下のように論じたことがある。イギリスでは、18世紀のマンスフィールド裁判官時代以前には、「陪審は当該の法律問題を事実問題と区別することなく、両者を同時に解決していた」のに対して、ローマにおいては、「法律問題の分析は、裁判外で、独立の法通暁者［法律家］によって行われ、したがって、仕事を審判人ではなく、解答者としての法律家に移すという傾向は、ここでは、「感情」的格率 "Gefühls"-Maxime を合理的な法命題に鍛え上げる仕事を促進した」。[64]

確かに、イギリスのコモン・ローでは、被告側が全面否認訴答で応じた場合には、事実関係の中に含まれる法的問題が析出されないまま、全面的に陪審に委ねられることになった。刑事事件においては、近代に至るまで「無罪」

の全面否認訴答が通例であるといわれる。しかし、被告側が法律効果不発生抗弁を行った場合には、イングランドの訴訟においても、ウェーバーの主張に類似した事実問題と法律問題との議論の場の分離は生じていたのであり、コモン・ロー法学の発展の基礎としての法廷年報が関心を示すことになるのも、こうした法律効果不発生抗弁の有効性に関するウェストミンスタの法廷での法律問題をめぐる議論であったのである。時代は下るが、近代型判例集の範型となったテューダ期のプラウドゥン判例集で、著者が序文で、意識的に法律効果不発生抗弁と判決登録阻止の異議申立に基づく訴訟に絞って判例分析を行ったことを明らかにしているのも、イングランド法学の発展の道筋を自覚的に示すものであったということができよう[65]。

　もちろん、法律効果不発生抗弁を行う場合、原告主張事実を認めた上で、訴答の法的効果の不充分性を問題とするわけであるから、法律効果不発生抗弁が適切になされなければ直ちに敗訴となる危険があったが、この問題は、訴答を確定する以前に、仮説的に法律効果不発生抗弁の有効性について議論することによって回避することができた。議論の結果、法律効果不発生抗弁が認められれば、被告側勝訴となるか、判決が下されないかのいずれかであった（判決が下されないことが被告側に有利となったことはいうまでもない）。事実問題が争点となった場合、陪審評決の90％が原告勝訴であったということからすれば、法廷弁護士達が、法律効果不発生抗弁の成功・不成功の背後にあるウェストミンスタの法廷での裁判官達の法律問題をめぐる議論に最大の関心を払ったとしても不思議ではなかった。14世紀（1307-99）のトレスパス訴訟を研究したアーノルドの試算では、法律効果不発生抗弁の90％が1350年以降に見出され、全体の30件余りの内3分の2が、世紀末のリチャード2世期（1377-99）に集中しているといわれる[66]。

　アサイズ巡回陪審制度導入によって法律問題と事実問題の議論される場が時間的、空間的に分離されるようになった時期に、法律効果不発生抗弁が増大したという事実が興味深い。ウェーバーのローマ法の合理的発展に関する議論を転用して、法律問題と事実問題の分離が、ウェストミンスタのコモン・ロー法曹に法律問題に専心する機会を与え、合理的な法学の発展の機会を与えたのだと理解できないであろうか。実際、我々が、後に法曹院、もし

くは法曹学院として知られることになるロンドンの法曹の宿舎について知るようになるのも、丁度この時代、アサイズ巡回裁判制度が確立する14世紀半ば以降なのである。アサイズ巡回陪審裁判制度の確立により、ほとんどすべての重要な法律問題はウェストミンスタの裁判所での議論で決済されることになり、法実務に携わる者にとって、また法の学習を目指す者にとって、年4回のウェストミンスタ裁判所の開廷期にロンドンに滞在し、法廷での議論を傍聴し、最新のコモン・ローの知識を修得することが不可欠となったからである。[67]*7

　もちろん、現代における裁判のように、地方における事実問題の議論から法的問題が生じる場合もあり得たであろう。しかし、本稿で扱う時代に限っていえば、困難な法律問題が生じた場合には、地方で解決せず中央に持ち帰って議論されるのが通例であり、サージャントと中央裁判官の合同の宿舎であるサージャンツ・インが、こうした議論にとって重要な役割を果たすようになる。法廷年報にはこうした事例も多く残されているのである。[68]

　中央の裁判機構であるウェストミンスタの裁判所や治安判事制度の研究については、優れた研究の蓄積がみられるものの、両者を結ぶアサイズ巡回陪審裁判制度については、これまで紹介されることは少なかったと思われる。20世紀には中世の遺物となってしまったアサイズ巡回陪審裁判制度ではあるが、その発端において果たした役割と、イングランドの司法的中央集権を支え「法の支配」を文化として定着させていった役割を、その制度が機能していた時代に即して分析する必要があろう。本稿においては、アサイズ巡回陪審裁判制度の発生とその意義について駆け足で検討するに留めざるを得なかったが、とりわけ19世紀司法改革以前の、地方の黄金時代といわれる18世紀イングランドの統治体制を理解する上では、この時代に重要な役割を果たしたアサイズ巡回陪審裁判制度の理解を欠かすことはできない。この18世紀という時代状況、中央―地方関係の変化に合わせたアサイズ裁判制度の役割の分析については、今後の検討課題としたい。

注

(1)　森洋子編著『ホガースの銅版画』（岩崎美術社、1981）図版 72、Sean Shesgreen ed. *Engravings by Hogarth* (Dover Publications, 1973) Plate 78. 後者の解説には Thavie's Inn ウェストミンスタまで 1 シリングの範囲の最大距離であったという解説はない。なお、Thavie's Inn はリンカンズ法曹院附属法曹予備院の名前でもある。法曹用ウィッグについては、同書、図版 89 参照。この黒い布はサージャント用頭巾のコイフが変化した姿であるが、サージャント用コイフの変化の歴史については、J. H. Baker, *The Order of Serjeants at Law*, (Selden Society, 1984) pp. 72f. 及び Illustrations I-XVI 参照。

(2)　S & B Webb, *The Story of the King's Highway* (Longman, 1913 [Frank Cass, 1963]) p. 124. フォーカス／ギリンガム編『イギリス歴史地図』（東京書籍、1983）196頁には、丁度 1750 年の有料道路網の地図がロンドンからの所要時間と共に掲載されている。

(3)　18 世紀半ばのアサイズ裁判官の入市の様子については、Christopher W. Brooks が彼の論文集 *Lawyers, Litigation and English Society since 1450* (Hambledon, 1998) のカヴァーに使用した *The justices of assize entering Chelmsford, Essex in 1762. Engraving by D. Osborne* がその光景を明らかにしてくれる。

(4)　David Lemmings, *Professors of the Law* (Oxford U.P., 2000) p. 54.

(5)　巡回区バリスタ会（Bar Mess）によるエチケット規制、入会規制の成長については、Raymond Cocks, *Foundations of the Modern Bar* (Sweet & Maxwell, 1983) pp. 15-18 参照。コックスによればノーフォーク巡回区に規則的にアサイズに参加したバリスタは全体の半数の 15 人程度に過ぎなかったようである。

(6)　A Barbers-Shop in Assize Time, 伊丹市立美術館『ジェームズ・ギルレイ展』（1996）図版 65、131 頁参照。例えば、道路行政や酒場の営業規制等については、アサイズ訴訟記録の大陪審告発条項を参照。*Calendar of Assize Records, Sussex Indictments James I*, edited by J. S. Cockburn p. 11 et passim. 編者 J. S. Cockburn の *A History of English Assizes 1558-1714* (Cambridge U.P., 1972) は、近代初期アサイズ制度の枠組及び機能の理解に欠かせない。絶対王政期のアサイズ裁判における刑事司法の実態分析については、コウバーン編纂の史料を基礎に分析された小山貞夫「絶対王政期イングランドにおける答弁取引──アサイズ裁判における刑事司法の一面」『絶対王政期イングランド法制史抄説』（創文社、1992）所収を参照。同書ではアサイズ裁判の初期の歴史についても、コウバーンの前掲書序文に依拠しつつ簡単に触れている。（290-291 頁）

(7)　Sir William Holdsworth, *A History of English Law*, vol I, 7th ed. (Methuen, 1956 [1982]) pp. 283-284.

(8)　クラブのような形で組織されていたために、初期の巡回区別のバリスタの構成については詳細を知ることは困難であるが、デンマンの研究によれば、1790 年代で、畿内管区 35 名、ノーフォーク管区 15 名、中部管区 26 名、オックスフォード管区 58 名、西部管区 31 名、北部管区 51 名で総勢 216 名、各管区に平均すると 36 名程度であった。Daniel Denman, 'The English Bar in the Georgian Era' in *The Professions in Early Modern England*, ed. by Wilfrid Prest (Croom Helm, 1987) pp. 96-98. 18 世紀

初期の若手バリスタのアサイズ・サーキットとの関係については、David Lemmings, *Gentlemen and Barristers* (Oxford Clarendon Press, 1990) pp. 119f.

(9)　　18世紀におけるアサイズ巡回陪審裁判制度の位置付けについては、William Blackstone, *Commentaries of the Laws of England*, (1768, [Univ. of Chicago Press, facsimile ed., 1979]) vol. III, pp. 57-59参照。J. H. ベイカーは、「このような異例さにも拘らず、アサイズ巡回陪審裁判制度は、極めて有用で、適応力のある制度であったので、1971年に廃止されるまで、イギリス人的暮らし方の一部として残ったのである」と評している。J. H. Baker, *An Introduction to English Legal History* 4th ed. (Butterworths, 2002) pp. 21f. 拙訳『イギリス法史入門　第4版　第I部〔総説編〕』（関西学院大学出版会、2014）30頁。以下 *IELH* 4th ed. 拙訳〔総説編〕／〔各論〕として引用。

(10)　　The Laws of Edward the Confessor, [12.c] [12.7] [12.9-11] in Bruce R. O'Brien, *God's Peace and King's Peace; The Laws of Edward the Confessor* (Univ. of Pennsylvania Press, 1999) pp. 168-173.

(11)　　Dooms of Withtred, c. 28 in F. L. Attenborough, *The Laws of Earliest English Kings* (Russell & Russell, 1963) p. 31.

(12)　　The Laws of Edward the Confessor, [13] (O'Brien, *op.cit.*, pp. 172-173)

(13)　　L. J. Dower ed. & trans., *Leges Henrici Primi* (Oxford, 1972) pp. 108-109, pp. 248-249.

(14)　　州長官制度については、小山貞夫『中世イギリスの地方行政』（創文社、1968）203頁以下参照。

(15)　　G. O. G. Hall, 'Some Early Writs of Trespass' 73 *L.Q.R.* (1957) pp. 68-69, writ S. 4 (c. 1261-5). 本令状のトレスパス法史の中での位置付けについては、Alan Harding, Introduction to *the Rolls of the Shropshire Eyre of 1259* (Selden Society, 1981) 96 SS, p. liii. 参照。

(16)　　G. D. G. Hall ed. & trans., *Glanvill* (Nelson, 1965) pp. 3-4, p. 177. 松村勝二郎訳『中世イングランド王国の法と慣習──グランヴィル』（明石書店、1993）26頁、288頁、及び同章に付された註を参照。

(17)　　Richard Fitz Nigel, *Dialogus de Scaccario*, edit. & trans. by Charles Johnson (Oxford Clarendon Press, 1983) p. 102.

(18)　　王座裁判所の訴状手続からミドルセックス訴状、擬制的逃亡者逮捕令状を通して王座裁判所裁判管轄権が拡大する過程の素描については、J. ベイカー著・小山貞夫訳『イングランド法制史概説』（創文社、1975）59-61頁（以下『概説』）。第4版では、訴状手続の初期の歴史と巡察との関連についてより具体的に言及されている（J. H. Baker, *IELH* 4th ed., pp. 41ff, 拙訳〔総説編〕56頁以下）。『ブリトン』によれば「如何なる問題であれ、州裁判所で訴答しうることは巡察裁判官の前でも訴答しうる」のである。*Britton*, edit. & trans. by F. M. Nichols (Wm. W. Gaunt & Sons, 1983) vol. I p. 133. 國王の訴訟の終結に続けて、州裁判所の訴訟に関する数章が挿入されるのも、巡察で当該州の訴訟が扱われたからであろう。

(19)　　P. B. Pugh, 'The King's Government in the Middle Ages" in *Victorian County*

補論 1　旅する裁判所　111

History of Wiltshire V, edited by P. B. Pugh and E. Crittal（Oxford, 1957）pp. 16-18.
C. A. F. Meeking, Introduction to *Crown Pleas of the Wiltshire Eyre, 1249*（Devies,
1961）pp. 1-9.　ヘンリ 2 世紀における巡察裁判制度の整備については、A. Harding,
The Law Courts of Medieval England（London, 1973）pp. 52-56, W. L. Warren,
Henry II（Methuen, 1973）pp. 281-299、その後の巡察制度及び巡察審問条項の発展
については、Helen M. Cam, *Studies in the Hundred Rolls*（Oxford Studies in Social
and Legal History vol. VI（1921［Octagon Books, 1974］）ch.1 & Appendix, pp. 9-113.
参照。

(20)　The Assize of Clarendon, c. 4, The Assize of Northampton, c. 1 & c. 12, David C.
Douglas & George W. Greenaway ed. *English Historical Documents 1042-1189*, 2nd
ed.（Routledge, 1996）pp. 440-446. *Stubbs' Select Charters from beginning to 1307*,
9th ed.（Oxford Clarendon Press, 1913）pp. 167-181.

(21)　Magna Carta（1215）c. 24, Magna Carta（1225）c. 17, J. C. ホゥルト著・森岡敬一郎
訳『マグナ・カルタ』（慶應義塾大學出版会、2000）543 頁、603 頁。マグナ・カルタに
ついては、両マグナ・カルタ共に原文を付した本訳書から引用するが、1215 年マグナ・
カルタを条文別解説した、W. S. マッケクニ著・禿氏好文訳『マグナ・カルタ』（ミネル
ヴァ書房、1993）323 頁以下を参照。大巡察審問条項に関しては Cam, *op.cit.*, p. 21.,
Meeking *op.cit.*, pp. 29-31. article 15, 32, 42.

(22)　*Bracton De Legibus et Consuetudinibus Angliae*, edit. by G. E. Woodbine, trans. by
S. E. Thorne, vol. II pp. 425-434.
　　　次のブリトンの時代になると、押込強盗罪、強姦罪、盗犯罪の順になり、従来の
強盗の箇所で押込強盗が論じられ、それ以外の強盗は盗犯に融合し、盗犯価格が 12
ペンス以上の重窃盗か、それ以下の軽窃盗かが重要な意味を持つようになる。
　　　Britton, vol. I ch. XI, XV, XVI, pp. 42, p. 55, pp. 55-62.

(23)　Meeking, *op.cit.*, p. 95.　ここでも、Robbery/Larceny の区分ではなく、Burglary/
Larceny の区分が使われている。

(24)　Harding, *Law Courts*, pp. 55f. Harding は同書で、The Age of the Travelling Justices,
1066-c. 1300 と題して、巡察裁判の時代を扱っているが、民訴裁判所はウェストミンスタ
に固定するものの、旅する裁判官達の時代は形を変えながら続いていく。

(25)　Meeking, *op.cit.*, p. 113.

(26)　Magna Carta（1215）c. 17,（1217）c. 12,（1225）c.11, ホゥルト、前掲書、541-542
頁、602 頁、マッケクニ、前掲書、276 頁以下、及び 583 頁。

(27)　Harding, *Rolls of the Shropshire Eyre*（1981）xvi. 巡察の初日の仕事が訴訟関係者の
宿舎の確保であった点は、Donald W. Sutherland ed., *The Eyre of Northamptonshire
1329-1330*, 97 SS（1981）pp. 32-33 参照。サージャントが宿泊無料であったのに対し、
アプレンティスは合理的賃料でとされているのが興味深い。

(28)　*Britton*, p. 3. 巡察の頻度と、7 年間隔巡察説との関係については、前出、キャム女
史の研究の付註及び付表 III 参照。Cam, *op.cit.*, pp. 83-88, pp. 103-113. この 7 年周期説
は復活の最後の試みとなった前述註のノーサンプトン巡察でも裁判官によって確認さ
れている。97 SS（1981）p. 5. 1294 年停止以降の 14 世紀における巡察の復活の試みと

その結果については Anthony Musson & W. M. Ormond, *The Evolution of English Justice; Law Politics and Society in the Fourteenth Century*, pp. 44-45. なお、この期の王座裁判所の移動については、同書の付表 The Sessions and Itineraries of the Court of King's Bench and Parliament が便利である。

(29) Harding, *Law Courts* (1973) pp. 87-88. Holdsworth, *op.cit*, vol. I, pp. 116-123. これらの裁判所の簡単な解説は、マッケクニ、前掲書、285-298 頁、ベイカー著・小山訳、前掲書 50-51 頁参照。こうした個別裁判官の派遣が活発化するのは巡察の頻度が減少する 1194 年以降で、治安の維持に関わる未決釈放裁判官の派遣が急務であったようで、既に 1225 年には、単独の文書で 19 組の裁判官団が全国に向け任命されたとされる。後に、アサイズ裁判に融合することとなる未決囚釈放裁判官の初期の歴史については、Pugh, *Imprisonment in Medieval England* (Cambridge U.P., 1970) pp. 255ff. 参照。

(30) M. T. Clanchy ed. *Civil Pleas of the Wiltshire Eyre, 1249* (Devize, 1971) p. 1.

(31) Magna Carta (1215) c. 18, Magna Carta (1225) c. 12, c. 13. ホゥルト、前掲書、542 頁、602 頁、マッケクニ、前掲書、284 頁以下参照。

(32) Pugh, 'King's Government', pp. 18-20. Harding, *Law Courts*, pp. 74-75. アサイズ裁判録が始まるのが 1248 年、未決囚釈放裁判録が巡察裁判録から分離されるのが 1271-72 年である。巡察周期の長期化はこうした個別に派遣される裁判官で補完されていたのである。『ブラクトン』でも、全般的にあらゆる訴訟について (ad omnia placita) 裁判管轄権を持つ巡察裁判官の解説に続けて、これら、アサイズ裁判官、未決囚釈放裁判官として、全権を有さず、特別の裁判管轄権について (ad specialia et non ad omnia placita) 個別に任命される 4 名の裁判官の任命状のサンプルを紹介している。*Bracton*, f. 110, pp. 312ff. 未決囚釈放裁判官については Ralf B. Pugh, *Imprisonment*, pp. 256-257.

(33) Pugh, *Imprisonment*, p. 257. 『ブラクトン』の Narrator への言及は、f. 339b-f. 444b. (*Bracton*, vol. 4, pp. 245-378.) の詳細な抗弁論の中でなされている (p. 281 [f. 412])。コモン・ロー法書の発生史を研究したブランドは、『グランヴィル』における訴答が一人称で語られているのに対し、『ブラクトン』では、ほとんどの訴答が三人称で語られているとして専門代弁人階層の介在を明らかにしている。因みに、『グランヴィル』は令状の解説が中心で訴答が紹介されるのは一例 (前掲、松村訳 54-55 頁) を除きほとんどない (191, 202 頁参照)。Paul Brand, *The Origins of the English Legal Profession* (Blackwell, 1992) p. 47, p. 54.

(34) Pugh, 'King's Government', p. 37, Do, *Imprisonment*, pp. 278f.

(35) 3 Edw. I. Stat.Westm.prim. c. 51 (*The Statutes of the Realm* [以下 *SR*] vol. I, p. 39)

(36) 13 Edw. I. Stat. Westm. sec. c. 30 (*SR*, vol. I, pp. 85-86). この年 3 回の開廷期は、実際に年 3 回開廷される回数ではなく、開廷期日を特定したものと考えられる。

(37) Anthony Musson, *Public Order and Law Enforcement, the Local Administration of Criminal Justice 1294-1350*, (Boydell Press, 1996) pp. 87-88.

(38) 13 Edw. I. Stat. Westm. sec. c. 30 (*S R*, vol. I p. 86). 25 Edw. I. Magna Carta, c. 12 (*SR*, vol. I pp. 115-116)

(39) 27 Edw. I. Stat. de Finibus c. 3, c. 4 (*S R*, vol. I, pp. 129-130). Musson, *op.cit*., pp. 95

補論 1　旅する裁判所　　113

-97.

(40)　*Ibid.*, p. 88.

(41)　*Ibid.*, p. 92, pp. 119-120.

(42)　2 Edw. III. Stat. Northampt. c. 2（*SR*, vol. I p. 258）. 立法後の実態については、*Ibid.*, pp. 108ff. 参照。

(43)　12 Edw. II. Stat. Ebor. c. 3（*SR*, vol. I p. 177）2 Edw. III. Stat. Northampt. c. 16（*SR*, vol. I p. 261）、聖職推挙権妨害排除令状に基づく審問に関しては、訴訟記録作成のみならず、地方で判決を下す権限も委ねられた。

(44)　2 Edw. III. Stat. Northampt. c. 2（Stat. Realm, vol. I, p. 258）

(45)　Musson, *op.cit.*, pp. 108-110. Cockburn, op.cit., pp. 19-23.

(46)　4 Edw III. c. 2（*SR*, vol. I, pp. 261f.）Musson, *op.cit.*, pp. 110-114.

(47)　*Rotuli parliamentorum Anglie hactenus inediti, MCCLXXIX-MCCCLXXIII,* edited for the Royal Historical Society by H.G. Richardson, and George Sayles （Offices of the Society, 1935）, 1334［10］, p. 235. Musson, *op.cit.*, pp. 115-116.

(48)　14 Edw. III. Stat. 1. c. 1 6,（*SR*, vol. I pp. 286-287）Musson, *op.cit.*, pp. 116f.

(49)　*Ibid.*, 前述注（36）参照。サージャントの集団的任命については、J. H. Baker, *Order of the Serjeant*, pp. 15ff. pp. 151ff. ベイカーは集団的就任の開始とした 1309 年の集団的就任はエドワード 2 世治世最初の「就任」であり、その後も個別的な「就任」が続いている。7、8 年毎の集団的就任が慣行化するのは、エドワード 3 世期以降、とりわけ、1344 年以降であるように思われる。

(50)　治安判事制の成立過程については、小山、前掲書 第 1 編「治安判事成立史試論」3 頁以下に詳しい。しかし、アサイズ裁判制度との関係については、裁判管轄権の競争相手から、補完者へという流れで把握されているが、必要員制度を通しての具体的関係については立ち入っていない。以下は最近のパウェル、マッソンによるパトナム批判を参考に、この点を補うものである。Edward Powell, 'The Administration of Criminal Justice in Late-Medieval England: Peace Session and Assizes' in *The Political Context of Law*（Hambledon, 1987）pp. 49-59, Musson, *op.cit.*, pp. 11-81.

(51)　18 Edw. III. Stat. 2. c. 2.（*SR*, vol. I, p. 301）Powell, op.cit., p. 51.

(52)　Musson, *op.cit.*, p. 118.

(53)　Powell, *op.cit.*, pp. 52-53. Pugh, *Imprisonment*, p. 305.

(54)　34 Edw. III. c. 1（*SR* I pp. 364f.）

(55)　Powell, op.cit., pp. 53-56.

(56)　*Rotuli Parliamentorum* vol. II p. 334（75）*Rotuli Parliamentorum* vol. III p. 139 （38）p. 220（17）8 Rich. II. c. 2,（*SR* II p. 36）Pough, *Imprisonment*, p. 283. Anthony Musson, *Medieval Law in Context*（Manchester U.P., 2001）p. 63. マッソンはそれにもかかわらず、アサイズ裁判官の構成にはほとんど変化がなかったとしている。

(57)　サージャント就任拒否問題と、就任強制の問題については、J. H. Baker, *The Order of Serjeants*, pp. 28-38, pp. 158-163. 日付のある令状としては 1383 年の令状が最古である。（p. 255f.）

(58)　Chaucer, The Canterbury Tales, I（A）pp. 310-330, pp. 567-585. in *The Completed*

Works of Geoffrey Chaucer edited by F. N. Robinson, 2nd ed.（Oxford U.P., 1966）pp. 20-22. 1379年の課税表については、*The Roll Taxes of 1377, 1379 and 1381 Part 1,* edited by Carolyn C. Fenwick（Oxford U.P., 1998）pp. xv-xvi 参照。

(59)　8 Rich. II. c. 3（SR II p. 37）

(60)　*Rotuli Parliamentorum* vol. III p. 200（17）8 Rich. II. c. 2,（*SR*, vol. II p. 36）, Pough, *Imprisonment*, p. 283.

(61)　訴答手続の概要については、前掲、ベイカー『イングランド法制史概説』157-161頁。Baker, *IHEL* 4th ed. pp. 76-79. 拙訳〔総説編〕107-112頁。

(62)　ナイサイ・プライアス制度と、後に陪審確定事実と理解されるようになる裁判所記録の 'Postea' の条項については、G. J. Turner, Introduction to *Year Books of Edward II vol. IV*（Selden Society, 1907）pp. xxiv-xxix. 前述ベイカー概説書第4版には、初版にはなかった Postea の項目を含む王座裁判所記録のサンプルが補遺として付されている。Baker, *IELH* 4th ed. pp. 554-557.〔拙訳〔総説編〕334-339頁、とりわけ、［巡回陪審記録事項：］336-339頁参照。〕

(63)　Paul A. Brand, Introduction to *The Earliest English Law Reports*（Selden Society, 2005）pp. xv-xvi. その意味では、前述注（27）の、ノーサンプトン巡察の法廷報告は貴重である。アサイズの法廷報告を扱った Liber Assisarum の評価については後述注（68）参照。

(64)　マックス・ウェーバ著・世良晃志郎訳『法社会学』（創文社、1974）290頁。

(65)　ベイカー、『概説』157頁以下、拙稿「チューダー期イングランド法学の形成とその展開過程（4・完）」『法学論叢』106巻1号（1979）83頁。

(66)　ベイカー、『概説』、161頁、Baker, *IELH* 4th ed. pp. 78-79. 拙訳〔総説編〕110-112頁、Morris S. Arnold, Introduction to *Select Cases of Trespass from the King's Court 1307-1399, vol. I*（Selden Society, 1985）100 SS　p. xxvii.

(67)　ウェストミンスタの法廷での法律効果不発生抗弁と法学教育との関係については、Paul Brand,'Inside the courtroom: lawyers, litigants and justices in England in the later middle ages' in *The Moral World of the Law*, edited. by Peter Cross（Cambridge U.P., 2000）p. 112.

(68)　法廷年報の中でアサイズ裁判を扱った Liber Assisarum でも困難な事件の解決は、中央裁判所に順延されたといわれている。Mary Margaret Taylor, 'The Justice of Assize' in *The English Government at Work 1327-1336*, ed. J. F. Willard, W. A. Morris, W. H. Dunham, vol. 3（Cambridge Mass., 1950）pp. 224-225.

---

*1　本書、第1編 II 47-48頁。

*2　初出論文については、『法制史研究』58号（2008）で関西大学教授朝治啓三氏より丁寧な紹介と書評をいただいた。

*3　巡察制度の起源に関する議論については、松垣裕『イギリス封建国家の確立』（山

川出版社、1972）第5章第2節「大巡察制」、森岡敬一郎「General Eyre 考―序説」
『法学研究』50（1）39-75頁参照。この巡察制度についても、巡回裁判として論じられ
ることがあるが、後のアサイズ巡回陪審制度との混乱を避けるため、本論では巡察制
度を指すために巡回裁判の用語は使用しない。巡察制度については、本稿執筆後入手
した David Crook ed., *Records of the General Eyre*, Public Record Office Handbooks
no. 20（HMSO, 1982）が基礎資料を整えていて便利である。

　起訴陪審制度の起源をめぐる議論については、小山貞夫「成立期コモン・ロー研究
に関する新動向」同『イングランド法の形成と近代的変容』（創文社、1983）所収　5
-102頁、同「陪審制と職権的糾問手続への史的岐路」同『絶対王政期イングランド法
制史抄説』（創文社、1992）3-32頁、直江眞一「一二世紀イングランドの権力機構と
刑事法序説（2・完）」『法学』第45巻5号（1982）671-727頁及び、苑田亜矢「一二世
紀イングランドにおける教会裁判手続と起訴陪審制の成立」『熊本法学』130号（2014）
195-248頁を参照。

*4　サージャントという曖昧な呼称がエドワード2世期の法廷年報で使用されることは
あったが、サージャント・アット・ローの称号に一般的に変化していくのは1370年代
になってからである。罰金付の召喚令状による ad statum et servientis ad legem への
集団的任命が関係していたのであろう。J. H. Baker, *The Order of the Coif*, pp. 21-23
参照。民訴裁判所における弁論権の独占の起源が謎とされていたが、ベイカー氏によ
り、民訴裁判所の代弁人（Narrator, Counter）がサージャント・アット・ローと称され
るようになる過程が明らかにされた。*Ibid.* pp. 5-7. 邦訳としては上級法廷弁護士の
訳が定着しているが、本論でも述べるように、裁判官と同一身分であり、サージャン
ト就任後は、法曹院を出て、裁判官と共にサージャンツ・インに宿泊するようになる
こと。さらに、Serjeant at Law の呼称は、位階的側面が強いため、高位法廷弁護士
と訳すことにした。なお、巡察復活の最後の試みが1329年になされるが、この年
が、サージャントが就任に際し金を配賦したことが記録される最初の年となることが
興味深い。注（27）、注（28）、注（49）参照。なお、サージャンツ・インの起源に関して
は、Sir John Baker, 'Serjeants' Inn, Fleet Street' in Do, *An Inner Temple Miscellany,
papers printed from Inner Temple Year Book*（Inner Temple, 2004）pp. 189-196. 参照。
サージャントへの集団的任命が慣行化するのは、巡回陪審裁判制度の安定的運用のた
めに不可欠であったためであろう。それ故に集団的任命は強制的に罰金付で命じられ
たのである。それにもかかわらず、15世紀初めに多くの就任拒否者が出たのは、政
情不安定な中で、顧客を失ってまで遠い地方へ巡回陪審裁判に出かけることが好まれ
なかったからではないだろうか。この時期には、中央裁判官への昇進のステップとし
ての魅力はそれほど大きくはなかったのであろう。Baker, *op.cit.*, pp. 31-38, pp. 160-
161. 第2編「コモン・ロー法曹の成長過程」を合わせて参照。

*5　『ブラクトン』では、裁判官忌避の抗弁との関係で Narrator への言及がなされる。
「裁判官忌避の理由は一つ、さまざまな理由から以下の如き嫌疑が生じる場合のみで
ある。即ち、裁判官が原告乃至被告の親族や従者、縁者、友人乃至敵である場合、姻
戚関係や家中の者、食卓仲間である場合、もしくは、彼の法律顧問や代弁人
（consiliaris, vel narrator）や、これに類似するような場合である」（f. 412, Ⅲ p. 281）。

マシュー・パリス『年代記』(c. 1239) でも「我々が、俗に narratores と称する、民訴裁判所の代弁人（prolocutoribus banci)」という 1235 年の記述にあり、この頃に専門家階層としての代弁人層が成長しつつあったことが窺われる。Baker, *op.cit.*, p. 10 n. 2.

*6 サージャント階層の成長と金の指輪贈与慣行については、Baker, *The Order of Serjants at Law*, p. 17, pp. 94-95. 注（49）参照。

*7 ベイカー氏は、この時期の王座裁判所のウェストミンスタへの固定化の意義を大きく見ているようである。J. H. Baker, 'The Third University of England' in *CPELH* vol. 1 p. 152. 王座裁判所への出廷はサージャントに独占されていなかったからである。この期の王座裁判所の移動とウェストミンスタへの固定化については、Musson & Ormond, *The Evolution of English Justice*, Appendix: The Sessions and Itineraries of the Court of King's Bench and Parliament, 1290-1399, pp. 195-205 参照。

第 **2** 編

コモン・ロー法曹の成長過程

　本章では、第1編補論1で国王裁判官を地方へ派遣する巡回陪審裁判制度形成過程で生じた学識法曹の必要性との関連で論じたコモン・ロー法曹の成長過程を、地方で活躍する法曹から学識法曹への成長という逆の視点から捉え直してみる。初出論文「イングランドにおける学識法曹の形成」の「4 法教育の組織化」は第4編の要約であるので削除し、「5 チューダー絶対王政の形成とコモン・ロー法曹」は、第4編末尾に付論として付け加えた。

はじめに

　中世末から近代にかけての国民国家の形成過程は、同時に、法が地方的慣習を超え国家的に統合されていく過程でもあった。イングランドでは、この過程は、コモン・ロー的学識の形成とこれらの学識を備えた法曹の社会的進出、さらには、司法行政部門への進出によって促進されることになる。近代法の形成においてイングランドが大陸と別種のコースを辿ったことは嘆かれるべきではない。このイングランドの近代法の形成過程を見ることによって、大陸で生じた事態の本質を理解することに役立つであろうし、また、中世から近代への変わり目にかけて、法と法学に要請されていた一般的な課題が何であったのかを理解する一助ともなるであろう。

I イングランドにおける法曹階層の出現

(1) 簇生する地方法曹[*1]

　我々はイングランドの普通法の形成の出発点を中央裁判所とそこでの司法慣行の確立する時代にみることができるであろう。それ故に令状体制の確立する 12 世紀はまさに「コモン・ローの生誕」の世紀の名に値するといえよう[(1)]。しかし、コモン・ローという超歴史的なまた多義的な言葉からくる誤解を避ける上で、以下のことを確認しておくことが重要と思われる。

　『イングランド王国の法律と慣習』(c. 1187-89) の著者の述べるように、この期のイングランド法は不文法であるだけでなく、法的生活の広汎な部分は、地方、とりわけ州裁判所や領主裁判所に委ねられており、「州毎に慣習が異なり」また「領主裁判所の慣習はその数の膨大さと多様さのゆえに容易に書き留め得ない」状態であった[(2)]。それ故、彼は、そのタイトルにもかかわらず、38 方式の訴訟開始令状を基礎として形成されつつあった国王裁判所の慣行＝訴訟手続について説明することで満足せざるを得なかったのである。この令状数は、13 世紀半ばまでに、約 60 方式に、1320 年頃に約 890 方式、テューダ初期には爆発的に増加し、2500 方式を超えることになった[*2]。この変化は、中央裁判所管轄権の拡大にのみ帰し得ないものの、初期のコモン・ロー裁判所における訴訟の狭さを示す充分な例証となろう[(3)]。

　多くの事件は古来の共同体的裁判所である州裁判所で、令状なしに、訴願 (plaint) によって開始された。ヘンリ 2 世期の改革の重要性はむしろこの州裁判所機構を国王裁判所として利用することにより、また巡察制度を組織的に運用することにより、中央と地方の司法行政を接合したことにあった。これによって、地方統治を担うシェリフ、シェリフ書記、ステュワード、ベイリフ層にまで、令状や国王裁判所の慣行についての法知識が蓄積されることになる。また、巡察審問条項や、立法が宣告されるのも州裁判所においてであった[(4)]。これらのシェリフ職経験者は、中央のエクスチェッカ（財務府）書記層とならぶ国王裁判官の供給源となっていった[(5)]。当時の法生活の中心が国

王の裁判も含め州裁判所にあったとすれば、初期の代弁人、代訴人層が州裁判所を中心として生み出されたとしても不思議ではなかった。かくして我々は12世紀の末までに充分専門化された代弁人、代訴人層が州裁判所で活躍している姿を見出すことができる。これらの地方法曹は同時に地方の有力な領主層のステュワードやベイリフとして、またシェリフや州書記として活躍していた。それだけではない。州裁判所の法発見人を構成する人々もこれらの階層によって占められていたのである。[6] 領主の代理人としての権威と、領主裁判所の司宰者として地方の慣習と法の運用についての知識を兼ね備えた彼らが、州の司法行政の担い手として成長していったのは当然のことかもしれない。それ故、我々は、13世紀末の法書『フリータ』が国王裁判所の法手続と並べて、所領の内部経営組織をステュワード以下の役人の職分に応じて論じているのを見ても驚かされないだろう。[7] 実際、『ステュワード論』をはじめ、この期の所領経営書の手稿の多くが法律関係の手稿と合本されて残されているのである。「誰が『フリータ』を書いたのか」はともかくとして、こうした法知識と所領経営の知識が同一階層の人々の下に蓄積されていったことは明らかであろう。[8]

　他方、国王裁判所の司法慣行の確立は、中央における司法機構の自立化と専門化をも促した。民訴裁判所がエクスチェッカから分出されるとともに、裁判官層も司法部内から、国王裁判官の書記や訴訟記録官から補充されるようになる。グランヴィルがシェリフ職から国王裁判官へと昇進していったのに対し、ブラクトンは裁判官の書記から国王裁判官へと昇進していった。[9] 彼の大著『イングランドの法律と慣習』（c. 1230/ c. 1250）の素材を提供したのは、地方への巡回を通して蓄積されてきた訴訟記録であった。他方、彼のローマ法的学識、法概念はこうした素材を整理し体系化する上での重要な武器となったのである。

　このように専門化された国王裁判官層は従来4名の「州の騎士層」に委ねられていたアサイズ裁判官職に任命されるようになり、13世紀半ばまでには中央の裁判官の派遣が主体となってゆく。しかし、地方法曹が完全に駆逐されたわけではなかった。ブラクトン自身も巡回の際に地方の法の識者達'Buzones' 層の協力が必要であることを充分に理解していたことは、彼のア

サイズ裁判官としての経験とも一致していた。[10] こうした過程を通して、地方の法知識と国王裁判所の慣行についての知識が相互浸透していったと考えることができる。エドワード1世期の中央裁判官の多くがこれらのアサイズ裁判官経験者から補充されるようになったことが、こうした過程の進行を物語っている。[11]

(2) ウェストミンスタの法曹達

司法部の専門化、民訴裁判所のウェストミンスタへの固定、さらには令状数の増大、訴訟移管手続の発達、他方においてはシェリフ宛令状の旧式化がウェストミンスタにおける訴訟の重要性を増大させると同時に、ウェストミンスタで活躍する代弁人、代訴人の専門化を促す要因であった。エドワード1世期に初めて現れる代弁人、代訴人への法的規制はまさにこうした状況に対応するものであったと考えられる。[12]

これらの代弁人、代訴人層の成長と同時に法文献上の顕著な変化が現れる。『ブラクトン』的な体系的書物が姿を消し、当時書き言葉として確立しつつあった俗語＝仏語による新たな種類の法文献、令状とそれに関連する訴答方式に関する書物が現れる。法廷での裁判官の法的見解を記録したイヤー・ブックスの歴史が始まるのも 1270 年代からなのであった。[*3]

ミルソムの言葉を借りるなら、これらの文献は「ブラクトンの書が、行政官が法廷で生じていることを上から眺めているのに対して、訴答弁護士（counter）が行政的司法的要素を学ぶために下から仰ぎ見ている姿を示している」のである。[13] イングランド法の将来を担うことになったのは、これらの人々、serjeant at law, apprentice at law と呼ばれるようになった代弁人層であった。他方、前述した地方法曹の多くの人々がウェストミンスタで代訴人として活躍していた。しかし、国王裁判所における訴訟では、これらの専門化された代弁人乃至法の識者に依存せねばならなくなっていったと考えられる。[14]

II 国民的法曹階層の形成

(1) 司法的統治機構の整備とサージャント層の成長

　初期のアプレンティス（apprentis en ley）は中央の裁判官からみれば文字通り法の研修生であった。ウェストミンスタの法廷には彼らの傍聴のために特別の席（crib）が設けられた。これに対してサージャント層（serjeant al ley）は法に奉仕するに充分な法の識者であった。これらのサージャント層はアサイズ裁判官として国王の司法行政の中に徐々に組み込まれていくと同時に、王座・民訴裁判官も彼らによって補充されることになり、1324 年以降、聖職者＝書記的裁判官は両裁判所から姿を消すことになるのである。アサイズ裁判官は 1285 年法で両裁判所裁判官が州の「賢明な騎士」の協力を得て構成することになっていたが、1328 年には「法の知識を有する者」という条件が付加される。しかし、この規定の曖昧さと相俟って、「庶民」からアサイズ裁判官の構成への批判が続出する。14 世紀の前半を通して、従来のExchequer（財務府）—Eyre（巡察）—County Court（州裁判所）という司法財政的統治機構が崩壊し、Bench（民訴・王座裁判所）—Assise（アサイズ巡回裁判所）—Justices of Peace（治安判事）という司法的に純化された新たな統治機構が重要な役割を担い始める。とりわけ、国王裁判官をその構成に含むアサイズ裁判は本来のアサイズ訴訟を超えて、未決囚釈放裁判官、Nisi Prius（巡回陪審）裁判官を兼任し、ほとんどの重要な訴訟を吸収するとともに、14 世紀の 30 年代には既にイングランドを 6 管区に分けて定期的に巡回する裁判所として、国王の司法行政乃至地方統治の主要な担い手となっていた。このことが一方では庶民の側の「専門法曹による裁判」への要請となって現れ、同時に国王の側にとっては上層法曹を司法行政に確保する必要性を増大させた。かくして、1340 年には最終的に、アサイズ裁判官の任命がNisi Prius 裁判との関係で、両裁判所裁判官と国王に宣誓したサージャントに限定されることになる。この期を境に庶民の請願の方向は大きく変化する。1370 年代には彼らは誤審事例を扱う王座裁判所首席判事の、また民訴

裁判所首席判事のアサイズ裁判官からの排除を請願するようになるとともに、アサイズ裁判官を彼ら自身の「領主、主人、友人、親族のいる出身州」に任命することを禁止する請願も提出される。[17] ここに当初のアサイズ裁判官像とまったく逆転した姿を見ることができるだろう。地方の事情に通じた法通暁者ではなくて、地方に利害関係を持たない専門司法官僚としてのアサイズ裁判官への要請へと変化しているのである。同時にこうした体制を支える学識法曹としてのサージャント層の成長を見ることができるのである。

(2) アプレンティス——法の研修生から法の識者へ

　1340 年の改革を通してサージャントとアプレンティスとの関係に変化が生じたように思われる。サージャントは地方を巡回する裁判官であり、その意味では、王座・民訴両裁判官の同僚となったのである。彼らがアサイズ裁判官であるなら、アプレンティス層が彼らの主宰する裁判の代弁人であったに違いない。この相異は 14 世紀、サージャント層の集団的任命が組織化される 1340 年代に向けて一層はっきりしたものになっていったであろう。サージャントとアプレンティスとの差は代弁人内の区分から、アサイズ裁判官に任命される司法官僚とそれ以外の法曹との差として現れるようになったのである。

　この時代に続出するサージャントへの任命の拒否は、その意味では司法官僚になることへの拒否であった。国王の司法官僚として見知らぬ地方を頻繁に巡回する裁判官になることは、単にそれ自体大きな負担であるだけでなく後に述べるような、諸侯や都市との雇用関係との両立を困難にしたのである。サージャントへの就任の強制が、その拒否者への 1000 ポンドに及ぶ罰金、収監、さらには議会を通してまで追及されたのは、中世末における司法官僚確保の重要性と困難さを同時に示すものだといえよう。民訴裁判所出廷権のサージャントによる独占確保と、騎士号[*4]の授与はこの困難へのもう一つの対応策であったと考えられる。[18]

　サージャントに任命されなかった法曹を、従来のように法の研修生と呼びうるか否かは問題である。次第に 'apris de ley' 乃至 'leges peritus' という表

現、すなわち、法の習得者乃至法の識者という表現が使われるようになってくる。apprentice at law の表現は永く残ったが、法曹自身そうした表現を使うことは稀であったし——彼らはむしろ 'gentleman' と称するのが普通なのである——そのように使われた場合でも、もはや、かつてのような研修生的な意味は失われていた。[19] 1381 年の人頭税課税表は、この時までにアプレンティス層が広汎な社会階層として成立し、なおかつその中で階層分化を惹き起こしていたことを示してくれる。大アプレンティスはサージャントと同額に、別の表現をすれば、バロン、ロンドン市参事、ロンドン市以外の市長、200 ポンドから 500 マルクの年収を有する大修道院長と同額の 40 シリングが、〔ウェストミンスタのアプレンティスはその半額、それ以外のアプレンティスとアトーニは共に 6 シリング 8 ペンスが〕課税された。引き続いて起こった農民戦争で、法曹のロンドンの宿舎テンプルが略奪され、戸棚に保管されていたアプレンティス達の書物をはじめ諸記録類が焼かれてしまう。彼らが攻撃の対象となったのは、彼らの住んでいたテンプルが反乱農民の憎しみの対象となっていた Robert de Hales が長官をしていた聖ヨハネ騎士団に所有されていたからだけではないであろう。[20]

(3) 中世末法曹の実像

　チョーサの『カンタベリ物語』の「序文」(c. 1387) は、これらの成長した法曹階層が当時の人々にどのように映っていたかを如実に示してくれる。[21]

　チョーサによれば、サージャントは、「しばしば、開封勅許状によって、全権を委任されたアサイズ裁判官であり、彼の学識と名声のゆえに、多くの俸給、御仕着せで雇われていた。また並ぶ者のないほどの土地購買人であって、彼にかかってはすべての土地が単純土地保有になってしまう。彼の土地の移転手続には一つの瑕疵もない。彼のように忙しい人はいないし、実際以上に忙しく見える。開廷期には彼はウィリアム征服王以来のすべての事例と判決を駆使した。彼は文書の作成にも通じていて手際がよい。彼の書いた文書にほんのわずかの誤りを見出すこともできない。しかも彼はあらゆる制定法を暗記している」man of law なのである。

これに対して、テンプルに住居する 30 人余りの類い稀な専門的法知識 (of law expert and curious) を持ったアプレンティス達は彼らの賄人によれば「その内 12 名ばかりのものは、土地と地代を管理するステュワードたるにふさわしい人々で、イングランドにいる如何なる領主に仕えても彼の固有の財産で暮らせるようにし、その領主が木偶の坊でない限り、負債で威信が傷つけられないようにすることができる。また彼が望むなら、できる限り節約した生活をさせることもできよう。そして州の統治を助ける能力を備えており、如何なる事件、突発事がおころうと処理することができるのである」。

我々は再び、年 4 回の開延期にロンドンに集まってくる法曹院のアプレンティス達が地方（州）法曹であり、ステュワードとして活躍する人々と見做されていたことを知るのである。サージャントにせよアプレンティスにせよ、決して法廷弁護士という狭い枠で理解されるような人々ではなかったのである。次節でもう少し彼らの具体的な姿に立ち入ってみよう。

Ⅲ　学識法曹の活動領域

(1) 所領経営

15 世紀初めのステュワード層の中に法曹の姿を見出すのは、それほど困難ではない。1412 年にサージャントへの就任を拒否した John Barton Jr. は St Albans 修道院の執事であり、前任執事はロンドン市裁判官の Thomas Thorneburg、後任者は後の王座裁判所判事 William Laken (1465-75) であった。[22] ランカスタ公領の南・北両代理ステュワード職は各々ほとんどすべて法曹院の理事乃至講師階層に占められている。[23] Laken のように後にサージャント、裁判官になった多くの人々が執事職の経験を持っていた。1429 年に民訴裁判所判事となった William Paston (1378-1444) はノリッジ司教領の、またノーフォーク公領の執事であったし、[24] 法務長官から財務裁判所判事に昇進した William Nottingham (1461-83) はウースタ司教領の執事であった。[25] William Boeff, Edmund Cherly——共にサージャント——は、各々ウィンチェ

スタ司教、デボン伯コートニーの執事であった。[26]サージャントに昇進した法曹のみではない。バトル修道院は、リンカンズ・インのBatholmew Bolney、グレイズ・インの Vincent Finch を雇っていた。[27]グロスタ公、ベッドフォード公、アランデル伯、スタフォード伯も各々こうした法曹を執事として雇用していたのである。[28]

彼らの多くは治安判事でもあり、地方官職の歴任者であった。我々は彼らを 13 世紀末の地方法曹の後裔と見ることができるかもしれない。確かに 14 世紀半ば以降徐々に始まる直営地経営の放棄、定期借地化は、Walter of Henry のような所領経営書を時代遅れなものにしてしまっていた。[29]しかし逆に、未納地代や諸負担の忌避に対する強制機構としてのマナー裁判所の重要性はむしろ増大していったように思われる。前述の W. Nottinghamがウースタ司教領の執事に就任後、直ちに地代増収策として、マナー裁判所を通して膨大な調査を行い新たな地代帳を作成したのは、この期の所領経営の強化の方向を示しているといえるだろう。[30]それ故、活版印刷の始まる、次の時代に至っても、『領主裁判所論』への需要は決して減ずることはなかったのである。[31]所領の内部経営のみが問題ではなかった。ユース慣行をはじめとして所領の法的構成はますます複雑化していった。このユース慣行は、所領の法的一体制を確保するとともに、遺言による処分の自由へ道を開いたのであるが、このことは他方で、土地の購入、相続をめぐる法手続を複雑化させ、高度な法知識を不可欠とするようになっていった。

多くの法曹が遺言執行人として、ユース付封譲受人として、また紛争が生じた際の仲裁人として利用された。中世末の諸侯層はこれらの日常的法律問題、永びく訴訟に対処するため、さらには、雇従者層を訴訟において保護するためにサージャント層をはじめ有能な法律顧問をカウンシル内に抱えるようになっていた。[32]さらにランカスタ公領のようなイングランド全体に広がる大所領は当然のこととして、バトル修道院やウィンチェスタ校までが、ウェストミンスタの裁判所に常時各 1 名のアトーニを配置していたことは、如何にこの時代に法律問題乃至訴訟が領主層の日常的な関心事であったか、また有能な法曹の確保が如何に重要であったかを示している。[33]

法曹を必要としたのはこれら諸侯層のみではない。上層法曹を都市裁判官

として確保することは市の支配層の最大の関心事であった。『[新]土地法論』の著者リトルトン、『大法要録』『新令状訴答集』『治安判事論』の著者フィッツハーバートはともにコヴェントリ市の都市裁判官経験者であり、後の王座裁判所判事であった。当然にロンドン市裁判官職も将来のウェストミンスタの裁判官席への踏み台となっていったのである。⁽³⁴⁾

(2) 都市

都市による治安判事職の獲得は都市裁判官職の発生原因ではないとしてもその発展と密接に結びついていたと考えられる。都市裁判官職を有する都市では、都市裁判官 Recorder は治安判事として市長の次席を占めた。都市裁判官職を持たない市では leges peritis が治安判事に加えられることが治安判事職獲得の条件であった。我々は都市裁判官制をとっていない市でも法曹がベイリフとして同様な活動をしているのを見ることができるだろう。⁽³⁵⁾

都市においても対外的問題は重要であった。とりわけ、司教座都市——多くの都市がそうなのだが——では、裁判管轄権をめぐる司教との対立を常に抱えていた。さらに都市の法的権利は特許状の上に成り立っていたため、特許状の確認、再交付、特権の拡大のためにこれらの有能な法曹の果たす役割は重要であった。⁽³⁶⁾

都市における法曹への需要は裁判官職にのみにとどまらない。市当局のみならず、諸ギルド組織も法曹を法律顧問として雇用していた。⁽³⁷⁾この期に資金調達手段として発展してきた一種の動産担保（Gift of all chattles and goods）の譲受人の中にも多くの法曹を 'Gentleman of London' として確認できるだろう。⁽³⁸⁾さらにこれらのロンドンと地方を往き来する法曹を、都市が都市選出議員としてしばしば利用するようにもなるのである。⁽³⁹⁾

(3) 地方官職（治安判事・河岸管理委員会等）

これらの都市も発展しつつある地方統治の重要な要素であったが、地方統治の主体が州にあったことはいうまでもない。チョーサが強調したのもこの

州の統治における法の識者達の活躍であった。我々はこの期に地方統治の重要な担い手として登場してきた治安判事職と法曹との関係を見逃すわけにはいかない。治安判事に法の識者を加えることは、その裁判権獲得、拡大の条件であった。[40] もっとも、条件とされた法学識を示す語として、Apris de la ley はともかく Sage de la ley がどの範囲の法曹を指したのかは、必ずしも明確ではない。Apris de la ley の資格自体も曖昧であった。それ故、1361 年法の Sages de la ley は既に資格の明確化しつつあったサージャント層のみを指すのかもしれない。確かに我々は多くのサージャント層が治安判事に任命されているのを見る。しかし、彼らの任命はアサイズ裁判官任命の結果であった。彼らは裁判官層とともにその巡回管区のすべての州の治安判事職を兼任した。それ故、彼らが実際上治安判事としてほとんど働かなかったとしても不思議ではない。[41] 彼らの役割はむしろ監督的なものであったといえよう。実際に活躍したのは法曹院のメンバー達であった。1424 年以降リンカンズ・インの理事となった 41 名のうち 25 名が州の治安判事職に就いている。これは彼らが就任した官職のうちで最も高い比率を占めるものであった。[42] ある意味ではこれは当然の帰結であった。法曹にとっては、法知識はそれによって富を蓄え、土地を購入し、社会的身分を上昇させていく手段である。地方における公権力の焦点になってきた治安判事職の獲得は地方名士にのし上がっていく格好のチャンスであった。さらに諸侯の執事たる法曹にとって治安判事職は、まさに弛緩しつつあるマナーの経済外強制の体系を補完する重要な官職となった。治安判事職は、その権限が、旧来の村法をコモン・ローに吸収した 1351 年労働者規制法をはじめとする制定法に基づく官職であり、州裁判所のように地方的慣習を基礎として成立していないということも重要である。1503 年のインナ・テンプルで Thomas Marowe がウェストミンスタ第一法律第 1 章の講義の名の下に、治安判事の職務権限論を詳細に展開したことは、一方では絶対王政側の要請とともに、法曹院のメンバーの治安判事職務権限への関心を示すものであり、また、こうした制定法上の種々の規定についての法知識を備えることなしに、もしくは、そうした人々の助けなしに職務を遂行することは困難であったことを示していた。[43] しかし同時に、当時の地方での法運用にとって法学識のみでは充分ではなかった。法律問題は政治

問題と結びついていたし、容易に地方的騒乱に発展した。治安判事に諸侯が加えられ、治安判事の多くがこれらの諸侯層と結びついていたのもそのゆえであった。[44]もう一つの重要な、とりわけ沼沢地方において重要であった地方官職は河岸管理委員会であった。ロムニー沼地の慣習法が13世紀以来河岸管理に関する模範慣習とされていたが、1427年の制定法によってコモン・ローに組み入れられ、定型化された河岸管理委員会が任命されるようになる。この委員会は、管轄地域内の河岸管理に関する、立法、裁判、租税賦課・徴収の広汎な権限を有していた。多くの法曹院のメンバーが、この委員に任命された。これらの法曹の中には、リンカン州出身のRobert Sheffield（リンカンズ・イン理事）のごとくサージャント職への就任をはじめ種々の官職からの免除特権を得て、この河岸管理委員会の活動に専念する中で地方の実力者にのし上がっていった法曹も見出しうるのである。[45]

このように地方に根を張った法曹は当然に州選出議員に選ばれるようになっていく。彼らはヨークからテューダ期にかけて庶民院議長の座を独占するようになっていくのである。[46]

(4) 国王行政

これらの地方政治を担う法曹を掌握することこそが国王行政としての地方統治にとって不可欠であった。エスチータ、諸港の関税徴収官、租税徴収官等の財務行政に多くの上層法曹メンバーが利用された。刑事巡回裁判官や未決囚釈放裁判官の任命の主体はサージャント層であったが、同時に、これらの地方法曹が加えられた。

これらの定型化された一般的な委員会の派遣とともに、特別のad hocな委員会の地方への派遣が当時の国王行政の中で重要な位置を占めた。個々の治安騒乱事件、所領調査、個々の未決囚釈放裁判問題をめぐって、数々の委員会の任命が頻発される。法曹院はまさにこれらの委員会派遣のための人材のプールのような役目を果たしたのである。[47]その意味で、中央行政と地方行政は制度的にというより、ロンドンの法曹院と出身地方を往き来するこれらの法曹院メンバーによって人的に媒介されていたといっても過言ではない。

第2編　コモン・ロー法曹の成長過程　129

テューダ期に向けて、これらの国王行政への上層法曹の吸収が進むにつれて、コヴェントリ市の都市当局は上層法曹の確保の困難にぶつからざるを得なかった。都市裁判官が市に居住しなければならないという条件は徐々に緩和されていくのである。[48]

むすびにかえて——中央と地方

　これらの地方で活躍する法曹に要求された学識は、もはや地方の慣習への通暁ではない。コモン・ロー化されつつあった中央裁判所の法慣行についての知識こそが彼らの学識の基礎であった。

　同時に彼らは地方の法律問題を常に中央へ持ち込んだ。近代イギリス法の基礎となったトレスパスや特殊主張侵害訴訟は、本来地方や都市の裁判所での訴訟であった。これらの訴訟は「国王の平和に反して」「暴力と武力によって」の名の下に、また、地方を巡回してくる裁判官に訴願—訴状手続によって持ち込まれた。1370年代以降には、もはや上記のような擬制なしに特殊主張侵害訴訟を提起しうるようになっていた。これらの訴訟はテューダ期になるまで飛躍的に拡大することはなかったが、こうした法知識は法曹院に開廷期毎に集まる法曹に共通の知識となっていったに違いない。新たな解決方法が中央の裁判所で水路を開くと、そこへ流れ込んでくる訴訟がその水路自身を広げていったのである。[49]

注

(1)　R. C. van Caenegem, *The Birth of the English Common Law* (Cambridge, 1973) を参照。カネヘム説への批判としては M. T. Clanchy, England and its Rulers 1066-1272 (Fontana Paperbacks, 1983) 第6章、とりわけ157頁以下を参照。

(2)　G D. G. Hall (ed) *The treaties on the law and customs of the realm of England commonly called Glanvill* (Nelson, 1965) p. 2, p. 139, p. 177.

(3)　Alan Harding, *The Law Courts of Medieval England* (London, 1973) p. 77.

(4)　H. G. Richardson, G. Sayles, 'The Early Statutes' *Law Quarterly Review* vol. 50 (1934) pp. 542-54. T. F. T. Plucknett, Legislation of Edward I (Oxford, 1949) pp. 11-

17. 州裁判所の手続に関しては W. A. Morris, *The Early English County Court* (Berkeley, 1926) pp. 122ff, pp. 137ff. より詳しくは R. C. Palmer, *The County Courts of Medieval England 1150-1350* (Princeton, 1982) Part II. とりわけ Personal action の章を参照。

(5) Frank Pegues 'The Clericus in the Legal Administration of Thirteenth-Century England' *English Historical Review* vol. 71 (1956) pp. 52ff. もっともシェリフもエクスチェッカ系列に含められうるかも知れない。Chancery からの昇進の例は少し遅れて現れる。(*Ibid.*, pp. 538f)

(6) Palmer, *op.cit.*, Part I, Chap 4, 5 に具体的事例が分析されている。同じ事態の所領経営の側面からの研究としては N. Denholm-Young の *Seignorial Administration in England* (London, 1937) のイザベラ＝ドゥ＝フォルティブス領の研究を参照。

(7) T. F. T. Plucknett, *Early English Legal Literature* (Cambridge, 1958) p. 78. *Fleta*, Book II chaps. pp. 70-88, *Selden Society* vol. 72 (1953)

(8) D. Oschinsky, *Walter of Henry and other treaties on estate management and accounting* (Oxford, 1971) pp. 61-65. Fleta の著者の研究としては N. Denholm-Young, 'Who wrote Fleta', Do, 'Matthew Chequer' 共に *Collected Paper of Denholm-Young* (Cardiff, 1962) 所収 pp. 187-198, pp. 199-204. 同書に収められた 'Robert Carpenter and the Provision of Westminster' もこの期の地方における法知識の蓄積を示す上で重要である。

(9) Frank Pegues, *op.cit.*, pp. 542ff. 及び T. F. T. Plucknett, *Early English Literature*, pp. 42ff. グランヴィルについては F. J. West, *The Justiciarship in England, 1066-1232* (Cambridge, 1966) pp. 54ff.

(10) Buzones については G. Lapsley, 'Buzones', *English Historical Review* vol. 47 (1932) pp. 177-193, pp. 545-567. 彼らが単に地方行政に忙しい、小スクワイア層ではなく、むしろ、地方法曹と呼びうる人であったという点については Palmer, *op.cit.*, pp. 128ff. この期のアサイズ裁判官の変遷、およびブラクトンの経験については P. B. Pugh, 'The King's Government in the Middle Ages', in *Victoria County History of Wiltshire*, vol. 5 pp. 18-20, M. M. Taylor, 'The Justices of Assize', in *English Government at Work 1327-36*, (ed.) J. F. Willard, W. A. Morris, W. H. Dunham, vol. 3 (Cambridge, Mass., 1950) pp. 231-234.

(11) G. O. Sayles, ed, *Select Cases in the Court of Kings Bench under Edward I*, vol. I, *Selden Society* vol. 55 (1936) pp. xlix-lxiv の裁判官の経歴を参照。

(12) R. C. Palmer, 'The Origin of the Legal Profession in England', *Irish Jurist* vol. 11 (1976) pp. 133ff.

(13) S. F. C. Milsom, *Historical Foundations of the Common Law*, 2nd ed. (London, 1981) p. 41. この期の法文献の変化については Plucknett, *Early English Legal Literature*, chap. 5 を参照。この背景としての俗語仏語の書き言葉としての確立、俗人層における教養の蓄積を示す好著として M. T. Clanchy, *From Memory to Written Record, England 1066-1307*, (London, 1979) Part II を参照。

(14) Palmer, *County Court*, pp. 97ff. および Denholm-Young, op.cit. の Thomas de Weston

第2編　コモン・ロー法曹の成長過程　131

の活動を参照。

(15)　W. S. Holdsworth, *A History of English Law*, 3rd ed. vol. 2 (London, 1923) p. 315.

(16)　G. O. Sayles (ed.) *Selected Cases in the Court of King's Bench under Edward III*, vol. 6, Selden Society vol. 82 (1965) pp. xxx-xxxii.

(17)　Taylor, *op.cit.*, pp. 219-222, pp. 229-232, pp. 237ff. P. B. Pugh, *op.cit.*, pp. 37-40. J. P. Dawson, *Oracles of the law* (Ann Arbor, 1968) pp. 205ff.

(18)　E. W. Ives, 'Promotion in the Legal Profession of Yorkist and Early Tudor England', *Law Quarterly Review* vol. 75 (1959) pp. 355ff, Dawson, *op.cit.*, pp. 26ff. 初期の Serjeant call については J. H. Baker, *The Order of Serjeants at Law*, *Selden Society Supp. Series* vol. 5 (1984) pp. 15-21, pp. 28-38.

(19)　J. H. Baker, 'The English Legal Profession 1450-1550', in W. R. Prest (ed.) *Lawyers in Early Modern Europe and America* (London, 1981) pp. 27ff. 1518 年の法廷弁護士層の分析としては E. W. Ives, *The Common Lawyers of pre- reformation England* (Cambridge, 1983) Appendix C, pp. 448-450. 以下 *The Common Lawyers* (1983) と略記。

(20)　課税表、年代記等この期の資料の多くは R. B. Dobson, *The Peasants' Revolt of 1381*, 2nd ed. (1983) に収められている。イングランド法曹と農民戦争の関連については A. Harding 'The Revolt against the Justices' in R. H. Hilton, T. H. Ashton (ed.) *The English Rising of 1381* (Cambridge, 1984) pp. 165-193 を参照。

(21)　F. N. Robinson (ed.) *The Works of Geoffrey Chaucer*, 2nd ed. (1968) p. 20, p. 22. チョーサがテンプルのメンバーであったか否かは論争の的ではあるが後に述べるように、関税徴収官の職は少なくとも次の世紀には多くのコモン・ロー法曹が任用されており、俗人への変化がリチャード期に生じたことを考えれば、賄人がチョーサの同伴者であったことと合わせて、その可能性は強いと考えられる。

(22)　A. E. Levett, 'Studies in the Manorial Organization of St Albans Abbey', in *Studies in Manorial History*, (Oxford, 1938) pp. 103-109, pp. 168-169. John Barton jr. の経歴については、J. S. Roskell, *The Commons in the Parliament of 1422* (Manchester, 1954) pp. 150f.

(23)　R. Somerville, *History of the Duchy of Lancaster*, vol. 1 (1953) の官職リストを参照、南北代理執事職のみならず、多くの法曹を種々の官職リストの内に発見できるであろう。公領に雇用されたサージャント、アプレンティス、アトーニのリストは貴重である。

(24)　N. Davis (ed.) *Paston Letters and Papers of the Fifteenth Century*, Part1 (Oxford, 1971) pp. lii-liii.

(25)　C. Dyer, *Lords and Peasants in a Changing Society, the Estate of the Bishopric of Worcester, 680-1540* (Cambridge, 1980) pp. 161f., p. 165, Appendix I.

(26)　Martin Cherry, 'The Struggle for Power in Mid-Fifteenth-Century Devonshire', in R. A. Griffiths (ed.) *Patronage, The Crown and Provinces in Later Middle Ages* (Gloucester, 1981) p. 130. P. J. Jeffries, 'Social Mobility in the Fourteenth Century; The Example of the Chelreys of Berkshire' *Oxonensia* vol .41 (1976) p. 332.

(27) E. Searle, *Lordship and Community, Battle Abbey and its Banlieu, 1066-1538* (Toronto, 1974) Chapter 4 参照。法曹がステュワードとして雇われたのは Bolney が最初ではない。前述のウースタ司教領同様に14世紀半ばまでには俗人が従来の修道層に代わって執事職に就くようになる。

(28) J. Tyrell, W. Burley, R. Berley, J. Harpour 各々の経歴については、S. Roskell, *op.cit.* の巻末 Biographical Notes を参照。おそらく例を挙げればきりがないであろう。後の時代の例としては E. W. Ives, 'The Common Lawyers in Pre-Reformation England' in *Trans. Royal Hist. Soc.* 5th ser. vol. 18 (1968) pp. 147ff. 以下、'The Common Lawyers' (1968) Do, 'Reputation', pp. 160f. *The Common Lawyers* (1983) pp. 19-22 参照。

(29) Oschinsky, *op.cit.*, p. 56.

(30) Dyer, *op.cit.*, pp. 275-282.

(31) F. W. Maitland and W. P. Baildon (ed.) *The Court Baron, Selden Society* vol. 4 (1891) pp. 3f.

(32) このような Council の興味ある活動例としては C. Ross, *The Estates and Finances of Richard Beauchamp Earl of Warwick, Dugdale Society Occasional Papers,* No. 12 (Oxford, 1956) pp. 11-14. Ives, *The Common Lawyers* (1983) chap. 6 'Lawyers and his clients' & pp. 286-293 を参照。中世末の諸侯の所領の法的構成の変化と所領経営の変遷については G. A. Holmes, *The Estates of the Higher Nobility in Fourteenth-Century England* (Cambridge, 1957) Chap. II, pp. 41-57.

(33) R. Somerville, *op.cit.*, list of officers, pp. 456-459. E. Searle, *op.cit.*, p. 419. H. Chitty, *Lawyers Employed by Winchester College during 15th century* (London, 1916)

(34) *The Coventry Leet Book or Mayor's Register, E.E.T.S. Original series* No. 134, No. 135, No. 138, No. 146 (1907, 1908, 1909, 1913) p. 235, p. 628. 後に述べるリチャード・エムプソンも同様この職の経験者である。Ives, *The Common Lawyers* (1983) p. 88.

(35) M. Weinbaum (ed.), British Borough Charters 1307-1660 (Cambridge, 1943) Recorder が次席 JP となっている例は枚挙にいとまがない。法の識者を要求している例としては、Colchester, Maldon, Grantham, Stamford, Guildford。Bailiff が Recordership に転換後 Recorder に任命された例として、J. J. Alexander, 'Leading civic officials of Exeter 1330-1537' *Report and Trans. of the Devonshire Association*, vol. 70 (1938) pp. 406-409, pp. 420f. リンカンズ・インの理事の中でも Rye, Drax が各々 Canterbury, Kingston upon Tames の bailiff に任命されている。他の発展の可能性としては Ives, *The Common Lawyers* (1983) pp. 289ff.

(36) Exeter 市と Exeter 司教との裁判官管轄権をめぐる争いについて市長 John Shillingford の手紙が多数残されている。S. A. Moore (ed.), *Letters and Papers of John Shillingford Mayor of Exeter 1447-50* (Camden Society, 1871)

(37) Ives, *The Common Lawyers* (1983) pp. 289ff.

(38) これらの 'Gentleman of London' と法曹との繋がりを最初に指摘したのが、前掲書 Thorne, *Reading and Moot* の序文 (pp. xxviii-xxix) であった。しかしその後の Baker の研究は、多くの法曹が、'Gentleman of London' の名で現れるものの、法曹として確認しうるものは半数に満たないことを示している。J. H. Baker, 'Lawyers practising in

第 2 編　コモン・ロー法曹の成長過程　133

Chancery', *Journal of Legal History* vol. 4 (1983) pp. 54-56. 当時の gentleman の呼称については R. L. Storey, 'Gentleman-bureaucrats' in C. H. Clough (ed.), *Profession, Vocation and Culture in Later Medieval England* (Liverpool, 1982). Gift of all chattles and goods の慣行については A. H. Thomas (ed.), *Calenders of Plea and Memoranda Rolls 〔London〕1413-1437* (Cambridge, 1943) pp. xix-xxiii, P. E. Jones (ed.), *Calenders of Plea and Memoranda Rolls 〔London〕1437-57* (Cambridge, 1954) pp. xxii-xxviii.

(39)　Roskell, *op.cit.*, pp. 46-48. 筆者が現在研究中のリンカンズ・インの理事層についていえば、彼らは比較的若い時期に都市選出議員を経験している。

(40)　小山貞夫『中世イギリスの地方行政』（創文社、1968）15-16 頁、63-64 頁。

(41)　小山、前掲書 54-62 頁の治安判事職の社会的出身分析は、Foss のイヤー・ブックスでの代弁人としての活動を基礎としたパトナムの分析に多く依拠しているが、これらイヤー・ブックスに現れる代弁人の多くはサージャントかサージャントへの昇進を間近にひかえた人々であり、当時の法曹階層の最上層のほんの一握りの人々しか示していない。法曹院の理事・講師階層ですらサージャントに昇進しない限りイヤー・ブックスに現れることは稀である。もっとも 14 世紀に法曹であるか否かを確認することは極めて困難であるが、少なくとも、公職に就き、活躍する地方ジェントリ層の典型例として紹介された。ウォーリック州の治安判事について見るなら John de Catesby は当時の人々にとって 'man of law' と見做されていたことが、その後の研究で明らかとなっており、Arderne をはじめ他のジェントリ層も何らかの形で法曹院法知識との関連を持っていたと考えられる。J. B. Post, (ed.) 'Courts, Councils, and Arbitrators in the Ladbroke Manor Dispute, 1382-1400' in R. F. Hunnisett and J. B. Post (ed.), *Medieval Legal Records* (London, HMSO, 1978) p. 294.

(42)　リンカンズ・インの理事 41 名を開封勅許状録の巻末リストと対照して得たものであるが、以下本文の叙述は現在研究中のものであり、主として、開封勅許状録、上納金録、古文書録との対照をもとにしたものであり個々の引用は繁雑となるためなしえない。

(43)　トマス・マロウの経歴、1503 年の講義、後の著作への影響については、B. H. Putnam, *Early Treaties on the Practice of the Justice of the Peace in the Fifteenth and Sixteenth Centuries, Oxford Studies in Social and Legal History*, vol. VII (1924) 第 5 章以下参照。

(44)　リンカンズ・インの理事の内、Crakenthorp は、治安判事として活動中、待ち伏せを受け、後に殺害された。また、エトウェルは治安判事としてベットフォード州の争乱に巻き込まれ、その後、同州では、活動基盤を失う。エクゼタ市裁判官ラドフォードの惨殺事件は当時の大スキャンダルであった。B. Wolffe, Henry VI (London, 1981) pp. 119f. R. L. Storey, 'Disorders in Lancastarian Westmoreland; Some Early Chancery Proceedings' *Trans of Cumberland & Westmoreland Antiquary & Archaeological Society* vol. 52 (1952) pp. 75-76. G. H. Radford 'Nicholas Radford 1385?-1455' *Report & Trans. of Devonshire Association* vol. 35 (1903) pp. 251-277.

(45)　この委員会の歴史については A. M. Kirkus (ed.), *The Records of the Commission of Sewers in the Parts of Holland 1547-1603*, vol. I ,*The Lincoln Record Society*

Publication vol. 54（1959）の序文を参照、法曹院内の階層身分でしかなかったバリスタの資格が公的なものとして現れるのはこの委員会に関する 1532 年法が最初であったと思われる。

(46) Roskell, *op.cit.*, pp. 64-69. 庶民院議長については Ives, 'The Common Lawyers'（1968）p. 153 n. 2, p. 155 n.1.

(47) 関税徴収官職がリチャード 2 世期に商人層から、州のジェントリ層に移った点に関しては A. Steel, 'The Collectors of the Customs at Newcastle upon Tyne in the Reign of Richard II' in. J. C. Davies（ed.）, *Studies presented to Sir Hilary Jenkins*（London, 1957）pp. 390ff.

(48) *Coventry Leet Book*, pp. 524-528, pp. 688f. Ives, *The Common Lawyers*（1983）pp. 136f. 法曹の活動は本文で述べたものに限られるものではない。本文では官職を中心に論じたが、保証人、保釈人、証人、そして当然、法廷での活動があったことはいうまでもない。

(49) S. F. C. Milsom, *op.cit.*,（1981）pp. 292f. J. H. Baker（ed.）, *The Report of Sir John Spelman* vol. 2, *Selden Society* vol. 94（1977）Introduction, pp. 51ff.

*1 初出は、上山安敏編『近代ヨーロッパ法社会史』所収の論文で、著作全体については『法制史研究』38 号（1988）に成瀬治氏の書評が掲載されている。丁度、最初の文部省若手枠での海外留学時の研究を基礎にしたものである。当時は、法曹史からイングランド法学史に迫ることを中心に考えていたこともあり、バーミンガム大学歴史学科のアイヴズ上級講師の下で学んだ。彼はベイカー氏の博士論文審査官であり、アイヴズ氏の紹介でカンタベリ大学で開催された英国法史学会（British Legal History Conference）に参加、ベイカー氏と知り合うことができた。2 年に一度の学会であるので、帰国後も参加するように勧められたが、大学審問題、教養部改革の波の中、地方大学教員の給与では科研費を獲得しない限り不可能であった。

アイヴズ氏からは同じように博士論文を審査した Nigel Livingston Ramsay の *The English Legal Profession c.1340-c.1450* を紹介された。早速、博士論文を入手し、私の調査と異なる点について議論した。治安判事と法学識との関係について有益な示唆に富んだ博士論文であるが、活字にするまでは引用は避けて欲しいとのことであったので、個別的には引用しなかった。

ロンドン大学歴史学研究所で Paul Brand と David Sugerman が主催している若手法史研究者のセミナーも紹介された。Brand 担当の研究会には参加できなかった。Brand は、その後、Paul Brand, *The Origins of the English Legal Profession*（Blackwell, 1992）を上梓、初期コモン・ロー法曹史を切り開いていくのだが、私自身は、彼の法曹の定義から出発する方法には懐疑的である。Brand の定義に従えば、法曹は中央裁判所の職業的法曹に限られてしまうことになるからである。本章が地方に焦点を当てるのは、こうした見方への批判的視座を有しているからである。また、法

に関する専門的知識という意味では、『ヘンリー世の諸法』でも、ある種の専門法曹が存在した証拠がある。もちろん、こうした法知識がコモン・ロー法曹の起源へと直接結びついたわけではないであろうが、法曹の定義の仕方で、法曹の多様な発展系列が見えなくなってしまうのも問題であろう。

*2　従来、コモン・ローの発展で注目されてきたのは、この令状の発展で、メイトランド「訴訟方式」が『イギリス私法の淵源』として訳されたのもその故であろう。ローマ法との比較法的見地からはエールリッヒ『法律的論理』（みすず書房、1987）があり、また、令状体制成立期に関しては小山『法制史研究』28号（1979）の勝れた紹介がある。アングロ＝サクソン期の令状からの発展については松垣裕『イギリス封建国家の確立』（山川出版社、1972）第3章、第6章参照。このように翻訳、研究が蓄積されているので、さしあたり令状そのものの発展よりも、本書、第3編で論じるように、これまで充分研究されてこなかった訴答の発展、イヤー・ブックスに収められた令状の適否や訴答の適否を巡る議論に焦点を当てて研究を行った。

*3　法廷年報の初期の歴史については、本書、第4編参照。

*4　サージャントの独占の確保については、独占を獲得したというより、民訴裁判所法廷弁護士がサージャント・アット・ローと称されるようになったという方が正確なのであろう。したがって、大法官裁判所の興隆、トレスパス訴訟及び特殊主張訴訟の発展と擬制的なミドルセックス訴状と逃亡者逮捕令状による王座裁判所管轄権の全国的拡大によって法曹院ベンチャ層の活躍の場が拡大するまで、高位法廷弁護士たるサージャントが不動産関係の訴訟を独占していたのである。最終的にサージャント層の民訴裁判所出廷権の独占が破棄されるのは、バリスタ層が成長した19世紀半ば（1846）になってからのことである。それによってサージャント身分は急速に解体し、中央裁判所裁判官昇進の前提としてのサージャントへの形式的任命も1875年が最後となる。1877年にはサージャンツ・インは売却され、1921年リンドリィ卿の死亡により最後のサージャントが消滅することとなった。

—— 第 **3** 編 ——

コモン・ロー法学の発展

　本章及び次章でテューダ期前のコモン・ロー法学の発展を二つの側面から考察してみることとする。最初に本編では、令状・訴状によって開始されるコモン・ロー訴訟手続における訴答、とりわけ、法律効果不発生抗弁 Demurrer と称される抗弁手続の発展とその果たした役割に焦点を当て、中央法廷における法律問題の議論を通して法準則が析出されていく過程を分析する。次に、第4編では、コモン・ロー上の法準則を巡る議論が法廷年報に書き留められ、法曹院で組織的に学ばれるようになることによって法曹の共通財産化することで権威的典籍化していく過程を明らかにする予定である。[*1]

はじめに

　「揺籃期の裁判制度における訴権法の優位はあまりにも大きく、実体法は、当初、訴訟手続の隙間から徐々に分泌されてくるような観を呈した。初期の法曹達はこの技術的諸形式の外衣を通してのみ法を理解することができたのである」。Sir Henry Sumner Maine, 'Classification of Legal Rules', in *Dissertations on Early Law and Custom: chiefly selected from Lectures Delivered at Oxford* (New York, 1886) ch. XI, p. 389.

　前近代法から近代法への移行を示すものとして「訴権法から実体法への移行」の問題を論じたメインの言葉は、「身分から契約へ」という近代法への移

行を表す彼のもう一つの標語とともに、我々に馴染み深いものである。後者の標語がテンニエス『ゲマインシャフトとゲゼルシャフト』を通して、近代社会学への道を切り開き、社会契約論や近代契約法史の研究を刺激してきたのに対し、前者は、近代コモン・ロー法学に引き継がれる実体法的法準則が中世コモン・ロー訴訟手続の隙間から、どのようにして浸み出してきたのかという興味深いテーマを投げかけることとなった。[(1)]

　メイトランドが訴訟方式の歴史を講義するに際して出発点としたのも、この冒頭のメインの言葉であった。しかし、彼の関心は、さまざまな令状の発展の歴史であり、メインからの引用も、過去のコモン・ローの発展における訴権法体系の重要性に注意を向けさせるためのものであった。それ故、上記著作では、新たな訴訟開始令状の発展を通して保護されるべき権益が拡大されていく過程は理解できても、具体的に実体法的法準則が訴訟手続の隙間から分泌されてくる過程そのものを窺い知ることはほとんどできない。[(2)]

　この過程を理解するためには、令状論から一歩踏み込んで、法廷で取り交わされる訴答と令状・訴答をめぐる議論とを観察する必要がある。この訴答をめぐる問題は、プラクネットの『イギリス法制史』の各論編第1部訴訟手続論第3章で詳説されていたのだが、邦訳が総説編のみに留まったために、専門としてイングランド法学を学ぶ者を除けば、リトルトンによって「訴答の科学」と称された中世イングランド法学の心髄にふれる機会は、小山訳、ベイカー『イングランド法制史』(1975) 出版にまで延ばされたように思われる。本稿が注目するのは、訴答手続の中で、小山訳で法律効果不発生訴答と訳され、田中英夫氏によって妨訴抗弁と訳されてきた Demurrer と称される抗弁手続である。[(3)]

　追求すべき課題は、イングランドのコモン・ローの発展において、この実体法的法準則が訴訟手続の隙間から徐々に分泌されてくる過程がどのように生じたかを具体的に検討することにあるのだが、「訴権法から実体法へ」という近代法形成の一環に係わる大きなテーマを扱うことになるので、本論に入る前に、問題設定それ自体をもう少し細かく見ておく必要があるであろう。議論の出発点を形成するメインの議論枠組に沿って理解すれば、訴権法から実体法への移行は少なくとも二つの局面に分けて捉える必要がある。

前述の議論の前段でメインは以下のごとく論じている。

　初期の粗雑なものと、近代の洗練されたものの第一の差は、法準則の分類にある。即ち、訴権、訴答、訴訟手続に関する法準則は、副次的な位置に落ち込み、ベンサムの言うところの、付随的な手続法（adjective law）となった。この点に関するかぎり、ローマの教科書著作者達は進んでいた。彼らは訴権法を、その体系の、第三の、即ち、最後の部門としたからである。この配列が容易に、自生的に心の中に生じてくるものでないことはイングランド人が誰よりも良く認識している[(4)]。

ローマ法学者メインは、訴権法から実体法への移行が、人・物・訴訟編別に編纂されたガイウス『法学提要』において半ば達成されていたと考えていた。エールリッヒが『法律的論理』の発展の叙述において、コモン・ローにおける令状＝訴訟方式の発展と対比して論じたのも、中世ヨーロッパ法ではなく、ローマにおける訴権法の発展であった。すなわち、このテーマはローマ法史の課題なのであるが、ヨーロッパ近代法形成史はローマ法継受の問題にほとんど解消されてしまっているからなのである。エールリッヒのいうように、大陸におけるローマ法の継受の原因が、中世における法規不足を補う必要にあったとするならば、既に析出されたローマ法の法準則を権威的法源として継受した国々においては、訴権法から実体法的法準則を析出することそれ自体は課題とはなり得なかったことになる[(5)]。課題となりうるのは、実体法的法準則を生み出した母体たる訴権体系の残滓の完全な除去でしかない。それ故に、ローマ法継受によって第一の過程を抜きに近代法体系へ到達した大陸法では、「訴権法から実体法へ」という近代法への移行の課題は、訴権法の支配を脱し、権利体系としての近代法体系に純化される第二の過程に焦点が当てられることになる。再びエールリッヒに依拠すれば、フランスではナポレオン法典の制定による中世ローマ法源との切断によって、ドイツではドイツ民法典起草者ヴィントシャイトの1846年の論文『ローマ私法のアクチオ』によるアクチオ概念追放宣言によってその課題は達成されることとなる[(6)]。
　換言すれば、訴権法から実体法への移行過程は、実体法的法準則の析出

と、析出された法準則の実体法的権利体系への純化という2段階の過程を通して達成されることになるのである。メインも明らかにこの2段階の過程を通して「訴権法から実体法へ」の移行を把握していた。メインに従えば、12表法からガイウス『法学提要』までの流れ、すなわち、法廷召喚から始まる訴権法的体系から、人、物、訴訟という実体法的法準則が優先する法システムへの変化が第一の過程であり、第二の過程は、析出された法準則を実体法的権利体系として再構築することにあった。メインによれば、この後者の発展過程は、権利概念の存在しなかったローマ法の知るところではなく、イングランドにおいても権利概念を基礎に法体系が考えられるようになったのは、訴訟法を付随的な手続法（adjective law）と名付けたベンサム、オースティン以降であるとされるのである。[7]この第二の過程としてのイングランドにおける権利概念それ自体の発展については、それ自体独自に扱うべき大きなテーマであるので、本章では、訴権法から実体法への移行の第一の過程、ローマ法でいえば12表法からガイウス『法学提要』の現れるまでの時代に相応する発展過程に的を絞って検討を行ってみたい。

I　訴答の科学——抗弁術の発展と法律問題

　　我が子よ、このことを肝に銘じなさい。我が法の最も有益で、名誉と称賛に値する事柄の一つが、物的及び人的訴訟の良き訴答の科学［確実な知識］(le science de bien pleder en action reals et personals) を有することであるということを (Littleton Sect. 534)

　国王裁判所に訴えられた場合、被告側の採るべき最初の防禦手段が、不出頭申立であった。この不出頭申立は、初期の、それ故に始原的な所領返還令状を中心に発展したように思われる。国王裁判所におけるコモン・ローの生誕を記す最初の法書『グランヴィル』の第1章の直属受封地返還訴訟の解説の多くがこの問題に割かれ、令状体制の成熟した時代の『ブリトン』の著述でも、領有権を争う権利令状との関連で不出頭申立の問題が詳述されるのも

このためであろう[8]。

　訴答の科学は、法廷に両当事者が出頭してから始まる。先ず、第一に、令状に基づいて原告側の訴因陳述（narratio, count）が行われる。『グランヴィル』が典型例として解説する直属受封者所領返還令状による訴訟では、被告側は、原告の陳述通りに一言一句違えずに否認する全面否認訴答によって応訴する。これによって、原告、被告、いずれかが偽宣した状態が生み出され、審理は神判たる決闘に委ねられることになるのである。訴答に先立って、被告は土地の検証を請求することが可能で、この検証、決闘審判、各々に、また、決闘審判については本人のみならず、代闘士にまでも３回までの不出頭申立が認められた。そのために被告側の訴訟の遅延戦術は延々と続いたであろう。しかし、『グランヴィル』が批判するように「長い遅延の後に決闘を通じて正義が証明されることはほとんどない」ので、実際には、決闘を回避し、いずれがより大きな権利を持つかを認定するための大アサイズ審問手続に委ねられることが多かった。この場合には、被告の出頭、不出頭にかかわらずアサイズ陪審の選任が行われたのである[9]。

　このように『グランヴィル』の著述は、令状と不出頭申立、審理手続としての決闘審判と大アサイズを中心に訴訟手続を描き出しており、原告の訴えに対する、被告側抗弁によって展開される具体的な訴答に関する記述は極めて乏しい[10]。

　令状毎の多様な抗弁が発達し、解説されるようになるのは、次の『ブラクトン』の時代になって以降であり、専門代弁人階層を表す Narrator の語が現れるのも『ブラクトン』においてであった。『ブラクトン』では、各令状別に抗弁の解説が付け加えられるだけでなく、最終章で、訴訟全般に共通の問題としてまとまった形で抗弁論が展開され、ユスティニアヌス『法学提要』第４巻13章抗弁論に倣って遷延的抗弁と減却的抗弁という分類に沿って、各抗弁の解説が行われることになる[11]。

　『ブラクトン』で展開された抗弁論は、『ブリトン』では令状別に組替えられて解説されるが、最初に展開されるアサイズ訴訟の抗弁論（第２巻第19章）に先立って、17章から18章にかけて、抗弁論一般の概括的解説が行われる。そこでは、遷延的抗弁として、令状、裁判官（管轄権）、原告、被告の適格性に関する

問題が阻却事由として挙げられている。この、遷延的抗弁論の中で、令状阻却抗弁（les exceptions al bref abatre）として論じられた抗弁類型は、法廷年報時代に受け継がれ、後に abatement of writ／bill と称される多様な令状・訴状阻却抗弁に発展することになり、遷延的抗弁の代表名詞とさえなるのである。この抗弁は令状の効力を奪うわけであるが、訴権乃至判決を奪うわけではない。新たな令状を獲得して改めて訴えることが可能であるが故に、遷延的抗弁に分類されたのである。他方、滅却的抗弁は、その被告側抗弁が充分なものと認められれば、「原告の訴権を永久的に破壊する」もので、後に Barre と称されるようになる。『ブリトン』はすべての訴訟に共通する滅却的抗弁として、隷農身分、捺印契約、権利放棄（quitclaim）、権利確認（confirmation）、将来権明渡（release）、判決の困難、歯形最終和解譲渡証書、時効等を挙げている。⁽¹²⁾

　したがって、原告側は、被告側の抗弁（exceptio）に対しては、再訴（replicatio）によって答えることになる。例えば、原告が隷農身分であるとする被告側抗弁に対して、原告側は、既に解放されていると訴答することができる。この再訴が認められれば、被告は、解放は不完全であったと第三訴答（triplicatio）を行い、いずれかの時点で全面否認訴答で争点が一致すれば陪審審理に委ねられることになるのである。この訴答例は、『ブラクトン』で紹介されたものであるが、上記第三訴答は、領主の相続人には認められても、領主本人には認められないと注記されている。このように、訴答が認められるか否かの背後で、農奴解放に関する法準則が成長していたように思われる。⁽¹³⁾ いずれにせよ、充分な訴答を行うことができず応訴不能によって敗訴するのを避けようとすれば、相手側の訴答に対し、全面否認訴答で応訴して争点を一致させ、陪審審理に委ねざるを得なくなるのである。

　『ブリトン』の時代に続いて、令状毎に訴因陳述（Narratio）と抗弁（Defens）、さらには再訴（Replicatio）の方式を集めた *Novae Narrationes* と称される訴答類例集が法律文献として出現するのは、コモン・ロー法学の一つの発展の方向を表すものであろう。⁽¹⁴⁾ このように、原告側訴因陳述（count／declaration）、被告側訴反弁（plea／barre）、原告側再訴（Replication）、被告側再反訴（Rejoinder）と訴答が繰り返されるわけであるが、例えば、「すべての再反訴は、以下の二つの特別な属性を有していなければならない。すなわ

ち、原告側再訴に対して充分な答弁でなければならない。また、被告反訴の陳述内容に従い、それを強化するものでなければならない」とされるように、争点を絞り込む形で訴答を行うように要請される。

『ブリトン』では、『グランヴィル』とは異なり、民事陪審としてのアサイズ訴訟が典型的訴訟事例として説明され、前述のように抗弁論もアサイズ訴訟との関連で詳述される。このようにアサイズ訴訟の発展と抗弁論が密接に関連付けられたのは、アサイズ訴訟においては不出頭理由申立が制限されたために、出廷後の被告側防禦戦術としての抗弁技術の発展を促したからもしれない。その場合、アサイズ令状は、地方での事実認定を命ずる令状で、審問に付されるべき事実問題の争点は予め令状によって決定されていたので、成長しつつあるコモン・ロー法曹が最初の防禦手段として関心を向けたのは、令状阻却抗弁、とりわけ、事件に対する令状の適否をめぐる議論であった。文言上の形式的な誤り、例えば、原告、被告の名前や、事件地の誤りがある場合には、令状を新たに交付してもらう必要があった。遷延的抗弁と称される所以である。他方、裁判管轄や、令状の適否をめぐっては実質的な法律問題が生じることがあった。事件に対する令状の適否の問題が初期法廷年報の主題となっているのは、令状の適否の判断が、大法官府の役人ではなく、事件を扱う裁判官によってなされていたからである。

このような、初期法廷年報の議論は、プラクネットによって紹介された制定法解釈に関する議論でも有名であるが、引受訴訟の最初の事例とされるハンバ河渡船事件をはじめ、イングランド私法の母といわれるトレスパス訴訟の拡充、とりわけ特殊主張侵害訴訟の拡大も、このような令状の適否をめぐる議論を通して成長してきたのであり、法廷年報が注目したのもそのような法的判断を必要とするような事例であった。もっとも、ハンバ河渡船事件は、当時国王がヨーク滞在中で王座裁判所もヨークで開催され、ヨーク州の事件は訴状で開始されたために、令状阻却というより訴状阻却抗弁事例ということになる。

この abatement of writ／bill の技術とそれをめぐる諸規則の発展こそが、コモン・ロー法学の発展の第一歩であったであろう。令状阻却抗弁は、被告側抗弁としての抗弁の最初を飾るだけでなく、偶然にも、法律専門用語で a.

b. c. 順で最初の単語となるために、これも最初の法律用語辞典であるラスティルの法律用語辞典では辞典項目のトップに掲げられることになる。それと同時に、多様な発展によって、辞書の項目として書ききれず、1冊の本が必要とされると以下のごとく述べられることになる。

　　Abatement of a writ or plaint とは、令状乃至訴状によって訴訟が提起されたが、充分な乃至有効な事項を欠いていたり、もしくは、主張された事項が明確に述べられていなかったり、もしくは、原告や被告、場所の名称に誤りがある場合、令状と捺印証書、訴訟記録の間に齟齬がある場合、令状や原告の訴因陳述が不確実である場合、さらには、原告や被告の死亡や類似の原因となる様々な場合があるが、意図的に省略することにする。というのはこれだけでも大論文になるからである。私は、出来る限り、私自身の労苦とならないように、また多くの勇気を持って、貴方（良き兄弟ニコラス）を満足させることができるように決意したからである。次に、被告は、これらの欠陥に基づいて、令状乃至訴願を無効にするように訴願することができる。即ち、彼に対する原告の訴訟は今回は中止され、もし彼が彼の訴訟を再開することを望むなら、新たな令状、訴状を持って、再び訴訟を開始することになるということである[17]。

　しかし、令状の適否を巡る議論が、形式的な誤りを超えて、令状の根拠や性質にまで及ぶ場合には、訴権そのものを破壊する滅却的抗弁にまで発展したように思われる。その場合には、遷延的抗弁としての Abatement という用語は不適切であったかも知れない。ハンバ河渡船事件に続く失当行為に基づく引受訴訟、Waldon vs Mareschal 事件（1369）では、まさにこのことが問題とされた。原告側代弁人ベルクナップの「この特殊な令状を阻却する（d'abatre）よりも、特殊主張に沿って（solonque le case）維持する方が正しい」とする主張に対し、被告側代弁人キルトンが「一般的文言で主張するトレスパス令状を得ることが出来たはずだ」反論し、この反論に対しベルクナップが「貴方の反訴は、令状に対するものではなく、訴権に対するものである。もし、訴権について抗弁したいのならば、答弁延期要請を行う

（imparl）」と論じた。この答弁延期要請は、法廷外和解交渉をするために申請されることが多くなるのであるが、ここでは、むしろ、訴権に対する反訴であるなら、減却的抗弁となるので、原告と協議して、被告側反訴の法的効果そのものを争うつもりであること、つまり、Demurrer によって法律問題で勝訴・敗訴の決着を付けることになることを予告しているものと理解できよう。このように令状阻却抗弁として提出された議論も、遷延的抗弁に留まらず、訴権そのものを破壊する減却的抗弁に繋がっていったのである。訴答の順序をめぐる、『ブリトン』とクックの議論の齟齬の原因もこのあたりにあるのかも知れない。

　ラスティルは、遷延的抗弁としての令状阻却抗弁に対して、このような訴権を破壊する減却的抗弁を Barre として、以下のように説明している。

　　Barre とは、如何なる訴訟であれ、被告が充分な答弁となる訴答を行い、原告の訴権を永久的に破壊した場合である。

　実際、令状や訴因陳述を巡っては、令状の記載事項の形式的な欠陥に留まらず、判断困難な法律問題が発生することもあったであろう。『ブリトン』が「判決困難（difficulte' de judgement）」を減却的抗弁の一つとして分類しているが、実際、判断困難な法律問題が生じた場合、訴訟そのものが中断してしまう危険性が大きかったからであろう。このような令状や訴因陳述に関する困難な法律問題を含む抗弁を、遷延的抗弁としての abatement of writ と称するのは適当ではなかったであろう。abater も demurrer も共に中断する、留めるという類似した意味に由来し、共に裁判官の裁定を要請するものではあったが、前者の本質は、「令状の適否」に関して裁判官の職権による判断を求める訴訟戦術としての遷延的抗弁であって、直接に勝訴敗訴に関わることはなかった。これに対し、両当事者が訴答を停止させ、「訴答の適否」に関して法律問題で争点を一致させて裁判官の裁定を求めた場合には、裁判官の決定は勝訴・敗訴を賭けたものとなった。このように法律問題を争点として訴答を停止することを demurrer と称するようになったのであろう。[19]

　再び、ラスティルの法律用語辞典による Demurrer の定義を覗いてみよう。

何か訴訟が提起され、被告が反訴（plee）を行い、それに対し原告が法律
上充分な訴答でないので答弁するつもりはないと述べ、これに対し被告は逆
に、充分な訴答であると述べたとき、この法律上の疑義は a demurrer と称
される。[20]

　訴権を破壊するような減却的抗弁がなされた場合には、原告は全面否認訴
答で事実問題を含め陪審に事件を委ねて争うか、被告の訴答の法的不充分性
に異議を申し立て、法律問題の判断を法の識者の議論と裁判官の判決に委ね
るかのいずれかを選択しなければならなかった。後者の場合、すなわち、訴
答の法的充分性について異議を申し立て、被告がそれに応じて法律上の争点
を一致させた場合に、demurrer と称され、法律問題について裁判官によっ
て勝訴、敗訴が決定されることになったのである。
　ベイカーは、被告側の可能な訴答を、原告側主張事実を全面的に否認する
全面的否認訴答（general traverse）、原告側主張主要事実を否認する特別否
認訴答（special traverse）、原告側主張を承認した上で、その法律効果を否
認する法律効果不発生訴答（demurrer）、原告側主張事実を承認した上で、
被告側を免責する新たな事実の主張（confession and avoidance）に分ける。[21]
この分類は論理的には整序されたものではあるが、ベイカー自身も
demurrer を減却的抗弁に含めなかったことがあるように、相手側の訴答が
不充分で応訴の義務がないというある種の異議申立なのである。すなわち、
本来の訴答手続は、陪審審理のための争点決定（joinder in issue）手続であ
るのに対し、demurrer は、この訴答手続を停止させ、法律問題で争点を決
定（joinder in demurrer）することによって、陪審審理を避けることになる
からである。したがって「訴答義務無しという訴答」という、一見矛盾した、
極めて特殊な抗弁であったといえよう。
　ベイカーが「訴因陳述が正規の形態である限り、全面的防禦も、如何なる抗
弁も実体的法律問題を提起することはなかった」と論じているように、初期の時
代には、原告側訴因陳述に対し、遷延的抗弁で訴因陳述の不確実さを問題とす
ることはできても、demurrer によって異議を申し立てることは困難であったか
もしれない。むしろ、ラスティルの辞書にあるように、demurrer は、本来、被

告側の滅却的抗弁に対する原告側の訴訟戦術として発展したのかもしれない。
ザイプの法廷年報データ・ベース（http://www.bu.edu/law/seipp）で demurrer
関連事件として最初に発見される 1306 年の事件も、被告側の滅却的抗弁に対
する原告側の demurrer に関連した事例であった。しかし、demurrer の本質
が、「法律上の疑義」であるならば、被告側反訴のみならず、原告側訴因陳述に
対して法律上の疑義が向けられたとしてもおかしくはない。プラウドゥン判例
集によって demurrer の持つ法学上の重要性に特別な強調が加えられて後の
1607 年に出版されたカウェル『法律用語字解』における Demurrer のより詳細
な定義は、demurrer の定義が、訴訟戦術上のものから実体法的な法律問題に
移行していることを示すとともに、上述の『ブリトン』の滅却的抗弁としての
「判決の困難」と、demurrer の発展の経緯を理解する上で興味深い。ベイカー
による民訴裁判所訴訟記録の調査によれば、16 世紀初めになっても、3 分の 2
以上の訴答不充分抗弁が未決定のまま残されていたのである。[22]

　Demurrer（Demorare）はフランス語（Demeurer. i manere in aliquo loco
vel morari：他所に留まる乃至遅延する）に由来する。我がコモン・ローで
は、訴訟の難点に基づくある種の休止であって、実体法上の議論で使用さ
れる（used substantively）。なぜなら、全ての訴訟で論争は事実か法律かの
何れかにあるからで、もし事実にある場合には陪審によって審理される
が、法律にある場合は、裁判官にとって平明な事例と、正当な疑いを生じ
るほど困難で稀な事例とに分かれる。私が裁判官にとって平明なというの
は、当事者や法律顧問は恐らく認めようとしなくとも、裁判官が当該法を
確信している場合である。このような場合は、これ以上煩うことなく、裁
判官は彼の陪席人達（Assessors）と共に判決へと進む。しかし、彼や彼の
陪席人達にとっても疑わしい場合には、そこで中断され、裁判所がさらな
る検討を行うために、そして、もし可能なら合意に達するために、時間が
懸けられる。もし合意に達しなければ、全ての裁判官が財務府会議室に集
まり、両当事者についてサージャントが語ることの聴聞に基づいて、何が
法であるかを忠告し、確定する。彼らが結論としたことは何であれ確定的
なものとなり、これ以上に救済の道はない。スミス『イングランド國制』2

巻第13章、及びウェストは大法官裁判所でも、訴状等に対する当事者の答弁に欠陥があるか否か疑問が提起された場合を、同様に demurrer と称している。それについては、何れかの裁判所に検討が付託され、当該裁判所に報告がなされることになっている。『法律文書作成術』第2部「大法官裁判所章」第29節。

ここでは、現代風に言えば、Easy Case と Hard Case の区別がなされているといえよう。前者の場合には、ほとんど議論なく裁判官達によって判決が下される。後者のためには、議論が重ねられ、意見が一致しない場合には財務府会議室で決せられる。

同時に、demurrer の意味の中心が、被告側訴答に対する原告側の異議申立という側面から法律問題における争点の一致そのものとなっている。実際、次章の第2例目にもあるように、原告側の再訴答に対して、被告側が法律的に不充分であると異議を申し立て法律問題を争点に争うことも可能であった。それ故に、demurrer は、原告側、被告側何れからであれ、相手側訴答を法律的に不充分として異議を申し立て、法律問題を争点とする抗弁一般に対して使用されるようになったように思われる。

クックの Demurrer の解説がこの点をより明確にしてくれる。

　　一方当事者の学識ある法律顧問が、相手方当事者の訴因陳述乃至反訴が法律上不充分であるという意見を持つ場合には、いつでも、彼は訴答不充分抗弁乃至法律問題で停止し、同上の問題を裁判所の判断に付託する。それ故、リトルトンはここで、賢明にも、法律問題で判決を請うた (demurred in judgement) と述べているのである。a demurrer の文言は、quia narratio, &c. materiaque in eadem contenta minus sufficiens in lege exitit, &c. そして、反訴に対する文言は、quia placitum, &c. materiaque in eadem contenta minus sufficiens in lege exitit, &c. unde pro defectu sufficientis narrationis ve placiti, &c. petit judicium, &c. である。

このように、いずれの当事者からも法律問題の疑義が提出可能であり、そ

第3編　コモン・ロー法学の発展　149

の反訴に対する訴答不充分抗弁も、原告側訴因陳述に対する訴答不充分抗弁の文言から説明されている。

　さらに、「法律問題で訴答不充分抗弁をなすものは、十全且つ充分に訴答された全ての事実問題について認めねばならない。一部に法律問題の争点（demurrer）があり、他の一部に事実問題の争点（issue）がある場合には、先ず第一に法律問題について判断を下すのが通常の順序である。しかし、もし裁判所が望むなら、裁量によって事実問題を先に審理することができる。いずれの記録裁判所でも、法律問題で争点決定された後は、裁判官は、当事者の訴答不充分抗弁で特別且つ個別的に明言され、特記されているものを除き、令状や復命書、訴状、原告側訴因陳述やその他の訴答、訴訟手続、訴訟過程の形式上の欠陥に煩わされることなく、法律問題と訴因の正しさにのみ従って判決を下すべきである」[23]。

　このように、訴訟遅延戦術としての abatement に対して、demurrer は、訴訟において事実問題と法律問題を分離し、裁判所での議論を法律問題に集中させる役割を果すことにその本質が見出されるようになったといえよう。ミルソムが彼の教科書で「16世紀には多くの法廷報告は、demurrer に関する議論から構成される」（2nd ed. p. 72）ようになっていたと述べたのも、demurrer が、裁判所訴訟手続の中での法的議論の中心を形成する抗弁手続となり、こうした困難な法律問題に裁判官がどのような法的判断を下したかに後期法廷年報の編者達が最も注目するようになったからであろう。本稿が demurrer に注目するのも、この手続が法律問題を事実問題から分離する装置としての役割を果すことに着目するからである。

　Demurrer の意義を明確にするために、一気にクックの時代にまで降りてきたが、次章では、成長期の法廷年報の事例を通して demurrer が、コモン・ローの実体法的法準則の浸み出す過程において、どのような役割を果たしたのか具体的に検討してみることとする。

II 訴答不充分抗弁と法原則

人々にそれほど明白ではないその他の法原則や慣習も、或いは理性法によって、また或いは、法廷年報と称されるイングランド法の書物によって、また或いは、国王裁判所や国庫に残っている様々な訴訟記録によって知ることができる。とりわけ、令状登録集と称される書物や、上述の諸慣習や法原則［の多く］がしばしば文書で採録されている様々な諸制定法によって、勤勉な研究者は明白にすることができるだろう。

(D&S Ch. 9 pp. 68-71)

メイトランドによって、demurrer が発見される最も古い法廷年報の事例とされたのは、『ブリトン』の推定著作年代から数年後の 1292 年の事件で、Common Law 上の男子単独相続制が確立しつつある過程で、当該相続財産が分割可能か、以前に分割されていたか、男子単独相続制が騎士奉仕以外の普通奉仕保有に及ぶのかが議論となった事例である。[(24)]

相続財産共有保護令状（Nuper obiit）で訴えられた被告は、当該地は、ケント州特別慣習法地域の土地や、都市土地保有と異なりコモン・ロー上（en la comune lay）の土地、すなわち、男子単独相続原則が適用される土地であるとして、原告に分割の根拠を示せと反訴する。原告側は、令状が分割可能としているので答える必要無しと論じる。これに対し、被告側は、原告がコモン・ローと異なり特別なことを要求するなら、特別な文書を示せと要求する。ここで、裁判官ミーティンガムが原告側に、「答えることを望まないなら、好きなだけ留まっておきなさい。（Vus ne volez nent respoundre: demorret sy la ke vous voylet.）」と介入し、原告側の応答がないままに、当該地が分割されたことがなかったとする被告側の論証が続くことになる。[(25)]

この事件は法廷年報で Common Law という文言の使用が確認される最も初期の事例の一つでもあり、Common Law という用語と Demurrer の用語の同時期的発生には興味深いものがある。しかし、Demurrer という語の用法としては、答弁を停止するという原義に近く、後の用法に通じる側面もあ

るものの、法律問題の疑義の提出や、相手側訴答に対する法律的効果不充分の異議申立といった専門用語としての成熟した意味からは、未だ相当離れているように思われる。

メイトランドが挙げたもう一つの事例は、翌年 1293 年の対司教聖職叙任妨害排除令状（quare incumbravit）に基づき提訴された事件で、当該令状が、訴訟開始令状（originale）か、裁判所の発給する中間令状（bref de Judgement）かが問題とされるが、ハーフォード裁判官（Robert Hertford, JCP1290-94）によって、令状文言形式上も訴訟開始令状であると裁定される。被告側代弁人達は、次に、原告側訴因陳述を問題とする。彼の前任者が聖職者の最終推挙者であったとする訴因陳述は、聖職推挙権回復訴訟令状（Darren presentment）に基づく訴因陳述で、当該令状に基づく訴因陳述としては不適切であると申し立て、裁判官が原告側訴因陳述を有効と裁定すれば応訴すると主張する。これに対し、ハーフォード裁判官は「何処でストップをかけたいのか（＝何処に法律上の難点があるのか）はっきりと述べなさい（vus diez la ou vus volez demorer）」と被告側に迫る。被告側は、この訴因陳述を認めれば、対司教聖職叙任妨害令状で聖職推挙権回復訴訟が決定されてしまうことになると批判するが、ハーフォード裁判官によって、その通りだが、何故それがいけないのかと一蹴されてしまう。被告側は、答弁延期申請を行い戦術を練り直し、新たに、原告側がアサイズ訴訟として提起した聖職推挙権回復訴訟で勝訴しており、執行令状を拒否する司教に対する中間令状としての被推挙者叙任令状で争うべきだと主張するが、これも同じことだと一蹴され、最終的に、「司教は当該期間に教会を妨害しなかった」と全面否認訴答で争点を一致させることとなる。[(26)]

Demurrer の語が、訴因陳述の法的有効性との関連で使用され、「法律上の難点」とも訳しうる使われ方をしている点では、専門用語化に向けて大きく前進しているように思われる。しかし、訴因陳述が問題とされているとはいえ、実質的に争点とされているのは訴因陳述の基礎となる令状の性質をめぐる問題であり、実体的な法準則が議論されているわけではなく、訴訟手続上の議論に始終していると見て良いであろう。

実体法的な法準則が問題とされた Demurrer 事例として興味深いのは、十

152

数年後の差押動産回復訴訟の事例である。前述のごとく、このエドワード1世治政34年（1306年）の事件は、近年公開されたザイプの法廷年報データ・ベースで、demurrer の関連事例を検索して確認できた最も古い事例であった。[(27)] 未だ demurrer の語の使用法も原義である「止める」の意味を留めており、上記2事例と並び demurrer に関連する最も古い事例の一つと考えて良いであろう。短い事例で、実際には、敢えて demur されなかった事例なのではあるが、このロールズ・シリーズに収められた初期の法廷年報の事例を通して、demurrer の実体法的法準則の形成に果たした役割について検討してみよう。

【資料1】YB Trin 34 Edward 1 [pl. 6][(28)]
差押動産取戻訴訟

ジョンは彼の馬が家屋内で差し押えられたと訴願（se pleint）した。—ロバート：我々は、我々の妻の権利でN荘園の領主であり、そこでは年二回のリート裁判が開催されており、荘園内の全ての住民が通告に基づき参集するよう義務付けられている。そして、ジョンは荘園内に家屋敷を保有し、通告された云々、しかし彼は参集しなかった。それ故、12ペンスの罰金が科された。それ故、我々は、以下のごとく正当性を訴答する（avowoms）。—ジョン：貴公はどこでそれらを差し押えたのか。—ロバート：家の玄関扉でである。—ジョン：玄関扉は公道に接している。—ロバート：我々がそれを差し押さえた時、二本の足は戸内に、他の二本は戸外にあった。そして、それ以外に彼は我々のものを保有していない。我々の以下の正当性訴答が正しいかどうか判決を。—ジョン：国王の債務を除き、如何なる人も屋内で差押をなすのは違法であるので、判決を請うとともに、損害賠償金を請求する。—ハーヴィー：貴公は法律問題で判決を求めたいのか（demorer la en judgement）。—ジョン：もし、裁判所が彼は屋内で差押が出来ると理解するなら、我々は十分な答弁を行う用意がある。—ランバート：貴公が望むなら、訴答を終了しなさい（Dites outre）。訴答すれば事実問題の争点を判決に委ねることになろう。—そして、ジョンは、敢えてこの法律問題について判断を求めず（ne osa pas demorer

la)、正に、彼の所領外（hors de son fee）である云々と述べた。―相手側
は、その反対を述べた。

「訴願した（se plaint）」とあるように、事件は州裁判所における差押動産
解放手続から始まり、その後、動産差押の有効性が争われることになったも
のと考えられる。ここで争われる上級領主や私領ハンドレッドの法廷出仕義
務の賦課や、その強制手段としての動産差押に対する抑制は、バロン戦争期
における陪臣層側の最重要の要求の一つであり、ここでもリート裁判所出廷
義務違反に伴い馬が差し押えられたことが問題となっている。

原告側は、家屋内で馬が差し押えられたと訴願し、動産差押の不当性を、
ストーントン（Staunton, Hervey JCP 1306-14）、スレッキンガム（Threckingham,
Lambert JCP 1300-16）両民訴裁判所裁判官の面前で訴えた。これに対し、被
告側は、――我々の妻と述べていることから、姉妹を共同相続人とする夫達
が、代弁人ロバートの依頼人なのであろう――荘園領主として法廷出仕義務
違反に基づく動産差押の正当性を主張した。

ここでは、被告側によって差押を行った事実が否認されているわけではな
く、差押の合法性が主張されているのである。この訴答は原告側の差押動産
返還訴権を無効とする滅却的抗弁である。これに対し、原告側は、差押場所
を問題として動産差押の不当性を主張し、被告側の訴答の不充分性を突こう
とする。これが、demurrer の始まりであって、原告側主張の背後には、公
道における差押禁止という法準則と、屋内での差押禁止という法準則で争お
うとする戦術がある。なぜなら、公道での差押禁止は、バロン戦争期にウェ
ストミンスタ規程で成文化され、戦後処理で王弟神聖ローマ皇帝リチャー
ド、皇太子エドワード、教皇特使オットブオウノの面前で制定された 1267
年モールバラ法第 15 章で確認された陪臣層の要求の成果の一つであったか
らである。

モールバラ法第 15 章：国王とその官吏を除いては、今後、如何なる人も、
如何なる理由があれ、彼の所領外（extra feodum suum）や、王道乃至公道
で（in regia aut communi strata）動産差押を行ってはならない。

これに対して、被告側は、差押時に、馬の半分は屋外に、半分は屋内にい

たとして、公道でも、屋内でもなかったとする論陣を張る。原告は、屋内における差押の違法性を主張することによって、いずれにせよ違法であったと主張し、法律問題を争う姿勢を示す。しかし、裁判官に法律問題で争点を一致させるのか確認を求められると、法律問題の争いで敗訴するのを避けるために、「もし、裁判所が屋内差押を合法とするなら」応訴すると、仮説的議論で探りを入れるのだが、裁判官によって、訴答を終了して法律問題を争うか、訴答によって事実問題を争うか、自らの判断で選択するように迫られることになる。原告側は、裁判官の対応を見て、同じくモールバラ法第15章で確認され、また第2章でこの問題の大原則として宣言されている所領外差押禁止の法原則に依拠して陪審の判断に委ねた方が有利と考えたのであろう。最終的には、敢えて屋内差押の違法性については争わず、「所領外である」と再訴し、被告側は、この原告主張事実を否認し、事実問題として争点は決定され、陪審に審理が委ねられることになったのである。[32]

　　モールバラ法第2章：如何なる人も、身分の高低にかかわらず、自らの所領に属さない人や、彼の裁判管轄下に入らない人を、彼の保有するハンドレッド乃至代官区によって出廷強制するために動産差押をすることはできない。また、彼の所領外で、また彼の保有する代官区若しくは裁判管轄区外の地域で差押をすることはできない。[33]

　実際、事件はエドワード1世期の権原開示訴訟で国王の普通裁判権の流出として王権側からの攻撃対象となった私有ハンドレッドとしてのリート裁判管轄権をめぐる事件であった。被告側にとっては、家屋内差押の違法性に頼ることは、逆に、差押権行使の前提としてのリート裁判所出仕義務を承認したことになってしまう。被告は、情勢を見て、陪審審理で「所領外」の主張で争い、リート裁判所管轄権そのものを否認する方に勝負をかけたのかもしれない。しかし、法廷年報の関心はここまでで、争点決定後、陪審の事実審理で如何なる評決が得られたか、また評決に基づき如何なる判決が下されたかは、法曹の関心外なのである。[34]

　法廷年報では直接に引用されていないが、議論の背後に、上述のモールバ

ラ法、ウェストミンスタ第一法律で成文化された法準則があることは確実であろう。争点とはならなかったが、被告側が「それ以外に彼は我々のものを保有していない」と論じたのも、不合理な動産差押や過酷な動産差押に対する憐憫罰を課したモールバラ法第4章の規定を意識したものであろう[35]。近年モールバラ法の形成過程について大著を発表したBrandは、公道での差押も、所領外差押も、モールバラ法乃至ウェストミンスタ規程以前からの慣習法であったとするが、成文法化されることによって確実な法準則となったことの意義は見失われてはならない。原告側が家屋内差押禁止を法として主張しながら、最終的に依拠しなかったのは、モールバラ法に家屋内動産差押を直接に禁じる規定がないこととも関係していたと思われるからである[36]。

　道の平和が王道（via regis）から公道（communis strata）にまで拡大され、公道一般での差押が制定法によって禁じられたのに対し、家屋内動産差押禁止は、主張の根拠となるアングロ＝サクソン以来の「家の平和（hamsocn）」の概念が『ブラクトン』にも引き継がれてはいるものの、「家の平和」侵害者に対する正当防衛の主張以上にはほとんど拡大しなかったように思われる。有名な「人の家はその彼の城である」という法格言も、自宅を防衛するために武装した友人、隣人を集めても違法とならないという意味で用いられるに過ぎない。クックがこの法原則を強化するために利用しえたのは「各人の家は最も安全な避難所である（Domus sua cuique est tutissimum refugium）」という学説彙纂に収められたガイウスの法文に由来する法格言であった[37]。

　もちろん、上記のごとく、家屋内に立ち入って動産差押を行うには危険が伴った。このこととの関連で、興味深いのは、むしろ動産差押に対抗する、差押動産自力回復（rescous）の例である。クックは、差押動産自力回復には、実力的差押動産回復と法律的差押動産回復があるとして、後者の例として、動産差押中に差押対象の家畜が、所有者の家に入ってきた場合、所有者は、法律的差押動産回復によって差押権者の引渡要求を拒否しうるとしている。この場合、合法的に差押動産回復が行われているわけであるから、家屋内に立ち入って動産差押を強行することはできないことになる。しかし、後に発展したと思われるこの法準則も、上記事例では、門前で差し押さえられているために、法律的差押動産回復を根拠に法律問題を争点としても、勝訴

の可能性は極めて薄かったと思われる。その意味では、被告側の馬の半分が屋内で、半分が屋外であったとする主張は極めて巧妙な主張であったということになろう。[(38)]

　Demurrer の果たした役割という点では、たとえ、Demurrer によって争点が一致されなかった場合でも、Demurrer による勝訴の可能性を探って、法律問題を巡る議論が闘わされたということが重要である。この場合、訴訟記録には、Demurrer の訴答は残らないので、Demurrer を通した法準則の形成過程を理解するためには、法廷年報を詳細に検討する以外にないであろう。また、実体法的法準則が「訴訟手続の隙間から徐々に分泌されてくる」という場合、無から有が生じるというような意味ではないということも理解できる。上記事件では、原告側の家屋内差押禁止という法準則主張は、当該事件を巡る議論を通しては共通の法準則とはならなかったということであろう。他方で、公道差押禁止の法準則や、不合理、過酷な動産差押の禁止については被告側の主張からも確認でき、モールバラ法の規定が、単なる書かれた文字ではなく、共通の法準則として生きていることが確認できる。また、差押動産の一部しか屋内に戻っていない場合、適用範囲が広そうな所領外差押禁止の大原則に依拠する方が勝訴の可能性があったと推測しうるかもしれない。

　次に、実際に Demurrer によって法律問題で争点が決定された事件で、どのように議論が展開され、Demurrer が実体的法準則の析出とどのように係わっていったのか、上記検索で見出された法廷年報の興味ある事例を手懸かりに、もう少し時代を下って事例を検討してみることとする。

　下記の 1356 年の事件は、被告側が、『ブリトン』でも訴権無効の滅却的抗弁の一つとして挙げられていた捺印証書の存在を証拠に反訴答弁を行ったのに対して、原告側は当該捺印証書は自分の作成した証書でないと否認、被告側は、原告側否認訴答が法的に不充分で応訴する必要がないとして、demurrer によって、法律問題を争点として争った事件である。今回の資料は、少し長いので、発言者別に分かち書きに整序した。

第3編　コモン・ロー法学の発展　157

【資料2】Y.B. Mich. 30 Edw. 3（1356）pl. 69, f. 31b-32a [(39)]
アサイズ訴訟

　原告 G 某が、スタウフォード［John de Stouford JCP 民訴裁判所判事］
及びその他の人々の面前で提訴した地方のアサイズ訴訟で、被告は原告に
よる封土公開譲渡が行われたと滅却的訴答（pled' en barre）で訴権無効と
抗弁した。これに対して原告はそれは自分の証書ではない（nient son fait）
と答弁し、それに対し被告は訴答不充分と抗弁した（demurt）。これに基
づき、両当事者は延廷し民訴裁判所に持ち込まれた（ajournes en Bank）。

　真実は、G は俗人で識字能力がなく、限嗣不動産権の方式に従って、引
渡代理委任付捺印証書が彼に対して読み上げられ、同上の理解に基づい
て、彼は証書に捺印し、証書に従って不動産権を創設するために証書と代
理委任状（letter of attorney）を引渡した。

　フィンチデン［William de Fyncheden, Sjt, 被告側代弁人］：原告は単純封
土権が被告に奪われる委任状付封土譲渡証書が彼自身の捺印証書であるこ
とを訴答によって認めていたのであるから、［自分の証書ではないという］
訴答は法律上効果がないと思われる、なぜなら、彼は識字能力を欠き、ま
たなお、捺印証書に従って引渡をなすための代理委任状を作成した時に、
捺印証書は限嗣不動産権として彼に対し読み上げられたとしても、当該捺
印証書は単純封土権に言及しており、彼の為したことすべては充分に権利
保証される。それ故に、彼が単純保有権で現有せしめた時、彼の不動産権
は引渡によって合法的な権利となる。それ故、云々

　シートン［Thomas de Seton JCP 民訴裁判所判事］：もし識字能力のない
者が、私から £5 借金したいと欲した場合、私が、£10 と記述した捺印証
書を作成し、彼の意図に従って £5 としか読み上げず、彼に読み聞かせ、
当該証書を彼が私に彼の捺印証書として引渡したとしよう。この場合、私
の意見では、金銭債務証書は誰に対しても無効である。この事例では、彼
は［自分の証書でないと］訴答しても法的に有効である。そして、同様な
理由で、彼は、彼の証書として、証書を引渡したにもかかわらず、彼はも
し彼が偽りを知っていたら、引渡さなかったであろうという法的推定
（presumption del' Ley）が可能な限り、代理委任状も封土公開譲渡も共に

無効であるというのが正しき理性である。

　それ故、シートン判事の理解に従えば、彼は自分の証書ではないと訴答しうる。

ニヴィット［John Knyvet, Sjt, 被告側代弁人］：代理委任状に対してそのように訴答するのは明らかに誤りであろう、なぜなら、彼は封土譲渡人から得た権威に従って行為したのであるから、彼には瑕疵も虚偽もないからであって、封土譲渡証書とは異なるからである。

　スタウフォード判事は、別々の証書で書かれたのであれば被告の見解に賛成だが、封土譲渡と委任状は一つの書類に含まれているので、シートン判事に賛成であると述べた。

モウブレイ［John de Moubray Sjt 原告側代弁人］：それは完全に１件の文書であった。なぜなら委任状が当該封土譲渡にのみ関連したものであるとき、封土譲渡が無効となれば、同じ理由でこれに依存する委任状も無効となる。捺印証書の効力と趣旨に従って引渡すために委任状が作成されたのであるが、その捺印証書が法律上如何なる効力も効果もない（en Ley e' de nul force ne effect）のであるから、当該証書に基づいて為された封土引渡は全く無効であるということになる。それ故に、代理委任が捺印証書に含まれていたか否かは大きな問題ではなく、委任状が封土譲渡証書に関したものである限り、両方の問題に対して［自分の証書ではないと］訴答しうる。

　さらに、原告の意見では、この事件では捺印証書と代理委任が一つの完全な捺印証書となっているので、捺印証書というものが、部分的有効となるなどということはありえない。それ故、彼はこのことを充分に訴答しうると思われる。

フィンチデン：原告は封土譲渡兼委任状に彼の捺印が付され、交付が行われたことを認めた。それ故、［自分の証書ではないという］訴答は、彼自身が認めたことに反する。そして、原告は、捺印証書が部分的に有効で、部分的に無効であることはありえないと論じた点に関しては、このことは真実ではない。なぜなら、識字能力のないものが、私に封土譲渡をしようとして、私が一つの巻物に二つの封土譲渡を記し、一つの封土譲渡しか彼に

読み聞かせなかったとしても、この証書は、（彼が同意した）当該封土譲渡に関しては有効であって、もう一つが無効となるからである。

モウブレイ：私はそのことは認めよう。なぜなら、被告の事例の場合には、別個の証書があることになるからである。

ソープ［Robert de Thorp, CJCP, 民訴裁判所裁判長］：**あることを装いながら、他のことが為された場合、それは詐欺か欺罔である。**それ故に、それは道理に反し（encounter reson）、何人もこうした不正によって相続権を奪われたり、損害を与えられたりするべきではない。この封土譲渡と代理委任状は彼によって捺印され、引渡されたのではあるが、それにもかかわらず、このことから、それらが有効だと言うことにはならない。なぜならば、各証書が、文書化され、捺印され、引渡されることが必要であり、聞くことによる以外に、情報を得ることが出来ない者から何かを移転するときには、読み上げもまた必要となるからである。それ故に、封土譲渡人の意図が被告のために限嗣封土権を創設することであるのに、被告は自らに単純封土権を移転した場合、［それを認めれば］、自らの詐欺によって助けられるべきだという極めて不都合な結果（grand inconvenience）となるであろう。なぜならば、**如何なる人も自らの詐意や悪意によっては保護されないというのが我々の法の原則であるからである**（car il est un principle de notre Ley. *Fraus & dolus nemini patrocinantur*）。それ故に、証書によって利益を得るべき者がこのような詐欺を謀ろうとするなら、証書は彼に対し極めて不利に解釈されるべきである。また、もし、封譲渡人が詐欺の事実を知っていたならば、これを彼の捺印証書としては引渡さなかったであろうと、法は理解する（Le Ley entend）。そして、法は詐欺や不正を好まないのと同じ理由で、だれも彼の証書についての無知や誤りで害されないことを望む。なぜなら、一方の当事者に**善意誠実**（*bona fides*）があり、他方の当事者に**悪意**（*dolus malus*）があるからである。それ故、事柄の真実に従って訴答すべきでないというのはあまりにも過酷となろう。彼が特別な事柄を訴答した場合、これらのことが充分考慮され、彼が現在維持しているように訴答を決着すべきであると思われる。即ち、これは彼の証書ではないと。

訴答は充分効力を持つ、*以上のことが裁判所で承認された*（**太字筆者**）。

　事件を持ち帰ったスタウフォード裁判官は、陪席サージャント、バートン（Richard de Birton, sjt 1344）と共にコーンウォール州、デボン州、ドーシット州、ハンティンドン州、サマセット州、ウィルト州のイングランド南西部6州を巡回する南西部管区担当のアサイズ巡回陪審裁判官であった。事件は管区内巡回陪審でのアサイズ訴訟で、法律問題で争点が一致したために、アサイズ陪審によってではなく、裁判官によって審理されることとなったものであるが、困難な法律問題が生じた場合、両裁判所裁判官から1名と陪席サージャントによって構成される巡回陪審裁判では解決がつかず、ウェストミンスタの民訴裁判所に持ち越されることになったのである[40]。

　第1章補論1で論じたように1340年法で、中央裁判所で訴訟提起、争点決定を行い、地方で事実認定を行う巡回陪審体制が最終的に確立したが、アサイズ訴訟は、本来、係争地にアサイズ裁判官を派遣して開催されるものであったため、地方において訴訟が開始されるのが本来の姿であった。しかし、本来事実認定の問題に絞ることによって、迅速な解決を目指したアサイズ訴訟も、『ブリトン』の時代までにさまざまな抗弁が発達し、それに伴って困難な法律問題が発生しはじめた。1340年法によるアサイズ裁判官の専門化（ウェストミンスタの中央裁判官と宣誓したサージャントとの組み合わせによる専門裁判官派遣体制）も、こうしたアサイズ訴訟の複雑化に対する対応であったが、容易な法律問題の場合は別として、新たに困難な法律問題が提起された場合、サージャントの助けを得ても単独の裁判官で裁決を下すのは困難であった。本事例は、まさにこうした事例なのである[41]。

　本法廷報告の議論から、当時、既に、封土譲渡証書と封土引渡代理委任状との組み合わせによって、現実の封土公開譲渡無しの文書引渡による封土移転が慣行化していたことが理解できる。この封土移転を同一の捺印証書で行うことが可能かという問題はあるものの、当該事件で法律上の争点となったのは、その問題ではなく、文盲の原告が読み聞かされた捺印証書の内容と、記載内容が異なる場合、この捺印証書を自分の証書でないと否認する訴答は法的に有効か否かというものであった。

このように Demurrer によって争点が決定されると、訴答の充分性を争う形で法律問題が議論される。シートン判事は、「仮に自らの証書として、証書を引渡したとしても、もし偽りを知っていたら、引渡さなかったであろうという法的推定が可能な限り、代理委任状も封土公開譲渡も共に無効である」として「訴答を有効」と判断した。被告側弁護人は、封土譲渡証書の有効性についてはあきらめ、封土引渡代理委任状の有効性にかけることになる。委任状には、そのような瑕疵はなく有効であると主張するのであるが、1枚の書類に二つの証書を纏めたことが、逆に災いすることになる。さらに原告側は、封土譲渡証書が無効であれば、それを前提とする引渡代理委任状が有効であるはずがないと追い打ちをかける。被告側は、同一の文書に2件の封土譲渡証書が書かれた場合、1件が有効で、他方が無効であることがありうることを主張するが、これについては原告も同意するが、本件の事例とは異なるために効果的な反論とはならない。

　最後に、民訴裁判所裁判長ソープが総括的意見を述べる。被告側の主張を認めれば、人は自らの詐欺によって助けられるべきだという極めて不都合な結果となる。ここで当該法律問題解決のために「我が法の原則」として、イタリックで引用されたラテン語の法格言（「なぜなら、何ものも自らの詐欺によって保護されるべきではないからである quia nemini debet fraus sua patrocinari」）が持ち出される。この法原則は『ブラクトン』に収録された令状の文言中に発見することができる。その意味では、まさに「我々の法」としてのコモン・ローの令状文言に由来する法準則ということになろう。[42]

　しかし、今一歩踏み込んでみると別の姿が見えてくる。実は、上記法原則は13世紀初めに活躍したカノン法学者ダマスス（Damasus Bohemus, fl. 1210-27）のカノン法法原則集に収められた法原則なのである。さらに由来を辿れば、グレゴリウス教皇令集の中の類似の法文「悪意や詐欺は保護されるべきではない（Malitiam et dolum nulli patrocinari debere）」に辿り着く。しかも、この教皇令は、教皇アレクサンダー3世（1159-81）からイングランドのラムジー修道院長及びイーリ司教宛書簡として収録されているのである。[43]

　この時期も含め、教皇エウゲニウス3世からインノケンティウス3世即位前の1145-98年間の既知の全教皇令1055通の中で、イングランドで受領され

たものが509通、大陸のイングランド王領地で受領されたものが33通とほぼ半数以上を占め、これに対し、南部ノルマン支配地も含めイタリアで受領されたもの199通、フランス王領地で受領されたもの133通、ドイツで受領されたもの13通、スコットランド及びアイルランド計7通が受領されたといわれるように、この期の残存する教皇令の大部分がイングランド宛であったことからみれば、決して不思議なことではない[44]。

　この時期に、イーリ司教（1173-89）であったのは、トマス・ベケットのカンタベリ大司教就任後空席となった大法官の役割（1162-73）を、大法官府書記として果たし、1170年のベケット殺害事件後、ローマ教皇庁との関係修復に尽力したリドル（Geoffrey Riddel）であった。彼は、イーリ司教就任後も国王側近の5名の裁判官の一人として活躍（1179-89）しており、上記令状を考案したのも、Magistriと称された聖職者裁判官Geoffreyであったかもしれない[45]。前任イーリ司教（1133-69）であったナイジェルの息子で、イーリ大助祭（c. 1160-）として、実質的にイーリ司教区の運営に携わっていた『財務府対話編』の著者でロンドン司教（1189-98）となったフィッツナイジェルもその著書からローマ法の素養が明らかで、国王裁判官として活躍（1179-96）も含め彼が考案者であった可能性も否定し得ないであろう[46]。リドルを継いでイーリ司教（1189-97）となったのも、リチャード1世の大法官（1189-97）で、一時期、実質的に大判官（Justiciar）として摂政職を担ったロンシャン（William Longchamp）であった。彼は『ローマ法及びカノン法実務 Practica legem et decretorum』の著者であり、上記イーリ司教宛教皇令についても熟知していたに違いない[47]。また、より後の聖職者裁判官が、イングランドで蒐集されていた教皇令集や、ダマススのカノン法法原則集を通して上記令状を考案した可能性も否定し得ない。『ブラクトン』が「令状は法原則（regulae iuris）に類似した方法で作成される。というのも、令状は、法原則が事柄を簡潔に説明する（rem quae est breviter ennarat. D. 50, 17, 1）のと同じように、提訴する人の請求原因（intentio）を簡潔に、数語で、呈示し、説明するからである」と論じるとき、令状の考案に際して、ローマ・カノン法上の法原則が利用されていたことを意識していたのかもしれない[48]。したがって、いずれのルートを通して形成されたかは確定し得ないが、令状に埋め込まれた

カノン法上の法原則が「我が法」の原則として再発掘されていることに注目する必要がある。この法原則は、後のクック判例集の1602年のFermor事件でも、イングランド全裁判官協議によって決定された判決理由の中で典拠も示すことなく引用されることになる[49]。

このことは、テューダ期に立法解釈論が中心課題となったときに、エドワード1世の諸立法以前のコモン・ローを知る手段として、『グランヴィル』や、『ブラクトン』の著述が依拠されるようになったことと併せて興味深い。すなわち、『グランヴィル』、『ブラクトン』を通して、ローマ法や教会法の法準則がコモン・ローの中に流れ込んでくることになるのである[50]。ローマ法上の法原則の例を挙げれば、グロティウスが権利＝Facultas論を引き出し、近代の自然法的自由権論の基礎となった『学説彙纂』の著名なフロレンティウス法文「自由とは法と力によって禁じられていない限り、自由に為しうる自然的権能である（Libertas est naturalis facultas eius quod facere libet, nisi quod de iure aut vi prohibetur）」も、ユスティニアヌス『法学提要』、アーゾの註解を通して『ブラクトン』に伝えられており、クックは、『リトルトン註解』の隷農保有地論（116b）で、まったくローマ法に言及することなく、『ブラクトン』に由来するイングランド法上の法原則としてフロレンティウス法文を利用することができたのである。前述したように、エールリッヒは法規不足がローマ法継受を促進したと論じたのであるが、上記事件も含め、イングランドでは、『ブラクトン』が法規不足を補う役割を果たしたということになるのかもしれない[51]。

このように、カノン法に影響を受けた聖職者裁判官達によって考案された初期の令状文言に埋め込まれた法準則から、コモン・ローの法原則が析出され、ここでは、さらに、この法原則の当該事件への適用から、「証書によって利益を得るべき者がこのような詐欺を謀ろうとするなら、証書は彼に対し極めて不利に解釈されるべきである」とする文書解釈の準則や、「詐欺を知っていたならば証書を引渡さなかったであろう」という法的推定を通して、詐欺によって作成された証書の引渡を無効とする法準則が導き出されてくることが一層興味深い。カノン法のコモン・ローへの影響の深さについてはヴィノグラードフによっても強調されており、『ブラクトン』を通しての継受も、

早期予防注射説からすれば、驚くことでもないのだが、この法廷報告の議論の中で、その具体的過程が理解できよう[52]。

　同時に、この法原則を引用したソープ裁判長の特異な経歴にも注目しておく必要があるかもしれない。この事件の年、ロバート・ドゥ・ソープは、10年以上の経験を持つ長老判事リチャード・オヴ・ウィロビー、ジョン・オヴ・スタウフォード、さらには先輩判事ヘンリ・グリーン、トマス・シートンを飛び越して、陪席判事を経ずに、国王サージャントから直接、民訴裁判所裁判長に任命される。また、彼は、さらには、大法官ウィッカムの失脚後、聖職者批判の庶民の声によって、俗人大法官の地位に登り詰めることとなる。俗人大法官への就任は、彼が聖職者官僚批判の急先鋒であったペンブルク伯の友人であったからだけではなく、コモン・ロー法実務に限らない、ラテン語による古典的教養を中心とする広い学識性の故であったであろう。その意味では、フォスの言うようにケムブリッジで学んだ可能性も否定し得ない[53]。

　この点について、上述のラテン語格言の引用以上に驚くべきは、ソープ裁判長がさりげなく語った最初の言葉である。「あることを装いながら、他のことが為された場合、それは詐欺か欺罔である（quant un chose est pretend et un autre fait,ce est fraud et deceit）」。イタリックで区別されるラテン語の格言と異なり、通常のロー・フレンチで記されているために見過ごしがちとなるが、古典の素養ある読者にはピンと来るかも知れない。キケロが『義務論』第3巻14章60節で絶賛して紹介した古典期ローマを代表する法学者ガイウス・アクィリウス・ガッルス（G. Aquilius Gallus）による悪意の詐欺（dolus malus）の定義「悪意の詐欺とは、或ることを装いながら、他のことを為すことであると答えた（quid esset dolus malus, repondebat: cum esset aliud simultatum, aliud actum）」と内容及び文章の構造もほぼ同じである。続く箇所でイタリックで記されている *fides bona* や *dolus malo* といったラテン語の専門用語の使われ方からもキケロ『義務論』からの引用と見て間違いないであろう。ここでは、ユスティニアヌス法典を通してではなく、キケロを通して古典期ローマ法学者の悪意詐欺（dolus malus）の定義がコモン・ローの中に流れ込んできているのである[54]。

　彼は、1339年にサージャントになる以前から、ピータバラ大修道院長の

執事で、アサイズや未決囚釈放裁判官に任命されており、また、1347年に設立されたケムブリッジ大学ペンブルク学寮の初代俗人学寮長（Master of Pembroke Hall 1347-64)を勤めている。学則ではペンブルク学寮では2名のカノン法学者が養成されることになっており、ピータバラ大修道院にもカノン法の知識のある聖職者がいたであろう。カノン法の知識も彼に近いところに存在したのである。彼はサージャント時代の1343年の事件でも「特権的制定法は厳格法である（Privilegia statuti sunt stricti iuris)」と論じ、「コモン・ローを縮減する制定法は厳格に解釈されねばならない」という制定法厳格解釈論の先駆け的議論を展開した。彼の主張の背後には「制定法は厳格に解釈されねばならない（statuta stricte sunt interpretenda)」とするイタリア助言学派の条例厳格解釈理論の影響があったのかも知れない。このような、古典の学識を持つ裁判長が1356年から1371年までの15年間に亘り民訴裁判所の裁判長を勤めていたことの意義は少なくはないであろう。

　国王裁判所事件を海外に訴えることを禁じた当時の一連の反教皇・反聖職者立法に関係する事件でも、「議会は全王国の諸団体の代表であるから（car le Parliament represent le corps de tout le Reyalme)」議会制定法は、制定と同時にすべての人に知られているはずで、各州での公布以前でも効力を持つと論じたのもソープ裁判長であった。この議論の主眼は、議会制定法が公布前に効力を持つとする主張にあるのだが、同時に、議会制定法の効力とその優位性を全国代表機関としての議会の性格に求めた点が注目される。

　Demurrer の果たした役割という点から見たときに重要なのは、困難な法律問題が提起された場合には、サージャントは自らの主張を強化し、補強するために、利用可能なあらゆる学識を動員したであろうし、裁判官達も、『ブラクトン』であれ、カノン法源に由来するものであれ、キケロ等の古典文献であれ、法的に困難な法律問題を解決するために、持てる限りのあらゆる学識を動員し、適用可能な法準則を探し出したということである。

　さらに、この議論に参加した裁判官は、ソープ裁判長はイースト・アングリア管区担当、シートン裁判官は北部管区担当の巡回裁判官であり、サージャントのモウブレイは中部管区担当裁判官、フィンチデンとニヴィットも直ぐ後に各々北西部管区担当、イースト・アングリア管区巡回裁判官に就任

することになる。したがって、事件をウェストミンスタに持ち込んだスタウフォード担当の南西部管区を合わせると、奇しくも、イングランド全6管区の巡回区の内、ウェストミンスタ中央裁判所がある畿内管区を除くすべての管区の法曹トップがこの議論に参加していたことが確認できるのである。[58]

彼らによって、上記議論で示された法原則はイングランドの全巡回裁判管区に広まっていったに違いない。この事件は、中央裁判所裁判官が巡回陪審から事件を持ち帰っているのだから、上訴事件ではない。しかし、困難な法律問題の精査という意味でも、法運用の全国的な統一という意味でも、現在我が国の最高裁大法廷で行われている機能に近い役割が、Demurrer に基づく議論から生じていたことが理解できる。

また、法廷での議論に登場するサージャントも、最年輩のモウブレイは3年後に民訴裁判所裁判官に、また最若手のフィンチデンはソープの後任民訴裁判所長官として、同期サージャントのニヴィットは王座裁判所長官を経て、ソープ没後の後任大法官に任命されている。いずれもその法的見解を記しておくに値する人々であった。[59]

とするならば、イングランドの諸地方で法律問題に携わる人々が、これらDemurrer に関する事件が議論される中央のウェストミンスタでの議論に関心を持ったとしても不思議ではない。14世紀後半以降ロンドンに集まる法曹についての記録が現れはじめるのはそのゆえであろう。この時期は1381年の農民戦争でテンプルの法曹の宿舎が襲撃され、チョーサが『カンタベリ物語』(1387)でテンプルの賄人に最初期の法曹院の様子を語らせる直前の時代なのである。法学生達は、法廷での議論を通して、法原則のみならず、法原則の具体的事件への適用を通して明らかとされる法準則を理解したのであろう。

ソープ裁判長によって「我が法の原則」とされた法準則も、なるほど淵源を訪ねれば、カノン法法原則集や教皇令集に辿り着くかも知れない。しかし、これらの法準則は裁判所で、乃至裁判官によって援用されて自動的にコモン・ローの法原則として確立されたわけではない。重要なのは議論の由来ではなく、むしろ、議論の結果であろう。前述のごとく、コモン・ローの法準則は無から生じたわけではなく、裁判官とサージャントの議論を通して、

援用された法準則が、最終的に困難な法律問題を解決するために役立てられたことこそが肝要なのである。さらに、全イングランドを巡回する裁判官達が集まる場で法的問題が議論され、適用されるべき法準則が確認されることを通して全イングランドの共通の法の統一的運用が可能となり、また、それを傍聴する法学生達にとって書き留められ法文化としての伝承性を獲得したこと、このことが、コモン・ローの法準則が確立する上で重要であったと思われる。ミルソムが「16世紀には、多くの法廷報告は、民訴裁判所からのものも、王座裁判所からのものも、demurrerに基づく議論から構成される」ようになっていたと論じたように、訴訟手続の隙間から法準則が浸み出してくる上で重要な役割を果たしたのが、後期法廷年報の時代に注目されるようになったdemurrerと称される手続であったといえるであろう[60]。

Demurrerは、日常事件の中で、困難な法律問題を摘出し、それを解決するための法準則を探求する契機を生み出すと共に、上記の司法システムの形成を背景として、全イングランドに共通の法準則としてのコモン・ローを生み出していく役割を果たしたと考えられるのである。このように、訴答手続から、しかし、訴答そのものからではなく、「自分の証書ではない」という訴答の法的充分性をめぐる問題を解決するための議論から、さまざまな法準則が導き出され、コモン・ロー法学が発展していったと考えられる。その意味では、コモン・ロー法学の発展を図式的に単純化してみるなら〈令状→訴答→訴答をめぐる議論〉という形で発展していったと考えて良いであろう。

まとめにかえて――令状―訴答―弁論

　本稿では、訴権法から実体法への移行の第一段階としての法準則の形成過程を、事実問題と法律問題の分離の上で大きな役割を果たしたDemurrerという抗弁手続の役割を中心に検討した。もちろん、Demurrerが発展する以前に、実体法的な法準則がなかったわけではない。例えば、多様な抗弁によって訴答手続が発展する以前の『グランヴィル』においても、第7章において、さまざまな法準則の発展の可能性が示されている。相続問題に関して

「王国の法に従えば、何人も同一保有不動産の法定相続人であり、同時に領主ではありえない」と主張して父親を訴えた長男の応訴は、最も初期の国王裁判所の法原則を示すものであろう。所領相続を巡っては古い時代から法的問題が生じたのであり、それをめぐって法的議論が闘わされ、法準則も形成されていた。Demurrer は、これらの法的議論を事実問題から分離し、法律問題に議論を集中するシステムを作り出したのであって、demurrer 自身が法律問題を生み出したわけではない。しかし、法学が専門化し、学問的に発展していくためには、事実問題と法律問題との分離と法律問題への議論の集中は、法準則を析出していく上で極めて重要な役割を果たしたように思われるのである。

　また、法律問題の事実問題からの分離を促進したのは Demurrer のみでもない。16 世紀末には、陪審特別評決の認容とともに、裁判官の陪審説示の誤り等を理由としウェストミンスタの原審裁判所訴訟記録への判決登録に異議を申し立てる手続（Motion in arrest of judgement）が増加する[61]。また逆に「法的潤色によって（by colour of law）」事件を強引に法律問題化し中央裁判所に持ち込む擬制的手段も発展していた[*4]。本稿では、これらの手続の問題を扱うことはできなかったが、Demurrer が法律問題の析出を通してコモン・ロー法学の発展に果した役割の重要性を明らかにすることはできたのではないだろうか。

注

(1)　　上山安敏『ウェーバーとその社会』（ミネルヴァ書房、1978）261-262 頁、287-289 頁参照。冒頭の講義録もヨーロッパ社会学シリーズの 1 冊として復刻されている。「訴権法から実体法へ」というメインのテーゼに対するエールリッヒの批判的評価については、エールリッヒ著・河上倫逸、M. フーブリヒト共訳『法社会学の基礎理論』（みすず書房、1984）33 頁以下参照。なお、メインは民法ではなく、欽定ローマ法講座教授、また、オックスフォード大学法理学講座初代教授。

(2)　　F. W. Maitland, *The Forms of Action at Common Law: A Course of Lectures* (Cambridge U.P., 1936) p. 1. 邦訳としては、松村勝二郎訳「コモン・ローの訴訟方式」『海技大学校研究報告』第 21 号（1978）61 頁、河合博訳『イギリス私法の淵源』（東京大学出版会、1979）1-2 頁参照。メイトランドは法廷年報の編纂を行ってはいるが、主要な研究対象はエドワード 1 世末までのイングランド法学の発展であり、令状

第3編　コモン・ロー法学の発展　169

中心の議論となったのもそのせいかも知れない。また、法史家の教育のための講義で
はなく、イングランド現行法を学ぶ学生のための講義としては、中世の訴答を巡る議
論はあまりにも迂遠すぎると感じられたのかも知れない。

(3)　　Theodore F.T. Plucknett, *A Concise History of the Common Law*, 5th ed.
(Butterworths, 1956) pp. 399-418. J・ベイカー著・小山貞夫訳『イングランド法制史概
説』（創文社、1975）151-170頁。この問題についての、ベイカーのその後の議論につ
いては、J. H. Baker (ed.), *Spelman's Report* (Selden Society, 1977) Introduction Ch.
5 'Pleading and Litigation as Sources of Law' ［以下 Introduction］pp. 142-163. Do, *An
Introduction to English Legal History*, 4th ed. (Butterworths, 2002)［以下 *IELH* 4th］
pp. 76-85〔邦訳 I 107-120頁〕。ミルソムの近著 *A Natural History of Common Law*
(Columbia U.P., 2003) も、訴権法から実体法へというテーマに関連し、興味深い指摘
に満ちているが、同書では、むしろ、Demurrer より、判決登録阻止申立と関連する
陪審への裁判官説示の方に関心の中心が向けられている。このように、訴権法から実
体法的法準則の浸み出し方は一様ではない。しかし、法的議論が浸み出してくる重要
な通路として、ミルソム自身も16世紀法廷年報の特色として注目した demurrer に
絞って議論を進めている。法学的意味では小山訳が、語源的意味では田中訳が近いの
であるが、訴答そのものというより、訴答が法的に不充分であるという異議申立であ
るので『英米法辞典』に倣い訴答不充分抗弁と訳すこともできるが、法律問題の分離・
析出という意味で法律効果不発生抗弁とした。

(4)　　Sir Henry Sumner Maine,'Classification of Legal Rules, 'in *Dissertations on Early
Law and Custom: chiefly selected from Lectures Delivered at Oxford* (New York,
1886) ch. XI p. 389.

(5)　　E. エールリッヒ著・河上倫逸、M. フーブリヒト共訳『法律的論理』（みすず書房、
1987）53-55頁。

(6)　　同書、155-156頁、77-78頁。ヴィントシャイト『ローマ私法のアクチオ』につい
ては、伊藤乾『原典による法学の歩み』（信山社、1998）93-108頁参照。

(7)　　「ローマの法曹の一般的用法に従えば、Jus は、『権利』ではなく『法』を、通常は特定
の法分野を意味した。確かに、Jus の一定の意義は、『権利』の意味に近付いたし、極めて
接近することさえあった。しかし、全体的に見て、ローマ人達は、法的権利概念の助け無
しに、彼らの記憶に留めるべき体系を構築したと見做されるに違いない。……法的な権利概
念は、極めてゆっくりと進化した。ローマ人の心の中では他の概念と絡み合っており、そ
れ故に、曖昧なままであった。中世には、確かに、スコラ学者の吟味を通してより明確な
ものとなった。しかし、『権利』という表現に、最初に明確で一貫した意味が与えられたの
は、ベンサムとオースティンの綿密な分析によってであった」。Maine, op.cit., p. 364. ハー
トのベンサム権利論の分析もこのメインの議論から始まる。H. L. A. Hart, 'Bentham on
Legal Rights' in *Oxford Essays in Jurisprudence*, second series edited by A. W. B.
Simpson (Clarendon Press, 1973) p. 172. Jus と権利概念の関係についての最近の議論
は、Richard Tuck, Natural Rights Theories: Their origin and development
(Cambridge U.P., 1979) pp. 7-17 参照。

(8)　　*Tractatus de legibus et consuetudinibus regni Anglie qui Glanvilla vocatur*, ed. &

trans. by G. D. G. Hall (Nelson 1965)［以下、*Glanvill*］I, pp. 11-29. 松村勝二郎訳『中世イングランド王国の法と慣習——グランヴィル』(明石書店、1993)［以下、松村訳］35-46 頁. *Britton*, ed. & trans. by Francis Morgan Nichols (Oxford, 1865)［以下、*Britton*］IV, pp. 6-9〔【付録 1】参照〕.

(9) *Glanvill*, II, pp. 1-16. 松村訳 53-68 頁。[*5]

(10) 後述するように、法律問題がまったく議論されなかったわけではない。『グランヴィル』第 7 章で論じられるように、既に長男子単独相続制確立の問題と絡んで、複雑な法律問題が生じていた。*Glanvill*, VII, p. 1. 松村訳 122 頁。

(11) Bracton, *De Legibus et Consuetudinibus Angliae*, ［以下、*Bracton*］ed. by G. E. Woodbine, trans. by S. E. Thorne, IV, 16 De Exceptionibus, vol. 4 pp. 245-378. Narrator への言及は (vol. 4 p. 281 [f. 412]) 参照。*The Institute of Justinian*, trans. by J. B. Moyle (Oxford, 1913) IV, 13 pp. 194-196.

(12) *Britton*, II, p. 17 (vol. 1, pp. 313f.)

(13) *Bracton*, vol. 3 p. 88, p. 95.

(14) 我が国における先駆的研究としては、佐々木信「十四・五世紀イギリス法学教育史の一断面——Novae Narrationes の編刊史に関連して」『駒澤大学法学紀要』70-98 頁参照。

(15) John Rastell, *An Exposition of certaine difficult and obscure wordes and termes of the lawes of realme* (London: R. Tottelli, 1579 [Lawbook Exchange, 2003]) f.164.

(16) *Glanvill*, XIII, 7, 25. 松村訳 246-247 頁、263 頁。

(17) Rastell, *op.cit.*, f.1a-b.

(18) Y. B. Mich. 43Edw. III f. 33 pl. 38, Y.B.MS. からの直接の翻訳については、J. H. Baker & S. F. C. Milsom, *Sources of English Legal History; Private Law to 1750* (Butterworths, 1986) pp. 359f. 参照。ベルクナップの議論については、前掲ベイカー、小山訳 317 頁参照。上記資料集が出版されたためか、第 4 版では当該事例からの直接の引用は省かれている。

(19) *Britton*, II, p. 8 (vol. 1 p. 318)

(20) Rastell, *op.cit.*, f. 61b

(21) Baker, *IELH* 4th, p. 77. 被告側の対応方法としての分類である。Baker の分類は揺れている。初版小山訳、157-160 頁では、全面否認訴答と 3 種の特別棄却訴答として、特別否認訴答、法律効果不発生抗弁、承認と異議を挙げていた。Introduction (pp. 145ff.) では、遷延的抗弁、減却的抗弁の分類に従い、減却的抗弁を全面否認訴答、承認と異議、特別否認訴答の 3 種として法律効果不発生抗弁は含めていない。Demurrer は、別の箇所 (p. 156) で判決との関連で論じられている、Demurrer が訴答というよりも「答弁を強制するには相手方の訴答が不充分である」(p. 159) という異議申立であるからであろう。

(22) J. H. Baker, 'English Law and the Renaissance' *Cambridge L. J.* vol. 44 (1985) pp. 60f. 拙稿「旅する裁判所——巡回陪審裁判所成立史素描」田中・阿河編『道と境界域——森と海の社会史』(昭和堂、2007) 251-252 頁〔本書、第 1 編補論 1 107 頁〕。

(23) Coke, *op.cit.*, Sect 96 f. 71b, ロー・フレンチの訴答文言に関しては Baker, Introduction,

第3編　コモン・ロー法学の発展　171

　p. 94 参照。クックの Demurrer 論は、最も発達した段階の Demurrer 論である。彼自身もそのことを意識して以下のように論じている。「今日では、訴因陳述や反訴に基づく訴答不充分抗弁があるように、物的訴訟援助請願（aid prier）、権原担保人訴訟参加、受領書、雪冤宣誓等々についても訴答不充分抗弁が成立するようになった。(c) 既述のことより全般的訴答不充分抗弁、即ち、如何なる理由も示さないものと、法律効果不発生の理由を示した特別訴答不充分抗弁があるように思われる」

(24)　Pollock & Maitland, *op.cit.,* vol. 2 p. 640. n. 5.

(25)　Hil. 20 Edw. I〔pl. 26〕, Alfred J. Horwood (ed.), *Year Books of the Reign of Edward the First; Years XX and XXI*（*1292-93*）*Rolls Series* no. 31 part A, vol. 1（London, 1866）pp. 320-328.

(26)　(Trin.) 21 Edw. I〔pl. 4〕, Do (ed.), *Year Books of the Reign of Edward the First; Years XXI and XXII*（*1293-94*）, *Rolls Series* no. 31 part A, vol. 2（London, 1873）pp. 156-166.

(27)　ザイプの法廷年報データ・ベースは、完全なデータ・ベースではないが、印刷された全事例へのアクセスを容易にすることによって法廷年報に関する研究を飛躍的に前進させることが期待される。データ化された法廷年報の内容は要約である場合が多く統計目的の使用には注意が必要である。メイトランドが Demurrer の最初期の事例とした前述の事件も用語検索では発見し得ない。しかし、データの性質を理解した上で、目安として利用する限り、極めて有用で便利である。本文で述べたように、斉一的なデータでもないので、サンプルを引き出す上での活用に留めた。Demurrer 事件実数については、トレスパス訴訟に関するアーノルドの分析や、後の時代に関するミルソムの言葉を手懸かりにする方が安全であろう。正確な統計をとるためには、Baker に従って demurrer を示す略記とされる 'al plea plede etc.' や demurrer による争点の一致を示す略記方法、'entant etc'. という文言をブラック・レター版の法廷年報から丹念に拾い上げていく以外にないであろう。Baker, Introduction, p. 94.

(28)　Alfred J. Horwood (ed.), *Year Books of the Reign of Edward the First*, vol. 5, Years 33-35, *Rolls Series* no. 31a, pp. 216-217.　以下、同事件に関するザイプ・データベース検索の便宜のため、ザイプ自身が付した事例番号を以下のごとく付しておく。Seipp Number: 1306. 104rs.　なお、ザイプ、データ・ベースでは途中で原告・被告が逆転してしまっている。

(29)　Paul Brand, *Kings, Barons and Justices: The Making and Enforcement of Legislation in Thirteenth-Century England*（Cambridge U.P., 2003）p. 96.

(30)　*Ibid.*, pp. 94-98, pp. 454ff. The Provisions of Westminster（1259）c. 11, (1263 & 64) c.10, *Ibid.*, pp. 420-421, p. 440.

(31)　The Statute of Marlborough c.15, *Ibid.*, pp. 472-473.

(32)　プラクネットは、「所領外」の再訴を行った場合は事件は終了し、差押動産は回復され、封主には罰金が科されたとし、その後、領主側の権利令状によって原告が保有地を失うリスクを問題としている。この場合、実際には、動産差押問題よりもシーズンの問題が争われることになる。T. F. T. Plucknett, *Legislation of Edward I*（Oxford, 1949）pp. 61f.

(33)　Brand, *op.cit.,* pp. 458-459.

(34)　モールバラ法の動産差押関連法令は、1275年ウェストミンスタ第一法律でも確認、強化され、1285年ウェストミンスタ第二法律でも詳細な規定が置かれるようになるが、当時の最大の関心事の一つであった。上級領主による差押のみならず国王役人の差押も1275年秋の財務府動産差押手続法で厳格な法的制限が加えられるようになる。*Ibid.* pp. 58-63. 我が国における研究紹介としては、城戸毅『マグナ・カルタの世紀』（東京大学出版会、1980）203-212頁参照。また、エドワード期権原開示訴訟を巡る論争については、赤沢計真『イギリス中世国家史研究』（多賀出版、1988）91-180頁参照。

(35)　*Ibid.,* pp. 458-461.

(36)　*Ibid.,* pp. 94-95. 所領外差押禁止については少なくとも1225年以降、公道差押禁止についても1259年以前より適用されていたとする。プラクネットは、公道差押禁止については制定法に基づき新たな侵害令状が導入されたと考える。Plucknett, *op.cit.,* pp. 58-59.

(37)　*Bracton,* f. 144b. [Thorn (ed.), vol. 2 p. 408]. Sir Edward Coke, *The Third Part of the Institutes of the English Law* (London, 1642 [Garland, 1979]) pp. 161-162. D. 2, 4, 18（ガイウス『十二表法』第1巻）

(38)　Sir Edward Coke, *The First Part of the Institutes of the English Law* (London, 1642 [Garland, 1979]) f.161a. Sir Anthony Fitzherbert, *La Graunde Abridegement,* rescous 12.

(39)　*Le Second Part de Les Report des Cases en Ley, Roy Edward le Tierce* (London 1679) Mich. 30Edw. 3 [pl. 69] f. 31b-32a, Seipp Number: 1356. 115.

(40)　Edward Powell, 'The Administration of Criminal Justice in Late-Medieval England: Peace Sessions and Assizes' in Richard Eales & David Sullivan (ed.), *The Political Context of Law* (Hambledon Press, 1987) pp. 58f. 本文で述べたように通例2名の中央法曹によって構成されるが、パウエルの1351年の任命書は3、4名が任命されている管区もある。南西部管区では、王座裁判所長官の William Shareshull も挙げられているが、1351年末から1352年にかけて北西部管区に移動。その後、南西部管区に戻っている。1356年秋のアサイズではエクゼタ市を巡回しているが、春のアサイズ巡回を見ると北西部管区も兼任していた可能性もある。ウェストミンスタ法廷の開廷期には、王座裁判所を主催していたわけであるからこの議論には参加していない。B. H. Putnam, *The Place in Legal History of Sir William Shareshull,Chief Justice of the King's Bench, 1350-61* (Cambridge U.P., 1950) pp. 24f., p. 163. 王座裁判所開廷場所に関しては、Anthony Musson & W. M. Ormond, *The Evolution of English Justice* (Macmillan, 1999) p. 201. なお、1376年以降王座裁判所長官をアサイズ裁判に派遣しないように請願が出され、1384年法で認められた点については、後述、注（41）拙稿、248頁〔本書、第1編補論1　104頁〕。

(41)　アサイズ巡回陪審制度については、前掲拙稿（2007）228-260頁〔本書、第1編補論1〕参照。

(42)　病気乃至老齢によって意思能力無き者（Compotus mentus）からの受贈者を訴える

令状と重罪私訴を免れるために私訴者を破門者と偽った者への逮捕令状の文言の中に理由付けとして含まれる。*Bracton*, f. 15 [Thorne (ed.) v. 2 p. 61], f. 427 [Thorne (ed.) v. 4 p. 328].

(43)　大阪大学林智良氏のご教示による。Hannes Lehmann, Praxedis Möhring und Gallus Strobel, *Latenische Rhechtsreglen und Rechtssprichwörter* (C. H. Beck, 1982) F49 p. 77. Guilelmus Damasus, *Damasi veteris iuris canonici doctoris Buchardica, sive Regulae canonicae* については未入手。グレゴリウス 9 世教皇令集 (Decretal 2, 14, 2) については、*Decretalium collectiones* (Akademische Druck- u. Verlagsanstalt, 1955) col. 291-292 参照。

(44)　Charles Duggan 'Papal Judges Delegate and the "New Law"' in *Decretals and the Creation of 'New Law' in the Twelfth Century* (Variorum, 1998) I, pp. 185f. ホルツマンによる既存の教皇令集の分析であるが、教皇令発給数の統計ではない。ダガンのもう一つの論文集での批判的評価も参照。Do, *Canon Law in Medieval England* (Variorum, 1982) II, pp. 3-4, III, pp. 140ff.

(45)　Ralph. V. Turner, *The English Judiciary in the Age of Glanvill and Bracton, c. 1176 -1239* (Cambridge U.P., 1985) pp. 21-22, p. 35, p. 45, p. 302. Geoffrey は、大法官時代にベケットが得ていたカンタベリ大助祭の聖職禄を得ると共に、1169 年以降空席となっていたイーリ司教区の管理も委ねられていた。*Ibid.*, p. 54.

(46)　*Ibid.*, p. 25, p. 299, Richard Fitz Nigel, *Dialogus de Saccario and Constitutio Domus Regis*, ed. & tans. by Charles Johnson (Oxford, 1983) pp. xv-xvii.

(47)　Turner, *op.cit.*, pp. 230f. P. ヴィノグラードフ『中世ヨーロッパにおけるローマ法』123 頁参照。

(48)　*Bracton*, f. 413b [Thorne (ed.) v. 4 p. 285]

(49)　3 *Co. Rep.* f. 78b. 1602 年の当該事件 (Fermor's Case, Hil. 44 Eliz.) は大法官裁判所に訴えられたが、大法官エルズミアが事件の重要性に鑑み、ポパム、アンダーソン両裁判長に事件を付託し、フリート街のサージャンツ・インで全イングランドの裁判官によって議論された事件である。クックは当時法務長官。

(50)　Samuel E. Thorne (ed.), *A Discourse upon the Exposition & Understandinge of Statutes With Sir Thomas Egerton's Additions* (San Marino, 1942) pp. 141-142. 拙稿「レスボスの職人の定規（二・完）」『島大法学』42 巻 4 号 442 頁〔本書、第 6 編 IV-(2) 444-445 頁〕。

(51)　Sir Edward Coke, *The First Part of the Institutes of England*, Sect. 172, f.116b. クックは、『ブラクトン』第 4 巻第 1 編第 6 章から引用している。クックが『ユスティニアヌス法学提要』第 1 巻第 3 章の「人の法」の冒頭に出てくるフロレンティウス法文を知らなかったわけではないであろうが、『ブラクトン』から引用すればコモン・ローからの論証となるのである。エールリッヒについては、本稿注 (5) 参照。

(52)　メイトランドのリード講演でブルンナ説として紹介されている。メイトランド他著・小山貞夫編訳『イングランド法とルネサンス』（創文社、1979）39-40 頁。メイトランドは、ここでクックの欄外註における『ブラクトン』の多用についても註記している。カノン法格言一般のイングランド法への影響についてはヴィノグラードフ、前

掲書 137 頁参照。

(53)　Edward Foss, *The Judges of England*, vol. 3 (1272-1377) (London, 1851) pp. 354-356, pp. 526-527. J. H. Baker, *The Order of Serjeants at Law* (Selden Society, 1984) p. 540. T. F. Tout, *The History of England 1216-1377* (Longmans & Green, 1905) pp. 432-433.

(54)　Cicero, *De Officiis*, 3. 14. 61-64. (Loeb Classical Library, Cicero XXI pp. 328-329)、キケロ著・泉井久之助訳『義務について』(岩波文庫、1961) 173 頁参照。

(55)　Anthony Musson, *Public Order and Law Enforcement The Local Administration of Criminal Justice 1294-1350* (Boydell Press, 1996) p. 158. 裁判官の正装をした真鍮記念板付のソープの墓がピータバラ大聖堂にあったが、内戦期に破壊された。Baker, *op.cit.*, p. 72. Hastings Rashdal, *The Universities of Europe in the Middle Ages*, vol. 3 (Oxford, 1936) p. 305. 邦訳としては H. ラシュドール著・横尾壮英訳『大学の起源（下）』(東洋館出版社、1968) 227 頁。Musson & Ormond, *op.cit.*, p. 142.

(56)　Hil. 17Edw. 3 pl. 29 (1343), Seipp Number 1343. 029rs, Hil. 18Edw. 3 pl. 9a (1344), Seipp Number 1344. 09rs, Luke Owen Pike (ed.), *Year Books of the Reign of Edward the Third; Year XVII, Rolls Series* No. 31 part B vol. 9 (London, 1901) pp. 142-143, vol. 10 (London, 1903) pp. 446-447. T. F. T. Plucknett, *Statute & Their Interpretation in the First Half of Fourteenth Century* (Cambridge U.P. 1922) p. 90. Anthony Musson, *Medieval Law in Context* (Manchester U.P., 2001) pp. 204-205. 本章で検討した 1356 年の事件を持ち込んだスタウフォード裁判官も 1338 年の事件で「制定法の一般的文言が最後に位置する故に（quia statutum est generale in fine)」というラテン語格言を用いて、後に同類解釈則（eiusdem generis）と称されることになる制定法解釈原理を持ち込んだことで知られている。Mich. 12Edw. 3 pl. 18 (1338), Seipp Number: 1338. 229rs, Pike (ed.), *op.cit.*, vol. 2 (London, 1885) pp. cxviii-cxx, p. 50. Plucknett, *op.cit.*, pp. 40-41, p. 176.

(57)　Pasch. 39 Edw. 3 [pl. 3] f. 7a-b (1365), Seipp Number: 1365. 027. 他方で、全貴族の集会によって作成される法令（ordinance）は制定法と見做しうるものとして、Statute に準ずる位置が与えられた。Plucknett, *op.cit.*, p. 103. S. B. Chrimes, *English Constitutional Ideas in the Fifteenth Century* (New York, 1966) p. 76, p. 156, pp. 351-352. クライムズが意見の変化に驚くのは、民訴裁判所長官（1356-71）の Robert de Thorp を王座裁判所長官（1346-50）William Thorp と混同しているためであろう。

(58)　Edward Powell, *op.cit.*, p. 58.

(59)　Sir John Sanity, *The Judges of England 1272-1990* (Selden Society, 1993) p. 8, p. 46, pp. 65-66. ニヴィットは、イースト・アングリア アサイズ巡回裁判管区でソープの同輩裁判官を勤め、遺言執行人でもある。Foss, *op.cit.*, pp. 526f. これらの裁判官達の経歴の詳細については、Foss と共に *D.N.B.* 参照。

(60)　S. F. C. Milsom, *Historical Foundations of the Common Law*, 2nd ed. (Butterworths, 1981) p. 72. 及び前注 (22) ベイカー論文引用箇所参照。

(61)　Baker, Introduction, p. 114, pp. 157f. Milsom, *op.cit.* (2003) p. 15, p. 44. 陪審審理段階で証拠事実について両当事者で合意した上で、証拠の法的評価を巡り争う

第 3 編　コモン・ロー法学の発展　175

Demurrer 手続を通して、判決登録に異議を申し立てる道は、より早い段階から開かれていた。

*1　初出順序からすると、第 4 編が、最初で法的議論が展開される法廷年報の性質については第 4 編で不十分ながら論じており、論述が前後するが、法的議論の析出過程を論じた後に法廷年報の権威的典籍化を論じる趣旨で本編を第 3 編とした。

*2　後に無方式契約訴訟の発展に繋がる引受訴訟の最初の事例として注目されてきたハンバ河渡船事件であるが、法廷年報と訴訟記録との相違を理解するために、双方の記述の仕方を対比してみるのが有益である。本書【付録 2】735-736 頁参照。

*3　ペンブルック学寮は現在では喫茶店となっている。ソープ裁判官はこの床下のどこかに眠っているようである。ケンブリッジ大学の本部建物（Council House）のステンドグラスにソープ裁判官の像があるそうだが、未見。

*4　さしあたり、T. F. T. Plucknett, *A Concise History of the Common Law*, 5th ed. (Butterworth, 1956) pp. 412f. ベイカー『イギリス法史入門』では扱われていない。余りにも技術的に過ぎるというのであるが、セント・ジャーマン『博士と学徒』でも問題にされており、現代のイギリス法学部学生には必要がなくとも、コモン・ロー法学史を学ぶ上では欠かせないのではないだろうか。より詳しくは、Donald W. Sutherland, 'Legal Reasoning in the Fourteenth Century: The Invention of "Colour" in Pleading' in M. S. Arnold, T. A. Green, S. A. Scully and S. P. White ed. *On the Loaws Customs of England* (Univ. of North Carolina Press, 1981) pp. 182-194.

*5　とりわけ、*Glanvill*, II, p. 7. 松村訳 61 頁「大アサイズとは何か」の決闘審判批判に注目。山内進『血統裁判──ヨーロッパ法精神の原風景』（講談社、2000）は、西洋法史を親しみやすいものとするものだが、「決闘裁判がイギリスでは 19 世紀まで生きながらえた」「決闘裁判が最後まで残ったイングランド」という表現と表題（22 頁、192 頁）は誤解を与えやすい。御本人も述べられているように、フランスより 100 年近く早い時期にすべての決闘裁判は行われなくなり（190 頁、194 頁、199 頁）、廃止されないまま死せる制度として残っていたに過ぎないからであり、中世を通してフェーデを抑えることすらできなかったドイツとも異なるからである。イギリスの中世的法制度が廃止されずに残る例は決闘裁判に限らず多い。これらの既に死滅している中世的諸制度の立法による廃止が促進されるようになるのは 19 世紀立法改革の時代が始まってからのことなのである。王政復古期の軍事的土地保有廃止法で実質的に無効となっていた 1225 年マグナ・カルタのレーン制的諸規定の多くが議会制定法で廃止されたのも 19 世紀になってからであった。
　　英米法に特徴的な当事者主義と結びつけるためであろうが、もう少し英米刑事訴訟手続における当事者主義成立過程の研究成果を媒介項に入れないと学問的議論とはならない。さしあたり、教科書的なものとしては、J. H. Langbein, R. L. Lerner & B.

P. Smith, *History of the Common Law* (Aspen Publishers, 2009) Ch. 10. III The Emergence of Adversary Criminal Procedure pp. 689-705.

第 **4** 編

コモン・ロー法学教育の組織化

　本編では、コモン・ロー上の法準則をめぐる議論が法廷年報に書き留められ、法曹院で組織的に学ばれるようになることによって法曹の共通財産化することで権威的典籍化していく過程を明らかにする。初出論文は、大学院OD時代に執筆したコモン・ロー法学史試論の一部で、原稿文字数制限の関係で、中世末部分を「チューダ期イングランド法学の形成とその展開過程」から分離して発表したものである。日本中世法史との比較法史的視点から再編成したものであるが、当時としては斬新すぎるやり方であったかも知れない。第2編で論じた荘園経営と法曹との関係への関心は本論文を通して形成された。

　イヤー・ブックスの原典に触れる以前の二次的研究からのものであったために、判例法主義に関する通俗的理解に従って叙述されていた。用語の使用方法を改めることで少し改善を図っている。

緒言にかえて──中田説批判再考

　戦後、『法制史研究』第1号の巻頭を飾った中田論文「古法雑感」は、後人をして「60年におよぶ法制史研究の精華をあつめ、前近代日本の法観念の歴史を通観したもので、今後、日本法史の全体像を画こうとする場合に手がかりとなるすぐれたデッサンとなる」と評さしめた傑作であるが、同時にそれは、判例法的視角から日本法を捉え、中世日本法とイギリス法との比較を試

みた最初の本格的な論文でもあった。

氏は、「我固有法」の発展を「制定法、判例法、慣習法の三者を打って一団とした、法概念の三位一体的一元化」へと向けて、「法における各対立が時代を逐うて綜合されていく弁証法的過程」と理解されながら、その中でとりわけ判例法の持つ意義を重視される。それは、「判決を通じて法化された慣習法」といった表現にみられるごとく、こうした「弁証法的過程」を媒介し、推進するものとして王朝時代の「庁例」「今行事」、鎌倉・室町時代の「先例」「先規」「傍例」等、さらに徳川期の「例帳」「例書」等の果した役割を高く評価されたからに他ならない。

ところで、鎌倉期に関してであるが、この中田説に対して日本史の笠松宏至氏より重大な異議が提出されている。当時の「先例」「先蹤」なるものの意味を如何に把握するかという問題であるが、笠松氏は、中田説の理解は現代イギリスの『判決拘束力（binding force of decided case）』とほとんど変わるところがないと、その理解の近代性を批判される。幕府各裁判所における文書保存の不備、判決例の引用における当事者主義、正反対の規範の存在等々より、「『先例』『傍例』などの語は、客観的には単なる修飾語にすぎない」のであって、「判例の未来に対する拘束力は実質的には極めて小さかった」と断ぜられ、その原因を「（成文法と同様に）当時の裁判官に、過去の判例を尊重し、遵守しなければならないという意識が欠如していた」ことに求められる。そしてその限りで判決を決定する要素として「道理」（裁判官の主観的《歴史的》法意識）が重視されることとなる。

鎌倉・室町期の裁判で種々みられる「先例」「先蹤」等の語がその背景に如何なる実質的内容を持っていたか、専門外の筆者の及ぶところではない。しかし、両者の理解の対立に含まれる判例法に対する見方の相異がこの対立を解く糸口を与えてくれるように思える。

中田氏は「古法雑感」に先立つこと30年以上も前、大正初期に「仏法における自由法論」なる論文を発表されている。この論文はその名の示す通り、当時法学協会雑誌紙上で闘わされた自由法論争の一環として、フランスの自由法論者（ジェニー、サレイユ、モルネー）の所説を詳細に紹介されたものであるが、そこで既に、徳川期との関連で大正期自由論の隆盛を、我が国

固有法の復活として捉える独自の構想を打ち出されているのである。それ故に、「古法雑感」は氏がそれ以後永い間暖め続けられてきたこの構想の実現したものといえるのであって、判例法の位置付けも、自由法論的な立場から、判決拘束力といった保守的乃至静態的な側面にではなく、「自由な法発見」を通しての法の現実社会への適応（慣習の法化）という創造的・動的側面に注目してなされており、かかる判例法観が「古法雑感」においても貫かれているのである。

　これに対し、笠松氏が問題とされているのは「法の効力」の問題、より具体的にいえば「慣習の法化」としてではなく、その時々に「法化された慣習」の時間的効力、永続性の問題として鎌倉期の判例法の在り方を問われんとされたのである。その限りで、——確かに中田氏の論述には近代臭さがあるのだが——笠松氏の中田批判は、むしろ自らの問題意識に引き込みすぎているように思われる。なぜなら、過度の判決拘束制は——こうした原理はイギリスでは19世紀になって初めて確立するのだが——イギリスでも社会への適応力を欠くものとして度々批判の俎上に載せられたものであり、むしろ大陸の概念法学の英国版として自由法論的立場からは否定されるはずのものであったと考えられるからである。⁽⁵⁾

　しかし同時に、笠松氏が中世における判例法の発展の問題を、その時間的効力に焦点を当てて考察されたのは極めて正当なことであったと思われる。後述のごとく、それこそが判例法の中世から近世・近代への発展に向けて超克されるべき第一の課題であり、その過程を通して近代判例法の形成発展の諸前提の一つが形成されたと考えられるからである。その意味で笠松氏は中田説を、中田氏が鎌倉期の「先例」「先蹤」を「判決拘束力」と同一視したと批判されるのではなく、むしろ、判例の拘束力やその権威的な側面が中世判例法主義の発展にとって持つ意義に対する考察を欠いていた点に求められるべきであったし、また中田氏が、中世イギリスの判例法とではなく、現代イギリス判例法との比較の上で日本中世判例法を論じられていることを批判すべきであったと考える。

　後者に関していえば、単に比較は同時代史的に行われるべきだという一般論にとどまるわけではない。「鎌倉幕府の裁判には成文法であれ、慣習法で

あれ、判例法であれ、およそ近代の法概念で法と呼ぶに足りうるものは何一つ行われていなかった」(傍点筆者)ということが「当然中の当然事」ならイングランドのエドワード期の裁判もまたしかりであった。むしろ、重要な、乃至興味をそそられるのは、笠松氏が中田説批判のために挙げられた上述の全論点が、イングランドの初期イヤー・ブックス時代の判例法の状況に、そのまま当てはまることである。それと同時に、否それ以上に、室町後半期の「近代〔判例法〕に類似する方向にむかっての大きな転換」について論究された「室町幕府訴訟制度『意見』の考察」で示された以下の指摘は、中世イングランドにおける判例法の発展を考える上で、より一層示唆に富んだものとなっている。[6]

　普通にいわれる中世慣習法支配なるものが前代〔鎌倉期〕に於いては客観的にみればそれは単なる裁判官の『伝統的に拘束された正義感情』であったと考えられるのに対し、ここでは漸く真の慣習法支配＝判例法主義が採られようとしているのをみる事が出来る。
　しかも右の如き法性格の変化を推進する者が、訴訟の場における既成法や判例法の重視―法廷技術の複雑専門化にその政治的経済的生命を賭ける奉行人層であった事は当然であり、法の無視は彼等の激しい反発をよぶ。[7]

この二重鍵箇弧は世良氏の「西洋中世法の性格」からの引用であり、その意味ではこの指摘を図式化するなら、所謂「中世的法観念」からの離脱の道は、「中世的法観念」―専門法曹の出現―判例法主義の成立という構図にまとめられよう。この一般化されたレヴェルではあるが同様なパターンの発展がイングランドにおいても15世紀中葉に生じる。筆者がプロローグで指摘したヘンリ6世期におけるイヤー・ブックスの断層も後述のごとく、この変化に深く関係していたと考えられる。[8]
　これら上述の点も含め近年出版された氏の『日本中世法史論』に含められた諸論文で明らかにされた知見の内に、中世におけるイングランドの法状況とその展開過程に対応する極めて多くの類似現象を見出し、驚かされるのである。かくのごとき、両社会に類似してみられる判例法的な法の展開は、逆

に両者を比較することによってその各々の発展の独自性を究明するために役立ち得ないだろうか。筆者においては、何故にイングランドにおいてのみこの判例法の中世的発展が近代法形成の前提となり得たかということが問題なのであり、専門外であることを顧みず、敢えて中世イングランド法と日本中世法との比較を試みようとするのはまさにこのゆえなのである。

注

(1)　井ヶ田良治「中田薫」潮見、利谷編『日本の法学者』（日本評論社、1975）所収239頁。

(2)　中田薫「古法雑感」『法制史研究』1号、42-43頁。

(3)　笠松宏至、羽下徳彦共著「中世法」岩波講座『日本歴史』第6巻（岩波書店、1967年）所収339頁以下。本論文の後半部は笠松氏の担当したものであり最近出版された『日本中世法史論』（東京大学出版会、1979）にも他の論文とともに収められており、以後笠松論文の引用は『日本中世法史論』の頁数による。

(4)　『法学協会雑誌』31巻2号。

(5)　拙稿「チューダー期イングランド法学の形成とその展開過程（1)」『法学論叢』105巻1号、97-98頁〔本書、プロローグⅡ‐(2) 19-21頁〕、Rupert Cross, *Precedent in English Law* (Oxford at Clarendon Press, 1968) pp. 20f, pp. 30-32.

(6)　笠松『中世法史論』19頁。

(7)　同書、89頁。

(8)　拙稿、前掲論文98-99頁〔本書、プロローグⅡ‐(2) 21-22頁〕。

Ⅰ　「中世的法観念」からの離脱の一形式としての判例法主義の成立

15世紀中葉のイングランドで「中世的法観念」からの離脱が始まっていることは既に小山貞夫氏の指摘されたところである。[1]氏は「良き古き法乃至中世的法観念」の変化を、15、16世紀の判例にみられる「新しい法（事態)」への法曹の対応を通して、またテューダ期における「新しい」立法という観念の形成を見るなかで検証されんとし、「15世紀頃には、新事態に即応した新しい法思想が出現しつつあり、絶対王政期には『中世的法観念』は形骸化し

たもの」となってしまっていることを確認された。この指摘は、「中世的法観念」なるものが「絶対王政」国家まで残存すると説くブルンナ説批判として、また従来、コモン・ローを安易に「中世的法観念」を体言した法と見做しがちであった我が国の俗説に対する批判として極めて貴重なものであったといわねばならない。しかし、小山論文では変化そのものの検証に力点がおかれていたために、その変化の意味、動因に対する考察が後景に退いてしまっており、また、判例法主義との関連においても、「はじめに」で判例法主義の背後には「法は発見されるべきものという『中世的法観念』が理念的には表裏一体となっているはずである」(傍点筆者)という意味深長な指摘をなされながらも、「新しい法」、立法に焦点を合わされたためか、この判例法主義と15世紀中葉の「中世的法観念」の変化との関連についての考察を欠いたままとなっている。しかし、「新しい」立法の観念の形成は、論理的には、立法も含め法が慣習の確認であるという観念から、国家的権力・機構を介在した(裁判によって確認された)慣習のみが法であるという観念への変化を前提とするものであり、そうした前提条件の成立があればこそ、絶対王政の成熟と共に増加する「国家」による「新たな」立法が、従来の「慣習の確認たる法」と同等の法的地位を獲得しえたのではないだろうか。これこそ、まさに笠松氏が室町中期に見出された変化であり、15世紀中葉のイングランドはまさにこうした変化にとってCrucialな時代であったと思われる。15世紀中葉のイヤー・ブックスの一連の事件の中で闘わされる「慣習法論争」はこうした変化を典型的に示してくれる。そこでは「古い慣習、慣例はそれ自体で実定的な法(positive law)と見做される」とするモイル、アシュトン両判事の主張は、「慣習は裁判所によって判決されるか、制定法化されない限り実定的な法たりえない」とするプリゾート首席判事の激しい反論を呼ぶことになるのである。

　同時に裁判官の先例に対する態度も変化し始める。もはや先例の効力は以前のごとく「正義と条理」の名の下に公然と否定されることもなくなる。

　こうした裁判官層の先例に対する態度の変化は、ヴィーアッカーがローマ法継受の意義を「諸法命題が変化したことにあるのではなく法なるものの観念自体が変わったことにある」とし、その際、「決定的な問題は……継受のの

ちにおいて……学者的裁判官により成文の典拠から法命題がとりあげられ、かつ論理的操作によってこの法命題が繋争事件に適用された、ということでもある」(傍点筆者)と説く事態に対応する現象であったと考えられる。その限りで判例法主義の確立は、ヴィーアッカーが、ローマ法継受を「伝統的で直観的な法発見」＝「中世的法観念」からの離脱という側面から位置付けているごとく、「中世的法観念」からの離脱におけるイングランド的な在り方の一形式であったと考えられる。

　その場合、ドイツにおいてはローマ法の教育を受けた「学者的裁判〔官〕の進出」が、そして日本では「奉行人層」と呼ばれる法廷専門技術者が、イングランドでは、インズ・オヴ・コートに集まる法曹集団がその転換の重要な担い手となるのであり、その担い手の在り方が一方ではその離脱形式を大きく左右したように思われるのである。

　ところで、制定法や判決された慣習のみが「実定的な法」であると見做されるようになったということは、単なる慣習が法の世界から排除されるようになったことを意味するだけでなく、逆に慣習が判決されることにより「実定法」として制定法と並ぶより高次な次元に到達しうる道を開いたことをも意味した。例えば、「慣習の法化」という側面から判例法を捉えて中田薫氏が室町前半期末に「民間の定規」(傍例、前例、先例)は、『大法』にまで昇進した」という事実を以下のごとく意義付けられているのは極めて示唆に富むものである。「大化前代において『のり』は制定法のみを意味し、『ならわし』(？)を含まなかった。大化後王朝時代においても法の概念は、律令格式を主とする制定法、及びこれに準ずる判例に限られ、民間の『習俗』はその中に入らなかった。中世武家時代においても亦同然で法は制法と先例（判例）に限られ、民間慣習は法以外の『都鄙之例』『先蹤』に過ぎなかった。然るに今や此『都鄙之先蹤』は一躍して制定法と肩を並べて法の一半を占むるに至った。これは我国における法概念の一大進歩と云わざるを得ない」と。

　我々はイングランドでも前述の時期と、イヤー・ブックスからの引用、しかも年度、開廷期を明らかにした正確な引用が増大すると同時に、リポートされた内容自体が変化していくのを見ることができる。従来の令状や訴答の適否のみに集中していた記載から、「弁論がより十全に説明され、それへの

裁判官の介入が激しくなり、そこで法律問題がより詳細に考察される」ようになる。そこに他方では、小山氏が明らかにされた「新事態」に対応する法曹の努力が見出されよう、こうした変化を前提として、イングランド王国の共通法としてのコモン・ローが判例を通して形成されることとなるのである。

大陸では上から——民間の慣習から離れたところで——継受されたローマ法が、逆に「ローマ法の現代的慣用」として共通法たる性格を獲得することになる。そして、この「現代的慣習は、今日のドイツ法学のそもそもの開幕だった」といわれるように、15世紀中葉以降のイングランドにおける判例法主義の確立はイングランド法学のそもそもの開幕であったと位置付けられよう。[9]

こうした変化をもたらした「中世的法観念」なるものからの離脱がイングランドにおいて具体的に如何なる過程を通して行われたかが我々にとって問題なのである。

注

(1)　小山貞夫「判例を通して見たイギリス『絶対王政』期法思想の一断面——Wimbish 対 Tailbois 事件（一五五〇年）を中心にして」『法学』40巻2号。

(2)　同論文、139頁。

(3)　同論文、98-99頁、151頁参照。

(4)　同論文、100頁。

(5)　T. Ellis Lewis, 'The History of Judicial Precedent II', *L.Q.R.* vol. 46, pp. 359f.

(6)　F. ヴィーアッカー著・鈴木禄弥訳『近世私法史』（創文社、1975）236頁。

(7)　中田「古法雑感」20-21頁。

(8)　Lewis, op.cit., pp. 356f.

(9)　ヴィーアッカー、前掲書 233-234 頁。

II　判例保存の諸形式——Record と Report[*4]

笠松氏が強調されるごとく、判例法主義成立の前提として判例の保存が不可欠であることはいうまでもない。しかし、判例の保存が直ちに判例法主義

を生み出すわけではない。重要なのは、現実の裁判過程の如何なる部分が、如何なる形式で保存されたかということである。

判例保存の形式は、一般の知識の保存と同様に記憶による場合と、文書に残される場合とに分かたれよう。また文書による場合はそれが私的文書であるか、公的文書であるかでその持つ意味は大きく変わってこよう。

記憶による判例保存の例は、イングランドの初期イヤー・ブックスにおける引用の方法や、それに対応する裁判官の態度の内に見ることができる。弁護人による過去の判例の引用は「貴方と私が研修生であった時代に……であったことを貴方は見たのではないか」という表現に代表されるがごとく、本人の体験に基づいて、裁判官の記憶に訴える形式でなされ、それ故に、裁判官の記憶になければ——裁判官の記憶に基づく法意識と一致しなければ——「そのような事例はなかった」の一言で片付けられてしまったのである。それどころか「正義と条理」の名の下に事例に依拠すること自体が拒否される傾向があった。この「正義と条理」[1]こそ、まさに笠松氏が鎌倉幕府の裁判における判決の決定を規定する諸要素のうち最も支配的であったと考えた「道理」——裁判官の（歴史的）主観的衡平観念——に対応するものといえよう[2]。

しかし、その場合裁判官の判断の基礎には、やはり、彼が裁判官になる以前に代弁人 pleader として、あるいは裁判所、裁判官の書記としての自らの経験によって得た裁判慣行（consuetudo curiae）に裏付けられた法意識が存在するはずであり、またそうした法意識によって正当化されない限り、個々の過去の事例は問題となり得なかったと考えられる[3]。

かくのごとき裁判官の法意識の優位は、一方では、当時の裁判官層の国王権力との近接性に由来するものであったと同時に、また当時の法知識の在り方とも深く結びついたものであったと考えられる。当時既に、後に法曹階層として代弁人 pleader、代訴人 attorney、民訴裁判所代弁人 serjeant なる階層が現れはじめていた。しかし、彼らはけっして法律専門の人というわけではなかった。とりわけ attorney に関してそうであった。また、attorney たるものが同時に pleader でもありえた、若干の専業化しつつあった pleader 達も、わずかに識字階層の内から、——おそらくは（法律）仏語の知識でもって——分化しはじめたばかりの人々にすぎなかったように思われる[4]。こうし

た法状況が臨時的に獲得されたにすぎない法知識の個々の人々への集積集中を不可能にし、役人として恒常的に裁判に係わる裁判官に優位を与える結果となって現れざるをえなかったと考えられる。

私的文書たるリポート＝初期イヤー・ブックスはこのような専門化しつつある研修生の中から生み出されたと考えられているのである。メイトランドが、エドワード1、2世期のイヤー・ブックスを評して、それは「学生のノート・ブック以上の何物でもなかった」と断じたごとく、その目的は、本来それからの引用によって論証を強めることにあったのではなく、先ずもってリポートすることそれ自体によって法運用に関する知識を獲得することにあったといえる。[5]それ故に、この期のイヤー・ブックスの手稿は個々の研究生の注目の仕方に応じて極めて多様であり、そこには同一事例であることを確認し難いまでの差異が存在したといわれるのである。[6]

もちろん、個人の記憶の補助手段として書き留められたノート・ブックから過去の判例が引用されることはあったかもしれない。しかし、この初期のイヤー・ブックスの私的性格、多様性は、そこからの個々の判例の引用によって裁判官を拘束することを許すものではなかった。実際初期イヤー・ブックスにみられる引用は、ヘンリ6世以前には2例を除き、その開廷期、年度を付さないものであり、また概ね個々の法曹の活動期間を超えて判例が引用されることもなかったと考えられている。[7]

拘束力という問題から考えるなら、かくのごとき私的文書たる法廷報告（Report）としてのイヤー・ブックスより裁判所の公式の訴訟記録（Record）たるプリー・ロールズ（Plea Rolls）の方が優っていたのはいうまでもない。確かに、Record の拘束力乃至その窮極性は既にイヤー・ブックスの初期の時代から確立していた。法廷での訴答は Record に記載された方法、形式で行われねばならなかった。[8]中世にあってはこの訴答の諸形式とその前提となる令状の知識の獲得が法曹の主要関心事であり、イヤー・ブックスとならぶ初期の法文献として、*Brevia placitata*（c. 1260）, *Novae Narrationes*（c. 1340）等の諸令状を列挙し、それに伴う訴答、原告の陳述と被告の抗弁の諸形式を添えた、令状、訴答の公式集が成立することになる。[9]またこうした令状、訴答中心の法曹の思考様式を反映して、初期イヤー・ブックス内での議論も令

状、訴答の適否に関心が集中させられていたのである。[10]

　それ故に、笠松氏が、中田説批判として鎌倉期の判例法主義の在り方を検討されたとき、公的文書の保存を問題とされ、「幕府の公的な文書保存所である『文庫（御倉）』がしばしば火災に見舞われ」たこと、さらに「判決前後に訴陳状が紛失・錯乱」した例のあることから鎌倉期における文書保存の不備は判例法主義を成立させるにたるものではなかったと結論されるのは極めて説得力があるように思える。[11]

　しかし、我々は後にも見るごとく、イングランドにおける判例法主義の形成が、時には公的文書たる Record をその補助手段としながらも、私的文書たるリポート（イヤー・ブックス）を主要な基礎として発展してきたということに留意すべきであろう。それには、単に保存への注意が一団の法曹にとって Record を近付き難いものとしたということからだけではなく、文書そのものの性格の相異に大きく起因していたと考えられる。

　Record（訴訟記録）と Report（法廷年報）は共に現実の法廷での事件の展開についての記述でありながら、その向けられた関心により記載内容はまったく異なっている。[*5]前者の記載事項は法廷吏の関心を反映し、その対象を「個々の裁判手続がなされた全ゆる現実の効果ある諸段階」、すなわち、事件の概要と既に公式化された最終的訴答に絞っており、そこへ至る過程には無関心であるのに対し、イヤー・ブックスの記載は法廷弁護士の関心を反映して「裁判手続の諸段階の形成過程」に向けて、すなわち、令状の適否、訴答の作成方法、争点決定をめぐる議論（ベンチ―バー間の議論）へと集中させられているのである。[12]既判力の確保のためには判断された結果の保存のみで十分であるが、法学の発展にとっては、判断の過程で現れる種々の議論、理由付けの保存が不可欠であった。初期のイヤー・ブックスは、これらの裁判官の意見を無秩序にちりばめたものであり、そのほとんどが手続的な問題に占められていたが、それは、そこから法学が形成される土台としての役割を果したのである。メイトランドの言葉を借りれば、「リポートの対象は、科学であり、法学であり、学問の進歩」であったのである。[13]

　この点で同様のことが日本中世の判決文書にも当てはまる。笠松氏が「どんなに長文の判決文書であっても、それは長々しい訴陳状（または対決の時

の発言）の引用の末尾に、わずか1、2行の裁判所側の見解を載せるだけで、一方の主張を『その謂あり』と結論付けるのを常とする。したがって、我々が最も知りたいと思う点、すなわち何故それが『謂あり』であり、他方が『謂なし』なのか、それは紙背に隠されたまま、よほどの好運に恵まれぬ限り、直接知ることはできない」とされるのは公文書としての裁判所の記録の在り方を示すものであり、[14]逆にここで示された笠松氏の関心こそ、イヤー・ブックスを形成した法曹の頭を占めていたものであった。

　同時に判例法主義の形成にとっては、前述のごとき文書とその担い手たる法曹との密接な結びつきが不可欠であった。私的文書たるイヤー・ブックスはその性質上所有者たる法曹に直接的に結びつき、利用可能なものであったのに対し、公的文書たる訴訟記録はその保存に注意が向けられれば向けられるほど、その担い手たるべき人から離され死文書化する傾向があった、と。

　こうした私文書からの判例主義の形成は、笠松氏の指摘する「意見制」の場合にも、またそれへの影響で問題とされる「明法勘文」に関しても当てはまる。氏の吾妻鏡に関する研究は、既に鎌倉時代に、室町時代の奉行人層の「意見制」の基礎となって法令形成過程における私的なメモを含め私的な文書の集積が奉行人家の内に始まっていることを示しており、[15]「明法勘文」の基礎も明法家の私的な文書の集積にあったと考えられる。言い換えれば、ここでは家学という極めて狭い範囲ではあるが、それを通して私的な文書の保存がなされており、家業たる法曹の術として、判例法主義の日本的な発展の基礎が形成されているのをみることができるのではないだろうか。

　しかし、判例法主義の成立のためには、まさにリポート集たるイヤー・ブックスに法学形成の条件を与えたその私的性格が克服されねばならなかった。我々は、初期のイヤー・ブックスにおける過去の判例からの引用が、その私的性格の故に裁判官をほとんど拘束することがなかったことを見てきた。しかし、同時に、初期のイヤー・ブックスにおける引用の多くが、弱い立場の——敗訴の可能性の高い——側の弁護人から出されているとされていることに注目してよいだろう。[16]このことは鎌倉幕府の裁判所で幕府の法令や文書を引用するのが、御家人たる地頭の側でなく、本所、雑掌の側に多かったという指摘とともに興味深い。[17]過去の事例の引用が困難な訴訟を勝ち得る

ための最後の手段と見做されていたと考えられるからである。その限りで初期のイヤー・ブックスの時代にも判例法主義形成の芽は存在した。問題はその発展にとって最大の障害となってきていたイヤー・ブックスの私的性格、多様性がイングランドでは如何なる過程を通して克服されたのかということなのである。そこで、次章以降一旦比較という視点から離れ、イングランドでの実際の判例法主義の成立過程を追ってみることとする。

注

(1) Lewis, op.cit., pp. 346-349, pp. 34lf., pp. 220f.

(2) 笠松、前掲書 19 頁以下。

(3) Pollock and Maitland, *The History of English Law* (Camb. U.P., 1968) vol. I, pp. 205-206, pp. 183-184.

(4) *Ibid.*, pp. 211ff, p. 220.

(5) F. W. Maitland, *Year Books 3 Edward II* (Selden Society) p. xii.

(6) G. J. Turner, *Year Books 4 Edward II* (Selden Society) pp. v-vi.

(7) Lewis, op.cit., p. 217, pp. 341-342, p. 346, p. 351.

(8) Ibid., p. 349.

(9) T.F.T. Plucknett, *Early English Legal Literature* (1958) pp. 83-89.

(10) Lewis, op.cit., p. 217.

(11) 笠松、前掲書 17 頁。

(12) J. Reeves, *A History of English Law* (1869) vol. 2 p. 231, Lewis, op.cit., pp. 217f. L. W. Abbott, *Law Reporting in England 1485-1585* (Athlone Press, 1973) pp. 2-4.

(13) F. W. Maitland, *Year Book 1 & 2 Edward II* (Selden Society) p. x.

(14) 笠松、前掲書 19 頁。

(15) 同書、第 3 章、3。

(16) Lewis, op.cit., pp. 345ff., pp. 354f.

(17) 笠松、前掲書 5 頁。

Ⅲ　中世法を支える人々──判例法形成の担い手達

　イングランドにおけるコモン・ローの根幹をなす判例法主義の形成の出発点は、聖職者──その限りでローマ法的・教会法的素養を持つ──裁判官層の

退却による前代の法学との断絶から始まる。その第一の契機は 1215 年の第四ラテラノ公会議における聖職者の神判や流血裁判への干与の禁止であった。[(1)]イングランドではこの聖職者裁判官の世俗裁判所からの退却過程は、ヘンリ 3 世（1216-72）からエドワード 1 世（1272-1301）の治政の変わり目に進行する。ヘンリ 1 世からヘンリ 3 世末まで（1100-1272）聖俗両裁判官は同一人で占められ、ヘンリ 3 世死亡時の裁判官のすべてが聖職者であったのに対し、エドワード 1 世期には、その半数は俗人裁判官によって占められるようになっていた。このことはイングランドの独自の慣習が尊重されるようになったことを意味すると同時に、裁判、法運用における学識性の喪失をも招くこととなった。しかしこうした傾向は『ブラクトン』が当時の裁判官の学識の無さを嘆き、以前の時代の偉大な裁判官を回顧したごとく、既に聖職者裁判官の支配するヘンリ 3 世の時代から始まっていたように思われる。ラテン語法文献の仏語化は 1260 年以降に始まり、1265 年には『グランヴィル』が仏訳され、1270 年代には仏語のリポート＝イヤー・ブックスが現れ始めている。[(2)*6]彼はこうした傾向に抗して、イングランドの慣習とローマ法の学識を調和せんと試みた最後の人であったのかもしれない。

　前代の法学の成果は、ラテン語法文献の仏語化、簡約化を通じてのみ俗人法曹に受け継がれえた。ブラクトン『イングランドの法律と慣習』はテューダ期に向けて新たな法学の発展が始まるまで修道院で眠り続け、わずかに仏語で簡約化された『ブリトン』のみがその命脈を保っていた。[(3)]

　聖職者裁判官の跡を埋めた人々は、以前には裁判所、財務府、大法官府等の書記であった人々、以前に法廷で serjeant, pleader として活躍した人々であった。[(4)]これらの法曹の法知識の基礎をなしていたのは、中世を支配し、近代までその影響を及ぼし続けた令状と訴答に関する知識であった。この新たな俗人裁判官の下にあって、attorney, pleader, apprentice at law, serjeant at law と称されるようになった人々がイヤー・ブックスを支え、判例法主義を形成する上で重要な役割を果したのであった。しかし、彼らはその初期の時代には必ずしも専門法曹と呼ぶに足りうる人々ではなかった。serjeant 層が最も早くエドワード 3 世治世期にその地位を確立する。プラクネットはエドワード 3 世治世期（1327-77）以降のイヤー・ブックスの手稿が相互に密接

な関連を持ち始めることを、この期の serjeant at law の地位の確立に求め、イヤー・ブックスの手稿の回覧が高位法廷弁護士の極めて狭いサークルに留まっていたと主張した。時代は下るが、チョーサが『カンタベリ物語』で "man of law" として記述した法曹もこの serjeant であった。そこでは、彼は高位法廷弁護士として聖ポール寺院で依頼人に会い、また巡回裁判所判事として地方で活躍する人として、また抜け目ない不動産譲渡人として描かれている。さらに彼の学識の基礎として、「ウィリアム王時代以降の記録されたすべての判決、事例、罪名について知っており」「さらに、全ての制定法の条文を暗記している」（傍点筆者）と記されている。

この「ウィリアム王時代」の「すべての」、という言葉には相当の誇張があるように思われるが、サージャント層がこの期のイヤー・ブックスの主要な担い手であったことは疑いえないだろう。しかし、シンプソンが 15 世紀のイヤー・ブックスの検討からプラクネット説を批判したごとく、イヤー・ブックスの回覧がサージャント層にのみ限定されていたと考える必要はない。法廷でメモをとることによって法を学ぶという当時の慣行——後までも重要な要素でありつづけるのだが——は pleader として働く apprentice at law の側にもこうした私的なメモが集積される可能性があることを示していた。むしろサージャント層はこうした活動を通してその地位に昇り得た人々であった。またパイク説のごとく裁判所の書記にもそうしたメモが堆積される可能性はあったであろう。主として令状・訴答に関する知識を得ることを通してではあるが、裁判所の書記は後の時代に至るまで法曹としての昇進の近道を提供していた。そして判例法主義の形成は半ば裁判官的なサージャント層の狭いサークルにではなく、むしろ、この広汎な法曹のグループの成長にかかっていたのである。

これらの人々が後に法曹院、法曹予備院と称されるようになった法曹団体を形成した人々であった。我々はこのような法曹団体について 14 世紀中葉迄その存在を確認し得ない。1355 年のイヤー・ブックスにおける「法研修生の宿舎」への言及、1388 年の農民戦争でテンプルの法曹の宿舎が襲撃された記録がその最も初期のものである。しかし、この法曹院を形成するに至った人々が実際にどのような人々であったのか、そのまとまった記述に関して

は、またしても前述のチョーサの『カンタベリ物語』の"A Temple"の賄人の証言（c. 1392）を待たねばならない。賄人の証言によれば、彼の主人達は30名余りおり、そのすべてが法の識者であり、またその多くは、貴族に所領の管理経営を委ねられており、また、地方（Shire）の法廷、政治も彼らによって担われているのである。[11]この人物像は、彼らが専門の法廷弁護士というよりむしろ、本来は、荘官的な身分の者であり、その職務に付随して中央の裁判所に出廷し、主君たる貴族の所領の維持・保全のために闘った人々であったことを示しており、その意味では中世大陸における「傭われ博士」たるローマ法学者に近い存在であったように思われる。[12]こうした法曹院を構成する人々の荘官的性格は16世紀に至るまで確認しうるものであり、Court of Baron 等の荘園裁判所の実務に関する中世的文献も彼らによって担われていたのであろう。

　法曹院の賄人の証言からも、また彼らの職務内容からも、彼らの活動の本拠地が地方にあったことは確かである。とするならば、法曹団体の成立が年4回の開廷期にロンドンに集まるこれら地方在住の〔荘官的〕法曹の臨時の共同宿舎（Inn）として生まれたのではないかとするソーン教授の見解は大いに支持しうるものといわねばならない。[13]リンカンズ・インの Black Book は、現在遡りうる法曹院の最古の記録であるが、1422年に始まる初期の記録は記載内容の関心の多くが後に述べるごとく、メンバーたる法曹の共同生活の維持に向けられており、前述の賄人の証言でも、単にそこでの教育についての叙述がないだけでなく、既にすべての構成員が法の識者であるということは、それが本来教育を目的とする団体でなかったことを示しているように思われる。[14]学習の場があるとすれば、それはむしろ現実の法廷であった。

　しかし、法曹団体が形成され共同の生活が行われるようになったということは、そこに法知識に関して何らかの共働が生み出される可能性のある場が生じたことを意味した。この法曹団体の形成期以降、法曹自身であれ、彼の書記であれ、イヤー・ブックスの手稿を写しとることによって学ぶ慣行が成長しつつあったように思われる。この慣行の成長は未だ法廷での裁判官の裁量権を拘束するまでに成長はしていなかったものの、チョーサの『カンタベリ物語』の時代より少し下った時代、ヘンリ4世以降のイヤー・ブックスに

現れる "Nos libre" への言及の増加は明らかにイヤー・ブックスが法曹の共有財産と見做され始めてきたことを示していた。[15] しかし、ヘンリ6世治世期（1422-61, 1471）中葉にみられる「中世的法観念」からの離脱に至るには、さらに、この法曹院内でイヤー・ブックスをその基礎とした法の教育訓練制度が整備、組織化されるのを待たねばならなかった。

注

(1)　S. W. Holdsworth, *A History of English Law*（以下、*H.E.L*）vol. II, p. 313.

(2)　T. F. T. Plucknett, *op.cit.*, pp. 80-83.

(3)　*Ibid.*, pp. 93-97.

(4)　Pollock & Maitland, *op.cit.*, vol. II, pp. 205-206, esp. n.5.

(5)　T. F. T. Plucknett, 'The Place of the Legal Profession in the History of English Law', 48 *L.Q.R.*, pp. 336-337.

(6)　Chaucer, *The Canterbury Tales*（Penguin Classics, 1951）pp. 27-28.

(7)　A. W. B. Simpson, 'The Circulation of Year Books in the Fifteenth Century', 73 *L. Q.R.*, pp. 493-505. Do, 'Source and Function of Later Year Book', 87 *L.Q.R.*, pp. 94-118. 後者では、議論を一歩進め、法曹予備院に派遣された法曹院の講師がイヤー・ブックスの組織的作成に関与していたのではないかという大胆な仮設を提示している。

(8)　Abbott, *op.cit.*, pp. 43f., p. 61, pp. 167-170. にみられるイヤー・ブックス断絶期のリポーティングの持った意味がそのための参考となろう。

(9)　イヤー・ブックスの形成乃至起源に関する論争に関しては、前述のセルデン協会のイヤー・ブックス・シリーズのターナ教授による *4 Edward II* の序文（pp. ix-xxviii）が最もよくまとまっているように思われる。cf. Abbott, *op.cit.*, pp. 20-22. Prest, *The Inns of Court* p. 565.

(10)　S. E. Thorne, 'The Early History of Inns of Court with Special Reference to Gray's Inn', *Graja* No. 50, p. 80. *H. E. L* II p. 495.

(11)　Chaucer, *op.cit.*, pp. 34-35.

(12)　上山安敏『法社会史』（みすず書房、1966）第1部第2章1。

(13)　Thorne, *op.cit.*, pp. 79f.

(14)　後述。

(15)　Simpson, 'Source and Function', p. 95, Lewis, op.cit., p. 355. イヤー・ブックス以外に 'Nos libres', 'notre libres' と呼ばれる栄誉を得た法書は存在しない。

Ⅳ　中世末法曹院の教育訓練制度の整備・拡充

　各々の法曹院の教育訓練制度確立の過程、時期、方法は必ずしも一様ではない、そのことはそれが前述の中世末の動向への各法曹院の自主的改革であったことを示している。ここでは、唯一、15世紀（1422）から継続的な記録（Black Book）を残しているリンカンズ・インの教育訓練制度の確立過程を追ってみよう[(1)]。

　15世紀の初頭のリンカンズ・インは、毎年その会員（fellow）によって選ばれる概ね4名のGovernourと名付けられる理事達と、若干のインの運営上の職掌——会費徴収、クリスマスの儀式、宴会のための役職——を分かち持つ人々によって運営されていた。その初期の記載事項の多くは、財政問題に集中しており、その職掌とともに彼らの関心が法曹団体の共同生活の維持に占められていたことを表している[(2)]。

　さらに、構成員はFellowsとClerksの2階層に分けられ[(3)]、後に、Moot（模擬裁判）における教育訓練義務の年季順の割り当てから形成されたBencher—Utter Barrister—Inner Barristerという階層的構成はみられない[(4)]。

　これらの事実は、15世紀初頭の法曹院が14世紀末にチョーサが叙述したごとき実務家の団体の共同宿舎的機能をまだ中心としていたことの証左であろう。しかし、このことは、当時の法曹院が、まったく教育的機能を備えていなかったことを意味するわけではない。1422年にin status pupillariと称される地位にある30名の若者の存在したこと[(5)]、1428年には模擬裁判（moot）の記載が表れ[(6)]、さらには、Readerと名付けられる制定法の講師の存在が1464年まで遡って確認しうるということは[(7)]、法曹院が多くのギルド、聖堂が中世に果していたような教育機能を付属させていたことを示していた。Fellow—Clerkの2階層もそうした徒弟制的訓練の名残かもしれない[(8)]。

　しかし、教育訓練への参加はすべての会員——とりわけ上層のメンバーにとって——の義務ではなかった[(9)]。閉廷期には彼らは多忙な地方法実務家であり、領主の執事であった。初期の法曹教育の主要な部分は——後にもその重要性を保ち続けたのだが——開廷期の裁判所での傍聴と上層メンバーによる

実務の見習いであったと思われる。

　教育訓練制度の整備は第一に、この閉廷期に学生を教育するための会員の確保の努力＝閉廷期教育訓練の組織化によって始められたように思われる。1428 年にはロンドン周辺の会員（Fellows）に閉廷期間中も法曹院に居住することが義務付けられた。続いて、1436 年、後にヘンリ 6 世の大法官、エドワード 4 世の国王評議会員となった『英法礼讃』の著者フォーテスキューをはじめとして 9 名の Governours、前 Governours を含む 19 名の会員が、各人が会員全体に個別的に誓約するという形式で、例えば、「フォーテスキューは収穫期に 1 カ月、そして次の年より、この 3 年間、全ての収穫期を上述の如く逗留する（continue）ことを、約束を破るたびに支払われるべき 20 シリングの支出にかけて約束した」という誓約形式で自らに閉廷期教育訓練参加義務を課した。

　これらの 19 名の人々は、そのうち 14 名の人々が誓約の年の前後 20 年の間の制定法講師のほとんどを占めており、彼らが閉廷期教育訓練システムの形成によって後進を指導し、それによって自らも資格付けていこうとする意欲に燃えた上層から中堅にかけてのメンバーであった。1442 年には、前述の合意に参加したメンバーによって占められた 4 人の Governours の命令（Ordinances）によって、すべての人々に入会後の 3 年間、9 閉廷期の教育訓練参加が義務付けられることとなった。

　かくして、教育訓練が公式の制度として組織化されるに従って、その主要な教育訓練形式たる模擬裁判（ムート）の構成のための階層分化が始まる。すなわち、裁判官席に坐る会員（fellow at bench）と弁護士席に坐る会員（fellow at bar）への分化である。この階層分化は急速に進み、1466 年までには各々特別の名称 Bencher、Utter Barrister の名で呼ばれるようになっていたのである。

　この発展しつつある教育訓練制度の維持にとって第一の難問は、Bench に坐る年長の会員を確保することであった。とりわけ、地方の法実務に忙しく、王座裁判所、財務府裁判所の最も活溌なメンバーであったこれらの法曹をこの義務に拘束することは困難であったに違いない。

　1466 年、Call to bench（ベンチャ資格賦与）と、その義務が法曹院の荘厳

な学則（statute）の形式で定められたが、1475年にはBencher補充のために閉廷期間にCallされたものがBenchに残らずBarに戻ってしまうという事態が生じ、Bencherの義務を各員がReader（制定法講師）となるまで免除するという妥協がなされた。

しかし、他方ではこの改革によって従来付随的なものにすぎなかった法曹院の教育機能が、その中心的関心事となり、それに伴って教育訓練上重要な役割を果すようになったBencher層が法曹院の運営権を独占するようになり、対外的には、ベンチャ資格は、民訴裁判所の出廷権を独占していた高位法廷弁護士（Serjeant at Law）への昇進の踏み台として、そして、その他の王座裁判所、財務府裁判所、市裁判官職等の実入りの多い法実務への進出を確保するための有力な糸口となった。

このリンカンズ・インの階層制は15世紀後半に模擬裁判における会員の役割に対応して形成された。しかし、法曹院におけるもう一つのより公式的な教育訓練たるReading（制定法講義）に基づいて階層制が発展しても不思議ではなかった。実際グレイズ・イン（Grays Inn）では、リンカンズ・インと異なりReader―（Ancient）―Utter Barristerという階層制が発展した。

しかし、ReaderとBencherの同一化、すなわちReadingがCall to benchの条件となることによって、Readerと称されるにせよ、Bencherと称されるにせよ、その実質的な相異はなくなっていった。他方、このReaderとBencherの同一化は、Readerでない裁判官席に坐る人々を示す特別の階層Associate（L.I., I.T.）, Ancient（M.T., G.I.）, Assistant（G.I.）を生み出すこととなった。

このような階層分化の中で注目されるのは、基本的な階層は二つ、BencherとUtter Barristerであり、それ故、当初はCallは一つ、すなわち、Call to benchしか存在しなかったということである。後に、法廷弁護士資格付与と同一視されることになるCall to barは1494年に初めて資料に現れるにすぎず、それも、ウェストミンスタの中央裁判所への出廷権としてではなく、法曹院内の新たな階層分化、1502年に資料に現れるInner Barristerとの関係で規定が設けられたにとどまる。リンカンズ・インではCall to barされた人々のリストは1518年から記録されるようになるが、すべての法曹院

がCall to barされた人々のリストを記録し始めるのは、Utter-barristerの地位とウェストミンスタの裁判所への出廷権が関連付けられるようになった16世紀後半以降であり[23]、それ以前にはCall to barは法曹院の模擬裁判への参加資格でしかなかったのである[24]。

　この法曹院の実務家の共同宿舎から、教育を主目的とする学院への発展は、中世末における俗人の中央行政への進出、その要請・必要が従来の教会付属施設や学生寄宿舎、カレッジを独立した教育施設へと変貌させていった過程に対応する中世末の俗人教育機関の発展の法学版であろう[*8]。

注

(1)　リンカンズ・インの記録は1422年から始まる。J. Douglas Walker (ed.), *Records of the Honourable Society of Lincoln's Inn, the Black Book,* (London, 1897). 以下B.B.
　　その他の法曹院に関しては、ミドル・テンプル（以下、MT）が1510年から、インナ・テンプル（以下、IT）が1505年から記録を残しているが、グレイズ・イン（以下、GI）に関しては1596年に至るまで継続的な記録は始まらない。Charles Henry Hopwood (ed.), *The Middle Temple Records, Minute of Parliament* (London, 1904). F. A. Inderwick (ed.), *Calender of Inner Temple Records* (London, 1896). J. Fletcher (ed.), *Pension Book of Grays Inn* (London, 1901)

(2)　Governours（理事）の数に関しては、1424-25年、6名、1425-26年に5名であったが、1427年以降は4名に固定した。B.B. I, pp. 1-5.
　　その他の職掌に関しては、以下のようなものがあった。

　　Pensioner（1427）：会員からの部屋代の徴収とそこからの地代、奉公人の給金の支払いを行う。
　　Escheator（1428）：クリスマス期の燃料と教会の灯明の費用等の徴収。
　　Auditor（1428）　：会計監査。
　　Treasurer（1455）：この年に初めて法曹院の財務総括者として任命される。

　　その他、クリスマス期に特別の任務を負う役職としては、The King over Christmas, Master of Revels (1455) Steward for Christmas (1495) Butler for Christmas (1460) 等の職掌が存在した。
　　J. D. Walker のB.B. への序文（pp. xiv-xxi, xxxiii.）参照。
　　この他に、上述の会員たる役職者の下に多くの奉公人をかかえていた。賄夫、料理人等の雑務から、書記、舎監、入学金の徴収を行うButler（1423）、財務関係を司る執事Steward（1431）の事務員が存在し、彼らの中には忠実な勤務による功績に

よって法曹院への入会を許可され、後に王座裁判所の判事になった者もいる。John Butler, 1508-1518 王座裁判所判事、Thomas More の父親 John More もかくのごときコースで法曹へのし上がったといった人である。

(3)　　かくのごとき法曹院の初期の記録とそこに現れる構成は、前章で述べた Thorne の法曹院の成立を開廷期にロンドンに集まる法曹の共同宿舎に求めた見解を支持するものであると同時に、15 世紀初めには未だ法曹院が教育機関としては幼児期にあったことを示すものであろう。cf. Prest, *Inns of court 1590-1640*, pp. 1ff.

　　B.B. I pp. 9-10.「全ての人は fellow もしくは clerk として法曹院へ入学を認められ」cf. A. W. B. Simpson, 'The Early Constitution of the Inns of Court', *Cambridge L. J.* vol. 28, pp. 241ff.

(4)　　後述。

(5)　　これらの若者達を、入学年次別にみるなら、1420 年 6 名、1421 年 10 名、1422 年 14 名と増えており、さらに彼らが 3 年以内に fellow に加わり得たことが分かる。法曹院（リンカンズ・イン）の規模全体としても、1422 年 127 名、1427 年 187 名と増加傾向を示している。B.B. I, pp. 1f., Thorne, 'Early History', pp. 86-87.

(6)　　B.B. I, p. 3.

(7)　　B.B. I, p. 38.

(8)　　B.B. I, pp. xii-xiv. 1499 年までには法曹院の会員としての clerk と、個々の会員の従者としての clerk は区別されるようになっている。

(9)　　閉廷期間に法曹院に滞在する慣行は、当初、財政的な事情から生じたのかも知れない。(Thorne, op.cit., p. 83.) とりわけ、閉廷期間の法曹院への滞在義務がロンドン・ミドルセックスのメンバーに課されているのは教育訓練上の要請からというより、むしろ、閉廷期間中の法曹院の維持そのものへ関心が向けられていたことを示しているように思われる。(B.B. I, p. 2) 同じく、各会員が 2 名の支払保証人を毎年更新せねばならず、その内 1 名が閉廷期間滞在者（Continuator）でなければならないとされたのもそのためであろう。(B.B. I p. 9) cf. Francis Grigor, Introduction to "Sir John Fortescue's, *Commendation of the Laws of England*" (Sweet & Maxwell, 1917) p. ix.

(10)　　B.B. I, pp. 6f.

(11)　　B.B. I, pp. 12.

(12)　　Barrister についての言及は、1454-56 年に「弁護士席にいる最良の者の内二名 (duo de optimo barrer)」という形で現れる。1466 年には Call to Bench の規定との関連で「弁護士席にいる会員、即ち」Utter Barristers という形式で初めてその呼称が使用された。(B.B. I pp. 41f.)

　　Bencher に関しては、それより早く 1442 年に記載がある。(B.B. I, p. 11) しかし、他方では、fellow of Bench, fellow of the Bar という記述が 1468-69 年になってもみられるごとく、この期には Bencher, Utter Barrister の階層制は未だ形成途上にあったごとく思われる。(B.B. I, p. 48.)

(13)　　B.B. I, pp. 41-43.「第一に以下の事が命ぜられた。現在そして将来の全てのそして個々の当院の会員は、各々、彼もしくは彼らが、当院の弁護席から裁判官席へ召喚され、認証されると、彼らが召喚され認証された直後に、前述の形式で、即ち、当院の

講義が行われているレント期の1カ月、当院の講義が行われるオータム期の1カ月間、3年間、6閉廷期間を勤めねばならない」。

(14) B.B. I, p. 59.

(15) Bencher 層の運営権の独占過程に関しては法曹院の学則、学令の発布形式に関するシンプソンの分析を参照。A. W. B. Simpson, 'Early Constitution of Inns of Court', *Cambridge L. J.* vol. 28, pp. 245-249.

初期の法曹院（LI）の内部規制は、(1) governours による学令、(2) 会員全体による学則、学令の発布、承認、(3) 個々の会員が全体としての会員に誓約、という三つの形態をとっていたが15世紀末には、(2)、(3) の形式が消滅し、Governours 層とBenchers の合同による学則、学令の形式が増加し、15世紀末 Governours とBenchers の職務上の相異がなくなり、1574年には Governours の語が使用されなくなると、決定は Benchers 層によってのみ下されることとなった。Governours の語は1584年頃復活するが、その時にはほとんど Benchers と同義に使用されることになっていた。

(16) E. W. Ives, 'Promotion in the Legal Profession of Yorkist and Early Tudor England', *L.Q.R.* vol. 75 p. 349.

(17) A. W. B. Simpson, 'The Early Constitution of Gray's Inn', *Cambridge L.J.* vol. 34 (1975) pp. 134-135.

(18) Reading（制定法講義）を行わず Bencher なった者も、その後、順番がくれば年長順に講義をしなければならなかった。

(19) Prest, *Inns of Court, 1590-1640*, pp. 61-69.

(20) B.B. I, p. 100.

(21) B.B. I, p. 127. この模擬裁判に出席して弁論する能力を持たない階層の出現こそ法曹院の教育機関的性格を決定付けたのかも知れない。同じく、この時期に大学のカレッジが、元来卒業生の団体であったにもかかわらず、財政上の理由から在学生たるジェントルマンの子弟の入学を認め始め、それによって徐々に教育機関化していった過程と対照してみるなら極めて類似した現象が進んでいることになる。

M. H. Curtis, *Oxford and Cambridge in Transition 1558-1642* (1959) pp. 77-78.

(22) B.B. I, p. 188.

(23) Prest, *op.cit.*, pp. 50-52.

(24) Barrister という呼称はテューダ、ステュアート期を通じて法曹にとっては侮辱的な呼称とさえ考えられ、対外的に Counsellor の名で通っていた。J. H. Baker, 'Counsellors and Barristers', *Cambridge L.J.* vol. 27 (1969)

V　教育訓練制度の整備と判例法主義の確立
——イヤー・ブックスの権威的典籍化

　第1章で述べたごとく、従来、法書の知識形成の客観的な基礎は、令状とその公式的訴答の模範集と、荘園裁判所での実務書の域を出なかった。これらの知識は法実務の基礎として不可欠なものではあったが、それだけでは一人前の法曹たるには不十分であった。

　イヤー・ブックス（以下Y.B.）の記載例が示すように、法曹の関心は具体的事件との関連で令状や訴答の適否が如何に取り扱われるべきか——その法律上の効果と理由にあった。すなわち、裁判官と高位法廷弁護士の間でやりとりされる法律問題についての議論である。

　このような知識の獲得は裁判所での傍聴によって実務に接することなくしては不可能であった。彼らが私的に書き留めたメモや、手稿Y.B.からの転写によって蓄積した知識が個々の法曹の法廷での議論の唯一の基礎となり得たであろう。しかし、それらは「訴訟記録（Record）」とは異なり私的な性格のものであり、個別的には十分な論拠、もしくは証拠とはならなかった。そこに、ヘンリ6世期前の英法学の限界があった。

　15世紀中葉以降の法曹院の組織的集団的な教育訓練制度の整備はこうした状況を一変させつつあった。

(1)　イヤー・ブックスによる学習

　模擬裁判を法曹院の公式の教育制度として組織化し定着させるには、丁度、中世大学の類似した教育訓練制度である「討論演習（disputation）」において、論争の仲裁、論議の正当化の方法が書物の中の権威ある著者の見解に求められたごとく、ベンチャにしろバリスタにせよ、自らの論点や判断を何らかの客観的な、且つ権威的な見解によって支持する必要に迫られたであろう。とりわけ、成長期にあるベンチャ層にとっては、元来バリスタと同資格であり、裁判所の判事達と異なり、十分な権威を持っておらず、それ故に、権威ある裁判官や高位法廷弁護士の法的意見を借りることが唯一の現実的で

第4編　コモン・ロー法学教育の組織化　201

且つ可能な方法であったように思われる。[2]

　コットン・マニュスクリプトのより公式的でない——それ故にその初期の形態を保存していると思われる——模擬裁判の説明は上述の方向を例証してくれる。[3]

　　正餐と夕食の後、その院の学生や生徒は三人ずつ共に坐り、三人の内の一人が彼の仲間の二人に若干の疑わしい問題を提出する。彼らはそれを英語で推論し議論する。そして最後に、その問題を提出したものが、彼がその問題を引き出した彼の書物の判断、もしくはよりよい意見を示しながら彼の考え（mind）を陳べた。学生たちは祭日を除き1年中毎日これを遵守した。[4]

　さらに、我々は15世紀後半以降 Y.B. を学ぶ研修生＝法曹院のメンバーについての言及が Y.B. その他の資料でなされるのを確認しうるようになるのである。[5]このように、法廷外で独立して法の学習が組織的に行われるようになったことは、ウェストミンスタの法廷での裁判官の法意識に影響を及ぼさずにはおかなかった。

　1454年プリゾート首席判事は同僚判事を以下のごとくたしなめた。

　　貴公、もし、今までに如何なる訴訟でも貴方が実際にそうあるべきだと考えておられるようには判決されたことがなかったら、このことは法廷年報を学んでいる若い研修生にとって悪い例となるだろう。なぜなら、もし、彼らの書物で幾度となく判決された判断が今や逆に判決されるなら、彼らは彼らの書物をけっして信用しなくなるからである。[6]

　このプリゾートの Y.B. についての意見は、以前には「正義と条理」の名の下に裁判官によって広汎に享受されてきた裁量権が、法曹院の教育訓練制度の整備に伴う Y.B. の組織的な学習によって、すなわち、裁判官の法意識から、また訴訟当事者の利害関心からも一定分離された場において法知識が学ばれることで、獲得されたその学問の客観性によって足枷をはめられつつ

あったことを如実に示している。

　研修生達はもはや裁判官や高位法廷弁護士の見解に盲目的に従うことはなくなる。彼らはY.B.の知識を基礎に模擬裁判で鍛えられた彼ら自身の学識の上に立って判断を下すようになった。15世紀末にかけて彼らの批判的見解、態度——「多くの研修生の見解に反している」、「そして、種々の良き学生達はこの点について反対であるように思われる」——が、Y.B.の中に記されるようになる。こうした研修生の現実の裁判への批判的態度こそ、その背景に法曹院という場で「イングランド法学」が成長しつつあったことの証左であろう。[7]

(2) 制定法講義の変化

　同様の法学の形成過程が法曹院のもう一方の教育訓練制度である「制定法講義（Reading）」においてもみられる。

　法曹院の教育訓練制度形成の準備期1420-30年代の講義は、マグナ・カルタ、マートン法、モールバラ法、ウェストミンスタ第一法律、グロスタ法、ウェストミンスタ第二法律等のエドワード2世期より前の13世紀の偉大な諸立法を、順次に、例えば、

1432年	レント閉廷期	マートン法
	オータム閉廷期	モールバラ法
1433年	レント閉廷期	グロスタ法

というごとく、4-5年のサイクルで繰り返す形で、すべての制定法の講義が行われていた。[8] [*9]

　概ね、オータム期の講師は第1回目の講師（First Reader）であり、レント期には2回目以上の年長の講師（Double Reader）であったが双方とも年功順に選ばれ、且つ、上述のコースを踏み外して、自分の好みの制定法を講義することは許されなかった。すなわち、マートン法の次にはモールバラ法が講義されねばならなかった。[9]

　個々の制定法の講義は、章毎に、条文の復唱、制定前のコモン・ローと当該条文がコモン・ローに与えた変化についての簡単な説明によって構成され

た。しかし、ソーン教授が最近の研究で明らかにしたように、これらの制定法の説明も、既にコモン・ロー上既知のものとなっている令状の運用方法を制定法の規定によって確認する以上のものではなく、それ故個々の講義は極めて非個性的な、前任者が行った同法の講義の繰り返しにすぎないものであったといわれている。[10]

このことは、初期の講義の機能が制定法に関する慣行化した知識の——そして、おそらくは、その中で制定法の文言それ自体の伝達が重要な部分を占めていたと思われる——機械的な、口頭による伝承乃至保存の域を出るものでなかったことを示すものであろう。このような講義の非個性的性格が、後に、ベンチャ、高位法廷弁護士への昇進に不可欠な踏み台となったにもかかわらず、初期の記録に講師職に就いた人々のリストが現れない理由の一端であったように思われる。

しかし、1464年、リンカンズ・インの法曹の教育訓練制度が整備され、制定法講義がベンチャへの昇進資格へと変化しつつあるときに、また、高位法廷弁護士への選任を法曹院が独占し、その昇進と制定法講義が結びつきつつあるときに、インの全会員の忠告によって以下のごとく学令が出された。

　　これより毎年 Autumn Reader は前のイースタ期に選ばれるべきであり、Lent Reader は前のミカエルマス期に選ばれるべきである。そしてこの学令の施行により、ウィリアム・ハッデスフィルドが当院によって次のレント閉廷期に講義するように選ばれた。[11]

この規定以降、Lent Reader すなわち、高位法廷弁護士への昇進の直前にある上層ベンチャたる講師の名が、そして、前述の1475年の Call to Bench の再規定の後には、Autumn Reader の名が恒常的に記録されるようになった。[12]

このリンカンズ・インによってなされた諸措置は、講義が法曹の昇進の資格要件となることによって、講義はその講師の学識を問われる場となったこと、それ故に講義が1420-30年代のごとく前任者の同法の説明の繰り返しでは済まなくなってきていること——長い準備作業期間を必要とする教育訓練

となったこと——を示唆している。

この講義内容の変化の最も具体的な例は、ソーン教授によって紹介された
マートン法第1章の手稿である。エドワード4世初期に書かれた、マートン
法第2章の講義の際になされた欄外註の本文への挿入による詳細化の上に
立って形成されたこの講義は、ソーンの評価によれば「講義室でというより
むしろ書斎で作成された、……そのままの形式で講演された講義というよ
り、むしろクックの『[イングランド]法学提要 第2部[制定法註釈]』の
15世紀的先取り」であった。[13] *10

この制定法講義の内容の発展と制定法の説明と解釈の詳細化は、講師の
Y.B.の知識の増大を基礎に進展した。1420-30年代の同法1章の講義には
Y.B.の引用は皆無であるのに対し、前述のエドワード4世期の講義では1章
の条文の説明・解釈のために8事例が費やされている。[14] この傾向は、ソーン
によって紹介された他の講義録——年代、講師名の確証される講義——にお
いても顕著である。1452年[15]、1466年[16]、1469年[17]の講義ではY.B.からの引用は
皆無であるのに対し、1481年の講義では6事例が[18]、1489年の講義では40も
の事例が引用されている。[19]

制定法講義に対する新たな意義付けに対し、講師達が如何なる学問的方法
で答えたかは明らかであろう。彼らのほとんどはY.B.の手稿を十分学んで
おり、彼らはそこから得られた諸制定法の各分野に関連する法実務上の知識
を、自らの制定法の説明の正当化のための例証として——彼らは制定法の条
文からの論理的解釈を行っているのではなく、現実にその制定法に関連する
法分野がコモン・ロー上どのように運用されているかを説明しているのであ
るから——示すことによって、制定法講義をより現実の法運用に密接なもの
に、またより精妙なものへと変化せしめたのである。[20]

この変化は、一方では従来の4-5年のサイクルで、全制定法の講義を完結
させるのを不可能にした。30年代のごとく一人の講師が一つの制定法全体
を講義対象とすることはなくなった。また、説明の不要な章は省かれるよう
になった。それにもかかわらず講義のサイクルは8-10年へと長期化して
いったのである。[21]

この講義サイクルの長期化、各講義の詳細化は「古き良き法」たるエドワー

ド 2 世紀以前の偉大な諸立法がもはやそのままでは維持し得なくなってきて
いること、さらには法の拘束すべき社会の平面が拡大しつつあることを意味
していたと思われる。かくして、講義の内容は制定法の規定からますます離
れていった。パットナムによって詳細に検討された 1501 年のトマス・マーロ
ウのウェストミンスタ第一法律第 1 章の講義は制定法の講義というより、む
しろ当時重要なものとなりつつあった治安判事の職務とその権限に関する一
大論文であった。[22] このエドワード 3 世期以前の諸立法の講義という「形骸化」
しつつも遵守され続けてきた制約を破ることができるようになるのは、
テューダ絶対王政成立後、ヘンリ 7 世期以降のことであり、また、制定法と
無関係に特別の法分野に関して講義しうるようになるのはエリザベス期に
入ってからであった。しかしながら、そうした発展は実質的には 16 世紀の
変わり目に向けて着実に進行しつつあったのである。[23]

注

(1)　Curtis, *op,cit* (1959) pp. 88-92. 大学の Disputation では、討論参加者は、問題の解
　　答、解釈をして、それを支持する論証を行う Respondent、推論の瑕疵を攻撃し、矛
　　盾する諸命題を提出する Opponent、論争の要約者、仲裁者たる Determinor もしくは
　　Moderator に分けられ、規定の回数この討論演習に参加することが学位請求のための
　　不可欠の前提条件であった。

(2)　Sir John Fortescue, *De Laudibus Legum Angliae*, translated by Francis Grigor,
　　(Sweet & Maxwell, 1917) pp. 115-117. 以下 *D.L.L.A.*

(3)　ヘンリ 7 世期末に Thomas Denton 等によって報告された公式の Moot 以外に、Bolt,
　　Chapel moot と名付けられる模擬裁判が存在した。また、日常的には Putting Case と
　　名付けられる小人数の討論演習が行われていた。

　　公式の Moot においては、2 名の Inner Barrister が、あらかじめ用意した訴答を法
　　律仏語で、各々原告、被告側に分かれて復唱し、その後 Utter Barrister 達が、その
　　事例の法律上の争点について議論を行い、最終的にベンチャが彼が法と考える意見を
　　述べることによって Moot は終了した。Reports of Henry VIII's Commission by
　　Thomas Denton, Nicholas Bacon, Robert Cary, reproduced by D. S. Bland, *The
　　Journal of the Society of Public Teachers of Law*（以下 *J.S.P.T.L.*）vol. X, pp. 183-
　　189.

　　Bolt, Chapel Moot に関しては、C. I. Hammer, 'Bolts and Chapel Moots at Lincoln's
　　Inn in the Sixteenth Century' *J.S.P.T.L.* vol. XI, pp. 24-28.

(4)　Cotton MS. Vitellus, Chapter 9, p. 320, cited by C. W. Johnson, *The Life of Sir*

Edward Coke, vol. I (London, 1837) p. 21.

(5) Fortescue, *D.L.L.A.* p. 111. Simpson, 'Source and Function', *L.Q.R.* vol. 87 p. 96.

(6) Y.B. Mich. 33 Hen.VI pl.17 f 88, cited by Simpson, loco. cit.

(7) Ibid., pp. 111-113.

(8) S. E. Thorne, *Readings and Moots at the Inns of Court in the Fifteenth Century*, vol I, *Selden Society* vol. 71 (1954) pp. xxxi-xxxii

(9) *Ibid.*, pp. ix-xvi. 15世紀後半には、概ね、最初の講義を行った5-6年ね に2回目の講義の順が巡ってきた。

(10) *Ibid.*, pp. xii, pp. 1-lxvii. 同じく、Thorne, 'Early History' *Graja* No. 60, pp. 90-91.

(11) B.B. I, p. 38.

(12) B.B. I, pp. 243f.

(13) Thorne, *Readings and Moots*, vol. I, pp. lx-lxiii.

(14) *Ibid.*, pp. lxxv-ci. 再録されたマートン法第1章MSSは、1420年代のHh. 3.6, Hh. 2.8, Ii. 5.43, Hh. 2.6. ならびに後の時代のMS.と考えられるEe. 5.22である。

(15) First Reading of Henry Spelman at Gray's Inn. Lent, 1452, Westminster II, ca 25 (*Ibid.*, pp. 1-37.)

(16) First Reading of Thomas Fitzwilliam at the Inner Temple. Lent, 1466. Merton, cc. 1-4 (*Ibid.*, pp. 38-60.)

(17) Second Reading of Thomas Brugge at Gray's Inn. Lent, 1469. Westminster II, cc.3-6. (*Ibid.*, pp. 61-135.)

(18) Third Reading of Richard Hall at the Inner Temple. Lent, 1481. Gloucester, cc.1-3. (*Ibid.*, pp. 136-170.)

(19) First Reading of Robert Constable at Lincoln's Inn. Autumn, 1489. Westminster II, cc.1-2. (*Ibid.*, pp. 171-237)

(20) *Ibid.*, p. xviii.

(21) *Ibid.*, pp. xvi-xviii. 省略されたWestminster I, cc. 7-8, 27-29, 31-34, 38, 41, 50, 51, Westminster II, cc. 28, 34, 37-39, 42-44, 47, 49-50等の章は実質上ほとんど実効性を失っていたかも知れない。

16世紀初期の講義の資料によると、

1508 Lent	John Salter (II)	Gloucester	cc. 1-8
Autumn	George Bromley (I)		cc. 9-14 (end)
	しかしペストのため講義はなし。		
1509 Lent	George Bromley (I)	Marlborough	cc. 1-7
Autumn	Nicholas Tichborne (I)		cc. 9-13
1510 Lent	Thomas Pigott (II)		cc. 16-25
Autumn	Richard Snede (I)		
	しかし John Caryl (III)	Serjeant	cc. 27-29 (end)
1511 Lent	Richard Snede (I)	Magna Carta	ca. 1
Autumn	Gilbert Stoughton (I)		cc. 2-10
1512 Lent	Edward Hales (II)		cc. 11-17

　　　　　Autumn　Baldwin Malet（I）　　　　　　　　　cc. 18-23

(22)　B. H. Putnam, *Early Treaties on the Practice of the Justice of the Peace in the Fifteenth and Sixteenth Centuries*, Oxford Studies in Social and Legal History, edited by S. P. Vinogradoff, vol. VII (1924) pp. 162-173.

(23)　その初期の例としては、Thorne, *op.cit.*, p. xvii.

　　1523 Lent Edmund Knightley（MT）1 Rich III ca.1

　　1526 Autumn Thomas Audley（IT）4 Hen. VII ca.17

　　1530 Lent Walter Henley（GI）21 Hen. VIII ca. 3.

　　エリザベス期の制定法の講義に関しては、Holdsworth, *H.E.L.* vol. V Appendix II を参照。

Ⅵ　中世末イングランド法学の完成と法要録──小括

　第1章で述べたヘンリ6世期における Y.B. の断層──開廷期・年度による正確な引用、引用への裁判官の態度の変化、法律問題の詳細な検討──は、まさに前節で明らかにされた15世紀後半から16世紀初頭にかけての法曹院の教育訓練制度の整備とそれに伴う Y.B. の知識を基礎にした法学の形成の結果であった。

　「何が法であるか」という問題はもはや裁判官の主観的法意識のみでは判断され得ない。法曹院の集団的組織的教育訓練制度は独立した法曹の共同の法意識を育てつつあった。彼らの共通の法学識＝法意識形成の基礎となった Y.B. からの引用を、裁判官は、従来のごとく簡単に「そのような事例は無い」「貴方の本は誤っている」の一言で片付けることはできなくなってきた。[1]法律問題は裁判官によってより詳細に説明されねばならず、引用はその基礎として、より正確に開廷期・年度を示して、また時には確証のために手稿 Y.B. を法廷に持ち込んで検討された。[2]

　かくのごとく、エドワード4世治世期には、Y.B. の法知識獲得の方法としての教育的機能、コモン・ロー上の法原理の存在証明の方法としての権威的典籍化は既に十分確立したものとなっていた。15世紀末には Y.B. における引用は爆発的に増大し、リポータは自らのリポートの不完全さを弁明する必

要を感じざるを得なかった。[3]他方、他人のために（＝教育のために）リポートしているという自覚が、裁判官や高位法廷弁護士の見解に対するリポータ、もしくは、研修生全体の見解の説明、批判的評価、さらには読者による一層の検討の要請となって現れ始める。[4]しかしながら、このことは我々が現在理解するような意味での判例法的な思考方法が形成されたことを意味しない。増大する引用例もほとんど2、3センテンス以上のものでなく、それらは、提出した法曹が既知のコモン・ロー上の法原理と考えた見解を確認するための手段に過ぎなく、後のプラウドゥンやクックのリポートのように先例の分析によって法原理を析出し、当該事件の具体的解決を目指すといったようなものではなかったのである。[5]

　クックは後に、当時の引用方法を回顧して、以下のように語っている。[6]

　弁護席に於ける我々の高位法廷弁護士や法の識者（apprentice of law）の論証について、古の方法はまったく変わってしまった。

　（1）彼らは40 E.3［40 E《dward》4］[7]に判決されたごとく、個別的には如何なる書物の事例、典拠も引用しなかった。しかし、それらは我々の書物で支持され、承認されているものであるか、開廷期等によって判決されたことが支持されている。このような方法は今日に到るまでインナ・テンプルの弁護席での模擬裁判に残っている。

　（2）当時において引用は一般的であったが、〔それらは〕常に個別的にも真理であった。ところが、今や引用は個別的であるが、〔引用された〕事柄は多くの場合一般的には誤っている。

　（3）その当時には、法律上の事例が引用されることはまれであったが、非常に筋の通った（pithy）ものであり、その目的に適った最も圧縮されたものであった。ところが今や〔可能な限りの〕典拠の寄せ集めを伴う非常に長い論証から構成されるが、それにもかかわらず〔それらは〕ほとんど無価値であり、論証の重みを減じ弱めるのみである。

　彼は法曹院の制定法の講義にも同趣旨の批判を行っているが、[8]より正確に言えば、エドワード4世治世期には個別的に引用することが不可能であった

が故に、論証が複雑化することもなかったのではないかとも考えられる。

　第一に、プラウドゥンが批判したように、Y.B. は「裁判官や高位法廷弁護士の突然の発言」の寄せ集めにすぎず[9]、それらの無秩序に堆積された多くの矛盾する諸見解からの個別的引用は不可能であった[10]。

　さらに、先例の引用はそれ自体で拘束力を持つものではなかった。現代の先例拘束の原理はプラウドゥンによって公的な訴訟記録と私的なリポートの伝統が統合されて以降それへの発展が可能となったにすぎないのである。

　先例は既知のコモン・ロー上の原理を確認するものである限りにおいて拘束力を持った。フォーテスキューによれば「既に多くの判決が与えられており、今や法なのである」。

　同一方向にある多くの事例の存在、それこそが矛盾する Y.B. の諸見解からコモン・ロー上の法原理を見出す方法であった[11]。

(1) 法要録の形成

　この既知の法原理の確認のための Y.B. の引用という方法が一般化する中で、Y.B. リポーティングに対抗する文献形式が現れた。Y.B. の歴史的に無秩序に堆積された手稿はこの法原理の学習にとっても、また法実務における引用にとっても極めてその存在確認の困難なものであった。この困難の解決のためには Y.B. の中の法的諸見解が教育目的、実務目的に適合的な形式で整序される必要があった。

　当時においてこの要求に最も合致する方法は、令状別に Y.B. の中の法的諸見解を整序することであった。なぜなら、コモン・ローは令状毎に異なる訴答、訴訟手続、実体法を用意していたからである。このように令状を中心としてアルファベット順に整序された項目の下に集められた事例の要約——Y.B. Abridgement——が 15 世紀末に次々と形成される[12]。

　これらのアブリッジメント＝「法要録」の内の 1 冊が 1490 年頃に最も初期の活版印刷による法律書の一つとして印刷される。伝統的にこの書物の著者とされているニコラス・ステイサムはリンカンズ・インのメンバーであり、1456-70 年という法曹院の教育改革の進行する時期に 7 度に亘って Governour

を勤め、1471年、そしておそらくは60年代の初期に講師としての職務を果した当時のリンカンズ・インの指導的メンバーであった。[13]

ステイサムの遺言状にはこの書物への言及がなく、彼が著者であったことは疑われているが、*Liber Assisorum* の著者ウィリアム・カロウ（d. 1485）が彼の法律文献の遺贈に関して「2冊の法要録、1冊は私自身の努力により、もう1冊はリンカンズ・インの努力になる」として言及しており、ターナ教授がこの点から「ステイサムの法要録」はステイサムの監督下にリンカンズ・インのメンバーによって作成されたのではないかと示唆されているのは、極めて可能性の高いことであるように思われる。[14]

同時に、同じ頃に系譜の異なった3冊の法要録が作成されており、他の三つの法曹院でも同様の編纂作業があったのではないかとも推察されている。[15]

いずれにせよ、法曹院の教育訓練制度が整備され「何が法か」という問題が意識的に探求され、法曹院の教育的機能が明確になるに従って、従来、Y.B.の中に散在していた法原理の存在を示す裁判官、高位法廷弁護士の見解が、「法要録」の形式であれ、前述の「講義」の形式であれ、一定の合理化、統合を受けることとなった。この時期の最も重要な法文献であり、クックを通じて革命後も影響を与え続けたリトルトンの『土地法論』もこうした流れの中で生み出されたと考えられる。彼はある種の土地法関連用語カタログにすぎなかった「旧土地法論乃至土地保有態様論（Tenure)」の各土地保有条件の下にコモン・ロー上確認された法原理を整理し、［新たに第3部「権原論」を加える］ことによって英土地法の不朽の名作を作った。[16]*11 その際、彼の用いたY.B.の引用の方法は、当時の講義、Y.B.要録においてなされた一般的な法原理を支持するための使用方法であって、個別的引用はほとんどなく、学問的手法として［第1部、第2部で］「旧土地法」のカタログを使用することによって体系的体裁をとった点を除けば、この期のイングランド法学の基盤の上に立っているのである。[17]

注

(1)　Lewis, op.cit., III, pp. 411-413.

（2）　Lewis, op.cit., p. 342, III, p. 413.

（3）　Simpson, 'Source and Function', p. 111.「他の種々の良き諸事例が前述の年長のそして新任の高位法廷弁護士によって提出されたが、それらはここには集められていない。なぜなら、多くの水が粉引人の気付かない間に水車を流れているからであり、人は得ることが出来なかった事を失うこともないからである。」（Y.B. 3 Edw.IV）

（4）　Ibid., pp. 111-112.

（5）　Lewis, op.cit., III, p. 411, p. 415.

（6）　Sir Edward Coke, *Reports*, 10th Part, Preface pp. xxi-xxii.

（7）　Coke この点の誤りに関しては Lewis, op.cit., II, pp. 343-344, Turner, Y.B. 4 Edward II（SS. vol. 6）pp. xiii-xviii. Pynson 版の 40-50 Edward III の Y.B. には開廷年度、開廷期を示した Y.B. からの引用は存在せず、クックはテューダ期の法書が自由に註釈をつけたこの期の Y.B.M.SS. の Tottel 版（1555）によっていたと考えられる。Coke の述べたごとき「古の引用方法」はエドワード4世期になるまで一般化しない。

（8）　*Coke on Littleton*, f. 280 b.

（9）　Plowden, *Commentaries*, Preface f. iv（1571）

（10）　Turner, *op.cit.*, p. xv.

（11）　Lewis, op.cit., II, p. 359.

（12）　Turner, *op.cit.*, pp. xxix-xxx.

（13）　B.B. I, pp. 28f.

（14）　Turner, *op.cit.*, pp. xxxi-xxxv. P. H. Winfield, *The Chief Sources of English Legal History*（1925）pp. 201-220.

（15）　Putnam, *Early Treaties*（1924）pp. 176-177.

（16）　Winfield, *Chief Sources*, pp. 309-311.

（17）　Lewis, op.cit., I, pp. 214-215.

Ⅶ　日本における判例法主義的発展の道の問題性
——沙汰雑掌と奉行人

　我々はイングランドにおける「中世的法観念」からの離脱が、法曹院の教育訓練制度の整備による私的文書たるイヤー・ブックスの権威的典籍化と判例法主義の成立を通してなされるのを見てきた。何故にイングランドにおいてこうした発展が可能であったのか、再び日本に目を移すことによって考察を進めてみよう。

　本章の最初でイングランドにおける判例法主義発生の初期の状況が鎌倉期における法状況と極めて類似していたことを指摘したが、前述のごとく、イ

ングランドにおいてそうした法状況からの脱出に重要な役割を果したのは、法曹院に集まる法曹達であった。とするならば、日本における判例法主義的な発展も、所務沙汰をはじめ鎌倉幕府の訴訟に携わる人々の在り方に左右されるものであったと考えられようし、またその相異によってそこからの発展の方向の差異が生み出されたとも考えられるのである。

鎌倉幕府諸機構の中枢を担ったのは、大江広元、中原親能、三善康信等京下りの官人達であり、彼らはいずれも何らかの形で明法道に関連の深い人であり、大江広元は一時明法博士に任じられたことさえあった[1]。こうした明法道の幕府訴訟制度への影響としては、初期の問注所沙汰における、問注所勘状—鎌倉殿—非勘といった手続乃至訴訟処理の方法が、明法勘文との関係を連想せしめるものではあるが、必ずしも明らかではない[2]。後の幕府訴訟の中心的訴訟機構となる所務沙汰機構、評定—引付制度において、これら三善氏の流れを汲む大田、町野、大江氏の流れを汲む長井、毛利等の諸氏が二階堂氏と共に文筆系の評定衆メンバーを構成することとなる。これら文筆系職員はその前半期には全メンバーの3分の1強を占めていたが、北条得宗支配の確立と共に北条一門の大仏、金沢、赤橋氏等に取って代わられることとなる[3]。

しかし、日本においても、判例法主義的な方向への発展の担い手となったのは、これらの裁判官的職務に携わる人々ではなく、むしろその下位にあって、下級事務担当者として、訴の受理、訴訟関係文書の起草、証人の訊問、調書作成、御下知案文の作成という裁判所書記的な仕事にあたった奉行人層であった[4]。

イングランドで裁判所の書記となることが法曹として成長していくための重要な道であったことは前述したが、14世紀末から15世紀初頭にかけて、そこでの法知識の獲得を目指して、大法官府の属寮に私人たる法曹が流入し、度々彼らを排除するための命令が出されているのもそのためであり、またこれらの排除された法曹が法曹院、法曹予備院を結成するに至った人々であるとも考えられているのである[5]。

この日本における裁判所書記的な人々＝「奉行人」「右筆」が、室町期後半にかけて専門法曹として成長していったことは、彼らの奉行人層としての家系が、鎌倉幕府、建武政権、室町幕府の各期を通して絶えることのなかったこ

とからも確認し得よう⁽⁶⁾。このことは他方では、日本における法知識の集積、
伝承が家を通してなされたことを示している。その意味では、平安末期以降
「家学」としての閉鎖性を強めてゆき、中原、坂上両家によって独占されるこ
ととなった「明法道」をはじめとする日本の前代の学問の在り方との共通性
を有するものといえよう。そして家学としての明法道や算道の知識の集積伝
承や知識の独占の核が諸家の（私的）文庫にあり、彼らがその保存に最大限
の注意を払ったことを考えるなら、奉行人層の法知識の基礎を形成したの
も、また、笠松氏が吾妻鏡の法律関連部分の原資料の探求によって指摘され
たごとく、奉行人家に集積された彼らの起草した訴訟関係文書、御下知案文
起草の際の私的なメモであったように思われる。これらが家代々伝えられ、
室町期「意見制」の成立の前提を作り出すことになったのである⁽⁷⁾。

　このような日本における判例法主義的な方向への法学の発展の道筋がイン
グランドの場合と異なったとすれば、それは、そこでの発展の担い手が、裁
判所の書記的な役人層であり、また、その法知識の浸透度も奉行人の「家学」
としての発展という極めて狭い範囲のサークルに限られていたことにその原
因の一つがあったと考えられよう。

　それでは、日本においては法曹院を構成するに至ったような荘官的な法曹
は成長しなかったのだろうか、否、我々は日本においても鎌倉から室町期に
かけてこの荘官的法曹に対応すべき人々が活躍しているのを見ることができ
る。雑掌乃至沙汰雑掌と呼ばれる人々である。

　鎌倉期は所領に関する相論が激発した時代であり、そこから「一所懸命」な
る言葉が生まれたことは有名であるが、この所領に関する相論のほとんどが
地頭対雑掌という形で争われたことは注目してよい。この雑掌という名の下
に頻繁に幕府の訴訟に係わっていった人々は如何なる人であったのだろうか。

　石井良助氏の『中世武家不動産法の研究』によれば雑掌とは本所代官（代
理人）であり年貢徴収事務に関する代理人たる所務雑掌＝預所と訴訟代理人
たる沙汰雑掌が存在したが、単に雑掌と呼ばれる場合には、沙汰雑掌乃至、
所務・沙汰両雑掌を兼任する平雑掌を指したとされている⁽⁸⁾。その限りで地頭
対雑掌の相論は幕府御家人と荘園領主たる本所との間の相論であったといえ
るのだが、そこに沙汰雑掌という名の示す通り、既に一定専門的に訴訟に携

わることとなった荘官が介在することとなっているのである。こうした雑掌と呼ばれる階層の発生については、前代の国雑掌との関係から研究が進められているが、要約すれば、奈良朝期に四度使雑掌として封戸、調庸、官物、雑物の運搬に関し、その使たる国司の下で臨時的にその任に当たった国衙の下級官人にその歴史は遡ると考えられており、平安後期から末にかけて国司遙任の風が広がるにつれ、雑掌自身が国司に代わってこれらの運搬、中央官庁での公文の勘合にあたるようになる。こうした役割の変化に伴い、これらの雑掌に主計寮、主税寮等の中央の下級官人が任用され公文を専門的に取り扱うようになる一方、運搬に関しては私的に弁済使を創設してその任にあたらせることとなったようである。[9]赤松氏の指摘に従えば、「荘郷雑掌」とは、これら国司の遙任体制の整備に対応し、対抗して、荘園領主の独自の荘園支配＝収益の確保を目指して生み出されたと考えられている。

　かくのごとく雑掌は本来荘官的な、むしろ所領に関する人々であったと考えられるのであるが、押領に抗し、荘園からの収益確保のために彼らは幕府の訴訟に係わらざるを得なくなり沙汰雑掌として分化していったものと思われる。これら、沙汰雑掌と呼ばれるようになった人々は、地頭職に補任された人々に比し、以前から荘園支配に携わる人々として、その地方の慣習に通じた人々であったが、それ以上に、幕府の法令に関心を持たざるを得なくなった人々でもあった。武力において劣る彼らにとって訴訟が所領維持の重要な手段であったのである。笠松氏が「中世訴訟文書に接するとき幕府法の知識を豊富に活用し訴訟を有利に導こうとするのが御家人ではなく、むしろ、寺社・本所の側である」とされるのはまさにこのゆえであったと考えられる。

　こうした中で「鎌倉や京都に恒常的に滞留し、奉行人達とともに常に接触を心がけていた沙汰雑掌とよばれる有力本所の法廷技術者」が生み出されることとなったといわれている。[10]

　ここにみられる沙汰雑掌の姿は、彼らが、法曹院の教育訓練制度が整備される以前の、開廷期毎にロンドンに集まった、また大法官府の属寮に侵入した地方の荘官的法曹に極めて近い存在であったことを示しているように思われる。

　とするならば、彼らは何故にイングランドの法曹のごとき発展を示すこと

ができなかったのだろうか。これらの雑掌の運命を安田元久氏の紹介になる、東寺太良庄雑掌定宴の場合に見てみよう。彼は、宝治元年（1247）から文永6年（1269）の間6度にわたり地頭と相論を争った当時の典型的な雑掌であった。また彼は「所下」の雑掌として在地ではなく本所の雑掌であり、1258年以降は東寺政所公文を勤めるようになったことにみられるように公文の作成に通じた人であったと思われる。⁽¹¹⁾

彼はその初期の訴訟において、領家に忠実な雑掌＝訴訟代理人として、地頭の非法に対し百姓を安堵し、領家への年貢確保のために尽力している。しかし、他方これらの相論を通して、定宴自身が在地農民との結びつきを深めてゆき、1272年に預所職を得、それを相伝の職と化してゆく、安田氏の説かれる荘官的領主層へと成長してゆくのである。⁽¹²⁾

ここにみられるのはイギリスにおける荘官的法曹の歩んだ道とまったく異なったコースである。個々の法曹をみれば、イングランドにおいてもバストン家にみられるごとく、法曹としての成功を基礎に荘園を取得し、荘園領主として貴族化していくのはむしろ通常のコースであった。しかし、彼らは在地支配の強化を通してではなく、法曹として得た収入を土地の購入に投下することによって荘園所有者となったのである。こうした相異の背景には、土地所有権、さらにはそれを支える政府権力の在り方の違いがあったと考えられるが、ここでは法曹階層の存在の仕方という面に絞って考えてみる。その意味では、イングランドの法曹と異なり、沙汰雑掌にあっては訴訟での活躍が、彼らの法曹として昇進には結びつかなかったことが重要であると考える。奉行人層のところで指摘した「家学」としての法曹の術の在り方が、彼らの専門法廷技術者としての上昇ルートを切断していた。またイングランドでの法曹の成長にとって不可欠な役割を果していた‘Crib’にみられるような公開の法廷も存在せず、沙汰雑掌が個々の特定の本所、庄園から離れ法曹階層として自由に営業するには至らなかったこともその重要な原因の一つであろう。そして、最終的には本所の衰退が、彼らの衰退乃至荘園領主化への道を決定的にしたと考えられる。

かくして、日本における判例法主義的な方向への発展は、私的な訴訟代理人としての沙汰雑掌にではなくて、公的な裁判所書記としての奉行人層に

よって担われることになる。しかし、他面で「意見制」の形成が、単に奉行人家における私的文書の堆積から生み出されたわけではなく、これら奉行人層自身の機能、役割の変化を通して実現されていることも見落とすべきではない。

　鎌倉期の評定―引付訴訟手続では、賦奉行が訴を受理し、一方引付に送るとそこで当該訴訟事務を担当する「本奉行」が引付構成員たる右筆の中から選ばれたが、これに対し、「本奉行」の訴訟手続に非違がなきよう監査する常任の「合奉行」が存在した。ところが室町期には本奉行は「訴人奉行」として訴人の審問をなすのに対し、合奉行は「論人奉行」として論人の審問をなすものへと変質していく。しかも本奉行、合奉行とに訴訟当事者たる訴人、論人の各々を指定しうるところとなり、その結果、特定訴訟当事者と特定奉行との結びつきを生み出し、これら奉行人の訴訟援助に対し金品の授与が行われるようになる。かくして役人的立場から変化し、彼ら奉行人層は「人身的に将軍に緊縛されることなく、相当自由に諸大名を遍歴し、又幕府に復帰」しうるような階層になっていくといわれている。[13]ここに現れる奉行人層の姿は、裁判所の書記、事務職員というよりむしろ訴訟当事者の利益を各々代表する法廷弁護士に近いものであり、その半ば裁判官的であり半ば法廷弁護士的である性格は、敢えて比較すれば、イングランドにおけるサージャント層の立場に近い性格を持つに至った人々といえよう。

　言い換えるなら判例法主義を支える法曹の成長は、イングランドは荘官的法曹から法廷弁護士へという道を歩んだのに対し、日本では幕府訴訟の下級事務官史から法廷弁護士という形成のコースを辿ったと考えられ、それ故にまた、前者が広汎な法実務に携わる人々の中から生み出されたのに対し、後者は一握りの世襲化されたグループの中の発展に限られてしまった。このことが、一方では日本における判例法主義的な発展の基盤の脆弱さと、他方ではイングランドにおける判例法主義発展の道の強靭性とを分かったのではないだろうか。

第 4 編　コモン・ロー法学教育の組織化　217

注

(1)　桃裕行『上代学制研究』（目黒書店、1947）330-334 頁、三善氏は本来算道の家であ
るが善信の祖父の代に明法道に転じた支流がある。布施弥平治『明法道の研究』（新生
社、1966）参照。

(2)　佐藤進一『鎌倉幕府訴訟制度の研究』（畝傍書房、1933）28-30 頁。

(3)　永原慶二・貫達人・安田元久他編『中世史ハンドブック』（近藤出版社、1979）277-
278 頁の「武家補任表」を参照。

(4)　石井良助『中世武家不動産訴訟法の研究』（弘文堂書房、1938）75-83 頁。

(5)　T.F.T.Tout, *Chapters in Mediaeval Adminstration History*, vol. III, p. 445. A. W. B.
Simpson, 'The Source and Function', pp. 100-101.

(6)　佐藤進一、前掲書 48-49 頁、207 頁、笠松、前掲書 82 頁。

(7)　明法道に関しては、布施、前掲書参照。算道に関しては、橋本義彦「官務家小槻氏
の成立とその性格──下級官僚氏族の典型として」『書陵部紀要』11 号 1 頁以下。笠
松、前掲書、第 3 章 3。

(8)　石井、前掲書 18-20 頁。

(9)　国雑掌についての研究としては、原田重「国雑掌について」『九州史学』7 号、松崎
英一「国雑掌の研究」『九州史学』37-39 合併号があり荘郷雑掌なる語は松崎氏の命名
であり、この点に関してさらに研究を深められたのが赤松俊秀氏の「雑掌について」
『古文書研究』1 号である。

(10)　笠松、前掲書 5 頁。

(11)　安田元久『日本初期封建制の基礎研究』（山川出版社、1976）393-395 頁。

(12)　同書、367-368 頁、398 頁以下。

(13)　笠松、前掲書 83-84 頁、及びその註 98-99 頁。

むすびにかえて

本稿では中世末判例法主義の確立を「中世的法観念」なるものからの離脱
の一形式と捉え、この判例集（イヤー・ブックス）の権威的典籍化の過程を、
それを担う専門法曹階層の成長という側面から考察してきた。この判例法主
義の確立という前提の上に立って、それを礎石として、前稿で述べたごと
く、テューダ期イングランド法学が展開するのであった。

しかし、こうした考察が「一面的」にすぎるそしりは免れえない。日本中
世との比較においても示唆されたごとく、判例法主義の確立に関しては、そ

の背後にある、国家権力の在り方、中央権力の支配・統治機構、その浸透度、さらにはそれを規定した社会経済的所与についての考察を欠かすことはできないことはいうまでもない。現在の筆者にはこの問題にまで考察を進める能力と準備がない。しかし、今後の研究への方向付けも含め予測として述べることが許されるなら以下のごとく述べうるだろう。

判例法主義の確立にとって、より直接的には、実力行使と法による救済の、言い換えれば、私兵（武力）と法曹（法による支配）のバランスの在り方、その傾斜の仕方が極めて重要な意義をもっていた。テューダ絶対王政は、この私兵と違法な訴訟幇助で結ばれた Livery and Maintenance と称される私的な君臣秩序を抑圧し、有能な、専門化しつつある法曹を自己の行財政機関へ登用することを通じて、「法による支配」＝判例法主義を完成させていったのである。

この過程の進行の梃子となったのは国王の直轄領たるランカスタ公領の行財政改革であり、ここで試され、その能力を証明された行財政手腕にすぐれた法曹がテューダ絶対王政初期の中央機関に進出することによって、その統治方式は全国に拡大されることになる。かくして、イングランドでは私兵と法曹のバランスはテューダ絶対王政期に向けて急速に法曹の側に傾斜していくのである。[*12]

日本における奉行人層の進出もこうした中央権力の確立に向けた動きと無縁ではなかった。「意見制」の成立が室町将軍権力の確立を目指した足利義教の時代、永享年間に求められ、それが他方では、伺事、御前沙汰手続と称されるごとく、将軍独裁体制と密接に結びついていたことがこのことを示してくれる。室町幕府の権力強化の梃となるべき直轄領支配は、洛中支配権を意味し、それは鎌倉期以降検非違使庁の管轄と競合する地域であり、室町幕府の洛中支配権は、3代将軍までの期間を通じ徐々に確立されていくが、この競合関係を通して、検非違使庁の判事を独占した「明法家」中原・坂上両家との交流の可能性も生じたと思われる。このことは室町期における「意見制」への成立と「明法勘文」との関係を考える上で興味深い問題であり、また室町期の「意見」の提出が、概ね鎌倉期六波羅奉行人の流れを汲む飯尾、斉藤等の家系からなされていることも、このこととは無縁ではなかったであろう。

第4編　コモン・ロー法学教育の組織化　219

　しかしながら、日本においてはこの中央権力の強化策は失敗に終わり、嘉吉の変、応仁の乱を通して将軍権力は有名無実化してゆく——その意味では、むしろイングランドとの比較ではリチャード2世治世期との関連で考察した方が適当であったかも知れないが——このことが、日本における専門法曹の成熟の、ひいては判例法主義の形成のための決定的な前提条件を奪い去ってしまったといえよう。以後、日本では法曹と私兵のバランスは後者の絶対的な優位の下に戦国期へ突入していったのであり、そこに、イングランドにおける判例法主義の運命と日本におけるそれとを分かつ重要な分岐点があったのである。それ故にこそ、判例法主義の考察を押し進める上で、今後、権力と法曹との関係、権力機構の在り方、それを支えるイデオロギー等の問題を欠かすことはできないであろう。こうした面も含めて筆者のこれからの研究課題としてゆきたい、という願望を込めてこの不充分な考察のむすびにかえたい。

付　論 ‖‖

テューダ絶対王政の形成とコモン・ロー法曹[*13]

Ⅰ　コモン・ロー的世界の拡大

　中世末法曹院の法学教育訓練制度の発展によって形成された共通の法学識こそがイングランドの普通法の基礎であった。このような共通の法学識を備えた院のメンバーは、諸侯・都市の有能な法曹への需要に応じて、私的経営に、また公的統治に浸透していく。この地方と中央を往き来する法曹達によって、中世末イングランドのコモン・ロー的生活は広げられ且つ高められていったのである。

　お仕着せと訴訟幇助（livery and maintenance）の世界、私戦と訴訟における腐敗が中世末のイングランド社会の一面であるとするならば、これらの対立の多くが法的問題に根ざし、多くの対立が仲裁のレヴェルも含め法的な、もしくは学識法曹による解決に委ねられたのもこの時代であった。

　地方の秩序維持乃至安定した地方統治のために諸侯の地方的権威と実力に、また彼らの抱えていたステュワード層、治安判事層に依拠せざるを得ない以上、ある意味では諸侯の雇従者は地方統治に不可欠な存在であった。実際中世末を通してこれらの諸侯の「お仕着せ」が違法とされることはなかった。

　しかし、同時に統治における諸侯層への依拠は中央レヴェルでの深刻な対立の原因とならざるを得なかった。さらに、フォーテスキューが述べたように、これらの諸侯による国王評議会の支配さらには、奉仕への代償としての王領地の下賜は、国王財政の窮乏化のみならず、国王の地位そのものを危う

くするものであった。[1]

II　所領経営から国家経営へ

　イングランド絶対王政の形成は、この国政の中枢たる国王評議会の内部構成における専門官僚としてのコモン・ロー法曹の比重の増大、国王財政の改革というフォーテスキューの提案の方向に沿って実現されることになる。[2]彼のイングランド国制論における、法的統治の重要性の強調、サージャント層の法学識への誇り、さらには荘厳で費用のかかる就任儀式は上層法曹の権威と地位を、そしてサージャント層を頂点とする法曹階層全体の社会的威信を増大させる役割を果たしたであろう。[3]

　実際、私的経営と国家的経営の差は大きくはなかった。所領経営で鍛えられた彼らの能力は国家経営でも活かされることになる。テューダ初期の国王行財政の中枢を占めた Edmund Dudley, Richard Empson は共に法曹院の講師を経て、ランカスタ公領の所領経営改善に辣腕をふるったコモン・ロー法曹であった。[4]1475 年以降、法曹院では国王大権法がしばしばサージャントへの昇進をひかえた法曹によって講義されるようになる。この講義こそテューダ初期絶対王政の統治の要請に直接的に対応するものであった。[5]大権局、王領地総調査局、封土交付局の設置から、後の後見裁判所への統合に至る国王財政の改善、拡充政策が国王大権法に基づいて強化されたとするならば、こうした、テューダ初期の新行政機構、裁判所を埋めたのもまたコモン・ロー法曹達であったのである。[6]国王評議会内部に設けられた 'Council learned in the law' がヘンリ 7 世期の法律による国王行財政の中枢としての役割を果たすことになるのである。[7]

　地方における法秩序を効果的に維持するために労働者規制法以降、拡大されてきた治安判事の略式訴訟手続はヘンリ 7 世期に一応の完成を見る。[8]また、従来地方裁判所の管轄で、1370 年代以降徐々に国王裁判所に取り入れられるようになった「国王の平和に反して」の記載を含まない侵害訴訟、特殊主張侵害訴訟がテューダ期に入ると飛躍的に増大し、民事レヴェルの法統

合も一気に進められることになる。
⁽⁹⁾

　最終的に、これらの中世末のコモン・ローの発展の成果は新たな出版文化と手を結び、フィッツハーバートに帰せられる一連の法書群、イヤー・ブックスにおける法の発展を総括した『大法要録』(1516)、令状の発展を総括する『新令状訴答集』(1534)、『治安判事の職務と権限』『シェリフ、ベイリフ、エスチータ、コンスタブル、コロナの職務』(1538)による地方官職の職務権限・義務の明確化の中にその結実を見ることができるのである。
⁽¹⁰⁾

　宗教改革以降の急速な社会変化、それに対応する社会・経済的立法の増大は、イングランド法を急速に変化させていった。「リトルトンとクックの間にある渠」は想像以上に深いのかもしれない。しかし、基本的には、この期に完成された法的枠組の中で新たな諸問題が解決されることになるのである。それ故に、フィッツハーバートの著作群はリトルトン、フォーテスキューの著作も含め中世イングランド法学の完成であると同時にそこから新たな法学が形成される出発点でもあったのである。この出発点において、既にコモン・ロー法曹は、エリオットの述べたごとく、「そこから推論を引き出しうるあらゆる論証を備えたLoci Communes(共通拠点)」を持つことになっていたといえよう。
⁽¹¹⁾

注

(1)　Sir John Fortescue, *The Governance of England*, edited by C. Palmer (Oxford, 1885) chaps vi-xi, xv-xx.

(2)　Ives, 'the Common Lawyers' (1968) pp. 153-155.

(3)　Fortescue, *De Laudibus Legum Angliae*, chap. L.

(4)　Dudley に 関 し て は、D. M. Brodie, 'Edmund Dudley; minister of Henry VII' *Transactions of Royal Historical Society* 4th ser. vol. 15 (1932) pp. 133-161. Empson に関しては J. Baker, 'The Legal Education of Richard Empson' *Bulletin of Institute of Historical Research* vol. 57 (1984) pp. 98-99. R. Somerville, 'HenryVII's council learned in the law', *English Historical Review* vol. 54 (1939) 参照。

(5)　S .E. Thorne (ed.), *Prerogativa Regis, Terita Lectura Roberti Constable* (New Haven, 1949) pp. xlviii-li.

(6)　Ives, 'The Common Lawyers' (1968) pp. 153-159.

(7)　Somervile, op cit.

(8) J. G. Bellamy, *Criminal Law and Society in Late Medieval and Tudor England* (Gloucester, 1984) pp. 8-19.

(9) 前述〔本書、第2編 I‑(2) 120頁〕。

(10) 拙稿「Fitzherbert」77-80頁〔本書、第5編補論 Ⅲ 364-368頁〕。

(11) Sir Thomas Elyot, *The Book named Governor* (1531) edited by S. E. Lehmberg (Everyman's Library, 1970) p. 535. 拙稿「チューダー期イングランド法学の形成とその展開過程」『法学論叢』105巻3号、6号 (1979)、(2) 27-33頁、(3) 48-51頁〔本書、第5編Ⅱ‑(2)、Ⅲ‑(3)〕参照。

*1　井ヶ田氏は、その後、日英比較法史の構想を『日本史研究』267 (1984) に発表され、井ヶ田良治『法を見るクリオの目』(法律文化社、1987) 11-23頁に「法の比較史」として収められることとなった。本編初出は1980年で、実質的に島根大学赴任前に書き上げていたのだが、中田薫の比較法史的方法への関心などを含め、井ヶ田先生との会話がヒントになっていたのであろう。高校時代に京大文学部出身の教員の薦めで購入した岩波講座『日本歴史』を愛読していたこと、1年目の大学院受験に失敗したおかげで、翌年の受験準備で石井良助『日本法制史概説』をノートを取りながら学ぶ余裕ができ、日本法史についても一定の基礎知識があったこと、大学院在学中に京都大学の豊富な蔵書を身近に利用することができたこと等が、本稿を冒険的に執筆しようと試みた背景にあった。井ヶ田「法の比較史」の影響は、田中修実「明法勘文」『日本中世の法と権威』(高科書店、1993)、瀬賀正博「明法勘文機能論」『法制史研究』49 (1999) 85頁にもみられる。井ヶ田先生の意図されたような比較法史とはなっていないのであろうが、イギリス法史研究、日本法史研究に刺激を与えた意義は大きい。

*2　小山氏の先駆的主張にもかかわらず、近年においても、こうした「中世的法観念」論への安易な依拠はとどまらない。笹倉秀夫『法思想史講義〈上〉』(東京大学出版会、2007) 216-217頁。イングランドのコモン・ローに関する部分は、法曹団体に関する記述など、事実としての誤認もあり、理解しにくい部分が多い。なお、クックに関しては、拙稿「クック『マグナ・カルタ註解』覚書」『法と政治』67巻1号、41-104頁を、深尾裕造、松本和洋訳「クック『マグナ・カルタ註解』」『法と政治』66巻4号、167-344頁と併せてお読みいただきたい。

*3　立法とコモン・ローとの関係は複雑である。本書、第1編Ⅴで論じたクックのリトルトンへの註解 (68頁)、及び第6編「むすびにかえて」、第7編Ⅲ‑(3) の制定法解釈論 (495-499頁、559-563頁) 参照。

*4　訴訟記録と法廷報告との相違の重要性については、後に、ベイカー氏のダウニング講座教授就任講義 Why the History of English Law Has Not Been Finished (1998) in J. H. Baker, *CPELH* vol. 3 pp. 1553-1560 で判例法 Case-Law を理解する際の Plea Rolls と Law Reports の二つの資料の相違として取り上げられた。その意味では、筆者はOD時代の70年代末にイングランド法学史研究のための確実な出発点に立ってい

たことになる。残念ながら、『法制史研究』で初出論文の書評を依頼された望月礼二郎氏が判例法主義を先例拘束原理と勘違いされて執筆を断られたこともあり、西洋法史研究者の関心を惹くことは少なかった。望月氏には、最初にお会いした時に、上記事情を明かしていただくとともに、当時、島根大学に就職していた私にメインの研究を勧めていただいた。当時は、何を仰るのかと思ったのだが、文献資料の少ない地方大学で研究する者にとっては良いアドヴァイスであったのかもしれない。

　本報告は、教授来日時、新潟大学で開催された法制史学会で講演されたものでもあり、活字化されたものが葛西康徳氏によって翻訳されている。J. H. ベイカー「何故イングランド法制史はまだ書き上げられていないのか」『法制史研究』49（2000）114-121 頁。Baker, *op.cit.*, vol. 3 pp. 1561ff. 葛西訳 121 頁以下の「共通意見」乃至「共通の法学識」としてのコモン・ロー法学の形成過程については、本編頁及び第 7 編のマクシム論参照。

*5　この違いの意味については、同一事件の法廷報告と訴訟記録の記載のされ方の相違を見ていただく方が理解しやすいであろう。著名なハンバ河渡船事件の法廷報告と訴訟記録を本書の付録として付けた。【付録 2】参照。

*6　これら初期イヤー・ブックス（法廷年報）についての研究が、その後、Paul Brand 氏により精力的に進められている。Paul Brand, 'The Beginnings of English Law Reporting' in Chantal Stebbings ed., *Law Reporting in Britain*（Hambledon Press, 1995）pp. 1-14, Do, *Observing and recording the medieval bench and bar at work : the origins of law reporting in England*（Selden Society Lecture 1998）（1999）、及びセルデン協会年次刊行物 Do ed., *The Earliest English Law Reports* 1, 2, 3, 4, Selden Soc. 111, 112, 122, 123（London, 1996, 1996, 2005, 2007）の序文参照。しかし、テューダ期に印刷されたのはエドワード 3 世期以降の法廷年報であったことにも注意をしておく必要がある。ボストン大学のザイプのホームページ Legal History: The Year Books（http://www.bu.edu/law/seipp）の Old Printed Editions of the Year Books（Edward II—Edward III, 1307-1377）参照。書誌目録も充実しており、法廷年報の研究には、ザイプのデータ・ベースの利用が不可欠である。

*7　初期のロンドンに住む法曹についての証拠資料については、J. H. Baker, 'The Third University of England: the Inns of Court and the Common-Law Tradition'（Selden Soc. lecture, 1990）in *CPELH* vol. 1 pp. 150-157 参照。

*8　ベイカーのソーン批判については、J. H. Baker, 'Legal Education in London 1250-1850'（Selden Soc. lecture, 2007）pp. 274-276 参照。

*9　ベイカーによれば、S. E. Thorne, *Readings and Moots at the Inns of Court in the Fifteenth Century*, vol I, *Selden Society* vol. 71（1954）に付せられた。ソーンの制定法講義リストは「推測」に過ぎない。

*10　制定法講義を内容とするクック『法学提要 第 2 部』は、この期の法曹院制定法講義の発展の集大成ともいうべきものであり、その出版が、法曹院制定法講義の終焉を早めたのかも知れない。拙稿「ヘイル『ロール法要録』序文、若きコモン・ロー法学徒に向けて」『法と政治』60 及び、「クック『マグナ・カルタ註解』覚書」『法と政治』67 巻 1 号、41-104 参照。

*11 　本論で述べた『旧土地法論（テニュア論）』との構造上の相違、イングランド土地法の構造と発展を理解するためにリトルトン『土地法論』の目次を【付録3】として本書に加えた。クック『リトルトン註解（イングランド法学提要 第1部）』は『リトルトン』本文に註解を加えたものであり、目次構成は『リトルトン』と同様である。

*12 　本編付論参照。

*13 　初出は第2編所収論文第5節（拙稿「イングランドにおける学識法曹の形成」52-60頁）

第 **5** 編

ルネサンス期コモン・ロー法学の展開

はじめに

　本編は、筆者にとっては大学院時代に執筆した処女論文で、初出ではプロローグに続く部分であったが、問題意識と時代順の編成関係上、第5編として論じることとなった。なお、九州大学の海原文雄先生に『法制史研究』31号（1981）で書評をしていただいている。

I　人文主義―統治者教育―法学教育

　ヘンリ7世、ヘンリ8世初期の統治構造の変化は、散逸した国王諸特権の回復・再確認、国王家政の拡充という中世的王制原理への復帰・強化という形態をとりながらも、テューダ絶対王政の権力基盤——とりわけ財政的基盤——の強化に向けられた新たな道を志向していた。[1]

　この新たな変化の最大の要因は官吏層の変化であった。従来の有力貴族による国王評議会の支配、彼らと "livery and maintenance" の関係で結ばれていたナイト―エスクワイア層による中央行政機関のコントロールにかわって、国王家政の下で成長した能吏あるいは、国王に忠実な身分の高くない専門的職業的官僚層による行政が現れる。中世における2大知的職業身分、外交における下級聖職者（University Men）、内治におけるコモン・ロー法曹

(Inns of Court Men) の政策決定機関たる行政中枢への進出がこれである。[2]

　この統治構造の変化はそれが中世的身分秩序と、その基礎をなす騎士道倫理とは異なった階層秩序とその形成因を含んでいたが故に、より大きな、全体的な社会秩序及びその理念の再編を惹き起こさざるを得なかった。ジェントルマン層にとっては、最早、有力貴族の私的傭兵化によって身分的上昇をはかり、あるいは自己の所領の拡大維持を求める道は失われてしまっていた。社会階層の上昇パイプは騎士的奉仕から書記的奉仕へ、有力貴族への奉仕から国王への奉仕へと転換しつつあった。インズ・オヴ・コートのコモン・ロー法曹に例をとるなら、その典型的な姿は、チョーサ時代の貴族の所領管理人・地方政治の担い手という姿から、E. ダッドリ（1462-1510）に代表される国王の財務行政の担い手、絶対王政的中央政府の官僚へと変化していた。

　地方ジェントリ層は自らの相続財産を守り、拡大するためにはもはや中世の騎士道精神に浸って自らを律してゆくことは許されなかった。[3]そのためには、彼らは新たな時代に適応すべく自らを再規定し直す必要があった。すなわち、騎士道倫理に代わるジェントルマンの新たな理想像を作り出す必要があったのである。

　他方、国王の側にとっても地方に根を張ったジェントリ層を絶対王政の権力基盤として定着させる必要があった。ヘンリ7、8世期は、財務行政能力に秀でた多くの能吏を生み出したが、彼らが辣腕であればあるほど、彼らの中世的書記の後裔としての身分の低さに対するジェントリ層の憎しみは増大した。[4]これらの中央官僚層に対する地方政治を担うジェントリ層の不満は、確立しつつある絶対王政の政治的基盤を危うくするものであった。したがって、テューダ絶対王政の安定した統治にとって、また中央行政の地方への浸透をはかるために、地方政治の膨大な部分を担うジェントリ層を国王の側に惹きつけておく必要があったのである。[5]そのためには、地方ジェントリ層を単なる地方的名望家からテューダ絶対王政の統治責任を自覚した、すなわち、国王による統治の忠実な担い手としての新たな貴族へ転換、それを支える従来の騎士道倫理とは異なった国家行政への奉仕、もしくは、国王への奉仕に方向付けられた新たな価値理念の創出が不可欠であったと考えられる。

　テューダ絶対王政は、その統治構造を支えるために、統治技術に加えて統

治理念、すなわち、絶対王政の政治秩序を支えるイデオロギー的基礎を必要としていたのである。この絶対王政、ジェントリ層双方から必要とされ、エリザベス期にかけて両者を結びつける理念的紐帯を提供したものこそ人文主義的な国家像であり、人間像（統治者像）であった。そして、それ故にこそ、彼らの国家像、統治者像の形成過程において、すぐれて国家統治に関する術たる法学をその中で如何に位置付けるかは、極めて緊要な課題として現れざるを得なかったのである。より具体的に、イングランドの状況から述べるなら、その中で、コモン・ローとコモン・ロー教育を如何に位置付けるかという問題であった。なぜなら、前述の中世的王制原理への復帰を通じての絶対王制の権力基盤の整備は、コモン・ロー的学識の上に立って、王権と結びついたコモン・ロー法曹によって遂行されてきたものであったからである。

　この過程を通して、コモン・ロー法曹はテューダ絶対王制の統治へ抜き難いまでに深く食い込んでおり、その中世末以来陶冶された統治技術の優秀性は既に試し尽くされたものとなっていたからでもある。そこでは、コモン・ローとコモン・ロー教育を人文主義的な理念から如何に位置付けうるかが問題であった。本章では、この時代の代表的な人文主義者の国家改善案、統治者教育論——T. スターキィの「ポール枢機卿とトマス・ルプセットとの対話」、T. エリオット『統治者論』の中でのコモン・ロー及びコモン・ロー教育の位置付け、ヘンリ8世の委員会による「国王陛下の学院」の設立案——の検討を通して、この人文主義的理念とコモン・ロー的統治技術の接合の問題を探ることにしたい。なぜならこの接合それ自体の中に、もしくは、その接合の仕方の中にテューダ期コモン・ロー法学の形成の基盤があると考えるからである。

（1）テューダ初期人文主義的教育論の展開

　ルネサンスの母国イタリアと英国の接触は、既に12世紀後半以降イタリアの諸大学へカノン法、ローマ法を学びに来る学生の規則的な群れの中に確認することができる。[*1]チョーサにみられる早期のルネサンスの影響もこうした接触の成果であった。このイタリアと英国の往復は15世紀末にかけてま

すます頻繁なものになりつつあった。本国での聖職禄を求める下級聖職者達、教会の業務のために、国王と教皇との関係調整のために派遣され、常駐する聖職者達、教会実務と昇進にとって必須のカノン法、ローマ法を学びにくる聖職者学生達によってこの流れは支えられていた。彼らは人文主義の影響を不断に英国へ流し続けた人々であると同時に、テューダ初期の絶対王政を支えたもう一方の官僚層を構成する一団の人々でもあった[6]。

かくのごとく、英国への人文主義の流れが、国王の官僚であり且つ聖職者である人々によって担われたことが、15世紀末迄の英国への人文主義の浸透の仕方を規定する要因であったとされている。彼らにとっては、官僚的聖職者としての昇進と実務に直結した外交技術、市民法、カノン法の知識並びに、教皇庁の書記として働く人文主義者、修辞家によって形成され、一般化されたキケロ的ラテン文体を範型とする新たに洗練された外交用語、文書のスタイルという人文主義的な技術もしくはその外形の習得が最大の関心事であったのである[7]。

それ故、16世紀英国が新たな社会秩序とそれを支える理念の必要を自覚するようになるまで、人文主義は、伝達媒体として、外交技術として受容されたにすぎず、その技術としての役割の大きさにもかかわらず、イタリア人文主義の内的核たる古典の持つ倫理的、政治的、教育的諸価値とそれを体現したギリシア・ローマ的社会の復活への希求は未だ見出し得ないとされる[8]。

1499年エラスムスが初めて訪英した際に、彼はコレット、リナクル、グロシン、モア等の優秀な人文主義者達を発見した。しかし、他方では前述のごときコモン・ロー法曹によるイングランドの支配を慨嘆せざるを得なかったのである[9]。人文主義のイングランド政治への影響の本格化は1515年ウルジの大法官職への就任と彼のイタリア戦争を契機とするヨーロッパ政治への介入、人文主義的カレッジの新設、以降に始まる[10]。他方、その翌年、1516年は、モアの『ユートピア』、エラスムスの『キリスト教徒君主の教育』によって人文主義者の人間観、世界観が明瞭にされた画期的な年であった[11]。

初期の人文主義的官僚層が、その統治術をローマ法から、宮廷外交術を古典古代の洗練された修辞学から学びとったごとく、人文主義者の人間観、世界観もギリシア、ローマの古典から引き出された。15世紀後半、フィレ

ンツェにおけるプラトン研究の復活、そして直接的にはプラトンの『国家論』が彼らの国家像の源泉となった。このプラトンの『国家論』を模範としたことが人文主義者の国家像を教育論的に特徴付けることになる。関心は国家形態よりも如何にして教養と徳を兼備した統治者を育成するかという点に集中した。統治機構の改造ではなく、プラトン的「哲人王」「ギリシア、ローマの教養ある貴族による統治」の実現こそが彼らの理想国家実現への道であり、また古典的教養を身につけ、その知識に基づく実践＝理想国家実現のために努力し、それによって徳性を積むことが人間の完成形態への道程であった。ここに理想国家の実現と人間の完成が、知識に基づく有徳な行為という実践知の重視を媒介としてパラレルな関係に置かれることになる。[12]

　それ故、彼らの国家論にあっては教養ある統治者の育成という教育論が前面に出てくる。それは、16 世紀前半に君主教育論という形式である種のブームを作り出す。前述のエラスムスの『キリスト教徒君主の教育』の出版年と同年に、仏の人文主義者ビュデは『君主の教育』を、1523 年にはヴィヴェスはヘンリ 8 世の王女メアリのための『キリスト教徒女性の教育について』を執筆している。[13]

　彼らの提示した理想像はその書名にも明らかなごとく、キリスト教的理想世界の現世における実現であり、この実現は古典的教養とキリスト教的倫理観念を兼ね備えた君主の善政によって可能となると考えられた。それは、他方では汎ヨーロッパ的なキリスト教倫理とギリシア・ローマの政治、哲学と結びつけることによって、中世的書記の術を貴族の学芸へと高め、絶対王政と結びついた身分の低い行政官僚層進出の正当化の理論を提供するものでもあった。[14]

　これら初期の人文主義者の教養理念は、彼らの理論の持つ汎ヨーロッパ的普遍性と、学識ある俗人官僚層の中央官制への進出という現実の歴史の趨勢に支えられて急速に全ヨーロッパ社会へ浸透し、実践的知識としての古典的教養は新たな貴族たるべき人が備えねばならない資質となりつつあった。[*2]

　しかし、彼らの理想主義的で汎ヨーロッパ的な人文主義的為政者理念は、それが現実の政治、社会秩序の中に浸透すればするほど、彼らの教養理念と貴族層、さらに絶対王政との矛盾が顕在化されざるを得なかった。

第一に、人文主義が単なる外交技術や書記の術以上のものになるということ、そして、それが独自の価値理念、国家像を持ち始めることは、現実の絶対王政への批判的視点をも包含することを意味した。[*3]絶対王政と人文主義を結ぶ環としての哲人王の概念は暴君というそれに対立する概念さえ含んでいた。[15]啓蒙という初期人文主義者の楽観論と国王側の学識ある官僚の必要という現実の打算が両者を結び付けていたに過ぎない。そこに、イタリア人文主義発生来の、文人としての人文主義者、官僚としての人文主義者の間の苦悩があった。国王の官僚たるべきか否かは、モアの『ユートピア』から、スターキィによるポールの「対話」まで英国初期人文主義者を悩ませた一貫した深刻なテーマとなったのである。[16]

他方、人文主義的教養理念は貴族層との間にも深刻な矛盾を含んでいた。純粋にプラトン的理念に従えば教養と徳を兼ね備えた者のみが支配階層たりうる。このことは、一方では、教養と徳の欠如する貴族層の統治階層からの排除を、他方では、庶民や身分の低いものも、教養を得、徳を積むことによって統治階層へと昇進しうることを意味した。この学識による身分秩序はモアの『どこにもない国』では実現可能であっても、[17]それが現実のテューダ期の英国に根を下ろすには、中世来の封建的身分秩序との妥協が必要であった。エラスムスやモアによって示された国家像や人間観は中世騎士道倫理に代わり新たな社会理念の構成原理を倫理的に基礎付けるものではあったが、それらは特定の国家、特定の階層の指針としてはあまりにも、抽象的で一般的なものに留まっていた。

テューダ期イングランドに必要とされていたのは、イングランド社会の歴史的状況に適合する具体的な教育論であり国家論であった。スターキィはルプセットに以下のごとく語らしめた。

　　私が貴公（ポール）に注意していただきたい一つのことは、貴公はプラトンの例に倣うべきでないということです。なぜなら、彼のコモン・ウェルスの秩序は今日に至るまでこの地上の如何なる人民もかつて到達し得なかったものだからです。我々の国の性格、我々の人民の風習、時、場所を無視することなく洞察していただきたい。[18]

第5編　ルネサンス期コモン・ロー法学の展開　233

　この役割を担ったのが、トマス・エリオットであり、スターキィであった。最早、彼らには、文人として野に居るべきか、国王の官吏となるべきかの迷いはない。絶対王政国家と同一視されたコモン・ウェルスへの奉仕こそが人文主義者の責務であり、またそれに相応しい教養を身につけることが貴族の子弟たるべきものの責務なのである。それ故に、彼らの関心は、あるべき社会や統治者の哲学的倫理的基礎付けにではなく、現実に英国において、地方では治安判事、州長官として、また、その地方における政治力を背景に英国全体の統治にも一定の自立した統治者的機能を果しているジェントリ層を如何に統治者たるに相応しい階層に、また、如何にしてテューダ絶対王政を「善にして且つ正しき」コモン・ウェルスとして完成させうる階層に育成するかに集中した。[19]

　スターキィとエリオットは、前者が絶対王政の官僚養成という視点から、後者が既存の政治勢力たるジェントリの良き統治者＝徳と教養を備えた統治者としての責任の覚醒という視点から統治者教育の必要性を説いた点で、また、具体的な統治者教育の方法とそれに密接に結びついた法学教育（コモン・ローの評価）の点では大きな相異をみせたものの、統治者もしくは官僚たるべきものをジェントリ層以上の階層に絞り、それより下位のものを統治者教育から意識的に排除した点では共通の基盤の上に立っていた。[20]

　彼らの統治者教育論に共通する第二の特徴、統治者教育の場としての大学の忌避も、人文主義者達の大学のスコラ的教育方法への批判、さらには統治者教育の最終段階たる政治・法律の学は実践的経験を通して学ばれるべきという教育理念をその背景に持ったものであったが、より直接には上述の階級的視点よりの要請に根ざしていた。

　スターキィにとっては、大学やカレッジは「貧しい人々の子弟を書記の術で（in letters）養成するための」共同の場であり、統治者たる貴族の子弟のためには、それに相応しい学芸を教えるための特別の教育機関が必要であった。そこでは、「これ以降、平時には統治者たるべく、また、戦時には指揮官たるべく、単に徳や学問（learning）のみならず、あらゆる戦争術が教えられねばならない」のである。[21]

　エリオットは、ジェントリ子弟のための特別の学校を計画に盛り込まな

かったが、彼の私的なチューターによる教育と法曹院での法の学習という過程は、貧しい人の子弟のための奨学金を備えた大学のカレッジと対照的に極めて高価なものであり、彼の詳細な統治者教育プランは当初から貧しい庶民の子弟が排除されていたのである。[22]

この両者の統治者教育論において、為政の術たる法学が、貴族階層をギリシア、ローマに比すべきコモン・ウェルスの実現を担いうる教養ある統治者として再構築するための、最終段階を飾るべき枢要な位置を占めたのはいうまでもない。法学こそ貴族の学ぶべき必須の学問であった。

スターキィはポールに語らしめる。貴族が法を学ばず、法の研鑽者がほとんど貧しい生まれの庶民に占められていることこそ、「あらゆる良き秩序と礼節の甚大なる荒廃」の原因なのである。貴族の子弟が青年時代に前述の共同施設で法を学ぶならイングランドのすべての無秩序は一挙に解決される、と。[23]

法及び法学が、かくのごとく「善にして且つ正しきコモン・ウェルス」の回復のための実践的行為を支える直接の道具と見做された限り、英国を支配していたコモン・ローとコモン・ロー法学が彼らの批判の俎上に載せられるべき最も重要な問題となったのであり、スターキィの「対話」のもう一つの力点がここにあったのである。[24]

このコモン・ロー、コモン・ロー法学の評価において、エリオットとスターキィ（より正確に言えばポール）は鋭い対立をみせる。後者は、コモン・ローとコモン・ロー法曹への激しい非難とユスティニアヌス法典の導入を唱導することによって、ローマ法継受の代表者とされ、前者は、コモン・ローを人文主義的に評価することによって、両者の対立を緩和し、人文主義教育とコモン・ロー法学の接合理論の提供者となった。[25]

もちろん両者とも人文主義者として、"Barbarous" な法律仏語、法の複雑さへの非難を共有していることはいうまでもない。さらに、ポールが、ユスティニアヌスがローマ法になしたごとく、コモン・ローを一定の目的に従わせ、無限で、長ったらしい法を縮減することを提唱した点まで両者は共に歩んでいるのである。[26] しかし、コモン・ローの内容の本質的評価の点で両者は決定的に対立する。それが一方をローマ法の継受へ、他方を、コモン・ロー

と人文主義教育との接合へと異なった道へ進ませたのである。

　ポールにとっては、コモン・ローはそれ自体ノルマン人によって与えられた「野蛮で暴君的な法」なのである。[*4] それ故、根本的な解決は「全てのキリスト教国に共通の法たるローマ人達の civil law の継受」に求めざるを得ないのである。さらに、それは「(法律) 仏語で書かれた我々の法より、ずっと学び易く」「君主の善良さがあるから、速やかにこれを実現させる」ことが可能だと考えられたのである。[27]

　他方、エリオットにとっては、すべての法がそうであるように、コモン・ローも、本質的には、理性に深く根ざしており、その学問の困難性もコモン・ローに特有のものでなく、市民法や医学の研究者も「大部分の法学上、医学上の有益な教義が断片的に鏤められた、無数の註解で一杯の野蛮な著者の手になる膨大な量の著作」を相手にせざるをえないのである。[28]

　それ故、その学問の困難性は、コモン・ローに内在するものではなく、その内在する理性を探求する方法の欠如と、法学教育の問題に帰着せしめられることとなった。[29]

　我々はポールの見解の中に初期の人文主義者の批判的精神とそれを支える汎ヨーロッパ的クリスチャン・ヒューマニズムの精神が強く脈打っているのを、また、エリオットの見解の中に、ジェントリ層の政治的責任の強調、統治者の資質としての騎士道倫理と人文主義的徳の理念の結合を押し進めたのと同様の、既存の政治体制、社会理念の再評価という精神が、コモン・ローの評価においても働いているのをみるだろう。

　「対話」の著者スターキィも、前述のルプセットの言葉にあるように、当該イングランド社会への具体的で可能な解決策を求めた限りでエリオットと同一の精神にあり、それ故ポールのごとき楽天的立場には立たなかった。

　貴族子弟のための教育施設の設立に関しては、即座に「これは、2、3年内に実現するだろう」と賛意が示されたが、ローマ法の継受には極めて懐疑的な答えを提出した。「かくも長年に亘り、我々が我々自身の法によって統治されてきたことを考えるなら、私にはこのことの実現が極めて困難に思える」。[30] ポールの答え「権威を欠いているにすぎない」は逆にそれが継受にとって最も致命的な問題であったことを示している。それ故、以下の議論は「真

の文化的生活と正しき政策の宝庫」たるローマ法とコモン・ローの対比による個別的改善の問題に移行せざるを得なかったのである[31]。この方法自体は、後のコモン・ローへのローマ法の影響の仕方の一つの典型となったのであるが、本論稿の関心は英法の学問形式という限られた問題にあり、その内容面にわたって考察することは著者の能力を超えるものであるので、エリオットのコモン・ロー法学の再評価と人文主義との接合の問題に議論を集中したい。

注

(1)　越智武臣『近代英国の起源』（ミネルヴァ書房、1941）41-54 頁参照。

(2)　E. W. Ives, 'Common Lawyers in Pre-Reformation England' *Transactions of the Royal Historical Society*, （以下 *T.R.H.S.*）vol. 18 pp. 193-195. R. Somerville, 'Henry VII's "Council Learned in the law"', *English Historical Review*, （以下 *E.H.R.*）vol. 54, (1939) p. 429ff. 城戸毅「中世末期イギリスにおける中央行政機関への俗人の進出について」『史学雑誌』76 巻 10 号 1-27 頁を参照。聖識者・俗人官僚の行政部門の相異に関しては城戸、前掲論文 12-13 頁及び註 (8)、及び後述本稿注 (6)。

(3)　Fritz Caspari, *op.cit.*, pp. 137ff. Chaucer, *The Canterbury Tales* (Penguin Classics) pp. 27f., p. 34. ダッドリに関しては、R. Somerville の前掲論文参照。彼が高位法廷弁護士という法曹として最も栄誉ある地位を抛って行政的官職へ走ったことに関しては、E. W. Ives, 'The Promotion in the Legal profession of Yorkist and Early Tudor England', *L.Q.R.*, vol. 75, p. 356.

(4)　R. Somerville, op.cit., pp. 441-442.

(5)　Caspari, *op.cit.*, pp. 4-5.

(6)　Kenneth Charlton, *Education in Renaissance England*, (Routledge & Kegan Paul, 1965) pp. 41-42. 彼らはとりわけ、ラテン語、市民法の知識を必要とする外交分野で活躍した。例えば、エドワード 4 世の国王評議会のメンバーで外交使節となった 19 名の内訳は、貴族が 4 名、聖職者 9 名、官吏 6 名であるが、聖職者中 8 名はこのような身分の低い聖職者によって占められた。J. R. Lander, 'Council, administration and councillors, 1461-1485', *Bulletin of the Institute of Historical Research*, vol. xxxii (1959) pp. 166-178.

(7)　このことが、1494 年のイタリア戦争以来のヨーロッパ国際政治の開幕、1535 年の英宗教改革前後のローマとの交渉の過程で彼らを歴史の表舞台に誘う要因ともなったのである。越智武臣、前掲書、11-22 頁。

(8)　Caspari, *op.cit.*, p. 1.

(9)　エラスムスはウーリッヒ・フォン・フッテンへの手紙で以下のごとく書き送った。「イングランド法についての学問は、真の学問というには程遠いものであるが、しかし、イングランドでは、それで成功した人々は高い評価を受けている。そこでは、立

身のためのそれ以上に良い方法はない。なぜなら貴族はほとんど、法（曹）から募られているからである。」、quoted in R. W. Chambers, *Thomas More*,（Peregrine Books, 1963）pp. 79-80.

(10)　本書、注（7）参照。

(11)　この新たな人文主義の流れと、前述の官僚の技術としての人文主義の流れは、10-30 年代にかけて矛盾を含みつつ歩んでいくのである。cf. Charlton, *op.cit.*, p. 70.

(12)　1462 年フィレンツェでのプラトン・アカデミーの設立、1422 年に発見されたキケロの De Oratore、1461 年に発見されたクィンティリアヌスの『雄弁家教育論』がこれらの人文主義者の教育論の基礎を提供した。例えば、トマス・モア著・平井正穂訳『ユートピア』（岩波文庫）46 頁。雄弁家教育論に関しては、A. グヴィン著・小林雅夫訳『古典ヒューマニズムの形成』（創文社、1974）、とりわけ 150 頁以下参照。

(13)　梅根悟「紳士教育論の時代」『西洋教育思想史 I』（誠文堂新光社、1968）58-59 頁。

(14)　Caspari, *op.cit.*, p. 48. かくのごとき、プラトン的国家観とキリスト教倫理の結合は、両文化の全欧的普遍性に基礎付けられていた。それ故にまた、宗教改革による普遍的教会の崩壊、絶対王政的国家主権の確立は、エラスムス的、クリスチャン・ヒューマニズムの終焉を意味することになるのである。cf. Fussner, *op.cit.*, pp. 6-7.

(15)　カール・ヨハン・カウツキー著・渡辺義晴訳『トーマス・モアとユートピア』（法政大学出版局、1969）195-199 頁。モアは、文体練習の素材としてルキアノスの「暴君殺し」の対話を扱うことによって巧みに、この概念を利用した。そうでなくとも、統治者＝国王が哲人王たるべきであるという主張は、暴君という、その対立概念を浮かび上がらせざるを得ないのである。

(16)　モア、『ユートピア』16-19 頁。Thomas Starkey, *A Dialogue between Cardinal Pole and Thomas Lupset, Lecturer in Rhetoric in Oxford, in England in the Reign of King Henry the Eighth*, ed. J. M. Cowper,（*E.E.T.S, Extra Series* vol. XXXIII）chap. I.

(17)　Caspari, *op.cit.*, pp. 10-13.

(18)　Starkey, op.cit., p. 60.

(19)　Caspari, *op.cit.*, p. 82, pp. 105-109. この点で、国家権力のすべてが君主の個人の下に掌握されたイタリアで成立したカスティリィオーネ『廷臣論』とイングランドの人文主義的教育論は、その土着化の過程で際立った対照をみせることになるのである。

(20)　Sir Thomas Elyot, *The Book named the Governor* [1531],（everyman's library 227, edited by S. E. Lehmberg, 1970）pp. 2, 14. エリオットの教育思想については、cf. Caspari, *loco.cit.* 越智、前掲書、第 3 章 1 節 1、2、「ジェントルマン・イデアール」、松浦高嶺「イギリスルネサンスの歴史的背景」『英米文学史講座』二、ルネサンス一、231 頁以下。岡田渥美「トーマス・エリオットの『為政者』教育論とヒューマニズム―イギリス近代政治人『ジェントルマン』の理想形成」『京都大学教育学部紀要』XI、（1965）34-62 頁。

(21)　Starkey, op.cit., pp. 186-187.

(22)　Caspari, *op.cit.*, pp. 105f.

(23)　Starkey, op.cit., pp. 194-195〔chap. II. 560〕

(24)　もう一つの主要な目的は彼のパトロンであるレジナルド・ポールをパドヴァからロンドンの宮廷へ呼び戻すことにあった。スターキィは、教育論としてではなく国制の改革論として、ポールの考えをヘンリ8世に理解せしめ、また、ルプセットによってポールを政治生活＝その改革案の実践へと誘っているのである。それは、当時にあっては、当然に、貴族身分の改革＝貴族教育論を含まざるを得なかったのである。

　コモン・ローへの批判は、対話の第2部で慣習的方法やすべてのコモン・ローに存する最も注目すべき誤りについて展開され、(例えば訴訟の遅延、教育等)第3部としてその改革案が提起される。その中に有名なローマ法継受の提案が含まれることになるのである。

　Starkey の改革案に関しては、Caspari, *op.cit.,* pp. 110-130.

(25)　F. W. Maitland, English Law and Renaissance (1901) in *Selected Essays in Anglo-American Legal History,* p. 172. (小山貞夫編訳『イングランド法とルネサンス』10-15頁) このメイトランドの評価への批判としては、S. E. ソーン「イングランド法とルネサンス」前掲書所収、141-148頁[*5]参照。

(26)　Starkey, op.cit., p. 194. Elyot, *op.cit.,* p. 51.

(27)　Starkey, loc. cit.

(28)　Elyot, *op.cit.,* p. 53.

(29)　*Ibid.,* pp. 51-52.

(30)　前述のごとく、スターキィはポールをイングランドに呼び戻し、その改革案を実践させんとする立場にあり、ルプセットと共通の見解を持つものと考えられるであろう。Starkey, op.cit., p. 195, pp. 188-189.

(31)　Ibid., pp. 196ff.

(2) エリオットのコモン・ロー再評価と法学教育改善案

　エリオットの法学教育論の基礎にあるのは、古典期ローマの雄弁家的法律家の姿である。この点で彼はキケロに多くを負っているのであるが、彼によれば、古代ローマにおいては雄弁家たることと法律家たることは矛盾しなかった。それどころか、ハンデクテン乃至ディゲスタは雄弁術の研究と訓練の基礎の上に形成されたと考えられた。それ故に、精神において理性的であるコモン・ローに雄弁術的方法を導入し得たなら、コモン・ローを、キケロがすべてのローマ法がそこから流れ出ていると称讃した十二表法のごとく、有力な権威を持ち、すべての哲学書を凌駕する包括的な法に帰することは可能なはずなのである[1]。

そして、それは、他方では、彼が提唱した人文主義的な統治者教育のカリキュラムで獲得された古典の知識、教養を武器庫として、雄弁術的方法をコモン・ローに導入し、人文主義的教養を特殊イングランド的状況に適用可能な学に、また、コモン・ローをイングランドにおけるコモン・ウェルス実現に奉仕しうる学に改造することによって、法学教育を彼の統治者教育の最終段階を飾るに相応しい学問にするための指針であったと思われる。

　彼の計画にとって最大の障害は、第一にコモン・ローが雄弁術の適用可能な形式で記されておらず、「野蛮な法律仏語」で書かれているため、「単にあらゆる雄弁を欠くのみならず、我々を法の訓練から疎外し、法を研究したことのある者以外は誰もそれを理解し得ない」ことにある。[2]この問題の提示の仕方と、それに続く彼の解決策は通俗的である。

　それは、大陸の人文主義法学者達が、イタリア学風の悪しきラテン語を非難し、良きラテン語の文体で書き直すことによって膨大な註解から逃れ、法の不明確さから免れうると考えたのと同様であった。エリオットは言う、野蛮な法律仏語で書かれているコモン・ローが「英語、ラテン語、もしくは良き仏語で、ずっと明快で典雅な文体で書かれた確実且つ簡潔なものになれば」、それは「単に最も優れた理性を包括するのみならず、他の全ての国々の最良の法から、篩によって選り分けられた粉と純粋な肉から集められた簡潔なもの」となるのである。[3]ここで彼に特徴的なのは前述した自国法への無条件の信頼のみなのである。

　第二の改善策は、それがコモン・ローの再評価に繋がっているが故により興味深い。法学をより以上に困難な学問にしているのは、14, 5歳の未だ十分思慮分別もついていない子弟を無味乾燥な法の学問を学びに法曹院へ送り込む当時の習慣であった。それ故、彼らは結局そこで怠惰な生活を送ることになってしまうのである。彼らはより甘美で楽しい学問に適しているのであり、十分な古典的教養と雄弁術をエリオットの提唱したカリキュラムに沿って学び、21歳まで、真の哲学の正しい研究に留まるべきなのである。[4]かくのごとく、雄弁術と古典の教養を身につけた者が我が国の法を深く学ぶことによって、コモン・ローは第一の点で述べたごときあらゆる国の法に優る法となり、法曹はローマの雄弁家的法曹のごとく、古来の雄弁術の形式に従って推論し訴答しうるようにな

る。なぜなら、法曹院や法曹予備院の法学教育の訓練制度＝模擬裁判は、古代修辞学の方法に従って行われており、正しい雄弁術を学んだ人々は、より一層容易にその訓練に適合でき、また、その方法をより合理的なものとしうるからである。例えば、訴答は、Invention（命題の発見）→ Disposition（配列）→ Memory（記憶）という弁論術の五つの部分の三つを駆使して行われている。他の二つ、Elocution（措辞、文体）、Pronunciation（発声）は言葉の野蛮さの故に欠けている。しかし、それは、弁論の6段階に対応する過程、すなわち、Narrations（陳述）→ Partitions（分割）→ Confirmations（確認）→ Confutations（反駁）に対応する Declarations（原告の訴因陳述）→ Bars（被告側抗弁）→ Replications（原告側再訴答）→ Rejoinders（被告側再反訴）を備えており、さらに、これらに関する議論に際して、コモン・ロー法曹は、雄弁家によってLoci Communes（共通拠点）と名付けられているそこからあらゆる推論を引き出しうるすべての論拠（題）を備えているからである。⁽⁵⁾

かくして、彼の雄弁家的人文主義教育論は、コモン・ロー教育と接合される。それは「雄弁術や多くの教義に含まれている甘美さが青年達の心をより必要とされるこの国の法の研究に向かうことを妨げる」という、おそらくはコモン・ロー法曹からの抗議——それは、後に述べるように、30年代の法曹⁽⁶⁾院にとっては深刻な問題となっていたように思われるのだが——への人文主義者の側からの解答であり、他方では、子弟を幼い年から、その性格も適性も理解せずに、徒弟奉公に出したり、法曹院に送り出したりするジェントリへの忠告であったわけである。

彼はすべてのジェントリ子弟がコモン・ローの学習に適していると考えていたわけではなく、それのみがジェントリ子弟の進むべき唯一の道だと考えたわけでもない。要点は、国王の統治する "Public weal" に奉仕し、十分に⁽⁷⁾国王を補佐しうるに足る能力のある統治者に育てあげることなのである。それ故、ジェントリの子弟が「キケロの弁論において、さらに法の始源の歴史や、プラトン、クセノクォン、アリストテレスの著作の様々な法制や国制の相異において説明された法を読むなら」ある人々は法の学習に向けて一層刺激され、より用意周到に且つ十分な資質をもって法を学ぶようになるが、それによって法への関心が呼びさまされない子弟も、「今日多くの人々が怠惰

に浪費している全ての時間を救うだけでなく、彼らが主として、徳と礼節さらに文明国の政策を教える道徳哲学という最も高貴な学問に全ての諸教義を従わせるなら、この知識からそれだけでも国王と国家（Public weal）への名誉ある奉仕に役立つ多くの宝を得ることができる」のである。[8]

　それ故、エリオットによる、統治者養成コースは、A. 私的チューターによる人文主義的教育→法曹院→法律顧問、B. 私的チューターによる人文主義教育→道徳哲学による深化→（政治人、統治者）の二重であるように思われる。言い換えれば、それは、エドワード4世期からヘンリ7世、8世期に統治者養成のコースを独占化しつつあった法曹院への人文主義者の統治の術の割り込み策であった。この態度は、彼のコモン・ローに与えた高い評価が単にその学問の支配の強固さに対する口先だけの追従ではなかったのかという疑問を抱かせるものである。加えて、彼が注意深く書き込んだ「一度、英語、ラテン語、もしくは良き仏語で、ずっと明解で典雅な文体で書かれたなら」という条件は彼のコモン・ローへの評価を極めて曖昧なものにしているように思われる。[9]しかし、彼は法曹院の教育訓練制度への評価には、そういう条件を付けていないこと、さらに、コモン・ロー法曹の能力に対する高い評価はエリオット一人によって与えられたものでないことに注意する必要があるだろう。序文で述べたごとく、ヘンリ8世が創設したローマ法欽定講座の教授となったトマス・スミスは、「教皇の法律家」（イタリア学風）の野蛮さ冗長さを非難する一方で、コモン・ロー法曹を「哲学上、神学上の何らかの点が問題となった時でさえ、彼らは何と明確かつ迅速に扱うことか、また、何とたやすく、委曲を尽くし、且つ何と魅力的で上品な方法で、自説を強化し、その異論を駆逐することか。彼らには論理の力、雄弁の華麗さに欠けたるところがない」と称讃した。[10]それはまさに法曹院の教育訓練制度の整備の成果であり、同様に弁証術的な訓練方法を持ちながらも、大学での教育訓練制度が、神学、形而上学の議論に集中され、文法学的に精緻化されることによって現実の社会問題への適応力を喪失していったのに対し、法曹院の教育訓練制度では、その性質上、訴訟を通して現れる社会問題への適応が意識的、無意識的に行われざるを得ず、そのことが、彼らの諸々の社会・政治問題への処理能力を高め、官僚もしくは政治人的志向を持った人文主義者の

称讃を得ることとなった一因であったように思われる。[11]

　それ故にこそ、エリオットにとって問題はその術の修得の困難さの除去（言語の問題と予備教育）、人文主義的教養による "Public weal" 実現への方向付けに絞られたのではないだろうか。

　その意味では、スターキィとエリオットのコモン・ローに対する態度の相異は、彼らのコモン・ロー実務との係わり方の相異から生じたように思われる。スターキィは、彼のクロムウェル宛任官依頼の手紙で自ら記しているように、青年時代オックスフォードで哲学、神学の研究に没頭し、最終的に「やがて私の目的は政治的生活を送ることに変わり、私はここ我が国で、我々の間で慣行となっている政治秩序や習慣について、しっかりした、より確実な判断を下しうるようになるために、今日に至るまで幾歳月もローマ法の知識に専心してきた」。彼は多くの初期の人文主義的官僚がそうであるように、その出自の明らかでないイタリア留学生の一人であり、イタリア留学中パドヴァで修得したローマ法の知識でもって英国に官職を求めようとしたスターキィにとって、コモン・ローは批判の対象以外の何物でもなかった。[12]

　これに対し、エリオットは、イタリア留学生のスターキィとも、ロンドン市民の寵児モアとも異なっていた。彼はウィルト州の家柄の良いジェントリの家系に生まれ、彼の父は彼自身誇らしげに語っているように、王座裁判所の判事であり、彼自身、オックスフォードで得業士(1519)、法学博士(1524)の称号を得ただけでなく、ミドル・テンプル法曹院でコモン・ロー教育を受けており、巡回裁判所の書記（1511-26）として法実務に永く携わった後には、オックスフォード州、バーク州、ケムブリッジ州の州長官を歴任、また、同時期には中央政界で、国王評議会の書記（1523-28）、神聖ローマ皇帝カール5世への大使（1531-32）として活躍するという典型的な地方ジェントリ出身の昇進のコースを歩んだ人であった。[13]

　さらに、彼はモアの人文主義者サークルの一員として、『大法要録』『制定法大要録』『法律用語辞典』など画期的な出版事業を進めていたジョン・ラスティルを、また、『大法要録』の編者フィッツハーバートの活躍を十分知っていたであろう。[14] そして、1520年代は、モアやロバート・リードのごとく大学出身の教養あるコモン・ロー法曹が異例のスピードで昇進していた時代であ

り、この新たな、未だ慣行化していない養成コースに（彼自身もこのコースを歩んだ）エリオットが注目しても不思議ではなかった。既に、エラスムスは以前にモアに対して、「全くそれ（コモン・ロー）のみに専心した如何なる人々よりも、より良い法実務を為し得た」という評価を与えていた。[15]エリオットは、この自らが歩み、且つ孤立的で偶然的なものではあったが、現実に存在した例を一般化し、より一貫した統治者養成コースへと制度的に定着させようとしたのではないだろうか。

　いずれにせよ、1530年代を中心に、スターキィの「対話」、エリオットの『統治者論』そして、次に述べる「国王陛下の学院」と統治者養成案の盛況が見出されるのであり、この時代がイングランド絶対王政の統治構造を決定する上で極めて重要な時代を形作っていたのである。それは宗教改革と修道院解散の激動期を経て、エリザベス期の統治者形成、法曹院の存在様式に決定的な影響を与えることとなるのである。

注

(1)　Elyot, *op.cit.*, pp. 55-56.

(2)　*Ibid.*, p. 51.

(3)　*Ibid.*, p. 52. cf. N. W. Gilbert, *Renaissznce Concepts of Method* (1960) p. 94, p. 97.

(4)　Elyot, *loc. cit.*

(5)　*Ibid.*, pp. 53-54. ここで彼がLoci Communesと名付けているのは後述するように、1516年に出版されたフィッツハーバートの『大法要録』を指していると考えられる。[*6]

(6)　*Ibid.*

(7)　*Ibid.*, pp. 1-3. Res Publicaの英訳、従来Common Wealと訳されていたが、エリオットは中世的身分秩序維持の立場から、庶民＝Commonersによる国家はカオスを生み出すとし、新たなPublic wealなる用語を生み出し、それが、ローマのRes Publicaに相当するものと考えた。

(8)　*Ibid,*. p. 56.

(9)　この点に関してはショーエックとブランドの間に論争がある。ブランドはこの留保をもって、エリオットはインズ・オヴ・コートの訓練を理想化して見ているのであって、現実にそこでの訓練が修辞学と係わりを持っていたわけではなく、Law Frenchの存在がその最大の障害となったと主張するのである。確かに、法曹院の訓練制度を直接に修辞学に結びつけんとするショーエックの主張にはかなり無理がある。しかし同時に、両者共に修辞学に対する把握が、文体修辞学的な理解の方向に傾いているきらいがあり、修辞学的な教育方法やそれが当時の学問観に与えた影響についての考察を欠いているように筆者には思われ

る。R. Shoeck, 'Rhetoric and Law in Sixteenth-Century England' (1953) *Studies in Philology* vol. L, pp. 110-127. D. S. Bland, 'Rhetoric and the Law Student in Sixteenth Century England' (1957) *Studies in Philology* , vol. LIV pp. 498-508.

(10)　本稿、序文参照。

(11)　W. S. Howell, *op.cit.*, (1956) pp. 9-10, pp. 64-65.

(12)　Letter from Starkey to Cromwell', in *England in the Reign of King Henry the Eighth*, Part I Starkey's Life and Letters, (*Early English Textbook Society, Extra Series* vol. XXXII) edited by Heritage (1878) pp. ix-x.

(13)　Caspari, *op.cit.*, p. 83.

(14)　岡田、前掲論文 45 頁。

(15)　Chamber, *loc. cit.*

(3) 絶対王政の官僚養成政策と「国王陛下の学院」の設立案

　1534 年の国王至上法を頂点とする宗教改革、ローマ教皇庁との断絶は、英国を絶対王政的主権国家として、キリスト教的、中世的ヨーロッパ全体社会から自立させると同時に、初期の学者的汎ヨーロッパ的クリスチャン・ヒューマニズムの伝統を根刮ぎに潰滅させてしまった。モア、フィッシャは断頭台の露と消え、1523 年以降英国に招かれ、メアリの師として、またオックスフォード大学の人文学の教授とし活躍していたヴィヴェスは数週間の軟禁後追放された。[1] 最も悲惨だったのは、前述のポールの一族であり、ポール自身はローマに駐在していたため難を逃れたものの、おそらくは、彼の一族が王家の血をひくものであるが故に、彼の家系に連なる者はすべて殺された。同時にスターキィの名も歴史から姿を消した。[2] エリオットさえもモアとの親交関係上、この粛正の対象となる可能性があった。彼のクロムウェル宛助命嘆願「私のモアへの愛着など我が至高なる陛下に対する忠誠と信義への献身に比ぶればさほどのものでもない」にみられる彼の卑屈な態度は、後世の史家の眉をひそめさせたものではあるが、彼の『統治者論』にみられる愛国的信条からすれば、彼なりの一貫した政治的態度を示すものともいえよう。それにもかかわらず、彼は中央政界より退き、余生を地方の荘園で過ごさざるを得なかったのである。[3] エリオットの前述の言葉は、最早、人文主

義的教養は国王への奉仕＝国王に忠実な官僚となることを離れては存在し得なくなったことを意味した。

他方、絶対王政はローマとの断絶によって、修道院学校、本山学校、大学というすべての教育機関の専一的支配権を獲得するとともに、それを絶対王政の俗人官僚養成のための機関へ改組し始める。教会付属の教育施設は文法学校として俗人評議員の管理下に移り、全国的に一律の規準の下に組織され、教科書、俸給が決定された。(4)他方、大学に関しては、前述のフィッシャの逮捕、処刑の後、クロムウェルが後任の総長として派遣され、国王の至高性への服従が強いられ、同時にカリキュラム上の規制（カノン法教授の禁止、スコートゥスの書の廃棄）が加えられた。(5)

この国王至上法以降の国王の教育機関への支配権の拡大、カリキュラム規制を通しての教育内容への介入の強化が絶対王政の官僚供給源であった法曹院に向けられるようになったのは至極当然の事であったといえよう。

法曹院の改革

改革の手始めに、法曹院の現状を調査するために、T. ダンタン、N. ベイコン、R. キャリィの３名によって構成された委員会の「法曹院の現状に関する報告」をもとに、新たに、法曹院で現在教育されている「御国の陛下の法だけでなく、純粋な仏語とラテン語の知識が獲得され、それによって、今後、陛下が、陛下の領土内の法のみならず外国の法についても陛下御自身の学生によってよりよく奉仕されうるような」学舎を設立するための計画を提出するように、同上の委員会に命ぜられた。(6)

委員会が提出した設立案は、教育内容の点ではエリオット、スターキィの提起した改善案双方からの影響を受けたものと考えられる。

第一に、インナ・バリスタはラテン語で訴答し、他のバリスタは仏語で議論するように定められた。(7)とりわけ、仏語に関しては、おそらくはラテン語に比しその転化が激しいためであろう、特別に「仏語の真の発音を教えるために」、週二度の授業が開廷期に計画された。(8)さらに、ラテン語とギリシア語に関しては、ラテン語、ギリシア語で書かれた知識に優れた者が「いずれかの雄弁家の著作もしくは、修辞学の書物、さもなければ、ある国の統治に

ついて扱った他の著書を講義するために」、開廷期の週のうち3日間が充てられた[9]。

　この言語の純化と古典的教養とりわけ雄弁術と国制論の重視、さらに、閉廷期の制定法の講義、模擬裁判といった従来の法曹院の教育訓練との接合は、明らかにエリオットのコモン・ロー教育改善の精神の流れを汲むものといえよう。さらに、新たに設けられた入学者の年齢制限をみるなら、その類似はより顕著なものとなる。「国王の学生」は22歳以上の者に限定され、それ以外の学生に関しては、20歳、特別の才能のある者に関しても18歳の年齢制限が加えられた[10]。

　他方、スターキィの例に倣って、長弓、短弓による軍事訓練が全員に奨励され、今後の外国との戦争に備え、一定数の活発で分別ある青年が教練の指導、野戦の戦術の検討のために任命され、彼らによって戦術書が書かれるべきものとされた。

　それ故に、この委員会の提案はメイトランドの評したごとき、コモン・ロー法曹の保守的な改革案ではなく、むしろ、エリオット的な現実主義的で且つ実務官僚養成を志向する人文主義者の潮流の中にあるものといえよう[11]。この計画案の持つ官僚養成機関的性格は、さらに、エリオットやスターキィの計画の持っていた貴族主義的性格を払拭し、より純粋な官僚養成のための施設創設への一歩を進めているのである。

　第一に重要なことは、従来の法曹院のごとく、特許状を持たない、自立的、自然発生的団体としてではなく、新たな学院は「開封勅許令状によって設立され」、「議会法によって確認された」法人として構成されるものとされ、同時に、それによって国王の権力が直接的に新たな学院の中に介入しうるように計画されたことである。

　新たな学院の主たる構成員、学長（Governour）、副学長、学生、さらに運営団体たる参事会（Company）のメンバーの選任権は国王の手に掌握され、学長、副学長、参事会には学院の秩序維持のためにフリート監獄への収監を含む強力な権限が与えられた（従来の法曹院では除名が最高の手段であった）[12]。

　他方、23歳以上の者とされた「国王の学生」は給費生として国王から奨学金を受ける官僚予備軍であり、貧しい庶民の子弟が官僚として昇進の道を歩

むのを助けるものであった。この国王の学生の官僚予備軍的性格は委員会の官僚養成上の二つの提案、第一に、「陛下の諸国土（Realms）と諸支配地（Dominions）」の諸問題について良き奉仕を得るために必要なあらゆる俗界の統治に関する専門家を得るために外国へ大使の派遣に常に2名の「国王の学生」を随伴させること、第二に、「この帝国（Imperial Realm）の政治的統治、並びに高貴な諸立法」を永久に記録するために2名の最も有能な学生を年代記の編者として任命することとされた。これら「国王の学生」は制定法講師への排他的選任権とその義務付け等、多くの点で他の学生から区別される存在であった。[13]

この官僚養成機関としての「国王陛下の学院」の計画が実行に移されていたなら、英絶対王政は官僚制的な統治へ大きく前進していたかも知れない。修道院解散やユース法の制定は、そのための十分な財源を用意していたはずであった。何故に実現されなかったか。この問題は、この計画案をめぐる議論、その提出された正確な年代が明らかでない以上、闇に包まれたままである。[14]しかし、それが明らかに国王至上法以降の計画であること、さらに、30年代後半の教育制度改革と国王の教育諸機関への直接的介入の波の中で提出されたことがその内容から読み取れるように、この期にクロムウェルによって押し進められた所謂「行政革命」と不可分な関係にあったであろうことは想像に難くない。[15]実際、N. ベイコンは1537年に国王増収裁判所のソリシタに任命されたクロムウェルの行政改革の忠実な実行者の一人であり、委員会の計画の背後にクロムウェルの力があったことは十分想像しうることである。[16]とりわけ、この計画案に流れるエリオット的精神は、彼の『統治者論』がクロムウェルの要請によって書かれ、それ故に国王印刷人バースレットによって出版されたとする見解が支持されうるなら、[17]より確実性の高い傍証として、この問題の解決のために挙げることができるだろう。

もしそうだとするならば、1540年のクロムウェルの失脚がこの計画に重大な支障をもたらしたであろうことは十分考えられることである。[*7]

修道院の第一次解散は1539年に止んだが、それ以降、修道院財産は王室に留まらず、1547年のヘンリ8世没時には、その3分の2が貴族、ジェントルマン、商人の手に落ちたといわれる。[18]この中で給費学生を含む官僚養成施

設の計画が瓦解していったことは容易に想像しうる。ヘンリ8世が設けた両大学の欽定ローマ法講座も最終的には物価騰貴の中で、その俸給が引き下げられたままにされたために魅力のないものとなってしまった。[19]

初期の人文主義的統治者教育の実現の担い手は、絶対王政の側から、修道院解散の余禄によって経済的富を手中にし、さらに身分的上昇を目指すジェントリ層に移されることになった。エリオットの『統治者論』は1531年の出版以来50年の間に8版を重ね、上昇しつつあるジェントリ層が自らをジェントルマンとして、身を処する上での最良の書物として受け入れられ、以後の政治人としてのジェントルマンの基本的範型を示すものとなっていった。[20]

他方、官僚養成学校としての、委員会の計画案の精神は、エリザベス期のH. ギルバートの「エリザベス女王の為のアカデミーの設立案」に引き継がれたが、これも実現されず、その実科学校的性格のみが、グレシャム・カレッジというロンドン市民の手になる学校によって実現されることになるのである。[21]

注

(1)　ヴィヴェス著・小林博英訳「学問論」『ルネッサンスの教育論』世界教育学選集（明治図書出版、1964）所収、訳者解説314-316頁。

(2)　彼の兄 Henry Pole は1539年に、母ソールズベリ伯マーガレットは1541年に処刑、もう一人の兄 Geoffrey Pole も1539年反逆罪に問われたが処刑は免れた。スターキィはイングランドで、マーガレット付の牧師となっており、この混乱期に没したと考えられている。

(3)　越智、前掲書354頁。この点に関して、岡田氏の評価は異なっている。「思想が単なる思想たるに止まらず、現実を規定し、歴史を推進させる力として作用する局面に注目するならば、思想内容自身の高さ、深さ、純粋さとは別に、如何なる思想家のどのような思想が、現実の起動力として最も力を持ち、歴史の形成方向に決定的影響を及ぼしたかが、あらためて問われる必要があるであろう」。岡田、前掲論文62頁。

(4)　Caspari, op.cit., pp. 134-135. 梅根悟『世界教育史体系7　イギリス教育史I』62-66頁。

(5)　同書、66-67頁。M. Curtis, op.cit., (1959) pp. 102-103.

(6)　D. S. Bland, 'Henry VIII's Royal Commission on the Inns of Courts' (1969) J.S.P.T.L. vol. X, pp. 189-194. この報告は先に提出された同委員会の「イングランドの現状」(pp. 183-189) に基づいて、国王が新たに要請した「計画案」である。これが、「新たな法曹院の設立のための計画案」か、それとも「既存の法曹院の改革案」であるのかが Bland の論稿の解明せんとするところである。(pp. 180-181)

(7) Ibid., p. 192.

(8) Ibid., pp. 192-193.

(9) Ibid., p. 192.

(10) Ibid., p. 191.

(11) Ibid., 194, F. W. Maitland, *op.cit.*, p. 190 n. 45. 小山訳、31 頁、註 2、メイトランドは、この改善案を、「イングランドの法廷弁護士から出された保守的な提案でかくしてポールがかつて提案したような継受を不必要なものにせんとするものであった」と理解した。こうした評価は、メイトランドが宗教改革前とその後のイングランド人文主義の変化を十分に意識していないことから生み出されているように思われる。この改革案の提唱者のうち少なくとも、ニコラス・ベイコンは、決してメイトランドの言うような保守的な法曹ではなかった。そこでは、保守的というよりむしろ、現実主義的という言葉が選ばれるべきであったろう。ニコラス・ベイコンは後に、ローマ法の講義を含む学院の計画を明らかにしている。Charlton, *op.cit.*, p. 156.

(12) Bland, op.cit., p. 193.

(13) Ibid., pp. 191-194.

(14) ヘンリ 8 世 の 称 号 が Supreme Head on Earth immediately under Christ of the Church of England, となっているように、宗教改革 (1534) 以降、ヘンリ 8 世没年 (1547) までというのが可能性のある年代である。

(15) クロムウェル自身が高等（大学）教育の改革への介入者であったことについては前述、本稿 20 頁。

(16) Bland, op.cit., p. 182. 越智、前掲書 41-52 頁。

(17) Caspari, *op.cit.*, pp. 85-86.

(18) *Ibid.*, p. 147. L. ストーン著・紀藤信義訳『イギリス革命の原因――1529-1642』（未来社、1978）722 頁、註 73 の表。

(19) Charlton, *op.cit.*, pp. 141-142. ヘンリ 8 世の欽定講座の教授達は永くその地位に留まらなかった。ギリシア語教授の John Cheke は 1542 年にその職を辞し、1553 年に秘書長官に就き、ローマ法教授のトマス・スミスはそれ以前に 1548 年にその地位についていた。

(20) Caspari, *op.cit.*, p. 83.

(21) ハンフリー・ギルバート（1539-83）の「エリザベス女王のアカデミー案」（1572）については、梅根悟『西洋教育思想史 I』152-156 頁。Charlton, *op.cit.*, pp. 156-157.

　　グレシャム・カレッジに関しては、C. ヒル著・福田良子訳『イギリス革命の思想的先駆者達』（岩波書店、1972）58 頁以下を参照。グレシャム・カレッジでは法律学の講座も持たれたが、そこで教えられたのは、ガリア学風のローマ法（マタイウス・ヴェーゼンベック）であった。それは商人達が直接に関係する、海事法をはじめとする国際法がローマ法によっていたこと。彼らの商業活動が、ロンドン＝アントワープのラインで行われていたことに基づくものであろう。（同書 60-61 頁）

　　ギルバートの「アカデミー案」では法学教育は、ローマ市民法と共にコモン・ローの基礎知識、治安判事、州長官の職務が学ばれることとなっていた。Charlton, *loc. cit.*

II 法曹院のジェントルマン養成の最終学府化

(1) 貴族養成機関としての法曹院

1470 年代にフォーテスキューは法曹院を評して「ほとんど貴族の子弟で占められており、……貴族や、貴族の家系に連なるものでない法の識者を見出すのはほとんど不可能である」それ故に、法曹院は「貴族が学ぶべき全てのマナーのアカデミー」であると誇らしげに語った。[1]しかし、我々は、彼の『英法礼讃』の目的——コモン・ローとコモン・ロー法曹の地位の強化——のために、彼の著作に鏤められた独得の誇張と比喩的表現方法を割り引いて考えねばならないだろう。

実際、フォーテスキュー自身も述べているごとく、貴族層は「彼らの子弟を法学で訓練することを欲せず、且つ、法の実務によってではなく家産（patrimony）によってのみ生活することを」欲しており、彼らが法曹院へ子弟を送り込むのは、そこが宮廷の近くにある格好の宿泊施設であり、そこで宮廷風のマナーを真似た、ダンス、宴会等の行事が行われていたからにすぎないのであった。それ故、現実に法曹として頭角を現した人々はほとんど、ヨーマンからジェントリ階層の子弟であった。[2]

他方、庶民や商人の子弟が意識的に排除されたわけでもなかった。[*8]しかしながら、法曹院での生活にかかる費用が実質的に彼らを排除していた。「貧しい人々や庶民は子弟の生計維持のためにそのような支出を負担し得ず、また、商人がこのような毎年の重荷で彼らの蓄財を減少させることを欲しない」ことが、法曹院を、貧しい子弟のための奨学金を備えた大学に比して、相対的に貴族主義的な性格を与えていたのである。[3]

すなわち、大学が身分が低く且つ貧しい階層の子弟に身分的上昇の機会を提供していたのに対し、法曹院は身分は高くないが、十分に資力ある階層の子弟が、そこでの法の学習、実務によって蓄財し、それを土地へ投資することによって地方名望家として上昇し、あるいは、国王への奉仕によって新たな貴族層へ参入していくための道を提供していた。とりわけ、ヘンリ7世期

の新たな貴族層が法曹の中から登用されたことは、法曹院が新たな貴族養成の有望なコースと見做されるに十分な根拠を与えたであろう[4]。しかし、16世紀の半ばまで、法曹院の入会者は徐々に増大しつつあったものの、年に20名以上の入会者を迎えることは稀であった。おそらくはそこでの生活のための費用と、実務家としての成功のためにかかる永い年月の訓練がジェントリ層子弟の法曹院への大量入会への歯止めとなっていたと考えられる[5]。それ故、法曹院は貴族主義的性格を備えた機関ではあったが、未だ、ジェントルマンの子弟たるべきものがそこで通常教育されるべき一般的な貴族養成機関ではなかった。

　修道院解散後の土地流動の激しさと、ジェントリ層の富の蓄積、さらに、政治、経済、文化の中心としてのロンドンの発展がこの限界を突破する原動力となったように思われる[6]。修道院解散によって富を蓄積した新興ジェントリ層は、その富に相応する社会的威信を獲得するために、人文主義者によって唱導された統治者たるべきものの資質＝教養を貪欲に追い求め始めた。ここでは、統治者たるべき者は教養を備えねばならないという主張は、教養を備えた者が統治者であるという考えに容易に転化し得た。その意味で、貴族子弟のための特別の教育機関が設立されなかったことが、既存の法曹院——ロンドンという有利な位置にあり、貴族主義的性格を持つ——に幸いしたように思われる。新興ジェントリ層はエリオットの指針に従って自らの子弟を教育し始め、彼らの子弟を大量に法曹院へ入会せしめる慣行を作り出した（表I）。

　「ヨーマンの息子は……法曹院か法曹予備院の入会許可を得たら、それ以降ジェントルマン以外の名で呼ばれることを軽蔑と考えねばならない」と時

表I　エリザベス期—ステュアート期法曹院へのジェントルマン子弟の進出

	貴族—エスクワイヤ	ジェントルマン	市民・専門職	その他	総数
1590-1610	1000 (23.3%)	2698 (62.9%)	302 (7.0%)	292 (6.8%)	4292
1610-1639	3942 (50.1%)	3121 (39.7%)	640 (8.1%)	168 (2.1%)	7821
1700-1709	547 (45.2%)	384 (31.7%)	266 (21.9%)	12 (0.9%)	1209

Prest, op.cit., p. 30, 45

人に言わせしめたごとく、法曹院への入会は、紋章院で新たに「発見」され、ジェントリ層によって買い求められた紋章と同様に、ジェントルマンたる証の重要な要素と見做されるようになったのである。[7]他方、法曹院の側でも、中世的書記の術と近親性を持つ非貴族的なアトーニの職に就くものを法曹院から排除し、ローマ貴族の雄弁術の後裔たる法廷弁論術を書記の術たる訴訟事務から分離し始めた。[8]

かくして、法曹院はますます貴族養成機関的性格を強めるとともに、その入会者を爆発的に増大せしめ、その世紀の末には「王国のジェントリや、国家の君主に仕える者達が教育され、訓練される学院、もしくは養成所」と評されるごとく、ジェントルマンたるべきものの子弟が、少なくとも、その青年時代に1、2年間をそこで過ごすべき一般的なジェントルマン養成課程の一環を占めることとなったのである。[9]

この法曹院の貴族養成の一般コース化それ自体は、それが、ジェントリ層にコモン・ローの知識を一定親み深いものにした点を除けば、法学の発展への重要な寄与とはならなかったし、また、法曹院もこれらの大量のジェントルマン子弟のために、彼らに特別に必要とされる治安判事の実務や基本的な法知識を与えるための特別の教育課程を設けたわけでもなかった。[10]

重要な変化は、法曹院そのものの変化というよりは、むしろ、法曹院が貴族子弟養成の最終課程として、大学における人文主義教育と結びつけられることによって、多くの教養ある入会者を迎えたことであった。

注

(1)　Sir John Fortescue, *De Laudibus Legum Angliae*, edited and translated with introduction and note by S. B. Chrimes (1949) p. 119.

(2)　*Loc. cit.* ここで彼は貴族と名付けているが、実際はジェントリと解されるべきである。Cf. E. W. Ives, 'The Common Lawyers in pre-Reformation England', *T.R.H.S.*, vol. 18 pp. 156-157.

(3)　Ibid., p. 116.

(4)　E. W. Ives, 'Promotion in the Legal Profession of Yorkist and Early Tudor England', *L.Q.R.*, vol. 75, p. 348. Ives, op.cit. 'The Common Lawyers', p. 159.

(5)　16世紀前半まで一つの法曹院の入会者が20名を超えることは極めて稀であった。

Cf. W. R. Prest, *The Inns of Court under Elizabeth I and the Early Stuarts, 1590-1640*, (1972) Appendix I.

(6)　R. H. トーニー著・浜林正夫訳『ジェントリーの勃興』（未来社、1957）43-52頁。F. J. Fisher, 'The Development of London as a Center of Conspicuous Consumption in the Sixteenth and Seventeenth Centuries', in *Essays in Modern History*, edited by Ian R. Christie (1968) pp. 75-90.　浅田実訳『十六・七世紀の英国経済』（未来社、1971）12頁以下。

(7)　Caspari, *op.cit.*, p. 145. Prest, *op.cit.*, pp. 23-26.　前述のトマス・スミスはイングランドで如何に安上がりでジェントルマンが作られるかを以下のごとく語った。「誰であれこの国の法を学び、大学で学び、教養（liberal science）を備えたものであれば要するに、肉体労働をすることなく怠惰に生活しうるもので、ジェントルマンらしい態度、負担、顔つきをもつものはマスターと呼ばれる、というのはこの称号はエスクワイアや他のジェントルマンに与えられるものだからであり、かくして、彼はジェントルマンと見做される」と。Sir Thomas Smith, *De Republica Anglorum, A Discourse on the Commonwealth of England*, edited by L. Alston（Camb.U.P., 1906）Ch. 20 pp. 39f.

(8)　Prest, *op.cit.*, pp. 42-43. H. H. L. Bellot, 'the Exclusion of Attorneys from the Inns of Court', *L.Q.R.* No. CII, (1910).　かくのごとき要求は、法曹院へのジェントリ子弟の流入が増大し始める16世紀半ば以降にそのメンバーから出されるようになるのである。

(9)　W. R. Prest, 'Legal Education of the Gentry at the Inns of Court 1560-1640', *Past and Present*, No. 38, (1967) p. 20.

(10)　Ibid., pp. 25-29.　これらの法曹たることを志さないジェントリにとっても一定の法知識が必要とされた限りにおいて、何らかの助けが必要であった。とりわけ、治安判事の職務や不動産取引に関する基礎的な知識が必要であった。彼らにこれらの知識を与えたのは、法曹院の教育訓練制度ではなく、この頃盛んになった法律書の出版であったと考えられる。Charlton, *op.cit.*, pp. 191-195.

(2) エリザベス期統治者養成コースの完成

グラマ・スクール―カレッジ―インズ・オヴ・コート

　大学は、エリオット、スターキィによって貧しい庶民の子弟を聖職者として養成する機関と見做され、また、そのスコラ的教育方法が彼らの批判の焦点となったごとく、ジェントルマンの子弟を真の貴族へと養成するには不適切な機関だと考えられていた。

　成程、テューダ期を通じて、大学は法曹院のごとくジェントルマン層に独

占されることにはならなかったが、その内部組織、その学生団体の構成は急速に変化しつつあった。

第一の変化は、人文主義的カリキュラムの浸透である。文法学校の面では、ハーロウ、マーチャント・テイラーズ、シュルズベリ、ラグビー、トンブリッジ等の人文主義的カリキュラムを備えた文法学校の新設、ウェストミンスタ校、カンタベリ校の再建、ウィンチェスタ校、イートン校のカリキュラムの人文主義的な改組が16世前半に進展する[1]。大学においても、1510-20年にかけて、フィッシャ、フォックス両司教の努力で、コルプス・クリィスティ（1566）、セント・ジョンズ（1511）の両カレッジが、またウルジ大法官によってカーディナル学寮が人文主義的カリキュラムを備えた学寮として設立され、他方、エラスムス、ヴィヴェスらの著名な人文主義者の招聘、ヘンリ8世による欽定ローマ法講座の設置等、さらには既存の古い学寮へのギリシア語、ラテン語の新たな講座の寄贈という形式での人文主義の浸透が古い大学の制度の中に着実に根を下ろしつつあった[2]。

他方、ジェントリの子弟が15世紀末から16世紀初頭にかけて、徐々に大学のカレッジに入学を認められるようになる。この本来は文芸学部を終了し、さらに神学者となることを目指す貧しい子弟を援助するために設けられた学寮への自給生たる俗人の在学生の入寮は当初例外的なものにすぎず、彼らを監督する責任を負ったチューターも当初は彼らの食費や部屋代の支払保証人の域を出るものではなかった。

しかし、ここでも貴族のための特別の教育機関が設立されなかったことが既存の教育機関を変質せしめることとなった。人文主義に感化された学寮の若きフェローとジェントリ層の教育熱が結びつきあった。カレッジの本来のメンバーは上級学部での学位を求める学生に向けてではなく、むしろ、新たに大学に流入しつつあったジェントリ子弟の私的チューターとして、教育的役割に専念するようになり、このことが、他方ではジェントリ層の子弟の大学のカレッジへの入学に拍車をかけるようになった[3]。

かくして、既にエドワード6世期以前には、例外的にしか認められていなかった俗人在学生の入寮が常態化しつつあり、その圧力は貧しい子弟のために設けられた奨学生の地位を脅かすまでになっていた[4]。

第5編　ルネサンス期コモン・ロー法学の展開　255

　これら俗人ジェントリ子弟の大学のカレッジへの大量入学は、従来の聖職者養成機関としての大学の機能と、その制度的枠組を一変させてしまった。なぜなら、これらのジェントリ子弟の大学への進出の目的は聖職者や神学者になるためではなく、自らをジェントルマン統治者として資格付け、後のロンドン、地方での公的生活への準備として必要な人文主義的教養を得ることにあったがゆえに、彼らの関心は以前には上級学部たる神学、法学、医学へ進むための予備的学科にしかすぎなかった文芸課程に集中され、人文主義者によって改善されたこの課程を、上級学部と切り離された、それのみで完結的な独自の俗人ジェントルマン養成の課程に変ぜしめたからである。[5]

　多くのジェントリの子弟は両大学のいずれかの学寮に入学し、そこで私的チューターの監督の下で、その当時普及し始めた印刷本の書物を読むことによって論理学、修辞学、哲学を学び、2、3年すると法曹院やロンドンの貴族館へ、より貴族的な技芸を身につけるために、また宮廷に良きパトロンを見出すために去っていった。

　これらのジェントリ子弟の大学出身者が、どの程度法曹院に入学したかは数字の上では明らかではない。しかし、ニールのエリザベス期庶民院議員の学歴の分析によれば、有力なジェントリ家系の大学出身者の3分の2近くが法曹院に進んだこととなる。[6]この数字は当時の入学記録が残っていない法曹予備院をも含めたならより大きな比率となるかも知れない。このグラマ・スクール→カレッジの私的チューターの下での雄弁術、人文主義的教養の修得→法曹院での若干の法知識の修得と宮廷文化の享受というジェントルマン養成のコースは、エリザベス期の人々にとっては十分慣行的に定着した教育課程と見做されるようになっていたように思われる。シェークスピアは彼の戯曲『ヘンリ四世』で地方の治安判事に以下のごとく語らしめた。[7]

　　シャロー：　これも従弟のウィリアム君だが、きっともう立派な学者
　　　　　　　　になられたことでごわしょうな、たしかまだオックス
　　　　　　　　フォードに在学中で？
　　サイレンス：さよう、おかげでどうも物いりでござんしてな。
　　シャロー：　では、まもなく法曹院へ進学というわけでござるな。い

や、わしもむかしクレメント法曹予備院にいたものだ
が、暴れん坊のシャローといや、たしかいまでも語り草
に残っているはずでござるて。

中野好夫訳（一部、筆者改訳）

逆に、法曹院から見た場合、クックが彼の『判例集』の序文で述べたごと
く、「ほとんど全てが大学の出身者」とまではいかなかったが、その半数以上
が大学出身者で占められていた。この変化は、この世紀の初頭の僅か指で数
え上げられる程にしか確認し得ない大学出身の法曹——モア、リード、オー
ドリー等——の数と比較するなら、隔世の感を禁じ得ない。[8]

この大量の教養と富を兼ね備えたジェントリの子弟の法曹院への入学は、
法曹院をエリザベス期の文化の一大中心へと変貌させていったのである。

注

(1)　Caspari, *op.cit.*, pp. 134-135.

(2)　Curtis, *op.cit.*, pp. 101-105.

(3)　*Ibid.*, pp. 77-78.

(4)　Caspari, *op.cit.*, pp. 136-140.

(5)　Curtis, *op.cit.*, pp. 94-95, pp. 108f.

(6)　J. E. Neale, *The Elizabethan House of Commons* (1954) pp. 302-305.

表Ⅱ　エリザベス期庶民院における高等教育の位置

（1640-42 は長期議会）

	議員数	大学出身者	法曹院出身者	大学＋法曹院	法曹院出中の大学出比
1563	420	c. 67（16%）	108（26%）	36	33%
1584	460	145（32%）	164（36%）	90	55%
1593	462	161（35%）	197（43%）	106	54%
1640-42	552	276（50%）	306（55%）	196	64%

（Lawrence Stone 'The Educational Revolution in England, 1560-1640', Past and Present
No. 28, p. 63.）

(7)　　シェークスピア『ヘンリー四世　第二部』（岩波文庫）93 頁。Baker はシェークスピ
アのクレメント・インに関する略述は 14 世紀末の状況としては確認しうるものとして

いる。しかし、ここに挙げた大学―法曹院（予備院）というコースは比較的新しいものと考えられるのではないだろうか。J. H. Baker, *op.cit.*, p. 128 n. 4.

(8)　Sir Edward Coke, *the Report*, Third part, Pref. p. xxxvi.
　　もっとも、この世紀の前半に関しては、大学入学記録の不備のため確実な資料を得ることができないのだが、時人の証言は明らかにそのことを示していた。注（6）参照。ベイカーが16世紀前半の法曹のうち大学出身者として確認しているのは、モアの他に、W. Conyngesby, J. Kingsmill, E. Molyneux, E. Hall, R. Snowe 等であり、前3者は後のウェストミンスタの裁判官であり、E. ホールは著明な年代記編者である。リード Rede については大学出身たることを確証し得ないとしている。*Ibid.*, pp. 125f.

(3) エリザベス期ルネサンスの中心地としての法曹院

　エリザベス期の法曹院の若いメンバーはもはやその知的精神を狭いコモン・ローの枠の中に閉じ込めてはおかなかったし、また、以前のように単なる宮廷文化の模倣者、享受者に留まることはなかった。

　法曹院のジェントルマン養成の最終学府化、カレッジの文芸課程との接合は、ロンドンに、ジェントリとしての共通の社会的経済的基盤と人文主義的教養を兼ね備えた、未来の統治者たるイングランド中の若者の共同生活所を提供することになった。この変化を促進した動因が前述したテューダ絶対王政の統治階層の再編と、その理念的支柱となった貴族概念の変化、すなわち、血統、相続財産、騎士道倫理の結合から、コモン・ウェルスへの奉仕へと方向付けられた古典教養の修得への真の貴族性の比重の転移にあったのである。それ故に彼らの活動力が単なる貴族的儀礼の修得や宮廷、ロンドンの文化、娯楽施設の享受にとどまることがなかったのは当然であった。

　若きジェントリ子弟にとって、法曹院こそは、そこでの生活によって、多くのロンドンの知識人と交わり、大学で得た人文主義的基礎知識に磨きをかけ、それをイングランドの良き統治のために応用するための実践的な場であり、同時に、自ら修得した教養の成果を証明することによって宮廷に良きパトロンを得、名誉ある公的生活へ入り、身分的に上昇していく足掛かりを獲得するための場であったのである。

　エリザベス期ルネサンスを特徴付ける、古典文献の膨大な翻訳、演劇、詩

の分野で法曹院の若きジェントルマン達は指導的な立場を占めた。彼らにとってこれらの文芸活動は、単なる貴族主義的な文芸愛好癖からくる衝動に支えられたものではなかった。古典、近代文献の英訳はそれを翻訳することによって、人文主義的な価値理念や歴史の教訓を人々により直接的に近付きうるものにすることによって理想的なコモン・ウェルスを実現するための手段であり、詩は、エリオットによって歴史と共に人々を徳ある行動に導く範例として、その教育的価値が重視されてきた分野であった。

この詩の重要性はシドニーの『詩の擁護』において再び強調された。「哲学者は正しい行為を教えるのみだが、詩人は彼らの英雄の中にあらゆる可能な状況における理想的行為の生き生きとした範例を与えてくれる。詩人は興味ある物語によって読者の注意を奪い、かくして彼らを諸々の徳の模倣へと導く」[1]と。演劇がエリザベス期にあっては大衆教化の重要な伝達様式であったことはいうまでもない[2]。

翻訳の部門では、『プルターク英雄伝』(1579) を英訳したトマス・ノートンの経歴——b. 1535 →ケムブリッジ・ピーターハウス学寮→リンカンズ法曹院——に代表的に示されるごとく、この期の翻訳者のほとんどは1535年以降に生まれた大学出身の法曹院のジェントルマンによって占められた[3]。彼らは翻訳にあたって、初期人文主義者の崇拝した「神の如きプラトン」の著作、悪名高いマキャベリの『君主論』を巧みに避け、「身分と秩序」の維持を説く歴史、教訓物語にその題材を絞ることによって、初期人文主義の持つ危険な毒牙を抜き去ってしまった。これらの訳書は、シェークスピアのノートン版『プルターク英雄伝』からの借用にみられるようにエリザベス演劇の酵母となり、それを通じてその中に含まれた「身分と秩序」の思想が普及されることとなったのである[4]。

この演劇史上でも、法曹院はとりわけその初期において積極的な役割を果した。後のエリザベス期演劇の主流となったセネカ風の正規の規格を踏んだ悲劇の伝統は1562年のクリスマスにインナ・テンプル法曹院で演ぜられた、その院のバリスタ、トマス・サクヴィル、ノートンの共作『ゴーボダック』に始まるのである。この悲劇はその素材をイングランドの伝承文学ジョフリ・オヴ・モンマスに求めることによって、古典文学・演劇の形式を英国民文

化の形成に向けて溶解させていく上での演劇史上画期的な意義を持つもので
あった。エリザベス期末にかけては、法曹院のメンバーが劇を自作自演する
ことは少なくなったが、パトロンとして、また上質の観客として演劇と深い
関係を持ち続けた。シェークスピアの『十二夜』が初演されたのがインナ・
テンプル法曹院であり、その時代の劇作家の20%が法曹院の会員であった
ことはこの関係の密接さを例証する最も良き素材であろう。[5]

　詩の分野に関しては、H. サリー（1517-47）からE. スペンサー（1527-99）
までのすべての詩人が法曹院に関係しているといわれている。[6] また、宗教改
革後、隆盛したアングロ・サクソン熱を背景に成立した「古事学協会」の初
期のメンバー43名中30名は法曹院の会員によって占められた。[7]

　法曹院のジェントルマンの知的興味を惹きつけたのは人文主義的学芸のみ
ではなかった。ロンドンは大学で教えられない実践的な新学問、航海術、そ
れに必要な数学、天文学、地理、解剖術、そしてさらにはピューリタン神学
の中心であった。[*9] この期の科学技術上の諸発見、ハーヴェイの血液循環論、
ネイピアの「対数」の発見、ライト・メルカトール図法、磁石の腑角の発見、
これらはすべて大学とは無関係に達成された成果であり、それらの学問の中
心は、グレシャム・カレッジ（1596）を代表とする、ロンドンの市民のため
に設立された学院、諸ギルドの教育施設——内科医師会のラムリ講座、ミネ
ルヴァ学院等——で経験的・実践的方法で教えられた。[8] これらの非貴族主義
的な学問分野では、法曹院は人文主義的学芸におけるほど卓越した人物を輩
出しなかったが、現存する法曹院の会員の日記や蔵書目録が彼らのロンドン
の科学技術への関心の深さを十分に示しており、E. ウィンギット（1596-
1656）のごとく、グレシャム・カレッジで数学を学び、商業用算術書を出版
し人気を博した法曹、サー・マシュー・ヘイル、ベイコンのごとく自然科学
に関する論文を残した著名な法曹を見出しうるのである。[9]

　1612年、ジョージ・バックがロンドンを「イングランドの第三の大学であ
る」と述べたのはまさに至言であったし、クックが法曹院と法曹予備院を「単
に法律のみならず、この世における如何なる人文科学に関しても最も有名な
大学」として誇らしげに語ったのもまったく根拠がないわけではなかった。[10]
しかし、法曹院を「あらゆる人文科学のアカデミー」たらしめたのは法曹院

それ自体の変化ではなかった。法曹院の公式の教育訓練システムはほとんど変化しなかったし、それに何らかの教育制度が加えられることもなかった。この変化を促したものは、前述のごとく、グラマ・スクール→カレッジ→法曹院というジェントルマン教育のシステムの確立による大学在籍者の法曹院への大量入学と「思想の手形交換所」たるロンドンに位置する地理的条件の有利さであった。法曹院はこれらの若き知的活動力にあふれたジェントルマン学生に共同の宿泊施設を与えたにすぎなかったが、この法曹院の構成員の質の変化は、もはや法曹院を実務法曹の「ギルド的」団体として他のあらゆる学識から孤立した位置に留めておきはしなかった。逆に、法曹院はジェントルマン統治者養成の最頂点に、また当時の時代思潮、学問思潮の真っ直中に位置せしめられることになったのである。

注

(1)　岡田、前掲論文 51 頁、Elyot, *op.cit.*, pp. 28-33. シドニーに関しては、Caspari, *op.cit.*, p. 160. かくのごとく、16-17 世紀には詩は、論理学・レトリックとならぶ重要な思想の伝達手段、乃至、教育方法と考えられていたのである。Howell, *op.cit.*, p. 4.

(2)　茗荷幸也「演劇（前期）」『英米文学史講座 2　ルネサンス I』44-55 頁。

(3)　Caspari, *op.cit.*, pp. 152-153. Prest, *Inns of Court*, p. 156.

(4)　多田幸蔵「チューダー朝の翻訳」『英米文学史講座 3　ルネサンス II』171 頁、186 頁、189-193 頁。

(5)　茗荷、前掲論文 48-51 頁。Prest, *op.cit.*, p. 155.

(6)　*Ibid.*, pp. 155-156.

(7)　R. J. Shoeck, 'Early Anglo-Saxon Studies and Legal Scholarship in the Renaissance', p. 104, 'The Elizabethan Society of Antiquaries and Men of Law', *Note and Queries*, n.s. vol. I (1954) pp. 417-421. 法曹院の名誉会員まで含めると 43 名中 37 名となる。Cf. Fussner, *op.cit.*, pp. 92-95.

(8)　ヒル、前掲書 63-68 頁、105-110 頁。

(9)　Prest, *op.cit.*, pp. 158-165. ヒル、前掲書 72 頁、105 頁。

(10)　Prest, *op .cit.*, p. 115. Coke, *op .cit.*, p. xxxvii.

(4) 人文主義的学と法曹の術の連続・不連続——法律仏語

　文法学校→学寮→法曹院という養成課程の完成——そこで授けられる中心的学問からみるなら、ラテン語文法→論理学・修辞学→コモン・ローという一連の教育課程の完成——は、外面的にはエリオットの教育論の実現として理解されうる。しかし、この教育課程の事実上の形成は、上記の学問の内的な連関によってというよりも、むしろ、ヨーマン、ジェントリ層の身分的な上昇熱に依存したものであった。彼等の出世欲がジェントルマンたるにふさわしい人文主義的教養を与える大学への入学と、学の性質としては非人文主義的ではあるが、そこへの帰属それ自体によってジェントルマンの証とされる法曹院への入会とを直接的に結びつけた結果であった。

　それ故に、本来異質な学問の単なるカリキュラム上の接合は逆にその否定的な結果、すなわち、野蛮で修得困難なコモン・ローの学習の忌避、もしくは、その安易な結合さえも生み出すものであった。[1]実際、我々は人文主義的カレッジから法曹院へ移ってきた人々のそこでの学問に対する非難の証言に事欠かない。実際、法曹院に入会したジェントルマン中、Call to bar された者、言い換えれば、法曹院に 7 年以上留まって何らかの法知識を得た人は、1590-1639 年の間の入会者数の 5 分の 1 にも満たなかった。[2]

　しかしながら、他方では、この期に法曹として活躍した人々も、同様に人文主義的カレッジで教育を受け、諸学芸にその能力を示した人々であり、彼らは、エリオット流にいうなら、法律用語を純粋な言語に書き直し、雄弁術の適用によってコモン・ローを世界の如何なる国の法よりも簡明な法に帰しうる能力を——もし、それが可能であり、彼ら自身の意欲を刺激したならば——十分に備えた人々であったはずであった。彼らが大学で得た人文主義的教養、ラテン語、論理学、修辞学の知識をコモン・ローの修得、さらに英法学の形成に如何に利用し得たか、もしくは利用し得なかったかが問われねばならない。その場合、前述した人文主義者の関心領域の移動、つまり国家論から教育論へ、コモン・ローの内容の批判からその学問の伝達形式の批判への関心領域の移動が、コモン・ローと人文主義との対抗図式を変化させ、それによって、その学問的連繋の可能性を増大せしめたであろう。なぜな

ら、かくのごとき見地からはコモン・ローそれ自体の拒否という結論は出て
こないからであり、そこから帰結する具体的な方向付けは、コモン・ローの
教育方法の改善であったからである。その限りで、人文主義者の言葉は、法
の学問の困難性に打ち砕かれんとしていた学生や彼らの教育、法学の維持形
成に関心を持つ法曹に無意味に響きはしなかったであろう。かの代表的なコ
モン・ロー法曹の典型的人物と考えられているサー・エドワード・クックでさ
えも、論理学の修得は法を学ぶ者が前もって学ぶべき不可欠な学問であると
考え、若き学生達に大学でのその学問の修得に励むように忠告した。その意[3]
味で、人文主義とコモン・ローの間の最も越え難い溝となったのは、そこで
使用されている言語＝法律仏語であり、人文主義者や、大学から法曹院へ
移ったジェントルマンの非難がそこに集中したのもその当然の帰結であった。

　確かに、コモン・ローの修得困難の第一の障害がその言語形態にあったこ
とは、コモン・ロー法曹自体が認めるところであった。しかし、エリオット
が述べたごとく純粋な言語に代えることによってコモン・ローをより簡明な
学問にし得たかどうかは疑問である。この面での彼の主張は大陸における人
文主義的法曹の主張——法律家のラテン語文法能力の欠如が法を曖昧で、多
義的なものにし、利用不可能なまでの膨大な註釈書を生み出しているの
だ——という主張と軌を一にするものであるが、大陸において「良きラテン
語」の使用によって註釈書の膨大さが縮減されたわけではなかった。確か[4]
に、ラテン語能力の改善は不必要な法律上の議論を取り除いたであろう。コ
モン・ローにおいてもラテン語教育の充実と、それとの接合は、令状、訴訟
記録、法律の条文等に関する形式的な誤りの除去に十分有効な役割を果した
であろう。しかし、それ以上のものではなかった。[5]

　この純粋な言語の使用による法の簡明化の問題に関して、エリオットは、
彼の国民主義的立場から「英語」という選択肢を掲げたが、それはまた、ウィ
クリフ以来の民衆の要求の一つでもあった。英語化＝母国語化の主張は、法
知識の民衆への普及とそれによる法運用の民衆的監視の要求という側面を持
つのである。この点で、法律用語の英語化がなされず、法律仏語が革命前迄
存続したことに対し、コモン・ロー法曹の職業的偏狭心や利害関心に対する
非難が集中されるかもしれない。しかし、こうした非難は極めて一面的なも

のであるように思われる。なぜなら、近代語として英語は、エリザベス期には未だ形成期にあり、この時代のロンドン宮廷文化の地方への普及、印刷術の導入による出版物の増大によって、その言語、とりわけ表記法を統一させつつあったにすぎないからである。[6]法的安定性という側面からすれば、この期の英語化の要求は極めて危険なものと感ぜられたに違いない。

　これに対し、法律仏語は既に専門用語として固定していた。フォーテスキューによれば、

　　この〔法律仏語の〕習慣を今まで完全に廃止してしまうことが不可能であったのは、一つには、訴答人が一定の用語を英語より仏語でより正確に表現しうるからであり、他方では、訴訟開始令状に基づく冒頭陳述が、〔英語では〕、このような冒頭陳述の公式が現在学ばれている用語たる仏語でなしうるように、これらの令状の形式にぴったりと適合するように述べられ得ないからである。さらに、国王の裁判所で訴答され、論争され、決定されたことは、将来の参考の為に常に仏語でリポートされ書物の形式に書きとめられる。また、國の制定法の非常に多くが仏語で書かれている。このことから、現在通用している仏人の言語がイングランドの法の専門家の間で使われている仏語と一致せず、同一でなく、〔現在の仏語は〕一般にある種の野蛮さによって転化しているということが生じる、そのようなこと〔言語の転化〕はイングランドで使われている仏語の会話には起こらない、なぜなら、その言語は、そこでは語られるよりより多く書かれているからである[7]*10（傍点筆者）。

　エリザベス期法曹の法律仏語の擁護「法律用語は形式に関しては野蛮であるが、その内容は豊かである」は、決して、単なる法曹の保守性、職業的利害関心の反映ではなく、むしろ、その専門用語性と、法的安定性の要請に支えられたものであったことは明らかであろう。[8]この点では、アカデミズム内でのラテン語の存続の強固さに類似した側面を持つものであるが、権威依存的な法の分野ではその要請がより強く表れたとしても不思議ではなかったように思われる。

それ故に当時の人文主義者達が法律仏語の問題を人文主義的学問の浸透にとって如何に越え難い障害と考えていたにせよ、現代の我々の目から見るなら、言語の問題は必ずしも、その学問にとって本質的な欠陥とはならなかった。我々にとって必要なのは、言語の問題からでなく、その学問の持つ形態、伝達形式からエリザベス期のコモン・ロー法学を評価することである。そのためには、当時の学問観それ自体を明らかにし、そこから、コモン・ロー法学への影響とその評価を確定していかねばならないだろう。

注

(1)　Prest, *Inns of Court*, pp. 141-142.

(2)　*Ibid*., Table 8 p. 52.

(3)　Coke, *Commentary on Littleton*, p. 235.
　　「我々の学生にとって、（リトルトンがそうしたように）自由学芸、とりわけ論理学をそこで学ぶことのできる大学の一つから、コモン・ローを学びにくることが如何に必要であることか。なぜなら、それは人に単に正当な論証によって問題となっている事柄を結論付けるだけでなく、真と偽を識別し、且つ彼の学問に良き方法を使用し、さらに、おそらく、如何なる法律問題に関しても話すことのできる術を教えるからである」。cf. Coke, *the Report*, 3rd Part Pref. p. xxxviii.

(4)　Gilbert, *op.cit*., pp. 94-95.

(5)　L. W. Abbott, *Law Reporting in England 1485-1585*（Athlone Press, 1973）pp. 94-95, pp. 20-22.

(6)　トレヴェリアン著・藤原浩、松浦高嶺訳『イギリス社会史Ⅰ』71-73頁。

(7)　Fortescue, *op.cit*., p. 116.

(8)　ドイツにおいても、ガリア風の批判に対する、イタリア学派の反論はこの法律用語の専門性におかれていた。「法律家はキケロ風に洗練された人文主義的ラテン語は確かに優美であるが、自分たちが用いるのは概念用語であって、明晰と精緻は美よりも重要であると考える」。上山『法社会史』112-113頁。アボットは英語で議論された事柄が、Law French に書き換えられる過程で、現実の事例が分析・解体され、そのことが、イヤー・ブックスの内容を高度に凝縮されたものとすることを可能にしたと考えている。cf. Abbott., *op.cit*., pp. 87-89.

Ⅲ　人文主義的「学」とテューダ絶対王政期イングランド法学の展開

(1) 修辞学・法廷弁論術とイングランド法学

　人文主義者の活動は古典の価値理念の再生にとどまらず、その模倣による現実の世界における「善にして正しきコモン・ウェルス」の実現を目指す実践的な指向を含んでいた。

　それ故にこそ、彼らにとってこの事業を支える人々の養成という啓蒙、もしくは教育という問題が不可避的に課せられていた。この課題の解決策はイングランドにおいては、「ジェントルマン＝統治者」教育として絶対王政を支える政治人養成の学として定着したことは前に見てきた通りである。

　この人文主義者の学問の実践的側面への強調は、教皇庁の書記の術からの発展という発生に遡るその学問の存在の形態にかかわるものであると同時に、彼らがキケロを通じてストアから誤って受け取った学問 Ars 概念によって裏打ちされたものであった。彼らにとっては「学問 Ars」とは「一定の生活に有用な目的に向けて行使される規則（教義）の体系」でなければならない。中世を通じて大学という狭い世界で学者的聖職者によって守られてきたスコラ学はまさに、この「生活上の有用性」という観点から批判に晒されることになるのである。神学への奉仕に向けて構築されてきた中世スコラ的学問体系は、「生活上の有用な目的に向けて」、より具体的に言えば絶対王政の統治に奉仕しうる学問へ再編されるべきであった。

　前章で述べた文芸コースの神学部よりの解放は、この人文主義的な学問の再編の成果でもあった。この再編にあたって中核的な役割を果したのが、イタリア人文主義形成の源であり、且つ古典価値理念をそれら自らの説得の術によって植えつけ、伝達する役割を担った修辞学、雄弁術であった。

　中世大学の文芸コースの中で中心的な位置を占めていたのは、アリストテレスの「オルガノン」を基礎とする論理学・弁証術であった。この論理学が文芸コースの中で支配的地位を占めていたのは、中世の学識世界にあってはあらゆる学問が現在の経験科学、自然科学も含めて権威的典籍——聖書、アリ

ストテレス、ディゲスタ、プトレマイオス等——の諸見解に従属しており、真理の探求そのものが、事実からではなく、これら権威的典籍に含まれる諸命題の文法的・論理学的分析に依存していたがゆえであった。このことが、中世論理学をスコラ的学問体系全体の方法的基礎としてあらゆる学問が通過すべき「術中の術」（Art of Arts）たらしめていたのである。[2]

　しかし、他方では、論理学は聖職者＝神学者養成を第一義的目的とする中世大学にあっては、カリキュラム上、神学部の予備的学問として、将来の神学上の議論のための基礎的な訓練の場たらしめた。このことが中世論理学において扱われる素材を神学、形而上学上の（抽象的）諸命題によって独占させ、さらに、論理学それ自体を、文法学的な名辞の綿密な分析に始まる厳密な論証形式を備えた精妙な体系に鍛えあげていた。

　しかしながら、専門的学者の公式的もしくは学者的議論へと方向付けられた中世スコラ論理学は神学、形而上学の議論に必要であり適切なものであったとしても、16世紀の新たな学生にとってはまったく冗長なものでしかなく、また、絶対王政の統治者教育の要請に適ったものでもなかった。彼らにとって必要とされたのは、より日常的な、文芸コース終了後に進むべきロンドンの宮廷で、国王の如何なる諮問にも答えられ、また、議会人、宮廷人、地方名望家としてジェントルマンたるにふさわしい政治人として身を処しうるための会話術、説得術である。学ばれるべき素材は、神学上形而上学上の議論や諸命題ではなく、国家術、歴史、詩等、公式的な論理学の厳格な規則に拘束されない、日常の私的及び政治的生活において生起する具体的な生の・・ままの論題であったのである。[3]

　古典修辞学・雄弁術はまさにこうした要請を担うものとして人文主義者達によって復活せしめられた。日常の私的・公的生活の場における会話・談論を扱うために形成された素人相手のより柔軟な構造を持つ論証形式（「開かれた手」）としての修辞学は、それ自体現実の生活に有益な、国家、政治、法に関する諸々の教訓を含むものであると同時に、あらゆる現実生活に有益な論題を、微細な規則と公式にしばられた中世論理学の重箱の隅をほじくるような議論（「握られた拳」）から解放し、それに煩わされることなく取り扱うことを可能にした。[4]このことが、一方では現実の経験的世界を修辞学によって学

第5編　ルネサンス期コモン・ロー法学の展開　267

問分野の中に取り込むことを可能にし、また他方では、その解決のために、人文主義者によって復活せしめられた古典の多くの著者の諸見解を雄弁術から歴史、詩に至るあらゆる学問形式の著作から自由に引き出し、議論の素材として利用することを可能にした。その意味で修辞学、雄弁術は、あらゆる議論や意見によって支配されている学問の有益な教義をその中に含む総合的学問たる地位へと上昇していったのである。[5]

　1530年頃に最初の英語の修辞学教科書 The Arte or Craft of Rhetoryke を出版したレオナード・コックスはその献辞で、この修辞学の有用性を以下のごとく強調した。

　　修辞学という真に愛すべき説得的な術より他に、私は若い学生にとって有益であり、私自身の学識に適したものを示し得ない。なぜなら、修辞学は法の弁護士や訴訟代理人たらんとする人々や、君主の大使として派遣されることを願っている全ての人々にとって、とりわけ必要である。と同時に、聴き手に最も知覚し易くかつ受け入れ易いような方法で良き言葉を教えねばならぬ教師にとって、また、誰であれ、意図する何かを持っており、仲間に対し話すべきことを持っている人々に不可欠である。（ところが、それにもかかわらず、修辞学ほど）学者にあまり学ばれておらず、唱導されていない学問はないと私は考える。学者達は文法の知識を得た後にこの学問分野で教育されるべきだが、それが欠如しているために、弁護士の粗野な発言が彼の顧客の訴訟をはなはだしく害するということになる……[6]

　かくのごとき修辞学の外交・法をはじめとするあらゆる知的活動分野への有用性の強調と、実務への直結は、そして、何よりも先ず、本書が俗語たる英語で書かれたという事実が、この修辞学への強調が大学で2、3年過ごした後に法曹院、ロンドンの宮廷へ進むジェントルマン子弟の教育のためになされていたことを示すものであろう。こうした、修辞学のジェントルマンの学問としての重要性の増大に対応して、大学では、エリザベス期の新学則において、修辞学が在学生（B.A.）コースへ編入され、文芸コースを全面的に支配していた論理学の地位を相対的に低下せしめることとなった。それと同時

に、従来、学問上も論理学に従属せしめられていた修辞学、文法学は「それ自体で内部的価値を有し、それ自身の為に学ばれるべき」学問として完成させられる一方、文芸コースを自己完結的な俗人官僚もしくは政治人養成の学問として上級学部とりわけ神学部から独立した学問分野に成長せしめた。[7]

　法学にとって重要なことは、この修辞学の復活と地位の向上が、キケロの時代の修辞学と法学との関係の密接さを思い出させたことである。我々はこの期の修辞学教科者の著者達が模範としたキケロの *De Inventione* では、法廷弁論が彼のアリストテレスから受け継いだ弁論術の３分野の一つとして、また彼自身が最も関心を注いだ分野として彼の著作の大半の部分を占めていること、さらに彼の *Topica* が、彼の友人の法学者の懇請によってアリストテレスの同名の書を基礎に著述されたという事実に思い至るべきであろう。[8]それ故に、この期の修辞学のテクストライターは、その学の法廷弁論の術としての有用性の主張を常にその序文から欠かすことはなかった。しかし、問題はそれだけにとどまらなかった。ジェントルマン子弟や絶対王政の要請に応え、古典修辞学を当該イングランド社会に有用な術として浸透させるためには、議論の素材、例示をイングランドに求め、修辞学的技法が直接にイングランドの社会に適用可能な実践的に有用な術たることを示す必要があった。

　1553 年の初版以来、最も人気を博し、1567 年までに 5 版を重ねた修辞学の教科書、後の秘書長官トマス・ウィルソンによって書かれた *Art of Rhetorique* は、まさしく上述のごとき要請に応えた書であった。ウィルソン自身はローマ法の博士であり、カンタベリ大司教座のアーチ裁判所弁護士として活躍し、非コモン・ロー的裁判所たる請願裁判所の長官を務めた人でもあるが、それにもかかわらず、審議弁論の例として、友人に「イングランドの法」を学ぶことを勧める私的忠告を挙げている。「もし彼がこの国の法に心を奪われており、彼がそれに適しているなら、我々は彼に彼の良き意図のままに続けることを忠告し、理によって、そうすることが彼に最も適していることを説くことができる」。[9]

　彼は、修辞学の適用の例として常にイギリスにおける事例を欠かさなかったが、法廷弁論に関してもこの原則を崩すことはなかった。——ある兵士がイングランド人の裕福な農夫を暗殺した罪で訴えられた場合——等。[10]

　このウィルソンをはじめとする、修辞学のテクストの著者が扱った法廷弁

論術の個々の教義がコモン・ローに如何なる影響を与えたかという問題は現在の筆者の能力の及ぶところではないが、次の事実は見過ごすことのできないものであるように思われる。ウィルソンの *Arte of Rhetorique* はエドワード 6 世期の制定法の出版を独占した国王印刷人リチャード・グラフトンによって出版され、1583 年のクロムプトンの *L'office et auctorite des Justyces de peas* に典拠として引用されているということ。さらに、リンカンズ法曹院、ミドル・テンプル法曹院の蔵書の中に、ルネサンス期版の多数のキケロ、クィンティリアヌスの著作が見出されることにも注目したい。[12]

　他方、この時代には法曹予備院を経ず、大学の文芸コースから直接に法曹院に入会する慣行が成立しつつあり、1555 年の法曹院の評議会には法曹予備院の学長達によって「これ以降、いかなる人も法曹予備院で最初の 1 年をすごすことなしに、当院に入会許可されるべきでないという学令を採択するように」訴願が提出された。[13] かくのごとく、予備教育無しに、直接に大学の文芸コースからの法曹院への入会が可能となったのは、フィッツハーバートの時代の中世法文献の再編と、それらの知識、とりわけ令状、土地法に関する基礎知識が印刷術による書物の普及に伴って特別の学校による訓練、口頭の知識伝達なしに獲得することが可能となったことに起因するものと考えられるが、[14] 同時に、我々は、この期の法曹院入学者の多くが、大学の学寮でキケロ流の法廷弁論術に関してイングランドの事例に則して議論する方法を学んでいたことも忘れてはならないであろう。

　かくのごとく、個々の法曹が修辞学、論理学の論証、説得の手法を身につけ、そこで扱われる素材を通して一般的な古典教養を身につけたことそれ自体は、個々の法曹の論争技術、問題解決能力を高めたに違いない。我々は後のリポート、とりわけ、プラウドゥンのリポート集の中にそうした論理の力、古典の学識の影響が強く働いているのを見ることができるのである。

　しかし、コモン・ロー法学そのものが変化したわけではなかった。個々の法曹が大学で得た修辞学、論理学の知識をコモン・ローの学習に如何に利用しうるかという問題は、その意味では、個々の法曹の能力に依存していた。

　それ故に、エリザベス期にもエリオットの時代同様「17 歳以上に至るまでオックスフォードやケンブリッジにとどまった学生はまれにしかコモン・

ローの学習に適応し得ない。なぜなら、これらの楽しい学問に慣れた機智には法はあまりにも粗野で野蛮であるからだ」という専門法書の職業的自負心を裏返しにしたような奇妙な論理が成り立ち得た。[15]「学問」としてのコモン・ロー法学の形成にとっては、これら修辞学、論理学の方法が、個々の法書の能力にではなく、コモン・ロー全体に向けられる必要があった。すなわち、修辞学・論理学の諸規則が個々の事例への、個々の法書の対応にのみ向けられる場合には、それは個々の事例の解明、解決の良き例として、間接的に後人が具体的ケースからそこに働いた法原理を見出しうるという意味で、伝達に適した素材として法学の構成要素に入るにすぎないからであり、コモン・ローそれ自体を人文主義的な学 Ars に帰するためには、発見された諸原理を一連の諸規則の体系へと構成していくことが必要であり、そうした意味での「法学」の形成にとっては、方法とりわけ法原理の組織化の方法が不可欠であるからであった。

　この学問の方法という問題は、人文主義の時代に、修辞学の有用性それ自体の強調とならんで、論理学それ自体の修辞学による改造という形で進展するのである。

注

(1)　　永井三明「イタリアにおけるルネサンス、二　人文主義」『岩波講座　世界歴史 11 中世 5』所収、423-426 頁、442-446 頁。N. W. Gilbert, *op.cit.,* (1960) pp. 11-12, pp. 69-71. この定義は当初は認識論上の問題であったが、中世にそのキー・ワードたる Perceptio（認識、知覚）と Praeceptio（教訓、規則）との混同から、技術＝方法論の問題へと転化されたといわれている。

(2)　　Jardine, *op.cit.,* (1974) p. 30.

(3)　　*Ibid.,* pp. 18-19, pp. 24-25.

(4)　　W. S. Howell, *op.cit.,* (1956) pp. 64-65.

(5)　　*Ibid.,* pp. 3-4. Curtis, *op.cit.,* p. 95.

(6)　　quoted by Howell, *op.cit.,* pp. 91-92.

(7)　　Curtis, *loc. cit.*

(8)　　M. T. Cicero, *De Inventione* I §§ 13-154.(Loeb Classical Library, Cicero II) pp. 177-323, *Topica* I §§ 2-4 (L.C.L., Cicero II) pp. 383-384.

(9)　　Howell, *op.cit.,* p. 106. *Wilson's Arte of Rhetorique*, ed. by G. M. Mair, p. 31. quoted by R. J. Shoeck, 'Rhetoric and Law', pp. 119. ショーエックは本書がノーサンバランド

公 John Dudley への献辞を持つことを重視している。なぜなら、ダッドリは 1533 年（出版の年）にグレイズ・インのメンバーになっているからである。

(10)　Howell, *op.cit.*, p. 105, p. 100.　ウィルソンがキケロ理論の翻訳のみならず、イングランドへの土着化をはかった限りにおいて、彼が、コモン・ローにレトリックの理論を適用せんとしたのは明らかであろう。

(11)　B. H. Putnam, *Early treaties on the practice of the Justices of the Peace in the fifteenth and sixteenth centuries*, (Oxford Studies in Social and Legal History, 1924) p. 112. Beale, *op.cit.*, p. 181.

(12)　Shoeck, op.cit., pp. 126-127.　ミドル・テンプルの図書館には、その他にヴィヴェス、エリオット等の諸著作が含まれているが、それらがルネサンス期の法曹の蔵書であったか否かは確認されていない。他方、当時の法曹の蔵書目録の中からも、修辞学の書物が発見されている。例えば、クックの蔵書の中には、アリストテレス、クィンティリアヌスの修辞学書、文法、論理学、キケロ等が含まれているのである。
　　　cf. Prest, *op.cit.*, pp. 158-166, Baker, *op.cit.*, pp. 126f.

(13)　*The Black Book of Lincoln's Inn*, vol. I p. 315.

(14)　Simpson, 'Source and Function', pp. 109-160.

(15)　Prest, *op.cit.*, p. 142.

(2) 弁証術的方法[(1)]とイングランド法学

　論理学の蓋然的真理から出発する諸命題の批判吟味の方法に関する部分としての弁証術（法）は、中世におけるあらゆる学問に普遍的な推論形式、もしくは真理の発見方法として中世の学問全体にとって不可欠な学問的手続を提供していた。それと同時に、この弁証術的な討論——disputatio——は中世大学におけるスコラ的教育訓練制度の基礎を提供していた[(2)]。しかし、このことは中世に教育方法に関する学が存在していたことを、また、弁証術が教育に関する学であったということを意味するわけではない。この弁証術が中世において教育的機能を担ったのは、丁度、法曹院の教育訓練制度の主柱たる模擬裁判が、裁判所での実務における判決形成＝法発見の手続に対応する小宇宙的構成を持つ訓練制度として教育機能を果していたごとく、あらゆる学問上の論争における真理発見の手続に熟達し、異説に反駁するための唯一の訓練方法であるが故に、教育的機能を果していたにすぎないないのである[(3)]。

　しかし、弁証術の修得があらゆる学問分野に通ずる道であり、その予備教

育的役割を果たしていた限りにおいて、人文主義者がその世俗的教育への関心から進んで、文芸コースの改革、教育方法の改善へ向かったとき、この中世的な教育訓練方法は重大な危機にさらされることとなった。[4]当時弁証術を支配していたテルミニスト（名辞論理学者）の論理学が批判の槍玉に挙げられた。批判は一つには素材の問題であった。上級学部たる神学部の予備教育としての性格がその素材を限定していた。それは、時代が、そして未来の統治者たるべきジェントルマンの子弟が必要とする素材ではなかった。言い換えるなら、テルミニストの論理学は「生活上有用な一連の諸規則」を含んでいないのである。第二に、それは諸命題の批判吟味の術として、極めて厳格で、煩雑な文法上の諸規則と専門用語に支配されており、このことが弁証術の修得を——とりわけ学者たることを目指さないジェントルマン子弟にとって——困難で、冗長なものにしていた。さらに、その教育方法の争論術的性格は、既に一定の知識を獲得した学生や教師にとっては、自らの能力を誇示し、練磨するための訓練方法としでは適切であったとしても、初学者に知識を伝達する方法としては極めて非能率な方法として現れざるをえなかったのである。[5]

かくして、在学生の質の変化と、それに対するスコラ的教育方法の非能率性は、弁証術そのものの改革、すなわち、神学者・聖職者の養成に向けられた批判吟味の術から、俗人の子弟に古典の有用な知識を伝達し教授するための術への改革を余儀なくしたのである。[6]弁証術の内容は、この教育目的に沿って再編されねばならなかった。この改革の出発点を形成したルドルフ・アグリコーラは、弁証術の目標を「演述されている事物の本質に従って教授すること、即ち、信条を確証するために適した素材を発見すること、そして発見された事柄を配列し、それらを教授目的に最も適合するように整序すること」に置いた。ここでは、諸命題・名辞の文法上の穿鑿は適切な素材の発見に、争論術的性格は体系的な配列に置き換えられ、その指導原理は、従来の形式的で厳格な論理学上・文法上の諸規則から、事物の本質と教授目的という実質的な評価へと移されているのである。[7]

この改革の手引となったのがキケロの*De Inventione, Topica*、さらに偽キケロ書*Ad Herenium*であった。キケロはこれらの著作を、アリストテレスが蓋然的真理から出発する推論のために用意した論理学『トピカ』でもって

ローマの雄弁術を武装させ、レトリックを完成させるために企画したのであり、それは同時にレトリックの教科書でもあったのである。[8] ルネサンス期の弁証法家達は、これに対し、De Inventione をアリストテレスが完成しなかった『トピカ』の最良の解説書と見做し、逆に、これらの書物（レトリック）でもって弁証術を改善せんとしたのである。このことが、テルミニストの論理学の文法学的性格に対して、人文主義者のそれには修辞学的性格を与えた。[9] この新たな改革は、本来論理学の分野での激しい対立を生み出すはずのものであったが、弁証法家達が、その名の通り蓋然的真理から出発する弁証術的推論（Invention）の分野にその論述を集中し、論理学で伝統的に中心的な部分を構成してきたシロジスティックな推論を含む確実な真理から出発する論証術的（Demonstrative）な推論方法の分野（Judgement）は、伝統的論理学者に委ねられたことによって緩和されていた。[10] 弁証法家達は配列の問題をキケロの例に倣い、Invention の分野で扱った。なぜなら、アグリコーラの前述の定義からも理解されるように、素材の発見の過程は、教授目的にそれが整序される以前の準備として、その配列の問題をも含むものとされていたからである。

　彼らは熱心に論題毎に種々の素材を集め始めた。ところで、一定の素材を集めるために論題（Locus）を使用することは必ずしも新しいことではなかった。[11] これらの Loci は、伝統的には、討論の場でそこから所与の設題に関連する論証を当意即妙に引き出し、敵方を論破する記憶術的な指針として、その下に関連する多くの論点や意見が集められる見出し語的役割を与えられていたのである。[12] かくのごとき Loci の使用法はレトリックにおける記憶術の分野での使用法と類似したものであったが、[13] カズイスティークからなる学問──とりわけ法学がそうなのであるが──にとっては、膨大な量の学説、注釈を処理する唯一の方法であったのである。なぜなら、シュティンツィングの述べるごとく「概念と単一の有機的構造に向けられていない個物のシステムとが結びつけられている所では、赤字による記憶のみが完全な掌握の手段」であったからである。それ故に大陸においては、Loci の記憶術的使用は法知識修得の有効な手段として以前から利用されており、また、イングランドにおいても、『ステイサム』をはじめとする初期の「法要録」にみられるよ

うに同様の方法が発展させられてきていた。[14]

　人文主義者が加えた変化の重要性は、理論上の問題というより、むしろ、Lociの使用の有用性に加えた新たな強調と意義付けにあったといわれる。彼らは討論のための準備としてではなく、彼ら自身が責任を負った教授のために、学生達による学全体の修得をより容易にするための方法としてLociを集め始めるのである。それ故に、Inventionの分野で発見されたLociの形態はそれに続く配列・教授のための組織化に向けて、方向付けられ、そのことがLociを従来の雑多な論証の束から、より一般的・原理的な方向へ集約させることとなった。同時にこれらLocus（論拠）の集合たるLociは全体としてその学問分野に関する基本的な諸規則・原理の要約としての性格を持つようになった。この過程で、一方では不必要になった中世的諸論点が除去され、他方では彼らが古典から引き出した新たな論点・見解が付加されることによって、彼ら自身の有用性という観点乃至古典の価値理念からの新たな学問の綜合が押し進められることとなったのである。[15]

　Loci Communes（共通拠点）の名で一般化しつつあったこの種の方法は、[16]印刷術の導入に伴う大学での教育体制の変化——公式の講義、討論演習の衰退、それに代わるチューター制と書物による学習への移行——と結びついていた。それは教師の側には古典の素材から学生にとって有益な一般的指針となるような素材を蒐集することを、また学生にあっては、教師から与えられた素材、また、指定された読書から自ら選び出した有用な素材を共通拠点として書き留めるというCommon Placingの慣行を成長させた。[17]

　これに対して、法曹院の対応する教育訓練制度、とりわけムート（模擬裁判）は、法学が実務と密接に結びついた学問であり、経験による修得と習熟がかくのごとき実践的学問にとって不可欠であるが故に、大学の討論演習のように急速な衰退に見舞われることはなかった。それに加えて教育者的機能を受け持つべきベンチャ層が同時に実務家であり、なおかつ、法曹としての昇進の途上にあるということが、法曹院でのチューター制の成長と教育者的立場からするLoci Communesの析出という過程の成長を妨げる要因となったように思われる。それ故、学問全体の概観を得るためにLoci Communesを選び出すという努力は、学生の側と、そして彼らを顧客とする出版人の側にかかっていた。法

第5編　ルネサンス期コモン・ロー法学の展開　275

曹院に入学した学生にとってケムブリッジやオックスフォードの学寮で得られ
たような親切な私的チューターをそこで見出すことは困難であった。彼らは大
学時代身につけた読書による学習とそこから項目別に論拠を蒐集するコモン・プ
レーシングによる知識の獲得という慣行に大幅に依存せざるを得なかったので
ある。[18]

注

(1)　　ここで弁証法という用語を使わず、弁証術なる用語を用いたのは、ヘーゲル以降
の思考方法としての弁証法と、中世の討論技法としての、また、ルネサンスの教育・
叙述方法として発展した弁証法とを区別するためである。Howell, *op.cit.*, (1956) p. 4.

(2)　　Curtis, *op.cit.*, pp. 88-94.

(3)　　Gilbert, *op.cit.*, p. 30. 小林登『弁証法』（青木書店、1964）162-165 頁。

(4)　　Curtis, *op.cit.*, pp. 84f., pp. 94-96. Jardine, *op.cit.*, pp. 18-19.

(5)　　Gilbert, *op.cit.*, p. 10, pp. 12-13. Jardine, *op.cit.*, pp. 24-25, p. 35. Howell, *op.cit.*, pp. 9
-10. このことが、一方では文芸コース内部での修辞学の比重を押し上げていた。し
かし、論理学は中世に比べれば、その占める位置を相対的に低下させたとはいえ、文
芸コースの中心的位置にあることは変わりなかったのである。Curtis, *op.cit.*, pp. 94-
96.

(6)　　Jardine, *op.cit.*, pp. 26-28.

(7)　　*Ibid.*, pp. 30-31, p. 35. Gilbert, *op.cit.*, p. 9.

(8)　　M. T. Cicero, *Topica* I（Loeb Classical Library, Cicero II）pp. 383-385.

(9)　　アグリコーラは自らの著作に、キケロの著書と同名のタイトル *De Inventone Dialectica*
libri tres をつけた。ヴィヴェス、前掲書 171-172 頁参照。

(10)　　Jardine, *op.cit.*, pp. 31-32. メランヒトンは Judgement の分野を扱ったが、そこでは
伝統的アリストテリアンの方法に従った。*Ibid.*, pp. 35-36.

(11)　　12 世紀の後半以降伝えられた、「トピカ」は、「分析論後書」「詭弁論駁」とともに
Logica Nova として、以前の「範疇論」「命題論」（Logica Vetus）と分かたれた新た
な部門となっていた。小林、前掲書 151 頁。

(12)　　Jardine, *op.cit.*, p. 23. Gilbert, *op.cit.*, p. 119.

(13)　　Howell, *op.cit.*, pp. 84-86, pp. 95-98.「記憶」は「立案」「配列」「文体」「伝達」と並
ぶ修辞学の重要な一分野であった。しかし、弁証法家が彼らの論理学のために利用し
たのは「立案」と「配列」の分野であった。*Ibid.*, p. 66.

(14)　　R. Stintzing, *Geschicte der Deutschen Rechtswissenschaft,*（1880）SS.114-116.

(15)　　Gilbert, *op.cit.*, p. 36, pp. 119-120.

(16)　　*Ibid.*, pp. 108-112.
この名は、メランヒトンがルター派神学の普及のために著述した『神学綱要 *Loci*

communes theologici』によって著名なものになった。それは、神学上の共通拠点(Loci communes) をリストアップしたものである。彼はそれらの論題を体系化する仕事は宗教会議の仕事であるとした。

(17) Jardine, *op.cit.*, p. 12, p. 18. ヴィヴェス、前掲書 171-172 頁。

(18) Prest, *op.cit.*, p. 135, pp. 138-144.

(3) A. B. C. Abridgement と Loci Communes

フィッツハーバートの『大法要録』をその形成過程から意義付けてみるなら、それは中世末におけるコモン・ロー発展の集大成であり、テューダ絶対王政の統治の法的基礎付けを目指したものとして把握しうるだろう。同時にそのタイトルの示す「要録」の形式が Y.B. に代わる新たなコモン・ローの存在形式として成立してきたことにも注目すべきであろう。この要録形式は単に 1571 年のプラウドゥンの判例集出版に至るまで、16 世紀中葉のコモン・ローの支配的な存在形式であっただけではなく、それ以降もコモン・ローの存在形式の一つの主流を占めることになるのである。それ故に、このフィッツハーバートの『大法要録』を法学的側面から、さらには法学教育という側面から検討することはこの期の英法学を評価する上で不可欠のものである。[*11]

第一に評価の出発点として、我々はエリオットがその『統治者論』でコモン・ロー法曹が「そこから推論を引き出しうるあらゆる論証を備えた Loci Communes を持っている」と評したことを思い出すべきであろう。[(1)] もっとも我々はここで当時 Loci Communes という言葉が持ち得た意味の広さについて考察する必要があるかも知れない。それは確かに前節で述べた人文主義者の用いる Loci Communes ＝関連する諸問題への一般的省察の見地を与える諸見解——それ故に後には Axiomata、Axiom という用語が好まれて使われるようになるのだが——とは異なっていた。ドイツではエヴェラルドゥスがこの方法に従って Loci を集めていた。[(2)] もしもイングランドにその対応物を見出そうとするなら、〔セント・ジャーマンが『博士と学徒』で列挙したコモン・ロー上のマクシム、全国共通の慣習や〕フランシス・ベイコンの『法格言集』がその最も近いものであったろう。[(3)] 逆に大陸にフィッツハーバートや、

第5編　ルネサンス期コモン・ロー法学の展開　277

この期に Common placing の名で法曹の間に一般化してくる方法の対応物を尋ねるなら、1491 年にパドヴァのカノン法教授ピエトロ・トマイによって書かれ、1548 年頃に当時の法書の出版人ウィリアム・ミドゥルトンによって出版された『記憶術、別名フェニックス』で唱導された Loci の使用法に近いものであった。⁽⁴⁾

　人文主義者の Loci Communes とコモン・ロー法曹の Common Placing の共通点は次の点においてのみ見出される。

　(1) 過去の関連する著作から有用な見解を抜き出し要約する。(2) その選択における意識的・無意識的革新。(3)フィッツハーバートや後のブルックのような完成された作品の包括性である。この最後の包括性のあり方においてドイツとイングランドでの Loci Communes の形態の相異があった。前者は、法の広範な部分に適用可能な一般的見地を示す見解、現在の法学からみれば総則的な見解を選び出すことを追求したのに対し、後者は、各々の項目の下に関連する見解の要録を網羅的に備えさせたのである。

　この相異はフィッツハーバートの著作が実務家のために、また現実の法実務の安定した運用のために書かれたものであり、法曹教育とりわけ初学者向けに書かれたものではないということに由来していると考えられる。⁽⁵⁾もし、それがエヴェラルドゥス流に 100 余りの loci 呈示で済ませていたなら、実務への影響においてはドイツの人文主義的法学と同様の運命を辿らねばならなかったであろう。⁽⁶⁾

　かくして、フィッツハーバートの『大法要録』では、260 の項目の中に 14,039 の事例の要録が集められた。その多くは 1、2 行のものであったが、重要な事例は、各々の裁判官毎にその見解が要約された。我々は 14,000 余りの事例の要録という数に驚かされてはいけない。その書物は 607 フォリオに及ぶ大著ではあったが、現代法曹を志す者が書棚に備えるべき法律学全集の量に比べれば、決して大きすぎるものではなかった。⁽⁷⁾しかし、一つの項目の下に収められた要録は平均して 54 事例にものぼり、その利用のためには何らかの工夫が必要であった。幸運にもフィッツハーバートの出版人 J. ラスティルは決して保守的な精神の持主ではなかったし、そうした配慮に欠くことはなかった。彼はモアのサークルの一員であり、義理の弟でもあった。さ

らに、モアのユートピアを実現するために北米への植民を計画し実行せんとした最初のイギリス人でもあった[8]。彼のこうした精神は『大法要録』の編纂にも発揮された。彼は「法の研究の促進と便宜のためにアラビア式記数法の形で整序され、番号を付けられた表」現代流にいうなら索引を作成した。索引表では260の各項目毎に、法律問題別の幾つかの小見出しが付けられ、その小見出しの下に、その項目に要録された事例とそれに関連する他の項目の事例が分類された。これらの事例には、各項目毎の事例番号と統治年、開廷期が記された。ラスティルはその事業を未完のままに終わらせたのだが、それは1565年R.トットルによって完成されることになった[9]。この索引表の完成によって、この要録は一層便利なものになったことは疑い得ない。それは索引においてではあるが、そしてまた、下に向けてではあるが、体系化を一歩進めているのである[10]。

　他方Common placingによって法を学ぶ習慣も広がりつつあった。この期の法曹の手稿の多くからアルファベット順のCommon placing bookが発見されるのである[11] *12。法廷年報形式の判例集が途絶えて以来、初めて出版された判例は要録の形式で出された。1568年のブルックの『法要録』である。それはフィッツハーバートの『大法要録』を基礎に新たにヘンリ8世以降の判例要録を加えたものであった。この二つの法要録はその出版年——フィッツハーバート：1516、1565、(1573)、1577、(1586)。ブルック：(1568)、(1570)、1573、1576、1586——に示されるごとく、16世紀中葉からその世紀の末にかけて法廷年報形式に代わる新たなイングランド法の文献として、アブリッジメントの時代ともいうべき一時代を画したようにさえ思われる[12]。

注

(1)　Elyot, *op.cit.*, p. 54.

(2)　Stintzing, a.a.O., S. 119. Loci Communes はその概説的意味においては、後のプロテスタントの神学者にはSystemaという用語で呼ばれるようになる。また、Compendium, Art, Method, Epitome 等の用語と同義的に使用された。Gilbert, *op.cit.*, pp. 111-113.

(3)　Paul H. Kocher,'Francis Bacon on the Science of Jurisprudence', *Journal of History of Ideas*, vol. XVIII (1957) pp. 4-7.　ベイコンは、「一国の法の中に散在する、規則と根拠を集めることによって」300の法格言を作った。しかし現存するのは25のみであ

る。この法格言は彼のいう中間公理（axioms of the middle order）として理解されるべきものである〔『博士と学徒』については、補注 6 参照〕。

(4)　Howell, *op.cit.*, pp. 95-98.　翻訳者ロバート・コプランドは以下のごとき副題を付けた。「文法家、修辞家の弁証術、法律家、哲学、神学の全ての科学の教授にとって、極めて適切で且つ有用なる書」

(5)　Winfield, *op.cit.*, p. 231.

(6)　上山、前掲書 112-113 頁。

(7)　Winfield, *op.cit.*, p. 233, p. 238.

(8)　Chambers, *op.cit.*, p. 132.　この計画にはモアの父親、ジョン・モア判事が援助を行った。この計画は海軍長官サリー伯の拒絶にあって挫折する（1517）。次に述べる 1517 年の Tabula が未完成に終わったのは、この計画のためかも知れない。

(9)　Winfield, *op.cit.*, pp. 228-229.

(10)　フィッツハーバートの『大法要録』の形成過程に関する問題については拙稿「Fitzherbert の "Graunde Abridgement"（1516）の成立に関する一考察」『京大院生論集』7 号 7-83 頁〔本編補論 2 参照〕。

(11)　Abbott, *op.cit.*, p. 11, p. 100.

(12)　*Ibid.*, pp. 147-148. Winfield, *op.cit.*, pp. 232-237.　括弧の中に入れられた出版年のものは、現存せず、その真偽が疑われている。T. F. T. Plucknett, 'the Genesis of Coke's Report' *Cornell Law Review*, vol. 27（1942）pp. 193-195.　もしそうだとするならば、1571 年のプラウドゥンの判例集第 1 部の出版がヘンリ 8 世以降の事例を含む最初の出版物であったということになろう。

　　他方、プラウドゥンの判例集は第 2 版が出版されるまで 7 年間を要したのに対し、1574 年に出版されたブルックは 2 年後に再版されており、アブリッジメントの優位が確認されよう。イングランド法学の主流のアブリッジメントから新たな判例集への転換は、1577 年にフィッツハーバートの最後の版が出され、ブルックのアブリッジメントから、1515 年以降の事例が分離され年代順の要録として *New Brooke* の名で出版された 1587 年頃を境目にすることができるだろう。

　　ベイカーも 16 世紀前半における alphabetical method の chronlogical form に対する部分的勝利を認める。Baker, *op.cit.*, pp. 31f.　しかし、この傾向の原因については、人文主義的方法との関連を自問しつつも否定的である。「これらの書物の内容及び著者は人文主義的法学という言葉のもつ通常の意味からはあまりにも離れすぎているので我々はむしろ彼らはより古い伝統を実行し適用しているのだと信ずるべきだ」。*Ibid.*, p. 71.　確かに、かつてターナが明らかにしたように、Abridgement の歴史はイヤー・ブックスと共に古い。『ステイサム』をはじめ、15 世紀末には整備された Abridgement が現れる。Putnam, *Early Treaties*, pp. 176f.　しかし、それにもかかわらず、テューダ期の Abridgement 形式の流行、さらには、ベイカーのいう、その「短命さ」の中に、人文主義的な思潮の助けを見ることは不可能ではないと思われる。ベイカーは、Abridgement 形式の「短命さ」をルーズリーフシステムの欠如に求めたが、後述するごとく、私自身としては、社会の変動期にあってイヤーブックス期を基礎とした「要録」が古くさくなったこと、さらには、この世紀末にかけてのラミズムの浸透に対する反撃

として生み出された Abridgement 一般への不信、教育革命の貴族主義的後退、新たな教育方法論の展開の中にこそ、その真の原因を求めることができると考える。

(4) 法学教育と法文献の革新

　法要録は第一義的には法実務家の書物であり、学生がそこから始めるべき書物ではなかったし、また、法曹を志さないジェントルマン子弟に教養としての、また地方での実務のための法知識を教えるための書物でもなかった。1534 年、ウィリアム・ラスティルは『旧土地法』『ナトゥラ・ブレヴィウム』『リトルトン［土地法］』を法学を志すべき人が最初に読むべき「コモン・ローの a.b.c. である」と評した。さらに、ジェントルマンの子弟にとっては *Carta Feodi, Court Baron* さらには *Book for Justice of Peace* 等の簡便なる地方実務に関する書物が有益であったろう。[(1)] これらはピンソンの時代（1490-1529）に出版されたものではあったが、すべてその起源を中世に有するものであり、多くは著者不明の書物であった。これらの書物の出版を含め、彼の法廷年報の出版、フィッツハーバートの『大法要録』出版への貢献を合わせて、彼の時代を中世的法文献の集大成の時代といいうるなら、20 年代以降は新たな法文献の生み出される時代であった。それは何よりも先ず学生のための書物であった。1520 年、J. ラスティルは『法律用語事典』を出版し、1523 年にはクリストファ・セント・ジャーマン（c. 1460-1540）の『イングランド法の基礎と良心』（『博士と学徒』）を出版した。後者はイングランド法の諸原理を倫理的・神学的に基礎付けようとした最初の試みであり、それらの諸原理は、対話形式の中に散在させられてはいるもののイングランド法を学ばんとする人々が最初に手にすべき必須の書となった。[(2)] ピンソンから出版事業を受け継いだレッドマンは、1528 年にパーキンス（d.1545）の『イングランドの法を扱った有益なる書』を出版し、1534 年には『リトルトン』の英訳版を、同じ頃に『ブリトン』を、1538 年には治安判事に関するフィッツハーバートの前述の書を出版する。『有益なる書』では土地法に関する重要な問題が項目毎に「説明し、分割し、例を加える」という方法で初学者に分かりやすいように説

明された。この書物は1600年までに13版以上版を重ね、1827年になっても出版されていた[3]。

　また、『イングランドの法と制定法の提要もしくは基本原理』という著者不明の書物が30年代末にビィドルという出版人によって出され、レッドマンの後を継いだミドゥルトン等によって30年代から50年代前半にかけて毎年のごとく出版された。パーキンス同様、土地法の問題を扱ったものといわれており、ベイカーの紹介（補注 7 参照）によれば、ハーバード大学に著者Richard Taverner の序文を含む版が存在する。

　「タヴァーナは専門家用に法を書き直すことはできなかったが、人文主義的教育精神に動かされ、以下のごとく望んだ。

　『これらの私の努力は、私以上にこの学問分野に通暁した他の人々が彼らの書物に手を加え、この国の法に関するこれらのそして同様な事柄をより完全に、より純粋に遂行し、確証する切掛を与え励ますだろう。何となれば、私はコモン・ウィール内で通用している慣習、慣行、権利、法を単純且つ平明に叙述し、大衆のものとすることがコモン・ウィールにとって最も功労あるものと確信するからである。……学識ある専門家がこの国の全人民がより一層賢明で、用意周到な分別をもって自らのあらゆる世俗の事柄、なりわいを処理しうるように、このイングランドの国で通用している法の全分野を平明、誠実且つ忠実に叙述する任につくことが私の願うところである。こうしたことがなされたならば、必ず我々は現在以上に繁栄するコモン・ウィールを持つことになるだろう』」(*op.cit.* p. 31)。第一に、我々はここにエリオットの精神の――より貴族主義的でない形での――具体化をみることができるであろう。さらに、タヴァーナが王璽局の書記として、クロムウェルの側近であったことを思い起こすなら、Cromwell の下に、Nicholas Bacon, W. Stanford, R. Taverner さらには St Germain を加えて30年代の法学、法教育の改革を遂行せんとした人々のグループを見出すことができるのではないだろうか。本書は、セント・ジャーマンやパーキンスのように、後に、クックによって初級用テキストとして推奨されることにはならなかったが、しかし、その毎年の出版は恒常的な――例えば法曹院の入会者のような――需要が、その書物に存在していたことを示してくれるのである[4]。

282

レッドマン、ミドゥルトン時代の法廷年報形式の書物から、これらの初学生用の書物への出版傾向の移動は、この時期の法学が向かいつつあった方向を示唆するものであろう。それは、大学において教育の人文主義的改革が進んでいた時代であり、ニコラス・ベイコン等の「国王陛下の〔法曹〕学院」の設立案が提出された時代でもあった。これらの人文主義的改革を押し進めんとした人々と同様な精神がこれらの著作の中に流れていたのであり、それらが法学生をして同上の書を求めさせたのだと考えても強ち根拠のないことではないように思われる。[5]

しかし、これらの初学生向けの簡便な書物とフィッツハーバートのアブリッジメントの間にはまだ相当の距離があった。ドイツにおいて人文主義法学が実務に影響を持ち得なかったのと同様に、一般的原理を学んだだけでは法曹たるに十分な知識を獲得したことにはならなかった。しかしその解決のために Loci Communes を増加させることは、もとのカズイスティークに戻ることを意味した。可能なことはやはり一般的項目の下に種々の議論を集めること（common placing）以外にはなかった。そのためにリトルトンの分類やフィッツハーバートの項目が有用であったろう。

この方法から一歩前進するためには各々の項目、その下に集められた諸々の論証が体系的に整序される必要があったし、そのためには体系化を推進するための方法論が必要であった。この体系的方法の問題はイングランドでは80年代以降、ラミズムの興隆によって思想界の最大の関心事となった。[6]彼らは以下のごとくメランヒトンによって普及された Loci Communes の方法の限界を批判する「ある人々は普遍性の規則をメソッドに属するものと考えているが、そうではない。というのは〔それが属する〕アキシオマティカルな判断はアキシオムのみを、またそれ自体によって数種のものを考察するのにたいし、メソッドは異なった多くのアキシオムに一貫性をもたらすのである。普遍性の規則は、単にただ、如何なるアキシオムが一般的であり、一般的なものとして教えられるべきか、如何なる〔アキシオム〕が特殊なものであり、特殊なものとして記されるべきかを示すのみである。なぜなら、それら〔アキオシム〕は互換的なものであるからである。しかし、それらはこれらのアキシオムのどれが順序において第一に置かれ、もしくは二番目に置か

れるべきかを教えない、それを教えるのはメソッドによる〔判断〕のみである」と。

ラムスの提起した方法とは、「最も良く知られたもの」=「最も一般的なもの」から出発し、そこからの定義・分割法によって「より未知なもの」=「より一般性の低いもの」へと進み、個別的なものの例にまで下降する方法であった。

しかし、体系化の問題については、シュティンツィングがドイツにおけるその問題について語ったことがイングランドについてもあてはまる。「それ〔ラミズム〕と並んで、且つそれから独立して極めて類似した現象が学問方法において生じたという事実も理解される。ラミズムに近似するものをすべてラミズムに帰してはならない。ドイツでは、人がピータ・ラムスの存在について知る前から方法的問題が動き始める。それはしばしば彼なしでも独自にすすむ」のである。

イングランドでは、それはフィッツハーバートの『大法要録』に体系性を持たせんとする努力に始まる。

サー・ウィリアム・スタンフォード（1509-58）は、オックスフォード、グレイズ・インと当時慣行化しつつあったコースに従って法曹となり、1554年に民訴裁判所判事となった人であったが、1548年に出版した『国王大権解説、イングランド法の他の古い著者とフィッツハーバート裁判官の大法要録から集められた』の序文で、ニコラス・ベイコンに以下のごとき献辞を贈っている。

　　私は、今日かくも多数の学識ある人々が存在する中で、〔法〕学生達を彼らの長い旅路から助けるためには何らかの工夫がなされるよう願望している、……そのようなことは、もしフィッツハーバート裁判官の大法要録にあるような項目が裁判官や学識ある人々によって詳細に検討され、学ばれるなら、即ち、全ての項目が、それ固有の分割によって整理され、秩序付けられ、同上の裁判所の決定や事例が上述の法の一定の諸原理、諸規則、諸根拠の下にもたらされ、あらわされるなら、私のささやかな願いどおりに実現されるだろう（傍点筆者）。

この方法は彼自身によって、刑事訴訟法に関する著作『國王の訴訟』(1557)

に再び適用された。他方、彼は後人のために「令状」の項目の分類の例示を
しておいたのだが、その願いは、1579年サイモン・セロールによって実現さ
れることになった。『訴訟開始令状とそれに関連する事柄についてのダイ
ジェスト』である[11]。

　このイングランドの法文献に生じてきた新たな流れを方法論者たるラミス
トが見逃すはずはなかった。ラムスの論理学をイングランド法に適用せんと
したアブラハム・フローンスは、彼らの方法を定義・説明→分割によって展開
するラムスの方法の例示として使用することができた。これらの法文献は、
他方では、ラムスの方法が自然的理性の働きに合致する方法であることを示
すための最良の素材と考えられたのである[12]。

　しかしフローンスの言明にもかかわらず、これらの法文献は必ずしも自然
的理性の働きによって定義・分割の方法を採用したわけではなかった。この
定義・分割法は一方ではプラトンのパイドロス以来の諸概念の本質的性質を
確証するための方法に、他方では、キケロが De inventione で示した簡潔な
説明を行うために事柄を分割するための方法（partitio）に由来するものであ
り[13]、アグリコーラの弁証術の改革以来、それらは合一され、所与の学問分野
の知識を全体的に呈示するための一つの叙述形式として理解されるように
なっていたのである。アグリコーラにとっては、この分割の問題は戦術的な
問題であり、彼は、それを一つの方法に限定することはなかったが、教授目
的には、最も一般的なものから、より一般的でないものへと進むのが良いと
考えられていた[14]。

　このアグリコーラの弁証術が宗教改革期にイングランドの大学の公式の教
科書となったことは前述した。スタンフォードはそれより以前にオックス
フォードを出ていたが[15]、こうした風潮に無関心であったとは思われない。彼
の方法的論述への動機付け（法学教育）とその意識性はこの期の人文主義者
の影響を色濃く示しており、むしろ、こうした影響の下で彼の著作の方法的
視点が育まれたとみた方が妥当であろう。

注

(1)　Simpson, 'Source and Function', p. 110. これらの書物の内容は法曹予備院で教えられるべき法知識と一致していた。

(2)　J. H. Beale, *Bibliography of Early English Law Books*（Ames Foundation, 1926）pp. 190-191, pp. 303-304. Winfield, *op.cit.*, pp. 321-324. セント・ジャーマンは単に初学者用の文献としてではなく、典拠として、フィッツハーバート、クック、ダイア等によって頻繁に引用されることになった。本書はリトルトンと共に、この期に最も多く出版された法律書の一つであり、16世紀中に15版を重ね、18世紀中頃まで継続的に出版されている。

(3)　Beale, *op.cit.*, pp. 192-194.　パーキンスの書に関しては、Winfield, *op.cit.*, p. 330. Abraham Fraunce, *the Lawyers Logike, exemplifying the praecepts of Logike by the practise of the common Lawe*,（1588）fol. 119. 本書に関しては、拙稿「イングランド法とラミズム」『京大院生論集』創刊五周年記念号 135-148頁。ブリトンに関しては、T. F. T. Plucknett, *Early English Legal Literature*, p. 79. ブリトンは確かに中世初期の書物であったが、その簡便さという点では、この期の法書と同じ特徴を備えていた。

(4)　Beale, *op.cit.*, p. 296. Baker, *op.cit.*, p. 31, Holdsworth, *H.E.L.* vol. V, p. 396. Coke, *Reports*, 3rd Part, Pref. pp. vii-ix. にクックの当時の法書への評価が述べられている。彼は、有用な法書として、中世初期の文献から、「グランヴィル、ブラクトン、ブリトン、フリータ、ヘンガム、ノヴァエ・ナラティオーネスを、最近の著書として旧土地法、旧ナトゥラ・プレヴィウム、リトルトン、博士と学徒、パーキンス、フィッツハーバートのナトゥラ・プレヴィウム、スタンフォード」を勧めている。

(5)　セント・ジャーマン、ジョン・パーキンスはニコラス・ベイコンと共に大学から法曹院へというコースを切り開いた人であった。Winfield, *op.cit.*, p. 321, p. 330.

(6)　Howell, *op.cit.*, pp. 193-220. この論争は 1/10 減税をめぐるセルデン対モンターギュの論争にも彩りを添えることとなった。（Ibid., pp. 201-202）

(7)　Fraunce, *op.cit.*, fol. 114-115.

(8)　Ramus の方法に関しては Gilbert, *op.cit.*, pp. 129ff. Jardine, *op.cit.*, pp. 40-47. Howell, *op.cit.*, pp. 146-165. を参照されたい。

(9)　Stintzing, a,a.O., S. 148.

(10)　Quoted by Holdsworth in *H.E.L.* vol. V p. 376 n 8.

(11)　*Ibid.*, pp. 380-381.

(12)　Fraunce, *op.cit.*, fol. 119, fol. 140ff.

(13)　Jardine, *op.cit.*, pp. 45-46, p. 37.

(14)　*Ibid.*, pp. 32-34, pp. 46-47.

(15)　アグリコーラの教科書は 1515年に出版されていた。さらに、この期の著名な弁証法家の一人、ヴィヴェスは、1522年に来英し、オックスフォードのコルプス・クリスティ学寮で古典文学の講座を担当していた。（ヴィヴェス、前掲書、著者解説 3-4頁）、それは丁度、スタンフォードがオックスフォードにいた時期でもあった。『国王大権解説』の出版の 3年前にはイングランドで出版された最初の論理学の教科書であ

り、テューダ・ステュアート期を通じて最もポピュラーなものとなったシートンの『弁証術』が刊行され、1551年には最初に英語で書かれた論理学の教科書で80年代まで人気を保ちつづけたウィルソンの *Rule of Reason* も出版されている。両者ともにアグリコーラの強い影響の下にあり、イングランドの弁証術、論理学の主流となった。Howell, *op.cit.*, pp. 49-55, pp. 12-29.

(5) ラミズムとイングランド法学

ラミズムそれ自体についてみれば、それはむしろイングランド法学にとって否定的な媒介として意味をもった。ラムスの方法は前述のごとく、その傾向の創始者アグリコーラに極めて近いものであった。それにもかかわらずラミズムが80年代イングランドで全思想界の論争の焦点となったのは以下のごとき理由があった。

論理学上の問題としては、第一に、彼がその方法を自然的理性に合致する唯一の方法としたこと[1]、さらに、その結果彼は論理学を、命題を扱う言論の術としてよりも、思考方法として把握し、その立場から蓋然的真理から出発する推論方法（意見の論理学）と確証的真理から出発する推論方法（科学の論理学）とを区別するアリストテレスの見解を激しく非難したこと[2]がその火種を作った。なぜなら、かくのごとき主張は本来の伝統的論理学の核心の部分に向けられたものであったからである。とりわけ、ラムスが方法の問題を、以前の弁証法家達とは異なり、Judgement の分野で扱ったために、旧来の伝統的アリストテレス主義者との激しい対立を惹き起こすこととなったのである[3]。

しかし、実際の論争はより通俗的なレヴェルで広がっていた。それは、ラムスと彼の信奉者達によって意欲的に推し進められた文芸コースのテクストの改革がその簡明さの故に急速に若い世代の間に支持者を増やしたこと[4]、さらには、そのことが前述のラムスの主張と相挨って教育と学問の区別を極めて曖昧なものにしてしまったことにあった。それ故、批判はラミズムに対してというよりむしろ、Epitome, Compendium さらには Abridgement 等々の名で呼ばれる、学問を要約する傾向一般に向けられた。これらのすべてがそ

の頭目と見做されたラムスの責に帰せられたのである[5]。

それは、ラミスト達がアグリコーラ、メランヒトン、ヴィヴェス、ラムスと続く人文主義的弁証法家・教育改革者の流れに対して加えられた攻撃と見做したように、テューダ初期以来の人文主義的教育改革全般に対する反動でもあった[6]。教育革命の波は貴族主義的に閉塞し始めていた。他方ではピューリタン神学に対するアングリカン・チャーチの反撃が始まっていた。我々はメランヒトンがルター派神学の理論的指導者であり、ラムスが聖バーソロミューの虐殺の犠牲者となった熱烈なカルヴィニストであったことを忘れてはならない。ラミズムの論争の底流にはこの宗教上の対立が常につきまとっていたのである[7]。

法学の分野では、それは 1520 年代以降進められてきた方向への反動でもあった。クックの法要録への批判はこうした時代思潮の一つの反映を示している。「コモン・ローをより良き方法に帰そうとすることに関して、私はその努力の成果に多いに疑問を持っている。このことについて、私は多くの学問で、アブリッジメントがその著者自身を非常に利したが、しかし、それが使われると他の人々に対して少なからぬ害を及ぼしたことを知っている……アブリッジメントを索引（table）としてのみ使用し、全体としての書物を信ずることである。……アブリッジメントを大急ぎで読むことは混乱した判断や、辿々しく、騒然とした弁論の発生の原因である」と[8]。

しかし、このことはクックが、そして、ラミズムの批判者がすべて保守的な傾向に属する人々であったことを意味するわけではない。人文主義的教育改革者であり、ラムスについてのイングランドへの最初の紹介者であったアスカムもクックと同趣旨の批判を行った[9]。クックの好敵手であったフランシス・ベイコンもニュアンスの相違はあるが、それが「法曹を急いで造るのに役立たない」という点では一致していた[10]。彼らの批判の眼目は、アブリッジメントを作ることにではなく——むしろこれには賛成なのである——他人のアブリッジメントを利用することに、そしてさらに、アブリッジメントの使用一般に対してではなく、その一般化している使用方法に、すなわちアブリッジメントのみに頼って法を習得せんとし、また、したと思う人々に対してなされたのである。

20年代以降の法学体系化の方向へのかくのごとき批判の背景には前述のごとき思潮のみならず、人文主義的弁証法家が一般に陥った誤りと、この期の学問、法学に課せられた特有の、あるいはその限りで一般的な問題が存在したのである。皮肉にも、法学におけるラミスティックな方法の適用を試みんとした、フローンスが最初にその問題に気付いた人であった。彼はコモン・ロー全体を一つの術に帰することに関して「我が国民に適した、唯一固有の、且つ独特のものであり、多くの個別性より構成され、かくも継続的な変化と変更を蒙っている〔筆者傍点〕イングランドの法を一つの術に帰しうるか否かは今回の論述の目的ではない」と逃げざるを得なかった。[11] 宗教改革期の諸立法以来、イングランドの法は絶えざる新法の発布で揺れ動いていた。[12] 他方、急速な経済の変動は新たな法律問題を次々と生み出しつつあった。法実務上の慣行もそれに従って変化しつつあった。[13] 中世末に集成されたフィッツハーバートのアブリッジメントは、既にそのままでは古くさくなり始めていた。フィッツハーバートは1586年にその出版の歴史を閉じた。ブルックの法要録は1578年に、『ブルックの新事例』として、ヘンリ8世以降の新しい要録のみが分離されて出版されることとなった。しかも、年代順にである。それはプラウドゥンの判例集の成功に刺激されたものではあったが、既にイヤー・ブックスの要録の時代が終わりつつあったことを示す画期的な出来事であったのである〔表Ⅲ〕。

こうした時代背景を基礎として、より本質的なラミズムへの批判がベイコンによってなされる。「もう一つのあやまちは、まだその時機でもないのに、無理やりに、知識をでき上がった学問や体系式の書にまとめてしまうことであるが、そうされると諸学は、もう少ししか、あるいは少しも進歩しないものである、・・・知識もアフォリズムや所見であるあいだは、発達をつづけるけれども、一度きちんとした体系式の書に収められると、さらに磨きをかけられ、光らされ、実際の用にうまくあうようにされることはあるだろうが、しかしもはやそのかさとなかみを増すことはないのである」〔『学問の進歩』5・4〕[14]（傍点筆者）。

このアフォリズム式と体系式との比較は、伝達の術に関する箇所で再び詳説される〔17・6、7〕。[15] ここでも、アフォリズム式の長所が詳しく説かれるの

第5編　ルネサンス期コモン・ロー法学の展開　289

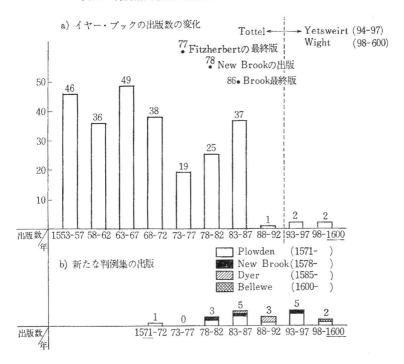

表Ⅲ　判例集出版数の変化とイヤー・ブックの終焉

J. H. Beale, A Bibliography of Early English Law Books, Appendix I, II を基礎に作成

であるが、そのことはベイコンが再び Loci Communes の方向に戻ったことを意味するわけではない。さらにまた体系的方法一般が拒否されたことも意味しない。彼は「大全や体系式の書物は知識にいたる準備である手引あるいは入門として用いるなら、適当である」と考える。問題は「そのような形で、あるいはそれからの演繹によって、ある知識の本体と実体を取り扱うことは、すべての学問において有害であり、神学においては危険であると結論する」〔25・13〕のである。それ故に、彼は法学の補助的教材として方法論的に論証された書物が必要であると考えたし、また、アブリッジメントへの評価に際しても、適切な入門書が存在しないことを考慮して、「それを使用しないことが望ましい」。「それが不可能なら、現在ある2冊からなるものより、よりよき配列の、良きアブリッジメントがあればよいと思う」(傍点筆者)と

注意深く述べることを忘れなかった。この願望は 1668 年、イングランド革命後に、サー・マシュー・ヘイルの編纂になる、ヘンリ・ロールのアブリッジメントによって実現されるのである。[18]

　Loci Communes に戻ったのではない、というのは次の意味においてである。人文主義者達は前述のごとく、Invention の分野に強調を置き多くの Loci Communes を呈示したが、ベイコンの学問論の本質はこの人文主義的弁証法家の Invention への批判を出発点にもっているということである。「発見にはひじょうにちがった二つの種類がある。その一つは技術と諸学との発見であり、もう一つは言語と論証との発見である。これらのうちの第一のものが欠けていると申し述べておく」〔13・1〕[19]「この部門の知識が欠けているということは、わたしの判断によれば、はっきりと認められたままになっている。というのは、先ず第一に論理学は諸学あるいは諸学の一般的命題を発見しようなどとは企てず、『それぞれの道の達人に信頼せねばならぬ』〔『アリストテレス分析論前書』1・30 等〕といって、それをうっちゃっているからである」〔13・2〕[20]。問題は、人文主義者が Loci Communes とか Axiom と呼ぶものの発見は、真の意味での新たな発見ではなく、関連する諸文献よりの適切な素材の選択、もしくは、形式的に（文法上、論理学上）一般的性格を持った諸原理の選択にすぎず、一次的な諸原理の発見は専門分野にまかされているという点にあった。ベイコンにとっては、この一次的な原理の発見こそが学問の基本的な課題であり、真の発見なのであった。ベイコンのアフォリズムとは、かくのごとくして発見されるべき一次的原理、乃至は、そのための中間命題であったのである。

　この人文主義者の形式的な意味で一般的な原理の選択ではなくて、真の意味での一般的原理を法内部から発見すること、そしてこの方法を確立することがこの期のイングランド法学に新たな道を切り開かせるための必須の課題であったのである。それは、新たなリポーティングの方法として既にプラウドゥンによって始められつつあったのである。

注

(1)　ラムスは、これを「自然の方法」と名付けた。彼はその他に史家、詩人、雄弁家の使用する「隠された方法」もしくは「賢慮による（prudential）方法」についても述べたが、後者は如何なる術の一般的規則によっても了解され得ないものであり、可能な限り、前者の方法に従うよう忠告した。Fraunce, *op.cit.*, fol. 114. Howell, *op.cit.*, pp. 160-161.

(2)　Fraunce, *op.cit.*, fol. 6.

(3)　前述、第3章第2節注（10）。アグリコーラやメランヒトンは彼らがなした論理学の改造にもかかわらずアリストテレスの信奉者であった。これに対し、ラムスはヴィヴェスと共にその明確な批判者であったのである。

(4)　Howell, *op.cit.*, pp. 149-151, pp. 162-163. レトリックへの影響に関しては（pp. 247f.）文法、数学に関しては（pp. 245-246）

(5)　*Ibid.*, pp. 196-202. Gilbert, *op.cit.*, pp. 112-115.

(6)　*Ibid.*

(7)　ディグビィとテンプルの単一の方法に関する論争の背景には、両者の属するセント・ジョンズ学寮の長 Whitaker による教皇派―ディグビィ―の追放の画策があった。*Ibid.*, pp. 194-195.　英国教会からプロテスタント急進派への反撃はホウィットギフトがカンタベリ大司教となった1583年以降に始まる。攻撃の矛先はカソリックから急進派プロテスタントへと旋回していくのである。Prest, *op.cit.*, pp. 187-196.

(8)　Coke, *Reports*, 4th Part, Pref. pp. x-xi.

(9)　Gilbert, *op.cit.*, pp. 112-113.　ギルバートはイングランドの人文主義者に特殊な問題として（a）古典の研究が余暇的になされたことが、ラムスを不必要とした、（b）ラムスの民主主義的動機が当時のイングランドの人文主義者に欠けていた、と考える。このことはイングランドの教育が、行政の経済性を追求する官僚の養成にではなく、有徳な統治者、自らの能力で判断する政治人の養成に向けられていたことと無縁なものではないだろう。

(10)　F. Bacon, 'Proposition, touching the Compiling and Amendment of the Laws of England' (1616) in J. Spedding ed. *the Letters and the Life of Francis Bacon*, vol. VI (1872) p. 70.

(11)　Fraunce, *op.cit.*, fol. 120.

(12)　Abbott, *op.cit.*, pp. 67-68.

(13)　S. E. Thorne, 'Tudor Social Transformation and Legal Change' *New York University Law Review*, vol. 26, pp. 10-23. フランシス・ベーコン著・服部英次郎、多田英次訳『学問の進歩』（岩波文庫、1974）64頁。

(15)　同書、242-243頁。

(16)　同書、366-367頁。

(17)　Bacon, *op.cit.*, p. 70.

(18)　Holdsworth, *H.E.L.* vol. V, pp. 376-381.

(19)　ベーコン、前掲書211頁。

(20)　同書。

(6) 新たな判例集の発生

　1540 年から 1571 年までの間、如何なる新たな判例集も出版されなかった。法実務の分野ではフィッツハーバートの『大法要録』が、法学教育の分野では学生用法学文献の盛んな出版と、読書による学習の慣行の発達が、かつてのようなリポーティングの必要性を減退せしめていた。他方、令状や訴答に関しては、文書訴答の増大、令状方式集の普及が法曹予備院の口頭訓練を急速に凋落させてしまいつつあった。[1] このことが、エリザベス期末までには、法曹予備院を経ず法曹院へ入学する慣行を作り出し、さらには、法曹院に入学しながらも大学のカレッジに留まる学生を増加させていた。[2]

　しかし、法曹の術が実践的術である以上、その術の完全な修得のためには、ムートと称される法曹院の模擬裁判への参加や裁判所での傍聴は不可欠であったし、最近の訴訟をリポートしておくことも、たとえそれが commonplace book や『リトルトン』の余白に書き込まれる以前のメモにすぎなかったとしても必要であった。

　実際こうした性質のリポートが、かつてのリポートの、すなわちイヤー・ブックス型のリポートの発生源であったのだが、新たな法文献の大量の出版は、それらを新たに蒐集し、判例集として出版する必要性をなくしてしまっていた。それらは、ずっと昔にそうであったように純粋に私的なノートブックになってしまっていたのである。[3]

　新たなリポートの芽は別の所で育ちつつあった。しかも、リポートをしている法曹には十分に気付かれないままに。その芽は高位法廷弁護士や裁判官のリポートの中にあった。もちろん、彼らは学生時代からリポートをしていたのだが、Call to bar される以前と以降で、そしてより以上に、高位法廷弁護士となる以前と以降で、彼らのリポーティングのスタイルは大きく変化した。[4] この変化は、リポーティングすることの目的の変化に基づいていた。バリスタにとっては、如何に正しく訴答すべきかを学ぶことが重要であり、既

第5編 ルネサンス期コモン・ロー法学の展開 293

存の確立された法知識と技術を学ぶことが彼らのリポーティングの動機であり、関心の中心であったのに対し、高位法廷弁護士や裁判官のリポーティングへの関心の中心はむしろ、未解決な法律問題を如何に解明するかという問題にあった[5]。

この新たなリポーティングの方向を刺激し、必要なものとしたのが、先程も若干触れた宗教改革期以降の激しい法変動であった。土地法の分野で革命的役割を果したといわれるユース法、遺言法の制定をはじめとする、実質的に新しい諸立法の氾濫、新たな大権裁判所の設置、これらは、新たな制定法の解釈・適用に関する問題を、新たな裁判所での訴訟手続と管轄に関する諸問題を提起しつつあった。法曹院の講義も旧来の慣行を破って、これらの新立法をその素材として扱うようになっていた[6]。

さらに、社会が急速に変化しつつあった。土地の激しい流動化現象は権原証書のみによる新たな土地移転の慣行を成長させつつあった。また、ロンドンの商業的発展とコピーホールドの地位の向上は、侵害訴訟（トレスパス）や金銭債務訴訟への関心を増大させつつあった。これらの新たな法律上の諸問題は、フィッツハーバートのアブリッジメントに頼ることのみでは解決し得ない諸問題を含んでいたのであり、1568年のヘンリ8世以降の新たな判例要録を加えたブルックの法要録の発行は、既にフィッツハーバートの法要録の再編が不可避なものになっていたことを示していた。

高位法廷弁護士や裁判官は、この種の未解決な、もしくは新たな諸問題に取り組まねばならなかったのである。彼らのリポートの関心が、とりわけ新立法の解釈、金銭債務訴訟、動産返還請求訴訟、勘定訴訟、捺印契約訴訟等の古い訴訟方式ではあるが、当時商業的発展とともに重要化しつつあった訴訟や新裁判所、さらには、新たな訴訟形式の問題に集中していることが[7]、この事態を示していた。これらのリポートは、手稿のままで、リポータの属する法曹院や、家族、友人といった極めて限られた範囲で私的に回覧されていたのである[8]。カリル、スペルマン、ペンドロウズ、ダリスン、ハーパ、ダイア等のリポート集である。これらの手稿のリポートが出版される契機を作ったのがプラウドゥンのリポート集『判例註解 Commentaries』であった[9]*13。

注
(1) Simpson, 'Source and Function', pp. 109-110.
(2) Prest, *op.cit.*, p. 123, p. 134.
(3) Abbott, *op.cit.*, pp. 37-38, p. 168.
(4) *Ibid.*
(5) *Ibid.*, pp. 60-61.
(6) Thorne, *Reading and Moot*, p. xvii. Holdsworth, *H.E.L.*, vol. V Appendix II. pp. 497 -499.
(7) Thorne, 'Tudor Social Transformation', pp. 10-23. Abbott, *op.cit.*, p. 169, p. 174, pp. 227ff.
(8) Abbott, *op.cit.*, pp. 44-49.
(9) 各々のリポータの特徴については、*Ibid.*, pp. 37ff. 参照。ベイカーにしたがって Abridgement を Report の一形式（年代順の法廷報告に対する主題別の法廷報告）と 理解するなら、Brooke と共に Roger Yorke, Richard Pollard 等が加えられねばならな い。Baker, *op.cit.*, pp. 170ff.

(7) プラウドゥンによるリポートの革新

　1571 年に出版されたプラウドゥンのリポート集『判例註解』の成功、それ に刺激されて出版された『新ブルック *New Brook*』(1573)、『ダイア判例集』 (1585) は法曹の側の新たな事例への要求の強さを示しており、このことは、 他方で、フィッツハーバートの『大法要録』が 1577 年に再版を終え、また、 それまで盛んに Y.B. や Y.B. アブリッジメントを出版してきたトットルが 1586 年以降その出版を極端に縮小したことを併せてみるなら、この期を境 にイングランド法におけるイヤー・ブックスの支配＝中世法からの離脱が始 まりつつあったことを意味しているように思われる[1]。しかし、プラウドゥン の人気、イングランド法学史上に占める位置の重要性は、単に、こうした時 代の流れへの即応性のみに尽きるものではなかった。それどころか、むし ろ、最近の事例を求めるという法実務家層の要請に応えるものとしては、ダ イアのリポート集の方がより十全なものであった。第一に、プラウドゥンの リポート集は第 1 部 (1573)、第 2 部 (1579) を合わせても、僅か 63 の事例 を扱ったにすぎないのに対し、ダイアは、1513 年から 1581 年までの 1,120 に

わたる事例が収められて、すべての開廷期・年度にわたって網羅的に事例が集められていた。第二に、権威の面でもダイアが優位にあった。彼はエリザベスの即位以降23年間、死亡の年まで民訴裁判所首席裁判官を勤めた。

　このことがダイアの見解に法としての重みを増さしめ、事実、後の法曹によって確定した法と見做されもしたのであった。これに対して、プラウドゥンはその強いカソリック的信仰の故に――ダイアは穏健なプロテスタントであったのだが――高位法廷弁護士への昇進を阻まれてしまっていた。第三に、このことがダイアがその立場を十全に利用し、当時の法律上の重要問題の決定の場であった財務府会議室裁判所での審理、高位法廷弁護士会館（Serjeants' Inn）での検討、裁判官の部屋での私的な議論――我々は法律問題が常にウェストミンスタで審議されたと考えてはならない、当時はむしろ訴訟当事者とは無関係に非公式の場で困難な法律問題の解決が、裁判官、高位法廷弁護士団の共同の作業として行われるのであり、判決の形成に対して決定的な影響力を持ったのである――に参加し、それらから直接にリポートすることを可能にした。それは、一介の法廷弁護士に過ぎないプラウドゥンの知り得ないところであった。

　しかし、法学という側面からみれば、言い換えれば、リポートの方法という点では、ダイアは後期 Y.B. の方法と大差はなかった。その意味ではダイアはテューダ初期に一旦幕を閉じた判例集の刊行の流れの復活でしかなかった。そこで扱われた事例の内容の新しさと、それへの関心も当時の裁判実務の生の反映でしかなかったのである。ベイコンがダイアのリポート集を評して「一種のノートブックにすぎない」としたのもこのためであった。続けて彼が、リポータについて述べたテーゼ「偉大な裁判官達はリポータたるに相応しくない人々である。というのも彼らはあまりにも暇がなさすぎるか、もしくはあまりにも権威がありすぎるかのどちらかであるからである」は、プラウドゥンの置かれた立場の優位性をうまく言い当てていたのである。

　しかし、この立場の相異はそれ自体としてはチャンスに過ぎなかった。プラウドゥンのリポートを従来のリポートから区別することとなった最大の分岐点は、彼が従来のイヤー・ブックス型のリポート集に対する批判的視点を持ち、明確な課題意識の下にその革新を行ったことにあった。

中心的な課題は法に確実な基礎を与えるということであった。それは、一方では、自らリポートした事柄に確実性と信頼性を与えるという作業と、他方では、法廷での判決形成過程の分析の中から、その論理的プロセスを純化された形で取り出すという方法とから追求された。

　第一の方法は、本稿序文で述べた判例法的思考様式における、証拠としての権威付けという機能に関連していた。これは第二の作業の基礎としても重要であったが故に、両者は重なり合ったものだが便宜的に分けてみると以下のごとき方法であった。

　①「時についての確実な知識のために」常に各事例の冒頭に事件名、開廷期日、年度、訴訟方式、訴訟当事者等々の必要事項を置いた。[7] ②従来、訴訟記録として分離されていた争点決定に至る訴答の問題を、争点決定後の法律問題の議論の論理的分析の確実な出発点として判例集に加えた。[8] ③法律問題の議論に関しては「〔以前の〕他の判例集がほとんど弁護士席の高位法廷弁護士や法廷弁護士の諸事例の提起に関する裁判官の突然の発言（Sudden Saying）から成っている」のに対し、彼は、自らのリポートに含める事例を判決が存在し、且つ「法律効果不発生抗弁や特別評決に基づいて審理された法律問題で、裁判官がそれについての写しを持っており、それらが検討され、充分に議論され、大いなる熟慮の後に与えられた法律問題」のみに限定した。[9] ④最後に、リポートされた事柄のうち、困難で重要だと考えられた事例や論証は、「それらを議論した人々（その幾人かは裁判官であり、他は高位法廷弁護士であった）に示し、作成されたリポートの真正さについて彼らの意見を得、彼らが熟読し、承認した後に書物に書き込んだ」のである。[10]

　第二の方法の問題は、裁判過程の中からそこに流れる法的論理を発見、析出し、それを判決に至る論理一貫したプロセスとして描き出すことにあった。このためにも、前述の①〜④の限定は不可欠であった。この点でダイアとはまったく異なっていた。ダイアは自らの権威に頼ることができた。さらに、彼は法の発見を常に多数説・意見の合致に求め、リポートはそれのみに注目して構成された。[11] それ故にリポートも一事例で——四折版で——5、6ページを超えることはなかった。確かに、それは法に確実性をもたらす一つの方法ではあったが、しかし、それは同時に新たなカズイスティークを生み

出すだけのことでもあった。⁽¹²⁾

　プラウドゥンは第一の方法でも明らかなごとくその発見のプロセスにおいて確実性を与えんとしたのである。それ故に、事例も精選された。その精選された事例のリポートの方法を彼は自ら以下のごとく述べた。

　スロッカマートン対トレーシー、ニコルソン事件（1555）以降の後半部のリポートでは彼は「要約的リポートを作った。……その事件で、私は弁護士席や裁判官席で語られた非常に多くのことを省略した。なぜなら、私はいかなる無価値なものも含まないほど純粋な論証は僅かしかないと考えたからである。それ故純粋なもののみを表し、無価値なものを省略するのが最も良く、しかも、そのようなリポートの形式が最善であると考えた」のである。彼は、ダイアや他のリポータのごとく法廷での論証を逐語的に再生したり、一部分のみを他と切り離して記載したりすることはなかった。彼の求めたのは判決形成に向けられた論理的に一貫した――彼の言葉でいうなら「純粋で筋の通った（pure and pithy）」――論証のみが重要なのである。ところでこの Pure and Pithy という問題は彼の言うように、リポータの判断力・識別力に掛かっていた。⁽¹³⁾それ故にこそ、第一の方法がまた不可欠であったのだが、それとともに、彼は、「彼らの論証をよりよく理解し、そこに含まれている判断を正しく理解するために、……扱ったほとんど全ての事件に関して、彼らの論証が始まる前に、私は訴訟記録の写しを手に入れ、私自身が、そこから生じる法律上の争点問題を学び、それらの多くについて私は充分に準備万端に用意していたので、……最初の人が始める以前に議論されるべきことを熟知」するようにしていたのである。⁽¹⁴⁾同時に、判決に向けられた論理一貫した過程としてリポートを構成するために、自らの見解を注意深く他の人の見解と区別しながら付け加えた。それも、発言した「当事者の趣旨からも、意味からも決して異なることのないように」注意しながら。⁽¹⁵⁾

　このように、プラウドゥンによって純化され析出された諸々の論証は、彼によって、当該事例の判決の基礎となる判決理由・法原理の解明に向けて構成し直され、それは、判例集というよりむしろ一つの小論文、現代の判例研究のごときものとなったのである。⁽¹⁶⁾その意味で、彼が自らの著書に *Commentaries* という判例集と区別された名前を付けたのは正しかった。⁽¹⁷⁾そこでなされた判決理

由の探求の努力が、後の ratio decidendi と obiter dicti との分離の基礎を提供
し、また、訴訟記録との結合が後の先例拘束制原理の発展のための不可欠の前
提を形成したのである。[18]

　プラウドゥンのなした要約のための論理的純化の評価に関して言えば、先
に挙げたラミスト、アブラハム・フローンスのプラウドゥンに対する扱いが
その多くを語ってくれる。1588 年の『法律家の論理学』で、彼は、法の中に
論理を発見したと狂喜した。[19]しかし、その論理の多くはプラウドゥンの判例
集の中から見出された——ダイアの引用もあるがわずかにすぎない——ので
あり、その意味では彼は、プラウドゥンの中に論理を見出したのである。そ
してプラウドゥンによる裁判過程の論理的に純化された形態での分析があっ
て初めて、フローンスは、プラウドゥンのノーサンバランド伯事件を、プラ
ウドゥンが分析したそのままの方法に従って、容易に体系樹の形式に置き換
えることができたのである。[20]なぜなら、アリン（C. K. Allen）によって指摘
された、プラウドゥンのレポートにみられる帰納法的な判決形成プロセスを
逆転させることによって事は達成し得たからである。

　フローンスは、このプラウドゥンの『判例註解』に示される論理（学）性
を、自然の理性の働きに帰した。しかし、我々が見てきたように、それはプ
ラウドゥンの目的意識的な法原理追求の結果であった。残された問題はプラ
ウドゥンが前述のごとき方法的態度をどこから獲得したのか、また、それは
学問方法として如何に位置付けられるべきかという問題である。

　彼はケムブリッジからミドル・テンプルへと進んだが、この期の法曹とし
ては特別珍しくもなかった。ダイアも同様にオックスフォードのブロード
ゲート・ホールの出身であった。[21]しかし、彼がミドル・テンプルで、call to
bar されて以後、1548 年から 1552 年まで 4 年間、再び、オックスフォードで
内科医の資格を取るために学んだとされていることは注目していいだろう。[22]
それは、一つにはルネサンス期の医学生はアリストテレス哲学の基礎的な訓
練を必要としたこと。さらに、医学の分野で権威と見做された、ガレイノス
が同時に論理学者であり、彼が医学に適用した方法はアリストテレスの論理
学の正統な解釈として受け入れられ、ルネサンス期方法論争の一翼を担って
いたからである。[23]イングランドでは、初期人文主義者の一人でヘンリ 8 世の

第5編　ルネサンス期コモン・ロー法学の展開　299

主治医でもあったトマス・リナクル（c.1460-1524）によって彼の主著の一つ
『治療法（Methodus Medendi）』が 1519 年に英訳されていた。そこでは、ガ
レイノスが提起した三つの教授法のうち「分析に従って、発見された事柄を
綜合する方法」に従って論述が展開されていたといわれる。それは同時に、
彼のライバルの医学者テサルスの論理学的な合理主義に対する批判として経
験と推論という二つの基準から、発見された事柄を確証する方法として提示
されたのである。[24]

　このアリストテレス、ガレイノスのプラウドゥンへの影響に関して、とり
わけ、彼がその法律観——すなわち、法の前に人が存在し、必要を法の解釈
基準とする理解——においてアリストテレスに負っていることは確認されて
いる。[25]ガレイノスの教授法との関係は必ずしも確証しうるものではないが、
プラウドゥンの『判例註解』が、一つには法学生の教育を目的として編纂さ
れたということは、彼にガレイノスが教授法について述べたことを思い出さ
せたかも知れない。[26]

　教育方法として彼の『判例註解』を見るなら、それは、法原理を裸のまま
教えるのではなく、種々の相異なる論証を判決の形成に向けて組み立て、そ
の過程を読者に追体験させることによって、法的な思考様式を体得させるこ
とにあった。この彼の方法の教育的価値は多くの同時代の人々によって確認
された。クックとノースはそれをコモン・ローを学ぶ者が最初に読むべき書
物として挙げた。実際、プラウドゥンがこの期の法曹院のカリキュラムの中
に浸透していった速さは、当時の法学生の残した多くの手稿の中に確認しう
るのである。[27]

　このプラウドゥンの教育方法の学問的意味を最も良く理解していたのが、
ベイコンであった。彼は言う。「紡ぎつづけるべき糸として伝えられる知識
は、できるものなら、それが発見されたと同じ方法で伝えられるべきであ
り、こういうことは帰納された知識なら可能である。ところが、今日のよう
な予断と推量の知識においては、だれも自分が得た知識にどうして到達した
かを知らないのである」。しかし、それにもかかわらず、「多かれ、少なか
れ、人は自分の知識と信念の基礎にまでたちかえり、降りていって、それが
自分の精神の中で、成長したとおりに、他人の精神の中に移植することがで

きるものである。……利用しようと思うなら、根は問題ではないが、しかし
移植して成長させようと思うなら、さし木によりも根にたよる方が確実なの
である」(28)(傍点筆者)。この評価を、ダイアとプラウドゥンの両判例集の相異
を示すものとしても理解し得よう。ダイアは実務家向けのものであり、プラ
ウドゥンは法学教育書なのである。

　フィッツハーバートの『大法要録』の教育的意義もクックによって以下の
ごとく変化させられてしまった。「読者は〔法廷年報の中の〕事例を熱心に読
んだ後に、フィッツハーバート裁判官とロバート・ブルック氏の二冊の大法
要録で、その事例が何如に要録されているかを観察するなら、それは、その
事例を説明すると同時に読者を喜ばせることになるだろう」(29)(傍点筆者)。

　ここに示された法学教育の理念は明らかに30年代以降、その世紀の後半
にかけて一般化しつつあった体系的論述への方向とまったく異なった方向で
あった。それはベイコンによって代表されるようになる経験的・帰納主義的
な学問方向に向けられた精神にとって、また知識にとって、適合的な伝達方
法＝教育方法を生み出しつつあったのである。

注

(1)　　Beale, *op.cit.*, p. 206. 及び前出〔表Ⅲ〕、Abbott, *op.cit.*, p. 159, pp. 161-162.

(2)　　*Ibid.*, pp. 198-199, p. 269, pp. 162-163.

(3)　　*Ibid.*, pp. 158-167.

(4)　　*Ibid.*, pp. 199-200.

(5)　　*Ibid.*, p. 167, pp. 177-197, pp. 199-200.

(6)　　*Ibid.*, pp. 160-161, pp. 198-199. Spedding, *op.cit.*, vol. V, p. 86.

(7)　　E. Plowden, *Les Commentaries, ou les Reportes de Edmunde Plowden un apprentice, dyvers cases, esteantes matters en ley & de les Argumentes fur yeeux, en les temps des Raygne, Le Edwarde le fize, Le Raigne Mary, Le Roy & Raigne Phillip & Mary, & le Raigne Elizabeth*, (1571) Pref. fol. q (iv)

(8)　　*Ibid.*, fol. q iii-iv.

(9)　　*Ibid.*, fol. q iv.

(10)　*Ibid.*

(11)　Abbott, *op.cit.*, p. 157, pp. 168-169.

(12)　*Ibid.*, p. 162.

(13)　Plowden, *op.cit.*, fol. q iii.

(14) *Ibid.*, fol. q iv.

(15) *Ibid.*

(16) Abbott, *op.cit.*, pp. 213-215, pp. 219-220, pp. 222-223.

(17) Plowden, *op.cit.*, fol. q v.

(18) Lewis, 'History of Judicial Precedent', *L.Q.R.* No. CXC（1932）p. 232. Simpson, 'Source and Function', pp. 97-98. Allen, *Law in the Making*（1927）p. 138.

(19) Fraunce, *op.cit.*, 'Dedication to Earl Pembroke'. 本書、本章補論１参照。

(20) *Ibid.*, fol. 129f.

(21) Abbott, *op.cit.*, p. 199, p. 151.

(22) *Ibid.*

(23) Gilbert, *op.cit.*, pp. 98-107.

(24) *Ibid.*, pp. 19-20. 他の二つの教授法は、目的概念に従った分析、定義一分割による術全体の展開、であった。ラムスはこれを学問もしくは科学方法論として理解した。このことがルネサンス期の方法論争に混乱をもたらすことになったのである。cf. Jardine, *op.cit.*, pp. 39-41.

(25) この点で、プラウドゥンは、ダイアをはじめとして、法を超記憶的な慣習に基礎付けられた、不変且つ一貫したものと理解した当時の法曹達と異なっていた。かくのごとき法観と彼の方法は密接に結びついていたように思われる。なぜなら、法を不変の超越的存在として理解する限りにおいては、裁判過程で見出された法のみが重要なのであったが、法の適用と解釈に実質的考慮が働く限り、それが如何にして判決形成過程に入っていくかが問題とならざるを得ないからである。Abbott, *op.cit.*, p. 227, pp. 238-239.

(26) イングランドでは医学部は、法学部以上に弱い学部であった。それ故にこそ、リナクルが、オックスフォードに２講座を、ケンブリッジに１講座を寄贈したことは、当時のイングランドの医学に与えたリナクルの影響、及び彼の訳書『治療法』の影響を大きなものにしたように思われる。Curtis, *op.cit.*, pp. 151-152, p. 154.

(27) Abbott, *op.cit.*, pp. 217-218.

(28) ベーコン、前掲書241頁。

(29) Coke, *Reports*, 3rd Part, Pref. vii.

むすびにかえて

　テューダ期のイングランド法学の流れは、教育方法と学問方法のその時代における交錯の中で二つの流れを示していたことが理解される。それは論理的には、初期の人文主義者の弁証術的論理学にその発展の根を持っていたと

考えられる。第一の方向は、30年代、とりわけ法学教育という側面から既存のLoci Communesを組織化、体系化していく方向であり、他方は、プラウドゥンに始まり、クックの判例集に引き継がれていく道であり、その方法は、ベイコンによって確認されたように、第一の方向とは逆に、Loci Communesの形成過程の探求の方向へと進んだものであった。イングランド法学が歩んだ基本的な道筋は後者の方向に沿うものであった。しかし、第一の方向も教育方法としては排斥されたわけではない。ベイコンにとっても、法学の補助手段として、法全体・概観を与えるような、方法論的に論述された入門書が必要と考えられた。また、クックも、*Doctor and Student* や *Profitable book*、*Staunford* らを学ばれるべき有役な書物として推奨した。とりわけスタンフォードの2冊の書物は、訴答記録集、リトルトン、フィッツハーバートと並んで、「最も必要なものであり、且つ最も偉大な権威と卓越性をもつもの」として評価されたのである。しかし、この方法は法典化を経ない限り法学の方法とはなり得なかった。同時に当時の流動的な法状況の中では、体系的な形で法を固定することは困難であるだけでなく危険でもあった。もっとも、刑法の分野では、法を確定的なものに固定せんとする動きが、クックの側からも、ベイコンの側からも提案されていた。刑事法を扱ったスタンフォードへのクックの高い評価もそうした彼の主張とは無縁ではないかもしれない。

　しかし、コモン・ローの中心的部分は土地法に関する分野であり、その体系的論述は、リトルトンに頼られたままであったのである。体系的論述の発展は、論理学的体系的な方法によって前進するのではなく、既存の分類の中に、判例集の編纂を通じて発展し、見出された法を編入するという形式で改変されていくのである。

　コモン・ロー法学の方法はInventionの側にあった。しかし、そこにも問題がなかったわけではない。プラウドゥンの方法はクックのリポートによって引き継がれたが、同時に、実務目的にとっては、ダイアのリポートの網羅性が有用であったのであり、クックは彼のリポートの第4部以降はむしろダイアのリポートの形式に近付いた。このことが、判例集と、判例法的な思考方法のあり方を曖昧なものにしてしまったように思われる。ダイア型のリポー

ト集を基礎にする限り、少なくとも、表面的には、判例的思考様式は、個別から個別へとそのプロセスを明らかにされないまま現れざるを得ないからである。

それ故に、法学と法学教育、実務は各々峻別されるべきであった。スタンフォードの示した方向は法学教育のために保存され、前進させられるべき課題であった。プラウドゥンの『判例註解』の方法は、学問方法として、また、実務法曹の教育・養成のために、ダイアの実務に利用しうるという意味でのみ有用な判例集とは峻別されるべきであった。

法曹院の教育的機能が16世紀末に衰退したこと、このことが、この峻別を不可能にした。法曹教育とその養成が個々の実務家に任されたということが、イングランド法学のあり方をダイア型のリポートの方向へ大きな比重をかけさせたものにしたと考えられる。

〔次編（第6編）では、このコモン・ロー法学の古典期ともいうべきテューダ期に、コモン・ロー法曹達が、新たな立法の洪水と社会変化を前に、如何にして解釈学としてのコモン・ロー法学、言い換えるなら、不文法学的立法解釈学を築きあげていったのかを、その系譜を遡って検討してみることとする〕。

注

(1) メランヒトンが神学の体系化を宗教会議に委ね、自らは Loci Communes の形式で著述したとき、彼はこの権威の問題を十分意識していたであろう。また、ベイコンが自らの法格言集を法から明確に区別したのもそのゆえであった。Gilbert, *op.cit.*, p. 109. Spedding, *Life and Letters*, vol. VI, p. 70. P. H. Kocher, 'Francis Bacon on the Science of Jurisprudence', *Journal of the History of Ideas*, vol. 18, p. 5. Coke, *The Third Part of the Reports*, Preface p. vii

(2) クックは前述のコモン・ローを方法に帰そうとする企てと、法要録の利用法への非難の直ぐ後に、「しかし、上述の刑法をこのような方法や秩序に帰することは、（貴族院 High Court of Parliament 以外でなされるべきでなく、また前に触れた忠告にしたがって、はじめて可能となる）という前述の注意を守って行われるなら、全コモン・ウェルスにとって栄誉ある、また有用で礼讃すべき事業となるであろう」と述べているのである。Coke, *Reports* 4th Part Pref. p. xi. F. Bacon, 'of Judicature' in *Essays* (Everyman's University Library, 1972) p. 163. Bacon, 'Touching Amendment of

304

Laws', p. 65.

(3) Plucknett, 'The genesis', pp. 200-211.

*1　ルネサンス期のイタリアとの交流に関する最近の研究文献としては、Jonathan Woolfson, *Padua and the Tudors: English Students in Italy, 1485-1603* が豊富な資料を提供してくれている。Thomas Starkey, Thomas Lupset, Reginald Pole, Richard Morison, Thomas Sackville 等、多くの人々をイタリア留学生の中に発見できるであろう。また、中世末イタリア＝イングランド関係については、奥田宏子『チョーサー中世イタリアへの旅』神奈川大学評論ブックレット 23 （御茶の水書房、2003）が格好の道案内を提供してくれる。チョーサ『カンタベリ物語』のオックスフォードの学僧もパドヴァ大学で学んだとされている。

*2　エラスムス『〔古典〕名句集 Adages』（1500）のベスト・セラー化はこうした流れに対応するものであった。J. ホイジンガ著・宮崎信彦訳『エラスムス』（筑摩書房、1965）47-49 頁、斉藤美洲『エラスムス』（清水書院、1981）46-48 頁参照。
　　　Erasmus, Desiderius, 1466-1536 Adages/ Collected works of Erasmus v. 31-34, I x 25 （pp. 244-245) translated and annotated by R. A. B. Mynors (Toronto; Buffalo; London: University of Toronto Press, 1989).

*3　モアの『ユートピア』は、牧羊囲い込み批判が有名であるが、「ある国王と顧問官達」への批判、すなわち、「紙魚のくったような古色蒼然たる法律」を利用すれば、誰もそれを覚えておらず違反しているので、多くの科料が徴収でき、また、有害なものを法律で禁止し多額の罰金を科し、他方で特別措置で、示談金によって許して二重の利益が得られる等々の術策を進言し、最後に、国王には不可侵の大権があると主張する顧問官達への批判は、実際に、国王評議会で活躍するコモン・ロー法曹への批判なのである。トマス・モア著・平井正穂訳『ユートピア』（岩波文庫、1957）50-54 頁。Sir Thomas More, Utopia with introduction by Meizo Togawa and notes by Fumio Kuriyagawa, revised ed. (Kenkyusha, 1947) pp. 37-40

*4　コモン・ローそれ自体が「ノルマンの軛」と考えられていることに留意。C. ヒル著・紀藤信義訳『ノルマンの軛』（未来社、1960）31 頁。拙稿「クック『マグナ・カルタ註解』覚書」『法と政治』67 巻 1 号、48 頁、58 頁。

*5　「ローマ法継受の危機」論争及び「イングランド法とルネサンス」論争については、本編補論 1 参照。

*6　当時はそのように考えていたのだが、むしろ、セント・ジャーマン『博士と学徒』で列挙されたコモン・ロー上のマクシムのようなものを想定していたのかもしれない。【付録4】参照。

*7　丁度、初出論文の校正中に、井ヶ田教授の御好意により J. ベイカー編、*The Reports of Sir John Spelman*, vol. I, II, （Selden Society, 1978）を管見する機会を得

第 5 編　ルネサンス期コモン・ロー法学の展開　305

た。「同書第 2 巻のベイカーによる序文はこの期のイングランド法に関する包括的な研究論文であり、ルネサンス期イングランド法研究の新たな到達点を示すものと考えられる。本稿に関する限り、さしあたり以下の 2 点、(1)『国王陛下の学院』の設立案とクロムウェルによる教育改革との関連、(2) コモン・ウェルス論に関して重要な指摘があり、機会を得て補遺したい。筆者の不勉強を恥じ入る次第であるが次稿以降註の中で可能な限り同書の成果を生かしてゆくつもりである」と追記して、初出論文、後半部に補注を入れたが、本編では通常の注として組み込んだ。現在では、*The Reports of Sir John Spelman*, vol. II の第 2 版とでも云うべき Sir John Baker, *The Oxford History of the Laws of England, Volume VI: 1483-1558*（Oxford U.P., 2003）が上梓されており、その成果を取り入れるべきなのだが、筆者の研究の軌跡を示すものとして、初出論文のまま再録した。

*8　　隷農の息子で王座裁判所長官となった者まで現れている。Baker, IELH p. 471 n. 26 拙訳〔各論〕355 頁、注 26 参照。

*9　　法曹院と演劇等のルネサンス期の文化との関係に就いて、最近の研究としては、J. A. Archer, E. Goldring and S. Knight ed., *The Intellectual and Cultural World of the Early Modern Inns of Court*（Manchester U.P., 2011）参照。

*10　林大・山田卓夫編『法律類語難語辞典』（有斐閣、1984）の編者「はしがき」に「かつてイギリスでは法律を素人にわからないようにするためにラテン語やフランス語を使った」とまことしやかに書かれ、販売宣伝用に利用されたのは論外として、法律用語の口語化問題については、口語化に伴う専門用語の意味の流動化は避けられないものとなろう。

*11　本編、補論 2 参照。

*12　近年発見され、出版された王座裁判所判事 John Port（1472-1540）のノートブック J. H. Baker ed., The Notebook of Sir John Port, SS vol. 102（Selden Soc. 1986）Part 1, pp. 1-53, Part 3, pp. 78-134 にも、このような共通拠点化の方法による学習の痕跡が読み取れる。Part 2 は王座裁判所法廷報告（1529-34）である。彼の妻ジェーンはフィッツハーバートの従姉妹であり、フイッツハーバートも『大法要録』編纂の前に、同様なノートブックを用意していたのかも知れない。後のテューダ期制定法解釈論との関係では、pp.115-116 の法要録は、中世における制定法のエクイティの到達点を知る上で興味深い。ベイカー氏は、このポートのノートブックの発見に基づいて、1952 年のソーンによる 1490-1507 年のインナ・テンプル法曹院における制定法講義リストを再編纂している。cf. *Ibid*. pp. xxxv-xxxviii. 本編、補論 2 参照。

*13　本編、補論 2、第 6 編 IV-(3)、第 7 編 III-(3) 参照。

補論 **1**

「イングランド法とルネサンス」再考
メイトランド「リード講演」の理解のために

　所謂、3R の時代といわれるルネサンス期イングランド法学の問題を「ローマ法継受の危機」と絡めて論じたメイトランド「リード講演」は、とりわけ、ドイツ法における包括的継受を近代法形成の一般的コースとして理解する我が国においては誤解を生みやすい講演となっている。本論を発表する切っ掛けとなった小山論文は、メイトランド説を「ローマ法継受の危機」を誇張したと批判する最近の論文を再検討するとともに、その後のブラッチャによる首席裁判官フィーニックス J. Fyneux 時代（1495-1525）の王座裁判所改革の研究を基礎にイングランド法の近代化による危機克服の過程を理解しようとするものであるが、この理解では、「16 世紀の第二・四半世紀（1525-1550）にはイングランド法制史の連続性は重大な危機に陥っていた」とするメイトランド説とクロノロジカルな一致が見出し難くなる。すなわち、イングランド法の近代化は、メイトランドが「連続性の重大な危機の時代」の始まりとした 1525 年以前には、基本的に終わっていたことになるからである。

　実際、メイトランドは、イングランド法は、1525 年以前に法曹院によって国民法体系が Doctrinal Stage of Growth に達しており、野蛮な法状態にあったドイツとは異なり、「ローマ法継受の危機」はなかったと理解していたのである。それにもかかわらず、「16 世紀の第二・四半世紀にはイングランド法制史の連続性は重大な危機に陥っていた」と論じたのは、ヘンリ 8 世の暴君政治のゆえであり、したがって、「暴君政治が過去のものとなった時」に危機は終わったのである。この時期に、『ブラクトン』をはじめとするコモン・ロー法書の出版により中世法書の「小さなルネサンス」「ゴチック・リヴァ

イヴァル」を経験することになった。メイトランドは、ルネサンス期イングランド法の真の物語を、エリザベス期法文献の発展の中に見出そうとしていたのではないかというのが、私の見解であった。[*1]

　本補論（初出 1984 年）では、参考文献について、各々短い論文であるので、引用箇所を記さなかった。私のメイトランド学説理解の基礎とした、メイトランド「ギールケ『中世政治理論』序文」（『序文』）は、その後、メイトランド『団体法論序説』森泉章監訳（日本評論社、1995）として翻訳されており、「ローマ法の『継受』」「ローマ法とイングランド法」を論じた第 1 章をお読みいただければ幸いである。[*2] また、ジェンキンズがメイトランド理解の基礎とした『イングランド法史綱要』（『綱要』）も F. W. メイトランド『イングランド法史概説』森泉章監訳（学陽書房、1992）として翻訳されている。全体をお読みいただければ幸いなのであるが、読者の便宜のため必要と思われる部分については〔　〕で引用箇所を補った。

　小山論文（1983.9 成稿、1984 年刊）発表の同年にベイカー「イングランド法とルネサンス」（フォード特別講義）の講演が行われ、翌年（1985）*Cambridge Law Journal* で公刊された。ベイカーも大陸における「ローマ法継受」をヴィーアッカー的な法生活の学問化と理解し、リトルトン段階でイングランド法は doctrine, communis opinio, common erudition を基礎とする学問化の段階に達していたとする。ルネサンス期の変化は、大陸において、中世末にイングランドに類似した判例集を基礎に Jurisprudence ＝ 判例法学が発展したのと同じように、ルネサンス期イングランドでも裁判所の判決の権威への注目が生じたことにあるというのである。ベイカーは、この画期をプラウドゥン『判例註解』の出版に見るのである。イングランドは、ローマ法の影響を受けはしなかったが、大陸法学と同様に学識裁判官の裁判官席への進出によって判例法学的潮流に乗っていたというわけである。

はじめに

　小山氏が、メイトランド他『イングランド法とルネサンス』を訳されて、

補論1 「イングランド法とルネサンス」再考　309

既に6年を経た。というより、むしろ、小山氏がメイトランド説の再吟味を主張されてから6年を経たといった方が正確かもしれない。

しかし、現状はどうか。小山氏は「期待に反して……メイトランド説再考の提言は、わが学界ではほとんど注目されていない」、もしくは「筆者の右の提言もほとんど無視されていると言って過言ではない」と断ぜられる。「好意的書評ではあるが、必ずしもメイトランド説を充分に理解しておらず、したがって又筆者の真意も充分には汲んで」いない私の書評が「唯一の本格的書評」であったとするならその責は重いといわねばなるまい。しかし、敢えて弁明するなら、私が氏の真意を伝えそこなったのは、「好意的書評ではあるが」ではなく、「好意的書評」のゆえにであり、また、私がメイトランド説を充分に理解していなかった故に、というより、むしろ私のメイトランド説の理解が氏のそれと異なったものであるにもかかわらず、私自身の理解に引き付けて、氏の「動機」を位置付けたためであったと考える。もっとも、この方が却って責任を重くするものであるかもしれないが、書評が、『イングランド法とルネサンス』の翻訳の位置付けに関するものであり、氏がそれを読者の「印象」に委ねられた限りにおいて一つの評価の仕方でもあったと考えている。

しかし、今回、「『イングランド法とルネサンス』考」の表題の下に、かつて「あとがき」の形で述べられた、「動機」なり「意見」を、「論文の形で」「学問的に裏打ち」されんとして提出されたのであるから、以前のような評価の仕方が望ましくないことはいうまでもない。私自身の理解を小山氏の理解に対置せしめることこそが、氏の真意を伝えそこなった私の責任となってきている。

上記のみが、本稿を書くにあたっての私の課題意識ではない。後に述べるように、私が書評を行った6年前以上に、メイトランド説を正しく理解することの重要性が増してきており、私が書評の中で、簡略化した形で述べたリード講演への評価、さらには論争への評価をより十全な形で展開することが求められているからである。ここに論ずる機会を与えて下さった小山氏に感謝したい。

もう少し具体的に論じてみよう。先ず、私のリード講演への評価は以下の

ごときものであった。

　メイトランドが「何故にイングランドに於いてのみローマ法が継受され
なかったのか」という比較法的関心からルネサンス期の問題に取り組んだ
ことは極めて重要であるように思われる。なぜなら、この問題設定のされ
方自体が論証される以前に「ローマ法継受の危機」を予想するものであり、
とりわけ継受が実際に生じなかった以上、問題は「可能性」という歴史家
が主体的に歴史の中から読み取らねばならない性質のものであるからであ
る。彼はこの期のコモン・ローの危機の諸徴候と人文主義者の攻撃の中に
「継受の危機」を見出した。危機から救ったのは法曹院の中世来の教育制度
の存在であり、そこから引き出された教訓的命題 "taught law is tough
law" は法学教育の再興によるコモン・ロー法系の学問的統一という講演の
実践的課題に供された。メイトランドが、彼の詳細な註、慎重な留保によ
る、継受―ルネサンス―宗教改革の運動の相互連関の複雑性の指摘にもか
かわらず、その「誇張」が非難されるべきなら、その原因はこの実践的課
題意識と、そのためになされた枠組の単純化にあるように思われる。

　確かに、現在の時点に立ってみると、不十分で、且つ言葉足らずの点があ
ることは否定しない。しかし、論争はメイトランドが講演のためになした
「単純化」が与えた誤解によって惹き起こされたのだとする、私のリード講
演、および、論争への基本的理解は変化していない。
　このような、私自身の「継受の危機」乃至「可能性」をめぐる論争への消
極的位置付けが、ソーンの終結宣言、「論争の中心課題をルネサンス期にお
ける近代コモン・ロー体系の形成への動き、その独自の乗り切り方へと転換
せんとする意図」に賛意を表さしめ、同時に、「近代世界の2大法系の一つた
る英米法系がその独自性をいかに持つにいたったか」というカッコにくくら
れた問題視角のレヴェル内で小山氏をソーン説に組みせしめたのである。言
い換えれば、論争枠組乃至中心課題の転換を行った上で「ローマ法の継受の
可能性」の問題を位置付け直し、再検討すべきだというのが私の意見であ
り、また、小山氏への要望でもあった。しかし、小山氏にとっては、あくま

でも、「継受の危機」、より正確にいえば「継受への小道が準備されていたこと」がコモン・ローの近代化を解明するうえでの中心的問題であり、メイトランドのリード講演の主張も、このコモン・ローの近代化にとって、「継受の危機」の存在が不可欠であったことへの指摘にあるのだと理解される。そうでなければ、職業的利害にしばられ、自浄作用のない特権的法曹団体が、コモン・ローの近代化に向けて重い腰を上げるはずもなかったのである。

　私は小山氏がここまで進まれるとは予想していなかった。むしろ、論争枠組の転換はより容易になされると考えていたのである。

　実際、従来の論争枠組の中で、メイトランド説擁護の論陣を張っていたベイカーも、1978年、私が書評を行った年に、論争枠組の転換に向けて大きな一歩を踏み出していた。その結果、彼の『イングランド法制史概説』第2版は大幅に書き改められることとなる。ベイカーのこの転換はその方向性において私の意図に沿うものであった。しかしながら、残念なことに、ソーンにせよベイカーにせよ、メイトランド説を必ずしも正確には位置付けないままに論争枠組の転換を行ってしまったために、改めて「メイトランド説擁護」の名の下にジェンキンズにより批判されることにもなったのである。私がもう一つの課題意識として述べたのはこの点である。「イングランド法とルネサンス」の標題の下で語られるべき課題を、従来の論争枠組で中心課題とされてきた「継受の危機」をめぐる諸問題から転換せしめるためにも、従来の論争を整理し直し、論争の発端となったリード講演を正しく位置付けておくことが緊要な課題なのである。

　※　なお註が繁雑となるのを避けるため、関連文献、及び該当部分に関しては一括して末尾に付した。

I　「継受の危機」論争

(1)　論争の焦点

「継受の危機」をめぐる論争でさしあたり焦点となったのは、リード講演

（1901）におけるメイトランドのルネサンス期イングランド法に関する以下の評価であった。

the Renaissance の時代は the Reformation の時代であると共に the Reception の時代でもあった。三者の連関は複雑で、一義的に the Reception を促進する運動であったとはいえない。しかし、「細部が複雑だからといってそのために、大まかにいえば、国家におけると同様教会においても首長たらんとしていた国王にとっては、ビザンティン帝国の〔ローマ〕法典の中に快い読物が存した、という真理はあいまいにされてはならない」として、主たる問題はこの期のイングランドの "a Reception" をめぐる問題へと絞り込まれてゆく。

以下、解釈が問題となっているので、できるだけ要約を避け原文で列挙してみよう。

最初に答えがくる。

a) A Reception there was not to be, nor dare I say that a Reception was what our Regius Professor or his royal patron desired.

しかし、

b) Nevertheless I think that a well-equipped lecturer might persuade a leisurely audience to perceive that in the second quarter of the sixteenth century the continuity of English legal history was seriously threatened.

c) Turning to a more serious aspect of affairs, it would not I think be difficult to show that the pathway for a Reception was prepared. Howbeit, We may think of the subjected church and the humbled baronage, of the parliament which exists to register the royal edicts, of the English *Lex Regia* which gives the force of statutes to the king's proclamations, of the undeniable faults of the common law, of its dilatory methods, of bribed and perjured juries, of the new courts which grow out of the King's Council and adopt a summary procedure devised by legists and decretists. Might not the Council and the Star Chamber and the Court of Requests —courts not tied and bound by ancient formalism, — do the romanizing work that was done in Germany by the Imperial Chamber Court, the *Reichskammer-gericht*?

d) In short, I am persuaded that in the middle years of the sixteenth century and of the Tudor age the life of our ancient law was by no means lusty.

e) And now we may ask what opposing force, what conservative principle was there in England? Let us notice one difference which, if I am not mistaken, marked off England from the rest of the world. Medieval England had schools of national law.

a) の断言が e) と直接に結びつけられていたら〔a)＝e)〕、論争は生じなかったかもしれない。イングランドでは、如何なる継受もありえなかったし、欽定講座教授、3R の代表者トマス・スミスの望んだものでも、ヘンリ8世の望んだものでもなかった。何故か。中世イングランドは国民的法の学校をもっていたからだ。

実際 a)＝e) の論理は「メイトランド説」を擁護する際の重要な論拠となった。しかし、その場合リード講演は極めて凡庸な、メイトランドらしさのないものになっていたであろう。

「にもかかわらず」以下の論理はやはり無視しえない、批判が集中したのも b)～d) の評価に対してであったし、また、論争の過程で「メイトランド説」とされたものは b)～d) の評価であり、この評価を導き出すための論拠が問題とされたのである。

さらに、より大きな問いと答えがあった。

x)「古来の多様な信条が崩れ、あらゆる知識が変容しつつあった時代に、前時代に反逆し、しかもその反逆を自覚している時代に一連の法理、しかも我々すべての者に関係している法理が依然として損なわれずにクックがかくのごとき驚くべき文章（リトルトンへの評価＝「人類の科学の中でいままでに書かれた最も完全で絶対的な著作」）を公表することができ、しかも全世界

に対しそれに反駁できるものならしてみよと挑戦しえたのはいかにしてであり、何故であるか」。

y)「その世紀〔16世紀〕も半ばを過ぎるとイングランド法が立ち直ったという徴候が多く見えてくる。中世の書物が印刷所から流れ出し、新たな書物が書かれた。裁判所の判決はより勤勉にリポートされ、法曹達は彼らの法体系の独立性とその極めて古い由来を誇りつつあった。我々は我々自身の小さなルネサンスを——もしくは、お望みならば、ゴシック・リヴァイヴァルを——経つつあったのだ」。「かのすばらしきクックが解き放たれていた。彼の手にかかっては、中世的伝統は、安泰というところではなかった」。

これらの問いと答えとは「イングランド法とルネサンス」という題目に相応しいものであったが、さしあたりほとんど無視されたままであった。

b)～d)の評価とその論拠が論争の中心となった。各々の論者のリード講演の理解の仕方が、それへの評価に決定的な役割を果したのである。

(2) 1950年代以前——ホウルズワース、プラクネット

ホウルズワースはメイトランドのリード講演の最初の批判者であると同時に、論争枠組の設定者でもあった。彼は、メイトランドの示したb)～d)の評価を、その論拠から突き崩していく。その詳細な反論は「メイトランド説」を「誇張」とするにせよ、より激しく批判するにせよ、後の批判者達に決定的といってよいほどの影響を与えた。

彼はc)の設問に対し、新たに設立された裁判所や評議会によって形成された法が多かれ少なかれ大陸における継受によって影響を受けたことを直ちに認めたうえで以下のごとく設問する。

Was there any fear that either the existence or the supremacy of the common law would be there by imperiled?

ここではb)のテーゼ、イングランド法史の連続性への脅威の問題が、①コモン・ローの存在の危機の問題と、②至上性の危機の問題とに分かたれて

問われる。さらに、c）のテーゼを、

Was there any fear that by their means England would experience a Reception?

と書き直した上で、メイトランドの答えを以下のごとく解釈した。

Maitland, in his famous Rede lecture, has clearly indicated the gravity of this danger.

　すなわち、メイトランドは、コモン・ローの存立の危険、至上性の危険、さらに a Reception を経験する危険、これらすべての危険が重大なものであったと、明白に示したと彼は考えた。
　b）のテーゼを二つに分けたのは彼の結論「私は16世紀の前半にはコモン・ローの存在が危機に瀕していなかったと考えたいのであるが、その至上性は極めて深刻な危機に見舞われていたという意見をもっている」をメイトランドの主張に対応させて導き出すためであった。
　第二の問いの答えも二つに分けられた。「私は、イングランドは a Reception of Roman Law と呼びうるものを何ら経験しなかったが、なお、類似の影響を受けたというのが真相であったと考える」。
　分けられた答えのうち、各々前者が、b）〜d）の主張と等置された「メイトランド説」の否定へと向けられ、また後者でそれを再び救うことによって「誇張」という「メイトランド説」への評価を確立せしめた。
　しかし、a）＝e）の論理からリード講演に近づいた者にとっては、「メイトランド説」は充分に安全なものであった。
　プラクネットが、1931年の時点で、リード講演における「法廷年報の停止」の問題に関し、詳細な批判を展開しながらも、講演について「その主題は法曹、とりわけヘンリ8世治下のローマ法博士達との闘争であった。メイトランドが生々しく描き出した危機の重大性と、過去30年間の諸発見には、こうした状況への彼の評価を論駁するものはなにもなかった。逆に、彼の言葉に重みを加えてきた」と述べることができたのである。
　彼の論題「イングランド法史におけるコモン・ロー法曹の位置」からして、

ある意味では当然の評価であった。

(3) 1950 年代以降
——エルトン、ベル、ダナム Jr、ブラッチャ、アイヴズ、ベイカー（Ⅰ）

メイトランドが、「コモン・ロー法史への脅威」「a Reception への小道」の存在を示すものとして掲げた、種々の論拠について論ずることが、この論争再検討の直接の課題ではない。しかし、a)～d）の評価の主要な論拠が、新興裁判所と新興評議会にあることは確認しておく必要があるだろう。法廷年報の停止はそれ自体不吉なものであると同時に旧裁判所の衰退を示すものとして、また、コモン・ロー法曹の不満は、これら新興の諸機関によって仕事が奪われつつあることを示唆する材料として位置付けられており、コモン・ロー裁判所の手続上の欠陥も、新興諸機関の採用した略式手続と対照的に論ぜられたものであった。従順な議会はこのジャンルに入りにくいとはいえ、中心的な論拠がこれらの新興諸機関に集中していることは明らかであろう。それ故、新興諸機関が中心的な研究対象として取り上げられたとき、論争、もしくは批判はより激しくなる可能性をはらんでいた。

しかし、そうした背景があるにせよ、批判を激化せしめた最大の——真のではないとしても——理由は、ホウルズワース的なリード講演の解釈がさらに尖鋭化されたことにあると考えられる。私の知る限りエルトンにその責が帰せられる。

エルトンは「メイトランド説」を以下のごとく要約した。

Maitland's suggestion that in the 1530s the common law was nearly displaced by the civil law, and liberty therefore by despotism, was long ago severely modified by Holdsworth : the supremacy of the Common law itself was never threatened by the conciliar courts, though these looked likely to become permanent rivals to the common law courts. The court of common weal was not a government project, and if it had been it would not have threatened the common (and statute) law whose enforcement it was meant to secure; no basis for a 'Renaissance despotism' there.

　彼の中心的論点は 'Renaissance despotism' の存在の否定にある。しかし、彼はここでホウルズワースに依拠しながら、ホウルズワースの問いの前段部分のみを、メイトランドの明白な主張として前面に押し出し、さらにはホウルズワースの後段部分の答えまで否定しきったのである。a) の主張、「いかなる継受もありえなかったし、また我々の欽定講座教授や彼のパトロンたる国王〔ヘンリ八世〕の望んだものであったとも私にはいえない」は完全に忘却されてしまったように思われる。

　彼のこのような「メイトランド説」解釈は、この時点、1952 年の時期におけるリード講演の、さらには彼が依拠したホウルズワース説の読みの粗さに起因すると考えられるが、それにもかかわらず後に「メイトランド説」の擁護者ベイカーによって同様な理解が示されているように、1950 年代以降のリード講演理解に大きな影響を与えたのである。

　もう一人の批判者ベルはメイトランドの業績全体への批判的検討と評価を主要な課題として論じた。それ故に、より正確に「メイトランド説」を要約した。

　　in Henry VIII's reign the common law was seriously endangered and a Reception of Roman law at that time well within the bounds of possibility

　そして、この期に詳しい法史家で今日このテーゼを受け入れる人がいるかどうか疑わしいと断じた。この時点で、既にブラッチャにより王座裁判所の「逃亡者逮捕令状」に関する研究が発表されていた。この論文は後に、より明確な形で、ホウルズワースによるメイトランド批判の重要な一角を崩すこととなった『王座裁判所 1450-1550』の前触れを示すものであったが、ベルによって「〔王座裁判所での〕このような種類の擬制の創造は、そのこと自体、いきいきとした活溌な裁判所であったことを示唆するものに含まれるのではないか」と簡単に片付けられてしまった。「大権裁判所がコモン・ロー裁判所を脅かしたというメイトランドの論拠が疑いもなく最も有効であったのは、

まさにウイッグ史観が未だ優勢な時代であった」。d) の問いに対してベルは答える。「それら〔新興裁判所〕は〔ローマ法化の仕事を〕なしえたかもしれない、しかし実際にはなさなかった」と、これらの新興裁判所がコモン・ロー法曹の強力な影響の下にあったことはますます明らかになってきているのだから。

このベルのメイトランド評価の影響かもしれないが、1968 年にはエルトンはかなり正確に「メイトランド説」を要約し直した。

しかし、ここで問題とされたのはスターキィ編の「対話」の評価であり、彼は、ローマ市民法によってコモン・ローを replacement することを唱導したのではなかったというのが批判の眼目であった。批判は単に b) 〜 d) の評価だけでなく、その枠を超えて当時の人文主義一般の把握の仕方にまで及びつつあった。そしてこのような批判の重心の転換は 1966 年のソーン論文で既になされていたのである。ここではメイトランドが、その前半部分で述べた三つの R の関係の複雑性についての指摘が看過されてしまった。

ここで擁護論の展開についても論ずる必要があるだろう。ダナム Jr. とベイカーである。

ダナム Jr. は、1964 年の論文「王権と法の支配、テューダ期のパラドクス」の題名にも示されるように、この期とりわけウルジ没後の制定法による統治と制定法による王権の強化が併行的に進行する事態を一つのパラドクスと捉え、このパラドクスはその最終的解決が最終的にはステュアート期の王と議会の対立の中で解決されるべきものであったという考えを示していた。コモン・ローの至上性の危機に関するホウルズワースの見解に類似した歴史観に立っているといえる。彼がベルの『メイトランド』への書評の形で展開したリード講演への理解も基本的には、こうした問題関心と時代把握の線に沿ったものであった。

先ず、彼は忘れられた a) ＝ e) の論理をリード講演の基調として把握する。

Maitland did not actually say in the Rede Lecture that "the common law was seriously endangered" or that a Reception was possible. What he did was to paint a Romanic backdrop against which to play up the heroics of the Inns of Court; and his artistry, later reinforced with 62 pages of thorough annotation, still seems both seductive and convincing.

しかし、b）〜d）の論理も無視しえない、彼は、メイトランドの念頭にあったのは Political law すなわち England's public law の問題であったとして以下のごとく論じる。

Political law, England's public law, was what a Reception of Roman Law, or of Justinian principles,would have threatened most and what Maitland, it is submitted, had in mind in the Rede Lecture.

要するに問題は Regal power と Rule of law の問題であり、「1547年にヘンリ9世がヘンリ8世を継いでいたら……法曹院も、議会人達も、君主の専断的意志に対処するには既に時機を失ってしまっていたかもしれない」というのがその危機の性格であった。危機の根源を専制君主たるヘンリ8世に帰する形で「メイトランド説」を理解したのは根拠がないわけではなかった。しかし、同時に、このような見解が遅からず、エルトンの批判を招くことは確実であった。その後生じた論争についてここで詳論する場でもなければ余裕もない。前述したごとく新興裁判所と新興評議会の問題に帰しえない、リード講演のもう一つの論点があったことを確認しておけば十分であろう。

ブラッチャの1962年の論文が、ホウルズワースのメイトランド批判の重要な一角を崩すものであったことは前述した。しかしながら、それは直ちに「メイトランド説」の再評価に繋がなかった。もはや「メイトランド説」を批判するのにホウルズワースに依拠する必要はなくなっていたからである。既にホウルズワースは、メイトランドが「なんらかの法についての深い学識を有していたと考える理由はない」と考えた大法官達、オードリーやリッチが法曹院の出身者であるだけでなく制定法講師でさえあったことを指摘していた。かのクロムウェルも法曹院出身者であった。新興裁判所や新評議会はこれら法曹院の出身者に多くの役職と仕事をもたらしたことが、その後の研究でますます明らかとなっていったのである。ベルが前述のごとく、ブラッ

チャ説を簡単に済ますことができたのはそのゆえであった。

さらに重要なのは、エルトン的なリード講演解釈がこの期に一般化していたことである。「コモン・ローが〔ローマ〕市民法によってほとんど取って替えられようとしていた」という「メイトランド説」理解を前提として「メイトランド説」を擁護することは困難——もっとも、それが不可能ではなかったことは後にベイカーが示すことになるのだが——であった。

それ故、ブラッチャとは別の視角から王座裁判所の衰退と大法官裁判所の盛衰を明らかにしたアイヴズも、「メイトランド説」をそのままの形で支持することはできなかった。

彼は、メイトランドが病気の証拠として理解したものと、その感染源と判断したものとを区別することを求める。

ローマ法が感染源ではなかった。

There can be little credence for the idea that a danger existed of the reception of substantive Roman law. Not only has no case of a clear transmission of Roman doctrine been proven, but many features of conciliar and chancery jurisdiction which might raise suspicion have been shown to be of indigenous English origin; these courts administered common law as and when applicable. Nor did the monarch stand to gain in England from Roman law doctrine, as abroad.

「其の問題は既存の法の不適切さにあったが、改革は再び手近にあったものに、この期においては、ローマ法に訓練された法曹にではなく、コモン・ロー上の訴願手続、国王への勤務へ星雲の如く参集していた〔コモン・ローの訓練を受けた〕法曹院出身行政官に、さらには、法 Justice に対する君主の人格上の責任についての当時においてなお活々としていた態度に向けられた」のである。

「危機」は旧裁判所の危機ではあったが、ローマ法継受の危機ではなかった。

It is a far journey from Maitland's vivid spectacle of a common law embattled against its foreign foe, but while it is right to reject this, it does not seem justified in the present state of knowledge to assume that the prerogative courts, and especially the Chancery, were not, in the years before and during the Henrician reformation, a challenge to the existing common-law courts. We no longer have any 'reception', but we still seem to have a crisis

しかし、同時にブラッチャ論文を基礎に、しかも、エルトン的なリード講演理解の上に立った「メイトランド説」をより原形に近い形を残したままで再評価する見解も提出された。ベイカーの『イングランド法制史概説』第1版（1972）である。

彼は第4章「コモン・ロー上位裁判所」に「イングランド法のルネサンス」の項を設け、以下のごとくリード講演を理解し、且つ再評価する。

In his renowned Rede Lecture *English Law and the Renaissance* Maitland suggested that by this period the law was facing a threat of replacement by the Civil Law.

It has also been suggested that Henry VIII, or his advisers, wished to overthrow the common law to further his own despotic ends.

The criticisms of Maitland are only criticisms of his emphasis, and they have diverted attention from the fact that at the beginning of the sixteenth century the common law institutions were in trouble.

果して「コモン・ローがローマ法に取って替えられる脅威」や「ヘンリ8世やその助言者達が自らの専制目的を促進するためにコモン・ローを廃せんとした意欲」についてメイトランドは語ったのであろうか。a) の主張をもう一度思い出してみよう。「如何なる継受もありえなかったし、またa Reception が我々の欽定講座教授や、彼の後援者たる国王の望んだものであったとも私にはいえない」。むしろ逆であったと私には思われる。

もっともベイカーもそのまま「メイトランド説」を認めたわけではない。

彼の擁護論は従来のメイトランド批判を批判する形で展開される。

　従来のメイトランド批判は彼の力点の置き方への批判にすぎず、却って、メイトランドが指摘した、16世紀の初めコモン・ロー的諸制度が困難な事態に陥っていたという事実から、注意を逸らすことになってしまった。そして「メイトランド説」評価を曖昧にしたままアイヴズの主張に近づく。しかし、彼もアイヴズ同様コモン・ロー法曹一般の危機とも考えなかった。危機は旧裁判所の裁判官、高位法廷弁護士、裁判所役人という、法曹院外のほんの一握りの法曹への脅威であったことを正確に認識していた。とはいえ、ベイカーにとってはこの一握りの法曹の職業利害への脅威が重要であった。大法官裁判所を主たる脅威として生じた上位裁判所間の妬みこそが、16世紀のコモン・ローを改正する方法についての裁判所間の長期にわたる争いを惹き起こしたからである。この、王座裁判所の主導の下に展開された裁判管轄権争いを通してのコモン・ローの改良の引き金として、もしくは外圧として、メイトランドの「継受の危機」説は再評価されることになったのである。

　法曹の上層部が旧裁判所の管轄権を守ろうとしたとする点、さらには、コモン・ローの欠陥の矯正が行われたことへの強調においてアイヴズと一致する。アイヴズの主張の第三の点、新裁判所へのコモン・ロー法曹の進出の問題はここでは省かれたが、「上位裁判所」を扱った章においてはやむをえぬことであったかもしれない。その意味では、骨格のみを取り出してみるとアイヴズと近い考え方になるが、肉付けの仕方が相当異なる。両者は他の論文においても、同じような論題を異なった発想で扱う傾向を示している。法科風と文科風とでもいうべきであろうか、ベイカーは中央裁判所の訴訟の平面で法や法曹を把握せんと試みており、そこを出発点にアトーニや法廷吏のような従来充分には視野に入れられてこなかった側面へ研究を深化させていくのに対し、アイヴズは、むしろ、中央裁判所の訴訟にとらわれず、社会生活の平面で法及び法曹の存在構造とその位置付けを目指している。両者のその力点の置き方の相異が、彼らの描き出す、宗教改革前のイングランドの法曹像や法史像の違いとなって表れている。しかしこの問題もここで論じる場ではない。

　いずれにせよ、ブラッチャ論文を皮切りに、旧裁判所の危機とその克服乃

至改革という方向の下で「メイトランド説」の再評価がなされてきた。しかし、エルトン的な「メイトランド説」理解は克服されないままに終わった。この点でも先鞭をつけたのは後述するごとくブラッチャであった。

　しかし、同時に次の点に注意する必要があると思われる。裁判管轄権争いという形で、コモン・ローの改良を説き、「メイトランド説」を再評価しようと試みた人々は常に主要な脅威として大法官裁判所を挙げた。というより新興裁判所や新評議会の脅威は巧みに大法官裁判所からの脅威と読み換えられてしまった。しかし、メイトランドは、d）の主張にみられるように、すなわち「評議会や星室裁判所、請願裁判所——旧い方式主義に束縛されていない諸裁判所——はドイツにおいて帝室裁判所、*Reichskammergericht* がなしたようにローマ法化の仕事をなしえなかったであろうか」と、大法官裁判所を省いた形で設問しているのである。これは単なる不注意ではない。もし大法官裁判所からの脅威がコモン・ローを改革せしめたという論理から「メイトランド説」を擁護乃至再評価する際にはこの欠落について何らかの説明があってしかるべきではないだろうか。

　しかも、そのために敢えて「継受の危機」問題を持ち出す必要があったのであろうか。

　彼らの答えを、メイトランドの「イングランドには国民的法の学校があったのだ」とする a）＝e）の議論の答えと、また、「我々は我々自身の小さなルネサンスを、——もしくはお望みならゴシック・リヴァイヴァルを——経つつあったのだ」という答えと結びつける必要があったのだが、その努力はなされなかった。ベイカーの「イングランド法のルネサンス」はメイトランドのいう「小さなルネサンス」と同じ意味で理解されうるものであったのだろうか。

（4）二つの「論争」終結宣言——ソーン、ベイカー（Ⅱ）

　前節で述べたごとく、リード講演の再評価は「ローマ法継受の危機」問題から「イングランド法のルネサンス」問題への関心の移行とともになされてきた。「継受の危機」論争はそれ自体の危機の時代を通過しつつあったのである。

しかし、メイトランド自身の主張は傍に置かれたままであった。とするならば、敢えて、メイトランドに依拠する必要などなかったのだ。エルトン的なリード講演理解を残したままで、メイトランドを再評価することは却って議論を混乱させるだけであった。

　前節の論争過程と前後するが、1966年のソーン論文はまさにこのような状況下に発表されたものであった。

　彼は講演の冒頭にメイトランドのb）〜d）の主張を以下のような形で要約する。

　Its thesis, as you will remember was a simple one: that in the second quarter of the 16th century the continuity of English law was seriously endangered by a threatened reception of Roman law.

　そして、直ちに完全に誤りであったと否定する。しかし、ソーン論文の意義はb）〜d）の主張の否定にあるのではない。そうではなくて、私がかつて書評で述べたごとく彼がルネサンス期イングランド法学について論争されるべき枠組の転換を求めたことにその重要性があるのである。彼はリード講演に真正面から取り組むことによって、ホウルズワース的な論争設定の枠組を超え、リード講演全体を問題にしえたのである。

　彼自身既に1952年の「テューダ期の社会変容と法の変化」と題する講演で、1540年〜1640年のイングランド法の近代化への胎動について概括的な展望を示していた。しかし、「我々が16世紀のイングランド法の歴史を理解しようとするならば、歴史的雰囲気についてのかの驚くほど説得力のある研究が、先ず最初に再吟味され、再評価されねばならないのである」。リード講演がそのような位置に置かれているのが学界状況であったし、また、リード講演全体が問題とされねばならない理由もここにあった。

　それ故、彼の批判は、b）〜d）の主張よりむしろ、その前段部分、メイトランドがb）〜d）の議論をその上に設定した舞台装置そのものに集中される。当時の人文主義への評価である。彼は、当時の歴史的雰囲気はメイトランドの描いたものとは異なり、「改革を求めるものであっても、継受も求め

るものではなかった」とその舞台装置からひっくり返してしまったのである。しかし、そうすることによって同時に、メイトランドの講演の本来のテーマをも思い出させてくれたのである。「これほど多くの信条が崩れ、あらゆる知識が変容しつつある時代に、一連の法理、しかも我々すべての者が関係している法理が、依然として損なわれずに存続しえたのは、いかにしてであり、また何故であるのか」。

しかし、彼は「インズ・オヴ・コートが伝統的イングランドの法体系を強靭にし強固にしたからだ」という「答え」と共にその「問い」に対し「実体のない語を用いて問題を提起し、且つ処理した」と「幾分基本的な批判」を行う。

しかも、「継受がなかったならば……それは、四つのインズ・オヴ・コートと〔そこでの〕模擬裁判や制定法講義という中世的やり方の故ではない」として、従来の擁護論や「誇張論」の重要な論拠まで奪ってしまった。

これによって、リード講演全体が否定された。問題は、『イングランド法とルネサンス』の名の下に語られるべき「ルネサンス期イングランド法の真の物語」についてメイトランドが「取り組もうとしなかった」ことにあったのである。メイトランドが非難されるべきはまさにこの点にあるのだとソーンは考えるのである。

当時のリード講演理解と、その扱われ方を見るとき、ソーンの上記の批判はまさに正鵠を射たものであったといわねばならない。「継受の危機」問題がルネサンス期イングランド法史の中心課題ではない。しかし、イングランド法史の生みの親が残したリード講演は、メイトランドが意識したか否かにかかわらず、それをルネサンス期イングランド法史の中心課題にまで押し上げてしまった。「継受の危機」が存在したか否か、「誇張」であったか否かという議論はもはやルネサンス期イングランド法史研究にとって重荷でしかなかったのである。この重荷を取り除き、新たな課題設定の下にルネサンス期イングランド法史研究を深化させていくためにも、リード講演全体を問題とし、従来のように、「メイトランド説」を曖昧な位置に置き去りにせず、「完全に誤りであった」とすることが必要だと考えられたのだと私は理解する。

しかし、彼はリード講演全体を取り上げ、主題を発見しながらも、正確にその含蓄を理解しえなかった。リード講演の主題 x）からクックという具体

的属性が剥ぎ取られ、答えにおいて、「国民的法の学校」が単純に「インズ・オヴ・コートの伝統的教育方法」へと転換せしめられたことが、彼のメイトランドへの「幾分基本的な批判」を方向付けた。さらに、彼はリード講演におけるもう一つの答え「我々自身の小ルネサンス」を看過してしまった。確かに、メイトランドは本論において、この小ルネサンスについては簡単に触れるにとどめた。しかし、後述するように、ソーンとは異なった方法ではあるが、彼はルネサンス期イングランド法の物語に「取り組もうとしなかった」わけではないのである。

第二の終結宣言はベイカーからより巧妙なやり方で提出された。また新たな「イングランド法とルネサンス」論文が、16世紀前半のイングランド法史概説とでも言うべき、ベイカーの『スペルマン判例集』の序文、すなわち第2巻の第1章を構成することになったのである[*3]。

彼の方向転換の意図はその冒頭から明らかである。「メイトランドの関心はsurvivalの偉業に集中している。しかし現代の研究は、イングランド法の衰退ではなくて、a regeneration 乃至 renaissance を指し示してきている」。「リトルトンとクックの間にある溝は、リトルトンが夢に描き得たであろう以上に、またクックが認めたであろう以上に深いものとなったのである」。ベイカーが念頭に置いているのはソーンが思い出させた、リード講演の主題 x) であることはいうまでもない。そしてルネサンス期イングランドはまさにこの急激な変化の時代であったのだ。すべての問題を一挙に解くことはできない。この期の研究者が「最初に取りかかるべき仕事は、尋ねられるべき正しい問いを見出すことである」。

かくして、メイトランド・リード講演の中心的問題設定が再検討されるのである。ベイカーは、前述の問い x) と共に、メイトランドの e) の答えも正確に位置付ける。「メイトランドの彼自身の問いへの答えはイングランドのみが、インズ・オヴ・コートの内に国民的法の学校を持っていたということである」。かくのごとくメイトランドの基本的な問いと答えを見出し、その後の論争を総括した上で、彼は以下のごとく結論付ける。

「これらの批判すべてはメイトランドの主要な問いとその答えに向けられたものというより、むしろ彼の論拠に向けられたものであった。もし、a

Reception of Roman lawの真の危険がなかったとしたら、問いはメイトランドが認識した以上によりはっきりとしたものになるだけのことである」と。彼の批判は「問い」そのものへ、すなわち、メイトランドの「継受の時代」の認識に向けられる。

「メイトランドの論拠は主として当時ドイツにおいて知られていたことに基づいている。ところが、ドイツの経験が例外的であったことが明らかになってきている[*4]」のであり、フランスやイタリアにおいても人文主義法学者達は法実務に大きな影響を与えなかった。しかし、「彼らが開拓した方法はローマ法同様フランス法にも適用された」。かくして、「現行法の教授達（シャルル・デュムランのような人々）はその中世的ロマニズムの外被から国民的慣習法を解き放ち始めていたのである。ヨーロッパの一般的潮流はメイトランドの想定したのとは逆であった。国民主義的傾向、メイトランドがイングランドについて使用した言葉で述べるならば、ある種の『ゴシック・リヴァイヴァル』があったのである」。

上記のごとく、ベイカーは「継受の時代」への批判を通してリード講演の舞台装置をひっくり返す。しかし、「メイトランドの解答は完全に権利回復させられる」。なぜなら上記の事実は「メイトランドがインズ・オヴ・コートについて述べたことを強化するからだ」と。しかし、メイトランドを擁護することが彼の目的ではない。「彼の解答が完全にその権利を回復せしめられると同時に、彼の問いも解消してしまう」のである。イングランド法のsurvivalには何ら驚くべき点はないのだ。新たな問いが発せられなければならない。「我々の中心的問題は16世紀のイングランド法のReformationがどれほどの広がりを持ったかとするのがよいだろう」。

彼は完全に方向転換を完了し、次の節「人文主義とイングランド法」へと進むのである。彼の方向転換は直ちに翌年の『イングランド法概説』第2版（1979）に反映された。「イングランド法のルネサンス」の項は「脅威にさらされたコモン・ロー裁判所」と改められ、第1版のリード講演に関する議論はすべて削除され、代わりに、d）の問いとそれへの彼の答え、「真の脅威はおそらくは、法学的性質のものではなかった」、「新興裁判所は二つの〔旧〕裁判所同様イングランド的なものであり、外国法を運用しなかった」を簡潔

に記し、「継受の危機」と切り離して、旧裁判所への脅威と管轄権争いを契機とする法と手続の改革について議論を展開した。メイトランドのリード講演は参考文献の欄からも追放され、今やその位置にはベイカー自身の「イングランド法とルネサンス」が据えられることになったのである。

このベイカーの徹底した方向転換は、従来人文主義とイングランド法学の問題を検討してきた筆者にとっては、その方向性において望ましい転換であった。

しかし、リード講演の理解についてはやはり問題を残したままであった。メイトランドは大陸における「継受」に関してそれほど単純に見ていたわけではない。後に述べるように、彼は単純化して論じただけであった。また、survival の偉業にのみ専心していたわけではない。彼は問いに対する答えを単純化したにすぎない。もう一つの答え、「イングランド法のルネサンス」が傍役に置かれたことが誤解の原因であったと私は考える。

上述したソーンのリード講演理解の不正確さとベイカーの方向転換の巧妙さが後にジェンキンズの批判を惹き起こすことになる。私が論争枠組を転換させるためにも「メイトランド説」の正しい理解が今日必要となってきていると述べたのはこのゆえである。

(5) 「論争」は終結しない──ジェンキンズ

ジェンキンズは、従来の「メイトランド説」批判を主要な問いと答えに向けられたものではなかったとして簡単にやりすごし、神棚に祭り上げるような方法で巧妙に擁護することには満足しえなかった。彼は批判者達の批判的見解をというより、むしろ批判者達の「メイトランド説」理解を批判する。確かに、このことが必要とされていた。そして、それと同時に自らの「メイトランド説」理解も明らかにしていくのである。しかしジェンキンズが個々の問題について展開した擁護論については、小山論文で紹介されているので、ここでは、彼自身が積極的に提示した「メイトランド説」理解を如何に位置付けるかを中心課題とする。

彼はメイトランドが残した他の多くの関連論文をリード講演理解のために

補論 1　「イングランド法とルネサンス」再考　329

利用しえた。とりわけ、リード講演のプロト・タイプとでもいうべき『イングランド法史綱要』が彼のリード講演理解にとって重要な位置を占めた。このことを先ず念頭に置きつつ彼の「メイトランド説」の展開を見てみよう。

　ジェンキンズは、ベイカーに従って主要な問いと答えを確定する。それと同時に、『綱要』でのインズ・オヴ・コートへの評価とリード講演での a)＝e) の論理を結びつけて、「メイトランド説」の基調を以下のごとく要約する。

　　His thesis then was not that there was a particular threat to the
　　common law, but that any danger of a Reception of learned Roman law
　　was averted by the existence of the most unlearned sort of learned men,
　　the English common lawyers.

　　彼のテーゼは、コモン・ローに対する格別の脅威があったということにあるのではなく、学識あるローマ法継受の如何なる危険も、最も非学識的な類の学識達の存在によって、すなわち、コモン・ロー法曹達によって避けられたということである。

「危機」の主張はそれ故に「付随的」なものにすぎない。とはいえ「危機」がなかったわけではない。「避けられた」にすぎない。

　問題は「危機」の性格である。メイトランドが「コモン・ロー法史への脅威」として論じたのはコモン・ローの「存在」の危機ではなく「至上性」の危機であった。「コモン・ローの至上性の危機があるのなら、イングランド法史の連続性が脅威にさらされていたのも確実である」。彼はヘンリ２世期の法改革にこの「法史への脅威」を準え、同時にメイトランドの d) の問いへの答え、旧裁判所の漸次的衰退の可能性論への伏線とした。これによってホウルズワース説の牙を抜くと同時に、ブラッチャの研究によって、その脅威が、ホウルズワースが考えた以上に深刻であったことを明らかにする。

　次に、より重要な問題として、それが「継受の危機」と結びついたものであったか否かが、どのような形で結びついていたのかが論証されねばならない。すなわち、c)「a Reception への小道が準備されていた」というテーゼの解釈が詰められなければならなかった。ジェンキンズは、この問題を、書

面訴答の導入と新裁判所の興隆という二つの事態との関連で論じている。しかし、前者についてはメイトランドが言及しなかった問題であるだけでなく、「継受の危機」問題に関しては両刃の剣となるものであると私は考える。

後者の「小道」がより重要であり、ここに彼の解釈の積極性もある。ドイツにおいても継受は裁判所を主要な舞台として展開された。彼は、ホウルズワースの議会重視説と共にリード講演におけるメイトランドの議会への言及をも「批判」し──彼は、メイトランド自身ドイツにおける「継受」が立法者によるものではなく法曹を通して行われたと考えていた（ギールケ『中世政治理論』序文〔森泉監訳 29-34 頁〕、以下『序文』(1900)）ことを見落としている──新興裁判所を通してのローマ法化への用意された小道を探求する。

　　政府当局の誰であれ a Reception を望めば、彼は必要な機構を手近に見出したであろうという意味で the path way for a Reception は用意されていた。……非議会的ローマ法化において、当局の最初の一歩は（人気のある第一歩でありえたのだが）、大法官裁判所や評議会裁判所の管轄権拡大を大目に見ること、乃至は、奨励することであっただろう。

そして d) の問いとの関連でその危険性は以下のごとく解釈される。

「ローマ法学者で占められた諸裁判所が生み出され、コモン・ロー裁判所から仕事を引き付けるといった事態が生じれば、コモン・ロー裁判所を普通の訴訟当事者達が見向きもしない裁判所へと徐々に衰退していくままに放置する一方で、実務上も重要な意味をもつ、ローマ法化〔の仕事〕を完全になしとげたであろう」。問題はベルの言うように、実際になさなかったということにあるのではなく、なぜなさなかったかにあるのだ、と彼は考える。

ヘンリにとっては一押しするだけで充分であったのに。『綱要』〔森泉監訳 120-121 頁、Col.P. v. 2 p. 484〕では、「当時の裁判官達は充分に屈従的であり、国王は、即刻通知によって、彼らを辞めさせることができた」とメイトランドは考えていた。

ヘンリは何故この一押しをなさなかったのか。「そうしなかったのは、彼ら〔政府当局者〕が a Reception を欲しなかったことを意味するだけではな

補論1 「イングランド法とルネサンス」再考　331

く、彼らはそれを望んだけれども、それを実行する企てが受容しがたい混乱
をひきおこすだろうと認識していたことをもまた意味しうる」。

　メイトランドのリード講演での答えはe）の主張にあるように前者であっ
た。ジェンキンズはその証拠を1546年の布告に見出す。裁判所を通しての
ローマ法化には、ローマ法学者の裁判官としての任用に加えて、もしくは、
それ以上に訴訟当事者の、学識あるローマ法法曹の利用が重大な要因であっ
た。しかし、1546年布告は、請願裁判所を除く重要な裁判所からローマ法
法曹をすべて閉め出してしまった。かくしてe）の結論へ結びつけられる。
「コモン・ローのではなくて、コモン・ロー法曹の強さが」用意された「小道」
を歩ませなかったのだと。しかし、この証拠は、後者とも結びつきうるもの
であり、実際小山氏はそのように解釈されている。

　しかし、いずれにせよ「a Reception への小道」の存在が確認され、その
「コモン・ロー法史への脅威」の重大性が確認された限りにおいて、同時に
e）、すなわち「国民的法の学校」の存在意義は一層高められることになる。

　ここでは、ソーン説が問題となる。ジェンキンズは、とりわけ模擬裁判の
実務との適合性を説くが、しかし、彼のソーン批判の真の眼目は別の点にあ
る。問題はソーンが「国民的法の学校」とメイトランドが称した際のその含
蓄を理解しえなかったことにある。この批判は正しい。ここでのメイトラン
ドの重点は、インズ・オヴ・コートの教育システムそれ自体にではなく、ドイ
ツと異なり、イングランドでは国民的法が存在し、しかも教育されていたと
いうことにあるからである。すなわち「危機の時代」に入る以前における前
提条件が異なるということであった。

　しかし、彼はソーンとともに、この国民的法の学校たるインズ・オヴ・コー
トが、ルネサンス期イングランド法学に課せられた課題に答えたとも考えな
かった。「これらの学校が実務法曹という職業団体の庇護下にあったこと
が、あまりにもその法を強靱なものにしすぎたからである。コモン・ローは
自らの内に――イングランド法の内にではあるとしても――その解決方法を
見出しえなかった」と彼は考える。「後に徐々にコモン・ロー裁判所に採用さ
れることになる諸革新は、16世紀に、これらの他の〔非コモン・ロー的〕裁
判所でなされつつあった」のである。それ故、コモン・ローそれ自体の近代

化乃至新たな状況への適応は極めて長期にわたる過程として把握された。実際、『綱要』で示された王座裁判所の改革は、星室裁判所廃止後の対応として論じられていた。またジェンキンズは商事事件についてもそのように語ることができた。『綱要』の段階ではイングランド法のルネサンスは存在しなかった。彼はベイカーが、フランスの状況まで含めて、「ゴシック・リヴァイヴァル」と称したのを批判しつつ——その批判自体は正しいのだが——メイトランドの「ゴシック・リヴァイヴァル」を「サヴァイヴァル」と読み換えてしまった。

　ジェンキンズが『綱要』に依拠して「メイトランド説」理解を目指したのは、彼の長所であると同時に弱点でもあった。

　彼には『綱要』以降の「メイトランド説」の展開が必ずしも充分には把握されなかった。それ故、「メイトランド説」を1893年の時点にまで引き戻してしまう結果となってしまったのである。

II　リード講演論文の形成

　リード講演論文の読者は、講演内容たる本文の3倍を優に超すと思われる膨大な註に驚かされるであろう。

　ソーンは残念ながら、そこにドイツ法史学の影響しか見出しえなかったし、ベイカーはその上で踊らされてしまった。しかしながらメイトランドは自らの学識の広さを証明するために、この異常なほど膨大な註を書いたのではない。私は前の書評でも、この膨大な註はメイトランドが講演のためになした枠組の単純化を補うためのものでなかったかと指摘した。

　問い x) を発した後、メイトランドは語った。「この問題について当然語られるべき形で語る能力を私は持ち合わせていないし、また諸君も今日のところはそれを聴く時間もない。述べられるべき事柄の簡単な梗概だけを話すことが、私にできる最善のことであり、諸君にとって十二分に我慢できることであろう」。短い時間で語るにはあまりにも問題は大きすぎたのだ。語られるべき問題が二つあった。イングランド法のサヴァイヴァルとイングランド

法のルネサンスの二つの問題であった。しかし、後者は、法学教育の再興という実践的課題の前に、また論理上も前者が先行するが故に傍役へ回されてしまった。このことは当面、致命的でなかったとしても、後に、イングランド法の近代化へ関心が移行したときに、「本案に取り組もうとしなかった」（ソーン）「イングランド法史の継続性を強調」（ベイカー）という予期せぬ批判を招くこととなった。

　しかし、それ以上に深刻な誤解を生ぜしめたのは、前者における「継受の危機」の取り扱いであった。メイトランドがこの「継受問題」で講演のためになした単純化こそ最大の誤解の発生因であった。

　それ故、以下、「継受問題」と「ルネサンス問題」に分けて、メイトランドが実際にこの二つの問題を如何に考えていたのかを探ってみよう。

(1)「継受問題」

　「継受の危機」と「イングランド法のサヴァイヴァル」問題を考える上で、メイトランドがこの期の「継受問題」をどのように理解していたかが重要な鍵となる。論者による理解の相違がメイトランド説の評価を大きく左右しているからである。しかも、「継受問題」は、b) ～ d) をめぐる問題としてのみならず b) ～ d) 問題を考える上での舞台装置にまで及んできているが故により重要となってきている。

　メイトランドは、その問いの後に直ちに本題には入らなかった。問いで問題とされた時代背景を、e) ～ d) の問題へ絞り込む形で、①大陸、とりわけフランスにおける人文主義法学の興隆、さらにその余波がイングランドに達していたこと（ポールの提案）、②同時にとりわけドイツを例にルネサンス、宗教改革の時代が同時に「継受」—the Reception の時代でもあったことを確認し、イングランドにその体現者、トマス・スミスを見出す。このようにイングランドが当時の大陸の動向と無縁ではなかったことを論じた後に、③三つのRの連関が問題とされる。正確にいえば、宗教改革と継受との連関のみが問題とされ、その複雑性にもかかわらず、「おおまかにいえば、国家と同様に教会においても主君たらんとした国王にとって、ビザンチンの法典の中

に快い書物があったという真実を曖昧にしてはならない」として本題をイングランドにおける「継受問題」に絞り込んでいったのである。

第一の問題は、宗教改革と継受との連関が論じられながら、何故、人文主義乃至ルネサンスと継受の連関が論じられなかったのかという問題である。両者の連関は当然のことと考えられていたのであろうか。フランスは人文主義法学の国であった。しかし、メイトランドは、「ローマ法の the 'reception' について語るフランスの法史家を知らない、彼らが語るのは 1250 年以降のパルルマンのローマ法化の過程である」ことを認識していた。また、ドイツで継受が生じたのは「15 世紀の第二半世紀まで、ドイツ内部では法はまさにゲルマン的なままに、非常に粗野なままに——イングランド法やフランス法よりはるかに野蛮なままに——とどまっていた」(「シジウィック宛手紙」(c. 1897) 以下「手紙」) からにすぎない。

人文主義と継受との関係については、彼はむしろ否定的である。イングランドにも大きな影響を与えたオットマンは「けっして継受など説きそうもない人であった」。また、スミスも「継受を欲したとはいえない」。さらに、ポールをして「継受」を語らしめたスターキィも「我が国〔イングランド〕の政治的秩序と慣習についてのよりよい判断力」を形成するためにローマ法を学んだのであって、「継受」のためではなかった。我々は外国でローマ法を学ぶイングランド人について同様の答えをメランヒトンが聞いたことを知っても驚かないだろう。

メイトランドは、本論に入っても、慎重に人文主義者のロー・フレンチへの攻撃を、「より重大な局面」から除外したのである。

メイトランドは、人文主義者の「叫びは改革を求めるものであって、継受を求めるものでなかった」ということを充分に知っていた。また、ポールが語ったからといって「その危機の物語を語るのに熱中してはいけない」とも考えていた (『序文』〔Introduction pp. xiii-xiv, 森泉監訳 31-32 頁〕)。それにもかかわらず講演において、①、②の部分についてメイトランドがあまりに雄弁に語ったことがソーンの目を奪ってしまったのである。

第二に、しばしば引用される③の結論は、教会問題に関して論じられているのであって、けっして世俗の統治について直接に論じられているのではな

いということである。ここで重要なのはローマ教皇庁からの分離にとって、また、国王を首長とする教会統治にとってローマ法の中に快い読み物があったと主張しているにすぎない。しかも教会は古来コモン・ローとは別の裁判管轄権を有していたし、対外問題に関しては常にローマ法博士を必要としていたのである。

それ故、メイトランドは、この前段の論述でイングランドにおける「継受」の可能性について論証しようとしているのではない。

メイトランドは直ちに答える、「如何なる継受もありえなかった」。また、スミスやヘンリ8世が「望んだものであったともいえない」。メイトランドにとっては当時のイングランドが大陸で生じていた動向と無縁ではなかったこと、そして、少なくとも、対教皇、教会政策からみれば、ローマ法の有用性が高まっていたことを理解してもらえればよかったのである。

「継受問題」それ自体についてみても、メイトランドは、前述のごとく、大陸での動向を単純に把握していたわけではない。「ドイツは例外である」と。しかも、中世的原理に適合化されたローマ法の継受であったこともメイトランドは認識していた。しかし、リード講演では大陸とイングランドという構成で単純化した形で論じたために、また Reception という言葉の魔力の故に、本文しか読まない読者には大きな誤解を生ぜしめることになった。メイトランド自身もこの Reception という用語の持つ特殊な意味合いについて無頓着であったわけではない。「ドイツでは the 'Reception'〔という語〕はほとんど専門用語となってしまっている」。日本の法学界においても同様であろう。

それ故、メイトランドが、リード講演においても常に、ドイツについては the Reception として、イングランドについては a Reception として論じたのには、このような意味合いも含まれていたと考えられる。Romanization の方が良かったかもしれない。しかし、Romanization では、意味が広がりすぎる。ヨーロッパのローマ法化の過程は「未だ終わっていない」、今世紀のロシアに重要なローマ法化の動きがあったとメイトランドは聞かされているのだから（前述「手紙」）。まさに、16世紀について論ずるとき、彼は Reception の語を用いて語らざるを得なかったと私は考える。

それ故、彼が a Reception について語るとき、その語のかなり広い意味合

いで語っている。「イングランド法史への脅威」は、ジェンキンズが考えたような、コモン・ローの存在の危機と至上性の危機を区別するための表現ではない。「ドイツ法史は、イングランド法史はいうまでもなく、フランス法史よりはるかに壊滅的打撃を蒙った」(「手紙」)のである。それ故、「イングランド法史への重大な脅威」について、ホウルズワースが、至上性の危機のみならず存在の危機をも含めたものとして把握し、またエルトンやベイカーが'replacement by the Civil Law' の危機と解釈したのも理由がないわけではない。しかし、実際メイトランドが考えていたのは、より低いレヴェルでのReception であった。

　a）で継受を否定し、国王の意図を否定したメイトランドが、何故、「それにもかかわらずイングランド法史の連続性は重大な脅威にさらされた」と論じたのであろうか。メイトランドの右のパラグラフに付した註を見てみよう。

　先ず、彼は「ブラクトンの時代から今日にいたるまでイングランド人は、しばしば、ヨーロッパ大陸におけるローマ法の実際的普及を誇張するような表現を使ってきた」ことを批判する。フランスでは事態は異なっていた。しかし「それでもなお、ゆっくりとしたromanization の過程が、ドイツにおける破局的な Reception とは非常に異なった形でではあるが、5、6 世紀の間、着実に進行していたからである。それ故に、ドイツで「普通法」となったものを学ぶ者にとっては全体としてはきわめて非ローマ法的と思われる〔フランス法〕体系が、イングランド人にとっては、まさにローマ法的と思われるのである」。しかも「イギリス人の読者は少なくとも、フランス語を語る法廷によってイングランドで発展した私法〔コモン・ロー〕は、まさにもう一つのフランス慣習法であったという、現代ドイツで強力に提唱されている理論を知るべきである」。

　メイトランドが実際に考えていたのは、Romanization の危機であった。それ故、メイトランドの膨大な註に着目した論者——ブラッチャ、ベル——は Reception という語に惑わされることはなかったのである。フランスは、13 世紀以来ローマ法化のゆっくりとした過程を歩んでいた。イングランド法史との第一の分岐点であった。しかし、なお、16 世紀初頭の時点で、両国は北フランス慣習法地域として把握することも可能であった、この近代へ

の入口で両国を分かったのは何であったのか。これがメイトランドの問題提起であった。「それにもかかわらず」メイトランドが「継受の危機」について論じたのには、もう一つの理由がある。法史学方法論上の問題である。前に引用した註の冒頭部分と同じ忠告をメイトランドは、『何故にイングランド法史は書かれなかったか』というダウニング講座教授就任講演で行っていた。そこでは、イングランド法史が書かれなかった第一の原因として、イングランド法史の研究が他のすべての研究から孤立していること、とりわけ、フランス法やドイツ法についての無知がその重大な原因となっていると論じた。「イングランドの法律家は大陸におけるローマ法の勝利を過大評価し、古い過去にさかのぼらせることによって、我々の法史の独自性を過大評価してきた」。

イングランド法史の独自性は、それ自体によってではなく、比較によって正当に理解されるのである。彼は常に Nolumus〔我々はイングランド法を変えることを欲せず〕の危険、外国や、古典的過去から学ぶことを拒否する危険について警鐘を鳴らしていた。そして、この認識が彼の法史の研究方法を規定していたのである。

しかし、だからといって、メイトランドは比較のためにのみ「継受の危機」を持ち出したのではない。彼は、コモン・ローが時代の要請に、──『綱要』〔前述〕にしたがえば「専制的支配により適切な道具」として──応え得なくなっていたと考えた。

ここで念のために指摘しておくが、メイトランドは、コモン・ローがまったく時代の社会的要請に応えなかったといっているわけではない。「彼ら〔インズ・オヴ・コートの教師達〕は、彼らのまわりで進行しつつある社会変化にまったく無頓着であったわけではない。15世紀には古い法を新しい時代に調和させるという、我々にとっては大胆不敵ともいうべき偉業を成し遂げた偉大な裁判官達がいた」。彼はその偉業を数えあげる。契約法、家族継承財産制の緩和、コピーホールドの保護。しかし、問題は以下の点にあった。「これらすべては脱法的に、迂回的擬制の手段によって、古めかしい衣裳をまとわされて、はじめて認められたのである」。彼は『綱要』の段階では、『法要録』や『〔新形式の〕判例集』を評価していない。コモン・ローは「膨

大で無秩序な堆積」のままであったと彼は考えた。「より単純で、より合理的で、よりすっきりした〔法〕体系があったなら、専制君主の支配の適切な道具となったであろう」〔森泉監訳120-121頁、Col. P. v. 2 p. 484〕ということである。危機は法学上の危機であり、その原因は「13世紀の輝かしい時代の後、長期の退屈な時代が始まったこと」、15世紀後半、フォーテスキューやリトルトンにより、新たなより学問的Literaryな時代が始まりつつあったが、「ルネサンスの期待はほとんど果されなかった」〔森泉監訳120頁、Col.P. v. 2 p. 484〕ことにあった。屈従的裁判官達、——彼らは「一定の事柄に対して『いかなる制定法とも同様の効力を有する』こととなる布告を国王は発しうる」〔森泉監訳116頁、Col. P. v. 2 p. 480〕という意見をクロムウェルに与えていた——そして、屈従的議会——しかも、万能の議会——があった。

このような状況下でコモン・ローが無事たりえたのは、すなわち「サヴァイヴァル」しえたのは何故か。

彼の『綱要』〔森泉監訳120頁、Col. P. v. 2 p. 484〕での答えは、先ずクックに体現されたコモン・ローそれ自体の強靭さ——toughの語はここでクックからコモン・ローへ移し替えられた——であった。さらに、コモン・ロー法曹の新興裁判所への嫉妬心が加えられた。

しかし、より興味のある答えは、ジェンキンズの注目した『綱要』の最後〔森泉監訳131頁、Col. P. v. 2 p. 496〕に述べられたパラドクスであろう。

星室裁判所や大法官裁判所は、我々の政治的諸自由にとって危険であった。……しかし、我々が外国に目を転ずるなら、もしこれらの制度がなければ我々の旧式の国民的法は、自らの力では新たな時代の要請に応えることができず、完全に破壊されてしまったであろうし、また、この「救いようのないごった煮」はローマ法学と専制君主に道を譲っていただろうと考える充分な理由を見出すだろう。我々はエクイティがコモン・ローを救い、また星室裁判所が憲制Constitutionを救ったというべきではないか。この逆説の中にさえ、ある種の真理があるように思われる。

ここでは大法官裁判所と星室裁判所は中世来の発展の中に位置付けられて

おり、イングランドが、旧裁判所という主要な回路以外に別系統の回路を持ちえたことが主要な回路をパンクさせずに済んだのだ、すなわち救ったのだということになる。これが最初の答えであった。しかしパラドクスはあくまでパラドクスであり仮の答えにすぎない。新たな前進を行う必要があった。前進は「サヴァイヴァル」問題の検討の深化と「リヴァイヴァル」＝「イングランド法のルネサンス」の発見という二つの方向でなされた。

　2年後に出版された大著、『イングランド法制史』（1895）の結語として、彼は1154年から1272年の時代の法史の意義について以下のような評価を下した〔Vol. II, pp. 673-670〕。

　　イングランドの法史にとって危機的な時であった。それ故また、我々の国土と民族の内奥の歴史においても危機的な時代であったのである。……誤解された外国の制度の、浅薄な 'reception' の危険があった。未熟で、無定形なエクイティの危険があった。他方で頑固な「吾等は欲せず（"Nolumus"）」、すなわち、外国人から、また古典の過去から学ぶことを拒否する危険があった。もし、それが避けられなかったなら、16世紀に破局が生じたであろうし、イングランド人は、彼らがかつて嫌悪したものを批判なしに受け入れることを余儀なくされていたであろう。
　　我々は、この期の業績の永遠性をもう一度考えることなしに、この時代と別れを告げることはできない。ウェストミンスタで Pateshull, Raleigh, Bracton の回りに集まった少数の人々が、大西洋の向こう岸の国王のいない共和国で、〔今日〕通用することとなる諸令状を作成していたのだ。彼らは、我々と我々の息子達のために法と不法の区別をつけつつあったのである。

　ここでは、イングランド法史を救ったのはブラクトンを中心とする13世紀法学の偉業ということになる。前に引用した、彼の師、シジウィック宛の手紙もこの頃に書かれたものと考えられる。同時に、ここでは、後のイングランド法のルネサンス、ブラクトンの再発見へと繋がる論理をもその胎内に宿し始めているのである。

　リード講演の e) の答え、すなわち、インズ・オヴ・コートと「サヴァイ

ヴァル」の直接の結びつきは、1898年、Walker, Baildon 編の *The Records of the Honourable Society of Lincoln's Inn* への書評（以下『書評』）で初めて表れる。ここでのメイトランドの問いは、リード講演の問いに近づいている。「16世紀に生じた緊張と試練の時代にイングランド法を救ったのは何か。何故にイングランドでは 'reception' はなかったのか」。外国に目を転ずれば、「危険は非常に大きかった」〔Col. P. vol. 3, p. 78.〕、同じく、コモン・ローが絶対王政的統治にとって「より適切な道具」でないという論理を『綱要』から引き継ぎつつ、後にリード講演の e) 〜 d) の論理を形成する諸兆候を指摘し、他の諸国からイングランドを区別したものとして、「イングランド法が教えられつづけてきた」ことを解答として提出する。そして、このことの重要性を以下のごとく指摘する。

The taught system will be very much tougher than the untaught.

ここでの、The taught system は、イングランド法とローマ法双方を指している。後者、the untaught がドイツをはじめとする諸外国の中世的慣習法であることはいうまでもない。それ故にイングランドでは、「争いは、教義と伝統的慣行との間ででではなく、教義と教義の間で戦われたのである」〔『書評』Col. P. vol. 3, p. 79〕。『序文』〔Introduction p. xiv, 森泉監訳、32頁〕での表現を使うならば、native law〔土着の法〕が、the doctrinal stage of growth〔教義学的発展段階に〕に、もしくは Juristenrecht〔法曹法〕の段階に達しえていたか否かが重要な鍵となったのである。[*5]

このことは、コモン・ローがローマ法と他の国と異なって有利な条件で、もしくは互角に戦える条件を持っていたことを示すものであった。しかしながらまた、勝利を保障しうるものではなかった。それ故、リード講演では、National school of law という表現を a school of living law という表現で補強した。「純粋に科学的な観察の目的にとってさえも、生ける犬の方が死せるライオンよりより適しているであろう」。

重要なことは、『書評』及び『序文』では、『綱要』でふと洩らした「コモン・ロー法曹の嫉妬心」は重視されておらず、コモン・ロー法曹の職業団体と

しての利害関心についても、直接には触れられていない点である。このこと
は、ある意味では当然であった。職業団体としての法曹集団は、イングラン
ド以外にも存在した。職業団体としての法曹集団の嫉妬心は、たとえ存在し
たとしても、それがイングランド法を救ったのではない。イングランド法を
救ったのは、職業的利害集団としてのではなくて、国民的な、且つ生ける法
の学校として、イングランド法を伝統的慣行から一つの法学乃至教義にまで
高めてきた法学校としてのインズ・オヴ・コートであったからである。

　『書評』ではむしろ、「暴君政治が通り過ぎた」ことに、「教義間の戦い」の
決着を見ていたように思われる。しかし、同時に、ここでは『綱要』では存
在しなかった「イングランドの中世的教義のすばらしいルネサンスをエリザ
ベス期の法廷とサー・エドワード・クックの書物の中に」見出している。ま
た『序文』〔森泉監訳、31 頁〕では危機の時代の本質を、「継受の危機」にで
はなく、New Learning とテューダ君主制の形で現れた Modern State に見、
16 世紀後半に始まり、クックの著作と行動の内に完成される中世的学問の
再生 resuscitation を国民の諸自由の保護者、革新者としてのこの動きの政治
的側面から注目することになる。ここでは、未だ「イングランド法のルネサ
ンス」論は形成過程にあったのである。我々は「継受問題」を離れて、「イン
グランド法のルネサンス」問題へと目を向けよう。

(2)「ルネサンス問題」

　メイトランドが、インズ・オヴ・コートがコモン・ローを救ったと断言するの
に躊躇しているのは前節の『書評』での評価より明らかであろう。メイトラン
ドが示したのは危機の時代における外国との前提条件の相違にすぎなかっ
た。それが「暴君政治が過去のものとなった時」という評価へと繋げられて
いったのである。彼が何故に躊躇せざるを得なかったのかは、『書評』の最後
のインズ・オヴ・コートの教育システムへの評価から窺い知ることができる。

　　なるほど、彼自身〔法曹院の〕評議員であるウォーカー氏が、「法学教育
　は、評議会員達が、個人として、また団体としての権能でもって広汎に注

意を払った問題であった」と述べたのは、許されうる誤りではあるとしても、やはり間違いを犯しているのだ。

　法学教育に関しては我々は旧システムの衰退を目のあたりにしうる。それは中世的理論に基づいて生み出されたのであり、その理論は大学においても崩壊しつつあった。……多数の法律書の出版が、とりわけクックの著作が、単に順番で職責を果すにすぎない〔インズの〕講師によって授けられる幾分未完成で、無方針な教育への需要を減じたにちがいない。不幸にも、これらの古来の協会は、なかなかこのもはや用をなさない計画に代わる新たな教育計画を立てようとはしなかった。

インズの教育は新たな時代の要請に応えなかった。これもまたメイトランドが1888年のダウニング講座教授就任講演で嘆いたことであった。

　古いスコラ的教育方法が崩壊したとき、他のいかなる計画も生じなかった。誰も法を教えなかったし、法を教えようとさえしなかった、そして誰も最も純粋に実用的な意図で学ぶ場合を除いて、法を学ぼうとしなかったといってもほとんど過言ではないのである。

しかし、この認識は同時に法学教育再興という実践的課題意識をメイトランドに植えつけ続けてきたと私は考える。多くの人々がメイトランドが教育に割いていたエネルギーを惜しみ、研究へ専心させるよう忠告していたのは有名な話である。しかし、我々は彼の教育への情熱のおかげで、*Constitutional History of England* や *Equity, Forms of Action* 等の著作を手にしうるのである。『書評』において既に、イングランド法のルネサンスの場がインズの内にではなく、テューダ期に出版された数多くの著作、とりわけ、クックの著作においてその近代化が果されたことを予示する表現があった。しかし、リード講演では上記の実践的課題意識の前に簡単に取り扱われてしまった。このことは、リード講演の翌年出版された *Encyclopaedia Britannica* の English law（以下『辞典』）における著述を見ても明らかである。そこでは、「テューダ時代」の法史を、リード講演と同じく「継受の危機」の問題として扱った。そこでの答えは

以下のごとくであった。

　しかしながら、ヘンリは教会と国家において彼が欲したものを、外国法によるイングランド法への如何なる決定的な抑圧もなしに得ることができた、ということが明らかとなった。

　一つは、議会制定法の全能性が利用可能であったからであり、また一つには星室裁判所が国事事件を留保し、また陪審を震えあがらせることができたからである。

　「インズ・オヴ・コートは大目に見られた。そこでの制定法講義や模擬裁判は、たとえ、ほとんど有効だとは認知されなかったとしても、また有害なものとも考えられなかったからである」。ここでの法曹院＝インズ・オヴ・コートへの言及はこれのみである。法曹院がコモン・ローを救ったなどとは一言も述べられていないことに注目しておく必要があるだろう。

　逆に、「ルネサンス問題」は節を改めて、「クックとセルデン」の表題の下に語られることとなる。「記録されるべき外国の法学の如何なる継受もなかったけれども、イングランド中世法の驚くべき再生 resuscitation があった」。

　ここでは、大陸における Reception の対応物として、言い換えれば、中世法から近代法への転換に重要な役割を果したものとして、イングランド中世法の resuscitation が把握されていることが重要である。

　我々は当初リード講演で提出された問題が、リトルトンとクックの著作の間に横たわる問題であったということを思い出す必要があるだろう。それ故に、リード講演での「イングランド法の小ルネサンス」乃至「ゴシック・リヴァイヴァル」の指摘は単なる余話ではない。メイトランドは註で、カウェルの『イングランド法学提要』（1652）について、「まさに、a Reception に際して役割を果たかもしれなかった書物であった。しかし、あまりにも遅すぎた」と論じた。何故か。「我々自身の〔法文化〕の小さなルネサンス」について説明した文章の註を見てみよう。

　1550 年代の法律家の蔵書目録と 1600 年の時点の蔵書目録を自ら作成し、

以下のように彼は評価する。

「〔1550年迄に〕印刷された書物のほとんどは中世的起源のものであり、かつて手稿の形で出回っていた」。1600年の時点で付け加えられた蔵書、グランヴィル、ブラクトン、ブルック、ラスティル、スタンフォード、クロムプトン、ウェスト、セロール、スミス、ランバード、フルベック、プラウドゥン、ダイア、クック、「これらの書物は偉大な前進を表している」。この前進を彼が、「ルネサンス」と称し、「ゴシック・リヴァイヴァル」と称する由縁は、「もし、グランヴィル、ブラクトン、ブリトンの出版がなければ、クックがなした仕事は不可能であったであろう」という点にある。続けて彼は問う「ジェンティーリの2、3の書物を除いて、1600年以前にイングランドでローマ法について何らかの書物が出版されたであろうか」と。カウェルの出版はあまりにも遅すぎたのである。

この新たな法文献がイングランド法を最終的に救い、近代化していったのである。メイトランドの語った「我々自身の法の小さなルネサンス」「ゴシック・リヴァイヴァル」の意味は明らかであろう。ゴシックの最盛期たる13世紀法文化乃至法学のリヴァイヴァルなのであった。このことを中世への「逆戻り」と誤解してはならない。それではメイトランドが何故に1550年以前と以降という形で論じたかが理解しえないだろう。ローマ法を通してではなく、イングランド法の古典を通してイングランド法の学問的伝統が復活したこと、このことが重要なのである。そして、それが、クックをして中世と近代の分水嶺たらしめたのである。

ここでは、ソーンの言うような意味での「ルネサンス期の真の物語」については直接には述べられていない。それをなしたのは「エリザベス期の裁判所」であった。裁判所と法学、権威と理性の共同作業がイングランド法を近代化させていったのだとメイトランドは考えていたと思われる。

『綱要』時点では考えられなかったテューダ期イングランド法学への認識の急速な深まりがここにある。『辞典』では、さらに前進する「〔別形式の〕判例集」や「クック」への評価の変化に加え、彼はセルデンを見出し、この期のコモン・ロー法曹への認識を改めていく。「この完成された学者が、自分をコモン・ロー法曹と称されるにふさわしくするために努力してきたのだと宣

べた時、もはや〔我々は〕コモン・ロー法曹は indoctissimum genus doctissimorum hominum（最も非学識的類の学識達）であるとはいえない」。これがルネサンス期イングランド法学の成果であった。この期のイングランド法学は「他の学問分野から孤立して」はいなかった。また「その職の保有が国王の意志に左右される従順な裁判官さえも、彼らの主人の側に立って判決を与える前提条件として、古い先例を引用し、討論することを余儀なくされた」のもまた、この期の法学の成果であったのである。

メイトランドは『イングランド憲法史』の講義で、各時期区分の末尾に、各時期の法史を総括するにふさわしいテーマを掲げていた。しかしながら、第1期の末尾の「封建制の回顧」を除いては十分には、乃至、まったく展開されなかった。「ヘンリ7世死亡当時の公法の素描」の末尾「イングランド法の一般的特質」が十全に、また「ジェームズ1世死亡当時の公法の素描」の末尾の「Reformation 期の法制史」が語られていたら、と考えるのは私だけではないだろう。リード講演に示されたように、世紀の変わり目に向けて、メイトランドのテューダ期イングランド法史の研究はめざましい進展をみせていた。しかし、同時に彼は健康を害しはじめていたのだ。「近代法史家は——エリザベス期を出発点とすべき歴史家をそう呼ぼう——異常なほど困難な仕事を持つことになるであろう。困難はここでは資料の乏しさにではなく、過剰にあるのである」。しかも、彼はセルデン協会のためのイヤー・ブックの編纂に追われていた。この多忙さの中で、彼は1906年、健康のために冬のイングランドからの避難所としてきたグラン・カナリー島への船旅の途上に発病し、帰らぬ人となったのであった。

まとめにかえて——小山氏とメイトランド氏との対話

小山（以下 K）：ドイツやフランスにおいてもイングランドと同様中世法は存在したのに、これらの国では近代の入口でローマ法の「革命的」乃至は「発展的」継受があり、所謂大陸法系が作られていくのに、なぜイングランドのみはこれが生ぜずにその中世法が近代コモン・ローへと発展していったので

しょう。

　メイトランド (以下 M)：いやそういうわけではありません。ドイツは例外です。しかしフランスとイングランドは北仏慣習法地域として把握しうる限りにおいて検討に値するでしょうし、そうすることによってイングランド法の独自性も十全に理解できるでしょう。

　K：しかし、コモン・ローは社会規範として、実体法上も手続法上も重大な欠陥を有していました。コモン・ロー法律家はこの時代遅れとなっていたコモン・ローにしがみつきそれを改革する努力をほとんどしなかったではありませんか。あなたはこの伝統法の欠陥とそれへの対応としてローマ法を継受しようとした点でイングランドも大陸と同様であったと論じられたのではありませんか。

　M：私はコモン・ローの欠陥一般について論じたわけではありません。また、中世末のコモン・ロー法曹達は彼らのまわりで進行しつつある社会変化にまったく無頓着であったわけでもありません。それどころか 15 世紀の裁判官達は古い法を新しい時代に調和させるという偉業を成し遂げたのです。問題は彼らがそれを成し遂げた方法にあったのです。彼らが脱法的な方法で、また擬制によって社会変化に対応しえたとしても、あるいはまたそのために、コモン・ローは「救いようのないごった煮」のままにとどまっていたのです。コモン・ロー法学がこのような状態にとどまったまま、テューダ期を迎えたことが私に危機を感じさせたのです。なぜなら、専制的統治にとって、このような法学が適切な道具たりうるとは思えなかったからです。私が「16 世紀の第二・四半世紀に」とした時期的な限定を忘れないで下さい。リード講演で例として挙げた陪審の腐敗や訴訟の遅延の問題も、この専制的統治にとって適切な道具ではなかったことを示すためでした。それ故、ヘンリの暴君政治が過ぎ去ったとき、一つの危機が過ぎ去ったと考えたのです。

　K：細部が複雑だからといってそのために、大まかに言えば、伝統的な法に欠陥があり、それへの対応としてヘンリ 8 世を中心とするテューダ朝がローマ法を継受しようとした点でイングランドも大陸と同様であったという真理が曖昧にされてはならないという点では貴方の意見とほぼ完全に一致すると思います。

補論 1　「イングランド法とルネサンス」再考　347

　M：貴方が私への批判学説の吟味の中で、私が、継受をヘンリ 8 世が望んだものでなかったと述べたことを重視するように主張して下さったのには感謝しております。しかしその貴方が、私のリード講演の詳細な要約の中で、この点を何故に削除されたのか私には理解できません。「如何なる継受もありえなかったし、ヘンリ 8 世の望んだものでもなかった」と要約していただければよかったのですが。

　K：そうでした。貴方の講演の主題はむしろイングランドにおいてはローマ法継受の可能性が、イングランド特有のインズ・オヴ・コート乃至コモン・ロー法曹の存在によって避けられたという積極的主張だったのです。私はほとんどのメイトランド批判がこのニュアンスを無視しているので一言指摘しておきました。ソーンは「もし継受がなかったならば、それは四つのインズ・オヴ・コートとそこでの模擬裁判や制定法講義という中世的やり方の故ではない」とあなたの見解を明白に否定しました。しかし、ソーンは誰がまたどういう動機からイングランド法内部で解決策を見い出そうとし、また何故それが成功したかという点についてはまったく触れませんでした。私は貴方が教えられたように、コモン・ロー法律家が、「ローマ法継受の可能性」とそれに伴うコモン・ロー法曹の職業利益擁護という動機から、背に腹は代えられず遂に改革に乗り出したのであり、その際インズ・オヴ・コートが法曹教育機関として当時としては極めて高度に発達していたが故に、比較的容易にコモン・ローの近代化に成功したのだと考えます。貴方が「教授された法は強靭な法である」と述べられたとき、インズ・オヴ・コートの守旧的態度と共にこの進歩的側面も含意されていたのではないでしょうか。

　M：私が着目したのは職業的利害集団としてのインズ・オヴ・コートではないのです。そのような団体ならイングランド以外にもありました。私が強調したのは「国民的法の学校」として、生ける法、すなわち社会規範として通用している法を法学（doctrine）にまで高めた教育機関としてのインズ・オヴ・コートでした。このような教育機関は外国にはありませんでした。中世末に形成されたインズの教育制度が、「危機の時代」を迎えるにあたっての前提条件の相違を作り出していたのです。しかし、私はインズの教育制度がテューダ期のコモン・ローの近代化を容易に達成せしめたとはいえませんで

した。インズの教育制度は中世的原理の上に立っており、むしろ、それ自体は亡びゆく運命にあったのです。私のリード講演をイングランド法の近代化という視点から理解しようと試みられている点には感謝します。しかし、私が「我々自身の法の小ルネサンス」として論じたことにもう少し注目して下さい。もう一つ別の物語があったのです。新たな法文献の出版、とりわけクックの著作がインズの無方針な制定法講義への需要を減じていたのです。このような革新の基礎に、『ブラクトン』をはじめとするコモン・ローの古典のルネサンスがあったのです。コモン・ローの近代化にとっては権威と理性の、すなわちエリザベス期の裁判所と法学の共同が必要だったのです。私は後にセルデンに接し、この時代のコモン・ロー法曹が決して他の学問から孤立していたのではないことを知りました。それ故にこそコモン・ローの近代化が可能であったのです。

　K：結局はコモン・ロー法律家が解決策を見出したのです。問題は動機です。あらゆる所に国王ですら簡単にいじれぬ既得権がつき纏い、早期に固まってしまった専門家集団には、自浄作用を期待できるはずがないからです。ブラッチャの指摘したように、コモン・ローもコモン・ロー裁判所もそれに寄生していたコモン・ロー法曹も相対的に地位を落としていったのです。このコモン・ロー法曹全体に対する、しかもその存在自体の危機に遭遇し、コモン・ロー法曹は重い腰を上げたのです。その直接的動機が、よく言われるように職業利益の擁護、とりわけ収益の減少を防ぐという金銭上の考慮であったのです。

　M：確かに、近代化の動機については私は述べませんでした。ですから私には反論する術はありません。しかし後の研究者、ベイカー（第１版）やアイヴズはコモン・ロー法曹全体に対する危機とは考えていないようです。旧裁判所の仕事量の減少については私もリード講演で伝聞証拠をもとに論じました。ブラッチャ女史がその点について資料的に明らかにされたことは大きな前進でした。しかし、仕事量の減少が15世紀半ばから始まっているのに対し、丁度この時期に、多くのコモン・ロー法曹が富を蓄え有力な家系にのし上がっていったという報告、さらには、彼らの貪欲に対する非難が高まるという報告もまた聞いているのです。旧裁判所の仕事量の減少が直ちにコモ

ン・ロー法曹全体の収入減、危機へと繋がっていったかは改めて問われねば
ならないでしょう。その場合当時の法曹をどのような階層として把握するか
によって評価は異なってくるでしょう。しかし、この問題はもはや私が論ず
るべき問題でもありません。私には、私がどのようにルネサンス期イングラ
ンド法の物語を考えたのかが理解していただければよいのです。

対話を終えるにあたって

　対話の作者たる私は、これによってメイトランド説が正しかったと主張し
ているわけでも、また、小山氏の試論の批判を目指しているわけでもない。
私の批判の眼目は、小山氏が自らの試論をメイトランド説とほぼ完全に一致
すると宣べられた点にある。もし、学問が相互批判によって発展するもので
あれば、我々はメイトランド説はメイトランド説、小山説は小山説と分けて
おいた方がよいだろう。法文献上の革新を通してイングランド法の近代化を
説くメイトランド説と、職業団体としてのコモン・ロー法曹の利害関心を軸
にコモン・ローの近代化を説く小山説とはそれぞれ別個の理論であると考え
るからである。

参考文献

＊を付したものには邦訳がある。

F. W. Maitland;

‘Why History of English Law is not written’ (1888) repr, in *Collected Papers of Frederic Maitland*, (ed.) H. A. L. Fisher, 1911 (以下 *Col. P.*) vol. I pp. 487-492.

‘The Materials for English Legal History’, *Political Science Quarterly* (1889) *Col. P.* vol. II, pp. 56-60.

＊ Outlines of English Legal History, 560-1600, in *Social England*, (ed.) H. D. Traill, (1893) *Col. P.* vol. II, pp. 447-496.

The History of English Law, vol. II (1895) [2nd ed, reissued 1968] pp. 672-674. (F. Pollock と共著)

Letter to Henry Sidgwick (c. 1897) *The Letters of Frederic William Maitland*, (ed.) C. H. S. Fifoot, 1965, No. 202.

350

この他リード講演で言及したスタッブズの評価につき興味のある手紙を含んでいる。cf. No. 283, No. 287.

Review of *The Records of the Honourable Society of Lincoln's Inn, English Historical Review* (1898, 1900) *Col. P.* vol. 3, pp. 78-86.

Introduction to *Otto Gierke's Political Theories of the Middle Ages,* (transl.) F. W. Maitland, (1900) pp. xii-xv.〔森泉章監訳『団体法論序説』（日本評論社、1995）29-35頁〕

* English Law and the Renaissance, The Rede Lecture for 1901, in *Select Essays in Anglo-American Legal History,* vol. I, pp. 168-207.

History of English Law, *Encyclopaedia Britannica* xxviii, (1902)

なお筆者が参照したのは English Law, *Encyclopaedia Britannica* (1947) vol. VIII, pp. 556-557. なお現代の版では Common Law の項目の下に A. K. R. Kiralfy が執筆。本文では直接言及しえなかったが、絶対王政的統治と議会の関係、布告法、新興裁判所へのメイトランド評価としては、没後出版された 1887-1888 年の講義ノート * The *Constitutional History of English Law,* (ed.) H. A. L. Fisher (1908)〔repr. 1977〕pp. 199-203, pp. 216-226, pp. 251-267 を参照。

W. S. Holdsworth;

A History of English Law vol. IV (1924)〔3rd ed. 1945〕pp. 252-293.

なお The Reception of Roman Law in the Sixteenth century, *Law Quarterly Review* (以下 *L.Q.R.*) vol. 27, 28 (1911, 1912) との関係については、後出、小山編訳、あとがき、165 頁以下参照。

T. F. T. Plucknett;

'The Place of the Legal Profession in the History of English Law', *L.Q.R.* vol. 48 (1932) pp. 328-340.

その後の見解については、

* *A Concise History of the Common Law,* 5th ed. (1956) pp. 43-44.

'Legal History in England', *Journal of the Society of Public Teachers of Law,* pp. 195-196 (1954) 上記論文は taught law is tough 命題への批判（むしろメイトランドの趣旨に沿う形での批判）と共に、Bracton の復刻者の T. N. の動機について興味ある言及を行っている。この期の Bracton の復活と当時の評価については、後出拙稿においても、Fitzherbert, Fraunce 等との関連で触れておいたが、最近の研究としては、D. E. C. Yale, '"of No Mean Authority" Some Later Uses of Bracton', in *On the Laws and Customs of England, Essays in Honour of Samuel E Thorne* (ed.) M. S. Arnold et al (1980) pp. 383-396 がある。なお、メイトランドによって a Reception に役割を果したかもしれなかったと評価された Cowell も Bracton に大きく依拠している、Cowell, *The Institute of the Lawes of England* (1651) repr. in *Classics of English Legal History in the Modern Era* (1978)

G. R. Elton;

'Parliamentary Drafts 1529-1540', *Bulletin of the Institute of Historical Research,* vol.XXV (1952) repr. in *Studies in Tudor and Stuart Politics and Government* (1974)（以下

Studies) pp. 74-77.

'The Political Creed of Thomas Cromwell', *Transaction of Royal Historical Society*, (1956) *Studies* vol. II, pp. 222 ff.

'Henry VIII's Act of Proclamation', *E.H.R.* vol. LXXV (1960) *Studies* vol. I, pp. 339 ff.

'Reform by Statute', *Proceeding of the British Academy*, vol. 54 (1968) Studies vol. II, pp. 246 ff.

なお、Dunham Jr との論争については、'The Rule of Law in Sixteenth- Century England', in *Tudor Men and Institution*, (ed.) A. J. Slavin (1972) pp. 265-274. Studies vol. I, pp. 260-284.

M. Blatcher;

'Touching the Writ of Latitat: or Act 'OF No Great Moment'', in *Elizabethan Government and Society* (ed.) S. T. Bindoff, J. Hurstfield, C. H. Williams, (1961) pp. 199-201.

The Court of Kings Bench 1450-1550: A Study in Self-help, (1978) pp. 10-33.

F. W. Ives;

'The Common Lawyes in Pre-Reformation England', *T.R.H.S.*, 5th Series (1967) pp. 145-173.

なお 1450-1550 の法曹の実像を明らかにしたものとして、以下の論文を参照されたい。今日では法廷弁護士としてのみ、またウェストミンスタの法廷弁護士としてのみ当時の法曹を、もしくは少なくとも、インズのメンバーを把握することは、困難となってきており、また、彼らを偏狭な精神の持ち主と理解することも信じられなくなってきている。彼らこそルネサンスの波がイングランドに到達したとき、それを受け入れる準備ができていた知識人層の重要な一団であり、しかも彼らは、ケムブリッジやオックスフォードの片田舎にではなく、ロンドンに開廷期に集まってきていたのである。

'The Reputation of the Common Lawyers in English Society 1450-1550', *University of Birmingham Historical Journal*, vol. VII (1960) pp. 157ff.

'Promotion in the Legal Profession of Yorkist and Early Tudor England', *L.Q.R.* vol. 75 (1959) pp. 353ff.

'A Lawyer's Library in 1500', *L.Q.R.* vol. 85 pp. 104-116.

なお、*the Common Lawyers pre-Reformation England-Thomas Kebell, a case study* (1983) が出版されている。〔初出論文発表時には、〕筆者未入手。

H. E. Bell;

MAITLAND, A Critical Examination and Assessment, (1965) pp. 130-138.

W. H. Dunham Jr.;

Review of 'Bell's *op.cit.*' *Yale Law Journal* vol. 75 (1966) pp. 1061-1064.

'Regal Power and the Rule of Law,' *Journal of British Studies* vol. III (1964) pp. 24-56.

S. E. Thorne;

'English Law and the Renaissance' in *La Storia del Diritto nel quadro delle scienze storiche*, (Firenze, 1966) pp. 437-445.

論争に直接言及したものではないがソーンがルネサンスの真の物語と考えたものにつ

き以下の論文が参考となるだろう。

'Tudor Social Transformation and Legal Change', *New York University Law Review*, vol. 26（1951）pp. 10-23.

　　なお、彼はインズ・オヴ・コート研究の第一人者であると同時に、クックを中世と近代の分水嶺とするメイトランドの評価について知らないわけではなかった。

'Early History of the Inns of Court', Gray's Inn Lecture, *Graja*（1959）pp. 179 ff.

Readings and Moots at the Inns of Court in the Fifteenth Century, vol. 1 , *Selden Society* vol. 71（1954）

Sir Edward Coke, 1552-1952, Selden Society Lecture Series（1957）

彼の研究業績全般については、前出記念論文集の巻末リスト参照。

J. H. Baker;

＊ *An Introduction to English Legal History*（1971）pp. 30-31.

'English Law and Renaissance', in Introduction to *the Report of Sir John Spelman*, vol. II, *Selden Society* vol. 94.

　　28 ページ以下の彼自身の新たなイングランド法とルネサンス問題については本文では触れえなかった。

An Introduction to English Legal History, 2nd ed.（1978）pp. 36-37, 4.

　　なお、Ives との法曹理解の相異及び研究関心の相異については、'The English Legal Profession, 1450-1550', in *Lawyers in Early Modern Europe and America*（ed.）W. Prest（1981）pp. 16-41. なお、その他、この期の barrister, solicitor, attorney, court office についての実証的研究が多数ある。近年新たに *Serjeant at Law*（1984）を出版している。〔初出発表時には〕筆者未入手。

D. Jenkins;

'English Law and the Renaissance, Eighty Years On: In Defense of Maitland', *Journal of Legal History* vol. II（1981）pp. 107-142.

　　なお、C. H. S. Fifoot, *Frederic William Maitland; A Life* 1971）にもリード講演への言及がみられる。しかし、彼のリード講演評価「チューダ期イングランドについては、彼は侵入者ではないとしても、お客様以上の何者でもなかった」という見解には同意しかねる。

　　上記のうち〔初出発表時に〕邦訳されていたものとしては、メイトランド他著・小山貞夫編訳『イングランド法とルネサンス』(1977)（前掲、ホウルズワース論文、ソーン論文所収）
メイトランド著・小山貞夫訳『イングランド憲法史』(1981)
F. W. メイトランド著・松村勝二郎訳「イギリス法制史綱要」海技大学研究報告 18 (1975)
T. F. T. プラクネット著・イギリス法研究会訳『イギリス法制史・総説篇』上、下 (1959)
J. H. ベイカー著・小山貞夫訳『イングランド法制史概説』第 1 版 (1975)

　　我が国における論争への評価としては前掲、小山編訳『イングランド法とルネサンス』「あとがき」、及び私の書評『法制史研究』28 (1978) 292-295 頁、小山貞夫「『イングランド法とルネサンス』考」『法学』48 巻 (1984) 181-248 頁がある。

なお、本文でも確認しておいたごとく、本稿は小山試論への批判ではない。筆者自身の試論を対置させるのは今後の課題である。さしあたり、限られた視点からの論稿であるがこの期のイングランド法学について論じた以下の論文を参照していただければ幸いである。ここでは個別的に論じえなかったスターキィ編「対話」「ロー・フレンチ」「イヤー・ブックス」「人文主義」「インズ・オヴ・コート」「新型判例集」等への筆者評価については当時から基本的に変化はしていない。ただし、その後重要な研究が続々と発表されており、何らかの形で補う必要があると考えている。

「チューダー期イングランド法学の形成とその展開過程イングランド法学の形成とその展開過程 (1)〜(4・完)」『法学論叢』105 巻、106 巻 (1979)、「イングランド法とラミズム」『京大院生論集』創刊 5 周年記念号 (1978)、「Fitzherbert の "Graunde Abridgement" (1516) の成立に関する一考察」『京大院生論集』第 7 号 (1979)、「中世末イングランドにおける判例法主義の成立過程」『法学論叢』107 巻 (1980)、108 巻 (1981)〔本書、プロローグ、第 4 編、第 5 編、第 5 編補論 2、3〕

メイトランドが「イングランド法の小ルネサンス」との関連で重視した、アングロ＝サクソナリズムについては、佐々木信「チューダー期イギリス法史学史覚書」『法学論集』12、14、16、18 号 (1978)、「チューダー期アングロ・サクソン法研究史覚え書――W・ラムバードまで」『法学論集』24 号 (1982) 及び、前者への私の書評『法制史研究』29 号 (1979) も参照されたい。

Chancery 問題に関しては今後の課題に属することであるが、中世末以来、大部分がローマ法の知識を有する聖職者によって占められてきた大法官職が、モア以降（ライアススリィを除き）コモン・ロー法曹によって占められることになったこと、もしくは、それが可能となったことの意味が重要であると考える。さしあたり、メイトランドの見解としてメイトランドが死の年に行った講義、Equity における大法官への評価を引用しておこう。

　　私は、大法官達がローマ法から多く借用したとは信じない――この問題は論争のあるところではあるが、……もちろん、初期の大法官達はこれらの〔ローマ法格言〕を知っていたし、それらを評価していた――しかし、私は〔だからといって〕彼らが相当なローマ法の知識を有していたとか、また、イングランド法をローマ法化する意図を有していたと考えるべきだとは信じない。……ユースや信託の取り扱いにおいて大法官達はコモン・ローの諸規則に、密接に、驚くほど密接に結びついていた――彼らはしばしば〔通常裁判所の〕裁判官に相談した、また、彼らの前で訴答するのはコモン・ロー法曹であった、というのは、末だ 'Chancery Bar'〔大法官裁判所専門弁護士〕はなかったからである」。*Equity also The Forms of Action at Common Law*, (ed.) A. H. Chaytor & W. J. Whittaker, (1916) pp. 8-9.

*1　小山氏の本稿への反論については、小山貞夫「請願裁判所素描――絶対王政期イングランドにおける『貧者のための裁判所』」『法学』53 (1), (2), (1989)、同『絶対王政期イングランド法制史抄説』（創文社、1992）185-188 頁。私としては、メイトランド説と小山説とが異なるということを理解していただいて、この論稿の目的の半分以上は達したことになる。私と小山氏との理解の相違は、私がイングランド法学史という視点から、この問題にアプローチしようとしているのに対し、小山氏が、コモン・ロー法曹の職業的利害関心という動機からアプローチされようとしているからであろう。前掲書、180 頁。

*2　『序文』からの引用に関しては、本文で〔森泉監訳、頁〕として引用頁を補った。

*3　『スペルマン判例集』序文の第 2 版ともいうべき OHLE vol. 6 では、最初に述べたフォード講義（1984）の成果を受けて、目次構成も変化している。

『スペルマン判例集』序文（1978）
第 1 章　イングランド法とルネサンス
メイトランドのリード講演
人文主義とイングランド法
（1）法の言語と文献形式
（2）法を歴史的に説明する傾向
（3）「コモン・ウェルス」という功利主義的理想
（4）多様な個別的事件への「エクイティ的」接近方法
（5）社会規制のための立法の使用
経済的社会的諸要素
結論

『オックスフォード・イングランド法史　第 6 巻　1483-1558』
第 1 章　イングランド法とルネサンス

イングランド法とローマ法の継受	メイトランドのリード講演
近世の法変動	経済的社会的諸要素
人文主義のイングランド法への影響	人文主義とイングランド法
法史と変化の意味	（2）法を歴史的に説明する傾向
法源の秩序と体系	（1）法の言語と文献形式
印刷術の出現	
個人主義と「コモン・ウィール」	（3）「コモン・ウェルス」という功利主義的理想
立法の役割	（5）社会規制のための立法の使用
エクイティと良心	（4）多様な個別的事件への「エクイティ的」接近方法
司法的実証主義	

リード講演評価に関しては、1981 年のジェンキンズ論文を受けて、論調は変化したもの、「その後 1 世紀の研究によって彼〔メイトランド〕の大前提のほとんどが誤り

であったことが判明した」とする基本線は崩していない。しかし、「メイトランドの示唆の幾つかは、直接的に断言するのではなく、遠回しに、微妙な言い回しで述べられて」いて、「メイトランド自身の立場は、意図的に仮説的であるにもかかわらず、多くの底流に流れるテーマは、後の著者達によって、たいていの場合、批判されるべき命題として孤立分断されてしまった」と述べるとき、私の立場に近くなっているのだが、メイトランドの真意を『序文』、『綱領』等から再検討する試みはなされなかった。むしろ、ベイカーにとってはイングランド法のルネサンスに議論を集中することが課題であったのである。『第6巻』では、フォード講義以来のドイツにおけるローマ法継受論の意義を、学者的専門法書の裁判官席への進出による素人裁判の駆逐と見て、同様な過程がイングランドにおいても生じていたとみる。しかし、イングランド法曹の法学識はローマ法学識ではなく、法曹院で教えられる法学識であったとするのである。このあたりは、私が第2編「はじめに」で述べたことに近い。ベイカーは、これら法学識の形成について制定法講義を中心とする法曹院教育の意義を重視するのであるが、私自身は、それも重要なのであるが、中央法廷やサージャンツ・インでの裁判官とサージャントとの議論そのものが基礎となったと見ている。それらの法的議論が、法廷報告として蓄積され、印刷術の導入によって法廷年報として出版され、a. b. c.順の大法要録という形式で纏められることによって、典拠として引用可能な法源となったことが極めて重要であるように思われるからである。ベイカーも「印刷術の出現」という新たな節を『第6巻』で設け、制定法令集をはじめとする法文献の英語化の意義を捉えている。これについては筆者もマグナ・カルタ800周年展示で制定法要録の意義を確認できた。しかし、法学の発展という側面からは、法廷年報の出版停止も含め当時の出版者への批判が強い節となっている。むしろ、新たな印刷術の果たした役割については「法史と変化の意味」の節で「ゴチック・リヴァイヴァル論」との関係で、『グランヴィル』『ブラクトン』等の出版の意義が論じられ、「法源の秩序と体系」の節でフィッツハーバート『大法要録』の出版の意義が論じられるなど、他の節に目配りする必要がある。「公共の福利」論については、個人主義と「公共の福利」として論じられているようにコモン・ロー法理論上は公共の福利優先理論としては定着しなかったと論じ、人文主義者による公共善拡大への期待が議会の立法権限の強化に結びついたとして立法論と結びつけて論じられる。ここでも英語化された制定法令集が印刷されることによってアクセスが容易となったことが、議会制定法の優位を助けたことに言及される。エクイティ論では、抽象的正義としてのエクイティと一般法の個別的適用におけるエクイティが区別され論じられると共に、コモン・ローとエクイティの二元的発展の分岐点の議論をモアの議論に基づいて考察され、最後の締め括りとなる司法的実証主義の問題では、大陸との同時併行現象であることを強調するために学識裁判官による判決の意義を強調することとなる。この点については、確かに、裁判官であったダイア型の判例集の場合にはそうした傾向が強いのかも知れないが、プラウドゥンの『判例註解』の場合には、判決と云うより、裁判官—法廷弁護士間の法的議論の方が重視されているように思われる。このプラウドゥン判例集で中心的課題となるのが立法解釈論であり、本書第6編で扱うように、その中で、エクイティ論、公共善論が中心的議論として浮かび上がってくるのである。ベイカーが装飾的な

利用方法であったと論じる『ブラクトン』の議論も立法解釈の関係で、立法前のコモン・ローを示すものとして重要になってくる。ベイカーが、このあたりの問題に踏み込まないのは、この発展を示すプラウドゥン判例集の出版が、ベイカーの担当する次の時代となるからであろうか。また、同時代の法学の発展を示す法廷報告が印刷されず手稿のままに留まったとするこの期の出版人に対するベイカーの批判も、このあたりに関係しているのかも知れない。いずれにせよ、メイトランドが、コモン・ロー法学の復活を見たエリザベス期の法廷とクックの著作の物語については、D. J. Ibbetson, *OHLE vol. VII: 1558—1625* の出版を待たざるを得ない。

この期の法律書出版については、*OHLE* vol. 6, ch.27 で、改めて詳述されているので同章も参照。また、Lotte Hellinga & J. B. Trapp ed., *The Cambridge History of the Book in Britain, vol. III 1450-1557* (Cambridge U.P., 1999) の収録論文、R. H. Helmholz, The Canon Law, pp. 387-398, Alain Wijffels, The Civil Law pp. 399-410, J. H. Baker, The Books of the Common Law, pp. 411-432 も併せて参照。印刷術の出現と知識のあり方の変化への注目も進んでいる。John Barnard and D. F. McKenzie ed., *The Cambridge History of the Book in Britain, vol. IV 1557-1695* (Cambridge U. P., 2002)

*4   J. H. Baker, 94 Selden Soc., intro., p. 27 [*OHLE*, vol.6. p. 9]. 我が国で定評のある西洋法史の教科書、勝田有恒・森征一・山内進編『概説　西洋法制史』(ミネルヴァ書房、2004) では「大陸では、ローマ法は合理的かつ高度であるがゆえに、非合理的な素人裁判を凌駕した。しかし、もっとも早期に市民革命を行い、資本主義をもたらしたイングランドになぜローマ法が継受されなかったのか。これは不思議である」と論じている。逆に、ドイツにおけるローマ法の包括的継受が例外的だというのが、ベイカーの見解である。本論で述べたように、私とベイカー氏との相違は、メイトランド自身もドイツが例外的であることを認識していたという点にある。ドイツの法状態があまりにも遅れていたが故に、ローマ法継受が生じたとメイトランドも考えていたのである（森泉監訳『団体法論序説』29-34 頁）。

*5   メイトランドが、コモン・ローを単なる慣習法としてではなく法曹法として理解していたことに注意すべきである。コモン・ローを単純に慣習法と訳すことがコモン・ロー法学に対する大きな誤解の一因となっているのである。森泉監訳『団体法論序説』62 頁では、the doctrinal stage of growth は、「法が理論化される成長段階」と訳されている。native law も「その土地固有の法」と訳すと、その素朴な段階としての意味合いが薄まってしまうのではないだろうか。

補論 **2**

Fitzherbert の "La Graunde Abridgement" (1516)の成立に関する一考察[*1]

はじめに

　法要録 Abridgement とは、ターナの言葉を借りれば、「年代順とは無関係に、要録された事例 abridged case をその主題に従ってアルファベット順に整理した集成」であり、かくのごとき意味で、法要録が法文献として確立するのは、『ステイサム』に代表される数種の法要録の出現する 15 世紀後半である。[(1)]この期の法要録成立の背景には、法曹院の教育訓練制度の整備とこれに併行して進展する論証方法としてのイヤー・ブックス（以下 Y.B.）からの引用の重みの増大があったと考えられる。なぜなら、こうした目的にとって無秩序に堆積されたマニュスクリプト Y.B.MSS は充分にその要請に応え得るものではなかったからである。[(2)]

　フィッツハーバートの『大法要録』がこの 15 世紀後半の法要録の成立を引き継ぐものであり、その伝統の上に成立したことは論を俟たない。

　しかしながら、同時にフィッツハーバートの『大法要録』が、その"Graunde"の名の通り、『ステイサム』の 3,750 事例に対して 14,039 に及ぶ膨大な事例を要録したものであること、さらには、それが Y.B. のみならず『ブラクトンズ・ノートブック』も含め、法的諸見解の中世的堆積物をほとんど可能な限り網羅するという包括的な性格を備えていたことに注目するなら、『ステイサム』からフィッツハーバートの『大法要録』への発展には単に要録された事例数の増大といった量的問題にとどまらないものをも含んでいるこ

とも明らかであろう。

　ところが、かくのごとく中世コモン・ローの集大成としてコモン・ロー法学の発展に果した『大法要録』の役割の重要性にもかかわらず、その成立の歴史的意味の解明は必ずしも充分になされてきたとは言い難い。一つには、従来の法文献史的な研究が、各著作をその文献形式にのみ注目し、その時代や著者の政治的立場と無関係に孤立的に検討するといった方法上の難点を持っていたことが重大な制約となっていたと考えられるが、『大法要録』の成立の問題に関しては、これに加え、その成立が極めて私的な、言い換えれば、フィッツハーバートの個人的動機に基づき、個人の手によって編纂されたのだとする理解が、その時代において『大法要録』の形成の持つ社会的・政治的意味の位置付けを曖昧なものにしてしまったように思われる。

　例えば、ウィンフィールドは『大法要録』の成立をローマ法における『学説彙纂』(Digesta) の編纂を連想せしめるものだとしつつも、他方では、『大法要録』の各項目内に収められた事例の配列の無秩序さの故に、1518 年に出版された "Table（索引表）" 無しには「フィッツハーバートのみに役立ち、その本を使う人には役立たない」として、その法典的性格を否定しているのである。[3]

　さらに、『大法要録』の出版人たるラスティルが「上述の『大法要録』の作成の名誉は高位法廷弁護士アンタニ・フィッツハーバートのみに与えられるべきものである。それは彼の偉大で多年にわたる研究によって編纂されたものである」として、その業績をフィッツハーバート個人のものとして明言したことが、明確な学派を形成することのなかったコモン・ロー法学史の中でフィッツハーバートの『大法要録』の意義を正当に位置付けることを困難にしていた。[4]*2

　同時に、フィッツハーバートの『大法要録』がその成立期、トットルの時代、クックの時代とそのコモン・ロー法学内に占める位置乃至機能を変化させていったことにほとんど注意が払われなかったことも従来の評価の欠陥であった。この変化は一つにはテューダ期の学問観、法学観の変化に伴うものであり、その意味でも我々はフィッツハーバートの『大法要録』の歴史的意義を時代の思潮の中から捉え直さねばならないのである。

補論2　Fitzherbert の "La Graunde Abridgement"（1516）の成立に関する一考察　359

〔この最後の問題は、本編で扱ったので、補論として、その成立期の問題
に限定して考察を進めてゆきたい〕。

I　文献史的アプローチへの疑問

『大法要録』が果してフィッツハーバート個人の手になるものか、さらに、
その作成の動機が私的な、フィッツハーバート個人のものであったのかは、
成立期の『大法要録』の性格を考える上で極めて重要である。

第一の問題に関しては前述のラスティルの明言がある以上争い得ない事実
であるように思われる。しかし、今一度『大法要録』の 14,039 事例の要録と
いう包括性・網羅的性格というものに目を向けるなら、事態はそれほど単純
ではないように思われる。前述の小規模な『ステイサム』の法要録が、彼の
属したリンカンズ・イン法曹院の共同の努力によって形成されたとする通説
的見解を支持しうるなら、その 4 倍近くの膨大な事例を要録した『大法要録』
が果してフィッツハーバート個人の手になるものであったのかは素朴な疑問
として問い直されてしかるべきであろう。⁽⁵⁾

問題解決の糸口の一つは、Y.B. の出版にあると考えられる。1490 年以降
Y.B. の出版をほとんど一手に引き受けたピンソンは法曹院のバリスタを雇
い、Y.B.MSS を精力的に蒐集・校正し、系統的な出版を行っていた。『大法要
録』の出版者であり、法曹でもあったラスティルは、このピンソンの出版事
業の良き協力者であり、フィッツハーバートが彼を通じて膨大な、より詳細
で正確な Y.B.MSS を手に入れることができたであろうことは想像に難くな
い。

このことは Printed Y.B. の存在しない多くの事例は、ほとんど『ステイサ
ム』からの遂語的引用に留まっているという指摘からも確認されよう。⁽⁷⁾

とするならば、前述のラスティルによる「フィッツハーバートのみに」と
いう表現は、逆にこうした協力関係を前提とした上で加えられた強調ではな
かったかと解することもできるのではないだろうか。

他方、動機の問題では後の Y.B. の中に現れるフィッツハーバートの活躍

にみられる手法、——訴訟記録の検討による Y.B. の誤りの訂正[8]、引用された事例に対する反証としてその見解に反する Y.B. を幾冊も示すという彼に特徴的な手法[9]——は、彼自身の学識の深さ（訴訟記録と多くの Y.B. への精通）を確認させると共に、彼がコモン・ローの運用を確実な基礎の上に載せんとするに充分な動機を持った人であったことを示すものであろう。さらに、『大法要録』がこの種の法文献としては珍しく著者の存命中に出版されたことにも注目してもよいだろう。後のリポート集も含めテューダ期に著者存命中に出版されたのはプラウドゥン（1571）、クック（1600）のみなのである。しかも『大法要録』が Y.B. の歴史を閉じるその瞬間に、『コモン・ローの危機』と見做されている時代に出版されたことの意味は何なのかということを考えるなら、フィッツハーバート個人への動機付けが何らかの司法行政上の公的な要請から生み出されたのではないかという疑問も湧いてこざるを得ないのである。

　この疑問は、後に述べる彼の他の諸著作との関連、さらにはそのエリザベス期コモン・ロー法学への影響を考えると、より一層深いものとならざるを得ないのであるが[10]、残念ながら我々は『大法要録』の出版に関する公的文書や、丁度1世紀後にフランシス・ベイコンが明らかにしたような「法律の修正に関する提案」のごとき Y.B. の編纂計画を手に入れることができない[11]。しかし上述の予備的な検討を示唆したように、『大法要録』の出版とこのピンソンによる Y.B. の蒐集・出版事業の間には一定の関連性があり、その問題を『大法要録』の内部編成の問題と合わせて解明することによって、この疑問の解明を一歩進めることができるように思われる。

注

(1)　　G. J. Turner, *Year Books of 4 Edward II, Year Books Series, vol. VI.* (Selden Society, 1914) pp. xxix et seq. B. H. Putnam, *Early Treaties on the Practice of the Justices of the Peace, in the Fifteenth Centuries* (1924) pp.176f.

(2)　　さしあたり、T. E. Lewis, 'The History of Judicial Precedent III', *the Law Quarterly Review*, No. CLXXXVII, pp. 411-413 を参照。

(3)　　P. H. Winfield, *The Chief Sources of English Legal History* (Cambridge: Harvard University Press, 1925) p. 227, p. 228, p. 231.

補論 2　Fitzherbert の "La Graunde Abridgement" (1516) の成立に関する一考察　361

(4)　Putnam, *op.cit.*, p. 34.

(5)　Turner, *op.cit.*, pp. xxi-xxv, Winfield, *op.cit.*, pp. 201-220. こうした指摘は、一方で
ステイサムの遺言状にはこの書物の言及がなく、他方 "*Liber Assissarum*" の著者ウィ
リアム・カロウ（1485 年没）が彼の法律文献の遺贈に関して「2 冊の法要録、1 冊は私
自身の労苦に、もう 1 冊はリンカンズ・インの努力になる（of Lincoln's Inn Labour）」
としていることに基づいている。ターナはそれ故、ステイサムの監督下にリンカン
ズ・インのメンバーによって作成されたのではないかと推測している。ただし、最近
の J. ベイカーの著作ではむしろリンカンズ・インの匿名の著者の作品とされ、後に著
名な法曹たるステイサムの名と結びつけられたと考えているようである。J. H. Baker,
The Reports of Sir John Spelman, vol. II (Selden Society, 1978) pp. 172-173.

(6)　L. W. Abbott, *Law Reporting in English 1485-1585*, (the Athlone Press, 1973)
pp. 14-19, p. 31.

(7)　Winfield, *op.cit.*, pp. 227-228.

(8)　Lewis, op.cit., II. p. 359.

(9)　Ibid., III p. 414. 「この点に関して法は明らかである。そして、私はこの点に関する
判断が私が述べた事と合致して与えられている数冊の書物〔Y.B.〕を示すことができ
る」。「私は貴方の書物〔Y.B.〕に抗して、逆に判決された 4 冊の書物〔Y.B.〕を提出す
ることができる」。亀甲箇弧は筆者。

(10)　T. F. T. Plucknett, 'The Genesis of Coke's Reports' *Cornell Law Quarterly*, vol. 27,
pp. 194-195. エリザベス期の法曹は彼の『大法要録』を通して Y.B. の先例を見出した
のであり、さらに、エドワード I、II 世期の Y.B.、『ブラクトンズ・ノートブック』は
革命前には出版されず、フィッツハーバートを通じてのみ近づき得たのである。

(11)　Sir Francis Bacon, 'Proposition touching amendment of Law', in J. Spedding, *The
Letters and Life of Francis Bacon*, vol. VI, pp. 68ff.

II　イヤー・ブックスの出版と『大法要録』

(1)『大法要録』の内部編成秩序

『大法要録』の各タイトル内の事例の配列順序について、大きな流れから見
るなら概ねヘンリ VI 初年（1422）から出発し、エドワード IV、リチャード III、
ヘンリ VII と年代順に時代を下降し、再び逆に、ヘンリ VII からヘンリ V、ヘン
リ VI、エドワード III、リチャード II、エドワード II、エドワード I、ヘンリ
III（『ブラクトンズ・ノートブック』）へと、──エドワード III とリチャード II

の逆転があるものの——年代順に遡っていく傾向がみられることは、ウィンフィールドによって指摘されてきた。しかし、この流れには、とりわけエドワードⅢ期の事例が繁雑に挿入され、あまりに多くの例外が存在することから、これ以上の分析は放棄され、最終的には、そこには、如何なる法則性も存在せず、それ故に、前述のごとく『大法要録』は、1518年に出版された「索引表」無しには、「フィッツハーバートにのみ役立ち、その本を使う人には役立たない」と結論付けられたのである。[1]

しかし、この問題は、1936年に発表されたソーン教授の小論文によって一定の前進をみせている。

第一に、彼によれば多くの事例が以下の五つのグループに入る。

A— ヘンリⅥ（1422-61）：1-39年　但し（5, 6, 12, 13, 16, 17, 23, 24, 25, 29年を除く）
B— エドワードⅣ（1461-83）：1-22年　但し（14, 15, 16, 17, 18, 19, 20年を除く）
C— リチャードⅢ（1483-85）：1-2年、ヘンリⅦ（1485-1509）、1-9年。

　　ヘンリⅥ（1422-61）：18, 21, 34, 35, 36年。
　　ヘンリⅤ（1413-22）：1, 2, 5, 9年。
　　ヘンリⅣ（1399-1413）、2, 3, 8, 9, 7, 11, 12, 13, 14年。
D— エドワードⅢ（1326-77）：38-50年　但し、41年は通常の位置と44年の後方とに出現。
E— リチャードⅡ（1377-99）、2, 5, 6, 7, 11, 12, 13年。

第二にEのグループの後にエドワードⅢ初期の事例が、16, 17, 18, 19, 11, 12, 13, 14, 15, 31, 32, 30, 21, 14, 15, 13, 19, 20, 22, 23, 24, 25, 27, 28, 7, 8, 9, 10, 4, 5, 6, 1, 2, 3年、ノッティンガム巡回陪審裁判、ノーサンプトン巡回陪審裁判等の巡回陪審裁判所記録の順で続く、しかしながら、このエドワードⅢ初期の事例は、前述のA、B、C、D、Eのグループの間に挿入されていることが多く、このグループを☆印で表すなら、各タイトル内の配列は、①

ABCDE ☆、②☆ ABCD ☆、③☆ A ☆ ABCD ☆ E ☆等の型に分類される。

　この二つの点から、ソーン教授は ABCDE のグループが本来の『大法要録』原型であり、☆印のエドワードⅢ治世初期の事例は、出版直前に付加されたものであると考えた。[2] さらにそれに続くエドワード期の事例は、規則的に年代順に従っており、それ故に『大法要録』の原型として存在していた可能性があるが、同時に、一層多くの、そしてより無秩序なヘンリⅦ治世末、ヘンリⅤ、Ⅳ、エドワードⅢ 31-38 年、リチャードⅡ治世末、さらに、ヘンリⅢ治世期の事例によって分断されるところとなっている。[3]

　我々は、このソーン教授の『大法要録』の配列の分析を基礎に『大法要録』の編纂過程を追ってみることにしよう。

　上記の原型の発見によって、一層明瞭なものとなったヘンリⅥ治世期からの配列が一旦時代を年代順に下降し、その後にエドワードⅢ治世期へ遡るという、奇妙な、しかも規則的な構成をとったのは何故か、という問題が第一に考察されねばならない。考えられうる解答は、ヘンリⅥ治世期以降のY.B. の機能変化によるものかも知れない点と、先行する法要録、『ステイサム』（エドワードⅡ治世初年からヘンリⅥ治世 38 年までの要録）以降の時代の事例の要録として企画されたのではないかという 2 点であろう。しかし、その場合、何故に再びヘンリⅥ治世から遡るという方法を採用したのかという問題が残る。

　この事例の配列方向の変更がフィッツハーバートの編纂の順序を表すものであるなら、その方向の逆転は、そこに編纂方針の変化があったものとみなければならないだろう。最初にフィッツハーバートの膨大な事例の集録がY.B. の出版と関係していたのではないかと指摘しておいたが、この配列順序が当時の Y.B. の出版過程と極めて類似している点が注目される（表Ⅰ-b）。[4]

（2）Y.B. の出版動向

　Y.B. の出版は 1480 年代レットゥーとマクリニアによるヘンリⅥ治世末期の Y.B. の出版に始まる。続いて 1490 年代にピンソンが出版を開始し、1520年代までほとんど Y.B. の出版を独占するようになる。彼の初期の出版傾向

はレットゥーとマクリニアの出版傾向を引き継ぎ、出版前20～30年前の
Y.B.を年代順に下降して出版を行った。この出版傾向を支配したのは法曹の
需要であって、出版年と印刷されたY.B.の年代の差は、おそらく、初期の
Y.B.の引用が20年以内に限られていたように、法曹の手元に自らがリポー
トした、もしくは友人から写しとった原稿が豊富にあったからであろう。[5]

　自らリポートする法曹にとって最も必要であったのは自分が法実務に入る
以前のリポートであったに違いない。

　ところが、1508-10年を転機に、ヘンリⅣ、ヘンリⅤ、エドワードⅢ治世
期へと逆転して行き、1508年に出版されたヘンリⅦ治世12年以降の新たな
リポートは出版されず、また、ヘンリⅥ、エドワードⅣ治世期の欠落した
Y.B.も1520年代に至るまで出版されない。

　我々はこの出版動向の変化の中に、『大法要録』のタイトル内の配列と対応
した過程を見ることができるであろう。（表Ⅰ-a）

　このY.B.の出版の変化とフィッツハーバートの配列の対応関係は、ヘン
リⅥ期の要録された事例の年代を検討するなら一層明瞭なものとなる。

　第一に、前述のAグループのヘンリⅥ治世期の事例中、欠如した年代、5,
6, 12, 13, 16, 17, 23, 25, 27年の内、ピンソンによって出版されたY.B.は12年
のもののみであり、しかも、そのY.B.（12HⅥ）も1520年になるまで出版
されることはなかった。他方、Cグループで付加されたヘンリⅥ治世期の事
例、18, 21, 34, 35, 36年の内、35年のY.B.（1508）を除けばすべて1520年に
出版されている。このことは、A、Bの法要録作成中には、フィッツハー
バートはヘンリⅥ治世期のY.B.のMSSを十分には持っておらず、後になっ
て、おそらくはピンソンによって蒐集された出版前のヘンリⅥ治世期の
Y.B.の要録によって補遺せざるを得なかったことを示すものであり、且つ、
それが、別々のグループに属さしめられていることは、既に、A、Bのグ
ループの要録がその時点で完成していたことを示すものであろう。

　かくのごときY.B.の出版動向とフィッツハーバートの『大法要録』との対
応関係から推測することが許されるなら、フィッツハーバートの『大法要録』
の事例の配列の変化は、Y.B.の出版動向の変化する1508-10年頃に生じ、そ
れ以前に、ヘンリⅥ治世期以降の法要録は一応完成していたとみて大過ない

であろう。この初期の法要録においてフィッツハーバートは、自ら蒐集した
リポートとピンソン版の初期に印刷された Y.B. を利用し、そして、おそら
くはピンソン同様、当時の法曹の必要に答えるものとして最近の事例の要録
を意図していたのではないか。もしくは、ステイサムの法要録の補遺として
企画されたのかもしれない。

　しかし、1508-10 年を境にして、Y.B. の出版動向は、ヘンリ V→Ⅳ→エド
ワードⅢへと急速に逆転し、フィッツハーバートの『大法要録』も古い
Y.B. の事例の要録へと向かう。C、D、E のグループの要録はこの期間に完
成され、A、B のグループと結びつけられたのであろう。エドワードⅢ初
期、エドワードⅡ期の事例の要録の無秩序な挿入は、この古い事例の編纂へ
の動向が 1516 年の『大法要録』の出版直前まで大急ぎで進められており、そ
れらの事例が蒐集された Y.B. の要録の完成した順に既に印刷に回っている
法要録に組み込まれた結果として生じたように思われる。[6]

(3) 1508-10 年の転換の意味

　この 1508-10 年を境とする Y.B. の出版、『大法要録』の編纂の変化の原因
は一体何であったのか。初期の Y.B. の出版傾向を左右したものが法曹の実
務上の要請からする需要であったとするなら、この期に法曹の需要の変化が
存在したことに、すなわち、より古い先例が求められるようになったことに
基づくのであろうか。しかし、Y.B. の出版数を比較してみるなら、この点に
対する答えは否定的である。ヘンリⅥ、エドワードⅣ、ヘンリⅦ治世期の第
一の系列の Y.B. が 1550 年までに 3～4 版を重ねたのに対し、ヘンリ V 治世期
前の Y.B. は 1 版しか出版されることはなかった。[7]

　それでは、何故に実務法曹の需要を無視して、採算の合わないエドワード
Ⅲ治世期の Y.B. の出版にピンソンは乗り出したのか。

　考えられるもう一つの解答は、絶対王政の側からの政策的意図による要請
である。この転換期 1508 年にピンソンは国王印刷人に任命される。[8] 他方、
フィッツハーバートは 1510 年に高位法廷弁護士、すなわち、ある種の司法
官僚に任命される。その後、フィッツハーバートの法廷での活躍は明らかで

ないが、1516 年『大法要録』の出版の年に国王付高位法廷弁護士に任命され
るとともに騎士の称号を受ける。この二人の任官の年と Y.B. の変化の年の
対応、さらにフィッツハーバートの昇進と『大法要録』の完成の年の対応は
決して偶然のものとは考えられないのである。

注

(1)　Winfield, *op.cit.*, pp. 229-230.

(2)　Thorne, 'Fitzherbert's Abridgement', *Law Library Journal,* vol. 29, pp. 59-63.

(3)　Ibid., p. 62.

(4)　Y.B. の出版年表は、Beale, *A Bibliography of Early English Law Books* の推定年代
に従った。Appendix II pp. 272-286.

(5)　Abbott, *op.cit.*, pp. 12-17. Lewis, op.cit., II p. 346, p. 351.

(6)　Abbot, *op.cit.*, p. 31. Pynson は法律書の出版に際し、法曹院のバリスタを校正のた
めに雇っており、Y.B. の出版においても、Y.B. の蒐集、校正、出版には相当の時間が
かかっている。これら 20 年頃に出版された Y.B. に関して Fitzherbert が彼の『大法要
録』(1516) の後半部の作成のために利用 (MSS の形で) し得たのではないかと考え
られる。

(7)　Beale, *Bibliography.* pp. 272-286.

(8)　Beale, *op.cit.*, p. 187.

(9)　D. N. B. Fitzherbert の項目。

Ⅲ　　テューダ絶対王政の統治政策と『大法要録』

　1508-10 年という年がヘンリ 7 世期からヘンリ 8 世期への治世の変わり目
であったことに注目したい。ヘンリ 7 世の登位以降、テューダ絶対王政の財
政基盤の確立にとって散逸した国王諸特権の回復と維持が焦眉の課題であっ
た。1499 年から 1514 年にかけて国王諸特権を確認するための諸機関が創設・
整備される。このことは他面、地方ジェントリ層にとっては苛酷な徴税と
なって現れざるを得ず、ために、ヘンリ 7 世期の政策の担い手で、学識法曹
評議会の中心メンバーであったコモン・ロー法曹、エムプソン、ダッドリは

補論 2　Fitzherbert の "La Graunde Abridgement"（1516）の成立に関する一考察　367

彼らの不満と怨嗟の的となり、絶対王政の財政安定に多大な貢献をなした彼らもヘンリ 8 世の即位とともに容赦なく切り捨てられることになった。⁽²⁾

　こうしたジェントリ層の不満を抑え、新たな行政機関を効率的に運用する必要が、一方では、これらの諸機関を担う官僚化されたコモン・ロー法曹にとって指針となるべき統一的な司法・財務行政のためのコモン・ローの集大成の必要が存在した。⁽³⁾また、その中で国王の封建的諸特権を法的に根拠付け、正統化するという作業も必要となっていったであろう。言い換えればテューダ絶対王政の安定した統治にとって、その諸政策を法にまで高めること、コモン・ロー法曹による、また、コモン・ロー＝「国王の法」による行政の実現が不可欠であったと考えられる。

　こうした観点から、フィッツハーバートの『大法要録』を見直してみるなら、彼が、ピンソンと共に何故にあわただしく、従来顧みられることのなかったエドワード 3 世治世期の事例を挿入したのかが明らかとなろう。フィッツハーバートの「国王大権」の項目の下に収められた 210 事例中その 70% 近くの 141 事例がエドワード 3 世治世期から集められていることは、国王の封建的諸特権を回復するための法的根拠付けにとってエドワードⅢ期の事例が不可欠であったこと。⁽⁴⁾さらには、フィッツハーバートとピンソンにおける 1508-10 年の転換がこうしたテューダ絶対王政の政策と密接に結びついていたことを示すものであろう。

　この要録に収められた諸事例は、1567 年に出版された W. スタンフォードの『国王大権の解説』がその副題に「フィッツハーバートの偉大な要録と他のイングランドの古い著作から集められた」と付しているごとく、テューダ絶対王政の国王大権の法的根拠付けの基礎を与え続けたのである。⁽⁵⁾

　ここに示されるフィッツハーバートのテューダ絶対王権に忠実な法曹としての姿は彼の後の経歴を見るなら一層明瞭なものとなろう。

　1522-38 年、彼は民訴裁判所の陪席判事を勤めたが、この間 1529 年には大法官ウルジの失脚に伴いクロムウェル、オードリーと共に Lord Commissioners として大法官府の業務を司宰し、同年作成されたウルジ弾劾の訴追状の署名に名を連ねた。さらに 1535 年以降、フィッシャ、モア等の初期人文主義の巨頭を処刑した宗教改革期の弾圧裁判の、また修道院解散遂

行の積極的メンバーとして活躍し、1531年以降はランカスター公領の首席判事の地位を兼任、国王評議会のメンバーにも加わっている。このフィッツハーバートの活動の軌跡はまさに「テューダ行政革命」の中心人物として宗教改革期の行政の実権を掌握していたクロムウェルと同一線上にあるものといわねばならない。[6]

この点で我々は30年代に現れるフィッツハーバートの一連の著作の持った意義も併せて考えてみる必要があろう。a)『新令状論 La Novelle Nature Brevium』(1534)、b)『治安判事の権威と職務 L'Office et Auctorite de Jusitces de Peace』(1538)、c)『州長官、代官、不動産復帰官、地方治安官、検死官の職務 L'Office de Viscount, Bailiffes, Escheators, Constables, Coronors』(1538)である。これらの諸著作は決してこの期に始まる独創的な法文献ではなかったが、これらすべての著作は『大法要録』と共に『ステイサム』『令状論 Nature Brevium』『治安判事の書 Book for Justice of Peace』という以前の同系の中世法書を駆逐してしまった。令状訴答集たる『令状論』は『旧土地法論 Old Tenure』と共に法曹予備院の学生に学ばれるべきコモン・ローのa. b. c.であり、またコモン・ローの土台でもあった。[7]その意味でフィッツハーバートの『新令状論』の出版は、丁度リトルトンが『旧土地法論』を中世コモン・ロー法学の発展を集約する形で、「権原論」を加えて、書き直したのと同様な意味をもったのであり、それは『リトルトン』と共にイングランド法学修得のための入門書 Institution として18世紀末まで出版される続けることになるのである。[8]

b)、c)は地方の中世的諸官制の職務に関するものである。テューダ絶対王政の地方統治が臨時的な中央行政機関よりの各種委員会の派遣を除けば、ほとんどこれらの地方官制に委ねられていたことを考えるなら、それらをテューダ絶対王政の統治構造の中に組み入れるため、こうした地方官職の職務権限義務の明確化が不可欠であったのである。[9]

これらの『大法要録』をはじめとするフィッツハーバートの法著作群の示す傾向、さらには前述の彼の訴訟記録への精通とそれへの信頼、Y.B.の記載事項を扱う態度の中に「テューダ期行政革命」を特徴付ける職務権限の明確化、文書行政の導入といった共通の精神を見出すことは困難ではないだろう。もっとも、この問題に関しては、フィッツハーバートのパーソナル・ヒ

補論 2 Fitzherbert の "La Graunde Abridgement"（1516）の成立に関する一考察　369

ストリィと彼の諸著作の内容面にわたる検討の後に結論が下されるべきであ
ろうが、[*3] メイトランドがその名著『イングランド法とルネサンス』で、「アン
タニ・フィッツハーバート Anthony Fitzherbert を唯一の例外として、ヘン
リ〔8 世〕治世時代の裁判官には、我が国の法制史上傑出した人はおらず、
またオードリー Audley とかライアススリィ Wriothesley とかリッチ Rich と
いった大法官が、なんらかの法について深い学識を有していたと考える理由
は、ほとんどない」と評したのも、逆にこの期におけるフィッツハーバート
の政治的立場、当時の「政府」部内のクロムウェル派官僚層の一翼を国王に
忠実な司法官僚として担っていたことを示すものであろう。[10]

注

(1)　越智武臣『近代英国の起源』（ミネルヴァ書房、1966）44 頁以下参照。

(2)　R. Somerville, 'Henry VII's" Council learned in the Law', *English Historical Review,* vol. LIV, pp. 441-442.

(3)　これらの諸機関への法曹の流入については、cf. E. W. Ives, 'The Common Lawyers in Pre-Reformation England', *Transactions of the Royal Historical Society* 5th ser. vol. 18. pp. 153-156.

(4)　La table conteynant en sammaries les choses notables on la graunde Abridgement, Edited, by Richard Tottel, (1565) ff. 158-160. 含まれた事例の年代は、各々、Henry III-1 事例、Edward I-2, Edward II-6, Edward III-117, Liber Assissarum-24, Henry IV-15, Henry V-1 ,Henry VI-18, Edward IV-13, Richard II-4, Henry VII-9 事例である。

(5)　Winfield, *op.cit.*, p. 319.

(6)　*D.N.B.,* Fitzherbert の項目参照。Abbot, *op.cit.*, pp. 27-28.

(7)　A. W. B. Simpson, 'The Source and Function of the Later Year Books', *the Law Quarterly Review* vol. 87, p. 110. c. 1504 年のピンソン版『旧土地法論』には以下のごとく註釈が付されていた。

　　　この書物（Old Tenures）は Natura Brevium と共にロンドンのミドル・テンプル
　　に付属するストランド法曹予備院の評議会の先生方の要請によって私、リチャー
　　ド・ピンソンによって印刷された。

　　さらに 1534 年には、ウィリアム・ラスティルがこれにリトルトンの『土地法論』を
　　加え、「ジェントルマンの法学生にとって、これらの 3 冊の書物、即ち、Natura
　　Brevium, the Old Tenures, the Tenures of Mayster Lyttleton、が如何に便利で且つ

有役であるかは経験と書物それ自体が明らかにしている。丁度学校に通う生徒が a. b. c. から彼の文字知識を学ぶ如く、法の学問を志すものは最初にこれら3冊の書物を学ぶべきである」とその序文に記した。

(8) Sir Francis Bacon, 'Proposition touching amendment of Law' in J. Spedding, *The Letters and Life of Francis Bacon*, vol. VI, p. 70. 「概説書に関しては、私は価値ある（学生がそれから始めるべき）入門書、とりわけリトルトンとフィッツハーバートの *Natura Brevium* があるのを十分知っている」Coke, Matthew Hale の評価に関しては、Winfield, *op.cit.*, pp. 302-303. 16世紀に8版、17世紀に4版、18世紀には、1794年版に至るまで3版を重ねた。

(9) 法曹院での Marowe の治安判事に関する講義も、かくのごときテューダ絶対王政の要請によるものであろう。とりわけ、テューダ期には治安判事の職務に関する書物が多く出版され法書を志さない、法曹院のジェントルマン子弟の必携の書となった。Kenneth Charlton, *Education in Renaissance England* (1965) pp. 191-193. c) は州代官、荘官、不動産復帰官、村治安官、検死官等の地方役人の職務に関する実務書であり、後に、b) の治安判事の職務、権限に関する書と併せて出版されるようになる。その他荘園の管理、維持に関する書物等もあるがこれらの書に関してはフィッツハーバート作の真正さが疑われている。

フィッツハーバートの著作群をめぐる議論に関しては、Putnam, *Early Treaties of Justices of the Peace*, pp. 32-35. *D.N.B.* Fitzherbert の項目参照。

(10) F. W. Maitland, 'English Law and Renaissance' in *Selected Essays in Anglo-American Legal History*) p. 185. 小山貞夫編訳『イングラント法とルネサンス』22頁、メイトランドはこの期のコモン・ロー法書を過小評価し過ぎているように思われる。確かに、宗教改革期の政治舞台で多くの大学出身、聖職者やイタリア留学生達が華やかな活動をみせる。しかし、国王の離婚問題が当時の政局の最大の焦点となった限り、中世来、外交、神学、教会法、市民法の部門を委ねられてきた学職聖職者達がイングランド政治の表舞台で、活発で「目立った」動きを見せたのは当然のことであった。しかし、逆に、ローマとの絶縁が決定的となり、絶対王政国家の対外主権が確立した後にとられた国内政策、諸機構を見るなら、宗教改革後の国家財政を支える重要な裁判所となった増額裁判所において、第一次の1536-47年の間四つの上級職のうち3名が、また第二次の増額裁判所の7上級職で任命された10名中8名がコモン・ロー法書によって占められており、さらに、メイトランドの「オードリー、ライアススリィ、リッチのような大法官に何らかの深い法知識を求めうる理由はほとんどない」という言明にもかかわらず、宗教改革後、モアの処刑の後を次いだ、大法官 Thomas Audley は、1526年、Inner Temple で 4Hen VII ca. 17. の制定法の講義を行っており、法曹院でテューダ期の制定法の講義をした最初の人々の一人であった。同じく Richard Rich も1529年に Middle Temple で講師に任命されている。両者に共通することは法廷弁護士としての活動を経ずに直接国王の官僚として宗教改革期に頭角を現してくることであろう。

補論 2　Fitzherbert の "La Graunde Abridgement" (1516) の成立に関する一考察　371

むすびにかえて
──イヤー・ブックスの終焉とフィッツハーバート『大法要録』

1535 年、すなわち、ヘンリ VIII 治世 27 年の Y.B. で、エドワード I 治世期以来（1272-）の Y.B. の流れは最終的に停止した。しかしながら、Y.B. の流れがそれ以前に大きく中断されていたことも十分知られた事実であった[1]。16世紀の半ばリチャード・トットルが Y.B. の精力的な出版を始める以前には、10-11H VIII（1494-5）、13H VII（1497）、16-20H VII（1500-3）、22H VII -11H VIII（1505-1519）、15-17H VIII（1523-25）、20-25H VIII（1528-33）の Y.B. が、すなわち、1494 年以降 39 年間中、32 年間もの Y.B. が欠落していた。さらにトットルによる出版以後も 1505-19 年の最大の中断は埋められなかった。こうした事実にもかかわらず、従来の議論においては、1535 年の最終的な停止に重点が置かれ、そのために、それは人文主義の浸透、ローマ法継受の危機との関連でこの問題が論じられてきたように思われる[2]。

　初期の中断に焦点を合わせて考察するなら Y.B. の流れは、ヘンリ VII 治世期末、Y.B. の年代で治世 10-11 年（1494-95 年）、出版の年で 1508 年頃、すなわちピンソンが国王印刷人に任命され、ヘンリ V 治世以前の古い時代の Y.B. の蒐集、出版を始めた年から滞りだす。同じ年にピンソンはヘンリ VII 治世 12 年の Y.B. を出版したが、彼はその後、その年代以降の新たなリポートを出版することはなかった[3]。彼は 1520 年にエドワード III、ヘンリ VI、エドワード IV 治世期の Y.B. を出版して以降 Y.B. を出版しなくなり、1530 年国王印刷人の地位を引き継いだバースレットはエドワード III 治世 22-28 年の新たな Y.B. を合本で出版した（1532）のみで、それ以降国王印刷人が Y.B. を出版することはなくなり[4]、制定法と一般的法文献に、そしてエドワード 6 世の即位とともに国王印刷人に任命されたリチャード・グラフトン以降は、ほとんど会期制定法の出版に集中した（表 II）[5]。Y.B. の出版を受け継いだレッドマンは、ほとんど新たな Y.B. は出版しなかった。ピンソン以降出版されたヘンリ VII 12 年以降の Y.B. は、バースレットが国王印刷人になる以前に出版したヘンリ VII 14、15 年の Y.B. とレッドマンの出版したヘンリ VII 21 年、ヘンリ VIII 12-13 年の合版、ヘンリ VIII 14 年、レッドマンを受け継いだミドゥルトン

のヘンリⅧ 18-19 年の合版、26 年、27 年のみであった。ヘンリⅦ 12 年（1496）からヘンリⅧ 12 年（1520）の間（＝ピンソンが精力的に Y.B. を出版していた時代）のリポートはヘンリⅦ 21 年の Y.B. を除いてまったく出版されなかった。さらに重要なことは・ヘンリⅧ期のミドゥルトンの Y.B. は、クックによって Y.B. の中に数え上げられていないことである。言い換えるなら、エリザベス期の法曹によって権威あると見做されたのは、ヘンリⅦ以前の国王印刷人ピンソンによって出版された Y.B. だったのであり、レッドマンやミドゥルトンの出版した新たな Y.B. には権威がなかったのではないかとさえ思われるのである。⁽⁶⁾

そうすると Y.B. の歴史はローマ法継受の危機が叫ばれる時代以前に、Y.B. の年代で 1496 年、出版の年で 1508 年に終わったことになる。

すなわち、ピンソンが国王印刷人となり、エドワードⅢ期に向けて第二のコースの Y.B. の出版を始めた年以降、新たなそれ以降の時代の Y.B. の出版は停止されたのである。そして、その年以降 Y.B. の発展全体を包括する『大法要録』の編纂が進んでいるのである。『大法要録』は 1508 年の時点に立ってイングランド法の発展を総合するものであり、エドワード 3 世治世期の Y.B. の見解が求められたごとく、イングランド法が不変であるという理念にその総合作業が基礎付けられていたとするなら、14,039 事例に及び『大法要録』の編纂はあらゆる法律問題への解決の武器庫として十分な容量を持ったものであり、新たな Y.B. の出版の必要をなくしてしまったのではないだろうか。現在、残存する同時代の手稿リポートは 3 編のみで⁽⁷⁾、また、50 年近く後に R. トットルが精力的にヘンリⅦ治世末期の Y.B. の編纂に努めたときも最終的にヘンリⅦ 17 年、18 年のリポートは発見し得ず、また、ヘンリⅦ 21 年（1505）からヘンリⅧ 11 年の間の Y.B. は 14 年間の間空白のままであった。Y.B. の出版のみならず、リポーティングの慣行そのものが衰退しつつあった。⁽⁸⁾

ここに我々は、ピンソンの Y.B. の出版と、フィッツハーバートの『大法要録』の成立が、法典形態をとっていないものの、法典と同様の機能を果しているのを見るのである。中世英法学の発展は集大成され、テューダ期イングランド法学と司法行政の基礎となったのである。

残された問題は通説的に Y.B. の終焉の年が 1535 年とされる基礎となっ

補論 2　Fitzherbert の "La Graunde Abridgement" (1516) の成立に関する一考察　373

た、ミドゥルトンのヘンリⅧ治世 18-19 年、26、27 年の孤立した Y.B. は如何なる理由で出版されたのか。それはリポーティングの一時的な復活を意味するのか。注目されるべきは前述のごとく、これらのリポートがフィッツハーバートの見解を追っているということである。[9]『大法要録』の編纂の指導者フィッツハーバートの法廷での見解は『大法要録』の中に収められた法的見解を補うものと見做されたのではないだろうか。このミドゥルトンのY.B. にみられる傾向は、後のダイアのリポートの初期の記載とまったく類似しているといわれているのである。[10]

　フィッツハーバートの民訴裁判所の判事としての活躍は彼の死の年（1538）まで続くが、ヘンリⅧ 21 年以降は前述のごとき行政官的役割へとその活動の重点が移っていく。[11] ミドゥルトンの Y.B. の散発的な性格はここに由来するものではなかろうか。そして、最終的には、フィッツハーバートの死亡によって、『大法要録』の補遺としての Y.B. も終焉したのではないかと思われるのである。

　この年以降、如何なる意味での新たなリポートの出版も、1571 年のプラウドゥン判例集『判例註解』の出版に至るまで現れなかった。コモン・ローはフィッツハーバートによって固定され、その『大法要録』はテューダ期イングランド法の運用の基礎として、また発展の基盤として、この期のコモン・ローとその法学を特徴付けるものとなったのである。フィッツハーバートの『大法要録』の後の物語は、テューダ期の激しい法変動の中で、そこに収められた Y.B. からの要録が古くさくなってしまった時代から始まる。その意味では 1571 年のプラウドゥン『判例註解』がイングランド法学の新たな出発点となったのであるが、それと共にフィッツハーバートの『大法要録』はその法典的性格の持つ意義と異なった意味を付与されることとなる。本編で論じたように、法的議論の百科事典としての意義と共に、そこで要録された事例そのものではなく、フィッツハーバート自身が Y.B. の記載から如何に要録したかということが学ばれるべき課題となっていくのである。

注

(1) Maitland, English Law and Renaissance, p. 192. n. 49.

(2) loco. cit.

(3) Beale によれば、c. 1508 年に 14 Henry Ⅷ の Y.B. を出版したことになっているが、年代的に（14 Henry Ⅷ = 1522-23）みて、誤りは明らかである。Beale, *Bibliography*, p. 286. もし Pynson の版だとすると、23-28 年の間に出版された唯一の、特異なリポートということになるだろう。

(4) Beale, *Bibliography*, pp. 176-178.

(5) *Ibid.*, p. 181. pp. 266-267.

(6) Coke, *The Third Part of Reports*, Preface p.v. クックは、プラウドゥンの説を受け継ぎ、Y.B. の編纂のために 4 名の法の学者が選任されていたと考えたが、彼が列挙した Y.B. は Edward Ⅲ から Henry Ⅶ までの既に出版された治政のみであり、Henry Ⅷ 期の Report は除外されている。言い換えるなら、彼は Henry Ⅶ 前の Y.B. に関しては公的に編纂された Y.B. として権威あるものと見做しているが、Henry Ⅶ のミドゥルトン版 Y.B. は私的編纂物と見做しているのである。

Abbot, *Law Reporting*, (pp. 24-25)では、Coke, Fleetwood の Henry Ⅷ 期の Report の軽視の理由を素材の少なさに求めている。しかし、より重要なことは、Pynson 以降、Y.B. 出版の担い手が King's Printer でない私人としての印刷人の手に委ねられ、制定法（会期）を出版する King's Printer と Y. B. Printer の両者が別々の流れを形成するようになったことにあるように思われる。

(7) Abbott, *Ibid.*, p. 11 n. 12, pp. 13-14, Appendix I, pp. 257f.

(8) *Ibid.*, pp. 17-18. Beale, *Bibliography*, pp. 287f.

(9) Abbott, *op.cit.*, pp. 27-29.

(10) *Ibid.*, p. 168.

(11) Foss, *Judges of England*, vol. V, p. 168.

補論2　Fitzherbert の "La Graunde Abridgement" (1516) の成立に関する一考察　375

表 I　Y. B. の出版と『大法要録』タイトル内の配列順序

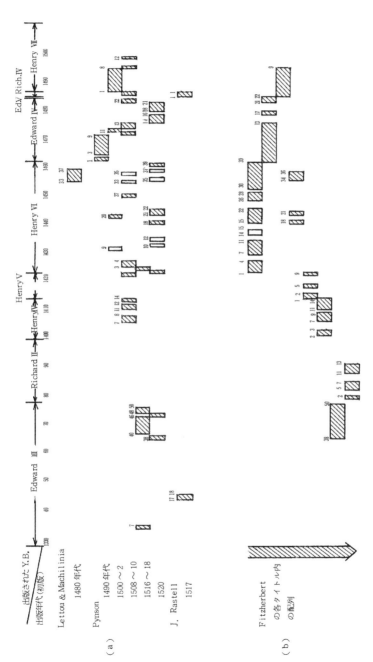

J. H. Beale, *A Bibiliography of Early English Law*, Appendix I, II
S. E. Thorne, 'Fitzherbert's Abridgement' を基礎に作成

376

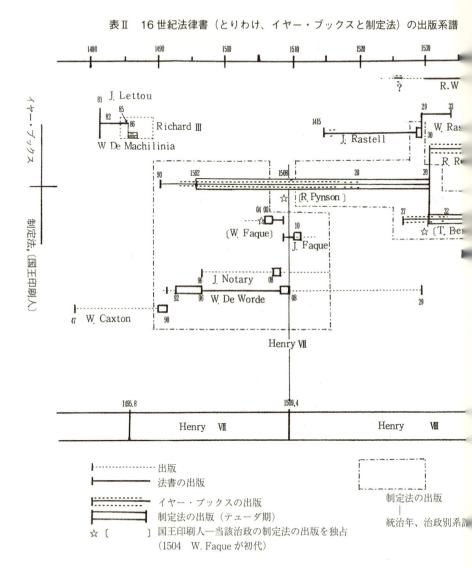

表II　16世紀法律書（とりわけ、イヤー・ブックスと制定法）の出版系譜

本表は、J. H. Beale, *A Bibliography of Early English Law Books*, Appendix I, II を基礎に作成した。

補論 2　Fitzherbert の "La Graunde Abridgement" (1516) の成立に関する一考察　377

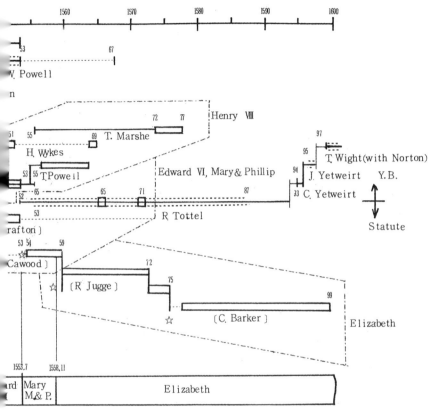

- 1552. R. Tottel は法書の出版の独占権獲得。しかし、制定法の出版権は含まれず、彼の義父 Grafton の出版した Edw. VI と Cawood の Mary & Phillip 期の制定法を出版したのみ。
- Grafton 以降は国王印刷人は一般的な法書は出版せず。

*1   初出は、京大法院会誌『院生論集』第 7 号（1979）71-82 頁であるが、直後に、Frederick Lister Boersma, *An Introduction to Fitzherbert's Abridgement* (Professional Books, 1981) が出版され、その一部、第 1 章の伝記部分が本論発表の前年に『法律図書館司書雑誌』に掲載されていたことを知った。F. L. Boersma, Sir Antony Fitzherbert: A Biographical Sketch and Short Bibliography., 71 *Law Libr. J.* (1978) pp. 387-400. 私と同様にソーンの論文に刺激されて、博士論文に取り組んだ作品であるが、第 3 章以下でフィッツハーバート『大法要録』の項目内の編成順序の分析が詳細に分析されている。この研究を手掛かりに本稿を改めて書き直す必要を感じていたのであるが、今尚果たせていない。大学院時代の未熟な習作とはいえ、法廷年報の編纂過程との対比は筆者独自のものであり、研究の軌跡を示すものでもあるので、そのまま転載することとした。また、本章では、王名、統治年を法廷年報の表記に合わせ、略記した。

　　　フィッツハーバート家の家系図については、*The Notebook of Sir John Port*, ed. by J. H. Baker (Selden Soc. 1986) pp. xii-xiii も参照。

*2   ジョン・ラスティルは、トマス・モアのサークルの一員で、妹がモアの妻となった。彼自身もミドル・テンプルの法曹で当時の大陸の出版人に人文主義者が多かったように、彼自身人文主義的精神の持ち主で、『大法要録』の索引作成によって、『大法要録』をより使いやすいものにした業績に加え、最初の『法律用語辞典』を編纂するとともに、制定法要録を英語で編纂することによって、当時の治安判事階層にまで法知識を広げる役割を果たしたことは高く評価されるべきであろう。彼の息子ウィリアム、すなわちモアの甥は女王座裁判所判事となり、父ジョンの出版した『法律用語辞典』の『制定法要録』の改定にも携わるとともに、コモン・ロー訴訟手続の新たな発展を伝える『登録訴答例集』を編纂した。J. H. Baker, 94 Selden Soc., intro., p. 30, p. 34, pp. 56-57. [OHLE, vi. p. 16, pp. 25-26, p. 29, p. 31, pp. 495-496. pp. 345-346]

*3   クロムウェルの推進する英国教会独立推進派としてウルジ大法官を訴追する委員会の一員となり、一時、国璽を預かる委員の一人でもあった。

　　　J. H. Baker, 94 Selden Soc., intro., pp .78-79. [OHLE, vi. p.176] Boesma, *op.cit.*, pp. 8f.

補論 **3**

イングランド法とラミズム

Abraham Fraunce, "The Lawyers Logike,
exemplifying the practise of the common Lawe,"
（1588）のコモン・ロー評価に関して

はじめに

　中世から近代への変わり目、16世紀後半にヨーロッパの旧アカデミズム
を震撼せしめたラミズムとその創始者ピータ・ラムス（仏名ピエール・ド・ラ
メー、1515-72）の名は、我々にとっては論理学の改革者、方法論者としてよ
りも、むしろ「聖バーソロミューの虐殺」の犠牲者となった熱烈なカルヴィ
ニストの殉教者として想起される名であるかもしれない。彼の直ぐ後にベイ
コン、デカルトといった近代学問方法論の巨星が出現した。このことが、
我々の時代からはほとんど方法論者ラムスの輝きを目に入らないようにして
しまっている。実際、彼の方法論は学問方法論としては当時の人文主義的弁
証法家達の改革のすべてがそうであったように、伝統的論理学、修辞学の
持っていた言論の術たる枠を破り切ってはおらず、既存の諸命題を如何に整
序するかという問題関心の域を超え得なかったのである。それ故に、論理学
が、art of arts たる地位からすべり落ち、近代経験科学が台頭するにした
がって消え去らざるを得ない運命にあったともいえよう。しかし、それにも
かかわらずラミズムを単なる論理学史の1頁の内に留め得ないのは、彼がル
ネサンス期のすべての学問に与えた影響の広さと深さもさることながら、中
世的枠組の内にありながらも、それが近代に向けて超克されるべき最後の点
まで論理学の改造を押し進めたからであり、それ故にこそ、その思想はロッ
シによって指摘されたようにベイコンによって批判的に継受されることと

なったのである。さらに、既存の知識を整序するための彼の方法は、彼や当時の人々が陥っていたとされる学問方法論と教育方法論との混同から解放しうるなら、それが、教育＝既存の知識の伝達の方法として持ち得た有効性までも否定され得ないからである。実際、ラミズムのイングランドでの急速な浸透と凋落がこの期の所謂「教育革命」と歩みを共にしたのも偶然ではない。「ジェントルマン」子弟の大学への大量入学が、冗長なスコラ的論理学より、ラムスの簡潔で明瞭な方法を求めさせたとすれば、教育の保守化・貴族主義化はラミズムを軽薄さの代名詞にしてしまったのである。

このラミズムとの論争は16世紀末イングランド思想界の全般的な関心事であり、1/10税に関するセルデン―モンタギュー論争も含めあらゆる論争を彩っていたのである。法曹院の位置するロンドンはこうした大陸からの新たな思想の培養基であり、シドニーの館に集まる詩人達の私的サークルはイングランドのラミズムの一大拠点となっていた。

本稿で紹介せんとする『法律家の論理学』の著者アブラハム・フローンス（c. 1560-1633）もこのシドニーのサークルの一員であり、法曹としてよりもむしろ詩人として後世に名を成した人であった。彼とシドニーとの関係は極めて早い時期に――彼がシュールズベリ校に入った時（1571/2）に――シドニーにその才能を認められ、彼のパトロナージュによってケンブリッジのセント・ジョン学寮に進んだ時から始まる。1586年のシドニー没後、パトロン関係は、彼の妹ペンブルック伯夫人メアリとその夫によって引き継がれた。本書の献辞がペンブルック伯に宛てられているのもその故である。

I　執筆に至る動機と経緯

フローンスが本書の構想を最初に抱いたのは1580年代の初頭、丁度、彼が新進の学士としてケンブリッジに在籍していた時期であり、そこでは後にシドニーのサークルの一員となったウィリアム・テンプルとディグビィの全欧中に響きわたった「単一の方法」に関する論争の口火が切られた頃であった。

フローンスは、パトロン・シドニーの面前でアリストテレス論理学とラム

スの論理学を比較対照して論ずる機会を得、それが契機となって、ラムスの論理学のより分かり易い解説のための準備を始めることになるのである。それ故に、彼の構想は当初から『法律家の論理学』を目指すものではなかった。ラムス論理学の解説のための例証は、シドニーのサークルの一員であったスペンサーの詩『羊飼の暦歌』から集められた。かくのごとき解説の方法はラムス自身が行った方法であり、また、ラムス以前にも人文主義的弁証法家達は論理学を冗長で、煩雑な語句上の穿鑿から解放するためにローマの雄弁家の著作やギリシアの詩等を素材として利用していた。[8] ラムスの定義に従えば、論理学は「自然的理性の正しい使用の術」なのであり、「artificial な論理〔＝論理学〕の土台には自然の論理が存するのである」(fol. 4)。[9] この自然的理性がすべての人に共通のものであるかぎり、論理学は単に学者間の厳格な論争の道具として使われ、そこで見出されるだけでなく、日常生活の中で交わされる会話の中に息づいているはずのものであった。[10] ここにラムスのアリストテレス批判の最大の眼目がある。「アリストテレスは二つの論理学を作る必要を感じた。一つは科学 Science のために、今一つは意見 Opinion のためのものである」。しかし、ラムスは一つの論理学で充分だとする「言葉に表され、認識された事柄の中で、あるものは必然的であり、且つ確実であり、他のものは疑わしく偶然的であるとしても、同上の事柄の認識と推論の術は唯一つであり、同一である。」(fol. 6) と。それ故に、かくのごとき自然的理性の働きは、古典の中だけではなく、イングランドの『羊飼の暦歌』の中にも見出されるはずのものであった。そして、さらに進んで、フローンスがその後「7年の間に、ケムブリッジのジョン学寮で三度、ロンドン〔法曹院〕に来てから三度、六度も全てを精読し、真摯な検討によって若干の見落としを訂正」したとき、この最後の変更で、彼の関心がイングランド法とその憲制へと移行し、職業の変更に従って、その書名まで書き換えてしまったとしても、すなわち、『法律家の論理学』として、ブラクトン、リトルトン、プラウドゥン、ブルック等のコモン・ローの著作の中に見出される自然の論理を範例としてラムスの論理学を紹介せんとする誘惑にかられたとしても不思議ではなかった (q-q 1)。

ペンブルック伯への献辞で彼は唱う、「法が理性によって形造られてお

り、理性によって基礎付けられているのなら、そして論理学もまた理性そのものであり、それ故にこそこの名があるものなら、何故に法と論理学が最も緊密で親しき友人であり、しかして、最も適合的なものであり得ないはずがあろうか」(q)。この論理学と法との関係はそのまま大学と法曹院との関係にあてはめられた。当時、トマス・エリオットの『統治者論』等の影響の下に、興隆しつつあるジェントリ階層は自らの子弟を貴族らしく飾り立てるために、大学—法曹院という養成コースを生み出しつつあった。(11)それ故に、確かに法曹院には以前より教養のある学生を集めることになっていたのであるが、そのことは大学の学問、とりわけその中で中心的位置を占めた論理学が法学の準備教育として関係付けられたことを意味しなかった。(12)大学での 8 年間の研究の末、文学修士となり、法曹院へ入ったフローレンスにとって、法と論理学との関係の探求は、自らの大学での研究の成果を検証することにも繋がっていたのである。

かくして、1588 年に新たな書名の下に出版された本書は、二つの献辞、本論 2 編 24 章から構成された。ここではとりわけ、第二の献辞と第 2 編第 17 章「方法」を中心に紹介したい。前述のペンブルック伯宛の 12 行詩の献辞に続いて、実質上序文にあたる第二の献辞が 7 フォリオにわたって展開される。この第二の献辞は、'the Learned Lawyer of England, especially the Gentleman of Grays Inne' に、すなわち、フローレンスが属していた法曹院のメンバーに向けられたものであるが、それは第一の献辞とともに 1588 年におけるフローレンスの立場と関連しているように思われる。前者は、彼がウェールズ評議会議長であったペンブルック伯の後押しでこの年以降ウェールズ辺境領裁判所での実務を開始したことと、後者は、この年にグレイズ・インで Call to bar されたことと無縁ではなかったであろう。(13)それ故に、法と論理学を結びつけんとする彼の独特の思想を当時の法曹達の間に理解させんがためには、従来の大学教育と法曹院での教育との間に横たわる偏見と不信に満ちた溝を埋め合わせることが不可欠であった。かくして序文の内容は、(a) 本書の執筆に至る動機と経過、(b) コモン・ロー法曹の偏見に対する反論、(c) ローマ法学者の偏見からのコモン・ローの擁護、(d) 伝統的アリストテレス主義者の攻撃に対する反論から構成されることになった。(a) に関しては既に述べたので、(b) 以

下各論題を追って紹介する。

Ⅱ　コモン・ロー法曹の偏見に対する反論

　法と論理学が適合的関係にあるという主張それ自体は、必ずしも、当時新奇なものであったわけではない。アグリコーラ以来人文主義的弁証法家の拠り所となったキケロの『トピカ』『デ・インヴェンティオーネ』に従うアリストテレス解釈の方向は、宗教改革に伴う大学規制以降正規の教科内容となっていた。[14]この流れの最終点に立つラミズムの徒フローンスにとっては、その『トピカ』そのものが「当時のローマの法曹トレバティウス（Trebatius〔c. AC. 50〕）の懇請に応えてキケロが雄弁に書き下した」ものであり、「トレバティウスへのより良き教示となり、また他の法曹の助けともなるように、法的な範例をその諸原理に適用した」（q 2）[15]ものであることを示すだけで自らの主張に十分な説得力を持たせ得たであろう。しかし、問題は法一般とではなく、コモン・ローと論理学との適合関係であり、それに関しては、法曹、大学人双方から疑問が投げかけられていたのである。

　「ある偉大なテニュアリスト〔コモン・ロー法曹〕によれば、良き学者が良き法律家になりえたためしはないのである」。なぜなら「これらの立派な大学人達はあまりにも容易に典雅であり、上品で人を魅きつける優美な学問で育てあげられてしまったため、彼らの頭は、難解でとげとげしく、無味乾燥で粗雑で且つ卑しい耳ざわりな言葉で書かれた法の研究に使うよりも、アミンタスの死についての新案の詩を作ったり、旗や紋章について、また道徳的な寓話やエジプトの象形文字、イタリア旅行の印象についての一般受けする演述をしたりするほうに適している」（q 2）からである。

　この法曹の見解は当時の大学と法曹院との比較の際に一般的になされていた主張であり、それは、一方では大学から法曹院へと進んだ若き法曹の嘆きであり、他方では、奇妙にも、老法曹の自ら成し遂げた学問への誇りでもあったのである。[16]

　フローンスの反論の第一は、大学の学問に対する誤った評価に対してなさ

れる。批判者は大学の学問についてほとんど知らないのだ。彼は、「地方の学校から、即座に、法曹院に来たか、あるいは、ロンドンに来る途中、大学で馬を換え、夕方遅くにそこにつき朝早く旅立ったのでロウソクの光以外の何も見なかったと思われる」(q 2)。この言葉には、単に栄達の手段として勲章がわりに大学に入学し、そこにせいぜい2、3年留まるのみで本格的な研究もせず、中途退学して法曹院へと進む人々への痛烈な皮肉が込められていた。自ら7年間の労苦の末、文学修士となったフローレンスにとって、この批判は許し難い侮辱であった。「(学問の労苦を忘れさせる評価し難い歓こびにもかかわらず)それは私の柔らかな頭をたいそう苦しめ、私の体を破壊するまでに蝕んだので、私はあまりにも気付くのが遅かったのだが、精神の永久の苦痛と肉体の間断無き消耗が全ての学者に伴うものだと悟った」(q 3)のである。哲学も法学も同様に困難な学問なのである。コモン・ローの修得がより困難であるとするなら、学問そのものにではなく他に原因がある。法曹院の教育制度の欠陥の中にこそ、その真の原因があるのだ、と。

　「哲学を非常に易しく、法を難しく見せているのは、実は、大学に存するような良き教師と規律が欠けているからである。もし我々（法曹院）がどちらかを備え、彼ら（大学）が備えていなかったなら、必ず法は7年のうちでずっと速く修得されるであろうし、7学科は21年かかるだろう」(q 3)。彼のこの洞察の正しさは、結局、法曹院が俸給制の教師を持つことによって法学教育を自立させることができなかったが故に、その保持する教育訓練制度そのものまでが最終的に崩壊せざるを得なくなったときに証明されたのであるが、その時にはすべては手遅れとなっていたのである。[17]

　第二の反論は「我々の法がそれで書き記されている、非常に多様な借用語で埋められた Hotchpot French（ごった煮の仏語）」(q 3)の評価に関するものである。この Hotchpot French は当時から現代に至るまでコモン・ロー法曹の偏狭な精神とその学問の孤立性の代名詞であった。宗教改革以降現実主義的方向へ走った人文主義者達にとっても、それはコモン・ロー再評価の最大の障害となっていたのであり、メイトランドの「イングランド法とルネサンス」、ショーエックとブランドの「16世紀イングランドのレトリックと法」に関する論争においてもこの期のコモン・ロー法学へ評価を下す際の極めて

重要な分岐点となっているのである。フローンスはここでも大学との対比から以下のごとく反論する。「もしこれが貴方の挙げられる困難のすべてであるなら、貴方は私の知るどの大学人より幸せな人だ」。大学でむさぼり読まれているボナヴェントゥラ、スコートゥス、アクィーナス、アルベルトゥス等の中世修道院の哲学者達の書物の内に含まれているほどの「廃れきった言葉や広汎なギャップのある話法は、ブラクトン、グランヴィル、リトルトン、さらにその他の我々の法書家と法のリポータの著作の内には存在しない」（q 4）からである。要するに「法が苦々しいのは、他の学問が不味いのと同じなのである」（q 4）。叙述方法の問題に関しては、確かに「法は広汎な書物の内にまったく摘要もなされないままに混然と散在している。しかしすべての学問が最近まで同じような状態であったのだ」（q 4）。この点で「責められるべきは法ではなく教養なき法曹自身である」（q 4）。しかも、古の法曹ではなく現代の方法を知らない法曹が責められるべきなのである。彼らは中世の「暗黒の時代」に生きていた。現代の法曹は「この繁栄し、祝福された時代」＝人文主義の時代に生きながら無為に過ごしている。それは「軽蔑すべき退行現象」なのであるが、法曹達は「他の人々の技術を嘲笑することによって、自らの無智を隠すのにやっきになっているのだ」（q 4）と。

　最後の批判は地方の郷紳達に向けられる。彼らは、悪辣な売買で財を成し、貴族らしさを身につけさせるために息子を法曹院に送り込ませるのだが、その息子達は法曹院で何も得ないままに貴族面で故郷に錦を飾り、地方政治に混乱の種を播き散らしている。それはまた、父親と領主との取引算段の末、大学に送りこまれたものの真摯に学問に取り組むこともなく、地方に帰っても「真の英語を読むこともできず……あわれな少年達に自己流のラテン語を教える」（qq）あの地方に充満する卑しい牧師補と同様なのである、と。教養無き法曹は教養無き牧師補達と共に断罪されるべき人々なのである。たとえ「良き学者でない偉大な法曹」がいたとしても、それは類い稀な天分によるものであったに過ぎない。彼らの資質が「学問（art）の諸原理によって導かれていたなら、よりずっと秀でていたことを証明したであろう」（qq）。これが最初の偉大なテニュアリストへのフローンスの解答であった。

Ⅲ　ローマ法学者の偏見よりのコモン・ローの擁護

ローマ法学者達の「ローマ法のほうが、より高雅で、快い」とする見解に対してはコモン・ロー法曹への反論と同じことが言える。ローマ法の書物は「ずっとより多く無限であり、文体に関しては容易に相方とも悪いことが決せられる」のである。逆にまた、「バルトルスのラテン語も、ブリトンの仏語も充分に意味深長であるが故に、満足いくエレガントさを持っている」ということもできるのである。彼はローマ法とコモン・ローの全体的な比較に関しては、フォーテスキューの『英法礼讃』に賛意を表すとともに、彼に委ね、論点を人文主義の時代に新たに出されてきた以下の問題に絞る。

幾人かの人々によれば、ローマ法はそれ自体、より不変なものであり、より哲学的であるだけでなく、ユニティアヌスによってより方法に則して、また後の著者たちによってより雄弁に書き留められている。[22]

フローンスは先ず、ローマ法の不変性と哲学的基礎に対し、コモン・ローの議会立法による改革を対置する。

「彼らは、平民会議決、元老院議決、勅令、政務官告示、法学者の解答を持っており、我々は事例、格言、諸原理、慣習、そして一般的な、また特殊な慣行によって、最後に議会制定法と条例による新たなる弊害の不断の改革によって統治されているのである」。この両法の比較に際して、彼は「あらゆる法に附随する不完全性についてアリストテレスの語った言葉を想起するように」と呼びかける。

「個別的に予見し、あたかも予言者的精神でなされるかのごとく未来の数限りないほど多様な不都合を予言し、多くの個別的規定と特別の政令の適用によってそれを妨げることができるような、それほど先見の明のある立法者など存在しないのであるから、彼は、必ず、彼の法を一般的なままにしておき、文言の付加、削除、緩和は教養豊かで理解力ある裁判官の良心と裁量に委ねるべきである」。糾弾されるべきは「不完全な法」ではなく、「最も一般

的で、それ故に切迫した害悪に十全に対処し得ない法」なのである。彼は後に述べるように、ヘンリ8世期からエリザベス期にかけての「新しい法」＝立法の洪水の中に生きており、実質的な「新法」によってイングランドの法が動いていることを、それが「古き良き法」への "restitution" ではなく新たなる事態への "reformation" であることを認識していたのである。かくのごとく、彼が法を人間の必要に従属するものとして、非超越的なものとして把握した点では、同じくアリストテレスから「法以前に人間が存在する」ことを学んだプラウドゥンと立場を同じくするものがあるのである。次にユスティニアヌスの方法に関しても、それ自体としては現代のローマ法学者を満足させるものではなく、後の法学者達による「新たな革新と新鮮な方法による出版の競争」の結果としてより良い配列がもたらされたにすぎない。

ローマ法に関しては既に15世紀には法の学習方法（modo）に関する書が多く出版されるようになっていた。人文主義の時代になると、その問題は「法を一つの Art になしうるか」といった Method の問題も含め追求されるべき課題となった。とりわけ、ガリア風の人文主義的法律家がその旗手となったのはいうまでもないが、イタリア学派からもその努力がなされているのである。フランス学派からヘーゲンドルフが *Dialecticae Legalis*（1534）を、イタリア学派を擁護する立場からグリバルドゥスが *De methodo ac ratione studendi*（1541）を出版していた。フローンス自身が最も影響を受けたのは、フランスの高名な人文主義的法律家オットマンが法律家に向けて書いたとされる論理学の教科書 *Dialecticae Instituonis*（1573）であり、この書がフローンスに与えた影響の大きさは、本書におけるオットマンからの引用数が最も多いことからも確認されているのである。彼はこれら大陸の法曹達がローマ法になしたことを、コモン・ローに対してもなさんと試みたのである。

フローンスは200年前に書かれたブラクトンの著作をユスティニアヌスの法に模し、さらに最近のコモン・ロー法曹による改善の努力に対し、以下のごとき願望が述べられる。

「そして、たとえそれがこれらの人々の夢見るようなユスティアヌス的配列ではなく、むしろより純粋な項目を備えた最近の法要録のようなものであったとしても、彼らがイングランドのコモン・ローにかつて存在しなかっ

たような立派で容易な方法をもたらそうとする人々の希望を悪口でもって挫かせないようにせよ」。このコモン・ロー法曹の方法に関する評価は、とりわけ第2編17章メソッドのところに詳しく展開されることになる。

Ⅳ　伝統的アリストテレス主義者の攻撃に対する反論

　序文は、最近の市民法、コモン・ロー双方における文体の改善の努力に触れた後、伝統的アリストテレス主義者のラミズムに対する「烈火の如き怒り」への反論によって締め括られた。この論争は法学には直接関連しないものの当時のラミズムに関する論争の性格を知る上で興味深いので少々長くなるが引用しておこう。伝統的アリストテレス主義者の攻撃は以下のごときものであった。

　　曾てはアリストテレスは哲学の父であった。今日、彼以上に好まれていないものがいようか、外国ではラムスが支配しており、国内でもまたそうである。ラムス以外の何人も存在しない……新しもの好きで、年端もゆかない、軽はずみな少年連が教師になる必要を感じているが、そんな学者はかつて存在したことはなかった。配列を学んだこともないのに、メソッドを備え、卵の殻から這い出すや否やアリストテレスを罵りだす。このような状態だから、全ての靴職人がシロジズムを弄び、全ての荷馬車夫が命題を云々するようになる。かくして、論理学は汚され、売春婦の如く利益のために身を投げだし、彼女の神聖な処女性を除かれ、その名誉を奪われ、彼女の愛人から引き離され、見知らぬ人からは罵られる。彼女は以前は学者に固有のものであり、哲学者にのみ専属していたのに、今では全ての人の共有物にさせられてしまっているのだ。

　一方で論理学を「握られた拳」として学者間に固有な論証手段とし、他方で修辞学を「開かれた手」として素人向けの演述の手段と見做す二分法は当時においては常識的な見方であったのである。⁽²⁷⁾

フローレスは反論する。

「彼らは自分が1年かかってもほとんど理解し得なかったことをある少年が1週間の内に体得してしまったことをたいそうに考えているが、それ以上に彼らの古い教説が新たな教説によって訂正され、彼らの労苦がほとんどその価値を失ってしまうのを恐れているのである。靴職人も人である。しからば、何故に論理学者でありえないのか。荷馬車夫も理性を持っている、しからば、何故に論理学を持ち得ないのか。『汝が他人と分かち合う良きものは、一層良くなる』と貴方自身がそう言ったではないか。貴方は論理学がその共通性を益せば益すほど恥ずべきものとなると考えたとき、論理学の最良のものを最悪のものとしているのだ。……アリストテレスが賞讃に値する箇所で、ラムスがなした以上に彼を誉めたたえた人がいたであろうか。アリストテレスの論述の冗長な部分をラムスは削除し、足りない部分を付け加えた。論述が転倒している場合は、それ自身の固有の位置に戻した。これらはアリストテレス自身の定めた諸規則に従ってなされたのである」[28]と。

本論は、第一に論理学の定義から始まり、次に弁証法家の伝統に従ってexposition（invention）とdisposition（judgement）に分類され、各々が定義され、編別の基礎となる。以下同様に、「最も良く知られたものから」「あまり知られていないものへ」、すなわち、「常に一般的なものから特殊なものへ、そしてこれ以上分割しえない最も個別的なものへと下降する」[29]方法——これを唯一の方法としたのが、ラムスの特色とされているのであるが——に従って定義、分割を繰り返しつつ章別がなされている。各章はラムスの教理と註釈、さらに『羊飼の暦歌』とイングランドの法書からの例証によって構成されている。註釈にはラムス自身のものに加え、ラミストの側からは、タラエウス、スクリボニウス、ビスカトール等が、また弁証法家からは、アグリコーラ、メランヒトン、シュトゥルム、オットマンからの引用が付加された。このうち、オットマンからの引用が、彼がラミストではなかったにもかかわらず、最も多い理由については前述した。法律書よりの引用は、プラウドゥン、リトルトン、スタンフォード、セロール、ブルック、ダイア、ブラクトン、イヤー・ブック等々、当時出版流布されていた法書の多くが引用されてはいるが、方法論を除く章では、単にラムスの教理の説明と、法に論理が含ま

れていることの確証のための例として利用されているにすぎず、ここでは、前述の法書のうち、プラウドゥンからの引用が多くを占めていることに注目しておくだけで十分であろう。なぜなら、イングランドの法書の中に含まれている自然の論理の働きを見出そうとするフローンスの意図から考えるなら、プラウドゥン判例集からの引用の多さは、彼がその中に卓抜した論理性を見出したことを意味するように思われるからである。このことは、プラウドゥンが自らのリポートについて語ったこととも一致する。

「〔法廷での〕　彼らの論証を遂語的に再生するのではなく……述べられた全ての事柄のうち有意味なもの the effect のみを総括した……私はその目的のために弁護人席や裁判官席で語られた非常に多くのことを省略した。なぜなら、いかなる無価値なものも含まないほど真に純粋な論証は僅かしかないと考えたからです。それ故、私は純粋なもののみを表し、無価値なものを省略するのが最良であり、またかくのごときリポートの形式が最善のものであると考えた。そして語られたことの大部分を、無駄で余分なものとして投げ棄て、純粋で筋の通ったことのみを記そうとする人は単に偉大な学識と記憶力のみならず、とりわけものごとを識別するための判断力が優秀でなければならない……」。我々はフローンスが法の中に論理を発見し得たのは、イングランド法が従来のイヤー・ブックや種々の私的リポートとは異なり、既に論理的に純化された判例集を持つことになっていたことに、すなわち、プラウドゥンによる新たなリポーティングの開始にその多くを負っているともいうことができるのである。方法論の章の最後にプラウドゥンの判例集の中から「ノーサンバランド伯事件」が論理学的分析のために取り上げられ、フローンスが「より良き論理学者によって為され得たであろうことよりも、むしろプラウドゥン先生によって為されたことを示した」（fol. 125）と語るとき、彼自身はその中にラムスの方法が自然の論理として流れていることを確認し得たのかもしれない。しかし、より正確にいえばそれはプラウドゥンの前述のごとき意識的な純化とそのための努力なしには不可能であったと思われる。プラウドゥンによって純化され、論理的一貫性を持つものとされた法廷での議論の上に立つことによって、フローンスはそこでリポートされた事柄を体系樹の形式に図示することを容易になしえたのである。

この「ノーサンバランド伯事件の論理学的分析」と並んで体系樹の形式に帰せられたスタンフォードの刑事事件の概説書 *Plees del Crown*（fol. 180 et seq.）はプラウドゥン的な発展系列と並ぶもう一つのイングランド法学の道であり、方法論者フローレンスの目指す方向に沿ったものであった。

この二つの分析を含む第2編17章「メソッド」は全41章中の1章にすぎないが、フォリオ数にして5分の1近くが割かれたことにも示されるようにラミズムの根幹を成すものであり、ここでイングランドの法書の方法的観点からの検討がなされる。

本章では第2編の主要な論題であったアキシオム、シロジズムとメソッドの相異、前述のラムスの方法（Natural Method）と「隠された方法」（Prudential Method）との関係の説明、さらには註釈として弁証法家のアキシオマティカルな方法への批判、レトリックと論理学の関係、種々の用語の説明と例示が加えられ、最後に、記憶術への言及がなされた後に、コモン・ローの法書の検討が、定義―分割によって、もしくは「定義の代わりに事柄の一般的説明を使用し、次に幾つかの項目をわけて全ての項目を lnvention の places を使用し、Judgement の助けを借りながら演述する」（fol. 119）方法の例として展開されるのである。

ここで挙げられているのは、スタンフォード、ブラクトン、パーキンス、リトルトン、セロールの5名であるが、そのうち3名に関しては、「ブラクトンは一方〔市民法〕を知っており、他方〔コモン・ロー〕を容易に判断しうるので、全て市民法の配列に従った。パーキンスは彼の数編の論文すべてで、スタンフォードのごとく説明し、分割し、範例を加えた。リトルトンは同様に定義、分割し、そして多くの範例を使用する代わりに、特別な事件からの帰納によって彼の書物を作った」（fol. 119）と簡単に言及されるにとどまり、リトルトンはむしろ改善されるべき方法として批判の対象に挙げられる。スタンフォード（1509-58）、セロールが大きく取り扱われたのは、一つには彼らが方法もしくは配列の問題に取り組んだ意識性と、それがコモン・ローの方法上の改善の最先端にあったこと、第二に、それ故に、範例として利用し易かったゆえであろう。そして我々は、この中に、ABC アブリッジメントからの明らかな発展系列を見ることができる。[31]

スタンフォードは、フローンスには取り上げられなかった彼の『国王大権の解説』で、ニコラス・ベイコンへの献辞として、以下のごとく彼の希望を述べていた。

　私は今日のようにかくも多くの学識ある人々のいるなかで、長い旅路を必要とする〔法〕学生を助ける何らかの工夫がされることを望む。……そして、もしフィッツハーバート裁判官の大法要録にあるような項目 titles が、裁判官達や他の学識ある人々によって研究され、手を加えられるなら、すなわち、全ての項目がそれ自体、特殊な分割によって、全ての法令 judicial acts と事例が上述の法の一定の諸原理、諸法則、諸根拠の下にもたらされ、現れるように、要録され配列されたならば、〔可能ではないか〕というような考えが私のつまらない精神の中に浮かんだのも当然のことであった。[32]

「（大法官への彼の序文で明らかにしているように）スタンフォードの良き提案によって、以前に存在したものよりも、より方法論的に論述する機会を得た」フローンスは、セロール自身に以下のごとく語らせる。「令状と令状に関する事柄を書くのが私の意図であるので、私には令状の定義から始め、それがいかなるものであるかを示すことが適切であると思われた」。「私は令状の定義、さらにはその記述を以下の如く構成しようと企てた、すなわち、その術を専門とする人々の持つ形式と原理を、類、種差、属性によってという具合に、云々」（fol. 119）。そして、彼は定義し、分割を行い、「分割の後に、transition（転調／繋辞）を用いた。そこで彼は簡明に彼の為したことを語り、さらになされるべく残されたことを秩序立てて述べた」のである。

　リトルトンは、この transition の欠如の故に非難される。[33]最後に、彼は法曹院の講義の方法に対し、後にベイコンやクックによってなされることとなったのと同様の非難、[34]すなわち、枝葉末節に至るまで、不適切で、未消化のままで矛盾した事例で制定法の説明を埋め、飾り立てて、「制定法に 200 もの多義性の外套を着せる」講師の悪癖への批判を行った後、彼は結論付けていう。「私はアルファベット順の要約で引き裂かれ、バラバラにされたも

のより、むしろ論理学的に配列された我が法の全構造と共にありたいと心から願うのである。……しかし、今一度口を開くなら、私は散乱し、退屈させる事例の短縮や要録を一般的には批難すべきではないと考える。しかし、リトルトン、パーキンス、スタンフォード、セロール、ブラクトン、ブリトンがその知性と配列（light and order）によって要録家達に優っているように、[*1]それと同様に、あのステイサムの困難な要録や、かの大裁判官フィッツハーバートやブルックの要録は、あのイヤー・ブックのすべての隅に投げ込まれた散在する論述の膨大な堆積に比べれば、多くの用途にとってずっと都合の良いものである。〔要録は〕それにもかかわらず、真摯に学び続けられるべきだが、しかし、学生のために、その問題はより秩序立てられるよう工夫されるべきであろう」（fol. 120）。

彼がイヤー・ブック→アブリッジメント→スタンフォード、セロール、というラインでイングランド法学の発展を展望し、自らをその最先端に位置付けんとしたのは明らかであろう。しかし、彼はイングランドの法全体を体系的に論述することはできなかった。

唯一固有のものであり、孤立的な法であり、我が国民に適したものではあるが、非常に多くの詳細な事項から成り、かくも絶え間なき変化と変更に従っているイングランドの法を一つの学術（Art）にすることが可能か否かを論争するのが私の意図ではない。しかし、（法の）著述家の混乱は除去されうるし、様式は改善され、事柄はより良く配列されるようになると私は確信する。（fol. 120）

かくして、問題は法書の叙述方法に限定され、前述のプラウドゥンの「ノーサンバランド伯事件」、スタンフォードの『國王の訴訟』の論理学的分析、すなわち、体系樹の形式への書き換えでその筆を留めた。おそらく、フローレンスにとっては、当時の流動的な社会・法状況の中で法全体を一つの体系に帰することは不可能と考えられたのであろう、しかし、法律家が、ラムスの論理学を備えることによって、スタンフォードがなしたように、法の個別的分野において体系的論述を進めていくことは可能であるし、また追求さ

れるべき課題であると考えたのである。そしてそのためにこそ、彼の方法は学識ある法曹へ提供されたのである。

むすびにかえて

　彼の提起した「ラムスの方法」は、ラミズムそのものの凋落の中で、これ以上にイングランド法史の中にその直接の影響を及ぼすことはなかったように思われる。しかし、論理学を法学に役立てんとする考えは、王座裁判所判事となったドッドリッヂ (Sir John Dodderidge, 1555-1628) の *English Lawyers* に引き継がれた。その書物は彼の死後、海賊版として出版されたものであるが、イングランド法を体系立てて論述するという面では、フローンスに優っていたと思われる。また実際にイングランドの法学生の役に立ったであろう。しかし、本稿はこれを詳述するところではない。ただ、イングランド法史のテューダからステュアート期にかけて、フローンスに先行する、レトリックの法への応用——この中に、スタンフォードが前述の書の献辞を宛てたニコラス・ベイコンもいるのである——から論理学そのものの適用へと進む流れがあったことを確認することができれば十分であろう。

　この流れは小さなものであった。しかし、はからずも当時のコモン・ローの法学、法学教育上の諸問題、法学の潮流を我々が理解する上での一つの視座を与えてくれているように思われる。本流となったのはプラウドゥン—クックと引き継がれていく新たな判例集の流れである。それはフローンスによって決して従来のイヤー・ブック型の判例集と同等なものとして把握されることはなかった。

　フィッツハーバートのアブリッジメントの改善として、我々は1668年に、より良きプラウドゥン的項目に整えられたロールの『法要録』を得ることになる。それは、その英語版ともいうべきヴァイナ『法要録』(1742-53) の出版に至るまで影響を持ちつづけた。

　セロールの *Digest des Briefs Originals et des chose concernant eux* (1579) は、後に「令状に関する古い注釈書と手続法に関する近代の書物の間に歴史

的に位置付けられる」ものと評価され、スタンフォードの前掲書は1607年までに7版を重ね、その後クックの『法学提要 第3部』と、ヘイルの同名の書によって凌駕されることとなった。

　それはフローンスの夢見たような体系への発展ではなかったかも知れない。「教育革命」末のラミズムに対する反動とそこから生まれた新たなイングランド的な学問・教育観がそれを阻んだ。さらに、個別化し、貴族主義化していく教育も体系的教科書の必要を減ぜしめたに違いない。法曹院はといえば、前述の如くその教育機能を喪失し、法曹の職業と知識はますます実務的、専業的なものとなっていったのである。我々はブラックストンが1758年オックスフォードでイングランド法の講義を始めた時、彼が学生に勧めた法書のカタログの中に占める17世紀の法書の多さに驚かされるだろう。イングランド法学の輝かしき時代は17世紀半ばには一応その幕を閉じたのである。

注

(1)　ラミズムに関しては、N. W. Gilbert, *Renaissance Concepts of Method*, chap. 5, pp. 129 ff. 彼はイングランドでは文法、代数、幾何学の権威でもあった。W. S. Howell, *Logic and Rhetoric in England 1500-1700*, pp. 245-246. ベイコンとの関係については、Lisa Jardine, *Francis Bacon, Discovery and the Art of Discourse*, pp. 66-72. Paolo Rossi, *Francis Bacon, From Magic to Science*, pp. 158-159. パオロ・ロッシ著・前田達郎訳『魔術から科学へ』（サイマル出版会、1970）178-185頁。

(2)　Jardine, *op.cit.*, p. 28. この期の方法論争は①ユークリッドの『エレメンツ』からの公理的方法、②アリストテレスの『分析論後書』、プラトンの弁証法、ガレイノスの『アルス・プラーバ』等を基礎とする論証の方法、③②及びキケロ、クィンティリアヌスに由来する明解に素材を叙述する方法、という3要素から成っており、弁証法家達はこれらの相異を充分区別しなかったことが混乱を招いたとされている。

　　ギルバートは、この原因について以下のごとく述べた。「二つの分野〔②、③〕は論理学の分野で衝突した。なぜなら論理学は Art とも Science とも見做されたからである。また、その創始者アリストテレスがそれを演述においても科学的分析にも共に有益だと考えたからである。……何故に『トピカ』が artist のものとして区別され、『分析論後書』が科学者のものとして区別されるといったような休戦が整えられなかったのか」。Gilbert, *op.cit.*, p. 222.

(3)　*Ibid.*, p. 246. 彼はラミズムのイングランドでの凋落の原因を、その民主主義的性格とイングランド人文主義者の教育論が有する貴族主義的性格との対立に求めた。

(4)　（Howell, *op.cit.*, pp. 193-202. このことは必ずしもセルデンその人がラミストで

あったことを意味しない。しかし、この論争が彼のサークルに集まる法曹達に与えた影響については検討の余地があろう。

(5) スペンサ、エドワード・ダイア、ガブリエル・ハーヴェイ等である。後にはウィリアム・テンプルが加わる。

(6) *D.N.B.* Fraunce の項目参照。

(7) Howell, *op.cit.*, pp. 193-194. 両当事者ともフローンスと同じく、セント・ジョン学寮のフェローであった。

(8) Jardine, *op.cit.*, p. 25, pp. 34-35. ラムスに関しては、ロッシ、前掲書（前田訳、184頁）

(9) Abraham Fraunce, *the Lawyers Logike*, fol. 4. 以下本書上よりの引用は本文中に括弧で記す。

(10) Howell, *op.cit.*, pp. 3-4.

(11) Lawrence Stone, 'The Educational Revolution in England 1560-1640', *Past and Present*, No. 20, pp. 51-57, pp. 70f.

(12) 後述するように、レトリックと法を結びつけようとする提案がヘンリ8世期になされていた。エリオットの『統治者論』、T. ダンタン、R. キャリィ、N. ベイコンの「国王陛下の学院」についての提案もこの方向を示していた。しかし、それは一方では虚飾的という面でキケロニズムを持ち込む危険性があった。

(13) フローンスが5年目で Call to bar された（通常は、7、8年かかった）のには、本書の出版の業績への評価があったのかも知れない。もっともこの期に大学の学位取得者に特例が認められた例がないわけではない。cf. *Black Book* I p. 408. ここで注目されるのは、この時若きフランシス・ベイコンがグレイズ・インのベンチャ席に坐っていたことである。彼がフローンスの書に目を通したであろうことは想像に難くない。*The Pension Book of Grays Inn*, p. 78.

(14) Jardine, *op.cit.*, pp. 29-30. 1535年、首長令発布の翌年クロムウェルが大学支配のためにケムブリッジに乗り込んできた。彼が携えた9項目の「王の指令」の第7項では以下のごとく命ぜられていた。「学芸の学生は論理学、修辞学、算術、地理、音楽および哲学の基本を教えられ、アリストテレス、アグリコーラ、メランヒトンなどの書を読むものとする。スコートゥスの書は読んではならない」『世界教育思想体系 七、イギリス教育史 I』66-67 頁。

　　この決定にはルター派神学の理論的指導者たるメランヒトンの宗教的立場が影響を与えたであろうと思われる。同様に、ラミズムの浸透もカルヴィニズムと歩を一にしていた。

(15) M. T. Cicero, *Topica*, I-1-2（Loeb ClassicalLiblary, CICERO II, pp. 382-383）当時のキケロの『トピカ』に対する評価に関しては、ヴィヴェス著・小林博英訳『ルネサンスの教育論』世界教育学選集（明治図書出版、1964）171 頁。

(16) W. R. Prest, *The Inns of Court 1590-1640*, pp. 141-143.

(17) *Ibid.*, pp. 170-173. コモン・ウェルス期にチャールズ1世の死刑執行人の一人となった John Cook は1646年議会からの法曹排除の要求に抗して出版したパンフレットの中で、各法曹院に2名の俸給制の教師を置くように提案したが支持は得られなかった。

補論 3　イングランド法とラミズム　397

（18）　F. W. Maitland, 'English Law and Renaissance', in *Select Essays in Anglo-American Legal History,* pp. 187-188. R. J. Shoeck, 'Rhetoric and Law in Sixteenth-Century England', *S.P.L.*（1953）pp. 110-127. D. S. Bland, 'Rhetoric and the Law Student in Sixteenth-Century England' *S.P.L.* vol. IV,（1957）pp. 498-508. 問題はトマス・エリオットが、レトリックとコモン・ローの教育訓練制度の類似から前者による後者の改善を唱えたとき、Law French に関する但し書がレトリックの導入を阻む致命的な欠陥と見做されたか否かにある。

（19）　鍵括弧にしたのはフォリオ番号が欠けているからである。

（20）　人文主義者によるこの期の「方法」の改善に関しては、Gilbert, *op.cit.*, chap. 3. pp. 67-115.

（21）　W. R. Prest, 'Legal Education of the Gentry at the Inns of Court', *Past and Present,* No. 38（1967）pp. 21-23.

（22）　ヴィヴェス、前掲書 250 頁参照。

（23）　この問題に関するマクルウェイン説とホウルズワース説の対立については、小山貞夫「判例を通して見たイギリス『絶対王政』期法思想の一断面」東北大学『法学』40 巻、97-154 頁

（24）　L. W. Abbott, *Law Reporting in England 1485-1585,* p. 227. プラウドゥンはカソリックであったために、高位法廷弁護士にはなれなかった。しかし、同時にこのことが彼をしてケムブリッジへ内科医の資格を取るべく向かわせたといわれている。

（25）　Gilbert, *op.cit.*, pp. 93-98.

（26）　*Ibid.*, pp. 74-75. Howell, *op.cit.*, p. 223.

（27）　Howell, *op.cit.*, p. 4.

（28）　*Ibid.*, p. 146. ラムスの攻撃はアリストテレスにというより、伝統的アリストテレス主義者に向けられていたのである。

（29）　Fraunce, *op.cit.*, fol. 113-115.

（30）　E.Plowden, *Commentaries,* the prologue（1571）

（31）　Abbott, *op.cit.*, pp. 214-232.

（32）　Staunford, *Prerogative,* 'Dedication to Nicholas Bacon', quoted by S. W. Holdsworth, *A History of English Law,* vol. V p. 370. n. 8. スタンフォードはオックスフォードからグレイズ・インに入学し、1554 年民訴裁判所判事となった。彼の方法への関心はその経歴に加え、ブラクトン、さらに、彼自身が出版を企画したブリトンに負っている。Winfield, *the Chief Sources of English Legal History,* pp. 324-325.

（33）　Fraunce, *op.cit.*, fol. 119.「彼（リトルトン）は最初に条件付不動産権を以下の如く分割する。『人が条件に基づいて土地、もしくは保有財産の上に設定しうる不動産権には二つの様式がある。それらは事実上の条件に基づく不動産権であるか、法律上の条件に基づく不動産権かのいずれかである』。そして 13 フォリオにわたり前者の多くの事例を書き並べた後に、彼は、突然にではないにしても、即座にいかなる transition もなしに、後者へと進む。何が為されたか、何が為されるべきであったかも語ることなしにである」

（34）　Prest, *op.cit.*, pp. 126-127.

(35) Holdsworth, *H.E.L.* vol. V pp. 376-377.
(36) *Ibid.*, p. 381.
(37) W. Blackstone, *Commentaries on the Laws of England,* Introduction of the Study, Nature and Extent of the Laws of England, sect. 1 pp. 37-38.

---

*1 リトルトン、ブラクトン、ブリトンの配列については、本書【付録】参照。リトルトンの配列の二分法的理解については、補注2のクック『リトルトン註解』に付された体系樹参照。テューダ期における『ブラクトン』出版理由もこの配列の問題への注目によるものであった。出版人 T. N. の序文参照。

*2 「直接の影響はないと」論じたが、クック『リトルトン註解』序文に付された体系図（「土地保有権分類図」）やヘイル『国王大権法』に付された体系図は、ラムスの二分法的方法の影響の浸透度の深さを明らかに示している。

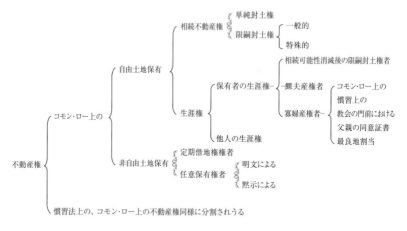

Sir Edward Coke, The First Part of the Institutes of the Lawes of England (London, 1628) [Garland Publishing, 1979] Preface [p. x]

　　匿名の遺稿として出版されたヘイル『法の分析』(1713) は、イングランド〔民事〕法をラムス的方法 method に帰そうとする最後の試みであった。〔Hale〕, *The Analysis of the Law: being a Scheme or Abstract, or the several Titles and Partitions of the Law of England, Digested into Method.* (London, 1713) [Garland Publishing, 1978] この試みが、ブラックストン『法の分析』、『英法釈義』へと受け継がれていくことになるのである。

第 **6** 編

不文法学的立法解釈論の系譜を求めて

　前編で、プラウドゥン『判例註解』による法廷報告方法の革新について論じたが、プラウドゥンの『判例註解』の中で論じられた中心的な課題は、立法解釈の問題であった。テューダ宗教改革議会以降の新立法の増大と急激な社会変化の中で、中世以降、法廷年報の中で発展してきたコモン・ロー上の法解釈原理との関係で、諸立法をどのように解釈すべきかは、当時の法曹の最大の関心事であった。

　カントーロヴィチの『国王の二つの身体』はプラウドゥン判例集の Crown と King をめぐる議論からはじまる。自然人乃至私人としての国王 King から分離された国民国家的公共性を代位する國王 Crown 概念の必要性が生じていた。こうした新たな公共善観念も立法解釈に大きな影響を及ぼすことになっていたのである。[*1]

　プラウドゥンは、アリストテレスのエピエイケイア概念を利用して、この問題を一挙に解決しようとしたが、必ずしも成功しなかった。しかし、この時期に強調されたエピエイケイア概念はローマ法的アエクイタス概念と共にコモン・ロー法学の思考方法に深く根を下ろすようになったように思われる。不文法学としてのコモン・ロー法学の学問的系譜を探る上で、少し迂遠ともなるが、成文法との関係で生み出されたアリストテレスのエピエイケイアという正義概念に遡ってこの問題を考察してみよう。[*2]

はじめに――エピエイケイア・もう一つの正義概念

17世紀教授学の大成者コメニウスは彼の『世界図絵』における正義の女神像の解説を以下の一文からはじめた。

正義は四角い石にすわって描かれています。なぜならそれがゆるぎないものであるべきだからです。[(1)]

この正義の直線的イメージについて、近代コモン・ロー法学の基礎を築いたクックは『法学提要 第2部』のマグナ・カルタ第29章註解の正義＝法の定義でより直截に述べている。

Rectum, 正義（right）はここでは法（law）と解釈されているが、jus がしばしばそのように称されるのと同じ意味である。1.なぜなら、それは真っ直ぐな線（the right line）であって、それによって配分的正義が導かれ、命ぜられるからである。（中略）2.法は rectum と称される。なぜなら、真っ直ぐなことが法を意味するように、歪んだこと（tort）や、曲がったこと（crooked）、邪なこと（wrong）が見出される場合、歪んだこと、曲がったこと、邪なことは違法（injury）を意味するからである。[(2)]

正義とは、Right, Droit, Recht の語が示すように真っ直ぐであることを意味し、逆に不正とは曲がったこと、Wrong, Tort, Krumm を意味するのである。この正義の直線的、直角的で石のように堅いイメージは、洋の東西を問わないように思われる。[(3)]

しかし、必ずしも真っ直ぐな四角い石のみが正義のイメージを独占してきたわけではない。アリストテレスは『倫理学』の第5巻正義論において、有名な配分的正義、是正的（交換的）正義概念に続けて、エピエイケイアというもう一つの正義概念について以下のごとく論じていた。「非固定的な事物に用いる規定は、やはり非固定的なものであることを要する」のであって、

「レスボス建築における鉛の定規」のような「もろもろの石の形に応じて変化し固定していない定規」が必要なのである[4]。

　他方、我が国でも、かつて、末広厳太郎が、『嘘の効用』で「法律は人間のために存在する」として、法律と社会との乖離現象を人間的に解決するために、法律家の求むべきものとして「我々［人間］は「尺度」を要求する、しかも同時に『伸縮する尺度』を要求する」と論じたのも、アリストテレスが指摘した「レスボスの職人の鉛の定規」のような、やわらかな正義概念を求める議論を展開していたと考えてよいであろう[5]。成文法の「杓子定規」な適用に対するこの末広の批判は、自由法論的な立場からの批判としては理解されても、直接的にアリストテレスに言及しているわけではないために、エピエイケイア論との関係についてはほとんど意識されてこなかったように思われる[6]。しかし、彼自身、こうした主張が、一方では近代的法治主義との矛盾を含むものであることを認識しながらも、他方で「人間がかくのごときものである以上、『法』はその矛盾した要求を満たしうるものでなければなりません[7]」というように、問題を人間的矛盾の形式で捉えていたことはエピエイケイア論との関係を理解する上でも重要であるように思われる。

　こうした末広の主張は、アメリカ留学前の若き日に、不文法解釈方法論の歴史を検討したキッスの「成文法の解釈と不文法」を抄訳したことと深く関係していたのではないだろうか。なぜならば、上記論文で、キッスは通常よく引用される『倫理学』や『政治学』からではなく、アリストテレスの『弁論術』におけるエピエイケイア論に注目して議論を展開していたからである[8]。アリストテレスの『倫理学』においては、エピエイケイア概念は正義の中に位置付けられながらも、イソテス（均等的正義）やノモス（人為法的正義）とは峻別され、補完的な正義として位置付けられていた。エピエイケイア的正義概念が配分的正義や是正的正義に比して充分注目を浴びてこなかった理由の一端はここにあるのかもしれない。ところが、『弁論術』においては、エピエイケイア的正義概念が法廷弁論における正義論の中心的な位置を占めているのである。『倫理学』や『政治学』においては、より善き国制のための如何なる立法がなされるかという問題こそが重要な課題であり、成文法規の定立に向けられた立法的正義にとっては、より多くの事例を分け隔てな

く包括しうるように、より一般的な正義が求められるのに対して、法廷弁論においては、成文法規の具体的事件への適用に向けられた司法的正義が主題となるのであり、ここでは当該事件に適正な解決を与えうるような具体的正義概念を必要とするからである。その意味では、エピエイケイアとはまさに、法廷弁論術的な正義概念なのであり、アリストテレスは、この独自の正義概念を導入することによって、自らの弁論術をソフィスト的弁論術と区別することを目指したとも考えられるのである。

その意味で、キッスが不文法解釈の理論的基礎を求めて、アリストテレスの弁論術におけるエピエイケイア概念にまで遡ったのも理解できよう。エピエイケイアに対して「正和」という珍しい訳語を使用した末広もこの概念の中に「成文法本位主義」的な法解釈・適用のあり方と異なった法学のあり方を見出したのかもしれない。また、高校時代に末広の『嘘の効用』を読んで「法規の体系は必ずしも隙間なく出来ているものではない、法規に隙間がある場合には裁判官が自ら立法者であるが如く、合理的な基準を発見しなければならないとか、その発見にあたっては擬制が一つの重要な役割を演ずること」を学んだ戒能通孝が『法廷技術』という日本には生まれにくい学問分野を開拓し得たのも偶然の一致とも思えないのである。

イングランド法史研究者としての筆者が、このエピエイケイアという概念に注目した第一の理由は、この弁論術的な正義概念としてのエピエイケイア概念が、ルネサンス期イングランドにおけるコモン・ロー法学の発展期において再発見され、とりわけ宗教改革議会以降の議会立法の洪水の中で生じたコモン・ロー法学における制定法解釈論の形成において核心的な位置を占めることになるからである。この動きは、さらに進んで、コモン・ロー法学全体を、このエピエイケイア的正義論から再構成しようとするところまで発展する。近代的判例集の祖プラウドゥンやクックの制定法解釈論はこのエピエイケイア的立法解釈論の流れの中心に位置するのであり、筆者が次章で論じるクックの Artificial Reason 論も、こうしたエピエイケイア法学論と無縁ではないと考えられるからである。その意味では、国家制定法中心の乃至は「成文法本位主義」の近代的法学観において忘れ去られたもう一つの法学のあり方を探る中で、不文法学としてのコモン・ロー法学の学問性の基礎を明ら

かにできるのではないかと考えるからである。アリストテレス的エピエイケイア概念からエクイティの問題を論じたヴィノグラードフの指摘するように「独自の原理としてエクイティを研究するための最もよい素材がみいだされるのは、イングランド法のこの分野の初期の歴史、すなわち、概ね 14 世紀から 18 世紀にわたる期間の歴史である」ならば、イングランド特有の Law & Equity という二元的法システムの形成の過程もこの時期の研究を通して明らかにできるであろう。[12]

　エピエイケイア的正義概念のこのような重要性にもかかわらず、これまで法学におけるこの概念の検討が必ずしも十分になされてこなかった理由には、前述のごとく近代における成文法本位主義的な近代的法律観があることに加え、この概念がアリストテレスの『弁論術』を通してというより、むしろ『倫理学』を通して伝えられたために、その法的正義としての側面が十分理解されず、道徳的正義概念として、法律外的な概念とされがちであったこと[13]、さらには、同じく「公正」乃至「衡平」と訳されることの多いローマ法的アエクイタス概念と混同されることによって、もしくはアエクイタスとラテン語訳されることによって、成文法解釈・適用においてエピエイケイア概念の有した［事物の多様性 Diversity に対応する］本来の意義が見失われてきたことにも大きな原因があると思われる[14]。したがって、今後の研究の準備作業として、エピエイケイア概念、アエクイタス概念の歴史を法学の流れとの関係で大筋において振り返るとともに、そうした流れの中でイングランドにおけるエピエイケイア立法解釈論の持つ射程を検討することを本章の目的としたい[15]。

注

(1)　J. A. コメニウス著・井ノ口淳三訳『世界図絵』（ミネルヴァ書房、1988）128 頁。「裁判所」「犯罪者の身体刑」の項目も興味深い。同書 136-137 頁。

(2)　Sir Edward Coke, *The Second Part of the Institute of the Law of England*（1641 [Garland Publishing, repr. 1979]）p. 56.

(3)　このような正義の直線的で角張ったイメージの例にはこと欠かない。例えば、「なしたことをなされてこそ、まがりのない正義の審きというもの」アリストテレス著・高田三郎訳『ニコマコス倫理学』（以下『倫理学』）第 5 巻 5 章 1132b（岩波文庫、1971）

上 185 頁、「ピタゴラスが正方形を正義の象徴としたように、正義は角張った骨組み
であるが、その骨組みによって社会に形が与えられるのである」加藤新平『法哲学概
論』（有斐閣、1976）455 頁。

　　　また、中国における「直」の概念の訴訟の裁定基準としての役割については、籾山
明「春秋訴訟論」法制史学会編『法制史研究』37 号（法制史学会、1987）12-14 頁参
照。

(4)　　『倫理学』第 5 巻第 10 章、訳書、上 208 頁以下。

(5)　　末広厳太郎『嘘の効用 上』川島武宜編（冨山房百科文庫 40、1988）所収　47 頁以
下。

(6)　　末広自身が『日本の法学』でアメリカの法学教育で受けたショックを強調して語っ
たことに併せて、『法律時報』23 巻 11 号（末広厳太郎博士追悼号、1951 年 11 月）で
川島武宜が「末広法学理論の背後に横たわっていた統一的な理論というのは、一言で
言えば、プラグマティズムの科学理論、そしてその背後においてはプラグマティズ
ムの哲学である」と論じたことの影響もあって、末広のこうした法解釈論の背後には
アメリカ法学の影響があるように受け取られがちである。森英樹「日本マルクス主義
法学の前提」天野和夫他編『マルクス主義法学講座①マルクス主義法学の成立と発展』
（日本評論社、1976）38-39 頁。これに対して、我妻をはじめ、上記追悼号の多くの論
者が初期のドイツ法学研究の意義を強調しており、川島の見解は、後に磯村哲によっ
て「特殊な『プラグマティズムの哲学』思想が博士にどういう影響をもっているかは
確定する資料はない」と厳しく批判されている。磯村哲『社会法学の展開と構造』（日
本評論社、1975）24 頁。

　　　磯村上記論文では、系譜論的な問題を措くとしても、実質的な意味においても、
末広の「規則的に伸縮する尺度」形成のルールとして、「事物の性質」（Natur der
Sache）に基づく法創造、「公平」理念に根ざす広義の「類推」（Analogie）原理とい
う、エピエイケイア概念、アエクイタス概念に関連する方法を重視されている。末広
の特色はこれらの概念を解釈論化するために、単に「伸縮する尺度」ではなく「規則
的に伸縮する尺度」としたところに、すなわち、磯村の強調するように、「個別」では
なく「類型」概念によって法的関係を把握しようとしたところにあるように思われる。
磯村前掲書 96-100 頁。

　　　『嘘の効用』とエピエイケイア概念との関連に気付いていたかも知れないのは平野
義太郎である。筆者が、末広が留学前に、後述するキッスの抄訳を発表していたこと
を知ったのは、上記追悼号での平野の回想「社会科学者・末広厳太郎」を通してであ
り、同小論で、「『伸縮する尺度』をいかにつくるべきかを課題とし、正義と公平を旨
とする専門家としての裁判官と実生活の要求のギャップ、法的安全と動きゆく社会の
溝をどう橋わたしするかを考えながら欧米留学の 3 年の生活を送り」帰ってきたと論
じて、末広の『嘘の効用』の発想の原点がアメリカ留学以前にあったことを示唆して
いるからである。

(7)　　末広、前掲書、55 頁。

(8)　　ゲーザ・キッス「成文法ノ解釈ト不文法」法学士　末広厳太郎抄訳『法学協会雑誌』
31 巻 3 号（1913）。この抄訳は、我が国への自由法論の導入者である牧野英一の主導

で始められた『法学協会雑誌』誌上における外国の最新研究動向紹介の一環であると思われるが、私は、この抄訳の影響が大きかったのではないかと考えている。この翻訳は「抄訳」であるだけに、末広の摂取の仕方がよく表れていると思うのであるが、末広は従来の自由法運動の反省の上に立って、新たに理論的基礎を深めようとするキッスの論文の問題意識を以下のように要約する。

エールリッヒの「自由な法発見と自由法学」を急先鋒とする自由法運動が活発であるが、「法律の解釈適用は夫れ自身創設力、即ち新たに法を作る作用を有するなるに拘わらず、従来其の理論的根拠が未だ充分に研究せられなかったということが法律適用に関する問題の研究をして未だ目覚ましい発展を得ざらしめた最大の原因である。問題は、裁判官は如何なる範囲まで法律に拘束され、如何なる範囲まで自由であるかと云う其の境界を定める確実な標準を得んとするの点に存するのではない。又解釈術の定則を定めて其の統一的なる哲学的根拠を求めんとするの点に存するのでもない。唯、法律適用の実際持って居る法律創設力の理論的根拠を研究することが即ち吾人の問題なのである」(現代風の仮名使いに改め、句読点を付した)。議論は「羅馬の解釈」から始められるのだが、そこで「理論的根拠」として挙げられているのがアリストテレスの弁論術におけるエピエイケイア概念を中心に展開した不文法論であり、不文法解釈論としてのエピエイケイア論という、後のアエクイタス論と混同されて完全に欠如してしまう視点が強力に打ち出されており、末広は「正和」という訳語を与えて詳細に紹介している。その後、不文法解釈論の歴史を素描すると共に、ジェニー以降の自由法論の動きを詳細に伝え、成文法を完全に無視した解釈を批判する一方、抽象的一般的法規の裁判官による補充というエピエイケイア論的議論を復活させたビューローの議論を高く評価し、イギリス法における同様の発展を紹介し、最後に、「裁判官は何故に法規ならざる慣習を適用することを要するのであるかと云うと、慣習は成文法の明示又は黙示の依頼によって成文法の間接内容を組織して居るものなるが故に、其の適用は実は成文法自身の適用なりと認められるからである」と結んでいる。

このように見てみると、末広はキッス論文を通してのドイツ自由法論の批判的摂取によって、アリストテレス的エピエイケイア概念を無意識的に導入したのかもしれない。少なくとも、そのように理解する方が、『嘘の効用』の8年後に出版されたジェローム・フランクの『法と現代精神』との関連を説くより、説得力があるのではないかと思う。川島武宜『科学としての法律学』(弘文堂、1964) 250-258頁。

(9)　鹿川洋一『イソクラテスの修辞学校』(岩波書店、1984) 130頁、224頁参照。

(10)　利谷信義「穂積・末広先生と戒能先生」『法律時報』47巻9号 (1975) 48頁。前述の川島の評価とは対照的に、『嘘の効用』に感激して法学を目指し、末広の愛弟子で『法律時報』の編集を引き継ぐことになった戒能通孝が、同じ追悼号で「僕は末広先生のいわゆる『嘘の効用』が解釈法学上もつ意味を、今にいたってもまだ十分に理解し得ているということはできない」(前掲追悼号781頁) と意味深い告白を行っている。

(11)　拙稿「Artificial Reason 考——ホッブズ—クック論争と近代法学の生誕 (2)」『島大法学』36巻1号 (1992) 80-117頁〔本書、次編 III-(1)～(2) 参照〕。

(12)　Sir Paul Vinogradoff, *Common Sense in Law* (1913, [3rd ed. by H. G. Hanbury, Oxford, 1959]) p. 151. ヴィノグラードフ『法における常識』第8章「衡平」参照。彼

は法源論として論じているのではあるが、最初に「私がここに衡平というのはイギリスの裁判所の近代衡平法管轄権のことではない」と注意しているように、アリストテレスのエピエイケイア論と共に、そのローマ的対応物であるキケロの「法の極み」論に多くの頁を割いていることに注目する必要がある。

(13)　アリストテレスの正義論として注目を集めてきたのは、均等（イソテス）概念を基礎とする配分的正義と是正的正義の概念であり、加藤新平氏は、「近代の二、三の学者は、彼はこの正義論によって、法哲学研究のための不朽の基礎をおいたというふうに激賞している」とした上で、自らも「事実その後中世や近世の主だった正義論は、或いはその焼直しであるか、或いは少なくともそれと結びつかずしては発展し得なかったのである」と論じた。加藤新平「法と正義──正義論の思想史的素描」『法学論叢』58巻第1号（1952）。もちろんエピエイケイア的正義概念が完全に無視されていたわけではない。加藤『法思想史』（勁草書房、1952［第4刷改定版、1971]）22-23頁参照。しかし、最近の代表的な法思想史の概説書でもその取り扱いは、わずか数行で終わっている。三島淑臣『法思想史』（青林書院新社、1980）91-92頁。また、阿南成一編『講義　法思想史』（青林書院新社、1984）24頁、恒藤武二『法思想史』現代法学全集3（筑摩書房、1977）93頁以下、田中、竹下、深田、兼子編『法思想史』（有斐閣、1988）18頁参照。いずれもエピエイケイア概念の弁論術的意義については触れていない。同時に、多くの場合「衡平」と訳されるために、ローマ法におけるアエクイタス概念との区別がつかなくなる。思想史のような概念を重視する立場からは避けられるべきであろう。

なるほど、特殊的正義としての配分的正義と是正的正義というアリストテレスの正義概念の分析がローマ法、中世法概念に果たした役割、さらには近代社会への転換期における、グロティウス、ホッブズによるこれらの正義概念の読み替えの重要性は強調してあまりあるものではあるが、政治学乃至国制論的な視点からの重要性であって、「法」思想史的な視点からすれば、むしろ法廷弁論において現れる司法的正義概念の方が重要である。この司法的正義概念＝エピエイケイアそれ自体についても、『倫理学』『政治学』では、裁判官の司法裁量権の倫理的、國制論的基礎付けとして現れるのであるが、『弁論術』では、弁論家の説得的立証方法としての法解釈＝適用論として現れるように、議論の方向が異なっていることにも注目する必要があるだろう。法解釈論の基礎としての司法的正義論としては、この法廷弁論におけるエピエイケイア論を中心に検討すべきであることはいうまでもない。

(14)　同箇所、船田、穂積もメインと同様にアエクイタス＝イソテスという理解を行っている。穂積陳重『法律進化論』第1冊（岩波書店、大正13）182頁、船田享二「羅馬における衡平の観念（一）～（四・完）」『法学協会雑誌』41巻第6-9号（1923）。このように、むしろ、エピエイケイアとアエクイタスは本来まったく異なった概念であったと理解する方がよい。またその方がアエクイタスの語がエピエイケイア的な意味を獲得するのは、帝政末期、キリスト教の影響を受けてからであるという最近の議論と一致するのではないだろうか。佐藤篤士「AEQUITAS考」『早稲田法学』57巻3号（1982）181-200頁。

にもかかわらず、船田氏の場合には、衡平という訳語で語られている言葉の冒頭

の定義が、エピエイケイア的概念に強く影響されたものになっており、また、最近の研究としては、野田氏が、アエクイタスはエピエイケイアの訳語であるという前提から、語源学的な分析から、エピエイケイアを「衡平な」という訳を当てて論じている。エピエイケイアの原義を「似姿」＋「に向かって」の意であるとされ、「等しさに向かって」「衡平な」という形で議論を展開されているのであるが、アリストテレスのこの語の使い方からすると、この解釈には相当無理があるように思われる。なによりも先ず、このように理解するとイソテス論とエピエイケイア論との区別が付かなくなってしまう。アリストテレスの議論からすれば、むしろ「似姿」＋「に合わせて」から、「事物の本性に合わせて」と理解する方が妥当であろうし、後に述べるように、ルネサンス期の論者も、これに近い理解の仕方をしている。野田良之「明治八年太政官布告第百三号第三条『条理』についての雑感」『法学協会百周年記念論集』第１巻（有斐閣、1983）253 頁以下。

(15)　もとより、エピエイケイア概念、アエクイタス概念の全歴史を検討することは、筆者の能力の及ぶところではない。むしろ、法解釈学成立上の重要性にもかかわらず、無視されがちなこの分野について、従来の研究を基礎に異なった角度から、もしくは遠くから照明を当てることによって、新たに見えてくるものもあるのではないかと思うからである。

I　諸前提──エピエイケイア・アエクイタス・エクイティ

(1) 不文國法論としてのエピエイケイア概念

アリストテレスのエピエイケイア的正義概念は正義概念の中心を占めることもなかったが、まったく忘れ去られてしまったというわけでもない。正義論を論ずるに際して、アリストテレスが『ニコマコス倫理学』で論じた「宜しさ」としての正義＝エピエイケイア論が忘れられるはずもなかった。[1] 問題は、むしろエピエイケイア的正義概念の理解のされ方にあったように思われる。エピエイケイア的正義概念は、『倫理学』においては「ノモスに即しての正義ではなく、ノモスを補訂するもの」としてノモス的正義概念と峻別して論じられた。したがって、ノモスが法一般と理解される限りにおいては、エピエイケイアは法的な正義概念とは別種のものと理解され、倫理的、道徳的な正義概念としてのみ取り扱われ、また、ノモスとピュシスとの対立に準え

て、自然法的な「公平」乃至「公正」として理解され、その限りで自然法的な正義概念と混同される要素を持つことになったように思われる[2]。

　他方、アリストテレス『政治学』において強調された、裁判官の「最善の判断によって」という、エピエイケイア的正義論の持つ裁量論的性格が、とりわけ近代的「法の支配」論や法的正義の形式的性格を重視する立場からは、むしろ否定的に扱われるようになり、エピエイケイア的正義論の法学的意味への関心を奪ってきたともいえよう[3]。

　しかし、エピエイケイア的正義概念がより十全に扱われるのは、『弁論術』の正・不正論においてであり、法解釈学的視点からすれば、『倫理学』や『政治学』において補完的に扱われるエピエイケイア論より、法廷弁論における成文法解釈＝適用との関連で中心的に論じられるエピエイケイア的正義概念の働きに注目すべきであろうし、また、近代以前の法学のあり方を理解する上でも、ここで展開されるエピエイケイア的正義論こそが欠かすことができないと考えられるのである。

　『弁論術』の分類に従えば、法一般は特有の法としての國法と共通の法としての自然法に分類されるのであるが、エピエイケイアは、人類に共通の法＝自然法としてではなく、國法の中の不文のままに残された部分として論じられている。このように、エピエイケイアは何よりも先ず國法の中の成文化された部分を補完する不文國法論として展開されているのである。したがってエピエイケイアとは、なるほど「書かれた法からはみ出している正しさ」ではあるが、それでもなお「特有であって書かれている法の欠落している部分」なのであって、あくまでも、人類に共通な普遍的な自然法的正義とは区別して理解されていたことを留意しておく必要があるのである[4]。

　エピエイケイア的正義概念が必要とされるのは『倫理学』でも論じられたように「法はすべて一般的なものであるが、ことがらによっては、正しい仕方においては一般的に規定を行えないものが存在する。それゆえ、一般的に規定することが必要であるにもかかわらず一般的には正しく規定することのできないようなことがらにあっては、比較的多くに通ずることを採るというのが法の常套である」からである。したがって「その過っているところを識らないわけではないが──しかも法は、だからといって正しからぬわけでは

ない。けだし過ちは法にも、立法者にも存ぜず、かえってことがらの本性に存するのである」からなのである[5]。ここで問題となっているのは、人為的立法の問題であり、國法を成文法として一般的文言で規定することに伴って生じる困難が問題なのである。法律の解釈や適用の問題はまさにこのエピエイケイアの問題から生じているのである。

　ノモス的な正義とは、ピュシス的（＝自然的）正義とは異なり、本来は「それ以外の仕方においてもありうることがら」であって、人為的に「制定」されることによって正義となり不正義となるにすぎないことがらなのである[6]。しかも、人々の合意によって定められたノモス＝成文人定法は、普遍的な形ではなく、通常の場合、もしくは多くの場合に妥当するもので満足せざるを得ず、こうした一般的な規定の仕方からは欠缺や例外的な事例が生じるのは当然であった。法律の文言は法を理解する重要な手掛かりであるが、法それ自体ではないということなのである（法の精神の文言に対する優位）。

　まして、現実の事件は無限に多様であるのにも関わらず、人定法上は極めて一般的な形式で成文化せざるを得ない以上、その具体的事件への適用に当たっては、こうしたエピエイケイア概念が必要とされるのは当然のことであり（事実の文言に対する優位）、エピエイケイアに従って判断するということは「書かれた法と真実との間で判断すること」であって、書かれた法を無視して、自然的理性や道徳的感情によって自由な裁量権を行使することでもないのである[7]。

　近代的な法典が編纂される以前には、法の基本的な部分は不文のままであり、成文化された法があるとしても、それらは不文法を明確にするために、乃至は、いずれにでも決しうることを定めたものでしかありえなかったのであり、法の本質は文言乃至言葉ではなく精神乃至意味にあると考えられていたのである。したがって、『弁論術』との関連で、上述の『倫理学』におけるアリストテレスの議論を、現代人に誤解のないように意訳するならば、「エピエイケイアとは正義であるが、法律の文字に即しての正義ではなく、法律の文字の法律の趣旨に即した補訂に他ならない」ということ、本質的には「法の文字に捉われずその精神を生かすということ」に他ならないということになろう[8]。

410

　誤解の多くが、法をすべて成文法と理解する現代人の「成文法本位主義」的な法観念から生じているように思われる。アリストテレスも論じているように、前近代社会にあっては「成文による法律よりも慣習による法律の方が一層権威あるものであり、また一層権威をもった事柄に関するものなのである」。現代社会においてはこうした不文法と成文法の位置が逆転してしまっているのである。こうした不文法支配の真っ直中に立法手続によってノモスという成文人定法が出現するようになったことが法と正義概念に新たな緊張関係を生み出したのであり、この緊張関係を調整する正義概念こそエピエイケイア的正義概念であったと考えられる。換言すれば、エピエイケイアとは、成文法の具体的事件への適用において、如何に正義を貫徹するかという問題なのであり、エピエイケイア概念が、具体的事件への成文法の適用を扱う法廷弁論術の主題となったのは、まさにその故であった。したがって、成文人定法との緊張関係を抜きにエピエイケイア概念は存在し得ない。アリストテレスが、具体的にエピエイケイアが適用されるべき行為と論じた、情状酌量、故意・過失・不運（期待可能性）の量刑区別の問題は自然的正義に即してではなく、立法趣旨と具体的事情に応じて判断されるのであり、さらには、エピエイケイアに合致した法の運用のあり方とされる①人間の弱さへの寛大さ、②法の文言に対する立法精神の優位、③行為の意図、全体、行為者の常態の考慮、④寛容・受認、⑤実力に対する言論の優位、⑥調停の裁判に対する優位等の議論も、成文法の規定を無視して自然的理性や道徳的判断に従った法の運用を勧めているわけではなく、文字通り立法精神や具体的事情との関連で、すなわち「法律と真実との間で」、常に成文法との規定との緊張関係の中で運用されるべきものであった。したがって、『弁論術』の立証論での議論の展開にみられるように、当然に成文法の文言の厳格な遵守という立場からの弁論も成立するわけであり、これに抗して、不文法に訴えねばならない場合も、アンティゴネの場合のような自然法に反する場合を除けば、当該成文法内部に、もしくは他の「評判の高い［成文］法」との間に矛盾がある場合、成文法の規定が多義的である場合、当該成文法の制定時と事情が変更してしまった場合という限られた場合となるのである。[9]

　このように、アリストテレスのエピエイケイア論には、法の解釈と適用の

第6編　不文法学的立法解釈論の系譜を求めて　411

問題が明確には分離されていないという法解釈学的発展にとってはある意味では致命的な問題を含んでいたとはいえ、そうした問題が克服されたときに、成文法解釈論として発展すべき多様な発展の萌芽を含んでいたと考えられるのである。[10]

(2) 公平的正義としてのアエクイタス概念

エピエイケイア概念の理解の仕方をさらに困難にしたのは、同じく「衡平」乃至「公正」と訳され、エピエイケイアのラテン語訳ともなったキケロ的乃至ローマ法的なアエクイタス概念との混同乃至融合にあるように思われる。イングランド人はエクイティの起源をローマのアエクイタス概念や、ギリシアのエピエイケイア概念に求めるのが常であるが、エクイティ＝アエクイタス＝エピエイケイアという等式が成立するほど事態は単純ではない。[11] それぞれの概念には微妙なという以上に大きな相違がある。例えば、『嘘の効用』で末広は「伸縮自在な物差し」を「公平」との緊張関係において求めたのだが、ここでの「公平」概念は、ギリシア以来のエピエイケイア概念とは異なる、むしろ「アエクイタスとは平等の如きものである」という法格言で知られるローマ的な平等的な公正観念なのである。[12]

前述のごとく、エピエイケイア論は「レスボスの職人の定規」論に典型的にみられるように「事物の性質にしたがって」すなわち、「事物の文言に対する優位」という側面と（寛刑論も過ちを犯す人間の性質への配慮として理解できるかも知れない）、「國法の不文の部分」論にみられるように、「立法者精神論」すなわち「精神の文言に対する優位」という二側面を持っていた。ローマの弁論術でも、成文法の規定の一般性と適用されるべき現実の多様性 [Diversity] との矛盾の問題が扱われなかったわけではない。それどころか、ヴィノグラードフが前述のエピエイケイア論的エクイティ論で法の精神と明文との間の対立の事例としてキケロの『カエキーナ弁護論』を例として論じたように、この問題は古典期ローマの訴訟における重要な争点であったし、弁論術の標準的教科書となったキケロの『構想論（De Inventione）』や同じくキケロの著作とされてきた『ヘレンニウス弁論書』では、むしろアリ

ストテレスの弁論術以上に詳細に議論が展開されるようになる。ローマ法史研究者の中で、意思主義と文言主義という形で、ローマの弁論術の法学への影響の問題が議論となったのもそのゆえであろう。[13]

しかし、それにもかかわらず上記弁論術の教科書では、法文解釈をめぐる議論がアエクイタス論として構造化されることなく、アエクイタス論とは別の文脈で語られていることに注意する必要があるように思われる。例えば、キケロの初期の著作『構想論』では、法廷弁論における争点は事実問題、定義問題、管轄権問題、法律問題が分けられると共に、最後の法律上の争点（constitutionem generalem）はローマ市民法解釈上の争点（negotialis）と法適用上の争点（juridicialis）とに分けられることになる。「アエクイタスと正義の性質（aequi et recti natura）」に係わるとされた後者、すなわち、法適用上の争点（juridicialis）において、絶対的争点と区別された「行為は是認されないが、外的事情により弁護されうる」ような相対的争点として論じられる諸論点が、具体的事情に基づく抗弁としてエピエイケイア的側面を持つのだが、純粋に法適用の問題として議論されており、とりわけ、エピエイケイア論の持っていた成文法解釈論的側面、すなわち、文言と意味、多義性、事情変更等の成文法解釈上の諸論点は、独立した文書解釈の問題として、この争点論からは切り離されて議論されているのである。こうしたアエクイタス論と成文法解釈論との分離は、『ヘレンニウス弁論書』ではより顕著であり、争点論は事実問題（conjecturalis）、法解釈問題（legalis）、法適用問題（juridicialis）に三分され、「法の文言と精神」「法文間の矛盾」「多義性」「定義」「移管」「類推」等の成文法解釈の問題は、法解釈上の争点として、アエクイタス論の論じられる法適用上の争点とは完全に切り離されているのである。[14]

他方、後に影響を及ぼしたキケロのアエクイタス概念は、上述の法適用上の争点論で述べられたアエクイタス論よりも、むしろ市民法解釈上の争点論で論じられた法源論における素朴な平等主義的アエクイタス概念であった。キケロはローマ法の法源を自然法、慣習法、制定法に三分し、慣習法論の中で、合意、既判例に並んで平等を挙げ以下のごとく説明する。「平等とはすべての人に公平であることである（Par, quod in omnes aequabile est）」（De Inventione II xxii 68）平等の問題が慣習法論として扱われているのは奇妙な

感じがしないわけではないが、これらの慣習の大部分は法務官告示の中に含まれるようになっていると論じられていること、また自然法から区別されていることと合わせて、抽象的な平等性というより、むしろ、制定法によらないが、具体的に法務官告示の中で慣習的に承認されてきた能力の対等性を意味するものであったのかもしれない。ローマのアエクイタス論の発展は、エリザベス期の法曹も注目したように、この法務官法の発展と深く結びついて理解されていたからである。

　このアエクイタス概念のむしろ専門用語化されない使用方法が、晩年の『トピカ』では、比較による推論の方法の一つとして明確化される。「事件が同じである場合には同一の法が判決されるというように、アエクイタスが優位する。(Valeat aequitas, quae paribus in causis paria iura desiderat)」(Topica 4.23) 後に述べるように、この同類事件論的類推適用のアエクイタスが中世ローマ法、バシアヌス、アーゾを通して『ブラクトン』に伝わり、ウェストミンスタ第一法律の著名な同類事件条項の基礎となり、またクックにまで流れてくるアエクイタス概念の一つの重要な源泉となったものであることはいうまでもない。[15]

　この平等論的・類推適用論的アエクイタス論は、より洗練された形で、アリストテレスのエピエイケイア的正義ではなく、イソテス的正義＝均等的正義としての是正的正義・配分的正義論と結びつけて理解されるようになり、単なる単純な平等論や類推適用論を超えて自然的正義や法一般と同一視されるようにもなっていったように思われる。

　この発展は、上述の『トピカ』においてアエクイタスの論拠が以下のように区分され、列挙されていることからも理解できるであろう。「公平・不公平が考察される場合には、アエクイタスの論拠が集められる。これには自然的なものと制度的なものとの二つの区分があり、自然的なものとしては各人への各人のものの配分と復讐権との二つがある。他方、制度的なアエクイタスとしては三つの部分があり、第一のものが法律に関わるものであり、第二のものが協約にかかわり、第三のものが古き慣習に関わる。同じくアエクイタスは、また以下の三つの部分に分けられることもある。第一のものは天上の神に、第二のものは死者の祭壇に、第三のものは人に属する。第一のものを

敬虔、第二のものを神聖、第三のものを正義もしくはアエクイタスと称する」(『トピカ』23.90)。

　ここにみられるように、アエクイタス概念はエピエイケイア的正義概念よりも、むしろイソテス的正義概念の影響を受け、自然的正義として配分的正義、是正的正義(＝復讐)と同一視されるとともに、他方では、制度的＝人定的正義としての法一般と、また、世俗的正義一般(Justitia)と同一視されて現れることになる。

　同じく、晩年に書かれた『法律論』でキケロはギリシア的法概念としてのノモスとローマの法概念のレクスの相違を語源論から論ずる中で、この系譜関係を明らかにしている。彼によれば「法律(Lex)は、為されるべきことを命じ、その反対のことを禁じる、自然に植え込まれた最高の理性」であって、「ギリシア人は各人に各人のものを配分すること(tribuere)から名付けたのであるが、我々(ローマ人)は、選択すること(legere)からそう名付けた」のである。「双方の考えとも法に本来のものなのではあるが、彼ら(ギリシア人)はアエクイタス(aequitas)を法の本質にあると考え、我々(ローマ人)は選択(dilectus)が法の本質と考える」のである。[16]

　こうしたアエクイタス＝配分的正義論は他の弁論術書においても展開される。『ヘレンニウス弁論書』によれば、「正義とは公平、即ち、各人の位階に応じ各人に配分する法である(Iustitia est aequitas ius uni cuique rei tribuens pro dignitate cuiusque.)」(Ad Herennium 3.2.3)。この定義はユスティニアヌス法典を通して中世に受け継がれる「正義とは各人に各人の分を配分せんとする恒常的且つ永続的意思である(Iustitia est constans et perpetua voluntas ius suum cuique tribuendi)」(Pseud-Ulpianus, D. 1, 1, 10, pr., Inst. Jus. 1, 1, pr.)という有名な定義となり、最後にはアエクイタスの語それ自体が消滅してしまうほどに、アエクイタス概念は正義乃至法それ自体と同化し、配分的正義、自然的理性との問題として同一視されるようになるのである。

　他方、是正的正義としてのアエクイタス概念使用の例としては、『学説彙纂』の法原則集を通して不当利得論に影響を及ぼしたポンポニウスの法格言「誰も他のものの損失及び侵害によって利得を得ないのは、自然の法に従って公平である(Iure naturae aequum est neminem cum alterius detrimento et iniuria fieri locupletiorem.）」（Pomponius, D. 50, 17, 206）の中に見出すこともできるであろう。

　実際、ケムブリッジ大学ローマ法欽定講座教授であったメインが『古代法』で、エクイティ論を展開したとき、ローマ的アエクイタス概念のギリシア的起源をエピエイケイアにではなく、配分的正義論の基礎となった均等性を意味するイソスから発展したイソテスの概念に求めたのは決して不思議ではなかったのである。彼が法の創造的発展を衡平、擬制、立法に求めたとき、この衡平 Equity とは、まさに平等的、類推適用的な公平概念であったのである。
(17)

(3) エピエイケイア概念とアエクイタス概念の融合と変容

　メインが論じたように、本来のアエクイタス概念は、エピエイケイア概念とはまったく異なった概念であったよう思われる。しかし、それでは、何故エピエイケイア概念とアエクイタス概念が同一視され、もしくは、エピエイケイアがアエクイタスと訳されるようになっていったかが理解されない。アエクイタス概念が、その本来の語義を超えて一般的な正義概念に発展していったことによるのかもしれない。キケロはアエクイタス概念を是正的正義や配分的正義論と同一視し、法それ自体乃至は法学の指導原理一般として、人類共通の法としての自然法論との区別を曖昧にしてしまったのであるが、逆に、それ故に、正義一般と理解されることで、平等論的アエクイタス観を超えて、エピエイケイア的正義へと発展する要素をもったのではないだろうか。実際「全ての事柄においてそうではあるが、とりわけ司法においてはアエクイタスが尊重されねばならない（In omnibus quidem, maxime tamen in iure aequitas spectanda sit.）」（D. 50, 17, 90）という法格言に表されるように、アエクイタス概念は新たな法概念を生み出すための触媒ともなっていったように思われるからである。

　例えば、ローマ市民法の厳格性の緩和を目指して、とりわけ、契約法の発展と関連して bona fides の概念がアエクイタス概念と結びつきながら発展していったことはよく知られている。勅法において「契約においては信義誠実を

考慮することが公平にかなっている(bonam fidem in contractibus considerari aequum est.)」(C. 4, 10, 4)と論じられ、また「契約において行使される信義則では最高度のアエクイタスを必要とする（bona fides quae in contractibus exigitur summam aequitatem desiderat.)」(Tryphonius, D. 16, 3, 31)と論じられる議論の背後に、不当利得論でも展開された交換的正義論乃至自然的公平観からの発展をみることができよう。ここでは、アエクイタス概念を媒介として bona fides という別の専門化された表現が法発展のための道具となっているのである。同様のことは、悪意乃至悪意の抗弁（dolus malus, doli mali exceptio）といったような別の法概念の発展についても指摘されているところである。[18]

　しかし、ここでは、エピエイケイア概念とアエクイタス概念との融合という側面からアエクイタス概念そのものと結びついた形での変化として、対句的に使われる aequum et bonum という表現と、rigor iuris との対抗関係で使われるアエクイタス概念との関連で、エピエイケイア論との結びつき方を簡単に見ておきたい。

aequum et bonum

　前述のキケロの『構想論』の法解釈上の争点における法源論で扱われた平等主義的アエクイタス概念は、『ヘレンニウス弁論書』では、法適用上の争点に移され、「公平と善（aequum et bonum）」という対句的表現で表されるようになるとともに、エピエイケイア論の特徴としての「事物の性質に応じて」という側面が現れてきたように思われる。すなわち、ここでは法源論は、法解釈上の争点から法適用上の争点論の絶対的論拠論に移され、「アエクイタス」は「合意」「既判例」と共に「慣習法」から分離され、自然、制定法、慣習、既判例に次ぐ、第五の法源として、「合意（pactum）」に先んじて、「公平と善（aequum et bonum）」として論じられることになるとともに、『構想論』の平等主義的定義とは異なった定義が与えられることになるのである。

　「法は真理と共通の便宜に役立つと見做される場合に、公平と善から構成されているのである（Ex aeque et bono ius constat quod ad veritatem et utilitatem communem videtur pertinere)」(Ad Herennium 2.13.20)。

第 6 編　不文法学的立法解釈論の系譜を求めて　417

このように対句的表現を採るようになるとともに、「共通の便宜」の概念が加わることによって、自然的正義から区別された具体的正義としてアエクイタス論が展開される。アエクイタスとは「それぞれの人の位階や時宜に応じて生じる（constituti convenit ex tempore et ex hominis dignitate)」「新たな法（novumius)」なのである。[19]

このアエクイタス概念の対句的表現は『ヘレンニウス弁論書』で始まったものとはかぎらないし、また、前述のキケロの『カエキーナ弁護論』で展開されたアエクイタスと言語（verba）との対抗関係が、共通の利益と文書（literae）との対抗関係として表されるように、本来のアエクイタス概念にもこうした「共通の便宜」的側面が含まれていたのかもしれない。[20]なるほど、配分的正義そのものにも、如何に配分比を決定するかという問題が含まれており、そして、それこそが法に課された役割であって、自然法的、慣習法的に決定されなければ、「共通の便宜」のために権威的に決定される以外にないからである。その意味では、この「共通の便宜」という議論の中に、自然的アエクイタス論と区別された、制度的アエクイタス論の展開の基礎があったかも知れない。この対句的表現は、ウルピアヌスによって紹介された『学説彙纂』冒頭の以下の著名な定義「ケルススが正しく定義したように、法は公平と善の術である（Nam, ut eleganter Celsus definit, ius est ars boni et aequi.)」（Ulpianus, D. 1, 1, 1, 1）とする有名な格言として後の世まで、そして現在まで伝えられることになるのだが、このArsという言葉にも、こうした法の人為的制度としての側面が合意されているように思われるのである。[21]

いずれにせよ『ヘレンニウス弁論書』でのアエクイタス論の法適用論への全面的移行と「公平と善（aequum et bonum)」という対句での使用によって、アエクイタス概念にエピエイケイア的な意味合いが込められるようになってきているように思われる。しかしながら、この対句的アエクイタス概念は法適用のために生み出される新たな法源として理解される一方、法適用論に移された法源論にかわって、成文法解釈論が法律事項論に移され、成文法解釈の問題と法適用の問題が完全に分離されてしまったために、逆に、エピエイケイア論の持っていた成文法との鋭い緊張関係は失われ、むしろ、アエクイタス論は「新たな法」を創造するための司法立法論的な法源論として

理解されるようになってしまったようにも思われる。

　このことは、上記ローマの法廷弁論術書では、従来エピエイケイア論として扱われていた問題が、法律家と弁論家との役割の分離に伴うものであろうか、法解釈の問題と法適用の問題とに二分されるようになっていることに関連しているのかもしれない。すなわち、アリストテレスがエピエイケイア論として法適用の問題と密接に結びつけて議論した成文人定法の文言の解釈の問題は法律家の役割として、弁論家が具体的事件との関わりで論じる法適用の問題から分離されるようになっていったのではないだろうか。

　かくして、解釈学的方向での発展は法学者に委ねられたのかも知れない。実際、法廷弁論術の対象は、個々の事件でありその限りで、エピエイケイア概念も法廷弁論術の枠に留まっているかぎり、解釈論への発展の起点とはなりえても、類型化された事件への法の適用の方法を問題とする法解釈学そのものとはなりえないと思われるからである。専門的ローマ法研究者の中で、法廷弁論術の影響に対して否定的な議論が大勢を占めているのもこうした点と関連しているのかもしれない。[22] *3

aequitas vs rigor iuris

　aequum et bonum の対句は、共通の利益との関連においてのみならず、『カエキーナ弁護論』においてみられるような厳格な法や法学者の権威に対して、立法者の意思、意向の尊重を対置する場合にも使用されている。しかし、この場合も、最終的判断は良き審判人に委ねられるのであって、意思主義的な解釈論としてはそれ以上に進まない。それどころか、逆に、緻密な法解釈学的な発展は、キケロが『義務論』において「法の極みは悪法の極み（Summum ius Summa iniuria）」論を展開したように、それ自体が批判の対象となることもありえたことに注意する必要がある。[23]

　このエピエイケイア概念の「法の精神の文言に対する優位」的側面に近づいたアエクイタス概念がローマ法文の中に入ってくるのは、帝政期に入って以降、相当遅くなってからであり、弁論術の影響でというよりも、キリスト教の普及・国教化の影響を受けるなかで採り入れられ、キリスト教を国教化したコンスタンティヌス帝の以下の勅令が決定的役割を果たしたと云われて

いる。「全ての事項において厳格な法理よりも衡平と正義が優先されると定められた（Constantinus et Licinius: Placuit in omnibus rebus praecipuam esse iustitiae aequitatisque quam stricti iuris rationem.）（A. D. 314）」（C. 3, 1, 8）。

同時に、皇帝教皇主義的理念の下に、アエクイタス概念は人道主義的色彩の強い humanitas, benignitas, pietas, caritas 等の概念と重なるようになったといわれている。[24]

かくして、厳格法（ius strictum）や煩雑さ（subtilitas）法の厳格さ（rigor iuris）に対する概念としてのアエクイタス概念が形成されてくるのであるが、キケロにおいて問題とされた法学者の解釈的権威や法の文言との対抗関係より、道徳的原理として、人定法そのものに対する対抗原理としての側面を強めつつあったように思われる。すなわち、本来エピエイケイア概念とは起源を異にしていたと考えられるアエクイタス概念が、法の精神としての正義一般と同一視されるようになるとともに、エピエイケイア的意味合いを持つようになっていくのではあるが、自然法論や理性法論と結びついて理解されるようになってしまったために、成文國法の欠缺を補うといった不文國法論的側面は見失われ、法解釈論と言うより、むしろ道徳論的に理解され、人定法からの適用免除の問題として扱われるようになっている。丁度、「事物の優位」の問題が法解釈というより、法創造の論理となったように、「精神の優位」の問題も同じく法解釈というよりむしろ、適用免除の論理として展開されることになったように思われるのである。

実際、西洋中世において、この法解釈論としてよりも、刑の緩和や適用免除論として展開されたアエクイタス概念を受け継いだのは、厳格法としての世俗法の苛酷さに対するカノン法上の救済としてのアエクイタス概念であり、ルネサンス期イングランドでエピエイケイア論が復活してくるのも、『神学博士とコモン・ロー法学徒との対話』の神学博士の議論を通してなのである。このように、教会法との関係によって、道徳論的側面は一層強化されていったように思われる。[25]

したがって、アエクイタス概念がローマ法学に与えた影響があるとしても、それはアエクイタス論そのものとしてより、「法は公平と善の術である

（ius est ars boni et aequi）」という理念のもとに、法学者によって類型化された事件に与えられる法学者の意見の中に結実していったと考えた方がよいのではないだろうか。中世ローマ法学の始祖イルネリウスに続く4博士の一人マルティヌスはアエクイタスによるアプローチのチャンピオンであったと評されているが、彼にとっても重要なのは、事物に即応した曖昧なアエクイタス（equitas rudis sedes materiae）ではなく、ローマ法大全に流れるアエクイタス（equitas constituta）であったといわれている。中世のローマ法学者にとっては、ユスティニアヌス法典自体がまさにアエクイタスの賜物であったのであり、かくして形成されたユスティニアヌス法典の中に ratio legis を発見することこそが法学的営為であったのである。ここではエピエイケイア論の成文法解釈論的側面は、権威的法文間の矛盾を解決する学として教義学的方向に舵を切っているのである。[26]

　こうした教義学的再編の中で、〈適用免除のアエクイタス〉概念も大きく変化していったように思われる。中世ローマ法学が適用免除としてのアエクイタス概念をまったく知らなかったわけではない。中世ローマ法学者は法原則と個々の事例との関係を類と種の関係として捉え、種の概念として包摂し得ないものを例外として扱ったといわれるが、この法原則からの適用除外としての例外という概念こそが適用免除のアエクイタス概念の法学の世界への構造化を示すものであったように思われるからである。アーゾは、すべての抗弁／例外（exceptiones）はアエクイタスに基づく、なぜならば、すべての法準則は法の厳格性に基礎を置き、それらに対する例外はアエクイタスに基づくからであるとまで主張したと論じられている。ここでは、Rigor Iuris 対 Aequitas の図式は Regulae Iuris 対 Exceptiones という図式に転換されているのである。[27]かくして、適用除外の事例の積み重ねと類型化によって、適用除外の事例の背後にあるアエクイタス乃至ラティオが規範化され、原則と例外という法解釈学者に馴染み深い構造が形成されていったように思われる。このような構造が出来上がるにつれ、その背後にアエクイタスという概念があったことも忘れ去られてしまうことになったのではないだろうか。[28]

注

(1) エピエイケイアは、さまざまに訳されるが、ここでは岩波文庫版の高田訳に従った。岩波書店『アリストテレス全集』の加藤信朗訳「公平」や法学者の訳す「衡平」の訳は、アエクイタスと区別が付けられないことに加え、均等的（イソン）正義論とも区別が付きにくく、原典から読まない者には誤解を生みやすい。加藤氏が別の箇所で使っている「適正」が好ましいかもしれない。

(2) 代表的な法思想史の教科書の多くは『倫理学』におけるエピエイケイア概念から出発し、ノモスを法と訳してしまうために、それと対抗的に論じられるエピエイケイアは法律外的なものと理解されたり、また、法の精神として理解されたりする場合でも、不文の法として自然法と理解されがちである。ホッブズ的な近代法概念から不文法はすべて自然法となるのであろうが、近代以前にこうした近代国家法的法概念を適用するのは問題があろう。はじめに　注（13）参照。

(3) 例えば、田中成明編『法思想史（第2版）』（有斐閣、1998）16頁参照。エピエイケイア的正義概念は形式的正義に対する実質的正義概念としての側面を持ち、その意味で、法と道徳の峻別に加え、近代的法観念が「法の支配」の視点から、形式的、手続的正義を重視することも、エピエイケイア的正義概念の凋落の一因となったのかもしれない。ヴィノグラードフがエピエイケイア的エクイティ概念の検討のための時期とした期間の最後の段階を飾るブラックストンが、法一般論の締めくくりで示したエクイティ評価が示唆的である。彼は法解釈方法の問題としてグロティウスのエクイティ解釈論の定義を紹介しながら「エクイティなき法は、それが如何に苛酷で、容認しがたいものであったとしても、公共善にとっては、法なきエクイティよりもずっと望ましい。そうなると、すべての裁判官が立法者となり、ほとんど無限の混乱を生み出してしまうだろう」と論じている。ここでは法的安定性への志向が明らかである。W.Blackstone, *Commentaries on the Laws of England, A Facsimile of the First Edition of 1765-1769* (Chicago U. P., 1979) vol. I pp. 61-62. 後に論じるように、この問題は、ルネサンス期のイングランド法学においても重要な争点となるのである。

(4) なるほど、アリストテレス著・戸塚七郎訳『弁論術』（岩波文庫、1992）でも「不正の定義」では、法を「特有な法」と「共通な法」に分類し前者を「書かれたものであって、ここの國が国家生活を営む時に規範とするもの」とし、後者を「書かれていないもので、すべての人々の許で容認されていると思われる法」としている。（1368b 訳書104頁）しかし、これは訳者も述べているように（435頁）差異を特徴的に示すためにそのように論じられているのであって、「不正行為の分類」のところでは、同じように、法を「特有な法」と「共通の法」に分けながらも、前者についても「書かれていないものと書かれたものがある」とし、後者を「自然における法」とのみ定義している（1373b 訳書132頁）。エピエイケイア論が論じられるのは、法に書かれていない正・不正との関係で論じられるのであるが、ここでもはっきりと、エピエイケイアの問題は「特有であって書かれている法の欠落した部分」として自然的正・不正の問題と峻別されて論じられている（1374a 訳書136頁）。

ところで、訳者は註でエピエイケイアを特有な法と並列的に分類しているが、そ

うすると自然法との区別が曖昧となる、むしろ「特有な法の書かれたもの」と並列的に論じられるべきであろう。訳者は「特有な法の書かれていないもの」を、ここで実際には論じられていない慣習法に当ててしまったために分類に混乱が生じているのではないだろうか。

(5)　『倫理学』第 5 巻 10 章 1137b 訳書 209 頁。同様の説明が、『弁論術』第 1 巻第 13 章 1374a 訳書 136-137 頁でなされている。

(6)　『倫理学』第 5 巻 7 章 1134b 訳書 194 頁。こうした区分法は Mala prohibita と Mala in se としてルネッサンス期まで受け継がれ、法解釈上の重要な論点となる。

(7)　もちろん、書かれた法が自然法に反し得ないことはいうまでもない。人為法的な正義は「それ以外の仕方であっても本来一向差し支えが生じないこと」に関するものであるはずだからである。

(8)　加藤『法思想史（改定版）』（勁草書房、1971）23 頁。

(9)　『弁論術』1374b 訳書 137-138 頁、1375a-b 訳書 142-145 頁。

(10)　前述のブラックストンの批判参照。法解釈の問題と法適用の問題とが渾然一体となっている。解釈学は無限の事実と成文法の文言との間にではなく類型化された事実と成文法の趣旨との間で生じるのであり、事件の無限の多様性と法文の一般性という枠組みで議論されている限りにおいて、法適用は 1 回限りのものとなり、解釈学的発展に結びつかないだろう。磯村が強調するように、末広が「規則的に伸縮する尺度」と述べたのもこうした事実の類型化の問題と絡んでいたといえよう。その意味で、法解釈学としての法学の発生にとっては、法の適用と法の解釈の問題の分離が不可欠であったのであり、ローマにおける法学の発生の問題は、次節で論じる法学と法廷弁論との分離に関係していたのかも知れない。

(11)　F. Pollock, 'The Transformation of Equity', in *Essays in Legal History*, edited by Paul Vinogradoff（Oxford U. P., 1913）p. 286.　C. K. Allen, *Law in the Making*, 7th edition（Oxford U. P., 1964）pp. 388ff.

　　なお、*Oxford English Dictionary* の equity の項目参照。

(12)　末広、前掲書 47-48 頁、51-55 頁。

(13)　弁論術の与えた影響、とりわけ、その法解釈における「文言主義」と「意思主義」に与えた影響については、真田芳憲「共和政末期における弁論術 Rhetorica と法学の解釈方法」『法学新報』74 巻 2・3 号（1967）。こうした動向へのローマ法学者の評価としては、柴田光蔵『ローマ裁判制度研究』（世界思想社、1968）375-376 頁、佐藤篤士「AEQUITAS 考」『早稲田法学』57 巻 3 号（1982）181-200 頁、西村隆誉志「ローマ共和制末期における法律解釈の方法——古典期アクィーリウス法析出のための視角」『早稲田法学会誌』33 巻（1983）169-196 頁、同「古典期ローマの法思考——アクィーリウス法解釈の展開を素材にして」『法制史研究』33 号（1984）123-157 頁。吉原達也「ローマ法源学説の一問題点——D・ネルの所説をめぐって」『広島法学』2 巻 3・4 号（1988）註 11、321-322 頁。慣習法を巡る論争も含めて、上記論争は、門外漢の筆者の及ぶところではなく、エリザベス期法解釈学におけるエピエイケイア論の果たした役割を理解するための前提として、一定の予備知識を得るために検討するものである。その意味では、ストルー説の基礎ともなったといわれる、フォイクトの研究、Moritz

Voigt, *Die Lehre vom jus naturale, aequum et bonum und jus dentium der Romer*, Bd.I.（1856）を基礎にアエクイタス概念の多様な使用例を分析した船田享二「羅馬における衡平の観念（1）〜（4・完）」『法学協会雑誌』41巻6-9号（1923）が便利であった。なお、船田のこうしたアエクイタス史への関心は晩年まで一貫している、船田享二「類推解釈論史の一断章」『民商法雑誌』60巻4号（1969）505頁以下、船田享二「Summum ius summa iniuria」『法哲学年報1969』（有斐閣、1970）なお、ヴィーコによる継受については、ジュリアーノ・クリフォ著・児玉寛訳「ヴィーコ、修辞学とローマ法」『法政研究』55巻207頁以下、とりわけ226頁以下参照。

　　なお、『構想論』『論題論』『法律』『ヘレンニウス弁論書』等の弁論術書からの引用についてはローブ版を使用した。

(14)　Cicero, *De Inventione*, edited by E. H. Warmington（the Loeb Classical Library, 1949）vol. XVI. xi 14-15, II. xxiii 69. ［Cicero］, *Ad C. Herennium de Ratione Dicendi*, edited by H. Caplan（the Loeb Classical Library, 1954）柴田、前掲書第3部第1章「ヘレンニウス弁論書Rhetorica ad Herennium」素描、同『ローマ法フォーラム──比較法文化の場として I』（京都玄文社、1987）75頁以下の再整理参照。

(15)　Cicero, *Topica*, edited by E. H. Warmington（the Loeb Classical Library, 1949）中世ローマ法学において、バシアヌス（Bassianus）が法原則論で、一般的法格言としてのregulaeには同一の原因があるとする議論の背後には、同類事件の背後には同一のアエクイタスがあるとするキケロから受け継いだアエクイタス論があったのである。『ブラクトン』との関係については次章参照。Peter Stein, *Regulae Iuris, from Juristic Rules to Legal Maxims*（Edinburgh U.P., 1966）pp. 139-142, p. 151.

　　なお、ローマ法における慣習法論の位置付けをめぐる論争については、前掲吉原論文の他、石川真人「『類型論』の原点──D・ネル著『区分と列挙』を手がかりにして」『北大法学』41巻5・6号509頁以下参照。

(16)　Cicero, *De Re Publica, De Legibus*, with an English Translation by C. W. Keyes（the Loeb Classical Library, 1928）1.6.

(17)　Sir Henry Maine, *Ancient Law*（1861）（Everyman's Library, 1917）p. 34.

(18)　Allen, *op.cit.*, pp. 395-397, Voigt, a.a.O.S. 603-610.

(19)　Ad Herennium, loc.cit. ここでは例として、60歳以上の老人や病人に法定代理人が認められることが挙げられている。船田はaequum et bonumを解釈原理とし、utilitasの問題を立法原理とすることによって対立的に論じている。

　　しかし、aequum et bonumの問題も司法的立法の問題としてutilitasとの関連で捉えられていることに注意する必要がある。utilitas概念と法解釈・適用との関係については、西村、前掲論文（1984）142-143頁参照。

(20)　柴田光蔵「ローマ法における特示命令訴訟の一考察──キケロー Cicero の『カエキーナ弁護論 pro Caecina』をめぐって」『法学論叢』94巻3・4号27頁以下、146頁参照。

(21)　Peter Stein,'Elegance in Law', in *The Character and Influence of the Roman Civil Law*（Hambledon Press, 1988）pp. 8f.

(22)　前掲注（13）佐藤論文、西村論文参照。

(23) Cicero, *De Officiis* (the Loeb Classical Library, 1913) 1.10.33. キケロー著・角南一郎訳『義務について』（現代思潮社、1974）17頁。ルネサンス期の法学者達はこの種の議論をキケロの『義務論』における「法の極み」論として展開する。実際にエリザベス期の法学者達がエピエイケイア論の基礎を見出したのも、キケロの弁論術書教科書におけるアエクイタス論の展開にではなく、むしろ『義務論』や『カエキーナ弁護論』によって伝えられた「法の極みは不法の極み」というこの著名な格言を通してであった。

(24) 佐藤、前掲論文、またこの問題と関連して、同「humnanitas 考」参照。佐藤氏によれば、ローマ法文においては、aequum et bonum という対句が、この意味で使われることはないようである。

(25) 後述、その意味で、ベイカーが、苛酷さの緩和乃至良心という意味での、この制限解釈的なエクイティ概念を大陸とは異なるイングランド特有の概念と見たことは、物事の半面を述べていたにすぎないように思われる。J. H. Baker (ed.), *The Reports of Sir John Spelman*, vol. II, *Selden Society* vol. 94, p. 37.

(26) Peter Stein, 'The Glossators of the civil law', in F. de Zulueta & P. Stein, *The Teaching of Roman Law in England Around 1200*, Selden Society Supplementary Series vol. 8 (1990) p. xvi. 久保正幡「法学の mos italicus と mos Gallicus」『法学協会百周年記念論集』1巻（有斐閣、1983）239-240頁、森征一「『モス・イタリクス Mos Italicus』の法学思想——中世ローマ法学の正義の学としての側面」『法学研究』61巻6号（1988）4頁、8-12頁。

(27) Stein, *Regulae Iuris*, pp. 135-137, pp. 139-140, p. 144. J. L. Barton, 'Equity in the Medieval Common Law', in Ralph A. Newman (ed.), *Equity in the World's Legal Systems, A Comparative Study Dedicated to Rene Cassin* (1973) p. 141.

(28) 原則と例外という思考枠組みの法教義学上の意味について検討したものとしては、服部高宏「原則と例外——法教義学の一側面」『法的思考の研究』（京都大学人文科学研究所、1933）所収参照。

II　中世コモン・ロー法学と類推適用のアエクイタス

(1) 法の精髄としてのアエクイタス

中世ローマ法学において、成文法としてのユスティニアヌス法典こそがアエクイタスの賜物と考えられたのに対して、逆に、成文法体系を持たないイングランドにおいては、むしろアエクイタス概念の持つ精神の文言に対する優位の側面乃至不文國法論的側面への強調が注目されることになる。こうし

た〈不文國法論としてのアエクイタス論〉への関心は、『グランヴィル』（c.1189）とともにはじまる。『グランヴィル』の序文ではイングランド不文法の法的性格がアエクイタス論を支柱に据えて以下のように論じられている。

「イングランド人の諸法は不文ではあるけれども、法と称さないのは不条理（absurudum）であるように思われる。法律自身に『君主の嘉し給うところ法の効力を有する』とあるように、それらは、疑わしい問題について、諸侯の忠告と、権威を賦与する国王とによって、評議会で定められた事柄が、公布されたものであることは明らかであるからである。もし、単に成文を欠くということのみで、まったく法でないと評価されるならば、法律そのものの権威の精髄が、法を裁決するエクイティや法を定立する理性よりも（quam uel decernentis equitas aut ratio statuentis）成文にあると考えられるようになってしまうであろうことは疑いえないからである」[1]。

この議論を慣習法優位論と捉えるのは正しくない。ここで成文法に優位するものとして強調されているのは、アエクイタスと理性であり、むしろ不文法優位論、すなわち法の精神の文言に対する優位の主張と理解すべきであろう。法の精髄は文言にではなく、エクイティと理性にあるのである。したがって、慣習法の厳格性も国王評議会により「便宜とエクイティの観点から緩和される（utilius et equius temperare）」[2]。大陪審も慣習法的な審判方法としての決闘審判の疑わしい結果を避け、予期せぬ死、不名誉な言葉による恥辱を避けるために、とりわけエクイティに基づいて（ex equitate）定められたのである[3]。したがって、先例のない事例も国王裁判所でのエクイティによる判断によって（ex equitate consideratum）決められるのである[4]。アエクイタス論の法の厳格性の緩和の問題という側面も、成文法の適用の厳格性に対するものとしてよりも、世俗の慣習法の苛酷さへの緩和として現れるのである。

このように、法の本質をエクイティと理解するとき、そこには成文、不文の相違はない。成文法はエクイティの成文化された部分であり、不文法とはエクイティのうち、成文化されていない部分を意味するにすぎない。同時期の『ヘンリ1世の諸法』でも「Equitates は二重である：成文法と慣習、即ち法として受容された共通の慣用である」としてアエクイタスが成文法・不文法双方の背後に流れる法的正義概念として理解されていることが重要である[5]。

この法の精神の文言に対する優位という考え方は、中世ローマ法学において
は法的理性（ratio legis）というより専門化された表現として展開されること
になるが、いずれにせよヨーロッパ前近代社会における法思考のバックボー
ンとしての役割を果たすことになるのである。[6]

　しかし、この期のエクイティ概念は国王評議会の自由な裁量による法解釈
＝適用の慣習に縛られた厳格な法に対する文明性乃至合理性を示すものとし
て理解され、法解釈論的にというより、裁量による法適用の問題として論じ
られていることに注意する必要がある。成文法解釈論としてのエクイティ論
の影響は、国王裁判所が国王行政一般から分離され、立法機能と司法機能が
分化するとともに、成文法とその解釈、適用の司法行政上の重要な要素とな
る時代まで待たざるをえないのである。

(2) 『ブラクトン』と類推適用のアエクイタス

　『ブラクトン』（c. 1230/c. 1250）では、前述の『グランヴィル』序文におけ
る不文法擁護論の根拠を、法の精神としてのアエクイタス論から法律以外の
多様な地方慣習の存在という慣習法論へと書き換える。「イングランドには
地域毎に多様な慣習があり、イングランド人は多くのものを法律によってで
はなく慣習によって所有しているので……地域の慣習を学ぶ必要がある」の
である。こうした変化は『ブラクトンズ・ノートブック』にみられる国王行
政における司法部の専門化と地方法実務における法知識の蓄積の結果であっ
たといえるであろう。[7]これに伴って、アエクイタス概念自身の把握の仕方
も、より専門技術的なものに変化してくる。

　アエクイタスとは何か：他方、アエクイタスとは事物への適合であっ
て、同じ事件においては同じ法が望ましく、全ての人が十分対等に扱われ
る rerum convenientia quae in paribus causis paria desiderat iura et
omnia bene coaequiparat。したがって、アエクイタスは平等のごときも
のであるといわれているのであって、事物、即ち、人間の言葉と行為に基
礎を置いているのである。ところで、正義は正しい人の精神にある。それ

故に、適切に述べるならば、判決について述べる場合には、正義の判決ではなく、公平な判決というべきであり、人について述べる場合には、公平な人ではなく、正義の人というべきである。しかし、これらの語法の誤用のために、我々は公平な人とか正義の判決といっている。したがって、法学は多くの点で正義とは異なる。なぜなら、法学は認識することであり、正義は各人に各人のものを配分することであるからである。同じく、正義は徳であるが、法学は知識である。また同じく、正義はある種の最高善であるが、法学は公益なのである。[8]

　この、同類事件には同様な救済がもたらされるべきとする中世のエクイティについての馴染み深い定義となった上述の定義の最初の一句が、前章で述べた、キケロが『トピカ』で比較から生ずる（ex comparatione）内在的論拠として論じた以下の同類事件論「同じ事件においては、同じ法が望まれるということが公正の意味するところである。（Valeat aequitas, quae paribus in causis paria iura desiderat）」に由来することは明らかであろう。[9]

　もちろん、ユスの定義の中で、「ユスとアエクイタスを区別して語るときには、厳格な法を意味する」と論じているように、『ブラクトン』もローマ末期以来の厳格法とその緩和としてのアエクイタスという議論を知らなかったわけではないであろうが、上述のごとく、アエクイタスの定義それ自体には、アリストテレスのエピエイケイア論における精神の文言に対する優位といった成文法解釈論的側面はまったくみられない。[10] 他方、後半部の、正義と公平との区別の仕方には、アエクイタス概念を道徳概念から区別された中世的概念とすることによって法学的概念へと鍛え上げようとする意図が窺えるのである。

　このように、アエクイタスの働く方向に同類事件としての方向性を与えることによって、法適用の方向も、国王評議会の無定型な裁量から専門裁判官による同一の方向性を持った司法的裁量へと転換していっているように思われる。中世の法創造と法解釈＝適用に影響を与えたのは、このキケロからバシアヌス、アーゾを通して、『ブラクトン』に伝えられた同類事件の背後には同一のエクイティがあるとするアエクイタス概念があったのであり、この平

等な取り扱い乃至救済を求める類似原因のアエクイタス概念こそが、初期の
コモン・ロー法学において、不法に対する国王裁判所における救済手段の拡
大という新たな令状方式の発展の基礎となったのである。メイトランドが裁
判官の 'equitable' な司法的裁量権こそが初期の訴権法的発展を支えたと論じ
たのもそうした意味においてであった。[11]

　したがって、エリザベス期のエピエイケイア論者であるランバードが、特
殊主張訴訟の発展の背景として、ウェストミンスタ第二法律の底流にこうし
た精神が流れていることを見たのも決して不当ではなかった。彼がその根拠
として求めたのは通常よく言及される第24章の in consimili casu 条項ではな
く、第1章と第25章の以下の条文であったからである。「新たな事例には新た
な救済が提供されるべきである。求められるべき正義を追い求める者が国王
裁判所を去ることはない (In novo casu, novum remedium est apponendum;
ne Curia Domini Regis deficiat, conquaerentibus in iustitia perquirenda)」。
ランバードが上記の指摘を、ローマの法務官の官職に基づく法の発展に準え
ながら論じているように、彼はローマの類似事件のアエクイタス概念のイン
グランド的対応物があったことに注目しているのである。[12]

　このように、中世イングランドのアエクイタス概念は立法解釈と関連して
というより、国王裁判所による救済手段＝訴権の拡大のために利用されたの
であり、この『ブラクトン』のアエクイタス論が立法解釈論と結びつけて再
発見されるのは、ルネサンス期の『ブラクトン』の出版、立法解釈論への関
心とアリストテレスのエピエイケイア概念の復活に合わせて、彼の定義が再
び注目を浴び、クックによって以下に論じる制定法解釈のエクイティの論拠
とされることになるまで待たざるをえなかったのである。しかし、別種の制
定法解釈論としてのエクイティ論がエリザベス期の制定法解釈論以前に議会
制定法観念の発展と共に14世紀後半から発展しつつあった。

(3) 制定法解釈上のエクイティ Equity of the statute

　同類事件のアエクイタス論が訴権法的救済方法の発展の論理を超えて、法
解釈・適用論として発展する上では、法創造と法解釈の分離がなされなけれ

ばならない。

　ギリシアのエピエイケイア論が不文法体系の中における人定法の出現と共に始まったように、法解釈・適用論としてのエピエイケイア＝アエクイタス論の出現はイングランドの不文法体系としてのコモン・ローの中に人定法としての議会制定法が出現し、単なる慣習法の成文化を超えた、新たな成文人定法観念を生み出すことによって解釈学的法学の発展の一つのチャンスを生み出すことになる。その意味では、ランバードによって「イングランドのユスティニアヌス」と評されたエドワード１世の諸法は法解釈論の発展の基礎を築くものであったことは言うまでもない。実際、この議会制定法への関心が、エドワード１世期を挟む『ブラクトン』と『フリータ』との間の大きな相違となって現れているのである。[(13)]

　しかし、このことが直ちに近代的議会主権＝立法権観念や制定法解釈論の発展を生み出したわけではない。エドワード１世期末からエドワード２世期にかけての裁判官達は、自らエドワード１世期の諸立法の起草に係わった裁判官達であり、例えば、条件付贈与法による限嗣相続の効力範囲についてのバーフォード判事（William de Bereford, d. 1326）の以下の有名な言葉、「起草者［ヘンガム］が不注意で制定法にその趣旨の明文を挿入し落としたのだ」とするような論法は、裁判官の解釈というよりも立法者の立場からの補充なのである。このような、エドワード１世期の裁判官達の制定法の文言に縛られない法創造者的立場は、他方では、「制定法に註釈を行うな。なぜなら、私は貴兄以上によく理解しているからである。我々がそれを作ったのだから」というヘンガム判事（Ralph de Hengham, d. 1311）のもう一つの有名な言葉に代表されるように、法創造に携わった立法者以外の者の解釈の禁止をも意味することにもなるのである。この一見相反する立場は、共に、法の制定の権威が国王の役人である法の識者達にあったのか、議会にあったのかが極めて曖昧であったことを示している。[(14)]

　したがって、法の起草者と制定法の解釈・適用の、そしてさらに、立法機関と司法機関との分離が制定法解釈学の発展にとって不可欠であったのであり、ソーンがプラクネット自身の言葉を引用して述べたように、論理的には制定法解釈は「裁判所が、制定法を、裁判所にとって外部的な権威の命令で

あって、その意思は、成文で明記されたものとしてのみ知ることができるものであることを受容しなければ」生じないのである。その意味で、逆説的に見えるかも知れないが、成文法解釈論は、立法側からの解釈の禁止乃至厳格解釈と法の適用を行う裁判所との間の緊張関係の中で発展してくるのであり、このことは、中世イタリアにおける制定法解釈論の発展が、都市条例の解釈を禁止する都市当局と裁判官を勤める中世ローマ法学者達との緊張関係の中で生み出されたとされることからも理解できよう。

　したがって、法廷年報の中に制定法の厳格解釈論が現れてくる 1340 年代こそが、コモン・ロー法学における制定法解釈論の発展にとって画期的な時期となったといえよう。実際、この時期こそ、司法機関としてのアサイズ巡回陪審裁判制度が確立し、王座裁判所が固定化すると共に、評議会から立法機関としての議会（庶民院）が分化していく時期であり、国王評議会という全般的な国王行政機構からの司法・立法機構各々の自立化に伴って、世俗の専門司法官僚の成長が始まる時期なのである。かくして、法の適用の問題は、国王評議会の不定形の裁量権の問題や新たな救済手段の考案の問題としてではなく、司法裁判所の制定法解釈の問題として表れることになるのである。実際、制定法解釈に関連して、エクイティ（equitas）の語が使用される最も初期の事例は 1304 年まで遡ることができるとされるが、専門用語として l'equity de l'statute の語が制定法拡張解釈＝適用を表すものとして使われるようになるのは 1370 年代になってからなのである。

　また、同時に、この時期は制定法に関する模擬討論が始まる時期であるとされている点にも注意すべきであろう。こうした制定法の知識こそがチョーサの法律家（man of law）の法学識の基礎となっていったのであり、これら制定法の講義こそが、ベンチャ、サージャントといった上層法曹への昇進のステップとして、中世末に発展する法曹院の教育訓練制度の中心となっていくことになるからである。

　他方、これら制定法の拡張解釈＝適用の例が法廷年報に記録され、個々の事件から切り離された共通の学識として蓄積され、独自の法解釈論として類型化されていくことになる。このように制定法解釈のエクイティ論によって形成された制定法の拡張解釈の最も典型的な事例をリトルトン『土地法論』

の限嗣不動産権論において見ることができるであろう。

「第21節　上述のこれら全ての限嗣不動産権については上述のウェストミンスタ第二法律に明記されている。また、上述の制定法で明文では明記されていないものの、同上の制定法のエクイティによって解釈される他の様々な限嗣不動産権があるのである」。かくして、コピーホールドの限嗣相続財産権も、単なる慣習法上の権利としてというより、制定法解釈のエクイティによって保護されるという構成をとりうることになるのである。(20)

このように、制定法解釈のエクイティ論は何よりも同類事例への拡張解釈理論であり、中世イタリアの条例解釈理論同様に、「類似のものは同じように（de similibus ad similibus）」、乃至は「同一の理由あるところに同一の法あり（ubi eadem ratio, ibi idem ius）」とする同類事件の法理と同じ精神が流れていると考えてよいであろう。このことは、制定法解釈論が、先ず第一に拡張解釈理論として現れる点でも、イタリアにおける制定法解釈論の発展と併行する現象として理解できるであろう。(21)

かくしてさまざまな制定法の拡張解釈＝適用の例は個別的に法廷年報の中に蓄積されることになるのであるが、制定法解釈理論それ自体としては、むしろ、逆に、エクイティによる拡張解釈が許されない事例が類型化され準則化されることになる。中世末までには、刑事制定法のエクイティによる拡張解釈の禁止、コモン・ロー上の私権を廃棄し、もしくは制限する制定法の拡張解釈の禁止等の初歩的な制定法解釈諸準則が充分に確立されたコモン・ロー法学上の法原理となっていた。(22) さらには、制定法解釈のエクイティ論は、15世紀末には制定法解釈原理としての立法者意思説とも結びついて論じられるようになっていく。その意味では、アリストテレスがエピエイケイア論で論じた法の精神の文言に対する優位論へと近づいていくことになったのである。(23) このことは、同類事件的拡張解釈論を超えた立法解釈論の展開を予兆するものではあるが、この中世的枠組を超えるには、エリザベス期立法解釈論の展開を待たざるを得ない。この中世において「制定法解釈のエクイティ」の名の下に発展した解釈理論が、エリザベス期立法解釈理論の展開の出発点となるとともに、ルネサンス期におけるアリストテレスのエピエイケイア概念の復活、『ブラクトン』の出版による同類事件のアエクイタス論の再

措定と共に、ヘイクのエピエイケイア論において総括されることになるのである。

注

(1) *Tractatus de legibus et consuetudinibus regni Anglie qui Glanvilla vocatur,* edited with Introduction, Note and Translation by G. D. G. Hall (Nelson, 1965) p. 2. 訳については、松村勝二郎訳『中世イングランド王国の法と慣習』(明石書店、1993) 22 頁を参照。なお、成文法―不文法の関係が明確になるように訳し直した。Absurudus も不合理と訳される方が一般的であるが、合理性に対する語というよりも常軌を逸したという意味に近いように思われることと、法解釈上の専門用語的に使用されるようになることから不条理とした。

(2) *Ibid.,* p. 32.

(3) *Ibid.,* p. 28.

(4) *Ibid.,* p. 74.

(5) *Leges Henrici Primi,* edited with Translation and Commentary by L. J. Downer (Oxford U.P., 1972) Ch. 4. 3a, p. 82. アエクイタス論が、法廷弁論術の影響の色濃い第 4 章の弁論原因類型論 (De generibus causarum) で論じられているのも興味深い。

(6) Ian Maclean, *Interpretation and Meaning in the Renaissance* (Cambridge U.P., 1992) pp. 142-158, p. 174. とりわけ、後期註釈学派が Ratio の語を好んだことについては、*Ibid.,* p. 155. Donald R. Kelley, *The Human Measure,* (Harvard U.P., 1990) pp. 134f., pp. 137-140 を参照。ただし、こうした法観念が法解釈論として展開されるには中世末からルネッサンス期の法学の発展を待たざるを得なかった。

(7) *Bracton on the Laws and Customs of England,* edited by George E. Woodbine, Translated with revisions and notes, by Samuel E. Thorne (1968) Introduction f. 1, vol. 2, p. 19. 以下ブラクトンと記す場合には、著者とされるブラクトン (Henry de Bracton c.1210-1268) ではなく本書を指す。グランヴィルの時代からブラクトンの時代へのこうした変化、及びブラクトン時代の裁判官の地方での経験については、さしあたり、拙稿「イングランドにおける学識法曹の形成」上山安敏編『近代ヨーロッパ法社会史』(ミネルヴァ書房、1987) 所収、以下「学識法曹」、35-36 頁〔本書、第 2 編 I‐(1) 119-120 頁〕及び同注 (10) 参照。

(8) *Ibid.,* f.3-f.3b. (Thorne, vol. 2, p. 25)

(9) Cicero, *Topica* 4. 23. Stein, *Regulae Iuris,* p. 139, p. 151.

(10) *Bracton,* f.2b-f.3 (Thorne, vol. 2, p. 24) 同じ箇所で、bonum et aequum の説明も ius との関係で論じられており、この場合には ius と同義的に理解されている。「ius は ars boni et aequi と称されるように、時には、法学それ自体や、我々が成文法として持っているものを指すことがある……同じく、ius は、時には自然法を指すこともある、

第6編 不文法学的立法解釈論の系譜を求めて 433

というのは法というものは常に bonum et aequum であるからである」

(11) F. Pollock & F. W. Maitland, *The History of English Law before the Time of Edward I*, 2nd ed. (1898) vol. II, pp. 670-671.

(12) A. K. Kiralfy, *The Action on the Case* (London, 1951) pp. 15f., pp. 24-31. C.H.S. Fifoot, *History and Sources of the Common Law, Tort and Contract* (1949) pp. 73-74. William Lambarde, *Archeion or, a Discourse upon the High Court of Justice in England* (1635) edited by C. H. MacIlwain and P. L. Ward (Harvard U. P., 1957) [61-62], pp. 38-39. この特別侵害主張訴訟の発展が後述の制定法解釈のエクイティ論の発展する 14 世紀末以降に同時期的に発展してくることにも注目したい。

(13) *Fleta* (*Book V and VI*) vol. IV, edited with a Translation by G. O. Sayles, (Selden Society, 1984) pp.xviii-xix. Lambarde, *op.cit.*, [55] p. 36.
「後者［エドワード 1 世］は（プリゾート判事が法廷年報で述べているように）我々の法を注意深く体系化し（reduce into order）、そして成文化した。それ故、私の意見では、我がイングランドのユスティニアヌスと見做されても当然であるとおもわれるのである」という叙述はエドワード 1 世の立法のイングランド法史における位置付けのされ方を理解する上でも示唆に富んでいる。

(14) Theodore F. T. Plucknett, *Statute & Their Interpretation in the First Half of the Fourteenth Century* (Cambridge U.P., 1922) p. 52, pp. 44-49, pp. 183-184 (Anumeye's Case 1305, *Y.B. 33-35Edw.I*, p. 82) このヘンガムの註釈禁止論は、ユスティニアヌスによる法典への註釈の禁止と同類の性質を持つものとして位置付けられるかもしれない。中世ローマ法学におけるユスティニアヌスの註釈禁止規定と解釈学の発展との関係については、Maclean, *op.cit.*, pp. 50-59, Kelley, *op.cit.*, p. 132. 他方、ベアフォードの議論についてベイカーはアリストテレス的な精神に従った解釈概念としての equity による制定法解釈の例として紹介しているが（J. H. Baker, *An Introduction to English Legal History*, 3rd ed. (Butterworths, 1990) pp. 239-240）、この表現は誤解を生みやすい。学説史的にみれば、この期の立法者意思説とテューダ期の立法者意思説を峻別することにソーンの上記プラクネットの著作への批判の本質があったのであり、ソーンによれば、そもそも、これら初期の法廷年報における裁判官達の制定法に対する意見を「解釈」と呼びうるのかということが問題であったのである。議会制定法解釈学としての近代法学は、制定法が聖書やユスティニアヌス法典のような不可謬な権威を獲得してはじめて成立すると考えられるからである。
ソーンのプラクネット説批判については、森岡敬一郎「『Statute』の解釈について──S. E. Thorne 教授の所説を中心に」（慶應義塾大學）『史学』34 巻 2 号 115-129 頁参照。ただし、森岡氏の紹介は、プラクネット説批判に重点がおかれていることもあって、テューダ期とそれ以前との相違に重点がかかりすぎているように思われる。むしろ、議会立法観念の成長という意味では、宗教改革議会を中心とするテューダ期における立法観念の転換が大きな画期となるのであるが、ソーン自身も認めている 14 世紀後半以降の厳格解釈の傾向と本章で論じる制定法解釈上のエクイティ論の出現は、議会とりわけ庶民院の成長ということだけでは説明できないように思われる。確かに、14 世紀半ば以降の庶民院の成長は重要ではあるが、それとともに、司法部

434

の自立化による専門法書の出現と、かくして形成された学識法書の法知識と裁判官の法適用の生み出す緊張関係が成文法解釈論の成長にとって、より一層重要であったように思われるからである。ソーン説については、Samuel E. Thorne (ed.) *A Discourse upon the Exposicion & Understandinge of Statutes With Sir Thomas Egerton's Additions* (San Marino, 1942)（以下 *Discourse*）, Do, 'Statuti in the Post-Glossators', *Speculum* vol. 11 (1936) pp. 452-461（以下 'Statuti'）, Do, 'The Equity of Statute and Heydon's Case', *Illinoi Law Review* vol. 31 (1936) pp. 202-271.（以下 'Heydon'）参照。後 2 論文はソーンの論文集 *Essays in English Legal History*（The Hambledon Press, 1985）pp. 3-12, pp. 155-170 に収められており、以下の引用は論文集からの引用である。

(15)　Thorne, *Discourse*, p. 12. Plucknett, *op.cit.*, p. 56.

(16)　中世イタリアにおける制定法解釈論の展開については、Thorne, 'Statuti', pp. 3-9. Kelley, *op.cit.*, pp. 132-140. Maclean, *op.cit.*, pp. 114ff. なお、我が国における研究としては、さしあたり、佐々木有司「中世イタリアにおける普通法（ius commune）の研究 (2)」『法学協会雑誌』84 巻 4 号 (1967) 437-443 頁、466-478 頁及び、森征一氏の一連の研究が有益である。森征一「中世イタリアの都市コムーネと条例制定権（ius statuendi）理論 (1)～(4・完)」『法学研究』49 巻 8、9、10、11 号 (1976)、「『モス・イタリクス　Mos Italicus』の法学思想──中世ローマ法学の正義の学としての側面」『法学研究』61 巻 6 号 (1988) 1-36 頁、「解釈の学としての中世ローマ法学の基本思想──《モス・イタリクス　Mos Italicus 研究序説》」『法学研究』62 巻 12 号 (1989) 135-152 頁、「中世イタリアの都市条例における解釈の禁止規定をめぐって──中世ローマ法学の解釈の学としての側面」『慶應義塾大學法学部法律学科開設 100 年記念論文集法律学科編』所収 (1990) 257-275 頁、「バルトルスの法学観──ヨーロッパ中世法学の理解のために」『法学研究』70 巻 3 号 (1997) 1-41 頁、「中世ローマ法学者の法解釈論」『法学研究』71 巻 3 号 (1998) 1-20 頁。

(17)　拙稿「学識法書」38-39 頁〔本書、第 2 編 II-(1)〕参照。1342-3 年に出現する「制定法は厳格法である（statuta sunt stricti iuris）」という格言へと集約されていく厳格解釈論が 14 世紀半ばに出現することについては、プラクネットとソーンの間の意見の対立があるわけではない（Plucknett, *op.cit.*, pp. 86-90, pp. 121f. Thorne, *Discourse*, pp. 42-45, 'Heydon', pp. 156-157.）問題は、その現象の位置付け乃至はこの期の変化の原因の理解の仕方にあるのである。裁判所の国王の人格からの分離の成長を強調するプラクネット説（Plucknett, *op.cit.*, pp. 167-169）と、国王、庶民院と貴族院とによって構成される議会概念の成長と庶民の請願に基づく立法によって立法の不可侵性の出現したことに重点を置くソーン説（Thorne, *Discourse*, pp. 6f.）とが対立しており、また、パットナムはこの変化を、エドワード 3 世期の「封建反動」＝諸侯勢力が議会の司法機能、国王評議会の一員としての裁判官やサージェントの権能を削いだことと、制定法の内容がコモン・ローの宣言として学識法書のイニシアティブによって制定されるものから、庶民の請願に基づいて制定される、より近代的な立法観念に移行したことに求めている。B. H. Putnam, *The Place in the Legal History of Sir William Shareshull Chief justice of King's Bench 1350-1361*, (Cambridge U. P., 1950) pp. 41f., pp. 118-120. しかし、ソーン自身も国王評議会への上訴が行われなくなったこと

を議会立法の至高性の確立という視点から位置付けているように、司法部の国王評議会からの自立化の意義を重視しており、相違は、絶対的なものというより、力点の問題のように思われる。国王評議会からの自立化は、立法／司法の未分化な自由裁量的なエクイティの行使から解釈理論への転換にとって極めて重要であったように思われるからである。実際、プラクネット的な説明からは、法廷年報時代の制定法解釈論とルネッサンス期のそれとの相違が理解しにくく、その詳細な分析にも係わらず極めて平板な理解とならざるをえない。他方、ソーン説の立場からは、逆に中世末の制定法解釈のエクイティの形成の意義が位置付けにくくなってしまうのである。なるほど、制定法解釈論が全面的に開花するのはエリザベス期以降ではあるが、それ以前の制定法解釈のエクイティ論の形成が何故に生じたかは説明しにくい。

　私自身は、近代的立法観念を支える議会主権観念の成長とともに、その対抗軸としての司法機構の専門的自立化とコモン・ロー法学の形成という視点を欠かすことができないと考えている。拙稿「学識法曹」38-39頁参照。

(18)　ソーンはエドワード3世48年ミクルマス開廷期（1374年の報告を最初の事例として挙げている。Thorne, *Discourse*, p. 44.　1304年の事例については、G. O. Sayles, *Select Case in the Court of King's Bench under Edward I*, vol. III, *Selden Society* vol. 58 (1939) p. xxxvii, p. 124.

(19)　S. E. Thorne & J. H. Baker（ed.）, *Reading and Moots in the Inns of Court in the Fifteenth Century*, vol. II Selden Society vol. 105 (1989) pp. xxii-xxv.　拙稿「学識法曹」40頁、47-51頁〔本書、第4編III～VI参照〕。

(20)　Sir E. Coke, *The First Part of the Institute of the Laws of England; or a Commentary upon Littleton*（1628［reprinted by Garland Publishing 1979］）fol. 24 a-b. コピーホールドと限嗣相続との関係については、A. W. B. Simpson, *A History of the Land Law*, 2nd ed.（Oxford, 1986）pp. 169f., E. Kerridge, *Agrarian Problems in the Sixteenth Century and After*（London, 1969）pp. 63f. 参照。

(21)　Thorne, *Discourse*, pp. 46-47. 船田享二「類推解釈論史の一断章」『民商法雑誌』60巻4号（1969）53頁以下、船田享二「Summum ius summa iniuria」『法哲学年報 1969』（有斐閣、1970）、佐々木、前掲論文、477頁、森、前掲論文（1976）9号45頁以下、10号56頁以下参照。

(22)　Thorne, *Discourse*, pp. 48-54.「制定法の最も確実な解釈はコモン・ローの理性と準則によるものである」というクックの格言にあるように、コモン・ローと制定法との関係をどう理解するかは英米法においては極めて重要な問題であった。この問題と関連して「コモン・ロー上の権利を廃棄する制定法は厳格に解釈されなければならない」という解釈原理の起源をめぐるランディスとアリンとの論争については、ソーン前掲論文の他に、J. M. Landis, 'Statute and the Source of Law, in *Harvard Legal Essays* (1934), Roscoe Pound, 'Common Law and Legislation', *Harvard Law Review* vol. 21 (1908) pp. 383-407. Allen, *op.cit.*, pp. 456-457 参照。イタリアにおける普通法と都市条例との関係については、注（16）の論文参照。

　ソーンは「刑罰的」制定法と「恩恵的」制定法との区別が第一次的重要性を持つ客観的準則となったのは、私人法的枠組（Private Law Scheme）から国家法的枠組

（Public Law Scheme）へという 16 世紀半ばの議会制定法の位置の変化に伴うものと理解しており、当時の法準則は、むしろ流動的で、パストン判事の述べたように「恩恵的法律は類似の事柄に救済を提供する（Lex beneficalis rei consimili remedium praestat）。しかしながら、それによって極端な効果を及ぼす憎むべき場合には拡張されない（odiosa autem casu quo efficitur ulterius non extendit）」という程度のものであったと理解する。しかし、セント・ジャーマンの議論をみる限り、上記法準則は宗教改革議会前にも既に確立したものになっていたように思われる。ソーンは議会主権の確立という理論的枠組みに囚われすぎているのではないだろうか。なるほど、近代国家的公共性が議会法に賦与されるのは、議会主権確立以降ということになろうが、前述の如く、それ以前にも議会立法の尊重は起こり得たし、共通法的理解は生じ得たからである。むしろ、16 世紀半ば以降の変化については、後編で論じるように、公共善論（bono publico）や、それと関連した立法者意思論が重要な要素として解釈理論に組み入れられていったことにあるように思われる。拙稿、前掲論文（1992）参照。

(23) S. B. Chrimes, *English Constitutional Ideas in the Fifteenth Century* （New York, 1966）pp. 293f. この点についても、ソーンは否定的（Thorne, 'Heydon', p. 160）であるように思われる。ソーン自身が示唆しているように、エリザベス期に立法者意思の問題が成文法解釈の鍵と称されるようになり、その理論的基礎付けとしてアリストテレスのエピエイケイア概念が導入されるようになるのは、この中世末以来発展してきた equity of the statute 論が、同類事件のアエクイタス論としての制約性を持っており、その拡張解釈論としての限界性を破って縮小解釈も可能な解釈論へと転換していく必要があったと考えられるからである。

Ⅲ　カノン法のアエクイタスとエピエイケイア概念の復活

(1) カノン法のアエクイタス概念の形成

「合意は法律に勝り、和解（＝愛）は裁判に勝つ（Pactum legem vincit et amor iudicium）」という中世的法格言にもみられるように、キリスト教的友愛の精神はヨーロッパ的紛争解決方法のもう一つの流れであり、シェークスピアの「ヴェニスの商人」で「証文通り」の約束の実行を迫るユダヤ教的律法主義と対立的に論じられたのもこのキリスト教的友愛精神であった。こうした対抗関係を背景に、「慈悲」（misericordia）「寛恕」（benignitas）乃

至「良心」(conscientia) というキリスト教的倫理的概念と結びつきながら世俗法の厳格さ、過酷さ、手続的複雑さを緩和するために「カノン法のアエクイタス」と称される特殊なアエクイタス概念が発展することになったといわれている[1]。

　こうしたキリスト教的慈愛の概念は、前述のごとくキリスト教国教化以降の帝政期ローマ法のアエクイタス概念にも直接的影響を与えたと考えられているが、中世における「カノン法のアエクイタス」という特殊な概念の起源は、この帝政期のアエクイタス概念からというより、むしろ、神学、カノン法学双方の共通の権威となった教父達の言葉を如何に解釈するかという問題をめぐって生じた神学者と法学者との間の意見の対立を平等主義的なアエクイタス概念を媒介としながら調和させていったことに始まるといわれている。つまり、教父達の言葉の、法としての厳格な遵守と慈悲との均衡をとることを通して、アエクイタスが厳格な適用の緩和としての意味を持つようになったと考えられているのである[2]。

　こうした厳格な適用の緩和という意味からは、成文法を超えた、自然法的、神法的な、不文のアエクイタス概念が前面に出てくることになる。カノン法大全の礎石となった『矛盾教会法令調和集』(＝グラティアヌス教令集)を編纂したグラティアヌス (fl. 1140-1150) にとっても、アエクイタス概念は成文の教会法令の矛盾を調和するために重要な役割を担うのであるが、彼のアエクイタス概念が正義概念それ自体と変わらないといわれ、また、同じように法文間の矛盾の調和をめざす中世ローマ法学者が成文法に流れるアエクイタスを重視するのに対して、カノン法学者は不文のアエクイタスを重視するといわれるのもこうした傾向を指しているものと考えられる[3]。この一般的正義としてのアエクイタス概念の下に慈悲の概念とアエクイタス概念の融合が始まり、1234 年のグレゴリウス 9 世教皇令集の中に「カノン法のアエクイタスにしたがって (secundum canonicam aequitatem)」というように、カノン法の法文としてアエクイタス一般とは区別された固有のアエクイタス概念が登場してくることになるのである[4]。

　しかし、慈悲の概念とアエクイタス概念は容易に融合したようには思われない。不文のアエクイタスが常に書かれた法に優位するなら、カノン「法」

学は成立しない。法的正義が本来守られるべきものであるなら、正義という一般的に行使される普遍的概念として理解されたアエクイタス概念は個別的事情に応じて教会によって特例的に命じられる免罪（dispensatio）からは区別されねばならないであろう。かくして、13世紀のカノン法学の大家ホスティエンシス（Henricus de Segusio Cardinalis Hostiensis, d.1271）によって、厳格性を緩和された正義＝法として「アエクイタスは慈悲の甘さで和らげられた正義である」（Aequitas est iustitia dulcore misericordiae temperata）と定義され、法と特免の中間物に位置付けられることになったといわれている。

　これに対してアエクイタスを個別的事情に応じて行使される具体的正義として、積極的に位置付けるためには、アリストテレスがエピエイケイア論で論じたような成文法規定の一般性と適用されるべき個別的事件の無限の多様性の問題としての把握の復活を待たざるを得なかったと考えられる。ローマ法学の復興をもたらした12世紀ルネサンスは、アリストテレス哲学の復活・導入に伴って、彼のエピエイケイア概念も同時に復活させることになった。しかし、アリストテレスのエピエイケイア概念の不文法解釈論的側面を最も顕著に示した『弁論術』も1270年頃に完訳本として知られるようになったが、初期の影響力は乏しかったといわれている。現存する『弁論術』の96写本中ほとんどが『倫理学』もしくは『政治学』と合本されて発見されており、弁証術や弁論術の他の著作と合本されて発見されるものは皆無である。このことは、神学部中心のパリ大学で、弁論術教育は一旦排除された後に、倫理学の一部として再編されることになったことに照応している。すなわち、アリストテレスの『弁論術』は中世スコラ哲学の倫理学的体系の一部に組み込まれて復活することになるのである。

　このアリストテレス的エピエイケイア概念を最初に提示したスコラ学者といわれるアルベルトゥス・マグヌス（Albertus Magnus, c.1200-80）の弟子で中世スコラ哲学を代表することとなったトマス・アクィナス（St. Thomas Aquinas, 1225-74）の『神学大全』（1266-73）においては、エピエイケイア論は、とりわけ、貧民や窮迫者の救済、弱者保護の問題と関連して、緊急急迫の場合における非常事態論乃至緊急事態（necessity）の問題として議論されており、現代でいうならば刑法における違法性阻却事由としての緊急避難

や正当防衛の問題に近い形で議論されている。こうした場合に救済が行われるのは「緊急事態は法を知らない」からであるとされ、エピエイケイアの問題は、まさに、超法規的措置として理解されているのである。(8)したがって、エビエイケイア概念は、正に例外的事態として、消極的に扱われざるをえないのである。すなわち、弱者を救済し、苛酷さを免れるためとはいえ、法＝正義を適用しないことなのであるから、有徳な行為というより、むしろ不徳な行為なのである。(9)

　もう一つの制定法解釈に繋がる論点は、事情変更論との関係で論じられた誓約、約束破棄の問題に関連する。トマスの目的因を重視する立場からすれば、宣誓や約束は本来意図されていなかった状況の下では拘束力を持たないことになる。同様に制定法も事情変更すれば、拘束力をもたないことになろう。しかし、信頼関係の保護が目的として重視される結果、あらゆる事情変更が許されるわけでもない、本質が変わらなければ拘束力も失われない。その意味では、ここでも事情変更が認められるのは、非常事態的な例外的状況に限定されざるを得ないということになろう。(10)

　さらに、「公共善」を人定法の目的として重視するアクィナスの立場からすれば、人定法それ自体は公共善を目的として定められたものと見做される結果、それ自体として過てるものとは考えられない。したがって、そこからの緩和であれ、適用免除であれ、やはり消極的に位置付けられざるを得ない。すなわち、ここでも、一般的な法規範の具体的、個別的事件への適用において常に生じる問題としてではなく、非常事態における適用除外の問題と同じように例外的に論じられざるをえないのである。したがって、論理的には、公共善に反する人定法に対してアエクイタスが優位することにはなるのであるが、こうした超法規的措置を講じうるのは、立法権を掌握する皇帝に限られることになる。アクィナスは、ローマ法の影響を受けて、このようなアエクイタスの行使を地上の支配者としての皇帝の裁量権の問題として理解するのである。(11)

　同じように「カノン法のアエクイタス」という概念も世俗法の苛酷さに対する教会法の慈悲深い取り扱いという特色を示すものであったとしても、直ちに解釈論的な発展に繋がるものではなかったように思われる。まして、世

俗の人定法は一般的には良き立法理由があると見做されていたために、世俗
人定法からの適用除外は（神法に反する場合を除けば）問題とはならなかっ
たといわれている。[12]実際、カノン法のアエクイタス概念が世俗法の領域にま
で展開されれば、聖俗二分統治システムを揺るがすものとして、単なる裁判
管轄権争いを超えて政治問題化せざるを得なかったであろう。

　このアリストテレス哲学の導入とエピエイケイア概念の復活が「カノン法
のアエクイタス」概念に与えた影響については、論争のあるところである。
註解学派以降の中世ローマ法学へのアリストテレス哲学の影響は充分確認さ
れているところであり、実際、中世ローマ法学においても、こうした適用除
外のアエクイタス概念が無かったわけではない。しかし、このエピエイケイ
ア論的な適用除外のアエクイタスは、通常のアエクイタス概念と異なった特
殊なアエクイタス概念として理解されており、また、それらがキリスト教的
な慈愛・慈悲の概念を超えて、直接的にアリストテレス的なエピエイケイア
概念に基礎をおいたものであったのかは必ずしも明らかではない。ホーンが
バルドゥスの Aequitas in specie を論じた際に、アリストテレスのエピエイ
ケイア概念を利用しなかったと論じているのも、こうしたことと関係してい
るのかもしれない。[13]

　いずれにせよ、アクィナスのエピエイケイア論は、その理性重視の立場と
ともに、むしろ、原則―例外論に適合的であって、法文の一般性に対する事
件の個別性、精神と文言との対立の問題というより、神法、自然法の人定法
に対する優位として理解され、その意味では、アクィナスのエピエイケイア
概念は「カノン法のアエクイタス」の問題というより、むしろカノン法学者
の特免（dispensation）の問題に対する理解に近かったように思われる。これ
に対して、個別的・具体的正義としてのエピエイケイア概念を、積極的に位
置付け直したのが、中世普遍論争における唯名論者の個物重視の立場を受け
継いだパリ大学総長のジェルソンであったといわれている。

(2) カノン法のアエクイタス概念とエピエイケイア概念との融合
　　——ジェルソン

公会議論者で、パリ大学総長となったジェルソン（Jean Gerson, 1363-1429）

第6編　不文法学的立法解釈論の系譜を求めて　441

は、近年タックによって西洋における主観的法＝権利概念の形成に大きな役割を果たした唯名論者として注目を浴びている。彼のこうした立場は、配分的正義論の対象を、従来の共有物のみならず、法＝権利にまで広げたといわれることとも合致するものといえよう。ここでは、前節で論じたカノン法上のエクイティ概念とアリストテレスのエピエイケイア概念とを調和させる上でジェルソンの果たした役割に注目してみよう。彼のアエクイタスの定義「アエクイタスとは、あらゆる個別的状況を考慮し、憐憫の甘さで和らげられた正義である Est autem aequitas iustitia pensatis omnibus circumstantiis, dulcore misericordiae temperata」は、ホスティエンシスの定義にわずかな修正を付け加えたにすぎないようにみえる。しかし、リュエジャの主張するように、この小さな変化の中に「法文の慈愛による解釈」よりもむしろ「個別的事情の重視」というアリストテレス的エピエイケイア概念の直接的な復活がみられるのである。ジェルソンによれば「かの哲学者［アリストテレス］の論じたごとく、神法のみならず、教会法やあらゆる一般的法規に例外はつきものであり、これらの例外は吟味を通して明らかとなる」のであり、「さらに、別の法源から理解され、引き出されうることが充分に認められる例外は明文で述べられる必要はない」のである。ジェルソンがアエクイタスの問題を、同じように例外の問題として捉えながらも、アリストテレスのエピエイケイア論を通して、従来のごとく人定法に対立するものとしてではなく、人間の予見や表現力の不完全性を補うために人定法を補完するものとして理解していることに着目する必要があるだろう。ここにエピエイケイア概念が世俗人定法へ定着するための第一歩が踏み出されているように思われる。すなわち、一見すると、同じような適用除外の例外論としての言い回しを行いながらも、適用除外の根拠が法律外的な道徳的考量から、個別的事情の考量という法適用に必然的に伴う論理へと転換させられているのである。その意味では、法の趣旨を徹底する立場からの法の文言からの除外であって、実質的には補完の論理に転換しているといえるのである。

　このように、ジェルソンは、アリストテレス的なエピエイケイア概念を復活させることによって、アエクイタスの問題を一般的法規の個別的事件への適用において通常生じる問題と理解し、人定法の補完原理として把握し直す

ことによって、アエクイタス論を超越論的な憐憫の問題や自然法論的理解から救い出す役割を果たしているのである。こうした変化は、中世普遍論争において個物のみを実在するものとする唯名論者の立場を受け継いだジェルソンによって始めて可能となったともいえるのかもしれない。

　同時に、エピエイケイアの適用の非常事態的問題から日常的問題への転換は、裁量権行使の理解の仕方にも、影響を及ぼさざるを得ない。超法規的な例外事態でないのならば、皇帝や教皇の裁量に頼る必要もない。むしろ、ここにこそ公会議論者としてのジェルソンの本領があったのかも知れない。すなわち、エピエイケイア概念が人定法の補完と考えられる限りにおいて、個別的適用において現れる裁量も、人定法の趣旨に拘束されたものとして無制約のものとはなりえない。こうした、法の趣旨にあった裁量権としてのエピエイケイアを行使する権能は教皇の人格に専属するものではなく、公会議によって行使されうるのである[17]。

　このように、世俗法と対立的に捉えられていたカノン法のアエクイタスの問題も、中世末までには世俗人定法に導入可能な原理となっていたのであり、このジェルソンによって融合されたアエクイタス＝エピエイケイア概念をイングランド法学に導入する役割を果たしたのがセント・ジャーマンであった。

(3) エピエイケイア概念の復活——セント・ジャーマン

　テューダ期法学書のベスト・セラーとなった『神学博士と英法学徒との対話』（以下『博士と学徒』）の著者セント・ジャーマンが、前節で論じたジェルソンに直接的且つ明示的に依拠していたことは、既にヴィノグラードフ以降多くの研究者の注目を浴びてきた。エピエイケイア概念は、まさにこのジェルソン—セント・ジャーマンの系譜を通して、イングランド法学の中に復活してくることになるのである[18]。

　コモン・ロー裁判所から聖職者裁判官が撤退する中、聖職者からその人材を補給し続けた大法官裁判所がカノン法のアエクイタス概念の導入の通路となったのは或る意味では当然のことであった。中世末以降、騒擾等の通常裁

第6編　不文法学的立法解釈論の系譜を求めて　443

判所で扱うことの困難な事件に臨時的に介入をはじめた大法官裁判所も、ヘンリ4世期にはユース慣行の成長と相俟って事件処理数を飛躍的に拡大することになる。かくして「良心Conscientia」という14世紀末ごろから大法官裁判所の活動と係わって使用されるようになる概念が、この裁判所の独自の活動を象徴するものとなると同時に、罰金付召喚令状Subpoenaを基礎に独自の法体系を築き上げていくことになるのである[19]。

　したがって、このように成長した大法官裁判所の活動をイングランド法体系全体の中に適合的に位置付けることを課題としたセント・ジャーマンがジェルソンのエクイティ＝エピエイケイア論に注目したのは不思議ではなかった。人定法に対する優位として現れる危険のある神法的乃至自然法的なアエクイタス概念ではなく、個別的事件における一般的法の適用において、人定法の文言に内包された適用除外と理解するジェルソン的アエクイタス概念を通して、コモン・ローを毀損することない安全なアエクイタス概念を導入することが可能となるからである[20]。

　この新たなアエクイタス概念の導入にあたって、アエクイタスの語と共に、「エピケイア（Epicaia）」という聞き慣れない用語を使用したのは、既にコモン・ロー法学上専門用語として充分に発達していた「制定法上のエクイティ」との混同を避けるためでもあったと思われる。このことは彼のエクイティ概念が大法官裁判所のみならず、コモン・ローも含めたイングランド法の一般原理として理解されていることからも重要である。

　実際、セント・ジャーマンは『博士と学徒』の中でも、「制定法上のエクイティ」の実例について詳しく論じている。例えば、領民が他人にユースに出している土地への領主の立入権を規定したヘンリ7世治世19年の制定法について、「同上の制定法はエクイティによって土地のユースのみならず動産のユースも含むと理解されるべきである」こと、さらに、刑罰法規についても、「それは刑罰的制定法であるので、エクイティによっては解釈されない。それ故、コモン・ローによっても、制定法によっても、彼に抗して救済が与えられることはない」と論じられているように、刑罰法規拡張解釈禁止の制定法上のエクイティ法理が十分に発展していたことも知っていた[21]。セント・ジャーマンが大法官裁判所のためにエピエイケイア概念を復活させたと

きには、これらのコモン・ローにおいて発展してきた「制定法上のエクイティ」概念は、彼が新たに導入しようとするエクイティ概念とはまったく別種のエクイティ概念として理解されたのである。

　なぜなら、彼がエピケイアの名の下に導入しようとした新たなエクイティ概念は、「制定法上のエクイティ」の名の下に展開された拡張的類推適用としてのエクイティ概念とは正反対の適用除外乃至制限を意味する概念であり、むしろ、コモン・ローにおいては、原則と例外との関係で把握されていた概念であったからである。セント・ジャーマン自身がコモン・ロー学徒に語らせているように、神学者が論じているような意味での「エクイティ」という用語は、イングランド法上は存在しなかったのである。

　　ここで述べられている趣旨でのエクイティという用語については、イングランド法で特別に言及されることはなかった。しかし、特定の制定法に由来するエクイティについては、イングランド法でも幾度となく言及されてきた。しかし、そのエクイティは現在議論しているものとはまったく趣旨の違うものです。現在我々が語っているエクイティの趣旨については、イングランド法上幾度となく議論されてきていますが、イングランド法では罰金付召還令状が成立するか否かがしばしば議論されてきたからです。学識あるコモン・ロー法曹達（men lernyd in the lawe of realm）によって日常的に訴状が罰金付令状として作成されており、そうしたことは法律で禁じられていません。⁽²²⁾

セント・ジャーマンにとっては、コモン・ロー法曹によって大法官裁判所の通常の訴訟手続として発展させられてきた罰金付召喚令状の成否の基準としてのエクイティ＝アエクイタス概念の確立が問題なのである。このために彼は神学者の議論を利用する。神学者は法学徒の質問に答え、旧来の法の厳格さを緩和するものとして、この概念について、それは、「ある人々にはエピケイア（epicaia）と称される」として、以下のように論じる。⁽²³⁾「それは神の法と理性の法の人定法の一般的諸規定からの例外化（excepcyon）に他ならない。法の諸規定が、それらの一般性の故に、個別的事件で神の法や理性の

法に反すると判断される場合には、こうした例外がすべての実定法のあらゆる一般的規定に秘かに含まれていると理解されるのです。したがって、エクイティは法＝権利それ自体ではなく、［法の一般的文言によって法＝権利であると思われている］ものを取り除くだけなのです。また、法律の残酷さに抗して命じられることがあるのですが、このような場合でも、当該法律それ自体は一般的に有効なものと見做されるのであって、エクイティは法律に従うのです[24]」。

　なるほど、そのギリシア語風の呼称や、他の箇所でも論じられる「エクイティは法の文言よりも法の意図に従うもののように思われる」というエピエイケイア論的な理解にも拘らず、世俗法からの神法、自然法の適用除外として、また、適用緩和乃至除外理論としてのエクイティの説明は、かれの「エピケイア」概念がアリストテレスからの直接の導入でなく、大陸におけるカノン法のアエクイタスの流れの中にあることは明らかであろう。しかし、彼がジェルソンを通してこの概念を導入することによって、こうした例外法理を実定法を超越するものとしてではなく、実定法の規定の一般性の中に本来含まれているものとして理解することができたということが、エピエイケイア概念が法的概念として復活する上にとって極めて重要であったと考えられる。エクイティ＝エピエイケイアが理性法の問題であり、それが実定法の中にも暗黙理に含まれているのであれば、コモン・ローの一般準則（the general rewles of the lawe of the realm）や制定法からの例外もあるはずである。彼はコモン・ロー法学徒にコモン・ローにおける例外事例を挙げさせる。逃げ込んだ家畜を連れ戻すための隣人の穀物畑への立入は、自由土地保有地への不法立入を禁じる國法の一般原則からの例外とされるのであり、寒空に衣を纏わぬ貧者の生命を救うために服を与えることは、健全な乞食への施しを禁じる制定法に対する例外となるのである。これらは、いずれも「理性の法に基づく例外事例」なのである[25]。このように実定法の中に不文の神法や自然法が黙示的に読み込まれうるならば、同じように、明文で表されていない立法者の意思も制定法の中に読み込まれ得ないはずはない。コモン・ロー法学徒は、これらの免責がコモン・ロー裁判所においても可能かという神学博士からの難問に答えて以下のように論じる。

「コモン・ロー［裁判所］でも免責のために十分に訴答しうると思われる。なぜならばこのような事例を例外とすることが制定法の作成者達の意図であったと見做されるからである。そして裁判官達は、多くの場合、文言の及ぶ限り作成者の意図に従って判決してきたのである。したがって、この事例でもそうするように思われる。そして、これ以外にも國法の他の一般的根拠から、貴兄の先に述べたエクイティによるさまざまな例外があるがここで述べるには時間がない」のである。⁽²⁶⁾

しかし、それでは、コモン・ロー裁判所においてもエピエイケイア＝「理性の法に基づく適用除外」によって救済が行われるなら、何故に大法官裁判所が必要とされるのか。セント・ジャーマンはコモン・ロー裁判所のエピエイケイアと大法官裁判所におけるエピエイケイアの働きの相違を以下のように述べさせる。

　　法学徒：人はこのエクイティが何らかの副次的な法のマクシムによって補強されない限りには、同上の［コモン・ロー］裁判所で、その種のエクイティによって助けられること決してありえない。しかし、いくつかの事例では、罰金付召喚令状による国王の大法官裁判所でその種のエクイティによって助けられることがある。⁽²⁷⁾

　　　　　　　……［中略］……

　　法学徒：これら全ての事例で当事者は同上の［コモン・ロー］裁判所でコモン・ローによって助けられることになろう。このように、ある法のマクシムの厳格さから、別の法のマクシムによって、また、時には制定法の作成者の意図によって、例外として免れることがある。しかし、如何なることであれ、理性の法によって國法の一般的慣習とマクシムから例外として適用免除される最も通常の場合には、当事者は罰金付召喚と称される令状によって救済手段を得なければならないと理解されている。⁽²⁸⁾

ここでコモン・ローにおける適用除外のアエクイタスの問題が、中世ローマ法学における原則と例外の関係に類似した関係として把握されていることは明らかであろう。しかし、この場合、例外も一つの準則＝マクシムであ

り、そのように「準則化された例外」＝「副次的なマクシム」がないかぎり、コモン・ロー裁判所では適用除外として救済されることはないのである。これに対して大法官裁判所のエクイティの新しさは、そのような確立した例外準則＝マクシムがない場合でも、救済される道を開いたことにあったといえるのである。

　セント・ジャーマンの著作の意味はこの相違を明らかにすると共に、この新たなエピエイケイア概念をコモン・ロー上のエピケイアと区別して、大法官裁判所で行使される、成文法やコモン・ローのマクシムに支えられないエピケイアのために導入することにあった。それがシンデレシス Sinderesis 乃至コンサイエンス Conscience という概念であった。日本語では良心と訳されるこのシンデレシスの概念も、感情に属するものとしてではなく、理性に属するものとして、現在でいえば不法行為責任能力の基礎としての正・不正に対する乃至は善悪に対する理性的判断能力に近いものなのである。

　　シンデレシスとは理性的魂がその最上部において常に有している自然的能力乃至動機であり、それによって悪を厭い、善を目指し、動くのである。……さらに、時にはシンデレシスは理性の火花と称されるが、極めて適切である。なぜなら、火花が火を燃え立たせる断片にすぎないように、この徳は天使の有する知識に比べれば知識への断片的な参加にすぎないからである。……またある人々には理性の法と称される。なぜなら、それはすべての人が生まれながらに有する理性の法の諸原理を運用するからである[29]

　かくして、セント・ジャーマンは、章立てこそ行っていないものの、このようなエクイティに基づく大法官による救済を制定法に次いで、イングランド法の第7番目の基礎として位置付けていくのである[30]。

　コモン・ロー裁判所と大法官裁判所の法との調整は、事実上中世末以降コモン・ロー法曹によって進められており、既に、15世紀半ばにプリゾート判事によって、大法官裁判所の判決（decree）は人に対して働くものであり、権利関係に影響を及ぼさないことは明確にされていた。ジャーマンの議論は、こうしたコモン・ロー法学の実務上の発展の上に立って、さらに、法理

論としてエクイティの位置を明らかにすることによって、コモン・ローとエクイティを共生可能なシステムとして提示したのである。問題はこうした法の適用における具体的正義の実現の問題、すなわち適正としてのエピエイケイアの問題を、通常法とエクイティというように通常法の外で特別の裁判所で運用される補完的法システムとして構造化するのか、原則と例外という形式で通常法のシステムの中に構造化するのかという法システムの選択の問題であり、我々はその分岐点にいることになるのである。[31]セント・ジャーマンの理解に従えば、原則―例外関係として成文法システムに構造化しえない個別的問題が残らざるを得ない以上、そうした問題を処理するための大法官裁判所が必要となるということになるのである。

　セント・ジャーマンのエピケイア定義は、アリストテレスのエピエイケイア概念を思い出させ、人定法の中に根付かせるものではあったとしても、制定法解釈論としてエピエイケイア論それ自体を十全に展開するものではなかったし、セント・ジャーマンの目的もそこにあったのではない。アリストテレスのエピエイケイア概念が制定法解釈論として注目を浴びるのは、次の時代の宗教改革議会後の議会立法とその解釈への急速な関心の高まりの中で、中世末の制定法上のエクイティ論の限界を突破するために、法廷で展開される弁論を理論化する過程で生み出されてくるのであり、その段階で再び、セント・ジャーマンのエピケイア論の制定法解釈論上の意義も再発見されることとなったのである。

注

(1) 　Myron P. Gilmore, 'The Jurisprudence of Humanism', *Traditio* vol. 17 p. 494. *Leges Henrici Primi*, c. 49 5a (op.cit., p. 164) コメニウス、前掲書24 裁判所136頁参照。中世において開廷日 (law day) と並んで和解日 (love day) が存在したことについては、Michael Clanchy,' Law an Love in the Middle Ages', in John Bossy (ed.), *Dispute and Settlements, Law and Human Relations in the West* (Cambridge U.P., 1983) pp. 47-67 参照。なお、この世俗法の厳格さ過酷さを緩和するものとして「カノン法のアエクイタス」概念が非嫡出子の扶養等に対して与えた具体的影響については、cf. R. H. Helmholtz, *Canon Law and the Law of England*, pp. 171-172, pp. 249-250.

(2) 　「カノン法のアエクイタス」については、Eugen Wholhaupter, *Aequitas Canonica*

第 6 編　不文法学的立法解釈論の系譜を求めて　　449

(Paderborn, 1931) や Charles Lefebre, *Les Pouvoris du Judge en droit cannonique* (Paris, 1938) の古典的研究以来の長い研究史を持つものであるが、ここでは、主として、上記研究を基礎にしたアーメンの論文、Maurice Amen, 'Canonical Equity before the Code', *The Jurist* (1973.1) pp. 1-24, (1973.3) pp. 256-295 の概説によりつつ論じることにした。アーメンは、中世初期のローマ法註釈学者達がローマ法のアエクイタスに含まれる慈愛やフマニタス概念に注意を払わなかったことを直接的な継承の行われなかった理由と考えている。Amen, op.cit., (1973.1) p. 22, (1973.3) p. 256.「カノン法のアエクイタス」概念の新たな形成過程については、cf. Amen, op.cit., (1973.3) pp. 256ff.

(3)　　Amen, op.cit., (1973.3) pp. 259ff., pp. 264f., p. 273. 中世ローマ法学者達が書かれたアエクイタスの優位の立場に立つのに対して、カノン法学者達は不文のアエクイタスの優位の立場に立ったといわれる。Ibid., p. 258, pp. 273-274.

(4)　　Helmholtz, op.cit., p. 251. グレゴリウス 9 世教皇令集及びこれ以降の教皇令集におけるこの概念の使用については、cf. Amen, op.cit., (1973. 3) pp. 267ff.

(5)　　アーメンによれば、こうした区別は既に Huguccio of Ferrara (ca. 1188) において現れている。Amen, op.cit., (1973.3) p. 275. また、法学として成立するためには、成文法とアエクイタスの間の序列も整序されねばならなかった。Bernard of Parma (ca. 1263) によれば、成文法の厳格性に優位するのは成文法のアエクイタスであり、不文のアエクイタスが優位するのは法の沈黙の場合に限定されることになる。この「成文法／不文法」と「成文のアエクイタス／不文のアエクイタス」の関係は、「特別法／一般法」「前法／後法」の区分とともに後の法解釈論上の重要な区分となった。Panormitanus (+1453) によれば、両方とも不文の場合には、不文アエクイタスが不文法＝慣習法に、一方が成文の場合には、成文慣習法・アエクイタスが不文アエクイタス・不文慣習法に、両方とも成文・不文の場合には、特別法が一般法に、さらに両方とも特別法もしくは一般法である場合には、アエクイタスが法に優位するのである。Amen, op.cit., (1973.3) p. 276, p. 279, p. 282.

(6)　　Amen, op.cit., (1973.3) pp. 276-277. ホスティエンシス自身は自らの定義の典拠として聖キプリアヌスの言葉を挙げているようである。J. L. Barton, 'Equity in the Medieval Common Law', in Ralph A. Newman (ed.) *Equity in the World's Legal Systems, A Comparative Study Dedicated to Rene Cassin* (1973) pp. 143f. なお、カノン法学史におけるホスティエンシスの位置については、さしあたり、森、前掲論文「モス・イタリクス」8-9 頁、ティアニー著・鷲見誠一訳『立憲思想——始源と展開 1150 -1650』(慶応大学通信、1986) 132-134 頁、179 頁参照。

(7)　　James J. Murphy, *Rhetoric in the Middle Ages, A History of Rhetorical Theory from Saint Augustine to the Renaissance* (Univ. of California Press, 1981) p. 90, pp. 97-101, p. 111.

(8)　　*Summa Theologiae* II. I., q. 96 [art.6], cited by J.A.Guy, *Chritopher St. German on Chancery and Statute, Selden Society Supplementary Series* vol. 6 (1985) pp. 73-74. Amen, op.cit., pp. 285-286. このウルピアヌスに由来する「緊急事態は法律をもたない (Necessitas non habet legem)」(Ulpianus, D. 1, 10, 1, 1) という格言は、プラウドゥ

ンやクックの判例集においても受け継がれる、「緊急事態は他の場合には合法的でないものを合法的なものにする（Necessitas facit licitium quod alias non est licitium）」（10 Co. Rep. f. 61）「なぜなら「緊急事態は法律の下に含まれない。その理由は、緊急事態はそれ以外の場合には合法的でないものを合法なものにする（Necessitas sub lege continetur, quia alias non est licitium, necessitas facit licitium）というのが法の格言であるからである、しかし、他の人々は別の意見を持っている」（2 Co. Inst. f. 326）

(9)　J. A. Guy. 'Law, Equity and Conscience in Henrician Juristic Thought', in Alistair Fox & John Guy（ed.）, *Reassessing the Henrician Age: Humanism, Politics and Reform, 1500-1550*（Basil Blackwell, 1986）p. 186.

(10)　James Godfrey, *The Philosophical Origins of Modern Contract Doctrine*（Oxford U. P., 1991）pp.86-87. 賭や結婚における不運は事情変更にあたらないのはいうまでもない。Bernard of Montmirat（+1296）がとりわけ婚姻事件に関するアエクイタスの恣意的使用に対して、公共善の優位を説いたといわれるのもトマスを通したアリストテレスの影響があるのかもしれない。Amen, op.cit., （1973.3）p. 277, （1986）pp. 185-186.

(11)　Amen, op.cit., （1973.3）p. 269, p. 277, pp. 283-288. もちろん、理論的には、公共善に反するときにエピエイケイアが優位するのであって、法の文言にではなく、立法者の意図＝公共善に従って解釈すべきであるという法解釈論的な展開を含むことになるのではあるが、問題は誰が公共善の判断者たるかということにならざるを得ないのである。

(12)　J. L. Barton, op.cit., pp. 143f.

(13)　Norbert Horn, *Aequitas in den Lehren des Baldus*（1968）p. 33. それに対する批判としてアルマンの書評参照、Walter Ullmann, review in *Revue d'histoire du droit*, vol. 37（1969）p. 282. 森氏は P. G. Caron によりつつ、アリストテレスがカノン法学者のエクイティ概念に影響を与えたと論じているが、Caron 説への批判もあるようで、Rueger は後述するジェルソンにその役割をみている。森、前掲箇所、及び Z. Rueger, 'Gerson's Concept of Equity and Christopher St. German', *History of Political Thought* vol. 3（1982）p. 11 n. 38. 参照。マクレインは大陸におけるアエクイタス概念の多義性の説明の中で、アリストテレス的なエピエイケイア概念の受容を指摘しているが、オルデンドルプを挙げているように、むしろ人文主義時代の問題であろう。Maclean, *op.cit.*, p. 305. なお、中世ローマ法学へのアリストテレス哲学の影響については Godfrey, *op.cit.*, pp. 38-39 参照。

(14)　Rueger, op.cit., pp. 4ff., p. 10. Richard Tuck, *Natural rights Theories, Their origin and development*（Cambridge U.P., 1979）pp. 25ff. 公会議論者としてのジェルソン理論については、ティアニー、前掲書 142 頁以下参照。

(15)　Rueger, op.cit., pp. 10-11, p. 14.

(16)　バートンはこの変化をセント・ジャーマンの中に見ているが、その変化は、彼がジェルソンに帰したアクィナス的な超越的な自然法的エピエイケイア理解からジェルソン的な人定法の解釈原理への移行の中に既に現れているのではないだろうか。J. L. Barton（ed.）, *St. German's Doctor and Sudent*, S*elden Society* vol. 91（1974）pp. xlvi

-xlviii.

(17)　*Ibid.*, pp. xliv-xlv. Do, *op.cit.* (1973) p. 152, Rueger, op.cit., pp. 6f., pp. 14f.

(18)　P. Vinogradoff, 'Reason and Conscience in Sixteenth Century Jurisprudence', *L.Q.R.* vol. 24 (1908) in *the Collected Papers of Paul Vinogradoff* (Oxford, 1928) vol. 2 pp. 190-204. セント・ジャーマンはジェルソンを通してエピエイケイア概念を理解しているのでありアリストテレスからの直接の引用はないようである。Guy, op.cit. (1986) p. 72.

　　　テューダ期の学者達のセント・ジャーマンへの依拠については、セルデン協会刊行のセント・ジャーマンの著作へのバートン、ガイの前掲書序文の他、R. J. Schoeck, 'That Most Erudite of Tudor Lawyers', Christopher St. German', *Journal of the Rocky Mountain Medieval and Renaissance Association,* vol. 4 (1983) pp. 107-124 を参照。セント・ジャーマンのマクシム論を中心とするイングランド法論については、拙稿、「Artificial Reason 考」『島大法学』36 巻 3 号 (1992) 92-105 頁〔本書、第 7 編Ⅲ-(3)586 頁、593-595 頁〕。英語でも Saint Jermyne, Seynt Jermyn, Seynt Germayn 等さまざまに表記され、さしあたり小山訳に従っていた〔が、通例に従いセント・ジャーマンと表記することとした〕。

(19)　Barton, op.cit. (1973) pp. 145-151.

(20)　このようにジェルソンを通してイングランドに導入されたアエクイタス概念が当時の通常のカノン法学やローマ法学におけるアエクイタス概念とは異なっていた点については、Barton, *op.cit.* (1974) pp. xlvii-xlviii.

(21)　*Ibid.*, p. 178, p. 272.

(22)　*Ibid.*, p. 105.

(23)　次節、注 (1) 参照

(24)　Barton, *op.cit.* (1974) p. 97.

(25)　*Ibid.*, pp. 99f. なお、セント・ジャーマンのエピエイケイア論の例外法理的側面に注目した最近の研究として、Stuart E. Prall, 'The Development of Equity in Tudor England', *American Journal of Legal History* vol. 8, pp. 4f., George Behrens, 'An Early Tudor Debate on the Relation between Law and Equity', *Journal of Legal History* vol. 19 No. 2 (1998.7) pp. 156-157 参照。しかしながら、超越論的、超法規的例外法理から、補完的、法内在的例外法理への転換の意義については充分には把握されていないのではないかと思われる。これらは、現在でいえば、刑事法の分野では違法性阻却や責任阻却の問題として扱われ、民事法の分野では行為無能力制度との関係で扱われる問題を含むものである。

(26)　Barton, *op.cit.* (1974) p. 101.

(27)　*Ibid.*, p. 79.

(28)　*Ibid.*, p. 103.

(29)　*Ibid.*, p. 80. cf. Rueger, op.cit., pp. 20-21.

(30)　Barton, *op.cit.* (1974) p. 105.

(31)　プリゾート判事の「Decree は人を従うように拘束するが、係争物には全く作用しない」(Y.B. 37H.VI, f.13 pl.3) (1459) という言葉は、イングランドにおける、大法官裁

判所管轄権の拡大にとって一つの安全弁として作用したといえよう。D. E. C. Yale, *Lord Nottingham's Manual of Chancery Practice' and Progomena of Chancery and Equity* (Cambridge U.P., 1965) p. 19, pp. 23f.

Ⅳ　エリザベス期立法解釈論とエピエイケイア法解釈論の展開

(1)　人文主義とイングランド法学

　セント・ジャーマンはエクイティ論をジェルソンの定義の引用とともに、「法の極み（Summum Ius）」論の議論から始めた。このキケロ流の格言の利用それ自体もジェルソンから継受したものと思われるが、ルネサンス期には、この「法の極みは不法の極み」という格言はエラスムスの『名言集（Adagiorum Collectanea）』（1500）によって広く世に知られるようになっており、モアも『ユートピア』で単純盗犯に対して死罪を課すコモン・ローの峻厳さを「法の極み」の典型事例として厳しく批判したことは良く知られている。[1]この人文主義法学に多大な影響を与えた「法の極み」論は前述のごとく、法律学の解釈学的発展に対しては、むしろ否定的な影響を及ぼすものでもあった。例えば、モアが『ユートピア』で厳しく論じているように、「法の極み」論は、難解で膨大な法解釈を職業とする専門法曹への非難へと繋がるものであり、訴訟を飯の種にする彼らが不要となるように、膨大な法律と難解な法解釈をなくして、法を少なく簡明なものにすることこそが理想であり、ユートピアにおける法制論の基本となるものであったからである。[2]

　このある種の「法三章」論的な考え方は、一般にイタリア学風として知られる中世ローマ法学の註釈学的発展に対するガリア学風からの批判として人文主義法学者に共通するものであるが、この批判は、他方では、コモン・ローの体系化と法学教育方法の改善に向けた努力とも重なるものでもあった。このコモン・ローを体系化し、法学教育のあり方を改善しようとする努力の中で、ブラクトンの著作への関心が高まり、『ブリトン』（c. 1530）、『グ

ランヴィル』（1555）に次いで、『ブラクトン』の大著も「我が法の無秩序な混乱（indigesta confusio)」を改善せんとする明らかな目的を持って 1569 年に出版されることになるのである。この『ブラクトン』の出版は、その副産物として、同時に彼のアエクイタス論をも復活せしめることになったのであり、それによって、ルネサンス期コモン・ロー法曹はイングランドの国民的法素材からエクイティ論を発展させることが可能となったのである。[3]

　人文主義のエクイティ立法解釈論に与えたもう一つの影響は、次世代に古典的教養を備えたコモン・ロー法曹、裁判官を生み出したことであろう。1559 年、エリザベスの登位とともにコモン・ロー裁判所の裁判長に任命されたすべての長官、キャトリン、ダイア、サンダーズはすべて十分な古典的教養の持ち主であった。制定法解釈論が鍛え上げられていったのは、まさに彼らの活躍する法廷においてであったし、キャトリン裁判長は、とりわけ自らの古典の教養を隠そうとはしなかった。中世末以来の制定法上のエクイティ解釈論をカトーの格言やアリストテレスのエピエイケイア論と関連付けて論じたのは、この古典格言愛好癖のあるキャトリン女王座裁判所裁判長であったのである。[4]

(2) 二つの制定法解釈論——エジャートンとハットン

　イングランド法に占める議会制定法の重要性とその意義については既にセント・ジャーマンにおいても強調されていたが、この議会立法に加えられた強調は、宗教改革議会の諸立法による社会変動でまさに現実のものとなった。イングランドの土地所有権のあり方を一変させたユース制定法をはじめとする宗教改革議会による新立法と旧法との関係をどう理解するのか。それだけではなく、急激な社会変化の中で旧来の議会法を文字通り適用することは、ますます困難になりつつあった。他方では、特別慣習法に優位する全国一律のイングランド國法として、議会立法を含むコモン・ロー支配の強化の課題が課されていた。さらにはこうした議会の立法権への認識に支えられ、エリザベス期に増大する社会政策的立法の増大は制定法解釈論への大きな関心を生み出したのである。ソーンによって発掘された、後の大法官エルズミ

ア卿、トマス・エジャートン（Thomas Egerton, ?1541-1617）の法曹院学生
時代の作品とされる『制定法の解釈と理解に関する論考』（以下『論考』）は
こうした立法解釈論への関心の高まりを伝える最初の作品であった。この[5]
1557-67年頃に成立したとされる作品は、全11章から成り、最初の4章を議
会立法論及び議会立法の分類にあて、第一に、「全ての人が当該関係人で且
つ当事者となるがゆえに、絶対的な、すなわちあらゆる人を拘束する国王の
最高裁判所たる議会の権威」を確認し、議会制定法の重要性を明らかにする
とともに、第5章以降を解釈方法論にあてているのであるが、議会立法の分
類自体も、新たな立法がコモン・ローや既存の法との関係で如何に解釈され
るかということへの関心からなされており、第3章における、制定法の前
文・本文・但書への分類、第4章における旧法に対する肯定的立法と否定的立
法への分類もこうした解釈論的視点と無縁ではないのである。[6]

　制定法解釈論は第5章から本格的に始まるのであるが、ここでは、中世末
以来の「制定法上のエクイティ」解釈論を総括する形で、「文言通りに、厳密
に（strayctelye）解釈される場合と、エクイティによって類似事件に拡張さ
れる場合がある。時には文言に反して解釈されることもあれば、当該制定法
に関連しながら、制定法の文言にない事件が生じるためにコモン・ローに
よって解釈されることもある」として、「生の文言（the bare wordes）」通り
に解釈される場合（第5章）、文言の含意が制定法を説明する場合（第6章）
に続いて、エクイティによる制定法の拡張解釈の問題が論じられることにな
る。[7]

　この第7章で論じられるエクイティ解釈論で重要となるのが、旧法との関
係である。ここでは、コモン・ローとの関係を分類基準として、①コモン・
ローを拡充する立法、②コモン・ローの弊害を救済する立法、③コモン・ロー
を確認する立法、④コモン・ローを縮減する立法、⑤コモン・ローを廃止する
立法の五つに分けて考察され、前三者に関してはエクイティによる拡張解釈
は可能であるが、後の二者については、次章の厳格解釈論（第8章）で刑罰
法規の厳格解釈論と共に、そして国王大権を縮減する立法と共に拡張解釈不
能なものとして扱われる。[8]

　このように制定法の解釈にとって、既存の法を確認するものか、否定する

ものかという立法形式が解釈に重要な意味を持つとともに、制定法が旧法の如何なる弊害を除去しようとしたのかという視点から考察されるために、新法と旧法との関係、とりわけ議会立法制定前のコモン・ローは如何なるものであったのか、すなわち、「何がコモン・ローか」ということが法解釈上の最大の焦点となってくる。制定法の前文・本文・但書への分類はここで重要な意味を持つことになるのである。なぜなら前文それ自体は、法の効力を有さないが、制定理由と制定前のコモン・ローの弊害を述べるものであるが故に、既存のコモン・ローが如何なるものであったかを知る上で、極めて有力な手掛かりになるからである。他方、制定法の文言や前文から以前のコモン・ローが推定しえない場合には、「わが法の尊敬すべき故事が記されているグランヴィル、ブラクトンに頼るべき」なのである。この期のグランヴィルやブラクトンへの関心の高まりが、一方では、こうした立法解釈論との関連で生み出されていったことは、両書の権威的法書としてのコモン・ロー法学における法源的位置の確立過程を理解する上でも重要であろう。[9]

　他方、これに対して縮小解釈論は、エクイティ立法解釈論としてではなく、超法規的緊急事態論（necessitas ex lex）、悪法論（「法の名に値しないほどの「不公正」）として、ある種の反対解釈論として扱われ（第9章）、他方、法の欠缺もエクイティ立法解釈論としてではなく、まさに「コモン・ローによって解釈される」ことになる（第10章）。その意味では、『論考』は、立法前文の制定法解釈上の重要性に加えられた強調や立法者精神への言及にも拘わらず、ルネサンス期の新たな制定法解釈論の動向を伝えるものというより、むしろ、立法解釈論への関心の新たな高まりの中で、中世末以来の「制定法上のエクイティ」論の発展を総括するものに留まっているように思われる。[10]

　このことは同時期乃至少し遅れて編纂された、彼の前任大法官ハットンの作品とされる『制定法乃至議会法令とその解釈に関する論説』（以下『論説』）と比較すると一層明瞭なものとなろう。絶対王政の産業規制立法が重要となる中で、中世的「制定法上のエクイティ」論の持つ限界性、とりわけ刑罰的法規の厳格解釈の問題が桎梏となってきていることが、この『論説』におけるエクイティ解釈論の焦点となっているからである。[11]

456

『論説』も『論考』と同様に議会制定法論から議論を始める。しかし、「第1章　議会制定法の定義」「第2章　議会制定法の分類」を論じた後、「第4章　制定法解釈論の分類」に入る前に、「第3章　議会制定法のもう一つの区分」という形で、新たな章を立てて、旧来の制定法分類論の批判を開始する。そこで彼は、尊敬するサンダーズ財務府裁判所長官（Sir Edward Saunders d.1576）に依拠しつつ、刑罰的法規と恩恵的法規という中世末の「制定法上のエクイティ」論以来の区分を批判して「あらゆる制定法は或る意味では誰かにとって刑罰的なのである。しかし、もし非常に多くの人に有益であって、僅かの人しか罰しないなら、それらは恩恵的なものと見做されるべきなのである」と論じるのである。このような制定法分類論での批判に基づいて、後の制定法解釈論の展開においても、同じように新たな章、第6章が「いくつかの刑罰法規はエクイティによって解釈されうる」と題して設けられることになる。

　彼は、この第6章の「エクイティによって解釈されうる刑罰法規」の議論を、拡張解釈論からではなく「エクイティによる解釈で刑罰が緩和される場合」から始める。前章、第6章の「エクイティによる制定法解釈」論をセント・ジャーマンのエピケイア（epicaia）論への言及からはじめていることから理解されるように、『論説』のエクイティ概念は従来の拡張解釈論的「制定法上のエクイティ」概念を超えて例外法理的エピエイケイア論を制定法解釈論の中に取り込んでいたからである。しかし、エクイティ概念の転換によってもたらされたのは、この第5章における縮小解釈論だけではない、逆に、この転換は、拡張解釈理論としての「制定法上のエクイティ」が刑罰法規に適用されないという中世末以来のコモン・ローにおける制定法解釈の原則を曖昧にするものであったのである。したがって、これに続く本章、第6章の議論の新たな点、乃至力点は、むしろこの縮小解釈論に続く、エクイティによる刑罰法規の拡張解釈論にあったのである。彼に従えば、①「公共の福利の弊害の救済のために、乃至コモン・ローの欠陥を補うために制定された大部分の刑罰的制定法」、さらに②「刑罰的であったり、自由を制限するものであったりしても、同時に等しく、乃至はそれ以上に有益な制定法」、③「損害賠償 recompense のみを与える刑罰的制定法」はエクイティによって拡張解

釈可能であり、そして最後に一般的に要約して論ずるのであるが、「公益
Common-wealth にとって有益であって、もしくは大部分の善良な人に恩恵
的で少数の人に刑罰的な刑罰的制定法でエクイティによって解釈し得ない法
律はほとんどない」のである。[14]

　とはいえ、厳格に解釈されるべき真に刑罰的な制定法は残るのであって、
彼はそのために「第7章　厳格に解釈されるべき制定法」において、コモン・
ローを廃棄する制定法や弱者救済のための特例的制定法に先立って、「圧制
的刑罰的 grievously Penal 制定法」が挙げられているのである。絶対王政期
のコモン・ウェルスメンと称される人々によって押し進められた、社会政策
立法や産業規制政策の多くは、経済犯罪の取締法規の形態をとるため、おそ
らくはすべて中世末以来の分類では刑罰法規に、さらに、上記の刑罰法規の
理解に従えば、損害賠償を求める不法行為に関する法も刑罰的法規に算入さ
れたであろう。こうした公益優先の解釈方法は、第5章の総説的な「エクイ
ティによる制定法解釈」論の中でも「公共の便宜 utility publick」や法の欠陥
補充の必要性の強調となって現れている。ソーンが「法廷年報の時代には、
刑罰的法規とコモン・ローを毀損する制定法との間の明確な区分はない。訴
訟当事者がコモン・ロー上有する何らかの権利を奪うような制定法はしばし
ば刑罰的なものと見做されている」と論じたように、当時の penal という言
葉の広さが問題であった。その意味では、上記の議論は、真に刑罰的な制定
法と、新たに現れてくる社会政策的立法との峻別を説くことによって、近代
的刑事法概念を確立すると共に、公法と私法という新たな近代法的区分論を
制定法解釈問題を通して生み出すものであったとも考えられるのである。[15]

　このように、構成それ自体をみても『論説』と『論考』との課題意識の差
は明瞭であろう。『論考』では旧法と新法との関係、とりわけコモン・ローと
新たな議会制定法との関係が議論の焦点であったのに対して、『論説』では、
中世以来の「制定法上のエクイティ」論の限界、とりわけ刑罰法規の厳格解
釈の原則の狭隘性が議論の焦点となっているのである。この課題意識の上に
立って、ハットンがもう一つ注目したのが、彼が一度ならず引用するダイア
裁判官（James Dyer, 1512-82）の意見であった。彼は、「ダイア判事は、前
文は議会法令の制作者達の意図を開く鍵であると述べており、ローマ法学者

は『制定法の前文の止むとき、制定法自身も止む Cessante statuti praemio cessat upsum statutum』と述べている」と論じ、『学説彙纂』のパピニアヌスの法文に由来すると思われる格言でダイアの意見を補強しながら、中世末以来の立法者意思論を、旧来の拡張解釈的な「制定法上のエクイティ」論を超えた議論として紹介しているのである。この背景にあるものこそ、意思の文言に対する優位という、エピエイケイア論的な解釈論であった。「『文言が意図に従うのであって、意図が文言に従うのではない ut verba serviant intentioni & non intentio verbis』ということはすべての法律に当てはまる。なぜなら文言は法律のイメージであって、その意味こそが事柄の実体乃至本体であるからである。しかし、文言からその意図へと旅立つときにはいつも、そのような意味があることが十分に証明されねばならない」のである。[16] このエリザベス期はじめに編纂されたと思われる二つの制定法解釈論の差を生み出したものこそ、1571 年のプラウドゥンの判例集（第 1 部）『判例註解 Commentaries』の出版であった。エドワード 6 世治世 4 年ミクルマス開廷期 (1550) からはじまる彼の判例集は、その報告された事件の 3 分の 1 以上が議会制定法の適用をめぐる問題を争点とするものであったといわれており、制定法解釈をめぐり法廷で展開された当時の指導的コモン・ロー法曹である高位法廷弁護士や裁判官達の各々十分に準備された議論の詳細な紹介は、制定法解釈に関するある種の法律論文集のごときものであった。かくして、プラウドゥン判例集はその後の立法解釈をめぐる議論の展開のための膨大な宝庫となったのであり、近代的判例集の祖プラウドゥンは、宗教改革議会以降活発化する国王裁判所での立法解釈をめぐる議論を克明に収集することによって、新たな立法解釈論の形成過程を伝えるとともに、自らの独自の制定法解釈論を築き上げていくことになるのである。[17]

　実際、ハットンの尊敬するサンダーズの公共善論は、プラウドゥン判例集で十全に展開されており、また、ハットンが立法者意思論について言及するときに常に引用するダイア裁判官の発言も、プラウドゥン判例集第 1 部における立法解釈論をめぐる議論の頂点を形成したストウェル対ズーシュ卿事件に収められた意見であったのである。ハットンの『論説』が、1677 年になって、なお、ポケット版で出版される価値があると考えられたのも、彼の制定

法論がプラウドゥンの『判例集 第1部』を通してこうした新たな立法解釈論の発展を吸収することができていたからであろう。(18)

　我々も、このプラウドゥン判例集を通して、当時の立法解釈論の形成過程を窺い知ることができるのである。『論説』で強調された「公共善」論、「立法者意思」論と「刑罰法規の厳格解釈」論との対抗関係については、次章で、近代国民国家的共同体の形成の問題と合わせて触れることとして、*5ここでは、むしろ、エピエイケイア論のコモン・ロー法学への浸透と縮小及び反対解釈論の形成過程に係わるもう一つの論点を中心に見ていこう。すなわち、中世において緊急事態論や弱者保護の視点から、神法上、理性法上の例外＝適用免除として扱われた問題から、縮小解釈乃至反対解釈論への転換がどのようにしてなされたのかに重点を置きながら、新たな立法解釈論がエクイティ＝エピエイケイア立法解釈論として形成されてくる過程を検討することにしたい。

(3) プラウドゥン判例集と縮小解釈論の展開
——例外法理から縮小解釈論へ

　プラウドゥン判例集の冒頭を飾るエドワード6世治世4年ミクルマス開廷期（1550）の財務府会議室裁判所での審議、サウサンプトン港の国王税関長であるロバート・レニジャによるポルトガル商人アントニー・フォゴッサの告発・差押事件は、テューダ期の立法解釈論の展開の出発点となるに相応しい事件であった。当時、国王付高位法廷弁護士であったサンダーズは、この事件で、関税を議会からの国王への贈与と見做し、国王の利益こそが関税法の「立法目的」であり、しかも、「譲与乃至贈与の場合には譲与・贈与を受けるものに有利に解釈すべし」という確立したコモン・ローの解釈準則によって国王側勝訴の制定法解釈を引き出そうと試みた。しかし、この議論は、最終的に被告側高位法廷弁護士ポラードの「没収」を定めた当該関税法は、「国王以外の全ての人にとって不利益」となるのであるから、「刑罰的制定法」と見做されるべきであり、むしろ、「刑罰を科される人に有利になるように、厳格に解釈される」というのがコモン・ローの解釈原理であるとする反論によって一蹴されてしまうのである。この議論が示すように、この事件は、私

人間の争いを基礎とする旧来の法の枠組の中で形成されてきた立法解釈論の限界を示す事例であり、後にその限界を超え、新たに「公共善」論や「国王の二つの身体」論を通した私法・公法の峻別論理と、それに基づく新たな制定法解釈理論が形成されていく出発点として位置付けられる事件であった。しかしそれだけではなく、この事件には、エピエイケイア論のコモン・ロー法学への浸透と縮小及び反対解釈論の形成過程に係わるもう一つ重要な論点も含まれていた。[19]

ポラードの弁論に先立ってロンドン市裁判長ブルックは、エクイティによる当該事件の例外性を以下のごとく主張する。

法や制定法が作成される場合には、明文の例外規定がなくとも、なお一定の事柄が同法の規定から理性の法によって免除乃至例外とされているのである。脱獄法によって牢破りは重罪であるが、監獄が火災となって自らの命を救うために牢破りを行った場合には、制定法の文言に反して、理性の法によって免責される。……法の古き父祖達は、当該制定法に関して、文言通りに解釈されると、そこから多大な不便が生じる場合には、……文言がそれを許さず、且つそれに反すると思われる場合でも上述の制定法をエクイティと理性によって解釈した。それ故に、あらゆる制定法において、より大きな弊害を避けるために、理性のエクイティによって一般的規定から除外される若干の個別的な事例があるのである。……それ故、理性の示すところ制定法の意図は達せられており、それ故、私には国王側敗訴の判決が与えられるべきであると思われる。[20]

ここで使用されているのは、コモン・ロー法学の伝統的エクイティ概念であった拡張解釈的「制定法上のエクイティ」概念ではなく、セント・ジャーマンの主張したエピエイケイア的エクイティ概念であることは確かであろう。なお、理性法論的な免責論とはなっているが、ここではこうしたエクイティ＝エピエイケイア概念がコモン・ロー法学に導入され、しかも、従来「副次的マクシム」なしには主張し得なかった例外乃至除外の問題が一般的に主張されるようになっていることに注目する必要がある。

第6編　不文法学的立法解釈論の系譜を求めて　461

　ポラードは、次の開廷期に、前述の刑罰法規の厳格解釈論に加えてさら
に、このエピエイケイア論的エクイティ論の働きを全面的に解説することに
なる。

　　なぜなら、全ての法律において、ある人が法律の文言に違反しながら、
　法律それ自体には違反していないということが生じるからである。こうし
　た事柄は当該法律の刑罰からは免除されている。そして、それらの事柄は
　法律の文字に反して為されたのではあるが、法律はそれらの事柄に特許を
　与える。なぜなら、法律の文言を破ることは、法律を破ることでないから
　であり、法律の意図も違反されてはいないからである。それ故、自然法、
　我が國法、さらには神法の文言も、同上の法の文言に反して為された一定
　の事柄、行為に譲歩し、道を譲るのである。即ち、それらの文言が、より
　大きな不便を避けるために、もしくは緊急の必要から、もしくは強制や本
　人の意図によらない無知によって破られた場合のことである[21]

　ポラードはそれぞれの場合について、第一の「より大きな弊害を避けるた
め」の例として挙げたのが、ローマ法では夜中に市壁に登ることを死罪とさ
れているが、戦争中物見のために市壁に登った男は元老院によって報奨され
たという、弁論術で常に挙げられる有名なローマの故事であった。第二の
「緊急の必要」については、アクィナスの議論を継承して「緊急事態は法を持
たない Quod necessitas non habet legem」と結論付け、神法の文言（＝聖書
の言葉）すらも緊急事態に道を譲ると論じるのである。さらに「強迫」によ
る債務証書は取消可能であり、強制的に腕を引っ張られて、手に持っていた
武器が人を殺害したとしても重罪とはならない。最後に「非自発的無知
involuntary ignorance」とは、幼児が人を殺したような場合のことである。
ここでは、伝統的に責任阻却されてきた、幼児、心神喪失者 non sanae
memoriae の例を挙げるとともに、酩酊者には免責がないことを、アリスト
テレスを引きながら説明する。すなわち、「飲酒時には、理解力も記憶力も
あったのであるから……アリストテレスの言うように、こうした男は二重の
意味で刑罰に値する、なぜなら二重に罪を犯しているからである。すなわ

ち、他人に悪しき例となる酩酊によって、また殺人を犯すことによって」[22]。
ポラード自身は、エクイティという用語は使っていないが、ここで伝統的な
コモン・ローの例外法理とエピエイケイア的エクイティ概念が融合している
姿を見ることができるであろう。同時に、法律における意図の文言に対する
優位に加えられた強調と共に、ブルックによって強調され、またポラードに
よって第一番の項目として挙げられた「より大きな弊害を避けるために」と
いう比較衡量的弊害論は、エピエイケイア論が従来の緊急避難的な例外法理
を超えて立法解釈論一般へと発展するための論理を含むものであったといえ
よう。

　しかし、この比較衡量的弊害論は、拡張解釈論にも強力な武器を与えるも
のであり、第一の論点であった刑罰法規の厳格解釈論にとっては両刃の剣と
もなりえたことにも、注意をしておく必要があるだろう。ブルックは民訴裁
判所首席判事に転じて後に、刑罰法規の拡張解釈禁止の法理に対して、以下
のごとく論じたのである。

　　結論として、制定法が人々から災厄から救い、さらなる弊害を取り除く
　ために作成されたのであるかぎりにおいて、エクイティによって拡張解釈
　されうる。それ故に、ある訴権はさらに拡張され、別の訴権の代わりとな
　り、或るものは他のものの、或る場所は他の場所の、そしてある人は他の
　人に拡張される。なぜ、人々を災厄から救い、コモン・ローの弊害を除去
　する我々の制定法が拡張されてはいけないのか？[23]

このブルックの主張は、旧来の、民事法、刑事法という枠組に変わって、
成長してきた、私法と公法という新たな枠組みが新たな法解釈原理を求めて
いたことを示すものであると同時に、後のアッシュの見做規定的エピエイケ
イア論の前触れとなるものであり、読替乃至擬制的解釈というコモン・ロー
の近代化の一つの方法を予兆させるものとして注目に値する。しかし、同時
に、当該事件では、未だ、他の裁判官全員が刑罰的制定法の拡張解釈を禁止
する「制定法上のエクイティ」論の原則の上に立って、ポラードの主張する
ような拡張解釈に反対したことにも注意する必要があるだろう。

第 6 編　不文法学的立法解釈論の系譜を求めて　463

　このポラードの利益衡量論的弊害論を本来の適用免除、例外論──今日で
言えば、刑事法上の違法性阻却乃至責任阻却の問題、民事法上の行為能力論
──から、より一般的な縮小解釈論として大きく前進させたのが、エリザベ
ス治世 2 年（1559）のストラッドリング対モーガン事件であった。

　この事件では「過去の如何なる時代の裁判官も、従来、制定法の作成者達
の意図を追求し、法令の文言が一般的であっても、その意図が個別的である
場合には、個別的なものと説明してきた」として、国王大権法における、国
王の後見権規定の縮小解釈の例を挙げて説明するとともに、さらに進んで、
反対解釈の例を、領主が差押物を他州に持ち出すことを禁止したモールバラ
法の第 4 章の規定にもかかわらず、領主が差押物を他州の荘園に運び込んだ
ことを合法とする判決を例に挙げて以下のごとく論じる。「上述の制定法に
もかかわらず、また、当該法令の文字の一般性に反しているために、実際、
法令の文字とは反対のように思われるのではあるが、裁判官達は法令の作成
者達の意図は領主権と保有権が同一の州にない領主には及ばないと説明して
きた。したがって、このように、法令の意図に従って為される解釈によっ
て、文言の一般性は縮減されるのである」。かくして、こうした、反対解
釈、乃至文言の一般性を特別なものに縮減した解釈の例を挙げつつ、ある事
例では「我々は制定法はしばしば文言の一般性に反して解釈され」、またある
別の事例では、「このような解釈によって該当範囲の一般性が特別なものに
なる」こともある、またある事例では「裁判官達は、当該法令の作成者の意
図を推定する方法で、文言（「即座に」）の厳格性を理性に従って修正したの
である⁽²⁴⁾」。

　結論的に言えば「これらの事例から、法の識者達は、これまで制定法をそ
の文言の外観とは全く反対に解釈してきたように思われる。文言上は全ての
事柄を含む制定法も、一定の事柄にしか拡張解釈されてこなかった。また、
全ての人々にそうした行為をすることを一般的に禁止する制定法について
も、彼らは一定の人々がその行為をすることを許すものと解釈してきた、そ
して、文言上は全ての人を含む制定法も、一定の人にのみ効力が及ぶものと
判示されてきた。これらの解釈は常に立法府の意図に基礎付けられてきたの
であり、これらの意図を彼らは、時には当該法令の制定の原因と必要性を考

察することによって、時には法令のある部分と他の部分を比較することによって、そして時には外部の状況によって推論してきたのである。それ故に彼らは常に事柄の必要性に応じ、また、そうすることが理性と健全な裁量に調和するように解釈された立法府の意図に導かれてきたのである[25]」。

　ここで強調されるようになったのは、弊害論よりも、文言の一般性と意図の個別性という、一般―個別という枠組と立法者意思の問題である。立法者意思が重視されるべきであるなら、拡張解釈のみならず、縮小解釈されることもあり得るのである。同時に、エピエイケイア論的な一般と個別という枠組は、中世以来の拡張解釈論的な「制定法上のエクイティ」論を超えて、また、除外乃至例外論を超えて、縮小乃至反対解釈論が新たに展開される跳躍台となったように思われる。同時に、従来の議論の枠組が刑罰法規の苛酷さと係わって寛刑論的に議論されてきたため、違法性阻却や責任阻却に近い形で議論されてきたのに対して、議論されている問題それ自体が、そうした刑事法的な枠組では議論できないような性格のものであったことが、法解釈一般論として議論の展開を生み出したともいえなくはないであろう。

　かくして、法令作成者の意図への関心が高まると共に、如何にして立法意思を知りうるかが重要な焦点となる。こうした立法解釈論への新たな関心の高まりが、前述の『論考』の作成を促し、また、1568 年に出版されたブルックの新たな『大法要録』に、制定法及び制定法解釈という新たな項目を生み出すことにもなったのである[26] *6。

　こうした制定法解釈論への理論化への関心に答えていったのがエリザベス期の裁判官達であった。こうした立法解釈論をめぐる議論はエリザベス治世4-5 年ミクルマス開廷期のストウェル対ズーシュ卿事件（1562）で頂点に達する。前述のごとくハットンが賛美したダイア裁判官の「前文は議会法令の制作者達の意図を開く鍵である」とする意見もこの事件からの引用であろう*7。しかし、このダイア裁判官の意見は、中世末以来の制定法解釈論の中で現れてきた立法者意思論に、旧法―新法の対立という状況の中で、新たな強調を加えるものではあったとはいえ、それ自体は理論的な新しさを含むものではなかった。これに対して、判例集編纂者のプラウドゥンが注目したのは、同事件で、もう一人の裁判官キャトリンがアリストテレスの『倫理学』

第 6 編　不文法学的立法解釈論の系譜を求めて　465

から引用した「アエクイタスとは一般的に制定されたために部分的に欠陥の
ある法律の正しき是正である（Aequitas est correctio iustae legis qua parte
deficit quod generatim lata est)」という議論であった。[27]なるほど、キャトリ
ン判事は古典からの引用の多い裁判官ではあったが、ポラードの酩酊者の責
任能力者に関する議論にみられるように、アリストテレスからの引用それ自
体は、この期のコモン・ロー法曹にとって珍しいものではなかった。それだ
けでなく、キャトリン判事の同事件でのアリストテレスのエピエイケイア論
の引用は、さしあたり当該事件における立法解釈論の展開において重要な役
割を担うものではなく、したがって、当時の人々が、このキャトリン裁判官
の言葉より、ダイア裁判官の言葉に注目したのはむしろ当然のことであっ
た。1582 年に没したダイア裁判長の判例集が 3 年後に出版されたのも、彼の
制定法解釈論への関心と無縁ではなかったと考えられる。当時の人々にとっ
ては制定法解釈論の権威は、カソリック教徒であるが故に高位法廷弁護士と
なれなかったプラウドゥンというよりむしろ、王座裁判所長官のダイアの見
解であったかもしれない。[28]

　『判例註解』の出版の成功で自信を得たプラウドゥンは 1578 年には第 2 部を
出版すると共に、1574 年の事件（Eyston vs Studd, Common Bench, Easter
16 Elizabeth）への判例報告者の註として、前述のキャトリン裁判官のアリス
トテレスからの引用を手掛かりに自らの制定法解釈論を展開することにな
る。これが、有名なプラウドゥンのエピエイケイア＝エクイティ立法解釈論
であった。[29]

　すなわち、プラウドゥンは、従来の立法解釈論を、縮小解釈のエクイティ
と拡張解釈のエクイティとに二分して、前者、すなわち新たに生み出された
エクイティ＝縮小解釈論を当時のアリストテレス倫理学注釈書を引きなが
ら、アリストテレスのエピエイケイア論に、後者、すなわち「制定法上のエ
クイティ」論の系譜を引く拡張解釈論をブラクトン（ローマ法）のアエクイ
タス論に各々基礎付けることによって、既存の立法解釈論の二つの流れをエ
ピエイケイア＝エクイティ的解釈論として統合することになるのである。そ
の意味では、アリストテレスのエピエイケイア論はプラウドゥン判例集第 2
部においてコモン・ローの立法解釈論に本格的に組み込まれることになった

と考えてよいだろう。

　それとともに、彼が、立法者意思の確認手段として、アリストテレス『倫理学』の「もし立法者が現存したならば、必ずそう告げるであろうように、もしくは、もし、[それを知って]立法を提案していたならば必ずそうしたであろうように（quod etiam legislator, si adresset, adomoneret, etiam si jam legem tulisset）」という一節を援用しつつ仮想的に立法者を現在に呼び出し質疑するという新たな立法解釈方法論も提起するのである。

　このプラウドゥンの議論は単純な立法者意思説ではない。このように具体的事件を前にして、もし立法者や遺言人が現在生きていたらどう判断したかと質問するというように、仮想的な立法者を想定して立法者意思を推定する擬制的方法は大陸においてもアリストテレスのエピエイケイア論から同じように生み出されていたものであり、また、今世紀に至っても、法律の欠缺を埋める方法として、フーバーの編纂した有名なスイス民法第一条の規定でも援用されているように、直ちに非科学的解釈方法というわけではない。こうした解釈態度はアリストテレスが論じたように、変化しない成文法の一般的規定を、現実に変化する社会の多様な事件に適用しようとする場合に必然的に生じてくる問題なのである。[30]このプラウドゥンの立法解釈方法論がエリザベス治世26年イースタ開廷期（1583）のヘイドン事件において、より客観的な基準の下に置かれるとともに、クックの判例集を通して最終的にコモン・ロー上の立法解釈原理として確立されることとなるのである。[31]しかし、エクイティ立法解釈論につきまとうもう一つの問題があった。ヘイドン事件で示された解釈原理のように、判断されるべき基準を客観化したとしてもなお、最終的な評価は裁判官の裁量に委ねざるを得なかった。このエクイティの裁量権的性格の問題は、とりわけ、プラウドゥンがエクイティを法律外的な、ある種の道徳的徳であると論じたことと合わせて、なお議論されるべき問題を残すことになったのである。

(4) エクイティ論と裁量権問題

　この新たに誕生したばかりのエクイティ概念には、当初より、エクイティ

第6編　不文法学的立法解釈論の系譜を求めて　467

概念、そのものにつきまとう裁量的側面への批判が存在した。トマス・モア
もこのエクイティ論の持つ司法裁量的側面が国王に有利に働くことも決して
見逃してはいなかった。「国王に有利に判決を下す裁判官に都合の良い口実
を欠くことはありません。というのは、裁判官には自分に有利なエクイティ
や法律の生の言葉、もしくはその書かれたとおりの、もしくはねじ曲げられ
た理解があれば充分であるからです。それでも駄目なら、善良で公正な裁判
官にとって全ての法に勝って拘束力を有する国王の不可侵の大権があるので
す」(32)。

　プラウドゥンの議論の展開の中には、明らかに、抽象的な道徳的理性論か
ら脱して、客観的な法解釈論を生み出そうとする努力がみられる。しかしな
がら、エピエイケイア論の展開におけるアリストテレスの『倫理学』への依
拠は、他方で、ラテン語への翻訳者であり、注釈者であったペリオニウスの
理解「エクイティは法律に付け加えられた修正である equitas est quaedam
legi adhibita」「エクイティは法律の一部ではなく、法律を是正するある種の
道徳的徳なのである。即ち、適応させることと真っ直ぐにすることとは一致
しないのと同様に、エクイティやエピエイケイアは法律的な正義ではなく、
法律的正義を修正するものであり、正義に方向付けられている Nam
dirigens et directum sunt diversa, et sic equitas sive epichaia non ius
legitium est, sed iuris legitimi emendatio, et iustitiae directio」とする見解
や、エピエイケイア的なエクイティの働きを自然法の働きと同一視するオド
のゲラルドゥスの見解をも持ち込むことになったのである(33)。

　一般から個別への適用としてのエピエイケイアの議論において、こうした裁
量的な問題が残らざるを得ないとしても、誰がこうした裁量権を行使しうるの
か、また、その裁量権は如何なる性質のものかという課題がやはり解決されね
ばならなかったのである。前述のハットンはこの裁量権行使者を予言者の如き
法の識者達の権威に求めた。「庶民院は議会が終わると、職務も終了する。し
たがって、彼らの権威も選挙人の下に戻ってしまったことは明らかであるの
で、たとえ、彼らが解釈のために自発的集会によって再び集まっても、彼らの
解釈は解釈とはならない Eorum non esset（effet）interpretari」。「なぜなら、
こうした事柄に知恵を発揮する法の識者達が解釈権を手にしているからであ

り、彼らの権威を如何なる人も直接支配することはできないからである。それ故に、彼らの権威は偉大で、高遠なものであり、我々は、彼らの口から出た神託であるかのごとく、これらの解釈を求めるのである[34]」。しかし、この法の識者の権威は自明のものではない。なぜ彼らがこうした権威を持つのかが論証されねばならなかった。

この裁判官の制定法解釈＝適用に付随する裁量の問題はコモン・ロー裁判所以上に、エクイティの裁判所として自らを確立しつつあった大法官裁判所において、より鋭敏に感じ取られたように思われる。エクイティ論の展開のもう一つの、というよりむしろ本来の展開の場であった大法官裁判所との係わりで、このエクイティ論に潜む司法裁量論の問題がどのように理解され、またどのようにして法的装置の中に組み込まれようとしたのかを見てみよう。

大法官裁判所の管轄権と裁量問題──ランバード

アングロ＝サクソン法史の創始者でもあるランバードは1591年に『アルケイオン』とギリシア語風に題した「裁治権論乃至イングランド高等裁判所論」を出版するが、そこで大法官裁判所を「エクイティの裁判所」と規定するとともに、その裁判管轄権の性格を、同じようにアリストテレスの『倫理学』によりながら以下のように論じた。

「或る一般的法律を全ての個別的事件に適用することは、一つの靴に合わせて全ての靴を作り、全ての人の手に合うように手袋を裁断するようなものである」「エクイティがギリシア語では、eikos＝『便宜乃至合意された理性に（conveniens, vel rationi consentaneum）』と epi＝『応じて（secundum）』という語から合成された epieikia という名前をもっている」のもそのゆえなのである。「なぜなら、それ［エピエイケイア］は何が一般的に大多数の人に適合するかを計るのみならず、問題が生じた全ての個々の事例において人、時、場所、その他の状況を考慮し、そこから同上の事例に適切且つ適合的な判断を形成するからである。それ故、要約すれば成文法は硬い鋼乃至鉄の定規のようなもので、石や材木の有様に合わせて使うことはできない。エクイティは（アリストテレスのいったように）レスボスの職人の鉛の定規のようなもので、どのような有様のものであれ、全ての石に合わせて意のままに曲

第6編　不文法学的立法解釈論の系譜を求めて　469

げることができるのである⁽³⁵⁾」。

　このように、コモン・ロー裁判所での制定法解釈をめぐるエクイティ解釈理論の発展が、古典弁論術における「意思乃至意図の文言に対する優位」という議論を受け継いで発展したものであったのに対して、大法官裁判所におけるエクイティ論の発展は、むしろ、「事物の文言に対する優位」を前面に出す形で展開されることになるのである。実際、ランバードは、エクイティの必要性を「人間が生じうるすべての事例に成文法によって正義を正しく公式化しうるほどに、それ自体完全な法準則 Rule は存在せず、またそのように完全な法は立法されるはずもない」としてエピエイケイア論的な成文法の一般性に伴う問題として把握しながらも、立法解釈論としてではなく、大法官の賦与する個別的救済の問題として論じるのであり、ここではまさに大法官の発給するコモン・ロー上の訴権の発展こそが、エピエイケイア＝アエクイタスの働きとして、ローマの法務官の果たした役割に準えられるのである⁽³⁶⁾。

　「既存の如何なる適切な救済手段もない諸事件に、個別主張に応じた救済手段を与えるために、コモン・ロー上の訴訟を命じる令状を考案することが、大法官の権限なのである。この（ローマの法務官達の権威に一致する）権限の行使は、非常時の、特別なものである。それ故に、当時においても、また今もなお、特殊主張訴訟もしくは特殊主張令状と称されている。そのお蔭で、訴訟当事者は、彼の業務の緊急性に応じ、またかれの主張それ自体の特殊性、理由そしてエクイティに適合せる救済手段を即座に得ることになるからである。

　この故に我々の令状登録集はかくも多様な特殊主張訴訟令状を賦与しているのであるが、この令状はウェストミンスタ第二法律によって承認されており、第1章、第25章で以下のごとく述べている。『新たな事件には新たな救済が付与されるべきである。国王裁判所で求められるべき正義を訴えて、得られないことはない In novo casu, novum remedium est apponendum; ne Curia Domini Regis deficiat, conquarentibus in iustitia perquirenda』のである⁽³⁷⁾」。この特殊主張侵害訴訟の発展をエクイティ論的視点から説明する議論は、前述のごとく、ヘイクを経てクックにも受け継がれることになったものである⁽³⁸⁾。

アリストテレス『倫理学』では、前述の「レスボスの職人の定規」論に続けて、こうした「もろもろの事態に応ずるためのもの」として持ち出されたものこそ「プセーフィスマ」と称される役人の命令であった。大法官裁判所の判決（decree）は、まさにこの「プセーフィスマ」に対応するものであったと理解されよう。しかし、事物の文言に対する優位の名の下に、事物に適合するように適用されるエクイティは、立法解釈論におけるエクイティのように、法律の前文や本文全体から推測される立法意思論のような制約がないだけに恣意性の強いものとなる危険も大きく感じられたに違いない。⁽³⁹⁾

この問題は、ランバードに『政治学』においてアリストテレスが展開したもう一つの議論、『政治学』第3巻第16章での「人による支配か法律による支配か」という問題に関連して展開したエピエイケイア論を思い出させた。彼は、このようなプセーフィスマを『倫理学』で述べられたように必要なものと理解しながらも、それが例外的なものであることを『政治学』のエピエイケイア論において指摘された「野獣の支配」に陥る懼れに言及しながら以下のごとく論じた。

「実定法とコモン・ローは大部分の場合に適合するように作られており、エクイティはある少数の乃至は特別な事例を助けるために加えられていることを考えるなら、普通、通例として実定法が運用されるべきであり、稀で異常な事態を除いては、エクイティに訴えられるべきではない」のであって、「もし、エクイティの裁判官が全てに対して裁判管轄権を持つようになるなら（アリストテレスの言ったように）『獣が支配権を持つ a Beast should bear the rule』ことになるであろう。なぜなら、彼が述べているように、人間というものは、もし、その判断力が法律の鎖で束縛されなければ、御しがたい情感によって事を運ぶのが通例であるからである⁽⁴⁰⁾」。

しかし、それ以上にエクイティに一定の「諸規則と限界」を定めるべきか否かということは、極めて難しい問題であり、「神の如く且つ学識ある人々の間でも意見が異なる」問題なのである。「一方においては、あらゆる個別的事例に適合する正義の物差しとして一般的法律を制定することが困難であるように、予めエクイティに一定の限界を定めておくのは困難なことであると考えられる。他方ではどのような事例に大法官が援助の手を伸ばし、どの

ような事例ではそうしないのかが予め分かっていなければ、如何なる臣民も何時、如何にして彼自身の所有が平穏なものとなるのか確認しえず、また法実務家も彼の依頼人に彼の訴訟がどうなるのか知らせることのできなくなる」。後に、セルデンによって、大法官の足の長さで１フィート（A foot）の長さが変わると批判されるようになる大法官裁判所のエクイティのはらむ問題性は当初から十分認識されていたといえよう。[41]

　しかしながら、ランバードは、費用のかかる大法官裁判所での審問以前にコモン・ロー裁判所の簡略手続で解決し得ないかを検討すべきであり、もう一つは、土地の権利に関する問題はコモン・ロー裁判所の決定に属するのが最も適切であるという二つのアドバイスを行うに留めざるを得なかった。[42]

　このように、ランバードが根本的な解決策を提起しえなかった背景には、彼の大法官裁判所裁判管轄権の性格に関する理解の仕方があった。ランバードは大法官裁判所のエクイティ裁判管轄権の権限の性格を国王の戴冠宣誓から以下のごとく導き出す。

　「この國の君主は神の下にある直接の正義の施行者であり、彼の戴冠に際して彼の臣民に公平で正しき裁判（aequam & rectam Iustitiam）を施すことを宣誓することを鑑みれば、彼が単なる法律の裁判所以外に、実定法や成文法の欠缺を補充し厳格さを是正しうる一定の主権的且つ至高の権限（soveraigne and preeminent power）を彼自身に留保するか、もしくは他人に委任しなければならないと考える以外には、私には理解のしようがない」のである。[43]

　このように大法官裁判所の裁判管轄権問題を神から正義の施行を委ねられた国王の主権的且つ至高の権限としてのみ位置付ける限り、国王といえども神と法＝正義の下にあるとは言い得ても、エクイティの行使に客観的且つ具体的な限界を設けるのは困難であるだけでなく、国王大権に干渉するような議論は危険ですらあった。

　結局のところ、彼は「女王陛下ご自身の選任によって、エクイティのためのこのような緩和の術を備えているだけでなく、それに劣らずこの國のコモン・ロー諸法の学識を備えた人をこのローマの法務官のごとき大法官職に任命された」ことで満足せざるを得なかったのである。アリストテレスに従え

えば「その目的のために、法律は特に役人達を教育して自分の仕残したことについては『最善の判断によって』裁判し統治することを彼らに委ねるのである」。かくして、人の支配に対する法の支配の優位は、ここではコモン・ローの学識法曹の優位という方向性は示してはいるものの、しかしなお、それも「女王陛下御自身の選任」に依存せざるを得なかったのである。

法律内在的エクイティ論──オルデンドルプとウェスト

裁量権問題に関して、新たな展望を開くとともに、次代のエピエイケイア立法解釈論を代表する二つの同名の著作、ヘイクの『エピエイケイア』とアッシュの『エピエイケイア』双方に大きな影響を及ぼしたのがウェスト（William West, c. 1548-1620）の「エクイティ論」であった。この「エクイティ論」は、彼の出身法曹院インナ・テンプルの先輩で、当時法務長官であったクックに献じられた『法律文書作成術 Symboleography』第2部（1594）の巻末に「大法官裁判所論 Of the Chancery, Proceeding in the same, and Supplications, Bills, and Answer」として付け加えられることになるもので、そこで、彼は、同時代の大陸の人文主義法学者ビュデ Budaeus やオルデンドルプ Oldendorpius 等の影響を受けながら、定義─分割法とアリストテレスの4原因論に始まるエクイティ論の体系的分析を行った。

彼のエクイティ論の特徴は、従来エクイティと混同されがちであった、国王の恩赦等に表される「慈悲 Clemency」の概念と「公正 Equity」の概念を峻別したことに顕著に表れている。

彼は、第10節で「エクイティとクレメンシィとはどう違うのか」と題し、君主の裁量的な恩赦権の行使とエクイティの相違を明らかにする。「エクイティとクレメンシィの間には相違がある。なぜなら、エクイティは、温情的になったり、苛酷になったりすることがあるとしても、常に法の意思に最もしっかりと編み込まれているのであるが、クレメンシィは君主や君主が持っているのと同様の裁治権を有する執政官達にのみ固有のものであるからである」。

すなわち、ここではエクイティを君主の意思のみに依存する自由な裁量権としてではなく、法的な枠組の中で行使される裁量権として理解されている

ことが重要なのである。こうした、国王や裁判官の行使すべきエクイティの枠組の形成は、一つにはその行使されるべき正義の客観化＝自然法としての実体化を通して可能となる。

この直前の議論「なぜエクイティは時に定規に例えられることがあるのか？」が、彼の裁量権制約に向けた考え方の基礎を示してくれる。

　　エクイティが行動様式の定規（the rule of manners）と称されるのも不適当ではない。なぜなら、定規によって建物の欠陥が発見されるように、エクイティは成文法だけでなく人の全ての行為及び行動を正しく判断するからである。そして、それ故、正義の施行を委ねられたものは、善と法律の、即ち、神法と自然の諸法の曲尺（the square and rule）によって彼らの判断を形成し適用するのである。これらの諸法に反するものは、如何なる判決理由（judgements）が与えられようとも、不公正、不正義以外のなにものでもない。[47]

自然法論それ自体は新しいものではないが、エクイティ論との関係で、彼がこうした議論を展開した背景には、ヴィーアッカーによって最初のプロテスタントの自然法論者と評されたオルデンドルプの影響があったように思われる。[48] *8

彼はエクイティ論に先立って、エクイティによって是正されるべきとされてきた「Summum Ius と称される厳格法乃至確実法」について論じる。この厳格法についてのアリストテレス、ビュデの議論を紹介し、それが、別名、詳細法（Ius Subtile）とも称されることを紹介するとともに、オルデンドルプに倣って従来の「法の極みは不法の極み」という俗説を以下のごとく批判する。オルデンドルプの言うように、Ius Summum ＝ 最高法（Law in the highest degree）には、本来的にそうであるものと、不適切にそう称されるものとがあるのであって、一般的に非難されるのは「過度に厳格で苛酷な解釈によって事実に適合しない法が導き出されたり、見せかけの合意（colourable agreements）によって法律の良き意図を挫くような法が導き出されたりする」ように不適切にそう称されている場合のことなのである。[49]

これに対して、「本来の最高法」とは、「疑う余地無き、無誤謬の正直の準

則であって、本来自然法もしくは万民法に基礎付けられたもので、如何なる國においても例外なく一般的に執行されるものである」。例えば、「國にとって有害で、危険なことをなすことを口頭乃至文書で約束して、それを理由に約束を実行する場合に最高の不正を犯しているのであるが、それは、法それ自体には過ちがあるからではなく、法と正義の存立する状況を正しく判断することなしに、自らの過ちにより、そして法律のあら探しによって邪悪な精神を働かせたからである」。[50]

ここで重要なのは、大法官裁判所でエクイティによって訂正されるのは、本来的最高法たる自然法・万民法それ自体の誤りではなくて、それを邪に行使する人の誤りなのであるということである。また、「ここでは約束をめぐる状況とか、傷害を負わせた状況について考慮されていないことがわかるでしょう。なぜなら、そうした事件が生じると、それはエクイティ乃至良心の裁判所、我々にあっては大法官裁判所に属する問題であるからである」。言い換えれば、エクイティは法律の誤りではなく、それを行使する人の誤りを訂正し、具体的状況に応じて判断するのである。

それでは、このエクイティとは如何なるものか、彼は、従来の定義、ローマ法的平等主義的アエクイタス論とアリストテレスの成文法の緩和としてのエピエイケイア論に加えて、ここでもオルデンドルプの定義を紹介する。彼によれば、エクイティとは、配分的正義における公正さ、すなわち「正直な人の健全で正しい意思乃至判断」を意味するのである。このエクイティは、従来、法律において、「便宜」「均等待遇」「自然的正義乃至自然法」「宗教」「法の一般性から生じる欠陥の是正」というように、さまざまな言葉で言い表されてきたものなのである。[51]

彼はこれらのエクイティの多様な定義を、アリストテレスの因果関係論を基礎に、以下のように位置付ける。すなわち、神こそがエクイティの作用因であり、自然法、万民法及び善良な風俗はエクイティの質量因である。これに対して、発生した事実と環境との調整及び平準化が形相因であり、多様な人間の平等性の維持こそが目的因なのである。[52]

このように考えると、自然法や万民法という一般的枠組に加え、公正な取扱論やアリストテレスの因果関係論もエクイティの行使の枠組として利用で

第6編　不文法学的立法解釈論の系譜を求めて　475

きるかもしれない。しかし、実定法との関係でこれらのエクイティの働き
は、如何に考えられるべきか。彼はエクイティを成文のエクイティと不文の
エクイティに二分し、前者を立法に際して君主や法律家が遵守するもので、
立法の中に見出されるとする。したがって、「いつ、如何なる事件が生じよ
うとも、あらゆる点で当該法律が答えており、［新たな立法による］法律の修
正や変更を必要とするような異なった状況がない場合には、当該成文のエク
イティ（the law of Equity）が既に念頭に置いていたように、確実で、疑い
の余地無きように、彼らの判決を形成しうるのである」として、「成文のエク
イティ」として表された立法者の意思の確実な実現を第一のものとする。他
方、不文のエクイティは、日常の個別的事件において、「既存の法に確実な
方針や規準が述べられていない場合」に行使されるのであるが、しかし、
「我々は、一定の状況に応じて、可能な限り我が法の諸原理に（to the
principles of our Law）近づけて適用される判決を言い渡すよう強いられる
に違いない」。なぜなら、「我々がそれを不文のエクイティと称するのは、成
文法に払われるべき尊重なしに、我々が自由にそれを規定し決定しうるから
ではなく、当該法準則の一般性（the general rules of the Law）に拘束され
ない一定の自由を有するからなのである」。[53]

　実定法との関係においても、行使されるべき裁量には一定の枠組があり、
しかも、「我が法の諸原理」がその重要な枠組みを形成していると考えられて
いることに注意を払う必要があるだろう。ここに、エクイティを法学的概念
に鍛え上げようとする努力がみられるのである。このように法学的に鍛え上
げられたエクイティ概念一般にとっては大法官裁判所のエクイティとコモ
ン・ロー裁判所のエクイティの差は感じられない。

　最後の「エクイティと厳格法との相違」論においては、セント・ジャーマ
ン以降のイングランド法におけるエクイティが以下のごとく総括されること
になる。

　彼はエクイティの必要をランバード風に靴屋や内科医の診断に応じて薬を
調合する薬種商に準えながら議論し、将来生じうる無限の個別的行為に適合
するような一般的法律を予め作っておくことは不可能であり、立法者はよく
生じることを予測して立法せざるをえず、したがって、法律の文言乃至原文

を厳格に遵守すると、正義や公共の福祉に反する場合が生じざるを得ないところに求める。この議論の最後はセント・ジャーマンがジェルソンから受け継いだエクイティの定義「行為の全ての個別的状況を考慮する、慈愛の精神によって和らげられた正しさである」という言葉で要約されるのではあるが、内容的には、むしろ、アリストテレスのエピエイケイア論そのものであり、実際、この議論はプラウドゥンの制定法解釈論に連結されていく。「文字は肉体であり、理性と意図が魂なのである」「法文は木の実の外側を覆っている殻のようなものであり、法の意味である内側に包まれている実こそが役に立つのである」。そして、セント・ジャーマンによっては一言も言及されなかった『ブラクトン』からの引用でエクイティ論を締めくくるとともに、リプシウスの引用から始まる良心論へと議論を転じていくのである。[54]このウェストのエクイティ論はエクイティ一般論として考察される限りにおいては、コモン・ロー裁判所のエクイティと大法官裁判所のエクイティとの区別されるべき理由はない。彼が裁量論を超えて、法学的概念としてのエクイティ概念の構築をめざした方向性はテューダ期からステュアート期の境目にかけて現れた『エピエイケイア』と題する2冊の書物にそれぞれ異なった方法で受け継がれることになる。ヘイクは、理論的なレヴェルで、コモン・ロー裁判所におけるエクイティ制定法解釈論の発展、大法官裁判所におけるエクイティ裁判管轄の展開を総合して、コモン・ロー法学の方法をエピエイケイアの名の下に総合しようとするのに対し、アッシュの著作はエクイティによる制定法解釈の問題に集中するものであり、エピエイケイア立法解釈の具体的姿を判例集や法書の中に類型的に確認していくものであった。

(5) 二つのエピエイケイア立法解釈論

学識法論としてのエピエイケイア法解釈論──メランヒトンとヘイク

エリザベス期からステュアート期の境目に編纂されたヘイクの対話編『エピエイケイア』は、時代的にもテューダ期のエクイティ＝エピエイケイア法学論の発展の総合する位置にあった。彼は、第1部でエクイティ一般論を第2部でコモン・ローのエクイティ論を第3部で大法官裁判所のエクイティ論を

扱った。ヘイク自身が述べているように、第3部は、ウェストとクロムプトンに大きく依拠したものであり、第2部も、セント・ジャーマンによって整理されたコモン・ロー上の例外法理と中世末以来の「制定法上のエクイティ」論からの発展を法廷年報の事例等を含めて整理し直したものに、ランバードによって示唆されていた訴訟方式の発展の問題を加えたもので、それ自体に新しさがあるわけではない。エクイティ論の下にコモン・ロー裁判所のエクイティ論と大法官裁判所のエクイティ論を統合する方向は、理念的にはウェストにおいても示されていた。ヘイクの『エピエイケイア』の最大の業績は新旧のコモン・ロー解釈論をエクイティ解釈論として統合し、整理し直したことにあろう。しかし、このエクイティ解釈論の整理のためにも、焦眉の課題となったのが、エクイティ＝エピエイケイア概念の法学的概念としての確立であった。第1部のエクイティ一般論は、まさに、ブラウドゥンにおけるエクイティの位置付け方を批判的に検討することによって法学的概念としてのエクイティ論を築き上げることを目指すものであったのである。[(55)]

　前節で論じたように、エクイティの占める位置が大きくなればなるほど、その裁量権的側面が問題とならざるを得なかった。単にハットンのように、託宣者のごとき裁判官であるダイアの意見に依拠するだけでは済まなかった。裁量権の根拠と性格そのものが問われていた。しかし、そうであれば、あるだけに、アリストテレス自身のエピエイケイアの定義が問題とならざるを得なかった。この問題を解決するために、ヘイクはアリストテレスの定義に、彼自身の解釈を加えていくのである。

　エピエイケイアによる例外乃至適用除外が、必ずしも制定法の制作者の意図に反するものとはならないという議論は、セント・ジャーマン以来のものであり、この主張はエピエイケイア解釈論を制定法の縮小解釈論乃至反対解釈論として展開する上での重要な論拠となっていた。しかし、前に述べたように、ブラウドゥンによるアリストテレスのエピエイケイア論の本格的導入によって、「アエクイタスは一般的に制定された法律の部分的欠陥の是正である（Equitas est correctio legis generatim latae qua parte deficit）」という有名な定義と同時に、翻訳者であるペリオニウスのエクイティを「法律への付加 legi adhibita である」とする註釈も流れ込んできた。ヘイクは言う、な

るほどこの「アリストテレスとペリオニウスの定義を文字通り解釈すればエクイティとは法律に付け加えられた是正ということになるように思われる」[56]。しかも、プラウドゥンは前述のアリストテレスとペリオニウスの定義を引用するとともに、「エクイティは法律の一部ではなく、法律を改革する道徳的徳である」とまで述べている。「もし、ある人がアリストテレス、ペリオニウスの定義の言葉通りの理解と、プラウドゥン氏が自ら規定した定義に導かれるなら、エクイティは一般的なものとして作成された法律を解釈する際の正しき判事の真正直さのことであって、当該法律に含まれ、黙示される正しさ、真正直さではないという以外に考えようがないであろう」[57]。

　これに対して、ヘイクは法解釈で働いているエクイティは「裁判官や法の解釈者達のエクイティではなく、まさに、当該法律のエクイティと言われるべきである」ことを証明しようとするのである。この「法律のエクイティ」という議論を前面に出す上で、彼が最初に依拠するのは「如何なる法律も、こうした明示のもしくは暗黙の例外無しには、人間によっては作り得ない」とするセント・ジャーマンの議論である。この主張からすれば、法律そのものにエクイティが含まれているということにならないであろうか。しかしながら、セント・ジャーマンにおいては、黙示的に例外とされているのは、神の法、自然法であった。そうするとエクイティは神法や自然法の働きと変わらないものとなってしまうだろう[58]。

　彼はここでは、エクイティが法律に暗黙裡に含まれているということに満足し、彼は前節で論じたウェストにおいても成熟したものとなってきていた「成文のエクイティ」と「不文のエクイティ」との二分論を基礎としながら、さらに、この不文のエクイティを如何にして知ることができるかという問題を提起する。彼が、この答えのために、従来の自然法的正義論一般から離れて、新たな理論的根拠を求めて依拠したのが、メランヒトンの『道徳哲学綱要』における答えであった。

　ヘイクは『神学博士と英法学徒との対話』で論じられた問題と同じ事がメランヒトンの著作『道徳哲学綱要』において、「成文法から判決が下されるべきか、成文を越えて衡平な人に訴えられるべきか？　An iudicandum sit ex scripto iure an vero aequitas extra scriptum querenda sit.」という質問に対

する答えとして、明快に指摘されていると論じる。メランヒトンによれば、「このような緩和［＝エクイティ］それ自体は、しばしば、成文化されているが、時には成文化されていない場合もある、このような場合には、専門家 artifex が、その学術の源から ex artis fontibus それを引き出すべきなのである Hec ipsa mitigatio saepe scripta est interdum non est scripta, ubi artifex tamen ex artis fontibus eam sumit.[59]」。

このように、成文のエクイティと不文のエクイティがあるという理解によって、従来の成文法としての法律とエクイティとの対立が緩和される。すなわち、成文法にエクイティが含まれているなら、エクイティによる解釈そのものは、成文法に反することになりようもない。その意味でエクイティと成文法はお互いに拘束し合うことになる[60]。ヘイクはこうしたエクイティ論の上に立って、さらにメランヒトンの議論を媒介に学識法論へと結びつけることによって、国王大権論的、超法規的裁量論からの離脱をはかろうとしたのである。

彼が、このメランヒトンの答えを重視していたのは、別の箇所でも再々引用することからも窺い知ることができる。「それ故、人が私に、法律の中に、どのようにして、どのような種類のエクイティが求められるべきかと問えば、『学術の源から ex artis fontibus、即ち、当該法律から』、と答えよう。そして、彼が誰によって適用されるべきかと問うならば、『専門家達によって per artificem、即ち、当該法律の裁判官もしくは註解者によって』と述べるであろう[61]」。「貴兄が我々の会話の最初にメランヒトンから聞いたように、裁判官がどのように、乃至は如何にして法律の文字から離れ、そのエピエイケイア乃至エクイティに達しうるかを知らされるならば、かれは熟達した職人の如く、『学術の源から ex artis fontibus』、即ち、同法の諸々の根拠と源泉からそこで彼の取るべき道筋を得るに違いないのである[62]」。また、それだけでは満足せず、第2部のコモン・ローのエクイティ論の冒頭でも、「あらゆる人定法のエクイティは当該法律に求められるべきである。即ち、当該法律の内的意味から求められるべきであり、（メランヒトンの述べた如く）『学術の源から（ex artis fontibus）から』引き出されるべきである」ということが、「私が解決し、説得しようと努力している唯一のポイント」であると

まで論じることになるのである。この学識法的概念に向けてのヘイクによる
メランヒトンの利用は、1530 年代以降のメランヒトンのイタリア学風への
転向といわれるものと無関係ではないかもしれない。ここにはエラスムスの
『名言集』によって普及した、「法の極み Summum Ius」論の法三章論的な初
期人文主義者のエクイティ観からの大きな転換があるのである。その意味で
は、メランヒトンは彼がドイツにおいてローマ法註釈学の復権に貢献したの
と、同じ役割をイングランドでも演じているといえるのである。

　同時に、ヘイクは、このメランヒトンの答えを梃子にアリストテレスとペ
リオニウスによるエクイティ＝エピエイケイアの定義を解釈し直していく。

　　それゆえ、再び、もし貴方が、以前に定義で主張された（即ちアエクイ
　タスは法律への付加であるという）、ペリオニウスの言葉をどのように理
　解すべきかを尋ねるなら、私は、彼の意味するところは、エクイティは
　（法律の生の文言では、法律外のものであるように見えようとも）立法者の
　秘密の例外によって、法律の中に見出されるのであって、裁判官や法律の
　解釈者達によって当該法律に適用されるのであると答えよう。

当然、アリストテレスの有名な同様の定義も同じように解釈される。

　　貴方が、私に、前述のアリストテレスの定義（即ち、Equitas est correctio
　legis generatim latae qua parte deficit）はどう理解されるべきなのかと尋ね
　たとしても、私は恐れることなく以下の如く答えるだろう。これらの言葉
　の意味は、エクイティは、（法の意味内部にあるという意味では法の中に
　あるのだが、）法律の文言の中に見えないが故に、法律の外の、法律外のも
　のであるように見えるが、裁判官もしくは法の解釈者達によって同上の法
　律に適用されるべきであるということなのであると。そして、上述の意味
　に従えば、アリストテレスもペリオニウスも、この点で私と同じことを
　言っているのである。

そして、最終的にはアリストテレスの定義は誤解を生みやすいとして変更

第6編　不文法学的立法解釈論の系譜を求めて　481

してしまう。もしも、correctio legis が文字通り法律の是正であるなら、裁判官立法となるではないかという問題に対してヘイクは以下のように答える。

「我々が問題にしているのは、法律の変更についてではなく、法律の解釈についてである。mutatio legis と correctio legis とは、異なった意味を持つ別々のことなのである。前に主張したアリストテレスの言葉『正しき特免とは、法律の侵犯ではなく、法律の例外の宣言と修正のことである recta dispensatio non est violatio sed exceptio declaratio et emendatio』がその相違を解き明かしてくれるだろう。なぜなら、そこで『法律の侵犯 violatio legis』について語られていることが、『法律の変更 mutatio legis』についてと同じ意味で語っていることになるからである。丁度、人間の理性の純粋な部分が、同じ理性の感情的でより腐敗しやすい部分を是正するといわれることさえあるのだから、そこに、貴方が同じ場所から、この『法律の是正 correctio legis』は裁判官の行為ではなく、当該法律の魂であり精神である、（それ故に当該法律の一部である）『エピエイケイア』の行為であるということを付け加えれば、我々が『法律の是正 correctio legis』と称しているものは、その名に相応しくなく、むしろ、真の呼称では、『法律の文字の是正 correctio litere legis』と名付けられるべきであるということほど明白なことはないであろう」。

前述のごとく、エクイティは「法律のエクイティ」として、解釈者にではなく、法律それ自体に含まれているのである。裁判官達は「裁判官に当該法律のこの秘密の意味、隠された（しかし、正しくして且つ真なる）意味を明らかに示すエクイティに導かれる」のであって、「このことは、法を変更することではなく、実は、法を正しい場所に据えることであり、むしろ、その文字で書かれていることが、そうしなければ死んでしまうような法律に命を与えることになるのである⁽⁶⁶⁾」。

実際、裁判官や法解釈者のエクイティではなく法律のエクイティであるという議論は、むしろ「法の理性（ratio legis)」論に近いことになる。しかし、それでもなお、誰がエクイティを適用するのかという問題が残る。そこで、「専門家 artifex」という答えが返ってくるのである。しかし、ヘイクは学識法曹としての裁判官達を全面的に信頼していたわけでもない。彼はエクイティ論一般を扱った対話編第1部の最後の発言を、アリストテレス『弁論術』

からの以下の引用で締めくくる。「それ故、アリストテレスは、彼の『弁論術』の第1巻で、立法者達への忠告として、裁判官の裁量に委ねることをほんの僅かの、最小限のものとするように記すだけでなく、その逆を行うことが危険であることを証明する種々の理由を明らかにしたのである」。そして、対話の相手であるエリオットの書棚にその本があったので詳細は読んでおくようにと述べて発言を終えるのである。[67]

このように、ヘイクの議論は、むしろクック的な学識法的な「法の支配」論に近づいているのである。クックへのヘイクのエピエイケイア論の影響乃至はメランヒトンの影響を直接的に確定することは困難であるが、クックのArtificial Reason論や、「人の配慮より法律の配慮の方が強力で公正であるFortior & aequior est dispositio legis quam hominis」（Co. Litt. f. 338a）」という格言に示される考え方は、決してコモン・ロー法曹の世界に特有な孤立した議論でもなければ、古くさい中世的な議論でもなかったことは確かであろう。[68]

逆に、このヘイクのエクイティ一般論の持つ意味は、ヘイクの議論がローマ法学者達の激しい反対に遭遇したことからも理解できる。

第3部の大法官裁判所のエクイティ論でヘイクの述べるところによれば、最近の会議でこれらの問題について論じたローマ法学者達の見解によれば、「［私が述べてきたような］コモン・ローのエクイティは存在しない」というのである。彼らは「法とエクイティは各々別のものであって、互いに他のものに含まれない」と強力に主張するだけでなく、さらに、「エクイティは法律から引き出されるのではなく、君主の良心や、かの大法官裁判所を司宰する大法官の如く、そうした事柄について君主が監護を委任した他の人々の良心からというように、法律外のものから生じるのだ」と主張した。彼らによれば、「かの大法官の法廷のみが唯一且つ本来のエクイティの裁判所consistory なのである」。[69]

なるほど、大法官裁判所側からみれば、「コモン・ローのエクイティ」があるとすれば、大法官裁判所それ自体のエクイティの意義はどこにあるのかということになる。これに対して、ヘイクは「大法官裁判所の救済が求められるような事情とは、当該事件に内在的に含まれている事情ではなく、当該事

件にとって外在的乃至付随的事情にすぎない」のに対して、「貴兄がコモン・ローのエクイティが考慮する事情をみれば、それらが当該事件にとって外在的な、乃至付随的な事情ではなく、まして法律に反するような事情でもなく、当該事件に備わった事情であり、法律の正しさと正義を最も良く宣告するような事情であって、別の仕方で（法律の文字通りに）すれば、不正であると思われることが分かるであろう」と答える。この議論を、筆者なりに理解すれば、大法官裁判所のエクイティは事件に外在的で、偶然的なものとして、まさに個別的にしか取り扱いようがないものを、個別的に救済するために適用されるのに対して、コモン・ロー裁判所のエクイティは事件に内在する事情によって、法律的正しさが明らかとなったものに適用されるのであるということになろう。そうすると、コモン・ロー裁判所でのエクイティの働きは、事件毎に類型化可能であり、同類の事件が起これば、まさに同じように取り扱われることになろう。大法官裁判所の判例集が生み出されなかった理由も、まさにそれが法律外的事情による、事件の個別性の配慮に基づくものである限り、後の事件の参考になるものでも、法学を構成するものでもなかったからであろう。⁽⁷⁰⁾

　これに対し、コモン・ロー裁判所のエクイティに関しては、過去の判例や法書における解釈を類型化し、法律の解釈＝適用の確実性を高めることによって、学識法的に裁判官の裁量的解釈の枠を作り出すことも可能であった。このコモン・ロー裁判所におけるエクイティ＝エピエイケイア解釈のあり方を過去の判例や法書から類型化する作業を担ったのがアッシュの『エピエイケイア』であった。

エピエイケイア法解釈論から擬制的法解釈論へ──アッシュからフィンチへ

　グレイズ・インのトマス・アッシュ（Thomas Ashe, fl. 1600-18）の『エピエイケイア』論は、ヘイクのものとはまったく異なった方向を目指していた。1608 年 2 月 1 日付の民訴裁判所長官クック宛の献辞を含む『エピエイケイア：法廷年報総合索引表』（Epieikeia, 1609）は、その副題が示すように、論文ではなく、むしろ「これによって、エクイティによる制定法の解釈に関する、すべての事例が容易に発見される」ことを目指して作成された法廷年報及び人名

別判例集をはじめとする権威的法書の膨大な制定法分類別索引表であった。[71]

彼は、クック宛献辞で、「制定法がコモン・ローの知識の主要な部分である」ことを、フォーテスキュー（3法源論：自然法、慣習、制定法）、セント・ジャーマン（6法源論：自然法、神法、全国的慣習、法原則、特別慣習、制定法）、プラウドゥン（3法源論：一般國法、慣習、制定法）等のイングランド法論から明らかにするとともに、この制定法の知識が「今や法知識のほとんど半分を占めるようになってきている」と論じる。しかるに、この制定法の解釈は、「時には文字を越えて、時には文字に反して」「エクイティによって註解」され「法書に散在している」。アッシュは中世末以来のエクイティ立法解釈論の成果として法書や判例集に蓄積されてきた、この散在する制定法解釈の実例を類型的に集める作業を自らに課すのである。[72]

引き続く読者宛献辞でエクイティ論を展開するのであるが、アリストテレスの倫理学からの引用に始まって最近のクックの判例集に至るまで、ほとんどがエクイティに関する古典及び現代の著者からの引用（アリストテレス、キケロ、パウルス、キプリアヌス、アクィナス、ブラクトン、セント・ジャーマン、エラスムス、ビュデ、ペリオニウス、プラウドゥン、ウェスト、クック等）で占められており、基本的にはプラウドゥンの分類に従って、エクイティ立法解釈論を、①ブラクトンのアエクイタス論の「類似原因のエクイティ」と②アリストテレスのエピエイケイア論の「法の一般性から生じる欠陥を是正するエクイティ」に分類し、その分類に従って制定法の解釈類型別分類索引表を作っていくことを予告する。[73]

本文全体は20章に分類され。最初に来る2章は、「国王の利益の保護」に関するもの（「第1章、国王について明文では述べていないが、エクイティにより利益の及ぶ制定法」、「第2章、相続、遺言に関する制定法でエクイティにより国王の利益のために拡張適用されるもの」）として、一般的解釈類型からは別格の扱いとなる。

「第3章から、18章までの事例」が拡張解釈一般に関するものである。ここでは、先ず最初に、「制定法の文言の読替」として「エクイティにより」「別の人に拡張される制定法（第3章）」「別の物に拡張される制定法（第4章）」「別の場所に拡張される制定法（第5章）」「別の時に拡張される制定法

「（第 6 章）」「別の数に拡張される制定法（第 7 章）」「別の不動産権に拡張される制定法（第 8 章）」「別の訴権に拡張される制定法（第 9 章）」「別の訴訟手続に拡張される制定法（第 10 章）」「別の訴答方式に拡張される制定法（第 11 章）」「別の権原、土地の確証方法、便宜に拡張される制定法（第 12 章）」「別のトレスパス、犯罪、違法行為に拡張される制定法（第 13 章）」「別の保有態様に拡張される制定法（第 14 章）」に分類される(74)。

　前にも指摘したが、この目次は、ヒル対グランジ事件（3 & 4 Philip and Mary in C.B.）における民訴裁判所長官ブルックの「ある訴権はさらに拡張され、別の訴権の代わりとなり、或るものは他のものの、或る場所は他の場所の、そしてある人は他の人に［エクイティによって］拡張される。なぜ、人々を災厄から救い、コモン・ローの弊害を除去する我々の制定法が拡張されてはいけないのか？」という議論を思い出させるであろう(75)。エクイティ解釈論はこのようなある種の類型化された読替乃至「見做規定」として法解釈が確定されていくことになるのである。エクイティによる成文法解釈によって、中世イングランド法が如何に変容していったのか。イングランド法の近代化の秘密を解く鍵はこうした読替作業の中に見出すことができるのかもしれない。

　これ以上に、興味をそそられるのは、これに続くエクイティによる拡張として列挙される「制定法の規定の特権領への拡張」である。我々は、イングランド議会立法の全国一律の法支配が解釈＝読替を通して確立されていったこと、また、それを通して、形成されつつある国民経済を統一的に把握することが可能となったことが理解できるであろう。「制定法の規定の旧王領地への拡張、人、土地等の読替（第 15 章）」「慣習的もしくは謄本保有への拡張（第 16 章）」「パラチニット州、五港都市への拡張（第 17 章）」「イングランドで制定された法律の明文、もしくはエクイティによるスコットランド、アイルランドの人々への拡張、土地、人々等の読替（第 18 章）」がこれである。これによって、慣習法や謄本保有への干渉が、特権領への干渉と同じように解釈されていたことも理解されよう。

　これに対して、「制限的解釈の例」として挙げられるのは「一般性の故に文字に反してエクイティによって制限的に解釈される制定法（第 19 章）」の 1 章のみであり、最後に、「旧法との関係」で解釈されるものとして「最近制定

された制定法で、エクイティの範囲内で、ずっと以前に、同じ議会で制定された制定法とは別のものと解釈される制定法（第20章）」が付け加えられる。各章では、それぞれ、制定法の条文毎に解釈による文言の読替を示す法書、判例集、法要録の頁や項目が明らかにされる。利用されている法書は、プラウドゥン、ケィルウェイ、ダイア、クックの判例集、ブルックの法要録、フィッツハーバートの新令状論、スタンフォードの国王大権論等の法書であり、その意味では全イングランド法書の総索引の感すらする。各判例集、法要録への言及は、フォリオ別もしくは項目別に指示されており、指示通りに書物を調べれば、条文毎に制定法解釈の変遷乃至は最新の法解釈を知ることができるようになっているのである。[76]

　このように、アッシュの『エピエイケイア』は、制定法解釈におけるエクイティの働きを判例、法書の実例を通して学識法的に類型化することによって、法の解釈＝適用における裁量の枠を作り出すものであったといえよう。しかし、学識法的に確立した解釈として類型化されてしまうと、一面では、エピエイケイアの本来の意義が失われてしまうことになる。その意味では、アッシュのエピエイケイアはエピエイケイア立法解釈論の一つの発展方向を示すものであったとはいえ、それは同時に、エピエイケイア立法解釈論の爛熟形態でもあったとも考えられる。そこで示された読替作業乃至見做し作業は、エピエイケイア立法解釈論というより、むしろある種の擬制なのであった。このことをより明確な形で示したのが、ブラックストンの『イングランド法釈義』出版以前に最も良く整った法学教科書として利用されたフィンチの『法学（Law or A Discourse thereof）』（1627）である。この書物は、英訳される以前に『ノモスの術（Nomotexnia, the Arte of Law or the lawyers Logique）』（1613）と題して編纂された時の副題にもあるように、方法論的に体系立った学問としてのコモン・ロー法学の確立を目指すものであった。[77]

　フィンチは、法律学一般論を扱った『法学』第1巻で、理性法論を「第3章　他の学問から採用された理性の諸準則」「第4章　法学に固有の理性の諸準則としての解釈準則」に分けて議論する。「理性の準則には二種類の法則があり、あるものは法律外の学問、神学及び人文学から採用されたものであり、残りが法律それ自体に固有のものである」からである。

この理性法論で、エピエイケイア論的な縮小乃至制限解釈論は再び道徳哲学に由来するものとして、法律学固有の準則からは排除され、第3章第60項以降の「道徳規則に由来する格言」の中に位置付けられることになる。「法律はエクイティと緩和によって事柄を解釈する、そして、それ故、74. そこに何らかの弊害や不都合がある場合には一般的法令を制限した」のであり、「75. 法律それ自体の厳格性を緩和した」のである。⁽⁷⁸⁾しかし、ここではエクイティ論におけるエピエイケイア論的「制限的解釈」の問題のみが扱われ、「拡張解釈」の問題が扱われていないことにも注目しておく必要があるだろう。実は、アッシュにおいてエピエイケイアの作用として示された、読替による拡張解釈の問題は、フィンチの著作では「擬制的解釈」と名を変えて法学固有の準則の中に位置付け直されることになるのである。

フィンチは第4章の冒頭で、法律学固有の理性の準則としての解釈論を「自然的解釈」と「偽装的（feigned）解釈」とに分ける。第4章（第77項～第91項）はこの自然的＝合理的解釈準則にあてられる。すなわち、法学は事物を合理的に解釈するのであって、それ故「合理的意図に従って」「趣旨に従って」「ものの趣旨をもたないものは、そのもの自体を持たない」「最も妥当なように」、それ故に「多くの人が一つの行為に加わるときには、それは、それをなし得る人の行為とする」「二つの権原が競合するときには、最良のものが好まれる」「事柄はそうする最良の技術を持っている人によって為されるべきである」等々の解釈原理が実例を添えて説明される。⁽⁷⁹⁾

これに対して次の第5章（第92項～第100項）は「法的擬制（Of fictions in law)」乃至「偽装的解釈論」にあてられることになる。「我々が法的擬制と称する偽装的解釈は、ある事柄を、真実であるようにというのではなく、むしろ類似したものに解釈する場合のことである。そして、それは人についての場合もあれば、物について、また訴訟について、そして時間や場所といったその場の状況についての場合もある」のである。具体的には「人について」は、「92. 他人によって為されたことが自分自身で為されたかの如くみなされる」場合がある。「物については、以下の二つの準則がある」。「93. 他のものの代わりに生じたことが、あたかも同一のものであるかのように見做される」場合と、「94. 多量のものが、一つの全体と見做されるもの」とがあ

る。さらに、「95. 為されるべきでないことが、あたかも為されなかったように見做される」場合、「96. 時間内に為されるべきでなかったものが為されたかの如く」見做される場合がある。そして、「時間の状況については以下の二つの準則が属す。事柄の中に時間における優先順位が想定される」のは、事柄が、「97. 一緒に為され」たり、「98. 瞬時に生じた」りした場合であり、もう一つは、「99. 昔のある時点に係わることが、あたかもその時点から直ちに為されたかの如く見做される」場合である。

　そして、最後に「これらの、共通の理性の諸準則はしばしば互いに矛盾し、衝突し、我々の事件を議論する際に見出す最大の困難となる。しかし、これを助けてくれる一般的な根拠は以下の準則に従うことである[80]」として「100. より優れた完全な理性を含むものが優先する」で理性法論を締めくくるのである。

　このように、エピエイケイアによる拡張的解釈論は、拡張解釈される事例が類型化されるにしたがって、それが新たな例外規則乃至但書として、成文化されない限り、ある文言を別の文言に読み替える、乃至、別のものと見做すという擬制的解釈方法として発展することによって、確立した解釈として実定法の中に組み込まれていくことになったと考えられるのである。

注

(1) 　大陸人文主義、とりわけエラスムスの影響については、前掲ギルモアのキッシュ (Guido Kische) 紹介論文参照。キッシュは、この期の人文主義法学のアエクイタス論の展開にとって、この「法の極み」論を含むエラスムスの『名言集』の普及の意義を強調しているようである (Gilmore, *op.cit.*, p. 495)。この『名言集』は 1539 年には英訳版 (Desiderius Erasmus, Proverbs or Adages (London, 1539, reprinted by Da Capo Press, Amsterdam, 1969) で出版されており、キケロの「法の極み」論は当時の知識人にとっては常識的知識となっていたであろう。cf. Baker, *op.cit.*, pp. 40f. 実際、人文主義法学者のアエクイタス論は「法の極み」論を出発点に議論されることが多い。しかし、セント・ジャーマンの「法の極み」論からの出発それ自体は、当時の人文主義法学の影響というより、ジェルソンから引き継いだものと考えられる。なお、エラスムスの『名言集』の人文主義的教養の普及一般に果たした意義については、ホイジンガ著・宮崎信彦訳『エラスムス——宗教改革の時代』(筑摩書房、1965) 47 頁以下参照。トマス・モア著・沢田昭夫訳「ユートピア」世界の名著『エラスムス　トマス・モ

ア』所収（中央公論社、1969）372 頁。Sir Thomas More, Utopia with introduction by Meizo Togawa, Tokyo Kenkyusha, p. 22.

(2)　　More, *op.cit.*, pp. 116f., 訳書 454 頁。なお後述注（32）参照。

(3)　　ブラクトンの活用は、スタンフォード裁判官によっても始められており、彼の『國王の訴訟』(1557)『国王大権論』(1567) の基礎を提供していた。この急速に高まるブラクトンへの関心を背景に、「イングランド法の整理されない混乱した状態を改善するために」1569 年に TN 生によって、『ブラクトン』が出版されたのである。D. E. C. Yale, '"Of No Mean Authority": Some Later Uses of Bracton', in M. S. Arnold et al. (ed.), *On the Laws and Customs of England, Essays in Honour of Samuel E. Thorne* (North Carolina U.P., 1981) pp. 385-386. T. F. T. Plucknett, 'Legal History in England', *J.S.P.T.L.* (1956) pp. 191ff. なお、この期のコモン・ローの体系化に向けての努力と人文主義との関係については、拙稿「形成と展開（4・完）」『法学論叢』106 巻 1 号 67 頁以下〔本書、第 5 編Ⅲ-(4), (5)〕参照。また、大陸におけるこうした傾向については、Kelley, *op.cit.*, pp. 209ff.

(4)　　後述するように、プラウドゥンのエピエイケイア法解釈論の発想を与えたのはキャトリン女王座裁判所長官のアリストテレス『倫理学』からの引用であり、彼はそれ以外にも、カトーの格言「如何なるものにも適合するような法律を作ることはほとんど不可能であって、大多数の場合を予見しうるなら、その法律は有用なのである。(vix ulla lex fieri potest quae omnibus commoda sit, sed si maiori)」(1 Plow. 369) を引いたり、権利の消滅と発生をヤヌスの二つの顔で説明したり、古典の教養を示すのにいとまがないのである。

(5)　　Thorne, *Discourse*, pp. 10f. ソーンはこの『論考』の成立年代を 1557-67 年頃と考えている。(*Ibid.* pp. 92-95)。その後のナフラの研究は 1565 年頃と推定しており、筆者も『ブラクトン』の出版以降の 1565-67 年の間の可能性が高いと考えている。cf. L. A. Knafla, *Law and Politics in Jacobean England* (Cambridge U.P., 1977) p. 46 n. 1. T. F. T. Plucknett, 'Ellesmere on Statute', *L.Q.R.* vol. 60 (1944) in *Studies in English Legal History* (Hambledon Press, 1983) pp. 242-249.

(6)　　Thorne, *Discourse,* p .108. 否定的立法、肯定的立法への分類については、*Ibid.*, p. 117.「肯定的立法はコモン・ローや既存の他の制定法を廃止しない」しかし、肯定的立法と既存の法が両立し得ない場合には後法が優位する。これに対し「否定的立法はコモン・ローも否定し、廃棄する」、また、確認的立法それ自体からは訴権は発生しないが、否定的立法からは訴権が発生するとともに、違反に対しては罰金が科される。

(7)　　*Ibid.*, pp. 123-124. 第 6 章の「文言の含意が制定法を説明する場合」というのは、当時の用語法からすれば、法解釈 = interpretation の問題というより、意味解明 = signification の問題であろう。Maclean, *op.cit.*, pp. 95ff., pp. 98-99. しかし、現代的視点からすれば、もしくは厳格な文理解釈論的立場からすれば、逆に後者のみが法解釈であるとする議論も成り立つように思われる。法解釈をどのように定義し、理解するかで変わってくる。exposition, construction, interpretation の語が法解釈を示すために使用される。interpretation よりも、むしろ、exposition を使う例が多い。訳し分けることも考えたが、逆に文意が取りにくくなるため本編では、原則として、すべて、

「解釈」と訳した。

(8)　Thorne, *Discourse*, pp. 142ff.

(9)　*Ibid.*, pp. 141-142.

(10)　*Ibid.*, pp. 161-172. 『論考』は、エクイティ拡張解釈論を「当該法の理性こそがその法律の魂であり、精髄である、否、正にその法そのものである」として「法の理性」論によって説明する（*Ibid.*, p. 147）が、他方でもう一つの拡張解釈の根拠として「立法者精神」論（ex mente legistorum）を展開している（*Ibid.*, p. 151）ように、新しい傾向も帯びてはいる。しかし、基本的には従来の制定法上のエクイティ論の延長線上にあると考えられる。

(11)　Sir Christopher Hatton, *A Treaties concerning Statutes or Acts of Parliament and the Exposition thereof* (London, 1677). 本書は、フランシス・ノース所蔵の手稿から1677 年に印刷されたものである。ソーンは、成立年代をサンダーズの没年 1576 年以降と考えており、また、出版までに「現代化」されたのではないかと考えているようである。しかし、プラウドゥン判例集第 2 部（1578）の影響がほとんど感じられないことを考えると基本的には、70 年代後半の作品と見て良いと思われる。

(12)　*Ibid.*, pp. 22ff.

(13)　*Ibid.*, pp. 23-24. ハットンはサンダーズを「その法的見解を重視し（Whose opinion I account great in Law）」「記憶に値する（of worthy memory）」裁判官であったと褒め称えている。*Ibid.*, p. 7, p. 23. 彼の制定法解釈論の展開に果たした役割については、次節、及び、拙稿「Artificial Reason 考（2）」『島大法学』36 巻 1 号（1992）91 頁以下〔本書、第 7 編Ⅲ-（2）551 頁以下〕参照。

(14)　Hatton, *op.cit.*, p. 31, p. 63, pp. 66ff.

(15)　*Ibid.*, pp. 76. また、公益に関係しない私的な刑罰制定法も厳格に解釈されねばならないのである。*Ibid.*, p. 80. 当時の刑罰的制定法概念については、Thorne, 'Heydon', p. 166. エジャートンの『論考』では、刑罰的制定法の説明で、刑罰（Pains）の名の下に「過料（amercyamentes、罰金（fynes）、身代金（raunsoms）、損害賠償金（damages）、禁固刑（imprisonment）、晒刑（pylloryee）、退國宣誓（abiuration）、流刑（relegacion）、生命、動産、土地の没収（forfaicture of landes, goodes,or lyfe）」が列挙されているように、ここでは刑罰と不法行為による損害賠償の区別がつけられていない。Thorne, *Discourse*, p. 155.

(16)　Hatton, *op.cit.*, p. 53, pp. 13-14. おそらくは、後に述べるプラウドゥン判例集「前文は法令作成者達の精神と彼らが救済せんとした弊害を開く鍵である」（Stowel vs Lord Zouch in Ex. Cham. 1562 1 Plow. 369）からの引用であろう。別の箇所でも、「ダイア判事の述べた如く多くの制定法を解明する鍵である序文は上述の解釈に有利であり、光を与える」（Hatton, *op.cit.*, p. 17）として引用しており、ハットンにとっては、サンダーズと並ぶ制定法解釈論の権威であった。
　　この引用された格言の基礎は「法律の理由が消滅すれば、法律自体も消滅する Cessante ratione legis cessat effectus (Papinianus) D. 35, 1, 72, 6」であろう。柴田『法律ラテン語格言辞典』（京都玄文社、1985）参照。この格言はクックによっても引用される（1 *Co.Inst.* f. 70 b）とともに、ブラックストンにも受け継がれ、縮小解釈論の重

第6編　不文法学的立法解釈論の系譜を求めて　491

要な論拠とされるようになり、近代になってオースティンによって最も激しく非難される
ことになるのである。後述、エピローグ参照。

(17)　プラウドゥン判例集の意義一般については、L. W. Abbott, *Law Reporting in England, 1485-1585*（Athlone Press, 1973）pp. 199-239. 拙稿「チューダー期イングランド法学の形成とその展開過程 (4)」『法学論叢』106巻1号（1979）81頁以下〔本書、第5編Ⅲ-(7)〕参照。

(18)　出版された『論説』は縦5.5インチ×横3.5インチ程度のポケット・サイズであった。これに対して『論考』の方は、後の手稿ではプラウドゥン判例集からの引用が付加されることになったものの、解釈論の枠組は維持されたままであった。Thorne, *Discourse*, p. 141 n. 114.

(19)　Edmund Plowden, *The Commentaries or Reports*, Pt. 1, pp. 1-21〔pp. 1-33 in English Report〕. ここでは、第2部とともに『英国判例集』に収録された、1816年英訳版を使用した。以下、1816年版の頁数を『英国判例集』の頁の後に括弧で示す。サンダーズの議論については、*Ibid.*, Pt.1 pp. 10f.〔pp. 16f.〕. ポラードの反論については、*Ibid.*, Pt.1 p. 17〔pp. 27f〕参照。司法的枠組みの限界が、ユース法の解釈をめぐっても生じていたことについては、小山氏の先駆的業績がある。小山貞夫「判例を通してみたイギリス『絶対王政』期法思想の一断面――Wimbish 対 Tailbois 事件（一五五〇年）を中心にして」『法学』40巻2号（1976）116-144頁。

(20)　*Ibid.*, Pt.1 pp. 13-14〔pp. 21-22〕

(21)　*Ibid.*, Pt.1 p. 18〔p. 29〕

(22)　*Ibid.*, Pt.1 pp. 18f.〔pp. 29-31〕

(23)　Hill vs Grange, Mich. 3 & 4 Phil. & Mary in CB, *Ibid.*, Pt.1 p. 178.〔p. 275〕

(24)　Stradling vs Morgan, East. 2 Eliz. in Ex., *Ibid.*, Pt. 1 pp. 204f.〔pp. 312-314〕

(25)　*Ibid.*, Pt. 1 p. 205〔p. 315〕

(26)　Thorne, *Discourse*, p. 10.

(27)　Stowel vs Lord Zouch, hil. 11 Eliz. in Ex. Cham. 当該事件の「第5番目の論点」として扱われた制定法上のエクイティをめぐる議論については、*Ibid.*, Pt. 1 pp. 356ff.〔pp. 541ff.〕ダイアの前文＝解釈の鍵論については *Ibid.*, Pt. 1 p. 369〔p. 560〕、キャトリン判事のアリストテレス『倫理学』への言及については *Ibid.*, Pt. 1 p. 375〔p. 569〕、また、彼の議論のグランヴィルやローマの古典（カトー等）への大幅な依拠については、*Ibid.*, Pt. 1 pp. 368-370〔pp. 559-561〕を参照。キャトリンの持っていたノートには、こうした引用のための素材が詰まっていたのかも知れない。Abbott, *op.cit.*, p. 142.

(28)　ダイアの判例集の特徴については、Abbott, *op.cit.*, pp. 150-197. 拙稿、前掲論文81-82頁〔本書、第5編Ⅲ-(7) 294-295頁〕、なお、ダイアの未公刊の判例集がベイカーによって編纂されている。*Report from the Lost Notebooks of Sir James Dyer*, vol. Ⅰ-Ⅱ, edited by J. H. Baker, *Selden Society* vol. 109, 110（1993, 1994）立法解釈論との関係については、*Ibid.* vol. 1, pp. lix-lxi.

(29)　拙稿、前掲「Artificial Reason 考 (2)」93-99頁〔本書、第7編Ⅲ-(2) 554-559頁〕。ハットンの『論説』には、この第2部のプラウドゥンのエピエイケイア論の影響が感じられない。恐らくは、第1部と第2部の間に編纂されたのであろう。

(30)　Maclean, *op.cit.*, pp. 147f. これを併行現象と見るのか、それとも大陸法の影響と見るのかは今後の課題である。こうした解釈論は、現代「法律入門」で学生達に「法律意思説」として教えられている目的論的立法解釈方法の一つに近い。すなわち、法の目的を歴史的に確定される現実の立法者意思（主観的解釈）ではなく、法が現在の社会において有する目的を客観的に解釈する方法である。後者を「正しい」目的論的解釈の方法とするのが、むしろ、我が国の通説的見解であるようである。五十嵐清『法学入門』（一粒社、1979）141-150 頁。

(31)　拙稿、前掲「Artificial Reason 考 (2)」99-103 頁〔本書、第 7 編 Ⅲ - (2) 559-563 頁〕。

(32)　More, *op.cit.*, p. 39. 訳書 387 頁、モアは前述の如く『ユートピア』における「法の極み」論で「法三章」的議論を展開する一方で、ルターの神法論の持つ恣意的側面にも批判的であった。cf. Baker, *op.cit.*, pp. 81f.

(33)　Plowden, *op.cit.*, Pt. 2 pp. 465-467 [pp. 695-698]

(34)　Hatton, *op.cit.*, pp. 29-30.

(35)　William Lambarde, *Archeion or, a Discourse upon the High Courts of Justice in England*, edited by C. H. McIlwain and P. L. Ward（Harvard U.P., 1957）p. 37, p. 43 [p. 58, p. 69] 括弧内は 1635 年のトマス・ランバード版の頁数。成文法の一般性と事件の無限の個別性の問題は、すべての人に合うように靴や手袋を作ることはできないとする比喩と共にウェストに引き継がれる。

(36)　*Ibid.*, pp. 44-46 [pp. 72-74]

(37)　*Ibid.*, pp. 38-39 [pp. 60-62]

(38)　前述、本稿第 2 章第 2 節『島大法学』第 42 巻 3 号 125-127 頁、132 頁〔本編 Ⅱ - (2)〕参照。本文で論じたように、ランバードは「新たな事件には新たな救済が付与される」という、ローマの法務官法的なアエクイタス観に依拠して論じているのであって、キラルフィ等後の批判者のいうような制定法起源説とする理解は必ずしも当たらない。

(39)　『倫理学』第 5 巻第 11 章 1137b. 訳書 210 頁。

(40)　『政治学』第 3 巻第 16 章 1287a. 訳書 170-171 頁。Lambarde, *op.cit.*, p. 44 [pp. 70f.]

(41)　*Ibid.*, p. 46 [pp. 74f.] *Table Talk of John Selden*, edited by F. Pollock（Selden Society, 1927）p. 43 [f. 31b.]

(42)　Lambarde, *op.cit.*, pp. 46f. [pp. 75-77]

(43)　*Ibid.*, pp. 42-43 [p. 68]

(44)　*Ibid.*, pp. 45f. [pp. 73f.]『政治学』第 3 巻第 16 章 1287a. 訳書 170 頁。

(45)William West, *The Second Part of Symboleography*（1594）. なお、本稿では、1641 年版のリプリント（Garland Publishing, 1979）を使用した。1590 年に出版された第 1 部は債務法論から始まる体系的な契約法論からはじまっており、イングランド契約法の発展を見る上でも興味深い。第 2 部は、法廷譲渡、馴合不動産回復訴訟、経済犯罪及び正式起訴状、示談書及び仲裁裁定等の問題を扱う。大法官裁判所論がその後に付け加えられるのであるが、筆者は 1641 年版を使用したが、エクイティ論は 1594 年の初版から付け加えられていたようで、1603 年頃に完成した後述するヘイクの『エピエイケイア』がウェストの議

第6編　不文法学的立法解釈論の系譜を求めて　493

論に大きく依拠しながら論じていることからも確認できる。ウェストの経歴、及び『法律文書術』自体の人気と出版経緯については、Eric Poole, 'West's Symboleography: An Elizabethan Formulary', in J. A. Guy & H. G. Beale (ed.), *Law and Social Change in British History* (Royal Historical Society, 1984) pp. 96-106.

(46)　West, *op.cit.*, f. 175b.

(47)　*loc.cit.*

(48)　F. ヴィーアッカー著・鈴木禄弥訳『近世私法史』（創文社、1961）326 頁以下参照。彼はアリストテレスの弁論術と密接に関連しつつ正義と衡平との関係を取り扱ったと評価されている。キッシュもビュデのアエクイタス論の紹介者としてのオルデンドルプの役割を重視しており、両者の見解のウェストの著作等への浸透度も含め今後の検討課題としたい。Gilmore, *op.cit.*, p. 496. オルデンドルプの文言の「内的意味」乃至精神の重視については、Kelley, *op.cit.*, p. 211.

(49)　West, *op.cit.*, f. 174a.

(50)　*loc.cit.*

(51)　*Ibid.*, f. 174b.

(52)　*Ibid.*, f. 175a-b.

(53)　*Ibid.*, f. 175a.

(54)　*Ibid.*, f. 175b-176b.

(55)　Edward Hake, *Epieikeia, A Dialogue on Equity in Three Parts*, edited by D. E. C. Yale (Yale U.P., 1953) 著作時期については、第 1 部は 1597/8 年までに完成しており、1603 年には第 3 部まで完成していたようである（*Ibid.*, pp. xxvii-xxviii.）ヘイクの問題意識については、同書に付せられたソーンの序文（Preface, pp. vii-x.）及び、エールの序説（Introduction, pp. xvii-xviii.）を参照。最近の議論としては、Prall, op.cit., pp. 15ff.

(56)　Hake, *op.cit.*, p. 8.

(57)　*Ibid.*, p. 9.

(58)　*Ibid.*, pp. 12-13.

(59)　*Ibid.*, p. 14. 原注では、Epitom. Melanct. Philos. Moral. pag. 118. 編者エールは Ph. Melanchton, *Philosophiae Moralis Epitome* (Strassburg, 1581) p. 81 で引用箇所を確認している。ヘイクのメランヒトンの利用の意義については、Prall, op.cit., pp. 15f.

(60)　ヘイクは、セント・ジャーマンのコモン・ローのマクシムによる例外法理を、このメランヒトンの成文のエクイティと、不文のエクイティとの同格論を利用して説明する。（*Ibid.*, p. 57）このことは、後述するように、セント・ジャーマンの示したコモン・ロー裁判所のエクイティと大法官裁判所のエクイティの区分すらも取り払うものとなった。Prall, op.cit., p. 17.

(61)　Hake, *op.cit.*, p. 15.

(62)　*Ibid.*, p. 33.

(63)　*Ibid.*, p. 48.

(64)　James Q. Whitman, *The Legacy of Roman Law in the German Romantic Era* (Princeton U.P., 1990) pp. 19-28. メランヒトンは 1530 年頃を転機に、帝国の平和の

ために、ルターと共に、反ローマ法律家から親ローマ法律家へ、反イタリア法学風から、親イタリア法学風への転換した。この転向が大陸における普通ローマ法学の復活の起点となったと評価されている。なお、同書に関しては、西村稔氏の詳細な紹介が有益である。「ジェイムズ・Q・ホイットマン著『ドイツ・ロマン主義時代のローマ法の遺産——歴史的光景と法的変動』1990年（1）」『岡山大学法学会雑誌』42巻第3・4号、291-295頁参照。

(65) Hake, *op.cit.*, p. 15.

(66) Hake, *op.cit.*, pp. 27-28.

(67) Hake, *op.cit.* p. 44. 『弁論術』第1巻 1354a-b. 訳書24頁

(68) 前掲拙稿「Artificial Reason 考」〔本書第7編〕参照。

(69) Hake, *op.cit.*, p. 121.

(70) *Ibid.*, p. 123. Prall, *op.cit.*, pp. 17-19. F. W. Maitland, 'Outlines of English Legal History, 560-1600' in The Collected Papers of Frederic William Maitland, edited by H. A. L. Fisher (Cambridge U.P., 1911) p. 495. メイトランド著・森泉他訳『イングランド法史概説』（学陽書房、1992）130頁参照。メイトランドは、ここでは公式の判決文の訴訟記録への記録（record）と混同されないように、注意深く 'reported' という語を使っている。その意味では、翻訳で「〈コモン・ロー〉裁判官の判決は……記録されてきたが、大法官の判決が記録されるのは稀であった」とあるのは誤解を招き易い。「判例報告されるのは稀であった」もしくは、意訳して「判例集がでるのは稀であった」とされたほうが良かったのではないか。拙稿「中世末イングランドにおける判例法主義の成立過程（1）」『法学論叢』107巻5号（1980）33-36頁、及び前掲「形成と展開（4・完）」82-85頁〔本書、第4編Ⅱ、第5編Ⅲ-(7)〕。なお、井ヶ田良治「ヨーロッパにおける裁判記録・判例集の歴史的概観」「イングランドにおける裁判記録と判例集」同編『丹後田辺藩裁判資料の研究』平成4年度科研一般（C）研究成果報告書、課題番号：0262006（1993）所収に、J. H. Baker (ed.), *Judicial Records, Law Reports and the Growth of Case Law* (Berlin, 1989) のこの問題に関する最近の議論の簡単な紹介がなされている。

(71) Thomas Ashe, *EPIEIKEIA: et Table generall a les Annales del Ley, per quel facilement touts les cases contenus in y ceux ; queux concerne le exposition des Statute per Equitie* (London, 1609)

(72) *Ibid.*, ff. [ii-v.] クック宛献辞及び読者宛献辞のフォリオ番号の記載は不完全であるので、クック宛献辞の始まりを二葉目として番号を付した。

(73) *Ibid.*, ff. [vi-xiv.]

(74) *Ibid.*, ff. [xivb-xv.]

(75) 前述 450 頁

(76) 本文の構成は下記のごとき形式の表として表されている。

制定法		マグナ・カルタ 10 章	保有態様
プラウドゥン	143	エリザベス治世 4 年	
	244	エリザベス治世 4 年	
制定法		マグナ・カルタ 11 章	民訴裁判所
国王大権	28	エドワード 1 世治世 31 年	
・		・	
folio	7	フィッツハーバート『新令状論』	
プラウドゥン	136	エリザベス治世 3 年	
	140	エリザベス治世 3 年	

このようなアッシュの著作がどのように活用されえたかは、今後の課題としたい。

(77) 本書は著者の序文にあるように、法律フランス語で書かれた著作の英語版である。フィンチの経歴及び本書の意義及び後の時代への影響一般については、Wilfrid Prest, 'The Dialectical Origins of Finch's Law', *Cambridge Law Journal*, vol. 36 （1977）pp. 326-352. Do, 'The Art of Law and Law of God: Sir Henry Finch（1558-1625）', in D. Pennington and Keith Thomas（ed.）, *Puritans and Revolutionaries* （Oxford U.P., 1978）pp. 94-98 参照。なお以下、ガーランド社『近代英法史古典叢書』1759 年版のリプリント版 Henry Finch, *Law or, A Discourse thereof*（Savoy, 1759 [reprinted by Garland Publishing, 1978]）を利用した。

(78) *Ibid.*, p. 45, pp. 55-57. クックの『リトルトン註解』とプラウドゥン『判例註解』を註に挙げながら論じているのであるが、「道徳」そのものではなく「道徳に由来する理性法」としたところに意味があるのかも知れない。

(79) *Ibid.*, pp. 58-65.

(80) *Ibid.*, pp. 66-70. 縮小解釈のエクイティ論が道徳に由来する準則として、第 4 章の法律それ自体に固有の諸準則の直前に置かれ、また、法律に固有の諸準則が法解釈方法論から始まっているのは、このエクイティ論の位置付けの微妙さを示すのに十分であろう。このようにエクイティによる拡張解釈論を擬制として理解したのはイングランドのコモン・ロー法曹だけではない。むしろ大陸からの影響かも知れない。cf. Maclean, *op.cit.*, pp. 138ff.

むすびにかえて——エピエイケイア論の行方

(1) エピエイケイア立法解釈論とクック法学

テューダ期に華々しく展開されたエピエイケイア立法解釈論はその後のイ

ングランド法学にどのような影響を与えたのか。中世コモン・ローから近代
コモン・ローへの転換において、橋渡し役を演じたクックの法学の中に、こ
の問題を探ってみよう。前述のように、ウェストやアッシュはクックに献辞
を捧げており、また、クックは先達として高く評価するプラウドゥン判例集
の主要テーマであったエピエイケイア立法解釈論について無関心であり得な
かったはずだからである。

　クックは『イングランド法学提要 第1部』第21節の「エクイティ」の詳細
な定義において、先ず「『エクイティ』とは裁判官によってなされる解釈
(construction)であって、制定法の文言外ではあるが、同法制定の同一の弊害
乃至原因の範囲内にある諸事件を、当該制定法の与える救済の範囲内にある
ものとする解釈である」として中世末以来の「制定法上のエクイティ」論の発
展の成果を受け入れると共に、「この理由は、立法者達があらゆる事例を明文
で規定しておくことはおそらく不可能であるからである」と論じ、その理由付
けを、プラウドゥンを通してアリストテレスから受け継いだエピエイケイア
的エクイティ論に求める。さらに、これに続けて「エクイティとは、事物への
適合であって、すべての人が十分対等に扱われ、同じ理由の場合には同一の
法と判決が望ましい (Aequitas est convenientia rerumquae cuncta
coaequiparat, et quae, in paribus rationibus paria iura et iudicia desiderat)」
として、キケロ、ブラクトンを通して伝えられたアエクイタス的エクイティ
論に言及し、そして、最後に、「さらに、エクイティは、成文法を解釈しそ
して是正するある種の完全な理性である。これは書かれた如何なるものにも
含まれておらず、ただ真の理性からのみ成り立っているのである (Aequitas
est perfecta quaedam ratio quae jus scriptum interpretatur et emendat;
nulla scriptura comprehensa, sed solum in vera ratione consistens.)」とし
て、エクイティ立法解釈論を「法の理性 (ratio legis)」論に結びつけて論じ
るのである。有名な「制定法の最も確実な解釈はコモン・ローの準則と理性
によるものである」とする議論は中世的慣習法としてのコモン・ローの墨守
といった保守的な主張というより、コモン・ローのマクシムや法文全体の背
後に流れる「法の理性」としてのエクイティに従って解釈すべきことを論じ
ているのである。その意味では、ヘイクの「法律のエクイティ」論における

学識法論的なエピエイケイア立法解釈論に近い主張ということになろう。

　そして、最後に、ブラクトンに倣って、「衡平とは平等のようなものなのである（Aequitas est quasi aequalitas）」と定義するとともに、「善良な裁判官は善と衡平にしたがって判決を下し、そして衡平を厳格な法に優先させる。そして法は衡平を考慮するのである（Bonus iudex secundum aequum et bonum iudicat, et aequitatem stricto iuri praefert. et ius respicit aequitatem.）」と論じて、最終的に「善良な裁判官」の良心による厳格法の緩和を掲げてエクイティの定義を終えるのである。[(1)]

　また、「事物の文言に対する優位」の問題や、「法の極み」論も忘れられていたわけではない。例えば、同書第485節の暴行及び動産取去のトレスパスから特殊主張訴訟の発展の説明で、「イングランド法は事柄の趣旨と実体（effect and substance）を尊重することが観察されるべきである」として「文字に拘るものは、皮に拘る。法の極みは法たりえず（Qui haeret in littera, haeret in cortice, apices iuris non sunt iura）」と論じる。このクックに帰せられる格言もプラウドゥンのエピエイケイア論から受け継いだものである。その意味では、クックの著作の中には、エリザベス期のエピエイケイア＝アエクイタス論の議論のすべての寄せ集めを見ることができるのであり、これらは、ほとんどがクック自身の創作した格言であるかのごとく後世に伝えられることになるのである。[(2)]

　しかし、実際、こうした「エクイティ」の定義以上に重要なのがクックの著作それ自体であった。アッシュの『エピエイケイア』の読替類型別の制定法文言の読替＝エクイティの実例の分類は、後の研究者にとっては便利であったとしても、法実務家にとってはむしろ、制定法条文別に読替＝エクイティ解釈を付す方が便利であったであろう。アッシュも巻末に制定法順の索引を付していたが、クックの『イングランド法学提要　第2部』のマグナ・カルタ以降の制定法の註釈は、まさにこうしたエクイティによる読替作業の成果を新たに制定法への註釈の形式に編纂し直したものであったともいえるのであり、こうした解釈＝読替作業を通してイングランド法の近代化が果たされたことになろう。これらの解釈＝読替は、アッシュが示したように中世末以来法廷年報や新判例集によって確認されるのである。クックが「そしてこ

の解釈（exposition）は恒常的で継続的な慣用と経験によって承認されている。そして、慣習は法律の最良の解釈者なのである Et optimus interpres legum consuetudo」と論じるのは、まさしくこうしたコモン・ロー法学の学識法的発展の上に立ってのことであった。[3]

クックが『イングランド法学提要 第2部』の立法解釈論で多用するこの有名な格言も、本来、ユスティニアヌス法典の『学説彙纂』におけるパウルスの以下の言葉に依拠しているのであり、コモン・ロー法曹に特有な議論でないことを忘れてはならない。「法律の解釈について疑いあるときは、先ず従来ローマ市が同様の事例に関して如何なる法規を適用するを慣例としたかを審査すべきものとす。蓋し最良の法律解釈者は慣習なればなり Si de interpretatione legis quaeratur, in primis inspiciendum est, quo iure civitas retro eiusmodi casibus usa fuisset; optima enim est legum interpres consuetudo.（Paulus, D. 1, 3, 37）[4]」。

したがって、上記の格言を根拠に、直ちにクックを慣習法論者と称するのは、誤ってはいないとしても、事態をあまりにも単純化するものであり、また、中世的慣習法論者とするのは明らかに誤っているのである。丁度、フランスの人文主義法学から国民的慣習法論が生まれたように、新たなイングランドの国民的慣習法が人文主義的教養の基盤から生まれたとしても不思議ではないのである。

このエピエイケイア立法解釈論からヘイドン事件をはじめ、さまざまな立法解釈原理が生み出されたことは前述した。しかし、こうした解釈原理は、法原理として確立するや否や、エクイティ論からは自立したコモン・ロー上の立法解釈原理として理解されるようになり、また、制定法の一般的規定の個々の事件への適用において発揮されるエクイティの働きも、このように判例集に報告された法的議論が類型化され、読替乃至解釈が画定されると、それはもはやエクイティとしての意義を失うことになろう。なぜなら、エピエイケイア立法解釈論の核心にある法文の一般性と事件の無限の多様性・個別性との調整は、具体的事件の解決を目指す法廷での弁論に含まれる法的議論の中で展開されるものだからである。この法的議論が個別的事件を超えて類型化可能な場合にはじめて、先例として利用可能な解釈論として受容される

ことになる。言い換えれば、エクイティの働きの中で類型化可能な議論が、判例報告者に注目を浴び報告されることになるのである。こうして判例集に報告された制定法解釈をめぐる裁判所での議論から共通の法理として、ある制定法の「合理的解釈」や「擬制的解釈」が定着してくるのである。かくしてエクイティによる法解釈も、もはやエクイティの働きとしてでななく、判例法としての説得的権威によって実定法的に受容されることになる。

こうした傾向は、アッシュが、『エピエイケイア』論の最後にエリザベス期の王座裁判所判事ダリスン（William Dalison, d. 1559）や高位法廷弁護士ベンドロウズ（William Bendlowes, 1514-84）の判例集の「エクイティによる制定法解釈に関する事例」を付録に付け加えたことにも象徴的に表れている。その意味では、エクイティ立法解釈論の伝統を受け継いだのは、プラウドゥン判例集を受け継いで発行されたクック判例集を代表とするコモン・ロー法曹によって私的に編纂された判例集の伝統の中に見ることができるのである。我々が制定法解釈におけるエクイティの働きを観察することができるのは、まさにこれらの判例集を通してであり、また一定の解釈を類型的に画定することができるのも、これらの判例集の研究を通してだからなのである。

(2) 近代法学とエピエイケイア立法解釈論
──ブラックストンとオースティン

18世紀後半に入っても、テューダ期のエピエイケイア＝エクイティ立法解釈論は擬制的法解釈論や先例拘束性法理に向けた新たな伝統の中に完全に吸収され、忘れ去られてしまったわけではなかった。ブラックストンは『イングランド法釈義』第1巻第2章「法一般論」の最後で制定法解釈論を以下のように展開する。

「立法者の意思を解釈する最も公正で合理的方法は、法律が制定された時の彼の意図を、最も自然的且つ蓋然的な「標識」によって探査することである」。この「標識」として、ブラックストンは「文言」「文脈」「主題」「効果と結果」「法律の精神と理由」という五つの標識を挙げ、各々について、例えば、「文言は一般に其の通常最も知られた意味で解釈されるべきである」とい

うように、確立した解釈原理を明らかにしていくのである。この最後に五番目の解釈標識として挙げられた「法律の精神と理由」の検討を「文言の意味が疑わしい場合に、法律の真の意味を発見する最も普遍的で効果的な方法」であると論じ、「なぜなら、この［立法者が制定した］理由が止むとき、法律自身もそれと同様に止むべきであるからである」という、クックによっても引用された『学説彙纂』に由来する格言をその理由として挙げるとともに、キケロの『ヘレンニウス弁論書』第1巻第11章における「文言と精神」についての議論を紹介するのである。エクイティ立法解釈論は、この第五番目の解釈方法と関連付けられて、すなわち「この法律の解釈方法から、それ故に、我々がエクイティと称するものが生じてくる」として、補論的に論じられることになる。しかし、ここではエクイティ立法解釈論の代表者はプラウドゥンでもなければ、クックでもない。ブラックストンは続けて以下のように論じる。それは、グロティウスによって以下のごとく定義された。「法律が（その普遍性の故に）欠陥を有するところの是正である。なぜなら法律において、全ての事例を予見しえず、また、明文化しえないからであるので、法律の一般的命令が個別的事件に適用されるようになると、（立法者自身が予見していれば）彼自身例外としたであろうような状況を例外とする権能がどこかに付与されていることが必要なのである。これらは、グロティウスが明言したように、『法律は厳密に定義していないが、善良な人の裁量によって許可する』ような事例なのである」。ブラックストンにとっては最早グロティウスこそがエピエイケイア＝エクイティ解釈論の唱道者なのである。[(5)]

　ブラックストンは、イングランド法論においても、制定法解釈論を取り上げるが、第一番目に挙げられたヘイドン事件で確立された立法解釈指針も、二番目以降の「2. 下層の地位の者や事柄を扱う制定法の如何なる一般的文言も上位のものに拡張されてはならない」「3. 刑罰的制定法は厳格に解釈されねばならない」また「4. 詐欺に対する制定法は自由に、恩恵的に解釈されるべきである」といった本来「制定法上のエクイティ」論に由来する議論も、共に、エクイティ立法解釈論にはまったく言及されることなく、クックの判例集等の先例を通して確立した原則として扱われる。これに続けて「5. 制定法の一部は、他の部分によって可能な限り全体と調和するように解釈されね

ばならない」「6. 当該法律に全面的に矛盾する但し書きは無効である」
「7. 新法は旧法に優先し、コモン・ローは制定法に道を譲る」「8. 廃止法が
廃止されれば、最初の法律が復活する」「9. 後の議会の権限を削減する法令
は拘束力を持たない」「10. 履行不能な議会法令は無効である」等の解釈原
則を論じた後に、ここでも、最後に、「それに付け加えて、エクイティも、
それを助け、緩和し、説明するために導入されてきた。エクイティとは何
か、またその本質を、記述された諸準則に帰することが如何に不可能なこと
であるかは、前章で示した。それ故、個別的な事件において、その一般性が
あまりにも苛酷な場合に、臣民の利益のために、法の厳格さを和らげ、是正
するために、この種の裁判所が設立されていることを付け加えるに留めた
い」として大法官裁判所と君主の恩赦権に触れるのである。ここでは、ウェ
ストがエクイティと峻別したクレメンシィの問題が前面に出てきているので
あり、もはやエクイティの問題は、純粋な裁量権の問題となっているのであ
る。[(6)]

　ブラックストンは前章「法一般論」で「エクイティはこのように、本質的
に、個々の事件の個別的状況に依存するので、その本質を破壊することなし
に、もしくは、それを実定法に帰することなしに、エクイティの確立した準
則や固定した教理を規定することはできない」と論じていた。彼が示した二
つの対抗する条件が重要である。すなわち、エクイティは実定法化すること
によってその生命を終えるのである。エクイティは丁度、フィンチが法律外
的理性の諸準則から法律内的理性の準則の移り目に位置付けたように、それ
によって法律外にあった社会的正義が法律内化される通路を開く概念であっ
たと思われる。それが、単に事件の偶有性の故に個別的に救済されたもので
あるならば、まさに、その場限りのものに留まったであろうし、事件が類型
的なものであり、そうした類型的事件を救済するための法的議論として確立
した準則になった場合には、エクイティとしての生命を終えたのである。[(7)]

　ブラックストンはエクイティ立法解釈論の存在を否定はしなかったが、し
かし、「全ての事件をエクイティの導きの下で考察する自由に浸りすぎない
ようにしなければならない」として厳しい警告を発していた。なぜなら「そ
うしないと、それによって全ての法を破壊してしまい、全ての問題の決定を

裁判官の胸先三寸に完全に委ねることになってしまう」からである。「エクイティ無き法律は苛酷で我慢のならないものではあるが、公共善のためには、法律無きエクイティよりは、ずっと望ましいのである」。「法の支配」こそが優位すべきなのである。しかも「それは、全ての裁判官を立法者にするものであり、際限なき混乱を導くものなのである。その場合には、人間の能力や感情が様々異なるように、ほとんど同じように多くの異なった行為準則を我々の裁判所で定められねばならなくなるからである」。ここでは、後の時代の裁判官立法への批判が先取りされているのである。[8]

　近代イギリスの「科学的」法律学の祖オースティンは、さらに歩を進めて、フィンチが法律学外の原理へと追いやった縮小解釈論としてのエピエイケイア解釈論を立法解釈論から徹底的に排除する。

　彼は『法学講義』第33章の「エクイティ論」で、この「しばしば、『類推』としての形式をとる『法の理性から（ex ratione legis）』行われる解釈」を「解釈の名を偽装した司法的立法」であると批判的に論じるのであるが、ベンサムと異なり裁判官立法を認めるオースティンは、この「法の理性から（ex ratione legis）」の「擬似的な拡張解釈（bastard interpretation）」それ自体を否定するわけではない。むしろ、法文が欠如する場合に行われる「拡張解釈のエクイティ」は許されるのである。彼が批判の槍玉に挙げるのは、以下のごときグロティウスの縮小解釈論的アエクイタス論である。

　「ある法律に現実に含まれるような事件であっても、（その目的からすれば）その規定に包含せしめるべきではない事件には、その法律が適用されないことがある。このような場合も、法律はアエクイタスの要請に応じて解釈されているのである」とするグロティウスの見解には大きな欠陥がある。「法の理性からの拡張解釈」が許される第一の意義としての法の統一性をもたらさないからである。[9]それだけではない。「（私の信じるところ）古代の著者達は『アエクイタス』を〈制限的（restrictive）〉解釈には決して適用しなかった。キケロやローマ古典期法学者達の『アエクイタス』は（解釈論的な意味でアエクイタスを使うときは）現代の著者達が法学に関して、所謂〈法律の理性から〉の〈拡張的〉解釈というものなのである。すなわち、同一の事件には同一の判決が下されるというアエクイタスなのである」。これに対して

第6編　不文法学的立法解釈論の系譜を求めて　503

「所謂制定法の働きを制限する解釈がローマ法によって認められたことがあるのか疑わしいし、誰によってであれ許されるべきではないのである」。ここでは、近代判例集の祖プラウドゥンを代表とするエピエイケイア立法解釈論の伝統も、アリストテレスに由来するその議論の系譜も完全に忘れ去られているのである。⁽¹⁰⁾

　何故問題なのか、オースティンはさらに批判を強める。「一見すると、主張されている拡張解釈も、縮小解釈もほとんど同じもののように思われる」が、「前者の結果と後者の結果とは大いに異なる。法律の規定の欠缺は、その明白な理由から補充されても、ほとんどもしくは全く不都合なところはない。しかし、裁判官が、法律の現実の規定がその立法根拠と一致しない場合にはいつでも、その法律を全部であれ、一部であれ、縮減しうるとするならば、すべての制定法は不確実なものとなってしまうであろう。そこに含まれる事件は法廷の『恣意』に委ねられる。『法律の理性が止むとき、法律そのものが止む』というのは聞こえの良い格言ではあるが、暴君制に直接に繋がる傾向があるのである」。⁽¹¹⁾おそらく、グロティウスへの言及や、キケロの格言の利用は、ブラックストンの『イングランド法釈義』を意識したものであろう。ここでは、ブラックストンの時代以上に議会主権論が強く主張される時代になってきているのである。

　近代イギリスの「科学的」法律学の祖としてのオースティンはイングランドにおけるエピエイケイア論の締めくくりを飾るにふさわしい人であるかもしれない。しかし、オースティン法学が受容されるのは19世紀後半、厳格先例拘束性法理が確立する時代になってからであった。それは同時にイングランドにおける「成文法本位主義」の時代の幕開けでもあった。法学は私撰判例集の学識法的な説得的権威によってではなく、半公式判例集と裁判所の審級制に基づく拘束的権威によって縛られるようになった。逆説的に見えるかも知れないが、厳格先例拘束性原理の確立こそが判例法学としてのコモン・ロー法学を最終的に滅ぼしたように思われる。

　メインが主張したように、法を社会に調和させる道具立てとしての「擬制」や「衡平」は、近代社会においては、既に「議会立法」に道を譲り渡してしまったのであろうか。しかし、最近、これらの「媒介項」が、メインが論じ

たように歴史的に順序を追って継起するものとして捉える見方への批判も生じており、また、成文法主義への批判も本格化しつつある。我が国でも、擬制的方法への関心も芽生えている。その意味では、厳格先例拘束性原理の時代の終わりと共に新たな時代が始まりつつあるのかもしれない。実際、先例拘束性原理が支配したのはイングランド法史の長い歴史の中の僅か100年程度の期間でしかないのである[12]。

末広の「規則的に伸縮する尺度」論から、エピエイケイア、アエクイタス、エクイティの検討に入ったのであるが、この問題が歴史的にみても、彼が『嘘の効用』で副題とした「法律における擬制」の問題や、また、彼が最後に提唱する判例法主義の問題とも深く関係していたことが明らかにできたように思える。

こうしたエピエイケイア立法解釈論を通しての判例法学の復活にとっては、何よりも先ず、弁護士や裁判官によって、プラウドゥン判例集で論じられているような、報告されるに相応しい法的議論が法廷の場においてなされることが、必須の条件となってくるであろうし、その前提として、こうした法的議論の自由な展開が可能な場としての司法組織の存在が重要となるであろう。その意味では、ウェーバーが「その指導的地位が益々計画的に検察官から補充され、その昇進にいたっては完全に政治的支配権力に依存している官僚制化された［ドイツの］裁判官身分は、スイスあるいはイギリス、ましていわんやアメリカの（連邦）裁判官と同列に論じることはできないのである」と論じ、自由法論への批判的視座の立脚点をドイツの裁判官層官僚的性格に置いたといわれるのは、まさしく慧眼であったといえよう[13]。しかし、同時に、シンプソンの指摘するように、イングランドの裁判官優位の体制も、法学者や弁護士に先例への屈従を強い、法的議論の自由な展開を妨げることになったことも忘れてはならないであろう[14]。エリザベス期のエピエイケイア立法解釈論の展開を支えていたのは、裁判官の下す判決理由ではなく、法廷弁護士の間でまた彼らと裁判官達との間で闘わされた法的議論それ自体であったのであり、近代イングランド法学の発展は、それらの議論の中から価値あるものを救い出していった判例集編纂者達の努力の賜物であったからである。

第6編　不文法学的立法解釈論の系譜を求めて　505

　最後に触れたグロティウスの問題を含め、大陸の人文主義法学におけるア
エクイタス論との関係については、十分検討することができなかった。この
ことも含め、筆者自身の能力の限界と時間の制約のため試験的サーヴェイに
終わらざるを得なかったが、こうした試掘抗を掘るような研究も無駄とはな
らないことを祈りつつここに筆を擱きたい。

注

(1)　Coke, *op.cit.*, f. 24b, f. 272b.

(2)　*Ibid.*, ff. 283a-b. このクックに帰せられる格言もプラウドゥン自身によってイース
トン対スタッド事件のエピエイケイア論において使用されたものであった。Plowden,
op.cit, Pt. 2 p. 468 [p. 699]

(3)　E. Coke, *The Second Part of the Institutes of the Law of England* (London, 1642
[reprinted by Garland Publishing, 1979]) p. 18.

(4)　恒藤恭「羅馬法に於ける慣習法の理論 (1)〜(4、完)」『法学論叢』1巻2、3、4、6
号、(大正8年2月、3月、4月、6月) とりわけ、同 (4、完) 第1巻6号41頁参照。
Maclean, *op.cit.*, pp. 171f.

(5)　William Blackstone, *Commentaries on the Laws of England* [*a facsimile of the First
Edition 1765-1769*] (Chicago U.P., 1979) vol. 1 pp. 58-62. esp. p. 61.

(6)　*Ibid.*, vol. 1 pp. 87-92, esp. pp. 91f.

(7)　*Ibid.*, vol. 1 pp. 61f.

(8)　*Ibid.*, vol. 1 p. 62.

(9)　John Austin, *Lectures on Jurisprudence* (1861 [reprinted 1970, Burt Franklin:
Research & Source Works Series 569] vol. 2 pp. 274-277, vol. 3 pp. 233-239.

(10)　*Ibid.*, vol. 2 p. 277.

(11)　*Ibid.*, vol. 2 pp. 277f.

(12)　Maine, *op.cit.*, Ch. 2 'Legal Fictions', pp. 13-25. メインはこの歴史的順序を以下のよ
うに論じた。「法が社会と調和させる媒介に関して若干の価値ある一般的命題が提起
されうるだろう。これらの道具は私には三つ数えることができると思われる。法的擬
制、衡平、立法である。その歴史的順序は書き記した通りである。時には、それらの
二つが共に作用することがあろうし、また、それらのうちの何れかの影響を免れた法
システムもある。しかし、私は、この出現の順序が変わったり、逆になってしまった
りした例を知らない」。*Ibid.*, p. 15. 最近の批判としては A. K. R. Kiralfy, 'Law Reform
by Legal Fictions, Equity and Legislation in English Legal History' *A.J.L.H.* vol. 10
pp. 3-14. 最近の法実証主義批判一般がこの問題と係わっていることはいうまでもな
い。さしあたり、cf. N. E. Simmonds, *Central Issues in jurisprudence* (London, 1986)
とりわけ、その序文、及び、David Sugerman, "A Hatred of Disorder': Legal Science

Liberalism and Imperialism', in Peter FitzPatrick (ed.), *Dangerous Supplements* (Pluto Press, 1991) pp. 34-67. また、類推や擬制的方法への関心を示す我が国の最近の研究としては、松浦好治『法と比喩』(弘文堂、1992) 5-7 頁、36-7 頁参照。

(13) 佐野誠『ヴェーバーとナチズムの間』(名古屋大学出版会、1993) 142 頁。

(14) A. W. B. Simpson, 'The Rise and Fall of the Legal Treatise'. Do, 'The Survival of the Common Law System' in Do, *Legal Theory and Legal History* (The Habmledon Press, 1987) pp. 308-309, p. 315, p. 396, cf. Sugerman, op.cit., pp. 49ff.

追記

本稿は岡山大学植松秀雄教授を研究代表とする平成5年度～平成8年度科研費補助金基盤研究 (A)(2)『法とレトリック——その理論・歴史・応用』の研究会に参加させていただいた成果の一部を纏めたものである。記して謝意を表したい。

*1 Ernst H. Kantorowicz, *The King's Two Bodies: A Study in Medieval Political Theology* (Princeton U.P., 1957) Chap. 1 The Problem: Plowden's Reports, pp. 7-23. カントーロヴィチ著・小林公訳『王の二つの身体』(ちくま学芸文庫、2003) 第1章「問題の所存」参照。

*2 本編初出「レスボスの職人の定規——不文法学的立法解釈論の系譜を求めて」については、『法制史研究』50 号 (2000) に高友希子氏の書評があるが、書評子の関心は、立法解釈論よりもエクイティそのものにあったようで、筆者の意図とは少しズレがある。なお、最近の研究としては、E. Koops & W. J. Zwalve (ed.), Law & Equity: Approaches in Roman Law and Common Law (Martinus Nijhoff Publishers, 2014) を参照。Brand, Ibbetson 論文が本稿と関連する。

*3 法学者は法的議論の中に後の事件にも応用しうる類型性を求めるものであるが、法実務にとっては事件の個別的解決が重要なのである。とはいえ、事件の個別的解決に向けた議論から類型化可能な、もしくは、他の事件に適用可能な法的議論が発見されることもある。法廷年報の報告事例にみられるように、法廷を観察する法書の関心の中心は、むしろ、こうした後の事件に適用可能な法的議論にあった。キケロの多くの法廷弁論が現在まで伝えられているのも、彼の法廷弁論の中に、単に弁論術の技法のみならず、類型化可能で、後の事件で利用しうる法的議論が含まれていたからであろう。弁論術とローマ法学に関する最近の議論としては吉原達也「キケロ『カエキーナ弁護論』における争点に関する一考察」『日本法学』80 巻 1 号 (2014) 1-37 頁を参照。『キケロー選集』(岩波書店、1999-2002) が刊行されたこともあり、教科書的著作でもキケロが扱われるようになってきている。田中実「ローマ法の形成」森村進編『法思想の水脈』(法律文化社、2016) 所収。

*4 　ジェルソンについては、我が国における紹介は少なかったが、Richard Tuck, *Natural Right Theories: The Origin and Development*（Cambridge U.P., 1979）における中世権利論への注目の関係で言及されるようになってきている。深田三徳『現代人権論』（弘文堂、1999）12-13頁参照。最近の紹介としては、ブライアン・ティアニー「自由と中世の教会」R. W. デイヴィス編、鷲見誠一・田上雅徳監訳『西洋における近代的自由の起源』（慶應義塾大学出版会、2007）126-127頁、106-107頁、将棋面貴巳『ヨーロッパ政治思想の誕生』（名古屋大学出版会、2013）233-241頁参照。

*5 　詳しくは、第7編の〈テューダ期立法解釈問題——公共善概念と立法解釈論〉参照。発表時期は第7編の方が早かったので、実際上は逆に、本編が次編で論じるテューダ期立法解釈論の淵源を探るという作業となっている。

*6 　近年発見され、ベイカー教授によって編纂されたPortのNotebookにも、制定法解釈に関する法原則の要録が記されている。*The Notebook of Sir John Port*, ed.by J.H. Baker（Selden Soc. 1986）pp. 115-116. 同じく、國王の訴訟の項目における、1493年春リチャード・リトルトン（IT）のウェストミンスタ第二法律第13章講義における刑罰法規厳格解釈論についての注記（Ibid., pp. 83f.）も参照。これはポートがインナ・テンプル法曹院に入会して、最初に書き留めた法原則でもあった（Ibid., p. xi）。例示されている制定法が、反逆罪法であることにも注意。この年（1493）までに、刑罰法規の厳格解釈論は確立していたと考えられるが、テューダ期に経済犯罪など刑事政策的立法が増大することが、公共善目的を理由として、この原則が曖昧化させられる原因となった。

*7 　ラスティル『法律用語辞典』のPreambleの説明にも利用され、前文の制定法解釈上の重要性は一般的に認識されるようになっていた。John Rastell, *An Exposition of certaine difficult and obscure wordes, and termes of the lawes of this Realm*,（London, 1579）［Lawbook Exchange, 2003］pp. 158-159.

*8 　オルデンドルプに関しては、その後、佐藤亨「オルデンドルプの法思想（1）——「西洋法」とキリスト教思想」『上智法学論集』43巻3号（1999）43-64頁、「同（2・完）」『上智法学論集』43巻4号（2000）83-115頁が発表されている。また、次に論じるメランヒトンの法思想とともに、バーマンがプロテスタント派の法思想の研究 Harold J. Berman, *Law and Revolution: The Impact of the Protestant Reformations on the Western Legal Tradition*（Harvard U.P., 2003）の中でオルデンドルプの法思想を論じており（pp. 87-99）、同書は2012年に宮島直機氏によって日本比較法研究所翻訳叢書58として邦訳されている。ハロルド・ジョセフ・バーマン『法と革命Ⅱ　ドイツとイギリスの宗教改革が欧米の制度に与えた影響』（中央大学出版部、2010）89-104頁。

*9 　メランヒトンの法思想一般については、*Ibid.*, pp. 77-87. pp. 111-113. 前掲書78-89頁、117-120頁参照。

第 7 編

近代自然法学とコモン・ロー法学

二つの不文法学

テューダ期に形成された学識法的な不文法学的立法解釈論は、近代への入口において自然法学者ホッブズによる厳しい挑戦を受けることになる。ホッブズのコモン・ロー法学批判を通して、コモン・ロー法学、近代国家法学双方を検討することを通して近代法と近代法学の実像に迫るのが本編の課題である。

I 序論

(1) はじめに

本章で検討の素材とする『哲学者とイングランド普通法の学徒との対話』（以下『対話』）(1681) は、ホッブズによってコモン・ロー法学批判とりわけクック批判を念頭に構成された (c. 1675) もので、近代自然法学とコモン・ロー法学の交錯を示す興味深い対話として、英米法の概説書でも言及されるほど、既に広く注目を浴びるようになってきている[1]。また、政治思想史の分野でも、コモン・ロー・マインドのイングランド國制論への影響という視点から、Pocock, Tuck の論争、Kelley, Brooks & Sharp の論争をはじめ、少なからぬ関心を集めており、近年再び Postema によってベンサム法思想との対抗軸として詳細に論じられている[2]。我が国においても、先駆的な石井論文の他、ホッブズ・ルネサンスといわれる状況の中で、彼の最晩年の思想を表

すものとして、本書に関連する多くの論稿が世に問われている。[3] 法思想史の専門家でも、ホッブズ研究者でもない筆者が、改めてこの論争を取り上げるのは、一つには、この論争が当時のコモン・ロー法学を理解する上においても、また、成立しつつある近代的法観念を理解する上でも極めて重要な手がかりになると思われるからであるが、さらに言えば、それにも拘わらず従来の研究の多くがコモン・ロー法学史的な視点からというより、むしろホッブズ研究を主題として政治思想史的視点から論争を取り上げてきたためか、当時のコモン・ロー法学の到達点に対して充分掘り下げた議論がなされないままに進んできたように思われるからである。そこでは常にクックは非歴史的コモン・ロー神話の創造者、法曹ギルドの職業的利害及び中世的法観念に呪縛された慣習法の頑迷な擁護者として断罪されるべき中世の側に立たされ、彼の主張する Artificial Reason 論もこうした文脈で理解されてきたのである。

　確かに、ホッブズの主権論、法命令説とそれに連なる法律実証主義的法思想はベンサムを経て近代法、法学の基礎理論を提供した。その意味でホッブズこそが近代法観念の創始者であり、政治思想及び法思想における近代へのコペルニクス的転回点に立つものであったといえよう。しかし、このこと自体は必ずしも直ちに彼によって批判されたクックが前近代の側の代表者であることを意味するものではない。それにもかかわらず、また、政治史的には、クックは議会派、権利請願の作成者、独占反対の経済的自由主義者として近代の側に位置付けられながらも、法思想においては前近代的であり、非科学的であるとして極めて否定的に位置付けられてきたのである。しかし、こうした汚名を着せられながらも、同時にクックが近代コモン・ローの父と称されるように、近代的所有権の確立、法の支配（司法の行政に対する優位）、営業の自由の確立、近代契約法の形成に果たした寄与を無視することはできない。言い換えれば、クックは排他的所有権観念を中核とする近代的法観念を形成しつつあったのであり、その意味では二つの近代法観念の形成期における相克として、この対話を把握することも可能ではないかとも考えるからである。そうでないと、何故に、クックが近代コモン・ローの父たり得たかを十分に説明し得ないことになろう。同時に、こうした視点からすれ

ばクックの Artificial Reason 論にも異なったアプローチが可能となるのでは
なかろうか。

　さらに、現代的視点から見たとき、他方では名誉革命300周年にあたり、
逆に普通選挙制による民主化を通してその正当性を強化されてきたホッブズ
的近代国家主権観念それ自体が批判の俎上に載ったことを想起しなければな
らない。「政府機構が強化されるに比例して議会権力は強化される必要があ
る」と主張していたある論者が、それを若気の至りとして自己批判した以下
の言葉が印象的である。「恐らくは不可能な、アメリカ型連邦裁判所を備え
た硬性の成文憲法にむけて込み入った主張を述べることより、むしろ、『議
会主権』と権力の性質についての我々の前提の幾つかを変える方がより重要
なのである」。この背景には、恣意的な国王の行政への対抗原理としての初
期の議会主権論が、また、政府の答責性を強化するものとして発展した議院
内閣制・政党制内閣が、皮肉にも20世紀に普通選挙制が完全に実現するや否
や、逆に政府乃至行政の正統化原理に転化し、その支配の合法性乃至絶対性
を保証するものに転化したことに対する批判的視座がある。議会の多数派が
政府を掌握するということは逆に立法府・行政府間の対抗原理を曖昧化して
しまい、政府は次の選挙までは形式上は専制的権力を獲得し、その選挙にお
いてさえ、政府はその解散権という有利な武器を最も効果的に使用し得ると
いう認識があるのである。

　その意味では、ホッブズ研究のルネサンスということそれ自体が論者の言
うように議会主権論乃至主権的国家の正統性の危機の現れであり、同時に、
主権論を基礎に展開されてきた近代法学＝法律実証主義＝国家制定法中心の
法学的世界観がこのままでは、もはやその正統性を維持し難くなってきてい
るとする認識に立つならば、今一度、近代への入口に立ち戻って、近代法観
念の意味を問い直してみる必要があろう。[5][*1]

　ここでは、近代法とは何かではなく、近代法観念の歴史性が問われねばな
らない。クック―ホッブズの論争は当時のコモン・ロー法学の歴史的位置付
けを明らかにするためのリトマス紙としての役割を果たすと同時に、近代的
法観念、乃至近代法学の歴史的性格そのものの吟味においても重要な示唆を
与えてくれるであろう。

(2) Artificial Reason vs Natural Reason

　ホッブズによるクックの Artificial Reason 論への批判が最初に現れるのは、『リヴァイアサン』(1651) の「国家法論 (OF CIVIL LAWS)」の章においてである。それにもかかわらず、多くの論者達が『対話』との特別の関連でこの問題を論じてきた大きな理由の一つは、『対話』においてコモン・ロー法学批判が独自の対象とされ、クックの議論がより十全に紹介されることによって Artificial Reason vs Natural Reason の対抗図式がより明瞭なものとなったからであろう。

　従来の Artificial Reason 論の理解は、この対抗図式との関係で、コモン・ロー法学に特有の問題として、その学問的特殊性乃至技術性、さらにいえばその「秘儀性」乃至職能主義、「ギルド」的職業利害による法知識の独占を批判するものとして、また、中世的法発見＝慣習法理論、超記憶的コモン・ロー・マインドを表すものとして議論されてきたのである。それ故に、少々くどくはなるが、『対話』で、法学徒の主張に対する哲学者の反論という形で展開する Artificial Reason 批判がどのように、クックの Artificial Reason 論の本質を捉え批判したかという問題から再検討を始めよう。

　『対話』冒頭の「理性法論」で法学徒が引用したのは、クックの『法学提要 第1部』第138節における自由婚姻保有の註解の中で論じた Artificial Reason 論であった。元々の議論は、自由婚姻保有が自由寄進保有とは異なり領主への誠実義務が要請される理由を、「如何なる宗教的乃至世俗的奉仕も負担することなく保有されている土地はない」という主要な法格言との整合性から論じたものであったが、その本文における「且つ理性に反して」というリトルトンの論述が以下のごとく一般的な形態でクックによって註解される。

　　「且つ理性に反して」：そして、これがもう一つの法学上の強力な論拠 (strong argument in law)「理性に反するものは法ではない (Nihil quod est contra rationem est licitum)」である。

　　なぜなら、理性こそが法の生命であり、それどころかコモン・ロー自身

が理性以外のなにものでもないからである。[この理性は|長期の研究、観察、経験によって得られた理性の Artificial な完成|と理解されるべきであって、すべての人の持つ自然的理性と理解されるべきではない。なぜなら、如何なる人も達人としては生まれない（Nemo nascitur artifex）からである。この法的理性は完全なる理性である（est summa ratio）。それ故、数多くの頭に散りばめられているすべての理性を一つの頭に統合しても、なお彼はイングランドの法のような法をつくることはできない。なぜなら、イングランドの法は幾世代もの間、無数の偉大な学識者達によって洗練されてきて]、長期の経験によってこのような完成の域に達したからである。この国の統治にとっては、古き法準則がまさに確証しているように、Neminem oportet esse sapientiorem legibus なのである。すなわち、如何なる人も彼自身の私的な理性によって、理性の完成たる法以上に賢明であるはずもないのである。[^(8)]

　　　（| | が『リヴァイアサン』での [ ] が『対話』での引用部分である）

これに対して哲学者は以下のように批判する。

　それでは明白にはならない。ある点では曖昧であるし、他の点では真実でない。法の生命たる理性が Natural なものではなく、Artificial なものだというのは理解し難い。もちろん、私は法の知識が、他の諸科学（Sciences）同様に多大な研究によって得られることは十分理解しますが、それが研究され、獲得されるのは、なお Natural Reason によってであって、Artificial Reason によってではないのです。また、法の知識が学問 an Art であることを認めましょう。しかし、一人乃至多数の人の如何なる学問も、たとえそれが如何に賢明な人のものであっても、また如何に完全な一人乃至多数の達人 Artificers の作品であれ法とはならない。法を作るのは学識 Wisdom ではなく権威 Authority なのです。法的理性という言葉も曖昧である。地上の被造物には人間の理性以外の理性はないからです。また、彼の意見が、一人乃至（国王を除く）全ての裁判官を併せた理性がその理性の完成であり、法そのものであるというものであるならば、私は否

定します。なぜなら、如何なる人も立法権を持つもの以外は法を作ること
ができないからです。法が、奥深い学識ある人々、法の教授達によって洗
練されてきたというのは、明らかに偽りであります。というのは、全ての
イングランドの法律は国王が議会の貴族と庶民に相談して作られたのであ
り、学識法曹はそのうち 20 名中 1 名にも満たなかったからです。

(DL pp. 4f.)

なるほど、この論争を Artificial Reason vs Natural Reason なり Legal Reason
vs Human Reason という対抗図式で描き出すことも不可能ではないかも知れな
い。「長年に互り学識者によって洗練されてきた」理性というこのクックの
言葉は、Artificial という言葉の持つ技術的な意味合いと重なってギルド的
実務法曹の秘儀的学問観を表すものと把捉されやすい。実際、『対話』他の箇
所では、都合よく「秘儀＝ Mystery」という語を使ってコモン・ロー法曹の
貪欲さが批判されてもいるのである[9]。また、Artificial Reason と Natural
Reason の対抗図式については、『法学提要』以上に、クックの『判例集』に
収められた、政治的にはより有名なクックと国王ジェームズとの実際に行わ
れた論争のイメージが、コモン・ロー法学に特殊な概念としての Artificial
Reason 批判としての位置付けをより強化してきたかも知れない[10]。

しかし、重要なことは、最後の「学識 Wisdom ではなく権威 Authority が
法を作る[11]」という言葉の前には、この人為的理性と自然的理性の対立も消し
飛んでしまうということである。さらに、哲学者も「法の知識が多大な研究
によって獲得される」こと自体は認めていることも見逃してはならない。こ
こで人為的と訳した Artificial という語そのものについても、マイナス・イ
メージで語られ、批判されているわけでもないことは、作為、擬制を重視す
るホッブズ自身の思想や以下の議論より明瞭であろう。人工国家『リヴァイ
アサン』において「主権者は artificial soul」であり、「衡平と法律は artificial
reason and will」（LV Pt. I Intr. pp. ix-x）なのである。それ故に、真の対抗
軸は「法を作るのは、法学 Juris prudentia でも従位的裁判官の学識 Wisdom
でもなく、この我々の Artificial man すなわち、コモン・ウェルスの理性と、
彼の命令なのである」（LV Pt. II Ch. 26. p. 256）という点に、すなわち、

Artificial Reason vs. Artificial Man の対立にあったのである。その意味では、ここでの直接の批判は「如何なる学問も法を作り得ない」ということであって、学識法概念一般が批判の対象となっているのであり、コモン・ロー特有の「ギルド的」法曹の知識のあり方それ自体に批判の本質があったわけではないのである。前述のクックの『法学提要』からの引用で略された最後の部分〔Neminem oportet esse sapientiorem legibus、如何なる人も彼自身の私的な理性によって、理性の完成たる法以上に賢明でありえない〕にあるように、解放された「人間的理性」としての私的理性に対する、公的理性は何かという問題が『リヴァイアサン』においても焦点であったし、そこではまさに私的理性を克服するものとしてクックによって提起された Artificial Reason 論の公的性格が批判の対象となったのである。すなわち、クックの主張する Artificial Reason も、その私的性格において Natural Reason と変わらないということがここでの批判の眼目であったのである。ここには共通の問題設定と相反する解決方向があるのである。クックはまさに学問的に、Art として、この公的理性を確立しようとするし〔Artificial Reason とは、クックにとっては学問的理性なのである〕、ホッブズは権威主義にこの公的理性を確立せんとするのである。公的理性の問題は『対話』第1章の「理性法論」においては決着は付けられず、法学徒の「貴兄は制定法について語っているが、私はコモン・ローについて語っているのだ」という反論に対し、論証抜きで「法一般について語っている」と論じるにとどめている。理性法論での課題は「学識ではなく、権威が法を作る」であり、「誰の理性が法なのか」ではなかったからである。

　公的理性論に対する解答は、クックの同上の Artificial Reason 論を再び引用することによって開始される次章「主権論」での議会の課税協賛権をめぐる議論の答えにまで引き延ばされる。ここでは、逆に、既に自然的理性論者になってしまった法学徒に対する批判として、「それでは、全ての人が他人に対して自らの個別的理性を法として主張するようになるではないか。如何なる国においても、主権的権力を持つ者の理性の他には、人々の間で一致した普遍的理性というものは存在しない。彼の理性は一人の人間の理性ではあるが、それは、福音書で我々の救世主によって説明されたごとく、普遍的理

性に代位するために設立されたのである。したがって、我々の国王は制定法、コモン・ロー双方の立法者である」（DL pp. 26f.）として締めくくられるのである。

　このように、Artificial Reason 論には二つの論理、一つは、権威と理性、すなわち法と法学の峻別による学識法概念の批判と主権論からくる公的理性論の二つの文脈が結び付いていたのである。そして、この前者の議論は『リヴァイアサン』の「国家法論」冒頭において、前章「助言論」で展開された議論を受け主張された「法一般は助言ではなく命令である」という論理のもう一つのヴァージョンであったと考えられるのである。

　同時に、上記の Artificial Reason 論で、クックは直接に人為的理性が法を作るとも裁判官や法の識者達が法を作ったとも論じているわけではない点にも留意しておく必要があろう。クックにとっても「立法は議会裁判所のみがなしうる」（4 Co. Rep. Pref.）のである。むしろ、批判されているのは、上述の議論の出発点となった同じく立法解釈論をめぐるクックの『法学提要』における、もう一つの格言、「衡平は、それ自体は書かれていないが、その本質は正しき理性以外のなにものでもなく、成文法を解釈し、修正するある種の完全な理性である」（1 Inst. Sect. 21, 24. b.）であった。この格言はプラウドゥンを通してクックに引き継がれたアリストテレスに由来する格言なのである。議論の本来の焦点は、理性によって、それが如何なる理性であれ、成文法が修正されるか否かにあったのである。このクックの格言とそれへ批判のより具体的な意味については、国家法論において制定法解釈理論としての衡平論を諭ずる際に検討することとして、ここでは『対話』冒頭で Artificial Reason 論が論じられた意味について検討を深めたい。

(3) Contract—Counsel—Command

　『対話』を以前の著作と比較した場合、先ず構成上の問題として、その内容が自然法論と区別された国家法論を扱うものであり、『リヴァイアサン』の国家法の章と対応関係にあることに気付くであろう。『対話』の始まりの唐突さと、学問論から権威論への急転回はこのことと関係しているのかも知れな

い。『リヴァイアサン』では「国家法論」に入る前に「助言論（Of Counsel）」
が置かれていたのである。さらに、周知のごとく、ホッブズの法学論への取
り組みは、『対話』にはじまるわけではなく、初期の時代から『法学綱要』
(1640)『市民論』(1642)『リヴァイアサン』(1651)と長期にわたる思索の成
果の上に立って形成されてきたものであって、前節の末で論じた「法」＝「命
令」と「法学」＝「助言」との峻別論としてのArtificial Reason批判の論理も
『リヴァイアサン』で初めて言及されたわけではない。『法学綱要』『市民論・
支配編』双方においても、この国家法の性格をめぐる問題については、常に
最終章において扱われていたのであるが、そこでの議論も、先ず、「契約」・
「助言」・「命令」の相違に関する議論から出発していたのである。

　『法学綱要』の終章たる第2部10章において、法の性質及び種類について、
以下の論題「1、将来の行為に関する意思（mind）を表明する方法は契約か、
助言か、命令かのいずれかである。2、法と契約の相違。3、あることについ
てのその人の命令が法であるような人の命令は全てのことについて法であ
る。4、法と助言の相違」がその冒頭で扱われる。「1、全ての法が将来為され
るべき、もしくは為されざるべきなんらかの行為に関する意思（mind）の宣
言であることは明白である」からである。それ故に同種のものと峻別してお
くことが先ず大事なのである「将来の作為・不作為に関する意思の宣言乃至表
明は、我は為すであろうというように、約束的なものか、例えば、こうすれ
ば、もしくはこうしなければ、かくなるであろうといった、仮言的なもの
か、これを為せ、これをなすなといった命令的なものかのいずれかである。
これらの表現方法のうち、第一のものに契約の本質が、第二のものに助言の
本質が、第三のものに命令の本質がある」のである。⁽¹²⁾

　後に論じるように、この「契約」概念が自然法論の基軸に、また「命令」
概念が国家法論の基軸に据えられるのであるが、Artificial Reason論の理解
にとって重要なのは、この両概念に挟まれた「助言」の概念である。『法学綱
要』ではこの助言は以下のごとく法と峻別される。「4、人の助言は、助言を
受ける人にとって決して法ではないし、また、助言を求めた人がそれだから
といって助言に従うべく義務付けられることはないというのはあまりにも明
白である。……しかし、助言者に、彼らの助言が従われるべきだという権利

を与えられた場合には、彼らはもはや、助言者ではなく、助言を受けるものの主人である。そして、彼らの助言はもはや、助言ではなく法である。法と助言との相違はこれ以外のものではない。すなわち、助言における表現方法は、そうすることが最良であるから、そうしろであり、法においては、私はあなたに強制する権利を持つがゆえに、そうしなさい、乃至は、わたしが為せといっているのだから為せである。望ましい行為の理由を与えるべき助言それ自体が理由となった場合には、それはもはや助言ではなく法である」（EL Pt. II Ch. 10 pp. 147f. 傍点筆者）。

　『市民論』の第2部「支配」の最終章「法と侵害」も、「法」と「助言」の相違を論ずることから始められる。「言葉の力をそれほど深刻に考えない人が、しばしば法と助言とを、また時には、契約や権利とを混同する。法と助言を混同する人は単に助言者たる顧問達の意見に耳を傾けるだけでなく、従うことまでが君主の義務だと考えている。あたかも、従わなければ、助言することは無駄だといわんばかりである。我々は助言と法の相違を助言と命令の相違から導き出すことができる。助言とは私がそれに従う理由が助言された事柄それ自体から得られる行為準則（a precept）であるのに対し、命令とは私の服従の原因が命令者の意志に依存している行為準則である」[13]（傍点筆者）。

　『リヴァイアサン』で「国家法論」の前に「助言論」の章が挿入されるのは、まさにこの構成を受け継いでいるからなのである[14]。そこでは、「人は命令されたことを行うように義務付けられることがあるが、彼は助言されたとおりに行うことは義務付けられない」（LV Pt. II Ch. 25 p. 241）という国家法論への移行に際し、欠かせない議論が提出されるとともに、「助言する能力」についてが以下のように論じられる。

　「助言する能力は、経験と長い研究から生じるものであり、そして、だれも一大国家の運営のために知るを要するすべての物事について、経験を持つとは考えられないから、だれも、彼がおおいに精通しているだけでなく、おおいに省察してきた仕事においてでなければ、よい助言者とは考えられない」（傍点筆者）。ホッブズはクックが Artificial Reason 論で論じたような「経験と長い研究から生じる」能力があることを認めているのである。『対話』の

議論でも、ホッブズは長年の経験によって得られる知識があることそれ自体
は否定されてはいない。批判の眼目は Artificial Reason の名の下に主張され
る法学者の意見は、如何に勝れたものであったとしても助言に過ぎないので
あって、「命令」たる「法」と峻別されるべきであるという点にあったのであ
る。Artificial Reason 論の持つ学識法的概念が批判の対象とされたというこ
となのである。

　『リヴァイアサン』「国家法」論の冒頭で「個別的な諸法の知識は、彼らの
それぞれの国の法の研究を職業とする人に属する」としながら、「法一般は、
助言でなく命令である」として、「国家法一般の知識は誰にも属するものであ
る」と論じるのは、まさに前章「助言について」の議論、「個々の仕事に最大
の経験を持つものがそれについての最良の判断を持ち、最善の助言者であ
る」を受けたものであったのである。

　このようにみてくると、『対話』冒頭の Artificial Reason 批判から、「学識
ではなく権威が法を作る」という結論に至る過程は、議論の構成上も、内容
上も、従来の「契約」・「助言」・「命令」の峻別論、とりわけ後者の側の峻別
論を引き継いだものであり、いきなり国家法論で始まる『対話』において、
従来、常に国家法論の出発点において論じてきていた一般的な「命令」・「助
言」峻別論を基礎に、よりコモン・ロー法学に密着した形で、学識法概念と
しての Artificial Reason 批判として具体的に「法」と「法学」の峻別論とし
て論じただけであって、コモン・ロー法学に特有の技術性なり、秘儀性が批
判の対象とされたわけでもなかったのである。

(4) 法・法学峻別論から法学批判へ

　『対話』冒頭の Artificial Reason 論批判の最大の眼目は学識法概念批判とし
ての法と法学との峻別論にあったと考えられる。この意味では、Artificial
Reason を学問的理性と訳すことも可能であろう。しかし、それにもかかわ
らず、なお Artificial reason vs Natural reason の対立として把握されてきた
背景には、前述の Artificial Reason 論を前後から挟み込んでいる、峻別論と
は異なり、法学批判に直接結び付くような以下の二つの議論があったからで

あろう。

一つは、唐突に始まる『対話』冒頭の哲学者の法学批判（DL p. 1）である。

　法学徒：どうして法の研究が数学の研究より合理的でないというのか。
　哲学者：そうはいっていない、全ての研究は合理的であるか、無価値な
　　　　　　ものかのいずれかである。私が言っているのは、偉大な数学者
　　　　　　達は偉大な法の教授ほど頻繁には間違わないということである。

すなわち、法学は数学ほど正確な学ではないという批判、すなわち、コモン・ロー法学は厳密な学としての Science ではないという批判なのである。[15]
　前述の Artificial Reason 論において常に注目を浴びてきたクックと国王ジェームズとの論争それ自体が、「黄金の杖と秤」という言葉に示されるように、恣意的な自然的理性に対して、法の確実性を擁護するために提出された議論であったということを思い起こすべきであろう。

　　たしかに、神は陛下に卓絶した学問と豊かな天分を授けられましたが、
　　しかし、陛下はこのイングランド王国の法には通暁してはおられません。
　　臣民の生命や相続不動産・動産のような財産にかかわる訴訟は、Natural
　　Reason によってではなく、法の Artificial Reason と判断によって決定さ
　　れなければなりません。そして、この法は、それに精通するにいたるまで
　　には、長期の研究と経験を必要とする一つの行為なのです。さらに、この
　　法こそ、臣民の訴訟を裁く黄金の杖と秤であり、陛下の安全と平和を守る
　　ものなのです。　　　　　　　　　　　　　　　　　　（12 Co. Rep. f. 65）

この確実性の問題こそ、法学論と公的理性論との結び目であったのである。
　それ故に、法と法学の峻別論乃至は学識法概念批判として Artificial Reason 批判の本質を把握した上で、なお両者の法学観の相違の問題が残っているのである。すなわち、確実な学＝科学としての法学を如何にして確立するかという問題である。国家法論を直接の対象とする『対話』においては「学識ではなく権威が法をつくる」「制定法はコモン・ロー［法学］のような

論争の余地のある哲学ではない」（DL p. 30）として一気にこの対立は超克されてしまうのであるが、実はこの背後には法学の学問としての性格について両者の鋭い対立があったのである。そして、この対立は、両者ともに、法の確実性に最大限の価値を置きながらも、それぞれ異なった学問観の上に立って、この目標を実現しようとしたところから生じたと考えてよいであろう。

　再び「助言論」に立ち帰ってみよう。「個々の種類の仕事に最大の経験をもつ者が、それについての最善の判断をもち、最善の助言者である」とする議論には留保がついていた。「もし、あることをするための無謬の諸規則（論理学や建築における幾何学の諸規則のように）があれば、世界中の全経験も、この規則を学び見出したものの助言に等しくなりえない。こういう規則がないばあいには、その個々の種類の仕事に最大の経験をもつものが、それについての最善の判断をもち、最善の助言者である」（LV Pt. II Ch. 25 p. 247）。

　この無謬の規則によって得られる知識と長年の経験によって得られる知識との問題は、学問論ではSapientia と Prudentia の相違として論じられたものであり、まさにこの学問論レヴェルでの対立、すなわち、法学そのものの学問的性格をどうみるかという点に、ホッブズの Artificial Reason 批判の本質が隠されていたのではないだろうか。前述の『対話』の議論において「他の諸科学 Sciences」に対して法学が「学問（an Art）」と注意深く言葉を選んで語られたのには、こうしたSapientia と Prudentia の対立を念頭においたものであったであろう。言い換えれば、ホッブズの Artificial Reason 批判は、無謬の諸規則に基づく「科学としての法律学（Science of Law）」の確立を目指す立場からの、クック的学識法学（Jurisprudence）の批判でもあったともいえるのである。

　他方、もう一つの哲学者の主張、「1、2ヶ月で裁判官の職務を遂行することができるようになる」（DL pp. 5f.）という主張も、前述の議論とは異なった意味で、生まれながらの自然的理性の優位の側に立つ強い主張であったのであるが、この主張それ自体もホッブズの学問論と深く結び付いたものであり、後に裁判権委任理論とともに、国家法論における裁判官論の強力な論拠となっていくことになる。

　それでは、一体ホッブズがコモン・ロー法学批判の基礎として構想した「科

学としての法律学」とは如何なるものであったのか。国家法論を扱った『対話』では直接的には論じられなかった学問論、「法は助言でなく命令である」という強力な論理によって粉砕される以前の議論に立ち返って、Artificial Reason 論について考えてみよう。

Ⅱ　科学としての自然法学

(1) Prudentia vs Sapientia

　前節で議論された確実性の問題は、学問論においては、Prudentia と Sapiens の相違として論じられる。「多くの経験が Prudence であるがごとく、多くの科学は Sapience である。通常我々は双方について学識（Wisdom）という一つの名辞をもっているがラテン人は常に Prudentia と Sapientia とを、前者を経験に帰し、後者を科学に帰して区別した」（LV Pt. Ⅰ Ch. 5 p. 37）。Sapiens の印が確実性乃至無謬性であるのに対し、「Prudentia のしるしは、すべて不確実である。なぜならば、結果を変更しうるあらゆる条件を、経験によって観察し回想することは不可能だからである」。『対話』における、判例法学批判「常にではない」というのも、この論理の脈絡の内にある。

　それ故に、法学論としての Artificial Reason 批判は、先ず第一に Prudentia の科学性への批判であったといえよう。そして、学問＝科学という等置が可能な限りにおいては、旧来の Prudentia としての法学（＝Juris-prudence）の学問性批判なのであった。このことは、彼が旧来の政治学を自らの Political science と対比して、Political prudence と称している（LV Pt. Ⅱ Ch. 29 p. 321）ことからも窺い知ることができよう。

　それでは「科学としての法律学」は如何にして確立されるのか。「名辞の正しい定義に言葉の最初の効用がある。それは科学の獲得である」「これまでのところ、神が人類に授けたもうた唯一の科学たる幾何学」においては「人々は彼らの語の意味を確定させることからはじめる。この意味を確定させることを彼らは定義付けと称した」（LV Pt. Ⅰ Ch. 4 p. 24）のであり、ここに科学

の基礎がある。『対話』において哲学者が常に「法」「正義」等の概念を定義することから議論を始めたことの意味は明らかであろう。「科学としてのコモン・ロー法学において（in the Science of the Common Law）原理として合意された定義は何か」（DL pp. 8f.）が問われねばならないのである。「助言論」でも論じられたように、ホッブズは Prudentia をまったく否定的なものと把握していたわけではない。「ある人が過去のものごとについて他人より多くの経験を持っていれば、それだけまた、彼は他人より Prudent であり、それだけ彼の期待が裏切られることは希である」。問題は「未来は、過去の行為の帰結を現在の行為に適用せる心の仮想にすぎないのであるから、そのことは、もっとも経験に富むものによって最も確実に行われるが、しかし、十分に確実にではない。そして結果が我々の期待に応ずるときは、それは賢慮とよばれるが、しかしそれ自体としては仮定にすぎない」（LV Pt. I Ch. 3 p. 15）という点にあったのである。

ここから Artificial Reason 批判に係わるもう一つの論点が提出される。すなわち、「どんな仕事においても、それを処置すべき無謬の科学を持たぬ人が、彼自身の Natural な判断を捨て、著作家達からとった、多くの例外を含む一般的章句を頼りにするのは、愚かさの印であって一般に衒学と呼ばれて軽蔑される」（LV Pt. I Ch. 5 p. 38）のである。「言葉は賢者の計算器であって、かれらはそれにより計算するだけであるが、しかるにそれは愚者の貨幣であって、彼らはそれを、アリストテレスとかキケロとかトマスとか、あるいはその他の、人間でさえあればあらゆる学者の、権威によって、価値付けるのである」（LV Pt. I Ch. 4 pp. 24f.）。

『対話』において批判の対象となるのは、まさにクックのギリシア・ローマの古典の著者への依存であり、また後に論ずるコモン・ロー法学者のアリストテレスの正義論への依拠なのである。例えば、哲学者の「彼がどんなにうまく抗弁できたとしても、本当に私はサー・エドワード・クックの『法学提要』にみられるほど貧弱な推論をイングランド法に関するどんな著述家のなかにも読んだことがない」という批判も、「法曹ギルド」団体の「秘儀的」で偏狭な法知識に向けられているのではない。「法を科学（of a Science）として著述する上で他の法律家より優れているところはない」というのは、「アリ

ストテレスやホメロス、その他の大学人が通常読んでいる著作からの引用は、私の意見では、むしろ彼の権威を弱めるものである。なぜなら、召使にやらせることもできることだから」（DL p. 187）なのである。ここでは、古典期の著作の権威を例証に挙げるクックの人文主義的学問方法が科学Science という視点から批判されているのである。[16]

かくして、Sapientia と Prudentia との対立に Natural な判断力の衒学に対する優位という議論が付加されることになる。「誤った教説は、自らの思索にではなくて書物の権威に教えを仰いでいる人々を、無知な人々の状態よりも、其の学問を身につけた人々が抜きんでいる高さだけ低からしめる。なぜならば、真の科学と誤りの教説（doctrines）との中間に、無知があるからである。生まれつきの感覚と構想力は背理に陥らない。自然それ自体は誤らない」（LV Pt. I Ch. 4 pp. 24f.）からである。このような「無知」そのものへの評価が、法の混乱の原因を、法律に無知な人々の証書の作成、法案の起草に求めるクックとまったく正反対の立場にあることは明らかであろう。[17]

Artificial Reason 論を後ろから挟み込んでいた議論、「1, 2ヶ月で裁判官の職務を果たしうるようになる」と論じ、また「全ての裁判所が衡平法裁判所であってよい」（DL p. 80）とする議論の背後には、裁判官の権威は彼の学識にではなく主権者の委任に基づくという権威論とともに、こうした衒学に対する素人の健全で公正な判断力に対する信頼があったのである。[18]

ここには学問方法論としてのもう一つの含意がある。なぜなら、「間違った定義や定義の欠如に言葉の最初の悪用があり、そこから全ての偽りのあるいは馬鹿げた説が生ずる」からである。「このことから真の知識を希求する人にとって、以前の著者達の定義を検討することが如何に必要かが明らかであろう。なぜならば、定義における誤りは計算を進めるにしたがって誤りを倍加させるからである」（LV Pt. I Ch. 4 pp. 24f.）。我々はここに『リヴァイアサン』における判例法学方法論批判としての Artificial Reason 批判論「長い研究が誤った諸判決文を増加させ確認することもありうるからである。というのも人々が虚偽の土台の上に建築する場合、建築すればするほど、その破滅も甚大となるからである」（(LV Pt. I Ch. 26 p. 256）という批判と同一の論理を見出すことができるであろう。このように、ホッブズのコモン・ロー

法学批判の論点の多くが、彼の一般的な学問論としての Prudentia 論から引き出されているとともに、『対話』における議論の展開それ自体が、コモン・ロー法学における基本的概念の定義の問題を批判的検討の対象とする形で進められていっていることが確認できよう。その意味では、コモン・ロー法学上の共通拠点となっている格言乃至定義の批判的吟味から始めるホッブズのコモン・ロー法学批判はコモン・ロー法学に特有の問題への批判というより、確実な定義から出発する論証的学問方法論からの Prudentia 批判であり、またその批判の対象も中世的学問批判というより、むしろ人文主義者達によって唱導されてきたキケロの『トピカ』論を中心に再構成されてきた、蓋然的真理乃至意見から出発する弁証術的な学問方法論に対する批判を目指すものであったともいえるのである。

(2) 正義の科学は契約から生じる

ホッブズは旧来の Prudentia な学問乃至法学の批判にとどまらず、自ら科学としての法学の構築を目指していく。前節で、ホッブズの法学論の基礎に、契約、助言、命令の峻別があることを論じた。この最後の命令が国家法学の基礎概念を提供したとするならば、合意乃至契約が自然法学の基礎であった。同時に、この科学としての法学は正しい定義から出発するだけでなく、全体的な学問系列の中に位置付けられて存在することになる。「感覚や記憶」が「過去の取り消しえぬものごとたる事実に関する知識」であるのに対し「科学」は「ある事実の他の事実との依存的乃至因果的関係に関する知識」であるから、「絶対的なものではなく条件的なものである」(LV Pt. I Ch. 5 p. 35) からである。

ホッブズは学問区分論で、法学を自然法学、国家法学に分け、各々自然哲学及び国家哲学という異なった学問系列の内に位置付ける。自然法学は政治体の属性からの帰結として考察される国家法学とは異なった学問系列に属するものとして、自然哲学の一分野として、自然物の属性からの帰結として考察される。より具体的には、この自然法学は自然物の質の問題を扱う物理学、永久的質の一つとしての地球上の動物という系列を経て、さらに人間の

質からの帰結として考察される。重要なことは、ここでさらに従来の枠組を破り、自然法学を情操から帰結する学としての倫理学から峻別し、言葉から帰結する学として位置付け、称讃・非難の学としての詩学、説得の学としての修辞学、論証の学としての論理学という伝統的な学問分野と相並ぶ、新たな第四の言葉の学、契約（Contracting）の学としての正義学（Just and Unjust）が構想されることになるのである。

　科学としての自然法学に条件を与えるものこそ、この契約なのである。「正義とは合意の遵守である」として、ホッブズは伝統的なアリストテレス的正義概念から決別する。[*2]かくして、アリストテレスの『倫理学』において、徳一般としての正義と区別された狭義の正義として論じられた交換的（是正的）正義と配分的正義は、新たな視角から、「近代的」に定義し直されることとなる。『対話』における法学徒の「正義」についての定義への二度にわたる批判にはこうした重要な含意が含まれていたのである。[(20)]

(3) 正義（Meum et Tuum）論の展開と排他的所有権秩序

　契約の学こそが自然哲学における正義の学であるという主張には、伝統的正義概念に対する鋭い批判がある。このことは、『対話』「主権論」冒頭の正義の定義をめぐる議論（DL pp. 8f.）において明瞭に現れる。

　　哲学者：正義とは何か。
　　法学徒：正義とは各人に各人のものを与えることである。
　　哲学者：定義自体は良いのですが、それはアリストテレスのものと同じじゃないか。科学としてのコモン・ロー法学（the Science of Common Law）上の原理として合意された定義は何なのですか。
　　法学徒：アリストテレスのものと同じです。
　　　　　　　　　　……［中略］……
　　哲学者：正義とは各人に各人の物を与えることであるというとき、各人の物とは何を意味するのですか。既に私の物であれば如何にして与えることができるのか。もし、私自身の物でなければ、正義は如何にして私のも

のとすることができるのか。

コモン・ロー法学者の配分的正義観は哲学者の言うようにアリストテレス
の主張そのものであるとするならば、コモン・ロー法学はそのアリストテレ
ス的正義＝法観念を基礎とするが故に批判されたということになる。一体批
判の本質となっているものは何か。主権論の最後に再び「正義」の定義の問
題に戻る、法学徒は正義を再び定義して以下のごとく論じる。「正義とは各
人に各人のものを与えること。すなわち、すべての人に、彼の権利たるもの
を、同上のものに対する他のすべての人の権利を排除して、与えんとする恒
常的意志である」（DL p. 35）。

ここに、川島が『近代的所有権論』の冒頭において強調された、所有権の近
代性＝排他性についての各国の法典の例示を思い浮かべる人は少なくないで
あろう[21]。すなわち、アリストテレスの配分的正義概念と結び付けられて、私
的＝排他的所有権概念 Meum et Tuum ＝正義と観念されるようになってきて
いるということが要点なのである。しかも、この Meum et Tuum の語こそ
が、実際、クック自身が、『対話』批判の対象となった『法学提要 第 2 部』で
論じた諸立法の解説を内容的に総括し「それらすべては（ほんの僅かの例外を
除き）、民訴裁判所と、かの二つの偉大な代名詞「我がもの Meum」と「汝の
もの Tuum」に関係するものであった」（3 Inst. Proeme）として使用した語で
あり、『対話』の作者たるホッブズもこのことを充分意識していたと思われる
のである[22]。クック自身は法の確実性を、この排他的所有権の安定の上に基礎
付けようとしたのである。言い換えるなら、既存の実定的所有権秩序はまさ
に理性的なものとして存在するのであって、この既存の所有権秩序の保護の
体系は、まさに人為的、学問的に形成されてきたものと理解されているので
ある。

例えば「古のコモン・ローと国土の慣習の基本的な点の変更は如何なるも
のであれ最も危険である」という、一見保守的コモン・ロー法曹の職業利害
を反映した主張と捉えられがちなクックの主張も、実際にこの警句とともに
彼が常に批判の槍玉に挙げる制定法が 300 年以上も前の限嗣封土権の創設に
よって中世イングランド土地法を複雑化させた「条件付贈与法」であったこ

とを見落としてはならない。この制定法が批判されるべきなのは「あらゆる相続財産は単純封土権たるべしというコモン・ローの基本的法準則に反する」（4 Co. Rep. Pref. pp. v-vi）からなのである。この「単純封土権」の名で表される排他的絶対的所有権こそがコモン・ロー上の正義なのである。このすべてを処分可能な単純封土権に読み替えてゆくコモン・ロー法学者の技術こそが、かってチョーサが感嘆したものであったし、我が国の訳者がこの単純封土権を「絶対的所有権」と訳したのも、その意味で肯くことができるのである。[23]

　逆に、ホッブズにとって問題であったのは、この近代的な排他的所有権と主権者との関係であったのであった。ホッブズからみれば、「臣民達に絶対的所有権を帰属させること」はコモン・ウェルスの解体の主要な原因の一つなのである。「確かに各人は、他の各臣民の権利を排除する所有権を持つ。しかし、かれはそれを主権者から受け取るのであり……もし、主権者の権利も排除されるならば、彼らが彼に与えた職務、すなわち、彼らを外的と相互の侵害との双方に対して防衛することを遂行しえない。もし臣民が、彼らの主権者代表の権利を排除しえないとすれば、彼らの司法や行政のための職務については、なおのことであって、彼らはその職務において主権者自身を代表するのである」（LV Pt. II Ch. 29 p. 313）。ホッブズの批判の激しさはここに由来するのである。「正義と所有はコモン・ウェルスの設立にはじまる」というのが、ホッブズの著名なテーゼであった。『対話』（DL pp. 36f.）でも法律及び立法者の正義・不正義＝所有に対する論理的先行性という形で議論が展開されるとともに、内戦の経験が強力な論理となって現れる。

　哲学者：（貴兄の定義に従えば）正しい行為（a Just Action）とは法に反しないことであるのだから、法律が存在する以前には不正義はありえなかったことは明白である。それ故、諸法律はその本性上正義・不正義に先行するのである。しかも、法律が存在する以前に立法者がいなければならないことを、したがって正義、所謂人間界の正義については、その存在する以前に立法者が存在せねばならないことを、また、貴兄が、所有とか、動産、土地と称しているものが、「私のもの」「君のもの」「他の人のもの」

と峻別される以前に立法者がいなければならないことを否定し得ないでしょう。

　法学徒：当然のことだ。制定法なしには、全ての人が全てのものに権利を持つ。我々は、内戦によって我々の法が沈黙したとき、如何なる財産についても、一人として確実に自分のものだということができなかった経験をしている。

『対話』において、Artificial Reason 批判の第二幕が切って落とされるのもまさにこの国王の課税徴集権を関する議論をめぐってであった（DL p. 16）。このことはホッブズが Artificial Reason 論の核心を何処に見ていたのかを示すものである。Artificial Reason 論の主張の実体法上の核心は、主権者に対しても主張しうる排他的所有権の学問的実証にあるのである。そこでは、争点としての排他的所有権の問題は、徴発権・課税権の問題に収斂される形で論じられることになる。⁽²⁴⁾

　国王が制定法に拘束されるのは「Sin（自然法上の罪）を犯さない限りにおいてで」（DL p. 18）であって、それを維持することによって「臣民を守る能力を奪われたことが明らかとなった場合には、彼は Sin を犯しているのである」（DL p. 18）という主張のもとに国王を課税協賛権を定めた制定法の拘束から解放していくとともに、それでは「必要性という口実の下に、思いのままに臣民から権利を奪うことができるようになるのではないか」という反論に対し、ここでも「代償無しに全世界に対し所有権を守るのは不可能である」（DL p. 24）として私的所有に対する平和的生存とそれを保障する国家の先行性を論拠に議論が展開されていくのである。

　しかし、国家法論を対象とする『対話』においてはともかく、自然哲学の一部としての正義の学を構想する上においては、上記のごとく、国家なり、法律を前提とするわけにはいかない。アリストテレスの配分的正義概念、交換的正義概念それ自体を、国家概念や国家法概念に依拠することなく直接に問題とする必要があった。『リヴァイアサン』の自然法論では、直接にアリストテレスの正義概念の読み替えが行われ、自然哲学における法学の基礎としての正義概念が新たに措定し直されることになるのである。この正義概念の

旋回過程を、『リヴァイアサン』に戻ってみてみよう。

(4) 正義概念の旋回と契約法論

近代法学への転換を示す上で『リヴァイアサン』におけるアリストテレス正義論批判ほど明瞭な表現はないであろう。

　　交換的な正義を彼らは契約対象物の価値の等しさのなかにあるものとし、そして配分的正義を同等のメリットある人々に同等のベネフィットを配分することのうちにあるとするのである。つまり、我々が買うよりも高く売ったり、相手のメリット以上のものを彼に与えたりすることが不正義であるかのごとくである。あらゆる契約対象物の価値は契約者の欲求（appetite）によって計られるのであり、それ故、正当な価値（Just value）とは、彼ら［契約者達］が満足して与える額である。そして、メリットについていえば、それは契約による場合、即ち一方の履行が他方の履行に値する（merited）場合、［即ち］、配分的正義にではなく、交換的正義にあたる場合を除いては、権利によって当然に帰するのではなく、恩恵に基づいて報われるにすぎない。それ故、この区分は、伝統的に説明されてきた意味においては正しくない。適切に述べるなら、交換的正義とは契約者の正義、即ち、売買、賃貸者、金銭消費貸借、物々交換等の契約行為における合意の履行である。そして、配分的正義とは、仲裁者の正義、いいかえれば何が正当かを定義する行為である。仲裁者は彼を仲裁者とした人々により信頼されているのだから、その信頼に応えさえすれば、彼は各人に各人のものを配分したといわれる。これがまさに正当な配分であり、不適切にも配分的正義と称されているが、より適切に云えばエクイティと称される。
　　　　　　　　　　　　　　　　　　　　　　　　（LV Pt. II Ch. 15 p. 137）

かくのごとく「交換的正義」は「契約者の正義」＝「合意の遵守」に、「配分的正義」は「仲裁者の正義」＝「エクイティ（＝公平）」に読み替えられる。これによって、法学が依拠すべき正義論は大転換させられてしまうのである。

すなわち、配分的正義はその権利としての実体的基礎を奪われるとともに、権利として主張しうる交換的正義も、交換される対象としての物そのものの実体的な等価性に基礎を置くものとしてではなく、また静的所有権に基礎を置く正義観念からでもなく、交換する主体の欲求の満足に基礎を置いた意志理論的な乃至は契約中心的な正義観念へと転換が図られることになる。かくして、以下の自然法の諸原理は、実際上、ほとんどすべてこの契約論と仲裁論に関連するものとして論じられることとなるのである。逆説的に云えば、ホッブズにおける自然状態の不安定性は、まさに正義観念におけるこの転換、正義論における所有権的乃至物質的基礎付けの喪失の結果として、生じたものと考えられるのである。[25]

　クックからすれば、配分的正義の結果たる Meum et Tuum ＝ 排他的所有権の安全なしに生存はありえないし、社会の安定もありえない。とすれば、国家論レヴェルからさらに踏み込んで、自然法学レヴェルにおいても、この所有権的正義概念を批判せざるを得なかったのである。配分的正義観の読み替えの意義は明らかであろう。このように配分的正義を仲裁者の正義と理解するとき、仲裁者を縛るものは抽象的な公平観念としてのエクイティ以外の何ものでもない。そしてこの論理が国家法においても貫徹するのである。この仲裁者を国家レヴェルで創造する行為こそがコモン・ウェルスの設立行為なのであり、かくして、この配分的正義から読み替えられた仲裁者の正義たるエクイティこそがホッブズの国家法解釈学の基礎となって国家法学において蘇ってくるのである。その意味では配分的正義の解釈のあり方の相違が、そのまま法学観の相違となって現れてくるのである。本来自然法論を欠く『対話』においてアリストテレスの正義論が扱われるのもこうした文脈においてであったであろう。

　『対話』では、刑罰論の最後になって、ようやくこの本来の所有権論としての Meum et Tuum 論に議論が移ることになる。哲学者は「犯罪と刑罰については論じつくしたので、Meum et Tuum に進みましょう」（DL p. 190）と、裁判所論冒頭で議論された法体系論の二大法分野のうちのもう一つの分野に入るわけであるが、もはや議論は、新たな章立てを許さないほど簡略である。

法学徒は制定法から検討すべきだとして、クックの『法学提要　第２部』マグナ・カルタ及び諸制定法の註解についての考察からはじめる。前述のごとく、『対話』の作者たるホッブズはクックの『法学提要　第２部』の位置付けをよく理解している。形式としては制定法の註解として構成された第２部は、内容的にはクック自身が第３部「序文」で述べたごとく第１部『リトルトン註解』に続く Meum et Tuum 論であったからである。

　「哲学者」は所有権論を徹頭徹尾 Dominion 論として展開する。支配（Dominion）の起源を家父長権に求めるとともに、「家父長型主権的君主の臣民は土地の如何なる部分に対しても、否、安全以外のなにものに対しても権原を主張し得ない」。「あらゆる被征服地は、その勝利の直後においては、その土地が征服者のものとなるのは普遍的真理なのである」とする。「哲学者」は、臣民の所有権に関しては、所有権を神からの贈与としての自主地的 Allodial なものと、奉仕乃至臣従によって他人から保有する封土 Fee とに分け、前者を絶対的なものとしてすべての人の権利を排除するものとする一方、後者を条件的なものと考え、他のすべての臣民の権利を排除しうるが、人民の共通善がその使用を必要とするときには主権者の権利を排除しえないとする。イングランドでは国王以外には自主地 Allod を所有していないのであるから、その意味での絶対的所有権はないことになろう。その意味では、「哲学者」は、この後に展開される議会論とともに、社会の実態から離れてしまった極めて封建的な概念に頼っていることになる。このように、ここでは、その近代性という意味での両者の立場はまったく逆転してしまわざるを得ないのである。

　もっとも、所有権の制限を人民の共通善との関係で把握し、国王の政治的人格 Crown と自然的人格 King との峻別というコモン・ロー法学上の理論を一定受容していく過程は、議会論の展開とともに、『対話』という形式で論じられているとはいうものの、ロック的な課税協賛権への移行を示していると見ることもできよう。その限りでは、コモン・ロー法学者の考えと何ら矛盾⁽²⁶⁾するものではなくなってくる。なぜなら、混合王政論の思想的主導者であるフォーテスキューをはじめ、コモン・ロー法学上も非常時大権なり、論議し得ない絶対的大権という考え方はあったからである。それ故、ヘイルのホッ

ブズ批判は、国家の所有に対する優位の主張一般に対してではなく、そうした事態が生じる非常時を前提に一般法学を構想することに対して向けられるのである。法学は日常的事態である平和状態を基礎に構想されるべきであるというのである。なるほど、ホッブズの主張に従えば、近代国家とは永続的非常事態国家として成立することになるのである。その意味では近代国家の仮面の底にあるものをあからさまにしたともいえるかもしれない。ホッブズの法哲学はまさに「危機の時代の法哲学」なのである。

実際、債務投獄制度に支えられ、財産権の安全を、死刑犯罪を増加させつつ、刑事的保障の強化を通して実現していった18世紀刑事司法の展開をみれば、ホッブズの時代において、この主張は近代国家の本質論といったレヴェルの問題というより、より一層現実味を帯びたものであったであろう。しかし、より根本的には、コモン・ロー法学者の正義の定義を哲学者アリストテレスの定義と同じだという批判の裏には、前述の契約論を主体とする自然法学の構想があったのである。

とするならば、契約優位の意思理論理解か、排他的所有権優位の理解かという近代法の二つの解き難い問題に我々は直面せざるを得なくなるのである。この問題の微妙さは、ホッブズにおいても、自然法学において、双方未履行契約と既履行契約との取り扱いの差となって現れる。むしろ、双方未履行契約の遵守における難点を解決するために国家が必要とされるようになってくるのである。ホッブズの契約法論にもう少し立ち入って検討を深めよう。

(5) 双方未履行契約の強制と近代国家の導出

交換において何が正義かは、各個人の欲求を抜きにして客観的に語ることはできない。各当事者の欲求の合致こそが正義の確実な基礎である。「合意（Covenant）なしには如何なる行為も不正義たりえない」のである。一旦合意がなされた後は、まさにその「合意の遵守こそが正義」となるのである。そして、言葉による合意からの帰結としての正義の学こそが情操からの帰結たる倫理学（Ethics）と峻別された真の道徳哲学なのである。かくして、法学は契約に基礎付けられてはじめて確実な学として科学たりうるのである。

『リヴァイアサン』における自然法論が基本的には意思理論的な契約法論として展開されるのは正にこのゆえであった。

しかし、自然哲学として、正義の学＝契約の学たる法学を構想することは、「正義と所有権はコモン・ウェルスの設立とともに始まる」とするホッブズ自身の主張との関係は如何に把握されるべきであろうか。「合意の遵守が正義である」としても、自然＝戦争状態において、「如何なる保障があるのか」という、所有権批判において彼自身が提出した同じ問題に突き当たらざるを得なくなる。「正義の本質は妥当な合意の遵守にあるとはいえ、合意の妥当性は人々にその遵守を強制する世俗的権力の編成なしには始まらない」（LV Pt. I Ch. 15 p. 131）のではなかったのか。

とすれば、契約の学は自然法学としては完結しないことになりはしないだろうか。我々は、ここで自己矛盾に撞着せざるを得ない。

この難点を解明する上では、ホッブズの契約区分論の正確な理解を欠かすことはできない。ホッブズは契約（Contract）を権利の相互譲渡と定義するとともに、双方即時履行契約、一方既履行契約、双方未履行契約の３種に分割し、将来の履行の約束への信頼を含む後二者を［未履行］合意（Covenant）と称した。まさに、約束実行の保障が問題となるのは後二者の場合であるからであり、また後二者の区分が必要と考えられたのは、自然状態＝戦争状態における約束の履行義務において、双方未履行契約と一方既履行契約とでは、その位置付けが異なるからである。

「当事者の一方が既に履行したり、あるいは、彼をして履行せしめる権力が存在する場合に、相手方の履行が理性に反するか、すなわち彼の利益に反するかどうかという問題がある。わたくしは、それが理性に反しないという」。なぜなら、「すべての人々を畏怖させておく共通の権力がないために各人が各人の敵であるような戦争状態において、仲間の助力無しには自分の強力や知力によって自分を破壊から守ることは誰も望み得ない。……それであるから（相手方が既に実行している場合に）合意を破棄し、従って、そうすることによって理性に適うことができると言明するものは、平和と防衛のために結合せる如何なる社会societyからも、受容する人々の過ちからでなければ、受容されえない」からである。「正義即ち合意の遵守は、理性の法則な

のであり、その法則によって、われわれは、自分の生命を破壊するすべての
ことをしてはならぬと禁じられている。だからそれは自然の法なのである」
（LV Pt. I Ch. 15 pp. 133-134 傍点筆者）。訳書では civil, society がともに社
会と訳される場合があるために意味が掴みにくくなっているが、この場合の
Society は国家状態 Civil estate 以前の人間のさまざまな結合を意味している
のは明らかであろう。

　他方、契約のもう一つの類型、「双方がともに、現在実行するのでなくて
相互に信頼するという合意」＝双方未履行契約については「たんなる自然の
状態（各人の各人に対する戦争状態）においては、なにかもっともな疑いさ
えあれば無効であるから……かかる虞の原因が除去されない限り……不正義
はありえない」（LV Pt. I Ch. 14 p. 124.）のである。

　「双方が現在履行するのではなく、相互に信頼するという合意」、すなわち
双方未履行契約と「当事者の一方が既に履行した合意」すなわち既履行契約
においては取り扱いが異なっていることは明らかであろう。正義の学として
の自然法学が、情操から帰結する倫理学の一分野としてではなく、言葉から
帰結する独自の学問分野として構成された意義とその限界がここにある。
『対話』においても、法学徒がクックを通して『ブラクトン』から引用した法
の定義「法は正直なことを命じ、その逆を禁じる正しき規制である」への哲
学者の反論においてこの峻別が現れる。「正直、不正直の準則は名誉に関わ
るものであるが、法が尊重するのは、正義と不正義のみである」(DL p. 30f.)。

　したがって双方未履行契約の不履行は、自然状態においては、必ずしも不
正義とはならない。しかし、それではなぜ、既履行契約の不履行が社会にお
いて受容されず、すなわち不正義と認識されるのか。この自然状態における
困難な問題を論証するために、彼は既履行契約を自らの自然法論の核心にあ
る自己保存権（仲間の助力なしには、……自分を破壊から守ることはできな
い）に結び付ける以外にはなかったのである。しかし、むしろ、この社会の
態度の差は、既履行契約と未履行契約における所有権的基礎付けの在り方の
差に対して社会に実在する正義感覚の相違から生じたのではないだろうか。

　しかし、いずれにせよ、国家と国家法学が、自然法学と異なった学として
弁証されねばならないのは、この双方未履行契約の履行義務がそれ自体とし

ては理性の戒律として存在しないからであり、双方未履行契約を含む契約の学としての法学は、そのままでは確実な法学たりえないのである。「国家状態（Civil estate）」においては、「そういう虞はもはや理性的なものではない。そうであるから合意によって、最初に実行すべく定められた者は、そうすることを義務付けられるのである」（LV Pt. I Ch. 14 pp. 124f.）。まさに、近代国家は双方未履行契約を拘束力あるものとして強制するために現れたのであり、他方、双方未履行契約を典型とする近代契約法における「契約自由の原理」一般は、自然的なものとしてではなくて、まさに国家によって保障され、強制されるものとして現れてくるのである。

　共通の権力が定められることによって、法学そのものの性格も変化する。国家状態において、法及び法学を規定するものは、契約としての属性ではなく、その命令としての属性なのである。ここでは、義務付けの根拠は契約当事者の欲求の満足の表明としての約束でもなくなる。なぜなら、「合意は、とりわけ特定の、限定された行為の作為・不作為の約束によって義務付けるが、法律は一般的な服従の約束によって拘束するのであり、為されるべき行為、控えられるべき行為は合意がなされた人の決定に委ねられる」からであり「それゆえに、純粋な合意においては、為されるべき乃至控えられるべき行為が先ず限定され、認識され、その後に作為・不作為の約束がなされる」のに対し「法律においては、作為・不作為義務が先行し、為されるべき乃至控えられるべきことの宣言はその後に続くことになる」（EL Pt. II Ch. 10 p. 147）のである。[27] 言い換えるなら、法律にあっては服従義務が服従されるべき内容に先行するのに対し、合意にあっては遵守すべき内容が遵守義務に先行する。それ故、法律の内容は服従の根拠とは無縁なのである。[*3] かくして、科学としての国家法学は自然法学と別個の学問系列に属すものとして考察されねばならないのである。

注

(1)　伊藤正己・田島裕『英米法』（筑摩書房、1985）27頁、378頁。英米法では、この Artificial Reason論の主張への関心は、むしろ、後述のクックと国王ジェームズの国

王親裁に関する議論に向けられており、そこで引用された『ブラクトン』の「王は何人の下にも立つべからず、されど神と法の下には立たざるべからず」という言葉とともに「法の支配」を示す事例として挙げられるのが常であった。参照『英米判例百選』（『ジュリスト』臨時増刊 1964）pp. 18-19

『対話』については Cropsey の現代版とその解題が近づき易いものとしており、以下『対話』からの引用は彼の版からである。しかし、この論争を Bacon vs Coke 論争の継続とする理解の仕方は支持し難い。Thomas Hobbes, *A Dialogue between a Philosopher and a Student of the Common Laws of England*, edited by Joseph Cropsey (1971, University of Chicago Press)（以下 DL と略記）。これへのヘイルの反論は、Sir William Holdsworth, *A History of English Law*, vol. V に Appendix Ⅲ として収められている。

(2)　Pocock の *The Ancient Constitution*（1957）を発端とするコモン・ロー・マインド論と、その後の *Past & Present* 誌上での論争（Donald R. Kelley, 'History, English Law and the Renaissance', *Past & Present* vol. 65（1974）. Christopher Brooks & Kevin Sharp, 'History, English Law & Renaissance', Donald R. Kelley, 'A Rejoinder', *P & P* vol. 72（1976）の評価をめぐる論争については、ボーコック自身の回顧を含めた再版 J. G. A. Pocock, *The Ancient Constitution and the Feudal Law: A Study of English Historical Thought in the Seventeenth Century, A Reissue with a Retrospect.*（1987）pp. 255ff. を参照。Richard Tuck, *Natural Right Theories: The Origin and Development*（Cambridge U.P., 1979）によるフランス人文主義的歴史観のコモン・ロー法曹への早期における受容という批判を受け、クックの Artificial Reason 論を橋頭堡に踏みとどまりながらも、前掲書で「クックがイングランド法の全体系が超記憶的で、静態的且つ不変であると考えていたとは論じなかった」（p. 274）と弁明しつつ、クック理解の単純化に自ら警告を発することになったことに留意すべきであろう。

しかし、論争の焦点は、副題にもあるように、歴史思想の問題であって、直ちにコモン・ローに法学論にそれを持ち込むことには問題があろう。政治思想としての「古来の國制論」ではなく、法学史上は「慣習法論」なり「時効論」としての "Time out of memory" 論が重要であるからである。その意味では Gerald J. Postema, *Bentham and the Common Law Tradition*（Oxford, 1986）がコモン・ロー法思想を直接に対象としてこの論争を取り上げているが、関心はやはり法学というより法思想にあるといえよう。法学史という意味では、John Underwood Lewis, Sir Edward Coke (1552-1633): His Theory of "Artificial Reason" as a Context for Modern Basic Legal Theory', *L.Q.R.* vol. 84, pp. 330-342. D. E. C. Yale, 'Hobbes and Hale on Legislation and the Sovereign', *The Cambridge Law Journal*, vol. 31 No. 1（1972）pp. 121-156 の分析が興味深い。ここでは、先人の業績なり学界での争点を無視するわけではないが。さしあたり、実際のテクストに密着する形で少し異なった視角からこの問題を考察してみたい。

(3)　石井幸三「コウクの法思想——イギリス近代法思想史研究（1）」『阪大法学』92号（1974）、同「ヘイルの法思想」『阪大法学』94号。Artificial Reason 論に直接関わる最近の研究としては、野嶋一郎「ホッブズの法理論とクックの『人工的理性』」『史学研

究』154 号（1982）、安藤高行『近代イギリス憲法思想史研究——ベーコンからロック
へ』（御茶の水書房、1983）、重森臣広「ホッブズの法律論——コモン・ロー思想への批
判と代案」中央大学『大学院研究年報』13 号、安藤高行「ホッブズとクック」田中浩
編『トーマス・ホッブズ研究』（御茶の水書房、1984）所収、水波朗『ホッブズにおけ
る法と国家』（成文堂、1987）、高野清弘「ホッブズの法理論——クック批判を中心に」
『大東法学』15 号 (1988)、安藤高行「ホッブズの周辺——ヘイルとクラレンドンのホッ
ブズ批判」『佐賀大経済論集』21 巻 6 号 （1989）等数多い。

(4)　Bernard Crick, 'Sovereignty, Centralism and Revolution', in Richard Holme &
Michael Elliot (ed.), *1688-1988 Time for New Constitution* (1988) p. 57, p. 78.　イギ
リスにおいてこのように危機が鮮明化しているのは、主権論への対抗軸としての人権
論の実定化の有様の故であろう。人権はイギリスでは法律としては実定化されず、政
治的乃至文化的に実定化されてきたからである。論者の二大政党制による議会内反対
党の存在の権力抑制的乃至民主的機能は多数決原理等よりむしろ旧保守党のジェント
ルマン的政治文化という非公式の制約に依存していたのではないかという反省も興味
深い。こうした政治的文化そのものの危機に対するオータナティヴが見出せないとこ
ろに危機の深刻さがあるのであろう。こうした文化は保守的・乃至中世的なものとし
て位置付けるには、あまりにも長く近代と関わってきたのであり、むしろ近代の重要
な要素として位置付け直すべき問題ではなかろうか。その意味では、18 世紀のトマ
ス・ペインによる「万能の議会の専制」「先例主義」への批判、イギリスと異なり貴族
制の存在しないアメリカにおける多数の専制への抑制力として専門法書の存在への卜
クヴィルの関心等の意味を再発掘する必要があろう。

(5)　このような、ホッブズ・ルネサンスの状況認識に関しては、水波、前掲書「はしが
き」にも表れている。

(6)　Thomas Hobbes, *LEVIATAN* in *The English Work of Thomas Hobbes* collected &
edited by Sir William Molesworth, vol. III (London, 1839 [2nd reprint 1966]) Part. II
Chapter 25 pp. 250ff. （以下 LV Pt. II Ch. 26 pp. 250ff.）と略記。水田洋訳（岩波文庫
版）では、この第 26 章の標題を「市民法について」と訳されているが、近代法の特質
がまさにそのすぐれて国家法的な性格にあることを明らかにしたホッブズの権威主義
的な法＝命令説、及び冒頭の定義より「自然法論」に対する「国家法論」乃至「一般
国法論」とする方が多義的な「市民法」という訳語より適切であろう。同じく、Science
の訳語として、「学問」の語があてられているが、本稿においては Prudential な学問と
分ける意味で「科学」と訳した。その他、引用にあたっては、岩波文庫版を参考にし
たが、必ずしもその通りではない。

(7)　前注 (1)～(3) の文献参照。

(8)　Sir Edward Coke, *The First Part of the Institute of the Laws of England*, vol. II Sect.
138, 97b （以下 1 Inst. Sect. 138, 97b というように略記）クック『法学提要』の引用に
関しては、ガーランド出版の 1628 年、1832 年版の復刻版によった。

(9)　この「秘儀（Mystery）」という言葉は、クックの論じた訴訟の多さの原因論とし
て、平和、豊富、修道院解散と多くの人々への土地の分散、及び職業的訴追人、王領
地隠匿者、代訴弁護士等の多さ （4 Inst. ch. 7. p. 77） を挙げたのを批判する形で現れ

第7編　近代自然法学とコモン・ロー法学　539

るのだが、この箇所でのホッブズの批判は極めて詭弁的である。当時の現実に即して
みるならば、クックは自らがリーダーシップをとって行ってきた法改革を基礎に論じ
ているのであって、これらの諸改革は、イングランド法の中で最も技術的な限嗣不動
産権の立法による制限をコモン・ロー法曹の利害に抗して主張したことに表れるよう
に、むしろ法曹の「ギルド的」利益に反してさえ行われたのであり、この点を指して
クックを法曹の独占、ギルドの擁護者とするのはまったく的外れな批判なのである。
このような議会における立法改革者としてのクックの具体的活動について Stephen D.
White, *Sir Edward Coke and "The Grievances of the Commonwealth", 1621-1628*
(Univ. of North Carolina Press, 1979) に詳しい。
　また、「わな」のごとき刑事法の改革については、クック自身議会立法による簡易
法典化論者であったことを忘れてはならない。

　　我々の刑事制定法の一定のものについては、古くさくなって何等役に立たなく
　なってしまったり、他方では、臣民を絡めとるための罠としてのみ残っていたりす
　るような多くのものは廃止されるべきである。そして、廃棄された法は全て除外
　し、例えば呉服業等に関するもののように、それによって誰も欺かれることのない
　ようにすべきである。全ての臣民が如何なる制定法が効力を有しており、如何なる
　ものが廃棄されたか、またそれが、個別的文言によるのか一般的文言によるのか、
　部分的にか、全体的にか、如何なる分野、部分が切り詰められ、何が拡張され、如
　何に解釈されているのかを知り得るように、諸条項に分かたれた一つの平明で明解
　な法を作るべきである。
　　コモン・ローをより良き方法に帰することについては、その労苦の成果について
　疑わざるを得ない。……しかし、上述の刑事法をこの様な方法と秩序に帰そうとす
　ることについては、上述の如き注意を払ってなされるなら（もちろん、以前に言及
　した忠告にしたがって、議会最高裁判所による以外にはなされえないことである
　が）それは全コモン・ウェルスにとって名誉と利益ある賞賛すべき事業である。Sir
　Edward Coke, *The Fourth Report*, Preface p. xvii（以下 4 Co. Rep. Pref. p. xvi とい
　うように略記）

　さらにしばしば、言及される法律フランス語に関しても、クックが、『法学提
要 第 1 部』を俗語たる英語で記したことを、クックを法曹による法知識の独占の擁護
者で権化と理解する論者達は、どのように位置付けるのであろうか。クック自身がそ
の序文で、「先例が無くはないとはいえ」と英語で法律書を記すことを弁解的に述べざ
るをえない状況に抗して、『法学提要』が俗語で出版された意義が過小評価されてはな
らない。また、法律フランス語が純粋でもなく、うまく発音されないにもかかわら
ず、残らざるを得ないのは「法の真の意味を表すのに適切且つ重要な『学術用語
(vocabula artis)』にまで成長してきていた」からなのである（1 Inst. Pref.）。クック
の『法学提要』が、平等派のリルバーンにとって聖書に次ぐ書物であったと言われる
ように、クックはむしろ法知識を専門家層以外に解放していく役割を果たしたのであ
り、また、その内容とともに、その伝達力の持つ危険性の故に出版を停止されたので

はなかっただろうか。

　オウヴァートンの法曹一般への批判は近代化へのチャンピオンとしての法曹への非難であって、1381 年の農民戦争以来のものであるとともに、ヨーロッパの至るところでみられたものである。リルバーンが後にクックに批判的となるのは、私的所有権の絶対性というクックの主張の近代性に対して向けられたのであって、その秘儀性の故にではない Donald Veal, *The Movement for Law Reform 1640-1660*（Oxford, 1970）pp. 74-75. もし、「秘儀」性のみが問題であったとするならば、『対話』そのものは通俗的なエピソードにすぎなくなってしまうであろう。1381 年の『農民反乱』期の法曹攻撃については、さしあたり、Alan Harding, 'The Revolt against the Justices' in R. H. Hilton & T. H. Ashton（ed.）, *The English Rising of 1381*（Cambridge U.P., 1984）大陸における反法律家運動に関しては、上山安敏『法社会史』（みすず書房、1966）71 頁以下参照。

　なお、ホッブズが対案として提起した土地登記制度も、Brailsford によれば、訴訟抑制のための土地登記制度もクックによって初めて主張され平等派に受け継がれたとされている。このことについて、積極的な証拠は発見し得なかったが、『法学提要　第2 部』におけるヘンリ 8 世 27 年のユース法制定に伴って定められた土地登記法の解説がリルバーンに何らかの示唆を与えたかもしれない。H. N. Brailsford, *The Levellers and the English Revolution*, ed. by Christopher Hill（2nd ed., 1983）p. 124, p. 535. D. Veal, *op.cit.*, p. 212.

(10)　前述、注（1）及び後述「法・法学峻別論から法学批判へ」参照。

(11)　この Wisdom という語は後述するように、経験的知識としての Prudentia のみならず科学的知識としての Sapientia も含む概念として使用されている（LV Pt. I Ch. 5 p. 37）。水田訳では、Sapientia に「学識」の訳語があてられているが、むしろ経験的知識も含む Wisdom を学識と訳し、Sapientia は、経験知乃至蓋然知としての Prudentia に対して科学知乃至確実知と訳すのが適当と考えたからである。水田訳で前述の SCIENCE = 学問の訳のごとく、「学問」=「科学」観に引きずられすぎているのではないだろうか。

(12)　Thomas Hobbes, *The Element of Law Natural & Politic*, edited by Ferdinand Tonnies（Cambridge U.P., 1928）Pt. II Ch. X p. 1, p. 4.（以下、本文中に EL Pt. II Ch. X p. 1, p. 4. と略記）

(13)　Thomas Hobbes, *DE CIVE*, The English version, edited by Howard Warrender（Oxford at Clarendon Press, 1983）Ch. XIV p. 1（以下本文中に CV Ch. XIV. p. 1. と略記）

(14)　同時に、ホッブズ自身も鋭く認識しており（LV Pt. II p. 271）、また当時の法曹の通常の呼称が 'Barrister' ではなく 'Counsellor' であったことからも明らかなように、コモン・ロー法曹は裁判官や法廷弁護士というよりむしろ法律顧問的存在であったことを考えるなら、コモン・ロー及びコモン・ロー法学批判としてもこの「助言論」は欠かすことのできないものであったであろう。

(15)　おそらく、この議論は『リヴァイアサン』第 1 部第 5 章「理性的推論及び科学論」の Right Reason 論（pp. 30f.）とも関係して展開されたのであろう。『対話』「主権論」

での Artificial Reason 論はまさに Recta Ratio 論（DL p. 16）として、私的理性対公的理性論として展開され、主権者の理性こそが普遍的理性の位置を占めることになる。『リヴァイアサン』第 1 部の学問論の世界では「両当事者は自らすすんで、彼ら双方が判決を受けるべき仲裁者、乃至は裁判官の理性を正しい理性と定めなければならない」と結論付けられる。この議論は後述するアリストテレスの配分的正義の読み替えと深く結びついているのである。

(16)　ホッブズが現実に批判の対象としているのは、これらのクックの提出した「法格言」なのである。この期のコモン・ロー法学における格言の使用の問題は、後半部国家法学の考察において検討することにしたい。さしあたり、これが、コモン・ロー法学に特殊な現象でなかったことについては、Peter Stein, *REGULAE IURIS, From Juristic Rules to Legal Maxims*（Edinburgh U.P., 1966）pp. 162ff. 参照。

(17)　クックの意見では、法についての無知こそが問題であった。「実のところ、最大の問題はコモン・ローの法準則そのものからではなく、時には、学識のない人々によって作成された不動産譲渡証書（conveyances）や金銭債務証書類（instruments）に基づいて、また、多くの場合牧師や代書人、その他の素人（imperites）によって作成された複雑に込み入った、ばかげた、矛盾する遺言状から生じている。また、しばしば但書規定や追加規定を満載した（overladen）議会制定法によって、また多くの場合法についての判断力を殆ど乃至全く持たない人による唐突な法案の起草と修正によって生じている。もし、人々が不動産譲渡証書、不動産譲渡確認証書、金銭債務証書、遺言証書を作成する際に、健全な助言と勧告を入れるならば、法律顧問は依頼人の不動産に適合した助言乃至勧告を与えるために、その依頼人の事件の真の状況につき正しく且つ正当に知悉する労を厭わないであろう。議会制定法が、古の流儀にしたがって、しかも、当該問題に関して議会制定法作成以前のコモン・ローが何であったか、また以前の制定法が経験上発見された以前の誤り、欠陥に対してどの程度まで救済方法を規定していたかを、完全に知っている人のみによって起草されたならば、法についての疑問はほとんど生じなかったであろう。学識あるものは、現在やっているような、意味不明な、相矛盾する文言、文章、但し書の相互間を法の解釈によって調和、調停せしめようとして複雑に思考を巡らすこともそれほど必要ではなくなるだろう」（2 Co. Rep. Pref. p. viii）

(18)　「国家法論」における裁判官の資質論はまさにこの衡平こそが最大の眼目となっているのである。しかし、このことはホッブズが「人民の」乃至「人間の理性」の側に立っていたことを示すものではない。なるほど陪審こそが裁判官なのであるが、そのことは同時に貴族こそが議会最高裁判所の裁判官であることをも示していたからである。「人民の」ではなく「素人の」「衒学的でない」「公正な」精神に力点があったのである。（LV Pt. II Ch. 25 pp. 268-269）

(19)　『リヴァイアサン』第 1 部第 9 章の体系樹的学問区分（LV Pt. I. Ch. 9 pp. 72f.）を参照。

(20)　『対話』について多くの論稿がある中で、水波（前掲書 27 頁以下）以外に、この正義論への注目が少ないのはむしろ意外である。もっとも、水波の議論も後述のホッブズの正義概念の読み替えとの関連で論じられているわけではない。

(21)　川島武宜『所有権法の理論』（岩波書店、1949）は第 1 章第 1 節において「所有権

についての実用法学上の概念」としてサヴィニーの「物に対する人間の、制限されない排他的支配」を筆頭に近代所有権の排他的性格を表す定義を列挙することから始めている。

　　なお、中世的 suum 論との相違については、水波、前掲書 31 頁以下参照。

(22)　このように、私的所有権概念を示すものとしての、「我がものと汝のもの」という表現のコモン・ロー法学上の利用はフォーテスキューに遡って見ることができる。John Fortescue, *DE NATURA LEGIS NATURAE*, in *The Works of Sir John Fortescue, Knight* edited by Thomas Fortescue, Lord Clermont, vol. I (London, 1869) Part I Chapter 20 p. 212.

(23)　チョーサー「カンタベリ物語」西脇順三郎訳『近代世界文学 1　チョーサー・ラブレー』（筑摩書房、1974）所収、8 頁。

(24)　クックが、この meum et tuum 論を国王大権の制限乃至二分論（絶対的大権と通常大権）のために使用したことについては、さしあたり、安藤、前掲『近代イギリス憲法思想史』63 頁参照。

(25)　この正義概念の転換の意義については、藤原保信『近代政治哲学の形成──ホッブズの政治哲学』（早稲田大学出版部、1974）187 頁以下においても触れられている。倫理的基礎を正義に求めていた法学にとっての、この正義概念の転換の意義は如何に強調しても強調し過ぎることはないであろう。この伝統的正義概念批判は『対話』文脈においては同時に正義＝既存の静的所有権秩序という把握への批判でもあったのである。

(26)　コモン・ロー法学に特有の国王の二重の人格論に関して、哲学者は、主権的権力が個人にあるときには所有に関しては政治的人格と自然的人格の峻別はできないとしながらも、行為、命令については峻別し得る。すなわち、法については峻別に意味のあることを認めていることが重要である。すなわち「政治的人格」とは「人民の承認によって、為し、命令すること」であり、「自然的人格」とは「口頭でのみだされた命令、自署文書、御璽によるもの」として区分されるのである。この後で議会論における妥協がはかられることになる。

(27)　それ故にこそ一般的服従義務の発生が法にとっては重要である。『対話』ではノルマン・コンクェストによる服従が重要な論点として提起され続けるのもそのゆえである。フォーテスキューに由来するブリトン神話の援用によって、「獲得による国家」か「設立による国家」かの国家の起源において統治構造の相違を説明しようとする見解に対しては、「征服」は主権乃至王権の絶対性を主張する上での重要な論拠となる。ホッブズはこの国家の設立形態による区分という論じ方を受け継ぎながらも、それによる差異はないと論じていた。実際、『リヴァイアサン』では、ほとんどノルマン・コンクェストについては触れられない。その限りで、ここでノルマン・コンクェスト論を持ち出すのは、コモン・ロー法曹の論理に対応させるという『対話』構成上の工夫であったかもしれない。しかし、ヘイルに代表されるコモン・ロー法曹のより洗練された立場からの反論も可能であった。すなわち、「王冠の征服」と「人民の征服」とを峻別する立場であり、「王冠の征服」に過ぎないノルマン・コンクェストによっては、人民の側にある法は変更されなかったとする立場である。

　　もちろん、この場合でもホッブズ的立場からすれば、征服者の慣習法が優先する

のであるから、もし既存の法が変更されなかったとすれば、むしろ征服王の明示的且つ黙示的同意によって法なのである。

Ⅲ　科学としての国家法学

(1) 法解釈学としての近代法学

法学実証主義から法律実証主義へ

『対話』冒頭における Artificial Reason 論の議論の決着の付け方「学識ではなく権威が法を作る」は、ホッブズ研究者にとっては、予想された、あまりにも当然の結論に到達しただけにすぎないかもしれない。これが契約や助言から峻別された命令としての法の性格からの帰結であった。近代法の本質はまさにこの国家法としての特質にあるのであって、この国家法の性質は、自然法とは異なり、自然哲学からの帰結としてではなく、国家哲学としての政治体の属性からの帰結として位置付けられる。「法一般は助言［＝学識一般］ではなく命令である」からであって、「制定法はコモン・ロー［法学］や他の論争の余地のある学芸（Art）のような哲学ではなく、従われるべき命令乃至禁止なのである。というのは、ここイングランドにおいては征服王への服従によって、他の国においては誰であれ主権的権力の保有者への服従によって承認されているからである。それゆえ、あらゆる場所の実定法は制定法なのである」（DL p. 30）。

この『対話』の議論が前章で論じたごとく『市民論』『法学綱要』の「助言」・「命令」峻別論の延長線上にあることは明らかであろう。『対話』冒頭の Artificial Reason 批判は、なによりも先ず、法準則の妥当根拠を「強制する権利」にではなく、「最良であることに」に置く学識法としてのコモン・ローへの批判であったのであり、その意味では、国家法を法学から峻別乃至切断することに、ホッブズの国家法論の最大の力点があったのである。

かくして、我々は、この国家法の平面においては、学問乃至科学としての

自然法学が論じられた地平とまったく異なった地平に立たされているのである。しかし、後に述べるように主張されているのは法と法学の峻別であって、法学それ自体の否定ではない。[*4] 逆に、科学としての法学という視点からすれば、制定法それ自体は学問ではなく命令であるとするホッブズの主張にはもう一つの含意があるように思われる。すなわち、自然法学を科学として条件付けるものが契約であり、合意の遵守こそが正義であるとして、そこに法学の科学性乃至確実性の基礎が求められたように、国家法学を科学として条件付けるものこそ主権者の命令であり、主権者の命令たる制定法に従うことが正義なのであって、その確実な基礎の上に立ってはじめて科学としての国家法学が可能なのだというという点に、ホッブズ主権論のもう一つの眼目があったと見て良いであろう。

「制定法はコモン・ロー〔法学〕や他の論争の余地ある学芸（Arts）のような哲学ではなく、従われるべき命令及至禁止である」（DL p. 30）とする前述の批判は、他方では、法解釈学としての国家法学は、何が良き法準則かについての法学者達の「意見」＝蓋然的真理から出発するのではなく、絶対的に従われるべき確実な真理としての国家制定法を基礎に据えることによって科学、すなわち確実な学として確立しうるのだという主張でもあるのであって、この法学実証主義から法律実証主義への転換の主張は、まさに近代法学の制定法解釈学としての本質を突いているのである。

Lex Scripta et Lex non scripta と法解釈学

主権者の命令こそが法であり、法は「論争するためにではなく、従うために」（DL p. 2）学ばれるべきであるとしても、なお、二つの問題が残る。

一つには、冒頭の哲学者の Artificial Reason 論批判に対するコモン・ロー法学徒の反論「貴方は制定法について語っているが私はコモン・ローについて述べているのだ」（DL p. 5）という主張にあるように、テューダ期以降の立法の増加にもかかわらず、未だ制定法によっては覆われていない広大な不文法の分野が存在した。クックやコモン・ロー法学者にとっては、これらの不文法の分野において法を確定していくことが時代の課題であったのであり、この「法学徒」の反論の背景には、Lex non Scripta たるコモン・ローは

制定法とは異なり主権者の命令としてではなく、客観的理性として、学識を通して発見されるもの、まさに Artificial Reason として存在するという認識があったのであろう。他方で哲学者がコモン・ロー法曹の反論に対して、なおも「私は法一般について論じているのだ」とする主張は、成文法としての制定法によってなお覆われていない法分野についての哲学者側の議論の展開、すなわちホッブズの Lex non Scripta 論の展開を予告するものであった。その意味ではホッブズ的 Lex non Scripta 論とクック的 Lex non Scripta 論の対立が問題となるのである。

さらに、成文法、不文法両分野において、法学の争う余地の無い確実な基礎として、従われるべき法が明らかにされた上でも、なおまだ解釈の問題が残されていた。「立法者が知られており、諸法が書面または自然の光によって十分に公布されていたとしても、それらを義務的たらしめる、もう一つの非常に重要な事情が欠如している。というのは、法の本質は、文字にではなく意図や意味、即ち法の権威ある解釈にある」からであり、「全ての法は、成文法も、不文法も解釈を必要とする」（LV Pt. II Ch. 26 pp. 261f.）からである。

法の解釈を禁止するというのは決してホッブズの立場でも、近代法学の立場でもない。むしろ、法の文言への厳格で形式的な拘束性は中世法学の指標であった。争点はそこにではなく、如何にして主権者の命令に従った正しい解釈に達することができるかという解釈方法論上の問題にあったのである。

ホッブズは、「定義―分割法」に従って「不文法」「成文法」に分けてこの解釈問題を議論する。この双方において、彼は法と法学との峻別を維持しつつ、法解釈を〈法の註釈〉という法学の問題としてではなく、むしろ〈法の適用〉という裁判官の実践行為として把握しようとする。なるほど、彼の自然法は、後に述べるように、不文法として国家法平面に蘇ることになるのであるが、この不文法として国家法化された自然法の解釈も「コモン・ウェルスにおいては道徳哲学の書物に依存するものではない」。「真の道徳哲学」であるホッブズ自身の〈科学としての自然法学〉によって明らかにされる不文法の解釈も、「明らかな真実であっても、それ故に直ちに法なのではない」。国家法の平面においては「自然法の解釈は」、学問からは区別された「裁判官

の判決文であり、現在の事件へのその法の適用に存する」のであって、「司法行為においては、裁判官は訴訟当事者の要求が自然的理性とエクイティに一致しているかどうかということしか考慮しないのであり、それ故に、彼が与える判決文は自然法の解釈なのである」(Ibid. p. 263)。

　成文法の解釈も、基本的には不文法の解釈と同じであるが、理由付けが微妙に異なる。このことが彼が成文法解釈論と不文法解釈論を分けて考察する理由でもあろう。「同様に、問題が成文諸法の意味についてのものである場合にも、成文諸法の註釈を書いた者が成文法の解釈者となるわけではない」「なぜなら、註釈は本文以上にあら捜しの対象となりやすく、それ故にさらなる註釈を必要とするようになり、この様な解釈は際限の無いものになってしまうからである。それ故に、主権者によって権威を与えられた解釈者がおらず、従位的裁判官がその地位から身を引くべきでないとすれば」「解釈者は不文法の場合と同様に、成文法においても通常の裁判官以外ではありえない」(Ibid. p. 266) のである。

　しかし、「命令」・「助言」峻別論が「助言」不要論ではなかったように、学問としての法解釈学、すなわち、不文法解釈学としての道徳哲学＝自然法学や、制定法解釈学としての法註釈学＝実定法学が不要だと断じたわけではない。彼の主張の基本は法と法学の峻別の必要性、すなわち学識法概念の否定なのである。「法の良き解釈者〔＝適用者〕、即ち、良き裁判官に必要とされる諸能力は、弁護士のそれ、即ち諸法の研究と同一ではない」(Ibid. p. 268)。「法の研究を職業とするものの忠告は紛争を避けるのに役立ちはするが忠告に過ぎない」(Ibid. p. 261) ということが重要なのである。[1]

　逆の面からみると、法学及び法学者の存在及びその関与は司法行為としての具体的な事件への法適用の際の前提条件なのである。裁判官が「法に関して何を言うべきかは、訴答においてそれを示し、その職分に基づき、権威によって法律を解釈する人々から得られる」(Ibid. p. 268) からである。ホッブズがここで念頭に置いているのは、貴族院裁判所や、陪審なのであるが、その主張の本質は裁判一般に置いても変わることはない。すなわち、法学者の意見は如何に優れた、また理性的なものであったとしても助言にすぎないのであって、裁判官はそれに従う義務は無いということなのであって、法解釈

学が必要でないということではなかったのである。

そして、実はこの成文法解釈方法論こそが、テューダ期コモン・ロー法曹達が当面していた問題であり、『対話』冒頭の Artificial Reason 批判の発端となったクックによるエクイティの「定義」「エクイティは成文法を解釈し修正する確実で完全な理性であって、それ自体は不文のものではあるが、その本質は正しき理性以外のなにものでもない」（1 Inst. Sect. 21 f. 24b）も、まさに、このコモン・ロー法学における制定法解釈論の発展の成果一つであったのである。それ故に、ホッブズが自然法論で展開した配分的正義から読み替えられた〈仲裁者の正義〉としての公平という、同じくエクイティと称される概念を成文法・不文法の解釈原理として国家法平面に蘇らせようとするとき、鋭い対立が生じて来ざるを得なかったのは、ある意味では当然の帰結であったのである。

国家法論において、「個別的な諸法の知識は、彼らそれぞれの国の法の研究を職業とする人に属する」（LV Pt. II Ch. 26 p. 250）として、自らの企画を「法一般論」に限定しながらも、なおクックの法学を問題とせざるを得ないのは、コモン・ロー法学がこのように、まさに法解釈学一般として成立してきていたからなのである。近代法学がまさに解釈法学であるとするならば、この制定法解釈原理としてのエクイティとその性格をめぐる対立は、まさに近代法学の性格をめぐる対立でもあった。

(2) 成文法解釈論

中世末コモン・ローにおける成文法解釈原理

上述のごとく、ホッブズは国家法一般論の考察を成文法論、不文法論に分け考察しているとはいえ、「哲学者」の語る法一般の定義「法とは主権的権力を持つ人乃至人々が彼乃至彼らの臣民に与えた命令であって、臣民各々が何を為しうるのか、何を為すことを禁じられているのかを平明且つ公に宣言するものである」（DL p. 32）からも明らかなように、彼が近代法のモデルを成文法としての国家制定法に据えていたことについては論を俟たない。その意味で近代国家法学の中心課題はこの国家制定法の解釈学の確立にあった。

『対話』において「哲学者」は訴訟の増大を法曹の側の責任として、「制定法の文言のあら捜しをする学問の発展」、未解決のまま残され「勝訴への期待を抱かせる……コモン・ロー裁判所の判決の矛盾」、さらにコモン・ロー法曹が「何が衡平たるかについて無知であって、古代の裁判官が理性にではなく帝国法に頼ったように、自らの胸にではなく、先例に頼る」（DL p. 56）ことにその原因があるのだと断ずる[2]。

　この第一の批判が、前章で論じたテューダ期のコモン・ロー法学内部における制定法解釈学の発展に向けられていることは明らかであろう。コモン・ロー法学における制定法解釈学の発展の何処に問題があったというのであろうか。

　解釈学という法学の在り方への批判ではない。制定法の解釈を詐欺乃至詐害密約と同一の脱法行為と見做し、解釈それ自体を禁じていたのは、むしろ中世コモン・ローの立場であった。すなわち、その内容によってではなく、制定という形式によって法的効力を持つものとしての新法の制定という事態の認識は、さしあたり、その初期においては、極めて厳格な解釈の下に置かれざるをえず、時には「解釈する」ことそれ自体が明示的に禁じられさえしたのである[3]。

　しかし、解釈が禁止されたとしても、一般的な制定法の具体的事件への適用の問題は常に生じざるを得なかったのであり、14世紀半ば以来、個々の事態なり、人が制定法の文言内に入るか、入らないかが、当時の法廷年報の用語に従えば、「制定法上のエクイティ equity of the statute」の名の下に拡張解釈されて制定法の文言内に包含されるか、制定法の文言外として「適用除外」されるかが問題とされてきたのである。この「制定法上のエクイティ」による適用の拡大は、ソーンによれば司法上の同類事件法理に近い限定されたものであったとされているが、議会制定法が一般法として実効性を持つものとして強制されるに伴い、他方で実定的慣習法体系として形成されつつあった既存のコモン・ロー体系との衝突は鮮明とならざるを得なかったであろう。かくして、コモン・ロー上の制定法解釈理論は、前章で論じたように、むしろ、このような「制定法上のエクイティ」に対する制限理論として形成されることになったのである[4]。

第 7 編　近代自然法学とコモン・ロー法学　549

　すなわち、立法機関としての議会、さらには議会による新法の制定という
観念の成長は、一方では立法者乃至立法意図を重視する目的論的立法解釈原
理を生み出し、15 世紀後半には「全ての制定法はそれを作成したものの意図
に従って解釈されねばならない。その文言が疑わしく、曖昧な場合には、そ
の前文による」(Y.B. 4 Ed. IV Pas. pl. 4) とするコモン・ロー上の制定法解釈
原理がチョーク裁判官等によって確立されていく。このことは、法解釈学の
成立の不可欠な前提としての法の文字と意味の峻別を通して、真の意味での
法解釈学の成長をも意味したのである。

　しかし、議会による新法の形成という観念の成長は新たな議会制定法と旧
来のコモン・ロー体系との関係を如何に理解するかという、もう一つの制定
法解釈上解決されるべき問題をも提起した。こうした中で「刑罰法規やコモ
ン・ローを縮減する制定法は、制定法上のエクイティによる拡張解釈がなさ
れてはならず厳格に解釈されねばならない」とする制限的制定法解釈原理が
目的論的拡張解釈原理と併んで形成されてくることとなる。コモン・ローを
確認する肯定的立法か否定的立法かという制定法解釈上の区分も、上記
チョーク裁判官の下で始まるのである。また、制定法上の新たな救済手段
は、それ自体としては旧来の救済手段を廃止するものではないという原則が
明確化されていくことになるのもこの頃であった。

　このように、中世末においては、さしあたり、議会制定法による公権的介
入に対する既得権としての私権の擁護に解釈論の根本原理が求められたので
ある。クックの行う制定法の新法、確認的立法、混合的立法への３区分も、
この解釈原理上の問題と結びついていた。なぜなら、既存の法体系との衝突
が問題となる新法の制定においてであり、この場合には、コモン・ローを確
認する立法とでは異なる解釈原理が適用されねばならないからであった。こ
の初期の解釈論において、立法乃至法文の形式が法解釈上重要なものとなっ
てくる。肯定的立法と否定的立法の峻別、一般法と特別法の峻別も、このよ
うな解釈論上の問題と密接に結び付いていたのである。

　かくして、制定法解釈にあたっては、前文に表された立法者の意図ととも
に、普通慣習法としてのコモン・ローとの関係が問題とされたわけで、解釈
においては常に普通法たるコモン・ローの政策が肯定的にであれ、否定的にであ

れ読み込まれて行くことになるのである。その意味で、ソーンの主張するように、コモン・ロー法曹達は遅ればせながらも大陸の後期ローマ法註釈学派の立法解釈理論と同様の理論を発展させてきていたともいえるのである。[9]

　クックが15世紀後半のリトルトンの立法解釈論を評して「諸制定法から彼の論証と証明が引き出されるのは、1. 当該制定法の前文（rehearsall）乃至序文から、2. 種々に解釈されてきた法全体（the bodie of the law）によってである。時には当該制定法の他の部分によって、それは〈内的根拠に基づく賞賛すべき註釈〉（bene dicta expositio, et ex visceribus causae）となる。また時には、コモン・ローの理性によって［論証される］。しかし、いやしくも［制定法の］一般的文言は合法的行為を意図しているものとされるのであって、全ての制定法は、無実の人、何等の過誤もない人が害されることのなきように解釈されねばならなかったのである」（1 Inst. Sect. 3 f. 11b）と論じたのも、こうしたコモン・ローの制定法解釈論の発展を念頭においたものであったと思われる。

　他方、ホッブズもこうしたコモン・ロー法学における制定法解釈の発展を知らなかったわけではない。『リヴァイアサン』でも「法が決して理性に反しえないことは、我々の法律家が同意することであり、法とは、文字（即ち、それの各構成部分）ではなくて、立法者の意図に応じるものであるということもそうである」（LV Pt. II Ch. 26 p. 256）としてコモン・ロー法曹の立場との一応の一致について認めた後に Artificial Reason 批判が始まっていたのである。

　実際、「制定法の効力はその文言のみにではなく、意図にもあるのであるから、その意図が十分考慮され、文言と調和させられねばならない」、「法律を作っているのは法律の文言ではなく、その（法律の）内的意味である。我々の法律は（他の全てのものと同じように）二つの部分、即ち、肉体と魂から構成されている。法律の文字は法の身体であり、法律の意味と理性こそが法の魂である」[10]というのがテューダ期のコモン・ロー法曹達の共通した意見であったし、また、この成文法解釈論における立法者意志乃至立法意図への強調はテューダ期議会立法による統治が強化されるにしたがって、ますます増大していたのである。

第7編　近代自然法学とコモン・ロー法学　551

　むしろ、問題は、かくして中世末に形成されたコモン・ロー法学上の制定
法解釈論もテューダ期における社会政策的立法の洪水の前に、新たにその枠
組みの転換を迫られざるをえなくなったことにある。全王国に普遍的に通用
する一般的立法制定権を持つ機関としての議会観念の成長は、ソーンが王領
地の地域的特別慣習法と議会制定法の関係の変化を基礎に実証したように、
特個別慣習と議会制定法との関係を逆転させ、議会法の優位を確立させるこ
とになる。(11)

　これと同じ時期に「制定法上のエクイティ」による拡張解釈を禁ずるコモ
ン・ロー上の厳格解釈法理による制約も、その立法意図の実現にとって桎梏
と感じられるようになってきていたのである。かくして、この対抗関係の再
調整がテューダ期の制定法解釈学の大きな課題となってくる。この立法意図
とコモン・ロー上の制限的解釈原理との対立を鮮明なものにしたのが、新た
に公共善の名の下に強調されるようになった国家的公共性の概念であった。

テューダ期立法解釈問題
《公共善概念と立法解釈論》[*5]
　ベイカーの言うように、「公共善（common wealth or public good）」の概
念こそイングランド・ルネサンスを特徴付ける概念であったし、また、この
公共善という理念を背景に制定されることになったテューダ期以降の社会政
策的立法の増大によって、中世末に発展してきた法解釈論は大きな転換を迫
られることになる。(12)なぜならば、従来の解釈原理、例えば、「刑罰的法律は
刑罰を科されるものに有利に」（1 Pl. 17-18, 46-47 [p. 28, p. 75]）「贈与につ
いては贈与を受けるものに有利に、贈与をするものに厳しく」（1 Pl. 10, 243
[p. 16-17, p. 373]）解釈されるべきという議論も、訴訟における既得権とし
ての私権の擁護という「私法的」枠組みの中で形成されてきた解釈論であっ
た。この解釈論で重要な役割を果たした Penal（刑罰的）か Beneficial（恩恵
的）かという二分法も、訴訟当事者にとって損害となるのか利益となるのか
という私法的枠組の中での区分であったからである。

　同じように、立法者意志説もホッブズの主権者命令説的な国家法的乃至
「公法的」枠組の中でではなく、「私法的」枠組みの中で理解することも可能

であった。例えばクックによれば「議会制定法」は「遺言が遺言者の意図に
したがって解釈されるように、仲裁裁定が仲裁者の意図にしたがって解釈さ
れるのと同様に、これらの制定法は、国土の法の一部として、その作者であ
る語り手達の精神の真に意味したところに従い、裁判官によって解釈され
る」(9 Co. Rep. Pref. p. xxv) と理解されるのであって、制定法解釈方法と私
的な文書解釈の方法とは区別されないのである。

　なるほど、丁度、慣習法理論において「国王に反して時は流れない」とす
る例外法理が利用されたように、制定法解釈理論においてもコモン・ロー上
の原則とは異なり、国王が贈与者である場合には「国王の利益に最も合致す
るように」(1 Pl. 11, 17, 243-244〔pp. 17, p. 27, pp. 370-373〕) 解釈されるべ
きという例外的解釈原理が存在したし、またこの解釈原理を利用して公法的
問題を処理することも可能であったであろう。しかし、それはあくまでも例(13)
外原理にすぎなかったのであり、制定法解釈論の全体的枠組に影響を及ぼす
ものではなかった。時代は例外理論を超える包括的公法理念と新たな一般的
国家制定法解釈理論を求めていたのであり、所謂「国王の二つの身体」論も、
この国王特権的例外理論との関係で議論されることになるのである。*6

　テューダ初期のコモン・ウェルス・メンと称される改革的人文主義者達によ
る公共善理念の唱道とその社会的受容、さらには宗教改革議会を通して生じ
た議会の政治的重要性の増大に伴い、従来の解釈理論の枠組みを揺るがすよ
うな議論が展開されるようになってくる。近代判例集の先駆けとなったプラ
ウドゥンの判例集が立法解釈論に関心を集中させたのも、まさに、この故で
あった。彼の判例集に収められた、国王付高位法廷弁護士、後の財務府裁判
所長官サンダーズの見解はその典型を示している。彼が「言葉は空気の振動
に過ぎず、制定法の本質ではなく、その形象に過ぎない」「制定法の生命は、
文言の解説者達、即ち制定法の作成者達の精神の中にある」と論じ、立法者
意志説を強調するとき、その眼目にあるのは、単なる文書解釈の方法として
の立法作成者の意図の重視ではなく、「公共善の優位」という公的観念に基
づく解釈論の主張にあった。

　サンダーズによれば、「正当な法の執行の敵である訴訟幇助、陪審員抱
込、訴訟請負、偽証教唆等の様々な大弊害、不都合に対する救済策とし

て」、また「平穏、平和、協調の保持のために制定された」ことが前文からも明らかな制定法について、「当該制定法は刑罰を与えるものではあるが、公共善のために極めて有益である（beneficial to the public weal）ことに鑑み、文言外の事柄もその制定法上のエクイティの範囲内にあるものと解釈されるべきである」と主張されうるのである。さらに、この主張は一般化され「同じ理由で、制定法の文言が曖昧な場合には、可能な限り公共の利益に沿うように strongly for the public good 解釈されるべきである」とされるのである。上述の立法者意志説が現れるのはこの文脈においてであった。かくして「もし制定法の作成者の意図がその様に理解される場合には、刑罰制定法もエクイティによって拡張される」（1 Pl. 82［p. 130］傍点筆者）のである。

　彼の意見が旧来の制定法解釈原理と真っ向から対立するものであることは明らかであろう。当該事件においては、サンダーズ国王付高位法廷弁護士の見解は裁判官全員によって拒否されることになる。「制定法に関しては、全ての裁判官の意見は以下の点で一致した。当該制定法はエクイティによって解釈されるべきではない。なぜならそれは刑罰法規であるからである。なるほど、それは偽証や圧迫を避けるために制定されたのではあるが、それにもかかわらず、様々な書物で判示されてきたように、エクイティによって拡張解釈されるべきではない」のである。「制定法の文言はその作成者の意図に従って恩恵的に［拡張］解釈されることはあるけれども、処罰に値する大罪を罰するために作成され、またコモン・ローによって課される処罰の厳しさを増大させる諸制定法は刑罰法規であって、エクイティによって拡張されるべきでない」（1 Pl. 86［pp. 137-138］）というのが「この点に関する全ての裁判官の意見」であったのである。

　サンダーズの立場はコモン・ロー上の権利の縮減の問題についても一貫していた。立入権に関して、スタンフォード裁判官が「彼が文言に当てはまらないなら、エクイティによって該当させられるべきではない。なぜなら、当該条件は他人の立入権を奪い去るものであり厳格に解釈されるべきであるからである」と論じたのに対し「サンダーズは、この点について、当該法は〈公共善のため（pro bono publico）〉のものであるからという理由で彼に反対した」（1 Pl. 177-8［pp. 273-274］）のである。

554

　かくのごとく、15世紀後半以降の立法者意志説とその解釈に占める前文の位置の重要性の増大、さらには公共善という時代の理念によって加えられたさらなる強調にも拘わらず、それは直ちには刑罰的法規やコモン・ローを縮減する新法の拡大解釈を許すものとはならなかったのである。この中世末の制定法解釈論の強固な枠組みをアリストテレスのエピイエイケイア＝エクイティ概念を再導入することによって新たな立法解釈論を展開することで打ち破ろうとしたのが、このサンダーズの議論を報告した上記判例集の著者プラウドゥンであった。

　《制定法解釈原理としての「新たな」エクイティ概念》
　テューダ期諸立法の増加は新たな制定法解釈の問題を提起した。法曹院でも最近の立法の講義が開始されるようになり、国王印刷人による制定法の出版が開始されるのも、こうした新たな制定法の運用への関心の高まりを示していた。同様に裁判所での議論に対する関心も、令状問題から制定法解釈問題へと移っていく。クックに先だって近代的個人名判例集の祖となったプラウドゥンは、アリストテレスに依拠しつつ、中世末以降展開されてきた、制定法上のエクイティ equity of the statute に代わる理論を提供せんとしていた。[14] 彼の『判例註解（Commentaries）』と題された判例集では、冒頭のReniger vs. Fogossa 事件をはじめ、多くの事件において、この制定法解釈論についての裁判官をはじめ有力法曹の意見が中心的論題として集められたのであり、そこでの議論の焦点は、まさに立法者の意図はどこにあったかという点にあった。前述のサンダーズ国王付高位法廷弁護士の見解の報告も彼の関心の在り方を反映していたのであり、また、前述の如くメイトランドを驚かした「国王の二つの身体」論が彼の判例集で展開されるのもこの国家法としての制定法解釈論と深く係わっていたのである。[15]
　プラウドゥンは、これらの判例集に集められたコモン・ロー法曹の制定法解釈に関する論争をまとめる形で、自らの制定法解釈論を Eyston vs Studd 事件の註として詳細に論じることになる。その際、彼が立法解釈論の中心に据えたのが、ベイカーによって「16世紀人文主義法学者の著作における支配的で実り多きテーマ」と称されたエクイティ（Aequitas）の概念であったの

である。彼は既に 10 年ほど前の Stowel 事件で Catline 裁判官がアリストテレスの『倫理学』におけるエピイエイケイア概念を引用しているのに注目していた。プラウドゥンはこのアリストテレスが『倫理学』『弁論術』において展開した具体的正義としてのエクイティ概念のもとにコモン・ローの制定法解釈原理の統合と再編をはかっていく。⁽¹⁶⁾

「エクイティは、ラテン語で Equitas と称されるが、その裁量に従って文字を拡張したり、縮減したりする。そのエクイティには二つの方法がある」として、エクイティを制定法の拡張解釈原理としてのみならず、制限的解釈原理としても展開していく。すなわち、二つあるエクイティの方法の内の一方は「（Catline 裁判長によって Stowel 事件で言及されたように）アリストテレスの定義に従えば『エクイティとは一般的に通用している法律の部分的欠陥の匡正である Equitas est correctio legis generatim latae qua parte deficit』。また、ペリオニウス（Perionius）によって説明された文章によれば、『エクイティとは法に加えられた修正であって、法律の例外無き一般的包括性のゆえに、何かが法律に欠けているからである Equitas est correctio quaedam legi adhibita,quia ab ea abest aliquid propter generalem sine exceptione comprehensionem』ということになるが、両定義ともに同一のことである」。彼はこの新たな制限解釈原理としてのエクイティ概念を定着させるためにコモン・ローの解釈方法論との調和をはかっていった。

「この一般的な文言の匡正は、イングランド法ではよくなされていること」なのであって、幼児、妻、精神障害者等への刑事法の適用除外は、まさに「法律の一般的文言がエクイティによって訂正され、縮減される」例として挙げられることになる。（2 Pl. 465［pp. 695-696］）実際、未成年、妻、精神障害者 non compos mentis を刑罰規定上の「人」の概念から排除することについては、既にコモン・ローの確立した解釈原理であったのである。⁽¹⁷⁾

このようにプラウドゥンは確立したコモン・ロー上の制定法解釈原理にアリストテレスのエクイティ概念を連結することによって、その概念を一般的な制定法解釈原理に高めていったのである。「議会制定法の文言の範囲内にはあるのだが、当該法律の目的 Purview の範囲外であるので、しばしば一定の合理的理由に基づいて法文の一般性に対する例外を提出する、ある者に

は Epikeia と称されるエクイティによるものなのである」。「経験が教えるところに従えば、如何なる立法者も将来生ずる全ての事を予見し得ない。それ故に、法律になんらかの欠陥がある場合には、エクイティによって修正される reformed べきである。この衡平は法律の一部ではないが、法を匡正するある種の道徳的徳なのである」。

そして、このように革新され、一般化されたエクイティ概念が再びコモン・ローと結びつけられる。「わが法の賢明な裁判官達は法律の文言が峻厳な場合には、そのエクイティを活用してきたことは大いに賞賛に値することなのであります。といいますのは、それによって、かれらは法文の苛酷さを和らげ、その法律を耐え得るものにしたからです」(2 Pl. 467-468 [p. 698])。かくして、厳格な法適用の緩和のための概念装置としてのエクイティ乃至は「良心」と結びついた概念としてのイングランドに特徴的なエクイティ概念とアリストテレス的なエクイティ概念との接合がはかられたのである。

『対話』冒頭で批判の対象となったエクイティについての格言は、まさにこのクックがプラウドゥンを通してアリストテレスから受け継いだのは、この制限的解釈原理としてのエクイティ概念、すなわち、具体的正義の実現に係わって、一般的法の文字通りの厳格な適用を緩和するためのエクイティ概念であったのであった。この法格言は、本来は法律の一般的文言の個別的、具体的事件への適用にあたって発揮されるべきエクイティの法文に対する制限的解釈機能として「匡正」という言葉が使われたのであり、法律の法文それ自体の修正について論じているわけではない。それ故、ここでのクックの主張は、ホッブズが『対話』の制定法解釈論で、文理解釈ではなく立法者の意図に従うべき場合として「全ての一般的ルールにはルールが予期し得なかった多くの合理的例外がある」(DL p. 84)と「哲学者」に主張させた、制定法の具体的事件への適用におけるエクイティの働きについて論じたのと類似した議論を展開したにすぎなかったのである。

しかし、この解釈原理が制定法の文言からの適用除外の具体的な例から切り離され、格言形式にまで高められたときには、実際の法律の修正原理と誤解されるおそれは十分にあった。しかも、プラウドゥンにおいては、エクイティは「法律の一部ではなく」「道徳的徳」であったのであるが、クックが、

さらにすすんでエクイティを「完全な理性」と称したとき、一層ホッブズに近づいているのである。それ故にこそ、この理性を「Artificial な理性の完成」と主張されたときに、ホッブズは、後述のごとく自らも展開しつつあった「自然的理性としてのエクイティ」による制定法解釈論との衝突を感じざるをえなかったのではないだろうか。

この衝突の危険性は、むしろエクイティの制定解釈原理としてのもう一つの側面、拡張解釈原理としての側面においてより大きかったように思われる。プラウドゥンによれば、「もう一方のエクイティは前者のものとはほとんど異なって、全く反対の趣旨で以下の如くも定義されうるのである。『エクイティとは法の文言の効果的な指示であって、法の文言上はただ一つのことしか保護されていない場合でも、それと同類の性質の他の全てのことがその文言によって保護されているのである Equitas est verborum legis directio efficacius, cum una res solummodo legis caveatur verbis, ut omnis alia in aequali genere eisdem caveatur verbis.』」。かくしてエクイティは前者の制限的乃至は縮小解釈原理としてではなく、法文の規定を立法者が思いも及ばなかった事例や、立法者が明文では特定しなかったが、意味上は意図していたと想定される類似した事件に適用される拡張解釈原理としても幾能することになるのである。

ここでも、アリストテレスと従来のコモン・ロー上の制定法解釈原理との調和がはかられる。「この定義はブラクトンの以下の定義と一致するように思われる。『エクイティとは等しい原因には等しい法が望まれることについて合意されたこものであって、全ては正しく均等にされ、エクイティは平等のごとしと称される Equitas est rerum convenienta quae in paribus causis paria desiderat jura,et omnia bene coaequipare,et dicitur equitas quasi aequalitas.』。それ故、制定法の文言が一つのことを定めるときには、同類の他の全てのものについても定めているのである」(2 Pl. 467 [p. 698])。

この拡張解釈原理としてのエクイティは、ある意味では、中世以来の「制定法上のエクイティ」の後裔でもあるのである。そしてこの限りにおいて、この拡張解釈原理としてのエクイティ概念もクックによって受け継がれる。格言形式に纏められる直前のクックの説明によれば、「『エクイティ』とは、

ある制定法が作られた同じ弊害、原因の範囲にありながらも、同法の文言外にある事例を、その制定法が与えているのと同じ救済の範囲内に含めるために裁判官によってなされる解釈である。その理由は、法律の作成者達が全ての事例を明文で規定することは不可能であるからである」。この後に『ブラクトン』の格言が続くことになるのである。しかし、プラウドゥンのなした旧来のエクイティ概念に代わる新たなエクイティ概念の導入の意義は、クックのこの定義からは伝わってはこない。実は、プラウドゥンによる、この新たなエクイティ概念の導入の意義は、この一般化されたエクイティ概念を次に述べる立法者意志の確証方法論と結びつけることによって、既にコモン・ロー上の概念として成立していた適用原理としての「制定法上のエクイティ」概念の限界を打ち破ることにあったからである。プラウドゥンは立法者の意図の探求方法として、以下のごとく仮想の立法者を措定して質疑応答することを勧める。

「法律の文言の範囲内であれ、範囲外であれ、貴兄がその文言の平易で自然な意味内には直接には当てはまらず、どうも当該法文が明文で表しているものとは異なった風に理解されるような事件にぶつかることがある。そのような場合には、あたかも当該法の作成者と現実に会話しているかのごとく、質問を提出し、それについての答えを得るのが良い方法であり、こういう手段によってこれらの事件において何がエクイティであるかを容易に見出し得るでしょう。そして、当該立法者が法律の文言にもかかわらず、エクイティに従った場合には、(アリストテレスがそうなしうると言っているように、というのは彼によれば、それは『もし、立法者が現存したとしたら、思い出し、またその様な法を定めたであろうこと quod etiam legislator, si adesset, admoneret, etiamsi jam legem talisset』であって)、あなたも同じことを安全になしうるのです。なぜなら、貴兄は立法者が為したであろう以上のことは為したわけではなく、また法律に反してではなく、法に一致するように行動したからである」。プラウドゥンは立法者意図の確証の問題をアリストテレスに依拠しつつ以上のように論じた後、彼の長い註を以下のように締めくくる。「エクイティは刑罰的法規とそれ以外の法との如何なる区別も知らないのであって、刑罰的法においても他の法と同様に(前述のような質問と答え

による探査方法を追求する全ての人にとって明らかなように、エクイティが
唯一尊重するものである）意図こそが従われ、法と解釈されるべきである」
（2 Pl. 467［p. 699］傍点筆者）からである。ここに至ってプラウドゥンの新
たな立法解釈論の歴史的意義は明白となってくる。従来のエクイティ概念を
アリストテレス的なエクイティ概念によって強化し、再編することによって
目指されていたのは、旧来の立法解釈論（「制定法上のエクイティ」）に加え
られていた法解釈学上の制限を突破することにあったのである。

　なるほど、前者エクイティ概念によって一般的刑罰法規の具体的事件への
適用において生じる苛酷さは緩和されるとしても、ルネサンスの春風の中、
この衣更えした新たなエクイティ概念を纏った立法者意志の前には、厳格解
釈論を支えていた旧来の立法区分は無益なものとなってしまうのである。こ
のプラウドゥンの抽象的なエクイティ概念は、ある意味ではホッブズのエク
イティ概念に相当近づいたものとなる。しかし、それ故にこそ、ホッブズは
このようなコモン・ロー法学における制定法解釈原理としてのエクイティ概
念の拡大が、解釈の枠を踏み越えたものとなる危険性を感じざるを得なかっ
たのであり、またそれが Ratio Legis として主張されるときには、ホッブズ
自身のエクイティ概念がそれによって弾き飛ばされる危険さえあったのであ
る。『対話』冒頭の Artificial Reason 批判がクックのエクイティ概念批判から
はじまったのはその故であった。

　しかし、クックは、プラウドゥンの判例集を高く評価し、また、表面的に
は、プラウドゥンのエクイティ概念を受け継ぎながらも独自の制定法解釈論
を法学的に打ち立てていくのである。

《ヘイドン事件の歴史的位置——拡張解釈原理の完成》
　プラウドゥンの立法者意志理論は簡明ではあったとしても、確立した制定
法解釈準則を打ち破って、事実上解釈者たる裁判官の裁量にすべてを委ねる
ほどの十分な説得力をもつものではなかったと思われる。この拡張解釈原理
の問題を、それが問題となる強化されつつある公共善概念との関係で最終的
な解決案を提出したのが、有名なヘイドン事件で公式化された制定法解釈準
則であった。

このヘイドン事件は旧来のコモン・ローの弊害を是正する新法の解釈問題であると同時に、法文上は直接に規定されていない謄本保有地への類推適用を認めるか否かという拡張解釈の是非が争点となる事件であり、「弁護士や裁判官達の間でしばしば討議されていた大問題」を解決するための格好のテスト・ケースとなったのである。財務府裁判所裁判官達によって「解決され」、後に「弊害準則 Mischief rule」として知られるようになった、この著名なコモン・ロー上の制定法解釈原理の公式化は以下のごときものであった。

全ての一般的制定法の確実にして真なる解釈のためには――［当該制定法が］刑罰的であれ、恩恵的であれ、また、コモン・ローを制限するものであれ、拡張するものであれ――以下の四つの事情が確認され、考察されねばならない。

1. 当該法律作成前のコモン・ローはどうであったか。
2. コモン・ローが救済し得なかった弊害乃至欠陥は何であったか。
3. コモン・ウェルスの病害を癒やすために議会は如何なる救済手段を決定したか。
4. その救済手段の真の理由は何か。

あらゆる裁判官の職務は弊害を抑制し救済を広げることであって、弊害を長引かせるための、また〈私的な便宜のため pro privato commodo〉の新たな技巧や脱法行為を抑圧し、法律の作成者の真の意図にしたがって、〈公共善のため pro bono publico〉に、その治療と救済手段に力と生命を加えることである。 　　　　　　　　　　　（3 Co. Rep. f. 7b. ［p. 638］傍点筆者）[18]

この制定法解釈準則の本来の歴史的意義が、刑罰法規やコモン・ローを縮減する新法の拡張解釈に加えられていた制定法解釈原理上の旧い制限が、公共善の実現の名の下に取り払われたことにあることは、前述までの議論より明らかであろう。プラウドゥンとの相違は、立法者の意図を確認する手段として、「立法者が現実に存在するとして」、解釈者が提起し、答えられるべき「質問」を解釈者個人に委ねるのではなく、客観的基準として明らかにした点にあるのであって、この基準を通して、制定法解釈には普通法の政策が読み

込まれるべきであるとする従来の解釈理論と立法者意志との調和がはから
れ、新法のコモン・ロー法体系全体への矛盾なき組み込みが目指されること
になるのである。

　クックがこの公式化を気に入っていたことについては、判例集第4巻序文
で、今度は立法論として同趣旨の議論を展開していることからも明らかであ
ろう。

　立法にあたっては「現在の法律の真の意味、文章の理解、及び当該問題に
ついて過去の法律が何処まで規定していたかということについての理解」
「時、場所、人、その他の点に関して、とりわけコモン・ウェルスにふりか
かった危険乃至妨害の諸原因は何であったのかを経験によって看取するこ
と」「対応する救済方法が、過去の欠陥を癒やすために適用された場合に、
将来より危険な結果を引き起こすことのないように予見すること」(4 Co.
Rep. Pref. xvii) が重要なのである。[19]　また、「議会制定法が、古の流儀にした
がって、しかも、当該問題に関して議会制定法作成以前のコモン・ローが何
であったか、また以前の制定法が経験上発見された以前の誤り、欠陥に対し
てどの程度まで救済方法を規定していたかを、完全に知っている人のみに
よって起草されたならば、法についての疑問はほとんど生じなかったであろ
う。学識あるものは、現在やっているような、意味不明な、相矛盾する文
言、文章、但し書の相互間を法の解釈によって調和、調停せしめようとして
複雑に思考を巡らすこともそれほど必要でなくなろう」(2 Co. Rep. Pref.
viii)。

　クックの制定法解釈論のホッブズにとっての危険性は、エクイティの定義
にではなく、むしろこのヘイドン事件の公式化にあった。なぜなら、クック
が立法論として同様の議論を展開したように、ヘイドン事件の公式化におい
ては制定法解釈論と立法論が混同される危険があったからである。ある意味
では公共善に関する議論が精緻化されればされるほど本来立法論としてある
べき公共善判断の問題が、裁判官に委ねられてしまうことになるからである。

　なるほど、「法の単なる語に伴って生じる不都合さは、彼を法の意図にま
で導き、それによって同じものをよく解釈するようにさせうる」としても、
「とはいえ、どんな不都合があっても、法律に反する判決文を与えることは

許されない」と論じるとき、ホッブズは単に解釈の限界を論じているわけで
はない。解釈の限界であるとすれば、判決によって「一般的判決文たる議会
制定法」を覆せないとする先例主義批判で使われた論理で十分であった。
ホッブズの批判はそこにではなく、裁判官に公共善の判断を委ねることに向
けられていたのである。「なぜなら、正邪に関する裁判官は、いずれも何が
コモン・ウェルスにとって好都合かということの裁判官ではないからである」
（LV Pt. II Ch. 26 p. 268）。この背後には、公共善判断は立法＝行政的問題で
あって、仲裁者の正義としてのエクイティを基礎とする司法的枠組みにおい
ては決定しえない問題だという認識があるのである[20]。

　紛争解決のための法としては仲裁者の正義としての公平、このような臣民
間の紛争解決こそが中世において国王の担っていた重要な公的役割であっ
た、しかし、絶対王政期には、単に紛争解決ではなく国家経営が国王行政の
枢軸を占めるようになってくるのであり、この国家経営の手段として成文法
が利用されるようになるにしたがって法観念そのものの変化が生じて来ざる
を得なかったのである。

　この国家経営手段としての法は、中世の人定法概念がそうであったように
永遠不変の正義としての神法乃至は自然法から区別され、正義にではなく便
宜に基づいて制定されるものであった[21]。しかし、中世においてはこれらの人
定法が具体的個別的紛争解決のために、乃至は、多発する紛争の解決のため
に予防法学的に制定されたに過ぎないのに対して、絶対王政期には国家経営
のための独自の政策目的を持った包括的立法が増大することになる。これら
の議会制定法の地方慣習法や既得権への優位を明らかにするために、地域的
公共性に対する国家的公共性の優位を求めて、ギリシア・ローマの古代国家
を支えた哲学へ、さらには公共善概念それ自体への注目が復活してくるの
は、この故であった。ベイコンが従来の統治のための学問体系の中に欠けて
いると考えたのは、このような立法のための学問であった[22]。

　このように、人定法の正当性根拠が強化されるにしたがって、便宜に基づ
いて制定されたに過ぎない人定法が、また、その内容によってではなく制定
され公布されたという形式的事実によって法的効力を持つことになった人定
法が、あたかも正義に基づいて法的効力を持つかのごとき錯覚を与えること

に繋がっていく。これによって、本来あるべき治政の学と正義の学の区別が曖昧なものとされるのである。紛争解決手段としての法と国家経営手段としての法では、同じ法という名称で呼ばれたとしても、そこで働く原理も機能も異なっているからである。

　こうした、新たな強化されて出現してくる法概念にホッブズとクックの対立の根があったのであり、ホッブズはテューダ期に展開してくる新たな法解釈理論が、裁判所に公共善判断を委ねることによって、主権者による統治＝行政が、従来の正義＝法概念の統制下におかれることに恐れを抱いていたのではないだろうか。実際、エルズミアがクックは国王裁判所に『政府自体に対する監督権』を与えようとしていると批判したように、クックが発展せしめた大権令状を通してなされた王座裁判所による地方政府機関の監督こそが法の支配乃至イギリス型近代行政の基礎となっていったという意味では、この危惧は当たっていたのである。[23][*7]

制定法解釈学としての判例法学

　『対話』におけるコモン・ロー法学へのもう一つの批判「コモン・ロー裁判所の判決の矛盾」についてはクックも同意したであろう。

　クックの判例集は、「［従来の判例集で］全国にかかわる議会の一般的諸法律の、いまだ解説されていない一定の主要な問題についての真の解釈のより良き理解のために」、また、「以前にリポートされた判決や決定の真の意味と理由のより良き理解のために、且ついまだ未決定のままに残っている疑問の解決のために」（3 Co. Rep. p. xxxi）企画され、出版されたからである。「未解決の諸問題、多様な意見」があることは当然の前提であったからであり、それらを解決することこそが判例集の出版の目的であったからである。前述のヘイドン事件も制定法解釈問題における法曹間の意見の対立に一つの解決を与えるものであった。

　このような、裁判を通しての法解釈の統一によって法の確実性を確保することこそ、クックの判例集の出版目的であったのであり、また彼の科学としての法学の方法であったのである。クックは制定法解釈論を扱った『法学提要 第2部』序文で、前述のホッブズの「法註解書」に対する批判「註解は本

文以上にあら捜しの対象となりやすく、それ故にさらなる註解を必要とする
ようになり、この様な解釈は際限の無いものになってしまう」に同意しつ
つ、それを克服する方法としての判例法学の方法の利点について以下のよう
に論じているのである。

　「ローマ法の法文に関しては、余りに多くの註釈 glosses、解釈 interpretations
があり、それに関してまた極めて多くの註解 commentaries がある。これらは、
すべて同等の学位と権威を有する法学博士達によって書かれたものであり、
そこには極めて多くの多様な意見がある。彼等は疑問や不確実性を解決する
ためというより、それらを増やすために注釈しているように思える。この立
派な学問の教授達が述べるには、荒波に満ちた海のようなものなのである。
これらの註釈、註解と我々が公刊する本書との相違は、彼らの註釈や註解
が、ローマ法法廷弁護士でもある法学博士達等によって書かれたもので、そ
の意味で私的な解釈方法によるものであるのに対し、マグナ・カルタや他の
制定法についての我々の解説 expositions 乃至註解は、司法過程における裁
判所の裁判官による解決であり、我々の書物［＝法廷年報］で報告され、そ
れに関連付けられたものであるか、訴訟記録に存在するものか、もしくは、
双方で確認できるものかである。それ故に、一緒に集められると（我々の考
えるに）確実性を生み出すことになる。これこそが安息と平穏の母であり看
護師なのである。それらは決して荒波のようなものではなく、『熟達者が信
頼する波止場である Statio bene fida peritis』。なぜなら、『判決は法の託宣
の如きものである Iudicia sunt tanquam Iuris dicta』からである」（2 Inst.
Proem）。このように、クックにとっては判例を通して、学問的理性と公的
権威との統一を生み出していくことこそ確実な法への道であり、この判例法
学的方法こそが成文法解釈学のあるべき姿なのであった。

　もちろん、このような判例集も註解としての性格を持つに過ぎない。しか
し、このように司法過程を通して法解釈の学問的な統一が進めば進むほど、
裁判官の法解釈の枠も狭められて来ざるを得ない。ホッブズのコモン・ロー
法学への第三の批判、コモン・ロー法曹は「何がエクイティたるかについて
無知であって、古代の裁判官が理性にではなく帝国法に頼ったように、自ら
の胸にではなく、先例に頼る」は、まさに、このような制定法解釈の判例法

学的方法への批判であったのである。

「哲学者」は具体的法分野としての刑事法論批判に移る手前で、クックのエクイティ概念批判に始まった『対話』の議論を振り返り、自分はクックの定義からそれほど遠く離れていないのであって、若干異なった解釈を与えただけであるとして、以下のごとく理性法論、主権論、裁判所論を通して展開された議論を総括する。「正義とは法律を実現することであり、エクイティとは法律を解釈し、法律に基づいて与えられた判決を修正することである」「法律を作った者以外は何人も法律を修正し得ない。エクイティは法律ではなく、誤った判決を修正する」（DL p. 87）のである。ホッブズにとっては、次に具体的法分野としての刑事法におけるコモン・ロー法学批判へと踏み込んでいく前提として、クックの判例法学的方法に対する彼の自然法学的方法の優位の主張を最終的に明確にしておく必要があったのであり、これによって自らの自然法学の判例法学に対する批判法学的位置が確保されるのである。

しかし、不文法論としてではなく、成文法解釈論において、この自然法論が占める位置を明確にするためには、ホッブズの主張する立法者意志説、仲裁者の正義＝エクイティに基づく成文法解釈論は如何なるものであったかという問いがあらためて発せられねばならない。

成文法の欠缺ともう一つの Artificial vs Natural Reason 論

ホッブズの法解釈論、「法の文字と意味」が峻別されること、「文理的解釈によって意味される法ではなく、立法者がそれによって意図したことが効力を持つべきである」ということは、法＝主権者命令説を採るホッブズにおいては当然の主張なのであるとともに、その限りにおいてはコモン・ロー法学上の成文法解釈論との対立はない。

しかし、同じ立法者意志に従った解釈といっても、ホッブズのものとコモン・ロー法学上の立法者意志説とは大きく異なっていた。

先ず、前述のごとく、コモン・ロー法学において重視されるようになった立法意志を確証する上で枢要な位置を占めることになったのが、大陸における制定法解釈論でも重視されていた立法目的を述べた前文、さらにはヘイドン事件で公式化された立法理由となった弊害、既存のコモン・ロー等の制定過程

の考察であった。その意味では、立法者意志は、まさに法学的に＝Artificial に確証されるべきものであった。ホッブズも『対話』で「哲学者」に「法の意味や趣旨から離れることさえなければ、安全に文字から離れることができるのであって、そのようなことは（通常裁判官がそうであるように）学識ある人は立法の序文、制定時期や、制定理由となった不都合から容易に見出すことができるのです」（DL pp. 6-7）と答えさせているのである。

しかし、それにもかかわらず、同じく『対話』における議論が示すように「これら［制定法の前文や跋文］は当該法律の一部ではなく、このような事件に関する古の慣習に関する意見に過ぎず、さまざまな時代の、さまざまな法曹達の意見から生じてきたものであり、何を命ずるものでも、また禁じるものでもない」（DL pp. 64f.）ということが、より一層重要なのである。

ホッブズからすれば、コモン・ロー法学者の制定法解釈論における前文の重視は、他方では、本来法の正文たる本文の規定と前文との区別を曖昧にし、後者を法と混同させる危険を含んでいるのである。前文は法の正文たる本文の規定とは異なり、科学としての法解釈学の確実な基礎たりえない。この主張の背景には立法目的を重視するコモン・ロー上の立法者意志説が、必ずしも法＝主権者命令説にではなく、むしろ、Artificial Reason 論に結びつく傾向にあったことへの警戒があったのかもしれない。「制定法の生命は、文言の解説者達、即ち、制定法の作成者達の精神の中にあるのであるからである。それが散逸してしまっていて、彼らの精神が知られない場合には、彼らの精神に最も近く接近しうる人々が解釈すべきであり、これらの事柄の研究にその才能を発揮している法の識者達こそがその人々である」というコモン・ロー法曹の見解があったからであり、ホッブズが「誰が起草しようと、イングランドでは国王が立法者である」（DL p. 11）として制定法の起草者と立法者を峻別する理由もこのようなコモン・ロー法曹の立法意志説が念頭にあったのであろう。

それでは、ホッブズにあっては立法者意志は如何にして確証されるのか。ホッブズもこの立法意図の確証の困難性を認めている。「この意図を制定法の文言から拾い上げることについては、多くの場合、困難な作業であって、新たな法で救済が必要とされた不都合、具体的事情についての、非常な考察

と思索、さらには理解力を必要とすることを認めよう。なぜならば、真の原因が忘れ去られたとき、無知な文法家や粗探し屋の論理学者によって、ねじ曲げられてしまわないほど明確に成文化されたような立法は希であって、そのために正直な人が侵害され、抑圧され、はたまた滅ぼされてしまうからである。それ故にこそ、裁判官は彼らの享受する名誉と利益に値するのである」（DL p. 82）。しかし、「法学徒」の「文理解釈が立法者の意図に反するのはどの様な場合か」という問いに対し、さしあたりクックの『法学提要』に依拠しつつ「非常に多い。クックによれば詐欺、偶発事故、信義則違反（4 Inst. p. 84）である」と答えつつ、「しかし、上記三つの場合以上にある、なぜなら、全ての一般的ルールにはルールが予期し得なかった多くの合理的例外があるからである」（DL p. 83）としてアリストテレスの個別的正義としての公平論に由来する一般論を論じるにとどめているのである。このことは、「全ての裁判所が衡平裁判所であってよい」とするホッブズにとっては当然のことかも知れない。

　『対話』において明らかなように、立法について説明するのは法廷弁護士であるからである。言い換えれば、裁判官には制定法の知識すらも必要ではなく、弁護士が主張する法解釈を参考に、最も自然的理性に合致する判決を与えればよいのである。裁判官に必要とされる能力は「第一に、エクイティと称されるかの主要な自然法の正しい理解」にあるのであって、「それは他人の書物を読むことにではなく、その人自身の自然的理性の善良さと熟慮に依存しているのである」。

　『リヴァイアサン』での制定法解釈論では、「立法者の意図は、常に公平であると想定されるのであって、裁判官が主権者の意図と違った考え方を持つのは大きな傲慢である」と主張される。かくのごとく、立法者である主権者が常に公平であるという仮定の下に、立法者意志説と自然的理性＝エクイティによる解釈とは合致することになる。まさにホッブズの言うようにエクイティは人工的＝擬制的理性なのである。

　それ故に、コモン・ロー法学上の立法者意志説が、立法以前の法としてのコモン・ロー及び立法理由となった弊害等について当該制定法前文を手掛かりに客観的に確証していく、まさに学問的な、その意味では Artificial な手

続を意味したのに対し、ホッブズの立法者意志説とは、裁判官はエクイティ乃至は Natural Reason に従って解釈すべきであるというのに等しいのであって、立法者たる主権者の意図に沿った法解釈の学を目指さねばならないはずが、実際には、その言葉とは裏腹に、自然的理性＝エクイティに従った解釈という、通常の意味での立法者意志説とは縁もゆかりもないものとなってしまう。否、以下の主張を聞くとき成文法解釈という枠に当てはまるのかということすら疑問となってくる。

「法の語が合理的な判決を十分に権威付けないならば、自然の法を持ってそれを補うべきである」、なぜならば「特別な法が定められていない」場合「何の救済もないとすれば、それは立法者の意図に反すると想定されるからである」（LV Pt. 2 Ch. 26 pp. 267-268）とする主張は、実際上は、成文法解釈論というより、丁度、中世末ローマ法学者達が成文法、確たる慣習を欠く場合のローマ法の普通法的補充効力を主張したのと同じように、自然法の普通法的補充効力について論じたものと変わらなくなってしまうのである。このように、立法者の意図が常に公平であると擬制される限りにおいて、成文法解釈論は不文法解釈論に近づくことになる。ここに制定法解釈学として自然法学が復活してくることになる。「法律を作ったもの以外は何人も法律を修正し得ない。エクイティは法律ではなく誤った判決を修正する」（DL p. 87）というのは、他方では、自らが自然法学化させてしまったホッブズ自身の制定法解釈学に加えられるべき限界でもあったのである。

実際、もう一つの Natural reason vs Artificial reason の対立が生じていたのがこの補充的効力論の分野においてであった。シヴィル・ロー地域たるスコットランドとの同君連合の成立によって生じた一連の法律問題がステュアート期の法学の重要な関心となっていくのであるが、この同君連合は両王国の法の併立・統合という法理論上の新たな問題を提起するとともに、直接的には、とりわけスコットランド人の国籍、及びイングランド法上の権利能力の問題が重要な争点となって浮かび上がってきたのである。カルヴィン事件はまさに、この新たな法律問題の解決のためのテスト・ケースとして十全な議論が闘かわされることになったのである。[24] 制定法の欠缺に関する興味深い議論が闘わされたのもまさにこの事件においてであった。

第7編　近代自然法学とコモン・ロー法学　569

　さて、我々は以前の諸例、諸決定、諸判決を検討すべき場にきた。ここ
では二つの点が考慮される。第一に我々の書物において、どれほど多くの
事例が当該事件に関して準則を示しているか（over—rule）である。なぜ
なら、〈同一の理由のあるところには同一の法があり、その類似のものが
法となる（ubi eadem ratio ibi idem jus, et de similibus idem est judicium)〉
からである。第二は〈最終的に〉、法律の明文、類似事件の例、先例を欠く
場合には、（幾人かによって異論が出されたのだが）、我々は自然的理性に
よって当該問題を決定せざるを得ない。なぜならば、〈成文法の規定が無
い場合には、風習及び慣習から引き出されたものが遵守されるべきであ
り、それを欠く場合には理性によるべきである（si cesset lex scripta id
cusutodiri oportet quod moribus et consuetudine inductum est, et si qua
in re hoc defecerit, recurrendum est ad rationem)〉と言われてきたから
である。
　しかし、この議論は三重の反論にあった。第一に、この様な法準則は、
コモン・ローにもシヴィル・ローにもない。シヴィル・ローにおける真の法
準則は、〈成文法に規定が無い場合には風俗及び慣習から引き出されるも
のを遵守しなければならない、もしそれも欠く場合には、それに最も近い
もの、それから類推されるものを遵守すべきである。それでも明らかでな
い場合には、ローマで用いられていた法によるべきである（Lex scripta si
cesset, id cusutodiri oportet quod moribus et consuetudine inductum est,
et et si qua in re hoc defecerit, tunc id quod proximum et consequens ei
est, et si id non appareat, tunc jus quo urbs Romana utitur, servari
oportet)〉というものである。
　次に上述の想像上の法準則は、[以下の如く]正しく、合法的に理解され
る場合には真理を表すものとなりうる。もし貴方が〈理性（ratio)〉とい
う語によって勤勉な研究と長期に亙る経験と観察によってこの国の法を修
得した法的な奥深い理性を意味するものであれば、その様な理性から当該
事件を裁決（rule）しうるのであって、その様な意味では上述の法準則は
真理である。しかし、最も賢明な人であれ、イングランド法の専門家でな
い人の理性を意味するとすれば、その様な法準則は馬鹿げており、危険で

ある（というのが私の意見である）。なぜなら、〈誰であれその術に経験を
積んだ者は信頼されるべきである。それは各々がこの様に訓練しているこ
とを知っている人々であって、その術を十全に探求したと認められた者の
賢慮を承認するのが全ての人の習わしである―アリストテレス『トピカ』
第1巻第6章（cuilibet in sua arte perito est credendum et quod quisque
norit in hoc se exerceat. Et omnes prudentesilla admittere solent quoe
probantur iis qui sua arte bene versati sunt, Arist. 1 Topicorum cap. 6)〉
からである。

　さらに、当該問題を決定する真の曇り無き理性として、イングランド法
には数多くの例、先例、判決、決定があるのである。

(7 Co. Rep. 18b [pp. 399-400][(25)])

　クックにとっても法源論上の制定法の優位については、議論の余地が無い
のであって、問題は制定法を欠く場合である。カルヴィン事件の議論それ自
体に即してみれば、法源論として、制定法＞慣習法＞自然的理性か、それと
も制定法＞慣習法＞法学的理性かということになる。しかし、この議論を
ホッブズ的立場から据え直せば、不文法はすべて自然法ということになり、
他方でクックの立場からすれば慣習法は判例によって確証されるということ
になるのであるから、結局、制定法を欠く場合に、判例を通して確証される
不文慣習法としてのコモン・ローによるべきか、自然的理性乃至エクイティ
によって確証される不文国家法としての自然法によるべきかという不文法レ
ヴェルでの対立となって現れることになるのである。この法学方法論上の対
立は、不文法としてのコモン・ロー法学とそれへの批判としてのホッブズ的
不文法学の主張において一層明瞭となって現れるのである。

注

(1)　この裁判官と弁護士の能力の峻別が、『対話』における「哲学者」の「1, 2カ月で裁
　　　判官の職を引き受けることができるようになる」という主張につながるのである。
　　　もっとも、ここでは、弁護士の職業を諸法の研究として註釈学を念頭に置きつつ肯定
　　　的に評価しているように思えるのだが、『対話』では、「法学徒」の「下手な訴答弁護

第 7 編　近代自然法学とコモン・ロー法学　571

人になるにすぎない」という批判に対して「訴答弁護士は通常依頼人の利益になるために必しうる全てのことを述べるべきだと考える。それ故に文言の真に意味するところから離れてその趣旨をひねりだす能力、陪審を、時には裁判官をも魅了する修辞学、そして他の多くの学問（Arts）の能力を必要とするのだが、わたしはその様なものを学んだこともないし、また学ぶ気もない」（DL p. 6）と手厳しい。

(2)　この後に、前述した土地登記制度の不在やコモン・ロー法曹の貪欲への批判が続くが、法学批判としては本文に示した３点である。最後に慨嘆されるコモン・ロー法書の「秘儀」「制定法、特許状、封土譲渡状、定期借地設定証書や他の証言の一語一語を精査し解釈する（Scan and Construe）能力」を行使しうる領域の広さへの皮肉交りの批判はこれら全体にかかっているのである。

(3)　よく例として挙げられるのが「全ての人は……上述の命令および制定法を……詐害密約、言い逃れ、技巧、工夫や言葉の解釈（Interpretation）によって……何等それに付加することも、欺くこともなしに……守り、遵守すべし」（10 Edw. III）として制定法の解釈を詐欺乃至詐害密約（Covin）と同列に扱った 1336 年法である。T. F. T. Plucknett, *Statute and Their Interpretation in the First Half of the Fourteenth Century* (Cambridge, 1922) p. 164. しかし、ここでは Interpretation という語それ自体が現在使われているのと異なった意味で使われていることに注意する必要がある。

Interpretation という語のこうした使用法はテューダ期にまで引き継がれる。例えばセント・ジャーマンは有名な『神学博士と英法学徒との対話』で以下のように論じた。「なるほど、時には、ある制定法の意図は明文の文字の拡張範囲以上に把握されることがあるが、如何なる意図も制定法の明文の文言に反して把握され得ない。なぜならば、そのようなことは、制定法の解説（Exposition）というより、解釈（Interpretation）であるからである」。その意味では解説（Exposition）の方が現代における解釈（Interpretation）の意味に近いのである。S. B. Chrimes, *English Constitutional Ideas in the Fifteenth Century* (Cambridge, 1936 [reissued New York, 1966]) p. 213.

プラクネット説の批判者ソーンによれば、Interpretation の語が法解釈を示す語として受容されるようになってくるのはプラウドゥンの判例集『註釈』以降であるとされている。S. E. Thorne (ed.), *A Discourse upon the Exposition & Understanding of Statute, with Sir Thomas Egerton's Additions*, (San Marino, 1942) p. 62.

なお本書に対する Plucknett 自身の再批判が、'Ellesmere on Statutes', *L.Q.R.* vol. 60 (1944) pp. 242-249 として出されている。

(4)　「制定法上の衡平」に関しては S. E. Thorne, *op.cit.*, pp. 42ff. なお、中世末の制定法解釈をめぐる議論に関しては、前掲クライムズの制定法及び制定法解釈論を扱った第３章（pp. 192-299）も参照されたい。

我が国では森岡敬二郎「『Statute』の解釋について——S. E. Thorne 教授の所説を中心に」慶應義塾大學『史学』34 巻 2 号（1961）が上記ソーン説を紹介している。また、前掲、石井幸三「コウクの法思想」では、「ボナム医師事件」の評価との関連で、ソーンの当該問題への制定法解釈方法論としてのアプローチを紹介している。また、望月礼二郎『英米法（第 2 版）』125 頁以降の制定法解釈の沿革は、概説書という制約

がある中で、ソーン説を要領よく纏めている。しかし、後期法廷年報期の発展がまったく無視されているのは気にかかる。

　なるほど、後述のごとく制定法解釈論の発展におけるプラウドゥン判例集の意義、テューダ期制定法解釈学の発展の意義は強調されるべきではあるが、クライムズが「補遺」として丹念に集めた法廷年報からの引用にあるように、16世紀の特徴とされる制定法解釈論の端緒が、「宗教改革議会以前に」、後期法廷年報の時代に形成されつつあったことを忘れてはならない。ソーンはテューダ期の変化を強調する立場から、「後期法廷年報時代の制定法解釈学の発展はたいしたものではなく、16世紀にはじめて裁判官の専門技術的道具となる」（p. 8）と論じ、これらの初期の例は「制限された曖昧なものであり、重要な役割を演じていなかった」が、「16世紀には広範で、顕著なものになり、しばしば引用されるようになる」（p. 39）と評しているのではあるが、ここでのソーンの立論はプラクネット批判との関係で16世紀とそれ以前の時代との区分に力点を置いているのであって、中世末の発展が無視されてよいわけではないのである。

　なお、中世末からテューダ期にかけての制定法解釈学の発展についてのソーンの一連の論文 S. E. Thorne, 'Statuti in the Post-Glossators', *Speculum* vol. 11 （1936 pp. 452-461, Do., 'Dr Bonham's Case', *L.Q.R.* vol. 54 （1938） pp. 543-552. Do., 'The Equity of a Statute and Heydon's Case', *Illinois L.R* vol. 31 （1936） pp. 202-17 については、S. E. Thorne, *Essays in English Legal History* （Hambledon, 1985） （以後 *EELH* として引用）に収められている。

(5)　　Chrimes *op. cit.*, Appendix no. 45, p. 366. この見解には Illingworth, Yelverton 等の当時の有力法曹が加わっている。

(6)　　とりわけ、Y.B. 14 Hen.7, Hil. pl.7. *EELH* p. 10, Chrimes *op. cit.*, p. 258, pp. 283-285, Appendix no. 104 p. 391.

(7)　　*Ibid.* p. 261, p. 366.

(8)　　2 Inst. Westminster I c. 20 p. 200, Gloucester c. 8 p. 31 等、Chrimes *op. cit.*, p. 259. ソーンによって紹介され、そしてプラクネットによって Thomas Egerton 後にクックの好敵手となる大法官エルズミアの若き日の著作と主張された『制定法解釈・理解に関する論説』こそがこうした発展の成果であった。

(9)　　後期註釈学派との対比については、ソーン前掲論文（*EELH* pp. 3-12）を参照。

(10)　Edmund Plowden, *Commentaries or Reports* （1571）, Pt. 1 f. 82, Pt. 2 f. 465 [pp. 130 -131, p. 695 in *English Reports*] （以下、本文中に （1 Pl. f. 82 [pp. 130-131]）、（2Pl. f. 465 [p. 695]） と略記。)

(11)　議会制定法の一般的（＝全国的）拘束力の形成過程を慣習法的特権地域としての旧王領地との関係で考察したソーンは議会主権の成長に伴う変化の過程を、旧王領地は一般的制定法には拘束されずという段階から、その移行形態として、法令の一般的文言は私権を破壊せずという理解に変わり、さらに最終的に、私権を侵害する制定法は裁判官によって注意深く検討され、その一般的文言は厳格に解釈されねばならないという近代的解釈原理へという道筋で描き出している。（Thorne, *Discourse*, p. 13-32）

(12)　ベイカー自身はルネサンス期における「公共善」理念の果たした役割を重視し「イ

ングランド・ルネサンスの最も普遍的な倫理的、政治的概念」であったとしながらも、それを「法学上の用語というよりむしろ政治哲学上の用語であったとして」制定法解釈学に与えた影響については殆ど考慮していないように思われる。J. H. Baker (ed.), *The Reports of Sir John Spelman*, vol. II, *Selden Society* vol. 94 (1978) pp. 34-36. なお、テューダ期社会政策的立法の洪水と「公共善」理念との関係についても、さしあたり同書の「社会規制のための立法の使用」(pp. 43-46) を参照されたい。立法による社会改革についてはエルトンをはじめ多くの研究があるが本研究ノートの射程を超えている。

(13)　この原則を唯一のコモン・ロー上の基礎として論じられたのが、サージャントへの昇進を控えた法曹が法曹院で好んで講義した年代不詳の土地制定法「国王大権法」であった。また、イングランドに特有な国王の二重の身体論が展開されるのも、こうした国家的＝公的なものの成長と制定法解釈学の確立との関係においてであった。1 Pl. ff. 176-177, ff. 234-235 [pp. 272-273, pp. 355-357, p. 383] を参照。

(14)　プラウドゥンの近代型判例集としての意義については、L. W. Abbott, *Law Reporting in England 1485-1585* (Athlone Press, 1973) pp. 198ff. 及び、拙稿「チューダ期イングランド法学の形成とその展開過程（4・完）」『法学論叢』106 巻 1 号（1979）〔本書、第 4 編 III-(7)〕を参照。

(15)　F. W. メイトランド「法人としての王冠」F. W. メイトランド著・森泉章監訳『法人論』（日本評論社、1989）所収、120 頁以下。なお、本論執筆中にこの問題を興味深い視覚から扱ったエルンスト・H・カントーロヴィチ『王の二つの身体』（平凡社）が小林公氏によって翻訳されている。

(16)　当時のエクイティ概念の評価及びその多義性に関しては、Baker, *op.cit.*, pp. 37-43. 『対話』においても現れる「詐欺、偶発事故、信義則違反」(DL p. 83) というトマス・モア以来の衡平裁判管轄原理を示すものとしてのエクイティ概念、同じく「良心」と結びついたエクイティ概念、さらに、ここで議論される制定法解釈原理としてのエクイティ、ホッブズのごとく自然的理性、自然法と等置されるようなエクイティ概念と、それぞれ少しずつ意味合いがずれていっているのである。

　　源流となったアリストテレスのエクイティ概念については、アリストテレス『ニコマコス倫理学』第 5 巻 10 章、同『弁論術』第 1 巻 13 章（岩波書店『アリストテレス全集』第 13 巻、加藤信朗訳 177 頁以下、第 16 巻、山本光雄訳 83 頁以下）を参照。本文でも若干言及したが、議論の組み立て方も含め、ホッブズが批判の念頭においていたのは、むしろ、これらアリストテレスの『倫理学』『弁論術』で展開された正義＝法論であったように思われる。

(17)　Thorne, *EELH* p. 11. 刑事免責に係わるコモン・ロー上の種々の解釈準則については、現在における緊急避難、不可抗力、強迫、刑事責任能力（年齢）にあたる問題についての Reniger vs Fogossa 事件の議論（1 Pl ff. 18-20 [pp. 29-32]）を参照。

(18)　前掲、望月『英米法』128 頁とは訳が異なる点に注意。クックにおける Artificial Reason の主張が私的理性に対する公的理性の優位にあったように、ここでもラテン語で述べられた pro privato commodo と pro bono publico は対立的に把握されていると思われるからであり、旧来の制限的解釈理論の枠を突破するための正当性根拠は、

まさに私的な便宜から峻別され、それに対して優位する公共善概念にあったからである。なお、現在のイングランドにおける立法解釈論とヘイドン事件の位置に関しては P. F. Smith & S. H. Bailey, *The Modern Legal System* (1984) pp. 235ff. を参照。そこでは既得権の制限の意図が無いこと、及び刑罰法規が市民の側の利益になるよう厳格に解釈されることは、法の一般的適用における推定の問題として扱われている。*Ibid.* pp. 266-267.

(19) 全文を引用しておくと「新法の制定にかんしては、他の多くの事柄の中で主として以下の六つの点が考慮に入れられねばならない。①如何なる統治形態の下で立法者は統治しているのか。君主制の場合と貴族制の場合、民主制の場合ではそれぞれ考慮することが異なるからである。②彼自身の固有の民族の國法についての若干の知識。というのは一定の諸法律の革新乃至変更は最も危険であるが、他の法律の変更はそれほど危険でもないからである。③現在の法律の真の意味、文章の理解、及び当該問題について過去の法律が何処まで規定していたかということについての理解。④時、場所、人、その他の点に関して、とりわけコモン・ウェルスに降り掛かった危険乃至妨害の諸原因は何であったのかを経験によって看取すること。⑤対応する救済方法が、過去の欠陥を癒やすために適用された場合に、将来より危険な結果を引き起こすことのないように予見すること。⑥制定手段については、議会高等(実のところは、最高)裁判所の権威によってのみである。旧法の修正に関しては新法の制定に関して述べたのと同じ点が守られねばならない」。もっとも、制定前のコモン・ローとの関係を重視する意見は、既にプラウドゥン判例集の中にも現れている。(1 Pl f. 365 [p. 554])

(20) 『対話』の議論に即して言えば、争点となった課税や徴兵の「必要性の判断者は主権者たる国王自身なのである」(DL p. 22)。

(21) この正義と便宜の区分についての中世末の議論について Brian Tierney', Public Expediency and Natural Law: A Fourteenth-Century Discussion on the Origins of Government and Property', in Brian Tierney & Peter Linehan (ed.), *Authority and Power* (Cambridge, 1980) pp. 167-182.

(22) フランシス・ベーコン著・服部英次郎、多田英次訳『学問の進歩』23・49 (岩波文庫) 351-353 頁。「これまで法律について著述した人達はみな、哲学者として、あるいは法律家として著述したのであって、だれも政治家として著述したものはない」のである。

(23) エルズミアのクック判例集批判及び論争については、Louis A. Knafla, *Law and Politics in Jacobean England, The Tracts of Lord Chancellor Ellesmere* (Cambridge U.P., 1977) pp. 123ff. 及び Appendix 参照。また、John P. Dawson, 'Coke and Ellesmere disinterred: The Attack on the Chancery in 1616' *Illinois L.R.* vol. 36 (1941) pp. 127-152.

(24) 例えば、大法官エルズミアが本事件で行った議論 'The Speech of the Lord Chancellor of England, in the Exchequer Chamber, touching the Post-Nati' は、コモン・ローの定義から始まるある種のコモン・ロー法学論であった。L. A. Knafla, *op.cit.*, pp. 202-253. また、法務次官として F. ベイコンの展開した議論 'The Argument of Sir Francis Bacon, Knight, in the Case of the Post-Nati' は、両法の統合計画 'A Preparation toward the

Union of Laws' 等の法学関連論文と共に『著作集』に収められている。*The Works of Francis Bacon*, edited & collected by J. Spedding, R. L. Ellis, D. D. Heath, vol. VII, pp. 641-679, pp. 731-743.

(25) このクックによるアリストテレス『トピカ』からの引用については、引用該当箇所では確認し得なかった。内容的には『トピカ』第1巻第10章を要約したものとなっている（島根大学哲学教室小川助教授の御教示による）。

(3) 不文法解釈論

不文国家法としての自然法──ホッブズにおける自然法の二重化

「科学としての国家法学」の冒頭で論じたごとく、『リヴァイアサン』国家法論の章では、ホッブズは成文法・不文法の区分を前提として国家法論を論じていた。しかし、書かれぬ法としての不文法を認めることは、ホッブズの法一般の定義と矛盾しないであろうか。哲学者は法一般を以下のように定義したはずであった。「法とは主権的権力を持つ人乃至人々が彼乃至彼らの臣民に与えた命令であって、各人が為しうること、為すことを控えるべきことを簡明且つ公に宣言するものである」(DL p. 32)。すべての法が文字通り「簡明且つ公に宣言された」「主権者の命令」であるとするならば、ホッブズにとって不文法の概念はないことになってしまう。ホッブズはこの問題を以下のように「解決」する。「自然の諸法は、『他人が汝自身に対して為すことが不合理だと汝が考えるようなことを他人に対して為すなかれ』という全世界によって是認されたこの一文に含まれているので、何の公布も布告も必要としないのである」(LV Pt. II Ch. 26 p. 258)。もしくは「自然の光によって十分に公布されている」(Ibid. p. 26)。言い換えるなら自然の理性によって各人の心の中に書き込まれているがゆえに、公布されていなくとも公知のものであるということであろうか。

それ故、「あらゆる臣民を例外なく義務付けており、成文化されておらず、また、それ以外の方法で、彼らの目につくような場所で公布されてもいないものが法であるとすれば、それは自然の法である」(Ibid. pp. 257-258)。さらにすすんでいえば、標題にあるように「不文法はすべて自然法である」

（Loc. cit.）ということになるのである。

　しかし、このホッブズの議論には、もう一つの疑問が残る。この「発見される」自然法は〈内面の法廷〉で意欲を持つように義務付ける（その違背はSin である）としても、〈外面の法廷〉において、行為をするように拘束するものではなかったはずであり、この法と道徳の峻別の内にホッブズの法観念の近代性があったのではなかったかという問題である。[2] ホッブズにとっては、このような自然法は「明らかな真実であるとしても、直ちに法となるのではない」（Ibid. p. 263）として法の問題からは峻別されてきた道徳哲学の問題であったはずである。

　この道徳哲学としての自然法を、ホッブズは以下のごとき論理によって、国家法の平面に復活せしめる。

　なるほど「自然の諸法は……単なる自然状態では本来意味での法ではなく、人々を平和と従順にむかわせる諸性質にすぎないが、ひとたびコモン・ウェルスが設立されると、以前とは異なり、それらは実際に法なのである。なぜならば、その場合にはコモン・ウェルスの命令となるからであり、したがってそれらはまた国家法でもあるからである」（Ibid. p. 253）。「自然の法は、世界中のあらゆるコモン・ウェルスにおいて国家法の一部である。それに対応して、国家法もまた自然の指図の一部なのである。なぜなら、正義、すなわち、合意の履行［交換的正義］と各人に各人のものを与えること［配分的正義／排他的所有権］とは、自然法の指図なのだからである」（Ibid. pp. 253f. ［　］内は筆者）。

　したがって「自然の法と国家法は、互いに他を含む」（Ibid. p. 253）ことになるのである。なるほど、「コモン・ウェルスのすべての臣民は国家法に従うことに合意した」とする理論構成からすれば、国家法は自然法に支えられねばならない。しかし、コモン・ウェルスの設立によって自然法がコモン・ウェルスの命令に、すなわち国家法となるという論理は、それほど明瞭ではない。

　ホッブズは国家法論において、注意深く「自然法を除いては」と限定した上で、法の本質論を展開し、「法は成文化され、公布されるだけでは十分ではなく、その他に、主権者の意志から出たという明白な印がなければならない」（Ibid. p. 259）と論じていた。不文法たる自然法については主権者の意志から

出たという明白な印は存在しえないし、要求もされえないからである。しか
し、法を権威の問題として捉える限りにおいて、明白な印がないとしても、
主権者の意志から出たという擬制を必要とするであろう。理性の指示にすぎ
ない自然法はそのままでは法たりえない。「法は本来権利に基づいて他人を支
配するものの言葉であるからであり」（LV Pt. I Ch. 15 p. 147）、「自然的に理
性的であるとはいえ、しかし、それが法であるのは主権者の権力によってで
ある」（LV Pt. II ch. 26 p. 263）からである。

　それ故に、明白な印に代わって、主権者は常に理性的に判断するという擬
制が必要となるのである。「もし、主権者が、何を為すべきかについて、文
書による指示なしに、一人の公共的代行者を雇った場合には、彼は理性の指
示を諸指図と考えるように義務付けられる」のであり、それ故、裁判官は「そ
の判決が、常に公平であるものと理解され、そうであるように自然法によっ
て拘束されている主権者の理性に従ったものであるようにすべき」（Ibid. p.
258）なのである。同じく、制定法解釈においても「立法者の意図は、常に公
平であると想定されるのであって、裁判官が主権者の意図と違った考え方を
持つのは大きな傲慢である。したがって、その法の語が合理的な判決を十分
に権威付けないならば、自然の法を持ってそれを補うべきなのである」（Ibid.
p. 26）。

　『対話』において、「貴兄は制定法について論じているのだが、私はコモン・
ローについて論じているのだ」と批判する法学徒に反論して、「法一般につい
て論じている」（DL p. 5）と主張し続ける哲学者の議論を支えているのもこ
の論理であった。「主権的権力を持つ者の理性は一人の人間の理性ではある
が、福音書で我らの救世主が明らかにされたように、かの普遍的理性に代位
するために設立されたのである。それ故に、国王は制定法、コモン・ロー双
方の立法者なのである」（DL p. 26f.）。このような、擬制の積み重ねの上に、
自然法は不文法として国家法平面において蘇ってくることになる。すなわ
ち、この国家状態において復活した自然法とは「国家法とは違った種類の法
ではなくて、法の違った部分なのである。そのうち一方は成文であるので国
家法とよばれ、他方は不文であるので自然法とよばれるのである」（LV Pt. II
Ch. 26 p. 254　傍点筆者）。

しかし、このことによって自動的に直ちに不文法化された自然法と成文法としての国家制定法の区分が消滅するわけではない。この不文国家法としての自然法も主権者の意図たる明白な印を持つ成文法を超えることはできない。すなわち、自然法は、もはや永遠の法として、人定法を超えた自然法として復活してくるのではなく、「国家法によって縮減または抑制されうる自然の権利すなわち人間の自然的自由」（Loc. cit.）として蘇ってくるにすぎないからである。それ故にこそ「どんな不都合があっても、法律に反する判決文を与えることは許されない、なぜなら、正邪に関する裁判官は、いずれも何がコモン・ウェルスにとって好都合で何が不都合かということの裁判官ではないからである」。かくして、国家法平面に蘇った自然法は成文国家法によって縮減・抑制されうる、不文の「補充的効力をもつ普通法」のごとく扱われることになるのである。

　クックにとっても、普通法としてのコモン・ローは「議会によって廃棄、変更されていないかぎりで」、過去の（「リトルトンの述べた」）ままに留まっているにすぎないのであって、その意味ではコモン・ローは議会制定法に対して「補充的効力を持つ普通慣習法」なのである[3]。しかし、逆にこうした位置付けによって、ホッブズの不文国家法論としての自然法論とクックのイングランドの普通慣習法としてのコモン・ロー理解との対立はより現実的なものとなって現れてくることになる。ホッブズの慣習法批判、先例理論批判は、自然法一般対慣習法という対立図式からではなく、まさにこの不文国家法化した自然法論の視点からなされるのである。すなわち、Natural Reason vs Artificial Reason の問題は国家法レヴェルでのホッブズ的 Lex non Scripta 論とクック的 Lex non Scripta 論との対立として再開されることになるのである。

《慣習法論をめぐる争点》
　ホッブズにとって、不文法の存在を認める以上、その不文性を根拠として、慣習法が法の権威を持つことを否定するわけにはいかない。「不文の諸慣習も、それら自身の本質においては法の模倣にすぎないが、皇帝の暗黙の同意によって、もしそれが自然の法に反していない場合には、まさしく法な

のである」(LV Pt. II Ch. 26 p. 27)。

　ここでも、主権者の認可の黙示性とともに主権者は理性的に判断をするという二重の仮定乃至擬制が前提となっているのである。その意味では、仲裁者たる主権者の理性＝エクイティはまさに、クックが使ったのとは異なった意味で、Artificial Reason なのである。そうでなければ、既存の慣習は全て暗黙の同意を与えられていることになろう。裁判官は自然法に反しない慣習に対してのみ、主権者が暗黙の同意を与えていると仮定し、法の効力を認めるのである。成文法においては権威に理性が一致した（「成文法が理性に反することはありえない、全ての人が自ら承諾した法に従うことほど合理的なことはないからである」(DL p. 81) のに対し、ここ不文法論では理性に権威が一致せしめられているのである。ホッブズが国家法の分析を成文法と不文法に分けて分析検討するのもこのゆえであるように思われる。⁽⁴⁾

　『対話』で哲学者は論ずる。「貴方が慣習に帰している権威についてですが、私は、如何なる慣習であれ、それ自身の本質において法の権威を持つようになるとは考えません。なぜなら、慣習が合理的でない場合には貴兄は他の全ての法曹とともにそれは法ではなく、廃棄されるべきだと表明せざるを得ないでありましょうし、慣習が合理的な場合には、それを法たらしめているのは、慣習ではなくエクイティであるからです」(DL p. 80 傍点筆者)。まさに、仲裁者の正義と読み替えられた配分的正義がエクイティの名の下に自然的理性として復活してくることになる。実は、「全ての法曹とともに」という言葉に表されているように、ホッブズ自身も「慣習それ自体が法の典拠である」とするのが、コモン・ロー法学者の立場ではないことを、十分良く理解していたのである。実際「我々の法律家達は、合理的なもの以外の如何なる慣習も法とみなさず、悪しき慣習は廃棄されるべきだと論ずる」(LV Pt. II Ch. 26 p. 253) からである。

　例えば、『対話』で批判の槍玉に挙がったクックその人の慣習についての見解を見てみよう。

　なるほど、クックは「慣習と慣行」すなわち、Consuetudo の注として「すべての慣習に二つの必須の部分がある。時と使用である、（後述するように）記憶を越える時期からの、合法的で中断無き、継続的かつ平和裡の使用であ

る」（1 Inst. Sect. 165 f. 110b）と論じている。これを『対話』における哲学者の主張「Consuetudines 即ち、慣習や慣行はけっしてそれ以前の時代の長期の継続を意味するものではなく、そのような制定法が作られる直前に存在した手続慣習乃至慣行を意味するに過ぎない」（DL p. 80）と比べるとき、その対応関係は明瞭なものとなろう。しかし、クックはこれを「慣習の存在」という事実を立証するための要件として論じているのであって、そのことによって直ちに既存の慣習が法と認められると主張しているのではないことに注意をする必要がある。後に論ずる法区分論で、丁度この Consuetudines というラテン語が「合理的慣習」と英訳されているように、クックのこの〈慣習法（Consuetudines）〉という表現そのものに合理性という概念が含意せしめられていたことを忘れてはならないのである。実際、陪審によって証明される事実として存在する慣習に法的効力が与えられるためには国王裁判官による「合理性」のテストが不可欠であった。それ故に、クックは『悪しき慣用は廃止されるべきである Malus usus abolendus est』というリトルトンの言葉を解説して、「著者の言うように、理性に反する全ての慣用（use）は悪である。『なぜなら、慣習においては時の経過ではなく、合理性の強固さが考慮されるべきであるからである quia in consuetudinibus, non diuturnitas temporis, sed soliditas rationis est consideranda.』」（1 Inst. Sect. 212 f. 141a）と付け加えるのである。

　これこそが、まさに当時のコモン・ロー法学者の慣習法論であり、理性こそが法の魂であるというクックの主張の核心は、既存の慣習法を無批判的に受容していく保守的な、乃至は伝統主義的な立場ではなく、既存の慣習法を「合理性」という基準で精査することによって、個々の地方的慣習を全国的普通慣習法たるコモン・ロー的枠組みの中へと再編成、統合していくための理論であったのである。

　その意味で、この『対話』の議論は、慣習法の要件論として「合理的始源を有すること」「確定的なものであること」「間欠なき連続性を有すること」、さらには「国王大権に反する慣習は国王に対しては無効である」という基準を生み出してきたコモン・ロー上の慣習法理論の発展、もしくは、判例法史上における慣習法理論の完成とされる 1608 年のタニストリ事件における公

第7編　近代自然法学とコモン・ロー法学　581

式化を前提として展開されているのである。慣習法の国家的法規範たるコモン・ローへの編入は、当然に、国王裁判所たるコモン・ロー裁判所の地方慣習に対する優位の下で推進されていったのであって、慣習が即時的に法としての効力を認められたわけではないのである。[5]

　他方、ホッブズにとっても、個々の慣習がエクイティに合致するか否かを判断するのは裁判官である。「裁判官の判決文が個別事件における自然法の充分な確証 verification である」（LV Pt. II Ch. 26 pp. 260f.）と同時に「自然法の解釈」（Ibid. p. 263）でもあるからである。逆に言えば、個々の事件において何が自然法であるかは具体的に、裁判官によって確証され、解釈されねばならないのである。とするならば、慣習は時の効力によってではなく、国王に裁判権を委任された裁判官によるその合理性（制定法、主権者たる国王の大権に反していないこと、自然法に反していないこと）の明示的承認によって法的効力を認められるというのがホッブズの理論ということになろう。

　その意味では、ホッブズの慣習法理論とコモン・ロー上の慣習法理論との間の相違乃至論争の焦点は、まさにこの合理性の基準が如何なるものであり、何処に見出されるのかという点に絞られることになるのである。[6]

《合理性基準としての普通慣習法》

　「合理的でない慣習は法ではない」というコモン・ロー上の慣習法理論は、テューダ絶対王政期における国王裁判所裁判管轄権の理論上、実務上の拡大に伴い、地方特別慣習法と普通慣習法との関係、さらには議会制定法との関係を如何に理解するかという、法学上解決されるべく提起されてきた新たな問題への対応として精妙化されてきたものであった。とりわけ、謄本保有権等、荘園の慣習をめぐる諸問題の法的取扱は焦眉の問題であったのであり、「謄本保有権の保護乃至近代化」はこの慣習法理論の形成と並行して進展していったのであり、このような個別的地域的慣習によって保護される権利を国家法レヴェルで承認し、国家法の枠組みの中に再編していくためには、その審査基準として独自の慣習法理論を必要としたのである。実際、クックが慣習について論じている場合、通常は、このような謄本保有権、自治市土地保有権、旧王領地等の地域的特別慣習との関連で論じているのであって、王国

共通の乃至は普通慣習法としてのコモン・ローについて論じているのではないことに注意しておくことが必要である(7)。

この地域的特別慣習法と普通慣習法の差は単に、その慣習の量的な広がりの差を意味するものではない。前者は国王裁判所では知られておらず、国王裁判所で保護を受けるためには、先ずその慣習の事実としての存在が陪審によって証明されねばならない。このように事実としての存在が認められた慣習が国王裁判官によってその「合理性」を承認され、「国王大権」に反することのないことを認められて初めて、法としての効力を認められることになる。これに対して普通慣習法たるコモン・ローは、国王裁判所にとっては既に確立した慣習であり、むしろこれらの特別慣習法の合理性を審査する基準としての役割を果たすことになるのである。すなわち、クックが「慣習法が不合理な場合には、コモン・ローはそれを認めず、拒否する」と論ずるとき(8)、前提としているのは慣習法一般ではなく、地域的特別慣習とコモン・ローとの関係であり、クックが Artificial Reason 論で「理性こそが法の生命であり、コモン・ロー自身は理性以外のなにものでもない」（1Inst. Sect. 138 f. 97b）と称するとき、まさにこのような合理性基準としてのコモン・ローを念頭に置いていたのであろう。

ホッブズと同時代のヘイルになると、このコモン・ローの地方特別慣習に対する合理性審査基準としての優越的地位は一層明瞭に主張されることになる。

「第一にコモン・ローはこれらの慣習の内、如何なるものが妥当で合理的であるか、如何なるものが不合理で無効であるかを決定する。第二にコモン・ローは合理的であると判断したこれらの慣習にそれらの義務の強制力と効力をあたえる。第三に、コモン・ローはこの様な慣習を形成するに十分な時間の継続が如何なるものかを定めている。第四に、コモン・ローはこの様な慣習に注釈を挿入し、その慣習の解釈、限界、拡張を権威的に決定する。このコモン・ローは、国王裁判所の慣用、慣行乃至諸決定が解明し、証拠立てており、それを例示し説明するのに非常に役立つのではあるが、しかし、議会法令による以外には権威的には修正、変更され得ない」のである(9)。これに対し、ホッブズが、「慣習が合理的な場合でもそれを法たらしめているのはエクイティである」という場合には、裁判官は、配分的正義から読み替えられ

第7編　近代自然法学とコモン・ロー法学　583

た仲裁者の正義たる自然的公平としての、エクイティに従って慣習を判断すべきであるという要請を超えるものではないのである。それ故にこそ、裁判官には特別な法知識も学識も必要としないのである。この両者の立場の相違は、哲学者の上記の慣習法論に対する法学者の疑問に対する答えに集約されている。「全ての裁判所が（貴方の考えるような）衡平法裁判所だとすると、コモン・ウェルスにとって不都合とはならないか」という法学徒の問いに、哲学者は「不都合はない」（DL p. 80）と言い切るのである。[10]

　とするならば、やはりここでも、慣習法に対する審査基準としての「合理性」が Natural Reason としての自然的公平なのか、それとも Artificial Reason としての法学的理性なのかが焦点とならざるを得ないのである。ここで使われている Reasonable 合理的という語の意味合いが、両者によって異なることが問題なのである。

　16世紀の慣習的謄本保有の研究者ケリッヂは、コモン・ロー法曹達が「Reasonable でない慣習は法ではない」といったときの、Reasonable という語を、ホッブズのいうような自然的公平に従ったという意味ではなく、その荘園の他の慣習およびコモン・ロー上の法準則と「調和しうる」乃至は「両立しうる」という意味での「法律専門用語」であったと理解している。[11] 個別的慣習法は国家法として王国の普通慣習法＝コモン・ローと両立しうるものでなければならないとすれば、まさにその意味で、地域的特別慣習法の合理性審査のために Artificial な Reason が必要とされたのである。この Reasonable という意味での理性、言い換えれば、コモン・ロー体系全体の底に流れ、その内的一貫性を支えているものこそが、Artificial Reason としての法的理性と理解されたのではなかろうか。この理性は現象的には他の法準則と矛盾することはないかといった技術的手段によって確認される。その意味ではすべての人の持つ Natural Reason からは区別される理性であって、この理性によるコモン・ロー体系全体の内的一貫性の保持こそがクック法学の核心にあったように思われるのである。

　しかし、ホッブズにとって合理性の審査を受けるべきは、地域的特別慣習ではなく、それら特別慣習の合理性審査基準とされた普通慣習法としてのコモン・ローの法準則そのものなのである。クックが常にイングランド法を3

区分としてコモン・ロー（＝普通慣習法）・制定法・（立証された特別）慣習法に分類し、普通慣習法と特別慣習法の区分を重視するのに対し、ホッブズがこの普通慣習法と特別慣習法の区分を無視し、慣習法の名の下に一括して議論するところにその対立が集約されることになる。ホッブズはこのような特別慣習法と普通慣習法との区別を無視することによって、コモン・ロー法曹が地域的特別慣習法の国家法的枠組みへの編入に向けて、その精査のために作り出した合理性という基準を、逆にクックが Perfection of Artificial Reason と称した普通慣習法たるコモン・ローそれ自体に向けていくのである。

　例えば、『対話』では、「正当防衛」による殺人事件との関連でコモン・ロー上の法原則が問題とされる。哲学者は「偶発事故、正当防衛の場合には、陪審による如何なる判決も与えられず、当然に当事者は放免される」のであるが、それにもかかわらず彼が没収刑を課されるのは何故かと問う。『対話』の作者ホッブズは法学徒に「理由（reason）は慣習にある」と答えさせ、ここぞとばかりに「不合理な慣習は法ではないのであって廃されるべきであることを御存知のはずではないか。過誤なき人が罰せられるということほど不合理な慣習があろうか」（DL pp. 172-174）と哲学者に切り返させるのである。ホッブズにとっては合理性の審査の対象とされるのは地方の特別慣習ではなく、普通慣習法乃至確立した不文法としてのコモン・ローなのである。

　『リヴァイアサン』においては、先例の拘束力の問題と絡めて同じような問題が論じられる。「自然の諸法のような変化し得ない法においては」すなわち、不文法の分野においては、「これまでの全ての先任の裁判官の判決文をもってしても、とうてい自然的公平に反する法を作り得ない」のであって、例えば、重罪で告訴された者が恐怖の故に逃亡した場合には、法律上有罪の推定を受け、重罪について適法に免れた場合であっても、没収刑を受けるのがイングランドのコモン・ローであるとする「ある大法律家」の意見は「罪の無いものを処罰すること」であり「自然の法に反する」のである（LV Pt. II Ch. 26 pp. 264f.）。ホッブズの立論の根拠が、彼が自然権の中軸に位置付けた自己保存権と関連して論じられていることも興味深いが、ここで奇しくも、ホッブズにおける慣習法論批判と判例法学的方法批判が一体となっているのである。しかし、それと同時に批判されているのは、個々の判例ではな

く、コモン・ロー上の法原則であるという点にも留意しておく必要があるだろう。

　もし、コモン・ローが単なる地域的特別法が領域的に拡大した単なる全国版の慣習法にすぎないのであれば、確かにホッブズの論ずるごとく、合理性の審査において地域的特別法と区別される必然性はないのであって、Artificial Reason とされた審査基準としてのコモン・ロー、すなわち、普通慣習法それ自体の合理性が改めて審査される必要が生じてくるはずであった。それ故に、単なる地域的慣習法とは区別された、また、慣習法一般とも区別された、コモン・ローとは如何なるものかが改めて問われねばならないであろう。

不文法解釈学としてのコモン・ロー法学

《コモン・ローとは何か》

〔再び、第1編で論じた「コモン・ローとは何か」という問題に戻ってきた〕。ホッブズの不文法論と対置されるべきは、地域的特別慣習法ではなく、まさに「理性以外のなにものでもない」と論じられた普通慣習法としてのコモン・ローであった。それ故に、問題の焦点はむしろ普通慣習としてのコモン・ローとは何であり、「如何にして立証されるか」ということかかってくるのである。ここでもさしあたり批判の対象とされたクックのコモン・ローの定義を参考に検討していこう。

　コモン・ロー：イングランド法は前述した如く三つの部分に区分される。1. コモン・ロー、これは最も一般的且つ古き國法であり、リトルトンがその一部につき著してきた。2. 制定法乃至は議会法令、そして、3. 諸特別慣習法（リトルトンはこれについても若干言及している）。私が特別のと言うのは、それが一般的な慣習である場合にはコモン・ローの一部となるからである。

　コモン・ローはその如何なる部分についても議会最高裁判所以外に統制者を持たない。それは議会によって廃棄され、変更されていない限り、ここでリトルトンが述べたままに留まっている。コモン・ローは、大憲章と

いう制定法、及びその他の古来の諸制定法（その大部分はコモン・ローの確認である）に、訴訟開始令状、裁判所記録、そして我々の法廷年報乃至開廷期報の内に見出される。議会諸法令は議会録にあり、大部分は印刷されている。特別慣習は証明されねばならない。

（1 Inst. Sect. 170 f. 115b）

　クックがイングランドの法を普通慣習法としてのコモン・ロー、議会制定法、特別慣習法、より厳密に言えば「立証された特別慣習」に三分するのはこの故である(12)。

　前段からは一見すると、普通慣習法たるコモン・ローを地域的特別慣習法から峻別すべき理由は単に、全国的、地域的といった慣習の広がりの問題にすぎないようにみえるが、後段に進むにつれて、単なる領域的広がりの問題だけではなく、慣習法としての質的差異が含まれていることが明らかとなる。特別慣習法と普通慣習法たるコモン・ローとの相違はその立証方法においても大きく異なっていたのであり、前者はその存在を立証されねばならず、それ故に先ず陪審に委ねられねばならない。これに対して、何がコモン・ローであるかについては、諸制定法をはじめとする文献の内に「見出される」のであるから、その発見の役割は学識法曹にあるのであって、その最終的決定は中央裁判所の裁判官に委ねられることになろう。

　この問題をより明瞭に示しているのが、クックが推奨したテューダ期の法律書のベストセラー、セント・ジャーマンの『神学博士と英法学徒との対話』での法区分論である。彼によれば、「理性法」「神法」に次ぐ、「イングランド法の第三の土台」としての一般的慣習法こそが「適切にもコモン・ローと称される慣習なのである。そしてこのように主張された法乃至一般的慣習が存在するか否かは、常に裁判官によって決定されるのであって、12名の人々〔＝陪審〕によってではない」（傍点筆者）のである(13)。しかし、この説明では何故に陪審によって証明されないのかは直ちには明らかではない。このような「イングランドの慣習と［マクシム］の多くは国土の慣用と慣習によって極めて明白に知られうるので書き留める必要もない」（D&S p. 69）のであるから存在証明を必要としないともいえよう。しかし、それならば何故裁判官

の決定を必要とするのか。もし、すべての人に自明のものであれば専門法曹の力を借りる必要はないであろう。

むしろ、裁判官に委ねられねばならなくなるのは、これ以外に「他の人々の間でそれほど公然とは知られていないマクシムや慣習」があるからであり、これらについては、「一つには理性の法によって、或いは開廷期年報 yeres of termes と称されるイングランド法の書物によって、或いは国王裁判所と大蔵に残る諸記録によって知られうる。とりわけ、令状登録集という書物、また諸制定法によって知られるのである。勤勉な研究者が証拠によって明らかにするように、上述の慣習とマクシムがしばしばそこにある」（D&S pp. 69-71）からなのである。

いずれにせよ、既にクックの時代にあっては、コモン・ロー＝普通慣習法は、国王裁判所での確立した慣行として、制定法なり、令状登録集なり、正式起訴状、判決記録という形で公式に書き留められたものとして、その意味でまさに実定的慣習法として存在するのであって、不文法といっても、すべてが記憶の中にあるわけでも、または特別慣習法のように陪審による存在証明を必要とするものでもなかったということが重要である。

コモン・ローの歴史は、まさに、「イングランドの法が単に書き留められていないという理由で法と呼び得ないと論ずるのは馬鹿げている」と論じ、不文慣習法としての中央裁判所での確立した訴訟慣行を書き留める作業を開始した『グランヴィル』に始まり、その後も、これら確立した訴訟慣行は法廷年報や訴訟記録の中に、また令状登録集やさまざまな方式書の中に残されることになるのである。15 世紀中葉にはプリゾート裁判官が「古い慣習、慣例はそれ自体で実定的な法と見做される」という意見を批判して、「慣習は裁判所によって決定されるか、制定法によって作成されない限り実定的法たりえない」として実定的慣習法論を展開するのもこうした国王裁判所における訴訟慣行の蓄積を背景としていたのである。[14] クックの好敵手たるエルズミアが「それら [＝ common Lawes of England] は、今やそのほとんどが書き留められているのではあるが、本来は成文法（Leges Scriptae）ではなかった」と論じるようになったのも、まさにこのような発展の結果であったのである。[15]

むしろ、この時代には、コモン・ローが不文法であると論じるときには議

会制定法との対比において論じられるようになってきていることに注意する必要がある。コモン・ローが不文法と称されるのは、その通用力が成文制定法とは異なり、成文化乃至制定という事実に基づくものではなく、裁判所で慣習的に認められてきたことに基づくが故に不文法と称されるのである。それ故に、『グランヴィル』の時代に成文法の典型とされたローマ法は、逆に、イングランドでは海事裁判所等で慣習的にその効力が認められてきたにすぎないがゆえに、ヘイルによって、成文法ではなく不文慣習法に分類されるようになるのである。[16]

とはいえ、コモン・ローは本来は不文法であり、成文国家法の時代に生きる我々同様に、当時の人々にとっても不文法としてのコモン・ローという概念は理解し難かったようである。「イングランドのコモン・ローは非常に偉大であり、しばしば言及されるが、コモン・ローの本体、乃至正文は何であり、何処に見出すことができるのか」という問いが発せられたのもその故であった。この問いに対する答えとして、「コモン・ローの正文とは何か」について論じたクックのより詳細な見解が我々のコモン・ロー理解にとっても重要な手掛かりとなろう。

「マグナ・カルタ、御猟林法、マートン法、マールブリッジ Marlebridge〔＝モールバラ〕法、ウェストミンスタ第一法律、重婚禁止法、グロスタ法、ウェストミンスタ第二法律、憲章追加条項法、聖職者条項法、ヨーク法、国王大権法といった諸制定法及び若干の他の古の諸制定法、それらの内で、とりわけ、諸大逆罪に関するエドワード3世治世25年制定法を落としてはならない（それらは大部分コモン・ローの宣言に過ぎない）のだが、これらの諸法は、民訴裁判所の令状登録集に収められた訴訟開始令状、刑事訴訟の厳格で真の形式に則った正式起訴状とそれに基づく判決とともにイングランドのコモン・ローそのものであり、あたかもテクストのようなものである。法廷年報（year books）や訴訟記録（records）は、400 年以上も存在するが、これらの諸法律、訴訟開始令状、正式起訴状、判決の注解乃至解説（commentaries and expositions）に過ぎない」（8 Co. Rep. Pref. p. xxiii 傍点筆者）のである。

コモン・ローの発展乃至近代化がトレスパス令状の多様な発展、正式起訴状の文言上の工夫を通して、訴権法的に推進されてきたことを考えるなら、

「コモン・ローの正文」として、諸法律に並んで、訴訟開始令状、正式起訴状に加えられた強調の意味は明らかであろう。このクックのコモン・ロー観はこの『グランヴィル』以来の中世の法曹の訴権法的思考様式を反映するものであり、中央の国王裁判所で活躍する法曹の共通の法学識として形成されてきたコモン・ロー法学の性格を如実に示しているのである。[17]

　他方、このように中央裁判所の訴訟慣行の中で、確立した訴訟手続として導入された新たな令状類型とそれに伴う訴答、訴訟手続、正式起訴状の適否等、裁判所における議論の中から、新たな令状類型に付随して生じるさまざまな法律問題を規律する実体的な法準則が生じてきたのであり、これらの法準則への関心が、テューダ期以降関心の中心となってくる制定法の解釈問題とともに、法廷報告が作成され、回覧される理由であったのである。

　しかし、クックに従えば、判例集の先祖としての「法廷年報や訴訟記録は400年以上も存在するが、これらの諸法律、訴訟開始令状、正式起訴状、判決の注解乃至解説に過ぎない」のであってコモン・ローの正文とは区別されるべきなのである。法と法学はクックにあっても厳格に峻別されているのである。判例集の対象は法学なのである。その意味では、コモン・ロー＝普通慣習法＝判例法という等式は、少なくともこの段階においては極めて不正確なものなのである。[18]

　しかし、これらはあくまでも「コモン・ローの正文」の定義であり、魂乃至は Artificial Reason としてのコモン・ローが、そこ「から論証され」る身体にすぎない。不文法としてのコモン・ローの本質は、成文に書き留められた諸記録の背後に、その精神乃至 Artificial Reason として存在するとするならば、如何にしてそれが知り得るかが、如何にして立証しうるかが重要な問題となる。

《「学問（Art）の基礎」「理性の結論」としてのマクシム》
　前節で論じた権威的テクストとしてのコモン・ローとは区別された、不文の魂＝ Artificial Reason としてのコモン・ローは如何にして知られ得るか、もしくは立証され得るか。クックは註釈の対象とした『土地保有態様論』の著者リトルトンが、「この3巻本で行った彼の証明と論証」方法を検討し、彼

がコモン・ローを論証するために、その論拠として使用した「二十数個の泉乃至拠点」を読者のために例証として挙げている。

1. コモン・ローの格言（maximes）、原理（principles）、原則（rules）、真意（intendment）、理性（reason）から。これこそがまさに我々の著者がここそこで使っている法原則なのである。

2. 彼によって引用された書物、諸記録や他の法の典拠から ab authoritate, et pronunciatis.

3. 令状登録集の訴訟開始令状から à rescriptis valet argumentum.

4. 良き訴答方式から。

5. 判決の真正の登録から。

6. 是認された先例と慣行から à præcedentibus approbatis et usu.

7. 慣行の不在から a non usu.

8. 学問的論証、帰結、結論から ab artificialibus argumentis consequentibus et conclusionibus.

9. 法の賢者達の共通の意見から à communi opinione jurisprudentum.

10. 不都合であることから ab inconvenienti.

11. 分割から、もしくは構成部分を列挙することから à divisione vel ab enumeratione partium.

12. 大きなものから小さなものへ、小さなものから大きなものへ a majore ad minus, à simili, à pari.

13. 不可能であることから Ab impossibili.

14. 目的から A fine.

15. 有益であること無益であることから Ab utili vel inutili.

16. 不合理なことから Ex absurdo, というのは、そこから背理が生まれてくるからである。あたかも不合理な要求からでたようなもの quasi a surdo prolatum, なぜならば、それは理解と理性に矛盾しているからである。

17. 自然乃至は自然の位階秩序から A natura et ordine naturae.

18. 教会の位階秩序から A ordine religionis.

19. 共通の前提から A communi praesumptione.
20. 法の識者の［制定法］講義から A lectionibus jurisprudentum.

（1 Inst. Sect. 3 ff. 11a-11b）

　注目すべきは、第一に「コモン・ローの正文」論にも、「イングランド法の区分」論にも挙げられていなかった、マクシム、諸原理、原則、真義、理性が、法の正文たる権威的テクストに先んじて、コモン・ロー第一の論証拠点とされていることである。他方で、権威的テクストに次いで列挙された、是認された訴訟慣行としての先例や法廷年報に収められた法の識者達の意見も、リトルトンの時代には、これらのコモン・ローを論証するための多数の論拠の一つにすぎなかったのである。また、さらに、その他の弁証学的な拠点が多数挙げられていることにも注目する必要があろう。クックがリトルトンを大学出身者と考え、現在の法学生に法曹院に入会する以前に大学で論理学を学ぶように勧めたのも、上記のごときリトルトン法学に対する理解の仕方と密接に結びついていたからであろう。[19]

　中世末のコモン・ロー法学に対するこのような理解の仕方は決してクックに特有のものでも、またリトルトンに特有のものでもなかった。リトルトンに肩を並べる中世末の大法曹フォーテスキューはコモン・ロー法学における、このようなマクシムの意識的使用とその意義付けについて以下のように論じている。

　「かの註釈家［アヴェロエス］が実質因 causas efficientes としている諸原理 Principles とは普遍的なものであって、修辞学者がそれらを逆説 Paradoxes と称し、シヴィル・ロー学者が法原則 Regulae Iuris と名付けるように、イングランド法の識者や数学者は同様に法理 Maximes と名付けている」のである。「これらの諸原理は、議論の力や、論理学的論証によって知られるのではなく、『分析論後書』第２巻で教えられているように感覚と記憶を通した帰納によって獲得されるのである。それ故に、アリストテレスは『形而上学』第１巻で諸原理は他のものから引き出されるわけでも、また互いに引き出されるわけでもなく、他のものどもが諸原理から引き出されるのであると述べているのである。このことから、『トピカ』第１巻では、如何な

る原理もそれを支持するためのそれ自体独自の根拠であると記されているのである。アリストテレスによれば、その理由は、『倫理学』第6巻で書かれたように、『これらの諸原理には如何なる合理的理由もない』からであり、『これらの諸原理を拒否する人とは議論が成立しない』からである。それ故になんらかの知識の分野を理解したいと切望するものは、誰であれその諸原理を完全に修得しなければならない[20]」。

　実際、現在では法格言と訳され、法諺との区別がつきにくくなったマクシムという言葉は、本来、蓋然的推論の術たる弁証術を厳格な論証に高めるために、説得の術としての修辞学上の「拠点 Loci」から導入されてきたものであり、当時においてもその本来の論理学上の語義、すなわち、弁証術的乃至はトピカ的推論で用いられる議論における暗黙の前提としての「最大前提 Maxima Propositio」の略称としての意味を、未だ失ってはいなかったのである[21]。

　コモン・ローにおけるマクシムの使用の意義は、このように弁証術的視点からも位置付けられていくとともに、他方では、ユスティニアヌス法典の『学説彙纂』の中で、246項目にわたる法律用語辞典の章に次いで、「古の諸法原則について De Diversis Regulis Iuris Antiqui」と題された章に番号付きで集められた、211の一般的法命題群＝法原則集 Regulae Iuris とも同視されることになるのである[22]。

　これらの、法原則は、本来は各法律分野別に集められた学説彙纂の基礎となった古典期法学者の回答の中にあったものであり、それ故に、本来、個別的法分野における、具体的法律問題への回答であったのであるが、かくのごとくユスティニアヌス法典の編者であるビザンチン時代の法学者達によって、簡潔な表現形式で巻末に集められることによって、個別具体的な法律問題から切り離され、基本的法原則として、また遺言等の法律文書の一般的解釈原理として、具体的状況とは無関係に適用される傾向を持つことになったのである。しかも、その簡潔さの故に、これらの法原則は、12世紀のローマ法学の復活以前にも知られており、また、註釈学派としてローマ法学が復活したとき、最初に註釈の対象とされたのが、この「古法の諸法原則（乃至法範）」（以下「法原則集」）の章であったといわれるように、法原則の利用は

シヴィル・ロー法学の長期の伝統の一部となっていたのである。[23]

この「法原則集」の利用に係わって、もう一つ注目すべきは、法原則 Regula という概念の成立そのものが、ローマ法学における不文法の学問化と深く係わっていたということであろう。スタインによれば、Regula という用語それ自体が、語法における規則性を意味する文法学上の専門用語であり、ローマ法史において皇帝による権威的法文としての成文法が優位になりつつある時代に、不文法の学問化のために、定義 Definitio という修辞学に由来する、もう一つの法準則を指す専門用語とともに導入されたという指摘であろう。文字とその精神としての意味の峻別も、これらの修辞学者に由来するものであったといわれる。[24]

これらの法原則は、この「法原則集」章の冒頭で、第一法原則としてパウルスによって論じられたごとく、「手近な問題を、簡潔に説明するものであり、法が法原則に由来するのでなく、法原則が既存の法から作成されるのである」と理解され、定義とは峻別されるとともに、より直接的には、『法原則集』第 202 番法原則、ヤボレヌスの「法において、あらゆる定義は危険である」にあるように初期の定義論的法準則概念を駆逐していくのである。法原則の性格についてのこのような理解は、後にベイコンのアフォリズムにも取り入れられ、これら法原則やマクシムの機能を性格付ける重要な規定となるのである。[25]

しかし同時に、ローマ法学上の「法原則集」としての Regulae Iuris それ自体の中にも、全体は部分を含む、大きなものは小さなものを含む、一般と特殊等の修辞学に由来する拠点を持っていたように弁証術的論理学と法学の交錯する分野に位置していたのであり、双方の影響を受けて発展してきたことをみれば、フォーテスキューによる指摘はこうした発展の当然の帰結を確認するものにすぎなかったともいえるのである。

コモン・ロー法学においてマクシムを専門法曹の共通の法学識として、法的論証の最大限前提として把握する理解の仕方は、前述のセント・ジャーマンの「イングランド法の分類」により明瞭に現れてくる。彼はイングランド法の土台を「理性法」「神法」「國の一般的諸慣習」「マクシムと称される諸原理」「諸特別慣習法」「議会諸制定法」の６種に分類する。「理性法」「神法」

という順序と並んで興味深いのは、それらと「諸特別慣習法」との間に挟まれたコモン・ロー論と称されるべき分野が「國の一般的慣習」及び「マクシムと称される諸原理」に二分されていることである。

　イングランド法の第四の土台は法の識者達によってマクシムと称されている諸原理であって、それらはこの國では常に法と見做されるのであって、学識あるものがそれらを否定することは法に反する。なぜなら、これらのマクシムの全てが、それらを否定する人々との議論を無益なものとするほど十分な権威を彼自身に対して持つものであるからである。そして、あるものがマクシムであるか、ないかは（國の一般的慣習について論ずる際に上述した如く）常に裁判官によって決定されるのであって、12名の人々〔＝陪審〕によってではない。
　一般的慣習とこれらのマクシムは同じ効力と担保力を持っているのだから、むしろ、これらの全てのマクシムを國の一般的慣習の中に数え入れたほうが便宜かもしれないが、しかし、上述の一般的慣習がイングランド中にあまねく広がっており、國中で学識の有無に係わらず知られているか、ほんの僅かばかりイングランド法を学べば知られ、容易に獲得されるのに対し、上述のマクシムは国王裁判所においてのみ、もしくは、国土の法について偉大な学識を積み重ねた人々の間で〔僅かの人々の間で〕のみ知られており、（また容易には知られ得ないからである）。

（D&S pp. 6-59. 傍点筆者、〔 〕は異本）

　このように、コモン・ローという概念には国王裁判所における確立した訴訟慣行という学識法的概念と、イングランドのすべての自由人が有する全国共通の慣習的権利という民衆法的概念の二つの起源があったと考えられる。この段階では後者の後にイングランド臣民の相続財産乃至生得権と称されるようになる、common right, common reason としての民衆法としてのコモン・ロー観念と国王裁判所で活躍する法曹の共通の学識として形成されてきた学識法としてのコモン・ローの観念がまだ融合し得ない段階において存在するとも考えられよう。

もっとも、後に列挙されるマクシムを、同じく以前に列挙された一般的慣習と比べたときその差はそれほど大きくはない。諸裁判所の起源が慣習に基づくことを論じた後に、「如何なる人も國法によらずして、収監され、占有剥奪され、もしくはその他の方法で滅ぼされることはない。この慣習はマグナ・カルタ26章によって確認された」（D&S pp. 48-49）を一般慣習の例として挙げる。その意味では、まさに「マグナ・カルタ神話」は、もしそう呼ぶべきものであるならば、クック以前に始まっているとも考えられるのである。[26]

他方、マクシムの筆頭に挙げられるのが、「不確定な楯金は騎士奉仕［保有］を構成する」（D&S pp. 58-59）という、保有態様論上の格言である。その他、取得時効に関する法格言を含め24余りの格言が示される。さらに続けて、マクシムと分類すべきか、理性の法と分類すべきか疑問のある、マクシムを列挙していくのである。

人文主義者エリオットが『統治者論』で修辞学に準え、コモン・ローが多くの共通拠点 Loci Communes を持っていると称したとき、念頭に置いていたのは、コモン・ロー法学におけるこのようなマクシムの使用であったのかもしれない。[27]このコモン・ローの論証に際して占めるマクシムの位置の重要性は、『大法要録』や『法廷年報』が出版され判例の引用が容易になった時代においても、またプラウドゥンの新たな判例集が出版されるような時代になってもなお維持されていたのである。

クックの好敵手であった大法官エルズミアが、前述のカルヴィン事件についての見解の中で「如何にして不文の法であるコモン・ローは知りうるのか」という反論に答えて、第一に挙げたのも、まさにこの「マクシムと原理 Maximes and Principles」であった。「第一のものが、これまで決して争われたこともなく、また争われるべきでない確知の諸原理、諸マクシム及び古の諸慣習なのである」。ローマ法上の「法学者の回答 Responsa prudentum」と同一視された先例が問題とされるのは、「第二の、……このような諸原理が無い場合」であって、このような場合に初めて「類似事例で与えられた以前の判例」が求められるのである。なぜなら「これらは裁判官の裁定乃至法学者の回答に過ぎないが、国王の権威によって受容され、認められ、実行されてきた」からなのである。さらに「このような以前の判例や直接の典例乃至先

例が無い場合には、この原則はさらに拡張される。コモン・ローには『新たな事例には新たな救済方法が……』という法原則がある」として、大法官府及び議会制定法による新令状の考案への言及がなされ、最後に、他のシヴィル・ロー上の一般的且つ確たる法原則が挙げられる。これについては最後の箇所で述べるとして留保されるが、実は、これこそがクックと対立することとなった「国王親裁」の問題なのである[28]。

「直面する問題が困難で、直接の法律も、典例、先例も、類似事例の適用例も、また理性の筋道も、学識ある尊き裁判官の該博な意見もそれを解決し得ない場合には、如何に決定されるべきかについて、シヴィル・ロー、イングランドの古のコモン・ロー双方に、真にして確実な法原則がある。すなわち、かつてこの王国、島が戴いた王の中で最も信仰心にあふれ、学識ある、司法精神に富んだ国王の判決によってである」。但し、続けて「しかし、本事例は、あまりにも明白であってそのようなことは必要としない」としている点にも注意する必要があろう。エルズミアにとっても、国王親裁は、他に手段が無い場合に最終的に頼られるべき手段であって、通常は発動されるものではないからである[29]。

冒頭のリトルトン評価にみられるように、クックもこの中世末以来のコモン・ロー法学の方法的遺産を十分認識していた。しかしながら、クックは「コモン・ローの正文」の定義において見せたのと同様な慎重さでもってマクシムの意義を以下のごとく定義する。

「マクシム、即ち、学問の確実な基礎乃至土台 A sure foundation or ground of art であり、理性の結論 a conclusion of reason である。したがって『マクシムはそれ自体、威厳を持ち、最も確実な典拠であるからであり、全てのマクシムの理由は立証されている quia maxima est eius dignitas et certissima authoritas, atque quod maxime omnibus probetur』と称されるのである。かくも確実で、統御不能であるが故にそれらは疑問とされてはならない。且つ我が著者［リトルトン］は、ここそこでマクシムと言ったり、後に原理と言ったりしているが、法準則 rule、共通の土台 common ground、公準 postulatum 乃至は公理 axiome というのもすべて同じである。それらをうまく区別するのは余りにも興味本位になりすぎる。我々の書物では、『古の法原理

は争われてはならない n'est my a disputer l'ancient principles del ley.』とよく言われている」(1 Inst. Sect. 3 ff. 10b-11a. 傍点筆者)。マクシムを当時のはやり言葉としてアキシオム＝公理と称するにせよ、公準と称するにせよ、その本質はそこから議論を出発させることのできる「争うべきでない」「理性の結論」であるという点にあるのであって、それ故にこそ、幾何学における公準、公理とも同視されるのであって、クックがマクシムについて言及する際に、常に強調したのも「第一次的諸原理を否定する者とは議論は成立しえない Contra negantem principia non est disputandum」という、マクシムの学問の基礎としての性格であった。学問的論証の共通前提としての Maxim が疑われては学問そのものが成り立たなくなるのである。⁽³⁰⁾

マクシムの性格についてのこのような理解はコモン・ロー法曹に共通したものであったように思われる。クックのマクシム理解の基礎となったプラウドゥンの判例集の中で、モーガン高位法廷弁護士は、「理性の結論」という表現を用いて以下のごとく論じていた。「議論が引き出され得る二つの主要なものがある。即ち、我々の諸マクシムと全ての法の母たる理性とである。しかし、諸マクシムは法の基礎であり、理性の結論である、それ故それらは論難されてはならず、常に認められねばならない」(1 Pl f. 27 [p. 44]. 傍点筆者)。個々人の理性からの推論一般は私的理性として論難の対象となっても、既に「理性の結論」として確証されたものとしてのマクシムは論難されてはならず、その意味で、まさに公的理性の位置を占めることになるのである。

しかし、マクシムを「学問 art の基礎」と論じたとき、クックはより以上の慎重さを示している。「理性の結論」として、如何に確実なものであり、争われてはならないものであったとしても、これらのマクシムはあくまでも法学の基礎であって、法そのものではないのである。「マクシムは制定法と法律上の強さと効力において同じである。」(D&S pp. 58-59) と論じたセント・ジャーマンと異なり、クックはマクシムをコモン・ローの正文には含めなかったし、また、法の区分論としてマクシムを論じることもなかった。これは、単にセント・ジャーマンの論じたごとき便宜主義的立場からではなく、むしろ、ホッブズ同様に法と法学の峻別という立場からであったように思われるのである。

コモン・ローの区分論からすればマクシムはそれによってコモン・ローが論証される重要な出発点ではあっても、コモン・ローそのものではないのである。なるほど、コモン・ローの基礎、乃至土台という表現はコモン・ローが論証される出発点としても理解しうるが、それにもかかわらず、法と法学の区別を曖昧にする表現であったのである。しかし、それでは、クックにとってマクシムはコモン・ロー、乃至はコモン・ロー法学全体の中でどのように位置付けられるのであろうか。

《コモン・ロー＝〈Artificial Reason の完成〉とマクシムの機能》
クックにとっては「争われるべきでない」「理性の結論」たるマクシムも権威的テクストとしての「コモン・ローの正文」からは区別されるべきものであった。しかし、このことはクックのマクシムの位置付けの低さを意味するものではない。プラウドゥンの判例集の中で制定法解釈論として述べられたように、「言葉は空気の振動に過ぎず、制定法の本質ではなく、その形象にすぎない」（1 P1 f. 82 [p. 130]）とするならば、同じく不文法解釈論においても、否、不文法解釈論においてこそまさに、Body＝身体としてのコモン・ローではなく、これらの身体、すなわち、諸制定法、訴訟開始令状、正式起訴状、判決といったコモン・ローの権威的テクストの底に一貫して流れているコモン・ローの魂、すなわちその意味と理性こそが重視されるべきであったのであり、これこそが法的理性と称され、Artificial Reason と称されてきたものであったであろうし、クックがコモン・ローを Artificial Reason の完成と称するとき、まさにこの魂乃至は精神としてのコモン・ローを指していたと考えられるのである。

それにもかかわらず、身体としてのコモン・ローの定義の明解さに比べて、この魂としてのコモン・ロー、乃至は Artificial Reason としてのコモン・ローとは一体何なのかは、現代の我々にとっては把握し難くて神秘的にすら聞こえる。従来の Artificial Reason 論が「中世的ギルド」団体の「秘儀」として把握されがちであったのもこのようなコモン・ローの精神乃至魂として Artificial Reason の持つこの神秘的な響きであったかも知れない。

なるほど、コモン・ローは不文法として、その本質において、「言葉では正

確には言い表し得ないもの」という宿命を持たざるをえないものであろう。[31]
しかし、直接に言葉によって定義することは不可能であるとしても、言葉に
よって指し示すことは可能であった。ベイコンが磁石の針に準えて論じたの
は、まさにマクシムの持つこのような機能であった。「恰も、法の正文であ
るかの如くに、法原則の文言に証明を求めるべきではない。法原則は、磁針
の如く、法を指し示すが、決して確定するものではない」のである。このよ
うな「さまざまな法律問題の中に一貫して流れている一般的な理性の命令」
であるマクシムから構成される「法原則集」は補助的法学文献にすぎないが、
船を安定させるために積み込まれる「バラスト」のごとくコモン・ロー全体
を釣り合いをとって安定させる機能を果たすのである。[32]

　「理性の結論」と位置付けられた諸マクシムは、まさにこれらの不文法と
してのコモン・ローの魂たる理性の具体的働きを指し示し、具象化するための
表現形式として、また、コモン・ロー全体の調和を保つ役割を担うものと考
えられたのであり、クックがコモン・ローを Perfection of Artificial Reason
と称するときには、単にこの言葉で表し得ない、抽象的で、掴み所のない精
神としてのコモン・ローの精神のみならず、それを具体的に指し示すものと
して、「理性の結論」としてのコモン・ロー上の諸マクシムを念頭に置いてい
たと考えてもおかしくはないであろう。さらに誤解を懼れずにいえば、中世
末以来のコモン・ロー法学発展の成果として、コモン・ロー法曹の〈共通の学
識 Communem eruditionem〉として確立されてきた「学問（Art）の基礎」
「理性の結論」としての諸マクシムこそが、まさに「学問的理性の完成」と把
握されたのであり、フォーテスキューが示唆したように、こうした〈将来の
学識に ad futurum eruditionem〉寄与することこそが、法廷年報作成の目的
であったと考えられるのである。[33]

　実際、クックが「コモン・ローに反する」、乃至「コモン・ローの法原則に
反する」と称するとき、抽象的で神秘的な Artificial Reason 乃至はコモン・
ローの精神ではなく、コモン・ロー上の具体的法原則としてマクシムの形態
で表された「理性の結論」との矛盾を問題としていた。例えば、自然法論で
絶対的土地所有権論との関連で論じた議論をコモン・ローの法原則の機能と
いう視点から眺め直してみるならば、「エドワード１世治世 13 年の条件付贈

与法」が非難されるのは、「全ての相続財産は単純封土権たるべし」という具体的なコモン・ローの法原則に反するからであった。また、違憲立法審査権の起源論争で有名なボナム医師事件（1610）の議論で「多くの事件で、コモン・ローが議会制定法を統御すること、また、時には、全く無効であると判決することは我々の書物［＝法廷年報］より明らかである。なぜならば、議会制定法が共通の正義（right）や理性に反するとき、もしくは互いに矛盾するとき、また実行不可能な場合には、コモン・ローはそれを統御し、そのような制定法は全く無効であると判決するからである」（8 Co. Rep. f. 118a［p. 652]）と論じたときにも、ここで、「コモン・ロー」乃至「Common right or reason」に反するとして具体的にその論拠として挙げられたのも『リトルトン註解』（1 Inst. Sect. 212 f. 141a）で「法律上のマクシム」として説明された「何人であれ自らの訴訟について裁判官たるべからずalquis non debet esse judex in propria causa」という具体的なコモン・ロー上の法原則であって、抽象的なコモン・ローの精神に直接的に依拠して議論を展開していたわけではないのである。[34]

　もっとも、これは同時に中世以来の自然法上のマクシムであったし、言い換えるなら、神の法に反しているからとも、自然法に反しているからとも言えたのであるから、このような主張にコモン・ローの特徴があるわけでもなかった。[*8] さらにいえば、このマクシムこそ、ホッブズが『リヴァイアサン』で配分的正義から読み替えた仲裁者の正義からの帰結として自然的正義の一つとして高らかに掲げた「訴訟当事者が同時に裁判官たりえない」という原理と同一の法原則でもあったということにも注意しておく必要があろう。一方は、コモン・ロー上の法原則乃至は「共通の正義や理性」と称し、他方は自然法と称しているのであるが同一の原理について論じているのである。[35] 何れにせよ、クックが「コモン・ローに反する」乃至「理性に反する」と主張するときに使用する具体的法原則としてのマクシムはベイコンの論じたごとく、コモン・ローを指し示し、安定させる羅針盤的機能を果たしているのであって、例えば「コモン・ローの法原則に反する」からといって「条件付贈与法」が直ちに無効だと主張されているわけではなかったということにも注意をする必要がある。これはもう一つのマクシム「『国の古の諸コモン・ロー

と諸慣習の如何なる基本的な点であれ、その変更は危険である』という司法政策上のマクシムの実例なのであって、『コモン・ローの法原則に反する』『条件付贈与法によって無数の不都合、訴訟、疑念が生じ』、それを取り除いて、他人に土地を無条件且つ安全に譲渡しうるようになるまで（限嗣封土権の解除が法的に可能となるのに）200年間もかかったこと、いいかえれば、この制定法がコモン・ローの法原則に適合するように解釈、運用されるようになるのにかくも長き年月がかかったことが問題とされているのである」(3 Co. Rep. pref. p. xxxiii)。

　実際、マクシムを法に分類したこの期のコモン・ロー法学者達が注目していたのも、「理性の結論」としてのマクシムのこのような羅針盤的な方向指示的機能乃至は平衡維持機能であったように思われる。前述のモーガン高位法廷弁護士によれば、「これらの諸マクシムは理性の助けによって互いに較べられ、対置された場合（それら［マクシム］は変わらないのだけれども）、あるものが他のマクシムよりあるマクシムにより近い、もしくは二つのマクシムの間に位置するということが理性によって峻別される。それにもかかわらず、それら［マクシム］は非難も論難もされるべきでなく、常に堅き原理として、それ自体権威を持つものとして守られ、支持されるべきである」(1 Pl f. 27 [p. 44])。すなわち、マクシムは具体的事件を解決する上でのその解決方向を指し示す具体的法原則としての役割を果たしているのであるが、これらの法原則としてのマクシムは互いに相対立し、矛盾することがあったとしても、そのことによって個々のマクシムそれ自体の権威が疑われることはないのである。

　同じく、セント・ジャーマンが「なぜそれらが最初にマクシムとして受け入れられたかという理由や事由considerationを挙げる必要はない。それらが如何なる点においても理性法と神法に反していない［また、常に法と見做されてきた］というだけで十分であるからである。また、このようなマクシムは法と見做されるだけでなく、それらに基礎を置くと思われる他の事例や、同じマクシムに基づいて必然的に導き出される全てのことがらが同類の法に帰せられることとなる。それ故に、何故にこのようなマクシムが合理的であり、乃至はマクシムとして遵守されるのが合理的であるかという事由

[や若干の理由]が挙げられるのは、大抵の場合、それらに対して他の類似の事例が適用され、その同類の法で判決されたほうがずっと適切であるという趣旨で挙げられているのである」(D&S pp. 58-59. [ ] は異本) と論ずるときも、法的論証におけるマクシムの確定的機能ではなく、むしろ方向指示的な機能について論じているのである[36]。

クックにとっても、このようなマクシムは「争うべきでない」「理性の結論」であるとしても、それ自体はコモン・ローの正文ではなく、学問の基礎、言い換えればコモン・ロー法学の基礎にすぎなかった。しかし、確立した学問的=公的理性としての諸マクシムは、カルヴィン事件で問題とされた法源としての確立した慣習がない場合には重要な役割を果たすことになる。なぜなら、同じく、ベイコンが自らの『法格言集』の意義を論じて述べたように、これらのマクシムの形式に「法の体系のなかに散りばめられた諸法原則、根拠を集めることによって、①直接の典拠の無い新たな事例に、深き理性によって法の真義を探るために少なからぬ光をあて、②諸典拠が同等で且つ多様であるような事例において法を確定し、一方が受容されるようにするために、③法が典拠によって明らかな場合であっても、そのような諸判決や判決を下された事件の理由をより深く理解し、そしてそれによって、他のより疑わしき事件の決定のためにより活用しうるようにするために」役立つからである[37]。

カルヴィン事件で、クックが制定法も確立した慣行もない場合に従うべきだと論じた Natural Reason とは峻別された Artificial Reason とは、まさにこのようなコモン・ロー全体の中に散りばめられた「理性の結論」としての法原則や根拠を指すものであって、コモン・ロー法学の基礎としての諸マクシムの存在を前提とする議論であったのではないだろうか。なるほど、これらの諸マクシムに象徴される Artificial Reason は法源論的には確立した慣習の下位に置かれるにすぎないのではあるが、他方で、「理性の結論」として確立したマクシムは、大陸において「書かれた理性」としてのシヴィル・ローが果たしたのと同じような、不文法、制定法双方の解釈の方向性を指し示すものとして、あるいは、解釈原理として機能したように思われる[38]。

「コモン・ローが議会制定法を統御 control する」のは、まさに磁針として、

正しい解釈方向を示すコモン・ロー上の諸マクシムの機能を示すものであり、リトルトンへの註釈で「制定法の確実な解釈はコモン・ローの理性と法原則によるものである」（1 Inst. Sect. 464 f. 272b.）と論じたのと同じような意味で主張されたのであろう。同じく、制定法解釈論で論じたごとく、Artificial Reason 批判の発端となった『対話』冒頭の「エクイティは成文法を解釈し、修正する確実で完全な理性であって、それ自体は不文のものであるが、その本質は正しき理性以外のなにものでもない」（DL p. 3）とする議論も、法律それ自体の修正ではなく、法適用における解釈論として論じられたものであった。とするならば「理性の結論」としてのマクシムも上述の定義の「正しき理性」と等置された Legal Reason 乃至 Artificial Reason と同様に解釈原理として機能したのであった。否、この解釈原理として、自然的理性と峻別されるべきの Artificial Reason こそがマクシムの形態で表されるコモン・ロー上の法原則ではなかったであろうか。

　「コモン・ローは制定法、慣習法双方を訂正し、認め、認めない場合がある。というのは、制定法に矛盾があるとき、慣習法に不合理な点がある場合、コモン・ローはそれを認めず、拒否するからである」とするクックの主張も、「理性の結論」としてのマクシムが持つ機能に則して理解するならばより分かりやすくなるように思われる。コモン・ローによる慣習法統制原理としての合理性審査も掴みどころのない精神としてのコモン・ローの視点からではなく、むしろ具体的な「理性の結論」としてのコモン・ロー法学上の法原則との関連で主張されたのであろう。他方、慣習法についてはその合理性が直接に問題とされているのに対し、制定法に対する統制機能については、リトルトン以来、制定法解釈原理として、立法の内部における論理的整合性乃至一貫性が問題とされているにすぎない点に注意する必要がある。この制定法に対するコモン・ローの統制機能の意味についても、ベイコンの主張するように、制定法が矛盾する場合、すなわち、「諸典拠が同等で且つ多様であるような事例において法を確定し、一方が受容されるようにする」ことにコモン・ローのマクシムの第二の機能があったのだと考えればより明瞭に理解しうるのではないだろうか。

　従来のコモン・ローと制定法のいずれが優位に立つかという問題枠組それ

自体は、これらのコモン・ロー上のマクシムを議会制定法のような制定に基づく権威的テクストと同じ機能を持つものとして理解し、法的論証をこうした権威的テクストからの形式論理的操作によって導き出される権威の連鎖としてみる見方から生じてきているように思われる。しかし、本節で明らかにしたように、これらの諸マクシムは権威的テクストからは峻別され、且つ法的論証における機能も異なるのである。まさに、このような権威的テクストからは峻別されながら、しかも、「争われてはならない」「学問の基礎」として公的理性と見做される公理やマクシムからの論証方法こそ、法的権威が未だ国家的権威に一元化されておらず、学問的公共性に支えられた法学的権威の働く余地が残されていた時代の法学的論証方法であったのである。それ故にこそ、コモン・ウェルスの名の下に国家に公共性概念が独占されていくまさにその転換期において、クック対ホッブズ論争が生じたのであった。

　現代法律実証主義の時代には、このような法学方法論は忘れ去られてしまっているのであるが、マクシム論を前提にするときコモン・ロー法学の神秘性も薄らいでくるであろう。コモン・ロー法学が神秘的なのではなくて、彼らが現代法学者の思考方法と異なった思考方法、乃至学問手法をとっていたに過ぎないのであって、それが、国家法としての成文の権威的テクストからの形式論理的論証手段に慣れ親しまされた我々にとって神秘的に見えるのではないだろうか。

《マクシムと判例法学——ホッブズのクック法学批判再考》

　クックがコモン・ローを Artificial Reason の完成であると主張する意味を前節のように理解するとき、ホッブズの Artificial Reason 批判の意味も一層明瞭に理解されうるであろう。

　例えば『リヴァイアサン』において、ホッブズが Artificial Reason 批判の論拠とした以下の議論、「なぜなら、長い研究が誤った判決文を増加させ確認することもありうるからであり、人々が虚偽の基礎の上に建築するばあいには、彼らが築き上げるにしたがって、その崩壊も甚大なものとなるからである。そして、等しい時間と勤勉をもって研究し観察する人々の間では、推理と決定は不一致のまま残るし、また、残らざるをえないからである」（LV

Pt. II Ch. 26 p. 256）とする議論は、判例法主義乃至先例拘束性原理批判と結び付けて考えられがちではあるが、むしろ、学問の基礎として、共通拠点乃至共通の法学識として、「争われるべきでない」とされ、公理的に使用される法原則としてのマクシムの真理性が問題とされていると解されるべきではないだろうか。

　このことは、ホッブズの学問論（自然法学論）における以下の「定義論」「Prudentia 論」の議論との対応からも明らかであろう。「真の知識を希求する人にとって以前の著者達の定義を検討することが如何に必要かが明らかであろう。なぜならば、定義における誤りは計算を進めるにしたがって誤りを倍加させるからである」（LV Pt. I Ch. 4 pp. 23-24）。確実性という意味でホッブズの「定義論」的視点から批判するとすれば、批判の対象とされるべきは、クックや他のコモン・ロー法曹にとっても多様な「意見」と考えられていた先例ではなく、むしろ「争うべきではない理性の結論」とされたコモン・ロー上のマクシムの真正さにあったからである。

　実際『対話』を注意深く読んでみるならば、慣習法批判論の文脈で真っ先に批判の対象となったのも、過去の先例を墨守するクックの保守的態度ではなく、逆に、クックによる新たなマクシムの創造というその「革新性」なのである。すなわち、クックが「本文中や欄外に、如何なる古代の法曹の典拠をも欠く、またそれ自体理性たることの如何なる確実性もないラテン語の章句を、あたかもそれらが法の理性であるかのごとく挿入することによって、それらがイングランド法の真の基礎であるかのごとく人々に信じこませようと努めた」（DL p. 79f.）ことが問題とされているのである。ここでは、以前に論じたクックによるアリストテレスやホメロスといった古典の著作からのマクシムの引用における「衒学性」が批判の対象となっているのではない。ホッブズの師ベイコンが行ったように、クックもマクシムの形式で確立した共通の法学識がない場合には、自ら新たなマクシムを古典の著者達に模して作っていったのであり、そうすることによって、近代コモン・ロー法学の基礎を作っていったのである。この格言癖とも称されるクックのマクシムの創造の方法が理性に基づかないとホッブズによって非難されているのである。[39]

　実際、ホッブズが『対話』において、具体的に批判の俎上に載せたのも、

個々の判例ではなく、コモン・ロー法学において、まさに、学問の最大前提として論議されてはならないものとされたこのマクシムの定義的な使用方法であり、それによって、その「争われるべきでない」とされた「理性の結論」としてのコモン・ロー上のさまざまなマクシムの合理性それ自体が問題とされ、批判の対象とされているのである。[40] 先例への依拠が批判されるのは、第一に、これらの諸マクシムの機能が判例の中の法の識者達の意見を通して確認されるという、この新たなマクシムの創造における判例法学的方法に問題があると考えられたからである。自然法学論で論じたように「賢慮（Prudentia）のしるしは、すべて不確実である、なぜなら結果を変更しうるあらゆる条件を経験によって観察し回想するのは不可能だからである」（LV Pt. I Ch. 5 p. 37f.）とする理解が、ホッブズの学問観に深く根ざしているのである。

　未だ確立していなかった先例拘束性原理が批判されているわけではない。否、『対話』における批判「先例はお互いに矛盾する判断でしかない。同一の事件に様々の人が、様々の時代に異なる判断を与えてきた」（DL p. 67）とする批判も、司法レヴェルの問題として、むしろ、法の確実性という視点から捉え直せば、先例拘束性原理がないことの方が問題なのだとさえ読めるのである。なるほど、現代の英米法の教科書では法源論として第一に判例を取り上げる。このように、先例を法源＝「命令」と理解し、また「定義」と同一視して、科学の基礎としての確実性を先例に求めるならば、ホッブズのいうように、先例間の「矛盾する意見」が問題となろう。しかし、『対話』の時代にあっては、判例は現代におけるような法源的位置を占めるものではなかったし、個々の判例が厳格な拘束力を持つこともなかった。

　また、「如何なる判決の記録も法ではない。ただ、当事者にとって、以前の判決が覆審されるまでの間、法であるにすぎない」（DL p. 69）という議論は既判力の問題を論じたに過ぎないのであって、クック法学への批判となるものではなかった。コモン・ロー法学においても先例の法源性の問題と既判力の問題との混乱はなかったし、既判力の問題（その効力範囲）についてはコモン・ロー法学者のとの間に意見の相違は有り得なかったからである。[41]

　実際、判例集それ自体は、このような裁判の結果としての判決にはほとんど注意を払っていないのであって、むしろ重視されているのは、判決に至る

過程での一般的法律問題について討議された各裁判官、法の識者達の意見乃至は解釈なのであって、先例の集成としての法廷年報を「400年以上も前からあるとはいえ、解釈に過ぎない」とクックが断じたのもその故であった。とするならば、これらの判例集に含まれる法の識者達の意見の間に不一致があるのは不思議ではない。否、法律問題についてのさまざまな意見が闘わされることが判例集を学問的に興味深いものにしているのであり、その意味では、まさに判例集は注釈書として法学を対象とするものであったのであり、このような判例集に収められた法的見解は、その背後に働く法原則を理解するための素材であり、まさに蓋然的真理としての「意見」乃至「助言」としての役割を果たしたのである。

　近代的な厳格判例拘束制原理が確立するのは、審級制が確立し、半公式の判例集の出版が始まる19世紀半ば以降の問題なのである。その意味では、コモン・ロー法学上も、判例は「助言」としての説得的権威を持つにすぎないのであって、「命令」としての拘束的権威を持つものではなかったのである。

　もちろん、過去の判例の矛盾する、未解決の問題は十分な熟慮の上、裁判所で決定され、解釈として確定されねばならない法学上の課題であったのであって、このように法解釈を裁判所における裁判官と法の賢者達との議論を通して確定していく作業こそ学問的営為そのものであった。イングランドの裁判官を古代ローマの回答権を持つ法学者に準え、その理由を「イングランドのコモン・ロー裁判官は本来の裁判官ではなく〈法律顧問 jurisconsulti〉であるからである」（LV Pt. II Ch. 26 p. 271）と論じたとき、ホッブズ自身もウェストミンスタの法廷での議論のこのような性格を十分に理解していたのである。

　制定法解釈論で論じたように、クックが「本質的には注解に過ぎない」としながら、自らの判例集出版の目的として挙げたのも、プラウドゥンの判例集以来、ますます重要なものとなってきていた「全国に関わる議会の一般法 general acts の真の解釈のより良き理解」、と並んで「以前にリポートされた判決や決定の真の意味と理由のより良き理解」及び「未決定のままに残っている疑問の解決」（3 Co. Rep. Pref. p. xxi）という判例集編纂を通しての法解釈の学問的な統一にあったのである。そしてこの多様な意見の学問的統一を

通して達成しようとしたものこそ、『判例集 第1部』の公刊の目的とされた「公共善」＝「所有Possessionの平穏化と安定化」であったのである。このクックの『判例集』の出版目的とベイコンがエリザベスのために編纂した『法格言集』の効用について自ら論じた前述の議論とを比較するとき、その課題意識の共通性に驚かされるであろう。学問の基礎となる公理的な諸命題を確定することがまさに時代の法学の課題であったのである。

　ベイコンが法に確実性をもたらすための補助的文献の一つとしての重視した「法原則集」について、「時には最良の索引表の中に見出される」と論じたとき、おそらくは、彼自身の『法格言集』（1602）を構想したときと同様に、学説彙纂の最後に〈法律用語集〉の章に続いて索引風に付されたシヴィル・ロー法学上の〈諸法原則集〉の伝統を意識していたのではあろうが、実は、1606年にグレイズ・インの彼の2年先輩のアッシュ（Thomas Ashe）が、それまでに出版されていたクックの『判例集』の最初の5部に索引を付したときに従ったのもこの方法であった。彼は、そこでは、判例の年代順の索引表とともに、判例集で使用されたラテン語の格言の索引表を付したのである。1618年の索引表の第2版は、それ以降出版された『判例集 第11部』までの索引を含むこととなったが、格言表は省かれた。しかし、同年、独自に『名言集、かの著名なエドワード・クック卿の諸著作から集められた手一杯の華々』が出版され、格言集型法文献の最も初期の出版物の一つに数えられることになるのである。[43]

　ベイコン自身も1616年の法改革案で、クックの『判例集』は多くの欠点を持ちながらも、それがなければ法は「バラストを積まない船の如きものになってしまっていたであろう」と高く評価しつつ、他方で、自らの『法格言集』とクックの『判例集』を比較して「現在どう考えられているかはともかく、後世の人々は、いずれが偉大な法学者であったと問うときがくるであろう」と考えたのは、むしろ、これらの諸マクシムの提示方法の差（アフォリズム84「法原則が簡潔で強固な形式の文言で述べられたのちに、当該法原則の限界付けのための峻別、例外、さらに拡充のための類似事例等、説明のために典例や、最も明解な判決例を付け加えなさい」）にあったのであって、法学におけるマクシムの位置付けの差にあったのではない。ベイコンのアフォ

リズムによれば、「法原則から法を導き出すのではなく、既存の法から法原則を作成するのが健全な指針なのである」からである。[(44)]

クックはこのような学問的営為を通して〈共通の学識〉として確定されてきた解釈を理性の結論としてマクシムという簡潔な表現形式の法原理へと凝縮させていったのである。その過程で判例に付着していた中世という時代に制約された具体的事情が濾過されていったのであり、まさに、その意味でArtificial な Reason であったのである。これが、中世のコモン・ロー法学の発展を近代へと橋渡ししていく方法ともなったのである。クックは合理的秩序に再編していく法的論理の結節点において、まさにこのようなマクシムを導入する。しかも権威に頼る形ででではなく、自らの考案によってマクシムの形式で、過去の判例の当該法律問題をめぐる議論の中で働いている、コモン・ローに内在する法的論理を公式化していくのである。それ故に、クックにとっては、先例は正しい法解釈に到達するための法的議論の出発点として、弁証術的な蓋然的真理であれば足りるのであって、このような不文慣習法としてのコモン・ローの法原則の支配を個々の事件において確証せんとする学問的営為こそが重要なのである。

他方ホッブズの側からは、自然法を不文国家法として国家法平面に復活せしめたのに伴って、自然法論で論じた学問論のレヴェルでの判例法学への批判が復活することになる。先例を根拠とする学識は経験に基づく知＝Prudentia である以上、すべてを尽くすものでは有り得ないのである。ホッブズの判例法批判とは、自然法論において論じたように、先例墨守的コモン・ロー法学批判というより、むしろ蓋然的真理から出発する弁証術的学問方法論一般への批判なのである。真なる命題＝確実知から出発する論証的学問こそが正に厳密な意味での科学の名に値するという主張なのである。

しかし、成文法解釈論と異なり、不文法解釈論の分野においては、「法であるとともに理性的でもある」明文の主権者の命令に科学としての法学の確実な基礎を求めるわけにはいかない。不文法における法に従った解釈とは、自然法に従った解釈ということになるのであるが、実際上ホッブズが国家法段階に持ち込み得た自然法とは彼の行論からみる限り、カントの法哲学にも受け継がれることになる「あなた自身が他人にされることが不合理だと思う

ようなことを他人に対して為すなかれ」という「自然の光」によって自明な
マクシムを除けば、国家法論を支えるための「自ら為した合意を守る」とい
う契約者の正義概念と、仲裁者の正義としてのエクイティの概念を超えるも
のではなかったように思われる。これでは、不文法の分野で具体的に「何が
法か」乃至は「公的理性か」という問題は学問的にはほとんど確定しえない
ものとなろう。それ故、ここでのホッブズの主張は、諸マクシムの働きを確
認するための素材として判例を利用したクックの判例法学的方法が絶対的な
ものではなく、「争われるべきでない」とされた。コモン・ロー上の諸マクシ
ム自体も「自然の光」による合理性のテストを受けねばならないという要請
を超えるものではなかった。しかし、このことが司法の運用のレヴェルにお
いては枢要なポイントであったのである。

　不文法の分野において「何が法か」という問題は、ホッブズからみれば、
最終的には主権者によって権威を委任された裁判官による「自然法の確証」
に委ねざるを得ないのである。「等しい時間と、勤勉さで研究した人々の間
ではその理由や解決は一致しないし、一致するはずもない」(LV Pt. II Ch. 26
p. 256) とすればコモン・ロー解釈の学問的統一は不可能であり、主権的権威
の代行者たる裁判官による法の権威的確定が必要となるのである。かくし
て、問題が、法学レヴェルから司法のレヴェルに移されたとき、このような
判例の法源としての役割をどのように理解するのかというもう一つの問題が
加わってくるのである。

《厳格先例拘束性論者ホッブズ？——Responsa Jurispudentum と公的判例集》
　クックにとって判例集は法の註解に過ぎなかったし、プラウドゥンは自ら
の判例集を「判例註解 Commentaries」と名付けていた。しかし、これらの、
判例集に収録されてきた「意見」は単なる思い付き的な「私的な意見」では
なく、公の法廷で議論され、批判にさらされてきた「偉大で成熟した審議に
基づく判断」(1 Co. Rep. Pref. p. xxviii) であるということ、さらには主権者
によって権威を与えられた裁判官によって論じられた意見であることが重要
なのである。それ故に、クックに従えば、裸の理性乃至私的理性としての自
然的理性に対してこれらの意見が優位するのは当然のことであった。「我々

の書物に示された理性や法原則、以前の先例からの保証乃至根拠を欠くあらゆる新たな乃至は私的な解釈 interpretation や意見は危険であり、如何なる検討 observation にも値しない。なぜなら『良き人々の先例によって立証されないことは危険であると考える Periculosum existimo quod bonorum virorum non comprobatur exemplo』からである」（7 Co. Rep. p. x）。

「何がコモン・ローであるのか」という実体法的関心が増大するにしたがって、これらの法廷年報に記され、とりわけ、共通の学識として蓄積されてきた裁判官をはじめとする上層法曹の意見への注目は高まっていく。かくして、判例集の中に収められた法的議論としての先例は、その底に一貫して流れる不文法乃至は慣習法としてのコモン・ローを確証する手段として利用されたであろうし、また、とりわけ、それが長年論議の的であった法律問題への上層法曹の一致した意見である場合には、法実務に極めて大きな影響を及ぼすようになったであろう。コモン・ローについてのクックの定義にあるように、法廷年報はコモン・ローの正文ではないとしても、そこからコモン・ローが見出される重要な手掛かりを提供するものであった。この判例乃至は判例集の法解釈において占める位置の特殊性が議論の混乱の一因であったであろう。

『大法要録』の出版、法廷年報の組織的印刷、さらには、訴訟記録と法廷報告の伝統を合体させることによって学問的水準とともに判例集の信頼性をも高めたプラウドゥンによる新型判例集の出版はこうした動向の結果であった。それと同時に、こうした判例集の出版は、個別判例の信頼性とその判例研究としての学問水準を高めることによって、法廷実務に対する学問的影響力＝説得的権威を強化することにもなっていったと考えられる。クックの『判例集』はこれらの法学上の発展を総括するものであるだけでなく、現職の王座裁判所首席裁判官その人によって編纂されたものであるが故に、問題をより一層複雑化させることとなった。

クックの判例集への批判的書評を残したエルズミア自身も、前述のごとく、不文法たるコモン・ローの論証において、確立したマクシムを欠く場合には、類似事件の以前の判例から論証されるべきだと考えていた。なぜなら、「これら以前の判例は、〈審判人の裁定 Arbitra Judicum〉乃至は〈法学

者の回答 Responsa Prudentum〉にすぎないが、国王の権威によって受容され、執行されるべきである」からである。このように、先例はマクシムを欠く場合に何が不文慣習法としてのコモン・ローかを確証していくための直接の論拠として法源論的に極めて重要な位置を占めると考えられるようになってきているのであり、それ故にこそ、（エルズミアによれば）我田引水ともいうべきクックの不正確で、主観的な判例報告が問題とされたのであって、コモン・ローを論証するための判例の使用そのものは当然の前提となっているのである。クックの『判例集 全11部』の「誤り」が問題とされ国王によってその精査が命じられ、首席裁判官職からの罷免問題へと発展していったのも、逆にいえば、クックの、本来は私的な『判例集』が勝ち得た学問的権威の強固さ、司法行政上の重要性の故でもあったのである。

　このように、判例の中に現れる法の識者達のさまざまな法解釈乃至意見が、その内容においては、古典のローマ法学者の回答にも対応するものであったことは、前述のごとくホッブズ自身も認めるところであった。ホッブズはこれらのローマ法における「法学者の回答」を法の区分に含めるとともに、イングランドの判例集との決定的相違を、ローマ法にあっては「裁判官達が判決するにあたって、これらの回答を守ることを皇帝の勅令によって義務付けられた」点に求めるのである。それ故に、イングランドにおいても私的に編纂された「判例集 the reports of cases judged が、イングランド法によって、他の裁判官により従われるべく拘束力のあるものとなった場合には、それ［「法学者の回答」］と類似したものになるはずである」（LV Pt.II Ch.26 pp. 270f.）。ここには、むしろ厳格先例拘束性論者としてのホッブズの姿があるのである。実際、ホッブズは常に過去の判例に従うべきでないといっているわけではなかった。逆に、「主権者の権威によって下された間違った判決文も、もし彼がそれを知り、許容するならば、変化しうる諸法［人定法］においては、ちいさな事情がすべて同一な諸事件についての、新たな法の定立 constitution of a new law なのである」（LV Pt. II Ch. 26 p. 264.［　］内及び傍点筆者）と論じているように、この点でも、通常、判例法主義の批判者と考えられるホッブズの方が、近代の「保守的」な厳格先例拘束制原理の立場に近いのである。なるほど、この判例による「新たな法定立」と

第7編　近代自然法学とコモン・ロー法学　613

いう議論も、不文法解釈論では「自然の諸法のような変化しえない法においては、それ以降のずっと同様な事件について、同一または別の裁判官に対する法ではない」（Ibid. p. 264）と否定され、他方、成文法解釈論では「従位的裁判官の誤りは主権者の一般的判決文たる法律を変更し得ない」（Ibid. p. 266）という別の権威の位階制論的立場から、その先例拘束性を否定される。問題は、それでは判例が「新たな法定立」となる場を何処に考えていたのかということになるのである。「不文法はすべて自然法である」という言明にもかかわらず、ホッブズはこのような、積極的な意味での自然法ではないが、消極的な意味で、即ち「自然法に反しない」という意味で「自由」に委ねられており、なお且つ成文法によって明示的に禁止乃至制限されていない不文法の分野、即ち、成文法でも、国家法化された自然法でもない法分野を認めていたのだという前提に立ってのみ、上述の議論は理解しうるであろう。

　「自然法である」という議論と「自然法に反しない」という議論の間には、予想以上に大きな距離があるのである。自然法は公布を必要としないほど自明なものであるとしても、むしろ、現実の生活を具体的に規律しているのは、自然法それ自体というより、その慣習の中で暮らしている人々には自明であり、且つ自然法に反しない慣習法であると考えられるからである。ホッブズは「法の模倣」という概念を使ってこのような法分野を扱おうとしていたように思われる。慣習法こそがまさにその典型であったのである。「（それ自身の本質において法の模倣である）不文の慣習も皇帝の暗黙の同意によって、もし、それが自然の法に反していないならば、まさしく法である」（LV Pt. II Ch. 26 p. 271）からである。

　同じく刑罰論においても、「公的権威を与えられた法解釈者に由来する誤り」についてホッブズは以下のごとく論ずる。「公共的権威によって教えるものから教えられることがらは、コモン・ウェルスが教えることがらであって、その同一の権威がそれを統制するまでは、法に類似しているのであるから、主権的権力の否認、または明白な法に反することを含まないすべての犯罪では全面的に免罪される。それに対して、自分の諸行為を、彼の私的判断に基づかせるものは、それの正しさと、誤謬に応じて、立つか倒れるかすべきである」（LV Pt. II Ch. 27 pp. 290f.）。実際、こうした分野では、成文法及

び明白な自然法に反しない限り、先例に従うべきだということになろう。

　「自然法、即ち共通の公平」に関しては「委任状によってこれらの訴訟を管轄する権威を持つ裁判官の判決文が、個別事件における自然法の十分な確証である」（LV Pt. I Ch. 26 pp. 260f.）と論じ、また、「彼［裁判官］が与える判決文」は「訴訟当事者間にとって法である」にすぎないのではあるが、それにもかかわらず、それが当該問題についての「自然法の解釈」であると断じ、その根拠を、裁判官個人の学識にではなく、言い換えれば「彼の私的な判決文であるからではなく、彼がそれを主権者の権威によって与え、そのためにそれが主権者の判決文となる故に権威あるものとなる」（Ibid. p. 263）ことに求めるホッブズの権威主義的視点からすれば、人定法について先例の法源性なり拘束性を認める方向での議論が見出されるのは、むしろ、当然の論理的帰結であったのである。かくして、ホッブズにおいても「成文法」及び「自然法」に反しない限りにおいて先例に従うべきなのである。

　実際問題としても、ホッブズのコモン・ロー法学批判としての多様な先例の存在や先例間の矛盾は、前述のごとく、むしろ先例拘束性原理の確立によって解決されるのであって、それによって不文法の分野に確実な基礎をもたらすことができるはずであった。前述のごとく、クックによって「法の注釈に過ぎない」とされた判例集も「イングランドの法によって、他の裁判官がそれらを守るように拘束されるとすれば」（Ibid. p. 271）、ローマ法における「法学者の回答（Responsa Prudentum）」のように法源となりさえするのである。言い換えれば、公的な判例集が編纂されるようになれば、それらが法となる条件も整うのである。ホッブズの師ベイコンがこのような公的判例集の編纂の唱道者であったし、プラウドゥンは従来の法廷年報が４人の公的報告者によって編纂されたという逸話を作りつつあった。ホッブズのこの発言もそうした時代の流れを反映していたのである。[48]

　このホッブズの予言が半ば実現され、半公的判例集の編纂とともに厳格先例拘束性原理が確立するようになるのが、ホッブズの法＝命令説が承認されるようになった19世紀後半、法実証主義の最盛期の時代であったというのは決してパラドクスではないのである。ホッブズの批判する先例の多様性、矛盾はまさに、近代判例法主義の根幹たる厳格先例拘束性原理の未確立の結

果でもあったからである。その意味では、後の判例拘束性原理の発展は、クックにではなく、むしろ、このホッブズの権威主義的判例法観に由来していると理解されうるのである。クックが過去の法の識者達の意見に法学的にアプローチすることによって法学実証主義的に近代法学の確実な基礎を築こうとしたのに対し、むしろ、ホッブズは権威主義的に法の確実性＝科学性の確保を目指すものであったからである。

　それ故、ホッブズが「これまでの先任の裁判官のすべての判決文も自然の公平に反する法を作りえないし、以前の裁判官たちの如何なる先例も、不合理な判決文を正当としたり、現在の裁判官が彼自身の自然的理性の諸原理によって、何が公平であるかを研究する苦労を、免除したりすることはできない」（LV Pt. II Ch. 26 p. 26）と論じるとき、その主張の本質は、現在の裁判官の自然的理性＝エクイティの優位というよりも、むしろ、クックの『判例集』や、諸判例からの引用に満ちた『法学提要』が勝ち得た学問的権威の強固さへの批判にあったように思われる。裁判官が頼るべきは「他人の理性」としての学問的権威ではなく、主権者の権威であり、主権者の明示の意図がない場合には、主権者の意図と同定された自然的理性＝「自らの理性」に依拠すべきなのである。その意味では、ホッブズが「正しい理性（Right Reason）」の題目の下で、以下のごとく論じている点が注目されよう。「ある説明について争いがある場合には、両当事者は一致して、彼ら双方が判決を受けるべき仲裁者または裁判官の理性を正しい理性と定めねばならない」「自分を他人より賢いと考えている人々が、裁判官に正しい理性をうるさく要求するのは、実はものごとが他の人々の理性によってではなく、彼ら自身の理性によって決定されるべきことを、求めているからにほかならない。このことは人間社会では許されない」（LV Pt. I Ch. 5 p. 31）のである。もちろん、その意味では、ホッブズの自然法学に依拠すべきでもない。

　しかし、再び法学論のレヴェルに立ち帰ってみるならば、このように、自らの自然的理性にしたがってのみ判断すべきだと論ずることによって、ホッブズの自然法学は、不文国家法の分野において、クックのコモン・ロー法学と同じ高みに立つことができるのであって、自然法学の持つ批判法学的な通説批判としての学問的意義をいかんなく発揮するための足場を確保すること

ができるようになるのである。この足場の上に立って具体的に展開されるコモン・ロー上の諸法原則への批判は、まさに、その上に近代法学が構築されるべき礎石＝マクシムへの批判として展開されることになるのである。

《見失われた法学——マクシム論の行方》
　クックやベイコンにとっては学問の確実な基礎としてのマクシムの発見こそがこの期のコモン・ロー法学の課題であった。そして、この発見されたマクシムの上に近代法学が構築されるべきであった。その意味では、ホッブズの批判はこのようにして発見されたマクシムが真に近代法学の学問的基礎となりうるのかを問題とするものであったともいえよう。
　他方、マクシム論にはもう一つの文脈があった。すなわち、この論証のための拠点としてのマクシムは、同時に初学者向けの法の提示方式として利用されることがあった。このような、発見されたマクシムの提示の問題は、人文主義的教育改革熱と活版印刷の導入による新たな出版文化の隆盛とともに、新たに演述方法乃至配列に関する論議を生み出すことになった。とりわけ、発見されたアキシオムを如何に配列すべきかというラミズムを中心とする方法論争は、第5編で論じたように、当時の知識社会に大きな論議を生み出していくことになったのである。ラムスの考えたように、より一般的なものから個別的なものへと進むのが、最良の教育方法であり、演述方法であるとすれば、学問の第一原理となるべき一般的諸原理が求められねばならなかった。このような時代背景の下に〈法原則 Regulae Iuris〉や〈マクシム Maxim〉の持つ教育上の意義と命題としての一般性が着目を浴び、格言集形式の法文献が法概説書の重要な一形式となっていったのである。[49]
　セント・ジャーマンの『神学博士と英法学徒との対話』が、テューダ期の法律書のベスト・セラーとなったのも、この著作自体がコモン・ロー上の諸マクシムの多様な例示を含んでいたことと無縁ではなかったかもしれない。また、前述のアッシュによるクックの『判例集』で使用された格言の編纂作業も、こうした学問動向の流れの中にあったと考えられるのである。クック自身もこのような人文主義やラミズムの影響に無関心であったわけではない。「コモン・ローを方法に帰する」ことについては否定的な見解を示しながら

も、そうした方法による刑法の法典化の必要性を説いていたのである。実際、1620年代まで、ラミズムはイングランドにおいて、その敵を見出さなかったといわれるほど浸透していたのである。[(50)]

ベイコン『法格言集』の編纂は、その方法においては、医学におけるマクシムの別名であるアフォリズム方式という彼自身の学問方法と密接に係わるものであるとともに、シヴィル・ローにおける Regulae Iuris の学問的伝統をより直接的に念頭において構想されたものであった。さらに進んで、ラムスの新たな弁証術的論理学の『方法』をコモン・ローに直接適用しようとする動きが出てきても不思議ではなかった。本書第5編補論2で紹介したフローンスの『法律家の論理学』(1588) は、まさにこうした動きを代表するものであったし、後には、クロムウェルの法律顧問シェパードが「特殊侵害主張訴訟」を「方法的」提示しようと試みた。しかし、コモン・ロー全体を体系式の方法に帰することについては、ベイコンは否定的であったし、また、フローンスによってさえも「かくも、絶え間なき変化と変更に従っているイングランド法を一つの学 Art に帰しうるか否か」は疑問とされたのである。[(51)]

この困難な作業を担ったのが、アッシュやベイコンと同じくフローンスが上述の著書の宛名人としたグレイズ・イン法曹院のメンバーであり、大法官ベイコンの下で現行制定法令集の編纂に携わったと考えられる後の高位法廷弁護士ヘンリ・フィンチ（Sir Henry Finch）であった。[(52)] 彼は、その著作『法学、乃至法学論』において、先ずその関心を、学識とは無縁な生の自然法にではなく、理性によって演繹されてくる二次的な理性の諸原則（Rules of reason）へと集中する。これらの二次的な理性の諸原則は諸科学の成果乃至結論として発見されたものであり、彼は第1巻に、理性の諸原則として、他の諸科学の分野から（神学 (1)、文法学 (2)、論理学 (3〜28)、自然哲学 (29〜52)、政治哲学 (53〜54)、家政哲学 (55〜59)、道徳哲学 (60〜76) の、また、彼が法解釈学（Law Constractions）と名付けた、法学固有分野から（自然的解釈 (77〜91)、擬制的解釈 (92〜100) の 24 の併せて 100 法原則（Rules）をマクシムの形式で集め、各々に簡単な説明を付した。[(53)]

彼によれば、法の全体像を学び、法実務に就こうとするものは、「不動産権（estates）や、不動産保有条件（tenures）、令状の賜物（gift of writs）等

に基礎を置くべきでなく、本書に満載され、見出される、これらの現代に通用する諸原理の基礎の上に建物を築くべきなのである[54]」。その意味では、第1巻の諸マクシムは、第2巻以降のコモン・ロー論（第2巻「所有権法（Possesions）」、第3巻「刑事法（Punishment）」、第4巻「訴権法（Action）」）に対して、総則的位置を占めることになるのである。フィンチはこれらの、番号を付された諸法原則の役割を、「（判決、学習、多くの経験によって確認され、正当且つ十全に適用されてきた）如何なる事件を論議する際にも、議論の方向を指し示してくれる多くの星、輝ける灯台である」と論じるのである[55]。

　しかし、より以上に重要なのは、第2巻以降の実定法分野におけるコモン・ロー上の諸原則の体系的論述である。このコモン・ロー論の分野では番号は付されないものの、各章はベイコンが「法原則集」の論述方法として推賞した簡潔な形式で表された法命題を、まさに、定義―説明的方法で論述し、説明の部分で、関連制定法条文、及び例外原理としての国王大権を付け加えることによってその限界と範囲を明らかにするものであった。それ故に、彼のグレイズ・インの後輩であり、数学者でもあったウィンゲート（Edmund Wingate）が、フィンチが彼の著作の第2巻以降で太字で表した部分からの抜粋を中心に構成した *The Body of the Common Law of England* はまさに、そのままでコモン・ロー上の法原則の体系的蒐集ともなったのであり、『イングランドのコモン・ローの要約』と題して前年（1654）に出版されたフィンチの著作の各章別の47の体系式の図表と併せ、当時のコモン・ローの全体的眺望を与えることになったのである[56]。また、初期の草稿にはプラウドゥンやダイアからの、また、法律フランス語版にはクックの判例集への言及がみられるように、フィンチの作品は、この期のコモン・ロー法学の発展を総括するものであったのであり、イギリス法の最初の近代的教科書を著したブラックストンによって「従来のものとは全く異なった性質の概説書であり、それ以前に存在する全てのものに方法において非常に優っている」と評されたのもそのゆえであった[57]。

　しかし、ウィンゲートの著作では、もはや法原則への解説は省かれ、関連制定法条文は分離され別冊とされた。それ故に、学生向けの Common

第7編　近代自然法学とコモン・ロー法学　　619

Placing Book の項目として役立つ標題集、乃至は既製の索引簿とはなったであろうが、学問的にはベイコンの意図した法原則集とは異なった形態の、要約本へのある種の後退現象を示していた。同様な「要約化」はクックの『リトルトン註解』に対してもなされた。クック自身も、序文で所有論の簡単な体系式の図式化を行っていたのではあるが、1658 年以降は匿名氏による「リトルトン分析」と称する、全体構造、章別構成についての極めて詳細な体系式の図表が付されることとなる。しかし、このクックの「要約化」が本文とは切り離されず、あくまでも、本文の利用の便宜のために用いられたのに対し、マクシムの蒐集が本来の全体としての法書から切り離され、コモン・ロー全体を呈示するものとして利用されるようになると、コモン・ローが Artificial Perfection of Reason であり、コモン・ロー上の諸マクシムが Conclusion of Reason であるなら、諸々のマクシムこそがコモン・ローそのものだという考え方が生まれたとしても不思議ではなかった。

　ホッブズの『対話』と同時代の人気を集めたノイの格言集型の概説書『王国の諸法の基本的諸原理及びマクシム The Principal Grounds and Maxims of the Laws of the Kingdom』(1642) も、フィンチの簡略版であり、全 50 章のうち、第 1 章で、フィンチに倣い、神学から道徳哲学に至る諸学（1〜34）と法解釈学（35〜47）からのマクシムの蒐集と説明を行い、最後に慣習を加える（48）。第 2 章で制定法論を短く論じた後は、第 3 章以降は所有権論となり、全体としてもフィンチの第 1 巻、第 2 巻の内容を併せたものとなっている。しかし、フィンチにあっては諸学の成果としての理性の法原則は、自然の法 Native Law の 1 分野として、実定法 Positive Law としてのコモン・ローとは峻別されていたのに対して、ノイにあってはこの区別が曖昧になって、むしろ消失してしまう。さらに、コモン・ロー上のマクシムも普通慣習法としてのコモン・ローそれ自体と同一視されるようになる。彼によれば「慣習には二種類がある、マクシムと称される全国を通して慣用となっている一般的慣習と、ある一定の州、都市、町、乃至領地において慣用となっている個別的慣習とである」(傍点筆者)。マクシムは、もはや専門的な法の識者のための拠点乃至、法の学問的基礎ではなく、普通慣習法としてのコモン・ローそれ自体を指すものとなっているのである。ここには法と法学の峻別はなく「理性の結

論」という表現は、完全に「理性の完成」としての Artificial Reason 論と重ね合わされることになる。クックの法格言の考案に対するホッブズの批判も決してゆえなしとは言えないのである。

　もちろん、このような格言集型法学文献形式はイングランドに特殊なものであったわけではない。大陸においても人文主義法学の名の下に、このような法学文献形式の華やかなりし時代があったことを忘れてはならない。それどころか、フォーテスキューが指摘するように、むしろ、大陸のシヴィル・ロー法学の古くからの学問的伝統の一部でもあったし、ベイコンが彼の『法格言集』を作成する際に念頭においていたのも、このシヴィル・ロー法学における〈法原則集〉の伝統であった。むしろ、この人文主義の時代の新たな意義は、一般的法命題の探求が、〈法原則〉への関心を高めただけでなく、それがユスティニアヌス法典の『学説彙纂』の最後に第50巻第17章として付された〈法原則集（Regulae Iuris）〉への註釈という中世来のシヴィル・ロー法学の枠組みを破って発展してきたことにあろう。ベイコンも、〈法原則集〉の方法を念頭におき、また自らの方法を正当化するために言及しながらも、旧来の〈法原則集〉の枠組に縛られてはいなかったし、また、フィンチは、まさに、諸学問の成果として多くのマクシムを理性の法原則として集めたのである。[61]

　また、これらの諸マクシムは、自然法学者によって、権威的にではなく批判的に取り扱われることによって、近代法学上の基本的諸命題を自然法として鍛え上げていく上での土壌を提供することにもなったのである。その意味では、ホッブズがコモン・ロー上のマクシムを定義と同一視して批判的に吟味していった方法は、それが完遂されれば、ローマ法大全のテクストに含まれる〈法原則〉なり、慣習法的に是認されてきた〈法格言〉を、その権威的呪縛から解放し、新たな近代法体系のための法原理へと鋳直していく上での不可欠な過程ともなったと見ることもできるのである。

　実際、フランスではデュムラン（1500-66）が地域的に多様な慣習法の統一的理解のために註解学派の〈法原則集章〉の註解を利用していた。また、後の法典化にも影響を与えたといわれるドマ（1625-95）の『自然的秩序に従ったシヴィル・ロー（*Les Droit Cvile dans Leur Ordre Naturel*）』（1689-94）に

第7編　近代自然法学とコモン・ロー法学　621

おいても、「一般的法原則（Des regules du droit en general）」という章が設けられ、フィンチが示唆したように、自然的法原則と実定的法原則に分け、さらにそれらを普遍的、共通的、個別的法原則に分類することによって近代的法原理の形成に向けて一歩足を進めたと評されている。他方「フランス民法典の父」と称されるポティエ（1699-1722）は、学説彙纂本文からの「法原則集」の新たなる再編作業 *Pandectae Justiniae in novum ordinare digestae*（1748-52）を通して、より直接的に近代法典への道筋を切り開いていったともいわれている。[62]

　しかし、こうした学問傾向への、批判と不信も芽生え始める。〈法原則集〉に過度に依拠することの危険性は、既に中世のローマ法学者バルトルスやバルドゥスから発せられていた。[63]法の呈示方式としてのマクシムの利用という意味では、クックより以上に意識的に取り組んだベイコンもこれらのマクシムを「方法に帰すること」についてはクックとともに懐疑的であった。「実務上は全ての法が章、項目別に秩序だって整理されていることが非常に重要であるが……それらが、人々を実務に即応できるようにする一方、科学それ自体に対して怠け者にすることのないように注意しなければならない」のである。[64]すなわち、法学の体系性は実務上の要請への対応に過ぎないのであって、学問上はむしろ望ましいとは考えられてはいないのである。逆にベイコンは「大全や体系式の書物は知識にいたる準備である、手引きあるいは入門として用いるなら適当であるが、しかし、そのような形で、あるいはそれからの演繹によって、ある知識の本体と実体をとり扱うことは、すべての学問において有害であり、神学においては危険であると結論する」のである。[65]『法格言集』を「方法に帰することを避けたのは、別個のバラバラなアフォリズム形式での知識の伝達は人間の知恵が自由にそれらを扱うに任せるのであって、その様に伝達されたもののほうが、より数多くの目的と適用のために活用されるからである。……全ての古の賢識と科学はこの様な形式で伝達されてきたし、……とりわけ、シヴィル・ローがその法原則について同様な方法をとったという先例が私の意見を確認してくれるであろう」。[66]ベイコンは初学者教育向けには、「方法」に基づく書物があってもよいとは考えたが、それを学問そのものと混同することを諫めたのであった。

ラミズムの影響を受けた体系式の学問体系の図式化は、ホッブズにも、その批判者たるヘイルにも共通する特徴であったし、その内の一つであるヘイルの著名な「コモン・ローの分析」は、フィンチの著作とともにブラックストンの『英法釈義』に大きな影響を及ぼすことになる。しかし、配列の問題と係わって、より一般的な格言が好まれることになり、命題の一般性それ自体に価値が求められるにしたがって、法命題そのものは内容的には空虚にならざるを得ない。なるほど、このような法文献形式は法知識の普及をもたらしはしたが、むしろ、教育上、実務上の便宜さは、同時にこのような法原則集や概説書、さらにはその要約本に依拠する人々に半可通乃至中途修学者の烙印を押すことになり、このようなマクシムに依拠する議論の信用性を落としていったのである。なるほど、これらの概説書は、しばらくは実務上の便宜さの上に命運を保っていたとしても、国家法の時代を生き抜くことはできなかった。実際、体系式の格言集は、Edmund Wingate, *Maximes of Reason* (1658) で終わり、その後は、むしろ a.b.c. 順の現代風法諺集が一般化していくのである。[67]

大陸においてもゴドフロイ (1587-1652) の『古典期諸法原則章註解 *Commentarius in Titulum de Diversis Regulis Iuris Antiqui*』(Geneva, 1652) がその最後の精華と位置付けられているように、このような学問伝統は決して長続きはしなかったようである。ヴィノグラードフが中世における法格言の使用についての論稿の冒頭に、ホッブズの『対話』に言及し「学識ではなく権威が法を作る」を引用しているのは決して偶然ではないのである。[68]

なるほど、フィンチの簡約版としてのノイ『法格言集』は 1792 年までに 9 版を重ね、19 世紀にも英米で出版され続け (9th ed. 1821, American ed. 1808, 1824, 1845) 人気を博したが、実際上は、フィンチの卑俗版に過ぎず、学問的には後退現象を示すものであった。フィンチの著作そのものについては、ブラックストンが講義を始めた翌年、1759 年にも『法学 *Nomotechnia*』の英語版が出版されていることは、このフィンチの影響力を知る上で重要であるかも知れない。しかも、フィンチの著作は 19 世紀の 20 年代までその命脈を保ったとされている。しかし、それにもかかわらず、ブラックストンが新たな概説書を書き始めたとき、軍事的土地保有の廃止と古い不動産権訴訟の不

第7編　近代自然法学とコモン・ロー法学　623

使用によってフィンチの「書物の大半が古くさくなっていた」とするなら、それはフローンスの予言の正しさとともに、その影響力の持続がイングランド法学の衰退の皮肉な結果でもあったことをも示しているのである[69]。

　他方、新たな法学教科書ブラックストンの『英法釈義』の以下の定義における一般慣習法としてのコモン・ローとマクシムとの同一視は既に、人文主義的学問伝統と学識法の時代が過ぎ去って久しくなっていることを示すものとなった。

　「ある人々はコモン・ローを二つの主要な基礎に分けてきた。1、確立した慣習、例えば……。2、確立した原則とマクシム、例えば……。しかし、私はこれらは一つのもので、同じものだと考える。なぜなら、これらの諸マクシムの権威はまったく一般的な受容と慣用によっているからである。そして、あれやこれやのマクシムがコモン・ロー上の原則であることを証明する唯一の方法は、それを遵守することが常に慣習であったことを示すことによってであるからである」[70]。ここでは、「何が法か」という問題は、理性の問題ではなく、権威の問題であるということが当然の前提とされているのである。法は議会の権威によって法であるのか、一般的受容によって法であるのかのいずれかである。ここには学問的理性としての法学の入り込む余地はない。セント・ジャーマンが「学識あるものがそれらを否定するのは法に反する」と論じ、裁判官すらをも拘束するような意味合いを込めて語ったマクシムの学識法的役割は完全に失われてしまっている。実際、このときまでに、マクシムはもはやその学問的意味を失って、俗化された法諺乃至月並文句に過ぎなくなってしまっていたのである。それと同時に、コモン・ロー全体が神秘化される。ブラックストンは続けて著名な議論を展開する。この慣習とマクシムの妥当性を決定する裁判官はまさに「法の保管者」であり、「生ける神託者」なのであると[71]。

まとめにかえて

「制定法はコモン・ローのような論争の余地ある哲学ではなく、従われるべ

き命令である」という言葉に象徴されるように、ホッブズの Artificial Reason 批判の本質はまさに、法と法学の峻別に、さらにいえば学識法概念一般の批判にあった。このようなホッブズによる激しい批判の背後には、マクシムとして表されるようになる中世末以来の〈共通の学識〉の蓄積、さらには、「理性」と「衡平」の名の下に展開されるようになった絶対王政期におけるコモン・ロー法学上の慣習法理論、制定法解釈論の新たな発展があったのであり、それ故にこそ、ホッブズは Artificial Reason 批判の基礎を、コモン・ロー法学に特有の技術的性格にではなく、「助言」と「命令」の峻別という、学識法概念一般の批判に求めたのであった。その意味で、彼の批判を中世以来の「秘儀的な」職人的コモン・ロー批判として理解することは、ホッブズのコモン・ロー法学批判の本質そのものを、乃至は、論争の近代法観念の成立に向けて果たした役割を正確に評価する上でも大きな障害となるであろう。

この学識法概念の批判それ自体は法学そのものの拒否に帰結するのではない。なるほど、一般的法を具体的事件にどのように適用するかという意味での解釈、すなわち「法の適用」の問題においては、まさに具体的正義の実現として仲裁者の正義としての自然法的なエクイティ概念が機能すれば足り、その限りで裁判官自身が専門法曹たる必要はないとしても、その前提として、一般的法それ自体の意味が与えられていなければならないからである。このように、司法作用の場においても、このように適用すべき一般的法それ自体の意味が「法の註釈」として問い直されねばならないとすれば、ホッブズの言うように、裁判においては、法について「助言」「忠告」する人が常に必要なのである。重要なのは弁護士の仕事としての法の研究と裁判官の仕事として司法行政との峻別なのである。換言すれば、ホッブズの主張は「学問としての法の解釈」＝「註釈」と主権者の権威を代行する「司法作用としての法の解釈」＝「適用」とが峻別されるべきであるという主張なのであった。

もちろん、Artificial Reason 批判にはもう一つの文脈、法学そのものへの批判が重ね合わされている。判例法学としてのコモン・ロー法学批判という側面である。しかし、このコモン・ロー法学批判の基礎にあるのも Prudentia と Sapientia という学問の区分と学問方法論上の対立なのである。すなわ

ち、コモン・ロー法学批判としての Artificial Reason 批判の眼目は、まさに実践的経験知としての Prudentia 批判にあったのである。ただし、Artificial Reason 乃至 Prudentia の問題を経験一般に帰するホッブズの批判の仕方には問題があろう。問題とされるべきは、具体的実践を通して試され、獲得されてきた知識としての Prudentia であり、そして実践一般ではなく、法解釈という具体的実践を通して試され、獲得されてきたという意味での Juris Prudentia であるからである。そうでなければ、現代の法学者のお気に入りのリーガル・マインドという概念も、クックの Artificial Reason 論を中世的、ギルド的法曹の保守的利害を代表するものとするのと同様な範疇での理解のされ方をしかねないであろう。むしろ、このような Prudentia 批判の背後には、確実な真理乃至定義から出発する論証術的学問観と蓋然的真理＝意見としての先例から出発する弁証術的学問観との対立があったのである。ホッブズの確実な学、すなわち科学としての法学の構築に向けての強い意欲が Prudentia な学としてのコモン・ロー法学への強い批判となって現れていると考えられるからである。この批判の裏には、法学の達成すべき時代の課題として、解放された私的な理性を前にして如何にして公的な理性を確立するか、法の確実性を如何に確立するかという両者に共通の課題意識が横たわっていたのである。

　ホッブズの「学識ではなく権威が法を作る」という法と法学の峻別の背後にあるのも、この「法の確実性」への要請であって、彼はまさに「主権者の命令」たる法への服従を説くことによって、権威主義的に公的理性を定立せんとしたのであった。他方、クックはこの公的理性の確立を、判例研究を通して学問的に達成しようとしたのである。中世末以来のコモン・ロー法学の発展の中で形成されてきた〈共通の学識〉としての諸々のマクシムが、この学問的公共性を構築するための基礎を提供していた。しかし、コモン・ロー法学者達は、彼らの理論構築のための素材を過去の判例や法書にのみ求めていたわけではない。シヴィル・ロー上の諸マクシムも『ブラクトン』等のコモン・ロー上の古典の経由なしでも考慮されえたし、また、人文主義者によるギリシア・ローマ古典の再評価は、この新たな法学の発展のために必要な理論化の素材と方法を提供していた。むしろ、『対話』の法一般論が批判の対

象としたのは、クック法学におけるアリストテレス的基礎、しかも、近代的に解釈し直されたアリストテレス主義であった。ホッブズにとって問題とされたのは、クックが、このようにして近代コモン・ロー及び近代コモン・ロー法学の礎石に据えるべく「争うべきではない」「学問の基礎」として構築しつつあった諸マクシム＝法原則それ自体の合理性なのであった。

　かくして、追い求められた近代法学における「法の確実性」の実体的基盤こそが、クックにとっては、所有権秩序の安定であり、処分権の自由の基礎となる排他的所有権概念を法学的に確立することが求められた。これに対し、ホッブズは彼の科学としての自然法学を契約の学と位置付け、所有権的基礎付けから離れたところから出発する。彼は法学構築のための確実な基礎を求め、法学に倫理的基礎を提供し続けてきた正義概念そのものの転換をはかり、アリストテレスの交換的正義概念を意志主義的に契約者の正義に読み替えていく。その意味ではホッブズの正義の学としてのコモン・ロー法学批判は、前近代的学一般に対する批判でもあったのである。しかし、「ことばの学」の一つとして契約を基礎に法学を構築しようとしたホッブズにとって、問題は「ことば」が人を拘束するにはあまりにも弱いものであることにあった。それ故にこそ、約束の実行を将来に委ねる末履行契約を強制するものとしての主権的国家と主権者からの権威の連鎖としての法学が必然化されざるを得なかったのである。かくして、ホッブズにあっては近代法学の科学性＝「法の確実性」は「主権者の命令」としての国家制定法に求められ、近代法学は実定法解釈学としての註釈学的性格を持つことになるのである。

　一般的には、この対立の背後には近代法の基礎を、私的所有権の絶対性（排他性）にみるか、契約の自由にみるかという解き難い問題が横たわっているといえよう。しかし、近代社会の出発点で、その基礎たる私有財産としての近代的所有権の正当性それ自体の危機を感じせしめたイギリス革命の経験を抜きに、ホッブズの立場を理解することはできないであろう。それ故に、革命期の経験を基に、非常事態を例に挙げて議論するホッブズに対して、「極めて希にしか生じない事態に対応して法や統治の範型が形成されるべきだなどと考えるのは狂気の沙汰である」として、最も一般に生じる日常事態に適合する法と統治の範型を求めるべきだとするヘイルのホッブズ批判は、

まさに近代社会が遭遇した最初の危機の時代の法哲学としてのホッブズ法哲学の本質を鋭く突いているのである(72)。

なるほど、18世紀社会は、人身保護法の適用も除外された債務投獄制度を含め、契約の履行が国家による保障と強制に支えられた時代であり、商品所有権や信用が刑事的に保護された時代であった。ホッブズの主張する正義論の所有権的基礎付けからの離脱とその形式主義化は、スミス的な市場を通した社会の自然的秩序の形成乃至調整が可能と考えられる時代になって初めて受容されるようになる19世紀的論題であった。「法＝命令説」「議会立法中心の法律実証主義」「形式的正義の優位」「所有権中心の法思想から契約中心の法思想への転換」等、ホッブズの所論が社会的に受容されるようになるのは、2世紀ほど後、双方未履行契約が契約の一般的類型となる19世紀後半まで待たねばならないのである。問題はクックの中世性にではなくて、むしろ正義論を所有権的基礎付けから遊離せしめたホッブズのどうしようもないほどの近代性であろう。

しかし、いずれにせよ、クックがコモン・ロー史における中世と近代の分水嶺にいると称される理由の一つには、近代になってもはやクック以前に遡って先例が求められなくなったことが挙げられる(73)。このような傾向に拍車をかけたのは、コモン・ロー法学というより、革命後の法学教育の衰退であろう。権威的典籍という名の下にクックが勝ち得た学問的権威に、後の法曹が盲目的に依拠するようになったという意味では、クック法学のではなくとも、クックの勝利であるとともに、ホッブズの批判がまさに正鵠を射る時代に至ったことを示すことにもなるのである。

その意味では、コモン・ロー法学の特徴としての保守性とは、一体、中世乃至近世コモン・ローの特徴なのか、革命後、18世紀以降の近代コモン・ローの特徴なのかは問われて然るべき問題であろう。『人間の権利』におけるペインの「先例主義」と「万能の議会主権」に対する激しい批判は各々クック、ホッブズ的学問の退廃形態に対する批判ではなかったろうか(74)。この保守主義的先例主義がクックの時代の産物であったのか、それとも革命後の勝利した地主層と手を結んだ法曹達の産物であったのか、かの「万能の議会」観念とともに問い直されねばならないであろう。所謂「古来の憲制論」も、名

誉革命後は、ボーリングブルックを通して、ホイッグ的議会専制に対する
トーリー側からの批判理論へと転換していく。19世紀行政革命において
は、中央集権的行政の拡大に対する、旧来の「地主的」地方自治擁護の標語
ともなる。時代の観念は時代の文脈において理解しなければならないという
当然のことが、Artificial Reason論においても当てはまるのである。⁽⁷⁵⁾

　再び、現代に目を向けるとき、我々はホッブズが近代法学の科学性の基礎
として求めた、普遍的理性に代位するものとしての主権的国家の理性の公的
性格への信頼が揺らぎつつある時代に生きている。それは、同時に「主権者
の命令」としての国家制定法の註釈学としての近代実定法解釈法学の科学と
しての危機をも意味することになるであろう。その意味では、まさに人間的
＝私的理性の解放された近代の入口にあって、国王の権威から自立して、如
何に公的理性を構築すべきかという課題意識の下で展開されたクックの
Artificial Reason論の意義があらためて問い直されてしかるべき時代にきて
いるのではなかろうか。クックの好んだ格言「古き畑より新しき穀物が実る」
は決して保守的な格言ではない。果たして、現代の実定法解釈学者達は、
「新しき穀物」を求める「前進的」学問的営為をどこに見出しているのであろ
うか。少なくとも、このArtificial Reason論に付随する、中世的ギルドの保
守的法曹による、職業利害に基づく「秘儀」というレッテルを一旦剥がさな
い限り、コモン・ロー法学の研究は常に神秘のベールに覆われたままで終わ
るであろうし、現代法学へと繋がる糸も見えてこないであろう。

注

(1)　ホッブズの『リヴァイアサン』における、もう一つの「国家法（Civil Law）」の定
　　義では、より競技規則に近い法の定義の仕方を行っている。「国家法は全ての臣民に
　　対する準則であって、コモン・ウェルスが彼にこれらの準則を命ずるのは、言葉、文
　　書、その他、その意志の十分な印しによって、正義と不正、即ち、何がその準則に反
　　しており、何が反していないかを区別するために利用するためである」（LV Pt. II Ch.
　　26 p. 251）。

(2)　LV Pt. I Ch. 15 p. 145.

(3)　1 Inst. Sect. 170 f. 115b. 後述。クックにとっても、新法の制定、旧法の修正が議会
　　によってのみなされることは明白である。立法論の第6番目に立法手段として「高等

（実際には最高の）議会裁判所の権威によってのみ」なされるとし、「旧法の修正においても、新法の制定に関して述べたことと同じことが守られねばならない」と論じるのである。もちろん、刑法典の編纂も「議会最高裁判所による以外にはなし得ない」。法の解釈においてさえ「通常は尊敬すべき裁判官と國の賢者達に属するのであるが、非常に困難で重要な事件では議会最高裁判所に属するのである」（4 Co. Rep. Pref. pp. iv-v, pp. x-xi）

(4)　『リヴァイアサン』国家法論の注意深い読者は、「法の本質・立証論」「法の解釈論」（pp. 257-268）双方で〈自然法論＝不文法論〉（pp. 257f., p. 260, pp. 263-266）→〈成文法論〉（pp. 259f., p. 261, pp. 266-268）の順序で、各々異なった論理で議論をすすめていることが理解されるであろう。

(5)　Le Case de Tanistry, Davies pp. 32-34 [ER p. 520]．このタニストリ事件は、クックと共にコモン・ロー・マインドの典型とされるデーヴィスの『アイルランド判例集』に登載された事件である。このタニストリ事件とコモン・ローにおける慣習法理論の発展については、望月氏の優れた研究がある。望月礼二郎「謄本保有権の近代化──イギリス土地所有法近代化の一断面 (1)・(2)」『社会科学研究』第11巻1, 2号 (1959) 第4章 謄本保有権の近代化、52頁以下参照。なお、その後の研究として、平松紘「コピーホールドの法的地位──「ケリッジ教授・法的保護論」への批判的試論 (1)・再論」『青山法学』第18巻1号、第21巻3=4号、とりわけ、「再論」45頁以下の「慣習の合理性判断論」を参照。この場合の合理性基準をどのように考えるかが論争となるのであり、ここに本来の争点があるのである。

(6)　慣習法論に関わっては、「超記憶の時代から（Time out of mind）」という表現が、政治思想史家達によってコモン・ロー・マインド論のキー概念として把握され、コモン・ローの慣習法理論を神秘化する役割を果たしてきた。しかし、その言葉の持つ神秘的響きにもかかわらず、本来、この概念は出訴期限や取得時効に関わる法律専門用語として定義されてきたものであり、リトルトンによれば「超記憶の時代等とか、取得時効というものについて様々な意見があったが、すべて法律上同一のことなのである。ある者は、超記憶の時代とは権利令状の出訴期限（時効）から、即ちリチャード1世の時代からといわれるべきだと述べてきた」。他方、「令状の出訴期限に関する如何なる制定法にも先だって、コモン・ロー上のもう一つの取得時効がある。慣習や慣行もしくは、人の記憶がそれに抗して流れない時代から、慣用されてきた事柄である」（1 Inst. Sect. 170 f. 113a-115b）。前者が権利令状に関わる法的記憶とされるリチャード1世即位年という確定した日付の問題であり、後者が取得時効一般及び慣習法との関連で問題にされる議論であり、「反証なき限り」というのにほぼ等しいのである。

　　「慣習」と「取得時効」との関係については、後述の Rowles vs Mason 事件 (1612) でも、重要な論点とされる。

　　　取得時効と慣習とは兄弟であり、同年令で、理性が父、調和が母であり、使用が乳母であって、超記憶的時間（Time out of mind）が双方を強化するのであるが、五つの相違点があるのである。（2 Brownl. & Golds. 198, [ER p. 895]）

ここでも「超記憶的時間」は慣習や取得時効を「強化する」ものであって、本質的要素はそこにではなく、「理性」と「調和」に求められているのである。また、前述の「悪しき慣用は廃されるべきである」という議論も、『リトルトン註解』の時効論との関係で論じられたのである。

　　この「慣習」と「取得時効」は同年令の兄弟であるとされているように、混同され易いのであるが、最も明確な相違は、クックが『リトルトン註解』で論じたように、取得時効が人について主張されるのに対し、慣習は、荘園、その他の地域に付随するものとして論証されねばならないという点であろう。その意味でポーコックが、超記憶的慣習論の典型として紹介したペリ修道院長の裁判特権についてのクックの議論は、厳密な意味では取得時効論に関わるものであって、慣習法に関わるものではない。Pocock, *op.cit.*, p. 38.

(7)　　謄本保有権との関係については、望月及び平松、前掲論文、旧王領地慣習との関係であり、制定法解釈論で言及したソーンの前掲書の序文（*A Discourse*, pp. 13-35）参照。また、慣習法に関するマクシム、〈確たる理由で、合理的に慣用されてきた慣習は共通法に勝る（Consuetudo ex certa causa rationabili usitata privat communem legem）〉〈理性に反して導入された慣習は慣習というより纂奪と呼ばれるべきであるからである（Quia consuetudo contra rationem introducta potius usurpatio quam consuetudo appellari debet）〉〈時効による合法的な慣習は法に勝る（Consuetudo praescripta et legitima vincit legem）〉等のマクシムはすべて慣習的自治都市土地保有（Burgage Tenure）の解説の中で表れるのである。最初のマクシム〈共通法に勝る（Privat communem legem）〉に対して、クックが「いかなる慣習も取得時効も議会制定法の効力を奪うことはできないので、リトルトンはここでは実質的にはコモン・ローについて語っているのである」とわざわざ註解しているように、むしろ普通法との対抗関係において慣習法論が論じられていることは明らかであろう（1 Inst. Sect. 169 f. 113a）。

(8)　　前述注（6）の Rowles vs Mason 事件でのクックの首席判事としての著名な発言である。ボナム医師事件及びコモン・ローと制定法との関係をめぐる議論については後述。

(9)　　Sir Matthew Hale, *The History of the Common Law of England*, edited with introduction by C. M. Gray, (Chicago U. P., 1971) p. 18.

(10)　　『リヴァイアサン』で裁判官の資質論において、裁判官に第一に必要とされる能力は「エクイティと呼ばれるあの主要な自然法の、正しい理解である。それは他人の著作を読むことによるのではなく、その人自身の自然理性と省察との優秀さによる」とされる。「第二に、不必要な富と昇進への軽蔑、第三に、判決に際して全ての恐怖、怒り、憎悪、愛、同感を捨てうること、第四、最後に、忍耐強い聴聞、審理に際しての注意深さ、聴聞したことを保持し、消化し、適用しうる記憶力である」（LV Pt.II Ch.26 p. 269）と論ずるのと相通じている。これらの資質乃至能力は学識性とはまったく無縁なのである。これでは人によっては裁判官になるのに1、2カ月も要しまいし、ある人は永久にその資質を欠くことになろう。

(11)　　Eric Kerridge, *Agrarian Problems in the Sixteenth Century and After* (London, 1969) pp. 66-70. ケリッジは、この合理性が法曹と階層を同じくする領主側の立場に立っ

た恣意的なものであったとするトーニーの理解を批判してこのように論じるのである。彼によれば「コモン・ローは reasonable, certain, on good consideration, compulsory, without prejudice to the king and to the profit of the claimant の場合にのみ慣習を確認した」(p. 67) のである。平松、前掲論文のケリッジ批判（47-49頁）は、コモン・ローによる合理性審査が合理的な慣習的コピーホールドを容認する機能を果たしたとするケリッジの理解は、逆に、コモン・ロー的理性による慣習の修正という、コモン・ロー的理性の法政策的性格を見落とす消極的なものとなるという点に向けられている。

(12) より、詳細な法区分論がある、そこでは、「法律上」という語の註釈として以下のごとく論じられる。

　　　イングランド國内には種々の法がある。先ず Lex coronae 国王の法、2.〈議会の法と慣習（Lex et consuetudo parliamenti）〉。〈その法はすべての人によって追い求められるべきであるが、多くの人によって無視されており、僅かの人によって認識されているにすぎない（Ista lex est ab omnibus quaerenda, a multis ignorata, a paucis cognita）〉。3. Lex naturale 自然法。4. Communis Lex Angliae イングランド普通法、時には〈國法（lex terae）〉と称され、ここかしこで我々の著者によって意図されているものである。5. 制定法、議会の権威によって確立された法。6. Consuetudines 合理的諸慣習。7. Jus belli 軍事、戦争、騎士の法、〈戦争の法は国家において最大限尊重されねばならない（in republica maxime conservanda sunt jura belli.）〉。8. 一定の事件における諸裁判所での教会乃至カノン法。9. 一定の事件における教会諸裁判所のみならず、宮内軍事、海事諸裁判所におけるシヴィル・ロー。このうち海事裁判所ではリチャード1世治世5年のオレロン海法、オレロン島で公布されたが故にそう呼ばれているのが遵守されている。10. Lex forestae 御猟林法。11. 拿捕・捕獲品法。12. Lex mercatoria 商人法。13. ジャージー島、ガーンジー島、マン島の諸法と諸慣習。14. 錫鉱山地域の法と特権。15. 東西及び中部辺境領の諸法。これらは今や廃棄されている。（1 Inst. Sect. 3 f.11b.）

　　　しかし、「Consuetudo はイングランド諸法の主たる三角の一つである。これら諸法は普通法、制定法、慣習法に分かたれている」という表現にみられるように、この三分法が通常法としてクックのイングランド国法論の中核を占めていることは明らかであろう。「国王の法」＝国王大権、「議会の法と慣習」＝議会特権が「自然法」と並び、これらの三法分野に先だって列挙されているのは、これらの通常法に優位する特権乃至法と考えられていたからであろう。他方、それ以外の、シヴィル・ロー的要素を含む軍法等の特殊法圏は、これらの通常法としての三法分野の下位に分類されることになるのである。

　　　Rowles vs Mason 事件（1612）でのクックの議論は、この三角形を構成する法分野間の相互関係を公式化したものである。

　　　「フォーテスキュー、リトルトンそして他の人々の合意しているところに従えば、法は三つの分野から構成されている。第一が、コモン・ローである。第二番目が制定法であり、コモン・ローを匡正し、縮減し、説明するものである。第三の慣習法はコ

モン・ローの効力を奪う (take away)。しかし、コモン・ローが制定法、慣習法双方を
匡正し、認め、認めないことがある。というのは、制定法に矛盾がある場合、もしく
は、慣習法が不合理である場合には、ボナム医師事件やクック判例集第 8 巻で論じた
ヘンリ 6 世 27 年の年金事件のごとく、コモン・ローはそれを認めず拒否するからであ
る」と首席判事クックは論じるのである。後述注 (34)、(38) 参照。

(13) 　全文を引用すると、「イングランド法の第三の土台は古き時代より全国で慣用され
てきた種々の一般的慣習に基づくものであり、我が至高の主君 ((our soveraygne
lorde) たる国王及びその父祖達とすべての臣民によって受容され承認されてきたもの
である。上述の慣習は神法にも理性法にも反するものではなく、常に全國土の公共の
福利のために役立つ必要なものとして解釈されてきた。それ故に、それらに反するも
のは、正義と法律に反することになるという意味で、法律の効力をえることとなっ
た。これらがかの適切にもコモン・ローと称される慣習なのである。そしてこのよう
に主張された法乃至一般的慣習が存在するか否かは、常に裁判官によって決定される
のであって、12 名の人々によってではない」のである。*St. German's Doctor and
Student*, edited by T.F.T. Plucknett & J. L. Barton, Selden Society vol. 91 (1974) pp.
44-47. 以後本文中に (D&S pp. 44-47) と略記して引用。

(14) 　*Tractatus de legibus et consuetudinibus regni Anglie qui Glanvilla vocatur*, edited
with Introduction, Note and Translation by G. D. G. Hall, pp. 2f. ここで『グランヴィ
ル』が根拠の一つに挙げているのが、「君主の欲するところ法の効力を持つ」という、
かの王権法なのである。『グランヴィル』以降の令状数の増加については、上山安敏編
『ヨーロッパ法社会史』35 頁〔本書、第 2 編 I - (1) 118 頁〕参照。中世末慣習法論争
については、拙稿「中世末イングランドにおける判例法主義の成立過程 (1)」『法学論
叢』107 巻 5 号 31 頁〔本書、第 4 編 I 182 頁〕参照。次に述べるエルズミアが『グラ
ンヴィル』とともにこのプリゾート判事の見解に注目していたのは驚きであった。そ
こでの注目は、先例の法源性とともに、むしろ、制定法と判決が峻別されていないこ
とにも向けられている。

(15) 　Egerton Thomas, lord Ellesmere, 'The Speech of the Lord Chancellor of England,
in the Exchequer Chamber, touching the Post-Nati' (1608) in Louis L. Knafla, *Law
and Politics in Jacobean England, the Tracts of Lord Chancellor Ellesmere*
(Cambridge U.P., 1977) pp. 217-219. 以下 Ellesmere on Post-Nat として引用。

(16) 　Hale, *op. cit.*, pp. 19f.

(17) 　コモン・ローの発展における令状の果たした意義については、メイトランドの「コ
モン・ローの訴訟方式 (*The Forms of Action at Common Law*)」が『イギリス私法の
淵源』(河合博訳、東大出版) と題して訳されているように、むしろ、周知のことであ
ろう。他方、刑事法とりわけ犯罪類型の形成に果たした正式起訴状の役割について
は、コモン・ローが民事弁論を通して発展してきたために見過ごされがちである。こ
の点については、T. F. T. Plucknett, 'A Commentary on the Indictment' in *Proceeding
before the justices of the Peace in the Fourteenth and Fifteenth Centuries* edited by B. H.
Putnam Ames Foundation, 1938) pp. cxxxiii-clxi 参照。

(18) 　法廷年報とならんで解釈に過ぎないとされている訴訟記録をクックがどのように

把握していたかはこの文章からは理解しにくい。法の正文からはずす理由としては、訴訟記録は訴訟当事者間にとっての法である判決の記録にすぎないからと理解できなくはないが、「解釈に過ぎない」という表現や、正式起訴状に基づく判決が法の正文とされていることと整合性を持たない。ここでは訴訟記録の判決の公式記録としての側面にではなく、ブラウドゥン判例集のように、私的に編纂された判例集に合体され、新たな近代型判例集の基礎ともなった両当事者が法廷で行った訴答記録として側面に注目しているのであろう。

(19)　クックのこのようなリトルトン理解は『法学提要 第2部』序文においても表れている。「彼は完全な法書にとって必要なその学問（Art）にも習熟していた。私の言っているのは論理学のことであり、貴兄は本書『[イングランド] 法学提要』を読むことによって理解するようになるであろう。そこで彼の三段論法、帰納法、その他の論証方法が、さらには彼の定義、説明、分割、語義、語源、意味等が観察されるからである」。(1 Inst. Pref. pp. xxxv-vi)

(20)　Sir John Fortescue, *De Laudibus Legum Angliae*, edited & translated with Introduction and Notes by S. B. Chrimes (Cambridge, 1949) pp. 20-23. クライムズによればこの註釈家はアヴェロエスを指している。

(21)　この最大前提としてのマクシム概念のアリストテレス、キケロ以来のトピカ論的系譜については、スタインの前掲書『〈法原則集（*REGULAE IURIS*）』(Peter Stein, *op.cit.*, pp. 156ff.) 参照。このような最大前提としてのマクシムを用いてのトピカ的推論の例としては、ジョン・マレンボン著・加藤雅人訳『後期中世の哲学 1150-1350』（勁草書房、1989）45頁以下参照。

　　　シヴィル・ロー法学上の Regulae Juris の歴史と法学上の意義についても、スタインの同書 (P. Stein, *op.cit.*, pp. 105ff., p. 175)、及び著作集に収められた論文 'The Digest Title, DE DIVERSIS REGULIS IURIS ANTIQUI, and the General Principle of Law'in Do, T*he Character and Influence of the Roman Civil Law* (Hambledon, 1988) pp. 53-72. を参照。前述のフォーテスキューの引用も含め、マクシム論については、スタインの同書より学ぶところが多かった。

(22)　これらの採用された法原則の中で最も多いのがパウルスの69件であり、それにウルビアヌス（62）を加えると半数を超えることになる。これに、ガイウス（17）、ポンポニウス（17）が続くことになり、古典期、及び教科書作者の著作からの引用が多いようである。(Stein, 'The Digest', p. 56)

(23)　Ibid. pp. 60-67..

(24)　Ibid. pp. 39f., pp. 49ff. P. Stein,'Roman Law and English Jurisprudence Yesterday and Today, in Stein, *The Character and Influence*, pp. 161-165.

(25)　後述、《マクシムと判例法学》〔本書、604頁以下〕

(26)　もっとも、初版英語版版ではマグナ・カルタへの言及がなく、内容も要約されていたようである。このあたりの変化の意味は興味深い。また、相続は遡らないという準則を普通慣習法の例として挙げているが、これはリトルトンがマクシムと名付けたものであった。

(27)　Sir Thomas Elyot, T*he Book named Governor* (1531), edited by S. E. Lehemberg

(Everyman's Library 227, 1970) p. 54. 筆者はかつてこのエリオットの議論を、フィッツハーバートの『大法要録』の意義と関連付けて論じたことがある。しかし、リトルトンやセント・ジャーマンによるマクシムの使用との繋がりの方がより直接的であろう。詳しくは拙稿「チューダ期イングランド法学の形成とその展開過程 (3)」『法学論叢』105 巻 64 号 48 頁以下。〔本書、第 5 編Ⅲ-(3)〕

(28)　Ellesmere on Post-Nati pp. 218-220.

(29)　Ibid. p. 249.

(30)　1 Ins. Sect. 90 f. 67a, Sect. 648 f.3 43a.　前述のフォーテスキューによるマクシムの性格の説明も参照されたい。

(31)　シンプソンによれば、「コモン・ローの一般的立場は、権威的な正文 (authentic text) を欠いているということであり、ポロックの述べたようにコモン・ローは『如何なる真正の言語形式にもけっして組み込まれたことのない諸原理を発展させ適用する……と公言する』のである」A. W. B. Simpson, 'The Common Law and Legal Theory' in *Legal Theory and Legal History* (Hambledon, 1987) p. 370.（以下 Simpson, *LTLH* として引用）。シンプソンは常に斬新で興味深い見解を展開する。彼は 'The Rise and Fall of the Legal Treaties' と題する同書に収められた、もう一つの論稿で、イングランド法史における格言型の法文献の流れにも注目を与えている (pp. 282-292) が、それにもかかわらず、その基礎としての人文主義的学問方法や学識法概念への理解が不足しているために、法と法学の峻別ができず混乱に陥っているように思われる。

　　コモン・ローが普通慣習法と称されるのは、専門法曹集団＝国王裁判所の法曹達の共通の学識として成立してきたからであり、彼らにとって自明のものであるからであるが、シンプソンのコモン・ロー論では、この学識性の問題が抜け落ちて行き、慣習法論一般へと回帰していくのである。慣習法が一定の法共同体の共通の記憶として存在するとするならば、コモン・ローの強固さは、それを支えるコモン・ロー法曹の慣習法保持団体としての凝縮力にあるのだと理解するのである。なお、同書に関しては、『アメリカ法』1990-91 (pp. 43-49) 掲載の拙稿、著書紹介を参照。

(32)　ベイコンのバラスト論、及び磁針論については、ガーランド版の英訳、F. Bacon, *Example of a Treaties on Universal Justice or the Fountains of Equity by Aphorism: one Title of it*, pp. 105-106 (Aphorism 82, 85)（以下、Bacon, *Universal Justice*）を参照。なお、原本となったラテン語版『学問の尊厳と進歩 ((Dignitate et augumentis scientiarum)』(1623) の当該部分については、スペッディング版全集 (Sir Francis Bacon, *Works*, vol. 5 pp. 105ff.) を参照。ベイコンは補助的法学文献として、このような『法原則集』の他に、『法学提要』、『法律辞典』等を挙げており、こうした考え方は、1602 年の女王エリザベス宛『法格言集』への献辞、及び 1616 年の国王ジェームズ宛「法改革案」を通して一貫した主張となっている。

(33)　後期法廷年報の時代にあって、このような〈共通の学識 (Common erudition)〉の形成が判例報告 (Report) の目的の一つとして強く意識されるようになったこと、さらに、後期法廷年報で Erudition という法律フランス語が専門用語としてマクシムや原理と同じような意味で使われたことについては、E. W. Ives, 'The Origins of the Later Year Books', in D. Jenkins (ed.), *Legal History Studies 1972*, pp. 136-138.　ま

た、これらの先例の共通の学識としての説得力については、J. H. Baker, 'The Force of Precedent', in the Introduction to *The Report of Sir John Spelman*, pp. 159-163. 「テューダ初期の法は大部分、近代的な意味での判例法ではなく、受容された学説（teaching）、むしろ学問（learning）、即ち〈共通の学識（common erudition）〉であったのである」（*Ibid.* p. 161）。このことによって、ホッブズが「制定法はコモン・ローのような論争の余地ある学問ではない」と批判した意味がより鮮明に理解されるであろう。拙稿「判例法主義の成立過程（1・2）」〔本書、第4編〕も併せて参照されたい。

(34) ボナム医師事件の制定法解釈論としての側面からの理解については、S. E. Thorne, 'DR. BONHAM'S CASE', in *EELH* pp. 269-278, 及び、石井幸三、前掲論文「コウクの法思想」43頁以下を参照。しかし、ボナム事件でのクックの主張には当時の立法解釈論の枠組に収まらない側面があったからこそ、エルズミアによって問題とされたのであろう。'The Lord Chancellor Egertons Observacions vpon ye Lord Cookes reportes', in Knafla, *op. cit.*, pp. 306-307, pp. 317-318.

『リトルトン註解』では、「如何なる人であれ、不正を為した人が自らの裁判官となることは理性に反する」（1 Inst. Sect. 212 f. 141a）という本文に対する註解としてこのマクシムが挙げられる。言い換えるなら、ここでも「理性に反する」という表現は、具体的マクシムに支えられているのである。同時に『リトルトン註解』でのこの議論が慣習法論との関係で論じられている点にも注意する必要がある。上記に続く註解が慣習法論で論じた「〈悪しき慣用は廃されるべきである〉：そして（我々の著者の述べるように）理性に反するすべての慣用は悪である。〈なぜなら、慣習においては時の経過ではなく、理性の堅さが考慮されるべきであるからである〉」という著名な一節であった。ボナム事件の問題は、この慣習法審査基準としての「合理性」を制定法に直接に向けたことから生じてきたように思われる。後述、注（38）参照。

(35) それ故に、ある意味では、このようなクックの主張の背後にあるのは、むしろ神の法や自然法の人定法に対する優位を説く、中世以来の伝統的自然法観であるともいえるのである。

他方、ホッブズなら、この問題を具体的にどう考えたかは興味深い。なぜなら、彼は、基本法という概念についても否定してはいないからである。しかし、故意か否か、この当時においても著名な論争の的であった、ボナム医師事件についてのホッブズの直接の言及は『対話』をはじめ見出すことができない。

しかし、手掛かりになる議論が無いわけではない。一つは、制定法がエクイティに反する場合についての議論である。これに対する答えは、予想通り「成文法が理性に反することはない。全ての人が自ら承認した法に従うということほど理性的なことはないからである」であった。ただ、この議論は、法の内容の承認にではなく、主権者への服従に命令としての法の拘束力を求めてきたホッブズの従来の議論とは異なるものであり、むしろ、議会での承認に制定法の慣習法に対する優位を認めようとするコモン・ロー法曹の議論に近くなってしまうことになる。制定法がエクイティに反することはありえないという前提の下にあるのであるから、実際上は、制定法は自然法に反しないように解釈すべきだという制定法解釈論上の要請ということになろう。

もう一つが、ボナム医師事件で使われた「訴訟当事者が同時に裁判官たりえない」

という法原理に直接係わる議論である。ホッブズはこの自然法原理と国王親裁問題との大逆罪における衝突問題が生じる可能性について、『対話』において、以下のように議論を展開する。「国王は恐らくは、自らの訴訟を自ら裁くことのないように、大逆罪訴訟に臨席しない」として具体的な衝突を避けながら、他方で、「国王に任命された裁判官が裁判を行うのであるから、自らが裁判官であるのと同じことである」という論理ですり抜けていくのである。

　なるほど、ホッブズの主張では「裁判官が如何なる指示もなく任命された場合には自然的理性を主権者の意図と考えるべき」なのであるから、普遍的理性が裁判官となる。その意味で公的人格としての國王が裁判しているのと同じということになろう。しかし、ここでも、私人としての国王 King と公的人格としての國王 Crown を分けるコモン・ロー法学の論理の方が理解しやすいように思われる。

(36)　マクシムの妥当根拠における、この異本との相違は重要である。「理性法と神法に反していない限りで」という立場は『対話』での哲学者の立場に、「常に法と見なされてきた」という立場は法学徒の立場に一致するからである。

(37)　Francis Bacon, *Maxims of the Law*, in *Works* vol. 7 p. 319（以下 Bacon, *Maxims*）

(38)　この制定法内部の矛盾というリトルトン以来の解釈原理としてのコモン・ローの働きについてはエルズミアも問題とはしていなかったといわれる（Thorne, *op.cit.*, pp. 275-278）。エルズミアにとって問題であったのは、ボナム医師事件でのクックの見解は、このような従来の制定法解釈準則を一歩踏み越え、立法府の役割を侵すものと考えたからである。Knafla, *op.cit.*, pp. 306f., pp. 317f. しかし、クックも、ここで引用したように、ボナム医師事件の2年後の Rowles vs Mason（1612）事件の報告（2 Brownl. & Golds. p. 198 [ER p. 895] では本来の解釈準則に戻っているのである。

　恐らくは、ボナム医師事件で問題とされた制定法が、クックの重視する「一般的法」ではなく、特許状を確認するある種の私法律であったこと、さらには、事件が前述のごとくホッブズも重視した「自らの事件の裁判官たりえない」という自然的正義（＝コモン・ロー上の法原則）の侵犯という問題を含んでいたという具体的事情を抜きにしては、ボナム医師事件でのクックの主張の意味を理解しえないであろう〔補注8 小山論文も参照〕。また、クックの他の所説からもコモン・ロー一般の制定法に対する優位を説いたものではありえないと考えられる。その意味では、筆者としては、前述の法区分論で、コモン・ロー、議会制定法に先だって、国王大権と議会特権、そして自然法が挙げられていたことに注目したい。なお、今日でも「自らの事件で裁判官たりえない」という自然的正義の原則が行政裁量に対する司法統制の根拠として重要な役割を果たしており、しかも、同じく学校や労働組合という中間団体の統制権と関連して問題とされている点は興味深い。J. G. A. Griffith, *The Politics of the Judiciary*, 3rd ed. (Fontana Press, 1985) pp. 163-178. フィリップ・S・ジェームズ著、矢頭敏也監訳『イギリス法（上）』（三省堂、1985）186 頁参照。

(39)　クックの数多くのマクシムの基礎となった古典の教養については、J. M. Gest, 'The Writings of Sir Edward Coke', *Yale L.J.* Vol. 18, pp. 516ff. 参照。また、このようなマクシムを利用したクックの法学の特徴が当時の人々にも十分に認識されていた点については、後述の如くクックの『判例集』に出版に並行して、アッシュによって『判例

集』に引用されたラテン語格言の索引表の作成が出版されたことからも明らかであろう。なお、クックの教養を支えた膨大な蔵書については、W. O. Hassall, *A Catalogue of the Library of Sir Edward Coke*（Yale U.P., 1950）及び、ソーンの同書への序文参照。クックの妻となった大法官ハットン卿未亡人によりもたらされた蔵書も含まれるためクックの関心を知ることには若干の困難が伴うが、Gest の研究が助けとなろう。この膨大な目録を基礎とした研究については後日を期したい。

(40)　『対話』前半では、「法」「正義」の定義等、クックの一般的法格言が検討の対象に挙げられ、さらに後半部の犯罪論以下の刑事法関連の議論では、より具体的法準則としてのコモン・ロー上のマクシムが問題とされ、ここに自然的理性の批判的機能が発揮されるのである。このように、『対話』においても、『リヴァイアサン』同様、国家法論の議論は、具体的法分野としては、基本的には犯罪・刑罰論として展開される。法と権利の峻別論で論じられたように、国家法の制定の目的が自然的自由＝権利に対する縮小、抑制にあるとするならば、刑事法こそが国家法概念を代表するものであり、他方で、自然的自由の領域で既に展開された契約法論を中心とする自然法論は、国家法が我々に残した自由＝権利として消極的な意味で存在するに過ぎないと考えられたからかもしれない。

(41)　ここでは、前提となる先例の捉え方が異なるのである。ホッブズがここで論じている判決の記録は、個別事件における「権威ある法解釈」の、すなわち、司法作用として法適用のためになされた法解釈の結果であって、このような司法作用の結果としての判決が個別事件を超えることがないのは当然のことなのである。

(42)　「共通善、いままで非常に多様な意見のあった、これら一般的事件における多くにおいて、占有を平穏化させ安定させること」が『判例集』第1巻序文で挙げられた公刊目的であった。また続けて、これらの判例集で意図的に一つの方法を採らなかったことを論じている。（1 Co. Rep. p. xxix）

(43)　Bacon, *Universal justice*（aphorism 82) p. 105f., Do, *Maxims*, p. 314, p. 321. アッシュの業績については、J. D. Cowley, *A Bibliography of Abridgements, Digests, Dictionaries and Indexes of English Law to the Year 1800*（Selden Society, 1932［repr. 1979]）pp. lxxi-lxxv. 及び *Dictionary of National Bibliography* の 'Thomas Ashe' の項目参照。

(44)　'A Proposition to His Majesty by Sir Francis Bacon, Knight, His Majesty's Attorney General, and one of his Privy Council; touching the Compiling and Amendment of the Laws of England'（1616), in Bacon, *Works* vol. 13（*The Letters & Life of Francis Bacon*, vol. VI Ch.2) p. 70. ヒルもこうした法改革論におけるベイコンとクックの意見の共通点に注目している。C. Hill, *Intellectual Origins of the English Revolution*（O.U.P., 1965［rep. 1982]）pp. 231f. Bacon, *Universal Justice*（aphorism 84, 85) p. 106.

(45)　クックはこのプラウドゥンの新型判例集に倣って「事件及び法律問題のより良き理解と保証（warrant）のために、また、勤勉な読者に良き訴答のより良き教示のために」（1 Co. Rep. pp. xxix-xxx）訴答全文を判例集に加えた。このプラウドゥン型判例集の意義については、L. W. Abbott, *Law Reporting in England 1485-1585*（London, 1973）pp. 207ff. 拙稿「チューダー期イングランド法学の形成とその展開過程（4・完）」第3章第7節「プラウデンによるリポートの革新」『法学論叢』106巻2号81頁以下

〔本書、第 5 編Ⅲ-(7)〕参照。なお最近の研究 J. H. Baker, 'Record, Reports and the Origins of Case-Law in England' in *Judicial Records, Law Reports and the Growth of Case Law*, edited by J. H. Baker, *Comparative Studies in Continental and Anglo-American Legal History*, Band 5 (1989) pp. 41ff. も、このプラウドゥン判例集の革新的意義を再確認している。

(46) Ellesmere on Post-Nati, pp. 218f. 彼の先例についての議論も Courses, Formes という語の使用にみられるように、訴訟手続や訴訟方式に関する中央裁判所での訴訟慣行としての手続法上の先例が基本的に念頭に置かれており、ここでも救済方法を中心に考える思考方式を反映していたように思われる。

(47) クックの判例集への精査の命令から罷免に至る過程については、ベイコン著作集、書簡編参照。*The Letters and Life of Francis Bacon*, vol. Ⅵ Ch. 2 (1616), in Bacon, *Works* vol. 13, pp. 76ff.

(48) Edmund Plowden, Les Commentaries, Pref. p. iv. このプラウドゥンの法廷年報公的編者説はクックにも受け継がれる (3 Co. Rep. Pref. pp. iii-iv.)。ベイコンの公的判例集編纂の提案については、前掲論文 (Bacon, 'A Proposal', pp. 68f.) 参照。なお、シンプソンが、このプラウドゥン説を法曹予備院での講義と関連付けて理解しようとする試みを行っているが支持されてはいない。A. W. B. Simpson, 'The Source and Function of the Later Year Books' in *LTLH* pp. 679. シンプソン説への批判としては、E. W. Ives, 'The Purpose and Making of the Later Year Books', *L.Q.R.* vol. 89 pp. 64-86. Do, 'The Origins of the Later Year Books', in *Legal History Studies 1972*, pp. 146-150 及び Baker, op.cit., pp. 30f. 参照。

(49) ラミズムとの関係については、拙稿、前掲論文 69 頁以下〔本書、第 5 編Ⅲ-(5)〕、及び「イングランド法学とラミズム」『京大院生論集』創刊五周年記念号 135-148 頁〔本書 第 5 編補論 3〕参照。格言集型の法文献の伝統については、A. W. B. Simpson, 'The Rise and Fall of the Legal Treaties' in *LTLT*, pp. 282-292. Stein, *op.cit.*, pp. 174f.

(50) W. S. Howell, *Logic and Rhetoric in England, 1500-1700* (1956) pp. 193ff., pp. 245f., pp. 285f., p. 298.

(51) 前掲拙稿「イングランド法とラミズム」144 頁〔本書、第 5 編補論 3　393 頁〕。なお、シェパードについてはモノグラフ、Nancy L. Matthews, *William Sheppard, Cromwell's Law Reformer* (Cambridge U.P., 1984) が出版されている。

(52) 彼ら 4 人は 70 年代に相前後してグレイズ・インに入会 (1574 Thomas Ashe, 1576 Francis Bacon, 1577 Henry Finch, 1583 Abraham Fraunce)、各々 80 年代 (1582/3, 1582, 1585, 1588) に相次いでバリスタ資格を付与されている。

(53) フィンチのこの書物は、1613 年に *Nomotechnia* の名の下に法律フランス語で出版され、1627 年に著者自身により英訳され、*Law or a Discourse thereof* と題して出版された。このフィンチの著作の意義については、W. R. Prest, 'Dialectical Origins of Finch's Law', *Cambridge L.J.* vol. 36 pp. 326ff. 及び Do, 'The Art of Law and the Law of God Sir Henry Finch (1558-1625)', in D. Pennington and K. Thomas (ed.), *Puritans and Revolutionaries* pp. 96ff. 本稿においては、ガーランド社の近代イギリ

ス法史古典叢書版（*Classics of English Legal History in the Modern Era*）による復刻
版を利用した。*Ibid.* pp. 1-76.

(54)　*Ibid.* p. 6.

(55)　*Ibid.* p. 5. フィンチは、これらのマクシムとしての諸原則と実定法との関係につい
て、「自然及び理性の法、もしくは、第一次的及び第二次的理性の法、それに基づい
て公式化され、集められた法原則と共に、これら三者は、太陽と月と北斗七星のごと
く、世界中の全ての実定法に光をあたえ」「これらの光から全てのコモン・ローの根拠
やマクシムが生じているのである」と論じ、さらに進んで、「それ故に、前者に直接に
反する実定法はその効力を失うのであり、まったく法ではない」とまで論ずるとき、
既に前述のマクシム論の枠を超えようとしているのである。もっとも、解説ではより
慎重に、「しかし、理性法は正して判断する能力のある人にのみ知られ、しかも（前に
示したように）不完全にしか知られないので、実際上は如何なる法が理性の法に合致
し、如何なる法が矛盾するのかを述べるのは困難な場合が生じる。それ故、理性の法
に実質的に矛盾する法律は、自然法に反する法律同様に無効であるといわれるのは、
一般的にのみではあるが（この場の目的にはそれで十分なのであるが）真実であり、
全ての人は合意するに違いない」と論じるにとどめるのである。（*Ibid.* pp. 74-76）

(56)　ウィンゲートのこの著作も近代イギリス法史古典叢書に収められているので参照
されたい。彼は 1614 年入会のグレイズ・インの後輩であり、クロムウェルとも親交が
あったと伝えられている。またブリトンの近代版の編纂者でもある。経歴については
DNB の 'Edmund Wingate' の項目を参照。

(57)　フィンチの著作へのブラックストンの高い評価については、Prest, 'The Dialectical
Origins' p. 32 参照。彼とブラックストンの間を埋める教科書 *Institute of the Laws of
England in their Natural Order, according to Common Use*（1720）の著者トマス・
ウッド（Thomas Wood, 1661-1722）もフィンチの著作を「専門家の一人によってかつ
て書かれ、そして現存する最も方法だった本である」として極めて高い評価を与えて
いる。石井幸三「一八世紀イギリスにおける法学教育について（1）——ウッドとリー
ヴ」『龍谷法学』17 巻 1 号 51 頁。

(58)　この図表は後の版にも引き継がれ、近代イギリス法史古典叢書に復刻された 1832
年版でも確認できる。('Analysis of Littleton, February 21, 1658-59' in *the First Part
of the Institutes of the Laws of England*, 19th ed. by Charles Butler（1832）vol. I pp.
xliv-lx.）

(59)　筆者が利用したのは古典イギリス法文献叢書（*Classical English Law Texts*）によ
る 1821 年版の復刻版（William Noy, *The Principal Grounds and Maxims with an
Analysis;and a Dialogue and Treaties of the Laws of England*. edited by W. M.
Bythewood（1821 [repr. 1985]）である。

(60)　*Ibid.* p. 59（P. 17）48 番目のマクシム〈慣習はもう一つの法である〉の注釈として
語られる。

(61)　Bacon, 'A Proposal', loc. cit.〈法原則集章〉への註釈書（1624）を公刊した大陸にお
けるこの学派の代表者エヴェラルド・ブロンクロスト（Everhard Bronchrost（1554-
1627）がライデン大学教授にあった時代（1587-1627）は、グロティウスが 11 歳でラ

イデン大学に入学（1594）し、また亡命先のフランスで『戦争と平和の法』（1625）を出版した時代と重なる（Stein, *op.cit.*, pp. 166f.）。前述のウッドの論稿によれば、18世紀初めの大学のローマ法教育では、グロティウス、プーフェンドルフを学ぶ前提として、このブロンクロストの〈法原則集章〉への注釈書が学ばれねばならなかったようである。石井、前掲論文 45-46 頁。

(62)　大陸における人文主義法学の発展に果たした〈法原則（Regulae Iuris）〉の役割、及び自然法学や後の法典化への影響については、Stein, *op.cit.*, pp. 162-170, p. 175, pp. 176ff. を参照。

(63)　*Ibid.* p. 154.

(64)　Bacon, *Universal justice*（aphorism 87）p. 107. ベイコンはこれらを「要約本（Summaries）」と名付け、「法原則集」とは異なった種類の補助文献として扱っている。

(65)　フランシス・ベーコン著・服部英次郎・多田英次訳『学問の進歩』25・31（岩波文庫）366-367 頁。

(66)　Bacon, *Maximes* p. 321. ベイコンのこのような学問方法論の意義については、拙稿「チューダ期イングランド法学の形成とその展開過程（4・完）」75-77 頁〔本書、第5編 288-290 頁〕参照。

(67)　Simpson, 'The Rise and Fall', pp. 291f.

(68)　Stein, *op.cit.*, p. 176. P. Vinogradoff, 'Les Maximes dans l'Ancien Droit Commun Anglais', in *The Collected Papers of Paul Vinogradoff*（Oxford, 1928）vol. II（Jurisprudence）p. 231.

(69)　Prest, *loc.cit.*

(70)　William Blackstone, *Commentaries on the Laws of England, A Facsimile edition of the 1st ed. of 1765-1769*（U.P. of Chicago, 1979）vol. 1 p. 68. Stein, *op.cit.*, p. 176. D. J. Boorstin, *The Mysterious Science of Law*（1941〔repr. 1958〕）pp. 113-117. ブラックストンではコモン・ロー概念は不文法一般を指す概念として扱われる。彼のコモン・ローの三分法は「一般的慣習」「特別慣習」「一定の特別法」であって、クックによるイングランド法の三分法とは明らかに異なる。コモン・ローからは峻別されていた地域的特別慣習法、さらには、前述イングランド法の区分論で3区分の下位にある特別法圏を構成していた、特別法裁判管轄圏で施行される法もコモン・ロー概念の中に含められることになる。Blackstone, *op.cit.*, pp. 67ff.

(71)　*Ibid.* p. 69. この学術書の題名にまでなったこのブラックストンの言葉（Oracles of Law）をコモン・ロー法学の神秘性を示す好例とみることは容易であるが、同時に、コモン・ローを神秘化していったのが、むしろ、ブラックストンの法実証主義的精神であったことを忘れてはならない。ブラックストンの、この議論に注目するスタインもボースティンも、こうした変化の意味には無頓着であるように思われる。

(72)　'Reflections by the Lord Chief Justice Hale on Mr. Hobbes his Dialogue of the Law', in W. S. Holdsworth, *A History of English Law*, vol. V Appendix III, p. 512.

(73)　J. U. Lewis, *op.cit.*, p. 330. F. W. Maitland, 'Why the History of English Law is not written', in H. A. L. Fisher（ed.）*the Collected Papers of Sir Frederick Maitland*, vol. I, p. 491-492. C. Hill, *op.cit.*, p. 227.

(74) トマス・ペイン著・西川正身訳『人間の権利』（岩波書店、1971）168頁以下、それ故に彼にとっては「権利章典」も、「政府の各部分が権力と利益と特権を分配し合う」相互協定であり、「不法の章典」「侮辱の章典」といった方が妥当なのである（257-258頁）。さらに、ペインは先例尊重主義に彼の時代の精神を鋭く嗅ぎ取っていた。

　　今日では、ほとんどあらゆる事件がなんらかの先例によって決定されねばならない。それが良い先例であろうと悪い先例であろうと、あるいは、その先例を適用するのが妥当であろうとなかろうと、そうなのである。しかも、その慣行は、一見みてとれるところよりもさらに深い政策からでているのではないか、と人に疑いをいだかせるほど広く行われている。アメリカの革命以来、フランスの革命があってからなおさらのことそうであるが、この二つの出来事より以前にあった時代と社会事情から導きだしてきた先例の理論を推奨してやまないのが、イギリス政府の計画的な慣行となっている。（262-263頁）

(75) ポーコックは明らかに、クックのArtificial Reason論を、ヘイルの法思想と共に、バーク的憲法概念との関連で、その思想的先駆として理解している。ポーコックの回顧付再版（1987）、及び、最近のポステマの著作はこの議論を引き継ぎ発展させるとともに、このヘイルの洗練された憲法思想がヒュームへと受け継がれていくのを見るのである。Pocock, *op.cit.*, p. 35, pp. 170-173, p. 243, pp. 256f., pp. 379ff. G. J. Postema, *op.cit.*, pp. 23f., pp. 88-90.

モンテスキューの権力分立論の先駆けと見做されるボーリングブルックの歴史観、憲法観については、田中秀夫『スコットランド啓蒙思想史研究』（名古屋大学出版会、1991）155-162頁、飯坂良明・小松春雄・山下重一・関嘉彦『イギリス政治思想史』（木鐸社、1974）123-130頁、139-140頁、19世紀行政改革との関係については、武居良明『イギリスの地域と社会』（御茶の水書房、1984）第7・8章「中央政府と地方自治（1・2）」215頁以下参照。

---

*1　主権論中心思考の問題性は、我が国における戦後のノモス主権論争を見ても明らかであろう。主権の所在が問題とされて争われたのだが、本来は、法の支配論として主権的権力の抑制ができなかった理由が問題とされるべきであった。このことが選挙独裁制と云われるように、議会で多数を獲得すれば、如何なる立法も可能な体制を生み出しているともいえよう。立憲主義の問題も、憲法制定権力の問題に解消され、司法の独立や報道の自由等の権力抑制のための制度への理論的検討や社会関係を規律する法の内容規定性については等閑に付されたままであるように思われる。

*2　この点では、キケロ『義務論』における正義の定義（1.7.23）と一致する。アリストテレス『倫理学』では約束の遵守は愛の問題として扱われ正義の問題ではなかった（8.13.1162b. 21-1163a. 24, 9.1.1164a. 16-1164b. 21）。ギリシアにおける法律学の未発達の一因はここにあったのかもしれない。この約束の法的拘束力の不確かさの問題は

642

『弁論術』（1.15.1376a. 34-b. 32）にも現れている。

*3　したがって、ホッブズ流に言えば、近代の法律は如何なる内容をも含みうることになるのである。したがって、主権者を法的に拘束するような憲法論的議論は、ここからは生じない。議会主権論的な立場からすれば、議会は如何なる法律も合法的に制定しうるのである。

　　国家状態においては、自然法上の自己保存権は、既に放棄されているのであるから、抵抗や逃亡は事実上の問題としてはありえても、法的には違法となることはいうまでもない。

*4　グロティウスは自然法学を樹立するための前提条件として、逆の意味で、法と法学との峻別を重視した。「今までに多くのものが、この法学に対して学的体系を与えようとしたが、誰も成功しなかったし、今までに充分に考究されなかったことであるが、事実かかることは、制度的なもの（constitutum）を、自然から生ずるものから適当に分離しないかぎり達成されえないのである。何故ならば、自然から生ずるものは、常に同じであるから、容易に学的体系を与えることができるのであるが、制度的なものは、しばしば変化し、しかも処によって変わるから、特定の事物の他の観念と同様に、学的体系を与え得ぬからである」（序言 30）グローチウス著・一又正雄訳『戦争と平和の法』（巌松堂、1950）第 1 巻 18 頁。同様に、法学の政治学からの峻別において、「ボダンは政治学と、我々の取扱ふ法の分野とを混同してしまった」（序言 57、前掲書第 1 巻 31 頁）ことが批判される。この問題は、グロティウスのアリストテレス正義論批判とも関連する。グロティウスにおいては、アリストテレスの云う「交換的正義」乃至「回復的正義」こそが本来的且つ厳密な意味での正義であり、「配分的正義」は、適性 aptitude に関するものとして、厳密な意味での正義から排除されていることに注意する必要がある。（第 1 章、8）前掲書第 1 巻 49-51 頁。言い換えるなら、配分的正義問題を排除して、はじめて、法学を厳密な意味での正義＝権利 facultas の体系として叙述することが可能となったのである。（第 1 章、4-5）前掲書第 1 巻 47-48 頁。このグロティウスが厳密な正義として権利体系の基礎に据えたアリストテレスの交換的正義をホッブズは契約論的正義論を基礎に激しく批判した。ホッブズ『リヴァイアサン』第 1 部第 15 章、水田洋訳（岩波文庫）(1) 244-245 頁。ホッブズからは、近代政治思想が生まれても、体系的な近代法学が生まれてこなかったのは、その故であった。アダム・スミス『道徳感情論』水田洋訳（岩波文庫）下 399-400 頁参照。アダム・スミスは、グロティウスに倣い、グラスゴウ大学での『法学講義』で正義と適性の問題を、Justice の問題と Police の問題とに分けることによって、この問題を解決し、Police の問題を『国富論』において政治経済学として完成させたのである。『法学講義』水田訳（岩波文庫）「司法」、「生活行政」23 頁注 (1) (2) という訳では、上記の意味合いが伝わりにくく、18 頁注 (1) の説明では、何故に本文でグロティウスを高く評価しているのか理解不能となろう。むしろ、従来の「正義」と「治政」の方が適訳である。

*5　本書、第 6 編 Ⅳ「エリザベス期立法解釈論とエピエイケイア法解釈論の展開」、とりわけ、(2)、(3) を参照。

*6　カントーロヴィチ著・小林公訳『王の二つの身体』（ちくま学芸文庫）第 1 章「問題

第 7 編　近代自然法学とコモン・ロー法学　643

の所在」がプラウドゥン判例集からの引用で始まるのは、まさにこの時期に国民国家
的公共性観念が必要とされる時代となってきたからであり、同時に、この観念が王権
と分かち難く結びついていたからである。それ故に、政治体としての國王 Crown と
自然的身体としての国王 King とを分ける考え方が強調されるようになってきたので
ある。しかし、近代以前においては、この二つの身体は分かち難く結びついていた故
に、二重の身体といった方が正確なのかもしれない。イギリス王室が立憲君主制とし
て存続し得たのは、この二つの観念を上手く分離し得たからかもしれない。Ernst. H.
Kantorowicz, *The King's Two Bodies: A Study in Medieval Plotical Theology*
(Princeton. U.P., 1957) pp. 7-23.

*7　　その意味では、ヘーゲルがイギリスを司法国家と位置付け、ダイシーがイギリス
において行政法が不在であるとしたのも、このクック的伝統の産物であったのかも知
れない。

　　18 世紀においてもイギリスにおける地方行政統制の任務を担ったのは、第 1 編　補
論 1 で、その成立を論じたアサイズ巡回陪審と王座裁判所であった。Cf. J. S.
Cockburn, *A History of English Assizes 1558-1714* (Cambridge U.P., 1972) Part 3:
The Planets of the Kingdom. クックの時代のアサイズ巡回陪審による地方行政統制
のより詳細な実証的研究については、Louis A. Knafla ed., *Kent at Law, 1602, The
County Jurisdiction: Assizes and Sessions of Peace* (HMSO, 1994) 参照。この伝統的
機構が役割を終えるのは、19 世紀中葉以降の地方自治制度改革以降の話となる。こ
の巡回陪審制度の崩壊期に『憲法史』(1887-88) を講義したメイトランドが発展しつ
つある行政法部門と憲法との関係を如何に理解するかに苦心し、オースティンの憲法
の定義を狭すぎると批判するようになった意味も理解できよう。F. W. Maitland, The
Constitutional History of England (Cambridge U.P., 1908) pp. 528-536. [小山貞夫邦
訳 696-708 頁]。イギリスにおいて行政法分野の独自性が認識されるようになるの
は、第二次世界大戦以降の労働党政権下で給付行政型福祉国家が発展し、行政審判所
が叢生するようになってからではないだろうか。

*8　　ボナム医師事件については、その後、小山貞夫「違憲立法審査制の史的淵源として
のボナム博士事件再考」『法学』77 巻 5 号、673-700 頁 (2013-12) が、グレイによる
新たな資料の発掘を基礎に再検討を促している。

補 論 **1**

ホッブズ vs クック論争と イングランド國制起源論争

はじめに

　故佐々木氏が、テューダ期の法史学の発展との関連で「ブルータス伝説」の有した意味について論じられて久しい。[(1)]近年、この問題に関連する著作や訳書が相次いで出版され、テューダ王朝の政治的プロパガンダやイングランド宗教改革との関連での研究が深められてきているが、史学史的な関心が重点に論じられてきたせいか、「法の支配」というイングランド國制の特質をブルータスによる建国伝説と結びつけて展開したフォーテスキューの著作の意義については、ほとんど検討されることはなかった。[(2)]史学史の問題を正面に据えてアーサー王伝説を扱った青山氏の著作は措くとして、とりわけ、「イングリッシュネス」を主題とした著作でこの問題が重要な論点とされないのは、むしろ奇異な感じさえする。憲法学者ジェニングスのいうように、フォーテスキューこそが、「イングランド史の特殊性」、すなわち、イングリッシュネスの極みというべき「自由主義的な意味での法の支配」という特質に「最初に注目した」人と目されてきたからである。[(3)]

　しかし、他方、この「法の支配」を意味する、フォーテスキューの「憲制的且つ王制的統治」論が取り上げられる際にも、17世紀憲政論争との関連で議論されるせいか、ここでもブルータス伝説の問題が重要な論点とされることは少ない。我が国でも、よく知られている、ヒルの「ノルマンの軛」論やポーコック「古来の憲制」論においても、イングランド法史の連続性論とい

う視点から、「イングランドの慣習は非常に古く、五つの民族によって継続的に受容され慣用されてきた」として、ブリトン人以来のイングランド法の連続性とその古さを説いた、『イングランド法礼賛』第17章の慣習法論を基礎に議論を展開しており、第13章の「如何にして憲制的に統治される王国は最初に設立されたか」という憲制的國制起源論において直接的に言及されたブルータス伝説の意義に触れられることはほとんどなかったからである。また、これと同様の傾向は、ノルマン・コンクェスト問題との関連で、連続性史観という視点からフォーテスキュー──クックの問題を扱った我が国の法史研究においてもみられる。[(4)]

　これらの欠落は、論者が扱っている時代が、ブルータス伝説の問題が、ルネッサンス期アングロ＝サクソン法史研究の進展とともに、史学史的には克服され、既にロマンス化していった時代に焦点を当てているためとして理解することもできるのではあるが、他方、フォーテスキューの憲制論が17世紀憲政論争で果たした重大な役割や、建国伝説一般の持つ政治的意味を考えるとき、このブルータス伝説の國制論からの消失過程とその意味を明らかにすることは、イングランド憲制史の理解のために欠かすことはできないであろう。

　本稿では、先ず、フォーテスキューにおけるブルータス伝説の意義を確認するとともに、さらに、それが17世紀憲政論争へと移植される過程で、どのように変容していったのか検討することにしたい。

I　フォーテスキューにおけるブルータス伝説の形成
──ニムロド起源説とブルータス起源説

(1) 國制区分論とブルータス伝説

　フォーテスキューの有名な國制区分論、すなわち、「純粋王制的統治（Dominium tantum regale）」と「憲制的且つ王制的統治（Dominium politicium et regale）」という國制区分論を初めて展開したのは、彼自身がその主著『イングランド法礼賛』で言及しているように、ランカスタ王朝の正統性を主張

した『自然法の性質及び至高の王国の相続に関する自然法による評価について』（1461-63? De Natura Legis Nature）という著作においてであった[5]*1。この著作では、題名の示すように、中世自然法論的視点から、地上における二つの異なる王国の相違が一般的に論じられている。

　彼は、先ず、自然法の下に設立された王国として、アウグスティヌスの『神の国』第16巻3章の叙述にしたがって、旧約聖書で「主の前の力強き狩人」と称されたニムロドに王国の起源を求める。しかし、狩人であるニムロドは統治者ではなく殺戮者であった。彼は王とは称されず、むしろ暴君であった。そして、彼を継いで、アッシリア王国を築いたベルスが最初の王とされる[6]。

　この自然法の下で生み出された国王は王法によって統治するようになるのであるが、国王自身は王法によって拘束されないために、暴政に転換する恐れがある。キケロ『義務論』における暴君放伐論もこうした文脈で紹介されることになるのであるが、アウグスティヌスの『神の国』やキケロを基礎とした国家論の展開は、ソールズベリのジョン以来の『君主鑑』の伝統を引き継ぐものといえよう[7]*2。

　憲制的統治の必要性とその純粋王制的統治に対する優位は、このような暴君政治を防止するための忠告として、王制的に統治を行う国王に対し、アクィナスの『君主制論』*3を基礎に「名誉と威厳において劣ることのなき第三の統治形態」（第16章）として「憲制的且つ王制的」統治について説かれるのである。すなわち、「イングランド王国では、諸王は三身分の同意なしには立法も、臣民への課税をもなし得ないからであり、その王国の裁判官達も、宣誓によって、それに反する主君の命令がある場合でも、國法に反する判決を下さないよう拘束されているからである[8]」。

　ローマの帝国的発展も32人の元老院によるものであって、憲制的に、すなわち、多数の同意、忠告を受けて統治することが望ましい統治形態であるとされ、こうした、統治形態論との係わりで、このように憲制的に統治する国王は彼の王国の有力者の同意なしには法を変更し得ない（第26章）という議論が展開されるのである[9]。

　ここでは、「憲制的且つ王制的統治」は、暴君的統治に対するものとして、

また、ブルータス伝説のような國制起源論からではなく、より多くの賢人の忠告による統治が、ローマのような王国の繁栄をもたらすものとして、より望ましい統治として論じられているにすぎないのではあるが、國制区分論の基本的骨格は、この段階で既にできあがっていたとみてよいであろう。

これに対して、数年後書かれた、主著『イングランド法礼賛』(1468-71 De Laudibus Legum Anglie) では、議論の順序が逆転して、第9章で「君主の欲するところ法の効力を有する」というローマ法のマクシムへの反論として、先ず第一に、「憲制的統治を行う国王は彼の王国の法律を変更し得ない」とする議論が提出され、それに対する王子の疑問「双方ともに国王であるのなら、同一の地位にあるのに、何故に権力において等しくないのか」という問いへの答えとして國制区分論が展開されることになる。したがって、ここでは、一般的に憲制的統治が望ましい、より人間的な統治形態であるというだけでなく、ローマ法地域と異なり、なぜ、イングランドで憲制的統治を行わねばならないのかが、イングランド國制論として、説得力を持って展開されねばならなかったのである。[10]

かくして、フォーテスキューは、第12章でニムロド─ベルス論に従って、純粋王制的統治について論じた後に、以下のように論じる。既に「王制的に保持される王国の始まりの形式について会得されたでしょうから、今度は、憲制的に統治される王国が如何にして始まったかを説明しましょう、両王国の始まりが理解されれば、あなたが質問された相違の理由もよりたやすく理解されるようになるでしょう」[11]。

このように、『自然法の性質について』の議論は、起源論的に組み直され、第13章の憲制的に統治される王国は最初に如何にして始まったかという議論として展開されることになるのである。ブルータス論が出現するのは、まさにこの文脈においてであった。

　　私はこの相違は、主位の設立による相違（diversitas institutionum dignitatum）にのみ由来するものであることを堅く確信するのである。……、なんとなれば、以下の如く、イングランドの王国は、ブルータスがイタリアとギリシアの地から率いてきたトロイ人の仲間たち（Bruti

comitiva troianorum）に由来する憲制的且つ王制的王国として始まった
（prorupit）からである（傍点筆者）。[12]

このように、聖書のニムロド伝説に対抗してブルータス伝説を持ち出すこ
とによって、二つの王国の相違を起源論的に説明することで、イングランド
の國制が「憲制的且つ王制的」であることが明らかにされることになるので
ある。

フォーテスキューは、イングランド國制がブルータスに由来すると論じる
ことによって、如何なる意味を込めようとしたのであろう。

モンマス『イングランド列王伝』によれば、アエネーアスの曾孫に生まれ
たブルータスは誤って父親を殺害しギリシアに追放される、ここで、ギリシ
アの地にいるトロイ人とも出会うことになる。「ブルータスはこれらの人々
が彼の子孫と同一種族であることを知り、そこにしばらく留まることにし
た。しかしながら、しばらくすると、彼は戦闘力と豪胆さで、諸王や長老達
によって、その國の如何なる若者よりも高く評価されるようになった。……
彼は獲得した全ての金銀や装備を兵士達に与えた。かくして彼の名声は全て
の人々に広まり、トロイ人達は彼の周りに集まり、ギリシア人への服属から
解放されるために彼等の指導者となるように懇請した」のである。[13]

ここでは、力によってではなく、人々の合意によって指導者となったとい
うことが重要なのである。このような、「合意による王権（ブルータス型）」
と「実力による王権（ニムロド型）」との区分はフォーテスキューの独創では
なく、むしろ、ボーヴェイのヴァンサンの『君主の道徳的教育について』
（Vincent de Beauvais, De Morali Principis Institutione）から着想を得たもの
であるといわれているように、元来はイングランド國制論にのみに結びつく
ものではなかったが、フォーテスキューは、この議論をイングランド議会の
発展と結びつけることによって、イングランド固有の國制起源論へと組み替
えていったと思われる。[14]

このイングランド國制起源論としてのブルータス伝説の持つ意義は、彼の
晩年の著作、「純粋王制的統治と憲制的且つ王制的統治との相違について」と
いう名の下に知られるようになった実践的なイングランド絶対王政の青写真

である『イングランドの統治論』でより直接的で且つ明瞭な形で論じられる。

　少々長文となるが、フォーテスキューの全体的構想を理解するために、第2章全文を試訳してみよう。

　　第2章　何故に、一方の王が王制的に統治するのに、他の王は憲制的且つ王制的に統治するのか。

　何故に、ある國は純粋に王制的な支配であって、その君主は『王法』と称される彼の法によって統治するのに、他の王国は、王制的且つ憲制的支配であって、君主は『憲制的且つ王制的法』と称される法によって統治するのか不思議に思う人がいるかもしれない。これら二つの君主は等しい身分であるのにというわけである。この疑問に対して以下のように答えよう。この相違の原因はこれら二つの國が形作られる際の最初の設立（institution）のされ方にある。力強きニムロドが彼自身の栄光のために、最初の國を作り、まとめあげて、その國を暴君的に彼に従わせたとき、彼は、彼自身の意志以外の如何なる法や規則によっても統治しようとはしなかったであろう。なぜなら、彼自身の意志によって、その意志を成就するために、彼はその國を作ったからである。そして、それ故に、彼はこのようにして自らの國を作ったのではあるが、聖書は、彼を王とは呼ばなかった。『なぜなら、王は統治するが故にそう称される』のであるが、彼が行ったのはそうではなくて、力によって人々を抑圧することであったからである。それ故に彼は暴君であり、『最初の暴君』と称される。しかし、聖書は彼を『神の前の力強き狩人』と称している。丁度狩人が野獣を屠って食べるため捕らえるように、ニムロドは人々の奉仕と財産を得るために、『純粋王制的統治』と称される支配権を彼らに行使して、力で彼らを従属させたのである。

　彼の後が、最初に王と称されたベルスであり、その後が彼の息子ニヌスであり、その後、他の国々も、ニムロドの例に倣って諸國を形成し、彼ら自身の意志以外の法によって統治しようとはしなかった。それらの諸法は

良き君主の下では、正に良きものであり、彼らの王国は、人類を彼自身の意志で規律することによって治める、神の王国に最も似たものであった。このように多くのキリスト教君主は同上の法を使った。それゆえ、『君主の欲するところ法の効力を有す』というのが法であった。それ故、私は國は先ず第一に『純粋王制的支配』として始まったと考えている。しかし、その後、人類がより人間らしくなり、徳性と大衆により良く配慮するようになった。ブルータスと共にこの國にきた仲間達はそのような人々であったのであり、彼らは一体となって國と称される政治体を形成することを欲し、それを統治するための首領を持つことにしたのである。かの哲学者の言葉に従えば、全ての共同体は多くの部分からなっており、頭を持つことを必要とするからである。それで、彼らは上述のブルータスを彼らの頭に選び、王としたのである。そして、彼らと彼は、この彼ら自身を一つの國に結成し、設立し、統合するに際して、同上の國が彼ら全員が同意する法によって支配され正統化されるように命じた。それ故にその法は『憲制的』と称され、そして、その法は王によって施行されるがゆえに『王制的』と称される。『憲制は多数を意味する poles と知識を意味する ycos からそのように称されるのであり、憲制的統治とは多数の識者の統治乃至は臣下の忠告による統治である』。スコットランド王はこの法、即ち、憲制的且つ王制的統治によって彼の人民を統治している。そして、ディオドルス・スィクルスが彼の書物『正史 (de priscis historiis)』で述べているように、エジプト國は同上の法によって支配され、それ故その王は彼の人民の同意なくして法を変えることはなかった。また、彼の言うには、アラビアのフェリチとリビアの地にあるサバの王国も同じような方式で支配されていた。また、アフリカのほとんどの國がそのように統治されている。ディオドルスは同書で、このような統治の方法と支配を大層褒め上げている。こうした統治が良いのは、それによって、彼自身の裁量のみによるよりも、より確実に正義を施すことができるからというだけではなく、人々が彼ら自身の欲する正義を享受することができるからである。さて、私はなぜ一方の王が人々を『純粋王制的』に統治するのに、他の王は『憲制的且つ王制的』に統治するのか十分に明らかに示されたと思う。

というのは、一方の王国は君主の力によって、力そのものから始まった
のに対し、もう一つの王国は、同上の君主を建てようとする、人々の意志
と創設に始まるからである（傍点筆者）[15]。

　ここでは、『自然法の性質について』の徳性論と『イングランド法礼賛』の
起源論が融合され、しかも、ブルータスの国王への選立がブリテン島移住後
であるかのように論じられることによって、「憲制的且つ王制的統治」まさ
に、イングランド國制の固有性が強調されることになる。『イングランド法
礼賛』で一般論乃至ローマ法一般との対比に重点がおかれていたのに対し、
『イングランド統治論』においては、前書においては、陪審制論の後に、第
36章以下で展開されていた純粋王制的なフランス國制との対比が、冒頭か
ら前面に出てきており、次章以降で展開されるフランス王権との対比で、イ
ングランド國制の特色を浮き彫りにするためにブリテン島到着後の王位選立
を強調したとも理解される。
　しかし、次章でフランスにおける3部会の存在とその弱体化の原因につい
ても論じられているように、國制の理解には、起源のみならず、その後の展
開を跡付けながら論じられており、こうした視点から第17章の連続性説も
再検討される必要があろう[16]。

(2) 第17章「連続性説」の再解釈

　前節で論じたように、國制の相違が、「力による征服」か「合意による設
立」かという國制起源に由来するものとして理解されるならば、現在のイン
グランドの國制を「憲制的且つ王制的」統治であると論証するためには、単
に、ブルータス伝説によって、起源における「合意による王権」の成立を主
張するだけでなく、かくして形成された國制がその後中断されることなく維
持されていることが、証明されねばならない。
　ブリトン人以降、ローマ人、サクソン人、デーン人、ノルマン人によって
次々と征服されたイングランドの國制を合意により形成された國制と言いう
るのだろうか。このように、國制論的な視点から、第17章を読み直してみ

るならば、なるほど、章別の構成からいえば、法源論的に、イングランド法の三源泉＝「自然法」「慣習法」「制定法」という法源別の議論で、慣習法論として、イングランド法のローマ法に対する優位＝古さを論じているのではあるが、他方では、征服説＝「力による國制」への反論ともなるように意識されているのではないだろうか。

もう一度、第17章の議論を振り返ってみよう。

第17章　イングランドの諸慣習は最も古く、五つの民族によって続けて受容され、使用された。

イングランド王国は、最初はブリトン人によって、次はローマ人に支配され、そして再びブリトン人によって統治され、その後サクソン人によって占領され、その名もブリタニアからイングランドへと変えられた。そして、短期間王国はデーン人によって支配された。再びサクソン人によって支配されたが、最終的にノルマン人によって支配され、その子孫が現在もその王国を保持している。これら全ての民族、諸王において、世俗の王国は、現在統治されているのと同じ慣習によって継続的に統治されてきている。もしこれらの慣習が最良のものでなかったら、正義のために、理性乃至感情によって変更されたであろうし、また、完全に廃止されてしまったかも知れない。とりわけ、ローマ人は、残りのほとんど全世界を彼らの法によって裁治したし、同じように、剣によってのみイングランドを保持した他の上述の諸王も権力で法を破壊してしまったであろう。実際、かくも古きローマ人の世俗法も、その古さを誇るヴェネチア法も如何なるキリスト教国の法もそれほどは古くは遡らない。ブリトン人の始まりのときには、ローマ市は建国されておらず、ヴェネチア島には人は住んでいなかったからである。したがって、イングランドの慣習が良きものであるだけでなく、最良のものであることには、如何なる疑いもないのである（傍点筆者）。
(17)

第13章の國制起源論的理解からすれば、ブルータス以降、ローマ人、サ

クソン人、デーン人、ノルマン人の力による征服によって、ブルータスに由来する合意による國制は失われてしまったことになるのではないか。何故に、イングランドの國制は今なお「王制的且つ憲制的統治」として続いているのか。ウィリアム征服王はもちろん、これらの諸王は「剣によってのみイングランドを保持した」のであり、それ故に「権力で法を破壊する」こともできたはずなのである。「とりわけ」、第13章の議論の出発点となった「君主の欲するところ法の効力を有する」とする法原則を生み出した「ローマ人は、残りのほとんど全世界を彼らの法によって裁治した」のではなかったか。なぜ、ブルータスに由来する國制を「変更し得た」にもかかわらず「変更しなかった」のか。

　なぜなら、「これらの慣習が最良のものであった」から、というのがフォーテスキューの答えであった。もし、そうでなかったら、「正義のために、理性乃至感情によって変更されたであろうし、また、完全に廃止されてしまったかも知れない」からである。結果として変更されなかったという事実が、イングランドの慣習が正義に適ったものであったことを証明しているのであり、したがって、その起源が古ければ古いほど、より長期の時の試練に耐えてきたことになるのであって、それ故に、その起源が最も古く遡れる慣習が、結果として「最良のもの」であったと理解されることになるのである。その意味では「古さ」とは「良さ」を証明するものであり、イングランドの慣習はまさに「古き」＝「良き」慣習ということになるのである。

　もちろん、冒頭で論じたように、ここで直接に論じられているのは慣習法論であって、國制論ではない。しかし、フォーテスキューにあっては、「純粋王制的統治」が自然法の下に生み出される王国であるのに対して、「憲制的且つ王制的統治」は、「その後、人類がより人間らしくなり、徳性と大衆により良く配慮するようになった」段階で、人々の意志と創設によって生み出された、人為的な、その意味では、慣習法の下に生み出される王国であったのであり、古き＝良き慣習とは古き＝良き國制でもあるのであって、このイングランドの慣習的國制が幾度もの「剣による」征服にもかかわらず存続していることが最も重要なことであったのではないだろうか。

このような 15 世紀中葉のフォーテスキューの國制論は、17 世紀憲法論争に、大きな影響を及ぼすことになるのだが、その 150 年近い歴史の過程で、とりわけテューダ期のヴァージルによるブルータス伝説批判とアングロ・サクソン法史研究の本格的進展によって、さらには、その後のブルータス伝説の「ロマンス」化によって、彼がそのイングランド國制起源論に求めたブルータス伝説の歴史的信憑性はますます疑わしいものとなってきていた。しかも、テューダ期のブルータス伝説の政治的利用は、ギリシアの神々に連なる王権の神聖性とブルータスの征服の偉業を強調することに重点が置かれたために、むしろ國制論としては諸刃の剣となる危険性もあったであろう。[18]それ故、議会派の人々にとって、フォーテスキューの國制論の重要性が増大すれば増大するほど、その論拠としてのブルータス伝説への言及を如何にすり抜けていくかは桎梏の問題となっていったに違いない。晩年に議会派の闘士として活躍し、近代コモン・ロー法学の元祖となったクックと、それを引き継いだセルデンにおけるこの問題への対応を通して、ブルータス伝説からのフォーテスキュー國制論の引き離しがどのようにして行われたか、その克服の過程を検討してみよう。

II　クックとブルータス伝説──判例集序文の分析を中心に

(1)　クック初期判例集とブルータス伝説

クックの法思想の変遷は、エリザベス治下の法務長官時代（1594-1606）の第 1 部（1600）から、第 2 部、第 3 部（1602）、第 4 部（1604）、第 5 部（1605）、民訴裁判所裁判長時代（1606-08?）第 6 部（1607）、第 7 部（1608）、その後、ジェームズとの対立により王座裁判所長官辞任に追い込まれる 1616 年までの間、第 8 部（1611）、第 9 部（1613）、第 10 部（1614）、第 11 部（1615）と年を追って発行された判例集の読者宛て序文を検討することによって、その大きな流れを辿ることができる。また、第 12 部（1656）、第 13 部（1659）は、死後の出版ではあるが、クックが政治的理由から出版を控え

たと考えられる事件が多く登載されており、逆に、クックの思考の変化の背後にあるものを読み取る手助けとなろう[19]。

　クックは『判例集　第2部』の序文で、判例集出版の主要な目的を「共通善」たる「多くの人々の所有の確立と平穏」であるとした『第1部』序文を受けて、こうした臣民の所有の安全を与える、イングランドにおける「法の支配」を下記のごとく賛美する。

　他の国でも、外見上は法が支配しているのだが、裁判官達は国王の機嫌をそこなうよりは、法を歪めて解釈し、不正を行う方を選んできた。詩人達の語るように、「法律の意味は国王の意に沿うように聞こえる Ad libitium regis sonuit sententia legis」のである。エリザベス女王に神の祝福あれ、女王が常に彼女の裁判官達へ課してきた職責は、古き諸法に合致するものであって、國璽、王璽による如何なる命令も、令状、勅許状によっても、公の権利 publicum jus の実現は妨げられてはならず、ほんの僅かでも遅延されてはならないというものであった。そして、もし、たとえ、虚偽の意見に基づいて、このような命令が出された場合でも、彼女の裁判官達は正義を施すことを止めるべきではないし、また引き延ばされるべきでもない。このことは、「朕は、何人にも正義或いは司法を売らず、また、それを拒否したり、遅延せしめたりすることもない」と偉大な憲章と称されるマグナ・カルタに表され、国王本人が語ったように、イングランドの古来における設立以来 ex antiquo institutio のものなのである。
　もし、この素晴らしい島国の古の諸法（antiquae leges）が、他の全ての法に優ったものでなければ、その島の征服者や統治者達、即ち、ローマ人、サクソン人、デーン人、ノルマン人、そして、とりわけ、正当にも、自らの國法を誇るローマ人はイングランドの法を変更してしまったであろう[20]。

この1602年に出版された『判例集　第2部』の序論が、1601年議会の独占論争と、それを収拾するために出されたエリザベスの黄金演説、1601年11月28日の反独占勅令を念頭において執筆されていることは文脈より明らか

であろう。クックはここで、イングランド的「法の支配」を、フォーテス
キュー『イングランド法礼賛』の第17章の議論を下敷きとして、ブリトン人
に遡る古来の國制として賛美しているのである。慣習法が、イングランド古
法一般とされている以外には、イングランドにおけるコモン・ロー（leges
Angliae communes）の優位を法の支配に求め、また、イングランド法が優
れていたが故に変更されなかったのだという、フォーテスキューの議論に基
本的に忠実な理解がなされている。この時期、クックは法務長官（1594-
1606）として国王の法廷代理人として役割を果たしており、独占への批判に
対しても「公共善」の立場から、議会側からの批判と妥協可能な線を求めて
議論を展開していたのであり、「法の支配」の主張も決して、反王制的議論と
して展開されていたわけではない。実際、反独占勅令を受けて、国王大権を
審査するテスト・ケースとなった独占事件においても、フォーテスキュー『イ
ングランド法礼賛』第26章が引用されているが、引用の重点は、國制論に直
接係わる形ではなく、むしろ、臣民の財産権の安全の問題にあった。[21]

　『第2部』と同年の1602年に出版された『判例集 第3部』献辞では、ブ
ルータス伝説が独自に取り上げられる。しかし、クックのこの伝説の取り上
げ方に注意をすべきであろう。

　彼は、法廷年報、訴訟記録、『グランヴィル』以降のイングランドの現存す
る法書、さらには、最近の判例集、法要録、議会制定法例集に至るまで典拠
とすべき法律専門文献を列挙した上で、以下のように警告する。

　「如何なる人であれ、自分が専門としていない学問や科学の分野につい
て、正当に真実を報告することは難しいし、理解していない事柄の正しい、
真の関係を構想することは不可能である」。したがって、「我々の年代記に報
告された法には気をつけなさい、なぜならそれはきっとあなたを間違いに導
くからです」として、その例として、「例えば、年代記作者達によれば、ウィ
リアム征服王は、すべての州にシェリフをおき、治安判事に州の平穏を保
ち、犯罪者を罰するように命じたということであるが、学識ある人々は、
シェリフは、現在同様に高官として、また司法官として、征服以前から存在
していたことを知っており、また、治安判事は、そのほぼ300年後まで、す
なわちエドワード3世の初年まで存在しなかったことを知っているからであ

る」と論じる[22]。

　このように、真正の法学が依拠すべき法律専門文献を列挙し、年代記作者の著述の疑わしさについて警告を発した上で、用心深く、クックは以下のように付け加える。

　　もし、読者が彼らを幾分たりとも信じるなら、コモン・ローの古さと栄誉に関して彼らの公刊したところに委ねよう。第一に、彼らの言うには、ブルータスがこの國の最初の王であり、彼の王国を確立するやいなや、かれの人民の安全で平和な統治のために、ブリトン人の諸法という書物をギリシア語で記した。かれはそれらの法をトロイの法から集めたのである。彼らの言うところでは、この王は創世後2860年、主の生誕前1103年、サムエルがイスラエルの裁判官であった時代に没したということである。私はこれらの事柄を権原開示訴訟でやるような形で（in a quo warranto）検討する気はない。その根拠は、それら年代記の作者や著者たちに最も良く知られていると思うからである[23]（傍点筆者）。

　なるほど、ブルータス伝説はコモン・ローの古さの例証として利用されてはいるものの、in a quo warranto という表現にみられるように、クックにとっても、その事実が法的に立証可能なものとも考えられていないのである。
　実際、当時の人々は、1590年に出版され、一世を風靡することになるスペンサの壮大な叙事詩『妖精の女王』第2巻10篇「ブルートよりユーサーの統治に至るブリトン諸王の年代記とグロリアーナ時代までの妖精の帝王達の記録」を通してブルータス伝説に触れることが多かったであろうし、また、翌年開催されたロンドン市長歓迎のページェントにおける仮装行列、さらには、「篩」の肖像画と称されるトロイ伝説を背後に描いたエリザベスの肖像画のような、象徴化された図像によってブルータスの物語に接していたのであり、その意味では、もはや、ブルータス伝説は歴史の世界からロマンスの世界へと移し替えられつつあったと思われる[24]。
　これに対して、クック自身のブリトン時代への言及は、ドルイド神官の支配やギリシア語の使用という一見荒唐無稽と思われる議論も含め、カエサル

の『ガリア戦記』の叙述に忠実に依拠して論じられているのであって、同時代人の証言を基礎としているという意味では、むしろルネサンス期の歴史的精神に忠実なのである。[25]

　そして、ノルマン征服にもかかわらず、イングランドの慣習法が継続したことを、フォーテスキューの第17章の慣習法論に明示的に依拠しつつ、以下のように論じるのである。

　「この点について、満足を得たいなら、卓越した学識者で権威者でもあるイングランドの裁判長、騎士のフォーテスキュー氏が、この問題について第1巻第17章で記していることを御聴きなさい」として、「もしこれらの慣習が最良のものでなかったら、正義のために、理性乃至感情によって変更されたであろうし、また、完全に廃止されてしまったかも知れない。とりわけ、ローマ人は、残りのほとんど全世界を彼らの法によって裁治したのだから」とフォーテスキューの議論を直接に引用するのである。クックがフォーテスキューの慣習法論のどこに注目していたかは明らかであろう。しかも、クックはノルマン征服によって、イングランド法がまったく変化しなかったと述べているわけではない。フォーテスキューの議論を補強する形で、「征服の後、征服王の息子で、良き書記（Beauclarke）と称されたヘンリ1世は学識に優れた王であった。なぜなら、彼は彼の父が我々のコモン・ローに付け加えたノルマンディの慣習を廃止し、イングランドの古法を回復せしめたと言われているからである」と付け加える。[26]

　こうした、叙述から見ると、クックは、ブルータス伝説を実際の歴史的事実として理解していたようには思われないし、また、ノルマン征服が、如何なる法の変化も起こさなかったとも考えていなかったことは明らかであると思われる。

　このように、この時期のクックのフォーテスキューへの依拠は、直接的には、こうしたイングランド法の優秀性や、また、臣民の財産権保護という観点からなされているのであって、王権抑制の目的で國制論上の法の支配論を展開する際に依拠していたのは、むしろ、前述の独占事件でフラァが引用した有名な『ブラクトン』の法の支配論であった。

　1604年の第4部序文は、法学理論、制定法論、刑法典編纂論について論じ

た後に、裁判官論との関連で、有名な『ブラクトン』の一節を引用する。

　『ブラクトン』第1巻第8章に述べられているように、国王はいかなる人の下に立たずといえども、神と法律の下にある。なぜなら、法律が国王を作ったからであり、それゆえ、国王をして、彼が法律から受け取りしもの、即ち、族長権力と官職支配権 dominationem et imperium とを法律に服せしめよ。なぜなら、法律ではなく恣意の支配するところには、国王は存在しないからである。[(27)]

　こうした、王権抑制的議論の出現には、1603年のスコットランド王のジェームズのイングランド王への登位の影響を見ることができよう。彼の即位により、イングランド法とスコットランドとの法の統一が現実問題化しつつあった事態は、財産権の保護の問題においても現れる。1605年の『第5部』で「イングランドの古く且つ優れた法は、この國の臣民の有する生得権であるとともに最古および最良の相続財産である」と表現されたクック独特の相続財産乃至生得権 Birthright: a vita iura としての法という言い回しは、このスコットランドとの法の統一を意識して発せられた言葉であったに違いない。[(28)]

　この序文におけるイングランド臣民の相続財産論乃至生得権論の強調と、『判例集　第5部』の冒頭で「国王教会法について」の副題の下に報告された Caudrey 事件報告におけるイングランド教会史の叙述が、イングランド法の起源をノルマン・コンクェストに求めるカソリック側の神父からの批判を招くことになる。これによって、『イングランド法礼賛』第17章の議論が、再び前面に出てくることになるのである。[(29)]

　1607年の『判例集　第6部』序文冒頭は以下の議論で始まる。

　「私の判例集の第5部出版以降、とりわけ我が國法の熱心な学徒が、第2部の献辞で私が断言したことについて満足のいく答えを欲しがっている」。というのは、「(彼の言うには)、他の専門分野の人々の中には、イングランドのコモン・ローが、そのように誇張して話されているほど古いことに納得しない人もいる」からである。[(30)]

　この初期のコモン・ローの不確かさへの疑問に対して、クックは歴史的実

証によってではなく、フォーテスキューの権威に訴えることによって答えよ
うとする。

　　実を言うと、そのことは、私自身の意見ではあるのですが、私の考えに
　始まるわけではありません。それは、ヘンリ6世期の裁判長であり、騎士
　であった、かのもっとも尊敬すべき名誉ある裁判官ジョン・フォーテス
　キュー卿の判断したことなのです。彼は（法についての深い学識に加え、古
　事学研究においても優れており）「繁栄するイングランド王国の國法と憲制
　的統治の註解（De Politea administratione & Legibus Civilibus florentissimi
　Regni Angliae Commentarius）」と題する彼の書物の第17章で以下のごと
　く述べているのです。[31]

　この後にフォーテスキュー『イングランド法礼賛』第17章からの、全文の
引用が延々と続くことになる。題名からして、彼が依拠しているのは、ホワ
イトチャーチ版（1537?/1545-46）であろう。1567年にマルカスタの英訳版
が出版され、このときまでに6版（1573, 1575, 1578, 1598, 1599）以上を重ね
ており、1609年には新たな版が出版されることになる。[32]
　かくして、フォーテスキューへの依拠の重点が、イングランド法の優秀性
が継続性を生み出したという論理から、イングランド法の古さそれ自体の証
明のための論拠へと重点を移し始めることになる。しかし、このことは同時
に、コモン・ローの初期の歴史については、このように、フォーテスキュー
の権威に頼る以外に証明の仕様がなくなってしまっていたことを示してい
る。それと同時に、このように不確かな問題についてフォーテスキューの権
威に依拠することは、ブルータス伝説それ自体の信憑性の喪失とともに、
フォーテスキュー自身の議論の信用性を失わせることによって、彼のイング
ランド國制論にまで痛手を及ぼしかねない問題を含むことになったように思
われる。

　クックは1606年法務長官から、民訴裁判所長官に昇進したが、国王との
対立も深まっていた。1607年11月10日の教会裁判所とコモン・ロー裁判所

との管轄権争いに端を発した国王親裁問題で、クックが国王の自然的理性に対する学問的理性の優位を説いた著名な事件の締めくくりに引用したのも『ブラクトン』の「国王は如何なる人の下に立つべきではないが、神と法の下にある（quod Rex non debet esse sub homine, sed sub Deo et lege）」という言葉であった。国王の恣意的権力行使の抑制として議会論が出てこない『ブラクトン』の法の支配論は、まだ、安全な議論であったからであろう。それにもかかわらず、この国王の勘気を蒙った1607年の勅裁事件も、次に述べる1610年勅令事件とともに、生前に出版された判例集に登載されることはなかった。この事件における国王の自然的理性論に対する批判は、1608年に出版された『判例集 第7部』冒頭の著名なカルヴィン事件の中で、当該事件に直接触れない形で、しかも、『ブラクトン』の法の支配論にではなく、アリストテレスのトピカ論に依拠しながら、一般論として学問的理性の自然的理性に対する優位が説かれることになるのである。[34]

(2) クックの征服理論とノルマン・コンクェスト

前節で触れた1608年の『判例集 第7部』の冒頭のカルヴィン事件で、学問的理性論に先立って展開された征服論においてクックは以下のように主張する。

先ず、彼は征服が既存の法に与える影響を、「キリスト教国王の王国の征服」と「不信心者の王国の征服」とに区別して論じる。後者の場合には、キリスト教に反するだけでなく、十誡に含まれる神の法及び自然法に反するが故に、征服の事実それ自体によって、異教徒の法は廃止されるのに対し、前者の場合にも、「征服者は、正規の流血罰令権 ritae et necis potestatem を持っているので、意のままに、その王国の諸法を改正し、変更しうる」としながらも、「彼がその王国の諸法の改正をなすまでは、王国の古法が残ることになる」と論じる。さらに付け加えて、「しかし、相続の権原によって王国を得た王は、彼は、その王国の諸法によってその王国を相続したのであるから、議会の同意なしには、彼自身のものである諸法を変更し得ないのである」と論じる。[35]

補論 1　ホッブズ vs クック論争とイングランド國制起源論争　663

　このように一般論として征服論を論じることによって、クックは、相続権
に基づいて王位を継承したジェームズのみならず、ウィリアム征服王とアン
グロ＝サクソン法との関係についても当てはまる議論を展開していることに
なる。

　この議論からすれば、キリスト教信仰到来以前の國制は、征服それ自体に
よって廃棄されるのであるから、諸法や國制の継続は問題とならない。その
意味では、フォーテスキューの言うような、六民族によるさまざまな征服で
はなく、キリスト教王国としてのアングロ＝サクソン王国の法制とノルマ
ン・コンクェストとの関係に焦点が絞られることになる。テューダ期以来進
展したアングロ＝サクソン法史研究の成果を取り入れた新たなイングランド
國制論とノルマン征服の解釈が展望されることになる。

　しかも、ここには二重の防衛ラインが引かれている。先ず、ウィリアム征
服王が、相続の権利によって王位についたのか、征服の権利によって王位に
ついたのかが議論の焦点となるのである。『法学提要 第 2 部』序文（1642）
の国王在位表にあるように、クックにとっては、ハロルドは王位簒奪者であ
り、ウィリアム征服王は正統な王位継承者として理解されることになるので
ある。⁽³⁶⁾

　　エドワードは紀元 1042 年に統治をはじめ 1066 年に没した。ウィリアム
　　庶子王は 1066 年に統治を始め、1087 年に没した」として、以下のごとく
　　付け加える。「エドワード証聖王の没後、イングランドの王位を簒奪した
　　ハロルドは、ドゥームズデイでは、決して、国王と称されることはなく、
　　彼の称号にしたがって、ハロルド伯と称された。それ故、我々は彼を省く
　　ことにする。

たとえそうでなくとも、アングロ＝サクソン王国はキリスト教王国であっ
たので、征服という事実のみでは法は廃止されたのではなく、ウィリアム征
服王が実際に法を変更したかぎりで廃止されたにすぎないということになる。

　かくして、イングランド法の連続性論の焦点はブルータス伝説からノルマ
ン・コンクェスト論に移動させられると共に、3 年後の『判例集 第 8 部』序

文におけるノルマン・コンクェスト論に向けた基本的な理論的準備作業はできあがりつつあったということになろう。

(3) フォーテスキュー國制論と 1610 年議会論争、勅令事件

ブルータス伝説からの離脱と新たなノルマン・コンクェスト論の構築という、この転換の必要性は、1610 年の付加関税論争及び勅令事件双方においてフォーテスキューの國制論が議会論争、法律論争の焦点となることによって一層高まることになる。

最初にフォーテスキュー論に触れた『第 2 部』の献辞の時代に、エリザベスの黄金演説によって一旦収拾された議会と国王大権との対抗関係は、ジェームズの即位以降、独占事件、さらには、1606 年に生じたベイト事件とフレミング財務府裁判所長官の国王大権に基づく課税容認論とそれに対する 1610 年議会における批判によって頂点に達する。

このように、国王の課税権と議会との関係が前面に出てくると、ブラクトン的な法の支配論から一歩踏み込んで、議会論を支柱とするフォーテスキューの國制論に依拠せざるを得なくなってくる。[37]

独占事件でアラン側弁護士を務めたフラァは、フォーテスキューに依拠しつつ議論を展開する。

　　我が國の学識ある裁判官、後に皇太子付き大法官となったフォーテスキュー氏は、上述の諸制定法や同趣旨の他の法書の諸事例、記録を閲覧、精読し、多大な熟慮の上にたって、印刷された彼の書物でイングランドの国王は臣民の動産や商品に彼等の同意なしに賦課乃至課税 make imposition することはできず、マグナ・カルタの文言も、当該制定法によって明らかなごとく上述のように解釈されるべきであると述べている。[38]

同じく独占事件でアラン側弁護人として活躍したドッドリッジは 1607 年に法務次官となっており、第 9 章の同趣旨の文言に依拠しつつ以下のごとく反論する。

補論1　ホッブズ vs クック論争とイングランド國制起源論争　665

　貴兄の意見では、学識豊かな大法官フォーテスキューは、彼のイングラ
ンド法礼賛で国王は議会による以外に彼の人民に課税し得ないと書いてい
るということであるが、この有利な引用で、その文言の意味を明確に伝え
ていない。なぜなら、その文言は、lay strange impositions であり、
strange というのは不合理なという言葉と同義であって、したがって、誤
りは量にあるのであって、権利の問題ではなく、この典拠は以前に主張さ
れた諸記録や制定法と同一の根拠に基づいて主張されているのである⁽³⁹⁾

　これについて、フィンチは第9章のラテン語原文から引用して以下のよう
に論じる。

　イングランドの首席裁判官で後に大法官となったフォーテスキューは、
第26葉で、（既にしばしば想起されてきているように）イングランドの国
王は議会なしに彼の人民に課税し得ないと、はっきりと書いている。「国
民の同意なしには、彼自身で法律を変更し得ないし、反対する人民に新奇
な賦課を課すこともできない。nec lege ipse sine subditorum assensu
mutare poterit, nec subjectum populum renitenium onerare impositionibus
peregrinis.⁽⁴⁰⁾」

　かくして、国王の貿易統制権に基づく関税付加に対する論争をめぐって
フォーテスキューの議会課税協賛権論の解釈が双方の側から重要な典拠とさ
れるようになる。
　クック自身は、ベイト事件に対しては、法務長官時代の独占事件で示した
「公共善」論者の立場を堅持しており、「公共善」のためならば、議会の同意
なしに課税しうるとする立場をとっていた。⁽⁴¹⁾むしろ、クックにとってフォー
テスキューの國制論の核心に迫る問題として重要な意味を持ったのは、同年
9月に生じた勅令事件（Proclamations, Mich. 8 Jac 1）であった。
　夏の巡回裁判から帰任したばかりのクックに対し、大蔵卿セシルが9月20
日付の国王のメモに基づき王座裁判所長官に二つの質問を行った。一つは、
国王が勅令によってロンドンにおける新たな建物の新築を禁じうるかという

問題であり、もう一つは、同じく国王は小麦澱粉の製造を禁じうるかという問題のであった[42]。

大法官エルズミアも枢密院議長も先例が無い事にこだわるべきでない、すべての先例には始まりがあり、内科医は治療にあたって先例にこだわらないではないかと論じた。これに対して、クックは、「なるほど、すべての先例には始まりがあるのではあるが、典拠や先例を欠く場合には、新奇なことが確立される以前には、それが國法に反することのないように、十分な熟慮の必要がある」と答え、最終的に3人の裁判所長官とアルサム財務府裁判所判事に委ねられることとなった[43]。

この事件の注として、クックは「国王は勅令、その他の方法でコモン・ロー、制定法、國の慣習の如何なる部分も変更し得ない」と論じ、その根拠として、他の制定法と並んでフォーテスキューの『イングランド法礼賛（De Laudibus Angliae Legum）』第9章、さらには18、34、36、37章を挙げた。さらに「また、国王は禁令乃至勅令によって以前犯罪でなかったことを犯罪とすることはできない。なぜなら、それは法を変更することであり、犯罪でないものを犯罪とすることであるからである」[44]。

問題が立法権限に係わってくると、もはや勅裁事件のようなブラクトン流の司法論的な法の支配論では解決がつかない。議会の立法協賛権論について論じたフォーテスキューの國制論、すなわち、イングランド國制の特質としての「憲制的且つ王制的統治」論に直接的に依拠する必要が生じてきたのである。議論は政治的に極めて微妙且つ危険な分野に入ってきており、この判例報告も、用心深く、決して生前に出版された判例集に登載されることはなかった。

しかし、1610年の議会イムポジション論争、勅令事件を通してフォーテスキューの國制論の持つ政治的重要性は急速に増大していった。『イングランド法礼賛』という書名が確定していったのもこの過程を通してであったであろう。1607年の『第6部』でホワイトチャーチ版の書名で言及していたクックも、1610年の事件では『イングランド法礼賛』の書名で註を付けており、1614年の『第10部』序文のコモン・ロー法学文献案内でもフォーテスキュー著『イングランド法礼賛』として、後に1616年セルデンによって出版

される書名が示されている[45]。

　他方、このように 1610 年代、議会論争等で、フォーテスキューの憲制論の重要性が増大すればするほど、フォーテスキューが國制起源論として依拠したブルータス伝説の歴史的信憑性の喪失は深刻な問題として認識されるようになっていったに違いない。その意味でも、フォーテスキューの國制起源論の修正が急務であった。

（4）クックのノルマン・コンクェスト論

　1611 年の『判例集 第 8 部』の序文冒頭で「イングランド法の古さと、卓越性についての以前の私の序文から二つの問題が生じてきた」として、クックは、従来の疑問に答える必要に迫られていることを告白する[46]。

　コモン・ローが、実際に、そのように常に確認されてきたのかという「歴史論」と、コモン・ローの本文とは何かという「法源論」との二つの問題である。クックは、この「歴史論」において、征服論を基礎に、アングロ＝サクソン法とノルマン・コンクェストの意義付けを通して、イングランド國制論を組み替えていくのである。

　ここでは、前述の征服論を前提に、ノルマン・コンクェストから制定法令集の冒頭を飾るヘンリ 3 世のマグナ・カルタまでのイングランド古法の継続性に重点が移される。しばしば引用されるクックの有名な言葉「今日の我々のコモン・ローの根拠は記憶や最初期の記録を超えるものであり、ノルマンの征服者達がこのイングランドの國で見出したものと同じである」とする議論は、この『判例集 第 8 部』の序文における、こうした考察の前提として掲げられるのである。 ここで展開されているのはコモン・ロー上の時効論であって、したがって、もはや、ウィリアム征服王が見出した法は既に、古来より承認されてきたものであったと言うこと以上に遡って論じられることはない。「ウィリアム征服王が遵守することを誓約した諸法は『良き且つ承認された古き王法（bonae et approbatae antiquae regni leges）』であった。すなわち、この王国の諸法は征服王の治世の始まりにおいて、良く、承認された、古きものであったのである[47]」。

その後息子ウィリアム赤顔王の圧制があったが、「ヘンリ1世の大憲章」による「エドワード証聖王の諸法」の回復、スティーヴンによる「ヘンリ1世の諸法及びエドワード王の法」の自由の大憲章による確認と勅令によるローマ法の厳禁、さらに、ヘンリ2世による大憲章、ジョンの大憲章と森林憲章による確認があった。「これらの諸法は、一部はヘンリ王の憲章から、また一部はエドワード証聖王の古法から採用されたのであるが、エドワード証聖王が創設したのではなく、『第3部』の序文でより詳細に明らかにしたように、彼は膨大な法の堆積から最良のものを選び一つにしたのである」。このジョンの大憲章はヘンリ3世9年の議会で確認されて以来30回以上確認されているのである。[48]

　なるほど、典拠として、「とりわけ、『第6部』の序文で引用したヘンリ6世治世の裁判長ジョン・フォーテスキュー氏の権威によって」とされているように、ブリトン人まで遡る第17章の議論が完全に捨てられたわけではない。しかし、焦点はもはやブルータス伝説とは離れ、ノルマン・コンクェスト以降の諸王によるアングロ＝サクソン諸王国の國制の継受が焦点となってきているのである。[49]

　とするならば、イングランド國制を大陸法諸国と分かつためには、ウィリアム征服王が発見したアングロ＝サクソン國制が「合意による國制」であったことを証明しなければならない。クックは「実際、明白にされたすべてのことによって、ノルマン征服以前のコモン・ローの本体そのものは、アルフレッド王法典、エドヴァルド1世、エドヴァルド2世、エセルスタン、エドヴァルド、エドガ、エセルレッド、カヌート、エドワード証聖王や他の征服前の他のイングランド諸国王の法という名の下に公布されているように、実際には、このような法令や命令の断案からは省かれている。しかし、今なお残っているこれらの諸法の数章は大部分、上述の幾人かの王によって彼らの王国の一般評議会の同意によって確立された法令乃至命令なのである」と主張する。[50] このようにアングロ＝サクソン諸法が王国の一般評議会の同意に基づいて制定されたということが重要なポイントとなってくるのである。

　そして、具体的に、陪審制がノルマン征服以前に遡ることを、さらには、民訴裁判所の起源がヘンリ3世のマグナ・カルタ以前に、そして「記憶を超

えた時代に」遡ることを法廷年報の議論に依拠しつつ論じる。「エドワード4世10年の法廷年報53葉では、イングランドの全裁判官が、大法官裁判所、王座裁判所、民訴裁判所、財務府裁判所、これらは全て国王裁判所であるが、如何なる人も、どの裁判所が最も古いのかを知らないように、人の記憶を越える時代から存在したことを確認した」のである。ここでも根拠として依拠されているのは歴史論というより、時効論なのである[51]。

　こうした立論において、ウィリアムが見出した古来の慣習としてのアングロ＝サクソン法とその継受の問題がますます重要となってきたに違いない。まさに、このタイミングで出現したのが、『裁判官鑑』論であった。

(5)『裁判官鑑』の出現とその意義

　前述の『第8部』序文では、フォーテスキューへの賛辞は、連続性論との関係より、むしろ陪審制との関連で強調されていた。「この種の審理方式の卓越性と不偏不党性とそれが何故にイングランドの國法にのみ適合的であるのかについてはフォーテスキューの25、26、27、28、29、30、31、32等の章を読みなさい。それらの章は、金の文字で書かれるに相応しく、重々しく且つ貴重なものであって、それ故、私は同上の如何なる部分も要約するつもりはない。学識ある読者はその源泉に遡って参照されたい[52]」。

　この読者に直接の参照を勧めたフォーテスキューの陪審制論が次の『第9部』序文における『裁判官鑑』の突然の出現の切っ掛けを作ったのかもしれない。

　フォーテスキュー陪審制論の最後に挙げられた第32章では、マタイ伝第18章の「全ての言葉は二人もしくは三人の口で立証されねばならない」という言葉を論拠に、「陪審手続は神法に矛盾しないか」という、前章の王子の質問に答えて、フォーテスキューは「イングランド法では、他に方法が無い場合には、真実は常に二人の証人によって証明することができる」と答える[53]。

　実は、この問題こそ、1571年のプラウドゥン判例集の冒頭を飾る1550年のレニジャ対フォゴッサ事件における前任の法務長官ブラッドショウ（Attorney General Henry Bradshaw）の主張をクックに思い出させたに違いないからである。

ブラッドショウは相手側の証言の証拠能力を否定して以下のように論じる。「彼のために証言するのはただ一人に過ぎない、すなわちウェルズだけでは、法的には十分ではない。この國のキリスト教君主達は昔より彼らの法を可能な限り神の法に近づけるようにしてきたのであり、さらに、禁じられた事柄に、神の法が宣言しているより、より重い刑罰を加えることもしばしばであった。この問題は、彼らが追求してきた様々な神の法の内の一つなのである。即ち、聖書『申命記』にあるように、すべての審判において、少なくとも二人の証人がいるべきだということである。そして、ノルマン征服以前に作成された『裁判官鑑』と称する書物に明言されているように、この國の法も、非常に古くからそのようなものであった[54]」。

この事件は『裁判官鑑』が、この期の法学文献の中で現れる最初の事例であったとされており、プラウドゥン判例集に倣って判例集の出版を始めたクックがこの事件を知らないはずはなかった。しかし、1603年『判例集 第3部』の法律専門文献目録の中で、まったく言及されることがなかったように、当初この書物はほとんど重視されてはいなかったように思われる[55]。

ところが、突然1613年出版の『判例集 第9部』の献辞で、前述『第8部』献辞の読者の質問への答えとして、大々的に宣伝されるようになる。

私はこの王国の法と慣行についての非常に古く学識豊かな論文を持っている。この國はおよそ1100年以前からそれらの法と慣行によって統治されてきたのである。その書物の題名乃至主題については、著者自身が貴兄達に以下のように語っている。「私はこの要録を、私自身が観察し、また、アーサー王時代以来の神聖なる慣習によって使われてきた反戦的諸徳と内容に応じて、『裁判官鑑』と題することにする」と

そして、直ぐ後に「この要録作成のもととなった法は、聖書によって認定された、古き慣行であって、全ての人に一般的に与えられたが故に共通のもの（Common）と称されるのである云々」と述べているのである[56]。

この『裁判官鑑』の著者の言葉を受け、クックは「この書物には、実際上、この國の古のコモン・ローの全枠組が現れている」と断定し、議会論、大法

補論 1　ホッブズ vs クック論争とイングランド國制起源論争　671

官府論、裁判所論、法曹論、国王大権論、刑事訴訟論等の『裁判官鑑』の内容を要約的に紹介するとともに、最後に、再び「かくして、この鑑によって、貴兄はイングランドのコモン・ローの全体を完全且つ誤り無く認識しうるでしょう」とその意義を確認する[57]。

　しかし、この『裁判官鑑』の成立年代について、クックもブラッドショウの言葉をそのまま信じていたように思えない。「プラウドゥン氏の注釈の第 8 葉、フォゴッサ事件で法務長官ブラッドショウは『裁判官鑑』の名で引用し、『それはノルマン・コンクェスト以前に作成された』と述べた。彼の意味するところは、その書物がこの民族が征服されていない時に作成された（coditum fuisse）というのではなく、その書物から彼が引用した法律の正文（textum vero legis）がコンクェスト以前にこの國の法であったということなのである[58]」。

　クックは、このように、慎重な言い回しで解釈し直すことによって『裁判官鑑』を再登場させるのである。なぜ、半世紀以上後になって、しかも、このような解釈の仕直しによって強引に『裁判官鑑』を再登場させる必要があったのか、また、これが、なぜ『第 2 部』以来の読者の疑問に答えることになったのであろうか。

　この意味を考える上で重要なのは、「イングランド人のこの國への来寇」と題された『裁判官鑑』第 2 節の有名な議論である。

　神は正義より武力を使用したブリトン人の貴族を貶め、その國を隣接する国々の中で最も貧しく、素朴な国々、即ち、ドイツの一部から来て、その地の征服者となったサクソン人達に引き渡した。その民族には同輩たる 40 もの首領達からなっていた。これらの君主達は、以前に大ブリテン（Great Britain, or Britania Major）と称されていたこの地を［イングランド］と称した。

　彼らは長期間の苦難、災厄、大戦争の後に、法の支配によって彼等の財産と身体を平和の内に防衛し維持するために、神の民として彼等を統治する一人の国王を自ら選んだのである。

　戴冠に際して、彼等は国王に、力の及ぶ限りキリスト者の信仰を維持

し、彼の人民を、如何なる人であるかに係わりなく、法によって統治すること、さらに、聖なる教会と正義に服し、他の人民と同様に法に従うことを誓約せしめた。そして、その後、この王国は相続可能財産となった。[(59)]

アングロ＝サクソン王権は「征服による王権」としてではなく「合意による王権」として成立したとする理解、さらには、イングランド王国の相続財産としての把握が重要な意味を持ったと思われる。この合意により形成された王権から現在のイングランド國制への相続による継続性は、既に『第8部』のノルマン・コンクェスト論で提出されていた。あとは、『第8部』で欠けていた出発点の議論さえ補えばよかったのである。かくして、歴史としては信用を失いつつあったブルータス伝説に依拠することなく、当時進展しつつあったアングロ＝サクソン法史研究に架橋することによって、フォーテスキューの憲制論を生かすことが可能となったのである。

かくして、翌年出版された『判例集 第10部』（1614）の序文の文献案内には、『裁判官鑑』は、『グランヴィル』や『ブラクトン』に先んじて、『令状登録集』に次ぐ、第二番目に古き＝重要な法書として案内されることになるのである。

　　『裁判官鑑、Speculum Justicar'［iorum］』については、見てのとおり、そのほとんどの部分はノルマン征服よりずっと以前に書かれた（consignatum fuit）と主張している（attinet）が、しかし、なお多くのことが、エドワード1世治世期にホーンという学識と分別豊かな人によって加えられたのである（と云われている ut ferunt）。[(60)]

これに対してフォーテスキューの著作は、「フォーテスキュー著イングランド法礼賛、本書はヘンリ6世治世に書かれたものであるが、読むに価する多くの優れた事柄を含んでいる。彼は主君であるヘンリ6世のイングランド王位継承権と合法性を擁護するために（pro titulo et jure）も著述したが、後になって、真理と良心に基づいてそれらを撤回している。両書とも私の下にある。彼がとりわけ称賛に値するのは、彼は自らの誤りに固執する人ではな

く、見出した真実に道を譲る人であったということにある。このサー・ジョン・フォーテスキューは、イングランドの首席裁判官であり、後にはイングランドの大法官となった。彼の子孫は今日においても重要な地位にある」として紹介される[61]。

後半部は、王位継承権に関するものであろうが、ブルータス伝説との関連も想像させる言い回しでもある。

かくして、『裁判官鑑』はアングロ＝サクソン法史の成果を生かしつつ、安全にイングランド國制論をブルータス伝説から切り離す楔子としての役割を受け持つことになったように思われる。同時に、議論の焦点はブルータス伝説の問題から、ノルマン征服によるイングランド法の連続・不連続の問題、すなわち、ノルマン・コンクェストの評価の問題へと移っていくことになるのである。他方、『裁判官鑑』の序文は理想的キリスト教君主としてのアーサー王への言及によって、再び理念的にブリトン人の過去へ遡る可能性を示すことになった。クックが連続説論者として批判されるようになる新たな出発点は、むしろ、この『裁判官鑑』を権威的法文献にまで高めた点に求められよう[62]。

Ⅲ　セルデンとフォーテスキュー憲制論の合理化
——『イングランド法礼賛』註釈の分析を中心に

クックが転換をはかっていた同じ時期に、近代的イングランド法史研究の祖セルデン（1584-1654）は、20代の若さで『アングロ＝サクソン期ブリタニア古事余滴』（1607, Analecton Anglo-Britanicon）、『アングル人のもう一つの顔』（1610, Jani Anglorum Facies altera）、『イングランド古法論』（1610, England's Epinomis）等、ブリトン島の初期の歴史と法について精力的に研究を発表していた。決闘審判のノルマン起源説についても明らかした『決闘審判論』（1610, The Duello or Single Combat）を発表したのも同じ時期であった[63]。

このようにイングランド古法の歴史的研究を深めつつあったセルデンにとって、1610年の付加関税問題で議会派の議会の課税協賛権の典拠として

憲制上の重要性を増大させてきたフォーテスキューの著作におけるブルータ
ス伝説の持つ問題性は見過ごすことのできない問題となったであろう。しか
も、セルデンはブルータス伝説とイングランド國制起源との結びつきを最も
明瞭な形で論じた『イングランド統治論』を手稿で所有しており、クック以
上にこの問題の深刻性が感じられたに違いない。[64]

　1616年セルデンはフォーテスキューのラテン語英語対訳版を註釈付きで
出版する。このセルデンの『イングランド法礼賛』への註釈は、全面的なも
のではない、註釈を付されたのは、全56章中、その3分の1余りの19章の
み（第3章、第8章、第13章、第17章、第21章、第24章、第35章、第26章、
第32章、第33章、第34章、第39章、第40章、第42章、第44章、第46章、第
47章、第48章、第51章）であり、しかも、その4分の1以上、すなわち11
頁中3頁が半葉にも満たない第17章の議論の註のためにあてられていること
をみれば、彼が如何にこの章を問題視していたかが理解できよう。[65]

　セルデンは、ブリトン人の法が最良のものであったので、征服者達もその
法を変えなかったというフォーテスキューの議論に対して、以下のような批
判的註によって合理化をはかるのである。

　　[5. Aliqui regum] しかし、疑いもなく、サクソン人たちはブリトン人
　たちの慣習を彼ら自身のものと混合し、そして、デーン人は古いブリトン
　人やサクソン人の慣習を混合し、そしてノルマン人も同様な事を行った。
　サクソン人の古法はデーン法を Danelage、マーシア法を Mercenlage、
　ウェストサクソン法を Westsaxonlage と称していた。そしてある州はそ
　の中の一つの法で、また他の州は別の法で統治されていた。これら全ての
　法をウィリアム1世はノールウェイの法（彼にもっとも影響を与えた法で
　ある。というのは、同法によって、妾腹の庶子であるにもかかわらず、嫡
　出子と同等の相続権をえるからである）と比べ考慮したのである。[66]

　歴史的にみれば、イングランドの法はさまざまな民族の法の混合物なので
ある。したがって、フォーテスキューが「この國の法が決して変化しなかっ
たということの意味は」、例えば、『ウィリアム1世の諸法』の法記録の手稿

補論1　ホッブズ vs クック論争とイングランド國制起源論争　675

に、訛ったフランス語で「これはウィリアム王がこの地の征服後イングランドの全ての人々に与えた法及び慣習であって、彼の親族たるエドワード王が彼以前に保持していたものと同じである」と題されているものがあるが、「それらの内容は全体にわたって非常に変わってしまってはいるけれども、今日エドワード証聖王の諸法と称されるものである」ということ、さらには、「実際上は、さまざまなノルマン人の慣習が当初より混合され、現在まで続いており」、また「後の時代に、新たな国民が（丁度ノルマン征服者のように、複合した称号でではあるが、征服によって来寇したことが、確認されている）常に、何らかの修正をもたらしている」こと等を「十分考慮することによってより良く理解される」ことになるのである。[67]

　また、最も問題の多いコモン・ローの古さについては、以下のごとく理解されるべきなのである。

　「[7. Leges civile in quantum Romanort...] 彼の言う我々の法のローマ市民法以上の古さには、下記の条件の上でのみ成り立つことなのである。第一にブルータスの物語が信用されること、さらに、ブリテンでは、それ以降同一の法と政体（law and policy）が続いたということである。彼はその物語をローマ建国の300年前に想定している。しかし、ユリウス・カエサル以前にはこの島の住人について如何なる証言も持たないし、ポリビウスがギリシア語で、またルクレティウスがラテン語で語るまでその名前すら知らなかったといっても、我々のコモン・ローを誹謗することにはならないだろう」。フォーテスキューが論じているブルータス伝説は、ロマンス以外の何物でもない。「吟遊詩人達（Bards）は伝統から様々なことを知っているが、彼らは歌うのみである。彼らがそれを歌うが故に、その普及した物語についてもっともらしい議論が日常的になされてきたが、何でも信じ込んでしまう人を除いて、なぜ人々が、ほとんどの部分が、作り話と変わらない叙事詩（poetical story）にすぎないものを信じるのか理解できない」。[68]

　こうした建国伝説はイングランドに限られたことではなく、ブリテン島から建国者ブルートが連想されるように、「フランキアから建国者フランキオが、ヒスパニアからヒスパヌスが、スコティアからスコータが、アングリアからアンジェーラが、バタヴィアがバートから、イタリアがイタールスか

ら」というようにこうした作り話には枚挙のいとまがなくなるのである[69]。

　彼の批判は、イングランド國制論を展開した第13章にも及ぶ、「著者はブルータスの到来を主張し、第13章でそれについて語っている。しかし、そのことが、我が法の古さの有利にはたらくなら、ヤフェや彼の子孫からのブリトン人のより古い真の組織からより多くのことが得られることになるだろう[70]」。

　かくして、セルデンは法の古さと優秀性を結びつける議論から決別していく。「実際のところ、偏見なくいえば、全ての法一般は、本来的には同じように古いのであって、全ては自然に根ざしており、如何なる国民もその根拠から自然に根ざす法を取り除くことはできない。そして自然は全ての國において同一であるのだから、全ての法の始まりも同一であるに違いない」。「そして、ここにおいて、自然の諸法は世俗社会の便宜のために制限され、これらの制限はそれ以降増加し、修正され、解釈され、そして、現在あるような姿になった。恐らくは、自然の純粋に不変的部分を除けば、今や、その最初の存在に関しては、丁度、頻繁に修理されて、最初の材料のほとんどを備えていない船のようなものであって、丁度、π. tit. de legat. 1.1.65. si ita §. 2〔D. 30, 65, 2〕で見ることのできるように、ローマ法で、しばしば修繕される家が、最初の素材から残っているものはなにもなくとも（ut nihil ex pristina materia supersit）なお同一のものとみなされているのと同じである[71]」。

　ここには後に、ヘイルが600年間変化しなかったコモン・ローの継続性を、ギリシア神話に出てくる「長き航海で、絶えざる修繕を行い、戻ってきたときには、以前の材料をほとんど失っていた」アルゴ号の乗組員の船（Argonauts Ship）に擬えた話の原型をみることができよう[72]。我々は、この、所謂「コモン・ロー的精神」の原型といわれる思想が、本来、ローマ法源から導き出されてきたものであることに注目しておいてもよいであろう。

　このようにコモン・ロー連続性乃至歴史的同一性の問題を、形相と質料の問題に分け、形相としての本質乃至精神の同一性として理解する見方は、クックの『裁判官鑑』の位置付け方以上に、より洗練したものとなってきている。絶えず変化する社会の中で、とりわけ、質料として、文字に固定された成文法の文言は変化し、修正されるにもかかわらず、形相としてのコモン・ローの精神は同一性を保っているのである。

補論 1　ホッブズ vs クック論争とイングランド國制起源論争　677

しかも、セルデンは島国的精神からそう論じているのではない。

　　國法一般に関する卓越性乃至栄誉の点については、いままでの古さについての議論からは、実質的には似たようなものであるから、ほとんど出てこない。如何なる法も比べようがない。その國にもっとも適した法が最良の法の名に値するのである。ものはそのものにしたがって最良であったり、最悪であったりするのである。⁽⁷³⁾

かくして当該「社会の便宜」に合わせて歴史的に形成されてきたイングランドの憲制構造はイングランドに最も適したものと理解されることになろう。かくして、イングランド國制論は國制起源論からは完全に切断された形で、そのイングランド国民への適合性を主張しうることになるのである。このように、セルデンによってブルータス伝説が正面から切り落とされることによって、フォーテスキューのイングランド國制論の合理化が行われ、17世紀憲法論争への準備ができあがることになるのである。⁽⁷⁴⁾

　他方、フォーテスキューがイングランド法のローマ法に対する優位を説いた議論も以下のように読み替える。「この根拠に関してさらに、ローマの市民法と比べた場合の、イングランドのコモン・ローについていわれるべきことがある」として、ユスティニアヌス帝（527-565）の死後、神聖ローマ皇帝ロタル（1138-1152）によるアマルフィでのディゲスタの発見とイルネリウスによるボローニャにおけるローマ法教育の復活までの空白を問題として、もし、ローマ法が優れていたというなら、「なぜ、500 年ものあいだ無視されていたのであろうか」と問いかける。かくして、実際、近代ローマ法の歴史は「ロータルの下でローマ法律家が始まり、それ以降続いてきたように、それらは新しいものであるだけでなく、ユスティニアヌスの下で使われていたものの再生でもなかったのである」（傍点筆者）と断じ、コモン・ローの古さではなく、むしろ、継受された近代ローマ法学の新しさを強調することによって、最後に、フォーテスキューの議論を救い出すのである。⁽⁷⁵⁾

むすびにかえて
──設立形態による國制区分の解体形態：ホッブズとヘイル

　1651年『リヴァイアサン』を出版したホッブズは同書の特別装丁版をセルデンに献呈し、それによって、両者の交流が始まりセルデンの死に至るまで続いたという有名な逸話が残されている[76]。ホッブズは、同書において、コモンウェルスを設立形態によって「設立によるコモンウェルス」＝「憲制的コモンウェルス（Political Commonwealth）」（第18章、第19章）と「獲得によるコモンウェルス」＝「父権的及び専制的支配」（第20章）という二つのコモンウェルスに区分し、こうした設立形の相違にかかわらず、また、前者が相互に対する恐怖によるものであり、後者が征服者に対する恐怖によるものであるとしても、双方ともに恐怖に基づいて設立されたことに変わりはなく、主権者の権威や性格に相違は無いと論じた[77]。この同一性の根拠を、征服者の支配権も「剣によって」ではなく、敗北者の「同意」によって獲得されたからであるとして、両コモンウェルスとも人々の意志により設立されたとするところにフォーテスキュー的國制論からの完全な転換がある。したがって、ホッブズにとっては、むしろ恐怖による合意も有効であるということが重要な眼目となる[78]。このように理由付けの相違にもかかわらず、両者のディスコースの在り方乃至議論枠組が類似しているのは、ホッブズが、17世紀憲政論争におけるフォーテスキュー流の國制区分論を念頭において議論を構築したからとは考えられないだろうか。

　序論における機械仕掛けの人工人間としてのリヴァイアサンも、フォーテスキューの人体に擬えた有機体的国家論を彷彿とさせるだけでなく、『リヴァイアサン』それ自体までも『イングランド法礼賛』第32章において出現していたからである[79]。

　この設立形態による区分は、ホッブズの最初の政治論として、既に、1640年に草稿で完成し、回覧されていたとされる『法学綱要』以来のものであり、それ以後、『市民論』、『リヴァイアサン』に引き継がれていくホッブズの国家論の出発点を為すことになる。もし、従来の國制論への批判という脈絡を抜きにすれば、結論的には、設立形態によって主権者の権威が変わらないにも

かかわらず、何故に、こうした設立形態による区分を強調するのか理解しえ
ないであろう。ブルータス伝説がロマンスとして消え去った後も、國制区分
論乃至イングランド國制論の起源論的枠組は残っていたのではないだろうか。[80]

　ところが、『リヴァイアサン』において、主権的権力の設立形態における相
違を否定してきたはずのホッブズが、1681 年に出版された『哲学者とコモン・
ロー学徒との対話』においてはノルマン・コンクェストの意義を強調し始める。[81]

　コモン・ロー法学徒とりわけクックの法理論を一方の当事者として念頭に
置きながら『対話』編を構成したからであろう。したがって、國制起源論が
主権論に係わって問題となっているのであるが、その直接の焦点となってい
るのは、フォーテスキュー流のブルータス伝説に由来する國制起源論ではな
く、『裁判官鑑』以降主張されるようになった、アングロ＝サクソン期の法制
とノルマン・コンクェスト以降の法制の連続、非連続、イングランド議会制
の起源の問題なのである。

　このホッブズの『対話』に対するヘイルの批判は、この間のコモン・ロー
法学の到達点を見ることができるであろう。彼は、セルデンの後を受けて、
原初的設立形態による國制区分論を前提としながら以下のように批判する。

　先ず、彼は「統治の諸形態はその種類、形式、程度において多様であり、
或るものは君主制的乃至貴族主義的であり、或るものは民主主義的であり、
また、或るものはこれらすべての混合形態であり、それらの混合の形態は無
限に多様であり、また多様で在りうる。ある國制においては主権の一部は統
治のある部分に属しており、他の國制では他の部分に属している」のである
が、「これら統治の諸形態の形成のされ方にはいくつかの方法がある」とし
て、統治の諸形態の形成のされ方を、「1. 統治体制の本源設立 (the Original
Institution) によって、即ち、最初に定住した時の統治者と被治者との合意」
による場合と、「2. 長期の慣習と慣用」による場合、「3. 勝利、もしくは征服
による」場合、「4. 統治体制の最初の設立 (the Primitive Institution) の後の
治者と被治者の相互の合意乃至譲歩」による場合の 4 形態に分け、國制起源
論的に統治形態論を分類する。

　ところが、他方で、フォーテスキュー的な第一の形態を、このように、
「最初に定住した時の統治者と被治者の合意」は、文書として保存されること

もなく、また、時の経過によって修正されてしまうものであるから、ほとんど論証不能であると論じることによって、実質的には、國制起源論からの離脱がはかられていく。[82]

　同様な、起源論からの離脱は、征服論においても現れる。当時のアイルランド征服の問題を反映し、ヘンリ2世によって開始されジョン王によって完成されたアイルランド征服のような「それが完全で、全面的なものである場合には、絶対的な支配権、戦勝による主権を獲得する」とされる一方、ノルマン・コンクェストを、第三の征服による統治形態にあたらないとしてホッブズの『対話』編の議論を批判する。

　ウィリアム王の王位請求権は、「征服の権利」によるものではなく、「エドワード王の相続権」によるものとし、王位に対する相続権争いとしてハロルドに勝利したのであって、それは「王に対する勝利（Victoria in Regem）」であっても「人民に対する勝利（Victoria in Poplum）」ではないと論じるのである。法の変更をもたらすのは「人民と国王に対する勝利（Victoria in Regem & Populum）」であり「単なる国王に対する勝利（Victoria in Regem tantum）」ではないとするヘイルの峻別論理については、石井氏が既に紹介されているところであり、ここで詳述するまでもないが、法が法共同体としての人民に属するものであるなら、完全な意味での征服とは、法共同体としての人民に対する勝利でなくてはならないのである。しかも、クックが論じたように、ハロルドは王位簒奪者であり、したがって、エドワード証聖王の正統な王位継承者としてイングランド王となったウィリアムによる戦争処理は、「とりわけハロルドに与した人々には一定苛酷な取り扱いをもたらしたとはいえ、イギリス人の法や所有権、自由保有権の全面的な変更はなかった」と理解されるのである。[83]

　しかし、これだけでは、議論は完全ではない、統治形態の起源の第四の形態はそのために考案される。「2. たとえ、ウィリアム王の請求の意図が完全な征服であったとしても（そうでなかったことは、ほとんど明白なのではあるが）、彼の獲得を十全且つ完全なものにするには降伏と協定とが不可欠であった。その協定でエドワード王の法が認められただけでなく、王位請求と降伏文書に基づいて譲与され、想像しうる限りの荘厳さでもって確認され

た」と論じる。クックが『判例集 第8部』序文で論じたように「全ての王の時代に、各時代毎に、エドワード王の諸法のみならず、イングランド諸王の自由な臣民として、イングランド人に属する全ての諸自由と諸権利の譲与文書がある」とする議論はこうして受け継がれていくのである。

他方、第二の「長期の慣習と慣用」を「それ自体の内に、簡明な治者と被治者との合意を伝えるもの」であり、「少なくとも、治者と被治者との［合意］の当初の部分乃至、原初的に設立された統治体制の性質の証拠乃至解釈となる」とする理解によって、歴史理論としては証明不能となった、フォーテスキュー流の議論を慣習法論的な解釈理論を通して蘇らせることも可能となる。言い換えれば、文書や文言は失われていようとも、本来の精神が生きているということになろう。

前述のごとく、長期の航海で、もはや建造された当時の船板はほとんど失われてしまったとしても、その船がアルゴ号であることには変わりはないのである。新陳代謝によって人間のほとんどの細胞が入れ替わってしまったとしても人格的同一性は変わらないのである。

かくして、フォーテスキューの「合意による統治」と「征服による統治」との区分は、それぞれ、「慣習的合意による統治」と「征服後の協定による統治」という修正形態の方に重点が置かれることによって、歴史的な意味での國制起源論そのものは、現在の統治形態にとって決定的な意味を失うことになるのである。

その意味で、ホッブズとヘイルの論争は、「力による統治」と「合意による統治」という、設立形態による國制区分論それ自体の解体形態であったといえよう。この時までに、フォーテスキューのブルータス伝説は、時代の歴史意識に耐え得ず、その使命を終え、法学理論から消え失せてしまっていた。この段階では、さらにその影を宿していた、ローマ法に対するイングランド法の古さとその継続性＝優秀性を誇る第17章の議論も、不文法法源論として別種の法学理論に置き換えられていくのである。しかし、他方、フォーテスキューの主張した「法の支配」の精神それ自体は、ヘイル自身がギリシア神話のアルゴ号の故事に倣って論じたように、論証のための素材を変えながらも、その後も、イングランド法の中に引き継がれていったことも忘れては

ならないであろう。

　最後に、誤解を避けるために付言すれば、クックやヘイルの追い求めたのは、コモン・ローの歴史ではなく、コモン・ロー法学の礎石となるべき法源であったと考えるべきであろう。このことは『イングランド普通法史』と題されたヘイルの著作の冒頭の議論に如実に表れる。

　　イングランドの諸法は適切にも、二つの種類の法に、即ち、Lex Scripta 成文法と Lex non Scripta 不文法に分けられうるであろう。なぜなら、(後に示されるように)この國の全ての法はその記念や記憶を文書に留めてはいるが、それら全ては、起源においては成文化されていなかったからであり、また、これら諸法のあるものは、超記憶的慣行乃至慣習によって、その効力を得ているからであるが、こうした諸法こそが、固有の意味の Leges non Scriptae 不文法乃至慣習と称されるのである。[84]

　したがって、制定法であっても、法的記憶以前の時代に、具体的にはリチャード１世即位前に制定されたものは、アングロ＝サクソン諸王の部族法典もウィリアム征服王以降の王令や議会法令も、慣習によって効力を持つが故に、Leges non Scriptae に分類されるのである。ここで展開されているのは、その書名にもかかわらず、歴史論ではなく、法源論なのである。それ故に、アングロ＝サクソン時代の諸法は写本で確認できても「真正の記録 Authentic Records」がないが故に、その法源性は慣習に求めざるを得ないのである。コモン・ローの時効理論から発展した法的慣習乃至超記憶的慣習という議論は、これらの諸法の中の、リチャード１世以前の諸法律の法源性を立証するために援用されることになるのである。このように法的記憶の理論は、テューダ期以降増大する議会立法及び議会立法権限の拡大に対する反射として生じた、不文法の法源性を如何に位置付けるかという問題への答えとして生み出されたイングランド流近代慣習法理論であったのである。

　同じことが、議会議事録（1290-1503）や制定法記録（1278-1468）に登載されていないエドワード１世以前の諸法律の法源性についても問題となる。

ヘイルは、法曹院の制定法講義の伝統から生じた当時の制定法令集の分類の伝統に従って、エドワード3世以降の新制定法とエドワード2世以前の旧制定法の区分を基礎にしているが、結果的には、旧制定法令集の冒頭を飾るヘンリ3世のマグナ・カルタまでは、上記記録以外の公文書を通して遡ることが可能とされるのである。この場合リチャード1世治世期とジョン治世期の諸法律に空隙が生じるが、この期の記録はほとんどなく、マグナ・カルタもヘンリ3世期まで確定しないということで現実に合わせられることになる。[85]

これらの不文法の本質は、文言にではなく精神にあるのであって、これらの精神は現在の慣習や慣用を通して証明され、解釈されるものであって、歴史学的手法によって得られるものではない。法律学にとっては、歴史的な失われた過去ではなく、現在なお生きている過去が重要なのであり、歴史は真実を探求するためにではなく、権利を確定するために求められるのである。

その意味では「我々の歴史家達が法律上の論点乃至法に関する事柄に干渉する場合には、我々は、彼等が著述する前に、この國の諸法を学び、修得した人々に相談するように忠告する」というクックの言葉は、反歴史家論としてではなく、歴史学と法律学との学問的峻別論として主張されたものとして理解されるべきであろう。『判例集 第3部』の締めくくりに使われたこの有名な議論が、領主裁判権に関する時効論の礎石となった1290年の権原開示法の解説を締めくくる言葉として再び語られるようになるのは決して偶然ではないのである。[86]

注

(1)　佐々木信「チューダー期イギリス法史学史覚書——17世紀イギリス法学史における連続性の問題に関連して（その1）～（その4）」『駒大法学論集』12、14、16、18号（1975-78）、ブルータス伝説については、（その2）第14号、63-95頁に詳しい。なお、同論文への書評の機会を得た（拙稿、書評『法制史研究』19号 1979）が、当時は私自身もフォーテスキューの國論論との係わりについては十分認識できてはいなかった。

(2)　青山吉信『アーサー王伝説——歴史とロマンスの交錯』（岩波書店、1985）、指昭博「ブルータス伝説」同編『「イギリス」であること』（刀水書房、1999）所収、ブルータス伝説のエリザベス期における政治的プロパガンダとしての利用については、フランシス・A・イエイツ著・西澤龍生・正木晃訳『星の処女神 エリザベス女王』（東海大学出

版会、1982）、同著・西澤龍生・正木晃訳『星の処女神とガリアのヘラクレス』（東海大学出版会、1983）参照。

(3)　　Sir Ivor Jennings, *The Law and Constitution* (Univ. of London Press, 5th ed. 1973) p. 47.

(4)　　さしあたり、C. ヒル著・紀籐信義訳『ノルマンの軛』（未来社、1960）、とりわけ、「二　コーク〔クック〕法と自由」を参照、Pocock, *Ancient Constitution: Common Law Mind -Immemorial Custom-* (Camb. U.P., 1957). ポーコックの「超記憶的慣習論」の問題性については、拙稿「Artificial Reason 考——ホッブズ—クック論争と近代法学の生誕 (1)」『島大法学』35 巻 4 号（1992）256 頁、286-287 頁〔本書、第 7 編 I‐(1) 509 頁、537 頁注(2)〕参照。その後、J. P. Sommerville, *Politics & Ideology in England 1603-1640* (London, 1986), Corinne C. Weston, "England: ancient constitution and common law" in J. H. Burns ed., *The Cambridge History of Political Thought 1450-1700* (Camb. U.P., 1991) pp. 374-411; Ellis Sandoz ed. *The Roots of Liberty: Magna Carta, Ancient Constitution, and the Anglo-American Tradition of Rule of Law* (Univ. of Missouri Press, 1993) を参照する機会を得たが基本的評価は変わらない。最後の論文集に収められた Christopher W. Brooks 及び Paul Christianson の論文は既に論争が最終段階に来ていることを示しており、おそらく、Brooks の評価「エドワード・クック卿によって公式化された古来の憲制論は、それ故に特定の政治的、宗教的、法律的状況への対応であったのであり、深く根ざしたメンタリティの産物ではない」というのが最終的な答えとなるのであろう。

　　我が国では、戒能通厚氏がヒルやポーコックの研究を基礎に、クックをフォーテスキューの議論の継承者として、「連続性」論を展開している。戒能「イギリス市民革命と法」『資本主義法の形成と展開1』（東京大学出版会、1972）所収、同「名誉革命と法律家」講座・革命と法　第 1 巻『市民革命と法』（日本評論社、1980）所収。これらの研究では、「連続性説」の起源として、第 17 章のフォーテスキューのブルータス論が扱われることはあっても、第 13 章の國制起源論との関連でのブルータス論に言及されることはない。

　　また、最近の研究としては、Sommerville, Sandoz 等の研究に依拠した、土井義徳「フォーテスキューの思想と英国立憲主義の系譜——ボディ・ポリティークの理念と『古来の慣習』」鈴木健夫編『「ヨーロッパ」の歴史的再検討』（早稲田大学現代政治経済研究所、1996）及び「初期スチュアート期のコンスティテューショナリズム (1)(2)」があるが、フォーテスキューの憲制起源論とブルータス論の関連にはまったく触れられることはない。

　　なお、後に述べるように、古のイングランド法の卓越性についてのフォーテスキューへの依拠は既に『判例集　第 2 部』（1602）以降なされており、土井氏の言う『第 6 部』序文（1607）は、『第 2 部』序文への従来の読者の質問に答える形で、第 17 章がほぼそのまま引用されているのであって、クックのフォーテスキューの扱いは、決して散発的なものではない。

(5)　　Sir John Fortescue, *De Natura Legis Naturae et de Ejus Censura in Successione Regnorum Suprema*, in *The Works of Sir John Fortescue*, collected and arranged byThomas Fortescue, Lord Clermont（London, 1869）vol. 1 pp. 63-184（Latin）187-333（English）。なお、『イングランド法礼賛』との対応関係については、ジョン・フォーテスキュー「イングランド法礼賛について 1～3・完」小山貞夫・北野かほる・直江真一共訳『法学』53 巻 4、5 号、54 巻 1 号（以下東北大訳）の註が有益である。

(6) *Ibid*, Part 1 chps. 17-18（pp. 69-71（Latin）pp. 196-198（English）. アウグスティヌス著・服部英次郎・藤本雄三訳『神の国』（岩波文庫、1986）(4) 130-131 頁。

(7) *Ibid*., p. 70 et p. 197. ハンス・リーベシュッツ著・柴田平三郎訳『ソールズベリのジョン』（平凡社、1994）102 頁以下及び 155 頁以下。

(8) *Ibid*., p. 77 et p. 205.

(9) *Ibid*., pp. 77-78, et p. 206, pp. 87-88, et pp. 216-218.

(10) John Fortescue, *De Laudibus Legum Anglie* edited by S. B. Chrimes（Cambridge U.P. 1949）pp. 24-27. 以下 Chrimes ed.

(11) Chrimes ed., pp. 28-29.

(12) *Ibid*., pp. 30-33, 'prorupit' を東北大版 53 巻 431 頁では「突き進んだ」、クライムズ訳では「花開いた（blossomed forth）」と訳しているが、文意からしても「始まった」と訳す方が意味が採りやすいように思われる。cf. *Revised Medieval Latin-Word List*（OUP, 1965）p. 378.

(13) Geoffrey of Monmouth, *The History of the Kings of Britain*（Penguin Classics, 1983）pp. 55f. モンマスによれば、アエネーアス以下の系譜は、Aeneas-Ascanius-Silvius-Brutus ということになる。

(14) ヴァンサン（d. 1264/56）の『君主教育論』については、『自然法の性質について』でもニムロド－ベルス論で引用されていた（第 8 章）が、ブルータス論は現れていなかった。Fortescue, op.cit. *De Natura*, p. 198, pp. 356f. Chrimes, pp. xciii-xciv, p. 158; John Fortescue, *The Governance of England otherwise called The Difference between an Absolute and a Limited Monarchy*. edited by Charles Plummer（Oxford, 1885）p. 84, p. 181, p. 186.

(15) *Ibid*., pp. 111-113.

(16) フォーテスキューはヴァンサンを師としたルイ聖王の時代には、イングランドの議会に類似して、三身分の同意なしには人頭税も付加税も課されなかったと論じる。そして、イングランドとの戦争によって三身分が集まり得なくなったこと、及び国土防衛の必要性が三身分の同意なしに庶民に課税可能にしたが、貴族に対しては反乱を恐れて課税し得なかったと説く。その意味では、フランスを「純粋王制的統治」としながらも、その理由を王国の起源に求めているわけではない。*Ibid*., pp. 114-115.

(17) Chrimes ed., pp. 38-41, 東北大版 53 巻 435-436 頁参照。

(18) 前掲 注（1）、（2）の文献、及び後述注（24）参照。

(19) *English Reports* では序文が登載されていないために利用されないことが多いが、クックの法思想を理解する上で必須の文献である。ここでは序文については、*The Reports of Sir Edward Coke* ed. by John Henry Thomas（Part 1-4）& John Farquhar Fraser（Part 4-13),（London, 1826）を使用した。以下ノルマンの軛 *Co. Rep.* として引用。

(20) *Co. Rep.* Part 2, Preface pp. vii-viii; cf. *Co. Rep.* Part 1, Preface p. xxix.

(21) *Co. Rep.* Part 11, fol. 86a [pp. 1262-63], Moore, 674-675 [p. 832]、[ ] は *English Reports* のページ数。独占事件及び公共善論者としてのクックの立場の一貫性については、稿を改めて論じる予定である。背景となる反独占勅令と 1601 年議会論争については、紀籐信義『イギリス初期独占の研究』（御茶ノ水書房、1963）31-43 頁以下参照。

(22) *Co. Rep.* Part 3, Pref. pp. viii-ix.

(23) *Ibid.*, p. xiv.

(24) エドマンド・スペンサー著・和田勇一・福田昇八訳『妖精の女王』（筑摩書房、1994）313 頁及び 316 頁以下、イエイツ、前掲『星の処女神』102 頁、118 頁、121-122 頁、138-140 頁、261-263 頁。

(25) *Co. Rep.* Part 3, Pref. pp. xiv-xix. カエサルはギリシア語系のルーン文字を見てドルイド僧がギリシア文字を使うと伝えたのかもしれない。カエサル著・近山金次訳『ガリア戦記』IV-13, 14（岩波文庫）197-198 頁。

(26) *Ibid.*, pp. xxi-xxii.

(27) *Co. Rep.* Part 4 Pref. p. xix. ここでは、potestatem が imperium に変えられている。cf. Bracton, *De Legibus et Consuetudinibus Angliae* ed. by Woodbine, trans. by Thorne, (Belknap Press, 1968) fol. 5b [vol. 2 , p. 33]

(28) *Co.Rep.* Part 5 Pref. pp. v-vi.

(29) *Co.Rep. Part 5* fol.1a ff. [pp. 1ff.]; Brooks, *op.cit.*, pp. 84-85. クックはアングロ＝サクソン期まで議会を遡らせるが、このことはクックの議会概念の広さにもよる。フォーテスキュー同様に元老院も議会のようなものなのであって、国王ケンウルフを取り巻く司教と俗人の顧問会議があれば、それは議会と称されるのである（fol.10a [p. 12]）

(30) *Co. Rep. Part 6* Pref. p. iii.

(31) *Ibid.*, pp. iii-iv.

(32) Chrimes, *op.cit.*, p. xcv. フォーテスキューの書名の考察については、直江真一「サー・ジョン・フォーテスキュー著『イングランド法礼賛について』の書名の由来について」九州大学附属図書館報『図書館情報』30 巻 2 号（1994）9-11 頁。

(33) *Co. Rep. Part 12*, fol. 63-65 [pp. 1342-43]

(34) *Co. Rep. Part 7*, fol. 19a [p. 400]. 拙稿「Artificial Reason 考（2）」『島大法学』36 巻 1 号 109-111 頁〔本書、第 7 編Ⅲ-（3）602 頁〕。こうした、クックの慎重さにもかかわらず、これらの判例集の発行が原因で王座裁判所長官を罷免されることになったことを念頭に置きながら、クックの判例集は読まれるべきであろう。

(35) *Ibid.*, fol. 17b-18a [pp. 397-398]

(36) Sir Edward Coke, *the Second Part of the Institute of the laws of England* (1642) (A Garland Series, reprinted 1979) A proem.

(37) ベイト事件を起点とするイムポジション論争については、隅田哲司『イギリス財政史研究』（ミネルヴァ書房、1971）108 頁以下参照。J. R. Tanner, *Constitutional Documents of the Reign of James I 1603-1625* (Camb. U.P., 1961) pp. 243ff.

(38) Nicholas Fuller, 1610/6/23 in Elizabeth Read Forster ed., *Proceedings in Parliament 1610* vol. 2 p. 163. 編者は『イングランド法礼賛』第 36 章の議論としてい

るが、むしろ第9章の議論である。

(39) Sir John Doddridge, 1610/6/29 in *Ibid.*, p. 220.

(40) Heneage Finch, 1610/7/2 in *Ibid.*, p. 245. Chrimes ed., p. 24.

(41) 「国王は、この島国の生命である営業と交通の増進のため、即ち、公共善のためでなければ、如何なるイムポジションであれ、この王国に輸入され、もしくは輸出される如何なる商品にも、意のままに課すことはできない」*Co. Rep. Part 12*, fol. 33 [p. 1315]。したがって、国王がもはや公共善を代表しなくなったとき、クックは議会派へと転じていくことになるのである。

(42) *Co. Rep. Part 12*, fol. 74 [p. 1352]

(43) *Ibid.*, fol. 75 [p. 1353]

(44) *Ibidem.*

(45) 直江、前掲論文、筆者の知る限り、1609年のアッシュの『エピエイケイア』のググ宛゙献゙辞゙は、冒頭から「彼のイングランド諸法礼賛（the commendation of the lawes of England）という書物」でとして、マルカスタ版書名を縮めた形で引用している。他方1597/98年頃完成されたヘイクの『エピエイケイア』では、フォーテスキューに言及されているものの題名が不確定であり、『イングランド法礼賛』の名はそれほど確定的でなかったように思われる。

(46) *Co. Rep.* Part 8 Pref. p. iii.

(47) *Ibid.*, p. iv.

(48) *Ibid.*, pp. vi–x.

(49) *Ibid.*, p. xi.

(50) *Ibidem.*

(51) *Ibid.*, pp. xii–xv.

(52) *Ibid.*, pp. xiii–xiv.

(53) Chrimes ed., pp. 72-75, 東北大版53巻591-593頁。

(54) Reniger v. Fogossa, Hillary 4 Edw. 6 in Exchequer Chamber（*1 Plowden* fol. 8 [12]）

(55) *Co. Rep. Part 3*, pp. vii–viii. 実際、中世を通して写本は一例しか確認されておらず。前述のようにフォーテスキューが版を重ねていたのに対して『裁判官鑑』は1642年まで出版されることもなかった。F. W. Maitland introduction to the *The Mirror of Justices* ed. by W. J. Whittaker (1895)（Selden Society vol. 7）pp. ix–xi.

(56) *Co. Rep. Part 9, Pref. pp.* v–vi., cf, The Mirror of Justices, p. 3, p. 5. この序文によってキリスト教君主としてのアーサーにまで結び付けられることになるが、クックの巧妙な取り扱いについては、後述 注 (62)。

(57) *Co. Rep.* Part 9, Pref. pp. i v–x.

(58) *Ibid.*, pp. x–xi.

(59) *The Mirror of Justices*, p. 6.

(60) *Co. Rep.* Part 10, Pref. pp. xxv–xxvi.

(61) *Ibid.*, p. xxviii.

(62) もちろん、具体的法源において伝説的アーサー王に依拠しているわけではない。例えば、クックは、「古の諸王の時代、即ちアルフレッド王の古き記録を調べ、そし

てアーサー王時代以来の諸法について書いた『裁判官鑑』は……」というように、『裁判官鑑』著者は、アーサー時代以来の法について書いたとは述べているが、著者が実際に調べたのはアルフレッド王の時代の記録であるとして慎重に区分して論じる。史料的には、アングロ＝サクソン諸王の法典以前に遡れないことをクックも自覚しているのである。問題は、その史料の解釈の問題であり、その際、収録された諸慣習を「アーサー王時代以来の神聖な慣習」であると主張する『裁判官鑑』序文の叙述が大きな役割を果たすことになるのである。その意味では、『裁判官鑑』はアングロ＝サクソン時代から、再びブリトン人の時代にまでコモン・ロー法史を遡らせる跳躍台の役割を果たしたということになろう。

Sir Edward Coke, *The Second Part of the Institutes of the Lawes of England* (1642) (Garland CELH Series) p. 498.

(63) Edward Fray, 'John Selden' in *Table Talk of John Selden* ed. by Frederick Pollock, 1927 pp. 154-155. Martha A. Ziskind, 'John Selden: Criticism and Affirmation of the Common Law Tradition', *The American Journal of Legal History*, vol. 19 pp. 33-35. これら初期の著作の内容については Paul Christianson, 'Young John Selden and the Ancient Constitution, ca. 1610-18' *Proceeding of the American Philosophical Society*, vol. 128, No. 4, 1984, pp. 272-278 を参照。また、ドライトンの Poly-Olbyon との関係については、Ibid., pp. 283-286. セルデンについても、近年研究が進んできているが、本稿では時間的にも力量的にも全面的に議論を展開する余裕がない。ここでは、さしあたり、フォーテスキューへの註釈を中心に論じることにするとともに、近年の重要な文献を挙げるに留める。 David Sandler Berkowitz, *John Selden's formative years: politics and society in early seventeenth-century England*, (Associated University Presses, 1988); Paul Christianson, *Discourse on history, law, and governance in the public career of John Selden, 1610-1635*, (University of Toronto Press, 1996)

(64) クックは前述の法律文献案内でも『イングランドの統治』については触れておらず、また、クックの蔵書目録の中にも同書の手稿は発見できない。これに対して、セルデンはクックの所有していた「正統なる王位の権原に関する宣言」に加え、'difference between dominium regale and dominium politicium et regale' の書名の下にこの手稿を所有していることを『イングランド法礼賛』の序文の中で明らかにしている。John Selden, 'Notes on Sir John Fortescue, De laudibus legum Anglie' in *Joannis Seldeni jurisconsulti opera omnia* (London, 1726) vol. 3 col. 1883.

(65) Ibid., cols. 1885-1906.

(66) Ibid., cols. 1887.

(67) Ibid., cols. 1887-88.

(68) Ibid., col. 1890.

(69) Ibidem.

(70) Ibid., col. 1891.

(71) Ibid., col. 1891-92.

(72) Sir Matthew Hale, *The History of the Common Law of England*, ed. by Charles M

Gray（Univ. of Chicago Press, 1971）p. 40.

(73) Selden, op.cit., col. 1892.

(74) ハムデン事件をはじめ 17 世紀憲法論争一般への影響については、Caroline A. J. Skeel, 'The Influence of the Writing of Sir John Fortescue', *Transactions of the Royal Historical Society*, vol. 10,（1916）pp. 95-96. また、フォーテスキューの如何なる側面が利用されたについては、1628 年の議会論争資料 *Commons Debates 1628*, ed. by Robert C. Johnson et al（Yale Univ. Press, 1977）vol. 1 pp. 135-136 を参照。

(75) Selden, *op.cit.*, cols. 1892-93.

(76) ジョン・オーブリー著・橋口稔・小池銈訳『名士小伝』（冨山房百科文庫 26、1979）128 頁。同じく 221 頁も参照。

(77) ホッブズ著・水田洋訳『リヴァイアサン（二）』（岩波文庫）34 頁及び 36-85 頁。

(78) 同書、76-77 頁。

(79) 同書、37-38 頁。Chrimes ed., *op.cit.*, pp. 30-31 et pp. 76-79. 東北大版 53 巻 430-431 頁、594 頁。国家論一般としては、ホッブズはフォーテスキューが依拠した前近代社会のアリストテレス的有機体的国家論そのものを問題としたと理解する方が適切かもしれない。しかし、眼前に展開するイングランド國制の転換を考えたとき、直接の発想のヒントはフォーテスキューあたりにあったのではないだろうか。

(80) Thomas Hobbes, *The Elements of Law Natural and Politic*, ed. by Ferdinad Tonnies（Camb. U.P. 1928）pp. 99; Do, *De Cive*（the Latin version）ed. Howard Warrender（Oxford Clarendon Press, 1983）p. 135; Do, *De Cive*（the English version）ed. Howard Warrender（Oxford Clarendon Press, 1983）p. 117. この問題を 1650-51 年の「エンゲイジメント論争」との関連性を強調し、「突然、〈設立によるコモンウェルス〉と区別される〈獲得によるコモンウェルス〉を語り始める」とする鈴木氏の議論には無理があるように思われる。鈴木朝生『主権・神法・自由』第 4 章第 3 節　征服理論（木鐸社、1994）259-264 頁。

(81) Thomas Hobbes, *A Dialogue between a Philosopher and a Student of the Common Laws of England*, ed by Joseph Cropsey（Univ. of Chicago Press 1971）pp. 59, p. 67, p. 69／(12), (26), (30). (　) 内は原ページ。

(82) *Reflexion by Lord Chief Justices Hale on Mr. Hobbes his Dialogue of the Lawe*, reproduced by W. S. Holdsworth in *A History of English Law* vol. 5 appendix III, pp. 507.

(83) *Ibidem*, 石井幸三「ヘイルの法思想——イギリス近代法思想史研究 (2)」『阪大法学』94 号（1975）94 頁以下参照。

(84) Hale, *op.cit.*, p. 3.

(85) *Ibid.*, pp. 3-15.

(86) Coke, *2 Institute* p. 499. クリストファ・ヒル著・福田良子訳『イギリス革命の思想的先駆者達』（岩波書店、1972）392 頁、*Co.Rep.* Part 3, Pref. p. xxiii.

*1 　本書については、直江真一教授の貴重な訳業ジョン・フォーテスキュー『自然法論』
（創文社、2012）が完成している。本文もさることながら、巻末の引用文献索引表にみ
られるフォーテスキューが依拠した文献の広さにも注目されたい。もちろん、このこ
とは、この期のコモン・ロー法曹一般にいえることではないにしろ、コモン・ロー法曹
であるということだけで、古典やローマ法の知識のない偏狭な学識の持ち主と決めつ
けるわけにはいかないことをも示している。我々は、当時のコモン・ロー法曹の遺産
目録にローマ法関連書籍を見つけたり、法曹院の講師がオックスフォード大学の出身
者であることを知ったりしても驚く必要はないのである。

*2 　上記、引用文献索引表にあるように、直接的にはウィンケンティウスの著作の影
響が強いのかも知れない。直江、前掲書 31 頁、32 頁注（5）、及び 21 頁注（8）参照。
ソールズベリのジョンについても、本稿作成時に接した H. リーベシュッツ著・柴田平
三郎訳『ソールズベリのジョン──中世人文主義の世界』（平凡社、1994）以降、多く
の研究が発表されている。柴田平三郎『中世の春──ソールズベリのジョンの思想世
界』（慶應義塾大學出版会、2002）、甚野尚志『十二世紀ルネサンスの精神──ソール
ズベリのジョンの思想構造』（知泉書館、2009）

*3 　本書についても、以下の訳業が出た。トマス・アクィナス著・柴田平三郎訳『君主の
統治について－謹んでキプロス王に捧げる』（慶應義塾大學出版会、2005）。とりわ
け、一人支配たる王制を最善の國制としながら、王が僭主化した場合の方策を論じた
第 1 巻第 6 章参照。

エピローグにかえて

法学教育解体期にむけて

　翻訳の解説をエピローグにかえて掲載するのは不適切かも知れない。本来は、クック法学の十全たる検討を行った上で、エピローグを論じるべきであったろう。しかし、コモン・ロー法学史を法曹院の教育制度問題から検討し始めた筆者は、法曹院教育制度解体期の法曹教育のために出されたヘイル『ロール法要録』序文こそが、その締め括りとして、また、18世紀法曹教育のあり方を考える出発点として相応しいと考えた[*1]。この『ロール法要録』の改訂英語版ともいうべき『ヴァイナ法要録』の収益からヴァイナ英法講座が生み出され、大学でのコモン・ロー教育がブラックストンによって始められたことは、ある意味では偶然とはいえ、丁度、近代コモン・ロー法学史研究のための幕間としての役割を果たしてくれるであろう。

I　ヘイル『ロール法要録』序文解説
――18世紀法文献史研究の起点として

　以下の翻訳資料は、王政復古期に出版された『ロール法要録』(1668)に付されたヘイル裁判官(Sir Matthew Hale, 1609-76)の序文である。(以下、「ヘイル序文」)法要録の収集者ヘンリ・ロール(Henry Rolle, c. 1589-1656)は、チャールズ1世期に王座裁判所長官、共和制期上座裁判所長官を務めた法曹であるが、クロムウェルの司法介入に反対し1655年に職を解かれた。ヘイルと共にセルデン・サークルの一員であったことも含め、法曹としての評価については「ヘイル序文」を参照されたい。[(1)]

「ヘイル序文」は、1668 年に出版されて以来大きな反響を呼び、既に邦訳されている 18 世紀初めのウッドやリーヴの法学教育論にも大きな影響を与え、1730 年頃に書かれた後者の書簡では「法の学習のための最良の計画案」として推奨されている[2]。また、後にも述べるように、ヘイルの著作がほとんど死後出版であるなか、生前に出版した唯一のコモン・ロー法学論を含んでおり、その意味でも極めて貴重なものである。しかしながら、『ロール法要録』それ自体は、法律フランス語で出版されたこともあり、『ベイコン法要録』（1736-66）の出版、さらに、その出版の成功が大学初の英法講座を生み出し、ブラックストン『英法釈義』（1765-69）に結実したことで知られる『ヴァイナ法要録』（1742-[1756]）によって凌駕されていくことになる。

ヘイルのコモン・ロー法学論は、彼の遺稿から『イングランド普通法史』（1713）として出版され、その後も版（1716, 1739）を重ね影響を与え続けたが、コモン・ロー法学教育論の部分は、法要録と切り離されて独自の価値を持つものであるにもかかわらず、序文として収録されたために、現行法を要録した法律書としての『ロール法要録』が時代遅れになるとそれと共に読まれなくなる運命にあった。フランシス・ハーグレイヴが「ヘイル序文」を前述のリーヴ判事の書簡と共に『法学論叢（Collectanea Juridica)』第 1 巻（1791）に収めた目的は、こうした運命から「ヘイル序文」を救い出すことにあった。このことは、ヘイルが序文で示した法学教育論の法曹養成方法としての有効性が 18 世紀末になっても基本的には変わっていなかったことを示すものであろう[3]。

ヘイルが『ロール法要録』とその序文による法学教育論、コモン・ロー法学論を企画した背景には、共和制期を挟む法曹院の公式の教育訓練制度の衰退、終焉といった問題があった。内戦以前に、機能不全に陥っていた制定法講義を中心とする法曹院教育訓練制度は、内戦期の中断を挟み、その後の復活の努力にもかかわらず改善の見通しが立っていなかった[4]。

『ロール法要録』出版 4 年前の 1664 年に、法曹院の教育訓練制度を再興するために、財務府裁判所長官であったヘイル自身も含め、記録長官を除く裁判官全員の署名の下に 4 法曹院に対し裁判官令が発せられた。「ヘイル序文」で語られるバリスタ資格を得るまでの 7 年間という確定的な年限はこの裁判

官令で規定されたものであった[(5)]。しかし、この4年後の「ヘイル序文」の法学教育論では、もはや、模擬裁判や制定法講義といった法曹院における公式の教育への言及は一切みられない。リンカンズ・インが制定法講師の任命すら行わなくなるのは1677年以降ではあるが、それ以前から、罰金を支払うことで講師の義務を免れることが一般化しており、裁判官令も法曹院の教育訓練制度の崩壊を押しとどめることはできなかったのである。

　ホウルズワースは、こうした法曹院の教育訓練制度終焉の第一の要因として、印刷術の導入と法律書の出版による学習方法の変化を挙げている。第二、第三の要因として挙げられた学生、講師双方の訓練参加意欲の減退の背景としても法律書による知識の獲得があった。もちろん、書物の普及による学習方法の変化によって影響を受けたのは法曹院だけではないであろう。しかし、本来教育機関ではなかった法曹院で、法曹の昇進のステップとして位置付けられた制定法講義を中心に発展してきた教育訓練制度においては、制定法講師が教師身分として自立化していなかったことが致命的であったように思われる。勅選法廷弁護士のサージャントに対する上席権が確立し、バリスタの法廷弁護士としての地位が確立すると、上層法曹の講師、評議員への昇任意欲の減退を押しとどめることはできなかった。裁判官令で指摘されたように、もはや、講師就任祝宴のための過度の費用負担は割に合わないものとなり、罰金支払いによる懈怠に拍車をかけるものとなっていた[(6)]。このような状況の下で、内戦期の混乱による中断の後に、制定法講義を中心とする教育訓練制度を復活させることは不可能に近かった[*2]。

　『ロール法要録』が裁判官令と同じく全裁判官の署名による許可の下に出版されたのも、単に出版統制のためだけではなく、法曹院の教育訓練制度崩壊の上に立って、次世代の法曹養成制度の再構築が焦眉の課題となっていたからであろう。最早機能しなくなった古い制度にではなく、新たな法律書による学習に望みが託されていたのである。1671年、「ヘイル序文」出版の3年後に、トマス・バセットによって英国初の法律文献カタログが出版され、「長い」18世紀法学文献史のもう一つの出発点が形成されることとなったのも決して偶然ではないように思われる。本邦訳の切っ掛けも、18世紀法文献がウェブで検索、入手しうる時代になった今日、「ヘイル序文」が、これらの法

文献の位置付けを明確にし、18世紀法学史、法学教育史研究の礎とするための研究の出発点に相応しい「序文」であると考えたからである[7]。

　法曹養成教育としては、こうした法律書による学習と共に、フォーテスキューにも重視されていたウェストミンスタの法廷での傍聴の意義があらためて強調されている。新たな点は、事例の共通拠点帳への収集、整理における新たな、もしくは改善された方法と法廷活動分野の専門化にある。この法律書の系統的読書による学習を第一段階とし、充分な法知識が備わってから傍聴によって自ら共通拠点帳を作成していくという二段階方式の法曹養成方法は、大学でのアカデミック段階と法曹院でのプロフェッショナル段階とに分けられる近代法曹養成制度の前身ともいえよう。法要録収集者ロールの法曹小伝も、こうした理想的法曹養成の典型例として紹介されている。そこでは、法曹院の教育機能は、制定法講義を中心とする法学教育訓練制度よりヘイル自身そのサークルの一員であったセルデンを含む「学識に恵まれた優秀な同僚達」「学問の偉大な交易者」との交流に求められている。法曹院が16世紀以来こうした幅広い知的交流の場を提供していたことは、外国の観察者による証言からも確認できよう[8]。

　『ロール法要録』と「ヘイル序文」出版の意義は、法学教育の側面に限られたものではない。王政復古後の法秩序の安定にとっても新たな法要録の出版が求められていた。「ヘイル序文」でも述べられているように、既に、フィッツハーバートやブルックの法要録は古くさくなってしまっていた。エリザベス期以降の法変化は上記の法要録には収録されるべくもなく、従来の法要録に代わる新たな法要録の出版を不可欠なものとしていたのである。しかも、内戦の混乱の後、信頼できる法要録が必要であった。「ヘイル序文」でも、内戦期の問題に触れ、本書のような大部な書物でも検閲不可能ではなかったと述べているが、序文に続けて、前述のごとく、すべての裁判官の名前が出版許可に係わって印刷されたことが、逆に、本書にある種の御墨付を与える効果を持ったであろう[9]。

　「ヘイル序文」では、封建的軍事的土地所有の廃止や、厳格継承財産設定の工夫といった共和制期から王政復古期の法の大変動も含め、テューダ期以降の法変化が、使用されなくなった法のタイトルを列挙するという形式で整理

されている。共和制期にヘイル委員会と名付けられた法改革委員会の委員長を務めたヘイルほど、こうした作業に適した人物はいなかったであろう。実際、『ロール法要録』出版の翌年にミドル・テンプル法曹院に入会し、王政復古期に法曹として活躍し、後にコモン・ロー法曹教育のための覚書を残したロジャー・ノースも「ヘイル序文」のこの作業の法学習上の意義を高く評価した。また、前述のウッドの法学教育論でも、使用されなくなった法分野を明示して法学生の負担を軽減する方法として援用され、さらに、名誉革命期以降の法変化のポイントが追記されている。なるほど、『法廷年報』、『リトルトン』、クックの『リトルトン註解』を基礎文献として学習する場合、その中の不必要となった法分野を把握することは、当時の法学生の負担軽減に大いに役立ったであったであろう。他方、現代の我々にとっては、このリストは、テューダ期から市民革命期にかけての法変化の要点を把握し、コモン・ローの近代化の過程を理解するための重要な指針として役立つであろう。

　もう一つ見逃してはならない点は、ヘイルのコモン・ロー法学論である。ヘイルのコモン・ロー法学論としては、前述の『イングランド普通法史』(1713) が著名であり、ホッブズの晩年の著作『哲学者とコモン・ロー法学徒との対話』(1681)（以下『対話』）を批判した未公刊の遺稿「ヘイル裁判長閣下によるホッブズ氏の法についての対話に関する考察」(Harl. MS. 71ff. 418-439) で展開されたコモン・ロー法学論も、ホウルズワースの大著『英法史』第5巻(1st, 1924) の巻末に資料として収められている。両著作は、ポーコックの『古き憲制』論以降、タックのポーコックへの批判も含め多くの関心を呼んでおり、ホッブズの『対話』の方は、1971年にクロプスィ（Joseph Cropsey）によって長大な序文付で再版され、最近では文庫本で日本語に翻訳されるまでになった。

　上記二つのコモン・ロー論に対し、今回翻訳した『序文』におけるコモン・ロー論は、ヘイル自身が生前に自ら意図的に公刊した唯一のコモン・ロー法学論であり、さらに、後に王座裁判所長官となり出版許可を求められホッブズ『対話』の原稿に触れる以前に出版されたという時系列的な経緯からみても興味深い作品である。この審査の過程で、ヘイルと共にセルデンの遺言人であり、ブッシェル事件で名を馳せることになる民訴裁判所長官ヴォーン

が、友人でもあるホッブズの著作に好意的であったのに対し、ヘイルは、『対話』を「大層嫌い、彼［ホッブズ］の敵である（much mislikes it, is his Enemy）」と評されることになる。[13]ここに翻訳した「ヘイル序文」のコモン・ロー法学論を一読されるなら、ここで展開されている理性論が、ホッブズの『対話』で唐突に始まる理性論と奇妙な対応関係にあることに気付かれるであろう。その後の、理性論の権威論への急転換といった対話のすすめ方も併せ、ホッブズの『対話』草稿は、名指しはされていないものの、1668 年に出版されたばかりの「ヘイル序文」のコモン・ロー法学論を念頭に構成し直されたと考える方が素直な見方ではないだろうか。このように両作品を対比してみると、1672 年にホッブズの『対話』の草稿を読んだヘイルが何故にそれを嫌ったかが良く理解できるであろう。[14]

　さらに、学問論のみならず、政治状況においてもヘイルが『対話』を嫌う背景があった。ヘイルが『対話』を読んだ 1672 年末から 73 年初頭に架けては、国王の発した二度目の信仰自由宣言が政治問題化していく時代であった。ロール『法要録』出版許可の筆頭に名を連ねた国璽尚書ブリッジマンは信仰自由宣言への国璽捺印を拒否し、1672 年 11 月 7 日に解任され、長老派の立場から寛容政策を推進したアシュリ卿が後任として大法官に任命され、シャフツベリ伯となる。翌年 2 月に庶民院は、これに対抗して議会法令によらない特免を無効とする決議を行い、審査法の制定によって国教会支配を強化し、カソリック教徒の王弟ジェームズを海軍長官辞任に追い込む。この期の寛容政策がカソリック、非国教徒の合作の上に成立していたが故に、ヘイルとヴォーンの見解が分かれたのであろう。こうした政治状況の中で、ヘイルは法の優位の立場から王権の介入の正当化となるホッブズの議論の危険性を敏感に嗅ぎとったに違いない。ヘイルの反応を知ったオーブリーが新任大法官シャフツベリを国王大権派と目して侍医兼相談役であるロックに『対話』への支持を求めたのもそのゆえであった。ホッブズの『対話』の出版は、排斥法案問題で国王とシャフツベリ伯の対立が露わになり、1679 年出版規制法失効後、国王布告による恣意的な出版規制が強化される時代、1680 年フィルマ『家父長権論』の出版の翌年にまで引き延ばされることになるのである。[15]

　したがって『対話』を読む前に書かれた「ヘイル序文」のコモン・ロー法

学論は、共和制期の法改革委員会の議長としての経験に基づいて、当時の法の体系化、法典化の要求やローマ法学者のコモン・ロー批判を念頭に置きながら、コモン・ローの初学者のために書かれたものであるので、簡潔で、後の著作より分かりやすい議論となっており、所謂「ノルマン・コンクェスト論」への対応は出てこない。その意味では、死後出版される『イングランド普通法史』における長大なノルマン・コンクェスト論は、ホッブズ『対話』を読み、現国王の統治権をウィリアム征服王の権利に遡らせ、主権者たる国王の理性を個人的理性であるが普遍的理性に代位するとの主張を展開するホッブズの議論の当時の政治状況における危険性を鋭く認識した結果であったと理解することができよう[16]。

　ポーコック自身は最近の回顧でクック批判の矛を収めつつあるのだが、その影響力は大きい。ポーコックの議論の問題性については筆者も論じたことがあるが、非力な筆者の議論では、この大流行の前には隆車に向かう蟷螂の斧であろう。さすがに、イギリスの法史研究者にはポーコックの見解に批判的な優秀な研究者も存在し、ロバーンの近著は、拙著と同様に歴史学と法学の峻別の必要性を説いており、1995 年に本格的なヘイル論（Sir Matthew Hale 1609-76）を上梓し、ホッブズ全集版の『対話』を編集した政治思想史家クロマティもポーコックの議論に言及しながらも、その主張を極めて限定的に理解している[17]。関心のある方は参考にしていただきたいが、むしろ、直接に批判の対象者とされたヘイルに語ってもらう方がよいであろう。自然法論者や、法典化論者、ローマ法学者を意識して、人文主義法学者クックよりも、より近代的な様相で議論を展開したヘイルのコモン・ロー論なら、法学に疎遠な歴史家の方々にも理解できるであろうし、ポーコックの「古き國制論」（本来は「古き憲制論」とする方が適切であろう）やコモン・ロー・マインド論への安易な依拠に対する警鐘として役立つであろう[18]。

　翻訳した「ヘイル序文」をお読みいただければ分かるように、法律家にとって重要なのは、法の確実性である。コモン・ロー法学に限らず、法律学上、権利を確定するために重要な役割を果す時効論を、バークの政治思想の影を追って政治思想史的に読み替え、非歴史的だと議論してもはじまらないのである。ヘイルも法学者として法の安定性、確実性の担保を歴史に求めたので

あって、前述の『イングランド普通法史』の最初の部分も、通常の意味の歴史ではなく、イングランド法の法源を確定させるための法源史なのである。

　法学を教授した経験のあるアダム・スミスはこの点を良く理解していたように思われる。彼は、グラスゴウ大学法学講義で、イギリスで自由の体系（a system of liberty）が如何に確立されたかを探求し、その完成が名誉革命によって制度化された裁判官の独立や人身保護法にあることを明らかにするとともに、自由の保障の由来を裁判所の起源とその歴史に求め、締めくくりに以下のように論じている。「ヨーロッパのどの国もイングランドほど法律が正確ではない。なぜなら、どの国の法律もイングランドのそれほど長く続いたものではないからである」。スミスにとって、イギリスの自由の体系は名誉革命による制度化によって完成されたのではあるが、その確実性の基礎は、その制度の新規さにではなく、法制度が歴史によって支えられてきたことにあるのであった。

　ヘイルが王政復古に際し提起した同意による統治はマンク将軍に一蹴され、マーヴェルが批判したようにヘイル死亡後は王権による裁判官人事への介入も露わになる。その後、排斥法案をめぐる対立の中、人身保護法を成立させたシャフツベリも亡命を余儀なくされる。こうした政治的経験が、名誉革命における権利宣言とそれに引き続く権利章典、王位継承法の制定による法の支配体制の確立を不可避にしたといえよう。その意味では名誉革命体制はヘイルが目指しながら実現できなかった法の支配体制の制度化であったといっても過言ではないであろう。18世紀はホッブズの世紀ではなくヘイルの世紀なのである。そして、この確実な法と自由の体制こそが18世紀イギリスの経済的発展と繁栄を保障したものであったことはいうまでもない。

　追記　本稿は平成19〜21年度 科学研究費補助金　基盤研究（C）課題番号19530016「一八世紀イングランド法文献史研究」による研究成果の一部である。

注

(1)　The Publisher's Preface directed to the Young Students of the Common-Law'in Henry Rolle, *Un abridgment des plusieurs cases et resolutions del Common Ley: Alpahabetical digest desouth severall Titles* (London, 1668) [5-14]．本書は、1671 年 の Bassett の英国最初の法律書カタログ（後述注（7）参照）では 'An **Abridgment** of many Cases and Resolutions of Law, contained as well in Law Books, Statutes and Records, as of the modern Judgements in the Courts at *Westminster*, Alphabetically digested by **Henry Roll** Serjeant at Law. Published by the Lord Chief Baron **Hale**, in Folio, **French**. Price 40s.' として出版人がヘイルであることを明確にする形で登載されている。なお、翻訳に使用したマイクロフイルム版では表紙は 1668 年版となっているが、1715 年のジョージ1世の肖像を含む刻印が「ヘイル序文」の前のページ [4] に付されており、後に製本販売されたものと思われる。翻訳には、後に、ハーグレイヴ『法学論叢』第1巻に収められたものを併せて使用した。[Francis Hargrave,] *Collectanea Juridica, consisting of Tracts relating to the Law and Constitution of England*, vol. 1 (London, 1791) pp. 263-282.

　　　　また、長文のラテン語の引用文の翻訳については、広島大学の吉原達也氏に貴重な意見をいただいた。記して感謝したい。

　　　　ヘンリ・ロール及び『ロール法要録』については、本文のヘイルによる紹介の他、シンプソン編『コモン・ロー法曹辞典』、John D. Cowley, *A Blibliography of Abridgements, Digests, Dictionaries and Indexes of English Law to the Year 1800*, pp. liv-lvii, pp. 77f. 参照。また、ヘイルの略伝とその業績については石井幸三「ヘイルの法思想──イギリス近代法思想史研究（2）」『阪大法学』94 号（1975）25-79 頁。最近の研究としては、D. E. C. Yale, *Hale as a Legal Historian* (Selden Society, 1976), Alan Cromartie, *Sir Matthew Hale, 1609-1676: law, religion and natural philosophy* (Cambridge U.P., 1995), Michael Lobban, *A History of the Philosophy of Law in the Common Law World, 1600-1900* (A Treaties of Legal Philosophy and General Jurisprudence vol. 8) ch. 3 The Age of Selden and Hale pp. 59-89. (Springer, 2007) 等を参照。

(2)　両法学教育論は、ブラックストンの法学教育論と共に、ジェントルマン法学教育論の視点から、石井氏の慧眼によって早い時期に翻訳され紹介されている。石井幸三「一八世紀イギリスにおける法学教育について（1）──ウッドとリーヴ」『龍谷法学』第 17 巻 1 号（1984）42-57 頁。

(3)　Sir Matthew Hale, *The History of Common Law of England*, edited with a introduction by Charles M.Gray (Univ. of Chicago Press, 1971) 編者はヘイルのアルゴ号論をクックの影響と見ているようであるが、誤り。セルデンに由来するもので、セルデン自身はローマ法からこの考え方を導いている。ポーコックのコモン・ロー・マインド論に安易に頼ると思わぬ誤りを犯すことになる。

(4)　法書院の教育訓練制度は、1642-1647 年の内戦期の教育訓練制度の中断によって危機が現実化し、崩壊を招くことになるのであるが、その衰退過程と原因論について

は、ホウルズワース、ケニス・チャールトン、プレスト等の研究者によって見解の相違がある。王政復古期以降の再建の試みと併せて、David Lemmings, *Gentlemen and Barristers: The Inns of Court and The English Bar 1680-1730* (Clarendon Press, 1990) pp. 78ff. を参照。

(5)　1664 年の裁判官令については、*The Record of Honorable Society of Lincoln's Inn, The Black Book*, vol. III (Lincoln's Inn, 1899) Appendix Note V, pp. 445-449.

(6)　ベイカー氏は、法曹院は本来教育機関として設立されたという立場である。氏は法曹院が果していた教育機能を、その初期に遡らせることによって教育機関としての性格を強調されるが、職業団体が教育機能を持つことと、教育機関として設立されたかどうかとは別問題である。この立場から論じられた法曹院に関するセルデン協会での二つの講演の内、最初の講演は、丹念に資料に基づいて議論を展開されており、法曹院の教育機能の成長を理解する上で有益であるが、それによって教育機関としての歴史を論証し得たと自認してソーン説批判を展開した最近の講演は読者に誤った理解を広げることになるのではないだろうか。J. H. Baker, *The Third University of England: the inns of court and the common law tradition* (Selden Soc. lecture 1990), Do, *Legal Education in London 1250-1850* (Selden Soc. lecture, 2007)

(7)　Thomas Basset, *A Catalogue of the Common and Statute Law-Books of this Realm* (1671). 「長い 18 世紀」を「名誉革命体制」を最も広く考え、王政復古期の排斥法案危機の時代以降、「ほぼ 1680 年ころから 1830 年ころまでの期間」として理解する最近の時代区分の傾向については、近藤和彦編『長い 18 世紀のイギリス』(山川出版社、2002) 13 頁以下参照。法史的にみれば、19 世紀法改革の出発点となった 1828 年のブルームの 6 時間演説までということになるかも知れない。この時代を独自に扱うことによって、19 世紀法学教育改革前の法曹教育と法学の状況を掛け値なしに理解する手懸かりとなるだろう。

(8)　1598 年にロンドンを訪問したドイツ人法曹は法曹院の多くの若き貴族やジェントリは、主として哲学や神学、医学を学んでおり、法学を学ぶ者はわずかであったと報告している。Wilfrid R. Prest, *The Rise of the Barristers: A Social History of the English Bar 1590-1640* (Clarendon Press, 1986) pp. 201f.

(9)　序文の後に付した出版許可参照。裁判官の役職と就任期間は Sir John Sainty ed. *The Judges of England 1272-1990* (Selden Society, 1993) による。民訴裁判所裁判長であったブリッジマンは 1667 年クラレンドン失脚後に国璽尚書に任命されたが、1668 年 5 月に後任の民訴裁判所裁判長ヴォーンが任命されるまで、兼任状態であったようである。Edward Foss, *The Judges of England*, vol. VII p. 62.

(10)　Roger North, *Discourse on the Study of the Laws* (ca. 1700-30) in Michael H. Hoeflich, compiled & edited, *The Gladsome Light of Jurisprudence : Learning the Law in England and the United States in the 18th and 19th Centuries* (Greenwood Press, 1988) p. 25.

(11)　ベイカー氏は初版以来、この箇所の冒頭のヘイルの言葉、「法における変化というよりむしろ、その対象における変化であった」を引用し、ポーコック流にクック、デイヴィス、ヘイルと順に並べ、コモン・ローの変化に対し否定的な態度を示したとし

て指摘し続けているが、ヘイルの真意を伝えているようには思えない。読者には以下の翻訳で前後の議論も含めて読んで判断していただきたい。J. ベイカー著・小山貞夫訳『イングランド法制史概説』（創文社、1975）504 頁。J. H. Baker, *An Introduction to English Legal History, 4th ed.* (Butterworths, 2002) p. 195〔邦訳 I -274 頁〕.

(12)　William Holdsworth, *A History of English Law*, vol. 5（Methuen and Sweet & Maxwell, 1945）pp. 500-513. ホウルズワースの評価については同書 pp. 481-483 参照。ポーコックの初期の議論については、J. G. A. Pocock, *The Ancient Constitution and the Feudal Law; A Study of English Historical Thought in the Seventeenth Century*（Cambridge U.P., 1957）Ch. 7 Interregnum: the First Royalist Reaction and the Response of Sir Matthew Hale pp. 170-181. を参照。ヘイルのホッブズ批判に着目しながら彼の法思想を分析した石井論文でもポーコックのヘイル批判が受容されている。尚、ホッブズ-クック論争については、D. E. C. Yale, 'Hobbes and Hale on Law, Legislation and the Sovereign' Cambridge L. J. vol. 31（1972）pp. 121-156. Lobban, *op.cit.*, pp. 81-89. 拙稿「Artificial Reason 考（1）～（3）」『島大法学』第 35 巻 4 号、第 36 巻 1 号、3 号〔本書 第 7 編〕も参照されたい。『対話』のクロプスィの復刻については、Thomas Hobbes, *A Dialogue between a Philosopher and a Student of the Common Laws of England*, edited and with a introduction by Joseph Cropsey（Univ. of Chicago Press, 1971）、邦訳については、ホッブズ著・田中浩・重森臣広・新井明訳『哲学者と法学者との対話──イングランドのコモン・ローをめぐる』（岩波文庫、2002）

(13)　1673 年 2 月 2 日付のオーブリーの書簡が検閲の事情を伝えている。アシュリ卿クーパ（Anthony Ashley Cooper）が大法官に就任し、シャフツベリ伯となるのが 1672 年 11 月 7 日であるから、ヘイルがホッブズの原稿を読んだのは、1672 年 11 月から 1673 年 2 月の間の時期ということになろう。Thomas Hobbes, *A Dialogue between a Philosopher and a Student, of the Common Law of England*, edited by Alan Cromartie（Clarendon Press, 2005）pp. xvii-xix.

(14)　オーブリーによれば、彼がホッブズに法学の著作の著述を薦めたのは 1664 年であり、法学の著作をはじめていたホッブズが、セルデン・サークルの仲間でもあったヘイルが 1668 年に発表した「序文」のコモン・ロー法学論を読んでいなかったとは考えられない。オーブリー著・橋口稔・小池銈訳『名士小伝』（冨山房百科文庫 26、1979）109 頁。タックは「おそらく 1666 年に書かれたものと思われる」としているが、推測の根拠すら示されていない。リチャード・タック著・田中浩・重森臣広訳『トーマス・ホッブズ』（未来社、1995）71 頁。

　　たとえ、1666 年までに草稿が出来上がっていたとしても、その後も草稿のままでとどまっており、修正が重ねられ、クロプスィが解説で明らかにしたように、死亡するまで未完成であったと考えた方がよいのではないだろうか。Hobbes, *op.cit. Dialogue*, edited and with a introduction by Cropsey, p. 5.

(15)　Alfred F. Havighurst, 'The Judiciary and Politics in the Reign of Charles II' 66 LQR（1950）pp. 72-74, pp. 235-237. Geoffrey Holmes, *A Making of A Great Power; Late Stuart and early Georgian Britain 1660-1722*, pp. 113f., pp. 137f. ヘイルが『対話』を

702

　　嫌い、出版に反対したことが明らかになる中、ヘイルは批判論文を書いたが、基本的な論点については共感を示したと論じるタックの議論は誤解を招くおそれが多く、とりわけ、上記議論をタックの論じた寛容政策という文脈から切り離して紹介した『対話』日本語訳の田中浩氏の解説はヘイルの立場に対する誤解を増幅させかねない。タック、前掲書74-75頁。ホッブズ、前掲書、田中浩解説277-278頁。

(16)　Thomas Hobbes, *op.cit.*, p. 67. [26-27]. 前掲邦訳（岩波文庫訳38頁）ではこのあたりの危険性が伝わりにくいのではないだろうか。

(17)　拙稿「フォーテスキュとブルータス伝説──忘れられたイングランド國制起源論」『法と政治』(2000) 262-264頁〔本書、第7編補論1注 (4)〕参照。筆者は、上記論稿のむすびで、「『我々の歴史家達が法律上の論点乃至法に関する事柄に干渉する場合には、我々は、彼らが著述する前に、この國の諸法を学び、修得した人々に相談するように忠告する』というクックの言葉は、反歴史家論としてではなく、歴史学と法律学との学問的峻別論として主張されたものと理解されるべき」と論じたのであるが、ロバーンも、同様の文言に注目しつつ、「彼［クック］が歴史家としてではなく、法律家として著述していたことを想起すべきである」と論じるのも、同趣旨のことを論じているのである。Michael Lobban, *A History of the Philosophy of Law in the Common Law World, 1600-1900* (Springer, 2007) p. 34. Andrew Lewis & Michael Lobban ed. *Law and History* (Oxford U.P., 2004) pp. 15f. & pp. 63-81. 尚、上記論稿では『裁判官鑑』と訳すべきところ、そそっかしく『正義の鑑』と訳していた。汗顔の至りである。これを機会に訂正しておきたい。

(18)　革命期の法の体系化、法典化の要求については、ヘイルの法改革論文を含めヘイルの法思想全般を扱った前掲石井論文と共に、栗原眞人「イギリス革命と法改革──序論的考察」『阪大法学』109号 (1978) 109-129頁の先駆的な研究を参照。その後、革命期の法改革については Nancy L. Matthews, *William Sheppard, Cromwell's Law Reformer* (1984, Cambridge U.P) 等で研究が深められている。シェパードは王政復古後失脚したものの、その後も法律書の著作出版活動を続け、前述のバセットの法カタログでも量的には大きな位置を占めている。ヘイルの体系化批判、法典化批判は具体的にはシェパードを念頭に置いていたのかも知れない。ポーコックのコモン・ロー・マインド論については、ヘイル以前の憲制思想を扱ったクロマティの近年の著作 Alan Cromartie, *The Constitutionalist Revolution* (Cambridge U.P., 2006) pp. 198-200. では、ポーコック説をより限定的乃至批判的に理解する傾向が明瞭となっているように思われる。「古き国制論」とする訳は、ポーコック自身が政治思想史家であるためにそうなるのであろうが、Ancient Constitution 論それ自体は法学的思惟への批判であったはずである。紹介者に敬意を表して「古き国制論」と訳すのが礼儀なのかも知れないが、そうすると Ancient Constitution 論に含まれていた法学的意味合い、乃至、立憲主義的な「法の支配」的意味合いがなくなってしまうのではないだろうか。

(19)　Adam Smith, *Lecture on Jurisprudence*, edited by R. L. Meek, D. D, Raphael & P. G. Stein (Clarendon Press, 1978) pp. 420-426, esp. at. p. 426. 翻訳は筆者によるが、アダム・スミス著・水田洋訳『法学講義』（岩波文庫、2005）101頁参照。上記は、1766年講義であるが、1763年講義 (pp. 270ff. esp. at 287) では、スコットランドの事例が加

えられるが、同趣旨の議論が展開されている。本文に続けて「パリの高等法院（Parliament）は、イングランドのヘンリ八世のときに設立されたにすぎない。ブリテンの議会（Parliament）は、大層多数な人々と高位の人々から成っている。すべての新しい裁判所は以前に樹立された諸規則に従うことを嫌う。すべての新しい裁判所は大きな害悪なのだ。なぜなら、それらの権限は、当初、厳密には決定されておらず、したがって、それらの判決は放縦で不正確にならざるをえないからである」と論じられる。パリの高等法院に関する彼の記述の精確さはともかく、関心のある方は、これも最近『十八世紀パリ生活誌』として翻訳されたメルシエのタブロー・ド・パリの裁判所の項目を一読されるとよい。王権の介入が如何に法の確実性を阻害していたか、また、この時代のパリの裁判所やユスティニアヌス法典がフランスの人々によってどのように評価されていたかが理解できよう。メルシエ著・原宏編訳『十八世紀パリ生活誌——タブロー・ド・パリ（下）』（岩波文庫、1989）198頁以下。スミスが指摘した「法の確実性」が、自由にとってではなくとも、資本主義の発展にとって重要であることはウェーバーにとっても了解できたはずであったのだが、残念ながら、19世紀末ドイツ法学隆盛の時代に生きたウェーバーには、18世紀のコモン・ローと大陸法との比較は眼中になかったのかも知れない。

*1　本稿執筆後に小山貞夫「インズ・オヴ・コートとその教育的機能の衰退——イングランドにおけるコモン・ロー法曹教育小史」『法学』第80巻2号、143-174頁（2016）が発表された。氏の健筆ぶりには舌を巻かざるを得ず、拙訳、ベイカー『イギリス法史入門』の誤訳につき御指摘いただき、また筆者の他の論文を引用いただいたことに感謝しなければならないのであるが、本稿に関しては、翻訳への解説として論じたせいか言及していただけていない。

*2　小山前掲論文では、ホウルズワース説も含め、より詳しく紹介されている。ベイカー氏も、ホウルズワース説や本論注（4）で引用したレミングズの議論について知らないわけではなく、講演の中で、内戦における法曹院教育制度の中断の意味を強調するために、エッジヒルの戦いに言及されたのであろう。

翻 訳

ヘイル「若きコモン・ロー法学徒に向けて」

　以下の書物はコモン・ローのさまざまな事例、意見、決定を、アルファベット順のタイトルの下に要録したもので、これらのタイトルは項目別に（into heads and paragraphs）細分されています。本書の著者は、彼自身の私的な使用のみを意図しておりました。その書物を公刊いたしますのは、もちろん、コモン・ロー実務家や教師にとっても有益なものなのですが、主としてコモン・ロー法学生の利益を意図してのことであります。そこで、序文乃至序説の形で、以下の各点に関して若干の意見を述べることにしましょう。すなわち、1. 本書の著者乃至収集者について、2. 本書の内容について、3. 本書の方法について、4. 本書の効用（use）について、5. 本書に関して留意すべき若干の注意点について。

　1. 本書の収集者乃至著者については、印刷業者が（と思うのですが）、本書の表紙に彼の名前を付しており、後世に残る彼の学識、声望、能力については、彼を知る多くの人々にとって今尚記憶に新しく、私が詳細に論じることを免じてくれるかも知れません。しかし、後の人々のために、彼の専門に関してのみではあるのですが、彼に関し若干の意見を述べておくことにします。なぜなら、この場を借りるのが最も適切と思われるからです。

　彼は極めて偉大な天賦の才能に恵まれた人で、即妙且つ明晰な理解力、強靭な記憶力、健全な思慮と着実な判断力を備えていました。持ち込まれたあらゆる仕事に精神を傾注し、心の動揺や情動に左右されない立派な人でした。また、自制心に富んだ穏和な人柄で、身体は壮健であり、このことが彼を研究、仕事双方について疲れを知らずに根気よく励むに最適の人物とした

のです。

　彼は勤勉にコモン・ローを学んだ後に、数年間法廷弁護士として過ごしましたが、その間も法廷で自らの知識を改善する機会を見過ごすことはありませんでした。それに関連して彼は以下のような幸せな経験を積みました。ジェームズ1世治世6年2月1日のインナ・テンプル法曹院に入会後、サージャントに昇進するまで、同上の法曹院の偉大な才能と学識に恵まれた優秀な同僚達と共に過ごしたのです。すなわち、後の民訴裁判所首席判事、国璽尚書長官エドワード・リトルトン卿、後の法務次官エドワード・ハーバート、後のロンドン市裁判長トマス・ガーディナ、あのすべての学識の宝庫たるジョン・セルデン氏です。彼は、これらの人々と長期にわたり、恒常的で、親しい交際と知遇関係を保ちつづけました。そして、それによって、彼自身と彼らの学識双方を、とりわけ、彼が主として意図していたコモン・ローに関する学識を向上させることができたのです。なぜなら、これらの学問の偉大な交易者というべき人々との、ほとんど毎日といってよいほどの、多年にわたる恒常的な交わりこそが、あたかも相互の会話によって生み出される共有の貯蔵庫のごとく、彼ら各自の取得財産をもたらすからです。それによって、彼らは各々、大いに、他人の学問と知識の共有者となり、参与者となったのです。

　彼は、法実務に充分ふさわしくなるまで、実務に携わることはありませんでした。彼は、一つの法廷、すなわち、非常に多様な法実務が展開されている王座裁判所を自らの仕事場と定めました。このようなやり方で、その裁判所の経験に熟達していたので、彼の依頼人は、彼の傍聴や経験の不足のせいで失望させられることは決してありませんでした。彼はよく発言し、主張も適確でした。弁論は、論証や証明に相応しいもので、人に知識を誇示するようなものではなく、平明だが学識に富んでいました。（事案の性質が許すなら）手短に、洞察力に富んだ議論を展開しました。彼の言葉は多くはありませんでしたが、意味深長でした。法律問題や訴答問題についての彼の技術、判断、忠告は健全で秀逸なものでした。

　彼は、法廷弁護士時代も他に抜きんでていましたが、彼が司法権を行使するようになったとき、彼の才能、学識、賢慮、手際の良さ、判断力はさらに

顕著なものでした。彼は忍耐強く、注意深く、観察眼に優れた聴き手であり、如何なる訴訟にあっても真実と正義を発見しうるかもしれない事柄を見失うよりは、多少の無礼さにも我慢することで満足しました。彼は諸事件の厳格な調査役であり、吟味役であって、何が重要か、どこに本質があるか、事件の重点や力点を賢明に識別することのできる人でした。調査、吟味と同様に、説示や決定においても称讃すべき着実さと、平等性、明確性を備えていました。多大な経験が彼にとって裁判実務を容易で馴染み深いものにしたので、適宜迅速な処理を行ったのですが、軽率な処理となることも、人を驚かせることもありませんでした。要するに、彼はコモン・ローの偉大な学識と経験を備えた人で、深遠なる判断力と類い稀な賢慮を持つ、中庸の精神と正義観に富んだ、高潔な人であったのです。

　私はこの尊敬すべき人物について、以上、簡潔に真実の説明を行ったのですが、それによって読者に（如何なる著作の正当な評価にとっても最悪の敵となる）過大な期待を本書に抱かせ、却って彼の書物を傷つけることになるのではないかと危惧します。それ故、私は読者と率直に語らい、本書には優れた効用と価値がありますが、しかしそれを編纂した人の声望と能力にははるかに及びませんし、それ故に彼には不釣合いな記念碑であるということを述べねばなりません。この偏差に対する弁明として、また、本書に関し抱かれるかもしれない過度な期待を若干なりとも鎮めるために、以下のごとき所見を付け加えておきたい。1. 本論考の素材がすべて彼自身のものであるわけではなく、大部分は、他の書物や判例報告から集められたものです。2. 彼自身の私的な使用を意図したものであって、公の眼に触れることを意図したものではありません。もし彼が公共の使用のために本書や他の書物を企画していたならば、彼に見合った期待に値したことを私は確信しており、したがって弁解の必要はなかったでしょう。3. 本書は死後出版著作であり、分別に富んだ著者の最後の手もしくは筆が入れられることはなかったのです。この種の著作は公刊されると他の人々に利益となるのですが、著者自身に正当な利益をもたらすことは滅多にないのです。

　2. 本書の主題については、全般的に述べるべきことと、より個別的に述べるべきこととがあります。全体としては、本書の主題はさまざまな意見、事

例及び適用可能な選りすぐりの諸決定から構成され、コモン・ローのほとんどの重要なタイトルのもとに要約されています。イングランドのコモン・ロー讃美に多くの時間を費やすのは余分なことかもしれません。コモン・ローは本質的に、それを具備しており、自ら十分な讃美を生み出すので、幾百年もの間、全王国のすべての世代から支持を得てきたのです。それというのも、本王国の公の裁判（public justice）が、コモン・ローに従って、いつの時代も大きな成功と満足をもって行使されてきたからです。とはいえ、それに関して若干の所見を述べることにしましょう。

（1）イングランドのコモン・ローは誰か一人の知恵の産物でも、ある団体の知恵の産物でもなく、ある時代の産物でもありません。そうではなくて、多年にわたる賢明で観察力ある人々の知恵、助言、経験、所見の産物なのです。法の対象が単純である場合なら、ある時代の賢慮が試みに適切な法を定めることまで進むこともありうるでしょう。しかし、この種の最も賢明な規定でさえも、経験が我々に示すところによれば、新たな、思いもつかない緊急事態がしばしば発生し、必然的に新たな追加や、縮減、解釈を必要とするようになるのです。しかも、偉大な王国に適用される共通の正義に係わる全法体系は、広範で、包括的で、無限の個別的要素によって構成されており、多様な緊急事態に対応せねばならず、それ故に、継続的に欠陥と不都合を見出し、それらを適切に補い、救済を与えるには、多くの知恵と賢慮のみならず、多くの時間と経験を要するのです。イングランドのコモン・ローとはまさにこうしたものなのです。すなわち、多大なる知恵、時間、経験の産物なのです。

（2）イングランドのコモン・ローは既知の確立した法なのです。完全に新たな法のモデルというものはすべて二つの大きな困難と不都合の下で労苦に苛まれることになります。すなわち、第一に、それらは理論上は美しくみえるのですが、実行に移されると、極めて欠陥の多いことに気付かされることになります。一方では、あまりにも厳格、他方では、あまりにも曖昧、また、狭すぎたり、広すぎたりということになるからです。そして当初予想せず、また十分予想し得なかった新たな事態が判明した場合、その構造はばらばらになり、混乱してしまいます。それ故に、このような新たなモデルを一

般の利用と便宜に適合させるには、恒常的に多くの追加と縮減、そして変更の必要に迫られることになります。それによって、元の姿は、ほんのわずかの間に、完全に無視されるか、修正で大部分失われるかして、法の極めて小さな部分になってしまうでしょう。さらに、このような完全に新しい法のモデルは決してそれほど良いものではありません。しかも、よく知られ、理解されるには長い時間がかかるのです。新たな法のモデルに従って、助言し、判決を下すことを仕事としなければならない人々にとってさえそうなのです。それ故、少なくとも助言を行い、判決を下す人々にとっては、より不完全な法体系であっても、十分知られたものであれば、その方が、新たに制定され、それ故に、新たに学ばれねばならない、より完全で、完成された法体系よりも、社会の福利にとってより有用で便利なのです。

　(3)　イングランドのコモン・ローは他の諸法よりも事細かにできています。このことが、イングランドのコモン・ローを量的により膨大なものに、体系性をより少ないものとし、その学習により長い時間がかかるようにするのですが、それでもなお、それを補うより大きな利点を備えています。すなわち、事細かにできていますので、裁判官の恣意が妨げ、法をより確実なものにし、また、事案に判決が下されるようになった段階では、より適用しやすいものとなるのです。なるほど一般的法は非常に包括的で、直ぐに修得され、容易に体系的秩序に帰することができます。しかし、個別的な適用の場面になると、それらはほとんど役立たず、依怙贔屓、利益、さらには理解の多様性に非常に広範な余地を残し、適用を誤ることになるからです。二人の相争うギリシア人の司令官のように、ほとんど完全に意見が一致しながら、その意見を、論争中の個別の事例に、それぞれの願望と目的に合うように適用しますと、そこから互いに極端に矛盾する結論を演繹することになるといった道徳家の共通了解事項に似たようなことになるのです。それ故に、一般論に依拠することなく、すべての個別的場合にほとんど適合するように個別諸法によって恣意と不確実性を防いできたことに、イングランドの統治の知恵と幸福があったのです。

　もし、イングランド法がそれほど優れたものであれば、時の経過に応じ、何故にかくも多くの変化が生じたのかと誰かが異論を唱えるなら、私は一般

的に以下のように答えましょう。

　人間界の法が、個別的な欠陥と転変に服さねばならぬという人間界の共通の運命を完全に免れうると想定することなどできないのです。時間と経験がイングランド法に完全性を与えてきたのですから、今後、それを進歩させ改善していくのも時間と経験に違いなく、また、そうでしょう。より個別的に論じるなら、かつて生じたこの種の変化は、法における変化というよりむしろ、その対象の変化でした。議会の偉大な知恵が慣れ親しんできた多くのタイトルを取り去り、縮減してきました。慣用や長期の不使用によって廃れたタイトルもあります。商業や取引における多様な道筋と変更は以前にはそれほど有用でなかった取引方法を今日より有用なものとすることがあります。この機会に、大きく縮減され、非常に狭い範囲と使用に限られるようになったり、現在ではほとんど廃れてしまったりした重要な法律上のタイトルの幾つかの例を以下に列挙してみるのもまったく不適切というわけではないでしょう。1. 騎士奉仕保有とその附随事項、後見権、被後見人の婚姻許可料と没収、楯金、相続許可料、*長女婚姻時援助金*、*長男騎士叙任時援助金*、*初年度収入*、*封土引渡料*、*死後調査料*、*競合権利者否認料及びそれに関する権利の返還請願（monstrans）*、幾つかの権利令状、後見令状、被後見人略取令状、婚姻権相当額請求令状、婚姻権二倍相当額請求令状、さらに、この種の他の附随事項は法律上の重要なタイトルを構成しており、古の、より以前の法律書の多くの事案を占めていました。そのすべて、大部分は今や削除され、保有態様を変更する後の法律によって不用のものとなっています。2. 隷農身分とその幾つかの附随事項、すなわち、農奴解放、*逃亡農奴回復令状*、*自由身分確認令状*とそれに関する訴答と審理は、古い書物では重要なタイトルでしたが、今や、時の流れで廃れてしまっています。我々はダイア卿のクラウチ事件以降隷農身分事件について聞いたことはありません。3. 自認（profession）、否認（deraignment）のタイトル及びそれに関する幾つかの付随事項については、古き法廷年報では無視できないタイトルでしたが、今やヘンリ8世31年第27号法とそれに続く他の立法によってまったく廃れてしまいました。4. 寡婦産権及びその種のタイトルは、コモン・ロー上の広範なタイトルでした。このタイトルは完全に廃止されて、使われなく

なったというわけではありませんが、とりわけ大所領に関しては、ヘンリ8世27年法により、寡婦給与の一般的利用によって、ずっと狭いものとなりました。5. 無遺言不動産相続のタイトルは、利用と体験という点では、占有回復立入権と継続的権利主張を取り除くために、ヘンリ8世32年33号法によって大幅に縮減されました。6. 領主交替承認 (attornment) のタイトルは難しいが重要なタイトルであり、それに附随して、不承認理由開示令状 *(quid juris clamat)*、不承認者地代請求令状 *(quem redditum reddit)*、地代・奉仕請求令状 *(per quae servitia)* があります。しかし、ほとんど使用されず、代わって新たな便法がその位置を占めるようになってきています。すなわち、収益権和解譲渡 (fines to uses) や定期賃借権売却契約代金支払と権利放棄 (bargain and sale for a term and release)、ヘンリ8世治世27年法に従う証書の登記 (by deeds in rolled according to the statute 27. H. 8) のいずれかによってです。これらの便法によって、占有引渡による不動産権行使の際の難しさ、そして、さらに、ある種の権利放棄、権利確認に含まれる多くの精妙な問題も通常埋め合わされているのです。7. 不動産権継承阻害 (discontinuance) と原権遡及回復 (remitter) のタイトルは重要且つ広範なタイトルなのですが、実に難解な学識に満ちています。しかし、これらのタイトルもさまざまな議会制定法によって大幅に狭められました。今日では、コモン・ロー上不動産権継承阻害となる不動産譲渡証書 (assurances) の幾つかは無効とされています (be made bars)。すなわち、限嗣直系卑属 (issue in tail) に関するヘンリ7世4年及びヘンリ8世32年の制定法によって、巡回陪審で公告された和解譲渡 (fines with proclamation) は不動産承継阻害を無効とすることになりましたが、残余権と復帰権を持つ者には、一定の場合、今尚存続しています。さらに、コモン・ロー上の不動産継承阻害事由で、議会制定法によって、それ以降、効果を失うようになったものがあります。寡婦給与権者 (jointresses) や妻の権利で保有する夫の事例の場合は、ヘンリ7世11年第20号法によって、司教の場合は、エリザベス1年の制定法によって、教会法人の場合は、エリザベス13年法によってです。8. アサイズ訴訟による救済、それに関する種々の方式と訴訟手続は、法廷年報において重要なタイトルでした。それらに関する法は変更されたわけではないの

ですが、慣用と日常実務は、占有回復におけるそれらの利用を廃れさせ、その代わりに、*借地権回復訴訟（ejectione firmae）*による救済が利用されるようになりました。それ故に、官職の占有回復の場合を除き、如何なるアサイズ訴訟であれ提起されることは稀です。9. 権利令状や瑕疵権原立入排除令状等の不動産訴権とその若干の附随事項、*差押付召喚大令状（grand cape）、差押付小召喚令状（petit cape）、出廷懈怠免除（saver default）、第三者訴答認容（resceit）、係争地検証（view）、物的訴訟援助請願（ayde-prayer）、権原担保者訴訟引込（voucher）、権原担保者引込反対答弁（counterplea of voucher）、権原担保反対答弁（counterplea of warranty）、担保物権相当額賠償（recovery in value）*は、各々、法廷年報時代における重要なタイトルでした。しかし、今やほとんど使われなくなっています。というのも、今日では、権利保持者が合法的に不動産立入（the entry）できる場合には、ほとんどの場合、借地権回復訴訟による占有権の回復を選択するからです。上記のような不動産訴権の訴訟方式が保持されているのは馴合不動産回復訴訟（common recoveries）だけです。そして、稀にですが、*寡婦産権令状、不動産譲与令状*が使用されることがあります。なぜなら、通常、限嗣不動産権の存在が疑われる場合には、馴合不動産回復訴訟が開かれるからです。また、ウェールズ地方巡回大陪審では、不法占拠令状（quod ei deforceat）によって出廷懈怠を争うことで訴訟が進められることもあります。10. 雪冤宣誓（Ley-gager）も法廷年報の重要なタイトルでしたが、今や、単純契約に基づく借金に対しては特殊主張侵害訴訟が通常提起されるので、地方条例による金銭債務訴訟や、荘園裁判所での軽罰金犯罪（pain or amercement）の場合以外には、そのタイトルが使用されることは滅多にありません。11. *不法妨害除去訴訟（Quod permittat）、*及び共有地、道路等に関するアサイズ、*粉引水車使用義務違反訴訟（secta ad molendinum）、*妨害排除アサイズ訴訟はほとんど暴力侵害訴訟と特殊主張侵害訴訟に変わってしまいました。12. 債権仮差押手続（Garnishment）と供託動産所有権確定手続（interpleader）は、コモン・ローの大きなタイトルでしたが、今やほとんど使われなくなっています。というのも、動産回復訴訟はほとんど発見物、*横領物に関する（sur trover and conversion）*特殊主張侵害訴訟に転換してしまったからです。

13. 正当占有回復の抗弁（avowries）について学ぶべき知識はヘンリ 8 世 21 年の制定法によって大幅に縮減されました。不当差押動産回復訴訟、*正当差押動産復帰令状（returno havendo）*、*係争差押物訴訟（witherman）*等の訴訟手続の複雑さも、本議会の最近の法令によって、地代に対する自救的動産差押の場合については大幅に改善されています。この種の変化についてさらに多くの例を挙げることができるでしょう。しかし、上記の例だけでも時の経過が法の実務と方法を大きく変化させてきたこと、さらに、このような変化の理由をも理解させるのに役立つでしょう。時間と経験、慣行、幾つかの議会制定法が、あるタイトルを縮減し、また別のものを廃れさせたように、それらは、他のタイトルでそれらを代替させ、また拡張していったのです。本書の以下の叙述で発見することになるように、例えば、特殊主張侵害訴訟、不動産遺贈（devises）、*賃借不動産占有回復訴訟（ejectione firmae）*、取得分選択権（election）や、他のさまざまな法分野は、現在では昔以上にずっと大きなタイトルに成長しています。

　軍事規律に劣らずその法においても栄誉に浴した古代ローマ人達もこの真理に気付いていました。すなわち、時の経過により、彼らの法の幾つかは互いに矛盾するようになり、また、あるものは古臭くなり、あるものは実用に適さなくなり、あるものは意味が分からなくなり、全体の量があまりにも膨大となりました。それ故、ユスティニアヌスの時代には、信じ難いまでの多くの巻数と引用に満ちた法となったのです。それに対し、かの卓越した君主は、学識ある人々からなる大評議会乃至顧問団の忠告によって、（かつて、イングランドのユスティニアヌスたる、エドワード 1 世がウェールズ法によってなしたように）それらをより良き*概要（compendium）*に帰しました。これが現在、大陸法系を構成しているのです。実際、時の経過によってコモン・ローの書籍、巻数が如何に浩瀚なものとなったことか、同一の問題に関して、如何に多くの矛盾する法廷報告があるのか、また、如何に多く説明され、解決されるべき外見上矛盾する意見があるのか、如何に多くのタイトルが使われなくなっているのか。これらを考えるなら、公衆の利用のために、また、諸法をより狭い範囲に縮減し秩序立てるために、少なくとも日常の学習のために、ある種の完全なコモン・ロー大全（*corpus juris communis*）が

我々のイングランド法の多数の書物から抜粋されることが望まれるべきでしょう。しかし、これは時の仕事であり、それを助ける多くの勤勉で賢明な人々の手と頭脳を必要とするのです。

　以上、本書の主題に関する全般的問題については一定論じましたので、これから、より個別的に本書の内容に係わる問題について論じることにしましょう。読者は、本書に目を通すと、訴訟記録や議会議事録からの若干の収集があるのに気が付くでしょう。その通りで、スピード（Speed）とスケーン（Skene）からの収集もありますが、わずかであって、性質上も有益なものです。しかし、本書の主要部分は、法廷年報、その後の判例集といった、既に他の人々の私的な判例報告から印刷された事例や、著者自身が採録した*ジェームズ治世*12年頃以降の事例から構成されていて、そのほとんどは王座裁判所の法廷報告ですが、刑事事件（pleas of crown）に関するものはほとんどありません。実際、読者は最近出版された書物、とりわけクローク裁判官の判例集や、フランシス・ムーア卿の判例集で報告された多くの事例を見出すでしょう。しかし、それらの事例に関しても、本書による利点がないわけではありません。というのは、1. 一つの事例について多数の多様な法廷報告があることによって、ある法廷報告より、別の法廷報告の方がより明解な判決理由を与えることがあるからです。2. それらの事例は本書では要約のみが示され、理由は簡潔に与えられているだけでなく、秩序立てて整理されているので読者はより手早く且つ容易に利用することができます。この点を論じるために、第三の考察に移りましょう。

　3. 第三番目の考察は、本収集の方法で、このことは私に、以下の3点について論ずる機会を与えてくれることになります。すなわち、1. コモン・ローの方法一般について、2. コモン・ローの学習方法について、3. 本収集の特別の方法についてです。

　これらの最初のものについては、幾度となく述べてきたことですが、他の分野、おそらくは大学での学問に良く通じてはいながら、コモン・ローの学問についてはあまり知らない人々はコモン・ローの学問について二つの大きな偏見や異議を持っています。すなわち、第一のものは、コモン・ローは理性の明確な証拠を欠き、その結論と解決は他の科学でなされ、もしくはなさ

翻訳　ヘイル「若きコモン・ロー法学徒に向けて」　715

れうるような明白な論理的帰結によって演繹されず、曖昧且つ複雑で、それ故に、自らを理性の偉大な達人と考える人々はもちろん、論理学や哲学の精妙さに良く通じている多くの人々や学校教師達は、それを見て困惑し、それをほとんど理解できないというのです。第二のものは、コモン・ローは方法、順序、適切な配列を欠いているという意見です。このことは、精妙な学問に耽っている人々のみならず、自らの法はコモン・ローより方法、順序でずっと優れていると考えるローマ法の教授の中にまでコモン・ローに対する偏見を生んできたのです。これらの第一のものについては以下のように述べましょう。なるほど、理性は、知識や学問を獲得し、適用し、行使するための人類の共通の能力であり、道具であって、それを最も明瞭に行使しうる人々が、通常それに最も熟達した人であるというのはその通りでしょう。まさに同一の理性の力こそが、訓練、学習、経験によって、人を良き論理学者、良き数学者、良き内科医、良き法律家とするのです。しかし、良き論理学者であるからといって、その人がそのまま即座に良き法律家、良き数学者、良き内科医となるわけではありません。例えば、選び抜かれた天賦の才のある人をユークリッドに触れさせ、もしくは、（かの偉大な理性の教師たる）アリストテレスの物理学や形而上学乃至論理学の数編に目を向けさせてみるなら、彼は勉学と時間によって彼の理性がそれらの学問に適応するようになるまでそれらを修得しようと努力するでしょう。コモン・ローの一定部分については、各方面の能力を持つ人にとって、その理性は一見しただけで明白なのですが、その全知識を修得するには、理性のみならず、それを理解するための勉学と精勤を要するのです。その後に、彼の理性がその知識の蓄えを利用し、丁度、数学者がユークリッドの定理に基づいてなすように、同じような方法でそれに基づいて推論し、演繹しうるようになるのです。しかし、（法律と共通の学問分野である）道徳や世俗に関する事柄は、それらについての一般的概念や共通概念はありえますし、またそれらに基礎付けられてはいるのですが、その適用や、そこからの個別的な演繹、結論は論理学や数学における帰結や結論ほど明晰でも、不変でも、確定的でもありません。なぜなら、道徳的行為の諸性質は、それらの学問や科学の分野より、本質的に、ずっと不確定なものだからです。かくして、それらは通常、状況が無限

に変化することによって、極めて多様なものとなるのです。それ故に、正義や道徳について同一の共通概念に合意する人々が、（人間にはよく附随する）利害関心や依怙贔屓が介入してこない場合でも、それらから異なった結論を演繹し、異なった適用を行うことが、しばしば生じるのです。それは古代の道徳家の嘆きでもあったのです。すべての人類に共通の概念があり、概念同士も矛盾していない場合、例えば、公共善（*nostrum bonum*）が、有用で、期待され、如何なる理由であれ、求められ、達せられるべきものと思わなかった人がいようか。公正が正義で美徳であると思わなかった人がいようか。であるなら、個別の事柄に概念を当て嵌めたとたんに、どうして論争が生じるのであろうか。(notiones communes omnibus hominibus sunt & notioni notio non repugunat ; quis enim nostrum non statuit bonum esse utile & expetendum, & quavis ratione conseclandum & persequendum? quis non statuit justum esse honestum & decorum? quando igitur pugna oritur ? in notionum accommodatione ad res singulas) そして、それ故に、法の知恵、とりわけ、イングランド法の知恵は、偉大な見識と、経験、時間によって見出され、使用され続けている個別的準則、適用、立法（constitutions）によって公正と正義（honest）の一般的概念を決定することにあるのです。これらの個別的適用と結論は、共通の概念に同意し、優れた才能と理性を持つ人なら、ほとんどの人が確立した準則を何ら必要とせずに発見しうるので、それによって、多様性と不安定性が解消されるのです。3. その起源を設立（institution）に多く負っている事柄については、人は理性による演繹によってそれらを発見することは容易にできませんし、通常は不可能で、教授と教育によってのみ発見することができるのです。しかし、これらの事柄は、論証によってより明白に演繹可能な他の事柄同様に、人類にとって極めて必要且つ有用なのです。例えば、会話の意味について、何故に、この区切られた音と音節、言葉の組み合わせがある対象を意味し、また、理解可能な命題となるのか。また、何故にあるフランス語の作文と別の英語の作文とが同じ事を意味することになるのか。何故に、言葉の多様な語尾が言葉に文法上さまざまな意味合い乃至意味を与えることになるのか。設立乃至黙示の設立たる慣習以外に、如何なる直接的な理由も正当に与えられませんし、要求されも

しません。そして、これに類似したことは、イングランド法においてのみならず、世界のすべての法に見出されるのです。その場合、その最初の設立については、重大で深遠な理由がないわけではなく、また、それが続くことには、事態の不確実性を妨げ、社会の大きな利益となるのに、三段論法によって論証され、演繹されないという理由で、不合理だと結論付けることは愚かしいことです。かくして我々の法では、「私が与えた（dedi）」という用語が担保を、「私が譲渡した（concesssi）」という用語が捺印契約を作成することになり、「法定相続人（heyres）」という用語が単純封土権の譲与や封土公開譲渡による移転に必要とされ、単純封土保有地は直接父親には相続されず、叔父に相続されるのです。また、すべての息子にではなく、長男にのみ相続されます。これに対し他のある国々では法はこれとは異なった方法で不動産相続されることを命じています。この種の例は無限に挙げることができるでしょう。それらはその効力を主として設立乃至黙示の設立たる本王国の共通の慣行に負っており、不確実性を防ぐために極めて有用なのです。それ故、想像しうるあらゆる理性を動員しても、教育、学習乃至訓練によってそれを学ぶことなしには、ある人を良き文法家としたり、ある言語に習熟させたりできないように、他の分野について豊かな理性を持つ人も、生まれながらのコモン・ロー法曹ではなく、学習と経験なしには、その知識の修得者でありえないとしても傷がつくわけではないのです。

　第二の点、コモン・ローが方法的体系性に欠けるという点に関しては、以下のように述べましょう。1. コモン・ローを、その一般的項目に関して、完全に方法的体系性に帰することは可能です。すべての学生は、自らのために、彼の利用と記憶に適合するような法の一般的概要を容易に作り出しうるし、実際そうしている。2. しかし、なるほど、その多量さと多様さという点から、すべての個別的なものを、学校風の方法的体系性に帰することは容易ではありません。しかし、以前に示したように、その不便は、その個別性と個別的状況への適用の有用性によって償われているのです。なるほどローマ法体系は一般的項目の下に要録されていて、それらは多くの個別的なものが入れられる共通の箱のような役割を果しています。しかし、個別的なものそのもの、それらの論説、回答、助言、決定の方法的体系性については、

我々のコモン・ローが達成し、また容易に達成するであろう体系性とほとんど変わりません。以上で、コモン・ローの方法一般については充分に論じました。

　(2) コモン・ローの学習方法に関しては、その学習者に対して、一般的に言わねばならないことが以下のごとく多くあります。法学生にとって必要なのは、方法的に体系立った読書と学習を遵守することです。というのも、記憶力がそれほど優れていない人の場合、その人に自由に任せれば、彼が読むすべて乃至大部分をはっきりと役立つ記憶として7年間の終わりに至るまで持ち続けることは不可能でしょうし、日常的使用や方法的体系立ての援助がない場合には、ずっと短い期間さえ保持し得ないからです。実際、反復的使用と方法的体系立てとの助け無しには、その時以来7年間かけて読んだものも、ほとんどそれを読んだことがなかったかのごとく新しいものに見えることになるでしょう。それ故にこそ、方法の体系立てが必要なのですが、各人個々の好みに応じ多様な方法があります。それ故に、若干の経験により、この種のもので非常に有益と見做されてきたものを説明したいのです。第一に、学生にとっては、2、3年間、『リトルトン』『パーキンス』『博士と学徒』、フィッツハーバートの『令状論』、そして、とりわけ、我がクック卿の『リトルトン註解』を、そしてできれば彼の判例集を精読して過ごすのが適切です。これによって彼は実務訓練を行うに相応しくなり、他の人々との会話や議論によって自ら精進させ、また、ウェストミンスタの法廷での傍聴を彼にとって有益なものとすることができるようになるでしょう。2、3年そのように過ごした後に、彼に大きな共通拠点帳（common-place-book）を与え、アルファベット順のタイトルに分けさせなさい。これらのタイトルはブルック『法要録』や、法律書の索引を観察すれば容易に集めることができるでしょう。また、おそらくは（後述するように）今回刊行した本書も彼の共通拠点帳の基礎となりうるものです。その後に、法廷年報を読み始めるのが相応しいでしょう。なぜなら、古い法廷年報の多くには、今やほとんど使われていない法が一杯詰まっているからです。彼の日常的な継続的読書のために最も有用なものとして以下のものを選び出すことができます。エドワード3世巡回陪審法廷報告の最後の部分、ヘンリ6世法廷年報第2部、エドワード4

世、ヘンリ7世法廷年報、そして、順次下っていって、時代順に後の法へ、すなわち、『プラウドゥン判例集』『ダイア判例集』、そして、『クック判例集』の再読、そして最近出版された他の判例集へと進むのです。読むにしたがって、事例を比較し、事例の訴答を、訴答登録集、とりわけ、法廷年報との関連では最良のものであるラスティル『訴答登録集』と比較するに適した段階になります。読書の過程で読み取ったものを抽出して、その要旨、とりわけ事例の要旨乃至解決された問題点を適切なタイトルの下に自分の共通拠点帳に書き込みなさい。一つの事例を幾つかのタイトルの下に当て嵌めるのが相応しい場合には、都合良く分けることができるなら、各々の部分を適当なタイトルの下に記入し、うまく分けられなければ、全事例の要約を最も適切なタイトルの下に書き込み、別のタイトルからその要約が参照できるようにしなさい。なるほど、こうした方法で学習しますと、ある学生は多くの紙を浪費することになり、おそらくは2、3年して、以前に彼がやっていたことの中に多くの誤りと見当違いを発見し、不適切な項目の下に素材を配置することで多くの不規則と無秩序が生じているのに気付くことになるでしょう。しかし、彼がこの学習方法に傾注することで以下のような成果を得ることは間違いありません。1. 時を経るに従い、彼はこの業務についてより完全且つ巧みになるでしょう。2. 書き留めた素材に頻繁に戻ることによって、当初不完全で無秩序であった叙述も、少なくとも彼自身にとっては明瞭なものとなり、記憶も更新されることになります。3. こうした手段によって、彼は、彼が読書したものを何であれ、適切なタイトルの下にまとめるようになるのです。4. 検索の機会や新たな挿入の必要が生じる度に、すべてのタイトルに再々戻ることによって、不思議にも、彼は彼が以前読んだことを記憶に蘇らせ、刻み込むこととなります。5. 如何なる問題についてでも彼の読んだことなら、すべての書物を繙くことなしに、その内容を一見して理解できるようになるでしょう（彼に特別の助言や論証が求められた場合にのみ、その目的に有用だと彼が考える書物を詳細に読むことが必要となるのです）。6. 彼は、どんな場合でも、索引や他の目録に頼ることなしに、彼が読んだことを突然に思い出すことができるようになります。もっとも、それらはしばしば短いものであり、探している問題の貧弱な説明でしかないのですが、

このことに関連して第三のテーマに移ることにしましょう。

　(3)　本書固有の方法について、手短に言えば以下のようなものです。第一に本書はアルファベット順の大きなタイトルに分かたれており、(國王の訴訟以外の) コモン・ローの重要なタイトルをすべて含んでいます。次に、それらのタイトルは多くの場合一般的な項目に再分割され、さらに、それらはより特殊な項目へと分割されます。国王大権、事実審理等のタイトルには多くの下位のタイトルがあり、それらの下位のタイトルも多数に分割されています。幾つかの事例には、「疑義あり (quaere)」とか「疑われる (dubitatur)」という印が付けられており、それらは大部分、本書全体においては、もしくは、収集者にとっては、単なる意見に過ぎないか、疑わしいものです。チャールズ治世21年 [1645/46] から 1655 年の間に報告されたものは、多くの場合裁判所名が省かれていますが、それらも含めすべて、著者が臨席した裁判所における意見乃至決定です。

　4.　私が冒頭で提起した考察すべき第四番目の大きな問題は、本書の効用と利点ですが、それらは主として以下のようなことです。1. 今日法律書は、多くの人々がそれらすべてを読むだけの忍耐を持たないほど、非常に膨大で浩瀚なものとなってしまいましたが、本書を読む学生は、相当要約された形で、それらの書物の重要な内容の大部分を集めることになるでしょう。2. フィッツハーバートやブルックの法要録はヘンリ8世治世期、もしくはせいぜいメアリ女王治世期で終わっていますが、本書は、およそチャールズ1世治世末期乃至その幾分後の時代に至るまで、その後の判例報告に含まれる新たな法のほとんどを含んでおり、それをアルファベット順のタイトルに落とし込んでいます。3. 本書の学習者乃至読者は、多くの索引や目録を調べる手間に煩わされることなしに、短時間で、あるタイトルに関する学問体系を大部分理解しうるでしょう。4. 私は、前段で、共通拠点帳の作成、使用を推奨しましたが、法の組織立った有益な学習にとって私が知る最も当を得た方法として、本書がそのような共通拠点帳の基礎となるでしょう。本書は、学生に短時間に修得できる適切な方法を与えるだけでなく、彼に個別事例の豊富な蓄積を備えさせるでしょう。その上に立って、さらなる改良を奥深く続けていけばよろしい。本書はこのように彼の将来のすべての学習のた

めの一般的宝庫となるでしょう。本書は、本書に漏れている事例や、今後生じる事例を本書の既存の項目の下に加えるために、また、本書には欠けていますが、将来必要となる他のタイトルを追加するために、意図的に大きな余白を設けて印刷されています。なるほど、本書には、古い書物の幾つかのタイトルで、ほとんど廃れてしまっているものが含まれていますが、それらはみれば分かるものです。全体としてみれば、この優れた人物の骨折りのお陰で、学生や読者は体系的方法で要録され、実用に適した学問の宝庫を備えることになり、それによって、多くの時間や労苦を費やすることなく、自らの知識を向上させうるようになったのです。

　5. お約束した考察の最後の問題、すなわち、本書の読書と使用にあたって留意すべき点と本書に関する忠告を述べるところまできました。それは以下のような点です。1. 本書は、学生達の勤勉を減ずるためではなく、勤勉を奨励するように、彼らの援助と利益のために出版された書物です。自分自身の精勤、傾注、勉学なしに、他人の労苦にのみ頼る人は、決して彼のプロフェッションで有能となることはなく、自分自身と他の人々双方を失望させることになるでしょう。2. 本書は法要録に過ぎません。事例が詳細に記載されているわけではなく、また議論も詳細には報告されていません。本書は非凡な判断力をもって収集され、要約された法要録ではあるのですが、詳細な判例報告が入手できる場合には、忠告、弁論、決定を行う段階になったら、読者は判例報告を詳細に調べるべきです。これらの要録事例の幾つかは彼によって要約されただけでなく、自ら所見を述べ、法廷弁論し、判例報告したものもあれば、彼によって判決されたものも幾つかあります。彼自身の所見を含むものは、主として、ジェームズ王治世12年、13年、14年、及びその後の数年、チャールズ王時代のすべてとその後の数年の事例です。それらは厳密に検討され、採録されています。他の要録事例は、他の人の私蔵判例報告乃至公刊された判例報告から抽出され、要約されたにすぎず、判例報告者の誤りを引き継いでいることがあります。しかし、訂正は容易です。なぜなら、これらの判例報告は現在では大部分印刷されているからです。3. 本書は法要録に過ぎないものであると同時に、コレクションにすぎないものです。収集者自身が下した判決も多く収められてはいるのですが、本書

に収集された判決のほとんどは他の人によって下されたものです。そのような事例では、すべてのことに彼自身の感想と判断を差し挟むのではなく、彼が読み、聞いた事の要旨を正確に報告することで充分なのです。それ故に、互いに対立し、また、後の時代の決定によって否定されてしまった決定や意見が収められている場合もありうるのです。しかし、賢明な読者は、そうしたことに害されることなく、収集された決定や意見を活用されるでしょう。

4. 本書に収められた多くの事例、決定は最近の混乱した時代に生じたものではあるのですが、その時代の混乱に係わる事例は一つもないと信ずべき理由が私にはあります。収集者はこの点につき極めて注意深く、出版者も同様の注意を払っています。その種の事が何か生じるおそれがあれば、検閲されていたでしょう。それは、このような大きな巻でも不可能ではないのです。原本に含まれていて、出版に際し省いたタイトルや事例が若干ありますが、それらは、徴発権や騎士身分に関するもののように現在では通用しなくなったものか、性質上、コモン・ローの書物には相応しくないものです。全体を通して、賢慮に満ちた読者が本書で彼に役立つことを多く見出し、犯罪に正当化事由を与えるものを何も見出さないことが望まれます。5. 収集者は、本書が公衆の眼に触れることを意図していなかったということを、私は再び繰り返し述べねばなりません。それ故、時々、歴史や海外の著者から引き出された、コモン・ローの書物には相応しく思われない所見が若干見受けられます。また、法要録を完全なものとするのに必要な若干のタイトルと事例が欠けています。たとえ、二度も繰り返されているタイトルや事例が若干あったとしても、また、このような収集者の、この種の著作を生み出すための完全な順序と方法が、すべての事柄にわたって備わっているわけではないとしても、本書には正当な免責事由があるのです。意図されていた補遺の作成によって、若干のタイトル、少なくとも若干の事例と所見を補うことができたかも知れませんが、印刷の支障がその問題を傍へそらしてしまいました。そうした落ち穂拾いが、そのために著作自体の出版を遅らせるほど重大なものであるはずはなかったからです。今後良い機会があれば、それを実現するのに充分時間があります。公平で賢慮に満ちた読者なら、上述の遺漏や本書に生じる他の同種の問題も（もし、何かあるとしても）容易に訂正し、大目に

見ることができるでしょうし、それどころか、彼の知識を向上させ、時間を上手く利用するために充分なものをそこに見出し、彼の心の内に収集者の判断力、学識、勤勉への正しき尊崇の念を惹き起こすことになるでしょう。（父親のプロフェッションのみならず、その美徳の相続人でもある）彼の立派な息子さんの丁寧な御対応に感謝の意を表したい。彼は、彼の父を誉め称える人々の要請に応え、公共善のためにこの著作を公刊することを異論なく許可して下さったのです。

我々はヘンリ・ロール撰『各タイトルの下にアルファベット順に彙纂された多くのコモン・ローの事例と決定の要録』と題された本書の印刷と公刊を許可する、云々。

オーランド・ブリッジマン	国璽尚書〔(1667.8.31-1672.11.17)〕
	〔民訴裁判所裁判長(1660.10.22-1668.5.22)〕
ジョン・ケリング	〔王座裁判所裁判長(1665.11.21-16715.9/10)〕
マシュー・ヘイル	〔財務府裁判所裁判長(1660.11.7-1671.5.17)〕
エドワード・アトキンズ	〔財務府裁判所判事(1660.6.23-1669.10.9)〕
トーマス・トワイズデン	〔王座裁判所判事(1660.6.27-1678.12.5?)〕
トーマス・ティリル	〔民訴裁判所判事(1660.7.7-1672.3.8)〕
クリストファ・ターナ	〔財務府裁判所判事(1660.7.7-1675.5.19)〕
ウォダム・ウィンダム	〔王座裁判所判事(1660.11.24-1668.12.24/25)〕
ジョン・アーチャー	〔民訴裁判所判事(1663.11.4-1672.12.12)〕
リチャード・レインフォーズ	〔財務府裁判所判事(1663.11.16-1669.2.5)〕
ウィリアム・モートン	〔王座裁判所判事(1665.11.23-1672.9.23)〕

(ジョン・ヴォーン)	民訴裁判所裁判長(1668.5.23-1674.12.9/10)

【付録１】

初期コモン・ロー法文献内容概観

（『グランヴィル』『ブラクトン』『ブリトン』）

　　初期コモン・ロー法学の概要を知る手掛かりとして、『グランヴィル』『ブラクトン』『ブリトン』の全体的構成について、各々の目次を基本に資料として邦訳した。

1　『グランヴィル──イングランド王国の法律と慣習』（c. 1187-89）
Tractatus de legibus et consuetudinibus regni Anglie qui Glanvilla vocatur

　　内容概観：第１章から第３章までの国王直属受封地に関する訴訟が、典型的な訴訟類型として詳述され、訴訟開始令状と訴訟の各段階で使用される司法令状（中間令状、執行令状）の説明と共に、全面否認訴答の訴答例も紹介されているが、被告の防御方法としては不出頭申立が中心で、出頭後は決闘か大陪審となる。以後、第11章まで国王裁判所の下知令状型の訴訟で使用される各種令状の説明が続き、第12章で封主宛の権利令状方式の訴訟類型とともに、州長官宛、教会裁判所宛の令状が紹介される。本章の結びの言葉が、次の第13章の新たに考案されたアサイズ〔＝所領占有回復陪審〕訴訟の人気とともに自由土地保有権に関する訴訟の国王裁判所への集中をもたらしたといわれている。最終章（14章）で刑事訴訟が簡潔に触れられるが、窃盗は州裁判所管轄として省略。

　　序論　ユスティニアヌス『法学提要』序文からの引用
　　　　　イングランド法は不文法であるが、法律と称するのは不合理ではない。
　　　　　「君主の欲するところ、法律の効力を有す」
　　本論　国王裁判所の訴訟で用いられる訴訟開始令状、中間令状、執行令状の解説
　　世俗訴訟管轄権区分（第１章）

刑事訴訟：国王裁判所管轄（大逆罪・国王の平和違反事件）／州共同体裁判
　　　　　所管轄区分
　　民事訴訟：国王裁判所管轄／州共同体裁判所管轄区分
国王裁判所管轄民事訴訟（第1章）～
　　直属受封地回復訴訟（第1章～第3章）：典型的訴訟として詳論
　　《法廷召喚手続》
　　　訴訟開始令状
　　　　中間令状　　〈不出頭理由申立〉(海外、事故、国王勤務、疾病、聖地巡礼)
　　　　　　　　　　令状復命日担保令状、不出頭による所領差押令状、偽宜不出
　　　　　　　　　　頭理由申立人逮捕令状、不出頭理由申立人保証人召喚令状、
　　　　　　　　　　病状検証令状
　　　　執行令状　　不出頭による占有引渡令状
　　《公判審理手続》（第2章）
　　　〈証拠手続〉　係争地検分令状
　　　〈訴答手続〉　原告側：訴訟開始令状の文言に応じ訴えの陳述
　　　　　　　　　　被告側：「一語一句たがえずに（de verbo in verbum）」全面否認
　　　〈審判手続〉　決闘／大陪審（Grand Assise）
　　　　（令状→不出頭申立(3回)→出廷→土地検証→不出頭申立(3回)→出廷：訴答→審理）
　　　執行令状　　　決闘による占有引渡令状
　　　中間令状　　　大陪審申立による平和令状（二種）
　　　　　　　　　　大陪審のための4名の騎士召喚令状
　　　　　　　　　　大陪審のための12名の騎士召喚令状
　　　執行令状　　　大陪審による占有引渡令状
　　《第三者手続》（第3章）代官・賃借人・質入地／権原担保人
　　　　　　　　　　　　権原担保者（＝封主）召喚令状
　　※以後、国王裁判所における各種訴訟と令状の解説が行われる。
　　聖職推挙権回復訴訟（第4章）
　　　下知令状方式(略)：州長官宛訴訟開始令状→引渡命令→不履行→国王裁判所
　　自由身分保全訴訟（第5章）：国王大権裁判所としての自由人保護）
　　　国王裁判所移管令状：州長官宛→訴訟遂行保証人→国王裁判所への移管：
　　　両当事者の召喚
　　寡婦産回復訴訟（第6章）
　　　権利令状方式　　封主宛：裁判開催命令→不履行→州裁判所－移管令状→

国王裁判所

　下知令状方式　　州長官宛：執行命令→不履行→国王裁判所＋各種中間令状

相続財産分割訴訟（第7章） 公正な遺産分割のための令状：州裁判所

　　　　　　　　　　　嫡出否認に関する令状　　　　：教会裁判所

最終和解譲渡遵守請求訴訟（第8章）

　歯形捺印証書の書式（二種）

　和解譲渡遵守令状＝下知令状方式←国王裁判所でのなされた和解文書の遵守
　＋各種中間令状

封主－封臣関係訴訟（第9章） 臣従礼・相続料・大陪審・境界紛争等

　州長官宛各種令状：下知令状型（相続承認）、州裁判所（境界画定・慣習的
　　　　　　　　　　　負担）、領主裁判所等

債務返済訴訟（第10章） 　国王裁判所管轄：国王大権

　債務返済令状：下知令状方式（四種）（土地→金銭債務）

　＋中間令状

訴訟代理人（第11章） responsalis, procurator

　訴訟代理人任命令状（州長官宛中間令状）

封主裁判所等訴訟手続（第12章）：州長官管轄、教会裁判所管轄を含む

　封主宛訴訟開始令状：権利令状方式（「正義を施せ」）

　権利令状型各種令状

　　　封臣奉仕負担請求令状、相続分回復令状

　州長官宛各種令状

　　　保有者圧迫禁止、隷農取戻令状、差押動産回復令状、放牧地測定令
　　　状、地役権令状、陪臣圧迫禁止令状、境界画定令状、分割分維持令
　　　状、差押動産返還令状、陪審代理禁止令状、寡婦産回復令状

　世俗封地訴訟禁止令状

　　　教会裁判所宛、州長官宛

　結び（12章25）

　　　「王国の慣習に従い、何人も主君たる国王乃至彼の首席裁判官の令状
　　　無しに自己の自由保有地に関して封主の裁判所において答弁する義務
　　　を負わないということを知るべきである」。

不動産占有回復訴訟手続（第13章）：[小] アサイズ訴訟

　相続不動産占有回復令状（四種）

　　　＋中間令状（五種）＋執行令状「朕の戴冠後」＝1154

聖職推挙権占有回復令状

聖俗裁判管轄確定訴訟令状

新侵奪不動産占有回復令状（四種：土手、製粉所水車貯水池、放牧入会地）

国王裁判所管轄刑事訴訟（第14章）正式起訴／重罪私訴

犯罪の分類（埋蔵物隠匿、殺人、放火、強盗、偽造、窃盗［略]）

「州長官の権限に属する窃盗とその他の訴訟事件に関してはそれらが州裁判所それぞれの異なる慣習に従って審理され、判決されねばならないので、国王の裁判所にのみ注目するという本書の当面の目的よりして、今これを取り扱うことは適切ではない」。

The tretise on the laws and customs of the realm of England commonly called Glanvill, edited by G.D.G. Hall（Nelson, 1965）

参照：松村勝二郎訳『中世イングランド王国の法と慣習──グランヴィル』（明石書店、1993）

2 『ブラクトン──イングランドの法律と慣習』（c. 1230 / c. 1250)
Bracton De Legibus et Consuetudinibus Angliae

内容概観：概ね「法学提要」部分と「大巡察訴訟手続論」「抗弁論」に分けられる。最初に、ユスティニアヌス『法学提要』編別にローマ法概念を基礎にイングランド法について論じられる。

F. 115b から、「大巡察訴訟手続論」に入るが、『グランヴィル』とは異なり、土地に関する訴訟では占有回復のためのアサイズ訴訟が中心となる。訴訟における防御手段も『グランヴィル』における不出頭申立から抗弁へと重点が変化しており、「大巡察訴訟手続論」に続く「抗弁論［f. 399b-f. 444b]」が全体の10%強を占めることになる。各訴訟別の抗弁例を加えれば、その比率は飛躍的に増大する。新侵奪不動産占有回復訴訟における隷農身分をめぐる抗弁については、本書、第3編Ⅰ142頁で紹介した訴答例［f.192, f.194］を参照。

参照：沢田裕治「『ブラクトン』体系の構成・再論」国方敬司・直江眞一編『史料が語る中世ヨーロッパ』（刀水書房、2004）所収、53-70頁

	フォリーオ		Thorne 版	巻号	頁
Introductio	F. 1	序文		II	19

「国王は何を必要とするか」：戦時の武力と平時の法律（f.4, II p.19）

	フォリーオ		Thorne 版	巻号	頁
De Personis	F. 4	人について			29
De Rebus	F. 7	物について			39
De Adquirendo Rerum Dominio	F. 8	物の所有権の獲得について			42
De Actionibus	F. 98	訴権について			282

「裁判官は巡察で如何なる順序でどのように訴訟手続を進めるか」（f. 115b, II p. 327）

	フォリーオ		Thorne 版	巻号	頁
De Placitis Coronae	F. 115	國王の訴訟について			327-449
De Actionibus Civilibus	F. 159	民間の訴訟について		III	13
De Assissa Novae Disseisinae	F. 161	新侵奪不動産占有回復訴訟について			18
De Assisa Ultimae Praesentationis	F. 237	聖職者叙任権占有回復訴訟について			205
De Assisa Mortis Antecessoris	F. 252	相続不動産占有回復訴訟について			245
De Consanguinitate	F. 281	親族不動産占有回復訴訟について			318
De Assisa Utrum	F. 285	聖俗裁判管轄確定訴訟について			329
De Dote	F. 296	寡婦産について			357-412
De Ingrssu	F. 317	瑕疵権原立入排除訴訟について		IV	21
Breve de Recto	F. 327	権利令状について			47
De Essoniis	F. 336	不出頭理由申立について			71
De Defaltis	F. 364	不出頭について			147
De Warrantia	F. 380	権原担保について			191

「抗弁について」、「抗弁とは何か」「抗弁の種類について」（f. 399, IV p. 245）

	フォリーオ		Thorne 版	巻号	頁
De Exceptionibus	F. 399-444	抗弁について			245-378

Bracton, On the Laws and customs of England, 4vols, edited by George E. Woodbine and Samuel E. Thorne. Cambridge, 1968-77.

http://hlsl.law.harvard.edu/bracton/Common/SearchPage.htm

3 『ブリトン』（c. 1290's） *Britton*

内容概観：『ブラクトン』における「法学提要」部分が削除され、大巡察訴訟実務に即応した、俗語＝フランス語での叙述となっている。「國王の訴訟」の終結に続き、第1巻28章から「州裁判所」の訴訟が開催される。

『ブラクトン』の抗弁論は、第2巻アサイズ訴訟の中に組み入れられ、とりわけ、第3巻の相続不動産占有回復訴訟における抗弁の発展（12〜22）が顕著である。『グランヴィル』で中心的位置を占めていた所有権訴訟が末尾の第6巻に押し込められていることにも留意。

第1巻　裁判官と他の役人の権威について、及び國王の訴訟を含む人的訴訟について
序言
1.　裁判官の権威について
2.　コロナについて
3.　巡察裁判について
4.　巡察審問条項
5.　捺印、通貨偽造罪、及び重罪審理について
6.　殺人罪について
7.　謀殺罪について
8.　事故死について
9.　反逆罪について
10.　放火罪について
11.　夜盗罪について
12.　囚人について
13.　法外放逐について
14.　法内化、乃至法保護の回復について
15.　強姦罪について
16.　窃盗罪について
17.　退國宣誓について
18.　埋蔵財産、難破物、漂着物、逸走家畜について
19.　国王の諸権利
20.　諸特権領について
21.　様々な不正について
22.　国王役人について
23.　重罪私訴について
24.　殺人私訴について
25.　強盗及び窃盗私訴について
26.　四肢損傷私訴について
27.　出廷保証手続、及びトレスパス訴訟について、巡察の終結について
　　　　　　　　　　　［トレスパス令状手続］
28.　動産差押について　　　　［州裁判所の二重性：治安裁判所・封建裁判所、州裁判所の召喚手続］
29.　金銭債務について　　　　［州裁判所裁判管轄：40s裁判管轄、訴願手続：トレスパス訴願手続］
30.　州長官巡回について　　　［十人組検査、重罪告訴、境界トレスパス、誠実宣誓文言］
31.　度量衡について　　　　　［ビール・パン価格規制、領主市場特権］ここで、純粋な人の法は終了

【付録1】 初期コモン・ロー法文献内容概観　731

32. 隷農について　　　　　　　　［自然法上の自由と共有、万民法上の隷属、農奴
　　　　　　　　　　　　　　　　　解放手段］
　　　　　　　　　　　　　　　「ここで人の訴訟は終了し、物の訴訟が始まる」

第2巻　所領侵奪とそれに対する救済手段につて

　1. 出廷保証手続によって訴答可能な土地に関する訴訟について

　2. 購入について　　　　　　　　　　3. 贈与について

　4. 共同購入について　　　　　　　　5. 条件付購入について

　6. 復帰権及び不動産復帰について　　7. 隷農による購入について

　8. 特許状について　　　　　　　　　9. シーズンについて

　10. 地代の購入　　　　　　　　　　11. 不動産占有侵奪

　12. アサイズ［新侵奪不動産占有回復］訴訟が成立しない場合

　13. 不動産占有侵奪からの救済方法

　14. 不動産占有侵奪検分

　15. アサイズ［新侵奪不動産占有回復］訴訟手続

　16. 自由土地保有権原

　17. 令状に対する抗弁

　18. 原告本人に対する抗弁

　19. 訴権に対する抗弁

　20. アサイズ訴訟の陪審への移行

　21. 陪審員忌避申立及びアサイズ陪審審理について

　22. 判決について

　23. 附属権について

　24. 共有地放牧権について

　25. 共有地放牧権侵奪に対する救済

　26. 共有地放牧権訴訟の抗弁

　27. 共有地放牧権の割当について

　28. 権利令状について

　29. 合理的採木、採草権について

　30. 不法妨害について

　31. 不法妨害の救済手段について

　32. 不法妨害アサイズ陪審訴訟における抗弁について

　33. 農地賃借権について

第3巻　不法侵入とその救済方法

1. 不法侵入について
2. 後見権、種々の土地保有態様について、及び偽の子供に対する救済方法について
3. 婚姻権について
4. 臣従宣誓について
5. 相続上納金について
6. 相続不動産占有回復訴訟について
7. 混合訴訟について
8. 分割可能な相続財産について
9. 相続分分割訴訟について
10. 相続不動産占有回復訴訟の召喚手続及びその他の訴訟手続について
11. 相続不動産占有回復訴訟における権原担保について
12. 「同上の後継人」の抗弁
13. 「保有していた（seized）」という文言に関する抗弁
14. 「最後に保有していた（last seized）」という文言に関する抗弁
15. 「彼の直営地で」という文言に関する抗弁
16. 「封として」という文言に基づく抗弁
17. 「彼の死亡した日に」という文言に基づく抗弁
18. 「附属権を含めた土地について」という文言に基づく抗弁
19. 「その期間以降」という文言に基づく抗弁
20. 「最近の相続人」という文言に基づく抗弁
21. 「土地を保有する者」という文言に基づく抗弁
22. 重罪、庶出の抗弁、及びアサイズ訴訟に対する他の抗弁
23. アサイズ訴訟の陪審への移行
24. 相続不動産占有回復訴訟の審理と判決
25. Quod permittat［附属権回復許可］と称される令状について
26. 親族（cosinage）、祖父（aiel）、曾祖父（besail）財産占有回復訴訟

第4巻　聖職推挙権、聖俗管轄確定訴訟、陪審査問手続に関する訴訟

1. 聖職推挙権占有回復訴訟について
2. 開廷日、及び原告の訴答について
3. 聖職推挙権占有回復の諸抗弁

【付録1】 初期コモン・ロー法文献内容概観　733

4.　令状から独立した抗弁
5.　聖職推挙権占有回復訴訟の評決と判決
6.　聖職推挙権妨害排除訴権（quare impedit）について
7.　聖俗裁判管轄確定訴訟について
8.　聖俗裁判管轄確定アサイズ訴訟における抗弁
9.　宣誓の性質と、陪審査問手続について
10.　如何なる場合に陪審査問訴訟が成立するか
11.　陪審査問の緩和による陪審の免責について
12.　陪審査問訴訟の審理と判決について

第5巻　寡婦産及び瑕疵権原立入排除訴訟について

1.　寡婦産の性質について
2.　寡婦産の設定について
3.　寡婦産譲渡証書について
4.　寡婦産回復のための救済手段について
5.　寡婦産訴訟における権原担保人の訴訟参加について
6.　夫の死に関する抗弁について
7.　婚姻の無効に基づく抗弁、設定された寡婦産が主張されたものと異なることに基づく抗弁について
8.　数人の婦人が一人の夫の寡婦産を請求する場合の訴答について
9.　父親の承諾に関する抗弁について
10.　寡婦産訴訟における一般的諸抗弁について
11.　寡婦産訴訟の判決について
12.　寡婦産の権利訴訟について
13.　寡婦産の割当
14.　瑕疵権原立入排除令状に基づく訴権について
15.　瑕疵権原立入排除訴訟の手続
16.　瑕疵権原立入排除訴訟の諸抗弁

第6巻　所有権訴訟

序文　権利訴訟について
1.　相続人の近接性について
2.　無遺言［不動産］相続　　　　　　　　3.　親等について

4. 封主裁判所、州裁判所での権利訴訟手続と国王裁判所への移管について

5. 権利訴訟の召喚手続について

6. 不出頭申立手続について

7. 海外所在不出頭申立について

8. 国王勤務に基づく不出頭申立について

9. 途上災厄による不出頭申立について

10. 訴訟代理人について

Britton, 2vols. revised & translated by Francis Morgan Nichols (Oxford, 1865)

【付録 2】

法廷報告と訴訟記録（ハンバ河渡船事件）

　下記の事件は、後に無方式諾成契約訴訟へと発展する引受訴訟の最も初期の事例として注目を浴びてきたハンバ河渡船事件であるが、ここでは、法廷報告 Report と訴訟記録 Record の相違を理解していただくために資料として掲載した。当時、王座裁判所が国王と共にヨークに滞在しており、ヨーク州の州裁判所管轄訴訟を吸収し、訴状による訴えが可能であったことが裁判に影響を与えたように思われる。訴訟記録からすると、雌馬の死亡は過剰積載が原因ではなかったようである。侵害訴訟で訴えるために過剰積載という失当行為を創り上げたのかも知れない。

　cf. The Humberferry Case 1348 (Selden Society, 1985), G. O. Sayles ed., *Select Cases in the Court of King's Bench* vol. VI, 82 SS (1965) p. 66.

バクトン対タウンスエンド事件（ハンバ河渡船事件）

法廷報告：アサイズ・ブック　第41号　22 Edw III, 1348

　J. de S の訴状によれば、G. de S は某年、某日にハンバ河の B 地点で彼の雌馬を、彼の船でハンバ河の荒波を無事安全に運ぶことを引受けた（avoit empris）。しかし、上述のGは彼の船に他の馬を過剰積載し、この過剰積載によって彼の雌馬は失われ、不法にも彼に損害を与えた云々。リッチム「訴状について判決を下してください。われわれには如何なる不正もなく、彼は侵害訴訟にではなく、合意遵守訴訟に訴えるべきであったことは明らかである」。ボーク「貴公が貴公の船に過剰積載したとき、彼に侵害行為を行い、その結果彼の雌馬は死亡したのだ。答弁しなさい」。リッチム「責任無し（Rien coupable）である」。［原告］「訴状通りの事実を断言する用意がある」。；そして、相手側は反論した云々。

訴訟記録（KB27/354, m. 85）1348 Mich.

ヨーク州

原告ケーヴのジョン・ドゥ・バクトンと（被告）渡船業者ヘッスルのニコラス・アット・タウンスエンドが評決を委ねた陪審により以下のごとく認定された。同上のニコラスが当代治世 20 年聖マルティヌス祭の次の月曜日〔1346 年 11 月 13 日〕にヘッスルでジョンから或る雌馬をニコラスの船でハンバ河を安全に運ぶために受け取った。そして、同上のニコラスはジョンの意に反して船に過剰に積載したために、彼はニコラスの懈怠によって上述の雌馬を失った。同上のジョンは彼の訴状でこのように訴え、ジョンの損害は 40 シリングであったとしている。そして、同上のジョンは、彼自身が同上の訴状で訴えているようには、同上の家畜も如何なる動産も失わなかった。それに関し、同上のジョンは同上のニコラスから上述の損害賠償金を回復すると判決された。そして、同上のニコラスは身柄を拘束され云々。そして、同上のジョンは、上述の家畜等に関する、彼の嘘の主張に対し憐憫罰を科せられた。 この開廷期の後に、ジョン・バクトン本人が国王の面前に出廷し、上述のニコラスが上述の 40 シリングを彼に弁済したことを認めた。それに基づき、王座裁判所監獄に引渡されていた上述のニコラスは来廷し、上述の訴訟に関して国王との和解が認められるように懇請した。彼の懇請は、当該開廷期の罰金記録に明らかなように、認められた。

損害賠償金 40 シリング、そのうち 40 ペンスが書記に、2 シリングがフリスビィに

罰金記録（KB27/354, fines m.9）1348 Mich.

渡船業者、ヘッスルのニコラス・アット・タウンスエンドから、ケーヴのジョン・ドゥ・バクトンに対しなされ、損害賠償金 40 シリングと評価されたトレスパスに対する罰金として、ラルフ・ドゥ・ルンド及びヘッスルのウィリアム・クックの保釈保証によって　―　40 ペンス

737

【付録 3】

リトルトン『土地法論(Tenure)』(c. 1465-75)

内容概観：法律用語辞典的な『旧土地法論』からは、叙述内容、叙述方法ともに一新しているが、第 2 巻までの目次構成は変わらない。第 3 巻で、新たに権原論を扱うところが、観念的な所有権概念の成長を示すものであろう。同時に、1658-9年に作成された「リトルトン分析」にみられる本書本来の体系的性格にも注目すべきである。それ故に、印刷術導入と共に法学教科書的役割を果たし、クック『リトルトン註解』、ヘイル、ノッティンガムの付註を通して、19 世紀半ばまでイングランド土地法の基盤を提供することとなったのである。

cf. Mr. Hargrave's First Address to the Public (1785?) & Mr. Butler's Preface to the Thiertenth edition (1787), Analysis of Littleton (1658-9) in Sir Edward Coke, The First Part of the Laws of England, 19th ed. (London, 1832) [Garland, 1979] pp. iv-x, pp. xiii-xxvi & pp. xliii-lx.

第 1 巻 ［不動産権論］
　［封土権論：相続不動産］
　第 1 章　単純封土権保有者
　第 2 章　限嗣封土権保有者
　［自由土地保有：相続不能不動産］
　第 3 章　家系存続可能性消滅後の限嗣封土権保有者
　第 4 章　鰥夫産権保有者
　第 5 章　寡婦産権保有者
　第 6 章　生涯権保有者
　［非自由土地保有］
　第 7 章　定期不動産権保有者

第 8 章　コモン・ロー上の任意不動産権保有者

第 9 章　荘園慣習上の任意不動産権保有者［謄本保有］

第 10 章　権標杖上の保有者［杖による儀式的譲渡を伴う謄本保有］

第 2 巻［保有条件論］

第 1 章　臣従礼

第 2 章　誠実宣誓

第 4 章　盾奉仕

第 5 章　騎士奉仕保有

第 6 章　普通（Socage）奉仕所有

第 7 章　自由寄進保有

第 8 章　譜代臣従保有

第 9 章　大奉仕保有

第 10 章　小奉仕保有

第 11 章　市域土地保有

第 12 章　隷農土地保有

第 13 章　地代論

「上記、2 冊の小著は、旧土地法論の数章を貴君がより良く理解のできるように作成したものである」

第 3 巻［権原論］

第 1 章　コモン・ローの作用による相続財産合有権者について　（単一権原）

第 2 章　慣習法の作用による相続財産合有権者について

第 3 章　（譲与、購入）合有保有権者について

第 4 章　共有保有権者について　　　　　（複数権原）

第 5 章　条件付不動産権　　　　　　　（証書による条件／法による条件）

第 6 章　立入権を阻止する無遺言不動産相続　（単純不動産権／限嗣不動産権）

第 7 章　継続的権利主張　　　　　　　（権原論）

第 8 章　不動産権放棄

第 9 章　不動産権確認

第 10 章　不動産権承認

第 11 章　不動産権中断

第 12 章　旧良権原復帰

第 13 章　権原担保責任

【付録3】 リトルトン『土地法論（Tenure）』（c. 1465-75）　739

［あとがき］

「私は私の息子のために3巻の書物を作成した。第1巻は土地、保有地の不動産権についてである」。

「我が息子よ、私が上述の書物で述べた全てのことが法であると信じることがないように。そのように推定するつもりも、請け負うつもりもない。法でないことについては、賢明な法の識者に尋ね、学びなさい。上述の書物で提起され、詳述された一定の事柄は法でないかもしれないが、それにもかかわらず、これらの事柄は、君がより迅速且つ容易に法の議論、理由等を理解し、習得できるようにするだろう。なぜなら、人は、法の議論と理由によって、より早く法の知識と確実性とに到達しうるからである。

法は理性によって証明されるとき、より称讃に値するものとなる」。

【付録４】

セント・ジャーマン『博士と学徒』で析出された
コモン・ローの法準則

　セント・ジャーマンは『神学博士と英法学徒との対話』において、イングラド法学の基礎付けのために、永久法（第１章）、理性法（第２章）、神法（第３章）、人法（第４章）について論じ、イングランド法の第一の基礎としての理性法（5章）が、第二の基礎としての神法（6章）が機能していることを明らかにし、第三の基礎として全国的一般慣習（7章）としてのコモン・ローを取り上げる。しかし、「コモン・ローとは何か」という問題は、神学博士にとって理解しにくいものであった。神学博士の要請に応え、英法学徒はコモン・ローの法準則を列挙する。以下は、英法学徒が列挙したコモン・ローの法準則を、第四の基礎とされるイングランド法のマクシム（8章）と共に、筆者が番号を付して整序し直したものである。コモン・ローの生誕の世紀といわれるヘンリ2世期の令状を中心とする訴権法体系の時代から、300年余りかけて、メインのいう実体法的法準則が、コモン・ローの法準則、イングランド法のマクシムとして析出されてきているのが理解できよう。

　なお、第五の基礎が特定の地方慣習（9章）、第六の基礎が議会制定法（10章）となり、衡平は第七の基礎というべきもの（p. 105）と理解されている。

コモン・ローの法準則

　Ⅰ　中央裁判所裁判所、州裁判所等、領主裁判所、定期市裁判所等の設立の基礎
　　　としての慣習

　Ⅱ　成文法によって確認された慣習

　　①マグナ・カルタ第26章：法の適正手続〔1297年マグナ・カルタ29章〕

　　②モールバラ法第1章：法の前の平等（略）

　　上記Ⅰ、Ⅱに関しては本書第1編72頁以下で詳述した。

　Ⅲ　上記以外の法の効力を持ち、議会以外では変更し得ない王国の一般的慣習

【付録4】 セント・ジャーマン『博士と学徒』で析出されたコモン・ローの法準則　741

①a. 長男が父祖の唯一の相続人であることが法とされている。

　b. 息子がおらず、娘のみであれば、全ての娘が一人の相続人となる。[姉妹や他の女性親族の場合も同様である]。

　c. 息子も娘もいなければ、イングランド法に従って、兄弟や姉妹が相続する。

　d. [息子も、娘も]、兄弟も姉妹もいない場合、相続財産は[全血族中]彼に最も近い男性乃至女性親族に継承され、彼から如何に遠縁であろうとも最後の者が相続財産を得る。

　e. 一般的相続人も特別相続人もいない場合には、土地は彼から保有した領主に復帰することになる。

②土地は決して上昇せず、息子から父や母、また直系の他の父祖に継承されることはなく、その場合には、むしろ、封主に復帰することとなる。

③[外国人が息子を持った場合、息子は外国人である。その後、帰化して、もう一人の息子を持ち、その後、土地を購入して死亡した場合、長男ではなく、弟が法定相続人として不動産相続する]。

④[三人の息子があって]、真ん中の息子が土地を購入し、嫡出相続人を残すことなく、封を保有して死亡した場合、弟ではなく、長兄が、王国の古き慣習に従い彼の法定相続人として相続すべきである。

⑤a. ある人に彼の父方から[単純封土保有の]土地が法定相続され、彼が嫡出相続人無しに死亡した場合、相続財産は父方の最近相続人に法定相続されることになる。

　b. 父方にこのような相続人がいない場合には、{そして、父がその土地を取得した場合には、父の母の最近相続人のものとなる。息子の母の最近相続人にいくことはなく、むしろその場合には、封主に復帰することになる}。

　c. しかし、ある人が彼と彼の相続人のために土地を取得し、上述のごとく嫡出相続人無しに死亡した場合、父方の最近相続人がいれば、その土地は彼に法定相続される。もしいなければ、母方の最近相続人に法定相続される。

⑥a. 息子が封土を購入し嫡出相続人なしに死亡した場合には、その土地は、彼の叔父に継承されるのであって、父には遡らない。

　b. しかし、父親が、長男の死後長年経った後であったとしても、子をもうけたなら、その息子が叔父を追い出し、永続的に彼の長男の法定相続人となる。

⑦ a. 婚姻前に産まれた子供は庶出子であり、同じ夫によって得られたのではあるが［法定相続することはない］。

⑧ a. 如何なる動産も人的動産であれ、物的動産であれ、法定相続人のものとはならず、遺言執行人［管区主教、もしくは遺産管財人］に委ねられる。但し、これと異なる特別の慣習のある一定の地域を除く。

⑨ a. 夫は彼の妻が婚姻時に持参した人的動産、および、婚姻後、彼の権利のために得た人的動産のすべて、［また、もし、彼が妻より長生きした場合には、物的動産］を得ることになる。

   b. しかし、彼が物的動産を売却し、引渡して死亡した場合、その売却、引渡によって、妻の利益は終了する。それ以外の場合、もし妻が夫よりも長生きした場合には、物的動産は妻に留まる。

⑩ a. 法外放逐者の動産は、法外放逐宣告によって国王に没収される。

⑪ a. イングランドの法律と慣習によって、夫は、妻によって子を得た場合、婚姻中に彼の妻の権利によって封土権乃至［一般］限嗣封土権によって［事実上］領していた彼の妻のすべての相続不動産を彼の生涯間獲得し、イングランド法上の鰥夫産保有者となる。

   b. しかし、それ以外の場合、彼女の相続不動産から得るものは何もない。

⑫ a. 妻は彼女の夫が婚姻後法律上乃至事実上領していた相続不動産の3分の1を得ることになる。これは、彼女の生涯権としての寡婦産権によるもので、継嗣がいたか否かにはかかわらない。しかし、妻は夫の死の際に9歳以上でなければならない。さもなければ寡婦産権はない。

⑬ a. 騎士奉仕の土地を保有するすべての保有者が死亡した後は、もし法定相続人が男であるならば、その土地を下封した領主が、彼が21歳になるまで、その法定相続人と土地の後見権と婚姻権を得る。

   　そして、父祖の死亡時に法定相続人が成人であった場合には、彼は領主に相続料を支払わねばならない。相続料は（王国の古き慣習によれば）［コモン・ロー上］確定額ではなかったが、制定法マグナ・カルタによって、確定額とされた。そこでは、全騎士封毎に50シリング［そして、全バロン領に対して100マルクの相続料を、全伯領に対して50ポンド］等をその比率に応じて支払うべしとされている。

   b. 保有者の法定相続人が女性である場合、彼女が父祖の死に際して14歳未満であった場合には、コモン・ロー上彼女は14歳になるまでしか後見に服さない。しかし、ウェストミンスタ第一法律によって、このような場

【付録4】　セント・ジャーマン『博士と学徒』で析出されたコモン・ローの法準則　743

合には、16歳まで後見に服すものとされた。そして、もし父祖の死に際して彼女が14歳以上であった場合には、[所領は国王に保有されるが]彼女は後見外となる。

　　そして、彼女は男子法定相続人と同様に、法定相続人として相続料を支払わねばならない。

⑭ a. 普通封臣奉仕で保有される土地で［父祖が彼の法定相続人が14歳未満である時に死亡した場合には］、法定相続人の最も近い友人で、相続不動産の継承権を持たない者が、彼が14歳になるまで、彼の身体と所領の後見権を持つことになり、その後、彼は立入ることができる。

　　そして、法定相続人が21歳になったときに、後見人は相続人に対して彼が受領した全期間、彼が其所から得た利益の収支決算を引渡さねばならない。

⑮ a. 上述の普通封臣保有法定相続人は相続料として父祖の死亡の翌年に2倍額の地代を支払わねばならない。[もし、彼の父祖が12ペンスの地代を支払っていたならば、法定相続人は翌年には、自らの地代として12ペンスを、彼の相続料として12ペンスを支払わねばならない。この相続料は、父祖の死亡時に彼が未成年であったとしても支払わねばならない。

⑯　封土公開譲渡［贈与乃至定期賃借］による自由土地保有権は、封土公開譲渡捺印証書が作成され、引渡されようとも、当該地に於いて領有権の引渡がなされなければ移転しない。[しかし、部分不動産権放棄や交換による場合は、自由土地保有権は引渡無しに移転しうる]。

⑰　人が封土として自らの直営地として領有する所領について、死の間際に、遺言を作成した場合、その遺言は無効である。[しかし、所領が既に封譲受人の手にある場合には、有効と見做される]。

　　しかし、ロンドンではこうした遺言は、[登記されておれば]、同市の慣習により有効である。

⑱　年季借地権は法律上は物的動産に過ぎず、自由土地保有権ではない。それ故に、領有権の引渡無しに移転しうる。しかし、それ以外の場合には、古き慣習によって法律上自由土地保有権とされる生涯借地権と同じ状態である。それ故に、その場合には引渡がなされねばならない。[さもなければ、自由土地保有権は移転しない]。

⑲　人は地代奉仕のために［共通の権利として］動産差押されることがある。また、自救的動産差押権が明文化されていない場合でさえも、[限嗣付贈

与]、生涯借地権、年季借地権、任意借地権に基づき留保されている地代に対して通用する。このような場合、領主は、保有者の家畜がそのように貸し出され乃至保有されている土地に来るや否や、差し押えることができる。

　しかし、第三者の家畜が［逃亡家畜として］侵入した場合には、それらの家畜が逃亡して、その土地に横たわるまで差押できない。しかし、金銭債務証書や契約に基づく債務に対しても、清算金や清算遅延金、［さらには、トレスパスや損害賠償］といった他の場合には、如何なる人も自救的動産差押をなし得ない。

⑳　ここで取り扱う必要のない少数の例外を除き、王国内のすべての記録裁判所で ¦当事者間で¦ 一致したすべての争点は、何れの当事者の縁者でもない、近隣の自由で法に適った 12 名の人によって審理されねばならない。そして、州裁判所、封主裁判所、ハンドレッド裁判所やその他の記録裁判所ではない他の裁判所では、当事者以外の人々によって審理されるべきであり、［封臣陪審で審理されるべきという］当事者の同意による場合のみを除いて、他の方法で審理されるべきでない。さらに、王国の全ての貴族、バロン、封主は、もし望むならば、上述の陪審審理を免除されるが、一説では、もし、自らの意思で陪審として誓約する場合には、手続上の誤りとならないということに留意しなければならない。そして、彼らは、如何なる審問においても彼を陪審名簿に登載してはならないと州長官に命じる大法官発給の令状を望むなら、手に入れることができる］。

イングランド法のマクシム

①イングランド法では不確定盾金は騎士奉仕となる。

②確定盾金は鋤奉仕となる。

③城塞勤務保有者は、騎士奉仕保有者ではあるが、盾金によって保有する者ではない。

　城塞守備のための 20 シリングで保有する者は、普通奉仕で保有する。

④不動産相続は立入権を奪う。(dyscent take awaye an entre)

⑤土地に関する時効は権利とはならない。

⑥他人の土地から得られる［地代や］収益の時効は権利となる。

⑦時効の期限は一般的にはそれに反する如何なる人の記憶も通用しない時から

【付録4】 セント・ジャーマン『博士と学徒』で析出されたコモン・ローの法準則　745

と理解されている。

⑧ （強制執行）告知令状の被告が「保有せず」という全面的否認訴答をする場合には、原告は自らの危険で執行を懇請することができる。しかし、他の令状では、このような場合、原告は彼の令状を維持しなければならない。

⑨損害賠償が回復不可能な物的訴訟令状では、被告は［保有］権を否認することができ、この権利放棄に抗して原告は彼の令状を維持することはできず、令状は阻却されることになる。その場合、もし被告が本当に保有者であったとしても、原告は合法的に土地に立入ることができる。

⑩所有権譲渡証書（assygnes, assignatus）は生涯借地封、年季借地封として与えられた土地に関して作成される。被譲渡者について何も述べられていない場合でも。同上の法は譲与された地代についても同様である。しかし、それ以外の場合には、捺印契約証書や権原担保捺印証書の性格を持つにすぎない。

⑪自由土地保有を無効にするような条件は、捺印証書無しには訴答しえない。［しかし、動産の贈与を無効にする訴答は捺印証書なしになしうる］。

⑫権利放棄や権利確認は、権利放棄乃至権利確認がなされたときに如何なる権利も有していない人によってなされた場合、権原担保捺印証書がある場合を除き、後に権利が彼に帰した場合でも法律上無効である。［従って、権原担保捺印証書が作成された後に彼が獲得するすべての権利を彼から剥奪する］。

⑬訴権乃至訴訟権原は、訴訟にのみ依拠し、その土地の保有者［もしくは、同上の土地の復帰権や残余権を持つ者］にのみ与えられ、それ以外の者に与えられ、賦与されてはならない。

⑭契約に基づく債務返済訴訟で被告は「契約の証人がいたとしても、何も負っていない」と雪冤宣誓をなすことができる。しかし、年季借地権や任意借地権に基づいて提訴された債務返済令状に関しては異なる。

⑮重罪事件である男に対する、緊急逮捕令状が与えられた場合には、それによって直ちに、彼の動産は国王に没収さてしまうことになる。

⑯息子が父親の生存中に私権剥奪され、その後、国王の赦免特許状を取得し、その後父親が死んだ場合には、土地は封主に復帰することになり、彼に弟がいても、土地は彼には不動産相続されない。兄の私権剥奪による血統汚損で、父親は法律上は相続人無しに死亡したことになるからである。

⑰大、小修道院長が彼の修道院の土地を他人に譲渡し、死亡した場合［この場合、彼の後継者は土地に対する権利を持つが］、しかし、彼は立入ることができない。それ故、法律によって彼を任命する Sine assensu captuli という

令状で訴訟を起こさねばならない。

　　夫が彼の妻の土地を他人に譲渡して死亡した場合にも法は同じである。妻は立入ることができず、cui in vita と称する令状で訴えねばならない。

⑱［隷農が土地を購入し、領主が立入った場合、彼は土地を彼自身のものとして享受することになるというのが、法律上のマクシムであるが］、隷農が領主が立入る前に他人に譲渡した場合には、その譲渡は有効である。同上の法は、動産や家畜にも適用される。しかし、それ以前に領主が押収した場合には、それらは領主に帰属する。

⑲人が12ペンス以上の価値の動産を盗んだら重罪であり、彼はそのために死ぬことになる。12ペンス以下の場合には、軽窃盗とのみ称され、そのために死ぬことはない。しかし、裁判官の裁量に従ってそれ以外の刑罰が科されることになる。［しかし、人から奪った場合を除く。なぜなら、如何に価値の低いものであれ、人の身体から、重大な悪意をもって奪うことは、強盗と称され、彼は死によって償わねばならない］。

⑳重罪正式起訴状によって罪状認否手続に付された者は、生命のために、35名の陪審に無条件的忌避を申し立てることが認められることになる。しかし、もし彼がこの数を超えて［無条件］忌避した場合には、法は彼を、法を拒否し、自ら有罪宣告した者と見做す。［なぜなら、彼はあらゆる審問を拒否したことになり、それ故に死すべきである］。しかし、理由ある忌避であれば、彼が忌避理由を証明しうる限り、何人でも忌避しうる。［さらに、こうした無条件的忌避は重罪私訴では認められないことが理解されねばならない。なぜなら当事者の訴えによるものであるからである］。

㉑すべての人の土地は、［開放地の中にあって］（古き慣習によって囲いをすることが義務付けられていない場合でも）、法律上は他人の土地によって囲まれている。［そして、それ故にそこに人が不法侵入した場合の令状は囲込地侵犯令状である］。

㉒［泥炭地］放牧地の共有地地代の復帰権［残余権］等、直接に占有しえないものは、書面によらなければ、如何なる他人にも与え、譲与することはできない。

㉓国王裁判所で勾引手続を含む訴訟によって債権や損害賠償金を回復したものは、権利回復後1年以内は、被告の身体を捕まえ、借金と損害賠償金を支払うまで釈放されないように、投獄するために、弁済執行勾引令状（Capias ad satisfciendum）を持つことができる。［しかし、最初の訴訟に勾引手続が含

【付録4】　セント・ジャーマン『博士と学徒』で析出されたコモン・ローの法準則　747

まれていない場合には、原告は弁済執行勾引令状を持たず、（州長官宛）強制
執行令状か財産強制管理令状かのいずれかをその年の内に得なければならな
い。もしくは、その年の後になれば、もし望むなら、|その年の内でも| 理由
告知令状を得なければならない]。

㉔彼のために権利放棄乃至権利確認がなされた場合、権利放棄乃至権利確認が
なされた時点で、その土地に如何なる物もなかった場合、権利放棄乃至権利
確認は無効で、法律上の効果を発しない。[但し、権原担保に関する一定の
事例と、ここで想起する必要がない他の事例を除く]。

㉕国王は如何なる人からも所領を奪えない。また、如何なる人も国王から所領
を奪えない。なぜなら、このような所領侵奪によって自由保有権が国王から
他の人に、もしくはその逆に移転するような方法はないからである。[ま
た、如何なる復帰権も、残余権も彼から引き出し得ない]。

㉖国王陛下の法的地位はあまりに高貴であるので、如何なる自由保有権も、記
録による以外には、国王に与えられることはなく、また国王から由来するこ
ともない。

㉗[また、かつて以下の如きイングランド法乃至マクシムがあった。国王への特別
の訴願による以外、如何なる人も権利令状を持つべきではない。そのために課
金を支払って大法官によって作成された。しかし、制定法マグナ・カルタ第16
章〔1297年マグナ・カルタ29章〕によって、そのマクシムは変化した。そこで
は以下のように述べられている。朕は何人にも権利や正義を拒否せず、何人に
も売らず。そして、何人にも拒否せずという文言によって、人は、国王に訴願
することなく大法官府で当然令状を得ることになった。そして、何人にも売ら
ずという文言で、人は課金無しにそれを手に入れるようになった。そして、古
きマクシムが制定法によって変えられた事例は非常に多い]。

イングランド法のマクシムか理性法のマクシムか区別が付きにくいマクシム

①ある人が他人にトレスパス［侵害行為］を命じ［彼がそうした］ならば、命
令者は侵犯者である。

②［従犯者は主犯者よりも先に答弁に付されるべきでない］。

③大修道院長や他の修道院の上役が一定の金額で或る物を買い、その修道院で
使用されるようになった後に死亡した場合、彼の後継者は、その金額につき
作成された文書がない場合でも、その代金支払義務がある。

④土地を占有していた者は、占有侵奪されても全ての人に対して権利を有す

る。しかし、真の権利を有する者には抗し得ない。

⑤訴訟請求物を何も持っていない人に対し物的訴訟が提訴された場合、令状は無効とすべきである。

⑥令状が発給されている名宛人たる被告の不動産譲渡、修道院への入会、もしくは騎士への叙任が行われたとしても、また、令状が発給されたのが女性である場合で、彼女が夫を得た場合にも、その令状は無効とならない。

⑦同一の土地から転出した土地と地代が、不動産権者や権原保証人のように、一人の人の手に帰した場合、地代は消滅する。

⑧土地を不動産相続した人が、以前に同上の土地に権利を持っていた場合には、かれは望むならより良き権原を遡及的に回復されるべきである。

⑨もし二つの権原が競合する場合には、最も古い権原が優先すべきである。

⑩すべての人は、彼の家畜が隣人の穀物や野菜に与えた損害について、たとえ、家畜がそこにいたことを彼が知らなかったとしても、正当事由のない限り、賠償する義務がある。

⑪令状係属中の原告が当該係争物に立入を行った場合には、令状は阻却される。

　見做し規定から始まるイングランド法のマクシムは、一般人には理解されにくいものであったであろうが、法準則という意味では、それほどの差異がないようにもみえる。また、地方慣習と異なり、何がコモン・ローかを決めるのは事実問題を扱う素人陪審ではなく、法の識者たる裁判官であった。その意味では、コモン・ローは法の識者内で慣習的に承認されてきた法曹法なのであるが、セント・ジャーマンがコモン・ローを王国の一般的慣習と定義したことが、地域慣習とコモン・ローとの相違を曖昧にしてしまったように思われる。

　イングランド法のマクシムと理性法のマクシム との区別のつきにくさは、セント・ジャーマンの理性法概念が多様性を許容する多層的理性法であるからである。セント・ジャーマンは、自然法的な第一次的理性法（万物の共有）と自然法に反しない第二次的理性法（私的所有権）とを区分し、その中でも万民法的な一般的第二次的理性法と各国に特有な特殊的第二次的理性法とに区分するからである。(*Ibid.* ch. 5) 即ち、所有権法一般があると同時に、各国の事情に応じた国別の合理的所有権法があるのである。『リトルトン』が artificial reason の極致であるなら、イングランド法のマクシムと特殊的第二次的理性法との区別はほぼ不可能となる。

Christopher St German, *Doctor and Student*, edited by T. F. T. Plucknett and J. Barton (1974) Selden Society vol. 91, pp. 47ff.

【付録5】

プラウドゥン『判例註解』(1571)

　近代判例集の祖たるプラウドゥン『判例註解』において報告されたレニジャ対フォゴッサ事件である。我が国の判決集的な判例集とは異なり、対話形式の議論を通して制定法解釈論が発展していく過程を味わっていただきたい(太字は筆者)。イギリスにおける判例法的思考方法を理解する手掛かりともなるであろう。解説としては、第6編IV-(3)、第7編補論1Ⅱ-(5)参照。

レニジャ対フォゴッサ事件　Reniger v. Fogossa (1550)

　告発人レニジャと被告フォゴッサの事件で、上述のレニジャが上述のフォゴッサに対し財務府に示した告発状に関して、大蔵長官ウィルトシャ伯、財務府局長兼大蔵次官サー・ジョン・ベイカー及びイングランドの全裁判官、財務府裁判所長官、財務府裁判所裁判官の一人ルークの臨席の下にエドワード6世4年2月8日に財務府会議室で議論された事件の報告。

　訴訟記録は以下の通りである。

　エドワード6世2年ミクルマス開廷期―告発状―サウサンプトン町の港湾、及び同港に属するすべての場所、運河に関する国王陛下の関税管理官である郷士ロバート・レニジャ本人が、当開廷期11月20日に財務府裁判官の面前に出頭し、以下のごとく宣誓した、彼の奉公人である、ロジャ・ポータなるものが、彼の命令によって、この11月7日に州格都市であるサウサンプトンの町で、国王陛下と上述のロバート・レニジャのために、外国商人であるアントニ・フォゴッサなるものの動産から1693センタルの緑色植物染料を押収した。なぜなら、上述の緑色植物染料は外国から海を越えてイングランド王国へ、すなわち、前述のサウサンプトン町にもたらされたものであり、商品として荷揚げされ、陸上に置かれていた。それ故、国

王陛下に対する関税が支払われておらず、前述の港、及びイングランド王国の他の如何なる港の国王陛下の関税徴収官も前述の商品から生じる関税について合意しておらず、このような場合について近年制定され、規定された制定法の方式に反するからである。それ故に、前述のロバート・レニジャは、前述の制定法の方式に従ってその半分をいただきたい旨、訴状で裁判所の勧告を請願した。

　答弁─ここに、前述のアントニ・フォゴッサ本人が出頭し、告発状の開示を請願し、告発状が読み上げられた。それを聴き、理解して、彼は以下のごとく訴えた。上述の告発状が列挙した訴えにより、彼は甚大な悩みと苦しみを蒙っている。上述の1693センタルは彼の手から奪われ、前述のロバート・レニジャに不法に留置されている。決して正当な方法によってではない。……［以下要約、嵐にあって転覆を免れるために積み荷を投棄したので、正確な実数がわからず、2000センタルを関税徴収官トマス・ウェルズに申告し20シリング当たり12ペンスの率で関税を払うこと、超過分についても同率の関税を支払うことで合意していた］。

　反論─国王陛下の法務長官ヘンリ・ブラッドショウは国王に代わって以下のごとく抗議した、上述のアントニ・フォゴッサの訴答は、訴答の方法及び形式において法的に不十分である。それについて彼は我が国の法によって答弁する必要はない［訴答不十分による法律効果不発生抗弁］。……［以下要約、特定された1693センタルの緑色染料分の国王陛下に対する関税については、上述の法令の形式と趣旨に従っては合意されていない。……フォゴッサは法令の形式と趣旨に従って、関税徴収官と契約し、合意したと主張。……翌11月21日に、財務府裁判所で関税徴収官トマス・ウェルズの証人尋問が行われる］。

　トマス・ウェルズの証言調書の写し［略］

　上記証言に付き、ウェルズの書記ジョン・スミスの証人宣誓。

　当該事件調査官ジョン・デーヴィの証人宣誓　一部否認。

　嵐については、陪審で事実確認。

　法務長官　　：証拠不十分であるので、制定法の方式に従って没収は正当との
　　　　　　　　判決を請願。

　フォゴッサ側　：証拠は充分であるので没収を解除すべし。
　　　　　　　　没収された商品を返還し、彼に対する訴状を却下する判決を請願。

事例　エドワード６世４年ヒラリ開廷期

　「法務次官グリフィスが以下のごとく、事件を再述した。……［中略］……［再述後］、国王勝訴の判決が与えられるべきである。なぜなら、**争点は制定法の形式に**

従った合意があったか否かということであるが、このような合意があったことを証明する証拠はないからである。なぜなら、すべての合意は完全、十全且つ完璧なものでなければならないからである。証拠の示すところでは、当該合意は完全、十全且つ完璧なものではなく、合意というよりむしろ、相互了解乃至会話であった。……［違約罰金付金銭債務証書も作成されておらず、訴権が付与されえないものは］合意というより効力のない裸の相互了解である。……［トレスパス訴訟の実例］……エドワード6世1年第13号制定法について、……当該制定法によって意図された本合意は国王にとって最善に、最も利益となるような意味で解釈されるべきである。すなわち、有効な合意、違約罰金付金銭債務証書が作成されておらず、賠償金回復のための訴権を国王に与えるものでなければならない。……それ故、彼は制定法の趣旨通り履行しておらず、したがって、動産は没収される。判決は国王勝訴とするべきである。

ガウディ兄：私には逆のように思われる。先ず第一に、当該制定法が選択的で、二つの要点、すなわち『関税が支払われない』か『関税徴収官がそれについて合意しない等』かに分かれていることが注意されるべきである。それ故、立法作成者達の意図が常に関税が支払われることにあるのではなく、それについて関税徴収官との間で合意があれば充分で、制定法は遵守されていることになることが証明される。……［トレスパス訴訟の実例による論証に対する批判］……、さて本件に戻ろう：合意は当初において正確な確定額を明文で含んでいないが、合意自体の中に、確定額が知られうるようにする状況が含まれている。すなわち、関税徴収官による計量である。したがって、当初より確定額であったと同様の効果を有す。それ故、当該制定法によって意図された合意の意図と効果は達成されている。そして、諸行為が厳格に履行されるべき場合でも、文言通り履行されなくとも、その意図通りに履行された場合には、十分であるとされたさまざまな事例を知っている。……［具体例（略）］……

法務長官ブラッドショウ：国王勝訴の判決が与えられるべきであると思われる。なぜなら、当該合意は制定法によって意図されたものではないからである。なぜなら、不確定な事柄に関する両当事者の相互承諾については、その事柄が、後に履行されなくとも、法律上は、無効な相互了解、論議以上のものとは判決されないからである。例えば……。かくして、本件で、当該制定法は無効な合意ではなく、合意の時点で国王が訴権を得る有効で確定的な合意を意図している。ところが、本件では、このような有効な合意を証明する証拠はない。証拠によれば、食物染料は計量されないこともあり、その場合には、国王は救済手段を持たないことになる。なぜ

なら、何時、誰によって計量されるべきか、時間は合意によって限定されていないからである。……国王の利益と繁栄のために作成された制定法の趣旨と意図に反する。……（中略）……。彼のために証言するのはただ一人に過ぎない、すなわちウェルズだけでは、法的には十分ではない。この國のキリスト教君主達は昔より彼らの法を可能な限り神の法に近づけるようにしてきたのであり、さらに、禁じられた事柄に、神の法が宣言しているより、より重い刑罰を加えることもしばしばであった。この問題は、彼らが追求してきたさまざまな神の法の内の一つなのである。すなわち、聖書「申命記」にあるように、すべての審判において、少なくとも二人の証人がいるべきだということである。そして、ノルマン征服以前に作成された『裁判官鑑』と称する書物に明言されているように、この國の法も、非常に古くからそのようなものであった。……本件では、被告は、彼のために証言するたった一人の証人しかおらず、十分ではない。それ故、これらすべての理由で国王勝訴の判決が下されるべきである。

アプレンティスのアトキン：私には逆に思える。

……［2名の証人の要求への批判：4名中3名が陪審に召集されれば不可能］……［契約論：イングランド法上契約は既履行契約、事後承諾契約、未履行契約の三種であり、当該制定法が意図している契約は未履行契約以外にはあり得ない。また、当該制定法は未確定額の未履行契約をも含み込んでいる］……「我々の法でも他の全ての国の法でも、予見して防ぐこともできず、注意力と可能な手段を尽くしても避け得ないことが生じる場合がある。このようなことが生じた場合に法は彼を罰しないだろう。なぜなら法は彼自身の過誤による場合を除いて人を罰することはないからである。もし、法が、予見不可能で注意力を払っても、その可能性を避け得ないような偶発事故で人を罰すべきであるとすれば、それはまったく理性に反することとなる。……イングランド王国には国王の民が統治されるべき三種の法がある。一般法、慣習法、制定法である。これら三種の法で、このような不可避的な事故は誰をも傷つけない。……［正当防衛、決闘裁判における流血、殺人］……いくつかの事件は、制定法に反して、慣習法に反して、コモン・ローの通常の手続に反して解釈されるべきである。これは不可避的な事柄であるからである。それ故、理性はそうした人々を違法行為者とは主張しないのである。……被告はなすべきことを十分尽くしており、嵐の厳しさは制定法の厳しさを免責する。それ故に、事故が生じた結果、より完全な合意が作成されない限り、理性の必然によって制定法によって意図された合意というべきある。このように被告は制定法の意図と趣旨を満たしており、それ故に、被告勝訴の判決が与えられるべきである。

国王サージャントの一人、サンダーズ：私には逆に思える。

制定法は如何に解釈されるべきか。国王の利益のためか、当事者の利益のためかが、第一に検討されるべきである。私には以下のように思われる。**当該制定法は刑罰的なものではあるが、共通の理性、共通の意図に従って、作成者達の精神に従って解釈されるべきである。**……［制定法作成者の意図に沿った解釈の例］……以上の例が証明するように、本事件のように、制定法の文言が一般的であっても、一般的な文言の範囲内のすべてのことが制定法の範囲内と解釈されるべきではなく、制定法の作成者が意図したところがその範囲なのである。このように、**立法府の意図が文言の裁判官であり、文言の一般性を縮減するのである。**……当該制定法は一般的で、すなわち『関税徴収官が合意しない』という文言ではあるが、この合意は二通りに解釈されうる、すなわち、確定額の合意か、不確定額の合意かの何れかである。しかし、**我々の事件では、制定法は彼［国王］の利益と繁栄のために作成されたのだから、立法府の意図によって、国王にとって最も利益となるように解釈されるべきである。**なぜなら、庶民院は『国王がこの関税を彼らの善意の最初の果実としてお納め下さいますように』と請願したからである。これらの文言で、制定法の作成者、即ち、国王の臣民達が、国王の繁栄と増収のために制定されるよう意図したことは明らかであるからである。……（中略）……また、制定法はコモン・ローの理性に従って解釈されるべきである。文言や条項、文章の解明のためのコモン・ロー上の一原則乃至基礎がある。すなわち、**すべての譲与乃至贈与において、文言が曖昧で、疑わしい場合には、譲与者乃至贈与者に対して最も厳しく、譲与乃至贈与された人々に最も利益となるように解釈されるべきである**というものである。一般人が被譲与者、被贈与者である場合にそうであるなら、**まして国王が被譲与者、被贈与者である場合には、一層そのように理解される。**本件では、上述の制定法で、**庶民院が国王に関税を与えたのであるから、庶民院が贈与者、譲与者であり、国王が被譲与者、被贈与者である。**この場合、譲与文書となる当該制定法は国王の最も利益となるように解釈されるべきである。そして、ここでは、確定的合意が、不確定な合意より、国王にとってより利益のあるものであるとすれば、その結果として、当該制定法によって国王のために確定的な合意が、法の解釈上、意図されていることになる。……（中略）……

ロンドン市裁判官ロバート・ブルック：反対である。

事実を証明するのに二人の証人があるべきだとする法務長官の主張に関して、なるほど、ローマ法の場合のように、証人のみによって審理が行われる場合には少なくとも二人の証人がいなければならないというのはその通りだが、我が国では争点

は12名の人々によって審理されることになっており、この場合、証人は必要ではない。多くの事件で、証人がなく、証言が得られない場合でも、審問によって正確な評決が与えられている。……（中略）……［また、法の解釈については、制定法に外国商人を歓迎し、正直に扱うようにという文言があり、制定法作成者の意図が外国商人の保護にあり、フォゴッサに有利に解釈すべきである］……註、当該制定法は、さらに『上述の関税の支払いは、圧制無しに行われるべき』としている……［不確定な合意の有効性」……諸法乃至制定法が制定される場合、明文によっては除外されていないけれども、理性法によって同条の法の規定から除外され、免除される一定の事柄がある。……例えば、監獄が火事になって命を救うために牢破りをした場合、理性法によって免責されるが、制定法の文言には反しているのである。……（中略）……すべての制定法で、より大きな弊害を避けるために、理性のエクイティによって一般的な規定から除外される一定の個別的な事例があるのである。……［例］……

　もう一人の国王サージャント、ハリス：反対である。

　彼は法務長官と同趣旨の議論を展開した。すなわち……（中略）……

　エドワード6世4年イースタ開廷期、一後に、別の開廷期に、すなわち、次のイースタ開廷期の4月26日サージャントのポラード：反対して以下のごとく論じた。

　……（中略）……これまで、制定法解釈において使用されてきたコモン・ローの準則が、我々が制定法を遵守していることを証明している。……国王にとって最良となるように解釈され、解釈は確定的合意であるとされるが、コモン・ローの諸準則はこれを禁じている。なぜなら刑罰的制定法は厳格に解釈されるべきであって、罰を科される人を害するようにエクイティによって拡張されてはならないというのがコモン・ローの原則であるからである。誰も論じなかったが、本法は刑罰的である。本法はすべての臣民の動産の没収を規定しており、すべての人に害となり、国王以外の誰も利するところがないからである。当該制定法が刑罰的である限り、制定法によって意図された合意は確定的合意であるはずがない。そのように述べるのは、正文に註釈を加え、文言からある種の意図やエクイティを捻り出すものであって、エクイティを超えるものである。なぜなら、それは、正文の否定であり、刑罰制定法の解釈に使用されているコモン・ローの準則に反するからである。……［不可抗力論］……

　もう一人の国王サージャント、モリニュー：反対を主張。

　［枢密院令　6月23日：フォゴッサの債務承認に基づき、没収動産の返却］

【付録5】 プラウドゥン『判例註解』（1571） 755

　しかし、註：私の情報では、財務府裁判所の全裁判官及び民訴裁判所判事ヘイルズ、同首席裁判官モンタギュ以外のすべての裁判官は、彼らの間の協議に基づき、国王及び告発者の敗訴、被告の勝訴という意見であった。それ故、裁判官の議論の後に、厳格な法によって判決を下すよりも、王璽の力によって国王に反する判断を下す方が良いと考えられた。このような理由で、王璽が財務府裁判所に送られたのである。

プラウドゥンのエピエイケイア立法解釈論

　Eyston v. Studd, CB Easter 16 Elizabeth（1574）註

　この判決とその理由から、読者は**法律を構成しているのは法律の文言ではなく、その内的意味であって、我が國の法は（他の全ての國の法と同様に）二つの部分、すなわち肉体と魂とから構成されており、そして「法の理性が法の精神であるのだから」法律の文字が肉体であり、法の意味と理性が法の魂である**ということを観察するだろう。……（中略）……なぜなら、意味は文字より限定され、縮減されているときもあれば、文字以上に大きく、そして、拡張されている場合もあるからである。そして、ラテン語ではアエクイタスと称されるエクイティがその裁量に応じて文字を拡大し、縮小する。このようにエクイティは二つの方向で働く。［一つは］（キャットリン裁判長がストウェル事件で触れているが）アリストテレスは以下のように定義した。「**アエクイタスとは一般的法律に内在する部分的欠陥の修正である**」……（中略）……そして、こうした一般的文言の修正はイングランド法において慣用とされてきた。……（重罪からの、精神障害者や幼児の除外、重罪犯に食事を与えたものを従犯とする規定からの妻の除外）……それ故、法令の文言内ではあるが、法令の該当範囲外であることがある。これは、**何らかの合理的理由で法文の一般性に対する例外**を設ける、ある人にはエピケイア（epichaia）と称されるエクイティによるものなのである。……（中略）……それ故、これまで議会法令を解釈してきた我が國の法の識者達は上記の事件や他の多くの事件で、法の文字の一般性に対してエクイティによってほとんど無限といってよいほどの制限を加えてきたのであり、こうした解釈はすべての法に不可欠な構成要素であるように思われる。……（中略）……経験の示すところに従えば、**如何なる法作成者達も生じるであろうすべてのことを予見し得ず、それ故、法律に何らかの欠缺がある場合には、エクイティによって改正されるのが適切である。エクイティは法律の一部ではないが、法律を匡正するある種の道徳的徳なのである。**……（中略）……

　もう一つのエクイティは前者とはまったく異なった種類のもので、まったく逆の

効果を及ぼすものであり、以下のごとく定義される。「アエクイタスとは法律の文言の直接的効力範囲であって、法律が文言で単に一つの事柄を規定している場合でも、同法はそれと等しい類の他のすべてのものをその文言で規定しているのである」。そして、この定義はブラクトンのアエクイタスの定義と合致するように思われる。ブラクトンの定義では「アエクイタスとは事物への適合であって、原因において同じものには同じ法が望ましく、すべての人が十分対等に扱われる。それ故に、アエクイタスとは平等のごときものであるといわれる」。従って、制定法の文言がある事柄を制定した場合、それと類似した他のすべての事柄についても制定したことになる。……（中略）……かくのごとく、上述の二つのエクイティの間には非常に大きな相違がある。前者は文字を縮小し、後者は拡大する。また、前者は文字を減少せしめ、後者は拡充する、前者は文字から削除し、後者は文字に追加する。それ故、人は文字にのみ頼るべきではない。なぜなら、なぜならば、文字に拘泥するものは皮に拘泥することになるからである。(nam qui haeret in litera, haeret in cortice) ……（中略）……そして、如何なる場合に制定法の文字がエクイティによって制限され、また如何なる場合に拡張されるかについて正しい判断を形成するためには、或る制定法を熟読する際に、その法の作成者が現存するものと想定して、エクイティについて知りたいと思う質問を彼に尋ねるのがよい方法である。そうすれば、貴方は、もし彼が現存したら彼がそうしたであろうと貴方が想定する答えを自ら得ることになるに違いない。……（中略）……この手段によって、貴方は容易にこれらの事件において何がエクイティであるのかを発見できるであろう。そして、もし法の作成者が、法の文言にも係わらず、エクイティに従うならば、（アリストテレスが「もし立法者が現存したならば、必ずそう告げるであろうように、もしくは、もし、[それを知って]立法を提案していたならば必ずそうしたであろうように」といっているように）貴方は同様のことを安全になしうる。なぜなら、貴方は法の作成者達がなしたであろう以上のことはしていないからであり、法律に反して振る舞ったのではなく、法律に合致するように振る舞ったからである。……（中略）……もし、この事件で、当該法律は刑罰的であるといわれたならば、これに対しては、他の事件についてもそうであるが、エクイティは刑罰的法律とそれ以外の法律との区別を知らないと答えうるだろう。なぜならば、他の法律同様に刑罰的諸法律においても……（中略）……意図こそが従われるべきであり、また法と見做されるべきであるからである。そしてこの学問の王者は以前に報告したストラッドリング対モーガン事件で広範に扱われており、読者はこの項目に関する多くのことを見出すだろう。そして、学生に対する私の忠告は、ある制定法に関し如何なる疑問を抱

【付録5】 プラウドゥン『判例註解』（1571）　757

いた場合でも、彼は上述の二つのエクイティを即座に心に浮かべ、先に与えた教え
を追求しなさい。そうすれば、彼はそれらから、私が今まで受けてきたような、偉
大な光と援助を感じることができるであろう。

　Plowden, *the Commentaries*, II 465-468［E. R. pp. 695-700］

あ と が き

　退職を前に、来し方を振り返る時期が来た。所謂、戦後ベビーブームの最後、70年大学紛争世代なのだが、学部時代はエスペラントの普及活動に明け暮れていた。専門に入って一時司法試験を考えたが、直ぐに性に合わないことに気付いた。予備ゼミは中山先生のソヴィエト法、本ゼミは加藤先生の法哲学で、今考えると生半可な知識で偉そうな報告をしたものだと恥じ入るばかりである。この時の加藤ゼミ幹事が、後のイェーリング研究者の平田公夫君であった。当時、法社会学論争が盛んな頃であったが、学生ながら、何か歴史的視点に欠けているのを不満に感じていた。その頃、『法社会史』を出版されていた上山安敏先生が留学先から帰国され西洋法制史の講義が再開されるようになった。早速、受講することにしたのだが、まだクラブ活動に忙しく、真面目な学生ではなかった。試験は、一緒に講義を受けた野上博義君の講義ノートを借りて受けた記憶がある。大学院を受けようと思ったのは、4年生もだいぶ後の方になってではないだろうか。ある意味では、大学紛争で充分勉強もできないままに卒業するのに躊躇したモラトリアム世代であったのかも知れない。大学院受験では、既に大学院生であったドイツ法史の黒田忠史先生にアドヴァイスをいただいたが、1年目は準備不足で不合格であった。2年目不合格なら就職もと考え、日本郵船に入社予定であったのだが、幸いにも合格した。人の運命とは分からないものである。上山先生にお会いして、最初の一言が「1年でよくこれだけ伸びるものだね。ところで、深尾君、日本法制史をやる気はないかね」であった。前年度の成績がよほど悪かったのであろう。後の言葉は相当応えたが、背後の事情は、就職して暫く後に判明した。そういうわけで、上山門下の劣等生として出発したわけであるが、考えてみれば、ドイツ語も読めない私をよく受け入れてくださったものである。当初、フランス法史をと考えていたのであるが、大学前の古書店吉岡書店で購入したフランス法史の原書を見てびっくりした。慣習法地域別の編纂で、フランス法史とはこういうものだと初めて知ったからである。

大学院で西洋法史を学ぼうという者がお粗末の限りであった。丁度、野上君が1年前に合格しフランス法史を目指しており、受験でお世話になった黒田さんはドイツ法史の専門家であったので、イギリス法史を学べば、比較法史的な検討ができるのではないかと考えた。これが、イギリス法史研究の出発点であった。幸い、この構想は、後に黒田先生を研究代表者とする科研「比較法曹史研究」ということで実現し、龍谷大学で開催された法制史学会第50回研究大会（2002）で日本法史の三阪佳弘氏を加え4人でシンポジウム報告を行った。

　いずれにせよ、当初、イギリス法史の知識は零であったので、プラクネット『イギリス法制史　総説編』から学ぶことにした。この時に、大学院生らしく原書第5版から学べば、もう少し苦労は少なかったのかも知れない。おまけに、イギリス法をまったく学んだこともなく、ここでも零からの出発であったので、先ずは、法と法学の担い手たる法曹の実像を知ることから始めることとした。この時、法学部図書館の書棚でプレストの青い装丁の本に出会わなかったらどうなっていただろうか。

　イギリス法史研究ということでは、一番お世話になったのは、同志社大学で日本法史を担当されていた井ヶ田良治先生であった。法制史学会近畿部会でお会いする度に、深尾君、この本は面白いねとイギリス法史の最近の著作を挙げられる。私は、書名も初耳で、冷汗をたらしながら、大慌てで注文するという具合であった。Baker, *Spelman's Report* 序文、Clanchy や Cockburn 等、お教えいただいた本は読んで間違いはなかった。セルデン協会に入会したのも、井ヶ田先生の紹介を通してであり、最初の英国研修の際に、海外生活の手解きをいただいたのも井ヶ田先生であった。

　阪大の栗原真人氏、石井幸三氏にも同じイギリス法史、法思想史研究者ということで、貴重な情報をいただくことが多かった。また、一足先に海外研修に出られた松浦好治氏からはアメリカでの法制史の授業の資料までいただいた。院生時代には、関大の松村勝二郎氏等と共にメイトランドを読む機会もえた。

　また、大学院入学当初、実家が火事となった際には晴山一穂さんはじめ大学院の先輩、同輩諸氏には、励ましと御支援をいただいたことも謝して記し

ておきたい。

とはいえ、研究は思うようには進まなかった。上山先生も見兼ねて名古屋大学の戒能通厚先生を紹介して下さった。戒能先生は快く相談にのって下さり、法学教育に関する *Ormrod Report* のコピーを下さったのだが、その貴重な資料を本格的に生かせるようになったのは、19世紀法学教育について研究するようになってからのことであった。

結局、はしがきで述べたようにOD生活に入るわけであるが、考えてみれば、この時期が一番研究に専心できた日々であった。

島根大学から外国法で来ないかと声がかかったとき、先に就職していた憲法の松井幸夫さんに電話すると「本当に来るのか、何もないぞ」という答えであった。当初は、ODの苦しさも知らずにと思ったのだが、確かに、研究のためには京大法学部図書館を利用できる条件の方が良かったのである。しかし、子供2人を抱える身では生活が第一であった。

島根大学はよい大学であったが、地方大学教員の給与の安さには驚かされた。長岡京で小学校教員をしていた妻の賃金より安く、官舎がなければ暮らしていけない状況であった。

しかし、外国法で就職することで、イギリス法を教えねばならなくなり、そのために視野を広げることもできた。C. K. Allen, *Law in the Making*, 7th ed.（Oxford U.P., 1964 [repr. 1978]）を読んでいたことが、授業のために大いに役立つことになった。ダイシー『憲法序説』や『法と世論』を学んだのもそのためであった。

近代法史研究のためP. S. Atiyah, *The Rise and Fall of Freedom of Contract*（Oxford Clarendon Press, 1979）を読んで翻訳していた頃、丁度、矢崎光圀先生が大阪でアティア研究会を開催されていたのに参加させていただくこともできた。松浦さんからの依頼でA. W. B. Simpson の論文集の紹介を書いたのもこの頃であった。地方にいる研究者に目配りしていただいて感謝しなければならない。戒能先生が夏休みに合宿形式で開かれていたブラックストン研究会に参加させていただいたのもこの頃ではなかったろうか。

丁度、35歳になるときに文部省の若手枠海外留学制度が発足した。来年になれば応募できないということで、若い人を押しのけ応募して採用され、

バーミンガム大学歴史学科のアイヴズ上級講師の下で１年半学ぶこととなった。この留学前に、はじめて、越智武臣先生を研究室に伺った。アイヴズ『イギリス革命』の翻訳をなさっていたからであるが、研究を始めた頃から『近代英国の起源』で学ばせていただいていたので、もう少し早い時期に教えを請いに伺うべきであったのかもしれない。ワインで歓待していただいたのだが、その後、恩義に報いることもないままとなってしまった。

　留学中は、15世紀半ばの法曹院制定法講師の活動を調査することに専心した。専門的図書館司書が便利な資料リストを作ってくれているバーミンガム大学図書館、戒能先生に紹介いただいたロンドン大学歴史学研究所等、恵まれた研究環境の中で仕事を進めることができた。また、ロンドン大学歴史学研究所では当時新進気鋭の若手ブランドやシュガーマンによるセミナーが開かれており、カンタベリ大学で開催された英国法史大会にも参加することができた。ベイカー博士（当時）とはこの大会で初めてお会いし、後日、ケムブリッジのスカイ・ホールに訪ねることとなった。研究計画を話し、法曹院の制定法講師リストのことを話すと、「そんなものは存在しない」という。２人でソーンの *Reading and Moot* をめくって見ると、制定法講師リストが見つかった。ベイカー氏は、直ちに「Guess だ」と叫んだ。確かに、ベイカー氏の云う通りなのかも知れない。しかし、私が驚いたのは、むしろ、日本人の私の方がソーンの著作をよく読んでいたということであった。もちろん、その後、ベイカー氏は『セルデン協会100周年記念ガイド』で年次刊行物案内を編纂されており、上述のソーンの著作企画を資料とともに引き継がれ *Reading and Moot* vol. 2 を編纂出版されたのもベイカー氏であった。その意味では、奇妙な縁と云えば云えなくもない。

　この時期の研究成果は、数千枚のカードとなって残っているが、上山先生の還暦記念として出版された『近代ヨーロッパ法社会史』第２章（本書、第２編）は、この海外研修中の成果の一端であった。当時は、海外研修を終えて日本に戻ると研究環境が一変することに気付いていなかった。しかも、帰国後は、大学審議会法案をめぐる議論、大学教養部改革と学内問題が山積みであった。この研究意欲を削がれるような環境の中で、岡山大学の西村稔、守屋明両氏から植松秀雄先生を中心に組織されていた「法とレトリック研究会」

に誘っていただき、何とか研究を持続することができたことに感謝したい。

　また、黒田先生の紹介で、甲南大学の村岡健次先生を代表とする「19世紀帝国主義期イギリス教育史研究会」にも参加させていただき、以前に戒能先生にいただいた資料を活用し、本書には収めることはできなかったが、研究の幅を19世紀にまで伸ばすことができることとなった。

　安原義仁先生をはじめイギリス大学教育史の専門家から学ばせていただくようになったのも、この研究会を通じてであった。

　丁度、この頃であろうか、関西学院大学で法制史学会研究大会が開催され、松村、北野両氏と共に小山貞夫先生にお願いして「法と歴史研究会」を立ち上げることとなった。北野かほるさんに事務局を引き受けていただき、法制史学会の前後に研究会を開いていたのだが、小山先生が退会されて以降、少し停滞気味で、現在では休会状態となっている。

　関西で上山先生を中心に「アスコナ会」と称する研究会が開かれていたのだが、私が参加するようになったのは、その後関西学院大学へ赴任するようになってからである。同じように、関西に戻ってきてから、英米法関係の研究者、前述の栗原、石井両氏と丸田隆、角田猛之氏等で英米法文化研究会を開こうということで何回か研究会を開催したのであるが、各人の忙しさと私の組織能力の欠如から途中で立ち消えとなってしまった。

　関西学院大学へ赴任するようになったのは、一つには地方大学教員の給与では息子3人を都会の大学に通わせることができないという事情に加え、当時の定年の関係で研究生活が5年延びるということがあったからである。しかし、赴任してみてメリットは予想以上のものであることに気が付いた。給与面のみならず、研究環境そのものが大きく違った。必要な図書は直ぐに手に入り、新たな図書の購入に躊躇することもなくなった。私学助成に応募すれば膨大なデータベースも容易に手に入れることができた。海外研修制度、研究専念制度も充実していた。こうした恵まれたポストに就きながら、それに見合う研究成果を挙げてきたかと自問するとき、内心忸怩たる思いに駆られざるをえない。しかし、逆に、地方大学の置かれている貧困状態に憤りを感じた。地方の文化水準を下支えしているのは、多くの地方大学の教員なのである。地方創成というなら、先ず地方国立大学の教員の待遇改善から始め

ねばならない。これは、給与面だけのことではない。研究環境面の問題が大きい。年間数カ月は研究環境の整った大規模大学で研修することができるような制度、設備と研究旅費予算を整えるべきではないか。有能な研究者が地方でも研究を推進できる制度作りが必要である。文部科学省の本来の役割は、こうした日本における人文学・社会科学の全体的水準を向上させるための条件整備ではなかったのであろうか。

　最後に、思わぬ方向に話が飛び火してしまったが、これだけ自由に、思うがままに好きな研究三昧の生活を送らせていただけたのも恩師上山先生のお陰である。先生は、卒寿を過ぎてなお、頭脳明晰、矍鑠として鋭い指摘をされる。もちろん、先生の足下にすら及びえない劣等生の弟子ではあるが、退職後も好きな研究を続ける意欲を失わないようにだけはしたいと願っている。

　私事にわたるが、父は島根大学時代に鬼籍に入ったが、母は卒寿を過ぎ、年老いたとはいえ今尚息災である。兄が早期退職をして、介護してくれているお陰で、弟の私は心置きなく研究生活を続けることができている。研究を始めて以来、OD時代には全面的に妻に生活を支えられてきた。彼女の支援無しには研究生活を続けることすら不可能であった。思えば、自分の研究人生は多くの人々の心遣いにより成り立ってきたものだと感謝の念を禁じ得ない。他方、研究に専心するあまり、救うべき人を救えなかった。慚愧の念に堪えないが、これも背負うべき責めとして生きていく以外にない。覚悟とはそのようなものであろうか。思いを新たに次の一歩を踏み出していきたい。

　　2017年2月2日

　　　　　　　　時間という器の中で

　　　　　　　　　　　　　　深尾　裕造

欧語人名索引

A

Abbott, L. W.　8, 189, 193, 264, 279, 291, 294, 300-1, 361, 366, 374, 397, 491, 573, 637

Agricola Rudolph　27, 272-3, 275, 284-7, 291, 383, 389, 396

Alexander, J. J.　132

Allen, C. K.　25, 298, 301, 422-3, 435

Amen, Maurice　449-50

Aquinas, St Thomas（1225-1274）　438-40, 450, 461, 484, 690

Aquilius Gallus, Gaius praetor BC 46　164

Archer, J. A.　305

Aristotle（BC 384-322）　570
　→事項索引: アリストテレス

Arderne, Henry de　133

Arnold, Morris S.　114

Ashe, Thomas（fl.1600-18）　462, 472, 476, 483-4 486-7, 494-7, 499, 608, 616-7, 636-8, 687

Attenborough, F. L.　110

Aubrey, John（1626-1697）　689, 696, 701

Audley, Thomas（1488-1544, LC 1533-1544）　207, 319, 367, 369-70

Austin, John（1790-1859）　4-5, 140, 169, 491, 499, 502-3, 505, 643

Aysshton, Nicolas（Sjt 1443, JCP 1444-66）　182

Azo（c.1150-c.1230）　163, 413, 420, 427

B

Bacon, Francis（1561-1626）
　→ 18, 278, 291, 303, 361, 379, 395, 397, 537, 574-5, 634, 636-40　事項索引: ベイコン

Bacon, Nicholas　205, 245, 247, 249, 282-3, 392, 394, 396

Bailey, S. H.　574

Baildon, W. P.　132, 340

Baker, J. H.　18, 33-4, 36, 53, 69-70, 74, 77, 82-3, 109-10, 112-6, 131-2, 134, 138, 146-7, 169-71, 174-5, 199, 223-6, 257, 271, 279, 281, 285, 294, 304-5, 308, 311, 316-8, 320-3, 326-9 332-3, 336, 348, 352, 355-6, 361, 378, 424, 433, 435, 488, 491-2, 494, 507, 551, 554, 572-3, 635, 638, 700-1, 703, 762

Baldus de Ubaldis（c.1327-1400）　440, 450, 621

Barton, J. L.　74, 424, 449, 450-1, 632, 748

Barton, John jr.（-1417-）　124, 131

Bartolus de Sassoferrato（1314-1357）　386, 434, 621

Bassianus, Joannes（c.12C）　413, 423, 427

Basset, Thomas（-1671-）　693, 699-700, 702

Baukwell, Roger（1341 JKB-1350-）　735

Beale, J. H.　271, 285, 289, 300, 366, 374-6

Behrens George　451

Becket, Thomas（1118?-1170）　162, 173

Belknap, Robert（Sjt 1362, CJCP 1374-88）　144, 170

Bellamy, J. G.　224

Bellot, H. H. L.　253

Bendlowes, William（1514-84）　293, 499

Bentham, Jeremy（1748-1832）　139-40, 169, 502, 509-10, 537

Berkowitz, David Sandler　688

Bereford, William de（d.1326）　429

Berley, R.　132

Berman, Harold J.　507

Bernard of Parma（c.1263）　449

Bernard of Montmirat（+1296）　450

Berthlet, T（King's Printer）　247, 371, 376

Birton, Richard de Sjt 1344 J of assize 1359　166

Blackstone, Sir William（1723-1780）　110, 398, 421, 505, 640
　→事項索引: ブラックストン

Bland, D. S.　205, 243-4, 248-9, 384, 397

Bodin, Jean（1530-1596）　642

Bolingbroke, Henry St John（1678-1751）　628, 641

Bolney, Bartholomew　125, 132

Boorstin, D. J.　640

Bracton, Henry de（c.1210-1268）　50, 76, 111-2, 170, 172-3, 339, 350, 432, 489, 686, 728-9
　→事項索引: ブラクトン／『ブラクトン』
Bradshow, Henry（AG 1545）　669-71, 750-1
Brailsford, H. N.　540
Brand, Paul　76, 81, 112, 114, 134, 155, 171-2, 225, 506
Bridgeman, Sir Orlando（1600?-1674）　696, 700, 727
Bronchrost, Everhard（1554-1627）　639
Brooke, Robert（c.1507-1558）　23, 277, 278-9, 288, 293-4, 300, 344, 381, 389, 393, 460, 462, 464, 485-6, 694, 718, 720, 753
Brooks, Christopher W　109, 509, 537, 684, 686
Butler, Charles　639, 737
Butler, John JKB 1508-1518　198
Brodie, D. M.　223
Brunnner, Heinrih 1840-1915　173, 182
Budaeus, Guillaume（1468-1540）　231, 472-3, 484, 493
Burley, W.　132
Bydell?? Printer　281

C

Caenegem, R. C. van　129
Cam, Helen M.　111
Calow, William（Sjt 1478, d.1485）　210, 361
Caron, P. G.　450
Cary, Robert　205, 245, 396
Caryll, John（c.1465-1523）
Caspari, Fritz　19, 236-8, 244, 248-9, 253, 256, 260
Catlin Sir Robert（CJKB 1559-d.1574）　453, 464-5, 489, 491, 555
Catesby, John de　133
Catesby, John（Sjt 1463）　70
Chambers, R. W.　237, 244, 279
Charles I（King 1625-1649）　396, 691, 720-1
Charlton, Kenneth　236-7, 249, 253, 370, 700
Chaucer, Geoffrey（1343-1400）　113-4, 131, 193, 236
　→事項索引: チョーサ
Cherry, Martin　131
Chitty, H.　132

Choke, Richrd（JCB 1461-d.1483）　69, 70, 549
Chrimes, S. B.　174, 252, 436, 571-2, 633, 685-7, 689
Christianson, Paul　684, 688
Cicero, M. T.（BC 106-43）　174, 270, 275, 396, 423-4, 432　→事項索引: キケロ
Clanchy, M. T.　112, 129-30, 448, 760
Cockburn, J. S.　109, 113, 643, 760
Cocks, Raymond　109
Coke, Sir Edward（1552-1634）　19, 25, 68, 79, 81, 83, 170, 172-3, 206, 211, 257, 260, 264, 279, 285, 291, 301, 303, 352, 361, 370, 374, 398, 403, 435, 505, 537-9, 574, 636-7, 685-6, 688-9, 737　→事項索引: クック
Comenius, Jan Amos（1592-1670）　400, 403, 448
Coningesby, W.（Sjt 1540, JKB 1540）　257
Cooper, Anthony Ashley（1621-1683）　696, 698, 701
Cowley, John D.　637, 699
Crakenthorp　133
Crick, Bernard　538
Croke, Sir George（1560-1642）　714
Cromwell, Thomas（1485?-1540）　242, 244-5, 247, 249, 281, 305, 319, 338, 351, 367-9, 378, 396
Cromwell, Oliver（1599-1658）　617, 638, 691, 702
Cromartie, Alan　699, 701-2
Crompton, Richard（fl.1573-1599）　269, 344, 477
Crook, David　115
Cropsey, Joseph　537, 689, 695, 701
Cross, Peter　114
Cross, Rupert　24, 181
Curtis, M.　18-9, 199, 205, 248, 256, 270, 275, 301

D

Dalison, Sir William（d.1559）　293, 499
Damasus Guilelmus（fl.1210-27）　161-2, 173
Danby, Robert（Sjt 1443, CJCB 1462-71）　70
Davies, Sir John（Sjt 1609, d.1626）　629
Davis, N.　131

Dawson, John P. 131, 574

Denholm-Young, N 130

Denman, Daniel 109

Denton, Tomas 205, 245 396

Dicey, A. V. 87, 643

Dobson, R. B. 131

Doddridge, Sir John (1555-1628) 394, 664

Domat, Jean (1625-1629) 620

Downer, L. J. 75, 432

Douglas, David C 111

Du Moulin, Charles (1500-66) 327, 620

Dudley, Edmund (1462-1510) 222-3, 228, 236, 271, 366

Duggan, Charles 173

Dyer, C. 131-2

Dyer, Sir James (1512-1582) 23, 285, 293-8, 300-3, 344, 355, 373, 389, 453, 457-8, 464-5, 477, 486, 490-1, 618, 710, 719

E

Edward I (King 1272-1307) 44-5, 49, 63-4, 75, 93, 95, 97, 106, 120, 152-4, 163, 168, 186, 190, 429, 433, 495, 599, 672, 682, 713

Edward II (King 1307-1327) 97-8, 106, 113, 115, 186, 202, 429, 683

Edward III (King 1327-1377) 97, 99, 113, 190, 205, 225, 367, 434-5, 588, 657, 683, 718

Edward IV (King 1461-1483) 195, 204, 207-8, 241, 669, 718

Edward the Confessor (d.1066) 88, 89, 110, 663, 668, 675, 680

Egerton, Sir Thomas, Lord Ellesmere (?1541-1617) 173, 434, 453-4, 489-90, 563, 571-2, 574, 587, 595-6, 611-2, 632, 634-6, 638, 666

Ehrlich, Eugen 135, 139, 163, 168-9, 173, 405

Elizabeth I (Queen 1558-1603) 14-5, 205, 207, 229, 243, 248-9, 251, 253, 255-9, 263-4, 267, 269, 292, 295, 308, 341, 344, 345, 348, 356, 360, 361, 372, 387, 413, 422, 424, 428, 431, 435-6, 452-3, 458, 463-4, 466, 476, 495, 497, 499, 504, 608, 634, 642, 655-6, 658, 664, 683, 694, 711

Elton, Geoffrey R. 316, 318-21, 323-4, 336, 350, 573

Elyot, Thomas (c.1490-1546) 43, 223-4, 229, 233-9, 241-8, 251, 253, 258, 260-2, 269, 271, 276, 278, 281, 382, 396-7, 482, 595, 633-4

Empson, Richard (d.1510) 132, 222-3, 366

Erasmus, Desiderius (1466-1535) 230-2, 236-7, 243, 254, 304, 452, 480, 484, 488

Etwell (LI) 133

Everardus, Nicholaus (1462-1532) 276-7

F

Fisher, F. J. 253

Fisher, H. A. L. 349-50, 494, 640

Fifoot, C. H. S. 349, 352, 433

Filmer, Sir Robert (d.1653) 696

Finch, Heneage (d.1631) 665, 687

Finch Sir Henry (1558-1625) 483, 486-7, 495, 501-2, 617-23, 638-9
→事項索引: フィンチ

Finch Sir Heneage (1621-1682) Lord Nottingham 452

Finch Vincent (GI) 125

Fitzherbert, Sir Anthony (1470-1538) 172, 223-4, 242-3, 269, 276-80, 282-3, 285, 288, 292-4, 300, 302, 305, 350, 353, 355, 357-73, 375, 378, 392-4, 486, 495, 634, 694, 718, 720

FitzNigel, Richard (-1169-d.1198) 46, 76, 162

Fortescue, Sir John (c.1385-1477/79) 198, 205-6, 223, 252, 264, 542, 633, 684-5, 688-9
→事項索引: フォーテスキュー

Foss, Edward 133, 174, 374, 700

Fraunce, Abraham (fl.1587-1633) 284-5, 288, 291, 298, 301, 350, 379-87, 389-97, 617, 623, 638

Fray, Edward 688

Fuller, Nicholas 659, 664, 686

Fussner, F. S. 29, 237, 260

Fynchden, William de (Sjt 1354, JCP 1365-71) 157-8, 165-6

J. Fyneux (CJKB 1495-1525) 307

G

Geoffrey of Monmouth (?1100-1154) 258, 649, 685

Gerson, Jean (1363-1429) 440-3, 445, 450-2, 476, 488, 507

Gest, J. M. 636-7

Gilbert, N. W.　19, 29, 243, 264, 270, 275, 278, 285, 291, 301, 303, 395, 397

Gilbert, Humphrey (1539-83)　248-9

Gilmore, Myron P.　448, 488, 493

Glanvill, Ranulf de (d.1190)　76, 110, 129, 169-70, 173, 175, 432, 632, 725, 728
　→事項索引：グランヴィル／『グランヴィル』

Godfrey James　450

Grafton, Richard (King's Printer)　269, 371, 377

Gratianus (fl.1140-1150)　437

Gray, Charles M.　630, 688f., 699

Green, Henry (Sjt 1342, JCP 1354-61)　164

Grotius, Hugo (1583-1645)　163, 406, 421, 500, 502, 503, 505, 639, 640, 642
　→事項索引：グロティウス

Greenaway, Geoge W.　111

Griffith, J. G. A.　636

Griffths, R. A.　131

Guy, J. A.　449-51, 493

H

Hake, Edward (-1597-1603-)　493-4
　→事項索引：ヘイク

Hale, Sir Matthew (1609-1676)　123, 370, 398, 537, 630, 632, 640, 688-9, 691, 697, 699, 701　→事項索引：ヘイル

Hall, E. (d.1547)　257

Hall, George D. G.　76, 110, 129, 170, 432, 632, 728

Harding, Alan　110-2, 129, 131, 540

Hargrave, Francis (c.1741-1821)　699, 737

Harpour, J.　132

Harpur, Richard (Sjt 1559, d.1577)　293

Hassall, W. O.　637

Hatton, Sir Christopher (1540-1591)　453, 455, 457-8, 464, 467, 477, 490-2, 637

Havighurst, Alfred F.　701

Hegel, George Wilhelm Friedrich (1770-1831)　35, 275, 643

Helmholtz, R. H.　356

Hengham, Ralph de (d.1311)　429

Henry I (King 1100-1135)　36, 45-6, 48, 53, 89-90, 135, 190, 425, 659, 668

Henry II (King 1154-1189)　35, 37, 39, 45-8, 75, 81, 83, 90-1, 93, 94, 105, 111, 329, 668,

680, 740

Henry III (King 1216-1272)　45, 95, 190, 667-8, 683

Henry IV (King 1399-1413)　192, 443

Henry VI (King 1422-1461)　21, 180, 186, 193, 195, 200, 207, 632, 661, 668, 672, 718

Henry VII (King 1485-1509)　227, 241, 711, 719, 205, 241, 250, 345, 443

Henry VIII (King 1509-1547)　13, 227, 229, 231, 238, 241, 247, 249, 254, 278-9, 288, 293, 298, 307, 313, 315, 319, 321, 335-7, 367, 396, 540, 710-1, 713, 720

Hertford, Robert (JCP 1290-94)　151

Hill, Christopher　19, 249, 260, 304, 540, 637, 640, 645, 684, 689

Hobbes, Thomas (1588-1679)　537-8, 540, 640, 689, 701-2　→事項索引：ホッブズ

Hogarth, William (1697-1764)　109

Hoizinga, Johan (1872-1945)　304, 488

Holdsworth, William S.　9, 11, 18-9, 87, 109, 112, 131, 193, 207, 285, 291, 294, 314, 316-9, 324, 329-30, 336, 350, 352, 397-8, 537, 640, 689, 693, 695, 700-1, 703

Holmes, Geoffrey　701

Holmes, G. A.　132

Horn, Andrew (d.1328)　672

Horn, Norbert　440, 450

Hostiensis (Henricus de Segusio) (d.1271)　438, 441, 449

Howell, W. S.　18, 244, 260, 270-1, 275, 279, 285-6, 291, 395-7, 638

Hudson, John　75-6

Huguccio of Ferrara (c.1188)　449

Hume, David (1711-1776)　641

I

Ibbetson, David　356, 506

Illingworth, Richard (CB of Ex 1462 d.1476)　572

Irnerius, of Bologna (d.1130)　420, 677

Ives, E. W.　131-2, 134, 199, 223, 236, 252, 316, 320, 322, 348, 351-2, 369, 634, 638

J

James I (King 1603-1625)　345, 514, 520, 536, 634, 655, 660, 663, 664, 706, 714, 721

欧語人名索引　769

James II（King 1685-1688）　696
James, Phillip S.　636
Jardine, Lisa　18, 29, 270, 275-6, 285, 301, 395-6
Jeffries, P. J.　131
Jennings, Sir William Ivor　645, 684
John of Salisbury（c.1115/20-80）　647, 685, 690
Johnson, Charles　76, 110, 173
Johnson, C. W.　205
Johnson, Robert C.　689
John（King 1199-1216）　45, 64, 75-6, 668, 680, 683
Jones, P. E.　133

K

Kantorowicz, Ernst H.　399, 643, 506, 573, 642
Kant, Immanuel（1724-1804）　609
Keilway, Robert（1497-1581）　486
Kelley, Donald R.　432-4, 489, 493, 509, 537, 537
Kerridge, Eric　435, 629-31
Kingsmill, J.（Sjt 1495, JCP 1504-9）　257
Kirkus, A. M.　133
Kiralfy, A. K.　350, 433, 492, 505
Kirton alias Meres, Roger de（Sjt 1362, JCP 1371-80）　144
Kische, Guido　488, 493
Knafla, L. A.　489, 574, 632, 635-6, 643
Knyvet, John（Sjt 1354, d.1381）　158
Kocher, Paul H.　278, 303

L

Lander, J. R.　236
Lambarde, William（1536-1601）　433, 492
　→事項索引：ランバード
Landis, J. M.　435
Lapsley, G.　130
Lefebre Charles　449
Lehmann, Hannes　173
Lemmings, David　109-10, 700
Levett, A. E.　131
Levi, Edward H.　24
Lewis, T. Ellis　184, 189, 193, 210-1, 301, 360-1, 366

Lewis, J. U.　19, 537, 640
Littleton, Sir Thomas（c.1415-1481）　67-8, 81, 83, 140, 211, 264, 435, 639, 737
　→事項索引：リトルトン
Littleton, Richard（IT Reader 1490's）　507
Lilburne, John（1615-57）　539-40
Lobban, Michael　697, 699, 701-2
Locke John（1632-1704）　532, 538, 696
Longchamp, William of（d.1197）　162
Lupset, Thomas（1498?-1530）　229, 232, 235, 237-8, 304

M

McIlwain, C. H.　397, 433, 492
McKechnie, W. S.　76-7, 111-2
Maclean, Ian　432-4, 450, 489, 492, 495, 505
Magnus, Albertus（c.1200-1280）　438
Maine, Sir HenryJames Sumner（1822-1888）　137, 169, 423, 505　→事項索引：メイン
Maitland, F. W.（1850-1906）　18-9, 44, 63, 75-6, 81, 132, 168, 171, 189, 193, 238, 249, 315-6, 318-21, 349-52, 370, 374, 397, 433, 494, 640, 643, 687
　→事項索引：メイトランド
Marowe, Thomas（c.1465-1505）　127, 133, 205, 370
Matthews, Nancy L.　638, 702
Meeking, C. A. F.　111
Melanchthon, Philipp（1497-1560）　493
　→事項索引：メランヒトン
Mercier Louis-Sebastien（1714-1814）　703
Mary（Queen 1553-1603）　231, 244, 720
Metingham, John de（d.1301）　150
Middleton, William（Printer）　277, 281-2, 371-4, 377
Milsom, S. F. C.　82, 120, 130, 134, 149, 167, 169-71, 174
Molyneux, E（Sjt 1540, JCP 1550-52）　257
Moore, S. A.　132
Moore, Sir Francis（1558-21）　686, 714
More, John（Sjt 1503, JCP 1518-20, JKB 1520-30）　198
More, Sir Thomas（1478-1535）　198, 237, 304, 489, 492　→事項索引：モア
Morgan, Francis（Sjt 1555, d.1558）　597, 601
Morison, Sir Richard（d.1556）　304

Morris, S. Arnold   114

Morris, W. A.   114, 130

Moubray, John de (Sjt 1342, JCP 1354-59)
    158, 165-6

Moyle, Walter (Sjt 1443, JCP 1454-71, d.1480)
    182

Musson, Anthony   112-3, 116, 172, 174

Murphy James J.   449

N

Neale, J. E.   256

Nelson, N   83

Nichols, F. M.   110, 170, 734

North, Roger (1653-1734)   299, 695, 700

North, Sir Francis (1637-1685)   490

Lord Nottingham   452
    → Finch, Sir Heneage

Nottingham, William (1461-83)   124-5

Noy, William (1577-1634)   619, 622, 639

O

O'Brien, Bruce R.   110

Oldendorp, Johan (c.1486-1567)   450, 472-4, 293, 507

Ormond, W. M.   112

Oschinsky, D   130, 132

Overton, Richard (fl.1631-64)   540

P

Paine, Thomas (1737-1809)   538, 627, 641

Palmer, C.   223

Palmer, R. C.   130

Panormitanus (+1453)   449

Papinianus   490

Paris, Matthew (d.1259)   116

Paston, William (1378-1444)   124, (131)

Pegues, Frank   130

Perkins, John (alias Parkins) (d.1545)   280
    -1, 285, 391, 393, 718

Pike, Luke Owen   174, 191

Plowden, Edmund (1518-1585)   25, 191,
    211, 300, 301, 397, 491-2, 505, 506, 572, 638,
    687, 757 →事項索引: プラウドゥン

Plucknett, T. F. T. (1897-1965)   8, 17, 19,
    25, 74, 129-30, 138, 143, 169, 171-2, 174-5,
    189-91, 193, 279, 285, 314-5, 350, 352, 361,
    429, 433-5, 489, 571-2, 632, 748

Pole, Reginald (Cardinal)   229, 232, 234-5,
    237-8, 244, 248-9, 304, 333-4

Pocock, J. G. A.   74, 509, 537, 630, 641, 645,
    684, 695, 697, 699-702

Pollard, Sir John, (Sjt 1547, d.1557)   294

Pollock, Frederick (1845-1937)   18, 45, 63, 76,
    171, 189, 193, 349, 422, 433, 492, 634, 688

Poole Eric   493

Pomponius   415

Port, Sir John (Sit 1521, JKB 1525-40)
    305, 378, 507

Post, J. B.   133

Postema, Gerald   509, 537, 641

Pothier, Robert Joseph (1699-1772)   621

Powell, Edward   113, 172, 174

Prall, Stuart E.   451, 493-4

Prest, Wilfrid. R.   18-9, 109, 131, 193, 198-9,
    251, 253, 260, 264, 271, 276, 291, 294, 352,
    396-7, 495, 638-40, 700

Prisot, Sir John (Sjt 143, CJCP 1449-61)
    182, 201, 433, 447, 451, 587, 632

Pufendorf, Samuel von (1632-1694)   640

Pugh, P. B   110-1, 112

Pugh, Ralph B.   112, 113, 130-1

Putnam, B. H.   133, 172, 207, 211, 271, 279,
    360-1, 370, 434, 632

Pynson, Richard (1490-1529) King's Printer
    22, 211, 280, 359-60, 363-5, 366-7, 369, 371-2, 374-6

R

Radford, G. H.   133

Radford, Nicholas (1388?-1455)   133

Ramus, Petrus (1515-1572)   285
    →事項索引: ラムス

Rashdal, Hastings   174

Rastell, John (1468-1536)   (38-9, 65), 144-6, 170, 242, 277-8, 280, 344, 358-9, 376, 378,
    507, 719

Rastell, William (1508-1565)   (38-9, 65),
    74, 280, 369, 376

Reeves, J   189

Reeve, Sir Thomas (Sjt 1733, CJCP 1736-7)
    639, 692, 699

Rede, Robert (Sjt 1486, CJCP 1506-19)   173,

欧語人名索引 771

242, 256-7, 307, 309-11, 313-21, 323-32, 335, 339-40, 342-3, 345-50, 352, 354

Redman, R 280-2, 371-2, 376

Richarson, H. G. 113, 129

Richrd I (King 1189-1199) 66, 82, 162, 629, 631, 682-3

Richard II (King 1377-1399) 103, 107, 134, 219

Richrd, Earl of Cornwall (1209-1272) 153

Rich Sir Richard (1496?-1567 LC 1548) 319, 369-70

Ridel, Geoffrey (1173-89) 162

Robinson, F. N. 114, 131

Rolle, Henry (c.1589-1656) 30, 225, 290, 394, 691-6, 699, 724

Roskell, J. S. 131-4

Ross, C. 132

Rossi, Paolo 379, 395-6

Roxburg, R. 18,

Rueger, Z. 450-1

S

Sackville, Thomas 258, 304

Sainty, Sir John 700

Sandoz, Ellis 684

Saunders Edward (Sjt 1540, KS 1547-53, CBEx 1559-d.1576) 453, 456, 458-9, 490-1, 552-4, 753

Sayles, G. O. 113, 129-31, 433, 435, 735

Searle, E 132

Seipp, David J. 147, 152, 171-2, 174, 225

Selden, John (1584-1654) 492, 688-9, 699

Seton, Thomas de (Sjt 1342, JCP 1355-1359) 157-8, 161, 164-5

Shakespear, William (c.1564-1616) 255-6, 258-9, 436

Shareshull, William de (Sjt 1324, JCP 1333-40, 1342-44, CJKB 1350-61) 172, 434

Sharp, Kevin 537

Sheppard, William (Sjt 1656, d.1675) 617, 638, 702

Shesgreen, Sean 109

Shoeck, R. J. 243-4, 260, 270-1, 384, 397

Shillingford John (-1447-50-) 132

Simmonds, N. E. 505

Skeel, Caroline A. J. 689

Snowe, R (Univ.+Inn) 257

Somerville, R. 131-2, 223, 236, 369

Sommerville, J. P. 684

Simpson, A. W. B. 8, 18, 24, 82, 169, 191, 193, 198-9, 206, 211, 217, 271, 285, 294, 301, 369, 435, 504, 506, 634, 638, 640, 699, 761

St German, Christopher (c.1460-1540) 74, 449-51, 632, 748

→事項索引: セント・ジャーマン

Smith, Adam (1723-90) 627, 642, 698, 702 -3

Smith, P. F. 574

Smith, Thomas (regius professor) 13-14, 147, 241, 249, 253, 313, 333-5, 344

Spedding, R. L. 291, 300, 303, 361, 370, 575

Spelman, Sir John (Sjt 1521, JKB 1531-1546) 8, 134, 169, 293, 304-5, 326, 352, 354, 361, 424, 573, 635, 760

Statham, Nicholas (LI-1472) 209-10, 273, 357, 359, 361, 363, 365, 368, 393

Staunford, William (Sjt 1552, JCP 1554-1558) ← Stamford 283-5, 302-3, 344, 367, 389, 391-5, 397, 486, 489, 553

Staunton, Hervey (JCP 1306-14) 153

Starkey, Thomas (1499?-1538) 229, 232-5, 237-8, 242-6, 248, 253, 304, 318, 334, 353

Steel, A. 134

Stein, Peter 423-4, 432, 541, 633, 638, 640, 702

Stephen (King 1135-1154) 668

Stintzing, Roderich von (1825-1883) 273, 275, 278, 283, 285

Stone, Lawrence 249, 256, 396

Storey, R. L.

Stouford, John de (Sjt 1329, JCP 1342, 1345-59) 157-8, 160, 164, 166, 174

Stubbs William (1825-1901) 111, 350

Sugerman, David 134, 505-6

Sutherland, Donald W. 111

T

Tanner, J. R. 686

Taverner, Richard 281

Taylor, Mary Margaret 114, 131

Tawney, R. H. 263, 631

Thomas, A. H. 133

Theloall, Simon (IT-1579-)　284, 344, 389, 391-4

Thorne, S. E.　9, 18-19, 76, 81, 111, 124, 132, 170, 173, 192-3, 198, 203-4, 206-7, 223, 225, 238, 291, 294, 305, 310-11, 318, 323-6, 331-4, 344, 347, 350-2, 362-3, 366, 378, 375, 429, 432-6, 453, 457, 489-91, 493, 548, 550-1, 571 -3, 630, 635-7, 686, 700, 729

Thorp, Robert de (Sjt 1339, CJCP 1356-1371, LC 1371-72)　159, 161, 164-6, 174-5

Tierney, Brian　574

Tocqueville, Alexis de　30

Treekingham/ Threckingham, Lambert (JCP 1300-16, JKB 1316-20, Bex 1320)　97, 153

Trevelyan, G. M.　264

Tubbs, J. W.　42, 74-6

Tuck, Richard ·　169, 441, 450, 507, 509, 537, 695, 701-2

Turner, Ralph V.　173

Turner, G. J.　76, 114, 189, 193, 210-1, 279, 357, 360-1

Tyrell, J.　132

U/V

Ullmann, Water (1910-1983)　450

Vaughan, Sir John　695-6, 700, 724

Veal, Donald　540

Vincent de Beauvais (d.1264/56)　649, 685

Vinogradoff, Sir Paul　207, 405, 422, 451, 640

Voigt, Moritz (1826-1905)　422-3

W

Ward, P. L.　433, 492

Warren, W.L.　111

Warrender, Howard　540, 689

Webb, S. & B.　109

Weber, Max　74　→事項索引: ウェーバー

Weinbaum, M.　132

West, F. J.　130

West, William (c.1548-1620)　472, 492-3

Weston, Corinne C.　684

Weston, Thomas de　130

White, Stepen D.　539

Wilson, Thomas (1525?-1581)　268-71, 286

Wolffe, B.　133

Woodbine, George E.　76, 111, 170, 432, 686, 729

Wieacker, Franz　10, 18, 182-4, 308, 473, 493

Willougby, Richard (Sjt 1324, JCP 1343-57)　164

William I (King 1066-1087)　46, 90, 123, 654, 657, 663, 667-8, 682, 697

William II (King 1087-1100)　668

Windsheid, Bernhard (1817-1892)　139, 169

Winfield, P. H.　211, 279, 285, 358, 360-2, 366, 369-70, 397

Wingate, Edmund (1596-1656)　618, 622, 639

Whitman, James Q.　493

Wholhaupter, Eugen　448

Wood, Thomas (1661-1722)　639-40, 695, 699

Wriothesley, Sir Thomas (1505-1550, LC 1544)　353, 369-70

Wykeham, William of (1324-1404, LC 1368-71, 1389-91)　164

Y/Z

Yale, D. E. C.　350, 452, 489, 493, 537, 699, 701

Yelverton, William (Sjt 1438, JKB 1443-71)　572

Ziskind, Martha A.　698

邦語人名索引

ア行

碧海純一　7
青山吉信　983
赤澤計眞　82
足利義教　218
阿南成一　406
赤松俊秀　217
浅田実　253
安藤高行　538
飯坂良明　641
井ヶ田良治　224
石井良助　213, 217, 224
石井幸三　537, 571, 635, 639, 689, 699
石川真人　423
石部雅亮　7
磯村哲　7, 404
一又正雄　642
伊藤正己　7, 8, 536
伊藤乾　169
井ノ口淳三　403
植松秀雄　506
上山安敏　7-8, 18-9, 25, 29, 134, 168, 193, 264, 279, 432, 540, 632
海原文雄　277
大江広元　212
岡田渥美　237
奥田宏子　304
越智武臣　236, 369

カ行

戒能通孝　402, 405
戒能通厚　984
葛西康徳　225
笠松宏至　178-82, 184-5, 187-9, 213-4, 217
勝田有恒　356
加藤新平　404, 406
加藤信朗　421, 573
河合博　168, 632
河上倫逸　29
川島武宜　168-9

北川善太郎　24
北野かほる　685
紀藤信義　249, 304
城戸毅　82, 172, 236
久保正幡　424
栗原眞人　702
小池銈　689, 701
児玉寛　423
小林公　506, 573, 642
小林博英　248, 396
小林登　275
小林雅夫　237
小山貞夫　8, 18, 75-6, 109, 110, 112-3, 115, 133, 135, 138, 169-70, 173, 181-2, 184, 224, 238, 249, 307-11, 328, 331, 345, 349-50, 352-4, 370, 397, 451, 491, 636, 643, 685, 701, 703
小山勉　30
近藤和彦　700

サ行

斉藤美洲　304
真田芳徳　422
佐野誠　506
佐々木信　7-8, 18, 170, 353, 683
佐々木有司　434
笹倉秀夫　224
指昭博　683
佐藤篤士　406, 422-4
佐藤進一　217
佐藤享　507
沢田裕治　728
重森臣広　538, 701
柴田平三郎　685, 690
柴田光蔵　422-3, 490
定宴（東寺太良庄雑掌）　215
将棋面貴巳　507
甚野尚志　690
末広厳太郎　401-2, 404-5, 411, 422, 504
鈴木朝生　689
鈴木禄弥　18, 184, 493
隅田哲司　686

世良晃志郎　　8, 29, 74, 114, 180
苑田亜矢　　115

タ行

高野清弘　　538
武居良明　　641
田島裕　　536
田中成明　　406, 421
田中修実　　224
田中秀夫　　138, 169, 641
田中浩　　538, 701-2
田中実　　506
多田英次　　291, 574, 640
多田幸蔵　　260
恒藤恭　　505
恒藤武二　　406
土井義徳　　684
禿氏好文　　77, 111
利谷信義　　181, 405

ナ行

直江眞一　　115, 685-7, 690
永井三明　　270
中田薫　　177-81, 183-4, 187, 224
中原親能　　212
中村浩爾　　30
西村隆誉志　　422-3
西村稔　　494
西脇順三郎　　542
野嶌一郎　　537
野田良之　　407

ハ行

橋口稔　　689, 701
橋本義彦　　217
長谷川正安　　7
服部英次郎　　291, 574, 640, 685
服部高宏　　424
原宏　　703
原田重　　217
林智良　　173
平松紘　　629-31
深田三徳　　18, 406, 507
福田昇八　　686
福田良子　　19, 249
船田享二　　406, 423, 435

藤原保信　　542
布施弥平治　　217
穂積陳重　　406

マ行

牧野英一　　404
松浦好治　　506
松浦高嶺　　237, 264
松垣裕　　114, 135
松崎英一　　217
松村勝二郎　　77, 110, 112, 168, 170, 175, 352,
　　432, 728
松本和洋　　224
三島淑臣　　406
水田洋　　538, 540, 642, 689, 702
水田義雄　　19
水波朗　　538, 541-2
宮島直機　　507
茗荷幸也　　260
三善康信　　212, 217
村上淳一　　7
望月礼二郎　　29, 225, 571, 573, 629-30
籾山明　　404
桃裕行　　217
森岡敬一郎　　111, 115, 433, 571
森征一　　356, 424, 434
森英樹　　404
森洋子　　109

ヤ行

矢崎光圀　　8, 24
矢頭敏也　　636
安田元久　　215, 217
山内進　　175, 356
横尾壮英　　174
吉田勇　　8
吉原達也　　422-3, 506, 699

ワ行

我妻栄　　404
鷲見誠一　　449, 507
和田勇一　　686

事項索引

数字・アルファベット

17 世紀憲政論争　　645-6, 678
18 世期司法
　　財産権の刑事的保障…533　債務投獄制度
　　…533, 626
19 世紀行政革命　　627
Ars（学問）　→人文主義＞「学問 Ars 概念」
Artificial Reason　→理性＞学問的理性
Ius commune
　　教会法…39　世俗法…48　『ブラクトン』の
　　用法…49, 50, 57, 59-61, 63-4, 80, 83　イタリ
　　ア…434　→ローマ普通法
Lex terrae
　　→國法　→ウェーバー＞Lex terrae（属地
　　法、［領域的］國法）
Natural Reason　→理性＞自然的理性
Prudentia（賢慮／蓋然知）　291, 391
　　→弁証術　ホッブズ Prudentia 批判…515,
　　521, 522-5, 605-6, 609, 624-5.
Scientia（科学／確実知）／ Sapiens
　　権威＝真理命題…26　→論証術
Utilitas
　　共通の便宜…416-8　立法原理として…
　　423n.19　→公共善論
Volenti non fit injuria　57, 60, 78, 80

カナ

ア行

アーサー王伝説　　645 670 673 683 687-8
アイルランド　　48-9, 74, 76, 83, 162, 485,
629, 680
アエクイタス
　　公平的正義としてのアエクイタス…411-5
　　平等的アエクイタス…411, 474　同類事件的
　　アエクイタス…413, 423, 427　自然的アエク
　　イタスと制度的アエクイタス…413f.　ギリシ
　　ア的エピケイアとローマ法的アエクイタス…
　　399, 403-6　エピエイケイア概念とアエクイ
　　タス概念の融合…406, 415-21, 440-2　アエ

クイタスと信義則、悪意の抗弁…416　アエ
クイタスと共通の便宜…416-8　アエクイタ
ス対厳格法…418-9　適用免除のアエクイタ
ス…419, 420　人道主義的アエクイタス
（humanitas, benignitas, pietas, caritas）…
419　事物に即したアエクイタスとローマ法
大全に流れるアエクイタス…420　適用除外
のアエクイタスの例外法理化…420　セント・
ジャーマンへの影響…444-6　『ヘンリ1世の
諸法』…426　『グランヴィル』の不文法優位
論…425　『ブラクトン』の定義…426-7, 756
『ブラクトン』における同類事件のアエクイタ
ス…426-8, 453, 465, 484, 496, 756　訴権法
的発展の基礎としての 'equitable' な司法裁
量権（メイトランド）…428　カノン法のアエ
クイタス…436-42　ホスティエンシスの定義
…438　慈悲／憐憫（misercondia）、寛恕
（benignitas）、良心（conscientia）…437-8　特
免（dispensatio）との区別…438　アクィナス
のアエクイタス論とエピエイケイア論…438-40
ジェルソンの定義…441　アエクイタス概念と
エピエイケイア概念の融合…440-2　エピエイ
ケイア概念の復活…406n.14　セント・ジャー
マンへの影響…443　オースティンのアエク
タス論＝グロティウス批判…502-3　→エクイ
ティ
アキシオム Axiom ／公理的見解　　28, 276,
279, 290, 596
　　→共通拠点　→マクシム　→法格言　→法
　　原則　クック…596-7　配列方法（メソッド）
　　…282-3, 391, 616　→ラミズム＞メソッド
悪意の抗弁 doli mali exceptio　　416　→抗弁
悪法論　455
アサイズ
　　→議決:法令索引　→(小)アサイズ訴訟　→
　　(大) アサイズ　→アサイズ巡回陪審裁判
(小) アサイズ訴訟／不動産占有回復［陪審］
訴訟　51, 56, 80, 81, 91, 93, 94, 100
　　マグナ・カルタの開催規程…94　『ブリトン』
　　の抗弁論…141, 143　法廷年報…157　衰退
　　…711-2　初期のアサイズ訴訟…725-33.

（大）アサイズ（決闘に代る大陪審）　141, 175
アサイズ巡回陪審裁判　85-8
　コモン・ロー発展の基礎…47　巡察制度の解体…92-4, 121　サージャント層の成長…121　ナイサイ・プライアス令状との結合…96-7　未決囚釈放裁判官との結合…98　治安判事制度との連携…101-2, 104　中央行政と地方行政の結節点…88, 643　法律問題／事実問題の時間的・空間的分離…105-9　巡回陪審記録事項 postea…106　アサイズ巡回陪審制度の確立と法曹院…107-8　巡回裁判管区／サーキット（南西部管区、北部管区、中部管区、畿内管区、北西部管区、イースト・アングリア管区）…86　アサイズ・タウン…86　→バー・メス／巡回裁判管区バリスタ会
アサイズ（巡回陪審）裁判官　86, 91
　専門法曹化…94-5, 97-121, 165　『カンタベリ物語』法の識者…123　出身州サージャントのアサイズ裁判官任命忌避…103, 122　王座裁判所首席判事のアサイズ裁判官からの排除…104, 122　治安判事任命書必要員…103, 127
アトーニ attorney　→代訴人
アフォリズム Aphorism
　→ベーコン　→マクシム
アプレンティス／アプレンティス・アット・ロー
　→法研修生／法廷弁護士
アリストテレス　240
　四原因論とエクイティ…472
アリストテレス論理学・弁証術　20, 27, 265, 268, 272　フォーテスキュー…591-2　ラムスの批判…286, 290, 381, 397　プラウドゥン…298-9　クックの Artificial Reason 論…570, 662　ホッブズの批判…523, 606-6, 625-6
アリストテレス正論論
　人為的正義（ノモス）と均等的正義（イソテス）…401　配分的正義と是正的正義（交換的正義）…400, 406　立法的正義（『倫理学』『政治学』）と司法的正義（『弁論術』）…402-3, 407-8, 573　『弁論術』におけるエピエイケイア論…405　不文國法論としてのエピエイケイア論…407-11　慣習法の優位／法律以前に人間が存在…387, 410　法律の一般性に伴う不完全性…386　精神の文言に対する優位…410, 431　事物の多様性に即した具体的正義…400　アクィナス…438-9, 440　エピ

エイケイア概念の復活…399, 428, 441-2　キャトリン女王座裁判所裁判所長…453, 464-5　プラウドゥン…465-6, 477-8, 554-6, 558-9, 755-6　ランバード…468-72　ヘイク…480-2　アッシュ…484　クック…496, 516　アリストテレス的エピケイア論の系譜の断絶…503　グロティウス・ホッブズによる読替…406, 526, 530-1, 533, 626, 642　→正義論　→エピエイケイア
アルゴ号論　676, 681, 699
　→ヘイル＞アルゴ号（コモン・ローの継続性）
アルフレッド＝グズルム協定　45
アングロ＝サクソン法　48, 53-4, 57, 63, 155, 663, 667-669, 679, 682, 688
　アルフレッド王法典…668
アングロ＝サクソン法史　28, 259, 468, 646, 655, 663, 672-3
　→古事学協会…259
アンジュー期統治　36, 40
意志主義／文言主義　412, 418, 422
意思能力無き者 Compotus mentus　172
イタリア
　大学…229　パドヴァ…242, 304　イタリア戦争…230　都市条例（statuta）…35, 61-2　条例解釈理論…430-1, 434　助言学派…165　ポデスタ制…103
イタリア学風批判　452
　悪しきラテン語…239, 241　反論…264, 371, 480, 494
違法性阻却　438, 451, 463, 464
違約罰金付金銭債務証書　751
イヤーブックス　→法廷年報
イングランドの第三の大学　14, 259
　→ロンドン　→法曹院
イングリッシュネス　645
印刷術　10, 15, 263, 269, 274, 354-6, 693, 737
　→法律書出版
インズ・オヴ・コート　→法曹院
インズ・オヴ・チャンセリ　→法曹予備院
インペリウム　46, 660, 686
ヴァイナ（英法）講座　691-2
　→ブラックストン
ウィッグ　85, 109
ウェーバー
　イギリス法論…5-6, 8, 703　法曹院論…10-1, 30　講義消滅後の法曹教育…16-7　判例法

事項索引　777

的思考様式…4, 8, 20　学問観（科学＝ヴィッセンシャフト論）…25-6　中世大学教育以来の法学教育方法…26　西洋近代法論…34-5, 39, 45, 74　「〔自治法的〕合意は〔一般的〕國法を破る」…34　→合意優位論　Lex terrae（属地法、〔領域的〕國法）論…34-6, 39, 50ff., 61, 68　→國法　ローマ法論…106-7　自由法運動批判…504

ウェセックス法（西サクソン人の法）　36, 45-6

永久ラント平和令　45

エクイティ（衡平／衡平法）　39, 354-5, 411, 424, 573　メイン…415, 503　メイトランド…338-9　ヴィノグラードフ…403, 411, 421　『グランヴィル』…425-6　『ヘンリ1世の諸法』…425　『ブラクトン』：同類事件的エクイティ…426ff.　制定法（上）のエクイティ…305, 428ff., 548f., 551, 553　制定法（上）のエクイティ：最初の用例…430　ジェルソン：エピケイア的エクイティ…441ff.　セント・ジャーマン：イングランド法への定着…442ff.　セント・ジャーマン：イングランド法の第7番目の基礎…447　セント・ジャーマン：コモン・ロー裁判所のエクイティと大法官裁判所のエクイティとの相違…446-7　エクイティとクレメンシィ…472, 501　法の極み論…452　テューダ期立法解釈論…452-68, 476ff., 554ff.　擬制的法解釈…483ff.　大法官裁判所とエクイティ…468-476　プラウドゥン…554-9, 754-7　学術の源から（ex artis fontibus）引出される不文のエクイティ（メランヒトン）…479　クック法学とエクイティ…495ff.　クックのエクイティ論…496-7, 547　557-8　エクイティの実定法化…498-9　ホッブズ…530-1, 546-7, 556-7, 561-2, 564-5, 567-8, 579, 581-3, 603, 610, 615, 624, 630, 635　ブラックストン…421, 499-502　グロティウス…421, 500, 502　オースティン…502

エクスチュッカ／財務府
　大判官─巡察─州長官…118, 130
　財務府書記…96, 118, 190

エスクワイア　227, 253

エスチータ　128, 223

エチケット　109

エドワード証聖王の諸法　88-9, 668, 675

エピエイケイア／適宜的正義／個別的正義／司法的正義　399　アリストテレス…400-3, 405-7, 407-411, 421f.　事物の多様性に即した…400, 403-4, 407, 411, 416, 419-20, 426, 469-70, 496-7, 756　精神の文言に対する優位…409-12, 418-9, 424-7, 431, 440, 493, 499-500, 556, 593, 683, 753, 755　事情変更…412, 439　ローマ…411-2, 414-5　アエクイタス概念との融合…（aequum et bonum）…416-418, (aequitas vs rigor iuris)…418-20　法の極み論…418, 424　エピエイケイア概念の復活…428, 429, 431f., 438　アクィナス…438-40　ジェルソン…441f.　セント・ジャーマン…442-8　公共善…450　エリザベス期立法解釈…452, 453, 456, 458　プラウドゥン…459-62, 464-8, 755-7　ランバード…470　ウェスト…476　ヘイク…477-83　擬制的解釈（アッシュの読替乃至見做規定的エピエイケイア、フィンチの偽装的解釈）…483-8　クックへの影響…496-8　近代法学とエピエイケイア立法解釈論（ブラクストン、オースティン）…499-503　緊急事態論…438-9, 449, 455, 459, 461, 708　例外法理…445, 451, 456, 459, 462　人道主義的解決…401, 410, 419

エピケイア Epicaia　443-4　→エピエイケイア

エリザベス期ルネサンス　257ff.
　身分と秩序…258　古典、近代文献の英訳…258　演劇…14, 257-9, 305　シェークスピア『十二夜』（初演：インナ・テンプル）…259　詩…259　古事学協会…259　ネイピア「対数」、ハーヴェイ「血液循環論」等、内科医師会…259　→ロンドン　→イングランドの第三の大学

エールリッヒ　135, 139, 163, 168, 169, 173, 405　→ローマ法継受論

王権
　「合意（設立）による王権」と「征服（実力）による王権」…649, 652, 654, 668, 672, 679, 680-1

王権法論　43, 62, 632

王座裁判所　38, 62, 69-72, 83, 90, 99, 104-5, 110, 114, 116, 121, 124, 126, 135, 143, 166-7, 172, 174, 195-6, 198, 242, 305, 307, 317, 322, 332, 378, 394, 440, 453, 465, 489, 499, 563, 611, 643, 655, 665, 669, 686, 691, 695, 706, 714, 724, 735-6
　王座裁判所のウェストミンスタへの定着

(1340's)…90, 116, 430　王座裁判所裁判所改革…307, 317　管轄権の拡大…110, 317, 322　ミドルセックス訴状…60, 110　逃亡者逮捕令状…110, 317　王座裁判所による地方行政監督…563

王政復古
　ヘイル（同意による統治）とマンク将軍…698
王の道　47, 89
王法　47-8, 53, 647, 650, 667
王領地総監査局　222
お仕着せと訴訟幇助 Livery and Maintenance 218, 221, 552
オックスフォード規程　50, 62,64-5, 81f.

カ行

概説書　『グランヴィル』『ブラクトン』『ブリトン』『フリータ』『裁判官鑑』『ヘンガム』『リトルトン』『博士と学徒』『パーキンス（有益なる書）』『スタンフォード』『フィンチ（ノモスの術）』等
　→事項索引　→欧語人名索引
開廷期（ミクルマス、ヒラリ、イースタ、トリニティ）　87, 95-6, 97, 106, 108, 183, 186, 192, 194, 207, 214, 245-6, 278, 295, 351
開廷期報　42, 48, 586, 587　→法廷年報
概要／ Epitome, Compendium　278, 286, 493, 713, 717, 725
河岸管理委員会　128
下級聖職者　227, 230
学識／賢識 Wisdom と権威 Authority　42, 513-4
学識法曹評議会 Council Learned in the law 366
学者的裁判官　10, 183
学問観
　ウェーバーの科学性　ヴィッセンシャフト論…25-6　キケロの学問＝Ars 論…13, 265, Ars としての法学…270, 417, 432
学問体系の図式化　298, 390-1, 393, 398, 619, 622
（法の）学問的統一と権威的統一　310, 607, 610
学問的理性論 Artificial Reason　→理性
学問の世俗化　13
家産（patrimony）　250
嫁資　58

家内奉公人　71
カノン法　→教会法
寡婦産／寡婦産権　38, 56, 58, 65, 78, 398, 710, 712, 726, 727, 729, 733, 737, 742
神の法　41, 444, 478, 600, 635, 662, 670, 752
カルヴィニスト　287, 379
カルヴィン事件（Post-Nati）
　→判例索引　568, 570, 595, 602, 662
慣習の実定法化　179
　慣習法論争…182-3, 587
慣習法
　コモン・ロー＝慣習法の問題性…87　王國の慣習 Consuetudo regni nostri…40, 49, 50, 54, 57f., 59, 61-3, 67, 78-9　王國の一般的（普通）慣習と地方特別慣習…40-2, 67, 72, 74, 446, 583-4, 586-587, 594-5, 632, 640, 740-4, 748　議会制法の地方特別慣習法に対する優位…551　不文慣習法としてのローマ法…588
慣習法理論
　プリゾート…182　リトルトン…67-9　セント・ジャーマン…67-8　クック…68-9, 580-1ヘイル…582　ホッブズ…582-3　合理性基準としての「自然的公平」対「法学的理性」…74, 570, 578-85, 629
関税徴収官　128, 131, 134, 750-1, 753
鰥夫産　38, 65, 398, 737, 742
議会　81, 83, 99, 103, 122, 318, 330, 338, 350, 355, 430, 433, 434-5, 453, 454, 459, 501, 514, 532, 539, 542, 549, 551-2, 560, 623, 636, 649, 652, 662, 664, 666
　宗教改革議会…399, 402, 433, 436, 448, 453, 458, 552, 572, 670, 679, 686, 703, 710, 740ソープ裁判長の議会制定法論…165　最高裁判所としての立法権…516, 539, 541, 574, 585, 628-9, 631　課税協賛権…515, 664-5, 673, 685　庶民員議員…266, 319, 396, 467庶民員議員学歴分析…256　議会派…510, 655, 657, 673, 687　議会主権…88, 429, 435, 436, 503, 511, 538, 572, 627, 641, 642
期間権　81
キケロ／キケロー　27, 484, 523, 525, 633
　ソープ裁判長の悪意の詐欺論…164-5　キケロ的ラテン文体…12-4, 230, 264, 396　法廷弁論術…268-9, 271, 412, 506　弁証術の改造…272-3, 275, 284, 383, 385　人文主義的

事項索引　779

教育論…237, 238　12表法論…238　法の極み論…406, 418, 424, 452, 488　精神の文言に対する優位…411　文言と共通の便宜…417　ギリシア的法概念とローマ的法概念414　正義＝信義＝約束の遵守論…641　暴君放伐論…647　キケロー ブラクトン―クック…496　キケロー ブラックストン…500　キケロー オースティン…502-3　Ars論　→学問観　アエクイタス論　→アエクイタス

騎士的奉仕＜＞書記的奉仕　228

騎士道倫理　228, 232, 235, 257

騎士奉仕保有／軍事的土地保有　175, 622, 710, 738, 744

擬制　5, 73, 81, 129, 168, 503-6, 514, 567-8, 577, 579, 617
　ミドルセックス訴状と逃亡者逮捕令状…90, 110, 135

貴族の学芸＜＞中世的書記の術　231

起訴陪審制度　91, 115　→正式起訴状

旧王領地　38-9, 75, 95, 163, 277, 485, 572, 581, 630

旧法と新法　66, 453-5, 457, 464, 485, 501, 574, 628f.

教育訓練制度　→法曹院＞教育教育訓練制度の整備、閉廷期教育訓練制度

教会法／カノン法　38, 76, 161-3, 165-6, 173, 189f., 229-30, 245, 419, 437, 439, 449-451, 660, 631
　カノン法のアエクイタス…436-42
　→アエクイタス

教会保護権者　81

（法）教義学　340, 420, 424

教皇　76, 79, 165, 230, 335, 437, 442, 449
　教皇特使…153

教皇主義／教皇派　291
　ペイビズム…13　教皇の法律家…13, 241

教皇庁　230, 244, 265, 335

教皇令　161-3, 166, 173
　イングランド宛教皇令509通／全1055通（1145-98）…161-2

行政革命
　テューダ…247, 368　19世期…628,

共通の学識／意見 Common erudition/opinion
　225, 443, 590, 594, 599, 609, 611, 624-5, 634-5

共通拠点 Loci Communes　27, 43, 223, 240, 243, 274, 276-8, 282, 289, 290, 302-3, 305, 525, 595, 605
　修辞学における Loci…592　人文主義者のLoci 利用…274, 276-7　Loci の記憶術的使用…273, 277

共通拠点帳 Common Place Book　694
　共通拠点の析出・収集 Common Placing…277, 694, 718-20

共通の便宜　→公共善

教養ある貴族の統治／教養ある統治者　231-2, 234, 252

ギリシア・ローマ古典の知識　230, 234, 381, 523, 562, 625

ギリシア語　245, 249, 254, 468, 658, 675, 686

キリスト教　75, 230-1, 244, 406, 418, 436-7, 651, 653, 662-3, 670, 673, 687, 752

キリスト教的倫理　231, 237, 436-7, 440, 507

ギルド　6, 16, 126, 194, 259, 260, 510, 512, 514-5, 523, 539, 598, 625, 628

緊急避難的な例外法理　462

禁止令状事件（Prohibitions del Roy, 1607）661-2　→判例索引

近代国家法／法学　35-6, 421, 509, 547

近代的所有権　→排他的所有権、権原論

近代的法観念　34
　その特殊性…38-9, 403, 421, 510-1

近代法／法学／近代的法原理　3-4, 12, 18, 57, 401, 402, 433, 499ff., 509, 511, 530, 543-7, 615-6, 620-1, 626, 628, 642　→権利体系

欽定ローマ法講座　13, 168, 248, 254

クック、サー・エドワード　510, 537-8
　議会派、権利請願起草者、反独占＝経済的自由主義者、独占禁止法起草者…510, 687　中世と近代の分水嶺…17, 24, 24-5, 314, 344, 352, 627, 718, 737　近代コモン・ローの父…510　排他的所有権論…527-32, 540, 542　限嗣封土権批判…528　謄本保有権論…581　臣民の生得権…594, 660, 681　土地登記制度…540　法の支配…482, 536f., 656-7, 659-60, 661-2　勅令事件…665-6　黄金の杖と秤…520　正義＝法…400　クック法学…496ff., 547, 583, 625-8　法曹院評価…15, 256, 259　人文主義的素養…262, 271, 516, 523-4, 633, 636f., 641, 643, 658f., 662　ローマ法文・カノン法文の利用…57, 155, 163, 173, 450, 490, 497f., 535　法文献評価…281, 285,

299, 302, 313f.　法廷年報評価…208, 211, 372, 374, 607, 638　訴訟記録…632f., 637-8　法要録利用方法…287, 300, 359　『リトルトン』分析…398　刑法の法典化…303, 535　英語化…539　vocabula artis として法律仏語…539　法学方法論…302　イングランド法のルネサンス…325-6, 338, 341-4　訴答の順序…145　法律効果不発生訴答…148-9, 171　新型判例集…394, 486, 499, 608, 637-8, 719　エクイティ…496-7, 516, 547, 556-9　事物に即した救済手段…469, 497　法の極み…497　制定法／立法論…516, 541, 549, 561, 578, 628, 656　制定法解釈論…402, 435, 446, 490, 497f., 549-50, 552　ヘイドン事件…466, 560-2　公共善論…560-3, 665, 687　制定法解釈学としての判例法学…563-5　判例集の出版目的…563, 607, 656　法の欠缺（カルヴィン事件）…568-70　不文法論…545, 575ff., 595-6　法源論…631　慣習法論…68-9, 79, 82-3, 498, 537, 579-84, 629f.　コモン・ロー論…585-6, 588-91, 631-2, 635-6　→ボナム医師事件　マクシム論…596ff., 605, 608-9　判例集の拘束力…610-5　クック判例集批判…611-2, 638　クック法学の行方…616ff.　緊急事態論…450　クック宛献辞（ウェスト、アッシュ）…472, 483-4　メランヒトン―ヘイク―クック…482　Artificial Reason 論…402, 495, 512ff., 662　→理性　アエクイタス概念…413, 428　→アエクイタス　ブルータス伝説…655ff., 657-9　古来の國制＝憲制…657, 684　年代記批判…657-8, 697　『裁判官鑑』論…669ff., 687f.　『ガリア戦記』…658f.　マグナ・カルタ論…656　征服理論…662ff.　ノルマン征服論…663, 667ff., 679-80　法源論…682-3, 706　時効論…683　→慣習法論　議会論…686　クック『イングランド法学提要』…514, 523, 539, 615　『第1部』（『リトルトン註解』1628）…163, 226, 398, 495-6, 512, 515-6, 532, 538-9, 600, 619, 630, 635, 695, 718, 737　『第2部』（1642）…204, 225, 400, 497-8, 527, 532, 540, 563, 633　『第3部』…395　『第4部』…567　クック『判例集』…256, 514, 608, 611-2, 615-6, 636-7, 657, 662, 667, 670, 672, 681, 683-4　→欧語人名索引
クラレンドン議決（1166）　77, 91

グランヴィル　119, 130
『グランヴィル』（c.1189）…37, 39, 43, 50, 53, 55, 57, 62, 75, 77, 82, 90-2, 95, 110, 112, 140-1, 143, 163, 167, 170, 190, 285, 344, 355, 385, 425, 432, 455, 491, 587, 588, 589, 632, 657, 672, 725-8, 730
クリブ Crib　121, 215
グレシャム・カレッジ　19, 248-9, 259
　→ロンドン＞イングランドの第三の大学
グロティウス　639-40
　アリストテレス正義論批判…406, 642　権利＝Facultas 論…163, 642　ボダン批判…642　エクイティ解釈論…421, 500, 502-3　著作→文献:『戦争と平和の法』（1625）…640
刑事（特別／巡回）裁判官　93, 128
刑事訴訟　90, 175, 283, 588, 671, 725-6, 728
　→國王の訴訟
刑罰法規解釈（厳格解釈／拡張解釈）　443, 454, 456-7, 459, 461-2, 464, 507, 549, 553, 559-60, 574,
契約
　契約―助言―命令　未履行契約／既履行契約　契約の学　→ホッブズ
決闘審判　53, 63, 79, 141, 175, 425, 673
権威的典籍　137, 175, 177, 200, 207, 211, 217, 265, 627　→書かれた理性…11, 602
権威論＜＞理性論　44, 516, 524, 696
　国王の権威…44, 62, 595, 612, 628　主権者の権威…612, 614-5, 624, 678
（家族／厳格）継承財産設定制度　337, 694
厳格法 rigor iuris, ius strictum　165, 419, 427, 434, 473
　（法の極み）…475, 497　→法の極み論
権原開示訴訟　61, 66, 93, 154, 172
権原開示法（1290）　66-7, 82, 683
　→法令索引
権原担保者　80, 171, 712, 726, 733
建国伝説　645-6, 675　→ブルータス伝説
憲法革命　34
　→法令索引:憲法改革法（2005）…34
権利章典　641, 698
権利請願　510
権利体系　139-40, 642
　自由権…163　近代的所有権…510, 527, 626　→排他的所有権
故意·過失·不運　413

コイフ 109 →高位法廷弁護士

高位法廷弁護士／サージャント・アット・ロー
10, 15, 22, 23, 93, 98, 100, 103-4, 108-9, 111,
113, 115-6, 121-5, 127-8, 131, 133, 135, 147,
160, 164-6, 173, 191, 196, 200, 202-3, 208,
211, 216, 222, 236, 292-3, 295-6, 322, 355,
358, 365-6, 397, 430, 434, 458-9, 465, 499,
552-3, 554, 573, 597, 601, 617, 693, 706, 753,
754
『カンタベリ物語』（c.1387）のサージャント
…123 サージャント就任拒否と就任強制…
103, 113, 115, 122 サージャント層による民
訴裁判所、王座裁判所裁判官職の独占…121
高位法廷弁護士会館（サージャンツ・イン）
…108, 115, 135, 173, 295, 355 サージャント
による民訴裁判所出廷権独占の廃棄（1846）
…135 サージャント身分の消滅…135

合意論 44, 61-2, 68 →議会

合意優位論（「合意は國法を破る」） 34-6, 37,
48, 50, 57, 60-1, 65-6, 68, 78, 80, 436, 536

公会議論 440, 442, 450

(国家的) 公共性 399, 436, 551, 562, 643
国家による独占＜＞学問的公共性…604

公共善 bono publico 355, 399, 421, 436, 439,
450, 458-60, 502, 507, 551-3, 559-63, 572-4,
608, 657, 665, 686-7, 716, 723
→コモン・ウェルス

公共の便宜 utility publick 423
(utilitas)…457

後見権 59-60, 80, 82, 463, 710, 732, 742-3

絞首台 86

公正 73, 103, 403, 408, 411, 427, 467, 472,
474, 482, 499, 524, 541, 716, 727
→公平／衡平 →アエクイタス

公道 47, 89-90, 92, 152-6
王の道…47, 89 公道暴行罪…47 公道差
押禁止…153, 155-6, 172 →四街道

荒廃毀損 58, 79,

公平／衡平 44, 75, 404, 408, 411, 412-7,
419, 421, 427, 471, 530-1, 547, 562, 567-8,
577, 583-4, 614-5 →公正 →アエクイタス
→エクイティ →エピエイケイア

公平と善 aequum et bonum 416-9, 423-4,
497

抗弁／反訴／訴答 exceptio/defens/plea 54,
56, 58, 71, 77-80, 95, 115, 141, 142, 160, 167,
186, 240, 412, 713, 728-33 →訴答 抗弁術
…140ff. 抗弁論…112, 141, 143, 420, 728-30
遷延的抗弁 plea／滅却的抗弁 barre…81,
141-7, 153, 156-7, 170 令状／訴状阻却抗
弁 abatement of writ/bill…56, 142-5 法律
効果不発生抗弁 demurrer…30, 67, 70, 105,
107, 114, 137-8, 147-9, 150ff. 157, 167, 169-
71, 296, 523, 750 悪意の抗弁…416

公法／私法論 57, 79, 457, 460, 462, 551
→包括的公法理念 →国王と國王
→公共善

国王 (King /Cyning) と國王 (Crown) 399,
532, 636, 643
国王の二重の人格…542 →國王の訴訟

国王印刷人 22, 247, 269, 365, 371-2, 376,
554

国王裁判所 35, 38-9, 42-3, 46f., 58, 63, 65-
7, 71-3, 75, 83, 89-90, 118-20, 140, 150, 165,
168, 222, 425-6, 428, 458, 469, 563, 581-2,
587, 589, 594, 634, 669, 725-8, 734, 746
ウェストミンスタ裁判所…95, 108 国王裁
判所の基礎としての王國共通慣習法…72-8
→巡察 →民訴裁判所 →王座裁判所
→財務府裁判所 →財務府会議室裁判所
→アサイズ巡回陪審裁判 →大法官裁判所

国王至上法 (1534) 244-5, 247 →法令索引

国王親裁 536, 596, 636, 662

国王増収裁判所 247

国王大権法 222, 398, 463, 573, 588,

國王の訴訟 91-2, 84, 110, 283, 393, 489, 507,
636, 720, 729-30 →王座裁判所

国王の普通裁判権 66, 154

国王の平和に反して 72, 89, 129, 222,

国王の保護権 56

国王評議会 56, 61-2, 195, 221-2, 227, 236,
242, 304, 368, 425-7, 430, 434-5

国王陛下の学院 229, 243, 244ff., 247, 305,
396
国王の学生…246

国王への奉仕 228, 245, 250

國法
(Lex terrae/law of the land)…34-7, 39-40,
45, 48-57, 59-61, 63-6, 68-9, 73, 76-9, 81, 83,
85, 407-9, 411, 424-5, 445-6, 453, 461, 484,
574, 585, 595, 631, 647, 656, 660, 661 (Leges
Civilis), 666, 669, 677 ウェーバー…35-6

『グランヴィル』…53, 62-3, 76-7　『ブラクトン』…37, 49, 50-65, 77-9, 83　マグナ・カルタ…73, 76-7　國法と王國の慣習に従って…40　國法と王國の慣習に反して…50, 78-9, 81

国民国家的法共同体　36

雇従者 retainer ／私兵　125, 218-9, 221
　→お仕着せと訴訟幇助

国家制定法中心の法律学的世界観　40, 402, 511

国家的権威と法学的権威　604

古典的教養　164, 231, 239, 246, 453,

コピーホールドの限嗣相続財産権
　→謄本保有権

コモン・ウェルス　232-4, 239, 257-8, 265, 303, 305, 354, 396, 457, 517, 528, 531, 534, 539, 545, 551, 560-1, 562, 574, 576, 578, 583, 604, 613, 628
　Common weal…281, 354　Public weal…240-3, 353, 553　→公共善 public good　コモン・ウェルスへの奉仕　233, 257

コモン・ウェルス・メン　457, 552

コモン・ロー　15, 84, 229, 367
　用語・用例分析…44-5, 48-9, 59, 62-5, 76, 82　コモン・ロー法系…3-4, 19, 34, 184, 310, 336, 703　コモン・ローとローマ法・カノン法…163-6, 173, 335, 382, 596, 677, 697　コモン・ロー・マインド Time out of mind…82, 301, 537, 629, 697, 699, 702　コモン・ロー（不文國法）と合意…65　→合意優位論　コモン・ロー（王國の一般的慣習）と［地方］慣習…38-43, 66, 67-9, 74, 83, 127, 128-9, 150, 579-83, 603, 630-2　コモン・ローと裁判特権…66f., 69-72　コモン・ローとエクイティ…355, 442-8, 453, 470-3, 475-7, 479, 482-3, 493, 494, 495　→成文法体系　コモン・ローと勅令…666　コモン・ロー的法知識の浸透…252　コモン・ローの基本原理（国王裁判所管轄権／法の適正手続／法の前の平等）…72-3　コモン・ロー法学／法学史…3-9, 11-2, 14-5, 17, 19-21, 23-4, 30, 33, 88, 104, 107, 117, 137ff. 147, 173, 227ff., 303, 399, 400, 402, 424, 435, 503, 542, 616ff., 696-7, 714-8　【付録1】～【付録5】…725-57　コモン・ロー（学識）法曹…13, 30, 104, 107, 112, 117ff., 131, 134f. 140, 221-3, 227-9, 241-2, 277, 304, 315, 316, 318, 331, 340f., 344f., 348f., 353-4, 366-7, 370, 382, 383,

386ff., 482, 539, 540, 542, 548, 571, 634, 690, 705-7　→法曹　コモン・ロー生誕の世紀…34, 37, 45, 118　コモン・ロー／コモン・ロー法学と巡察・巡回陪審裁判制度…85, 87, 105, 167　コモン・ロー上の訴権／制定法上の訴権…65, 469　→大法官宣誓文（オックスフォード規程）　コモン・ロー／コモン・ロー法学の発展（訴訟手続→法準則）…30, 135, 137-9, 142-3, 149, 161, 167f., 210, 225, 276-7, 304, 340, 355, 358, 368, 370, 394-5, 428, 429, 430, 632, 725-39, 740-4　→令状、訴答、法原則／マクシム、コモン・ローの体系化、コモン・ローの近代化、制定法解釈論　コモン・ロー／コモン・ロー法学教育…108, 188, 229, 242, 246, 250, 299, 340-1, 343, 347-8, 452, 691, 695, 703, 705, 718-9　→法曹院　コモン・ロー／コモン・ロー法学と法廷年報・法要録・判例集…167, 177, 184, 189ff., 207-10, 606-12　コモン・ロー／コモン・ロー法学と人文主義…229-30, 233-5, 238-43, 261-4, 268-71, 304, 348, 383-4f., 387, 397, 452ff., 537, 574, 636f.　コモン・ロー（不文國法）と制定法／制定法解釈論…61f., 65, 202-4, 224, 399ff., 431, 434-5, 453-66, 485, 489, 496-501, 541, 543-4, 547, 549-61, 573-4, 577-8, 602-3, 630-2, 635-6, 749-57　コモン・ローとマクシム…541, 591-606, 616-23, 639, 744-8　コモン・ローの体系化…287-9, 302, 303, 337f., 381, 387f., 391, 452, 486, 489, 539, 697, 713-4　コモン・ロー／コモン・ロー法学と出版文化…223, 225, 276, 280f., 307f., 355-6, 360, 369, 378, 666f., 692, 695　コモン・ロー／コモン・ロー裁判所の危機…310, 314-6, 317-8, 320-2, 327, 329-31, 336, 337, 346, 348f., 358　→コモン・ローと人文主義、ローマ法継受　コモン・ローの継続性論…21, 338, 340, 646, 653-4, 657-61, 666-8, 670f., 674-6, 676-7, 688　コモン・ロー制度の衰退／終焉…33-4, 74, 140

古来の憲制／國制 Ancient Constitution　537, 627, 645, 657, 684

御猟林法（フォレスト法）　39, 47-8, 64, 588, 631

婚姻権　59-60, 80, 710, 732, 742,

コンスタンティヌス帝勅令　418-9
　→ローマ・カノン法文索引

事項索引　783

サ行

債権仮差押手続　712

最終和解讓渡　96, 142, 711（収益権）, 727

最初の資本主義国家　36

財政封建制　228-9

裁判慣行　39, 54, 185

裁判官／判事　10, 22, 23, 66, 67f., 69-72 passim　聖職裁判官、俗人裁判官、高位法廷弁護士、コイフ、ホッブズ

『裁判官鑑』(c.1290)　669-673, 676, 679, 688, 702, 752　出版(1642)…687

裁判官書記　119, 185

裁判官説示　168-9

裁判官の法意識　185, 201

財務府会議室裁判所　62, 295, 459

財務府裁判所　72, 100, 195-6, 456, 552, 560, 664, 666, 692, 724, 749-50, 755

『財務府対話編』(1176-7)　46, 48, 80, 90, 162

裁量権　192, 201, 406, 409, 428, 430, 439, 442, 466ff., 472-3, 477, 501

差押動産回復（実力的／法律的）　152, 155, 713, 727

サージャント／サージャント・アット・ロー　→高位法廷弁護士

産業規制立法　455

三段論法／シロジズム　5, 13, 26-7, 388, 391, 633, 717

シェリフ　→州長官

ジェントリ　133-4, 228-9, 233, 235, 240, 242, 248, 251-5, 257, 261, 366-7, 382, 700

ジェントリ子弟　233, 240, 250, 253-7

ジェントルマン　14-5, 228, 237, 248, 251-2, 255, 538

ジェントルマン子弟
　貴族子弟…14-5, 199, 251-3

ジェントルマン教育／養成課程　14, 16, 253, 255, 265-8, 280, 369, 370, 380, 382, 699

ジェントルマン養成機関／貴族養成所　250-2, 257-62, 272,

自救的動産差押　58, 713, 743-4

時効（出訴期限と取得時効）　66, 68-9, 82, 142, 537, 595, 629-30, 667, 669, 682-3, 697, 744　→超記憶時代

事実認定 recognizance　93-5, 97-8, 100, 143, 160

事実問題／法律問題（法解釈問題／法適用問題）　12, 23, 24, 30f., 99, 105-8, 129, 137, 140, 143, 145-9, 151-2, 154-6, 160-1, 165-8, 170, 184, 200, 207, 264, 278, 288, 293, 295-6, 372, 412, 568, 589, 592, 599, 607, 609, 611, 637, 706, 748

自然法／法学　28, 163, 408, 410, 412-3, 415, 417, 419, 421-2, 432, 437, 440, 442-3, 445, 450, 461, 467, 473-4, 478, 484, 509ff., 516-7, 523ff. 525-6, 529, 531, 533-6, 538, 543-7, 562, 565, 567-8, 570, 573, 575-9, 581, 599-600, 605-6, 609-10, 613-5, 617, 620, 624, 626, 629-30, 631, 635-7, 639-40, 642, 647-8, 652-4, 662, 685, 690, 697, 731, 748

　→理性法…41, 150, 419, 445, 459-60, 486-8, 495, 512, 515, 565, 586, 593, 601, 632, 636, 639, 740, 747, 748, 754

自然法である／自然法に反しない　601, 613-4, 632, 636, 748

思想の手形交換所　15, 25, 260

実定的な慣習法　179, 182-3, 587

実力行使　218

私的討論（Putting Case）　→法曹院

自認／否認　710

事物の本性［性質］Natur der Sache　404, 407, 409, 411, 416

　→エピエイケイア＞事物に即して

私兵と法曹　218　私的傭兵…228

宗教改革　13-14, 28, 223, 236-7, 243-4, 249, 259, 284, 288, 293, 310, 322, 333-4, 367, 370, 383-4, 399, 402, 433, 436, 448, 453, 458, 488, 507, 552, 572 645

　→議会＞宗教改革議会

州共同体　48, 89-90, 92-3, 103, 726

重罪私訴　54, 58, 77, 173, 728, 730, 746

州裁判所＝州共同体裁判所　38, 52, 54-5, 72, 77, 90, 98, 110, 118-9, 121, 127, 130, 153, 725-35, 740, 744

修辞学／レトリック　12-3, 27, 230, 240, 243, 245, 255, 260-1, 265-71, 273, 275, 291, 379, 384, 388, 391, 394, 396-7, 405, 423, 506, 526, 571, 591-3, 595,

十字軍　81, 726

州長官／シェリフ
　国王代官、伯代官…53, 55, 72, 77-8, 89-92, 110, 118-20, 130, 223, 233, 242, 249, 368, 657,

725-8, 730, 744, 747
州長官書記／シェリフ書記　118
州長官審問（1170）　91, 93
修道院解散（法）　243, 247-8, 251, 367, 538,
十人組（自由人宣誓共同体）　52-3, 730
州の騎士　94-6, 119
自由法運動　405
自由法論／自由な法発見　178-9, 401, 404-
5, 504
自由身分　56, 78, 578, 594, 681, 710, 726,
731, 744
主観的衡平観念　185
主権者命令説　42, 44, 544-5, 551, 565-6,
575, 609, 625-6, 628
主権的国家の正統性　511, 628
主権論　510, 511, 515-6、526-7, 538, 540,
544, 565, 641-2, 679
　議会主権論…503, 511, 642
　→ホッブズ＞命令論　→近代国家法
出版規制法失効（1679）　696
巡察（大）　91-2, 115, 118, 121, 728-30
　巡察収入…92　巡察審問条項…91, 111, 118
　巡察の停止（1294）…91　復活の試み（1329
　-30）…93
荘園裁判所開催要領　200　『領主裁判所論』
　／Court Baron…125, 132, 192, 280
生涯権　38, 65, 398, 737, 742,
荘官的法曹（日本・英国）　213-6
助言／命令の峻別
　→ホッブズ＞契約・助言・命令の峻別論
　ホッブズ＞助言論　ホッブズ＞命令論
情状酌量　410
将来の学識　599
書記的奉仕　228
職務執行手続　55
所領経営　103, 119, 124-5, 130, 132
　所領経営から国家経営へ…222
私有／私領ハンドレッド　66, 154, 163
　リート裁判管轄…152-4
　→ハンドレッド　→権原開示訴訟
シロジズム　→三段論法
新・旧制定法令集　683　→制定法令集
新・旧論理学 Logica Nova, Logica Vetus
　275
侵害訴訟
　〔暴力〕侵害訴訟／トレスパス訴訟…73, 89,

100, 101-2, 107, 110, 129, 135, 143, 144, 171,
293, 485, 497, 588, 712, 730, 735, 736, 744,
747, 751　特殊主張〔侵害〕訴訟／ケース訴
訟…129, 143, 144, 222, 469, 712, 713
神学者　41, 254-5, 266, 272, 278, 437, 444,
信義 bona fides　159, 164, 415-6, 567, 573
信仰自由宣言 indulgence　696
審査法　696
伸縮する尺度　401, 404, 422, 504
　→レスボスの職人の鉛の定規
人身保護法　627, 698
神聖ローマ帝国皇帝
　ロータル（1138-1152）…677　→ローマ法継
　受　リチャード…153　カール5世…242
　→永久ラント平和令
人定法　409-10, 418-9, 429, 439-44, 448,
450, 479, 562, 578, 612, 614, 635,
シンデレシス　447　→良心
人頭税表（1379）　103f., 123
人文主義　12-4, 17, 23, 27. 227ff.
　初期人文主義…230　人文主義的教養・価値
　理念…228, 231-2, 258, 265, 274, 498　「学問
　Ars」概念…13, 265, 270　修辞学への関心…
　267　弁証術の改革…27, 272-3, 274, 284-6f.,
　386　スコラ的教育方法批判＝名辞論理学者
　テルミニスト批判…27, 233, 253, 265, 272
　大学改革…265-8　カレッジ設立…254, 285
　グラマ・スクールの改革、新設…254　欽定
　ローマ法講座の設置…13, 248, 254　人文主
　義的国家像、統治者像…229-235　→コモ
　ン・ウェルス　→コモン・ウェルス・メン　統
　治者教育論…227ff., 233-4, 239, 248, 266　俗
　人官僚層…230-3　文人として…241-2, 244-
　8, 264, 291　→コモン・ロー／コモン・ロー法
　学と人文主義
人名付判例集／リポート　21
　新たな判例集…23, 279, 292ff., 394, 595　カ
　リル…293　ケイルウェイ（1610）…486　ス
　ペルマン…293, 326, 354　→ Spelman, Sir
　Jhon　ダリスン…293, 499　ベンドロウズ…
　293, 499　ハーパー…293　ダイア（1585）…
　293　→ Dyer　→プラウドゥン／Plowden
　新ブルック（1573）…294　→クック／Coke
　クローク…714　ムーア…714
新令状発給　→大法官宣誓文（オックスフォー
　ド規程）　62

事項索引　785

スイス民法第一条　466
スコットランド　162, 485, 568, 651, 660, 702
スコラ　10, 27, 169, 233, 253, 265-6, 271-2, 342, 380, 438
筋の通った pithy　208, 297, 390
『スタンフォード』　285, 302, 344, 389, 391, 393　『國王の訴訟』(1557)…302, 391, 393, 395　『国王大権の解説』(1567)…283, 285, 302, 367, 394, 486　→欧語人名索引
ステュワード([所領]執事)　79, 118-9, 124 -5, 127, 131-2, 165, 194, 197, 221, 228
正義　400
　正義＝法…61, 81, 141, 400, 410, 424, 425, 428, 434, 438, 439, 573, 600, 671-2, 707-8　正義＝裁判…73, 79, 96, 428, 469, 471, 651, 656, 671-2, 702, 727, 747　正義感情…180, 182, 185, 654, 659　正義感情／法意識から法知識の分離…201, 427　直線的正義…400, 403f.　法的正義／道徳的正義…403, 407, 425, 438, 467, 716　人為法的正義(ノモス)／自然法的正義(ピュシス)…401, 407-9, 413 -5, 417, 422, 473-4, 474, 478, 562-3, 600, 636　均等的正義…401, 406, 413-5, 421　是正的(交換的正義)…400, 406, 413-6, 526, 529-31, 576, 626, 642　配分的正義…400, 406, 413- 7, 474, 523, 526-7, 529-31, 541, 547, 576, 579, 582, 600, 642　公平的正義(アエクイタス)…411-2, 413-6, 421, 427f., 428, 707　形式的(手続的)正義／実質的正義…421, 627　→アエクイタス　法律内的正義／法律外的正義…483, 501　立法的(一般的)正義／司法的(具体的)正義…355, 402, 404, 406, 417, 419, 438, 440, 441, 448, 469-70, 555-6, 624　正義と公共善／便宜…416-7, 425, 457, 468, 474, 562-3, 574, 716　→エピエイケイア　→アエクイタス　正義＝権利＝facultas…642　正義＝排他的所有権の保護…527-8, 531　正義の学＝契約の学(ホッブズ)…523, 525-6, 528-36, 541-2, 544, 610, 626-7, 641　仲裁者の正義…547, 562, 565, 579, 610, 624　正義＝法＝主権者命令説…628　→ホッブズ　正義の学／治政の学…563, 642
正義の女神　103, 400
正規に rite　53, 79,
正式起訴状　87, 99, 492, 587-9, 598, 632-3, 746

聖職者裁判官　162-3
　コモン・ロー裁判所からの撤退…97-8, 100, 121, 190, 442
聖職者書記　97, 100
聖職推挙権　59, 81, 113
聖職推挙権[占有]回復訴訟／令状　94, 151, 726, 728, 732-3
聖職禄　173, 230,
聖俗裁判管轄確定訴訟　728, 729 732-3
制定法　コモン・ローの成文化の進展…484
制定法解釈
　イタリアの条例解釈理論…431, 434　解釈禁止…429, 433-4, 548, 571　Interpretation という用語…571　制定法解釈論の出現…430　同類解釈則(eiusdem generis)…174　類推的拡張解釈／拡張解釈禁止　→制定法上のエクイティ　テューダ期社会政策立法…355, 457, 507, 551　公共善と立法解釈論…355-6, 399, 421, 436, 450, 458-60, 502, 507, 551-4, 559-63, 572-4, 607-8　前文の重視…454-5, 457, 464, 470, 490-1, 507, 549-550, 553-4, 565-7　立法者意思論…450, 466, 549-54, 556-561, 565-8, 577, 756　法律文書解釈と制定法解釈…552
制定法上のエクイティ(制定法の類推適用)　305, 430-1, 443, 444, 448, 453-8, 460, 462, 464-5, 477, 490-1, 496, 500, 507, 548-9, 551, 553-5, 557, 559
　恩恵的法規／刑罰的法規　…435-6, 456-7, 500, 551-3, 560, 754　国王に有利に…467, 484, 552, 751, 753-4　拡張解釈禁止…342-3　→刑罰法規解釈論　旧法(コモン・ロー)との関係…165, 454, 549, 554, 560　『グランヴィル』『ブラクトン』への注目…163, 455　一般的文言…500, 539, 550, 555-6, 572, 755　例外法理から縮小解釈論へ…445, 451, 456, 459, 462, 477, 493　例外法理としての公法解釈論…552　縮小解釈／反対解釈論…436, 455-6, 459ff., 463-5, 477, 490f., 495, 502-3, 557　→エピエイケイア
制定法講義 Reading　9-10, 196, 199, 225, 305, 325, 343, 347-8, 355, 683
　初期制定法講義…202　講義サイクルの長期化…203-4　講義内容の変化…204-5　高位法廷弁護士就任…203-22　国王大権法講義…222　マーロゥの講義(治安判事論)…205

制定法講義の衰退・消滅…9, 16-7, 18, 225, 348, 692-4

制定法講師 Reader　10, 124, 195-6, 222, 247, 319, 342, 690, 693
　第1回（オータム期）／第2回（レント期）… 199, 202-3, 206-7, 690

制定法令集　45, 355, 617, 667, 683
　制定法要録…355, 378

正当占有回復の抗弁　713

聖バーソロミューの虐殺　287, 379

成文法 lex scripta　40-2, 46, 72, 178-9, 399, 409-11, 417, 425, 432, 437, 447, 475, 562, 614, 635, 676, 740
　成文法＝ローマ法…60　成文法化…155, 587 -8　→制定法

成文法／不文法　399, 401, 404-5, , 424-5, 432, 437, 449, 479, 545-7, 568-9 , 575, 578-9, 588, 593, 609, 613, 629, 682-3

成文法本位主義　402-3, 410, 503, 504-5
　＜＞アリストテレス　慣習法優位論…410

解釈・適用　401-3, 404-5, 408-9, 410-2, 417, 420, 422, 426-7, 430, 434, 436, 438, 446, 468-9, 471, 473-5, 485, 492, 496, 516, 546-7, 547ff., 564-5, 568, 603, 613
　→制定法解釈

成文法システム（原則／例外）　448

西洋中世法の性格　180

責任阻却　451, 461, 463-4

雪冤宣誓　51, 52-3, 55, 77, 171, 712, 745

（チューダ）絶対王政　10, 13-4, 22-3, 98, 109, 115, 117, 181-2, 205, 221, 237, 340, 354, 397, 491
　絶対王政の青写真…650f.　国家経営…127, 218, 222f., 562　統治政策…22, 218, 227-33, 243-5, 247-8, 257, 265-6, 268, 276, 350, 365-8, 370　立法政策…455, 457, 562　慣習法理論…581f.　→慣習法理論　制定法解釈論… 624　→制定法解釈

説得術・会話術　266

セルデン　667, 673, 688, 706
　大法官の足の長さ…471　→大法官　ブルータス伝説批判…655, 673-7　セルデン・サークル…691, 694, 695, 701　ホッブズ―ヘイル… 678-9, 699　セルデン協会…700　→アングロ・サクソン法史　著作…673

『セロール』（1579）　284, 344, 389, 391-4

→欧語人名索引

遷延的抗弁　→抗弁

全国的の統治システム　88
　→アサイズ巡回陪審

セント・ジャーマン　75-6, 280, 285, 451
　法源論…484, 586, 593f., 740　理性法…748　コモン・ロー＝王國の一般的慣習論…40, 67-8, 586, 748　一般慣習法＝国王裁判所の基礎…72-3　コモン・ロー法準則…72-3, 276, 740-4　慣習法論…40-2, 68　実定法…42-3　マクシム…40, 42-3, 276, 306, 601f., 616, 623-4, 744-8　エピエイケイア概念の復活… 442ff., 451　人定法の例外から補完へ…441, 450-1　法の極み論…452, 488　制定法解釈論…436, 448, 453, 571　制定法上のエクイティ…443-4　コモン・ロー裁判所のエクイティと大法官裁判所のエクイティ…445-7, 448　シンデレシス…447　法の適正手続（マグナ・カルタ）…73　法の前の平等…73　法的潤色…175　影響力…285, 451, 616　エジャートン…456　クック…281, 597　ブルック…460　ウェスト…475-6　ヘイク… 477-8, 493　アッシュ…484

全能の裁判官（ad omnia placita）　93

（不動産）占有侵奪　731, 747

先例拘束性原理　→判例

騒擾　93, 442

相続財産共有保護令状　150

相続不動産占有回復訴訟　51, 80-1, 94, 727 -8, 729, 730, 732

争点決定（一致）　30-1, 36, 105, 107, 151, 187
　事実問題 joinder in issue…99, 142-3, 146, 149, 151, 152, 154-5, 744, 754　→陪審審理　法律問題 joinder in demurrer…145-6, 148-9, 154-6, 160-1, 171, 205, 750　→法律効果不発生訴答（裁判官）　訴答による絞込…142 -3　プラウドゥン…296-7, 458　法廷弁論術 …411-2, 416, 421, 506　文書解釈論の位置 …412

贈与条件／方式　57, 60, 80

訴状手続　110, 129, 137, 143-4, 149, 657, 735 -6, 750
　訴状阻却抗弁…142-4　王座裁判所（ミドルセックス訴状）…90, 110, 135　大法官裁判所 …148, 444.

俗人官僚　231, 236, 245, 268

聖職者官僚批判…164

訴権法から実体法への移行　137-9, 167
　メイン…137, 140, 168-9　メイトランド…138
　エールリッヒ…139, 168-9　ミルソム…169

訴権法体系から権利体系へ　139-40
　メイン…139-40, 169　ベンサム…169　オースティン…169　ナポレオン法典…139
　ヴィントシャイト…139, 169　エールリッヒ…139　ハート…169

訴訟記録（Record / Plea Rolls）　42, 64, 99,
113, 119, 144, 147, 150, 156, 262, 368, 714
　アサイズ巡回訴訟記録…109　巡回陪審記録
事項 Postea…98, 99, 106, 168　訴訟記録官
…69, 71　訴訟記録と法廷報告 Record &
Report…42, 175, 186-8, 200, 209, 224-5, 296
-8, 360, 494, 564, 587-9, 611, 632-3, 735-6,
745　訴訟記録摘要　→『ブラクトンズ・ノートブック』　メイトランド…187

訴訟手続　95, 105, 137-9, 141, 149, 151, 156,
167, 209, 293, 378, 485, 589, 638, 713, 727,
728-9, 734
　lex terrae の用例…51, 53-55, 63, 83　刑事
訴訟手続…91, 175　略式訴訟手続…222
アサイズ訴訟…94, 711, 731-2　ナイサイ・プライアス…99　大法官裁判所…444　日本法
史…216

訴訟手続改正法（1854）　88　→法令索引

訴訟法改革法　34　→法令索引

訴訟方式の終焉　34

租税徴収官　128

訴答＝争点決定手続　30, 33, 43, 58, 67, 70,
95, 99, 105-7, 110, 114, 135, 137-43, 146, 151-
4, 169, 209, 353, 485, 546, 590, 710, 712
　捺印証書…745　訴答規則…142-3, 145　→
争点決定　『グランヴィル』から『ブラクト
ン』への発展…112, 141-3, 726, 728　訴答方
式集…120, 126, 142, 186, 200, 223, 292, 368
訴答弁護士（Narrator/ Counter / Pleader）
…120, 570-1　→法曹＞代弁人　訴答の科
学…138, 183, 186-7, 190-1, 200, 205, 245,
292f.　雄弁術との対比…239-40　法律フラ
ンス語…245, 263　文書訴答…292, 330　登
録訴答集（ラテン語）…302, 378, 719　プラウ
ドゥン判例集…296, 633　クック判例集…
637　訴因陳述 narratio/count/declaration
…141-142, 146, 726, 731, 732, 733　被告側訴

答／反訴／減却的抗弁 plea/defens/barre…
142, 145, 148, 156, 157　原告再訴 replicatio…
142, 148　被告側再反訴／第三訴答
rejoinder/triplication…142　全面否認訴答
…95, 142, 146, 151, 170, 725, 745　全面否認
訴答（一語一句たがえずに）…141　特別否認
訴答…146, 170　承認と異議…146, 170　→
抗弁　訴答の適否…145-6, 183, 187, 200, 446,
589, 706　訴答不十分抗弁…70, 138, 146-7,
149-50, 156, 157-61, 167, 169, 170, 171, 750
→法律効果不発生抗弁　令状―訴答―弁論
…167-8, 183　正当性訴答…152, 713

訴答例集
　『令状訴答報告』／Brevia Placitata（c. 1260)
／186　『新訴答類例集』／Novae Narrationes
(c.1340)…7, 142, 170, 186, 285　『令状・訴
答例集』／Natura Brevium…280, 285, 368-9
新令状訴答例集』／New Natura Bevium
(1534)…285, 368, 370, 718（令状論)『登録訴
答例集』…378, 718

タ行

大学　9, 244
　大学法学教育…4, 6, 16, 21f., 25, 691-2　ロー
マ法・カノン法教育…5, 8, 26　ケンブリッジ・
ペンブルック学寮…165, 175　オックスフォー
ド・法理学講座…168　ヴァイナ英法講座…
691-2　中世大学教育と法曹院教育…10-13,
18, 26, 30, 200, 205, 342, 591, 690　聖職者養
成機関…241, 265-6, 370　書記の術（貧者の
学問)…233-4, 250, 270-1　宗教改革と大学
教育…245, 249, 370, 383-5, 396　欽定ロー
マ法講座…13-4, 168, 241, 248, 415　人文主
義と大学教育…14, 169, 267　カレッジの変
化…16, 169, 254-5, 274-5, 380　グラマ・ス
クール―大学―法曹院…15, 242-3, 252-62,
264, 269, 285, 292, 382　イングランドの第三
の大学＝ロンドン…14-5, 259　大学教育と
コモン・ロー法学…282, 284, 382, 524, 715
パリ大学…438, 440　イタリア大学（パドゥ
ヴァ等)…229, 304, 370　ライデン大学…
639f.　グラスゴウ大学…642, 698　近代法曹
養成制度…694　討論演習…200, 205, 274

戴冠宣誓　471, 671

退國宣誓　51, 54, 58, 77, 490, 730

大権局　222

対司教聖職叙任妨害令状　　151

大巡察　→巡察

代訴人／代訴弁護士／アトーニ attorney　55,
123, 125, 131, 185, 190, 252-3, 322, 352
法曹院からの排除…252

代表理論　66, 165

大判官 Chief Justiciar　162

代弁人／訴答弁護士（Narrator/Counter/
pleader）　95, 112, 115-6, 119-20, 122, 133,
141, 144, 151, 153, 157-8, 170, 185, 190-1, 571
代弁人・代訴人規制…120　民訴裁判所代弁
人　→高位法廷弁護士（Serjeant at Law）
民訴裁判所代弁人見習　→法研修生
（apprentice at law）　→法廷弁護士（Counsel）
→法曹院＞ベンチャ（Bencher）／バリスタ
（Barrister）

大法官　82, 378, 392, 447, 469, 470-1, 482,
494
ローマ法務官との対比…471　大法官の足の
長さ…471　メイトランド…353, 369-70　ベ
ケット…162, 173　ロンシャン…162　ウィッ
カム…164　ソープ…164　ニヴェット…166
フォーテスキュー…195, 664-5, 673　ウルジ
…230, 254, 367, 378　モア…353　オードリー
…319, 369-70　リッチ…319, 369-70　ライア
ススリィ…353, 369-70　N. ベイコン…392
エルズミア…173, 453, 572, 574, 595, 666
ハットン…455, 637　F. ベイコン…617　ブ
リッジマン…696　シャフツベリ…696, 701

大法官裁判所　39, 135, 148, 173, 320, 322-3,
330, 338, 353, 442-4, 446-8, 468-72, 474-7,
482-3, 492-3, 501, 669　→大法官

大法官宣誓文（オックスフォード規程）　62, 82

大法官府　96, 367
訴訟開始令状発給…62, 72, 105, 143, 596, 744,
747　宿舎…212, 214　書記…96, 143, 162, 190

治安判事制度　94, 101-2, 108, 113
治安判事…99, 101-2, 104, 121, 125-8, 133-4,
205, 221-3, 233, 249, 252-3, 255, 280, 368,
370, 378, 657　必要員…102　四季裁判所…
104　治安維持官…99

治安判事等地方実務書　280　マーロウ…
205, 368, 370　フィッツハーバート（1538）…
368

地方行政監察　92, 643
→陪審審問条項　→巡察　→アサイズ巡回

陪審裁判

地方（特別）慣習　40, 63-9, 75, 82, 150, 426,
453, 484, 551, 562, 581-7, 593-4, 640, 740,
748　→慣習法

地方の黄金時代　88, 108,

地方法曹　102-3, 118-20, 124-9, 130

地方民事裁判所法（1848）　88　→法令索引

地方名望家　88, 102, 228, 250, 266

中世的書記の術　231-3, 252, 265

中世的法観念　180-4, 193, 211, 217, 224, 510

中世的法発見　11, 183, 512

中世論理学＝術中の術　26, 266

超記憶時代
訴権消滅時効論…66-7, 82, 629　時効論と
コモン・ロー・マインド論…42, 70-1, 301 509,
537, 629, 699, 702　→コモン・ロー・マインド
→歴史論から時効論へ

長男子単独相続　81, 150, 170

勅裁事件 Prohibition del Roy（1607）　536,
662, 666　→判例索引

勅令事件（1610）　662, 666

帝室裁判所　323　帝室裁判所条例…45

デーン法（デンマーク人の法）　36, 45-6, 674

鉄道時代　88

テューダ行政革命　368, 247

テューダ絶対王政　→絶対王政

ドイツ法学　4, 21, 184, 334, 404, 703
→ローマ法継受

ドイツ民法典（1900）　35, 139

統一法典計画　568, 660

ドゥームズデイ・ブック　56, 663
ドゥームズディ審問…90-1

動産差押　58, 91, 153-6, 171-2, 713, 730, 743
-4
モールバラ法…153-156, 172　→法令索引
動産差押事件　→判例索引

動産のユース　443

統治者養成コース（グラマ・スクール―大学―
法曹院）→大学

統治理念　→コモン・ウェルス

答弁延期要請 imparl　144-5, 151

膽本保有（権）／コピーホールド　68, 293, 337,
431, 435, 485, 560, 581, 583, 629-31, 738

同類事件　413, 423, 427-8, 431, 436, 548,

道路修繕／補修　87, 109

独占事件　657, 673, 664-5, 686

事項索引　789

議会独占論争…656, 686
都市裁判官　125-6
　コヴェントリ市…126, 129　ロンドン市…126
都市条例（イタリア）　61, 430, 434-5,
都市選出議員　126, 133
都市土地保有　68, 150, 630,
土地権原論　210, 368, 737-8
土地登記制度　540
土地不動産権論　738
土地保有態様論　738
徒弟奉公　240
友無き人　53

ナ行

ナイサイ・プライアス令状　97, 105
　裁判官…97, 99-100　ナイサイ・プライアス
　制…94, 96-9, 106, 114　→アサイズ巡回陪審
　制度
内戦期　174, 692-4, 699
ナポレオン法典の制定（1804）　139
握られた拳／開かれた手　266, 388
二分法的方法　398
日本法史
　道理…178, 185　正義感情…180　→正義
　先例／先蹤／傍例／前例…178-9, 183　→
　判例保存の形式　明法道／明法家（中原、坂
　上）…188, 212-3, 217, 218　明法勘文…188,
　212, 218, 224　家学…188, 213, 215　所務沙
　汰…212　問注所沙汰…212　問注所勘状…
　212　一所懸命…213　雑掌（所務／沙汰／
　平）…188, 211, 213-5　国雑掌…214, 217　四
　度使雑掌…214　東寺太良庄雑掌（定宴）…
　215　→荘官的法曹　評定一引付制度（賦奉
　行、本奉行、合奉行）…212, 216, 212　評定
　衆（大田、町野、長井、毛利、二階堂）…
　212　北条得宗支配（大仏、金沢、赤橋）…
　212　奉行人…180, 183, 188, 211-6, 218　六
　波羅奉行人（飯尾、斉藤）…218　右筆…212
　意見制…180, 188, 213, 216, 218　検非違使
　庁（洛中支配権）…218　御前沙汰手続（足利
　義教）…218　将軍権力の有名無実化（嘉吉の
　変、応仁の乱）…219
ニムロド―ベルス説　646-50, 685
農奴制／隷農制　56, 58, 79, 142, 163, 305,
　710, 727-8, 731, 738, 746
農民戦争（1381）　102, 123, 131, 166, 191, 540

人頭税課税表…123　テンプル法曹院襲撃・
　放火…123
ノルマン・コンクェスト／ノルマン征服　35,
　45, 57, 80, 89, 542, 646, 653-4, 656, 659, 660,
　662-4, 667-8, 670-5, 679-80, 684-5, 697, 752
　ノルマン・コンクェストとブルータス建国伝
　説…652-655, 659　→ブルータス伝説
ノルマンの軛　645, 235, 304
ノルマン法　36, 46, 48, 57, 58, 63

ハ行

バー・メス／巡回裁判管区バリスタ会　86,
　109-10
陪審審問条項　55, 78, 91, 96,
陪審制　141-3, 146-7, 154, 160, 174, 343,
　346, 425, 541, 546, 571, 580, 582, 584, 586-7,
　594, 652, 668-9
　→アサイズ巡回陪審裁判　陪審宣示…168-9
　陪審員抱込…552　→起訴陪審
陪臣層　153, 727
陪審特別評決　168
排斥法案問題　696, 698, 700
排他的所有権 Meum et Tuum　510, 533
　フォーテスキュー…542　クック…510, 527,
　529, 531, 626　ホッブズ…528, 576, 626　川
　島武宜…527
『博士と学徒』（1523/30-31）　40, 72, 84, 175,
　276, 279-280, 285, 302, 304, 419, 442-3, 478,
　571, 585, 616, 718, 740-7　→セント・ジャーマ
　ン
歯形捺印証書　727
『パーキンス』／『有益なる書』（1528）　280-1,
　285, 302, 391, 393, 718　→欧語人名索引
馬車を替える度に、法が変わる　35
罰金付高位法廷弁護士就任召喚状　103,
　115　→法曹
罰金付召喚令状 Subpoena　443-4, 446
パトロン　14, 238, 255, 257, 259, 317, 380
バリスタ（弁護役）／アッタ・バリスタ（Utter
　Barrister）　10, 15-6, 87-8, 109-10, 134-5,
　194-200, 205, 245, 258, 292, 352, 359, 366, 540,
　638, 692-3, 700　インナ・バリスタ（Inner
　Barrister）／法曹院学生…10, 194, 196, 199,
　205, 245　バリスタ資格付与（Call to Bar）
　…196-7, 261, 292, 298, 382, 396　バリスタの
　公的資格への組入（1532）…134

バロン戦争　65, 101, 153,

反教皇・反聖職者立法　165

判決拘束力　178-9
　→判例＞先例拘束性原理

判決（登録）阻止申立　169

判決理由 ratio decidendi　163, 297-8, 473, 504, 714,

反聖職者主義　164

反独占論争（1601）　656, 686
　反独占勅令…656-7, 686

ハンドレッド　93, 744
　→私有／私領ハンドレッド

ハンバ河渡船事件　175, 225, 735-6
　→判例索引

汎ヨーロッパ的普遍性（ギリシア・ローマ古典、キリスト教倫理）　231
　クリスチャン・ヒューマニズム…235, 244

判例集／リポート集　7, 8, 19, 20-1, 37, 74, 83, 107, 147, 163, 188, 217, 256, 269, 276, 278 -9, 288-9, 292-8, 300, 302-3, 308, 326, 337, 344, 353-6, 360, 371, 373, 390, 394, 399, 402, 450, 458-9, 464-6, 476, 483-4, 486, 490-1, 494-500, 503-4, 514, 552, 554, 559, 561, 563-4, 571-4, 589, 595, 597-8, 606-8, 610-2, 614-6, 618, 629, 632-3, 636-8, 643, 655-7, 660, 662-3, 666-7, 669-70, 672, 681, 683-4, 686, 714, 718, 719, 749
　判例保存の形式（日本／英国）…185　判例集の編纂…20　人名付判例集…21　→人名付き判例集＞新たな判例　判例集編纂者…74, 83, 294, 326, 354, 486, 499, 719　臨床医のケースブック…21

判例集の歴史的変容（予備的考察）　21-4
　→法廷年報　法的関係の社会関係からの分離…22　→法律効果不発生訴答　法曹教育による権威的典籍化…22　→法曹院教育、法廷年報　法的議論の宝庫としての『大法要録』…22　新型判例集…23　判決理由と傍論 ratio decidendi/obiter dicti…23-24, 298　→プラウドゥン

判例法
　先例拘束性原理…503-4, 605-6, 614-5
　→判決理由

判例法学　302-3, 610-11
　説得的権威…209, 499, 611
　→プラウドゥン＞判例法学の形成

判例法主義：拘束的権威（命令）／説得的権威（助言）　30, 503, 607
　拘束的権威　→判例法＞先例拘束性原理

判例的思考様式　4-8, 17, 19-22, 30, 296
　帰納的推論…20　例証による推論…20

比較衡量的弊害論　462

秘儀　38, 512, 514, 519, 523, 538-40, 571, 598, 624, 628

引受訴訟　143-4, 175, 735-6

被推挙者叙任令状　151

必要員 quorum　→治安判事制

平等派　539-40,

フィンチ　486-7, 495, 501, 617-23, 638-9
　体系誌…617-8, 639　理性法論…486-8, 639　自然的［合理的］解釈と偽装的［擬制的］解釈…487　法律外的理性と法律内的理性…501, 502　影響…622-3, 639　→欧語人名索引

『フィンチ』／『ノモスの術＝法学』　486, 622, 638

フォーテスキュー、ジョン（c.1385-1477/79）338, 685, 686-8, 690
　ローマ法論…386, 648　法曹教育論…694　法曹院教育改革…18, 30, 195, 250　専門用語としての法律仏語…263　マクシム論…43, 591, 593, 633-4　法廷年報の目的…223, 599　法源論…209, 484, 631　法の支配…645, 647　裁判官の独立…647　議会立法・課税協賛権…647f., 664-666　ローマ元老院論…647　排他的所有権…542　法的統治の青写真…222f.　憲制的且つ王制的統治…533, 645-6　純粋王制的統治…646　ニムロド伝説（実力による王権）…648, 650　ブルータス伝説（合意による王権）…70, 646, 649, 651, 686　ヴァンサン…649　フランス王制論…662, 685　連続性史観…646, 652-4　17世期憲政論争…646, 655　アングロ・サクソン史研究…672-3, 675, 683　クック…657ff., 668-9, 672, 673-4, 683, 684　陪審制論…669　付加関税論争…664ff., 689　セルデン…674ff.　ホッブズ…542, 678ff., 689　ヘイル…679ff.

付加関税（インポジション）問題　664, 666, 673, 685, 686-7
　ベイト事件…664, 665, 686　→判例索引

不出頭申立　55, 58, 77-9, 140-1, 725-6, 728, 734

事項索引　791

不出頭申立人…55, 77

ブセーフィスマ　　470

ブゾーネス Buzones　　119, 130

普通選挙制　　511

不動産継承阻害　　711

不動産占有回復訴訟の抗弁　730, 731-732

不動産相続　58-59, 79-80, 168, 711, 717, 738, 741, 744-5, 748

不当利得　414, 416
　→ローマ・カノン法索引

不文國法　61, 65　→コモン・ロー
　→ Lex terrae

不文國法論　406, 408, 419, 424
　→コモン・ロー（不文國法）と制定法　アリストテレス…405, 409-10, 438　→エピエイケイア論
　→クック　→ホッブズ

不文法 lex non scripta　43f., 62, 69, 82, 118, 404-5, 409, 421, 425, 429, 432, 449, 544-5
　→成文法／不文法　→自然法

不文法解釈論　401-2, 405, 546-7
　慣習の成文法に対する優位…410　不文法優位論…425　慣習優位論…426　不文法学的立法解釈論…303

不文法学　399ff., 402, 509ff., 570
　→クック　→コモン・ロー法学
　→ホッブズ、自然法学

不法妨害除去訴訟　　712

ブラウドゥン、エドムンド　　374
　経歴…15, 295, 298, 397　法源論…484　ブラウドゥン型判例集…23-5, 290, 293, 394　判例集／判例註解…107, 147, 208, 294, 356, 360, 491, 573, 749-57　法廷年報批判…209, 295ff.　法廷報告と訴訟記録の統合…209, 296, 633, 637f.　法要録との関係…276, 279, 288, 373, 394　「筋の通った」法的議論の析出…297-8, 381, 389-90, 393　帰納法的プロセス…298-300, 387　教育的価値…299-300　ダイア判例集との相違…300, 355　判例法学の形成…302-3, 308, 355, 373, 391, 504, 607, 610-11　マクシム論…595, 597　緊急事態論…449　国王の二つの身体…399, 643　立法解釈論…355, 399ff. 458f., 552, 554-60, 571, 572, 574, 598, 755-6　エピエイケイア立法解釈論の系譜…402, 465f., 467, 476-8, 484, 496　判例集で活躍する法曹…269, 458, 464f., 489,

552, 554, 555, 597, 669, 750-754　影響（フローレンス、クック、ベイコン等）…299, 344, 490, 491, 495, 497, 499-500, 503, 505, 516, 614, 618, 638, 669, 719

ブラクトン　62, 119, 130, 432

『ブラクトン』正式書名　　63, 432
　編纂…76, 81　デジタル化…49　構成…91-2, 398, 453, 728-9　中世イングランド法学の華…37　早期予防注射説…4, 91-2, 141, 163f. 165, 190, 336, 339, 625　フロレンティウス法文…163, 173　令状と法原則…161-2　抗弁論…95, 141, 142, 728-30　法廷代弁人層…95, 112, 115, 141　巡察…91, 112　ブラクトンの時代…45, 49, 75, 79, 432　合意優位論…37, 61-2, 82　マグナ・カルタ…59, 61　議会制定法…429　不文法論…43f., 62, 82　コモン・ロー…45, 49　consuetudeo regni nostri …58　ius commune…49, 50, 59-62, 83　ius …59　Lex terrae…37, 49, 50ff., 63　法外放逐…52-3　家の平和…155　法の定義…535　委任裁判権論…66　俗人法曹の成長と簡略化…120, 190　出版と復活…30, 163, 307, 339, 344, 348, 355, 428, 431, 452f., 489　エリザベス期立法解釈論…163, 356, 455, 465, 476　アエクイタス論…413, 423, 426-428, 465, 484, 496-7, 557-8, 75　影響…173, 285, 339, 381, 385, 387, 389, 391, 393, 397, 455, 484　法の支配…537, 659-60, 662, 664，666, 672

『ブラクトンズ・ノートブック』…357, 361, 426

ブラックストン　　4
　大学英法学教育の開始…16, 17, 395, 691-2　推奨文献…395, 486, 618, 622-3, 639　法学教育論…699　『法の分析』…398　『英法釈義』…622　マクシム論…623　立法解釈論…490f., 499-503　エクイティ論…421-2, 501-503　コモン・ロー論…640　法の保管者…640

プラトン…14, 231, 232, 237, 240, 258
　国家論／哲人王…231-7　プラトン・アカデミー…237　定義・分割法…284, 395

フランスの純粋王制的統治の由来　　652, 685

フランス民法典(1804)／ナポレオン法典　35, 139, 621

『フリータ』(c.1290)　　60, 81, 119, 130, 285, 429, 433

『ブリトン』(c.1291-2)　　93, 110-1, 140-3, 145, 147, 150, 156, 160, 190, 280, 285, 344,

386, 393, 397-8, 452, 639, 725, 729-34　出版
（c.1530）…280, 452,（2nd ed., 1640）639

ブルータス伝説　　542, 645-6, 648-9, 651-5,
657-9, 661, 663-4, 667-8, 672-7, 679, 681,
683-685, 702

「古き良き法」　　61, 204, 387
　　→中世的法観念論

プロイセン一般ラント法（1791/1794）　35, 37

フロレンティウス法文　163, 173

文献学　27-8

文書行政　368

文書訴答　292

文書引渡による封土移転慣行　157-9, 160-1

文書保存　185

文例集 Carta Feodi　280

ヘイク　476-7, 479-83, 492-3, 497, 687
　　特殊主張侵害訴訟の発展…469　エクイティ
　　法解釈の裁量からの峻別（ex artis fontibus）
　　…479　法の支配…482　大法官裁判所のエ
　　クイティとの相違…482f.

ベイコン、フランシス　　15, 259, 379, 392,
395, 396, 562, 574
　　マクシム／アフォリズム…28, 276, 278, 290,
593, 599-600, 602-3, 605, 608f., 616-7, 620,
634, 640　体系式への批判…25, 28, 287, 289,
302, 617, 618-9, 621, 640　法改革…302, 360,
634, 637　判例法学…295, 299, 300, 608, 638
公的判例集…614, 638

ベイリフ（代官）　　55, 72, 78, 89, 91, 118-9,
126, 154, 223, 368, 370, 726

ヘイル、マシュー　　689, 691-2, 699, 700
　　セルデン・サークル…695-6　ロール人物評
…705-7　法曹院教育訓練制度の崩壊…30,
225, 692-3　法学教育論…694-5, 718-9　体
系化・法典化…398, 702　体系化批判…708-
9　コモン・ロー大全…713-4　法源論（成文
法／不文法）…588, 682-3　アルゴ号論（コモ
ン・ローの継続性）…676, 699　近代法への変
化…694-5, 710-3　法改革委員会…695, 702,
717f.　コモン・ロー論…708-10　コモン・
ロー法学論…697f., 714-7f.　ロール法要録の
特徴と利用方法…720-3　ホッブズ批判…
695-6, 679f., 701-2　信仰自由宣言問題…696
人民に対する勝利と王に対する勝利との峻
別…680　合意／協定による統治と王政復古
…681, 698

平和　　45-7, 55, 78, 96, 493, 520, 529, 534,
538, 553, 576, 579, 640, 642, 658, 671
　　平和状態…533　家の平和 hamsocn…155
道の平和…88-90, 155　州の平和…89　国王
の平和…45, 47, 88-92　国王の平和に反して
…72-3, 78, 89-90, 129, 222, 726　神の平和
…45　永久ラント平和令…45　人身の平和
…51, 671

ヘーゲル　　35, 275, 643

ペリオニウスのエクイティ論　　467, 477-8,
480, 484, 555

ベルス（アッシリア建国）　→ニムロドーベルス説
　　→著作索引

弁証術　弁証術的 dialectical　　11, 27
　　弁証術の改造　…272-3, 275, 284, 383, 385
　　→ Prudentia（蓋然的知）　→論証術

『ヘンガム』　285

ベンチャ（Bencher）／判事役／評議員　　10,
135, 194-196, 198-9, 341
　　評議員資格付与（Call to Bench）195-6

（法廷）弁論術　　252, 265, 268-9, 402, 418, 438,
461
　　→共通拠点 Loci Communes 法廷弁論術的
正義概念…402, 405-6, 408, 410-1, 414, 421-
3, 424, 432, 469, 493　弁論術とローマ法学
…506　弁論術教育…438　弁論術の5部分
（Invention, Disposition, Memory, Elocution,
Pronunciation）…240

法＝命令説＜＞社会規範説　　44, 62, 510,
346, 347

法解釈学　　24, 303, 408, 411, 418, 420, 422,
429, 433, 531, 543-4, 546-551, 559, 563-4,
566, 568, 572-3, 585, 617. 626, 628
　　法律解釈学としての近代法学…433

法外放逐　　47, 50, 51-54, 55, 58, 76-7, 79, 83,
730, 742
　　十人組（女性、未成年の除外）…52

法学教育　　4, 7, 404, 692, 694-5, 699
　　中世…114, 170, 177, 194ff., 221　→法曹院＞
教育訓練制度　チューダ期…23, 24, 28, 30,
227, 233, 235, 238-40, 249, 276, 280, 284, 292,
300, 302-3, 394, 452　→人文主義　衰退・崩
壊…16, 341-2, 384, 627, 639, 691-2　再興…
310, 333, 342, 700　→クック＞法文献評価
　　→ヘイル＞法学教育論

法格言　　155, 161, 173, 276, 278-9, 303, 353,

411, 414, 415, 423, 436, 512, 541, 556, 592, 595, 602, 606, 617, 620-2, 624, 637
　　→法原則　→マクシム
法学実証主義と法律実証主義　　75, 510-11, 543-4, 604, 615, 627
　　→（法の）学問的統一と権威的統一
　　→権威論<>理性論
法学提要　　91, 139, 141, 163, 173, 725, 728-729
　　→クック『イングランド法学提要』
法学提要編別（人・物・訴訟）　　139, 728
包括的公法理念　　552　→公法／私法論
法観念の変化（国家経営手段としての法）　362
　　→正義：正義と共通善　→公共の便宜
　　→公共善
法記録　　674, 714　→訴訟記録
　　制定法録（1278-）…65, 682　議会議事録（1290-）…64, 682, 714
法研修生／アプレンティス apprentice at law
　100, 103, 104, 111, 121, 122-4, 131, 185-6, 191, 201-2, 208, 752
　　アプレンティス層：法研修生から法の識者へ
　　…122-3　人頭税評価簿（大アプレンティス）
　　…104　テンプル法曹院のアプレンティス
　　（c.1387）…124　サージャント就任拒否と就
　　任強制…103, 113, 115, 122
法原則　　30, 150, 154-5, 161-4, 166, 168, 420, 423, 484, 507, 584, 585, 590-3, 596, 599-603, 605, 607-9, 611, 616, 618-22, 626, 633, 636, 639, 654
　　法原則集…79, 414, 592-3, 599-600, 608, 618
　　-22, 633-4, 639, 640　カノン法法原則集…
　　161-2, 166　→法格言　→マクシム
暴君　　232, 235, 237, 307, 341, 346, 503, 647, 650
　　暴君放伐論…237, 647
封建制　　3, 34, 46, 56, 61, 63, 77, 217, 345
　　ウェーバー…34, 61　封主―封臣関／レーン
　　法…36, 51, 56-60, 63, 79-80, 81, 83, 171, 175, 726, 727　封建裁判所…77-8, 79, 83, 725, 727, 730, 734, 744　封建的軍事的土地保有
　　の廃止…694
法原理　→マクシム
法源論　　60, 406, 412, 416-7, 484, 570, 602, 606, 612, 631, 653, 667, 681-2,
謀殺罰金制度　　47, 58, 80,
法準則の析出　　11, 20-1, 139-40, 156, 163,

168, 175, 208, 264, 274, 296-7, 609, 740-8
　　→メイン／エールリッヒ
法生活の学問化　　10-11, 308
法曹 man of law
　　法 の 識 者 …40, 44, 95, 99, 100-2, 104, 119, 120-3, 127, 132, 146, 192, 208, 250, 429, 463, 467-8, 516, 566, 591, 594, 606-7, 612, 615, 619, 739, 748, 755　荘官的法曹（日本・英国）
　　…192　→所領経営と法曹　農民戦争と法曹
　　…123　チョーサ『カンタベリ物語』（c.1387）
　　の描く法の識者…123-4　→代弁人>高位法
　　廷弁護士／法研修生／法廷弁護士／勅選法
　　廷弁護士　→代訴人／代訴弁護士／アトーニ
　　（中世末）法曹の活動領域
　　所領経営（ステュワード職）…124-6　都市…
　　126　地方官職…126-8　国王行政…128-9
法曹院／インズ・オヴ・コート　　6, 8, 9ff., 17, 18, 30, 87, 108-9, 115, 124, 137, 166, 177, 183, 191-4, 197-8, 200, 202, 228, 243, 246, 207-8, 212-4, 307, 310, 319, 322, 325-7, 329, 331, 337, 339, 341, 343, 347-8, 351-3, 355, 359, 380-3, 385, 454, 472, 507, 617, 694, 695,701, 706
　　法曹院のアプレンティス…124, 127-9, 133-4, 201, 228　農民戦争…123, 131, 166, 191, 540
　　法曹院の賄人…166, 192　大学との競争…
　　10, 18, 30　教育訓練制度の整備…7, 9-11, 22, 30, 194-6, 199, 200-1, 202-3, 207, 209-11, 221, 222, 225, 292-3, 299, 305, 357, 359, 366, 370, 384, 392, 397, 430, 554, 557, 683, 694
　　閉廷期教育訓練制度…195, 198f.　→模擬裁
　　判　→制定法講義 法曹院内の階層分化…9-
　　10, 196　→ベンチャ　→バリスタ（アッタ／
　　インナ）　制定法講師…124, 196, 222, 319, 690　人文主義教育改革と法曹院…8, 12-5, 25, 234, 239-46, 248, 250-3, 255-62, 267, 269, 271, 274, 281, 285, 292, 305, 337, 342-3, 380, 591　法曹院教育機能の衰退…9, 15-7, 303, 342, 395, 691-3, 700-1, 703　インナ・テンプ
　　ル法曹院…27, 197, 208, 258-9, 305, 472, 507, 706　ミドル・テンプル法曹院…197, 242, 269, 271, 298, 369, 378, 695　リンカンズ・イン…
　　125, 127, 128, 132-3, 192, 194, 196-8, 203, 209
　　-10, 359, 361, 693　Black Book（1422-）…
　　192, 194, 197　リンカンズ法曹院理事…124, 127-8, 132-3, 194, 197　グレイズ・イン法曹

院…125, 196, 197, 271, 283, 382, 396-7, 483, 608, 617-8, 638-9

法曹法／コモン・ロー　83, 87, 340, 356, 748　→コモン・ロー

法曹予備院／インズ・オヴ・チャンセリ　15, 109, 191, 193, 212, 240, 251, 255-6, 259, 269, 285, 292, 368-9, 638

法廷外和解交渉　78, 145, 448

法廷出仕義務　153

法廷年報／イヤー・ブックス[年書]／Y.B.／開廷期報　21-24, 30, 42, 64, 74, 82, 106-8, 114 -5, 135, 137, 142-3, 147, 149-150, 152, 154, 156, 168, 171, 175, 177, 187, 193, 200-2, 204, 207, 209-11, 225, 264, 276, 278-9, 288, 294, 300, 355, 357, 368, 395, 506, 586-7, 595, 669, 695, 714, 718-9

初期法廷年報…106, 185-6, 225, 433　後期法廷年報…149, 167, 295, 169, 572, 634　権威的典籍化／Nos libre…201, 355, 564, 586-7, 589, 599-600, 607, 611, 634, 657, 691　→共通の学識　制定法解釈…430-1, 433, 435, 457, 477, 548, 572　法廷年報の出版…280, 355, 359, 363-6, 374, 375, 378, 595, 611　法廷年報総合索引…483, 497　法廷年報の「終焉」…21-2, 278, 282, 315-6, 355, 371-3　廃れたタイトル…710-2, 718-9　→訴訟記録と法廷報告…187, 564, 633f.　→プラウドゥン＞法廷報告と訴訟記録の統合　Y.B.の要録化　→法要録　Y.B.批判→プラウドゥン＞法廷年報批判　→判例法学＞説得的権威／拘束的権威　ザイブ法廷年報データベース…147, 152, 171, 225　担い手（パイク説…191　プラクネット説…190-1、シンプソン説…191, 638）　プラウドゥン…614, 638　クック…374, 638、ベーコン…614　メイトランド…186ff.　学生ノートブック　私的文書

法廷弁護士 Councel／代弁人　85-7, 100, 107, 124, 131, 135, 187, 192, 196, 216, 249, 295 -6, 351, 355, 370, 504, 540, 567, 693, 706　勅選法廷弁護士…693　→高位法廷弁護士、バリスタ　ローマ法法廷弁護士…564

法廷弁論術　→弁論術

法廷報告／リポート　20, 106, 114, 149, 160, 164, 167, 183, 186-7, 190, 193, 207-9, 224-5, 269, 290, 292-7, 302-3, 305, 314, 355-6, 364-5, 371-4, 385, 390, 399, 563, 589, 607, 611,

637, 713-4, 718, 735ff.

令状訴答報告　→訴答例集　→法廷年報　→判例集　リポートの対象＝科学、学問の進歩…187　リポートの目的＝将来の学識…599　→判例法学

法廷傍聴　108, 121, 167, 194, 200, 292, 694, 706, 718

→法学教育　→クリブ（Crib）　→フォーテスキュー　→ヘイル

法廷吏／裁判所書記　69, 70, 187, 191, 212-3, 216, 242, 322

法的擬制／偽装的解釈　462, 466, 483, 486-8, 495, 499　→擬制

法的潤色（by colour of law）　168, 175

法的推定 presumption　157, 161, 163

法典化　302, 539, 617, 620, 640, 697, 702, 713 -4

封土公開譲渡　157, 160-1, 717, 743

封土交付局　222

封土譲渡証書　157-8, 160-1

封土贈与条件の自由　57-59

封土引渡代理委任状　160-1

法と法学の峻別　516, 519-20, 544-6, 589, 597-8, 619, 624-5, 634, 642

法の極み Summum Ius／Ius Subtile　406, 418, 424, 452, 473, 480, 488, 492,497

法の欠缺　419, 455, 471, 565, 568

法の識者（Leges peritis, man of law）　→法曹

法の支配　87, 108, 318, 408, 421, 472, 482, 502, 510, 537, 563, 641, 645, 647, 656-7, 659, 662, 664, 666, 671, 681, 698, 702

フォーテスキュー…647　エリザベス黄金演説…656-7

法の精神［立法精神］の文言に対する優位　→エピエイケイア　→立法者意思論

法の理性 ratio legis　420, 426, 481, 490, 496, 502, 559, 605, 755

法服（黒い）　85

法文献　→制定法令集　→令状登録集　→法廷年報　→訴答例集　→文例集　→法律用語辞典　→荘園裁判所開催要領　→治安判事among地方実務書　→法要録　→判例集　→概説書

法文献の英語化　83, 239, 241, 262-4, 280, 355, 378, 385, 495, 539, 622, 633, 674, 691-2

法務官　413, 428, 469, 471, 492

法要録／Abridgement　207, 209ff., 276, 278
-80, 286, 289, 292-4, 303, 305, 337, 355, 357,
365, 387, 393, 486, 637, 657, 694, 699, 721-2
要録方式批判…287-90　教育的意義の変化
…300　ステイサム…209-10, 273, 357, 361,
363, 365, 368　カロウ…210, 361　フイッツ
ハーバート…22-3, 126, 172, 223, 242-3, 276-
80, 282-3, 288-9, 292-3, 305, 353, 355, 357-
69, 371-5, 378, 394, 595, 611, 634, 694, 720
ブルック…278, 288-9, 293, 464, 486, 694,
718, 720　ロール…30, 225, 290, 394, 691-6,
699　ヴァイナ…394, 691-2　ベイコン…692
法律学と歴史学との峻別論　　682-3
法律効果不発生抗弁／訴答不十分抗弁
（demurrer）　　30, 70, 105, 107, 114, 137-8,
145-153, 156, 161, 165-171, 175, 296, 750
ラスティルの定義…146　カウェルの字解…
147-8　クックの註解…148-9　後期法廷年
報…107, 149　事実問題から法律問題の分
離…149　→事実問題／法律問題、アサイズ
巡回陪審裁判　初期事例…150-2　事例分
析…152-6, 157-67
法律実証主義　510-1, 604, 627
法律実証主義／法学実証主義…42-3, 75,
543-4
法律書出版　22, 125, 147, 209, 225, 243, 269,
278-9, 280ff., 285, 292-4, 314, 342, 344, 354-
6, 358, 360-2, 363-374, 376-7, 394, 398, 453-
4, 458f. 464-5, 489-90, 492, 539, 563, 585,
595, 608, 611, 618, 622, 637-8, 656-7, 661-2,
666, 672, 679, 687, 691-4, 697, 714, 718-9,
721, 727
→印刷術　→国王印刷人　→法文献
法律書出版人　376-7
→国王印刷人　→欧語人名索引
法律問題　→事実問題／法律問題　→アサイ
ズ巡回陪審裁判　→法律効果不発生抗弁
→法的潤色　→判決登録阻止申立
法律フランス語／ロー・フレンチ　12-3, 50,
82, 120, 130, 147, 185, 234-5, 239, 241, 245,
261-4, 336, 354, 386, 495, 618, 635, 638, 692
法文献のフランス語化…82, 120, 130, 185-6,
190, 729　学術専門用語としての法律仏語…
205, 263, 305, 539
法律用語辞典　『旧土地法論』…737
ラスティル…38-9, 144-5, 170, 242, 280, 378,

507　カウェル…147
暴力と武力によって　　73, 129
ポール家　244, 248　→欧語人名索引
埃足裁判所　38, 72
補充的効力　37, 70, 568, 578
ホッブズ　42, 44, 405-6, 421, 509-12, 514-5,
517-9, 521, 523-9, 531-4, 537-47, 550-1, 556-
7, 559, 561-8, 570, 573, 575-6, 578-9, 581-5,
597, 600, 604-7, 609-10, 612-6, 619-20, 621-
2, 624-8, 635-7, 642, 645, 678-81, 684, 689,
695-8, 701-2
アリストテレス正義論（交換的・配分的）の
読替…406, 526, 530f.　→契約論　國制区分
論「設立による国家」と「獲得による国家」
…542, 678-9, 681, 689　ノルマン・コンクェ
スト論…542　→フォーテスキュー　→ヘイ
ル　Artificial man としての国家…514-5
Artificial reason & will としての衡平と法律
…514　擬制的国家法学…514, 567-8, 577,
579　Right Reason…540, 615f　主権者の理
性＝普遍的理性を代位…515-6, 541, 577,
628, 636, 697　裁判官に制定法の知識は不要
…567　権威主義的理性と学問的理性…515
→理性　科学としての法律学／ Prudentia 批
判…514, 521, 522-5, 538, 540, 605-6, 609, 624-
5　学識法批判＝古典の著者への依存批判…
605f.　→ Sapientia と Prudentia　科学として
の自然法学＝契約の学／科学としての国家法
学＝命令の学　517, 525-6, 535-6　契約・助
言・命令の峻別論 516-519, 522, 525, 540, 546,
607　→ Artificial Reason 批判　自然法論の
基礎としての契約…517, 518, 525　正義＝合
意の遵守…533　既履行契約と双方未履行
契約　533-536, 627　自然法学と国家法学の
相違…535-6　双方未履行契約の強制と近代
国家　533ff.　自然法学（正義の学＝言葉の
学＝契約の学）…525ff., 535　倫理学＝情操
の学と正義の学との峻別…533, 535　Meum
et Tuum…526ff.　528-9, 531　→クック＞
Meum et Tuum…526 527, 531-2, 542　助
言論…516, 523, 543, 546　助言者…517-9,
521　助言としての判例…607　助言として
の法解釈…624　命令論（法＝命令／禁止）
…516, 519, 522, 543　法＝主権者命令説…
544　法・法学峻別論 519-21　自然法の国家
法化…576　不文国家法としての自然法…

575, 578　慣習法論…579　クックの慣習法論批判…579-80　合理性基準…581　批判法学としての自然法＝不文国家法学…565, 584, 615　コモン・ロー批判…584　不文国家法としての自然法の内容的空虚さ…609-10　カントの普遍的格率（黄金律）…609-10　裁判官＝自然法の解釈者…545-6, 581, 614　ホッブズ＝厳格先例拘束性論者…612-5　クック批判の核心＝公共善判断の担い手問題…561-3　危機の時代の法哲学…533, 627　→ヘイル　ホッブズ法理論の社会的受容…627

ボナム医師事件　571, 600, 630, 632, 635-6, 643
　→判例索引

マ行

マーシア法（辺境地区アングル人の法）　36, 45-46, 674
　→ウェセックス法　→デーン法
マクシム　40-3, 60, 225, 276, 304, 446-7, 451, 460, 493, 496, 586-7, 589, 591-606, 608-12, 616-26, 630, 633-7, 639, 648, 740, 744-8　最大前提…592, 606, 633　axiom 争うべきでない学問の基礎／理性の結論…589, 596-9, 601-3, 606, 616, 626　マクシムの配列…616-7, 621　→ラミズム　ヴィノグラードフ：カノン法のコモン・ローへの影響　アリストテレス…592　フォーテスキューのマクシム論…43, 591-2, 634　セント・ジャーマン…40-3, 447, 587, 593-5, 601　エルズミア…595f., 612-3　モーガン…597　クック…590-1, 596-600, 603, 616, 621　ベイコン…593, 602-3, 605, 608-9, 616-7, 621　フィンチ…617　ホッブズ…600, 605-6, 609-10, 615-6, 620　ブラックストン…623　コモン・ロー上の法原則…600-3, 605, 607-9　法格言　法原則（法範）…592-3, 596, 599, 608, 616, 620　アフォリズム…288, 290, 593, 608-9, 617, 621　逆説…591　副次的な法のマクシム（例外準則）…446-7, 460　ヘイク…493　羅針盤としてのマクシム…600-1, 602f.　コモン・ローとの相違…40-3, 590-1, 594　→羅針盤としてのマクシム　マクシムの実例…595, 600, 616, 630, 633, 639, 648, 744-8　マクシムと見做し規程…748　マクシムと判例法学…595f.,

604ff.　→法準則の析出　マクシムの基礎としての古典の知識…625, 636-7　→ローマ・カノン法法文索引　共通拠点／共通の学識としてのマクシム…43, 276, 304, 592, 595, 624-5, 634　マクシムと理性法…600, 603, 605-6, 610, 615-6, 620, 635-7, 639, 747-8　マクシムの通俗化…619, 622
マグナ・カルタ　64, 77, 82, 83-4, 111, 175, 224, 355, 497, 532, 588　（法の適正手続）…50, 51, 73, 76-7, 400, 595, 633, 656, 740, 747　相続料の法定…742 c.22　重罪犯の所領…58-9　c.24　封主裁判権保護…61　課税同意権…664　c.17　國王の訴訟の開催制限…91　cl.18, c.12 アサイズ訴訟の地方定期開催…94, 96　c.11 民間訴訟の開催地固定…92　c.10, c.11　アッシュ…495　制定法令集巻頭法令…45, 667, 668-9, 683　制定法講義…202　マグナ・カルタに反する制定法も有効…64　マグナ・カルタ解釈…564　マグナ・カルタ神話…595
未決囚釈放裁判官　86, 93-4, 96-100, 102-4, 112, 121, 128, 165
未決囚審理日程表　86
身分から契約へメイン　137
　テンニエス…138
民訴裁判所　38, 70, 72, 97-100, 104, 111, 115-6, 119-22, 124, 135, 147, 153, 157, 159-61, 164-7, 174, 185, 196, 283, 295, 367, 373, 397, 462, 483, 485, 495, 527, 588, 655, 661, 668, 695, 700, 706, 724　民間の訴訟…72, 94, 729　エクスチェカ（財務府）からの分出…119, 121　ウェストミンスタへの固定…111, 120
無遺言不動産相続　711, 733, 738
無主物先占　71
酩酊者の刑事責任（アリストテレス−ポラード）462
メイトランド　8, 13, 17, 34, 44, 45, 47-51, 53, 57, 59, 61, 64, 75, 82, 85, 135, 138, 150-1, 168, 171, 173, 186-7, 238, 246, 249, 369-370, 384, 428 494, 554, 573, 632, 643, 760　リード講演…249, 307-37, 340-7, 349-50, 352-6　訴訟方式の終焉…34　憲法論…643
命令　→ホッブズ＞契約・助言・命令の峻別論　→ホッブズ＞命令論
メイン　137-8, 168-9, 225, 406, 415, 503,

事項索引　797

505, 740

身分から契約へ…137　訴権法から実体法への移行…137, 139, 140

減却的抗弁としての判決困難　145

メランヒトン、フィリップ　27, 275, 282, 287, 291, 303, 334, 389, 396, 476, 478, 482, 493f., 507

共通拠点…275-6　学術の源から（ex artis fontibus）…479

免罪／特免 dispensatio　438, 440, 481, 696　→カノン法のアエクイタス

モア　15, 230, 232, 237, 242, 244, 256-7, 277, 279, 304, 353, 355, 367, 370, 378, 452, 488, 573

法の極み論…452, 488, 492　国王評議会顧問官・裁判官批判…467, 304

模擬裁判（Moot, Bolt, Chapel moot, Putting Case）　9-10, 15, 194-7, 199-202, 205-6, 208, 240, 246, 271, 274, 292, 325, 331, 343, 347, 693

ヤ行

役得利害　6

遺言（状）　68, 75, 80, 125, 210, 361, 466, 484, 541, 552, 592, 743

遺言（執行）人…42, 68, 125, 174, 695, 742

遺言法　293　→法令索引

ユース慣行　125, 443

ユース制定法　453　→法令索引

ユース付封譲受人　125

雄弁家教育論　14, 237

雄弁術的方法　238-9

有料道路建設　86, 109

ユスティニアヌス帝（527-565）　234, 433, 677, 713

イングランドのユスティニアヌス＝エドワード1世（1272-1307）…64, 429, 433, 713

ユスティニアヌス法典　164, 234, 312, 387, 414, 420, 424, 433, 592, 620, 703

法学提要…91, 141, 163, 173, 387, 725, 728　学説彙纂…238, 266, 358, 498, 592, 620-1, 633, 677

ユス ius とレクトゥム rectum　60

ユスとアエクイタス　427　→アエクイタス

ヨーマン　250-1, 261

良き古き法　181　→中世的法観念

（第4回）ラテラノ公会議（1215）

聖職者の神判への関与禁止…190

ラ行

ラテン語　12, 13, 39, 49, 83, 89, 161, 164, 174, 236, 239, 245, 254, 261-4, 305, 385-6, 403, 411, 467, 490, 555, 573, 580, 605, 608, 634, 637, 665, 674-5, 699, 755

ラテン語法文献の簡約化・仏語化…190　→法律フランス語　訴答文言のラテン語化…245

ラミスト　284, 287, 298, 389, 395

ラミズム　28, 279, 282-3, 285-8, 363, 379-381, 383, 385, 387-9, 391, 393-7, 616-7, 622, 638

体系化…288-9, 298, 300, 302-3, 338, 390, 393-5, 398, 486, 489, 539, 541, 616-9, 621-2, 642, 697, 702, 708-9　メソッド（配列方法）／単一の方法／自然の方法…28, 282-3, 291, 380, 388, 391　定義・分割法…283-4　二分法…398　ディグビィとテンプルの論争…291, 380　ペトルス・ラムス（ラメー）　→人名索引

ランカスタ公領　124-5, 218, 222

ランバード　344, 428-9, 468-71, 475, 477, 492

事物の文言に対する優位…469-70　→エピエイケイア＞事物の多様性に即した　大法官裁判所論…469-71　ローマの法務官…469, 471, 492　プセーフィスマ…470　野獣の支配…470

リート裁判管轄　154　→私有ハンドレッド

理性

書かれた理性／権威＝真理…11, 26, 602　理性の結論…589, 596-9, 601-3, 605-6, 609　→マクシム　私的理性と公的理性…515-6, 520, 541, 573, 597, 602, 604, 610, 625, 628　Artificial Reason 学問的理性…19, 402, 405, 451, 482, 490-2, 494, 510-524, 529, 536-7, 541, 543-5, 547, 550, 559, 564, 566, 568, 573, 578-9, 582-5, 589, 598-9, 602-4, 620, 623-5, 628, 641, 662, 684, 686, 701, 748　→法の理性 ratio legis　自然的理性（Natural Reason）…284, 286, 381, 409-10, 414, 512-5, 519-21, 546, 557, 565, 567-570, 573, 578-9, 583, 602-3, 610, 615, 636-7, 662　裸の理性 610, 617　公的理性の学問的構築と権威主義的定立…

515, 625, 628　理性と権威　→権威
理性法＝自然法　28, 41, 50, 408, 410, 412-3,
417, 421-2, 432, 437, 440, 443, 445, 450, 459-
61, 467, 473-4, 478, 484, 495, 516, 529, 531,
531, 543, 545, 562, 567-8, 570, 573, 575-8,
581, 586, 593, 600-1, 609-10, 613-4, 617, 620,
624, 631-2, 635-6, 639, 647-8, 652-4, 662,
685, 731, 740, 747-8, 754
第一次的／第二次的普遍的／第二次的特殊
的…613, 648　理性法論＝自然法論…7, 415,
419, 442, 473, 486-8, 512, 515, 517, 529, 534-
5, 538, 547, 565, 578, 599, 609, 637, 642, 647,
690, 697　自然法学＝言葉の学＝契約の学
（ホッブズ）…509, 529, 509, 522, 525-6, 531,
533-6, 544-8, 565, 568, 605-6, 615, 626　自
然法学／国家法学…516, 518, 629　自然法の
解釈…545-6, 567-8, 581, 609-10, 614　裁判
官の判決＝自然法の確証…610, 614, 630　大
陸自然法学…163, 473, 620, 640, 642　制定
法と自然法…635-6, 639　→自然法　→マク
シム　→慣習法理論　→判例…41, 512, 579
-80, 613-4, 630, 632, 636
立法解釈論　163, 355, 399, 402-3, 428, 431,
452-5, 458-460, 462-6, 469-70, 471-2, 476,
484, 486, 491, 495-6, 498-504, 506-7, 509,
516, 550-2, 554, 559, 574, 635, 642, 755
グランヴィル、ブラクトンへの関心の高まり
…163, 455　→制定法解釈
立法者意思論　431, 433, 436, 458-9, 464,
466, 492
リトルトン／『リトルトン』　82, 126, 138, 148,
163, 210, 223, 226, 264, 282, 326, 338, 343, 368
-9, 381, 385, 391-3, 397, 398, 430, 512, 550,
578, 585, 589, 591, 596, 603, 629, 630-1, 633-4,
636
リトルトンの論争方法…590-2　理性主義…
68-69, 512, 580, 630, 739　リトルトン『土地
法論』目次…737-9　『リトルトン』英訳版
（1534）…280　「リトルトン分析」(1658)…
619, 737
リポータ　→法廷報告者／判例集編纂者
リポート　→法廷報告
略式〔刑事〕訴訟手続　222
領主権　56, 78, 463
領主交替承認　711,
領主裁判所　38, 72-73, 118-9, 727, 740

荘園裁判所…101, 192, 712　マナー裁判所の
重要性の増大…125　→荘園裁判所開催要
領
良心 Conscientia　280, 354, 386, 424, 437,
443, 447, 474, 476, 482, 497, 556, 573, 672
→シンデレシス
臨床医のケースブック　21
類推（適用）　5, 404, 412-3, 415, 423, 424.
426, 435, 444, 502, 506, 560, 569
ルイ聖王　685
ルネサンス　8, 15, 18, 26, 28-30, 173, 227, 229,
237-8, 257, 260, 269-71, 273, 275, 298, 301,
304-5, 307-14, 321, 323-8, 331-4, 338-9, 341-5,
348-9, 351-5, 369-70, 379, 384, 396, 402, 407,
419, 421, 424, 428, 431, 452-3, 455, 551, 559,
572, 659
12世紀ルネサンス…438, 690　ホッブズ・ル
ネサンス…509, 511, 538
令状／訴状阻却抗弁 abatement　142-145,
149
令状
令状システム…118-9　訴訟開始令状…49,
61, 72, 99, 105, 118, 138, 151, 263, 284, 586,
588-90, 598, 725-7　司法（執行）令状（中間
／終結令状）…61, 96, 105, 151, 725-7, 747
訴訟開始令状の発展…49, 118, 138　下知令
状…725-7　権利令状…82, 140, 171, 629,
710, 712, 725-7, 729, 731, 747　アサイズ訴訟
／不動産占回復訴訟令状…727-8　瑕疵権
原立入排除令状…712, 729, 733
令状・訴答の適否をめぐる議論　30, 105-6,
135, 143-5, 183, 187, 200, 589
正式起訴状の適否…589
令状強制送達　82
令状登録集　42, 76, 150, 469, 587-8, 590, 672
令状復命権　82
例外事例（コモン・ローにおける／理性法に基
づく）　445
隷農取戻令状／訴訟　56, 58, 727
隷農身分　56, 79, 142, 305, 710, 728, 731, 746
歴史論から時効論へ　629, 669
レスボスの職人の鉛の定規　401, 411, 468, 470
→伸縮する尺度　→エピエイケイア＞事物
の多様性に即した
レトリック　27, 260, 271, 273, 291, 384, 391,
394, 396-7, 506　→修辞学　→弁論術

労働者規制法（1351）　101-2, 127, 222
　労働者規制法施行判事…101-2　→法令索引
ロー・フレンチ　→法律フランス語
ローマ　　47, 244, 427, 461, 498, 675
　ローマ人…652-4, 656, 659, 713　古典政治理
　念の復興…14, 27, 230, 231, 234, 238-9, 243,
　252, 273, 381, 491, 523, 562, 625, 647-8
ローマ教皇庁　　162, 244-5, 335, 370
ローマ法／シヴィル・ロー　　38-9, 43, 60, 70,
　140, 162-3, 173, 230, 238, 242, 327, 335, 358,
　406, 414-5, 423-4, 461, 498, 503, 564, 568-9,
　588 , 595-6, 602, 608, 617, 621, 625, 631, 648,
　676-7, 699, 717, 728, 753
　十二表法…140, 238　法廷弁論術…411-2,
　418, 506　法の極み…406　→キケロ＞法の
　極み論　ローマ法的アエクイタス…399, 403,
　406, 411, 413, 415, 418-20, 423, 428, 437, 439,
　449, 451, 465, 474, 492, 502　→アエクイタス
　ローマ法学の発達…106-7, 139, 383, 422,
　506, 593, 675　→ユスティニアヌス法典
　ローマ・カノン法的学識…119, 162, 189-90,
　353, 355　ローマ法学…11, 12, 106, 338, 344,
　386-7, 419-20, 423-4, 426, 433-4, 440, 446,
　449-52, 480, 494, 506, 550, 592-3, 620, 633
　ローマ法学者…41, 135, 164, 168, 192, 268,
　315, 320, 381, 386-7, 413, 420, 430, 437-8,
　449, 457, 482, 564, 568, 591, 621, 690, 697,
　715　イルネリウス…420　マルティヌス…
　420　ローマ法とイングランド法…11-2, 135,
　340, 386-7, 428, 469, 471, 492, 648, 652-3,
　677, 681　→法務官　法学者の回答権…595,
　607, 612, 614, 668　中世ローマ法源との切断
　…139　アクチオ体系から権利体系へ…139
　権利概念の不在…140, 169　ローマ法の現代
　的慣用…184　イタリア留学…229-30, 236,
　242　ローマ法教育…5, 8, 11, 13, 26, 640,
　677　ローマ法研究…412, 418, 422-3
ローマ法欽定講座　13, 241, 248-9, 254, 415
ローマ法継受　　4, 6-7, 10, 21-2, 30, 139, 335-
　7, 345-7, 356
　イングランド…249, 304, 307-8, 310, 318, 320
　-1, 323, 329-31, 344, 353, 354, 371-2　ローマ
　法教育の禁止…668　スターキィ…234-6,
　238　フランス…334, 336　ドイツ…335-6,
　355　ロシア…335
ローマ法継受論

セルデン…677　ブルンナ（早期予防注射）
　…30　→ブラクトン　ヴィーアッカー（学者
　的裁判官の進出）…182-3, 355　エールリッ
　ヒ（中世における法規不足）…139, 163
論証術
　確実な真理から出発、シロジスティックな
　推論方法により判断（Judgement）…26f., 273
　論 証 術 的 demonstrative…11, 273, 625
　→Scientia　ウェーバー…5, 26　ヘイルの批
　判…716-7
ロンドン　　7, 12, 14-5, 87, 98, 108-9, 124,
　126, 128, 238, 242, 249, 251, 253, 255, 257,
　263, 266-7, 293, 665, 743
　ロンドンの法曹の宿舎…108, 123-4, 166, 192,
　195, 198, 214, 225, 369, 381, 384　→法曹院
　イングランドの第三の大学／思想の手形交
　換所…7, 14-5, 19, 25, 257, 259-60, 351, 380,
　780　グレシャム・カレッジ…19, 248　ロン
　ドン市長…658　ロンドン市裁判官…124,
　126, 460, 706, 753　ロンドン市参事…123
　司教…76, 162

ワ行

和解　　78, 436, 448
　法廷外和解…145　和解譲渡…96, 142, 711,
　727　国王との和解金＝罰金…89, 93, 736
我が法の原則　　161, 166

法令索引

1166	クラレンドン議決	77, 91
1176	ノザンプトン議決	81, 91
1215	自由の憲章／マグナ・カルタ　50-1, 59, 61, 73, 76, 77, 82, 91, 92, 94,	
1216	マグナ・カルタ	64
1217	マグナ・カルタ	94
1225	マグナ・カルタ　45, 59, 82, 84, 94, 175, 202, 400, 495, 497, 532, 564, 588, 595, 633, 656, 664, 667-8, 683, 740, 742, 747	
1236	マートン規程	79, 202, 204, 206, 588
1258	オックスフォード規程　50, 62, 64-5, 81	
1259	ウェストミンスタ規程	153, 155
1267	モールバラ法　73, 83-84, 153-6, 172 202, 463, 740	
1275	ウェストミンスタ第一法律　82, 95, 127, 155, 172, 202, 205, 413, 588, 742	
1275	財務府差押手続法	172
1278	グロスタ法	38, 65-6, 202, 588
1285	ウェストミンスタ第二法律　82, 96, 172, 202, 428-9, 431, 469, 507, 527, 588, 683	
1290	クイア・エムプトーレス法	61
1290	権原開示法	66-7, 82, 683
1293	アサイズ裁判官法	95-6
1297	大憲章確認法	96, 740, 747
1299	最終和解譲渡手続法	96, 98
1318	ヨーク法	98-99, 588
──	国王大権法	222, 398, 463, 573, 588
1328	ノーサンプトン法	97-9
1330	アサイズ［巡回陪審］裁判官法	99
1336	制定法解釈制限法	571
1340	アサイズ裁判官法	99

1351	労働者規制法	101-2, 127, 222
1361	治安判事法	102
1368	治安判事法	102
1384	アサイズ裁判官法	103
1427	河川・沼沢地管理法	128
1490	限嗣直系卑属法	711
1532	河川・沼沢地管理法	134
1534	国王至上法	244-5, 247, 249
1536	ユース法　247, 293, 453, 491, 540, 711	
1536	登記法	540
1539	修道院解散法	247-8, 251, 367, 538
1628	権利請願	510
1672	信仰自由宣言	696
1673	審査法	696
1660	軍事的土地所有廃止法	694, 710
1679	人身保護法	627, 698
1689	権利章典	641, 698
1701	王位継承法	698
1846	少額債務〔地方民事〕裁判所法	88
1854	コモン・ロー訴訟手続法	88
1971	裁判所法（旧制度廃止法）	88, 110
1997	民事訴訟法改革法	34
1998	人権法	34
2005	憲法改革法	3

判 例 索 引

1292	Hil. 20 Edw. I, pl. 26 82
1293	Trin. 21 Edw. I, pl. 4 151, 171
1306	Trin. 34 Edw. I, pl. 6 152-3, 1503ff.
1338	Mich. 12 Edw. III, pl. 18 174
1343	Hil. 17 Edw. III, pl. 29 165, 174
1348	22 Edw. III, Lib. Ass., pl. 41 Humber Ferry Case（Bukton v. Tounesende）143-4, 175, 225, 735-6
1356	Mich. 30 Edw. III, pl. 69 157-9, 160ff.
1365	Pas. 39 Edw. III, pl. 3, 165
1369	Mich. 43 Edw. III , pl. 38 （Waldon v. Mareschal) 144f., 170
1401	Pas. 2 Hen. IV, pl. 6. （Beaulieu v. Finglam） 67, 82
1454	Mich. 33 Hen. VI pl. 17 201, 206
1459	Hil. 37 Hen. VI, pl. 3 447, 451f.
1464	Pas. 4 Edw. IV Pl. 4 549, 572
1470	Wallynger v. Meger 69-71, 83
1500	Hil. 14 Hen. VII, pl. 7 549, 572
1550	Reniger v. Fogossa 459-63, 554, 573, 669f. 687, 749-54
1557	Hill v. Grange 462, 485, 491
1559	Stradling v. Morgan 463-4, 491, 756
1562	Stowel v. Lord Zouch 464-5, 490-1, 555
1574	Eyston v. Studd 465-6, 554ff., 755-7
1584	Heydon's Case 434, 436, 490, 498, 500, 559-61, 572
1602	Darcy v. Allen 664
1602	Fermor Case. 163, 173
1606	Bate's Case 664-5, 686
1607	Prohibiton de Roy 514, 520, 537, 662, 666
1608	Le Case de Tanistry 580, 629
1608	Calvin's Case（the Case of Post-Nati）568-70, 574, 595, 602, 632, 634, 638, 662
1610	Proclamations 662, 664-6
1610	Bonham's Case 571-2, 600, 630, 632, 635-6, 643
1612	Rowles v. Mason 629-31, 636
1670	Bushell's Case 695

ローマ・カノン法文索引

悪意の詐欺とは、或ることを装いながら、他のことを為すことである
De Officis III-14-60 (Gaius Aquilius Gallus) ··· 159, 164

君主の欲するところ法の効力を有す　　D. 1.4.1.pr. ························· 632, 648, 651, 654, 725

ケルススが正しく定義したように、法（学）は公平と善の術である
D. 1, 1, 1, 1 (Ulpianus) ··· 417

正義とは各人に各人の分を配分せんとする恒常的且つ永続的意思である
D. 1, 1, 10, pr., Inst. Jus. 1, 1, pr. ··································· 414

裁量の法律解釈者は慣習なればなり　　D. 1, 3, 37 (Paulus) ··························· 498

自由とは法乃至力によって禁止されていない限り、人の欲するままに為しうる自然的権能である。
D. 1, 5, 4 (Florentius) ··· 163

緊急事態は法を持たない　　D. 1, 10, 1, 1 (Ulpianus) ······························· 449

各人の家は最も安全な避難所である　　D. 2, 4, 18 (Gaius) ······················ 155, 172

契約において行使される信義則では最高度のアエクイタスを必要とする
D. 16, 3, 31 (Tryphonius) ··· 416

遺贈された家が修繕され、元の建材が残っていなくても、遺贈は有効である
D. 30, 65, 2 (Gaius) ··· 676

法律の理由が消滅すれば、法律自体も消滅する　　D. 35, 1, 72, 6 (Papinianus) ·················· 490

法原則は事柄を簡潔に説明するものである。　　D. 50, 17, 1 (Paulus) ··················· 162

私人間の合意が公法律を損なうことはない　　D. 50, 17, 45, 1 (Ulpianus) ··············· 57, 79

定義の危険性　　D. 50, 17, 202 (Javolenus) ································· 593

誰も他のものの損失及び侵害によって利得を得ないのは、自然の法に従って公平である
D. 50, 17, 206 (Pomponius) ··· 415

全ての事柄においてそうではあるが、とりわけ司法においてはアエクイタスが尊重されねばならない
D. 50, .17, 90 (Paulus) ··· 415

全ての事項において厳格な法理よりも衡平と正義が優先されると定められた
C. 3, 1, 8 ··· 419

契約においては信義誠実を考慮することが公平にかなっている　　C. 4, 10, 4 ············· 416

慣習に基礎付けられた法が最も確実な法である　　Decr. 1, 4, 8, Summarium ··············· 41

悪意や詐欺は保護されるべきではない　　Decr. 2, 14, 2 ························· 161, 173

【著者略歴】

深尾　裕造 （ふかお・ゆうぞう）

1949 年　　大阪府に生まれる
1978 年　　京都大学大学院法学研究科博士課程単位取得退学
現　在　　関西学院大学法学部教授

主要著作（本書所収論文、翻訳を除く）

　　　論文：「一九世紀後半イングランド法曹養成制度の展開とその帰結」『法と政治』
　　　　　　55 巻 3 号（2004）、「クック『マグナ・カルタ注解』覚書」『法と政治』67 巻
　　　　　　1 号（2016）、「G・ジェイコブとイギリス法学史の二つの流れ」中村・桐山・
　　　　　　山本編『社会変革と社会科学』（昭和堂、2017 年出版予定）所収等

　　　翻訳　ベイカー『イギリス法史入門　第 4 版』第 I 部〔総論〕、第 II 部〔各論〕（関
　　　　　　西学院大学出版会、2014）、クック「マグナ・カルタ注解」（松本和洋氏と共
　　　　　　訳）『法と政治』66 巻 4 号（2016）等

関西学院大学研究叢書　　第 189 編

イングランド法学の形成と展開
コモン・ロー法学史試論

2017 年 3 月 31 日初版第一刷発行

著　　者　　深尾裕造

発行者　　田中きく代
発行所　　関西学院大学出版会
所在地　　〒 662-0891
　　　　　　兵庫県西宮市上ケ原一番町 1-155
電　話　　0798-53-7002

印　刷　　株式会社クイックス

©2017 Yuzo Fukao
Printed in Japan by Kwansei Gakuin University Press
ISBN 978-4-86283-237-5
乱丁・落丁本はお取り替えいたします。
本書の全部または一部を無断で複写・複製することを禁じます。